大理白族自治州人民政府 主办

大理州年鉴

2010

云南民族出版社

大理白族自治州地方志编纂委员会 编

图书在版编目(CIP)数据

大理州年鉴. 2010/大理白族自治州地方志编纂委员会办公室编. —昆明:云南民族出版社,2010. 10

ISBN978—7—5367—4780—7

Ⅰ. ①大… Ⅱ. ①大… Ⅲ. ①大理白族自治州 - 2010 - 年鉴 Ⅳ. ①Z527. 42

中国版本图书馆 CIP 数据核字(2010)第 194261 号

书　　名: 大理州年鉴(2010)
　　　　　Dalizhounianjian(2010)
作　　者: 大理白族自治州地方志编纂委员会办公室
　　　　　(大理市下关幸福路 11 号　邮编: 671000)
出　　版: 云南民族出版社 (昆明市环城西路 170 号　邮编: 650032)
责任编辑: 奚寿鼎　段　波
制　　作: 深圳市彩美印刷有限公司昆明工作室
印　　刷: 深圳市彩美印刷有限公司
发　　行: 云南民族出版社
开　　本: 889×1194mm　1/16　印张: 37　字数: 1480 千字
版　　次: 2010 年 10 月第 1 版
印　　次: 2010 年 10 月第 1 次印刷
印　　数: 0001—2000 册
书　　号: ISBN978—7—5367—4780—7/K · 1294
定　　价: 180. 00 元
广告经营许可证: 5329004000140

大理州地方志编纂委员会

《大理州年鉴》编辑部

分类（特邀）撰稿人员名单

刘　明　何金平　杨秀星　尚榆民　李红卫　孙珍玲　冯　燕　杨林柏　李爱萍
杨章利　张存良　毕家兴　董如兆　潘晓波　李　涛　杨玄霞　赵　勋　陈增雄
董云松　李建奇　官兴祖　艾德勋　董灿明　方学云　赵灿奎　张　帅　李　凌
杨晓荣　高绩武　李毅峰　赵剑锋　李昱初　蒙志李　王永贵　刘克纯　陈四全
段　祥　杨绍艳　刘文斌　杨增铭　赵文红　周正波　赵红燕　李军锋　董学智
李菊荣　张云霞　李　伟　李金林　周家友　杨志坚　霍德有　王立仁　李　斌
侯镇山　史　凯　舒　羽　肖龙灵　杨莉妮　黄永明　张炳华　忽克俭　李权张
董金鹏　王志达　周晓玲　鲁树成　苏发高　杨丽芳　程　林　张雪梅　杨本信
杨会英　冯安梅　邓菊敏　孙　纯　施华平　时艳艳　殷兆忠　董仁龙　李金凤
和云平　张雄辉　甘　静　杨　阳　普　峰　崔茂峰　杨光明　杨志逵　李桂梅
陈云兴　李跃花　陈体韬　罗兆刚　何永娜　孙建新　张　韬　李　宇　杨越冰
华　艳　谢悦娟　何　俊　李　娟　刘庆云　赵亚玲　李　辉　朱艳松　戴灿涛
李志刚　杨　林　陈明华　杨瑞武　李冬勤　谢云山　雷建萍　戴俊霍　沁　祥
杨云生　李　江　刘振华　张润萍　杨黎伟　赵　鳌　卜怀志　罗惠文　杨崇斌
何正春　李　滔　李文波　齐云彬　李　根　杨金萍　黄志刚　马宝明　朱　忠
吴敬贤　王永伦　杨艳霞　杨旭芸　杨文光　李　阳　米　凯　赵　龙　李成宪
张元祥　施立卓　洪仁邦　朱应旭　廖　严　周维丽　丁　良　袁登雁　张家锐
张焕明　王春荣　杨茂川　王文松　张礼彬　李志诚　杨国培　杨树星　杨德元
田灿辉（注：除特邀撰稿人外，分类撰稿人名单按文章先后排列）

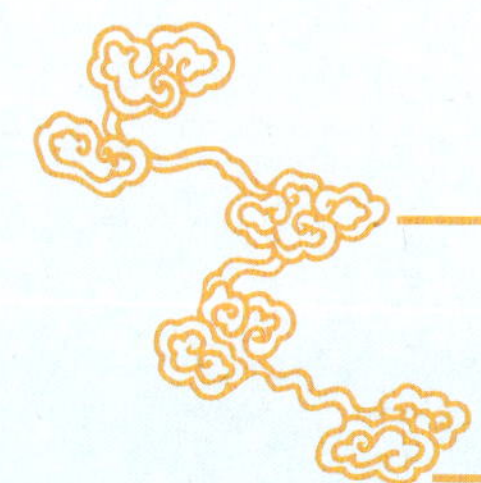

《大理州年鉴》编辑说明

1. 《大理白族自治州年鉴》简称《大理州年鉴》，是大理州人民政府主办、大理州地方志编纂委员会办公室承办、年鉴编辑部负责编辑的一部反映大理州政治、经济、文化、社会各方面发展情况的大型综合性年鉴，内容广博，是大理州情的总汇。

2. 本年鉴以马列主义、毛泽东思想、邓小平理论和“三个代表”重要思想为指导思想，贯彻落实科学发展观。坚持实事求是的思想路线，全面真实地反映大理白族自治州州情，为大理州改革开放和社会主义现代化建设服务。全书特点突出，内容全面，体例规范，具有较强的资料性、信息性和权威性。

3. 本年鉴创办于1990年，每年编纂1卷，现已出版20卷，2010年版为第21卷。2010年卷重点反映大理州各级各部门在2009年度取得的成绩和经验，全面记述各行各业在2009年中的发展变化情况。2009年，在中共云南省委、省人民政府的正确领导下，在州人大、州政协的监督支持下，中共大理州委、大理州人民政府团结和依靠全州各族干部群众，深入贯彻落实科学发展观，坚定信心，砥砺奋进，共克时艰，努力化挑战为机遇，全力以赴保增长、保民生、保稳定，有效遏止了经济增速下滑态势，实现了经济总体回升向好。超额完成州十二届人大二次会议确定的主要宏观预期目标，全州经济发展、民族团结、社会和谐的良好局面更加巩固。加大重点项目建设力度，固定资产投资强劲增长；夯实农业基础，农村经济平稳发展；发挥骨干产业优势，工业经济企稳向好；努力培育内需市场，消费旅游持续升温；创新体制机制，发展活力不断增强；推进城镇发展，“两保护两开发”步伐加快；加强环境资源保护，生态文明建设成效明显；加快社会事业发展，人民生活水平提高；重视民主法制建设，社会保持和谐稳定。2009年所取得的这些成就即是2010年卷的记述重点。

4. 本年鉴采用以条目为主的栏目编排形式，设特载、专文、年内要事、概况、政治、军事、法制、农业、工业、交通、信息化建设、旅游、城乡规划建设管理、环境保护、贸易、财政税收、金融保险、经济监督管理、教育、科学、文化、卫生、体育、民族宗教、社会、县市要览、统计资料选编、人物 、附录29个部类。为适应经济社会发展对年鉴信息的需求和增大信息量，《大理州年鉴》在总体设计上坚持常编常新的原则，在保持栏目内容基本稳定和连续性的同时，每年均作完善、调整、充实。为充分反映全州各级各部门的情况，全面展示其历史脉络和发展现状，又避免重复，将县市要览部类的体例由条目体改为栏目与条目相结合的体式。

5. 本年鉴的文稿，由中共大理州委，大理州人大常委会，大理州人民政府，大理州政协，中共大理州纪委，大理军分区，州级党政机关各部、委、办、局、司、行、社、区，各县市人民政府选定的专人撰写，并经有关领导和部门审核，资料准确可靠。

6. 本年鉴在注重内容全面、翔实的同时，突出信息量。力求体现时代特色、民族特色、地方特色，在编辑中保持了资料的连续性，使之能够反映大理州各项事业发展的轨迹。因此，本书具有资政、存史的重要社会价值。

7. 本年鉴有很强的年度特色，把年内的大事、要事、新事和重大进展，以图、文、表形式展现给读者，是了解大理州、建设大理州的指南。《大理州年鉴》有三重检索系统，卷首有中英文目录，卷末有索引。

8. 《大理州年鉴》创刊21年来，编辑出版质量不断提高，在国内外的影响日渐扩大。这是在中共大理州委、大理州人民政府直接领导下，全州各级各部门和社会各界鼎力合作取得的丰硕成果。《大理州年鉴》编辑部全体工作人员向全州各撰稿单位和撰稿人表示衷心的感谢！向关心和支持《大理州年鉴》的省内外兄弟年鉴同仁表示谢忱!

在大理蓝天下爱心放归活动举行

2010年8月2日上午，由2010第二届大理国际影会组委会主办，大理州林业局、大理州林业生态与产业协会、大理州野生动物保护协会、大理州野生植物保护协会承办的以“人与自然和谐家园”为主题、“崇尚自然、关爱生灵、和谐大理、放飞希望”为主要内容的“在大理的蓝天下爱心放归活动”在崇圣寺三塔公园广场举行。

国家和省有关部门领导，中共大理州委书记刘明，州委副书记、州长何金平，州委副书记王雪峰，州人大常委会主任字国顺，州政协主席袁爱光和州四班子的其他领导，驻军部队和武警部队首长，州级各部门和12县市的领导，社会各界人士以及爱心企业和各级媒体新闻记者等出席活动。

上午9点30分，在欢快的音乐伴奏下，大理市少艺校的小演员们以《飞翔的红嘴鸥》舞蹈拉开了在大理的蓝天下爱心放归活动序幕。活动由中央电视台《绿色时空》、《科技苑》主持人陆梅与《和平时代》主持人李伟主持。

全国绿化委员会副主任、国家林业局局长贾治邦为大理州的这次放归活动发来了贺信。贾治邦在贺信中说，林业是生态建设的主体，承担着建设和保护森林生态系统、管理和恢复湿地生态系统、改善和治理荒漠生态系统、维护和发展生物多样性的重要职责。大理历史悠久，风光旖旎，环境优美，人文荟萃，是人与自然和谐共融的乐土。近年来，中共大理州委、州人民政府坚持生态优先，全民动手，社会参与，积极推进森林大理、生态大理建设，在林业建设的各个领域尤其是在生物多样性保护方面取得了丰硕成果，为经济社会发展作出了积极贡献。今年是联合国确定的国际生物多样性年，希望中共大理州委、州人民政府以“爱心放归”活动为新的起点，深入贯彻落实科学发展观，不断发扬热爱自然、尊重自然、保护生态的优良传统，大力倡导人与自然和谐的生态文明理念，扎实开展植树造林活动，不断加强生物多样性保护，为发展现代林业、建设生态文明、推动科学发展作出新的更大的贡献。

中共大理州委书记刘明参加放归活动

中共大理州委副书记、州长何金平参加放归活动

向在保护森林和野生动物工作中牺牲的烈士家属及受伤人员颁发社会关爱金

整个放归活动历时近两个小时。其间，有红尾伯劳、喜鹊、灰喜鹊、丝光椋鸟、八哥、画眉、黑喉噪鹛、鹦鹉等1200多只各种鸟类和国家一级保护动物蜂猴、国家二级保护动物小熊猫以及23只由大理州森林公安在德宏、保山森林公安协助下查获的缅甸陆龟、齿缘龟等被放归大自然。州委书记刘明和州委副书记、州长何金平等各级领导与来自大理州社会各界的人士一道共同参与了放归活动，并向多年来在森林保护工作中壮烈牺牲的云龙天池省级自然保护区派出所民警贺明汉、云龙县林业局五宝山林场职工何立文、武警大理森林支队洱源中队二班副班长刘安书、云龙县森林公安局干警李育明和宾川县平川镇护林员周叶贵、杨雪磊、董兴伟等7位烈士和2010年2月在扑救山火过程中被严重烧伤的洱源县茈碧镇巡检村委会党总支书记、主任杨兆祥颁发了社会关爱金。同时，在活动过程中，因野生动物肇事造成人身伤害和财产损失的代表还现场获得了政府补偿。

大理至丽江高速公路开工建设

中共云南省委书记、省人大常委会主任白恩培（左一），省委副书记、省长秦光荣（左二）出席开工仪式

2009年12月22日，碧空如洗，丽日高照，大理市荒草坝彩旗招展，鼓乐阵阵。上午10时许，随着中共云南省委书记、省人大常委会主任白恩培的高声宣布，大理至丽江高速公路建设正式拉开序幕。省委副书记、省长秦光荣在开工仪式上作重要讲话，副省长刘平主持开工仪式。省委副书记李纪恒，省政协主席王学仁，省委常委、省纪委书记李汉柏，省委常委、常务副省长罗正富，省委常委、省委秘书长杨应楠，省人大常委会常务副主任晏友琼，省人大常委会秘书长白保兴，省政府秘书长丁绍祥，省级各有关部门领导，中共大理州委书记刘明，州委副书记、州长何金平，州委、州人大常

中共云南省委副书记李纪恒（左三），省委常委、省纪委书记李汉柏（左二），省委常委、省委秘书长杨应楠（左一）出席开工仪式

云南省党政领导为大理至丽江高速公路开工奠基培土

委会、州政府、州政协的其他领导，丽江市、迪庆州的党政领导和各参建单位的领导出席开工仪式。

大理至丽江高速公路是省委、省政府确定的2009年开工建设的20项重点工程项目之一，是《国家高速公路网规划》中杭州至瑞丽高速公路的联络线，是国家均衡国土开发，改善路网布局的一个重要路段。该项目起于大理市凤仪镇接楚大高速公路，沿洱海东岸经大理市华营、海东、双廊等乡镇和邓川、洱源、剑川等县，止于丽江市黄山垭口西，全长259.18千米，初步设计概算188亿元，建设工期4年，设计车速每小时80千米。

秦光荣在开工仪式上作重要讲话。他指出，大理至丽江高速公路的开工建设，是我省交通建设上的一件大事。开发建设高速公路，是现代交通发展的客观需要。从1996年我省第一条高速公路——昆明至嵩明高速公路建成通车以来，全省先后开工建设了30多条高速公路，通车里程已超过2500多千米，居全国第七位、西部第一位。大理至丽江高速公路，是我省迄今为止里程最长、投资最大的高速公路建设项目。加快建设大丽高速公路，是我省完善公路网建设的又一重大部署，也是我省贯彻落实国家西部大开发战略和中央扩内需、保增长、保民生政策的重大部署，大丽高速公路的建成，将大大缩短大理、丽江两地的时空距离，直接惠及大理、丽江、迪庆3个州市近400万人口，对于促进全省特别是滇西北地区的旅游、文化资源的开发，更好地服务全省经济社会发展，更好地维护民族团结和边疆稳定，具有十分重要的意义。

秦光荣强调，按照省委、省政府的部署要求，确保优质、高效建成大丽高速公路，是相关州市和各级部门的重要责任。大理、丽江、迪庆3个州市的各级党委、政府和省级各有关部门，要立足于全省经济社会发展的大局，全力支持，做好服务，为工程顺利快速推进积极创造良好条件。各施工和监理单位，要高度重视科学管理，精心组织，保证工程建设和谐有序推进。相信经过相关州市和各有关部门的共同努力，一定能够把大丽高速公路打造提升为全省对外形象的标志性工程和精品工程，打造成人与自然和谐相处的绿色工程和生态工程，打造成造福人民的民心工程和德政工程，为全省交通建设和经济社会又好又快发展作出应有贡献。

省交通厅领导和工程建设指挥部领导分别在开工仪式上发言。

最后，随着中共云南省委书记白恩培的高声宣布，数十响礼炮鸣响，出席开工仪式的各级领导共同为工程挥锹培土。至此，云南省牛年岁末的重点工程项目——大丽高速公路正式拉开建设序幕。

2010中国（大理）国际绿色低碳技术高峰论坛

2010年4月3日上午9时，中国（大理）国际绿色低碳技术高峰论坛在大理国际会议中心隆重开幕

苍山起舞迎宾客，洱海扬波奏佳音。2010年4月3日上午9时，中国（大理）国际绿色低碳技术高峰论坛在大理国际会议中心隆重开幕。全国政协副主席白立忱，中共云南省委书记、省人大常委会主任白恩培，省政协主席王学仁，省委常委、省委秘书长杨应楠，省政府副省长顾朝曦，全国政协人口资源环境委员会副主任邵秉仁，泰国上议院前议长素春，中国国际贸易促进委员会、中国国际商会副会长张伟，国务院侨务办公室副主任赵阳，中国人民解放军总参谋部原副总参谋长何其宗，国家旅游局原局长何光，北京2008奥组委执行副主席蒋效愚，中国曲艺家协会分党组书记姜昆，中国音乐家协会分党组书记徐沛东，华彬集团董事长严彬，中共大理州委书记刘明，州委副书记、州长何金平，州委副书记王雪峰，州人大常委会主任字国顺，州政协主席袁爱光等领导，以及来自国际国内的专家学者和嘉宾出席开幕式。

白恩培、严彬、张伟、刘明分别在开幕式上致辞。白恩培在致辞中指出，当前，世界正面临着既不能为了发展而牺牲环境，也不能为保护环境而牺牲发展的两难选择。在环境和发展之间寻求新的平衡点，探索又好又快发展之路，已经成为各界有识之士的共识。建设以低碳排放为特征的产业体系和消费模式，正在成为世界经济发展的一大趋势，必将对人类的文明进步产生重大而深远的影响。云南地处中国西南边陲，是一个集边疆、民族、山区为一体的欠发达省份，拥有良好的生态环境和自然禀赋，发展以低碳排放为特征的产业体系和消费模式具备较好条件。白恩培强调，在2010年抗旱救灾中，我们一方面举全省之力抗大旱、保民生、促发展，确保全年各项目标顺利实现。另一方面，面对旱灾造成的重大损失，我们通过反思，更加深刻地认识到，要有效抵御自然灾害，不断增强可持续发展能力，就必须更加自觉地贯彻落实科学发展观，在遵循人、自然、社会和谐发展这一客观规律的基础上，切实加快经济发展方式转变，把建设资源节约型、环境友好型社会放在更加突出的位置，在进一步加强农田水利等基础设施建设的同时，着力培育新能源、可再生能源、新材料、节能环保等新兴产业，大力发展循环经济，扎实推进生态文明建设，以资源的永续利用，推动经济社会又好又快发展。严彬在致辞中说，多年来，华彬集团的成长始终得益于健康可持续发展战略。在今后的拓展中，华彬集团将利用15年来致力环境治理与绿色产业发展的成功经验，进一步开展绿色低碳技术的研究和运用，一如既往地沿着健康、绿色、环保的道路继续前进。张伟在致辞中围绕全球经济形势，对发展绿色经济、低碳经济、循环经济和实现

来自国际国内的专家学者和嘉宾出席开幕式

可持续发展目标进行了精辟阐述。刘明在致辞中说，千百年来，大理人民崇敬自然、热爱自然、保护自然，在不同的自然环境中创造出与生态多样性相适应的多样的民族文化，形成了有利于生态环境保护的传统生产方式和生活习惯，使良好的生态成为大理的核心竞争力。当前，我州正积极实施能源结构优化战略、产业结构升级战略、生活方式转变战略和低碳经济技术支撑战略，为大理滇西中心城市建设找到一条环境得到有效保护与经济快速增长的发展之路，探索适合云南和中国西部欠发达地区乃至发展中国家低碳经济发展的模式。2010中国（大理）国际绿色低碳技术高峰论坛在大理举办，充分体现了中共云南省委、省人民政府、中国国际贸易促进委员会、中国国际商会、华彬集团对大理的厚爱，为我们带来了一次重要的发展机遇。相信通过本次论坛的举办，对于深入倡导低碳理念和低碳生活方式，加快发展低碳经济，促进经济与人口、资源、环境的协调发展，必将起到积极而深远的影响。

4月3日下午，经过与会各界代表深入而广泛的交流与探讨，讨论通过并发布了2010中国（大理）国际绿色低碳技术高峰论坛《中国绿色低碳经济发展大理宣言》。宣言提出，随着世界经济一体化的加速，全球人口和经济规模不断增长，资源和能源使用带来的环境问题及全球变暖，对自然生态系统和人类生存发展带来严峻挑战，已成为世界各国迫切需要共同解决的重大课题。为学习推广建设生态宜居城市的大理模式，构建人与自然和谐持久的新型关系，让人类家园变得更加美好，为子孙后代留下足够的存在和发展空间。转变观念和思路，树立绿色低碳经济发展观，以大理发展绿色低碳经济实践和探索为起点，寻求适合国情的绿色低碳经济发展模式；加强科技创新，提倡低碳生活，以大理业已开展的生态环境保护治理为榜样，寻求经济发展新路子，建立低碳经济发展模式和低碳社会生活消费模式；开展低碳技术国际交流，加强政府间国际合作，进而推动企业合作，有序推进低碳生态产业转移，促进低碳和生态经济在全球的合理分布和共同发展；推广大理发展低碳绿色金融的成功经验，积极探索发展绿色低碳经济的投融资途径，发展绿色经济，共赢绿色未来。

考察大理龙龛生态湿地公园

4月2日晚，在大理古城风花雪月大酒店举行了2010中国（大理）国际绿色低碳技术高峰论坛抗旱救灾我们在行动音乐晚会。

在本次论坛之前的2010年1月，在北京召开的低碳中国论坛首届年会传来好消息：大理州被命名为“最具竞争力的低碳产业基地城市”之一。与大理州一起享有此殊荣的还有成都市、深圳市、济宁市、吉林市、徐州市、湘潭市、江阴市、禹城市、大丰市。

抗旱救灾我们在行动

出席2010中国（大理）国际绿色低碳技术高峰论坛的部分代表到在三塔公园开展“低碳经济中国在行动碳汇纪念林植树活动”

2010中国·大理漾濞核桃节隆重开幕

大理州被命名为“中国核桃第一州（市）”

中国经济林协会常务副会长、秘书长杨跃先（左一）向大理州人民政府州长何金平颁发“中国核桃第一州（市）”牌匾

中共大理州委书记刘明（前左一）向荣获“大理州核桃种植明星乡镇”荣誉称号的代表颁发牌匾

2010年9月1日上午，由大理州人民政府、云南省林业厅、云南省旅游局主办，漾濞彝族自治县人民政府、大理州林业局、大理州旅游局承办的2010中国·大理漾濞核桃节在苍山西坡的光明村隆重开幕。中国科学院教授吕述望，中国经济林协会常务副会长、秘书长杨跃先，广西科学院副院长、广西药用植物园主任缪剑华，云南省林业厅副厅长王德祥，大理州党政领导刘明、何金平、王雪峰、字国顺、袁爱光、梁志敏、杨宴君、程云川，州人大常委会原主任马国盛，国家和省、州相关部门的领导出席。

中国经济林协会常务副会长、秘书长杨跃先宣读关于命名大理州为“中国核桃第一州（市）”的通知，中共大理州委书记刘明宣布2010中国·大理漾濞核桃节开幕，州委副书记、州长何金平代表大理州接受“中国核桃第一州（市）”牌匾和证书，州人民政府副州长程云川致辞。

程云川在致辞中说，大理是全国唯一的白族自治州，这里有4000年的历史文化底蕴，风花雪月美景，多姿多彩的民族风情。近年来，在党中央、国务院和省委、省人民政府的正确领导下，州委、州人民政府团结带领全州各族人民，按照“生态优先、农业稳州、工业强州、文化立州、旅游兴州、和谐安州”的发展思路，解放思想、扩大开放，深化改革、科学发展，全州呈现出经济发展、文化繁荣、民族团结、社会和谐、生态良好、人民安居乐业的良好局面。当前，我们正面临着国家深入实施西部大开发战略，省委、省人民政府建设“绿色经济强省、民族文化强省、中国面向西南开放的重要桥头堡”战略，加快滇西中心城市建设等重大机遇，我们将紧紧抓住重大战略机遇期，围绕争当“民族团结进步模范州、生态文明建设排头兵、旅游二次创业生力军、滇西城镇化进程领跑者、建设民族文化强省先行者”的目标，不断解放思想，深化改革，锐意创新，努力将大理建成中国面向西南开放桥头堡的滇西中心城市，全国一流、世

界知名的休闲度假旅游目的地和生态宜居城市。程云川指出，大理是全国核桃的主产区之一，漾濞核桃举世闻名。近年来，州委、州人民政府以集体林权制度改革为契机，以中低产林改造为抓手，紧紧围绕“坚定不移地确立大理州核桃产业的竞争优势，坚定不移地打响大理漾濞核桃品牌，坚定不移地把大理建成全国最大的核桃产销基地”的目标，大力发展核桃产业。目前，全州核桃种植面积已达670多万亩，核桃产业已成为大理山区半山区覆盖面最大、产业带动性最强、群众受益面最广的绿色产业，已成为繁荣山区经济、建设生态文明的先导产业，已成为我州富民强州、推动城乡一体化发展的重要产业。举办大理漾濞核桃节，旨在充分挖掘大理悠久的核桃文化底蕴，提升核桃产业发展水平，打造大理漾濞核桃知名品牌，推动生态旅游文化产业发展，努力把核桃产业培植成为具有区域特色的优势产业和富民强州的重要产业。我们热忱希望和欢迎海内外企业家和有识之士前来大理投资兴业，积极参与大理核桃产业的开发。

开幕式上，获得“大理州核桃种植明星乡镇”荣誉称号的15个乡镇和获得“大理州核桃种植明星村”荣誉称号的30个村委会受到表彰。

云南省首届宗教界运动会

中共大理州委书记刘明（左一）欢迎中共云南省委常委、省委统战部部长黄毅（左二）到大理指导工作

云南省政协副主席马开贤（右一）向获奖者颁奖

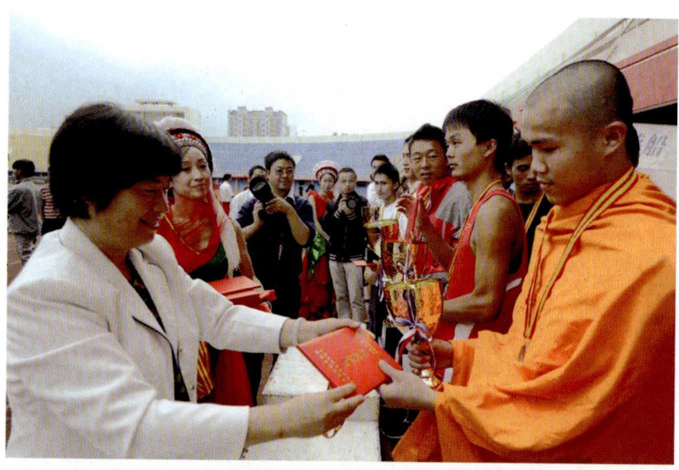
中共大理州委常委、州委统战部部长杨秀星（左一）向获奖者颁奖

2010年6月20日至22日，由中共云南省委统战部、云南省宗教事务局主办，中共大理州委、州人民政府承办的云南省首届宗教界运动会暨文艺汇演在大理举行。

此次宗教界运动会共设团体项目4个：男子篮球，男女混合拔河，男、女4×100米接力；个人项目12个：男子100米短跑，男子800米中长跑，男子单人跳绳，女子单人跳绳，男、女自行车50米计时，男、女立定跳远，男子中国象棋，男子个人乒乓球，羽毛球男、女单打。运动会以16个州市和云南省佛教协会、道教协会、伊斯兰教协会、基督教“两会”、天主教“两会”等5个全省性宗教团体为单位组织，共21个代表队。参赛人员资格为宗教界人士、全省性宗教团体工作人员和宗教院校在校学生。

文艺汇演以云南省佛教协会、道教协会、伊斯兰教协会、基督教“两会”、天主教“两会”等5个全省性宗教团体为单位，共组织5个文艺汇演队，每队组织4个文艺节目，演出形式有独唱、合唱、舞蹈、各种乐器演奏、武术表演等20个节目。

6月22日，2010年云南省首届宗教界运动会暨文艺汇演在大理州体育馆圆满落幕。中共云南省委常委、省委统战部部长黄毅等领导为获得“道德风尚奖”的代表队颁奖，云南省政协副主席马开贤宣布闭幕，云南省首届宗教界运动会暨文艺汇演组织委员会执行主任、中共大理州委副书记王雪峰主持闭幕式。

中共云南省委统战部副部长、云南省首届宗教界运动会暨文艺汇演组织委员会执行主任杨光海，省宗教事务局局长、云南省首届宗教界运动会暨文艺汇演组织委员会执行主任熊胜祥，大理州政协主席袁爱光，州委常委、副州长蔡春生，州委常委、州委统战部部长杨秀星，州委常委、州委政法委书记茶忠旺，副州长洪云龙，州政协副主席毕熊光，以及省委统战部相关领导、全省16州市相关领导及云南省5大宗教负责人出席闭幕式。

云南省首届宗教界运动会暨文艺汇演，秉承“爱国爱教、团结和谐、加强交流、增进友谊”的主题，坚持“竞技性、群

暨文艺汇演在大理举行

众性、趣味性、艺术性”相结合的原则，通过各方努力，使整个运动会和文艺汇演圆满成功。在体育竞赛中，5个全省性宗教团体、16个州市代表团的900多名体育爱好者，本着“友谊第一、比赛第二”的原则，以极大的热情投入到各项竞赛中，赛出了风格，赛出了水平。5个全省性宗教团体、16个州市代表团在各项体育竞赛中充分体现了参赛选手的良好精神风貌和团结拼搏的意志品质，充分展现出了云南宗教界团结和谐、奋发向上的整体形象，同时也涌现出了一些优秀运动员。其中在男子100米速度赛跑中，昆明代表队的殷勇以11秒的成绩夺冠，为全省该项运动的最好成绩之一。昆明代表队也以参赛人数众多而获金牌之首；大理代表队夺得6金居第二；迪庆代表队获得拔河金牌。

在文艺汇演中，五大宗教的教职人员和信教群众，欢聚一堂，以饱满的激情同台演出了合唱、舞蹈、武术等丰富多彩的文艺节目，深切表达了宗教界人士爱党爱国的深厚感情。在省佛教协会、省天主教“两会”、省伊斯兰教协会、省道教协会、省基督教“两会”带来的20个文艺汇演节目中，共评出“鼓励奖”15名，文艺比赛“优秀表演奖”5名，文艺比赛“优秀组织奖”2名。其中，由省道教协会带来的武术表演《太极武当》以柔带刚、颇有气势的表演获得“优秀表演奖”；由省基督教“两会”带来的合唱《友谊地久天长》用三种语言演唱，赢得了在场观众热烈的掌声，并获得“优秀表演奖”。获得“优秀表演奖”的还有省佛教协会带来的舞蹈《嘎诺嘎朵》、省伊斯兰教协会带来的舞蹈《生命的赞歌》、省天主教“两会”带来的舞蹈《快乐的阿细》。

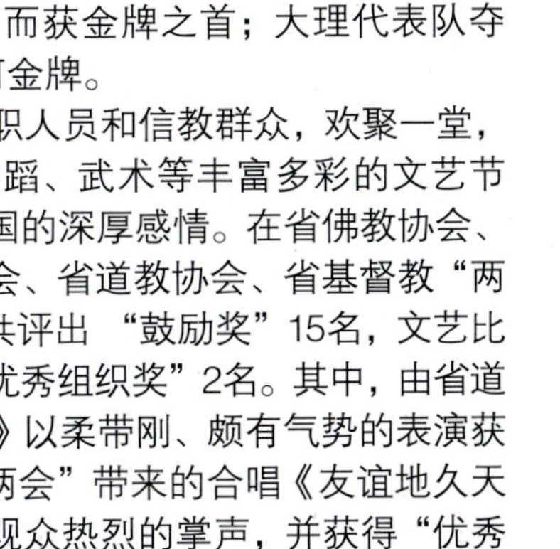

《云南省大理白族自治州旅游条例》公布施行大会在下关召开

2010年6月1日起施行

2010年4月22日上午，《云南省大理白族自治州旅游条例》公布施行大会在大理国际会议中心举行，该条例将于2010年6月1日起施行。云南省旅游局发来贺电，对《大理白族自治州旅游条例》的公布施行表示祝贺。

中共大理州委副书记王雪峰，州人大常委会主任字国顺，州人民政府副州长许映苏出席大会并讲话；州人大常委会副主任刘世兴宣读州人大常委会公告；州人大常委会副主任张如旺、陆璐，州政协副主席孙珍玲，州人大常委会秘书长李宗贤等出席。

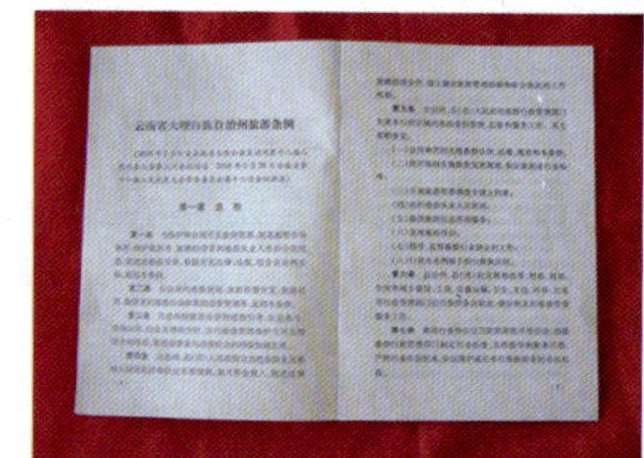

州人大常委会副主任杨宴君主持大会。

王雪峰指出，《大理白族自治州旅游条例》的施行，是大理州旅游业发展进程中的一件大事，是全州旅游立法工作的重大突破，标志着大理州旅游业规范化、法制化建设迈上了一个新台阶。《大理白族自治州旅游条例》的制定和颁布施行，顺应了旅游产业自身发展的需求，为加快全州旅游业发展提供了强有力的法制保障，对于改善旅游发展环境，加强旅游行业管理，规范旅游经营行为，提高旅游服务质量，提升旅游整体形象，推动旅游业转型升级，促进旅游业持续快速健康发展具有十分重要的意义。王雪峰要求，要迅速掀起学习宣传《大理白族自治州旅游条例》的热潮。各级领导干部要联系实际，带头积极学习；各级主管部门、涉及旅游相关部门要组织干部职工认真学习，努力提高执法水平和管理水平；对旅游经营单位旅游从业人员要有计划地组织集中学习和培训；要充分利用各种媒体广泛宣传，形成自觉贯彻《大理白族自治州旅游条例》，关心支持旅游业发展的良好氛围；要以《大理白族自治州旅游条》颁布施行为契机，狠抓工作落实，加大监督检查力度，确保《大理白族自治州旅游条例》的顺利施行，积极推动全州旅游业持续健康发展。

字国顺在讲话中说，《大理白族自治州旅游条例》的施行，必将为全州进一步合理开发利用旅游资源、规范旅游市场秩序、促进旅游业持续快速发展提供强有力的法制保障，对推动全州经济社会平稳较快发展具有十分重要的意义。他要求，要切实抓好学习、宣传工作，加快配套法规、规章的制定工作；各级各部门要依法行政，公正司法，强化监督，确保《大理白族自治州旅游条例》的顺利施行。

州人大常委会组成人员，各县市人大常委会主任、副主任，州级各委办局领导，各群众团体，州旅游局、旅游协会全体人员及大理市辖区内各大景点景区、旅游企业负责人，三星级宾馆以上主管人员，大理经济开发区、大理旅游度假区的领导共250余人参加会议。

重庆——大理直航开通

2010年3月28日上午9时15分，重庆——大理航线第一架航班共有144座的波音737飞机在大理机场徐徐降落，这标志着重庆——大理航线正式开通。

中共大理州委书记刘明，州委常委、副州长蔡春生，州人大常委会副主任张如旺，州政协副主席张树藩等领导到机场迎接民航重庆监管局副局长刘明春、西部航空公司总裁王希东等乘坐首航班机的客人，随后在大理机场举行直航欢迎仪式。

蔡春生在直航仪式上致辞时指出，重庆是我国西南唯一的直辖市，是西南地区经济发展的领头羊，是大理的重要旅游客源地；大理是我国唯一的白族自治州，集风光与人文的多项桂冠于一身，拥有丰富的资源，开发前景广阔。重庆——大理直航的开通必将有力地推动大理和重庆两地旅游业的持续、快速发展，为两地的各项事业发展注入新的活力，做出新的贡献。希望共同努力将这一航线打造成一条造福两地人民的幸福航线和黄金航线，成为两地的亲友之桥、旅游之桥和经济之桥。

重庆至大理的航班从即日起，每天上午7:50由重庆起飞，9:50从大理返飞重庆，每天一班，机票全价为每人1200元，飞行时间为1小时20分钟。

中共大理州委书记刘明（左二）在大理机场欢迎乘坐首航班机的民航重庆监管局副局长刘明春（左一）

大理州党政领导在大理机场欢迎乘坐首航班机的嘉宾

首航班机的全体机组人员

抗大旱 保民生 抓春耕 促生产

2009年10月以来，大理州遭遇百年一遇的秋冬春连旱。干旱造成全州作物受灾面积达251.36万亩，其中绝收121.68万亩。目前因旱已造成76.3万人、60.89万头大牲畜饮水困难。据不完全统计，全州因干旱造成的经济损失达43.11亿元，其中：农业经济损失达32.11亿元（种植业11.7亿元、林业10.93亿元、畜牧业3.91亿元、副业1.28亿元、渔业4.29亿元），工业直接经济损失达11亿元。

面对不断加重的旱灾形势，中共大理州委、州政府高度重视。2009年12月15日，州委、州政府召开全州抗旱工作会议，对全州抗旱工作及早安排部署。2010年1月29日，全州启动防汛抗旱应急预案二级应急响应。2月21日，州委召开州委常委扩大会议再次对抗旱减灾工作进行研究部署，明确提出全州抗旱减灾工作“一保人畜饮水安全，二保困难群众的生活，三保长效经济作物，四保春耕生产，五保森林防火安全，六保社会和谐稳定”的“六保目标”，并于2月22日启动抗旱应急预案一级响应。

2010年3月13日，中共大理州委书记刘明在宾川县力角镇周能村委会月亮坪供水点了解村民生活用水情况

2010年4月22日，州委副书记、州长何金平深入到洱源县指导抗旱救灾和春耕生产

全州各级各部门牢固树立抗旱保民生、保生产的思想，把抗旱工作作为当前十分紧迫的头等大事和重要任务来抓，实行“五包一公示”。即：州级领导包县市、县市级领导包乡镇、乡镇领导包村、县市级部门包挂钩村、干部包重点户，各县市对干部挂钩包重点户的情况进行张榜公示。为进一步做好抗大旱、保民生、促春耕工作，确保“五包一公示”制度落到实处，全州加强灾情动态监测，严格灾情报送制度，要求相关部门派出灾情核查组，逐乡、逐村、逐户地核查灾情，核查困难群众缺粮、缺水等与生活直接相关的困难和问题,确保不漏一户、不掉一人。借“小水改”良机，积极开辟新水源。各级党委、政府充分发动群众筹资、投劳，维修所有闲置、损坏的机电井，新建小水井，抽提地下水源，并通过挖坑积水，采用车运、人背、马驮等方式对现有小水池、小水窖进行补水，积极开展生产自救，优先保障灾区特殊群体有水喝、有水用、有饭吃。面对日益严重的旱情，各级各部门通力协作，各乡镇成立应急送水小分队，充分保障特殊群体生活不缺水。千方百计挖掘潜力做好增蓄工作，加强对现有水资源的统一管理，积极组织群众加强蓄水、引水。充分利用好现有水库、塘坝、水窖、水池蓄水，做到能引蓄则引蓄，能提蓄则提蓄，尽最大努力增加水源，为生活、生产用水提供保障。截至3月25日，全州各县市共打井3690眼，水池增蓄13.92万立方米、水窖增蓄68.52万立方米。

针对高温干旱对小春作物造成的危害，农业部门组织农科人员深入生产一线，组织农户因地、因作物制宜进行抗旱浇灌。对发生病虫危害的88.16万亩田地实行科学防治146.22万亩次，尽最大努力减轻旱灾和病虫危害损失。按照大春生产需要，全州已就位杂交玉米种2323.8吨，杂交稻种170.7吨，常规稻种4662.6吨，基本可满足生产用种及补植补种需求。全州共落实烤烟合同面积55万亩，种烟乡镇90个、种烟村委会613个、种烟农户47235户，田烟面积24万亩、地烟面积31万亩，落实固定育苗点279个，其中大棚群147个、共有大棚2330个，小棚群132个、共有小棚34911个，育苗69144万株并在最佳节令移栽。对计划储备的150吨杂交玉米救灾备荒种子已就位186吨。对列入省、州财政每亩补助15元的50万亩地膜玉米，全部分解下达到县市。切实优化水旱作物结构，根据旱情发展态势，将水稻面积由2009年享受良种补贴的128.3万亩调减为100万亩，减22.1%；将玉米面积由2009年的104万亩扩大到118万亩，增13.5%；并适当增加马铃薯、芸

2010年6月30日上午，大理州在龙山国际会议中心举行大会，隆重纪念中国共产党建党89周年，同时表彰在抗旱救灾工作中涌现出来的先进基层党组织和优秀共产党员

旱情发生以来，祥云县普淜镇子乍苴村党员抗旱先锋队已找到3个备用饮水点，村里的82名党员还承担了“五保”户、留守老人的饮水供应工作

豆、蔬菜等特色作物面积，依靠优化水旱作物结构，打牢大春增收基础，力争小春损失大春补。各县市防汛抗旱指挥部密切掌握旱情动态和抗旱情况，分析旱情发展趋势，加强组织协调和指挥。各级各部门深入农村第一线，加强对春耕生产的指导工作。涉农部门及早做好化肥、籽种、地膜等农用物品的就位、监管。水利部门加强对水资源的统一管理和配置，充分发挥各类水利工程的抗旱作用，使有限的水资源发挥更大的抗旱效益。气象部门切实加强天气的预测预报工作，适时组织实施人工增雨缓解旱情，增加库塘蓄水。按照省防汛抗旱办的统一安排部署，从1月27日起实行24小时抗旱应急值班，同时将旱情周报改为日报，适时关注旱情变化。州政府定期召集发改、财政、水利、农业、电力、供销等有关部门和农业银行、农村信用社等金融机构的联席会议，分析旱情，通力协作，保证抗旱资金、物资、技术及时到位。截至3月30日，全州共投入抗旱资金18835万元，其中：中央和省级资金补助4872万元，州县财政已安排3575万元，群众投入累计达10388万元；全州共接收各界捐赠资金1436万元,其中:省烟草公司、红云红河集团分别捐款100万元和60万元，州级各部门捐赠近445万元，党员捐赠135万元。全州各级各部门高度重视，采取有效措施，积极应对，社会各界广泛支持，全力响应，捐款捐物，抗旱减灾工作有效推进。

4月16日，青海省海北藏族自治州政府副秘书长齐震带着海北州27万各族人民的情谊前来大理州，向干旱灾区捐款20万元

4月10～14日，大理州红十字会组织20余名红十字志愿者分组在下关、大理人流量较多的街头进行抗旱救灾募捐活动

面对严重旱情，弥渡县苴力镇只苴村民小组想方设法组织10台抽水机，把抗旱井和水塘里的水全部抽上来，确保旱育秧用水

大理市民兵应急分队出动官兵100余人到双廊镇五星村委会三长邑村帮助抗旱保苗

老挝审计代表团到大理州考察

2010年3月24日，由老挝国家审计署副审计长本通·乔玛哈冯带领的老挝审计代表团一行，在云南省审计厅厅长尹建业等领导的陪同下到大理州考察审计工作。

在25日下午召开的座谈会上，中共大理州委常委、州政府常务副州长马建全向代表团一行介绍大理州的基本情况。马建全说，去年，胡锦涛总书记在云南考察工作时提出，要把云南建设成为中国面向西南开放的桥头堡，大理将抓住这一难得的发展机遇，加强与老挝等东盟国家的友好合作，利用中国——东盟自由贸易区和跨境经济合作区平台，加快改革开放步伐，扩大对外交流与合作。老挝有着丰富的自然资源和较好的投资环境，自古以来，大理的商帮和能工巧匠就与东南亚各国有良好的交往，相信通过这次代表团对大理的访问，一定能加深双方的认识和了解，增进彼此之间的友谊，为双方今后更广泛合作交流创造更好的条件。

本通·乔玛哈冯说，通过这次到大理的考察，了解到大理州审计部门在固定资产投资审计、审计信息化、经济责任审计、精神文明建设等方面取得了较好成绩，特别是大理州首创的投资建设项目前置审计是对投资项目前期工作进行监督的一种新的审计方式，既节约了大量国家财政资金，又规范了建设单位的投资行为，提高了审计监督的效果，代表团将把大理州审计工作取得的经验带回老挝。

中共大理州委常委、常务副州长马建全（左二）亲切会见本通·乔玛哈冯（左一）

云南审计厅厅长尹建业亲切看望大理州审计局职工

大理州审计局局长张学义（左二）向本通·乔玛哈冯赠送大理石画屏

全州文化科技卫生"三下乡"活动在巍山启动

严冬荡春潮，新岁扬新风。2010年1月14日，全州文化、科技、卫生"三下乡"示范活动在国家级历史文化名城巍山古城启动，州人大常委会副主任陆璐出席启动仪式并与相关部门领导到南诏镇日升街、东外社区看望慰问了贫困户代表。来自十里八乡的上万名农民群众享受了一场别开生面的文化科技卫生服务。

"三下乡"示范活动由州委宣传部牵头，州文明办、州委外宣办、州政府新闻办、州文联、民进大理州委、州民政局、州计生委、州科技局、州科协、解放军60医院、州农业系统、州卫生系统、州文化系统等20多个部门单位，250多位文化、卫生、农业专家、专业技术人员开展文化、科技、卫生"三下乡"服务活动。

在当天活动现场，250多位文化、卫生、农业专家、专业技术人员为农民群众进行农业科技培训推广、文物知识宣传咨询、健康知识宣传和大型义诊活动。州电影公司免费为当地群众放映电影，州民政局共向20户贫困户和贫困学生家庭捐赠价值1万多元的钱物；州文化局、州图书馆捐赠了500册图书；州医院、解放军60医院、州中医院、州妇幼保健院、州疾控中心、州计生委共向群众捐赠发放2万多元的药品和药具，为1万余名群众进行了义诊服务；州农业局、州科技局、州科协、州博物馆等单位发放42种宣传资料2万多份，免费赠送生物有机肥500千克，农药40千克；州文联组织州内20余位著名书画家为群众书写春联1500余幅、书画作品56件，受到群众欢迎。

启动仪式上，州民族歌舞剧院和巍山县文艺队联袂进行慰问演出，《大理海子》、《踩云彩》、《牡丹花开》、《节日欢歌》等一个个节目优美动听，充分展现了先进文化的无穷魅力。

大理州民政局局长杨泽兵向贫困群众发放慰问金

州文联书画家为群众写春联

州文化局，州图书馆举行赠书仪式

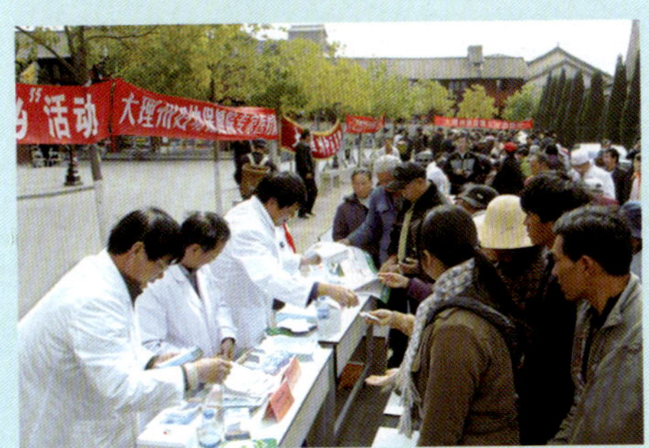
医疗卫生专家为群众义诊

“中国白族百村百人”大型影像展

云南省政协副主席顾伯平，中共大理州委书记刘明，州委副书记、州长何金平，州委常委、大理市委书记段玠出席开展仪式

中共大理州委书记刘明参观影像展

2010年8月1日，“中国白族百村百人”大型影像展开展仪式在大理古城南门城墙内举行。云南省政协副主席顾伯平、中共大理州委书记刘明，州委副书记、州长何金平，州委常委、大理市委书记段玠出席开展仪式并观看了影像展。

“中国白族百村百人”影像工程从民俗学和社会学的角度对以大理地区为主的全国白族聚居区进行一次系统、真实的影像记录，是一部相对完整的、反映白族生产生活风貌的影像志。此次影像展的图片记录了白族厚重的历史文化，凝固了白族发展的瞬间，真实地展现了今日白族的风采。

“中国白族百村百人”影像工程组已完成112个村共138个点的拍摄，涉及云南、贵州、四川、湖南、湖北、黑龙江、西藏等白族分布的省区，行程10万千米，在120多个白族村落用相机捕捉到一个个真实的瞬间。图片分为环境、建筑、生产生活、节庆习俗四大类。

“中国白族百村百人”大型影像展展出期间，吸引了众多观众驻足观看。

海内外嘉宾参观影像展

白族洞经音乐艺术团在影像展开展仪式上表演

印度宝莱坞歌舞团到大理演出

2010年7月22日晚8时，印度宝莱坞歌舞团中国巡演大理站演出在苍山饭店礼堂举行，印度驻华大使苏杰生、印度驻广州总领事潘迪，大理州党政领导王雪峰、字国顺、马建全、蔡春生、杨秀星、梁志敏、叶翠萍等观看演出。

演出前，蔡春生代表中共大理州委、州政府致辞。他说，今年是中印建交60周年，中印两国分别在各自国家举办“印度节”和“中国年”活动，旨在庆祝中印两国建交60周年，增进两国人民的友谊。我们非常高兴地迎来印度宝莱坞歌舞团到大理演出，宝莱坞的演出深受印度人民和世界各国人民的喜爱。中印两国山水相连，友好交往源远流长。一条黄河，一条恒河孕育了中国和印度两个历史悠久、文化灿烂的世界文明古国；一条承载着开放、交流与合作使命的“南方丝绸之路”将云南与印度连接在一起。大理州位于中国云南省西部，是中国唯一的白族自治州，人口350万。这里历史悠久、文化灿烂、风光秀丽、气候宜人、民族风情浓郁。我们希望大理州和印度驻华大使馆今后在文化、旅游等方面能有更多的交流与合作，携起手来为中印关系的美好未来而努力。

当晚，印度宝莱坞歌舞团为大理观众表演了孟买之恋、宝莱坞生死恋等充满浓郁印度风情的歌舞节目，演出活动精彩纷呈，高潮迭起。

《大理州年鉴》创刊20年

云南省地方志编纂委员会专职副主任、云南省地方志编纂委员会办公室主任李一是（左一）、大理州人民政府副州长洪云龙（左二）向获奖人员颁奖

县市地方志办公室主任座谈交流工作经验

2009年12月30日，州人民政府在苍山饭店召开《大理州年鉴》创刊20年总结表彰暨地方志续修工作会议。云南省地方志编纂委员会专职副主任、云南省地方志编纂委员会办公室主任李一是，大理州人民政府副州长、州地方志编纂委员会副主任洪云龙出席会议并作重要讲话；州人大常委会常务副主任杨宴君、州政协副主席孙明出席会议；州地方志办公室主任赵秀元作工作报告；会议由州政府秘书长李超主持。各县市政府分管地方志工作的副县市长、各县市地方志办公室主任、中央属、省属和州属单位分管领导和年鉴撰稿人共计300多人参加会议。

《大理州年鉴》创刊于1990年，是由州人民政府主办，州地方志编纂委员会办公室承办，《大理州年鉴》编辑部负责编纂的一部反映大理州政治、经济、文化、社会等各方面发展情况的地方综合年鉴。每年定期编纂出版1卷，至2009年已成功编纂出版了20卷，发行4.05万册。《大理州年鉴》的公开出版，为地方领导科学民主决策提供了大量的有价值信息，也为研究地情的专家学者提供了丰富翔实的资料，同时为宣传介绍大理，树立大理改革开放新形象以及地方志续修积累了全面而系统权威的素材，取得了良好的社会效益。《大理州年鉴》在全国全省组织的历届评比中多次获得特等奖和一等奖（全国共2次、全省共15次），在《大理州年鉴》创刊的影响和带动下，全州12县市地方志办公室中，有11个县市地方综合年鉴先后创刊，为促进当地经济社会发展发挥了重要的存史、资政、教化的作用，大理州成为云南省较早开展地方综合年鉴编纂的地区之一。

会上，副州长洪云龙对年鉴和地方志编修

出席《大理州年鉴》创刊20年总结表彰暨地方志续修工作会议的会议代表

总结表彰暨地方志续修工作会议

云南省地方志编纂委员会专职副主任、云南省地方志编纂委员会办公室主任李一是到会指导

大理州人大常委副主任杨宴君到会指导

大理州人民政府副州长洪云龙在会上作重要讲话

工作取得的丰硕成果给予了充分肯定，认为编修工作坚持了正确的政治方向和存真求实的原则，坚持领导重视，切实保证质量，推进志书和年鉴等重要地情资源的开发利用，不断深化理论研究，积累了丰富的经验，值得认真总结。他要求在下一步工作中要进一步提高认识，坚持以科学发展观为指导，坚持质量第一的原则，抓紧做好第二轮地方志编修工作。州志办主任赵秀元就《大理州年鉴》创刊以来20年和2004年以来5年全州州县市两级第二轮地方志编修工作作总结汇报，并表示在下步工作中要进一步加强对《地方志工作条例》的学习，进一步加强领导，提高认识，统一思想，坚持质量第一的原则，按时按质完成修志任务。他要求各县市地方志办公室在抓紧完成州志承编任务同时，要加快县市志的编纂工作。对《州志》承编单位要按照抓两头带中间的方式进行分类指导，并进一步加强年鉴编纂工作。

为总结20年来的经验，更好地办好《大理州年鉴》，大理州地方志编纂委员会组织对《大理州年鉴》创刊20年来的工作进行了认真总结和评审。决定授予为《大理州年鉴》连续工作10年以上，工作积极，成绩优异的沈寿康等47名同志“突出贡献奖”称号；授予为《大理州年鉴》的编纂出版，尽心竭力，成绩突出的李爱萍等73名同志“先进工作者”称号，并予以表彰奖励。会议最后，主席台领导为获奖的代表颁奖，全体会议代表合影留念，会议圆满结束。

大理州地方志协会第六届会员大会

漾濞彝族自治县县长毕才伟（左二）致辞

2009年12月17～18日，大理州地方志协会第六届会员大会在漾濞召开，州地方志协会会员65人参加会议，州政协文史委、州科协、州民政局和中共漾濞彝族自治县委、县政府、县人大、县政协的领导应邀出席会议并讲话。会议首先进行大理州地方志协会换届选举，共选举出36人担任第六届理事，16人担任第六届常务理事，赵秀元当选为第六届理事长，那鹏、刘丹霞当选为副理事长，冯燕当选为秘书长。随后，会议围绕深入学习贯彻《地方志工作条例》，推进第二轮地方志编修工作，促进地方志事业科学发展进行理论研讨和工作经验交流，特别是针对新形势下地方志事业发展遇到的新情况新问题开展地方志学术论文交流，会议共收到交流材料、论文11篇，11人在会上进行了交流发言。

开展保护洱海、建设文明村镇活动

2010年5月21日，大理州地方志编纂委员会办公室全体干部职工到大理省级经济开发区石房子村委会，和当地干部群众开展保护洱海、建设文明村镇活动。经过1天的努力，共计清理河道、滩地约2千米，清除垃圾近3吨，使村落周边环境得到进一步改善，抢在雨季前改善了环境，防止垃圾流入洱海。

开展“洱海保护月”活动以来，州地方志编纂委员会办公室按照“洱海保护月”活动实施方案的要求，结合工作实际，成立领导组，明确1位副主任分管此项工作，制定活动实施方案，以改善农村生态环境和生活环境为切入点，以“村庄绿化、环境美化、庭院净化”为重点，开展“建设新农村、美化新家园、村容整洁大行动”。多次与石房子村委会两委班子、村组长、洱海管理员一起研究开展活动的内容、方式等，科学谋划，精心组织，努力做到宣传发动到位、体制机制健全到位、督促检查到位，共同制定洱海保护责任区域的具体措施，制定环保协管员责任分工制度、环保协管员管理制度和责任滩地回访制度等。建立起洱海保护的长效机制，把洱海保护治理工程不断引向深入，干部职工及村民自觉保护洱海周边环境的意识全面增强。

大理民族历史文化雕塑群

目 录

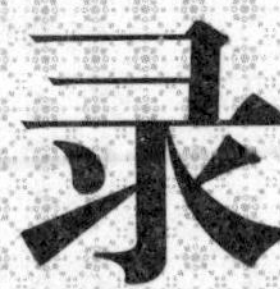

特 载

专 文

年 内 要 事

概　况

政　治

军　事

法　制

农　　业

工　业

交　　通

信息产业

旅　游

城乡规划建设管理

环境保护

贸　易

财政　税收

金融　保险

经济管理与监督

教　育

普通教育

职业教育、成人教育

学前教育、民办教育、特殊教育

科 学

文　化

卫 生

体 育

民族宗教

社　会

县市要览

统计资料选编

人　物

附　录

CONTENTS

FEATURE ARTICLES

SPECIAL CONTRIBUTIONS

MAJOR EVENTS DURING THE YEAR

IN BRIEF

POLITICS

MILITARY AFFAIRS

LEGAL SYSTEM

AGRICULTURE

INDUSTRY

TRANSPORTATION POSTAL SERVICES

IT INDUSTRY

TOURISM

URBAN – RURAL PLAN AND CONSTRUCTION

ENVIRONMENTAL PROTECTION

TRADE

FINANCE　TAX

BANKING INSURANCE

ECONOMIC MANAGEMENT

EDUCATION

SCIENCE

CULTURE

PUBLIC HEALTH

SPORTS

NATIONALITIES RELIGIONS

SOCIETY

COUNTIES AND MUNICIPALITY

PERSONAGES

APPENDIX

特 载

以科学发展观为指导 解放思想 开拓奋进 为“十二五”奠定更加扎实的发展基础

——在中共大理州委六届八次全体(扩大)会议上的报告

(2010 年 1 月 11 日)

中共大理州委书记 刘 明

这次全委会的主要任务是:深入学习贯彻党的十七届四中全会、中央经济工作会议和省委八届八次全委会精神,全面总结 2009 年工作,安排部署 2010 年任务,审议《中共大理州委关于贯彻〈中共中央关于加强和改进新形势下党的建设若干重大问题的决定〉的实施意见》,动员全州广大党员干部和各族群众,深入贯彻落实科学发展观,解放思想,开拓奋进,为“十二五”奠定更加扎实的发展基础。

受州委常委会的委托,我向全委会作工作报告,请予审议。

一、攻坚克难,全州经济社会发展取得显著成效

2009 年是进入新世纪以来全州经济社会发展最为困难的一年。面对国际金融危机的严重影响,州委团结和带领全州各族干部群众以科学发展观为指导,坚决贯彻落实中央和省委应对国际金融危机冲击的一系列决策部署,全力以赴“保增长、保民生、保稳定”,有效遏止了经济明显下滑态势。全年实现生产总值 404.5 亿元,同比增长 12%;财政总收入 67.61 亿元,同比增长 12.6%,其中,地方一般预算收入 31.55 亿元,同比增长 14.42%;城镇居民人均可支配收入 14180 元,同比增长 10.22%;农民人均纯收入 3482 元,同比增长 13.13%。全州继续巩固了经济平稳较快发展、民族团结和谐、社会稳定安宁的良好局面。

(一)千方百计争取项目加大投入拉动发展

积极配合国家和省搞好重大项目建设,小湾电站三台机组顺利发电,大丽铁路建成通车。大丽高速公路、跃龙公路、鸡足山旅游公路、云龙包罗水库等项目启动实施,关巍公路、环洱海公路等一批项目加快推进。切实做好项目前期工作,加强融资平台建设,多渠道筹集项目资金。进一步健全完善项目协调推进机制,层层建立责任制,对重大建设项目重点服务、重点督查。2009 年,全州共争取到国家和省扩大内需项目 380 个、资金 14.2 亿元;完成固定资产投资 217.32 亿元,同比增长 33%;州内金融机构增加贷款 67.5 亿元,同比增长 27%,有力地拉动了全州经济平稳较快发展。

(二)积极推进发展方式转变和结构调整

机械制造、建材、烟草、能源、优势生物资源和农副产品加工产业实现两位数增长。全州完成工业总产值 374.26 亿元,同比增长 13.17%,单位生产总值能耗预计下降 5%。大力推进农业产业化,烤烟、蚕桑、乳畜、核桃等产业发展势头良好,完成中低产田地改造 24 万亩;继续巩固深化集体林权制度改革,实施千村扶贫开发百村整体推进工程,“中间村”建设加快实施,扶贫综合开发

示范园区建设稳步推进，农村基础设施和村容村貌不断改善，农村经济持续健康发展。大理苍洱片区旅游产业发展和改革综合试点工作全面启动。大理古城、巍山古城等景区改造提升加紧实施，喜洲古镇、双廊古渔村整体开发建设进展顺利，苍山大索道、《希夷之大理》实景演出项目启动，银都水乡新华村通过国家4A级旅游景区终评验收，旅游产品初步得到转型升级。成功举办了第八届中国摄影艺术节暨2009首届大理国际影会等系列文化旅游活动，大理对外影响力、吸引力和软实力得到提升。2009年，全州接待国内游客达1106万人次，首次突破千万人次大关，海外游客达35.3万人次，同比分别增长20%、11.46%，实现旅游总收入86亿元，同比增长18%。商贸、运输、物流、金融等服务业快速发展，城乡消费持续旺盛。

（三）着力打造良好的开放和招商环境

成立了大理州政务服务中心，全面推行“114政府信息直通车”服务，工作效能进一步提高。建立健全招商引资“一站式”服务体系，简化办事程序，落实服务承诺，努力为外来投资者提供优质服务。坚持引进理念、引进人才、引进管理、引进资金，大力实施“走出去、请进来”战略，强化驻外机构的招商引资职能，在昆明、深圳成功举办大理州经济技术合作项目推介会。2009年，引进经济合作项目93项，引进州外实际到位资金74亿元，增长47.7%，其中实际利用外资1841万美元。

（四）滇西中心城市建设加快推进

认真贯彻落实省政府大理专题会议精神，以“两保护两开发”为核心，着力构建“1+6”城市群，各项工作取得新进展。进一步树牢“洱海清、大理兴”的理念，推进洱源生态文明试点县建设，认真抓好洱海流域“两污”治理机制和技术创新。2009年，洱海水质有3个月达到Ⅱ类，总体保持在Ⅲ类。启动实施了大理市洱海流域“百村整治”工程，海西保护向纵深发展。加强海东片区土地收储，基础设施加快推进；积极搭建海东开发融资平台，与富滇银行签订了战略合作协议；与泛华建设集团、云南城投公司签订了海东新城开发投资协议。积极推进滇西中心市场、物流园区规划建设，凤仪开发加快推进。

（五）统筹兼顾各项事业协调发展

坚持积极的就业政策，千方百计增加就业岗位，加强对大中专毕业生就业的指导和服务，采取多种措施促进农民工就业，切实帮助“零就业”家庭解决就业困难。全面落实城乡义务教育“两免一补”政策，巩固提高“普九”成果，各级各类教育进一步发展。深入推进医药卫生体制改革，新型农村合作医疗参合率稳步提升。有效控制了甲型H1N1流感疫情扩散。社会保障覆盖面进一步扩大。统筹解决人口问题试验区建设进展顺利。“7·9”、“11·2”抗震救灾和灾后恢复重建工作顺利推进。

坚持把经济宣传作为重中之重，集中力量打好应对危机、攻坚克难的宣传战役。成功组织了“万人红装苍洱唱国歌”等庆祝新中国成立60周年系列活动。扎实开展未成年人思想道德建设和大中专学生思想政治教育，社会主义核心价值体系建设积极推进。实施文化惠民工程，文化事业蓬勃发展，广播电视村村通等农村公共文化服务体系建设步伐加快，群众性文化体育活动和民族传统节庆活动深入开展。文明大理建设示范工程进展顺利，进一步树立了文明大理新形象。

（六）营造良好环境促进和谐保障发展

各级人大、政协紧紧围绕中心，服务大局，切实开展法律监督、工作监督和民主监督，深入开展视察、检查和调研活动，积极建言献策，为“三保”发挥了重要作用。各民主党派积极献计出力，工会、共青团、妇联等人民团体联系和服务群众作用进一步发挥。老干部工作进一步加强，“双拥”工作蓬勃开展。深入贯彻党的民族政策，州人民政府被国务院表彰为全国民族团结进步模范集体。深入开展领导干部大下访、大接访活动，不断加大社会治安综合治理力度，及时解决移民搬迁、项目建设等工作中群众反映强烈的热难点问题，积极预防和妥善处置群体性事件。扎实开展新一轮禁毒防艾人民战争，严厉打击各类刑事犯罪活动，维护了社会稳定。我州被中央综治委表彰为全国社会治安综合治理优秀地市。切实做好防灾减灾工作，严格落实安全生产责任制，严格食品药品监管，切实保障了人民群众切身利益。

（七）不断加强党的建设提升能力服务发展

坚持把开展学习实践科学发展观活动作为应对国际金融危机、推动科学发展的重大机遇和强大动力，第二批学习实践活动圆满完成，第三批学习实践活动扎实开展，广大党员干部和各族群众受到了一次深刻的科学发展观教育，科学发展的成效更加明显，得到了上级的充分肯定。加强优秀年轻干部、少数民族干部、女干部和党外干部培养选拔，加大公开选拔力度，一批优秀年轻干部脱颖而出，领导班子和干部队伍结构进一步优化。圆满完成后备干部集中调整工作，干部人事制度改革向纵深推进，建立了体现科学发展观要求的考核评价体系。州、县市两级政府机构改革工作进展顺利。深入开展“三个一”主题实践活动，深化“三级联创”活动和“云岭先锋”工程。坚持从严管理干部，认真落实党风廉政建设责任制，大力推进惩治和预防腐败体系建设，扎实开展“小金库”清理“回头看”，认真开展行政事业单位经营性国有资产统一管理工作，加大各种违纪违法案件的查处力度，反腐倡廉建设取得新成效。

在充分肯定成绩的同时，我们也清醒地看到，工作中还存在着一些困难和不足。一是争取政策、项目、资金工作还不够到位，部分重点建设项目融资困难，推进步伐缓慢。二是招商引资环境较差，招商引资质量不够高，项目签订协议多，实际到位资金少，尤其是缺乏事关全州产业发展的重大项目，招商引资成效与大理的优势资源、与大理的知名度还有较大差距。三是少数干部解放思想不够，缺乏促进发展的谋略和办法，运用科学发展观解决实际问题的能力弱；有的干部作风飘浮，仍然存在不作为、乱作为的现象；少数基层党组织软弱涣散。四是个别领导干部不廉洁自律，反腐倡廉建设需要进一步加强。对于这些困难和问题务必引起高度重视，切实加以解决。

二、开拓奋进，为“十二五”奠定更加扎实的发展基础

今年，是实施“十一五”规划的最后一年，也是进一步应对国际金融危机冲击、保持经济平稳较快发展，为“十二五”规划启动实施奠定良好基础的重要一年。

当前，我州经济正处在企稳回升的关键阶段。但回升基础还不牢固，经济增长的内生动力还不强，经济运行中的新老矛盾和

问题互相交织。一是金融危机的影响还在继续，我州部分行业和企业生产经营仍然比较困难，产品销售困难。二是企业融资贷款难度加大，建设资金紧张，保持投资较快增长压力加大，经济发展缺乏新的项目支撑。三是产业结构较为单一，结构调整的任务繁重。国家重点鼓励发展的新能源、新材料、高新技术和低碳经济、绿色经济，在我州起步较晚，培育难度大。加之资源环境压力大，节能减排任务重，转变发展方式显得尤为迫切。这些都对我州今后的发展提出了新的挑战。

要保持经济平稳较快发展，我们仍面临难得的机遇。尤其是随着国家应对金融危机、扩大内需各项政策措施的深入实施，全国、全省经济回升向好基础不断巩固，为我们提供了较为宽松的发展环境。中央继续实施积极的财政政策和适度宽松的货币政策，继续增加对西部地区和民族地区的扶持，为我们继续加强基础设施建设，拉动经济增长，创造了有利条件。尤为可贵的是，我们在应对危机冲击方面积累了不少好的经验和做法。全州各级领导干部要进一步统一思想，坚定信心，开拓奋进，谋求发展不松劲，调整结构不停步，不断开创全州经济社会又好又快发展的新局面。

今年工作的总体要求是，以邓小平理论和"三个代表"重要思想为指导，全面贯彻落实科学发展观，围绕省委建设绿色经济强省、民族文化强省和面向西南开放的桥头堡的目标，按照"争当民族团结进步模范州、生态文明建设排头兵、旅游二次创业生力军、滇西城镇化进程领跑者"的要求，坚持生态优先、农业稳州、工业强州、文化立州、旅游兴州、和谐安州的发展思路，加大软环境建设力度，巩固回升向好势头，大力调整经济结构，着力提高发展质量，更加注重改善民生，全面加强党的建设，努力推动全州经济平稳较快发展和促进社会和谐稳定，全面完成"十一五"规划的各项目标任务。

主要预期目标是：地区生产总值和财政总收入增长10%以上，全社会固定资产投资增长20%以上，城镇居民人均可支配收入增长7%以上，农民人均纯收入增长8%以上，城镇登记失业率控制在4.5%以内，单位生产总值能耗下降4%以上。

实现上述目标，必须切实处理好扩大经济总量与转变经济发展方式和调整结构的关系，处理好扩大内需与稳定外需的关系，处理好经济发展与生态文明建设的关系，处理好发展经济与改善民生的关系，处理好改革发展与稳定的关系。必须把转变经济发展方式，作为深入贯彻落实科学发展观的重要目标和战略举措，努力在发展中促转变，在转变中谋发展。

（一）坚定不移扩大投资，夯实发展基础

牢牢把握中央和省的投资重点和投资方向，加强项目的论证、储备和推介，做细做实前期工作，加强与中央和省级有关部门的对接，争取有更多的项目列入中央和省的盘子，千方百计扩大投资规模，努力促进全州固定资产投资较快增长。

加强基础设施项目建设。继续积极配合国家和省加紧启动广大铁路扩能改造项目建设，加快推进大瑞铁路、大丽高速公路和小湾、功果桥、苗尾电站等项目建设。加快推进全州二级公路建设步伐，确保关巍公路尽快建成通车。要把改善民生作为投资重点，加快推进水利、城建、环保和教育、卫生等公共设施建设，进一步打牢发展基础。

加紧谋划重大项目。要立足当前，着眼长远，紧紧围绕科学发展、和谐发展、推进全州更高水平小康社会建设这一主题，科学编制"十二五"规划，尤其要抓住国家功能区划分的机遇，突出构建"1+6"城市群、半小时经济圈、三大旅游圈等重大战略思路，研究提出一批重大基础设施项目和产业发展项目，促进项目建设持续推进。加强城市综合交通运输网络建设，启动城市群轨道交通规划工作。

健全完善项目推进机制。继续实施领导挂钩重点建设项目的协调推进机制，强化主管部门跟踪督促、协调落实的职能作用，合力推进项目实施。积极支持纪检监察机关按照"四抓一化三促进"的要求，继续加强对扩大内需项目的监督检查，确保项目按质按量如期竣工。完善建设项目督查专员制度，对重大建设项目实施重点跟踪，及时解决项目建设中的突出矛盾和问题。

（二）坚定不移抓实"三农"，推进新农村建设

继续坚持不懈地推进千村扶贫开发百村整体推进工程，实施好整乡推进项目。突出产业支撑，着力解决交通瓶颈，加快推进扶贫综合开发示范园区建设。鼓励支持各县市结合实际，加大"中间村"的建设力度。加大资金整合力度，充分发挥农民的主体作用，突出集中连片，大力推进中低产田地改造，把适宜种植的坝区、25度以下坡地改造成高稳产农田地。要继续加强粮食综合生产能力建设，强化农业科技支撑，抓好粮烟生产，切实增加农民收入。

抓好以核桃、蚕桑、乳畜为重点的优势农业产业化项目。围绕建设1000万亩核桃产业基地目标，着力抓好年度种植任务，加强扶育管护，促进核桃基地建设稳步推进。抓住"东桑西移"机遇，制定扶持政策，加快基地建设，努力实现全州35万亩蚕桑基地建设任务。搞好优势农畜产品的精深加工，提高乳畜养殖的规模化水平。突出抓好龙头企业的培育工作，优先扶持发展一批重点农业产业化龙头企业。

实施中低产林地改造。继续深化集体林权制度配套改革，推进林地经营权规模流转，吸引有实力的企业通过投入资金、连片开发、规模化种植等方式，推进林地改造规模连片发展。年内每个县市都要通过招商引资或能人牵头等方式，完成3至5片5000亩以上的中低产林改造任务。

各级财政对农业的投入增长幅度都要高于财政经常性收入增长幅度。预算内固定资产投资要继续向重大农业农村建设项目倾斜。

（三）坚定不移调整结构，推进新型工业化进程

牢固树立工业强州的思想，突出工业在全州经济发展中的重要地位。不断深化州情认识，找准各地的优势和特色，依托优势资源，大力发展生物资源开发、建筑建材、矿冶、能源等产业，提高资源的利用率。加大企业技术改造力度，积极鼓励企业应用新技术、新工艺、新设备，改造提升传统产业。抓住中国——东盟自由贸易区全面建成的机遇，加强经济技术合作和交流，承接产业转移，积极发展来料加工等外向型加工制造业。培育低碳经济和循环经济，促进全州产业转型升级。

按照建设云南省先进加工制造业基地的战略目标，加快主城区高新技术产业发展，积极发展传统优势产业、具有资源优势的产业和区位竞争优势的产业，培育风能和太阳能等环保型工业，壮大中心城市的产业支撑体系。把矿冶、汽车制造、食品和生物制药产业培植成为百亿元产业。积极引进战略合作伙伴，不断拓展产业领域。围绕力帆骏马、祥云飞龙等骨干企业，大力发展配套产业，着力延长产业链，提高产品附加值，促进优势产业集群化发展。进一步明晰中心城市副城区和新区的产业布局，努力形成结

构合理的产业体系。要以兼并重组为方向，提升精深加工和产品竞争力，提高产业集中度。

实施强有力的政策措施推进工业。增加前期工作经费投入，加大对企业上市、重大产业项目、技改项目、园区建设的扶持力度，加快融资担保、技术创新、人才队伍和社会化服务体系建设，激活社会资源向工业聚集。要加强工业园区建设，进一步完善配套服务体系，改善环境，增强聚集、带动功能，把工业园区建设成为先行先试、对外开放的窗口和县域经济发展的产业基地。

（四）坚定不移大举招商，增强发展活力

营造环境上要有大举措。要以企业满意作为重要的标准，不断改善法治环境、服务环境、信用环境和人居环境，从项目报批、土地征用、工程建设到项目投产，为招商引资项目提供一条龙优质服务，在投资者与政府各部门之间搭建起一条“绿色高速通道”。

招商选择上要有大举措。要突出大理的区位优势和资源优势，瞄准世界500强、国内500强企业，到有大商的地方去招大商，着力引进一批有利于促进产业聚集、延长产业链的产业项目，提高招商引资质量。

工作责任上要有大举措。要把招商引资作为“一把手工程”来抓，强势推进招商引资工作。要坚持“以实绩论英雄”，加大考核激励力度，在招商引资中锻炼和检验干部。

（五）坚定不移走城镇化发展道路，争当滇西城镇化进程领跑者

紧紧围绕省委提出的把云南建设成为面向西南开放的桥头堡的目标，深入贯彻落实省政府大理专题会议精神，努力把大理建设成为云南通往南亚、东南亚的重要交通枢纽和开放城市。

全力加快滇西中心城市建设。积极实施《大理滇西中心城市总体规划》。加大洱海保护治理力度，积极推进洱海流域“两污”治理技术创新，抓好洱源生态文明试点县建设，确保洱海水质持续改善。围绕把海西片区打造成为“农耕文化的承载区、千年文明和白族传统文化的展示区、康体休闲度假旅游区”的目标，切实加强海西田园风光保护和白族民居建筑风格整治，认真实施洱海流域“百村整治”工程。围绕把海东片区建设成为“科学发展的样板、生态城市的样板和国际化康体休闲度假城市的样板”的目标，完善海东新区规划，加快土地收储和报批，招商引资，创新融资方式，做好基础设施建设和项目引进入驻，加快推进海东开发。积极推进凤仪开发，加快创新工业园区基础设施建设，引进新项目，打造新亮点；加快物流园区建设，加紧建成一批规模化的专业市场。加快推进下关旧城区改造提升，不断增强辐射带动能力。重视和加强房地产开发，促进房地产业健康稳定发展。

加快推进各县县城的规划和建设。在着力构建以大理市为中心城市群的同时，周边各县要打破行政区域界限，充分发挥区位优势，结合本地历史文化特点，加快与周边州市毗邻的中心集镇建设，增强辐射带动功能。抓住小湾、功果桥、苗尾等大型水电站建设加快推进的机遇，充分发挥电站的带动功能，加快澜沧江沿岸中心集镇建设，培育新的产业经济带。加强县城和小城镇发展，落实放宽县城和小城镇落户条件的政策，促进符合条件的农业转移人口在城镇落户并享有与当地城镇居民同等的权益。鼓励有条件的县市将有稳定职业并在城市居住一定年限的农民工逐渐纳入城镇住房保障体系。着力研究解决新生代农民工问题。

加强村镇规划管理。结合新农村建设，严格按规划加强村镇建设，加大对历史文化古镇古村的保护，打造一批历史文化名镇和特色旅游村镇。强化土地管理，建立健全基本农田和耕地保护责任制，严格宅基地审批管理，切实推进“空心村”和“城中村”整治工作。进一步开展特色民居的整治和保护工作。

（六）坚定不移做强旅游，争当旅游二次创业生力军

积极推进苍洱片区旅游产业发展和改革综合试点工作，坚持以生态为本、文化历史为魂，注重旅游与文化紧密结合，深入挖掘我州独特的历史文化、民族文化、农耕文化和宗教文化，丰富旅游文化内涵，加快旅游转型升级，努力在推进旅游二次创业上取得新进展。

建设旅游大景区。围绕构建三大旅游圈的目标，继续加强大理古城、巍山古城、鸡足山、巍宝山、石宝山等重点景区的改造提升工作。把喜洲古镇作为旅游二次创业的新亮点、旅游文化产业发展改革综合试点工作的试验区，力争在3至5年内打造成国家级旅游文化创意园区。确保苍山大索道和《希夷之大理》项目按期完成，继续抓好双廊古渔村、洱源西湖等景区的整体开发建设。

培育和引进旅游大企业。创新旅游产业投资、开发和经营管理体制，加大引进大型旅游企业工作，做强做大一批旅游企业。着力构建旅游产品特色化、旅游服务标准化、旅游开发产业化的旅游发展新格局，切实增强大理旅游的吸引力和竞争力。

引进知名酒店大品牌。支持已建和在建的五星级酒店引进国际知名酒店和管理团队，提升酒店标准化管理服务水平。对成功引进国际一流知名酒店品牌的企业和年接待游客10万人以上的旅行社，州委、州政府将给予奖励。

开拓旅游大市场。围绕构建“人文大理、幸福家园”，打造旅游新亮点，推进旅游产品多样化发展。加强旅游产品的包装和策划，尽快推出一批登山、环海自行车、高尔夫、温泉、赛马等康体、休闲、度假旅游产品，满足不同层次游客的消费需求。加强行业管理，创新营销机制，做好产品的宣传和推介，积极拓展旅游客源市场，努力在开拓成都、重庆、广州、深圳市场上取得实质性突破。

（七）坚定不移抓牢生态，争当生态文明建设排头兵

进一步树牢“生态优先”的理念，围绕省委提出的建设绿色经济强省的目标，走生态建设产业化、产业发展生态化的路子，继续实施好天保工程、退耕还林、城乡绿化等生态建设重点工程，建设绿色大理，大力推进生态文明建设。

加强洱源生态文明试点县建设。充分发挥群众的主体作用，切实增强环境保护和生态文明意识。研究制定生态补偿机制，完善绿色GDP考核目标体系。加强主要入湖河道监测和治理，提高入湖河道水质。大力发展生态农业、生态工业、生态旅游。

加强洱海流域生态文明建设。尽快形成有利于生态环境保护的体制机制。重视农村面源污染治理，推进湖滨带建设和湿地滩地保护。调整种植业结构，加大流域污水治理，加快县城污水处理厂、乡镇污水厂、村落污水处理系统以及农户庭院式污水处理设施建设。实施乡村环保工程，建设生态经济示范镇，创建文明卫生村。积极探索建立洱海流域低碳经济试验区。

重视水环境污染防治。继续推进湿地保护建设，着力打造国家级高原生态湿地品牌。继续加强剑川剑湖、鹤庆草海、洱源湿地的治理保护。开展沘江流域污染综合治理。严格落实节能减排目标责任制，提高能源使用效率，减轻资源和环境压力，努力建设资源节约型和环境友好型社会。

（八）坚定不移促进和谐，争当民族团结进步模范州

党委要总揽全局协调各方，加强和改进对人大、政协工作的领导，充分发挥人大依法监督、工作监督和政协民主监督的作用。支持"一府两院"依法开展工作，行使职责权力。加强统一战线工作，继续支持民主党派更好地履行职能，充分发挥工会、共青团、妇联等群团组织和社会团体的作用。广泛、深入地开展民族团结宣传教育活动，着力加快人口较少民族和民族贫困地区经济社会发展。全面贯彻落实党的宗教工作基本方针和宗教事务条例，积极引导宗教与社会主义相适应，继续发挥宗教界人士和信教群众在促进经济发展、维护社会和谐稳定中的作用。

建立健全做好新形势下群众工作的有效机制，进一步形成依法有序表达诉求、及时解决问题的社会环境，努力把矛盾化解在基层、解决在萌芽状态。深入推进社会管理创新，进一步完善与社会主义市场经济相适应的社会管理体系，加强社会治安综合治理，深入开展新一轮禁毒防艾人民战争，巩固巍山永建地区毒品整治成果，依法严厉打击各种违法犯罪活动，严密防范境内外敌对势力的渗透破坏活动。继续推进先进平安大理建设，积极争创全国"长安杯"。深入推进公正廉洁执法，进一步提高开放、透明、信息化条件下的执法公信力，不断深化和推进司法体制机制改革，努力打造阳光司法。深入开展"五五"普法宣传教育。继续加强食品药品监管，健全和落实安全生产责任制，深入排查和治理隐患，防范和坚决遏制道路交通、消防、矿山等重特大事故发生。

（九）坚定不移改善民生，推进社会各项事业协调发展

进一步完善创业扶持政策，多渠道、多方式增加就业岗位，鼓励劳动者自谋职业和创业。积极开展新型农村养老保障制度改革试点工作，重视被征地农民和农民工的生活保障问题，提高城乡最低生活保障补助标准、企业退休人员基本养老金和部分优抚对象待遇。进一步扩大社会保险覆盖面和城镇职工基本医疗保险范围。继续落实家电、农机、汽车下乡和家电、汽车以旧换新等惠民政策。加快保障性住房建设，切实解决好城镇低收入人群的住房问题。继续做好移民搬迁安置工作，确保移民"搬得出、稳得住、逐步能致富"。加快祥云、宾川、剑川地震灾区恢复重建步伐，确保受灾群众全部按期搬进新居。

加快中小学校布局调整工作和校舍安全工程建设，建立城乡学校教师支教和学习培训机制，促进义务教育均衡发展。妥善解决困难家庭、进城务工子女、农村留守儿童的教育问题。进一步巩固提升"两基"成果，加快普及高中阶段教育，加快大理技师学院建设和大理农林职业技术学院筹建工作，积极支持大理学院加快发展。实施一批创新工程，培育创新型企业，努力提高科技进步对经济增长的贡献率。深化医药卫生体制改革，完善公共卫生服务体系，推进城乡医疗服务体系建设，加快推进覆盖城乡居民的基本医疗保障体系，建立健全药品供应保障体系，提高疾病预防控制和医疗救治能力，切实缓解"看病难、看病贵"的问题。继续做好甲型 H1N1 流感和艾滋病等重点传染病防控治疗工作。完善人口计生综合治理工作机制，稳定低生育水平。继续抓好农村广播电视节目无线覆盖工程，加快提升数字电视建设服务水平。广泛开展全民健身运动，提高竞技体育水平。关心妇女儿童、残疾人、老年人事业。继续加强人民防空和民兵预备役建设，巩固和发展双拥共建、军政军民团结的良好局面。

（十）坚定不移繁荣文化，提升大理良好形象

加强新闻传播能力建设，巩固壮大积极健康的社会主流舆论，坚持用干部群众喜闻乐见的方式，加强社会宣传，提高舆论引导能力，积极营造全州上下又好又快发展的良好氛围。整合对外宣传资源，做好宣传策划，提升大理的知名度和美誉度。深入推进社会主义核心价值体系建设，扎实抓好青少年和未成年人思想道德建设，进一步增强全州各族群众团结和谐、奋发向上的精神力量。扎实开展道德实践活动和精神文明创建，不断提升社会文明水平。突出主要交通沿线、重要节点、县城、旅游景区景点和全州东、南、西、北大门环境综合整治，加快推进十项文明大理建设示范工程，不断提升大理形象。

深化文化体制改革，加快文化产业发展。围绕省委提出的建设民族文化强省的目标，实施文化精品工程，着力打造大理世界性文化品牌。做精做强三月街、开海节、大理国际影会、"两博会"等节庆活动，树立品牌，增强吸引力。筹划建立大理美术馆，加大对文物的挖掘和保护力度，加快大理王宫博物院的建设。重视优秀传统文化的保护和传承，积极引导创作更多反映大理历史、民族、宗教文化的优秀影视作品。加强农村文化阵地建设，发展公益性文化事业，推进文化惠民工程，广泛开展形式多样的群众文化活动，让先进文化植根于人民群众之中，引领社会风尚。

三、恪尽兴党之责，为经济社会发展提供坚强保障

深入贯彻落实党的十七届四中全会精神，坚持党要管党、从严治党，以改革创新精神不断提高党的建设科学化水平，为全州科学发展提供更加坚强的政治和组织保证。

（一）着力建设高素质的干部队伍

要积极推进学习型干部队伍建设，认真落实各项学习制度，强化对领导干部学习情况的监督检查，切实增强学习的针对性和实效性。要坚持德才兼备、以德为先的用人标准，坚持民主、公开、竞争、择优，提高选人用人的公信度，在全社会形成良好的选人用人导向。要创新选拔任用机制，把任前推荐情况与平时表现情况结合起来，把提拔干部与培养干部结合起来，把重视"显绩"与注重"潜绩"结合起来，把群众满意度作为任用干部的重要依据。要继续加大培养选拔优秀年轻干部、少数民族干部、女干部、党外干部的力度，合理使用各年龄段的干部，保护和调动各方面干部的工作积极性。要建立健全推荐、考察、决策责任制和用人失误失察责任追究制度，把从严管理干部工作贯彻到干部队伍建设的全过程。

（二）着力建设善谋发展的领导班子

要加强领导班子思想政治建设，提高运用科学发展观干事创业的水平。要加强领导班子领导能力培养，不断提高谋划发展、统筹发展、优化发展、推动发展的能力，增强做好群众工作、公共管理、公共服务、维护稳定的本领。要认真贯彻落实民主集中制，进一步完善领导体制、决策机制、工作机制，不断提高领导班子科学执政、民主执政、依法执政的能力和水平。要推进党委新闻发言人制度建设，加强信息发布，推进党务公开，增强党务工作的透明度。要选好配强党政正职领导干部，优化班子结构，增强班子整体功能，使各级领导班子真正成为善于推动科学发展、促进社会和谐的坚强领导集体。深化行政管理体制改革，做好州、县市机

构改革工作。做好新形势下的老干部工作。

（三）着力建设全覆盖的基层党组织

要围绕实现党组织和党的工作全社会覆盖的目标，大力培养入党积极分子，不断壮大农村党员队伍，实现每个村民小组都有党员。进一步完善村和村民小组党组织设置，实现有党员的地方都有党的组织，尽快形成与实际需要相适应的党的基层组织格局。要进一步加强社区党组织建设，抓紧在非公有制经济组织中建立党组织，积极在各类新社会组织中建立党组织。要加强基层党组织活动场所建设，今年6月底前全面完成村委会办公用房及村级党组织活动场所建设任务。要加大对基层党组织建设的投入，建立基层组织工作经费保障制度，从今年起每年由县市财政解决每个村级党组织2万元工作经费，进一步健全完善农村（社区）基层组织负责人基本报酬、社会保障、离任补偿等激励保障机制。要加大对村级集体经济发展的扶持力度，逐步解决村级组织无钱办事的问题。要加强基层党组织带头人队伍建设，注重从农村致富能手、回乡大中专学生、外出务工人员、转业退伍军人等群体中选拔思想政治素质好、工作能力强的优秀党员担任村党组织书记。特别是要加强对村“两委”换届工作的领导，真正把那些对党忠诚、对群众负责、对事业负责的人选为带头人，做到每个基层组织都有一个合格的带头人。进一步完善村干部“一定三有”政策，推进从优秀村干部中考录乡镇公务员、选任乡镇领导干部工作。

（四）大力弘扬求真务实的工作作风

要深入开展“三个一”主题实践活动，切实加强执行力建设，大力整治敷衍应付、做表面文章而不解决实际问题，只布置不落实的问题，凡是州委、州政府作出的决策部署和工作安排，必须不折不扣、一抓到底。要认真清理检查考核评比达标活动，严格执行公务接待各项规定。要继续提升“114政府信息直通车”服务，推进阳光政府建设。要严格实行领导干部问责制，拓宽问责领域，对作风飘浮、敷衍塞责的，必须追究责任。

（五）着力加强反腐倡廉建设

要把反腐倡廉建设摆在更加突出的位置，加大教育、监督、改革、制度创新力度，扎实推进惩治和预防腐败体系建设。深入开展党性党风党纪教育，提高党员干部拒腐防变的意识和能力。各级领导干部必须严格落实“一岗双责”，切实解决领导干部廉洁从政方面存在的突出问题。要严格执行“一案双查”办法，严肃查办发生在领导机关和领导干部中滥用职权、贪污贿赂、腐化堕落、失职渎职的案件，严肃查办商业贿赂案件和严重侵害群众利益的案件，严肃查办群体性事件和重大责任事故背后的腐败案件，积极防范和严肃查处直接经办事务的基层工作人员违纪违法案件。无论对“大贪”还是“小腐”，都要坚决查处，绝不容情。要扎实推进工程建设领域突出问题专项治理工作，深入开展对重点行业、重点部位的监督检查和专项治理，规范工程建设领域市场交易行为，逐步建立统一的公共资源交易市场，坚决遏制一些领域腐败现象易发多发的势头。要加强对关键部门、重要岗位、领导干部特别是主要领导干部的监督，推进权力运行的规范化和公开透明。要巩固清理“小金库”成效，切实加强公务用车管理，扎实推进党政机关、事业单位经营性国有资产管理体制改革，加快推行项目代建制、项目代理制，完善政府重大投资项目公示制和责任追究制。

同志们，做好今年各项工作，任务艰巨、责任重大。让我们紧密地团结在以胡锦涛同志为总书记的党中央周围，以党的十七大和十七届四中全会精神为指导，深入贯彻落实科学发展观，解放思想、坚定信心、扎实工作、开拓奋进，为“十二五”奠定更加扎实的发展基础！

政府工作报告

——2010年2月2日在大理白族自治州第十二届人民代表大会第三次会议上

大理州人民政府州长　何金平

各位代表，各位同志：

现在，我代表州人民政府，向大会报告政府工作，请州人大代表予以审议，并请州政协委员提出意见。

一、2009年工作回顾

2009年是极不平凡的一年。国际金融危机持续蔓延，各种自然灾害频繁发生，给我州经济社会发展带来了严重影响。面对严峻复杂的形势，我们在省委、省政府和州委的坚强领导下，在州人大、州政协的监督支持下，团结和依靠全州各族干部群众，深入贯彻落实科学发展观，坚定信心，砥砺奋进，共克时艰，努力化挑战为机遇，全力以赴保增长、保民生、保稳定，有效遏止了经济增速下滑态势，实现了经济总体回升向好。全年完成生产总值404.5亿元，增长12%，其中一产、二产、三产分别增长6%、17.3%和10.9%。财政总收入完成67.6亿元，增长12.6%，其中地方财政一般预算收入完成31.55亿元，增长14.42%；一般预算支出首次突破百亿元，达到102.07亿元，增长36.05%。州十二届人大二次会议确定的主要宏观预期目标超额完成，全州经济发展、民族团结、社会和谐的良好局面更加巩固。

（一）加大重点项目建设力度，固定资产投资强劲增长

抓住扩大内需机遇，争取到中央和省扩大内需项目380项、资金14.2亿元，千方百计筹措项目配套资金5.2亿元。完成固定资产投资217.3亿元，增长33%。基础设施和基础产业重大项目建设进展顺利。大丽铁路建成通车，大瑞铁路建设加快推进。关巍公路进入路面铺筑，鸡足山旅游公路、上关至北五里桥公路建设步伐加快，大丽高速公路、祥姚公路、跃龙公路开工建设。实施了902公里29个乡镇通乡油路、1234公里141项乡村公路通达工程建设。巍山五茂林、洱源茈碧湖、云龙天池水库通过省级验收，永平大碱塘水库扩建基本完工。洱源三岔河、剑川老君山水库建设和祥云浑水海水库除险加固步伐加快。云龙包罗水库开工建设。祥云、宾川大型灌区建设稳步推进。启动实施16件小（一）型病险水库除险加固。引洱入宾北干渠老鹰岩隧洞贯通，主干渠建设完成。小湾电站3台机组发电，功果桥、苗尾等水电站建设有序推进。洱源罗平山、马鞍山风电场开工建设。完成35千伏以上输变电工程23项、输电线路456公里。昆明至大理成品油管道投入使用。城建、环保、生态、旅游、信息和社会事业等基础设施项目建设稳步推进。

（二）夯实农业基础，农村经济平稳发展

全州农业总产值实现176.6亿元，增长12.22%。粮食总产量达139.2万吨，增长3%，连续五年实现稳定增长。农村生产生活条件不断改善。新增农机1万余台。改造中低产田地24万亩。新建防渗渠道398.4公里。新增蓄水能力181.6万立方米，受益人口24.9万人。建成农村供水工程264件，解决12.7万人饮水安全问题。实施1139个村级公益事业"一事一议"奖补项目。全面完成1.4万户农村民居地震安全和农村危房改造任务。实施了734个自然村村容村貌整治。农网改造使2.5万农户受益。农村劳动力培训力度加大，转移富余劳动力7.4万人。优势特色产业发展加快。种植烟叶53.5万亩，烟农收入15亿元。种植啤饲大麦68.2万亩、无公害蔬菜50万亩，新植核桃150万亩、红豆杉3万亩，改造低产桑园2万亩。有机、绿色食品和无公害农产品等质量体系认证取得实效。新认定龙头企业18户。加强了重大动物疫病防控。奶牛存栏13.5万头，肉牛出栏46.5万头，生猪出栏337.5万头，畜牧业产值达73亿元、增长15%。扶贫开发百村整体推进工作成效显著，解决了6万贫困人口的温饱问题。祥云、宾川扶贫综合开发示范园区建设进展顺利，整县、整乡扶贫开发试点启动实施。

（三）发挥骨干产业优势，工业经济企稳向好

抓好结构调整和重点企业帮扶，工业经济在全省率先止跌回升。完成工业总产值374.26亿元，增长13.17%。规模以上工业企业新增22户达178户，实现增加值91亿元，增长16.2%。烟草、机械、建材、能源、矿冶、生物资源及优势农产品加工等骨干产业发展加快，产值占工业总产值的70.9%，其中烟草、机械工业产值分别达43.3亿元和59.3亿元，增长14.3%和32.9%。企业科技创新与技术改造步伐加快，有3户企业通过国家高新技术企业认定，2户企业获省级企业技术中心认定，2项有色金属冶炼核

心技术获部省科学技术奖。工业项目建设稳步推进,完成非电工业固定资产投资34.5亿元,增长25%。滇西水泥余热发电、南涧开启矿业80万吨球团铁生产一期等27个重大工业发展项目建成投产,大理卷烟厂50万标箱技改等23个项目正在建设。工业园区发展加快,实现增加值38亿元,增长19%。中小企业和非公经济稳步发展,非公经济组织达7.6万户,增长10.6%。力帆骏马、祥云飞龙位居全省百强民营企业前列。

(四)努力培育内需市场,消费旅游持续升温

城乡物流体系建设稳步推进,配送中心、乡镇集贸市场建设取得实效。建成标准农家店350个。城乡消费市场繁荣活跃,实现社会消费品零售总额120.43亿元,增长16.32%。居民消费价格总水平上涨1.1%。住房消费意愿明显回升,房地产开发完成投资25.5亿元,增长24.9%。商品房竣工71.7万平方米,增长144.4%;销售97.8万平方米,增长134%。家电、汽车、摩托车下乡销售6.7亿元,兑付补贴6783万元。

旅游二次创业步伐加快,苍洱片区旅游产业发展和改革综合试点工作全面启动。旅游重点项目建设稳步推进,环球嘉年华等高星级酒店完成主体工程建设,喜洲古镇、双廊古渔村开发加快,苍山大索道、《希夷之大理》实景演出项目启动建设。崇圣寺三塔5A级景区验收准备工作全面完成,鹤庆新华村通过4A级景区终评验收。成功举办了三月街民族节、国际兰花茶花博览会、洱海开海节、第八届中国摄影艺术节暨首届大理国际影会、漾濞核桃节等有影响的节庆活动。电视剧《金凤花开》在央视一套黄金时段播出,巍山县获首届"发现中国·魅力小城"评选综合金奖,大理旅游度假区在2009世界休闲旅游发展高端论坛上获"中国最佳休闲旅游目的地"称号。大理的影响力不断增强。全年接待国内外旅游者超过千万人次,实现旅游社会总收入92.3亿元。

(五)创新体制机制,发展活力不断增强

集体林权制度主体改革全面完成,配套改革顺利展开。完成州、县市政府机构改革方案编制上报工作。县乡财政管理体制改革取得实质性进展。行政机关和参公管理事业单位经营性国有资产管理改革、事业单位绩效工资改革有序推进。中小学教师绩效工资改革、宾川华侨农场改革顺利完成。电力和医疗卫生体制改革稳步推进。

对外开放和合作水平逐步提升。招商引资工作成效显著,引进州外实际到位资金74亿元,增长47.7%。与泛华集团、华彬集团、昆钢集团、云南城投等大企业签署了合作协议。招商引资工作名列全省第三名。对外贸易实现恢复性增长,完成进出口总额1.44亿美元,增长58.14%,其中出口6233万美元,增长13.9%。对外窗口建设不断加强,派驻昆明、北京等地办事机构作用日益彰显。

不断创新融资方式,拓宽融资渠道,金融支持力度加大。金融机构年末存款余额为470亿元,增长23.6%;贷款余额为317.6亿元,比年初增加68.9亿元,增长27.7%,加上州外金融机构融资,实际新增贷款83.1亿元,创历史新高。住房公积金贷款额度提高,新增贷款3.2亿元,增长38.2%。富滇银行落户大理。融资担保机构担保能力增强,新增担保贷款3.9亿元,支持44家中小企业解困发展。组建了2家小额贷款公司,发放贷款9423万元。保险业持续健康发展。

(六)推进城镇发展,"两保护两开发"步伐加快

城镇规划建设得到加强。滇西中心城市总体规划编制基本完成,物流、教育、医疗、交通、旅游5个专项规划编制同步展开。完成115平方公里县城以上城镇控制性详细规划编制。大理市、巍山县、漾濞县城市总体规划修改进展顺利。启动了10个乡镇和184个村庄规划编制。实施城镇基础设施建设112项,完成投资4.7亿元。开工建设16个城镇污水处理和城镇无害化垃圾处理项目,有3个项目基本建成试运行。启动了祥云、弥渡、剑川、鹤庆4个县城的改造提升,城镇面貌和人居环境得到改善。全州新增建成区面积6平方公里,城镇绿化覆盖率为23%,城镇化率达31%。

"两保护两开发"取得新进展。洱海流域36个农村环境综合整治项目全面启动。上关、喜洲、双廊等重点集镇污水处理工程开工建设。启动实施乡村清洁工程,新建30个村落污水处理系统和7378户庭院污水处理设施,建成10座中温沼气站。恢复建设2100亩湿地。国家水专项洱海项目顺利启动。海西"百村整治"首批41个村、三塔景观核心区整治和"空心村"改造试点进展顺利。海东1、2号城市主干道一期和环洱海生态公路完成路基工程,大理滇西技师学院一期开工建设,石房子至下和段截污干渠建成。凤仪工业园区、物流园区建设稳步推进,力帆骏马年产2万辆重卡等一批重大工业项目投产,5户大型仓储企业入驻园区。

(七)加强环境资源保护,生态文明建设成效明显

"七彩云南保护"大理行动稳步推进,生态州建设规划编制完成,滇西北生物多样性保护6县市生态建设规划编制顺利进行。洱海保护治理力度加大,洱源生态文明试点县建设步伐加快,洱海水质总体保持稳定。云龙沘江污染治理取得进展。洱源西湖被命名为国家湿地公园,剑川剑湖、鹤庆草海湿地保护取得成效。完成小流域治理145.4平方公里。"绿色走廊"建设、森林防火及病虫害防治得到加强。完成荒山荒地造林2万亩,巩固退耕还林成果19万亩。实施天保工程森林管护2102万亩,公益林建设42万亩。完成义务植树900万株。实施国家、省公益林生态效益补偿702万亩,兑现补偿资金3508万元。新建户用沼气池2.9万户、节柴改灶2.5万户。开展了以饮用水水源地保护、生活垃圾污水处理、畜禽养殖污染防治等为重点的农村环境整治。淘汰落后产能和节能减排力度加大,组织实施省级重点节能示范项目4个。单位生产总值能耗下降5%,年度减排目标基本完成。土地利用总体规划修编、第二轮矿产资源规划修编进展顺利。完成土地开发整理7.2万亩,新增耕地1.2万亩。

(八)加快社会事业发展,人民生活水平提高

中小学办学条件明显改善,新建校舍22万平方米,排除D级危房17.9万平方米。全面落实城乡义务教育"两免一补"政策。初中毕业生升学率为70%。高考上线率达93.8%,连续五年居全省第一位。职业教育招生规模达1.3万人。筹建大理农林职业技术学院获省批准。大理学院办学质量提高,招生规模扩大。各类人才队伍建设得到加强。科技自主创新扶持政策逐步完善,一批科技成果得到转化,科普工作广泛开展。加强了公共文化服务体系建设,新建10个乡镇文化站和142个农家书屋。非物质文化遗产保护、民族民间文化研究和新闻出版、档案、修志工作得到加强。广播电视村村通工程建设稳步推进,广播和电视覆盖率分别达95%和98%。群众性体育活动广泛开展,2012年省第八届农运会筹备工作启动。医疗保障覆盖面不断扩大,新型农村合作医疗参合率达93.3%,年人均筹资标准达100元,报帐比例提高。启动实施了一批县级医院、中心乡镇卫生院、社区卫生服务中心

项目建设。甲型H1N1流感得到有效防控。人口和计划生育工作扎实有效,人口自然增长率控制在4.9‰以内。

认真实施“贷免扶补”政策,新增城镇就业2.2万人,城镇登记失业率为4.2%。城镇职工参加基本养老保险13.4万人、基本医疗保险22万人、失业保险9.8万人、工伤保险6.9万人、生育保险6.2万人。城镇居民参加基本医疗保险15.9万人。企业退休人员基本养老金、失业保险、工伤保险、生育保险待遇标准提高了10%。发放城镇、农村居民最低生活保障金1.2亿元和1.7亿元,分别增长19%和64%。农村五保供养对象实现应保尽保。地震抢险救灾及时有力,宾川、祥云等灾区恢复重建进展顺利。

城乡居民收入稳步提高,人民生活不断改善。城镇居民人均可支配收入14180元,增长10.22%;农村居民人均纯收入3482元,增长13.13%。新增私人小汽车2万辆、移动电话36万户、宽带用户4万户。开工建设廉租住房37.3万平方米,竣工21.6万平方米,解决了4320户城镇低收入家庭住房困难。实施国有林区棚户区改造647户。10项惠民工程基本完成。

(九)重视民主法制建设,社会保持和谐稳定

自觉接受州人大及其常委会的法律和工作监督,主动向州人大及其常委会报告工作,依法执行州人大决定决议。支持州政协履行政治协商、民主监督、参政议政职能。认真办理人大代表意见、建议、批评和政协委员提案。广泛听取各民主党派、工商联、各人民团体、无党派人士及社会各界人士意见建议。积极推进基层民主政治建设,村民自治、居民自治和厂务公开、村务公开等工作深入开展。依法治州工作得到加强。“五五”普法扎实推进。完成旅游条例起草工作。严格依法行政,取消和调整行政审批事项61项。全面落实责任政府、阳光政府四项制度,对169名干部职工进行行政问责,政务服务和政府信息直通车建设深入推进,政府行政行为更加规范透明。认真执行厉行节约有关规定,行政事业单位购车用车、会议、接待、出国(境)等经费支出实现负增长控制目标。行政效能建设、纠风治乱、审计整改工作不断加强。

文明大理示范工程建设启动实施,群众性精神文明创建活动广泛开展。积极推进平安和谐大理建设,我州被评为全国社会治安综合治理优秀地市。打黑除恶等严打专项行动深入开展。新一轮禁毒防艾人民战争启动实施。认真受理群众来信来访,积极排查化解热难点问题,群体性事件得到妥善处置。严格落实安全生产责任制,杜绝了重大安全事故发生。水电移民安置工作稳步推进。民族团结工作受到国务院和省委、省政府表彰。国防动员、双拥、优抚安置、后备力量和人防建设得到加强。工会、妇女、儿童、青少年、老龄、红十字、慈善、残疾人等事业健康发展。宗教事务管理、统计调查、外事、侨务、保密、气象、水文等工作取得新进展。

各位代表!过去的一年,是我州经济社会发展困难较多的一年,是全州各族人民奋力拼搏、开拓进取的一年,是各项建设取得丰硕成果的一年。在应对国际金融危机这场重大考验中,我们更加深刻地体会到,在复杂形势下推动经济社会又好又快发展,必须坚持科学发展,解放思想,创新机制,着力破解发展中的突出矛盾和问题,不断增强工作的针对性和实效性;必须振奋精神、抢抓机遇、迎难而上,不断增强应对挑战、化危为机、战胜困难的信心和决心;必须注重把握国家宏观经济政策导向,千方百计争取项目资金和金融支持,优化财政支出结构,抓好招商引资,不断夯实发展基础;必须更加注重社会和谐,全力以赴改善民生,充分调动各族干部群众的积极性和创造性,形成保增长、促发展的强大合力。

各位代表!去年成绩的取得,是省委、省政府和州委坚强领导的结果,是州人大、州政协和社会各界齐心协力、大力支持的结果,是全州广大干部群众同心同德、团结奋斗的结果。在此,我代表州人民政府,向全州各族人民,向人大代表、政协委员,向各民主党派、工商联、无党派人士、各人民团体,向驻大理人民解放军、武警部队官兵,向关心支持大理建设发展的各界人士,致以崇高的敬意和诚挚的感谢!

在看到成绩的同时,我们更加清醒地认识到,我州的发展与科学发展观的要求还有差距,支撑全州经济持续向好的基础还不牢固,调整经济结构、转变发展方式的任务十分艰巨;财政收支矛盾突出,县域经济发展不平衡;保障民生、保护生态环境等方面的压力仍然很大,一些涉及人民群众切身利益的问题还没有得到很好解决;政府职能转变还需不断推进,行政机关作风建设、廉政建设还需进一步加强。我们将高度重视这些困难和矛盾,采取切实有力措施,认真加以解决。

二、2010年工作意见

今年是全面实现“十一五”规划目标、科学谋划“十二五”规划的关键之年,也是经济发展面临严峻挑战、蕴含重大机遇的一年。只要我们牢牢把握科学发展的主动权,始终保持清醒头脑,坚定信心,抢抓机遇,乘势而上,就一定能够克服各种困难,开创大理经济社会发展新局面。

根据州委六届八次全会精神,今年政府工作的总体要求是:深入贯彻党的十七大、十七届四中全会、中央经济工作会议和省委八届八次全会精神,以邓小平理论和“三个代表”重要思想为指导,全面贯彻落实科学发展观,围绕省委建设绿色经济强省、民族文化强省和面向西南开放的桥头堡的目标,按照“争当民族团结进步模范州、生态文明建设排头兵、旅游二次创业生力军、滇西城镇化进程领跑者”的要求,坚持生态优先、农业稳州、工业强州、文化立州、旅游兴州、和谐安州的发展思路,加大软环境建设力度,巩固回升向好势头,大力调整经济结构,着力提高发展质量,更加注重改善民生,努力推动全州经济平稳较快发展和促进社会和谐稳定,全面完成“十一五”规划的各项目标任务。

全州经济社会发展主要预期目标建议为:生产总值增长10%以上;财政总收入、地方财政一般预算收入分别增长10%以上;全社会固定资产投资增长20%以上;社会消费品零售总额增长16%以上;居民消费价格涨幅控制在3%左右;城镇居民人均可支配收入增长7%以上,农村居民人均纯收入增长8%以上;人口自然增长率控制在6‰以内;城镇登记失业率控制在4.5%以内;单位生产总值能耗下降3.4%以上。

为实现上述目标,我们必须切实抓好以下十个方面的工作。

(一)着力推进基础设施和基础产业项目建设

建立健全项目实施责任制,全力保障项目建设用地,拓宽项目融资渠道,加快项目实施进度,确保全社会固定资产投资完成

260亿元以上。

加快推进一批在建项目。配合推进大丽高速公路、大瑞铁路等国家重点项目建设。完成关巍公路、上关至北五里桥公路、苍山大索道、大理滇西技师学院一期项目建设。加快环洱海生态公路、鸡足山旅游公路、跃龙公路、祥姚公路、弥渡果河公路建设。积极支持小湾、龙开口、鲁地拉、功果桥、苗尾5个大型水电站建设。实施好洱源罗平山、马鞍山风电场建设。加快洱源三岔河、剑川老君山、云龙包罗水库建设。继续实施好16件小(一)型病险水库除险加固、引洱入宾北干渠建设和大型灌区节水改造项目。抓好州中医院、大理特殊教育学校、大理市第一人民医院扩建项目。继续实施好城市治污设施项目,完成祥云、弥渡、鹤庆、剑川、南涧、永平县生活垃圾无害化处理工程和宾川县污水处理厂续建项目建设。

启动实施一批新建项目。争取启动广大铁路扩能改造、剑川214线过境公路建设。开工建设丽江机场至鹤庆县城一级公路。实施6个项目171公里通乡油路建设、152个项目1200公里通达工程建设。争取实施中缅油气管道、洱源黄草坡风电场、城农网改造和无电地区电力建设项目。开工建设大理者磨山二期、五子坡风电场和宾川长坡岭太阳能发电项目。启动实施巍山巍宝山水库建设、河道治理国家项目和中型灌区项目。争取启动祥云青海湖水库扩建项目。尽快实施州精神病医院和7个县级综合医院建设。

储备争取一批基础项目。围绕国家、省支持的方向和重点,充实完善重大项目储备库,争取更多的项目得到国家和省的支持。配合做好大理至普洱、大理至永胜高速公路前期工作,做好滇西国际机场、城际轨道交通、引水济洱、滇西北生物多样性保护繁育(大理)中心等重大项目的前期工作。

(二)着力推进农村经济持续发展

改善农村发展条件。认真实施退耕还林基本口粮田建设工程。加快推进现代烟草农业基础设施建设。完成21万亩中低产田地改造任务。加大山区"五小"水利建设和干支渠防渗处理力度,提高有效灌溉能力。认真实施水利血防、农村安全饮水工程,解决12万农村人口饮水安全。抓好村容村貌整治,改善农村生活环境。组织完成农村民居地震安全和农村危房改造任务。实施好176个村级活动场所建设。加强农民工职业技能培训,全年培训农村劳动力8万人,转移就业6万人。

切实抓好粮食生产。抓紧制定出台粮食中长期增产计划纲要。认真落实国家对种粮农民的各项补贴政策。扎实做好农业科技推广应用,及早落实良种、化肥、农药等备耕物资,合理调整种植结构,努力减轻旱涝影响。实施粮食高产创建示范40万亩,扶持冷凉山区种植地膜包谷35万亩,推广间套种120万亩、水稻精确栽培示范10万亩。力争粮食总产增长2%以上。

加快推进农业产业化。加大对农产品加工龙头企业和农民专业合作组织的扶持力度,促进优势农业产业化基地建设。种植烟叶39万亩,完成114万担烟叶收购任务。种植无公害蔬菜50万亩、特色水果50万亩、薯类25万亩,改造低产桑园3万亩。加快设施农业发展。推进地理标志产品保护和地理标志认证商标的申报、管理工作,提高农产品竞争力。抓实重大动物疫病防控,强化畜产品监管。引进和培育规模化养殖龙头企业。力争全年出栏生猪352万头、肉牛47万头、肉羊129万只,存栏奶牛13.8万头。

加大扶贫开发力度。实施好102个贫困村扶贫开发整村推进,圆满完成扶贫开发五年行动计划。及早谋划新一轮扶贫开发工作。抓好祥云、宾川扶贫开发整县、整乡推进试点,加快扶贫综合开发示范园区建设。加大对山区少数民族地区、革命老区的扶持力度。扶持12个民族团结示范村发展。

(三)着力推进新型工业化进程

大力实施工业强州战略,推进发展方式转变,努力提高发展质量和水平,力争全年工业总产值增长15%以上。

推进重点工业项目实施。加快大理卷烟厂50万标箱技改、云南白药大理制造中心等23个在建项目建设进度,尽快开工建设鹤庆三德水泥扩建、祥云红蜘蛛矿业技改等43项重大工业发展项目。确保非电工业固定资产投资完成41亿元,增长20%以上。切实抓好鹤庆80万吨氧化铝、剑川20万吨粗铜冶炼等重大项目前期工作,促进一批项目启动实施。

加强工业园区建设。强化规划引导,优化产业布局,建设特色园区,做强、做大、做优重点工业园区,促进优势特色工业产业集聚发展。创新开发模式,鼓励有条件的园区组建开发投资公司,按市场化方式开发建设园区。进一步改善服务,简化审批,落实各项优惠政策,加大招商入园力度。

积极支持科技创新。认真实施重点产业创新、企业重大技术改造和节能减排科技创新等工程,抓好省企业技术改造和产业结构调整升级示范项目。对新认定的省以上技术中心或国家级高新技术企业,新获得省以上名牌产品、驰名商标的企业给予奖励。加强创业服务中心等创新基地建设,支持实施核心技术攻关,促进技术成果转化,支撑产业振兴和长远发展。

加快工业结构调整。鼓励支持生物医药、乳业、机械制造等重点骨干企业引进战略合作伙伴,增强竞争力。推进"矿电结合",加强资源整合和区域合作,提高资源保障度。提升矿冶精深加工水平,增加产品附加值。加快水电、风能、太阳能等清洁能源开发,提高煤炭生产集中度,发展壮大能源产业。大力发展烟草、纺织、绿色食品等轻工业及配套产业,提高产业比重。引导行业整合,淘汰落后产能,开发新型产品,巩固提升以水泥为主的建材产业。积极培育新材料、新能源、节能环保等新兴产业,增强发展后劲。

扶持中小企业和非公经济发展。进一步完善和落实促进中小企业、非公经济发展的扶持政策。健全中小企业创业辅导、公共信息、融资担保、技术创新、维权减负等服务平台,重点扶持小企业加快发展。探索建立产业投资基金,支持优势产业发展和重点项目建设。

(四)着力推进以旅游业为重点的服务业发展

加快旅游二次创业步伐。尽快完成苍洱片区旅游产业发展和改革综合试点规划编制,启动实施一批重点建设项目,增强苍洱景区核心竞争力。完成《希夷之大理》实景演出项目建设。加快环球嘉年华、大理古城提升及喜洲古镇、双廊古渔村开发等重大项目建设。开工建设大理王宫博物院。做好苍山世界地质公园申报工作。加快鹤庆新华村、宾川鸡足山、剑川石宝山、巍山古城和大理地热国等重点景点景区建设。积极引进国内外有实力的企业集团参与康体、休闲、度假型旅游产品开发和项目建设。加快推进高端酒店建设，引进国际知名酒店管理团队，提升酒店管理服务水平，促进旅游业转型升级。切实抓好与重庆、成都、深圳等地的包机直航工作，鼓励支持有实力的旅行社到省外设点组团，稳步拓展客源市场。力争全年接待国内外旅游者增长8%以上，旅游社会总收入突破100亿元。

积极培育会展创意产业。办好三月街民族节、国际兰花茶花博览会、洱海开海节、大理国际影会、漾濞核桃节等节庆活动。积极争取省级、国家级专业性会展和国际国内有影响的常设性论坛落户大理，努力把大理打造成为重要会展基地。积极引进国内外有实力的企业和高端人才到我州投资兴建影视拍摄、文艺创作、文艺演出、广告设计、民间工艺设计等基地。

发展壮大商贸物流业。抓好物流基础设施建设，积极引进和培育一批现代物流企业。完成滇西建材物流配送中心、大理物流园区货运枢纽站、滇西成品油储备库等项目前期工作，启动实施云南物流集团产业开发、昆钢物流商贸城等一批建设项目。继续实施好万村千乡市场工程，建设350个标准农家店，完善农村商业网络。认真做好家电、汽车、摩托车、农机、建材下乡和家电、汽车以旧换新工作，拉动城乡消费。

（五）着力推进以滇西中心城市建设为重点的城镇发展

抓好规划编制。完成滇西中心城市总体规划和交通、物流、教育、医疗、旅游5个专项规划的上报审批。完成大理市、巍山县、漾濞县城市总体规划修改和海东片区控制性详细规划编制。加快村庄规划建设管理条例的起草工作。启动100个中心村、重点自然村建设与整治的规划编制。

加快城镇建设。做强1+6城市群，做优南涧、永平、云龙、剑川、鹤庆5个门户县城。加强城市路网改造、供排水、垃圾处理、防灾设施和无障碍设施建设。加快推进下关旧城区改造，完善市政基础设施，增加绿化、休闲空间。切实抓好海西整治，加强田园风光、白族民居建筑风格、古城古镇和历史文化遗产保护，继续推进“百村整治”工作，策划开发一批白族民居和民俗文化体验旅游项目。加大海东开发力度，完成1、2号城市主干道一期建设，启动海东城市新区排水管网、新曙光中学、海东污水处理厂和垃圾综合处理场等项目建设。认真实施县城改造提升工程，进一步巩固祥云、弥渡、剑川、鹤庆4个县城改造提升成果，启动宾川、南涧、巍山、云龙4个县城改造提升。促进房地产业、建筑业健康发展。推进重点集镇建设和旅游小镇开发，培育一批特色鲜明的手工业、商贸、生态园林、现代农业小镇。

加强城市管理。创新城市管理手段，推进城市综合管理。重视规划宣传，推进规划实施，强化规划执法，维护规划的严肃性和权威性。抓好大理市国家级园林城市创建和各县省级园林县城创建活动，建设一批各具特色的宜居城镇。着力在绿化、亮化、美化、净化上下功夫，改善人居环境，提升城市形象。

（六）着力推进以洱海保护治理为重点的生态文明建设

大力发展低碳经济。完成《中国大理洱海流域低碳经济试验区战略规划》编制，争取将洱海流域列为国家和省低碳经济试验区。鼓励引进先进技术，发展低碳概念产业和产品。创建一批循环经济企业和生态产业园区。实施好重点节能减排项目和节能产品惠民工程，控制能耗总量。新建户用沼气池8000户，节柴改灶9000户。完善节能减排统计指标体系、监测体系和考核体系。抓好重点工业园区和企业清洁生产，鼓励开展资源综合利用，减少资源消耗和污染排放。

坚定不移保护洱海。抓好洱海流域面源污染防治和主要集镇污水收集处理项目实施，加强粪便资源化利用和农户生活污水收集处理设施建设。实施好入湖河道治理、洱海东区湖滨带生态修复、新一轮“三退三还”工程。加快上关至北五里桥综合管网、下和至观音阁截污干渠建设。健全全民参与洱海保护治理的长效机制。加强洱源生态文明试点县建设，大力发展生态农业、生态旅游业和清洁能源产业。

积极发展森林生态产业。编制完成全州中低产林改造规划。吸引各方资金参与中低产林改造。实施好省下达的退耕还林、天保工程年度任务。加快林业产业化基地和核桃研究发展中心建设，新植核桃156万亩、红豆杉2万亩。加强森林灾害应急能力建设。认真落实国家、省公益林生态效益补偿政策。加快林下资源开发和森林生态旅游产业发展。

加强环境资源保护。实施好“七彩云南保护”大理行动计划，加快生态州及滇西北生物多样性保护生态县市创建工作。加强水环境污染防治，抓好洱源西湖国家湿地公园和剑川剑湖、鹤庆草海等湿地建设，加大云龙沘江污染治理力度。推进“绿色走廊”建设。加强国家森林公园和苍山等自然保护区管理。抓实小流域治理和地质灾害防治。严格耕地和基本农田保护，规范矿业秩序，推进土地和矿产资源集约节约利用。

（七）着力推进改革开放向纵深发展

继续深化各项改革。稳定和完善农村基本经营制度，积极稳妥推进农村土地经营权流转。巩固集体林权制度主体改革成果，全面推进配套改革。深化农村金融改革，推进农村担保方式创新，健全农业风险保障机制。全面完成州、县市政府机构改革。继续深化国库管理制度、政府采购制度、经营性国有资产管理方式、财政预算管理等改革。稳步推进事业单位绩效工资改革。按照国家和省的统一部署，认真组织实施医药卫生体制改革。推动资源产品价格改革。深化电力、供销等工商企业改革。

提升对外开放水平。抓住云南实施面向西南开放桥头堡战略的历史机遇，认真研究潜在优势，争取布局一批重要交通、物流项目和新兴产业。加强对外交流合作，利用中国—东盟自由贸易区和跨境经济合作区平台，发挥派驻昆明、北京等地办事机构的窗口作用，积极开展投资、贸易、教育、科技、文化、旅游交流合作。认真研究解决优势农产品、机械制造产品出口环节中的困难，不断开拓新的出口市场。力争全年进出口总额增长10%以上。

加大招商引资力度。把握国家产业调整机遇，积极承接产业转移。切实抓好招商项目储备和推介，创新招商方式，引进一批有资金实力、有核心技术、有管理优势的战略投资者和产业化项目。完善外来投资项目征询、回访及服务承诺制度，从投资领域、产业配套、用地保障、金融服务等方面创造良好的政策环境，为投资者提供优质服务。健全招商引资责任目标考核机制，严格落实奖惩。确保引进实际到位资金增长20%以上，力争全年招商引资突破100亿元。

（八）着力推进财政金融保障能力建设

提升财政保障能力。加大财源培植力度，推动新项目投产达效，培育新兴财源和后续财源。进一步加强税收和非税收入征管,完善财税收入目标管理责任制,做到应收尽收。严格预算管理,加快支出进度,发挥好财政资金“四两拨千斤”的作用。压缩一般性支出,确保扩大内需、重大基础设施和基础产业项目建设以及保障民生的资金需求。加强审计监督和绩效管理,杜绝资金截留、挤占、挪用等现象,提高财政资金使用效益,确保资金安全。

积极争取金融支持。深化银政、银企合作,引导州内金融机构优化信贷结构,加大支持地方经济发展力度,力争新增贷款80亿元以上。积极争取国内商业银行到我州设立分支机构。加快筹建大理商业银行。引入和建立上市企业培育机制,及时帮助企业解决上市过程中遇到的各种困难。吸引保险资金投资基础设施和基础产业。加强住房公积金管理,支持职工改善住房条件。有序发展民间融资,支持小额贷款公司、村镇银行、农村资金互助社等地方金融机构发展。整合资源,盘活资产,组建大理州投资公司,增强投融资能力。加快担保业发展,建立多元化融资担保体系,不断拓宽担保业务。推进社会信用体系建设,引导经营主体诚信经营。

(九)着力推进社会事业协调发展

坚持优先发展教育事业。认真落实义务教育“两免一补”政策,巩固“两基”成果。完成25.1万平方米中小学校舍安全工程建设,推进校点布局调整,改善农村和贫困地区办学条件。深化高中阶段教育改革,提高教育教学质量。推动职业教育发展,抓好大理农林职业技术学院筹建工作。鼓励社会力量投资办学,积极发展学前教育、民办教育。重视未成年人活动场所建设。支持大理学院改善办学条件,提高综合实力。

提高医疗卫生服务水平。加强医疗急救指挥和基层医疗卫生体系建设。培养引进高素质人才,提升医疗卫生机构服务水平。鼓励社会力量投资医疗卫生事业,发展民办医疗卫生机构。贯彻落实国家基本药物制度。加强食品药品安全监督管理。推进中医药事业发展。健全完善城镇职工、城镇居民基本医疗保险和贫困人群医疗救助体系。巩固新型农村合作医疗成果,人均筹资标准提高到140元。向城乡居民提供年人均15元的基本公共卫生服务项目。切实缓解群众看病难、看病贵问题。加强甲型H1N1流感、艾滋病、血吸虫病等重点疾病防控。

繁荣文化体育事业。坚持文化立州,发展文化产业。加强民族民间文化研究和文物保护,做好非物质文化遗产保护、挖掘和整理工作。加快实施乡镇综合文化站和基层文化信息共享工程,构建覆盖城乡的公共文化服务体系。大力发展健康向上、形式多样、群众喜闻乐见的文化产品和服务,鼓励文艺精品创作,发展新闻出版事业。净化社会文化环境。继续实施好广播电视村村通工程,加快推进广播电视数字化。加强基层公共体育设施建设,开展好竞技体育和群众性体育活动。做好省第八届农运会筹备工作。

健全社会保障体系。加强劳动技能培训,鼓励自主创业,扩大就业和再就业,新增城镇就业2.1万人。开展对零就业家庭、低保对象、失业职工和普通高校毕业生的就业援助。帮助城镇失业人员、农村低收入家庭解决生活困难。提高城乡最低生活保障补助标准和企业退休人员基本养老金。重视失地农民基本生活保障。继续做好移民搬迁安置和后期帮扶工作。实施好鹤庆县全国新型农村社会养老保险试点。抓好廉租住房建设和国有林区棚户区改造。加快地震灾区恢复重建,按时完成恢复重建任务。启动实施6个县级敬老院建设。

加强人才、科技和人口计生工作。强化各类人才队伍建设。认真实施科技创新八大工程。重奖有突出贡献的科技创新人才。重视知识产权保护。加大科学知识和实用技术的推广普及力度。加强科技交流合作,实施好科技示范项目。做好第六次人口普查工作。抓好统筹解决人口问题试验区工作,全面完成县乡计划生育服务站所建设任务。

加大惠民工作力度。认真实施好扶贫开发、爱心圆梦、廉租住房、农村危房改造、校舍安全、农村安全饮水、35万亩地膜包谷、医疗卫生服务、农机下乡、节能惠民等10项惠民工程。

(十)着力推进和谐社会建设

推进民主法制建设。主动接受州人大及其常委会的法律监督和工作监督,主动接受州政协和社会各界的民主监督。依法向州人大及其常委会报告工作,向州政协通报情况。高度重视州人大及其常委会的审议意见和州政协常委会的协商意见。认真办理人大代表意见、建议、批评和政协委员提案。广泛听取民主党派、工商联、无党派人士意见、建议。充分发挥工会、共青团、妇联组织的桥梁纽带作用。加强农村基层民主政治建设,切实做好村“两委”换届选举工作。深入推进政务公开、村务公开、厂务公开和民主管理。认真开展“五五”普法,强化依法行政,完善行政监督,切实推进依法治州进程。

加强精神文明建设。深入推进社会主义核心价值体系建设,加强公民和未成年人思想道德教育,弘扬民族精神和时代精神。深入开展文明大理创建活动,实施好十大创建工程。积极开展文明单位、和谐社区、文明村镇建设,倾情打造“人文大理、幸福家园”。

高度重视安全生产。加强安全生产基础设施建设,健全监管防控体系,落实安全生产责任制。完善应急机制,提高救援处置能力。强化隐患排查整改,切实抓好道路交通、消防、煤炭生产、尾矿库运行、危险化学品、特种设备、食品药品加工等重点领域的安全生产,有效预防重特大质量、生产安全事故发生。

维护社会和谐稳定。重视社会管理创新,深入开展平安创建活动。进一步健全社会治安防控体系,加强社会治安综合治理,依法防范和打击各类违法犯罪活动,增强人民群众安全感。打好新一轮禁毒防艾人民战争。加强基层基础工作,加大社会矛盾纠纷排查化解力度。认真处理群众来信来访,积极预防和妥善处置群体性事件。坚持各民族共同团结奋斗、共同繁荣发展。加强宗教事务管理。重视妇女、儿童、青少年、老龄、红十字、慈善、残疾人等事业发展。切实加强国防动员、后备力量、人防建设和双拥、优抚安置、防灾减灾、外事、侨务、保密、档案、修志等工作。

各位代表,编制“十二五”规划是今年的一项重要工作。我们要在认真总结“十一五”规划的基础上,按照科学发展观的要求,深入调查研究,准确把握形势,广泛吸纳社会各界的意见建议,科学编制好“十二五”经济社会发展规划,为大理又好又快发展描绘更加宏伟的蓝图。

三、政府自身建设

为切实保障今年各项目标任务的实现，全州各级行政机关必须坚持“为民、务实、清廉、高效”的原则，切实转变政府职能，改进工作作风，提高工作效能，努力构建人民满意的服务型政府。

（一）坚持依法行政，建设法治政府

严格规范政府行政行为，做到合法行政、合理行政、程序正当、高效便民、诚实守信、权责统一。一是善用法治手段组织经济运行，管理社会事务。二是运用民族区域自治权力，加强地方性法规和政策的起草制定工作。三是改进行政执法方式，突出以人为本，实现文明执法。四是规范行政行为，充分保障公民依法享有的知情权、参与权、表达权、监督权。五是拓宽行政争议解决渠道，高度重视和解、调解、复议、诉讼等各项工作，有效化解行政纠纷。六是增强接受舆论监督和社会监督的自觉性，切实加强政府内部的监察、法制、审计等专项监督。

（二）坚持权责统一，建设责任政府

加强政务服务体系建设，强化责任意识，建立责任明确、责任落实、责任追究的工作机制。一是对公民反映的各项诉求，严格实行首问责任。二是对上级安排部署的工作和对社会、公民作出的服务承诺，坚决落实，不打折扣。三是进一步简化办事程序，实行限时办结，提高办事效率。四是对不作为、慢作为、乱作为的行为，严格行政问责。

（三）坚持信息公开，建设阳光政府

一是严格执行重大决策听证制度，规范决策行为，提高决策透明度和公众参与度。二是实施重要事项公示制度，广泛接受人民群众的监督。三是推行重点工作通报制度，及时采纳合理意见，推动工作落实。四是强化政务信息查询工作，充分发挥公众信息网、档案馆、图书馆、政务服务中心和各单位办事窗口政务信息查询的作用，强化政府信息直通车的服务功能。

（四）坚持改革精神，建设创新政府

将创新精神融入到政府工作的各个环节，使政府工作更加充满生机和活力。一是树立创新理念。深入开展行政文化建设，增强创新意识，努力营造创新争优的良好环境。二是把握创新重点。充分发挥广大群众的主体作用，调动社会各界参与加快经济发展和完善社会管理的积极性、创造性。积极探索村民自治和社区自治的有效途径。整合利用社会资源，积极推动政府与企业、民间组织合作，深入推进政府授权服务、购买服务、委托服务。加快政府管理机制创新，完善财政资金管理制度，合理配置使用人力、财力、物力，节约开支，预防腐败，提高工作效率。三是奖励创新成果。设立政府创新奖，对在制度创新、机制创新、服务创新、工作方法创新等方面作出贡献的单位和个人给予奖励。创新成果及时推广应用。

（五）坚持从严施政，建设效能政府

在深入推进法治政府、责任政府、阳光政府、创新政府建设的同时，要着力推行效能政府四项制度。一是推行行政绩效管理制度。建立政府绩效评估体系和评价机制，开展重点建设项目专项督查和审计，加强对民生专项资金的监督管理，强化重点工作效能评价。二是推行行政成本控制制度。坚持厉行节约，加强机构编制管理，强化部门预算控制，大力压缩一般性行政开支，精简会议和文件，实现出国（境）、公务用车购置经费零增长，会议、庆典、论坛和外出考察经费压缩20%。实施公务卡结算制度。三是推行行政行为监督制度。强化关键岗位和重点环节管理，完善重要公共资源交易管理制度，加快推进项目代建、代理。完善政务网络电子监察系统，提高监督效能。加强廉政建设，有效预防腐败行为发生。四是推行行政能力提升制度。大力推进学习型机关建设，进一步规范行政审批、行政处罚、行政复议、行政救济等行政行为，强化目标管理，提升服务水平，加快电子政务建设，搭建服务平台，提高政务效率。

各位代表！确保实现全州经济社会平稳较快发展，任务艰巨、责任重大、使命光荣。让我们紧密团结在以胡锦涛同志为总书记的党中央周围，坚持以邓小平理论和“三个代表”重要思想为指导，全面贯彻落实科学发展观，在省委、省政府和州委的坚强领导下，坚定信心，锐意进取，团结拼搏，务实高效，为圆满完成今年各项任务和“十一五”规划目标而努力奋斗！

（本部类责任编校：赵秀元）

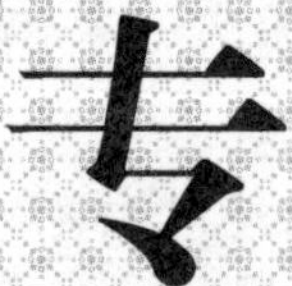

专 文

统一思想　凝聚力量
共同致力于大理州经济社会又好又快发展

中共大理州委常委、州委统战部部长　杨秀星

党的十七大报告全面系统的论述了新时期统一战线工作："壮大爱国统一战线，团结一切可以团结的力量。促进政党关系、民族关系、宗教关系、阶层关系、海内外同胞关系的和谐，对于增进团结、凝聚力量具有不可替代的作用。要贯彻长期共存、互相监督、肝胆相照、荣辱与共的方针，加强同民主党派合作共事，支持民主党派和无党派人士更好地履行参政议政、民主监督职能，选拔和推荐更多优秀党外干部担任领导职务。牢牢把握各民族共同团结奋斗、共同繁荣发展的主题，保障少数民族合法权益，巩固和发展平等团结互助和谐的社会主义民族关系。全面贯彻党的宗教工作基本方针，发挥宗教界人士和信教群众在促进经济社会发展中的积极作用。鼓励新的社会阶层人士积极投身中国特色社会主义建设。认真贯彻党的侨务政策，支持海外侨胞、归侨侨眷关心和参与祖国现代化建设与和平统一大业"。

社会的不断发展对统一战线工作赋予了新的内涵。统一战线肩负着为改革统一思想，为发展凝聚力量，为稳定营造环境，为和谐协调关系的历史使命。在当前深入学习贯彻落实科学发展观，认真开展以"解放思想，深化改革，扩大开放，科学发展"为主题的大讨论活动中，全州广大统战干部和广大统一战线成员要以饱满的政治热情，良好的精神状态积极参与，融入其中，发挥统一战线的优势，服务科学发展。进一步强化"五个意识"，努力构建"五大关系"和谐，为建设富裕民主文明开放和谐大理作出积极贡献。

一、发挥统战优势，凝心聚力，构建和谐

和谐社会是人类的美好追求，也是共产党人的治国理想。构建社会主义和谐社会这一重大战略理念，是中国特色社会主义理论体系的有机组成部分。党的十七大报告指出："促进政党关系、民族关系、宗教关系、阶层关系、海内外同胞关系的和谐，对于增进团结、凝聚力量具有不可替代的作用。"和谐的社会关系，是社会和谐之基。统一战线作为最广泛的政治联盟，联系着各党派、各民族、各阶层、各团体和各方面的代表人士，具有空前的广泛性、巨大的包容性、鲜明的多样性和显著的社会性。当前和今后一段时期，全州统一战线工作要牢牢把握和谐这个主题，紧紧围绕建设富裕民主文明开放和谐大理这一奋斗目标，团结一切可以团结的力量，调动一切积极因素，最大限度地激发社会活力，积极促进政党关系、民族关系、宗教关系、阶层关系、海内外同胞关系的和谐，形成共建和谐大理的最广泛的力量支持；广大统战干部进一步增强和谐推动力，使统一战线在构建大理和谐社会中发挥越来越重要的作用。工作中，我们充分认识到：一是统一战线与构建社会主义和谐社会具有一致性。统一战线具有"和而不同"的文化理念、"团结联合"的思想主题、"和衷共济"的价值取向、"政通人和"的目标追求，与和谐社会的本质要求高度一致。二是统一战线在构建社会主义和谐社会中具有独特优势。统一战线的内部构成反映了社会的基本结构，是实现社会和谐的重要基础；统一战线主张求同存异、体谅包容，是实现社会和谐的重要方式；统一战线具有凝聚人心、汇聚力量的作用，是实现社会和谐的重要力量；统一战线作为广泛了解社情民意、畅通利益表达的渠道，是实现社会和谐的重要途径。三是统一战线在构建社会主义和谐社会中具有重要功能。统一战线具有团结凝聚功能，能够为构建社会主义和谐社会提供力量支持；统一战线具有社会整合功能，能够为构建社会主义和谐社会提供治理方式；统一战线具有体制完善功能，能够为构建社会主义和谐社会提供制度保证；统一战线具有文化亲和功能，能够为构建社会主义和谐社会提供精神支撑。四是统一战线为构建社会主义和谐社会服务的着力点是处理好"五大关系"。政党关系、民族关系、宗教关系、阶层关系和海内外同胞关系，是政治领域和社会领域中涉及党和国家工作全局的一些重大关系，也是统一战线需要全面把握和正确处理的重大关系。要正确认识和处理中国共产党和民主党派的关系，巩固中国共产党领导的多党合作的政治格局；正确认识和处理各民族特别是汉族和少数民族的关系，促进各民族共同团结奋斗、共同繁荣发展；正确认识和处理信教群众和不信教群众、信仰不同宗教群众之间的关系，积极引导宗教与社会主义社会相适应；正确认识和处理社会各阶层的关系，推动和实现全社会和谐相处、共同发展；正确认识和处理大陆同胞和港澳同胞、台湾同胞、海外侨胞的关系，在爱国主义旗帜下加强海内外中华儿女的大团结。

二、强化五个意识，服务科学发展

统一战线工作是党委工作的重要组成部分。新世纪、新阶段，统一战线工作必须坚持中国共产党的领导，必须坚持围绕中心、服务大局，必须坚持大团结、大联合，必须坚持一致性和多样性的统一，必须坚持合作共赢的理念。为改革、发展、稳定统一思想，凝聚力量，共同致力于经济社会又好又快发展。全州统一战线工作要以科学发展观为指导，进一步强化5个意识，服务科学发展。

（一）进一步强化科学发展意识

全州统战工作紧紧围绕为大理经济建设这个中心服务，进一步创新工作方式和活动载体，增强科学发展意识，因地制宜地把科学发展观的要求贯穿于统战工作的各个方面，做到把统一战线各项工作放到党委、政府全盘工作中去考虑，每做一件工作都站在党委、政府的角度去谋划，尽量提高工作层面，找准工作切入点，努力把全州各级各方面的智慧和力量凝聚到实现又好又快发展上来。一是充分发挥工商联、商会的作用，加强与非公有制企业的联系，服务企业，促进发展。当前，面对国际金融危机的严重冲击，要通过建立联系重点非公有制企业制度，牵头协调，积极帮助企业坚定信心，攻坚克难，解决生产中的困难问题，切实维护非公有制企业的合法权益，促使企业做大做强。加强企业现代制度管理，积极参与改革，为完善社会主义市场经济体制服务。二是抓好区域经济发展思路的调研工作。结合大理当前“保护洱海、保护海西，开发海东、开发凤仪”、建设滇西中心城市和洱源生态文明示范县建设等重点工作，牵头组织各界统战人士开展调研，充分发挥统一战线联系面广，各民主党派人才济济的优势，为全州经济和社会发展建言献策。三是通过港、澳、台和侨联组织，积极牵线搭桥，开展引资引智工作。在台办、侨联侨办的努力下，引进新加坡三德集团在鹤庆县、弥渡县投资6亿多元，兴建了两个水泥生产线项目；引进祥云县“珍珠班”教育帮扶行动，起到了促进发展、构建和谐、拾遗补缺的积极作用。四是积极组织倡议全州统一战线成员向地震灾区捐献爱心。四川省汶川县发生强烈地震后，巨大的灾情牵动着全州广大统战干部和广大统一战线成员的心。一方有难，八方支援。全州广大统战干部、各民主党派、工商联、民族宗教部门、各宗教团体和无党派人士迅速掀起为灾区捐助活动的热潮，慷慨解囊，捐款捐物，支持灾区人民重建家园。

（二）进一步强化以人为本意识

统战工作是做人的工作，做学有专长、事业有成者的工作。做好新时期统战工作，就是要坚持以人为本，进一步密切与各统战人士的联系，切实保障和维护他们合法、合理的经济、政治和文化权益，从他们的根本利益出发谋发展、促发展，并通过他们，把发展的成果惠及全体人民。巩固和发展新世纪新阶段统一战线的重要战略任务，就要以人为本，充分认识统一战线内部构成的发展变化，在巩固工人、农民和知识分子团结的基础上，进一步团结作为社会主义事业的建设者新的社会阶层，不断为中华民族伟大复兴增添新力量，不断巩固新时期统一战线的阶级基础，全面提高统一战线工作水平。一是实施人才强州战略，认真落实中央、省、州党委《关于进一步加强人才工作的决定》。拓宽民族干部、非党干部的培养和选拔渠道，努力培养高素质的民族干部、党外人士队伍。做好优秀党外人士的政治安排工作，积极做好政协大理州十一届340名委员和59名常委的提名推荐工作，向各级人大、政协推荐党外人士代表、委员200多名。各民主党派的主委、州工商联、伊协、佛协、基督教“两会”负责人分别都安排为州政协委员，多数人进入州政协常委班子。二是加强党外代表人士和民族宗教界代表人士的教育，提高统战对象的政治把握能力、参政议政能力、组织领导能力和合作共事能力，使他们坚决拥护中国共产党的领导，坚持走中国特色社会主义道路。三是指导帮助各民主党派加强组织建设，2009年，大理州已有民盟、民进、九三学社、民革、民建、农工党、致公党7个党派成立大理州级组织。四是做好党外知识分子工作，认真培养和考察党外知识分子，对优秀的党外知识分子建档立卡，跟踪管理，并根据他们的特长和实际表现，通过各种渠道选拔、推荐进入重要岗位。五是加强海外联络联谊，加强与港澳台同胞，海外侨胞的联系交往，在“了解侨情，理解侨心，维护侨益，发挥侨力”四个环节上下功夫，维护和促进祖国的繁荣、稳定与发展，共同反对“台独”，反对分裂，为促进祖国完全统一而奋斗。

（三）进一步强化统筹兼顾意识

随着改革开放的深入和全面建设小康社会的推进，在经济社会发展取得长足进步的同时，也积累了不少矛盾。不同社会阶层之间，不同民族群众之间，不同宗教信仰之间的利益矛盾日益突出。社会利益主体更多，领域更广，利益关系也更加复杂，统战工作的对象有了新的变化。全州统战工作只有更加注重统筹兼顾，正确处理好改革、发展、稳定的关系，妥善地处理当前面临的各种突出矛盾、协调好各种利益关系，才能实现全面、协调、健康可持续发展。一是充分发挥统战部门协调关系，化解矛盾的功能，做好理顺情绪、稳定思想的工作。着力解决经济社会发展中的突出矛盾和关系人民群众切身利益的实际问题，推动经济社会全面、协调、可持续发展，维护社会稳定。二是全面贯彻党的民族宗教工作基本方针，依法加强宗教事务管理、协调和指导。进一步密切与宗教界代表人士的联系，坚决抵制境外利用民族宗教问题进行的渗透，密切关注宗教界热点和突出问题，维护宗教界的稳定，积极引导宗教与社会主义社会相适应。三是认真落实党的各项民族政策，牢牢把握各民族共同团结奋斗、共同繁荣发展的主题。广泛开展民族团结进步活动，妥善处理因经济利益矛盾、风俗信仰差异等问题引发的群体性突发事件，巩固和发展平等、团结、互助、和谐的社会主义民族关系。四是全面把握和正确处理政党关系、民族关系、宗教关系、阶层关系和海内外同胞关系，努力使党同民主党派和无党派人士的团结更加巩固。各民族的关系更加和谐，社会各阶层的关系更加协调，宗教与社会主义社会更加适应，大陆同胞和港澳同胞、台湾同胞、海外侨胞的关系更加密切，为构建大理和谐社会作出了积极的贡献。

（四）进一步强化扩大开放意识

扩大开放是推动科学发展的必然要求，是当前全州广大统战干部特别需要增强的思想观念。工作中全州广大统战干部进一步树立大开放大发展，不开放不发展的意识。充分发挥统一战线海外朋友众多、经济交往便利的优势，依托大理台胞台属、侨胞侨眷和华人华侨多的优势，树立世界眼光，创新战略思维，以更加开阔的视野，更好地利用两个市场、两种资源，加大“引进来”和“走出去”的海外统战工作力度。为不断完善内外联动、互利共赢、安全高效的开放型经济体系，为提高大理开放型经济发展水平作贡献。充分发挥工商联、行业商会、侨联、行业协会和各类企业在对外开放中的作用，充分利用招商会、项目推介会、联谊会等平台，推动大理与港澳台和海外的经济、科技、文化等方面的交流与合作，争取人心，凝聚力量，推动发展。

(五)进一步强化大统战意识

全州广大统战干部和统一战线成员在工作中要进一步树立“有为有位”的思想观念,强化“大统战意识”,充分认识到做好统战工作单靠统战部门自身的力量是不够的,必须更加注重与党委、政府部门的工作联系,与有关社团组织的互动合作和借助其他部门和社会各方力量,形成“多维一体”的大统战格局。统战工作积极主动向基层延伸,做到哪里有少数民族和少数民族的代表人士,哪里有宗教寺庙,哪里有信教群众,哪里有党外干部群众,那里就有我们的统战干部。把工作做到每一个社会阶层和每一个统战对象中,把基础工作做深做细做实。努力做到统战工作纵向到底、横向到边,纵横协调,宽领域、全覆盖,上下联动。充分发挥统一战线人才荟萃、智力密集、联系广泛、参政议政渠道通畅的优势,发挥统一战线体察民情、反映民意、密切党同人民群众联系的作用,通过爱国统一战线,广开言路、群策群力、献计献策、集思广益。用实际行动支持改革、推动发展,形成改革发展的强大合力。

三、解放思想,转变作风,开拓创新

科学发展观为新时期、新阶段统战工作指明了方向。统战事业要坚持以科学发展观为统领,进一步解放思想,以思想的大解放推动统战工作的大发展,力求改革有创新,工作有新思路,发展有新举措,提升统一战线服务科学发展的能力和水平。

(一)深入理论学习,加强政策研究,为推动经济社会发展提供依据

巩固和壮大最广泛的爱国统一战线,充分调动社会各方面的积极性,最大限度地激发社会活力和增进社会团结稳定是新时代赋予统战工作光荣而艰巨的历史使命。统战工作要紧紧围绕全国第二十次统战部长会议提出的正确处理政党关系、民族关系、宗教关系、阶层关系和海内外同胞关系的基本要求,深入研究和准确把握当前这五大关系在我州的现状、特点和存在的问题,提出有针对性的政策措施,为党委、政府科学决策提供依据,为推动科学发展营造环境、凝聚力量。

(二)以科学务实的精神,创新工作思路,找准统一战线服务科学发展的结合点

统战工作要发挥联系面广、人才荟萃的独特优势,切实为各族各界统一战线人士搭建信息平台,做好了解反映情况工作;搭建引导平台,做好增强信心工作;搭建智力平台,做好建言献策工作;搭建服务平台,做好排忧解难工作;搭建联络平台,做好招才引智工作;搭建协调平台,做好维护稳定工作。全州统战工作要增强服务发展的实效,最大限度地把统一战线的优势转化为促进发展的优势,把统一战线的力量汇聚成推动发展的力量,促进全州经济平稳较快发展。

(三)按照“三个一”的要求,进一步加强统战干部队伍建设

在学习实践科学发展观活动中,全州统战干部队伍要结合“个人形象一面旗、工作热情一团火、谋划布局一盘棋”的“三个一”主题实践活动,进一步解放思想,开拓创新,切实转变工作作风,紧紧围绕州委、州政府确定的经济社会发展目标和工作重点,深入基层、深入企业、深入群众,问需于民,问计于民,倾听群众呼声,切实解决好人民群众最关心、最直接、最现实的利益问题。认真学习贯彻落实好2009年7月胡锦涛总书记在云南视察时的重要讲话精神,从推动全省、全州经济平稳较快增长,维护边疆安宁,民族团结,维护人民根本利益的高度,切实增强责任感和使命感,积极做好协调关系、化解矛盾的工作,围绕保增长、保民生、保稳定等重点工作。坚定不移地贯彻落实科学发展观,解放思想,开拓创新,抢抓机遇,攻坚克难,全力维护社会稳定大局,提高统战工作服务科学发展的能力和水平,共同致力于大理州经济社会又好又快发展。

大理州城镇管理立法的探索与实践

大理州人大常委会副主任　尚榆民

随着工业化、城镇化和农业产业化进程的加快，城乡建设日新月异，对城镇的规划、建设、管理提出了更高的要求。国家和省先后公布了很多城镇的法律法规，用于规范调整一定社会关系而形成的权利与义务关系，其包括了建设活动中所发生的行政管理关系、经济协作关系及其相关的民事关系。但城镇管理内容繁杂，建设活动面广。在实施国家和省法律法规中，大理白族自治州遇到了对规划管理、操作程序、监督检查、法律责任规定较少、笼统、缺乏针对性和可操作性等不少问题，州人民政府先后制定了政府规范性文件指导城镇规划建设管理的各项工作。但这些规范性文件中涉及行政许可等均需要通过法律设定的内容，运用《民族区域自治法》和《立法法》赋予自治州的民族立法权，及时制定自治州单行条例以获得法律的支撑。在进一步调整自治州国家机关及其有关机构、企事业单位、社会团体、公民之间在城镇建设活动中或行政管理活动中发生的各种社会关系，通过制定《大理白族自治州城镇规划建设管理条例》来加快城镇化是现实工作中面临需要解决的紧迫问题。

一、《条例》的制定过程

《大理白族自治州城镇规划建设管理条例(草案)》(以下简称《条例》)列入大理州第十一届人大常委会的民族立法计划，受到了各方的高度重视，成立了起草领导组和起草班子，整个条例的制定历时3年，经历了3个阶段：

(一)初稿起草阶段

州人民政府的职能部门州规划建设局在强化前期调研的基础上，草拟《条例》初稿108条，在广泛征求意见的基础上几易其稿，于2003年8月形成报送州人民政府的《条例》初稿。

(二)政府议案形成阶段

州人民政府起草小组对《条例》初稿修改后，于2003年9月形成《条例》征求意见稿，下发全州12个市县和州级有关部门征求意见，州人民政府分管领导、州人大常委会领导带队，到永平、剑川、鹤庆、洱源县和大理市召开座谈会，征集意见后形成《条例》征求意见第二稿，分别在州人大、州政协及州级相关部门召开专题会议听取意见，并致函专家学者征求书面意见后形成第三稿。9月，专程赴昆明向云南省人大财经委、省政府法制办征求意见，形成第四稿。随后专门听取了有建设施工经历的大理市民代表意见。2004年，《条例》起草小组到深圳、西安、平遥、开封、洛阳、都江堰等国内中小城市考察学习，借鉴外地城镇建设管理先进经验基础上，再次征求州人大常委会委员、州级有关部门、各县市、专家学者的意见，并到大理市城管局征求第一线执法人员和大理市部分养犬户的意见。2005年，进一步在互联网深入调研后形成第九稿，征求各市县政府主要领导和分管领导的书面意见，再次到昆明征求省人大民族委、财经委的修改意见，先后进行了11次较大的调整修改，形成了69条的《条例》草案稿，于2005年4月25日州人民政府第30次常务会讨论通过《条例》草案。5月13日，州人民政府向州人大常委会报送了《关于提请审议〈大理白族自治州城镇规划建设管理条例(草案)〉的议案》。

(三)人大审议阶段

2005年6月，州人大常委会第22次会议对《条例》草案进行第一次审议后，由州人大常委会农业与环境保护工作委员会根据常委会组成人员提出的意见进行了6次修改，两次征求省人大民族委、财经委的意见，召开州人民政府法制局、州规划建设局和大理市规划局、建设局、城管局等有关单位专家座谈会，书面征求各县市的修改意见，对《条例》草案进一步论证。重点审议《条例》制定的重要性、必要性、可行性，对《条例》草案条文的具体内涵提出修改意见。州人大农环委在8月州十一届人大常委会第23次会议上提交了《条例》修改稿和审议情况的报告，对主要修改意见作说明，共涉及修改174处，意见建议59条。根据常委会组成人员的二审意见，在《条例》草案的主要结构不变、主要内容不变、主要特色不变的前提下，由州人大农环委牵头，有关专工委参加，认真在条款和文字上作精减提炼。将《条例》从7章69条修改为7章49条。9月，形成党内送审稿，经中共大理州委审定后上报省。经云南省人大常委会研究修改后，形成《云南省大理白族自治州城镇管理条例(草案)》(党内送审稿·修订本)。2006年1月，中共云南省委批复：《条例》草案党内送审稿修订本符合民族区域自治法和城市规划法等法律法规的规定，也符合大理白族自治州加强城镇规划建设管理工作的实际需要，同意按法定程序提交大理白族自治州人民代表大会审议。2006年2月，在州十一届人大四次会议上，州人民政府副州长作《条例(草案)》的说明，代表们认真进行审议，由州人大法制委员会向主席团报告审议结果。审议修改意见52条，表决稿具体修改17处。2月21日，大理白族自治州第十一届人民代表大会第四次会议通过。2006年5月25日，云南省第十届人民代表大会常务委员会第二十二次会议批准。6月，大理州人民代表大会常委会公告自2006年7月1日起施行。

二、《条例》的调整范围和主要内容

《条例》共7章43条，分别就大理州城镇的规划管理、建设管理、城镇绿化、市容卫生4个方面作了明确规定，对管理者和被管理者的权、责、利作了具体明晰，对倡导什么、禁止什么、限制什么的法律责任作了细化。

（一）条标

直接关系到所要调整规范的是什么事、什么关系。城镇建设中重点是规划、建设、管理3个方面，都有其较为完备和相对独立的法律法规和规章。如果限于某一方面，《条例》会显得单薄、覆盖面小，难以满足当前城镇化进程的需要。如果求其全面，城镇管理中还有城镇交通、城镇环境保护、城镇治安等，《条例》内容就又显得大而杂，不易细化，难以操作。起草过程确定为《大理白族自治州城镇规划建设管理条例（草案）》，上报省人大的审批稿规范为《云南省大理白族自治州城镇管理条例》，既简洁通俗又涵盖城镇化进程中各个环节的要求。为更准确表达立法原意，在第二条明确“自治州内的城镇规划、建设、绿化和市容卫生的管理，必须遵守本条例”。

（二）总则（6条）

是立法的总体性或基础性的规定，包括立法目的宗旨、立法依据、适用范围及其基本原则。立法宗旨是通过规范规划建设管理活动促进大理州经济社会协调发展，最终目的落实在发展上。适用范围为“州、县（市）、镇人民政府所在地”，鲜明地提出：城镇规划和建设坚持以人为本、科学预测、突出特色、合理布局、完善功能、和谐发展的方针，坚持公开、公平、公正和便民的原则，针对部分市县规划特色不够，布局不合理，功能不完善，缺乏前瞻性，社会公众利益保障不够，规划透明度低且滞后等问题，强调了政府纳入规划和加大投入、主管部门依法履行职权、有关部门各负其职的管理体制。认同全州现有的管理体制，州级和多数县为规划建设局，大理市分属规划、建设、园林、城管4个局、镇为建设办公室。为便于施行，大理市4个局分别为第二至四章的执行主体。

（三）规划管理（6条）

《条例》针对城镇规划涉及诸多部门和利益，学习北京、深圳、昆明等城市先后在同级规划行政主管部门和政府之间设立由上一级政府首长为主任的规划委员会或规划审查委员会，大理州也于2002年实施规划审查委员会制度，取得了明显效果，《条例》中予以肯定，并统一名称，明确州、县（市）城镇规划委员会的职责，对现有做法给予法律保障。对城镇规划的编制、调整和变更方案必须实行听证、征求公众意见、上级规划委员会审查、招标投标、批准后30日内向社会公布等程序。特别是大理州首府大理市的城市总体规划的调整和变更，在国家规定的法定程序外，再增加大理白族自治州人民代表大会常务委员会审查一个报批环节，设定了刚性约束，体现民主科学和切实维护规划的权威性、严肃性和连续性。《条例》第十一条单独设立民族聚居地划定民族特色建筑风格保护区的专门条款，赋予大理白族自治州人民政府制定白族建筑风格保护区的建设规范，包括青瓦、白墙、坡顶、建筑高度、容积率、绿地率、建筑立面等的权力，赋予县（市）人民政府制定其他民族特色建筑保护区具体规范的权力。把大理州从2001年起实施的《大理白族自治州城乡建筑体现地方民族风格实施办法》的内容上升为《条例》内容，提升其法律效力，将白族建筑风格的主要强制性内容法定化，是立法对地方民族特色保护的体现。《条例》第十二条还对历史文化名城、名镇、名村和街区的规划和实施、未列级的具有保护价值的民宅及建筑物、构筑物等挂牌保护作了要求，是对城镇规划区内文化遗产保护的具体规范，建设活动中必须按照规划和文化行政主管部门批准的方案进行，不得擅自修缮和拆迁。

（四）建设管理（10条）

《条例》规定了建设活动涉及到的建设方、施工方、设计监理、质检等各方必须遵守的条款。针对城镇快速发展情况，强调了建设活动应当符合城镇规划，适应紧急预警和防灾减灾的需要，人行道应当设置盲道，残疾人无障碍通道，施工单位设置安全防护设施和标志等。把对建筑工程国家规定放宽到投资额50万元以下或者建筑面积在500平方米以下的可以不办理施工许可证。《条例》第二十条是针对全州规划不到位、建设资金紧缺，相关建设主体配合协调差等因素，造成道路建好了就开挖、开挖了又建设等的问题，不仅造成极大的资金浪费，而且开挖后重新修复质量差，群众意见较大的建设行为作了规范，明确了确需开挖的，道路红线宽20米以上的，必须报州建设行政主管部门批准；20米以下的报县（市）建设行政主管部门批准。并规定修复不合格的，由建设行政主管部门统一修复，费用由建设单位承担。《条例》第二十一条针对城镇建设资金投资单一，难以满足市政发展的需要和人民群众的要求，在城市经营上鼓励各种经济组织和个人参与建设或者经营的范围，以解决多渠道投资，多种经济成分参与城镇建设，加快市政公用设施建设步伐。

（五）城镇绿化（6条）

《条例》明确了城镇绿化的原则，城镇绿化行政主管部门、单位、开发商、业主或物业管理单位管护职责。把绿化技术指标明确在法律条文中，符合当前技术指标法定化的趋势，有利于实际操作和控制。具体指标以中共大理州委批准的2010年绿化目标确定，留有一定的时间来努力实现。在第二十七条中还明确了确保城镇绿化落到实处的工程绿化配套设计、资金纳入预算、主体工程竣工两个月内完成的绿化图章保障措施。针对建设活动中随意破坏绿化，一边强调绿化，一边破坏绿化的状况，明确规定严格审批，建立档案，设置标志和保护设施，古树名木严禁砍伐和迁移。

（六）市容卫生（8条）

《条例》明确了县（市）、镇人民政府的职责及实行市容环境卫生责任区管理制度，针对大理州城镇中一些临街小饭馆、商铺、车辆修理清洗擅自倾倒垃圾和污水，市民反映较大的饲养犬类等宠物作了明确规定。大理市是全国优秀旅游城市和十佳魅力城市之一，必须实行更为严格的管理，《条例》第三十二条规定在大理市建成区禁止户外放养犬类等宠物，大理市城管局从2004年8月发布禁止通告以来，执行情况较好，未产生不良争议。《条例》第三十五条是对城镇交通的具体规定，针对泊车地点少、出租车乱停乱放、交通秩序混乱，成为城镇发展中的热点问题，提出对出租车总量控制严格管理，各种车辆必须持城区通行证按规定时间和路线通行。《条例》第三十六条规定了在建成区禁止的行为，针对性强，国务院《城市市容和环境卫生管理条例》规定粗且无处罚的限额不利于执行，而对于大理州城镇管理又普遍存在难以执法的状况规定。

（七）法律责任（6条）

《条例》依据国家的规定，结合大理州经济社会发展的实际，宽严结合，既便于操作，又起到教育处罚的作用。既有对被管理者有处罚，又有对管理者的处罚直至依法追究刑事责任。

三、《条例》的主要特点

（一）理顺了管理体制，明确了执法主体

大理州规划建设行政主管部门州级分设，县级为规划建设局，大理市分设市规划局、市建设局、市城管局、条例制定过程中增设市园林局。部分县按相对集中处罚权的要求，成立了直属县政府的综合管理机构行使。《条例》首先认同现有管理体制，规划建设管理工作既可由一个部门统一行使，如各县。也可根据工作需要由几个部门来行使，如州级和大理市。同时根据行政许可法和行政处罚法的规定，认同我州已有部分县城推行相对集中行政处罚权的实际，对管理体制不作硬性规定，使推行工作更有法律保障。针对制定出来的规划未能很好的执行现状，总结几年来大理州创新成立"两规委"的成功经验，借鉴北京、深圳、昆明等地的做法，《条例》规定设立以政府领导为主任，相关部门和专家为成员，同级人大列席的州、县（市）城镇规划委员会，负责城镇规划和重大市政基础设施建设项目，临街重要建筑项目选址和设计方案的审查。规划委员会审查后才进入行政报批程序，既不违反国家规划管理的审批规定，又增加了规划审查关。充分体现政府对规划的领导和重视，也能使专家和各方面（包括人大、政协）意见在决策中得到进一步反映。

（二）增加了规划管理从严的程序，增大了透明度

城镇规划是指导城镇建设，统筹发展的重要依据和手段。从法律属性来讲，城镇规划是一种行政行为，是政府公共政策的体现。同时规划直接牵涉广大人民群众的切身利益，又是一种社会活动。要求全社会的共同参与，要体现公众的意愿。城镇规划还是一个民主问题，是扩大公民在公共决策过程中有序参与的重要途径。在实施中，有的规划不如领导一句话，随意性很大。规划中的无序现象比较严重，往往是一届领导一套规划，相互之间缺乏连续性和稳定性。《条例》在国家现有规划制定程序的基础上，新增了更严格的审批程序。即城镇规划的编制、调整和变更，由规划行政主管部门提出方案，经上级规划委员会审查，方可按法定程序报批。鉴于大理市作为州府所在地的城市，在全州政治、经济、文化中具有特殊的地位和作用，规定其城市总体规划的调整和变更，须经州人民代表大会常务委员会审查。对违反程序规定擅自修编规划和不执行规划的国家公职人员设定了相应的行政处分。针对规划编制过程中缺乏市场竞争、公众专家参与不够、详细规划编制滞后、特色突出不够、专项规划之间相互衔接不足、历史文化名城、名镇、名村和街区规定未引起高度重视等问题，《条例》作了相应规定。在实施环节，针对规划未能得到有效执行，违反规划现象时有发生，规划违法行为未能得到有效制止等问题，《条例》强化了相应行政主管部门及其工作人员违反规划的法律责任。

（三）将民族及地方特色建筑风格保护上升为法律制度，执行强制性建设规范

州人民政府在2000年出台的《大理白族自治州城乡建筑体现地方民族风格实施办法》，实施效果好，得到广大人民群众的拥护。《条例》进一步将其上升为法律条款，规定州、县（市）人民政府应当在民族聚居地划定民族特色建筑风格保护区，实行特殊保护。白族建筑风格保护区的强制性建设规范由州人民政府制定；其他民族特色建筑风格保护区的强制性建设规范，由县、市人民政府制定。同时还规定规划区未列及的具有保护价值的民宅及建筑物、构筑物等，经县市人民政府确认后挂牌保护，以体现对大理州民族及地方特色建筑风格的保护。对规划区物质和非物质文化遗产如何保护，限于本《条例》的调整范围，放到《云南省大理历史文化名城保护条例》中明确。

（四）鼓励加快建设步伐，提高办事效率和质量

针对城镇建设中投资不足，投资单一，建设过程中行政手续繁琐，效率低下等制约发展的问题，《条例》将政府鼓励城镇经营项目的一些措施进一步加以肯定，以利于盘活城镇资源，多渠道筹集更多的资金投入到城镇建设中。规定城镇规划区内的单位和个人在已批准的土地上扩建、改建原有建筑的，只需申请办理建设工程规划许可证；投资额在50万元以下或者建筑面积在500平方米以下的建筑工程，可以不办理施工许可证。突出了公开、公平、公正和便民原则，体现了建设从快的立法宗旨，也解决提高办事效率和服务质量的问题。对城镇建设中反映较大的道路开挖把道路红线宽20米以上的审批权收回到州，由州规划建设行政主管部门批准，减少开挖次数，鼓励做到一次性配套建设。

（五）提升城镇档次，强制控制绿化指标

城镇绿化在《条例》中单列第四章，体现了绿化从控的立法宗旨。在制定《条例》中，城镇绿化是单独列章还是分散各章争议较大，通过广泛征求意见后认为，园林绿化是自治州城镇化建设中的薄弱环节，大理有数顶桂冠，特别是被云南省人民政府确定为滇西中心城市，州府大理市积极申报国家级生态园林城市和最适合人类居住的城市，县城申报省级生态园林城市的情况下，园林绿化显得更加重要。对城镇绿化，市民尤为关注，特别是城镇公共绿地、小区绿地、行道树、花坛草坪等是城镇居民非常关心的事。为了适应城镇的发展，大理市在《条例》制定过程中成立市园林局，有了独立的执法主体，因此，单设一章是十分必要的。条例从3个层次设定了绿化指标。一是大理市根据国家级园林城市规定的绿化指标；二是各县县城是根据云南省级园林城市规定的绿化指标；三是建制镇略低于云南省级园林城市的绿化指标。且这些绿化指标是依据中共大理州委常委会审定通过的2010年大理州城镇绿化发展目标，《条例》以法律形式固定下来，与大理州建设生态文明城市，打造国家魅力城市的目标相吻合。

（六）细化市容卫生条款，规范管理行为

城镇管理难度较大，尤其小城镇居民素质、基础设施、执法队伍等因素，脏、乱、差十分突出。针对目前执法主要依据是国务院90年代制定的《城市市容和环境卫生管理条例》，对违法行为行政处罚的设定只规定罚款而无具体的数额。部分条款较宏观，不便于执法人员操作，也容易导致滥用自由裁量权的状况。《条例》细化了条款，设定具体的罚款数额。同时，对法律法规尚无规范的一些急需规范的行为，如养宠物、屋顶户外广告的设置等，根据大理市和各县的实际，以及行之有效的措施，分别进行规范和法定化。针对大理州城镇管理重点在建成区的特点，禁止行为设定在建成区（2007年1月1日施行云南省城市建设管理条例为规划区，以下简称《云南省条例》），把日常管理经常遇到的随地吐痰、便溺、乱扔果皮、纸屑、烟头等废弃物，在道路和公共活动场所养禽畜，打晒粮食等列为禁止行为，并设定相应的处罚5元以上50元以下的罚款（《云南省条例》规定处300元以上3000元以下

罚款,情况严重的处3000元以上3万元以下罚款)。在规划区内不按规定饲养犬类宠物或大理市建成区禁止放养规定的,责令其改正处50元以上500元以下的罚款,对违反园林绿化的则重罚,擅自砍伐或迁移树木的,处每株树200元以上500元以下的罚款,古树名木则处评估价3倍至5倍的罚款(《云南省条例》规定100元以上1000元以下罚款)。体现了以人为本、教育为主、宽严适中、易于操作、构建和谐社会的原则。

四、值得进一步研究的几个问题

《条例》公布施行3年多来,州人大常委会于2007年组织的对贯彻实施情况进行执法检查后认为:《条例》公布施行后,州县(市)人民政府高度重视,得到了广大人民群众的拥护,有地方单行条例作法律支撑,促进了城镇管理执法责任制的落实,推动了城镇管理特别是县城的管理步入了新阶段。但也存在对《条例》的学习宣传在广度和深度上不够、规划管理工作相对滞后、与《条例》相配套的规范性文件的清理和调整没有全面开展,缺乏相应的工作制度,城镇绿化用地不足,民族建筑风格保护利用不够,建设项目规划监管有差距等困难和问题。回顾城镇管理立法的实践与探索,有以下一些值得进一步研究的问题;

(一)州人民政府议案稿第五十五条、州人大常委会上报稿第四十五条"城镇规划、建设、管理的行政执法人员在查处违法建设行为中,对拒不纠正的,可强制扣押施工材料、施工工具"

是针对在规划和建设执法管理中,经常发生一方在管理,另一方仍不停止违法违规建设的现象,而执法管理机关缺乏必要的强制性停止违法施工的法规依据,只能按《行政处罚法》的规定发送"建设行政责令改正通知书",如业主坚持不改正,甚至加快建设,违法违规建设项目已经建成,管理到最后,按常规处理:一是申请法院实施强制性拆除程序,将给业主带来较大的经济损失和更多的不满情况;二是以罚代法,交罚款承认现状,严重影响了规划的依法实施和规划管理工作的顺利进行,也造成极大的社会影响和城镇建设的混乱局面。因此,该条的设定是在"新形势、老问题"的前提下,参照云南省第十届人民代表大会常务委员会第十五次会议批准的《昆明市城市规划管理条例(修正案)》第二次修正第四十二条,为大理州城镇执行管理开创的一个新的管理法律依据和手段,通过采取对违法建设活动中期的强制性管理手段,达到有效管理城镇建设活动的良好目的。但在审批过程中被删除而未能施行。

(二)州人民政府议案稿第二十一条三款"大理苍山洱海风景名胜区内的村镇,应当按规划连片集中建设开发,并留足视景空间走廊,对规划范围内外公路沿线零星建房用地申请,土地等部门不予批准",是针对大理苍山洱海风景名胜区是国家重点风景区大理风景名胜区的核心

近年来,随着经济社会的发展,区内的建设活动频繁,特别是公路沿线、洱海湖边的村镇无序建设,严重破坏了景区的田园风光和苍洱景观,降低了稀缺土地资源的利用效率,因此本条款规定按规划连片集中开发建设,不再零星批宅基地,既满足农村广大人民群众对改善居住条件的要求,又有利于保护景观,合理利用土地、符合长远利益的需要。但在审查过程中被删除,实施中缺乏法律支撑,步履艰难。

(三)州人民政府议案稿第五条"城镇规划、建设、管理等行政管理工作逐步推行相对集中行政许可权和相对集中行政处罚权的管理模式"

"相对集中行政处罚可由各市县人民政府报经州人民政府批准后,设立直属于市县人民政府的城镇综合执法机构,相对集中行使建设、规划、工商、文化、出版、公安交通、环境保护管理等相关的行政处罚权"。是面临新形势,根据《行政许可法》和《行政处罚法》的规定,结合大理州已有大理市和部分县城已推行相对集中行政处罚权的实际,提出相对集中行政许可权和行政处罚权新的工作思路,使推行工作更有法律保障。但由于认识上的不统一被删除。这些值得进一步研究和斟酌的条款有对自治州单行条例的粗和细,宏观与微观的看法不一致,也有民族立法出发点中对基层情况不熟悉,涉及可操作性问题的差距所致,有待于施行过程中不断完善,在适当时机修改或修订。

突出重点　多措并举
全力加快大理滇西中心城市建设

大理州人民政府副州长　李红卫

2009年以来，在国际金融危机的不利影响下，全州上下坚决贯彻落实党中央、国务院和省委、省政府的决策部署，全力以赴"保增长、保民生、保稳定"，有效遏止了经济增长明显下滑态势，经济形势总体回升向好，全面完成年初确定的预期目标，社会保持和谐稳定。2009年底，全州城镇化水平达到31%，比2008年提高了2个百分点。全州城镇化步伐加快，城镇的综合承载能力明显提高，服务功能和管理水平进一步增强。但是，我州的城镇化水平低于全省3个百分点，与全国相比差距就更大，而且城镇化滞后于工业化、城乡二元结构突出、城市辐射带动作用不强、县域经济实力整体比较薄弱等问题还很突出。对此，我们必须高度重视，采取有效措施，切实加以解决，使全州的城镇化建设跃上一个新的发展平台。

一、发挥优势，坚定不移地推进城镇化进程

大理区位优越、资源丰富、气候宜人、民族文化悠久灿烂，如何把资源优势转化为经济优势，城镇化是经济社会发展的必然趋势，也是工业化的重要标志。中央经济工作会议明确指出，要积极稳妥推进城镇化，提升城镇发展质量和水平。中共云南省委八届八次全会、云南省人代会和省政协会也特别强调要大力推进城镇化，努力加快城乡统筹发展。2009年3月底，中共云南省委副书记、省长秦光荣在省政府大理专题会议上指出，大理要着力推进"两保护两开发"，不断完善城市功能、拓展城市发展空间、增强城市竞争力，努力把大理建设成滇西地区辐射面广、带动力强、影响力大的中心城市。2009年10月下旬，中共云南省委书记白恩培在大理调研，要求大理要"争当民族团结进步模范州、生态文明建设排头兵、旅游二次创业生力军、滇西城镇化进程领跑者"，这"四个争当"，充分体现了科学发展观的要求，符合大理的实际。白恩培书记、秦光荣省长等省领导对大理作出的一系列重要指示，为我们进一步做好当前和今后的工作指明了方向。

中共大理州委、州政府历来高度重视发展城镇化战略，把实施城镇化战略作为统筹城乡协调发展、解决"三农"问题的必由之路，作为推进新型工业化和现代化发展的必然选择。自2003年以来，我州各级党委、政府根据省委、省政府的战略部署，解放思想，大胆探索，迅速有力地推进各项工作的落实，大理滇西中心城市建设步伐加快，辐射带动作用增强，洱海保护治理取得了阶段性成果，基础设施建设和特色产业发展也取得较大进展，全州经济社会呈现出了又好又快发展的喜人态势。实践证明，实施以滇西中心城市建设为重点的城镇化战略完全符合大理实际，对加快我州工业化进程、统筹城乡协调发展、全面建设小康社会必将产生重大而深远的意义。

二、突出重点，多举措推动城镇化进程

2010年是完成"十一五"规划，谋划"十二五"发展大计的关键一年。我们必须要紧紧围绕省委、省政府建设绿色经济强省、民族文化强省和面向西南开放的桥头堡的目标，按照"争当民族团结进步模范州、生态文明建设排头兵、旅游二次创业生力军、滇西城镇化进程领跑者"的要求，坚持"生态优先、农业稳州、工业强州、文化立州、旅游兴州、和谐安州"的发展思路，进一步统筹城乡协调发展，全面实施滇西中心城市建设，积极稳妥推进全州城镇化。

（一）坚持走特色城镇化发展道路

党的十七届三中全会指出："必须统筹城乡经济社会发展，始终把着力构建新型工农、城乡关系作为加快推进现代化的重大战略"。我州城镇化水平低，城乡二元结构突出，全州除大理市以外的11个县都是省级和国家级贫困县，贫困面大，贫困人口多，而且多居住在山区半山区，制约着城镇化发展。经过多年的实践探索，中共大理州委、州政府在准确把握大理城镇化发展的基本特征和规律的基础上，提出了以滇西中心城市建设为重点的城镇化发展战略。各级各部门要按照"加快做强1+6城市群和做优南涧、永平、云龙、剑川、鹤庆5个门户县城，逐步做特乡镇、做美农村"的思路，坚持高起点科学规划，高质量建设，把统筹城乡协调发展同推进城镇化结合起来，加快提升滇西中心城市建设发展水平，积极推进门户县城建设，高度重视小城镇和特色乡镇发展，全力推进社会主义新农村建设，力争2010年全州城镇化水平提高1.5%，到2012年全州城镇化水平达到36%以上。

（二）大力构建城乡规划体系

2009年10月，州政府已经批准实施滇西中心城市规划体系构建计划，其核心就是要加快构建由大理州域城镇体系规划、滇西中心城市总体规划、城市总体规划、控制性详细规划、分区规划和专项规划以及镇（乡、村）规划构成的比较完整的规划体系。当前和今后一段时期，各级城乡规划部门要紧紧围绕这一重点开展工作。坚持高起点科学规划、高水平编制，加快《大理滇西中心城市总体规划》和交通、物流、教育、医疗卫生、旅游五个专项规划的上报审批进程，抓紧做好各个领域规划之间的衔接工作，推进城市总体规划、控制性详细规划和片区规划、镇（乡、村）规划等各类规划的编制，为建设滇西中心城市，推动城镇化进程提供重要支撑。

（三）大力推进项目实施力度

2010年，州人民政府州长何金平在州十二届人大三次会议上的《政府工作报告》明确提出了推动滇西中心城市建设的目标、任务和要求，确定了发展思路和一批项目，按照中共大理州委、州政府的统一部署，各级、各部门要同心协力，突出重点，狠抓落实。一是要狠抓城镇基础设施建设，特别是城市路网改造、供排水、防灾设施和无障碍设施建设。二是继续推进城镇污水、垃圾处理设施建设，确保续建项目完工并投入使用，积极做好治污项目运营管理工作。三是加快实施县城改造提升，巩固2009年实施的祥云、弥渡、剑川、鹤庆4个县的改造成果，重点抓好2010年启动的宾川、南涧、云龙、巍山4个县的道路改造和绿化、亮化提升工程，提升城市形象和品位。四是抓紧推进保障性住房建设和民居抗震工程建设。这两项工作关乎人民群众的切身利益，要站在保民生、保稳定、促和谐的高度，积极做好组织领导工作，进一步优化实施方案，加大工作力度，切实把这两项民心工程抓紧抓实，抓出成效。

（四）大力培植城镇支撑产业

城镇化的发展离不开产业支撑，产业发展是城镇化的核心，是城镇发展的推进器。强化产业支撑，明确城镇功能和产业定位，必须从实际出发，紧密结合自身的资源优势、产业基础、区位条件等，因地制宜，科学规划，使潜在的资源优势迅速转化为经济优势，使具有潜在优势的产业在城镇成长和聚集，真正培育起具有鲜明特色和较强竞争力的优势产业。当前，要以重点集镇建设和旅游小镇开发为突破，加快新型工业、房地产、农产品加工、商贸、物流和社会服务等城镇支撑产业发展，辐射带动农村经济，增强城镇自身发展活力。

（五）大力发展低碳经济

良好的生态和优美的环境是大理最大的特色和优势，是最重要的资源和资本，加强生态环境保护是各级、各部门义不容辞的责任。我们要按照建设绿色经济强省和争当生态文明建设排头兵的要求，充分发动群众，强化工作责任，积极推进洱海流域和各县“治污”项目进度，抓好洱源生态文明试点县建设，推进园林城市、园林县城创建，强化风景名胜资源的保护和发展。大力实施城镇绿化、美化、亮化工程，加大对城镇环境的改造提升。同时，坚持质量和效益并重，深入实施能源结构优化战略、产业结构升级战略、生活方式转变战略和低碳经济技术支撑战略，把高耗能、高污染的发展方式转变为低碳、循环的发展方式，为我州争取成为全省发展低碳经济的先行先试区创造条件。

（六）大力发展特色城镇建设

发展特色城镇是我们推进特色城镇化进程行之有效的方法。特色彰显个性，特色是一个城镇的生命力和竞争力。近几年来，我州在推进城镇建设中，注重把握城镇特色，深入挖掘城镇内涵，成功打造了一批特色鲜明、内涵丰富、经济发展、文明进步的特色村镇，培育了新的经济增长点，促进了当地经济社会的永续发展。我们要在总结旅游小镇已有建设经验的基础上，充分发挥城镇地域优势、文化优势、生态优势和资源优势，继续加大力度，创新经验，深入推进重点集镇和旅游小镇开发，努力培育一批特征鲜明、个性突出、有品位的手工业小镇、商贸小镇、生态园林小镇和现代农业小镇。

（七）大力加强规划实施管理

城乡规划是政府指导调控城乡建设、引领城乡与区域协调发展的重要手段，是城乡建设发展的龙头。各级要加强对规划的实施管理力度，不断创新方法，建立责任到位、运转高效的管理长效机制，要切实把落实规划执行力贯穿于城乡建设的全过程，并在实施过程中加强监督检查，确保规划顺利实施。同时，规划一经批准就要严格执行，不得随意变更调整，更不能朝令夕改，确需变更调整的，要严格按法定程序进行。

三、切实加强领导，为推动城镇化进程提供保障

加快城镇化建设，事关全州经济社会发展大局，需要各级、各部门进一步加强组织领导，切实增强加快城镇化建设的责任感和紧迫感，把推进城镇化进程、提高城镇建设和管理水平，纳入当地经济社会发展总体格局之中，把推进城镇化作为当前扩大内需、调整结构的重要抓手，不断提高城镇综合承载能力和促进产业聚集发展，统筹兼顾，科学规划，有序推动。

同时，加快城镇化建设，需要各级、各部门密切协作，狠抓落实。再好的目标，再好的政策措施，不落实都等于零。要实行领导挂钩联系和分工负责制度，层层落实责任，一级抓一级，一级带一级，形成层层抓落实的工作机制。要弘扬求真务实之风，在工作中勇于探索、积极创新、持续努力，不断破解发展难题，努力提高行政能力。要进一步贯彻落实法制政府、责任政府和阳光政府四项制度，深入推进效能政府“四项制度”和创新政府建设，努力构建人民满意的服务型政府。要时刻保持奋发有为、敢于争先的精神状态，集中精力抓落实、求实效，努力加快全州城镇化进程。

关注民生　推动发展　促进和谐

大理州政协副主席　孙珍玲

中共十七大报告明确指出，要加快推进以改善民生为重点的社会建设。这就给我们做好新形势下的社会建设工作提出了新的要求。社会建设作为中国特色社会主义事业总体布局的重要组成部分，其内涵包括发展社会事业、扩大公共服务、协调利益关系、完善社会管理、调处社会矛盾、促进社会公平正义等，与人民幸福安康息息相关。大理州政协在做好社会和法制工作中，组织政协委员就地方社会发展和法制建设方面的问题开展经常性活动，发挥政治协商、民主监督、参政议政作用，有利于我们进一步引导和团结广大政协委员，更好地把智慧和力量凝聚到推动发展上来，共同致力于加快发展，为实现全州经济社会平稳较快发展献计出力。

近年来，在州政协常委会和主席会议的领导下，州政协的社会和法制工作紧紧围绕中共十七大提出的重大理论观点、重要战略思想和中共大理州委、州人民政府的重大工作部署，围绕群众关心的热点和难点问题，着眼新的形势和任务，把促进社会发展和推进民主法治建设作为履行职能的重点，注重解放思想，更新观念，拓展思维，不断关注民生、努力推动发展、积极促进和谐，较好地发挥了政协社会法制工作在推动科学发展、推进民主法制建设、促进社会和谐稳定中的积极作用。

一、认真履职，更加注重民生

民生乃国之本。改善民生，历来是促进社会发展和稳定的重要任务，更是落实科学发展观、构建和谐社会的根本要求。政协组织是党和政府联系群众的桥梁和纽带，关注民生、促进和谐，人民政协责无旁贷。近年来，大理州政协始终把履职为民作为自己的重要职责，突出以人为本，更加关注民生、反映民心、维护民利，把促进解决民生问题作为政协社会和法制工作的重点，坚持把更多的目光投向普通百姓，把更多的时间、精力花在为群众谋利益上，花在解决群众最关心、最直接、最现实利益问题上，在教育、农村危房改造、农村低保、新型合作医疗以及农村饮水安全等方面开展了大量的工作，取得了较好的效果。同时，动员和要求州政协委员主动到各自联系的成员和民众中去，真情体察群众情绪，积极反映群众意愿，每次调研、每份提案、每条意见、建议和信息，都要如实反映群众生活的酸甜苦辣，如实表达人民群众的愿望要求，做到“一枝一叶总关情”，使党委、政府能及时准确地掌握社情民意。大理州政协还充分发挥地位超脱、联系广泛、渠道畅通的优势，注重从大局着眼、从实处入手，围绕事关发展改革稳定的重大问题，抓住事关人民群众切身利益的突出问题，组织政协各参加单位和政协委员，深入基层、体察民情、了解民意、集中民智，捕捉带苗头性、倾向性的重要问题，形成有情况、有分析、有分量的民情报告和提案，既传达多数人的共同愿望，也反映少数人的合理要求，及时为党委、政府提供民意信息和决策参考。并在2009年的全省民生论坛论文征集活动中，组织上报论文24篇，其中获三等奖3篇。

二、服务大局，努力推动发展

推动科学发展是政协履行职能的第一要务。大理州政协要开展好社会和法制工作，就要在围绕中心、服务大局上下功夫，紧紧抓住中共大理州委、州人民政府高度关注的工作重点，认真组织开展调研、视察，精心撰写调查报告，积极向中共大理州委、州人民政府建言献策。近年来，大理州政协针对全州正处在提升综合实力的黄金发展期，正处在压力不断增多的矛盾凸现期，正处在经济社会转型升级的关键期的实际，努力把各民主党派、人民团体、各界人士的主要精力引导到推动科学发展上来，把方方面面的力量凝聚到促进科学发展的工作基调上来，把政协的人才优势和智力优势用在紧紧围绕全州的重点工作和中心任务、人民群众关心的热点难点问题上来，不断丰富和完善政协社会和法制工作的形式，认真组织政协委员在政协全会期间对政府工作报告、法院工作报告、检察院工作报告及其他重要报告进行专题协商，促进党政决策的民主化和科学化；组织委员先后对州内企业上市工作、电站建设移民工作和全州增加投资保增长情况、农村低保工作开展情况、农民专业合作组织建设情况进行认真调研，对全州开展禁毒人民战争情况、平安创建情况和州人民检察院、州中级人民法院工作情况进行视察，努力通过调研、视察，总结推广工作中创造出来的新经验、好办法，找准工作中存在的困难和问题，提出了一些前瞻性、创造性、建设性的意见和建议，协助中共大理州委、州人民政府抓好各项重大决策的实施和落实，为全州经济社会平稳较快发展起到了积极的促进作用。

三、积极作为，不断促进和谐

和谐源于精诚团结，团结造就万众一心。政协具有联系面广、代表性强，在促进社会和谐中具有良好的优势。因此，近年来，大理州政协从社会和法制工作的实际出发，不断加强同各民主党派、人民团体和社会各界人士的联系，扩大团结面，增强包容性，努力营造政通人和、同舟共济的政治局面。同时，积极做好协调关系、理顺情绪、化解矛盾、凝聚人心的工作，认真组织宣传和贯彻国家宪法和各项法律、法规，帮助委员了解社会和法制建设的情况，在充分反映民意、集中民智、体现民愿的基础上，积极维护好、实现好、发展好人民群众的根本利益，用良好的作风凝聚群众，用深厚的感情联系群众，引导全州各族各界群众正确认识当前形势，正确看待发展大局，正确对待前进中的困难和问题，不断增强科学发展的信心和勇气，充分发挥了党和政府联系人民群众的桥梁纽带作用，有效的减少了阻力，形成了合力，为全州的科学发展创造了团结、稳定、和谐的社会政治环境。

具体工作中，大理州政协积极引导政协委员立足于本职，认真宣传党的方针政策，结合“五五”普法工作的实施，配合有关部门宣传法律、法规、规章，努力为群众解惑释疑，对州人大、州人民政府及有关部门提请协商讨论的法规、规章（草案）和有关问题，组织委员进行协商讨论，主动协助党委、政府做好协调关系、化解矛盾、理顺情绪的工作，在党心、政心和民心之间架起联通之桥，把群众的思想统一到为经济发展服务上来，努力为形成社会和谐人人有责、和谐社会人人共享的生动局面贡献力量。同时，坚持以人为本，深入实际，深入基层，体察群众的情绪和愿望，动员和引导政协委员运用提案反映群众的利益和要求，积极主动地向所在界别和所联系的群众宣传党和国家的方针政策，为维护改革发展稳定的大局献计出力。大理州政协还不断探索增强民主监督实效的新形式，积极拓展履行民主监督职能的新领域，对一些群众反映强烈、党和政府关注的问题开展有效监督，促进了党风、政风和社会风气的进一步好转。

（本部类责任编校：赵秀元）

年内要事

2009年

1月

1日　大理州、市人大、政府、政协以及相关部门领导走上街头，向广大公民宣传《中华人民共和国城乡规划法》和《大理市田园风光及白族建筑风格保护办法(试行)》。

△　大理州对企业退休人员基本养老金进行调整。

3日　大理州浙江(温州)商会在下关举行一届三次会员大会。

△　新中国成立60周年献礼剧目、25集大型民族题材电视连续剧《金凤花开》在大理天龙八部影视城开机。

4日　中共云南省委常委、省纪委书记李汉柏到大理检查指导工作。

4～6日　云南省卫生工作责任目标考核组到大理州检查考核2008年度卫生责任目标完成情况。

5日　州长何金平主持召开州第十二届人民政府第9次常务会议。

△　2009年全州文化、科技、卫生“三下乡”示范活动在宾川县城世纪文化广场正式启动。州人大常委会副主任陆璐出席启动仪式。

△　州纪委召集2008年下半年新选任的89名县处级干部进行任前廉政谈话。

5～6日　云南省政府2008年度安全生产责任制考核组到大理州对执行《云南省州市人民政府2008年度安全生产责任状》的工作情况进行检查。

△　云南省政府防治艾滋病工作考核组于1月5日至6日到大理州考核。

6日　大理州召开汇报会，向省宗教事务局考评组汇报2008年度宗教工作目标管理责任制落实情况。

△　全州教育卫生项目工作会议在下关召开。

△　全州教育工作会议在下关召开。

7日　大理州、市党委、政府在下关举行2009年“送温暖”活动启动仪式。

△　中国国民党归侨联谊会参访团到大理州观光访问。

△　红塔集团原料工作答谢座谈会在漫湾大酒店举行。

△　全州教育系统党风廉政建设暨预防职务犯罪工作会议在下关召开。

8日　中共大理州委、州政府在下关召开洱海保护工作会，对做好洱海保护与治理工作进行全面部署。

△　州政府在下关召开加强和完善农村集体财务及资产管理制度建设座谈会。

△　州科协在下关召开2009年大理州科技专家座谈会。

△　全州现代烟草农业发展大会在下关召开。

8～9日　云南省农村信用社联合社党委书记、理事长梁希勇到省联社大理办事处和祥云、弥渡两县联社调研。

9日　中共大理州委副书记、州长何金平率调研组对重点企业发展情况进行专题调研。

△　全州扶贫综合开发示范园区建设工作会议在下关召开。

△　州委组织部在州委党校对选聘到全州各县市农村任职的167名大学毕业生进行上岗培训。

10～11日　中国国民党革命委员会大理州第一次党员大会在下关召开。大会选举产生了第一届委员会、主委、副主委，通过了相关决议。

11～12日　中共大理州委六届六次全体(扩大)会议在下关召开。

12日　中共大理州委、州人民政府在下关举行烟草产业发展座谈会。

12～14日　由大理省级旅游度假区管委会委托中央电视台10频道《探索发现》栏目组拍摄的两集纪录片《喜洲·苍山洱海间的历史回声》在中央电视台10频道《探索发现》节目中播出。

13日　中共大理州委书记刘明，州委副书记、州长何金平等领导看望慰问困难党员和困难职工。

△　州政府在宾川召开白肋烟工作会议，专题研究部署白肋烟生产工作。

△　云南剑川县海门口史前遗址被中国社会科学院公布为“2008年度全国6项重大考古发现”之一。

15日　中共大理军分区委员会召开全会，总结2008年工作，部署2009年工作任务。组织军分区机关及各县市人民武装部部长到大理市青光山民兵训练基地及下关镇观摩“青年民兵之家”建设情况。

17日　九三学社大理州委举行新春茶话会暨表彰大会

17～18日　中国民主建国会大理州第一次会员代表大会在下关召开。

19日　州人民政府召开离退休在关老干部座谈会，专题听取对2009年提交州第十二届人大第二次会议审议和州政协第十一届第二次会议协商的《政府工作报告》(征求意见稿)和州人民政府工作的意见建议。

20日　中共大理州委、州人民政府举行企业家迎新春座谈会。

△　中共大理州委统战部、大理州民族事务委员会、大理州宗教事务局联合举行全州统一战线新春茶话会。

△　民进大理州委举行新春茶话会

△　大理州旅游产业管理服务有限责任公司在下关挂牌成立。

21日　中共大理州委书记刘明，州委副书记、州长何金平看望慰问在关的厅级离退休老同志。

22日　中共大理州委、州人民政府在风花雪月大酒店举行新春团拜会。

△　中共大理州委、州人民政府与省委宣传部、中国民族报社、电视剧《金凤花开》剧组联合在大理举办迎新春联谊会。

△　全州政法工作会议在下关召开。

△　州市党政领导慰问大理军分区驻军部队

△　州、市人民政府共同举办2009年“送岗位、送温暖”活动。

△　共青团大理州十一届二次全委（扩大）会议在下关召开。州委副书记王桂芳在会上要求，全州共青团组织要进一步认清形势，明确任务，组织动员广大团员青年为推动科学发展、促进社会和谐贡献智慧和力量。

2月

1日　武警云南总队政治部文工团到武警大理支队慰问演出。

1～2日　副州长程云川率州经委、州财政局和相关县市负责人到大理市、祥云县中小企业调研。

3日　第十二届州人民政府第10次常务会议在下关召开。

4日　大理州第十二届人民政府举行全体会议。

4～5日　云南省卫生厅厅长陈觉民率领省卫生工作调研组到大理州检查指导工作。

5日　2009中国大理第二届国际兰花茶花博览会在大理国际会展中心开幕。此次博览会于9日闭幕。

△　云南省人民政府副省长孔垂柱深入祥云县调研大理州扶贫综合开发示范园区建设工作。

△　全州发展和改革工作会议在下关召开。

△　全州财税工作暨清理“小金库”工作总结表彰会议在下关召开。

△　中国大理兰花产业化开发和兰文化学术高峰论坛在大理举行。

△　州人民政府召开全州基层农业技术推广体系改革工作报告会。

6日　州人民政府召开2008年度全州政府信息直通车工作表彰电视电话会议，一批先进单位及个人在会上受到表彰奖励。

△　大理州房地产业协会在下关召开第二届会员代表大会，选举产生新一届领导班子，表彰先进会员单位和优秀工作者。

11～15日　云南省经济普查办公室在大理召开全省第二次经济普查数据处理程序培训会议。

12日　州人民政府在下关召开全州审计工作会议。

12～13日　云南省人民政府铁路建设工作督导组在组长梁公卿的率领下，到大理州实地调研大理至瑞丽铁路大保段征地拆迁工作及前期工作进展情况。

△　全州卫生工作会议在下关召开。

13日　州人大常委会举行新闻发布会，通报州第十二届人大第二次会议筹备情况及有关事项。

△　政协大理州第十一届委员会第二次会议举行新闻发布会，通报会议的筹备工作及相关工作情况。

△　全州司法行政工作会议在下关召开。

△　大理州侨办主任会议暨州侨联第五届四次全委会议在下关召开。

13～14日　国家发展和改革委员会党组成员、纪检组长、国家物资储备局党组书记、局长苏波为组长的国家和省拉动内需中央投资项目专项调研监督组一行，到大理州就拉动内需中央投资项目建设的情况进行调研。

14日　大理州纪检监察学会第一次会员代表大会暨成立大会在下关召开。

14～15日　全国政协文史和学习委员会副主任、国家档案局原局长毛福民为组长的档案工作调研组到大理州调研。

△　中共大理州第六届纪律检查委员会第四次全体会议在下关召开。

16日　政协大理州第十一届委员会第二次会议在下关苍山饭店礼堂隆重开幕。

△　中共大理州委在下关召开出席州第十二届人大第二次会议和州政协第十一届第二次会议代表、委员中的中共党员会议。

17日　大理白族自治州第十二届人民代表大会第二次会议在下关隆重开幕。

18日　州政协第十一届委员会第二次会议举行政府工作报告协商讨论会。州政府组成人员和有关职能部门负责人到会听取意见和建议。

18～19日　云南省专项整治工作领导小组第八督查组对大理州打击违法添加非食用物质和滥用食品添加剂专项整治工作进行督察。

△　州政协第十一届委员会第二次会议举行州中级人民法院工作报告和州人民检察院工作报告协商会。

△　苍山大索道项目在天龙八部影视城举行奠基仪式。

19日　州第十二届人大第二次会议举行第二次全体会议，听取州人大常委会工作报告、州中级人民法院工作报告和州人民检察院工作报告，听取州人民政府关于《云南省大理白族自治州苍山保护管理条例（修订草案）》的说明，通过州人大常委会委员选举办法。

20日　中共大理州委、州人民政府召开推动房地产业发展专题研讨会，深入分析研究拉动大理州房地产业发展问题。

△　最高人民法院副院长万鄂湘一行到祥云县法院调研指导工作。

21日　中共大理州委召开议军会议，分析研究全州国防动员和后备力量建设面临的新形势，总结2008年工作，安排部署2009年任务。

22日　州委党校工作会议在下关召开。

△　“中国大理崇圣寺与日本国日中临黄友好交流协会缔结友好关系”仪式在大理崇圣寺举行。

23日　州人大常委会召开党组（扩大）会议，及时传达学习州纪委六届四次全会精神，安排部署州人大常委会机关2009年的党风廉政建设工作。

23～24日　中共大理州委书记刘明到南涧县调研经济社会发展情况。

25日　大理州人大常委会与州人民政府、州中级人民法院和州人民检察院举行联席会议。

△　大理兴洲小额贷款有限公司正式挂牌成立。

26日　州第十二届人民政府在下关举行第三次全体会议。

26～27日　全州第二次全国经济普查数据处理程序培训会议在下关召开。

27日　大理州第十二届人大常委会在下关召开第七次会议。

△　大理州加快推进铁路建设工作会议在下关召开，州委副书记、州长何金平在会上强调，抓住机遇，克服困难，确保大丽铁路年底建成通车。

△　全州项目建设工业发展招商引资工作会议在下关召开。

月内，由大理州民委和剑川县民宗局精心组织和推荐的“大理三月街民族节”和“剑川石宝山歌会”分别入选2008年云南十大“民族团结盛会”和“民族狂欢节”。

3月

2日　全州宣传工作会议在下关召开。会议强调，深入学习实践科学发展观,为推动全州经济社会又好又快发展提供强大的思想保证、舆论支持和文化条件。

2~3日　国际有机科技集团主席林伦庆一行到大理州考察现代农业和有机农业建设情况。

△　全州安全生产工作会议在下关召开。

3日　中共云南省委常委、副省长李江率领省考核组到大理州检查考核2008年度党风廉政建设责任制落实情况。

3~4日　中共云南省委常委、副省长李江率领省级有关部门对大理州实施“四项制度”情况及114政府信息直通车平台建设情况进行工作调研。

4日　全州工商行政管理工作会议在下关召开,总结2008年全州工商行政管理工作,部署2009年工商行政管理工作。

△　由州人民政府主办,州旅游局承办的“2009年大理州旅游产品推介会”在昆明举行,展示和推介大理州2009年旅游精品以及推出的新举措。

5日　云南省节能考核组一行到大理,对大理州节能降耗工作进行检查考核。

5~6日　云南省军区部队资产管理工作会议在大理召开。

△　大理州2009年食品药品监督管理工作会议在下关召开。

△　全州档案工作会议在下关召开。

6日　全州政府系统办公室主任会议在祥云召开。

△　全州老干部工作会议在下关召开。

△　全州国土资源管理工作会议在下关召开。

7日　昆明——大理鸡足山的旅游专线正式开通,一票游鸡足山正式启动。

9日　州人民政府在下关召开2008年行政执法工作汇报会,向省政府考核评议组汇报大理州2008年行政执法工作。

9~10日　云南省“促投资保增长抓落实”百日调研督察组第13督察组,到大理州开展调研督察工作。

10日　全州文化工作会议在下关召开。

10~11日　云南省国有资产监管和企业改革工作督导组到大理州开展调研工作。

11日　全州广播电视工作会议在下关召开。会议强调,要进一步解放思想,开拓创新,扎实工作,全面推进全州广播电视事业发展,为全州经济社会发展作出新的更大的贡献。

12日　云南省政府百日调研督察第四十三组到大理州调研督察旅游产业发展情况。

12~13日　云南省政府副省长刘平到大理州调研治污工作和廉租住房建设情况。

△　云南省政府副秘书长杨洪波带领省政府办公厅、省财政厅、省发改委等部门,到大理州检查调研省政府大理现场办公会前期筹备工作。

△　中央农村环保专项资金管理座谈会在大理召开。

13日　大理州党风廉政建设责任制考核工作意见反馈会在下关召开,听取省考核组反馈意见,安排部署下一步反腐倡廉建设工作。

△　大理州、市推广家电下乡工作领导小组主办的家电下乡活动启动仪式在绿玉公园举行,云南省商务厅副厅长王开良等领导出席活动并讲话。

14日　中共云南省委常委、省纪委书记李汉柏到大理州调研企业党风廉政建设工作。

15日　大理州小河淌水文化研讨会在下关召开。

16日　全州商务工作会议在下关召开。

△　2009年全州环境保护工作会议在下关召开。

17日　州人民政府召开劳动和社会保障工作汇报会,向省人力资源和社会保障厅副厅长张玉祥带领的检查组作汇报。

△　国家民政部副部长罗平飞一行,到大理州检查滇西救灾储备中心救灾物资储备情况。

△　全州体育工作会议在下关召开。

18日　政协大理州第十一届委员会第十八次主席会议在下关召开。

18~19日　大理州青年联合会第五届委员会第一次全体会议在下关召开。

△　全州住房保障暨污水垃圾处理设施建设工作会议在下关召开。

△　州政府妇女儿童工作委员会(扩大)会议在下关召开。

19日　大理特色优质烟叶发展论坛在大理开幕。

20日　全州民政工作会议在下关召开。

△　大理青年创业就业行动计划启动暨首届大理青年创业州长奖颁奖仪式在下关举行。

△　全州交通工作会在下关召开。

△　全州法制局长业务培训会在下关召开。

△　中共大理州委书记刘明到宾川县调研。

21日　全州第二批深入学习实践科学发展观活动动员大会在下关召开。

21~22日　国家土地督察成都局局长常嘉兴一行到大理州检查指导共建保障科学发展土地管理新机制试点工作。

△　大理州第二批深入学习实践科学发展观活动指导检查组成员暨领导小组办公室人员培训工作会议召开。

△　中国气象局副局长宇如聪一行到大理州检查大理国家气候观象台建设情况。

22日　省委深入学习实践科学发展观活动指导检查组与州委深入学习实践科学发展观活动领导小组办公室在苍山饭店召开会议,总结学习实践活动准备阶段的工作,分析研究学习实践活动第一阶段即学习调研阶段的工作。

23日　政协大理州第十一届委员会常务委员会第五次会议在下关召开。

24日　中共大理州委书记刘明,州委副书记、州长何金平就海东片区开发建设进展和洱海湿地生态恢复工程建设情况进行调研。

△　州人民政府在下关召开全州第二次廉政工作电视电话会。

△　全州禁毒工作电视电话会议在下关召开。

△　全省社科联2009年工作会议在下关举行。

△　全州人事编制工作会议在下关召开。

△　全州残联工作会议在下关召开。

26日　中共云南省委副书记、省长秦光荣等省领导率领的4个调研组莅临大理,分别深入实地认真进行专题调研。

26~27日　省政府大理专题工作会议在龙山国际会议中心召开。中共云南省委副书记、省长秦光荣在会上作重要讲话。

27日　中共云南省委常委、常务副省长罗正富考察华能港灯大理风力发电有限公司大理大风坝风电场。

△　全州统战部长会议在下关召开。

28日　州委举行州级四班子领导学习实践科学发展观第一次集中学习活

动，深入学习贯彻省政府大理专题工作会议精神。

△ 大理州第一期导游骨干培训班在下关举办。

28～29日 北京演艺人协会全明星高尔夫球队3月赛暨2009年“苍海杯”中国企业家与全明星联谊赛在大理苍海高尔夫球会举行。

30日 州第十二届人大常委会在下关召开第20次主任会议。

31日 州人民政府召开电视电话会议，就推进全州阳光政府“四项制度”实施工作进行部署。

△ 全州城乡规划工作会暨规划管理干部培训班在下关举行。

△ 全国工商联党组副书记、副主席宋北杉在全国政协常委、省工商联主席杨焱平等领导的陪同下，到州工商联检查指导工作。

4月

1日 州长何金平主持召开州第十二届人民政府第11次常务会议。

△ 由云南省政府新闻办、大理州政府共同举办的2009大理白族自治州三月街民族节新闻发布会在昆明举行。

△ 三月街民族节筹备工作会议在下关召开。

△ 大理州“12371”党员咨询服务电话和全国“12371”党员咨询服务电话同步开通。

2日 剑川“四·二”武装起义60周年纪念大会在剑川县隆重举行。中共云南省委党史研究室副主任杨泽宇，中共大理州委书记刘明，州委副书记、州长何金平等领导出席大会。

2～3日 全州统计工作会议在下关召开。

△ 中共大理州委书记刘明，州委副书记、州长何金平深入剑川县进行工作调研。

3日 大理州召开消防工作电视电话会议，总结全州2008年消防工作及“十一五”消防工作发展规划中期实施情况，安排部署2009年消防工作。

△ 全州劳动保障工作会议在下关召开。

△ 中共大理州委书记刘明深入漾濞县进行工作调研。

4日 由云南省登山户外运动协会、大理州体育总会主办等单位承办的2009AA百公里环洱海徒步活动在大理鸣枪开赛。

6～8日 中央扩大内需促进经济增长政策落实第二十检查组到大理州检查新增中央投资项目建设情况。

8日 中共大理州委书记刘明，州委副书记、州长何金平率领州级相关部门领导就滇西中心城市专业市场建设工作进行专题调研。

△ 大理州举行首次立法听证会，对《大理白族自治州旅游条例（草案）》进行立法听证。

9日 云南省8个自治州人事工作联席会议在大理召开。

△ 州人民政府召开会议，安排部署全州当前和今后一段时期的中低产田地改造、农村劳动力转移和农机管理工作。

△ 全州供销社主任工作会议在下关召开。

△ 全州金融工作会议在下关召开。

△ 大理州反腐倡廉警示教育中心奠基仪式在大理监狱举行。

10日 大理三月街民族节隆重开幕。中共云南省委常委、省纪委书记李汉柏，省政府副省长高峰，全国人大常委、民盟中央副主席李重庵，省委副秘书长李森等参加开幕式。

△ 省政府副省长高峰率省级相关部门领导在大理检查指导血防工作

△ 大连、大理、大同、大庆“四大”城市贸促系统年会暨协作发展论坛在大理市举行。

10～12日 中共云南省委常委、省纪委书记李汉柏到大理就省政府大理专题工作会议精神的贯彻落实情况和党风廉政建设工作进行调研。

13日 法国驻华大使苏和一行到大理者摩山风电场参观考察，为该电场投产发电纪念碑揭牌。

14日 洱源县西山乡发生4.4级地震。

16日 州人民政府在下关召开2009年电网规划建设工作会议。

16～17日 大理州深入学习实践科学发展观活动推进会在下关召开。

17日 州委常委班子举行深入学习实践科学发展观第二次集中学习活动。

△ 云南信息报大理记者站在下关成立。

18日 全省第二期农村中小学校教学骨干教师培训班在大理学院开班。

20～26日 云南省粮食清仓查库复查组到大理州就粮食储备库存工作进行检查指导。

21日 省委深入学习实践科学发展观活动指导检查组到大理州指导检查第二批深入学习实践科学发展观活动进展情况。

△ 全州保密工作会议在下关召开，总结2008年工作，分析当前保密形势，部署2009年全州保密工作任务。

△ 全州外贸工作座谈会在下关召开。

△ 中华慈善总会“微笑列车”项目十周年专项宣传座谈会在下关举行。

22日 州长何金平主持召开州第十二届人民政府第12次常务会议。

△ 国家林业局副局长祝列克率国家血防检查组到巍山县检查指导血吸虫病综合防治工作。

△ 大理州人民政府与云南省科技厅在下关举行会议，对大理州重大科技项目进行会商，合力推进大理州科技创新工作。

23日 州人民政府在下关召开全州重大经济发展项目推进工作会，对71个项目进展情况及实施过程中存在的困难和问题进行分析研究。

23～25日 全国工商联联合推动组到大理州专题调研扶贫开发工作情况。

△ 省委深入学习实践科学发展观活动第二指导检查组，深入大理州政协调研第二批第一阶段学习实践科学发展观活动情况。

24日 云南省人民政府在大理召开全省96128政务信息查询现场会，推介大理州“114”政府信息直通车成功经验。

△ 云南省信访工作督导组到大理，对大理州信访工作进行检查指导。

△ 全州纪检监察机关案件查办情况通报会在下关召开。

27日 全州2009年烤烟大田移栽现场会在祥云县召开。

△ 全州农村集体财务及资产管理工作会议在下关召开。

△ 大理州关心下一代工作委员会委员（扩大）会议在下关召开。

△ 全州科技工作会议在下关召开。

△ 大理州科技成果促进转化中心正式挂牌成立。

28日 州委常委班子举行深入学习实践科学发展观活动第三次集中学习。

△ 国务院开展打击违法添加非食用物质和滥用食品添加剂专项整治工作考核评估组，到大理州检查打击违法添

加非食用物质和滥用食品添加剂专项整治工作。

△ 国家和省环保部门结合深入学习实践科学发展观活动，到大理市、洱源县检查指导环保工作，要求进一步拓宽工作思路，加大工作力度，让大理在环境保护中全面发展。

△ 全州血吸虫病防治工作会议在下关召开，总结血吸虫综合治理重点项目实施情况，部署2009年的血吸虫病防治工作，确保2009年9月份实现全州以行政村为单位达血吸虫病传播控制标准的防治目标。

28～29日 云南省广播电视奖2008年度电视新闻奖评选会在大理古城举行。

28～30日 中共大理州委副书记、州长何金平，副州长李雄，副州长、州公安局局长郭有兵，州长助理段林和州级相关部门领导深入巍山、南涧、宾川，对3个县的水电移民工作进行专题调研。

29日 大理州第十二届人大常委会第八次会议举行第一次全体会议。

△ 中共大理州委书记刘明到学习实践科学发展观活动联系点宾川县为基层党员干部作党课报告。

△ 由云南省教育厅、中国科学出版社、中国护士实习网·就业网主办，大理卫校承办的云南省护理实训教学研讨会在大理举行。来自全国17所大中专医学院校的60余位专家学者齐聚大理，共谋护理实训教学改革发展大计。

△ 州委常委、州委组织部部长叶翠萍应邀到剑川为全县科级以上领导干部作题为“以科学发展观为指导，着力加快剑川新发展”的专题讲座。

30日 大理州第十二届人大常委会第八次会议举行第二次全体会议，会议表决通过有关人事任免。

△ 全州第二批学习实践科学发展观活动分析检查阶段工作部署会议在下关召开。

△ 大理州纪念“五四”运动90周年暨共青团建团87周年集会在下关举行。

△ 大理州《政风行风热线》开播3周年征求意见座谈会在下关召开。

△ 大理州苍山保护管理工作会议在下关召开。总结回顾2008年以来苍山保护管理工作，安排部署下一阶段的工作任务。

△ 大理州能源产业发展座谈会在下关召开，与云南省发改委、省能源局组成的指导检查组就做好能源产业发展进行座谈。

△ 全州煤矿安全生产工作会议在下关召开，总结部署全州煤矿安全生产各项任务，促进煤炭工业健康有序发展。

5月

4日 大理州畜牧兽医局挂牌成立。

5日 州委召开第52次常委会，认真听取全州水电开发建设移民工作情况汇报，研究部署小湾电站移民工作。

△ 州人民政府召开沘江治理工作会议，分析研究沘江治理工作。

6日 大理州检察院举行为企业发展服务座谈会，听取企业单位对检察机关和检察工作的意见、建议和要求，安排部署检察机关为企业发展服务工作。

△ 全州供销合作社改革发展座谈会在下关召开，会议提出，坚定信心、深化改革、加快发展，全面提升服务“三农”能力，在创新中实现供销合作社“二次创业”目标。

△ 州人民政府在下关召开“科普通”工作座谈会，总结“科普通”运行1年来的工作，分析研究下一步工作。

△ 州委常委、州委统战部部长杨秀星到鹤庆县调研宗教事务工作。

△ 副州长许映苏到宾川县调研“自然养猪法”饲养生猪情况。

7日 大理州邀请北京大学副校长、北京大学深圳研究生院院长兼北京大学汇丰商学院院长海闻教授作专题讲座。

△ 中共大理州委、州人民政府召开专题会议，听取大理州招商引资项目工作情况汇报，研究部署当前和今后一段时期招商引资项目工作。

△ 州政协主席袁爱光、副主席孙明等领导到漾濞县调研。

8日 南涧县首批外迁宾川县移民47户196人实现顺利搬迁。

△ 州红十字会在绿玉公园举行“五·八世界红十字日”暨“大理博爱捐助港”推介活动。大理州党政领导杨宴君、洪云龙、张树藩等参加了当天的活动。

△ 北京大学副校长、北京大学深圳研究生院院长、北京大学汇丰商学院院长海闻在州人民政府副州长朱非陪同下，到大理州民族中学进行参观调研并看望北大在大理支教的学生。

8～9日 丽江市党政代表团到大理州考察，中共大理州委书记刘明，州委副书记、州长何金平陪同。

9～10日 国家开发银行云南省分行中小企业担保平台“抱团增信”座谈会在下关明珠宾馆召开。

10～15日 中共云南省委副书记李纪恒在大理调研时强调，要结合开展深入学习实践科学发展观活动，推进农业产业结构调整，加快山区综合开发步伐，确保经济社会又好又快发展。

11日 中共云南省委书记白恩培到大理考察工作。

△ 州中级人民法院召开全州法院党风廉政建设工作会议，总结2008年度全州法院工作，部署2009年的工作。

12日 大理州人民政府在下关召开会议，通报甲型H1N1流感疫情，研究部署防控措施。

△ 副州长洪云龙和州级卫生部门领导深入大理机场、大理州疾控中心、大理州医院、州传染病医院检查甲型H1N1流感防控工作。

△ 云南省高级人民法院院长许前飞在大理州中级人民法院院长黄为华的陪同下，到巍山县人民法院检查指导工作。

12～15日 州委常委、州委统战部部长杨秀星带领州民委、州宗教局等相关部门负责人深入到巍山县、剑川县、洱源县对民族、宗教工作进行专题调研。

13日 由云南省“扫黄打非”领导小组办公室主办，大理州“扫黄打非”领导小组办公室承办的全省“扫黄打非”工作培训班在大理开班。

△“2009年大理州公安车辆管理工作会议”在州森林武警培训中心召开，对大理州2008年车辆管理工作进行总结，并部署2009年全州车管工作。

△ 州委常委、州纪委书记梁志敏率州纪委监察局有关负责人，到大理市检查大丽铁路和“两保护、两开发”重大建设项目，要求再接再厉、加快进度。

△ 州委常委、州委政法委书记茶忠旺带领旅游、建设等部门负责人到漾濞检查指导工作时强调，要扎实抓好保增长、保民生、保稳定工作，努力推进漾濞经济社会平稳较快发展。

13～14日 州人大常委会主任字国顺、副主任尚榆民一行深入宾川县拉乌乡，就扶贫综合开发示范园区建设情况进行调研。

14～17日 第三批中央、国家机关和中管企业赴滇挂职干部到大理，就生态建设、旅游产业发展和民族文化保护情况进行调研。

15日 全省水利工程水价改革工作会议在大理召开。

△ “第八届中国摄影艺术节暨2009首届大理国际影会”新闻发布会在北京举行。

△ 全州烟叶生产情况分析会议在大理召开,会议强调,立足当前,突出重点,超前谋划,确保实现2009年烟叶生产任务目标。

△ 由州残联等单位共同主办的“关爱残疾孩子、发展特殊教育”暨参加云南省第六届残疾人文艺汇演参赛节目汇报演出晚会在州群艺馆举行。

△ 云南省国家新材料孵化器成员基地正式落户大理创新工业园区。

16～17日 由云南省第一次全国污染源普查领导小组办公室组成的普查工作验收组,对大理州第一次污染源普查工作进行验收考核。

18日 大理州在全国社会治安综合治理先进集体、先进工作者表彰大会上,被中央社会治安综合治理委员会、中组部表彰为2005～2008年度“全国社会治安综合治理优秀地市”。

19日 州人民政府在下关召开2009年经济社会发展课题调研工作会议。

20～21日 中央学习实践科学发展观活动领导组成员、国家环境保护部部长周生贤,来到自己在学习实践科学发展观活动中的联系点洱源县,进行为期两天的工作调研。

21日 州委召开第53次常委会议,传达学习中共云南省委书记白恩培,省委副书记李纪恒在大理调研时的重要讲话精神。

△ 州人大常委会主任字国顺和相关部门领导深入大理瑞鹤药业有限公司,就近年来该公司科技创新工作进行调研。

21～22日 全州林木种苗工作会议在永平县召开。

22日 大理州举行领导干部大会,传达学习省领导和国家环保部领导在大理调研时的重要讲话精神,并对学习贯彻落实工作作出安排。

△ 云南省职工经济技术创新活动现场推进会在大理举行。

△ 广电双向网改造研讨会在下关召开。

22～26日 云南省政府督查室副厅级督查专员刘钊任组长,省政府办公厅、省中低产田地改造工作领导小组办公室、省农业厅、省水利厅等相关领导为成员的省委、省政府中低产田地改造工作督查组到大理州督察,对大理州中低产田地改造工作给予好评。

23日 中国红十字会副会长郭长江在云南省红十字会党组书记、常务副会长杜克琳,州人民政府副州长、州红十字会会长洪云龙的陪同下到大理州调研。

24日 由旅美华裔青年艺术家、美国纽约慈善爱心大使李依凌率领的美国华侨访问团一行19人到大理考察。

25日 大理公路路政管理支队举行揭牌仪式。

△ 中共大理州委、州人民政府召开全州招商引资工作领导组第一次扩大会议。州委书记刘明在会上强调,要强势发动,强力推进,努力以招商引资大突破开创大理发展新局面。

△ 大理州市联合在下关绿玉公园举行庆祝中国计划生育协会成立29周年宣传服务活动启动仪式,并开展计生政策咨询和义诊活动。

26日 大理州2009年电价调整工作会议在下关召开。会议按照《关于调整云南省电网丰枯季节和峰谷分时电价政策》,对企业用电电价进行调整。

△ 全州乡镇财政预算管理方式改革工作现场会在祥云召开。

△ 州政协在下关召开2009年重点提案面商会。

27日 大理州人民政府与云南物流产业集团举行座谈会并达成协议,提出把大理打造成滇西国际物流中心的目标。

△ 全州农村民居地震安全工程建设工作会议在下关召开,强调抓紧抓实农村民居地震安全工程,全面改善农村居住环境,造福广大农民群众。

△ 州质量技术监督局在下关召开大理地区乳制品生产企业质量监管通报会,就近日全国开展的乳制品质量检查工作情况进行通报。

29～31日 由中央深入学习实践科学发展观活动第五巡回检查组副组长陈邦柱带队的检查组到大理州检查指导学习实践科学发展观活动。

30日 大理州公开选拔处级领导干部笔试在下关一中举行,来自州内外的339名符合条件的报考人员参加了公开选拔笔试。

△ 由国家中医药管理局联合有关部委共同主办的全国性大型科普宣传活动“中医中药中国行”活动在大理州拉开帷幕。

△ 中共中央政治局委员、中央军委副主席徐才厚,在中国人民解放军总后勤部副部长李买富,成都军区政委张海阳,中共云南省委常委、常务副省长罗正富,省委常委、省军区政委郎友良等陪同下,到大理就部队深入学习实践科学发展观活动、培育当代革命军人核心价值观、参加和支援西部大开发、参加社会主义新农村建设等方面的情况进行视察、调研。

31日 全州无线电管理工作会议在下关召开。

△ 州人民政府在鹤庆县召开新华村旅游景区开发建设现场会。现场会至6月1日结束。

△ 中共大理州委副书记、州长何金平为团长,副州长程云川为副团长,大理州招商局、大理市、大理省级经济开发区管委会、省级旅游度假区管委会负责人为成员的大理上海考察团,对香港瑞安集团、香港上实集团、上海复星集团,进行为期两天的考察。

6月

1日 新修订的《苍山保护管理条例》正式施行。

△ 由云南省工商局牵头,联合省工信委、质监局、环保厅组成的“限塑”工作专项检查组,到大理州检查限制生产、使用塑料袋,禁止“白色污染”工作进展情况。

△ 州委常委、州政法委书记茶忠旺到南涧县调研,

△ 州人民政府召开全州安全生产电视电话会议,贯彻全国、全省安全生产电视电话会议精神。

2日 由云南省卫生厅副厅长付新安率领的省血防检查组到巍山县检查指导血吸虫病综合防治工作。

3日 大理州深化医药卫生体制改革领导小组成立。

5日 “6·5世界环保日保护母亲湖——洱海”环保志愿者歌友会在大理市龙龛码头广场举行。

△ 云南省滇西继续医学教育培训中心暨大理学院职业技术学院在大理学院古城校区挂牌成立。

6日 大理州在2009年昆明进出口商品交易会和云南生物产业大会上签约24个项目,协议总投资157.9亿元。

7日 中共大理州委副书记王雪峰、州人大常委会副主任杨宴君、州政府副州长洪云龙、州政协副主席张树藩等领导在相关部门负责人的陪同下,对大理市的部分高考考点进行检查巡视。

△ 国家耕地保护责任目标履行情况检查组到大理州检查指导工作,对大

理州耕地保护工作给予充分肯定。

8～11 日　云南省人大常委会副主任杨建甲、省人大常委会农业工作委员会副主任阿扎、省人大常委会选举联络工作委员会主任刘子扬、州人大常委会主任字国顺等领导组成的执法检查组,对大理州贯彻实施《中华人民共和国农产品质量安全法》情况进行检查。

10 日　中共大理州委在下关召开文明大理建设示范工程动员大会。会议强调,突出重点,抓实文明大理建设示范工程,着力打造大理国际化形象。

△　全州美引烤烟品种示范推广总结会在弥渡召开。

11 日　受州长何金平委托,常务副州长马建全主持召开州第十二届人民政府第 14 次常务会议。

△　国际休闲产业协会主席王军一行到大理,就大理州的旅游休闲度假产业发展情况以及意向性在大理举办国际休闲产业论坛暨博览会进行考察,并就相关事宜与州政府领导进行座谈。

△　州委常委、州纪委书记梁志敏,州委常委、州委政法委书记茶忠旺,副州长李红卫等领导率州政府办公室、研究室和交通、发改等部门负责人,检查被列入全州 2009 年重点督查重大项目的关巍公路和大瑞铁路建设情况。

11～12 日　云南省政协应对金融危机影响对策调研组一行到大理州进行专题调研。

11～15 日　州人大常委会副主任刘世兴、陆璐,州人大常委会原主任赵波带领部分人大代表对大理州贯彻实施《中华人民共和国村民委员会组织法》情况进行执法检查。

12 日　大理市召开非物质文化遗产普查动员大会,部署全市的非物质文化遗产普查工作,普查工作正式启动。

13 日　州、市文化局联合举办保护文化遗产宣传活动。

14 日　州、市安全生产监督管理局、交警、宣传、工会等单位联合开展安全生产月宣传咨询活动。

16 日　州委、州政府召开全州中低产田地改造推进会暨规划培训工作会。

△　云南省农村水利建设管理工作会议在大理举行。

16～17 日　由中国人民银行行长助理郭庆平带队的国务院扶贫开发调研组一行在州政府副州长岳黎松等领导陪同下,深入漾濞、弥渡两县,对大理州贯彻实施国家扶贫战略和政策进行专题调研,对扶贫开发工作取得的成绩给予肯定。

△　全州核桃产业科普示范创建推进会在祥云县召开。

△　公安部党委委员、部长助理陈智敏在公安部国内安全保卫局和省公安厅国保总队领导陪同下莅临大理州考察公安工作,副州长、州公安局局长郭有兵陪同考察。

17 日　全省地方税务系统纪检监察工作会议在大理召开,会议总结 2009 年上半年纪检监察工作情况,部署下半年工作。

△　由中共大理州委宣传部和云南日报报业集团共建的云南理论评论大理调研基地正式启动。

△　州政府副州长洪云龙在龙山国际会议中心东方厅会见澳大利亚米尔迪拉市代表团一行,并与代表团团长、米尔迪拉市市长格林・米尔亲切交谈,双方就今后在教育、文化、商务和旅游等方面的进一步合作达成初步共识。

18 日　大理州举行听证会,对修改《大理白族自治州建筑工程招标投标管理办法》(征求意见稿)进行听证。

19 日　州委常委、州委统战部部长杨秀星,州人大常委会副主任陆璐,在州侨联、侨办、州台办负责人的陪同下,到宾川县华侨农场检查危房改造工程进展情况。

△　副州长程云川深入下关沱茶集团股份有限公司、中石油云南大理销售公司进行专题调研,了解企业生产情况,并与企业负责人座谈。

20 日　大理卫校与大理人才市场联合举行 2009 年供需见面会。

21～23 日　云南省政协副主席顾伯平率云南农业科技成果转化应用调研组到大理州专题调研科技成果转化应用情况。

△　云南省城市电视台协作会"探秘中国核桃之乡——漾濞"采访活动开机仪式在漾濞县举行。

22～23 日　曲靖市党政考察团到大理州考察。

23 日　大理州防控甲型 H1N1 流感领导组工作会议召开。

△　中共大理州委书记刘明在州级有关部门领导的陪同下,深入实际对统一战线工作进行调查研究。

23～24 日　中共大理州委副书记王雪峰到鹤庆县草海湿地、新华 4A 级景区、三德水泥厂、县城西片区等重点工程现场和企业进行调查研究。

24 日　受州长何金平委托,常务副州长马建全主持召开州第十二届人民政府第 15 次常务会议。

△　云南省政法综治维稳巡视督查组到大理州检查指导综治维稳工作。

24～26 日　州政协主席袁爱光率部分州政协委员深入大理市、弥渡县、洱源县基层人民法院视察法院工作。

25 日　中共云南省委办公厅在大理召开滇西片区工作座谈会。

△　大理州高星级酒店座谈会在下关召开。

△　云南省人大常委会视察组对大理州烟草支柱产业进行视察。

26～28 日　云南省政协副主席马开贤率视察组到大理州就宗教工作进行专题视察。

29 日　大理州奶业协会在下关正式成立。

30 日　州第十二届人大常委会第九次会议闭幕。

△　大理省级经济开发区与富滇银行签订战略合作协议,富滇银行将贷款 10 亿元用于加快海东开发,并先期发放了 3 亿元的土地收储贷款。

△　云南省发改委调研组到大理州,就固定资产投资及重大项目建设情况进行为期 2 天的调研,帮助研究解决大理州经济社会发展中存在的困难和问题。

7 月

1 日　全州第二批深入学习实践科学发展观活动整改落实阶段工作部署会议在下关召开。

2 日　由著名导演陈凯歌担任总导演的大型实景演出项目《希夷之大理》正式奠基。

△　省委深入学习实践科学发展观活动指导检查组组长杨骏、副组长马宝功带领省委指导检查组与州委副书记王桂芳,州委常委、州委组织部部长叶翠萍等领导干部进行座谈。

3 日　州委常委、州委组织部部长叶翠萍到祥云县检查指导党建工作,并深入基层开展调研活动。

6 日　以全国政协教科文卫体委副主任、北京奥组委执行副主席蒋效愚为组长的全国政协专题调研组在云南省政协科教文卫体委领导陪同下,到大理州调研体育产业和中学体育工作。

6 日　州委常委、州委政法委书记茶忠旺,弥渡县委书记邹子卿,大理市委常委、常务副市长阿泽新受邀做客云南网《法治三人谈》节目。

6～9 日　云南省人大常委会副主

任程映萱为组长，省人大常委会财经委、省发改委、省财政厅、省交通厅、省旅游局、省人大常委会预算工作委员会等部门组成的省委调研组，到大理州对"保增长、保民生、保稳定"三项工作落实情况进行调研。

8日　"万人红装苍洱唱国歌"活动在大理三塔公园举行。

△　州人民政府召开汇报会，向省政府2008年粮食行政首长负责制执行考核检查组汇报大理州粮食行政首长负责制执行情况。

△　全州学生爱眼护眼公益活动在下关一中启动。

9日　全国沙滩排球巡回赛(大理站)暨第十一届全运会沙滩排球积分赛在州体育场开赛，来自全国18个省、市、区的65支代表队参加比赛。

△　由云南省社科联、大理州社科联、中共巍山县委、巍山县人民政府共同举办的《庆祝建国60周年——中国历史文化名城巍山全国摄影展》在省社科联展厅正式开展。

△　州人大常委会副主任杨宴君、副州长洪云龙、州政协副主席张树藩等领导和部分州人大代表、州政协委员来到设在大理卫校的大理州2009年中考集中评阅卷点，巡视大理州中考评阅卷工作，并对参加评阅卷工作的教师表示慰问。

10日　中共云南省委常委、常务副省长罗正富在中共大理州委书记刘明，州委副书记王桂芳，州委常委、州委秘书长杨健，州政府副州长李红卫等领导陪同下，迅速赶赴祥云地震灾区，调查了解灾情，看望慰问灾民，指导抗震救灾工作。

△　第八届中国摄影艺术节暨2009首届大理国际影会、大理州非物质文化遗产及民间民俗活动展示工作会议在下关召开。

10～11日　九三学社云南省委基层组织建设经验交流会在大理举行。

△　国务院办公厅行政局司长王胜利为组长，国家文化部、国家安全部、国务院机关事务管理局组成的国务院贯彻落实《公共机构节能条例》工作情况专项检查组，在云南省直机关节能办领导陪同下到大理州检查公共机构节能工作。

11日　由全国教师教育学会地方院校协作会主办、大理学院承办的为期4天的全国第三届地方院校校长论坛在大理学院开幕。

△　副州长洪云龙在州教育局负责人的陪同下，深入宾川、祥云两县指导学校抗震救灾工作。

11～12日　中共大理州委书记刘明，州委常委、州委秘书长杨健，州委常委、州纪委书记梁志敏深入鹤庆县调研旅游产业发展、林业改革发展、烟草产业发展和农村基层组织建设工作。

12日　云南省政府工作组到祥云县听取抗震救灾工作情况汇报，对该县的抗震救灾工作给予高度评价。

13日　云南日报报业集团"祖国好·云南红"大型采访宣传活动采访团到大理，对大理州经济社会发展取得的成就进行采访报道。

14日　云南省2009年政法综治维稳先进事迹巡回报告团到大理州作报告。

△　州委常委、常务副州长马建全到宾川县指导抗震救灾、水电移民和华侨农场改革工作。

△　中共大理州委、州人民政府在宾川县大营镇举行大理州鸡足山旅游公路建设开工仪式。

14～16日　全州社区矫正工作培训会在下关召开。

15～16日　中共云南省委常委、副省长李江到大理调研。

16日　红塔集团大理原料差异化项目实施总结会在大理举行。

△　大理州与红塔集团在龙山国际会议中心签订"红塔品牌导向型原料保障体系建设合作协议"。

17日　大理州召开创建云南省第八届双拥模范城(县)情况通报暨评审会，通报大理市、祥云县、弥渡县创建云南省双拥模范城(县)情况，对大理市、祥云县、弥渡县创建云南省双拥模范城(县)提出评审意见。

△　中共大理州委、州人民政府召开集体林权制度主体改革工作汇报会，州委副书记王桂芳向云南省林业厅副厅长冷华带领的省检查验收组作汇报。

△　大理州"7·9"抗震救灾重建美好家园电视电话动员大会召开。

18日　州人民政府召开紧急应急工作会议，就应对7月22日发生日全食现象进行专题部署，州级相关单位负责人参加会议。

△　第二届中国(大庆)湿地文化节开幕，"文献名邦"云南大理、"浪漫之都"辽宁大连、"塞上古都"山西大同、"油化之都"黑龙江大庆，因"大"结缘，携手缔结旅游联盟，共建跨省市无障碍旅游区，踏上"优势互补、共铸品牌、连理同庆、合作共赢"的浪漫新路途。

△　贵州省遵义市扶贫考察团一行30余人在州市扶贫办领导的陪同下，到大理市下关镇吊草村就千村扶贫百村整体推进工作进行考察。

19日　总投资8亿元的大理国际商务城投资协议签字仪式在大理古城举行。

19～21日　由州人大常委会主任字国顺，副主任杨宴君、刘世兴，秘书长杨蔓宇，州人大常委会各专工委负责人，以及基层代表等9人组成的检查团，到云龙、巍山等县，就大理州对《中华人民共和国全国人民代表大会和地方各级人民代表大会代表法》的贯彻落实情况进行检查。

20日　中共大理州委副书记、州长何金平，副州长许映苏，州政府秘书长李超和州级相关部门领导，深入祥云县、宾川县，看望慰问"7·9"地震受灾群众，检查指导抗震救灾工作。

21～22日　云南省纪委副书记杨玉清在州委常委、州纪委书记梁志敏陪同下，深入永平县和南涧县调研指导党风廉政建设工作。

22日　中共云南省委宣传部常务副部长、云南省摄影家协会主席尹欣在州委常委、州委宣传部部长王以志的陪同下，到大理崇圣寺三塔公园以及大理银海山水间、大理一中、古城武庙会、红龙井、风月山水客栈等展区对第八届中国摄影艺术节暨2009首届大理国际影会组委会各项工作进行指导。

△　全州宗教团体联席会议在下关召开。

22～23日　由州人大常委会主任字国顺，副主任杨宴君、尚榆民、刘世兴，秘书长杨蔓宇，以及州人大常委会各专工委负责人，部分省、州人大代表组成的检查组，就《大理白族自治州大理历史文化名城保护条例》贯彻落实情况进行执法检查。副州长李红卫陪同检查并介绍大理州贯彻落实《条例》情况。

23日　全州上半年经济运行分析暨重大项目推进工作会议在下关召开，会议强调，认清形势、坚定信心，迎难而上、狠抓落实，努力完成全年经济平稳较快发展目标任务。

23～24日　云南省交警系统信息化工作会议在下关召开。

24日　云南省花卉工作会议在大理召开，会议总结了2006年以来全省花卉产业发展成效，深入分析研究云南省花卉产业面临的形势和任务，部署当前和今后一段时期的工作。

△　州政府召开烟叶收购暨现代烟

草农业建设现场会，分析当前烟叶生产面临的形势，对全州烟叶收购工作进行安排部署。

26～28日　云南省政协副主席陈勋儒带领省政协小城镇和农村环境治理专题调研组到大理州调研。

27日　中共大理州委中心组2009年第二次理论学习活动暨重点项目及招商引资项目督促检查汇报会召开。

28日　中共大理州委六届七次全体（扩大）会议在下关苍山饭店举行。

△　农业部大理生态环境重点野外科学观测试验站落户大理。

△　大理州人民政府与中国农业科学院签订农业科技合作协议，双方将在动植物品种资源与种质资源创新利用、农业资源可持续利用、高效种养业、农业减灾防灾体系建设、农业高新技术、农产品加工、人才培养、基地建设、项目申报9个方面进行长期合作。

△　中国非物质文化遗产保护中心在北京召开"中国向联合国教科文组织申报2010年'人类非物质文化遗产代表作名录'评审工作会议"。经与会专家认真评审，"白族绕三灵"被列为中国向联合国教科文组织申报2010年"人类非物质文化遗产代表作名录"的推荐项目之一。

28～29日　中国——欧盟农业生态补偿合作项目技术研讨会在大理召开，中外专家在研讨会上对中国——欧盟农业生态补偿合作项目和大理示范点进行技术研讨。

△　省委学习实践活动调研组到大理州就第三批深入学习实践科学发展观活动试点情况进行调研。

29日　大理州、市党委、政府和驻军部队在武警大理支队教导队礼堂举行庆祝"八一"建军节军地双拥座谈会。

△　中共大理州委、州人大、州政府、州政协领导出席《大理滇西中心城市总体规划（纲要）》汇报会暨听证会，对该规划纲要进行分析讨论。

△　全省社会保险工作座谈会在大理召开。

30日　全州铁路护路联防工作会议在下关召开，会议对上半年全州铁路护路联防工作进行总结，对下半年铁路护路联防工作进行部署。

△　中共大理州委书记刘明，州委副书记、州长何金平察看大理市罗时江园林苗木试验示范基地。

△　云南物流产业集团董事长周少方带领集团主要负责人到大理，与大理州、市政府就推进"滇西国际物流园"项目落地工作的有关事宜进行考察洽谈。

31日　"大理名城公务卡"正式在大理州发行。

△　由中共云南省委办公厅主办的滇西片区公文处理业务培训班在大理开班。

8月

1日　第八届中国摄影艺术节暨2009首届大理国际影会在三塔旅游文化广场隆重开幕。

△　2009年大理洱海开海节开海。

1～5日　大理州在大理古城文化馆举办文化遗产保护成果图片展。

2日　中共云南省委常委、省委宣传部部长张田欣在省委宣传部常务副部长、云南省摄影家协会主席尹欣，中共大理州委书记刘明，州委副书记、州长何金平，州委常委、州委宣传部部长王以志的陪同下，到大理古城银海山水间展区观看摄影展览。

△　大理国际影像博物馆、中国艺术家大理创作基地揭牌仪式暨第八届中国摄影艺术节、2009首届大理国际影会纪念邮品首发式，在大理市喜洲镇海心亭举行。

2日　大理州旅游局、大理州旅游业协会、大理州旅游产业管理服务公司、大理旅行社与台湾喜美旅行社、雄峰旅行社、中联旅行社、凤凰旅行社、京城天下旅行社、金远东旅行社，就大理州开拓宝岛台湾旅游市场达成合作意向。

2～3日　由中国社会科学院民族学与人类学研究所、上海市高校比较语言学E—研究院、大理州白族文化研究所、大理学院民族文化研究所共同主办的首届白语国际学术研讨会在大理召开。

3日　云南省集体林权制度改革检查组向大理州反馈检查情况。州人大常委会副主任尚榆民、州政府副州长李雄、州政协副主席张树藩出席反馈会。

△　由大理国际影会主办、人民摄影报承办的中国新闻摄影高峰论坛在大理古城举行。

△　大理海东新城区战略发展规划调研会在大理国际会议中心召开。

4日　中共大理州委发出通知要求，认真传达学习贯彻落实胡锦涛总书记《在云南考察工作结束时的讲话》精神。

△　州委组织部理论中心组集中学习暨工作务虚会在下关召开。

△　云岭经济暨领袖高峰论坛第七讲在大理开讲，著名经济学家茅于轼以《制度演变与财富》为题，在苍山饭店作主题演讲。

4～5日　全国政协副主席李蒙在云南省政协副主席陈勋儒陪同下，到大理州进行视察。

5日　第八届中国摄影金像奖获奖者创作交流会在大理举行，部分获奖者与摄影爱好者在交流会上交流摄影心得，展示获奖照片。

△　第八届中国摄影"金像奖"暨"魅力大理"摄影大赛颁奖晚会在大理全民健身中心举行。

△　云南省人大常委会常务副主任晏友琼在大理一中参观第八届中国摄影艺术节暨2009首届大理国际影会参展作品，中共大理州委常委、州委宣传部部长王以志，州人大常委会副主任杨宴君陪同。

5～6日　云南省政府农民工工作督查组一行到大理州检查指导工作。

5～7日　云南省人大常委会常务副主任晏友琼在中共大理州委书记刘明、州人大常委会主任字国顺、副主任杨宴君的陪同下，深入大理州南涧、宾川两县调研。

6日　全州中小学校舍安全工程工作会议在下关召开。

△　中共大理州委副书记王雪峰、州人民政府副州长岳黎松到大理州残疾人联合会就残疾人工作进行调研。

7日　州委中心组举行第三次理论学习活动，传达学习胡锦涛总书记考察云南重要讲话精神。

△　"绕三灵"申报非物质文化遗产文本汇报会在下关召开。

△　2009年烟叶收购质量管理工作会议在下关召开。

7～9日　省委常委、省纪委书记李汉柏在大理调研。

△　大理卫生学校的4名参赛选手在北京进行的全国卫生职业院校护理操作技能大赛中，获得团体二等奖。

8日　云南省发改委牵头组织省国土资源厅、林业厅、环保局等相关部门领导到大理州召开省发改委服务基层现场协调推进会。

8～10日　民革全国省级组织办公室工作研讨会在大理古城召开。

10日　大理州后备干部集中调整工作会议在下关召开，对全州后备干部集中调整有关工作进行部署。

10～11日　国家广电总局党组成

员、中央人民广播电台台长王求到大理州考察广播事业建设工作。

11～12日　云南省人大环境与资源保护工作座谈会在大理召开，会议就进一步做好全省人大环境与资源保护的立法和监督工作进行交流和探讨，努力推进全省环境与资源保护工作。

11～14日　州人大常委会副主任彭增梅、刘世兴、陆璐和州人大常委会各工委负责人、部分县人大常委会主任、人大代表组成的视察组，分别对南涧、永平、鹤庆、剑川4县，就“五五”普法工作进行视察。

12日　中共大理州委副书记、州长何金平率队做客云南人民广播电台金牌栏目《金色热线》节目。

△　中共大理州委、州人民政府在州委会议室举行仪式，聘任大理州第一批建设项目督查专员。

△　中共大理州委书记刘明在龙山国际会议中心会见人民日报社副社长何崇元。

△　州人民政府在下关召开全州乳制品风险监测情况通报会。

△　州委常委、州委政法委书记茶忠旺到洱源检查指导综治维稳和平安创建工作，就平安先进县创建工作作出具体要求。

13日　全州经济局长座谈会在下关召开，会议总结上半年全州工业经济工作，研究落实2009年工业发展的各项目标任务。

13～15日　省委深入学习实践科学发展观活动领导小组办公室第五次专题采访团深入大理州，对大理市、宾川县、巍山县、鹤庆县进行实地采访。

14日　州人民政府在苍山饭店举行听证会，听取社会各界代表对《州人民政府关于进一步改善行政执法促进经济社会和谐健康发展的意见》（征求意见稿）的意见和建议

△　中共大理州委、州人民政府在昆明召开《大理滇西中心城市总体规划（纲要）》征求意见座谈会。

△　全州抗震救灾指挥部扩大会议在下关召开。

16～17日　农业部农业技术推广中心主任夏敬源和云南农业大学校长朱有勇一行到大理州调研农业生产发展情况。

17日　州长何金平在龙山国际会议中心会见德国驻成都领事馆总领事麦多夫一行。

△　州政协主席袁爱光率部分州政协委员到洱源县，就该县生态文明试点县建设一年以来的工作情况进行视察。

△　副州长李雄深入宾川县检查烤烟收购工作。

18日　由大理州人民政府、昆明温州总商会主办，大理州浙江（温州）商会承办，大理州商务局协办的第三次云南各州市温州商会年会暨大理州浙江（温州）商会年会、大理州经济技术合作项目推介会在苍山饭店举行。

△　云南省党刊工作会议在下关召开。

△　州长何金平主持召开州第十二届人民政府第16次常务会议。

△　州扶贫基金会在龙山国际会议中心开展爱心助学捐赠仪式。

△　由教育部《高校理论战线》杂志社、中国高等教育学会马克思主义研究会、中共大理州委宣传部、大理学院联合主办的“社会主义与新中国60年”理论研讨会在大理学院古城校区举行。

△　全州政法部门队伍建设座谈会议在下关召开。

18～19日　原中共中央政治局候补委员、原全国人大常委会副委员长王汉斌，在云南省人大常委会机关党委书记姚朝伦，中共大理州委书记刘明，州委副书记王雪峰，州人大常委会主任字国顺，州人大常委会副主任刘世兴，州人大常委会秘书长杨蔓宇的陪同下，深入大理古城、蝴蝶泉、崇圣寺三塔公园、洱海、南诏风情岛等景区实地考察。

18～20日　州政协组织部分州政协常委、委员对充分发挥大理州宗教团体在构建和谐大理中的积极作用情况进行视察。

19日　中共大理州委书记刘明在州委常委、州委秘书长杨健等领导的陪同下，到宾川县的部分乡镇村社，对扶贫开发整村推进工作进行调查研究。

△　新农村建设指导员工作座谈会暨社会主义新农村省级重点建设村推进会在下关召开。

△　中共大理州委、州人民政府召开提升城市出租车形象工作座谈会。

20日　大理州广播电视管理工作会议在祥云县召开。

△　“大理州礼仪接待歌曲”评审会在下关召开，

△　大理州直属机关企事业单位工会工作会议在龙山国际会议中心召开。

△　中共大理州委书记刘明在龙山国际会议中心会见人民日报社编委、秘书长张德修一行。

△　大理州召开全州公安机关电视电话会议，全面部署国庆六十周年庆典活动安全保卫工作。

△　大理学院与建设银行云南省分行《银校合作协议》在下关签订。

20～21日　第二次全国R&D（研究与试验发展）资源清查统计系统摸底调查方案培训会在大理州召开。

△　全州种苗管理、低效林改造及涉林职务犯罪专题预防工作会议在下关召开。

21日　州人民政府在下关召开“7·9”地震灾区恢复重建工作会议。

△　州人民政府在下关举行2009年“爱心圆梦”行动助学金发放仪式。

△　全州科协主席座谈会在下关召开。

△　全州外贸企业座谈会在下关召开。

22日　全省测土配方施肥现场会在大理召开。

△　云南省优秀县乡村党组织书记先进事迹报告团第三分团到大理州作报告。

△　云南省政府参事旅游改革发展综合实验调研会在下关召开，会议围绕大理州旅游产业发展和改革综合试点工作推进情况展开。

8月22日～9月7日　由云南省农业综合开发领导小组成员单位组成的检查验收组对鹤庆、洱源、宾川、祥云、弥渡、巍山、大理市及州本级2008年度农业综合开发项目建设情况进行了检查考评，同意通过省级验收。

24日　州第十二届人大常委会第十次会议在下关举行。

25日　中共大理州委书记刘明和州委副书记、州长何金平深入大理市对下关片区旧城改造提升进行现场调研。

△　副州长李雄到鹤庆县检查指导烤烟收购工作，鹤庆县委政府领导以及州、县烟草公司的负责人陪同检查。

△　州政协启动民主评议公安局工作。

25～27日　省委新农村建设第二督查组到大理州就新农村建设指导员工作进行检查指导。

26日　全州人大常委会主任座谈会在大理召开。

△　州委职务犯罪预防工作领导小组召开会议，全面总结近年来全州预防职务犯罪工作取得的成绩，部署当前和今后一段时期的预防职务犯罪工作。

△　州委常委、州委宣传部部长王以志等领导就2009中国·大理漾濞核桃节前期准备工作到漾濞县光明村进行检查指导。

△ 副州长岳黎松在龙山国际会议中心会见澳大利亚驻广州总领事柯胜利一行。

△ 省委第三巡视组副组长、副厅级巡视专员宣玲一行抵达巍山,开始对该县进行为期一个月的延伸巡视。

26~28日 云南省安全监督管理局在大理举办安全生产应急管理培训班。

27日 云南省财政教科文工作座谈会在下关召开。

△ 全州群众工作会议在下关召开。会议强调,认真做好群众工作,全力维护社会稳定。

△ 副州长李红卫在州交通局、州海事局领导的陪同下,到小关邑造船工地对西南最大的洱海巡逻搜救船建造工程情况进行视察。

28日 全州保障性住房和治污项目建设工作推进会议在下关召开。

28~29日 云南省卫生系统2009年党建工作会议暨思想政治工作研讨会第11次年会在大理召开。

29~31日 云南省侨办到大理州就侨务资源现状及利用情况进行调研。

30日 中共大理州委书记刘明到祥云县看望慰问部分新中国成立前入党的农村基层老党员。

31日 大理州召开旅游产业发展改革综合试点工作领导组会议。

△ 大理州召开"礼仪接待歌曲"推广普及会。并对获奖的作品单位进行表彰。

△ 楚雄州旅游促销团一行20余人,到大理州推介"精品旅游环线"。

31日~9月1日 国家定级评估组对大理州图书馆进行国家一级图书馆定级评估。

9月

1日 一年一度的中国·大理漾濞核桃节在漾濞县光明村开幕。

△ 大理州3个林业招商引资项目签订,《大理州优质泡核桃生产技术规范》正式发布实施。

△ 第八届中泰禁毒合作双边会议在大理召开。

△ 中国·大理漾濞核桃节系列活动大理漾濞核桃有限公司年产6000吨核桃益智肽生产线投产剪彩仪式在漾濞县城举行。

△ 漾濞县人民政府、大理州旅游局、漾濞县旅游局邀请来自省、州知名旅行社的13名负责人,在万亩核桃生态园——光明鸡茨坪召开中国·大理漾濞核桃节旅游新产品、新线路推介座谈会。

2日 以"人文大理,幸福家园"为主题的云南卫视《精彩云南·辉煌60年》(大理篇)大型电视直播行动在大理市双廊镇玉几岛海湾进行。

△ 州人民政府在下关召开重大工业项目建设专题协调会,听取项目建设情况汇报,协调解决存在的问题。

3日 州委、州政府召开"中国白族百村百人"大型影像工程领导小组第一次会议。

△ 大理州召开防治艾滋病工作汇报会,向省防治艾滋病工作督查组作汇报。

4日 富滇银行大理分行正式挂牌成立。

△ 大理州社会主义学院、大理州民族干部学校在州委党校挂牌成立。

△ 由州、市团委发起的以"人文大理·幸福家园"为主题的"大理青少年环洱海'双十双百'行动"在大理市银桥镇正式启动。

4日 在中共大理州委副书记、州长何金平,州委常委、常务副州长马建全的陪同下,由云南省人民政府金融办、中国银监会云南监管局等有关部门组成的调研组深入云南力帆骏马车辆有限公司进行工作调研。

△ 大理州商务局在永平县召开松茸出口管理工作培训会。

4~5日 中共云南省委副书记李纪恒带领省级各有关部门领导,在州委副书记、州长何金平,州委副书记王桂芳,副州长许映苏陪同下,深入大理州祥云、宾川地震灾区,看望慰问干部群众,检查指导抗震救灾恢复重建工作。

6~7日 大理州佛教协会第二次代表会议在下关召开,选举产生了新一届州佛教协会领导班子,大理崇圣寺方丈释崇化当选为第二届州佛教协会会长。

△ 国务院法制办检查组到大理州对行政复议工作进行检查指导。

6~8日 大理州公众聚集场所、高层和地下建筑消防安全专项整治工作通过省消防安全专项整治验收组验收。

7日 中共大理州委副书记、州长何金平率州级相关部门领导深入部分中小学校,看望慰问教师劳模代表和离退休教师代表。

△ 大理州教育系统在苍山饭店礼堂举行文艺晚会,庆祝新中国60华诞,迎接第25个教师节。

8日 中国石化西南成品油管网的重要组成部分,云南省2008年重点建设项目、中国石化昆明至大理成品油管道投产仪式在大理隆重举行。

△ 云南省综治维稳巡视督查组到大理州检查指导政法综治维稳及国庆60周年安全保卫工作。州委常委、州委政法委书记茶忠旺代表大理州作专题工作汇报。

8~10日 中共大理州委副书记王雪峰深入到宾川县贫困山区,鲁地拉水电工程建设现场,部分乡镇和鸡足山风景名胜管理区调研经济社会发展情况。

10日 "中国人民解放军少年军校大理分校"、"云南省国防教育示范基地"、"大理市民兵训练基地"、"大理市政法干部培训基地"举行揭牌仪式。

10~11日 云南省军区民兵预备役政治工作暨"青年民兵之家"建设观摩会在大理召开,会议对做好民兵预备役政治工作进行部署。

△ 全州农村综合改革工作会议在宾川召开。会议传达学习全省农村综合改革领导小组办公室主任会议精神,总结全州农村综合改革工作,部署当前和今后一段时期农村综合改革和一事一议财政奖补试点工作。

11日 云南省农村市场体系建设现场会在大理州召开。

△ 大理州旅游业协会景区(点)分会与台湾南投县观光协会友好合作协议签约仪式在大理风花雪月大酒店举行。

12日 由民进大理州委、民进昆明市委联合举办的"大理·昆明"人文大理、盛世丹青书画联展在大理市博物馆隆重开幕。州人大常委会副主任、民进大理州委主委陆璐出席开幕式并讲话。

13日 中共大理州委副书记王雪峰,州委常委、州委宣传部部长王以志在永平县调研核桃产业

14日 全州财税系统庆祝新中国成立60周年暨国税地税成立15周年大会在苍山饭店召开。

△ 云南省教育厅副厅长罗嘉福到大理指导工作,并对做好学校防控甲型H1N1流感工作提出要求。

15日 全州机关党的建设工作会议在下关召开。会议强调,坚持改革创新,服务科学发展,推进机关党建走在党的基层组织建设的前头。

△ 大理州啤酒大麦种植农业标准化示范区建设总结表彰大会在下关召开,对全州第四批全国农业标准化示范项目暨啤酒大麦标准化种植通过国家标

准化委员会验收合格的先进集体和先进个人进行表彰。

16日　一年一度的剑川县石宝山歌会节在石宝山开幕。

△　州委召开全州深入学习实践科学发展观活动第二批总结暨第三批动员大会。会议强调，紧密结合实际，更加务求实效，努力把科学发展观贯彻落实到基层。

16～17日　全国鼠害防治专业委员会换届暨秋季农区鼠害防控研讨会在大理召开。

△　九龙山股份有限公司、泛华兴业投资管理有限公司、华彬集团等6家知名企业负责人到大理就自然资源、海东开发、投资环境等情况进行实地考察，并与大理州就共同开发大理的丰富资源达成合作意向。

17日　全州干部监督工作会议在下关召开，会议强调统一思想、提高认识，明确任务、强化领导，深入整治用人不正之风，提高选人用人公信度。

17～18日　由国务院新闻办、网络局指导，省委宣传部、省委外宣办（省政府新闻办）主办的“庆祝国庆60周年全国网络媒体云南行”采访团到大理州进行采访活动。

△　州委常委、州委组织部部长叶翠萍在州委组织部、州委老干部局相关领导的陪同下走访慰问在下关担任过副厅以上领导职务的离退休老干部

18日　由大理州房地产业协会、云南日报报业集团主办，大理房地产交易便民服务中心、春城晚报社承办的2009大理第八届房地产交易会，在大理国际会展中心开幕。

△　由省委组织部、省委宣传部、省军区政治部、省教育厅、省国教办组织的云南省国防教育巡回宣讲团到达大理州，开展国防教育宣讲活动。

19～20日　由云南省科学社会主义学会与大理学院联合主办的新中国60年科学社会主义理论发展历史经验研讨会在大理学院古城校区举行。

20日　州人民政府举行推介会，向前来大理州考察的泰华侨团首长参访团推介经济技术合作项目。

△　由州科协、云龙县委、县政府主办，云龙县科协、文体局、环保局承办的2009年大理州“全国科普日”活动在云龙县举行。

21日　州红十字会捐献造血干细胞宣传活动暨造血干细胞捐献者资料库大理工作站授牌仪式在大理学院举行。

△　省委深入学习实践科学发展观活动第三巡视组到大理市巡视工作，并召开动员会。

△　中共大理州委副书记、州长何金平率州市有关领导深入武警大理支队进行调研，检查指导武警部队正规化建设等工作。

21～22日　州人民政府在昆明召开旅游研讨会，就大理旅游今后的发展方向，采取的措施、办法进行研讨。

22日　州人大常委会副主任、州总工会主席彭增梅，州政府副州长程云川一行，深入宾川县宾居镇石榴园、牛井镇西街、县人民医院等地，看望慰问省部级劳模及困难职工。

22日　云南省滇西片区招商引资暨重点项目推进工作会议在大理举行。会议就招商引资和重点项目推进工作进行交流和探讨。

22～23日　州政协召开第七次常委会，听取州公安局工作情况汇报，民主评议州公安局工作。

△　云南省督查组一行到大理州检查指导净化社会文化环境工作。

22～24日　云南省督查组到大理州检查指导就业再就业工作。

23日　州委常委、州委统战部部长杨秀星带领大理州台办、大理市政协、大理市委统战部等领导一行看望慰问居住在大理市的台胞、台商、台属。

24日　中共大理州委副书记、州长何金平，州委常委、常务副州长马建全在州政府办公室、州烟草公司及洱源县委、政府主要领导陪同下，深入洱源县烟草企业、污水处理厂和生态湿地、海西海检查指导工作。

△　州政府在下关召开全州防控甲型H1N1流感工作会议。

25日　大理人民英雄纪念广场建成揭幕。

△　由剑川县政协组织编写的《剑川民族文化》丛书第一辑在云南民族博物馆举行首发仪式。

△　大理题材的现代白剧《洱海花》在苍山饭店礼堂上演。

27日　2009大理第三届中华美食文化节暨中秋商品展，在开发区明珠广场开幕。

△　大理州举行庆祝新中国成立60周年劳模代表座谈会。

△　大理州祥（云）临（沧）公路道路交通专项整治工作会议在弥渡召开。

28日　红塔集团大理卷烟厂就地技改项目奠基，工程建设拉开序幕。

△　为确保“国庆”期间全州广播电视安全播出，大理州对“国庆”期间广播电视安全播出工作进行了检查。

△　中共云南省委常委、省纪委书记李汉柏，副省长曹建方在大理州领导刘明、何金平、袁爱光、杨健、梁志敏、茶忠旺、郭有兵的陪同下，深入到大理监狱、大理州反腐倡廉警示教育基地等地进行调研。

△　全州监察局长会议在下关召开。会议要求，以科学发展观为指导，围绕中心，服务大局，扎实推进惩治和预防腐败体系建设，努力开创全州行政监察工作新局面。

△　由州彝学学会编著的《大理彝族服饰》画册在下关首发。

29日　题为《大地无言》的大理州60年以上党龄的60名基层老党员代表事迹展览在大理古城隆重开展。

△　大理州最大的风电项目罗坪山风电场一期工程开工仪式暨奠基典礼，在海拔3100米的洱源县罗坪山举行。

△　由州文联主办，弥渡县文联、大理市文联、州实验中学、州书画院共同协办的“大理州庆祝新中国成立60周年‘点苍五子’水墨画小品展”在州群艺馆开展。

30日　由州第十二届人大常委会编撰的《大理白族自治州人民代表大会志》出版发行。

10月

5日　大理州流感监测实验室正式开始运行投入使用。

13日　中共大理州委书记刘明到大理市湾桥镇中庄村委会古生村检查指导工作

△　全州集体林权制度改革领导小组扩大会议在下关召开，会议强调，再接再厉，抓实抓细，继续扎实推进大理州集体林权制度改革。

14日　云南省人大调研组一行5人到大理州公安局调研公安“三基”建设落实情况。

△　大理昆钢现代物流园项目签约仪式在下关举行。

△　州人民政府与前来大理考察的湖南桑植县访亲团举行座谈会。

15～17日　省委深入学习实践科学发展观活动第四巡回检查组在组长黄显初的带领下，对大理州第三批学习实践活动进行检查。

16日　由大理州人民政府、云南省林业厅主办，漾濞县人民政府、大理州林业局承办的中国·大理漾濞核桃推介会

在北京西西友谊酒店举行，现场推介招商引资项目9个，签约5个，协议资金共3.9亿元。

△ 由州文联、州文化局等单位主办的第三届中国国际广告模特大赛云南大理赛区选拔赛在下关正式启动。

△ 大理州2009年农村低保扩面指标分配方案听证会召开。

△ 州委常委、州委统战部部长杨秀星带领州委统战部部分干部职工到大理市下关镇太和村委会崇邑自然村检查指导“百村整治”工作，围绕建设人文大理、建设美好家园提出明确要求。

19日 全州征兵工作会议在下关召开。会议要求，强化责任，密切配合，高标准高质量圆满完成2009年冬季征兵工作任务。

21日 由国家司法部法律援助中心举办的“西部省份法律援助轮训计划”云南培训班在下关开班。

21～22日 大理州选举产生的云南省第十一届人大代表对洱源县生态文明建设和洱海源头保护治理情况进行视察。

22日 州人民政府在下关召开会议，对全州冬季农业开发、农村土地承包纠纷仲裁及动物疾病防控等相关工作进行部署。

△ 中共大理州委、州人民政府召开全州治理工程建设领域突出问题专项治理工作电视电话会议。

22～24日 中共云南省委书记白恩培就贯彻落实中共十七届四中全会精神，进一步加强农村基层组织建设，中低产林改造，推进新农村建设和农业产业化经营等问题到大理州进行深入调研，

23日 大理州统一出租车车身颜色听证会在下关召开，

△ 大理州中小学校舍安全工程排查鉴定结果核实工作汇报会在下关召开。

23～24日 华彬集团考察团到大理州就海东开发、投资环境等情况进行实地考察。并与大理州就共同开发大理海东的有关事宜达成合作意向。

24日 中共云南省委书记白恩培在大理龙山国际会议中心会见前来大理考察的华彬集团董事长、红牛集团董事长、中国外商投资企业协会副主席、亚洲高尔夫业主协会主席严彬一行。

25日 由大理州康巴文化研究会举办的“金秋十月康巴节”庆典大会在下关举行

25～28日 由国家环保部专门为大理州举办的环境监测技术培训班在大理举行。

26日 中共大理州委召开全州领导干部大会，传达学习省委八届七次全会精神和省委书记白恩培到大理调研时的重要讲话精神，对学习贯彻落实作出安排部署。

△ 全州党报党刊发行工作会议在下关召开。

△ 全州财政局长座谈会在下关召开。

26～27日 全省林木种苗站长座谈会在大理召开。会议贯彻全省林木种苗工作会议精神，总结交流全省2008年林木种苗工作，分析林木种苗产业发展的形势，研究种苗质量科学管理的措施，部署下一阶段的林木种苗工作。

27日 由云南省水利勘察设计研究院纪委书记包兴祥为组长的省纪委第八检查组到大理州检查农村党风廉政建设情况，对大理州农村党风廉政建设工作给与充分肯定。

△ 中共大理州委、州人民政府在下关召开“大理海东新城区项目总体规划汇报会”，专题听取国家建设部原直属企业泛华建设集团关于海东新城区项目规划阶段性工作汇报。

27～28日 大理州第十二届人大常委会在下关举行第十一次会议。州人大常委会主任字国顺主持会议。

28日 州委统战部、州工商联联合在下关召开会议，对全州非公有制经济人士思想政治工作和工商联组织工作进行部署。

29日 下午，在海拔近3000米的洱源马鞍山上，随着中共大理州委副书记、州长何金平的高声宣布，华能洱源县马鞍山风电场正式开工建设。

△ 由人民日报、光明日报等国内报刊主流媒体代表组成的全国禁毒防艾考察团到大理考察，重点对大理市公安局强制隔离戒毒所进行考察和慰问。

△ 州级军转干部安置工作暨选岗会议在下关召开，会议强调，提高认识，形成合力，确保2009年全州军转安置任务圆满完成。

△ 大理州人大常委会副主任、州总工会主席彭增梅率队到南涧县对创建劳动关系和谐企业的4家企业进行考核。

30日 最高人民法院行装局副局长郭纪胜率领联想、紫光华宇、深圳华为、苏州科达、大连大工等国内著名IT企业的老总、专家，在云南省高级人民法院副院长郑蜀饶以及有关负责人的陪同下，到大理州指导法院系统信息化建设工作，共商援助大理州法院系统信息化建设大计。

31日 由中国移动通信集团主办，大理州委宣传部、凤凰新媒体联合主办的2009全球通VIP凤凰大讲堂（大理）在龙山国际会议中心开讲。

11月

1日 云南省政府尾矿库专项整治工作验收组到大理州对尾矿库专项整治工作进行检查验收。验收组深入到鹤庆县、洱源县等地的尾矿库进行实地检查。

2日 凌晨5时07分，宾川县平川镇帽角山村委会发生里氏5.0级地震。

△ 中共大理州委副书记、州长何金平在州长助理李文才和州发改委、州财政局、州经委、州农业局、州文明办等部门负责人的陪同下到鹤庆县调研经济社会发展情况。

2～3日 州人大常委会主任字国顺深入弥渡县弥城镇蔡庄村、新街镇罗荡村，对新街镇和两村深入学习实践科学发展观活动开展情况以及“白州党建示范走廊”建设情况进行调研。

3日 国家减灾中心副主任冯金社，中共大理州委副书记、州长何金平及省州县有关部门领导深入地震受灾最重的宾川县平川镇马花村查看灾情。

△ 全州政协社会法制委员会在下关召开第一次联席会议，总结2008年以来，全州政协社会和法制委员会工作取得的成绩，研究2010年全州政协社会和法制委员会工作的思路和工作重点。

△ 大理州现代烟草农业整县推进工作启动会在南涧县召开，标志着以南涧、祥云两县作为全州2010年现代烟草农业整县推进工作正式启动。

3～5日 由云南省住房和城乡建设厅、省监察厅组成的抽查组，到大理州抽查开展房地产开发领域违规变更规划、调整容积率专项治理工作开展情况。抽查组对大理州工作给予充分肯定。

4日 中共大理州委、州人民政府在下关召开第八届中国摄影艺术节暨2009首届大理国际影会总结表彰会。

△ 全州政协系统办公室主任会议在下关召开，会议就进一步加强和改进反映社情民意信息工作进行了广泛研讨。

△ 大理州妇女儿童发展规划监督工作情况汇报会在下关召开，对全州实施妇女儿童发展规划督察情况进行反馈，对落实反馈意见提出要求。

△ 全州农资市场监管工作会议在宾川县召开，会议对近几年来全州农资市场监管工作进行了总结，并安排部署了今后一段时期的工作。

4～6日 州人大常委会副主任张如旺带领部分人大代表对大理州“万村千乡市场工程”建设情况进行视察。

5日 中共大理州委书记刘明在州委常委、州委秘书长杨健，州民政局、地震局、交通局、建设局负责人以及宾川县委、县政府领导的陪同下，深入宾川地震灾区，看望慰问受灾群众，检查指导抗震救灾恢复重建工作。

△ 大理州在崇圣寺召开五大宗教团体负责人座谈会。

△ 州委常委、州纪委书记梁志敏深入下关镇洱滨村委会苏武庄等自然村检查指导工作。

6日 大理州国家粮食储备有限公司挂牌成立。

△ 州人大常委会副主任杨宴君到大理市下关镇大庄村委会大庄自然村检查指导“百村整治”工作，并就大庄自然村开展“空心村”改造实施等工作提出明确要求。

8日 云南省乳制品监督检验中心暨食品质量安全检测与研究联合实验室在大理州综合技术检测中心正式揭牌。

△ 州委组织部组织召开第三批深入学习实践科学发展观活动推进会。

△ 由云南省文联和中共大理州委宣传部联合主办，省作家协会和大理州文联承办的《晓雪选集》研讨会在大理举行。

9日 大理州抗震救灾指挥部会议召开，会议强调，不松劲不懈怠，积极努力，抓紧抓好地震之后的灾区恢复重建工作。

△ 大理在2009年全球旅游度假论坛上获得“2009年度国际最佳旅游度假胜地”称号。

9～12日 大理州关心下一代工作研讨会在永平县召开。

9～10日 中国少年先锋队大理州第一次代表大会在下关召开。

10日 大理学院在古城校区举行聘任仪式，聘“长江学者”赵昱博士为大理学院特聘教授、校长助理和药学院名誉院长。

△ 由国家林业局宣传办公室、中国林业文联共同主办的全国生态文艺创作暨林改文艺宣传工作座谈会在大理举行。

△ 省委学习实践科学发展观活动第四巡回检查组深入弥渡县乡镇、农村，就第三批学习实践活动进行检查指导。

△ 全州重点公路建设项目预防职务犯罪动员大会在下关召开。

△ 州人大常委会在下关举行表彰会，对在2009年环保世纪行宣传活动中做出突出成绩的单位和个人进行表彰，并对今后工作做出部署。

11日 大理二中举行成立70周年庆典活动。

△ 中共大理州委、州人民政府在苍山饭店举行表彰大会，对大理州组团参加云南省第九届残运会暨第三届残奥会的优秀运动员和教练员进行表彰。州委副书记王雪峰讲话，副州长岳黎松宣读表彰决定，州人大常委会副主任杨宴君、州政协副主席孙珍玲等领导向获奖的63名运动员、12名教练员颁奖。

△ 云南省发改委国民经济和社会发展暨固定资产投资工作专题调研组到大理州检查工作，对大理州国民经济和社会发展暨投资工作所取得的成绩和积累的经验给予充分肯定。

△ 全州招商引资项目推进现场会在鹤庆召开。会议要求，全州各级各有关部门要强化措施，加大工作力度，力争完成2009年招商引资目标任务。

△ 州政府副州长洪云龙在龙山国际会议中心会见前来参观访问的澳大利亚米尔迪拉市代表团一行，双方主要就教育领域的合作交流进行会谈。

△ 州民族中学与澳大利亚维多利亚州米尔迪拉市红岩中学在州民中签署友好学校合作协议，以加强双边师生的交流与学习，促进两校教育教学工作的发展。

11～12日 由鹤庆县选举产生的28位州第十二届人大代表，视察鹤庆县中西部农村电网完善工程及无电地区电力建设工作。

12日 全省民族自治州第十次政研工作联席会在大理召开，会议以“民族地区生态文明发展战略”为主题进行交流。省委政研室副主任梁宁源出席会议。

12～13日 青海省委副书记、省长宋秀岩率青海省副省长吉狄马加，省政府副秘书长、研究室主任尚玉龙，省发改委主任曹文虎，省建设厅党委书记、副厅长杜捷，省环境保护厅厅长赵浩明等到大理州进行实地考察。

13日 中共大理州委书记刘明在大理古榕会馆会见澳大利亚驻广州领事馆副总领事兼高级商务专员唐杰夫先生一行。

△ 大理学院国际高尔夫学院成立仪式在大理学院古城校区举行。

△ 由州地震局、州教育局联合举办的全州中小学生防震减灾知识竞赛在大理电视台演播大厅举行。

△ 中共大理州委召开督查建设项目情况汇报会，州委书记刘明听取建设项目督查专员办公室的汇报后指出，特邀建设项目督查专员要了解信息、推动落实、服务项目、提出建议。

△ 应瑞士驻华大使顾博礼邀请，州长何金平在北京瑞士驻华大使馆，就大理与瑞士日内瓦建立友好城市关系事宜与顾博礼大使进行会谈、协商。

△ 州委常委、州委统战部部长杨秀星深入到学习实践活动挂钩联系点洱源县右所镇检查指导工作

△ 州委常委、州委秘书长杨健在州旅游局、州环保局负责人的陪同下，深入挂钩点鹤庆县松桂镇检查指导第三批深入学习实践科学发展观活动开展情况。

14日 大理州延安精神研究会第四届第一次会员代表大会在下关举行。会议选举了第四届理事会理事、会长、副会长。

△ 由州直纪工委领导、州人大代表等组成的检查组，对州直纪工委联系的29个单位的节假日公车封存情况进行检查。

16日 大理州中小学区域布局调整暨推进全州校舍安全工程工作会在下关召开。

17～18日 大理州考察团到西双版纳傣族自治州学习考察旅游发展情况。

18日 大理州企业退休人员社会化管理服务工作经验交流会议在祥云召开。

△ 中共大理州委副书记、州长何金平率州发改委、州经委、州财政局、州农业局、州水利局、州文明办等部门负责人，到弥渡县调研经济社会发展情况。

△ 州委常委、州纪委书记梁志敏和省委学习实践科学发展活动第四巡视组到巍山县反馈巡视巍山县情况。

18～19日 大理州“鸡足山杯”老年人体育运动会在宾川隆重举行。

11月19日 副州长、州公安局局长郭有兵深入到弥渡县红岩镇，检查指导和调研当地开展学习实践科学发展观活动及政法工作。

20日 由州内互联网上网服务营业场所（企业）和管理工作者及有关人士自愿组成，并发起的大理州互联网上网服务营业场所行业协会正式成立。

△　全州文化市场和新闻出版(版权)管理工作会议在下关召开。

△　台湾海峡两岸旅游观光协会会长赖瑟珍，在国家旅游局副局长杜江，国家旅游局港澳台司司长满宏卫，云南省旅游局副局长徐光佑，中共大理州委常委、常务副州长马建全的陪同下，到大理古城、崇圣寺三塔公园、洱海、南诏风情岛等景区考察。

20～21日　中国农工民主党中央委员会副主席、云南省政协副主席、省红十字会会长陈勋儒在省红十字会秘书长魏忠民和大理州人民政府副州长、州红十字会会长洪云龙，州政协副主席孙珍玲的陪同下，深入“11·2”宾川地震重灾区平川镇卫生院、学校、卫生所和李子园村、帽角山村等地，检查指导救灾救济工作，看望慰问受灾群众。

22日　大理古玩城正式竣工投入运营。

24日　全省公安消防部队学习贯彻胡锦涛总书记“三句话”总要求宣讲暨学习宋文博先进事迹报告会在下关举行。

△　由国家档案局副局长李明华带队的全国档案事业发展综合评估组到大理，对大理州档案事业发展情况进行综合评估。

△　以广西壮族自治区旅游局规划处处长李广军为组长的国家旅游局专家组对鹤庆新华村4A级景区创建进行终评。

26～27日　中共大理州委副书记、州长何金平在州长助理李文才和州政府办、州经委、州财政局、州农业局、州水利局等部门负责人陪同下，到剑川县调研。

27日　“刷亮大理 银联卡伴你行”活动正式启动。

△　全州推进主要污染物减排工作会在下关召开。会议提出，要全力加快推进污染减排重点项目建设，确保全州“十一五”污染减排任务的顺利完成。

△　大理州企业家协会召开第二次会员大会，选举产生了大理州企业家协会第二届理事会成员，听取了《大理州企业家协会工作报告》，通报了大理州企业家协会财务收支情况，听取审议并通过了大理州企业家协会《章程》修改说明。

28日　大理州回族学会在州民族中学体育艺术馆举行“古尔邦节”庆祝活动，并举行《大理回族史》的首发式。

29日　由州家畜繁育指导站申报，通过国家外国专家局立项批复的《水牛冷冻精液质量控制技术引进》项目培训在下关举行。

30日　全州离退休干部老有所为先进集体和先进个人表彰大会在下关举行。

△　州政协科教文卫体委员会在下关召开全州12县市政协专委会工作联席会议，

△　全州科技管理综合学习培训会在下关结束。

△　《大理滇西中心城市总体规划》成果汇报会暨州级专家评审会在下关召开。

△　副州长许映苏到巍山调研旅游文化产业发展工作。

12月

1日　省政府和省妇儿工委会对大理州2009年度实施云南省妇女儿童工作目标责任管理情况进行综合考评。

△　全州学习贯彻中共十七届四中全会精神州级部门正处级领导干部专题培训班开班，州委书记刘明在培训班上作题为“在改革开放中不断推进党的建设”的重要讲话。

△　跃(进)(云)龙公路举行开工仪式。

△　州防艾办组织州级相关部门和单位在绿玉公园开展以“遏制艾滋、履行承诺”为主题的宣传活动。

△　大理州森林消防基层摩托化应急队成立。

△　大理滇西技师学院及武警大理支队搬迁规划建设方案咨询会议在下关召开，征求州级领导和有关部门的意见建议。

3日　大理州法制局、州司法局等16个相关部门在民升广场举行大理州2009年“12·4”全国法制宣传日宣传活动。

△　由卫生部疾病预防控制局副局长郝阳为组长，卫生、水利、农业等相关部门负责人及部分专家组成的国家考核评估组，到大理州考核评估血吸虫传播控制达标情况。

△　全州第三批深入学习实践科学发展观活动汇报交流会在下关召开。

4日　大理旅游集散中心在大理泛亚汽车城挂牌。

△　中国家具协会、云南省工业和信息化委员会、云南省家具协会、云南省东南亚南亚经贸合作发展联合会、西南林学院木质科学与装饰工程学院、昆明理工大学艺术与传媒学院、大理州人民政府、剑川县人民政府8单位代表齐聚剑川，举行共建中国民族木雕家具产业基地签约暨揭牌仪式。

△　大理州省级公益林生态效益补偿工作启动会议在宾川县召开，

5～6日　全州第二期领导干部学习贯彻中共十七届四中全会精神专题培训班在州委党校举办。

7～8日　州委常委、州委组织部部长叶翠萍深入到宾川县平川镇地震灾区帽角山村委会和平川、金牛、力角、大营等乡镇的部分村社，就全县的抗震救灾、农村基层组织建设、农民专业协会运营等工作进行检查指导。

8日　国家烟草专卖局检查组一行4人由中国烟叶公司副总经理吴洪田带队，到大理州调研检查指导工作。

8～9日　全省农村精神文明建设工作座谈会在大理召开。

△　州人大常委会选举联络工作座谈会在下关召开。会议总结了全州各级人大常委会选举任免、代表联络工作经验，研究探讨新时期进一步发挥人大代表作用的新情况、新问题和新措施、新方法，推动大理州选举联络工作不断向前发展。

8～10日　以云南省侨办主任杨光民为组长的省华侨农场改革和发展领导小组一行，到宾川县检查指导华侨农场改革和发展工作。

9日　云南省古籍保护中心大理州分中心成立揭牌暨“2009年大理藏书家”命名颁奖仪式在州图书馆举行。

△　大理省级经济开发区与云南城市建设投资开发有限公司在龙山国际会议中心举行“大理海东新城区项目开发合作协议”签约仪式。

10～11日　中共大理州委、州人民政府在下关召开2008～2009年重大决策部署贯彻落实情况汇报会。会议强调，坚决推进重大决策部署的贯彻落实，推动全州经济社会又好又快发展。

△　州人大常委会民族工作座谈会在巍山县召开。

11日　中共大理州委副书记、州长何金平率州级相关部门领导深入大理州公安局机关，就全州公安工作进行调研。

12日　“大理白族自治州经济技术合作项目推介会”在深圳锦绣中华·民俗村举行，云南省、广东省、深圳市和广东省云南商会的领导，中共大理州委书记刘明、副州长程云川、大理市政府领导等1600多人应邀出席推介会。

△　中共大理州委书记刘明，副州长程云川，以及大理州市招商局、旅游局

和大理旅游度假区领导，专程到深圳市福田区深圳市建筑科学研究院参观考察。

12～13日　云南省区域经济学会2009年年会暨滇西经济发展论坛在下关举行。

14日　州人民政府召开全州冬季防火工作电视电话会议，会议要求，坚决预防和遏制群死群伤火灾事故发生。

△　州长何金平主持召开州第十二届人民政府第18次常务会议。

15日　全省企业财务决算布置工作会议在龙山国际会议中心举行。

△　州人民政府召开全州抗旱工作电视电话会。

△　深圳市建筑科学研究院就喜洲片区保护与开发概念性规划在下关召开征询会。

△　州委常委、州委政法委书记茶忠旺，副州长、州公安局局长郭有兵，州政协副主席孙珍玲等领导深入巍山县调研永建地区禁毒整治成果巩固工作。

△　全州2009年度惩防体系建设检查及党风廉政建设责任制考核工作全面铺开。

15～16日　州人大常委会在下关召开农业与环保工作座谈会。

17日　全州千村扶贫开发百村整体推进工作会议召开，会议强调，总结经验，加大力度，全面完成五年行动规划目标任务。

△　以"人文大理，奇彩花都"为主题的2010中国大理第三届国际兰花茶花博览会暨大理旅游推介新闻发布会在昆明举行。

△　州委常委、常务副州长马建全向参加全州2009年度老干部党支部书记培训班的老干部党支部书记通报全州2009年经济运行情况和2010年经济工作的初步考虑.

△　州委常委、州政法委书记茶忠旺到巍山检查指导该县2009年度推进惩治和预防腐败体系建设及落实党风廉政建设责任制工作。

17～19日　省委深入学习实践科学发展观活动第四巡回检查组深入大理州洱源、宾川两县，就第三批学习实践活动开展情况进行检查指导。

18日　全州村级组织活动场所建设工作会议在下关召开.

△　大理州人民政府与国电电力发展股份有限公司携手开发新能源框架协议在龙山国际会议中心签约。

△　大理州推广丘北经验发展农村客运现场会在巍山召开，会议提出，总结经验，积极推广，全面加快大理州农村客运发展步伐。

21日　州委常委、常务副州长马建全率调研组到漾濞县调研工业经济发展工作。

△　州政府第二工业经济调研组，在副州长程云川的带领下，前往洱源县就2009年工业经济发展情况作专项调研。

21～23日　中央深入学习实践科学发展观第五巡回检查组一行在省委组织部领导的陪同下，到大理州检查指导第三批学习实践科学发展观活动。

22日　大理至丽江高速公路开工建设。

△　副州长程云川率州经委、州发改委、州财政局、州国土局、州环保局、州商务局、州统计局、州供电局等部门相关领导组成的调研组到鹤庆县调研工业发展情况。

23日　全州中低产田地改造工作现场会暨"全州中低产田地改造示范项目"启动仪式在宾川县鸡足山镇炼洞村委会中低产田地改造示范项目现场举行。

△　州委常委、常务副州长马建全率调研组到云龙调研工业经济发展工作

24日上午　大理州州级行政事业单位国有资产处置拍卖会在下关敲响第一槌。具有竞买权的500多人参加竞标，拍卖场面异常激烈。

25日　大理州·云铜集团合作发展座谈会在下关举行。

△　以国家教育部巡视专员、原四川省人大常委会主任卢铁诚为组长的教育部学习实践科学发展观活动第五巡回指导组，到大理州检查指导中等职业学校和中小学校第三批学习实践活动开展情况，当日上午听取了州教育局的相关情况汇报。

△　中共大理州委书记刘明在大理市调研文明大理建设示范工程进展情况。

△　州民族工作领导组在下关召开会议。

△　州公安局召开电视电话会议，部署在全州公安机关开展为期100天的社会治安"冬季行动"。

△　《大理白族自治州民族宗教志》在下关举行发行会。

25～26日　大理州第十二届人大常委会召开第十二次会议。

26日　大理州在州群艺馆举行礼仪接待歌曲推广普及传唱表演比赛颁奖晚会。

26～27日　中国共产党大理学院第一次代表大会在大理学院古城校区召开。

28日　中共大理州委书记刘明在龙山国际会议中心会见中央电视台著名节目主持人敬一丹、著名白族作家景宜一行。

△　中共大理州委在苍山饭店召开离退休老干部座谈会，专题听取州委六届八次全委会报告征求意见稿的意见和建议。

△　中共大理州委召开党外人士座谈会，征求党外人士对全州经济社会发展以及州委工作意见和建议。

29日　州政协在龙山国际会议中心举行新年茶话会。

△　中共大理州委书记刘明和州委常委、州委统战部部长杨秀星以及州级相关部门领导到大理市下关清真寺，看望正在那里欢度圣纪节的穆斯林群众。

△　大理州规划局长工作座谈会在弥渡召开。

30日　全州2010年烟叶工作会议在下关召开，会议强调，深化认识，扎实工作，努力推动大理州烟草产业持续稳定健康发展。

△　中共大理州委副书记王雪峰和州委常委、常务副州长马建全等领导深入州级财税部门，看望工作在一线岗位上的干部职工。

△　大理州"十二五"规划编制工作会议在下关召开，部署全州"十二五"规划编制工作。

△　副州长程云川率州人民政府慰问组，看望慰问大理州供电局干部职工，

△　州人民政府召开全州烟花爆竹安全监管暨今冬明春安全生产会议，就相关工作进行全面部署。

31日　大理州在苍山饭店礼堂举行2010年"洱海保护月"活动动员大会，总结一段时间以来的洱海保护与治理经验，表彰在"洱海保护月"活动中涌现出来的先进单位，部署新一年任务。

△　州人民政府在大理市苍山饭店召开《大理州年鉴》创刊20年总结表彰暨地方志续修工作会议。

△　全州银行系统迎新座谈会在龙山国际会议中心召开。

（《年内要事》由冯燕撰稿）

（本部类责任编校：赵秀元）

概　况

地情概要

【行政区划】 2009年，大理白族自治州辖大理市、漾濞彝族自治县、祥云县、宾川县、弥渡县、南涧彝族自治县、巍山彝族回族自治县、永平县、云龙县、洱源县、剑川县、鹤庆县，共1市11县。自治州国土总面积29459平方千米，州府大理市下关，距昆明市331千米。年末人口351.62万人。境内拥有苍山洱海风景区、石宝山风景区、鸡足山风景区、巍宝山风景区、茈碧湖温泉休疗区等著名旅游景区。大理州境内地质成矿条件好，矿产种类较多，金属矿有锰、铁、锡、锑、铅、锌、铜、镍、金、银、铂、钯等矿床矿点200多个。非金属矿有煤、岩盐、大理石、石墨、石膏、硅藻土等，其中，大理石蕴藏量极为丰富，属特大型矿床，储量达1亿立方米。

【经济综述】 2009年，大理州在国际金融危机持续蔓延，各种自然灾害频繁发生的情况下，全州各族干部群众，深入贯彻落实科学发展观，坚定信心，砥砺奋进，共克时艰，努力化挑战为机遇，全力以赴保增长、保民生、保稳定，有效遏止了经济增速下滑态势，实现了经济总体回升向好。全年完成生产总值404.49亿元，增长12%，其中一产、二产、三产分别增长6%、17.3%和10.9%。财政总收入完成67.6亿元，增长12.6%，其中地方财政一般预算收入完成31.54亿元，增长14.4%；抓住扩大内需机遇，争取到中央和省扩大内需项目380项、资金14.2亿元，千方百计筹措项目配套资金5.2亿元。完成固定资产投资217.3亿元，增长33%。

全州农业总产值实现176.59亿元，增长12.2%。粮食总产量达139.18万吨，增长3%。完成工业总产值374.26亿元，增长13.2%。规模以上工业企业新增22户达178户，实现增加值91亿元，增长16.2%。实现社会消费品零售总额120.4亿元，增长16.3%。金融机构年末存款余额为469.97亿元，增长23.57%；贷款余额为317.6亿元，比年初增加68.9亿元，增长27.7%，加上州外金融机构融资，实际新增贷款83.1亿元，创历史新高。城镇居民人均可支配收入14180元，增长10.2%；农村居民人均纯收入3482元，增长13.1%。

【农　业】 2009年，大理州农业总产值实现176.59亿元，增长12.2%。粮食总产量达139.18万吨，增长3%。农村生产生活条件不断改善。新增农机1万余台。改造中低产田地1.6万公顷。新建防渗渠道398.4千米。新增蓄水能力181.6万立方米，受益人口24.9万人。建成农村供水工程264件，解决12.7万人饮水安全问题。实施1139个村级公益事业"一事一议"奖补项目。全面完成1.4万户农村民居地震安全和农村危房改造任务。实施了734个自然村村容村貌整治。农网改造使2.5万农户受益。农村劳动力培训力度加大，转移富余劳动力7.4万人。优势特色产业发展加快。种植烟叶3.57万公顷，烟农收入15亿元；种植啤饲大麦4.55万公顷、无公害蔬菜3.33万公顷，新植核桃15万公顷、红豆杉2000公顷，改造低产桑园1333公顷。有机、绿色食品和无公害农产品等质量体系认证取得实效。新认定龙头企业18户。加强了重大动物疫病防控，奶牛存栏13.5万头，肉牛出栏46.48万头，生猪出栏337.4万头，畜牧业产值达73亿元、增长15%。扶贫开发百村整体推进工作成效显著，解决了6万贫困人口的温饱问题。祥云、宾川扶贫综合开发示范园区建设进展顺利，整县、整乡扶贫开发试点启动实施。

【工　业】 2009年，大理州认真抓好结构调整和重点企业帮扶工作，工业经济在全省率先止跌回升。到年底，完成工业总产值374.26亿元，增长13.17%。规模以上工业企业新增22户达178户，实现增加值91亿元，增长16.2%。烟草、机械、建材、能源、矿冶、生物资源及优势农产品加工等骨干产业发展加快，产值占工业总产值的70.9%，其中烟草、机械工业产值分别达43.3亿元和59.3亿元，增长14.3%和32.9%。企业科技创新与技术改造步伐加快，有3户企业通过国家高新技术企业认定，2户企业获省级企业技术中心认定，2项有色金属冶炼核心技术获部省级科学技术奖。工业项目建设稳步推进，完成非电工业固定资产投资34.5亿元，增长25%。滇西水泥余热发电、南涧开启矿业80万吨球团铁生产一期等27个重大工业发展项目建成投产，大理卷烟厂50万标箱技改等23个项目正在建设。工业园区发展加快，实现增加值38亿元，增长19%。中小企业和非公经济稳步发展，非公经济组织达7.6万户，增长10.6%。力帆骏马、祥云飞龙位居全省百强民营企业前列。

【商贸、物价】 2009年，大理州城乡物流体系建设稳步推进，配送中心、乡镇集贸市场建设取得实效。建成标准农家店350个。城乡消费市场繁荣活跃，到年底，实现社会消费品零售总额120.4亿元，增长16.3%。居民消费价格总水平上涨1.1%。住房消费意愿明显回升，房地产开发完成投资25.5亿元，增长24.9%。商品房竣工71.7万平方米，增长144.4%；销售97.8万平方米，增长134%。家电、汽车、摩托车下乡销售6.7亿元，兑付补贴6783万元。招商引资工作成效显著，引进州外实际到位资金73.9亿元，增长47.7%。与泛华集团、华彬集团、昆钢集团、云南城投等大企业签署了合作协议，招商引资工作名列全省第三名。对外贸易实现恢复性增长，完成进出口总额14405万美元，增长58.14%，其中出口6233万美元，增长13.87%。对外窗口建设不断加强，派驻昆明、北京等地办事机构作用日益彰显。

【科教文卫】 2009年，大理州进一步改善中小学办学条件，新建校舍22万平方米，排除D级危房17.9万平方米。全面落实城乡义务教育“两免一补”政策。初中毕业生升学率为70%。高考上线率达93.8%，连续五年居全省第一位。职业教育招生规模达1.3万人。筹建大理农林职业技术学院获省批准。大理学院办学质量提高，招生规模扩大。各类人才队伍建设得到加强。科技自主创新扶持政策逐步完善，一批科技成果得到转化，科普工作广泛开展。加强了公共文化服务体系建设，新建10个乡镇文化站和142个农家书屋。非物质文化遗产保护、民族民间文化研究和新闻出版、档案、修志工作得到加强。广播电视村村通工程建设稳步推进，广播和电视覆盖率分别达94.16%和95%。群众性体育活动广泛开展，2012年省第八届农运会筹备工作启动。医疗保障覆盖面不断扩大，新型农村合作医疗参合率达93.3%，年人均筹资标准达100元，报账比例提高。启动实施了一批县级医院、中心乡镇卫生院、社区卫生服务中心项目建设。甲型H1N1流感得到有效防控。人口和计划生育工作扎实有效，人口自然增长率控制在4.19‰。高度重视民生。认真实施“贷免扶补”政策，新增城镇就业2.2万人，城镇登记失业率为4.2%。城镇职工参加基本养老保险13.4万人、基本医疗保险22万人、失业保险9.8万人、工伤保险6.9万人、生育保险6.2万人。城镇居民参加基本医疗保险15.9万人。企业退休人员基本养老金、失业保险、工伤保险、生育保险待遇标准提高了10%。发放城镇、农村居民最低生活保障金1.2亿元和1.7亿元，分别增长19%和64%。农村五保供养对象实现应保尽保。地震抢险救灾及时有力，宾川、祥云等灾区恢复重建进展顺利。

（撰稿人：杨林柏）

国民经济和社会发展计划执行情况

【经济社会保持平稳较快发展】 2009年，大理州全州上下认真贯彻落实党中央应对国际金融危机、促进经济社会平稳较快发展的一揽子政策措施，紧紧围绕“保增长、保民生、保稳定”的目标任务，抢抓机遇，攻坚克难，扎实推进各项工作，有效遏止了经济下滑态势，全州经济社会实现了平稳较快发展，国民经济和社会发展计划执行情况总体较好。全年实现生产总值404.49亿元，按可比价格计算，增长12.2%，超出计划目标2.2个百分点。三次产业比重由上年的26.1∶36.7∶37.2发展到25.6∶35.8∶38.6。财政总收入完成67.54亿元，其中，地方一般预算收入完成31.54亿元，分别增长12.6%和14.4%，超出计划目标2.6个百分点和4.4个百分点；财政总支出首次突破百亿元，达到102.1亿元，增长36.1%。全社会固定资产投资完成217.3亿元，增长33%，超出计划目标13个百分点。社会消费品零售总额完成120.4亿元，增长16.3%，超出计划目标0.3个百分点。农村居民人均纯收入达3482元，增长13.1%，超出计划目标5.1个百分点。城镇居民人均可支配收入达14180元，增长10.2%，超出计划目标4.2个百分点。外贸进出口总额完成14405万美元，增长58.1%，超出计划目标48.1个百分点。万元生产总值能耗下降5.51%。城镇登记失业率为4.2%，人口自然增长率为4.19‰，居民消费价格指数为101.1%，均控制在计划目标以内。

【农村经济全面发展】 2009年，大理州各项支农惠农政策全面落实，社会主义新农村建设扎实推进。全年农业总产值达176.59亿元，增长12.2%。农业产业结构进一步优化，优势特色产业发展加快，烤烟、蚕桑、茶叶、蔬菜、水果、花卉、中药材等基地建设稳步推进。粮食生产连续五年获得丰收，总产达139.18万吨，增长3%。收购烤烟和白肋烟194.6万担，超额完成烟叶收购任务。畜牧业稳步发展，肉类总产达41.52万吨，奶类总产达39.6万吨，畜牧业产值达72.5亿元，增长15%。林业传统产业得到稳步发展，特色产业不断壮大，完成新植核桃10万公顷、红豆杉2000公顷，林业产值实现15.6亿元，增长20.4%。农业龙头企业和农业产业化经营组织发展壮大，新认定省、州级农业龙头企业18户，发展农民专业合作组织7个。农业基础设施建设不断加强，完成中低产田地改造1.58万公顷，建成农村供水工程264件，农村12.7万人的安全饮水问题得到解决。千村扶贫开发百村整体推进工程年度建设任务全面完成，启动了“整乡推进”项目试点，解决和巩固6万贫困人口温饱，100个行政村基本实现整体脱贫。启动国有林区棚户区改造647户，完成农村民居地震安全和危房改造1.4万户。

【工业经济企稳回升】 2009年，大理州加强对重点企业的帮扶，积极协调解决项目建设中土地、资金等要素制约，工业经济在3月份实现止跌回升并逐步趋于平稳。全年完成现价工业总产值374.26亿元，增长13.17%。其中，规模以上工业实现总产值241.16亿元，增长13.5%。实现工业增加值117.4亿元，增长14.3%。71个重大经济发展项目中，云南红塔滇西水泥股份有限公司余热发电等27个项目建成投产，大理卷烟厂50万标箱技改等23个项目正在建设。企业技术创新与技术改造步伐加快，大理药业股份有限公司、云南大理洱宝实业有限公司2户企业技术中心通过省级认定，全州省级企业技术中心认定企业达8户。烟草、矿冶、机械、建材、能源、生物资源及优势农产品加工六大骨干产业发展加快，产值占工业经济总量的比重达70.9%，其中，烟草、机械产业产值达43.3亿元和59.3亿元，分别增长14.3%和32.9%。工业园区基础设施建设和管理服务能力进一步增强，产业聚集效应逐步显现，园区完成工业增加值38亿元，增长19%。加强清洁生产、能源审计和资源综合利用，列入淘汰计划的剑川县金川公司10万吨炼铁落后生产线已经停产，启动清洁生产企业11户、能源审计企业12户，完成资源综合利用认证年检企业16户。全年万元生产总值能耗下降5.51%。

【服务业加快发展】 2009年，大理州认真贯彻落实“汽车摩托车下乡”、“家电下乡”、家电以旧换新等政策措施，积极拉动内需、扩大消费，城乡消费升级步伐加快，消费品市场繁荣活跃。全年实现社会消费品零售总额120.4亿元，增长16.3%。“家电下乡”共备案463个销售网点，销售总额达1.2亿元，兑付补贴1244.2万元；“汽车摩托车下乡”销售总额5.5亿元，兑付补贴5539.6万元。“万村千乡”市场工程累计建成农家店总数达到1906个，永平县曲硐核桃交易市场建设项目纳入扩大内需中央投资计划，大理物流园区、祥云物流中心前期工作稳步推进。金融支持经济发展力度加大，全州金融机构各项贷款年末余额317.6亿元，比年初增加68.9亿元，增长27.7%，加上州外金融机构新增贷款14.2亿元，全年新增贷款累计达83.1亿元，创历史新高；金融机构各项存款年末余额469.9亿元，比年初增长23.57%。旅游二次创业深入推进，宣传促销活动不断加大，大理苍山大索道、宾川鸡足山旅游公路、大理古城改造提升、喜洲古镇保护开发、巍山古城保护提升和巍宝山景区开发等项目建设步伐加快,旅游基础设施进一步完善。全年接待海外旅游者35.3万人次,增长11.5%,旅游外汇收入9983.9万美元,增长14.5%,接待国内旅游者1105.9万人次,增长20%。旅游业总收入92.3亿元,增长26.1%。

【固定资产投资快速增长】 2009年,大理州抓住中央扩大内需的重大机遇,积极争取国家和省项目及资金支持,加快推进项目实施,固定资产投资保持较快增长,有力地支撑了经济的稳定增长。全州共争取到中央和省扩大内需项目380个,投资补助14.2亿元,增长61.3%。全年累计完成固定资产投资217.3亿元,增长33%。年初确定的132项基础设施和基础产业重大建设项目,已动工114项,累计完成投资124.2亿元。大丽铁路已建成通车,大瑞铁路建设稳步推进,大丽高速公路正式开工,关巍公路开始路面铺筑,大理上关至北五里桥公路建设步伐加快。小湾3台机组发电,龙开口、鲁地拉、功果桥水电站建设有序推进,洱源罗平山、马鞍山风电场开工建设。永平大碱塘水库扩建完工蓄水,云龙包罗水库开工建设,洱源三岔河、剑川老君山水库建设和祥云浑水海水库除险加固步伐加快,小(一)型病险水库除险加固工程全面启动。城建环保、旅游、生态和社会事业等项目建设进展顺利。

【改革开放进一步深化和扩大】 2009年,大理州全面落实法治政府八项制度和责任政府、阳光政府四项制度,政府职责体系逐步完善,公共服务水平和质量不断提高。进一步规范审批事项,简化审批程序,共取消和调整行政审批61项。农村综合改革稳步推进,集体林权制度主体改革全面完成,已明晰产权179.17万公顷,确权率达99.4%,森林采伐管理改革和中低产林改造试点顺利展开。全面启动了乡镇财政预算管理方式改革,实行乡镇财政统一上划县市级管理。医药卫生体制改革步伐加快,中小学教师绩效工资改革和宾川华侨农场改革全面完成。大理被省政府批准为旅游产业发展综合改革试点,苍洱片区旅游产业发展和改革综合试点全面启动。金融体制改革不断推进,农行股份挂牌成立,富滇银行落户大理,融资担保机构担保能力不断增强。继续深化国有企业改革,逐步理顺国有资产监督体系,加强企业财务监督,顺利完成大理州粮食储备库转换经营机制改革。电力体制改革稳步推进,6家县级电力企业完成资产整体上划。中小企业和非公经济发展加快,全州非公有制经济组织达7.6万户,从业人员达20.1万人。非公有制经济增加值占生产总值比重达46.4%。

进一步扩大对外开放,改善投资环境,创新招商方式,强化项目储备包装,成功引进泛华集团、华彬集团、昆钢集团、云南城投等一批大企业、大集团,招商引资成效显著。全年新签约经济技术合作项目91项,新批外商投资企业7户,引进州外实际到位资金73.9亿元,增长47.7%,其中实际利用外资1841万美元。着力推进出口农产品基地备案,重点开拓缅甸、台湾、泰国、越南等出口市场,农副产品出口逆势上扬,水果首次自营出口,实现历史性突破,矿石等资源性产品进口增长势头强劲,全州进出口总额下滑态势得到有效遏制,对外贸易实现恢复性增长。全年实现进出口总额14405万美元,增长58.1%;其中出口6233万美元、增长13.9%,进口8172万美元、增长124.8%。

【城镇化进程不断加快】 2009年,大理州全面贯彻落实省政府大理专题会议精神,以“两保护、两开发”为核心,着力构建大理市和洱源、漾濞、巍山、弥渡、祥云、宾川6县“1+6”城市群,滇西中心城市建设步伐加快。《大理滇西中心城市总体规划》及滇西中心城市交通、物流、教育、医疗卫生和旅游5个专项规划基本编制完成,巍山、漾濞县城总规修改进展顺利。洱海环湖截污、入湖河道整治、乡村环保和农业面源污染治理启动实施,建成环湖截污干渠4000米,完成新一轮洱海“三退三还”土地清退72.4公顷,洱海水质稳定保持Ⅲ类。海西田园风光保护、白族民居建筑风格整治取得初步成效,“百村整治”、“空心村”改造和旧城提升改造进展顺利。海东片区开发全面启动,污水处理厂、垃圾填埋厂、大理市第六自来水厂已完成前期工作,海东1、2号城市主干道和环海生态公路等完成路基工程,石房子至下和段截污干渠已建成。凤仪工业、物流园区基础设施建设加快,园区三纵一横道路建设顺利推进,一批重点企业入驻园区。全州以县城建设为重点的污水、垃圾处理厂、供排水工程、城镇道路等项目顺利实施,县城综合承载力进一步提高,城镇生态环境质量和市容市貌有了较大改观,城镇功能逐步完善,对县域的辐射带动力逐步增强。大理市创建为省级园林城市,建成区面积达38.2平方千米。全州城镇化率达到31%,提高2个百分点,城镇建成区面积增加6平方千米,达到132.5平方千米。

【生态建设和环境保护取得新进展】 2009年,大理州重点区域、重点园区污染防治、饮用水源地保护、城乡环境综合整治和生态建设取得明显成效。洱海流域新建湿地140公顷,建成30座村落污水处理系统、7378户庭院污水处理设施和10座中温沼气站。鹤庆万亩草海、剑川剑湖、洱源东、西湖等湿地保护治理力度加大,云龙沘江综合治理和长江上游水污染防治全面开展。洱源生态文明试点县建设步伐加快,实施了50个生态示范村建设,邓川和右所片区2个污水处理厂及配套管网建设工程全面启动。完成永安江、罗时江生态河道综合整治20千米。全年完成荒山荒地造林1333公顷,巩固退耕还林成果1.26万公顷,实施天然林保护工程森林管护140.11万公顷,完成天保工程公益林建设2.8万公顷,完成义务植树900万株。新建户用沼气池2.9万户,节柴改灶2.5万户。列入省级重点减排项目的云南国资水泥剑川有限公司清洁生产、洱源县县城污水管网改造工程已完成,大理市喜洲古镇污水收集管网及处理工程、洱源县下山口污水收集管网及处理工程进展顺利,鹤庆县、南涧县、宾川县、云龙县污水处理厂已完成前期工作。

【社会事业协调发展】 2009年,大理州全面落实义务教育“两免一补”政策,全州享受免杂费、补助公用经费的在校学生达41.4万人、享受免费教科书43.2万人、享受贫困家庭寄宿制学生生活补助12.5万人。全年排除中小学D级危房17.9万平方米。高中阶段教育发展加快,高考上线率达93.8%,连续5年居全省第一位。职业教育活力明显增强,组建了大理州旅游职业教育集团和加工制造职业教育集团,大理技师学院建设全面启动,省政府批准以大理农校为基础筹建大理农林职业技术学院。公共文化服务体系进一步加强,建成乡镇文化站10个,农民文化大院12个,村级文化室138个,装备农家书屋142个。完成1626村广播电视村村通建设任务,广播、电视覆盖率分别达到95%和98%。公共卫生体系不断完善,大理市第一人民医院、鹤庆县人民医院、祥云县人民医院、宾川县中医院、永平县医院及

15个乡镇卫生院等20个项目列入国家基层医疗卫生服务体系建设，278万农村居民参加新型农村合作医疗，参合率达93.3%。建立和完善公共卫生突发事件应急处理机制，切实开展甲型H1N1流感防控工作。全民健身运动广泛开展，竞技体育水平和群众体育普及率得到提高。人口和计划生育工作得到加强，人口自然增长率为4.19‰，控制在计划目标以内。

【人民生活水平不断提高】 2009年，大理州全面落实就业扶持政策，千方百计增加就业岗位，建立健全就业援助制度，帮助“零就业”家庭解决就业困难，就业局势保持稳定。城镇新增就业2.2万人，下岗失业人员再就业0.7万人，就业困难人员再就业0.4万人，开发公益性岗位0.3万个，转移农村富余劳动力7.4万人，城镇登记失业率为4.2%，控制在计划目标以内。社会保障体系不断健全完善，覆盖面进一步扩大。养老保险得到巩固和发展，全州城镇职工基本养老保险、农村养老保险总人数分别达到13.4万人和3.9万人，17345名被征地农民逐步实现参保；基本医疗保险不断拓展，城镇职工、城镇居民基本医疗保险参保人数分别达到22万人和15.9万人；失业、工伤、生育保险逐步完善，参保人数分别达9.8万人、6.9万人和6.2万人。城乡低保“扩面”、提高农村“五保户”供养标准工作取得实效，城镇、农村居民最低生活保障人数分别达到7.4万人和21.9万人，农村五保供养人员每人每月补助提高到80元。开工建设廉租住房37.3万平方米，竣工21.6万平方米。农民人均纯收入3482元，增长13.1%；城镇居民人均可支配收入14180元，增长10.2%。

【经济社会发展中存在的困难和问题】 在充分肯定成绩的同时，2009年全州经济社会发展中仍存在一些困难和问题：一是国际国内经济形势仍然错综复杂，世界经济复苏缓慢曲折，国内经济回升基础还不稳固，不确定因素和风险仍然存在，保持经济平稳较快发展难度较大。二是农业基础薄弱，抗御自然灾害能力弱，农业产业化经营步伐缓慢，农民增收难度大。三是工业经济回暖的基础不牢，工业产业结构层次较低，节能降耗任务艰巨。四是县域经济发展极不平衡。大项目带动经济发展成效显著，缺乏大项目支撑的县市，经济增长明显缓慢。五是就业再就业形势依然严峻，影响社会和谐稳定的新情况新问题日益增多，特别是企业改制、水电移民、铁路建设等重点工程建设遗留问题多，利益矛盾纠纷较为突出，维护社会稳定的难度增大。

【“十二五”规划编制工作全面启动】 2009年，根据全省“十二五”规划编制工作的总体部署，大理州及时启动了规划编制有关前期工作，拟定了全州“十二五”规划编制工作方案，提出了规划编制工作的总体要求、基本原则、主要任务和时间进度安排，筛选出40个前期重大课题，对事关全州长远发展的全局性、战略性、前瞻性的重点、热点和难点问题进行研究。2009年12月30日，成立了由州委副书记、州长何金平为组长，州委副书记王雪峰，州委常委、常务副州长马建全，州委常委、州委秘书长杨健，州政府秘书长李超，州发展改革委主任张正贤为副组长，各相关经济社会发展部门主要领导为成员的“十二五”规划编制领导小组，并以州委办、州政府办文件下发了《关于做好大理州“十二五”规划编制工作的通知》，对全州“十二五”规划编制工作进行了全面的安排部署。总的工作进度安排是：2010年3月底以前完成前期重大课题研究，4月底以前完成全州“十二五”规划基本思路，9月底前完成全州“十二五”规划纲要（草案）；2011年初，《大理州国民经济和社会发展“十二五”规划纲要》（草案）报请州人代会审议。

【开展生产力空间布局战略研究】 2009年，根据州人民政府关于对全州经济社会发展有关问题开展课题调研的统一部署，州发改委牵头组织编制完成了《大理州生产力空间布局战略研究》。该课题研究在充分调查研究的基础上，对全州主要生产力空间布局现状、特点和存在的问题进行了实事求是的分析、评估，对今后较长时期内调整和优化生产力布局的方向、重点及对策措施提出了较合理可行的意见建议，为各级各部门决策提供了参考。

【完成物流发展专项规划编制】 2009年，根据州人民政府的安排部署，为更有利于推进滇西中心城市建设，实现滇西中心城市既定的建设目标，配合滇西中心城市总体规划的编制，由州发改委组织编制了《大理滇西中心城市物流发展专项规划》。该规划通过对大理滇西中心城市物流业发展的基础条件、现状分析和市场需求的预测，详细规划了大理滇西中心城市“2+5”物流圈和大理州域的“255”物流网络，并提出把大理滇西中心城市建设成为中国－东盟自由贸易区的重要物流节点、云南省三大物流主枢纽之一、云南省联系川藏的门户性综合物流枢纽、滇西地区的商贸物流中心、大理州物流的核心区域。规划的编制对于推进“滇西中心城市”战略的实施、促进物流业与其他产业的联动发展、解决大理滇西中心城市发展的流通瓶颈问题等具有重要的理论和实际意义.

【小湾水电站实现“一年三投”】 小湾水电站是云南省实施“西部大开发”战略和“西电东送”战略的重点工程，位于大理州南涧县与临沧地区凤庆县交界的澜沧江中游河段上。电站总装机容量420万千瓦，总投资360亿元，于2002年1月20日正式开工建设。2009年9月25日、11月15日和12月23日实现1、2、3号机组发电，对调整和优化云南省电源结构、促进地方经济发展、实现资源优化配置具有重要意义。计划2010年8月前实现4、5、6号机组发电，2011年全部建成。

【大理至丽江铁路建成通车】 大理至丽江铁路位于云南省西北地区，南起广大铁路的大理东站，向北经上关、西邑、鹤庆至丽江。线路全长162.418千米，大理州境内为139.2千米。设计标准为国铁Ⅰ级，单线，速度目标值120千米/小时。工程总投资45.1亿元。于2004年12月20日开工建设，2009年9月3日全线铺架完成，9月28日开通运营。该铁路的建成，对于完善西南铁路网布局，改善滇西交通基础设施条件，促进滇西资源开发和旅游业发展，维护边疆民族稳定具有重要意义。

【功果桥水电站获得国家核准】 功果桥水电站位于大理州云龙县大栗树西侧，为澜沧江中下游梯级“两库八级”开发方案中的第一级，电站尾水与下游在建工程小湾电站回水相衔接。电站总装机容量90万千瓦，总投资89.03亿元，2009年5月26日顺利获得国家发改委核准同意建设。计划2011年首台机组发电，2012年全部建成。

【洱源罗平山风电场（一期）开工建设】 由大唐洱源风电有限责任公司投资开发的洱源罗平山风电场（一期）于2009年9月29日正式开工建设。总装机容量为48.75兆瓦，共安装单机容量1250千瓦的风力发电机39台，设计年发电量11120.8万千瓦时，动态总投资62401.06万元，计划于2010年10月投产发电。

【洱源马鞍山风电场（一期）开工建设】 由华能洱源风电发电有限公司投资开发的洱源马鞍山风电场于2009年10月29日正式开工建设。工程总装机容量为49.5兆瓦，共安装单机容量1500千瓦的风力发电机33台，设计年发电量为11094万千瓦时，动态总投资57782.91万元。计划2010年5月风机吊装、调试并网发电，2010年10月建成投产。

（撰稿人：李爱萍）

政务接待

【概　述】 2009年，大理州接待处在圆满完成州委、州政府交办的接待任务的同时，积极协助配合有关部门做好接待服务工作，积极构建领导有力、部门协作、资源整合的"大接待"格局。全年共完成1301批10308人次的接待任务，其中接待党和国家领导人3起，省部级领导97批141人，外国友好团队51批341人，媒体记者、大企业大集团、影视明星298批642人，其他来宾852批9201人。

【接待3位党和国家领导人】 2009年，全国政协副主席白立忱，原全国人大副委员长王汉斌，原全国政协副主席李蒙在年内相继到大理视察。党和国家领导人在大理视察期间，州接待处认真研究制定每一次接待方案，班子成员分头负责各块工作，并在具体工作中精心负责地安排每一个细节，顺利完成了3次重要接待任务。

【省委书记白恩培到大理调研】 5月11日，省委书记、省人大主任白恩培在省委常委、省委秘书长杨应楠和省林业厅、科技厅等有关部门领导的陪同下到大理调研。白恩培一行先后深入大理州弥渡县红岩镇、南涧县宝华镇，对中低产田地改造、现代烟草农业发展、新型农村合作医疗和村卫生室建设等工作进行调研。10月22～25日，白恩培在省委常委、省委秘书长杨应楠，省政协副主席、省林业厅党组书记白成亮陪同下，深入大理州大理市、洱源县、祥云县、漾濞县就中低产林地改造和洱海保护治理问题又一次到大理州考察调研。

【完成省政府大理专题会议接待】 3月26～27日，省政府在大理召开专题工作会议。省委副书记、省长秦光荣，省委常委、省纪委书记李汉柏，省委常委、常务副省长罗正富，省委常委、副省长李江，省人大常委会副主任程映萱，副省长刘平，省政协副主席王学智，省政府秘书长丁绍祥，省级有关部门负责人、州级有关部门及其相关县市领导出席会议。大理州接待处认真做好了参会领导的接待工作。

【圆满完成"两博会"接待】 2月4～9日，2009·中国大理第二届茶花兰花博览会在大理国际会展中心举行，州接待处负责"两博会"来宾的接待工作。林业部原部长、中国花卉协会名誉副会长徐有芳，云南省副省长孔垂柱出席博览会开幕活动。来自美国、英国、澳大利亚等国家和国内三十多个城市的兰花界、茶花界的专家代表、各方嘉宾参加了"两博会"的系列活动。

【圆满完成"三月街"接待】 4月10～17日，2009年三月街民族节盛会如期举行，州接待处接待了应邀前来参加"三月街"活动的有关领导、友好人士、外地客商、新闻记者等嘉宾，在出色完成接待任务的同时，积极向来宾宣传大理的经济社会、风情民俗、历史文化、自然资源和投资环境、发展潜力等，让外界更加深入的了解大理。

【圆满完成"两节一会"接待】 8月1～5日，第八届中国摄影艺术节暨2009首届大理国际影会并大理开海节在大理举行，州接待处负责出席活动的领导和嘉宾的接待工作。中国文联副主席、中国美术家协会主席刘大为，中国文联副主席、中国作协副主席丹增，中共云南省委常委、宣传部长张田欣，云南省人大常委会副主任杨保健，中国文联党组成员、书记处书记廖奔，云南省军区原司令员黄光汉，武警部队副参谋长孙凤山，中国消防协会副会长冯凯文，总参军训兵种部副政委宋举浦，文化部原副部长、北京故宫博物院院长郑欣淼，中国文联荣誉委员、中国摄协顾问吕厚民，中国摄协分党组书记、副主席兼秘书长李前光，中国摄影家协会顾问于健、陈勃，副主席王悦、王文澜、邓维、朱宪民、李伟坤、张宇、张桐胜，中国摄协党组副书记、副秘书长王郑生，中国摄协分党组成员高琴，中宣部干部局专家处处长张鑫及各省区市摄影家协会、各行业摄影家协会，来自美国、法国、韩国、希腊、蒙古国、芬兰及非洲部分国家和我国港澳台地区的摄影家千余人，第八届中国摄影金像奖获奖者、中外百余家媒体的记者等出席艺术节开幕式。由于接待工作突出，大理州接待处被州委、州政府表彰为"第八届中国摄影艺术节暨大理国际影会工作先进集体"。

【圆满完成漾濞核桃节接待】 9月1～30日中国·大理漾濞核桃节在漾濞县隆重举行，中国文联副主席、中国作协副主席丹增，云南省政协副主席、省林业厅党组书记白成亮，省政府参事李森，省林业厅副厅长冷华，省旅游局副局长何池康，商务部流通产业促进中心副主任赵剑，中国果蔬产业品牌论坛组委会秘书长程国友和中央、省、州、州内12县市有关部门领导出席开幕式并参加了节庆活动。

【完成小湾电站发电仪式接待工作】 9月25日，小湾电站首台机组发电仪式举行，省委书记、省人大主任白恩培，省委副书记李纪恒，省委常委、常务副省长罗正富，中国华能集团公司总经理曹培玺等领导出席仪式。

【大丽高速公路开工仪式接待工作】 12月22日，大理至丽江高速公路开工仪式举行，省委书记、省人大主任白恩培，省委副书记、省长秦光荣，省委副书记李纪恒，省政协主席王学仁，省委常委、省纪委书记李汉柏，省委常委、常务副省长罗正富，省委常委、省委秘书长杨应楠，省人大常务副主任晏友琼，副省长刘平、省政府秘书长丁绍祥等领导出席开工仪式，省交通厅、林业厅、水利厅、省旅游局、省审计厅等省级有关部门及大理州、丽江市、迪庆州党政主要领导，大丽高速公路沿线县、市党政主要领导、金融机构及参建单位负责人参加开工仪式。

【接待省科学发展观活动检查组】 2009年，学习实践科学发展观活动在全面展开，省学习实践科学发展观各项检查指导组多次深入大理州进行检查指导工作。州接待处认真完成每一个检查团组的接待工作，为学习实践活动顺利开展营造了良好的外部环境。

【商务接待】 2009年，外地客商、大企业、大集团到大理州考察项目、投资创业的越来越多。大理州接待处高度重视每一起商务接待,不断强化“接待工作为地方经济发展服务”的思想观念,主动把接待工作融入到全州发展的大局去思考、上升到政治任务的高度来认识,力求通过做好接待工作,来优化大理州发展的外部环境,让到大理的来宾感受到大理的干部群众齐心协力谋发展、一心一意干事业的良好局面,极大地提高了大理的美誉度,增强了各地客商的关注、支持大理发展的热情,并化为现实的投资行为。在招商引资接待工作中,接待了新加坡三德集团董事局主席、香港瑞安集团董事局主席、九龙山集团董事长、华彬集团董事长、北京泛华投资集团董事长等重要客商。

(撰稿人:杨章利)

外事管理

【概　述】 2009年,大理州外事办公室切实履行好州外事领导组办公室的职责,认真做好外事管理和外事接待工作。全年共接待外国友好团队51批341人,其中接待了菲律宾国会众议长普洛斯彼罗先生,澳大利亚米尔迪拉市原市长约翰·阿诺德先生及现任市长米尔内先生,新加坡三德集团董事局主席以及瑞士、法国、德国、新加坡驻华大使等重要来宾。

【加强因公出国管理】 2009年,大理州外事办公室进一步加强因公出国管理。一是严格执行出国(境)计划报批制度,从严控制因公出访团组,规范因公出国(境)审核审批程序。年内全州共批准因公出国(境)人数41人,自组团4个。二是提高因公出国效率。2009年,大理州因公出国(境)人数明显减少,同时也促使了因公临时出国(境)更加务实、高效、精干和节约,由于加强了管理,外出团组的时间、地点、目的非常明确,杜绝了出访团组使用公款出国(境)旅游的现象。

【加强友好城市交流】 2009年,大理州进一步加强与澳大利亚米尔迪拉市、意大利卡拉拉市多层次、全方位的沟通交流,加大与米尔迪拉市在教育合作等项目的跟踪力度,积极探讨建立重点项目对外协作机制,充实友好城市交流合作的实质内容,进一步巩固和发展了双边的友好关系。协助大理市与日本美马市结为友好城市已经签署意向协议、大理崇圣寺与日本临黄友好协会寺院签订友好寺院协议书。在巩固官方高层代表团互访的基础上,促成了大理州民族中学、大理一中分别与澳大利亚维多利亚州的雷德克里夫学校和梅尔滨中学建立友好校际关系,互派师生交流促进了双边的教育交流与合作,加强双边交往打下了坚实的基础。

【妥善处理涉外事务】 2009年,大理州外事办公室进一步妥善处理好涉外事务。一是妥善处理涉外案(事)件,积极配合州公安、交警、检察院等部门及时、高效地处理了发生在州内的10起涉外交通、贩卖毒品等案(事)件。二是做好外事翻译工作,完成13起重要外事接待的会见、会谈和同声传译等翻译工作,完成若干对外宣传资料的翻译任务。三是加强对外籍专家、留学生管理。年内,在大理学院,大理一中等单位外籍专家、教师有5名,在大理市常住的外籍人员达56人,在大理学院的越南、印度、美国、英国等国籍的留学生达六百多名。州外事办按照省外国专家局要求,与州外国专家局、州公安局、州教育局等单位对聘用外国专家的单位进行年检活动,维护了外国人在中国的合法权益。四是加强对在大理州活动的境外非政府组织的管理。

【州人大审议外事工作】 10月27日,州第十二届人大常委会第十一次会议审议全州外事工作,州外事办公室主任杨瑜受州人民政府委托,向州第十二届人大常委会第十一次会议作全州外事工作情况报告。会议通过审议,认为近年来全州外事系统较好地完成了各项外事工作任务,为大理州经济社会发展做出了积极贡献,有效地发挥了地方外事为国家总体外交服务的作用。

【推进涉外应急工作科学化和规范化】 2009年,为进一步建立健全大理州处置涉外突发事件应急机制,依据《国家涉外突发事件应急预案》和《大理州突发公共事件总体应急预案》,州外办起草并征求有关部门意见后,下发了《大理州防治涉外H1N1应急预案》,该《预案》明确了突发H1N1涉外事件分级、工作原则、组织体系、应急响应等,进一步推进我州涉外应急工作科学化、规范化。

(撰稿人:杨章利)

精神文明建设

【全面实施文明大理建设示范工程】 2009年,大理州全面实施文明大理建设示范工程。提升城市出租车整体形象、提高出租车从业人员整体素质工作进展顺利。以国道、省道“绿色走廊”为重点的生态建设,生态效益和社会经济效益成效明显。以保护洱海为重点,实施环洱海文明走廊工程建设工作进展顺利。开展文明县城和文明小城镇及文明村创建活动,塑造县城和重点城镇、重点村的文明形象。文明街道、文明小区示范工程建设进展顺利。抓实户外广告形象工程,整治不规范公益广告,加强对城镇非法小广告治理初见成效。开展做文明大理人的文明礼仪宣传教育不断深入。着力整治火车站、航站、客运站、码头等重点公共领域脏乱差的现象,提高公交车服务质量。优化旅游环境,提升旅游风景区的整体形象,提高宾馆酒店员工、导游等旅游从业人员的整体文明素质工作不断开展。“做文明大理人,树文明大理形象”、提炼“大理精神”等讨论活动继续开展。

【开展公民思想道德教育】 2009年,大理州积极开展公民思想道德教育,以社会主义核心价值体系为核心,深入开展公民思想道德教育,促进大理和谐社会建设。一是认真组织开展第二届州级道德模范评选和推荐全省道德模范候选人活动。在全州评选出了3名道德模范推荐上报云南省文明办,其中云龙县关坪乡关坪村字许英被表彰为“云南省第二届孝老爱亲道德模范”,2名获提名奖。二是继续贯彻落实《公民道德建设实施纲要》。加强社会公德、职业道德、家庭美德、个人品德建设。三是紧紧围绕庆祝新中国成立60周年,精心组织“爱国歌曲大家唱”群众歌咏活动等庆祝活动。7月8日,在大理市组织了一万余名各族群众,参加“万人红装苍洱唱国歌”活动;组织了云南电网公司大理供电局、大理学院等州级文明行业、文明单位参加云南省开展“献给祖国母亲的歌——100首爱国歌曲展演暨新中国成立60周年云南省精神文明建设精品文艺汇演”活动;组织了大理市、鹤庆县云鹤镇等省级文明城市、小城镇参加了云南省精神文明建设成就展,全方位展示白州精神文明创建活动取得的显著成就。四是深入开展"迎国庆、讲文明、树新风"文明礼仪实践活动。通过开设宣传栏，举办专题报告会、演讲、设立公益广告等各种形式深入开展"迎国庆、讲文明、树新风"活动。五是结合大理市创建文明城市工作，联系实际，狠抓落实，广泛普及推广礼仪知识，大力倡导文明言行；广泛普及旅游文明知识和旅游文明用语，在大理的主要景点集中力量纠正公民旅游中出现的陋习。

【切实加强未成年人思想道德建设】 2009年，大理州进一步加强网吧等文化经营场所整治，积极营造有利于青少年健康成长的社会文化环境。发挥校外场所的作用，为未成年人提供优质的公共服务。继续加强学校德育工作，扎实推进素质教育。2009年大理市被省文明委评为加强和改进未成年人思想道德先进县市，州关工委、祥云县文明办、下关四中被省文明委评为加强和改进未成年人思想道德先进单位，张长虹等5人被省文明委评为加强和改进未成人思想道德先进个人。

【西部开发助学工程】 2009年，大理州继续认真做好"西部开发助学工程"各项工作。年内，资助贫困大学生12人，进一步规范完善受助大学生的各项工作，加强指导协调。进一步引导和鼓励更多的社会力量帮助贫困学生，扩大大理"宏志班"招生，加强"宏志班"的教育教学管理工作，使"宏志班"的各项工作不断上台阶。

【加强"百县千乡宣传文化工程"的管理】 2009年，大理州进一步加强"百县千乡宣传文化工程"的管理。一是加强对"百县千乡宣传文化工程"实施的指导和督查，加大对县乡宣传文化工程的管理力度，使之切实发挥作用。二是继续开展广场文化活动，丰富群众文化生活。三是积极组织开展"电视进万家"活动，向上争取250台电视，帮助南涧县、洱源县、永平县、漾濞县解决贫困群众看电视难的问题。四是精心组织落实中央文明办、教育部、文化部"向西部地区送电脑"工作，全州争取到了370台电脑。五是为鹤庆县文明办、剑川县文明办各争取了越野车1辆、复印机1台、电脑5台、传真机1台，改善了办公条件。

【深入开展群众性精神文明创建活动】 2009年，大理州深入开展群众性精神文明创建活动。一是深化文明城市创建工作，大力提高市民的文明素质和城市文明程度。二是不断推动农村精神文明建设工作上水平、上台阶。三是深化文明行业创建工作，加强对文明单位的日常管理和指导。

【组织开展"红土地之歌"演讲大赛】 大理州委宣传部、州文明办于10月15～16日举办了大理州第七届"红土地之歌"演讲大赛，决出个人一、二、三等奖共25名，鼓励奖19名，集体奖项优秀组织奖6名。

（撰稿人：张存良）

中小企业及非公经济

【中小企业及非公经济加快发展】 2009年，大理州通过改善发展环境、加强依法管理、拓宽融资渠道、提升创新能力、加大财政扶持、推进节能减排等方面的工作，推动中小企业及非公经济健康发展。大理州中小企业及非公经济已成为推动全州经济发展的基本力量、财政收入的重要来源、解决就业的重要渠道和维护社会稳定的关键因素，在全州经济社会发展中发挥着越来越重要的作用。2009年底，全州有中小企业4400户，其中第一产业239户、第二产业1993户、第三产业2168户；全州非公有制经济组织达到77005户，从业人数达到20万人；实现增加值189亿元，上缴税金同步增长。中小企业及非公经济实现了速度、规模和效益的同步发展，有力地推动了全州经济社会的发展。

【非公经济发展环境改善】 2009年，大理州按照"政府创造环境，企业创造财富"的理念，不断提高服务质量，通过不断强化服务意识，深化各项审批制度改革，减少审批程序，使行政审批制度化、规范化、法制化，坚持和完善重点企业挂牌保护制度和企业评议行政经济管理和公共服务部门制度，不断提高各级各部门服务中小企业的质量，切实改善中小企业的发展环境。经过努力，发展环境有了明显的改善，全州亲商、扶商的社会氛围开始形成。

【加强非公经济管理】 2009年，大理州通过宣传贯彻《中华人民共和国中小企业促进法》和《云南省中小企业促进条例》，逐步形成了没有中小企业及非公经济的大发展，就没有大理经济的大发展的共识，中小企业及非公经济发展开始步入法制化轨道。大理州十二届人大常委会第十一次会议审议通过了全州促进中小企业发展报告，对改革开放以来全州发展中小企业所做工作和成效给予了充分的肯定。

【拓宽非公经济融资渠道】 2009年，大理州进一步拓宽非公经济融资渠道。一是充分发挥政府在推动企业与银行交流中的引导和桥梁作用，不定期举行融资协调座谈会，努力促成银企合作。二是制定优惠条件鼓励国有股份制银行和非国有商业银行落户大理或建立分支机构。三是整合民间资本成立小额贷款公司缓解中小企业融资困难，大理兴洲小额贷款有限责任公司等3户小额贷款公司已挂牌成立并开展业务。四是积极开展中小企业上市培育工作，建立上市后备资源库，在全州支柱产业和成长性好的企业中，每年筛选一批上市培育对象。五是推进信用担保体系建设，年内全州已有10家担保公司，累计为100多户企业提供了担保业务，累计担保额超过10亿元。

【提升非公经济创新能力】 2009年，大理州围绕支柱产业、重点企业的关键技术、工艺问题，不断推进技术创新工作，先后组织实施了一批有重大影响的技术开发项目，全州有8户企业通过省级技术中心认定，企业技术创新能力得到增强。实施名牌战略取得成效，全州有11个产品荣获"云南省名牌产品"称号，23件商标荣获"云南省著名商标"称号，其中2个产品荣获国家免检产品。

【加大财政对非公经济扶持力度】 2009年，大理州为实施"工业倍增计划"及加快中小企业及非公经济发展，从2009年起，州财政每年预算安排4000万元专项资金用于工业（大理州工业99.9%以上均是中小、非公企业）。通过对新建项目、项目技改、园区建设、企业上市、节能减排的支持，切实促进工业及中小企业加快发展。同时，积极向上争取财政扶持专项资金420万元支持大理州中小、非公企业项目建设。通过推动项目建设，促进全州中小企业及非公经济加快发展。

【推进非公经济节能减排工作】 中小企业及非公经济是大理州节能减排工作的重点对象。2009年，大理州通过采取了一系列节能降耗有效措施，推进节能减排工作有序开展并取得初步成效。中小企业及非公经济环保意识不断增强，资源综合利用能力不断提高，洱海流域工业企业点源污染得到控制，基本消除了企业污染直排，为保护洱海做出了重要贡献。

（撰稿人：毕家兴）

扶贫开发

【概　述】 2009年，大理州把扶贫开发摆在战略位置，进一步落实扶贫开发党政一把手责任制，统一思想，加强领导，创新机制，完善思路，突出重点，强化措施，整合资源，以百村整体推进为平台，全力推进扶贫综合开发示范园区建设、产业扶贫、易地开发、劳动力培训转移、社会帮扶、信贷扶贫、村级合作互助资金、外资扶贫等项工作。通过各有关部门的大力支持和贫困地区党委、政府以及广大干部群众的共同努力，社会各界的倾情帮扶，全州扶贫开发克服了全球金融危机的不利影响，各项工作任务全面完成，项目区实现了基础设施改善、社会事业进步、经济发展，群众增收的好成绩。一是扶贫开发的投入力度进一步加大。投入各类扶贫资金8.99亿元（含以工代赈资金），同比增长16.15%，其中，争取国家和省扶持资金1.53亿元，州县投入财政资金0.77亿元。整合各类支农资金和社会帮扶资金1.76亿元，发放信贷扶贫资金3.31亿元，发动群众自筹资金投入1.62亿元。二是连片扶贫开发取得新突破。在开展百村整体推进的同时，年内启动了祥云县米甸镇、宾川县拉乌乡两个“整乡推进”试点，试点区项目建设期限为2年，计划总投资17054.94万元。三是强化监管，不断提高扶贫项目和资金效益。牢固树立“高压线”碰不得的思想，完善扶贫资金管理办法，形成上级监督监察、审计监督、部门互相监督、群众监督和社会舆论监督“五道防线”，建立牢固的“防火墙”。四是坚持开发式扶贫，不断增强贫困地区自身活力。大力推进产业扶贫、科技扶贫、连片开发、村级互助，用发展的办法解决贫困问题，不断增强贫困地区“造血”功能。五是尊重民意，充分发挥群众的主体作用。项目的实施充分征求群众意见，尊重群众意愿，得到群众支持。扶贫开发的项目的资金分配和管理实行公告、公示制度，接受群众监督。扶贫开发项目充分发动群众参与，调动了贫困群众的积极性，激发了自强脱贫的信心和决心。

【千村扶贫开发百村整体推进成效卓著】 2008年9月，第四批100个行政村千村扶贫开发百村整体推进启动。项目区涉及12县市、78个乡镇、100个行政村、699个30户以上的自然村、54282户216367人。经考核验收，100个行政村投入资金63176.471万元，占计划的182.50%。其中：国家和省专项扶贫资金6067万元，州财政资金3361万元，县市财政资金3012.4万元；整合部门资金27808.811万元，群众筹资、投工投劳21285.81万元，信贷扶贫资金1577.23万元，社会帮扶资金64.22万元。资金的有效筹集，为圆满完成和超额完成“866”项目建设任务提供了可靠的保障。通过项目的实施，有力地推动了100个行政村经济社会的全面发展。一是群众收入增加，脱贫致富步伐加快。农民人均纯收入增加到1533元，增长21.86%；100个行政村中农民人均纯收入1300元以上的人口达到98.14%，1500元以上的人口达到82.65%，1800元以上的人口达到61.61%，基本实现了整体脱贫的目标。二是基础巩固，生产条件进一步改善。699个30户人以上的自然村中，有687个自然村实现了通简易公路的要求，占98.28%。解决饮水困难人口200012人，其中达安全卫生饮用水标准186323人，占解决饮水人数的93.15%；通电农户累计达到54060户，通电率99.6%。三是村容整洁，生活水平进一步提高。新建安居房3288户，改造安居房6420户，粉刷墙体36898户，硬化院心24319户，新建沼气池3359口、节能灶26091口、其他清洁能源2608件，新建卫生厕23135户，建成卫生厩21320户、425497平方米，建成水窖4115个、水池4050个。四是产业进一步壮大，增收渠道进一步拓宽。种植核桃、茶叶、黄金梨、柑桔、冬桃等经济林果12809公顷，累计有特色经济林果39290公顷，人均2.72亩。完成劳务输出18798人，实现劳务收入13261.55万元。五是社会进步，公共服务能力进一步提高。新建村“两委”办公房6138.81平方米、改造6375平方米，100个行政村均有了宽敞明亮的办公房，配备了办公桌、椅，有的还配备了电脑、电教设备，“两委”班子群众满意率均达到90%以上。新建文化室3303平方米，改造文化室2452平方米，新建村兽医室2182平方米，改造村兽医室716平方米；新建村卫生室2516平方米，改造村卫生室1361平方米。村级教育、文化、卫生、科技事业的基础条件得到较大改善，危房或无房的问题基本消除，服务环境和服务能力到得较大提升。六是基层组织战斗力和凝聚力增强。党员干部思想认识有了新提高，为群众服务的意识和责任心日益增强，村级组织议事制度不断完善，凝聚力明显增强。七是100名科级下派挂职住村年轻干部在农村得到了锻炼提高，密切了党和人民群众的血肉联系。

【扶贫综合开发示范园区建设】 2009年1月9日，大理州扶贫综合开发示范园区建设全面启动，州扶贫办作为扶贫开发组织牵头部门，积极与相关部门协同配合，在园区开展三个层次的项目建设。一是抓好园区内15个行政村整村推进“866”项目建设。15个村均完成了建设任务。二是积极争取“整乡推进”试点，推进园区建设，2009年，省委、省政府在16个州市开展为期2年的“整乡推进”试点19个，大理州经过努力争取到祥云米甸、宾川拉乌2个试点乡镇，计划总投资17054.94万元，一年来，已完成投资4080.5万元，其中，产业开发项目1476万元、通路工程1287.9万元、安居工程392.5万元、人畜饮水工程321万元、五小水利工程192万元、生态能源建设157.15万元、基本农田建设75万元、科技培训57万元、通电工程12万元。三是积极争取祥云、宾川2县列入“县为单位，整合资金，整村推进，连片开发”试点项目。年内，祥云、宾川规划编制工作已经完成，计划总投资近5亿元，其中国家和省财政扶贫资金投入2000万元。

【劳动力转移培训稳步推进】 2009年，大理州贫困地区劳动力培训和转移工作稳步推进。一是建立健全机构，掌握市场规律，充分发挥市场配置劳动力资源的基础性作用，充分发挥政府在劳动力培训和转移方面的引导和服务作用，精心组织好贫困地区劳动力的培训和转移工作，南涧、巍山、永平、祥云、宾川、弥渡6个县劳动力引导性转移培训2.7万人，下达项目资金540万元。二是依托10个省级培训示范基地，根据市场需求，有计划地对贫困地区劳动力进行专业技能培训，10个培训示范基地技能型培训6425人，下达项目资金525.2万元。三是积极探索劳务输出的新途径。充分发挥大市场的优势，拓宽农民工就业渠道，坚持农业内部转移和向二、三产业转移相结合，就近转移和跨地区、跨境转移相结合，常年转移和季节性转移相结合，加强劳动力市场的培育，大力发展中介组织，积极引导农村富余劳动力在城乡、地区间合理有序流动。四是突出支持特困农户。培训和转移安置要把特困农户作为重点支持对象，给予倾斜，尤其是优先考虑年轻的有一定文化基础的绝对贫困农民。五是维护好农民工的利益。坚持"公平对待，合理引导，完善管理，搞好服务"的方针，积极为农民进城务工创造有利条件，切实搞好各项服务和管理工作。

【产业扶贫有突破性进展】　2009年，全州产业扶贫取得突破性进展。在整村推进中，引导农户长短结合，积极发展种养业。共完成坡改梯104.6公顷，中低产田地改造68.67公顷，新植以核桃、茶叶、蚕桑等为重点的经济林果1.54万公顷，改良肉牛7247头，发展牛13317头、猪25009头、羊12510只，扶持专业养殖户2237户，完成实用技术培训116283人次，基本形成了"近期增收有保障，长远发展有潜力"的格局，涌现出一批依靠产业发展实现脱贫致富的典型。积极争取国家和省专项产业扶贫项目资金890万元，扶持贫困地区发展规模经营。

【机关企事业单位挂钩扶贫成效明显】2009年，全州116个州级单位定点挂钩扶贫，按照"挂钩到乡，帮扶到村，扶持到户"的总体要求，切实帮助挂钩点解决贫困群众最关心、最直接、最需求的问题，努力实现挂钩扶贫点条件改善、生产发展、农民增收，稳定解决贫困群众的温饱问题。共有7659人次到挂钩点开展帮扶工作，其中县处级领导干部1019人次、科级3399人次、一般干部3241人次，累计工作时间9847天。干部职工捐款95.6万元，单位办实事367件；投入资金688万元，协调资金4136万元；投入物资4336件，折合人民币177万元。

【动员社会力量扶贫济困】　2009年，大理州在整村推进中，努力寻求企业和个人的支持，共筹措社会帮扶资金973.3万元，有效地支援了"866"项目建设。2009年内，大理州东部先后受"7·09"和"11·02"地震灾害影响，贫困群众财产损失严重。地震发生后，州扶贫办积极向省扶贫办反映灾害损失情况，并得到省扶贫办的大力支持，向地震灾区捐赠总价值238万元的物资，帮助群众恢复重建，发展生产。

【信贷扶贫促进了农民增收】　2009年，大理州围绕当地优势资源做好产业发展规划，把扶持龙头企业、建设农产品基地、发展特色产业和农民增收作为信贷资金扶持的重点，积极发放到户贷款，扶持对解决贫困户温饱、增加贫困户收入有带动作用的农业产业化龙头企业，充分发挥扶贫贴息贷款在贫困地区发展经济，促进农民增收的作用。年内，全州共发放扶贫贴息贷款33050万元。其中，扶持龙头企业贴息贷款6000万元（推荐立项6个，实际放贷6个，扶持农产品加工企业6家）；发放扶持到户贴息贷款27050万元（种养业12481万元、畜禽养殖14495万元、加工业74万元）。信贷扶贫项目覆盖了12个县市、72个乡镇、648个行政村，共有23679户农户获得扶持。受益农户在信贷资金支持下，种植粮食作物2733公顷，烤烟1646公顷，蚕桑1267公顷，经济林果3967公顷，发展养猪3.84万头、牛0.97万头、羊3.2万只、家禽3.47万羽，水产品2.1万千克。信贷扶贫资金促进贫困农民人均增收250元。

【易地扶贫开发取得了新的进展】2009年，大理州的易地扶贫坚持就近、就地，小规模集中或适当插花安置的原则，围绕搬迁农户实现"搬得出、稳得住、能致富"的目标，改善了搬迁群众的基本生产和生活条件。全州完成转移安置3000人，总投资1500万元。

【革命老区开发建设有序展开】　2009年，大理州的革命老区开发建设，坚持"五个结合"，即：改善基础设施与提高群众生活质量相结合，加快产业开发与群众增收、财政增长相结合，片区开发和区域治理相结合，扶贫开发和老区开发相结合，生态建设和计生工作相结合。解决好老区群众"吃饭难、饮水难、上学难、就医难、居住难和买卖难"的问题，进一步提高生活质量。重点抓好祥云县米甸镇米甸社区、三家村和刘厂镇王家庄，弥渡县密祉乡莲峰村大东村民小组的老区开发试点工作。全年完成投资263.27万元，完成安居房改造13户1300平方米，墙体粉刷339户24072平方米，彩画1100平方米，院心硬化178户2776平方米；完成村内水泥路硬化11条10968米，修通排水沟3条760米，沼气池10口；建卫生厩50间1466平方米，建垃圾池11个，卫生厕41座，公厕4座，村间绿化树200株；完成王德三故居楼面加固60平方米，电路排设300米。

【石岩整村推进注重挖掘文化内涵】2009年，大理州宾川县平川镇石岩村被列为整村推进项目村。在整村推进项目建设中，尊重当地民俗，注重挖掘文化内涵，提升文化品位，充分展示了当地的历史文化底蕴。一是凸显自然和历史特色，尽量保留维修好原有的古屋门楣题联、石柱、石碑，保护好古樟、古树、绿竹，实现人居环境与自然环境的和谐。二是保护与开发并重，丰富村庄文化内涵，对400余户的住房、庭院、围墙实行整体美化。在墙体粉刷中，将具有平川地区历史文化特色的花卉翎毛、飞禽走兽、湖光山色图画和诗、词、歌、赋的真、草、隶、篆书法作品有机结合。三是"农家乐"成为增收致富新亮点。突出民俗饮食文化、农村特色风味小吃、民族歌舞文化，鼓励村民发展"农家乐"，使乡村旅游成为该镇特色旅游品牌。四是农村书屋成为富民"加油站"，在县文体局支持下，建起了"农村书屋"，配置了书屋管理员，将涉及农村政策法律、实用科技与技能培训、卫生与医疗保健、传统文化道德与民风民俗等共10大类、1000多个品种的书籍分门别类，上架陈列，旁边的报栏上摆满了各类报刊、杂志，再加上一套电教设备，把石岩村农家书屋装备成有现代气息的图书阅览室。五是群众用花灯表达心声。7个村民小组都成立了花灯队，搭建了展示自我的舞台，用当地的文化歌颂了整村推进带来的变化和发展，宣传科普知识，倡导社会新风尚。

【国务院扶贫开发调研组到大理州调研】　6月16～17日，由中国人民银行行长助理郭庆平带队的国务院扶贫开发调研组一行在州政府副州长岳黎松等领导陪同下，深入漾濞、弥渡2县，对大理州贯彻实施国家扶贫战略和政策进行专题调研。调研组对大理州贯彻落实《中国农村扶贫开发纲要（2001～2010年）》情况和扶贫开发取得的成效给予了肯定，对进一步巩固好扶贫开发成果，规划好新十年纲要提出了具有建设性的意见建议。调研组要求，要进一步培植群众增收支柱产业，以龙头作带动，巩固扶贫开发成果；加强诚信建设，打造金融系统支农和信贷良好环境；合理规划和稳步实施2010～2020年扶贫开发纲要，顺利实现"到2020年基本消除绝对贫困现象"目标；要深入贯彻落实科学发展观，统筹协调城乡发展和区域发展，强化政府主导作用，营造"大扶贫"的良性互动环境，加大扶贫开发工作力度，加强贫困地区道路、农田水利、电力、通信、能源、生态、农贸市场建设，改善群众生产生活条件；要坚持不懈地抓好产业扶贫、易地扶贫搬迁、劳动力转移培训工作，发展特色优势产业，增加群众经济收入，解决贫困地区群众的温饱问题；要充分发挥群众主体作用，引导社会力量参与扶贫开发；要加强项目管理，不断提高扶贫资金监管水平和使用效益；要探索市场经济条件下扶贫开发的新路子，加快贫困地区脱贫致富步伐。

【王智到大理州调研】 8月9日，省扶贫办党组书记、主任王智到大理州调研大理州扶贫综合开发示范园区（祥云项目区）建设情况。王智指出，一要抓住机遇，提升信心，深化认识，强化措施，全力推进园区建设；二要坚持高位强势推进，牢牢把握建设目标内容，体现系统性、全面性，探索以城带乡，以工促农，统筹城乡协调发展的模式，实现财政增长，农民增收，生态良好，可持续发展的目标；三要做好综合规划，部门规划与整体规划衔接，突出重点，全面兼顾，规范运作，确保实效；四要以特色优质、生态为标志，加大加快龙头企业和优势产业开发，牢固树立以龙头为品牌、产业为支撑、科技为指导、市场为先导的产业发展格局；五要进一步加强资金和项目的监督管理；六要确保产业要发展，民生项目优先实施；七要量力而行，尽力而为，把握资金投入的尺度；八要配备强有力的工作班子，具体落实项目建设的跟踪服务和分析研究。

【龙门乡互助资金试点见实效】 永平县是国家贫困村村级发展互助资金试点县。2009年，龙门乡大坪坦、大龙午2个行政村被确定为第一批试点村。通过开展这两个村的试点工作，有效破解了贫困山区发展三大难题，实现了三个促进。一是有效破解了贷款难、无钱发展生产难题，促进了和谐农村建设。二是有效破解了不会理财到科学理财观念树立的难题，促进了自我理财和财力的有效运用。三是有效破解了产业发展难题，促进了农民增收。互助资金扶持泡核桃、生态茶等产业45万元，以养殖肉牛、黑山羊、生猪等产业6.15万元，扶持户人均纯收入由扶持前的1794～2005元增加到扶持后的1944～2155元，实现人均增收200元以上，户均增收600元以上。

【永平县"整乡推进"试点显成效】 2009年，永平县委、政府高度重视扶贫开发工作，把龙门乡作为全县"整乡推进"试点，以"九抓九解决"的措施，即抓组织领导，解决试点工作有人推进问题；抓资金整合，解决资金投入问题；抓产业开发，解决农民持续增收致富问题；抓基础设施建设，解决群众生产生活条件差问题；抓村容村貌综合整治，解决农村"五乱"问题；抓绿化美化，解决银江河源头生态综合治理问题；抓培训教育，解决广大农民综合素质提升问题；抓基层组织和党员队伍建设，解决战斗堡垒作用发挥问题；抓氛围营造，解决对外宣传不够问题。通过一年的努力，特色产业示范乡、村庄绿化示范乡、田园化建设示范乡、乡风文明示范乡、党建工作示范乡的雏形已经形成，工作取得了初步成效。一是产业初具特色。全年种植抚育泡核桃1067公顷，总面积达1万公顷，产值1316万元，核桃已成为群众脱贫致富的"摇钱树"；茶叶初加工厂3个，生态茶面积875.87公顷，产茶62吨，实现产值210万元。畜牧产业再上新台阶，牛存栏6684头，黑山羊存栏12014只，生猪存栏11805头，畜牧产值1837万元。烤烟种植效益显著提高，全乡2009年烟农收入达879.5万元。二是绿化成效明显。县城至龙门的公路行道树提级改造绿化工程和进村路绿化工作绿化成效明显，森林覆盖率达75%，"绿色龙门"、"生态龙门"的建设步伐不断加快。三是田园化建设取得突破性进展。投资475.2万元，新建三面光沟37.622千米，解决了440公顷农田的灌溉，使沟渠主干道硬化达61.6千米，基本实现了全部硬化改造。新修机耕路8.3千米，机耕路总里程达12.3千米，覆盖了龙门坝子260多公顷耕地。新建梯台地66.7公顷。四是乡风文明出经验。龙门乡在大力推进硬件建设的同时，切实加强软环境建设，总结了治理"五乱"实现"八化"的经验，并在全县推广。五是党建工作创特色。乡党委把加强基层党组织和党员队伍建设融入到项目实施的全过程，在项目实施中考验党性，在真抓实干上锻炼能力，在协调配合中加强团结，在为民服务中体现宗旨，达到了项目得到落实、干部得到锻炼、群众得到实惠的目的。

【千村扶贫开发百村整体推进工作会议】 12月16～18日，大理州委、州政府召开大理州2010年度千村扶贫开发百村整体推进工作会议。州委副书记王雪峰作了《总结经验，加大力度，全面完成大理州千村扶贫五年行动规划目标任务》的重要讲话。州委常委、副州长马建全对2010年度102个行政村整体推进工作作了安排部署。大会结束后，州委组织部、州扶贫办对102名下派干部进行了5个专题的培训。

（撰稿人：董如兆）

移民开发

【简　述】 2009年是大理州水电移民工作从设计规划阶段转向搬迁安置实施阶段的第一年，也是大理州水电移民工作情况最为复杂、任务最艰巨的一年，涉及水电移民利益问题日益凸现，移民上访量不断增多。在州委、州人民政府的领导下，在省移民局的支持帮助下，完成了小湾电站1240米水位线下库底清理、小湾电站移民跨县搬迁安置，保证了电站首台机组9月顺利发电；龙开口、功果桥、鲁地拉、苗尾电站的移民搬迁安置工作稳步推进；后期扶持工作取得新的突破，顺利解决6147人移民后期扶持人口缺口指标；小湾电站移民后续工作有序开展，为维护电站库区及移民搬迁安置区社会稳定发挥了积极作用。截至2009年12月底，累计完成全州水电移民1897户7592人的搬迁安置。

【小湾电站库底清理工作】 2009年1月9日，根据《云南澜沧江小湾水电站下闸蓄水水库库底清理实施办法》和《云南澜沧江小湾水电站下闸蓄水建设征地移民搬迁要求》，大理州人民政府召开了小湾库底清理工作会议，州政府与南涧、巍山、永平、漾濞、云龙5县人民政府签订了小湾库底清理目标责任书。根据业主提供的蓄水计划，按时完成了1038米水位线以下第一阶段的库底清理工作任务，满足了电站下闸蓄水的要求。同时完成了1125米、1166米、1240米水位线分段的清库工作任务。6月16日，通过省级验收；6月28日通过水规总院终验。7月上旬小湾电站第一阶段蓄水达1125米，第二阶段蓄水从8月10日开始，到8月底蓄水达1166米，达到最低发电水位。

【小湾电站移民搬迁安置顺利完成】 2009年，大理州顺利完成小湾电站移民搬迁安置工作。按照规划，小湾电站建设涉及大理州移民人口13542人。其中，南涧、巍山2县外迁宾川的677户2638人。为确保移民实现顺利外迁，州人民政府及时成立了小湾电站南涧巍山移民外迁宾川搬迁安置领导组，制定并印发了《大理白族自治州小湾水电站南涧巍山外迁宾川移民安置实施方案》。根据州人民政府的实施方案，南涧、巍山、宾川3县人民政府和州移民局制定了具体的组织实施方案。在州委、州人民政府的领导下，南涧、巍山、宾川3县县、乡党委政府周密部署、精心组织，各级各部门的密切配合和共同努力，创下了大理州移民搬迁史上“四个之最”。即：“搬迁规模最大”，整个搬迁共出动各类车辆1050台次；“搬迁人数户最多”，共完成了677户2753人搬迁安置；“跨时最长”，自5月7日起至5月26日，历时20天；“组织最严密”，从州到县乡各级各部门共抽调700余人组成若干工作小组，主要领导靠前指挥，实现了“未伤一人、未丢一物、未落一户”的目标。

【全面解决全州移民后扶指标缺口】 根据国务院《关于完善大中型水库移民后期扶持政策的意见》文件精神，大理州各县市登记2006年6月30日前大中型水库移民后期扶持人口25509人，省移民安置领导组2007年核定大理州19362人，缺口6147人。经大理州积极争取，2009年4月省移民局发文核定大理州2007年底大中型水库农村移民后期扶持人数为25732人，彻底解决了全州6147人移民后期扶持人口缺口指标，每年争取移民后期扶持资金383.2万元。

【抓好小湾电站移民搬迁后续工作】 2009年，为切实抓好小湾水电站移民安置后续工作，中共大理州委办公室、州人民政府发文成立小湾水电站库区搬迁移民后续工作组。为确保后续工作顺利开展，从州级有关单位抽调人员成立综合工作组、驻宾川移民安置区工作督导组和南涧巍山工作督导组，分别由州移民局长茶少斌，副局长李甸、李德政负责具体工作。各工作组根据任务分工分头深入一线开展工作，特别是驻宾川工作督导组自8月15日进驻宾川后，积极协调督促宾川移民搬迁安置指挥部、南涧巍山2县驻宾川指挥部全面抓好移民政策及补偿资金兑现；做好土地分配、水利工程建设、农业科技培训、产业发展指导工作；移民户口、社保、医保、学籍等转移工作；全面完成了小湾水电站外迁宾川移民生产用地分配实地丈量到户工作，共分配土地276.8公顷。

【水利水电移民信访】 随着水电开发移民搬迁安置工作的进一步深入，涉及移民利益问题和矛盾日益凸现，移民来信来访量不断增多。2009年，共处理水利水电移民来信来访件49件次，涉及移民信访人员1145人，处理举报件1件次。针对移民群众来信反映的问题，跟踪督促抓好检查落实，及时反馈意见。针对移民规模性到州政府上访反映的问题，根据州委州人民政府确定的：按照人民内部矛盾，坚持冷静处置，以疏导、教育为主的原则，大理州移民局高度重视，认真解决移民群众的合理诉求，维护了库和移民安置区的社会稳定。

【移民案件查办】 2009年，根据巍山县外迁宾川县移民173人联名反映关于小湾电站巍山县青华乡部分干部在实物指标调查工作中弄虚作假问题的《告诉申请》，州移民局及时向州人民政府做了专题汇报，于8月22日协调州公安局、州信访局、州监察局、州国土建设纪工委及州移民局相关人员，召开专题会议，并成立专项调查组于8月24日深入库区移民安置区展开调查，并于10月9日将调查结果向州政府作专题汇报。通过对群众举报件的查办，有力地促进了移民工作的顺利推进，确保了小湾电站外迁宾川移民土地配置等基础工作的顺利进行，为移民“搬得出、稳得住、逐步能致富”奠定了基础。

（撰稿人：潘晓波）

大理省级经济开发区

【概　述】 2009年，大理经济开发区紧紧围绕省、州、市党委、政府的发展目标，坚持以科学发展观统揽全局，积极应对国际金融危机的不利影响，突出重点，狠抓落实，用发展的办法解决前进中的困难和问题。全年国内生产总值完成21.25亿元，同比增长15.1%；财政收入完成39212万元，同比增长27.4%，其中地方一般预算收入完成23040万元，同比增长32.53%；工业总产值完成143062.61万元，同比增长27%；固定资产投资总额累计完成158985.67万元，同比增长34.95%。

【海东开发建设】 2009年，大理经济开发区按照《大理市海东片区规划（2006－2020年）》的要求，完成了海东城市新区基本农田“划区定界”和“土地利用规划调整”工作，完成了海东片区51.12平方千米1∶500全野外数字化地形测绘。编制了《大理市海东城市新区下和北山片区控制性详细规划》并经市第七届人大常委会第十五次会议审查通过。泛华建设集团战略（5＋1）发展规划及和谐城市研究规划正在编制中，并已提交阶段性成果。海东开发有序推进。1号路（下和至大竹园段）路基工程于2008年7月2日开工建设，2009年底已完成路基工程建设，累计完成投资3700万元，拨付征地拆迁补偿款1600万元；2号路（华营至中和村段）路基工程于2009年4月1日开工，采用BT方式进行建设，累计完成投资8000万元；投资0.82亿元，总长15千米的海东新区5条城市次干道建设进展顺利，路基工程已完成；220KV变电站现已开工建设，预计华于2010年3月可建成；大理市环海路（下和至天镜阁段）2009年10月初已开始组织路面施工；投资8000万元的大理市环海路（下和至观音阁段）截污干管工程于2009年7月1日开工建设；投资5000万元的大理市海东污水处理厂及中水回用工程前期报批评审工作已完成，并开工建设；大理市第二（海东）垃圾综合处理场可研报告重新编制工作已完成，并上报省发改委评审和审批；海东城市新区排水管网（一期）、大理市（海东）自来水厂工程可研报告已由省发改委评审和审批，环境影响评价报告已获省环保局行政许可；机场路路灯亮化工程已按BT方式实施完成并投入使用。投资6.07亿元的滇西技师学院各项工作稳步推进，已开工建设，确保实现2010年9月招生；龙凤园生态民族民居项目征用土地202公顷，已与香港一家客商签署投资协议；海东人民广场已建设完成；下和北山地产项目54.87公顷土地已挂牌，将按程序进行建设；新曙光中学等项目正在开展前期工作。

【招商引资工作成效显著】 2009年，大理经济开发区招商引资工作成效显著。全年共接待国内外及港澳台投资者四百多人次，签订了7个项目的投资协议，协议总投资达271.5亿元，实际完成到位资金9.8亿元，超额完成2009年大理州人民政府下达开发区“国内经济合作项目”州外到位资金8亿元任务。在做好招商引资的同时，积极向国家、省争取中央预算内资金补助、国债资金补助和贷款贴息资金补助。环洱海交通环保工程争取国家资金补助3150万元，东城区排水管网二期工程争取国家资金补助1750万元、贷款贴息资金补助1061万元，争取“金太阳”工程补助资金5628万元。

【项目落户势头良好】 2009年，大理经济开发区坚持把经济发展作为推进海东开发的动力源，以产业支撑新老片区的开发建设。总投资1.8亿元的滇西中药材物流经营中心项目，累计完成投资10013万元；总投资5500万元的云南红塔滇西水泥股份有限公司余热发电项目，累计完成投资4226万元；总投资6000万元的清逸堂年产5亿片卫生巾生产线技改项目，已完成建设；总投资3.2亿元的力帆骏马科技大厦项目，累计完成投资3926万元；水电十四局大理聚能投资有限公司投资兴建的大理海东风电场项目，总投资8亿元，用地约46.7公顷；昆钢物流有限公司投资的大理“滇西物流商贸城”及昆钢重型装备制造项目，概算总投资不低于18亿元，总用地面积100公顷，已签订了投资协议，前期工作已展开；泛华兴业集团于6月20日在九龙山与大理州人民政府签订《备忘录》，达成开发海东区域共识；与云南城投公司、华彬集团分别签订了海东新城开发投资协议，两家公司各投资100亿元以上，以海东片区塔村为界，分南北两块区域打造海东新城区；云南白药集团大理制造中心项目，将搬迁新建一个以普药中心、滇西物流配送中心、中药材种植基地和配套设施为一体的产业中心，总投资不低于1.5亿元。太阳能非晶硅薄膜光电模板生产项目厂房建设已基本完成，太阳能发电站正在选址，中国（大理）—东盟果蔬拍卖交易中心、云南大理东亚乳业乳品深加工生产线等项目正在做前期工作。

【开发区非公经济持续发展】 2009年，大理经济开发区非公经济持续发展。全区工商企业达776户，注册资本金248187万元，同比增长18.84%，其中，私营企业668户，同比增长19.93%，注册资金132366万元，同比增长14%；个体工商户3345户，同比增长13.85%，注册资金8421万元，同比增长44.69%。

【土地管理】 2009年，大理经济开发区土地征收工作取得突破。以省政府大理专题工作会议为契机，主动出击、协调，编制了《滇西中心城市“两保护、两开发”用地保障方案》，并获省国土资源厅批准；完成了云南省大理经济开发区《土地集约利用评价》，为扩区、土地征收和更加合理利用土地创造了条件。完成了海东、满江及天井山片区1733.3公顷土地的征收，并兑付了5亿元的征地款。全年完成土地报件786.7公顷，获批458.13公顷；供地14宗，供地面积101.2公顷，收取土地出让金近5亿元；完成存量土地收储204.6公顷。

【融资工作】 2009年，大理经济开发区筹融资渠道逐步拓宽。积极探索切实可行的资本运作模式，依靠投融资平台筹集海东开发项目资金，共获得银行贷款113380万元，其中，与富滇银行签订战略合作协议，授信10亿元，年内已获得贷款5亿元，缓解了开发区在重大基础设施建设项目、土地征用等工作中的资金困难。与泛华兴业集团、上银智盛公司等大集团就投融资事宜进行会谈，积极争取与之建立海东开发投融资战略合作伙伴关系，在政府主导、企业运作、上市融资的基础上搭建投融资平台。积极引进香港瑞安、上海复星、九龙山等国内知名的大企业、大集团参与海东开发建设。

【社会文化事业建设】 2009年，大理经济开发区社会文化事业建设稳步推进。精神文明建设成绩突出，全年组织20多场次群众性广场文艺汇演，丰富了群众的文化生活。信访工作不断加强，全年共接待来信、来电、来访45起，来访180余人，处理并回复信访件38件，信访件的办结率达到100%。建立健全了安全生产各项制度，定期不定期开展安全生产大检查，加大安全生产执法监管，抓实以建筑施工、交通运输、砖瓦生产、地质灾害、消防及非煤矿山、水库隐患整治等为重点的安全生产，强化食品监督，加大重大动物疫情防治工作。社会保障工作得到进一步加强，加大对困难人群的救助力度，对列入农村低保、农村五保户、城镇人员低保的群众，共发放低保金470832元；对全区参战人员进行了统计审核，对参战军人、伤残军人、退伍复员军人共发放补贴146940元。加快1.2万平方米、240套廉租房建设，力争在2010年7月投入使用。开展辖区疫情监测，实行疫情零报告制度，发放宣传手册200多本，消毒药物共10件。农村经济平稳增长，全区小春农作物总播种面积为727.04公顷；粮食作物面积609.17公顷；经济作物面积25公顷；其它农作物面积92.87公顷。继续实施良种良法推广、疫病防治、奶牛养殖风险保障和鲜奶价格政策补贴等工作，乳畜业发展进一步加快，全区大牲畜存栏4968头、生猪27375头，生猪出栏头数为17409头；牛奶产量为1290.4吨、肉类总产量为2159吨。社会主义新农村建设稳步推进，共投资500余万元（其中各级补助368万元）重点建设了满江办事处红山村委会下苍甸村，海东镇上和村委会下和村的示范村建设和海东镇文笔村的搬迁新村建设；补助50万元，重点推进了海东镇文笔村委会的千村扶贫百村整体推进工作。狠抓文明村建设，积极开展“除陋习、树新风”创建活动。切实抓好农、林、水、计生、民政、武装、教育、卫生等工作，促进了全区社会各项事业全面协调发展。

【党建工作】 2009年，大理经济开发区党建工作进一步加强。基层干部队伍建设不断加强，圆满完成了第三届社区换届选举工作。思想政治和组织建设进一步加强，进一步理顺了体制机制、改进了工作作风、提高了工作效率。组织工作进一步加强，基层党组织的战斗堡垒作用和党员的先锋模范作用得到进一步发挥。深入开展党风廉政建设和反腐败斗争，不断建立健全各项制度，制定下发了《大理经济开发区纪检监察监督事项预告制度》和《大理经济开发区关于对招投标活动监督的实施办法》两项工作制度，切实完善和加强了对招投标工作的监督。加强对审计和政府采购工作的监管，为政府投资节省资金近六千万元，节约采购资金八十多万元。全面推行责任政府、阳光政府和行政问责制，加大对不作为、慢作为、乱作为等问题的问责力度，机关工作效率进一步提高，服务质量明显改善。全体党员干部认真贯彻执行上级党委、纪委的各项规章制度，没有违反各项规定。科学发展观活动进一步深入。

（撰稿人：李涛）

大理省级旅游度假区

【全区国民经济平稳运行】 2009年，大理省级旅游度假区全区完成国内生产总值5.51亿元，同比增长15.85%；固定资产投资完成11.32亿元，同比增长30.8%；财政总收入完成1.68亿元，同比增长21%。三大经济指标均超额完成了市下达的目标任务，全区经济社会呈现出强劲发展的良好势头。

【"三古"保护开发】 2009年，大理旅游度假区切实做好"三古"保护开发工作。大理古城保护提升按照"南延、北扩、西拓展、内提升"的总体思路，年内完成投资1.12亿元。完成大理古城保护开发概念性总体规划和控制性详细规划编制，实施了划行归市、营造特色街区、建设诚信街区等工作，完成博爱路、复兴路、人民路等路段节点污水收集改造工程，完成大理古城平等路、新民路、福康里、玉洱路等道路路面、给排水及强弱电管网等基础设施改造提升工程，电瓶车已运营。省城投"武庙"建设已完工，"桃源居"建设正进行扫尾工作，"春秋坊"建设即将开工。喜洲古镇保护开发完成投资1.3亿元，完成大丽路西入口片区水景和特色白族民居、喜洲新区安置片区市政基础设施、喜洲镇污水处理厂、喜洲镇镇东环路截污管、宝成府修缮、四方街部分白族民居等工程，寺上街市政基础设施改造和正义门广场改造等工程正抓紧实施。双廊古渔村保护开发完成投资3120万元，完成《大理海东滨湖旅游区概念性总体规划》编制，实施了双廊古渔村环境整治、红山绿化、码头、停车场及洱海游路建设项目，双廊镇污水处理厂及管网工程正抓紧实施。

【旅游重点建设项目稳步推进】 2009年，大理旅游度假区旅游重点建设项目稳步推进。"希夷之大理"大型实景演出项目总投资约2.5亿元(含征地拆迁及配套设施费)，年内完成投资7000万元，完成"三通一平"和规划报批手续，完成彩虹桥、舞台机械设备及灯光音响采购，后台建筑、观众席、剧场建筑及彩虹桥已全面开工建设，演员培训正抓紧进行。三月街片区基础设施建设项目年内完成投资3120万元，完成大理三月街主街道路路面、给排水、强弱电管网、绿化及白族民居建筑风格整治工程，完成三月街街场及三月宾馆移交工作，依托三月宾馆，引进广东东方家私有限公司投资开发建设大理国际商务城。大理王宫博物院项目选址于大理崇圣寺南片区，项目总投资约12亿元，其中王宫博物院建设投资约2亿元。已委托重庆大学建筑设计研究院编制项目规划，并组织完成了三轮设计方案，完成项目用地范围1∶2000的数字化测绘工作，完成项目可行性研究报告书。苍山大索道项目预计总投资3.32亿元，建设内容包括索道和配套设施建设，年内完成投资1.32亿元，已完成索道设备采购、站点场地清理、设备安装、电力等工程的招标，完成征地工作和主体采伐工程。高尔夫球场二期、大理银海山水间、耀鹏馨院、大理财校思乐苑、感通别墅三期(含旅游小镇)及同兴地产、大理农校改扩建工程、廉租住房建设等一批旅游居住产业项目进展顺利。

【招商引资和旅游宣传成效显著】 2009年，大理旅游度假区招商引资工作取得新突破，先后与深圳环球嘉年华投资有限公司、花样年华集团(中国)有限公司、云南和成投资开发集团有限公司等签订了《大型环球嘉年华》、《大理白族民俗文化度假村》、《大理国际赛马城》等项目投资协议书。招商引资协议资金达40.6亿元，州外实际到位资金8.33亿元，超额完成了上级下达的招商引资任务。此外，为加大对外招商力度，成立了成都招商分局，分局招商引资工作进展顺利，已有成都、重庆等地客商到度假区进行考察和洽谈项目。宣传工作成效显著，成功举办了一系列影响大、知名度高的文化旅游节庆活动。三月街期间，举办了2009年大理首届国际武术表演赛、大型风筝放飞表演、焰火燃放、三月街美食节、篝火晚会、河赕古道·武庙会等系列文化旅游宣传活动；举办了2009年大理洱海开海节，第八届中国摄影艺术节暨2009年首届大理国际摄影节。大理旅游度假区在2009世界休闲旅游发展高端论坛上获"中国最佳休闲旅游目的地"称号，大理的影响力不断增强。

【精神文明和社会事业健康发展】 2009年，大理旅游度假区深入推进"平安度假区"和"无毒社区"建设，切实做好信访和维稳工作，完善社会矛盾纠纷大调解机制，强化社会治安综合治理，严格落实安全生产责任制，认真抓好森林防火工作，积极开展"四个文明"创建活动，抓好科、教、文、卫等社会事业发展工作，全力推进基层阵地、校舍排危、洱海综合治理等一批基础设施建设，不断完善城乡社区的公益性基础设施，精神文明建设及民生保障等各项社会事业有序推进。

【新农村建设强势推进】 2009年，大理旅游度假区投入社会主义新农村建设专项补助资金7500万元，实施了大理、喜洲、双廊一批村庄的规划编制、河道治理、道路硬化和基础设施建设。启动实施了州、市、区三级社会主义新农村试点工作，大理镇东门、龙龛、才村、西门、小岑、上鸡邑、下鸡邑、上末、阳和，喜洲镇寺里、沙村、金河、喜洲、河矣江，双廊镇康海，下关镇吊草等相关村组的新农村建设有了新起色。

(撰稿人：杨玄霞)

领导名录

中共大理州委员会

书　记　刘　明
副书记　何金平(白)
　　王桂芳(女，2009年10月免)
　　王雪峰(2009年12月任)
常　委　黄永华(白，2009年10月免)
　　蔡春生(2009年10月任)
　　杨秀星(女，白)
　　马建全(回)
　　蔡江华(哈尼，2009年2月免)
　　杨　健(白)
　　梁志敏
　　段　玠
　　王以志
　　马美能(回，2009年10月免)
　　茶忠旺(彝)
　　叶翠萍(女，2009年2月任)
　　王恩富(2009年10月任)
秘书长　杨　健(白)

大理州人大常委会

主　任　字国顺(彝)
副主任　杨宴君(女，白)
　　张如旺
　　尚榆民
　　刘世兴
　　彭增梅(女，彝)
　　陆　璐(民进)
秘书长　杨蔓宇(白，2009年8月免)
　　李宗贤(2009年8月任)

大理州人民政府

州　长　何金平(白)
常务副州长　马建全(回)
副州长　黄永华(白，2009年10月免)
　　蔡春生(2009年12月任)
　　程云川(2009年6月任)

李红卫(彝)
郭有兵(彝)
许映苏(女)
洪云龙(白)
李　雄(白,2009年12月辞职)
岳黎松(佤,2009年4月任)
朱　非(挂职,2009年7月辞职)
李万通(挂职,2009年8月辞职)

州长助理(正处)　段　林(白,2009年10月调大理学院)
李文才

秘　书　长　李　超(白)

大理州政协

主　　　席　袁爱光(回)
副　主　席　毕熊光(彝)
张树藩(白)
孙珍玲(女)
孙　明
寇铸勋(白)
杨泽恒(白,民盟)
秘　书　长　欧阳任

大理州纪律检查委员会

书　　　记　梁志敏
副　书　记　何玉兰(女,白)
何仁章(白,2009年12月免)
靳汝柏

·州纪委各室主任、州监察局领导名录·

办公室主任　杨永忠(2009年7月免)
李　辉(彝,2009年12月任)
纪检监察室主任　字宏兴(2009年12月免)
申顺云(2009年12月任)
案件审理室主任　李志祥(彝,2009年12月任)
信访室主任　李文德
干部室主任　张进军(白)
纠风室主任　马天鹏(2009年7月免)
杨文芝(女,彝,2009年12月任)
宣教室主任　王子刚(纳西)
执法监察室主任　代文喜(女)
综合监察室主任　申顺云(2009年12月免)
政策法规研究室主任
杨耀标(白,2009年8月调省纪委)
杨银鉴(白,2009年12月任)
党风廉政室主任　李　辉(彝,2009年12月免)

州监察局

局　　　长　何玉兰(女,白)
副　局　长　吴晓娟(女)
李　伟(白)

州纪委监察局派出直属机关纪工委、监察分局

纪工委书记　张　彪
纪工委副书记兼监察分局局长
杨定珠(白,2009年7月免)
纪工委副书记　刘金明(2009年7月免)
李全良(白,2009年12月任)

州纪委监察局派出人事民政纪工委、监察分局

纪工委书记　田应焕(女)
纪工委副书记兼监察分局局长
杨路新(白,2009年7月免)
纪工委副书记　姚　勇

州纪委监察局派出财贸纪工委、监察分局

纪工委书记　由滨岩
纪工委副书记兼监察分局局长
何耀省(2009年7月免)
纪工委副书记　何一民(白,2009年7月免)

州纪委监察局派出农林水纪工委、监察分局

纪工委书记　张寿成(白)
纪工委副书记兼监察分局局长
周　贤(2009年7月免)
纪工委副书记　王玉林(白,2009年7月免)
杨晓东(白,2009年7月任)
杨灿东(白,2009年12月任)

州纪委监察局派出文教卫纪工委、监察分局

纪工委书记　李建华(白)
纪工委副书记兼监察分局局长
周贵鹏(白)
纪工委副书记　杨瑞林(女,白)

州纪委监察局派出工交纪工委、监察分局

纪工委书记　李仁军(彝)
纪工委副书记兼监察分局局长
李寿宁(白)
纪工委副书记　张朝荣(白)

州纪委监察局派出国土建设纪工委、监察分局

纪工委书记　杨永生
纪工委副书记兼监察分局局长
陈东发(2009年12月免)
杨金荣(白,2009年12月任)
纪工委副书记　李润山(白,2009年7月免)
字宏兴(2009年12月任)

州纪委监察局派出政法纪工委、监察分局

纪工委书记、州检察院纪检组长
张　明
纪工委副书记、州法院纪检组长
田国兴(白,2009年7月免)
纪工委副书记、州公安局纪委书记
赵志兴(白)

·州委各部门领导名录·

州委办公室

州委副秘书长、主　任　赵中泽(白)
州委副秘书长、副主任　何义章(白)
李　震(2009年12月免)
肖云江

州委副秘书长　谢昌耀

州委督查室

主　　　任　王利言(白)

州委机要局(州密码管理局)

局　　　长　李永光
副　局　长　高文京
总 工 程 师　段志明
专职密码督查员　杨瑞红(女,白)

州委保密委办公室(州保密局)

主任、局长　杨定中(白)
副主任、副局长　杨利元(白)
总 工 程 师　赵彦希

州委组织部

部　　　长　蔡江华(哈尼,2009年2月免)
叶翠萍(女,2009年2月任)
常务副部长　曾　勇
副　部　长　彭　智
杨建军(白,2009年12月免)
王荣富(2009年7月免)
赵新光(白)
寸卫平(白,2009年12月

免）

州委宣传部

部　　　长　王以志
常务副部长　曹劲鹄
副　部　长　奎立新
　　　　　　王正林（白）

州委老干局

局　　　长　寸卫平（白，2009年12月免）
　　　　　　李　震（2009年12月任）
副　局　长　王　莉（女，白）
　　　　　　刘普林

下关干休所

所　　　长　董　崙（2009年7月免）
　　　　　　赵灿奎（白，2009年12月任）

州干休所

所　　　长　尹发旺

州精神文明领导组办公室

主　　　任　王敬元
副　主　任　张志斌（白）

州委外宣办、州政府新闻办公室

主　　　任　王正林（白）
副　主　任　杨子东（白）

州文化产业办公室

主　　　任　张世伟（彝，2009年7月任）
副　主　任　字开春（彝，2009年12月任）

州委统战部

部　　　长　杨秀星（女，白）
常务副部长　陈培方（2009年7月免）
　　　　　　杨建军（白，2009年12月任）
副　部　长　李立基
　　　　　　林曙盛（阿昌）

州委政法委

书　　　记　茶忠旺（彝）
副　书　记　张　学（2009年7月免）
　　　　　　赵文宝（白）
　　　　　　常建华（彝，2009年12月免）
　　　　　　陶建军（2009年12月任）
　　　　　　李　勇（白，2009年12月任）
　　　　　　周本森（2009年7月任）
　　　　　　张　彤（2009年12月任）
政治部主任　王亚林
办公室主任　王绍荣

社会治安综合治理办公室

主　　　任　李　勇（白）
副　主　任　于复胜

州维稳办

主　　　任　赵文宝（白）
副　主　任　钏国强（白）

州610办公室

主　　　任　常建华（彝，2009年12月免）
　　　　　　张　彤（2009年12月任）
副　主　任　杨嘉明（白）

州委政策研究室、州委农村工作领导组办公室

主　　　任　谢昌耀
副　主　任　杨锦春
　　　　　　杨文祥（白，2009年7月免）
　　　　　　任耀疆

州委党史研究室

主　　　任　杨锡海（白，2009年12月免）
副　主　任　陈云华（2009年12月任，主持工作）
　　　　　　张学伟（白）

州直机关党委

书　　　记　杨保诚
副　书　记　杨家永（白）
　　　　　　王　军（女，2009年7月任）

州委党校

校　　　长　王桂芳（女，2009年10月调省人大）
常务副校长　李　宣（2009年7月免）
　　　　　　王荣富（2009年7月任）
副　校　长　程剑民（2009年7月免）
　　　　　　杨晓刚（白）
　　　　　　马云波（女，回）

州行政学校

校　　　长　何金平（白）
常务副校长　李　宣（2009年7月免）
　　　　　　王荣富（2009年7月任）
副　校　长　赵新光（兼，白）
　　　　　　程剑民（2009年7月免）
　　　　　　杨晓刚（白）
　　　　　　马云波（女，回）

·州级人民团体领导名录·

州总工会

主　　　席　彭增梅（女，彝）
常务副主席　赵明光（白）
副　主　席　阮荣科（2009年12月免）

共青团大理州委、州青年联合会

书记、主席　杨　瑜（2009年7月免）
　　　　　　丁洪涛（2009年12月任）
副书记、副主席　刘海涛
　　　　　　　　席　玲（女）
　　　　　　　　左学政（彝，2009年12月任）
副　主　席　赵学周（兼，白，2009年3月免）
　　　　　　杨银彪（兼，白，2009年3月免）
　　　　　　郭治中（兼，2009年3月免）
　　　　　　肖云江（兼，2009年3月任）
　　　　　　李志海（兼，白，2009年3月任）
　　　　　　刘琼芬（兼，女，白，2009年3月任）
　　　　　　刘　刚（兼，2009年3月任）
　　　　　　陶　相（兼，2009年3月任）
　　　　　　谢正松（兼，2009年3月任）
　　　　　　赵红娥（兼，女，白，2009年3月任）
　　　　　　许春荣（兼，白，2009年3月任）
　　　　　　杨义标（兼，白，2009年3月任）

州妇女联合会

主　　　席　焦　映（女，白）
副　主　席　吴　芳（女，2009年12月免）
　　　　　　罗丽萍（女，白）
　　　　　　李迎春（女，彝，2009年7月任）

州科学技术协会

主　　　席　罗朝玺
副　主　席　段剑生（白）
　　　　　　杨映泉（白）
　　　　　　张荔萍（女，彝）

州归国华侨联合会、州侨务办公室

主席、主任　纳　明（回）
副主席、副主任　邓必安（女）
　　　　　　　　李　伟（彝）
副　主　席　刘　波（兼，壮）
　　　　　　胡泰华（兼，傣）
　　　　　　李继光（兼）
　　　　　　项光海（兼）

州工商业联合会

会　　　长　寇铸勋（兼，白）
党组书记、副会长　李立基
　　　　　副会长　杨自尚（白）
　　　　　　　　　李志林（兼，白）
　　　　　　　　　施　祥（兼，白）
　　　　　　　　　范光亮（兼）
　　　　　　　　　杨　龙（兼）
　　　　　　　　　马伟亮（兼）
　　　　　　　　　郑昆芳（兼，女，白）

州文学艺术联合会

主　　　席　王子荣（白，2009年7月免）
　　　　　　王峥嵘（白，2009年7月任）
副　主　席　廖惠群（女）

州残疾人联合会

理 事 长 李荣兴
副理事长 李泽红(女)
李早兴(白)

州社科联

主 席 赵卓磊(白)
副 主 席 闭星和(彝)

·州级民主党派领导名录·

中国民主同盟大理州委员会

主 委 杨泽恒(白)
副 主 委 周国珍(女)
陈 钢(兼)
吴建新(兼,女)

中国民主促进会大理州委员会

主 委 陆 璐(兼)
副 主 委 石宏麟
杨云飞(兼,白)

九三学社大理州委员会

主 委 白 丽(兼,女)
副 主 委 杨增铭(白)
沈惠芬(兼,女)

中国民主建国会大理州委员会

主 委 褚九云(兼,傈僳,2009年1月任)
副 主 委 宋万钧(2009年1月任)
章东琼(兼,女,2009年1月任)

中国农工民主党大理州委员会

主 委 周明华(兼)
副 主 委 杨瑞东(白)
杨益琨(兼,女,白,2009年7月任)

中国致公党大理州委员会

副 主 委 张云江(主持工作)
舒东清(兼,女)
张洪英(兼,女)

中国国民党大理州委员会

主 委 段利华(兼,2009年1月任)
副 主 委 车惠菊(女,2009年1月任)
赵 岗(兼,白,2009年1月任)

·州人大常委会各专工委及办公室领导名录·

副秘书长、办公室主任 罗启文(彝)
办公室副主任 杨 凌(女,白,2009年8月免)
鲁文红(白)
常华敏(彝,2009年8月任)
民族委主任 李绍平
副 主 任
张世伟(彝,2009年8月免)
法制委主任 周汝林
副 主 任 周建国
财经委主任 赵 旭(白)
副 主 任 杨正洪
农业与环保工委主任 马建军(回)
副主任 左仕明
外事华侨工委主任 杨庆华(女)
教科文卫工委主任
李如珍(白,2009年8月免)
副 主 任
赵新光(白,2009年8月免)
选联工委主任 邓成立
副 主 任 陈家旺(白)

·州政协各专委及办公室领导名录·

办公室主任 李兴汉
副 主 任 杨庆春(白,2009年7月免)
张 继(白)
提案委主任 杨庆春(白,2009年7月任)
副 主 任 段彦海(白)
经济委主任 王恒武(回)
副 主 任 孙志海(2009年7月免)
人口资源环境委员会主任
梁袁华(彝)
副 主 任
杨义昌(2009年7月免)
教科文卫体委员会主任 左岐宏(彝)
副 主 任
张艳琼(女,白)
社会和法制委员会主任 刘 波(白)
副 主 任
杨光焰(女)
民族宗教和联络委员会主任
马利和(回)
副 主 任
杨泽华(白,2009年7月免)
文史和学习委员会主任 刘克纯(白)
副 主 任 艾连钦

·州中级人民法院领导名录·

院 长 黄为华(女)
副 院 长 杨学本(白)
申 晋
王 晶
李雄章(白)
执行局局长 李胜龙(白)
副 局 长 李 跃
政治部主任 杨金文
副 主 任 杨 阳
纪检组长 田国兴(白,2009年7月免)
奚云程(2009年12月任)
副 组 长 王亚丽(女)
审监庭庭长 杨宵明(白)
行政庭庭长 潘文举
立案庭庭长 周彦彬
刑一庭庭长 字兆鸿(彝)
刑二庭庭长 刘 斌(白)
刑三庭庭长 李 波(女)
民一庭庭长 陈云红(白)
民二庭庭长 杨庆云(女,白)
民三庭庭长 马 娟(女,回)
司法技术处处长 邱文明
司法警察支队队长 李 鉴
司法警察支队政委 王云昆(白)
研究室主任 刘 征
办公室主任 马 钘(回)

·州检察院领导名录·

检 察 长 普赵辉(彝)
副检察长 陶建军
和 泉(白)
杨著逵
韩小红(女)
反贪局局长 马勇杰(回)
副 局 长 董文浩(白)
虞国彪
政治部主任 谢子华
副主任 吴世兴(白)
杨兴梅(女)
纪检组长 张 明
纪检组副组长 席德昌(彝)
办公室主任 李圣熙(白)
计划财务装备处长 杨 泽(白)
控告申诉检察处长 阮才兴
侦查监督处长 徐国才
职务犯罪预防处长 茶文高(彝)
技术处处长 周 策(白)
监察处处长 张祥生(白)
反渎职侵权局局长 寸彦林(白)
法警支队队长 李付光(彝)
法警支队政委 张云华
人民监察工作办公室主任 王宏光
民事行政检察处处长 高 杨
公诉处处长 张晓丹(女,白)
专职检察委员会委员 秦 江
监所检察处处长 那红兵(白)
法律政策研究室主任 杨启耀(白)
驻大理监狱检察室主任 赵永平

·州政府各部门领导名录·

州政府办公室
主　　任　杨　耀(白)
副 主 任　杨毅平(白)
段志宏
张　彤
李　坚
尹锡山
李继显(白,2009 年 7 月任)
马忠华(白)
杜淑敢
阎炳安
信访局局长　李国章(白)
副 局 长　李春丽(女)
孙健勇
法制局局长　马忠华(白)
副 局 长　马新伟(回)
李庆敏(女)
督查室主任　张云凯
信息产业办(网络管理中心)主任　和云平(白)
无线电管理处处长　施双林(白)
副 处 长　杨德先(白)
驻京联络处主任　杨煜华(白)
副 主 任　尹　樱(女)
驻上海联络处主任　高雄飞(白)
驻深圳办主任　蓝　天(白)
驻昆明办主任　王玉彬(白)
副 主 任　黄丽娟(女,白)

州档案事业局
局　　长　和生弟(白)

州发展和改革委员会(州重点建设办)
主　　任　张正贤
副 主 任　何树祥(重点办主任,2009 年 7 月免)
何福堂(白)
赵存芬(女,白)
段冬梅(女,白,2009 年 7 月任)
价格监督检查局局长　李　灿

州经济委员会(州中小企业局、乡镇企业局、非公经济领导组办公室)
主　　任　李　东
副 主 任　那玉海(回)
赵道春(白)
陈景元(2009 年 7 月免)
李丹虹
赵健昌(白)
陶　鑫(回,2009 年 7 月任)

州教育局
局　　长　刘　洪
副 局 长　张春骅(白)
普映授
高汉生
罗占宇(白,2009 年 7 月任)

州科学技术局(州知识产权局)
局　　长　李建昌
副 局 长　刘晓标(白)
部瑞典
范淘涛

州民族事务委员会
主　　任　张其富(白)
副 主 任　王超英(女,回)
吴文光(彝)

州宗教事务局
局　　长　杨化宇(白)
副 局 长　胡玉涛
马永宏(回,2009 年 7 月任)

州公安局
局　　长　郭有兵(彝)
党委副书记　杨　俐(女,白)
党委副书记、副局长　何正荣(白)
副 局 长　张跃光
刘文章
王　新
李　彪(回)
宝荣贵(白)
田树泽(白)
政治部主任　杨　容
副 主 任　苏仕贤(白)
李　军(白)
纪 委 书 记　赵志兴(白)
副书记　周　琼
督 察 长　邢冀云
州公安局交警支队
政　　委　李国强(白)
副 政 委　雷　明
支 队 长　刘文章
副 支 队 长　杨春林
王盛天(白)
史晓红(女)
叶　勇(白)
政治处主任纪委书记　杨　松(白)
州公安局刑侦支队
政　　委　禾汝林(白)
支 队 长　王　洪(白)
州禁毒支队
政　　委　李联光(彝)
支 队 长　吴学著
副 支 队 长　丁　维(彝)
袁　彬
州公安局国内安全保卫支队
政　　委　杨希贤(白)
支 队 长　杨卓斌(白)
州公安局治安支队
政　　委　王　斌(白)
支 队 长　朱建平(白)
州公安局经济侦查支队
政　　委　马云利
支 队 长　陈洪平
州公安局行动技术支队
政　　委　李　敏(白)
州公安局警备司令部
主　　任　芮灿杰(白)
特警支队
政　　委　张连坤(白)
支 队 长　王崇俊
警务督察支队
副 支 队 长　任炳洲
杨　斌(傣)

州民政局
局　　长　杨泽兵
副 局 长　杨学先
寸　坚(2009 月 7 月免)
吕锡培
张　文(彝,2009 年 7 月任)

州老龄委办公室
主　　任　杨菊瑛(女)

州司法局
局　　长　黄起忠
副 局 长　孙纪云(2009 年 7 月免)
陈荣道(2009 年 7 月免)
李小妹(女,白)
王朝强(2009 年 7 月任)

依法治州办
专职副主任　李小妹(女,白)
纪 委 书 记　靳川云(白,2009 年 7 月免)
纪 检 组 长　栗兴才(傈僳,2009 年 7 月任)
政治处主任　李兆龙(白)
大理州劳教所(强制戒毒所)
政　　委　赵定峰(白)
所　　长　岑万宏
副 所 长　赵锦治(白)
杨建武(白)
政治处主任　郭朝佐(2009 年 7 月免)
纪 委 书 记　张明军(白)

州财政局
局　　长　杨光军
副 局 长　刘子文(白)
李耀红(女,白)
杨少平(2009 年 7 月免)
副局长、非税收管理局长　管金堂(白)
总 会 计 师　段文荣(白)

州国资委
主　　任　刘卫东(白)
副 主 任　段重英(女,白)
李德华

州人事局
局　　长　赵新光(白)
副 局 长　杨直全(白,2009年7月免)
　　　　　李茂生(白)
　　　　　戴兴顺(2009年7月任)

州机构编制委员会办公室
主　　任　赵新光(白)
副 主 任　赵　波(白)

州劳动和社会保障局
局　　长　张　松(白)
副 局 长　阿怀聪(彝)
　　　　　董光宏

州社会保险局
局　　长　孙玉明(白)

州建设局
局　　长　沈锡清(白)
副 局 长　马天龙(回)
　　　　　早合兴(白)
　　　　　徐光述(2009年7月免)

州规划局
局　　长　陈绍明
副 局 长　寸杰生(白,2009年7月免)
　　　　　王永榆(回)
　　　　　王锦海(2009年7月任)

州交通局
局　　长　周　云
副 局 长　马志雄
　　　　　杨永斌
　　　　　李继先(白,2009年7月免)
　　　　　李文厚

运政管理处
党支部书记　朱文秀(女)
处　　长　罗晓青

州水利局
局　　长　茶崇亮(彝)
副 局 长　周明华
　　　　　李跃兴(白)
　　　　　刘宇宽

州农业局
局　　长　王兆炜
副 局 长　杨灿荣(白)
　　　　　张德鹏(彝)
　　　　　左　新(兼)

畜牧兽医局
局　　长　左　新

州林业局
局　　长　杨志东(白)
副 局 长　包世杰(2009年7月免)
　　　　　段学友(2009年7月免)
　　　　　吉向阳(彝)
　　　　　谢绍章(2009年7月任)
　　　　　尹正权(白,2009年7月任)

州森林公安局
局　　长　杨　纯
政　　委　张建勋(白)

州商务局
局　　长　何忠耀
副 局 长　熊凤梧(2009年7月免)
　　　　　施曙光(白)
　　　　　刘宏逵(彝)
　　　　　段忠明(白)
　　　　　王　蓓(女)

州文化局
局　　长　杨政业(白)
副 局 长　史晋云(2009年7月免)
　　　　　李树祥(白)
　　　　　高志宏
　　　　　杨益琨(女,白,2009年7月任)

州白族文化研究所
所　　长　赵寅松(白,2009年7月免)
副 所 长　赵润琴(女,白,2009年7月任)

州卫生局
局　　长　丁一先(白)
副 局 长　杨跃华(白)
　　　　　罗伟建(白)
　　　　　郭治中
　　　　　王　瑛(女,白,2009年7月任)

州红十字会
会　　长　洪云龙(兼,白)
常务副会长　杨泓涛(女,白)
副 会 长　唐苍仁

州人口和计划生育委员会
主　　任　芮雪梅(女)
副 主 任　李少泉(白)
　　　　　解志坚(2009年7月免)

州审计局
局　　长　张学义(彝)
副 局 长　杜永进
　　　　　施　黄(白)
　　　　　梁育鸿

州环境保护局
局　　长　李琼杰(白)
副 局 长　段　彪
　　　　　沈　兵
　　　　　谢宝川

州体育局
局　　长　杨建宇
副 局 长　熊国槐
　　　　　赵云峰(白)
　　　　　张爱珍(女,白,2009年7月任)

州统计局
局　　长　杨　瑄(白)
副 局 长　高立宏
　　　　　管成金
　　　　　王继林

州旅游局
局　　长　马金钟(白)
副 局 长　刘福荣(白)
　　　　　高　充(白)
　　　　　冷跃冰(2009年7月任)

州安全生产监督管理局
局　　长　段晋槐
副 局 长　张　文(彝,2009年7月免)
　　　　　何笠原
　　　　　许金海(白,2009年7月任)

州外事办公室(州接待处)
主任、处长　和文平(白,2009年7月免处长职务,2009年8月免主任职务)
　　　　　杨　瑜(2009年7月任处长职务,2009年8月任主任职务)
副主任、副处长　杨丽英(女,白)
　　　　　张志坚
　　　　　和秀娟(女,纳西,2009年7月免)
　　　　　赵　薇(女,白,2009年7月任)

州粮食局
局　　长　谢绍章(2009年8月免)
　　　　　李桂根(白,2009年8月任)
副 局 长　吴天宏(2009年7月免)
　　　　　李建中(白)
　　　　　朱智云(2009年7月任)

州国土资源局
局　　长　李福安(白)
副 局 长　林　涛
　　　　　李俊明(白)
　　　　　孙绍军
　　　　　李　沛(白)

州扶贫开发领导组办公室
主　　任　杨占文(彝,2009年7月免)
副 主 任　张　森
　　　　　李光时

州人民防空办公室
主　　任　鲁华中
副 主 任　王庆华

州机关事务管理局
局　　长　张　纲(白)
副 局 长　和秀娟(女,纳西,2009年7月任)

李　廿(白,2009年7月任)

州政府研究室

主　　任　尹锡山(白)
副 主 任　张理政(白)
　　　　　杨登云

州广播电视事业局

局　　长　阿苍洱(白)
副 局 长　李　江(白)
　　　　　李成林(白)
　　　　　苏兴龙(白)

州广播电台

台　　长　张朝举

州苍山保护局

局　　长　杨鹤松(白)
副 局 长　杨贵全(白)
　　　　　刘天宇

州移民开发局

局　　长　茶少斌(白)
副 局 长　李　甸(白)
　　　　　李德政

大理经济开发区管理委员会

书记、主任　李　坚(白)
副书记、纪委书记　彭红云(白,2009年12月任)
副 书 记　李　洋(白,2009年7月任)
副 主 任　李桂根(白,2009年7月免)
　　　　　赵廷标(白)
　　　　　马维谭
　　　　　柏建军(2009年7月任)
　　　　　杜　良(白,2009年7月任)

大理旅游度假区管理委员会

书 记 、主 任　杨　辉(白)
副书记、纪委书记　杨　生(白,2009年7月免)
　　　　　李志东(白,2009年12月任)
副 书 记　赵伯廉(白,2009年7月任)
副 主 任　和佳轶(纳西,2009年3月调省)
　　　　　马志荣(回)
　　　　　杨红斌(白)

州供销社

主　　任　江从延(2009年7月免)
　　　　　张根惠(白,2009年7月任)
副 主 任　张金荣(白)
　　　　　赵劲东(白,2009年7月免)

州志办

主　　任　赵秀元(白)
副 主 任　那　鹏(白,2009年7月免)
　　　　　刘丹霞(女,白)

州地震局

局　　长　张启明(白)
副 局 长　杨丽凤(女,白)

州水堪设计院

党委书记　杨跃生(白)
院　　长　张晓东

大理日报社

总　　编　王现文(白)
副 总 编　毕锦辉(彝)
　　　　　王峥嵘(白,2009年7月免)

州住房公积金管理中心

主　　任　刘爱国

·医院、学校领导名录·

大理州实验中学

党总支书记　王绍熙
校　　长　李儒彬(白)
副 校 长　杨壹元(白)

大理农校

党总支书记　王显伟
校　　长　雷振龙(彝)
副 校 长　吕兴国
　　　　　周汝德
　　　　　郭向周(白,2009年7月任)

大理卫校

党委书记　杨达亨(白,2009年12月免)
副书记、校长　陈德军
副 校 长　苏春华
　　　　　李一忠(白)

大理州财校

党委书记　刘秀英(女)
副书记、校长　李飞龙(白,2009年7月免)
　　　　　杨承贤(2009年7月任)
副 校 长　杨锡堂(白)
　　　　　李若冰

下关一中

党支部书记　阎国新
校　　长　张金禄(白)
副 校 长　李曙光
　　　　　黎学锋
　　　　　张荣众(白)

大理一中

党支部书记　杨一非(白)
校　　长　刘式良(彝)
副 校 长　赵红娥(女,白)

州民族中学

党支部书记　张　佐
校　　长　马　琴(女,回)
副 校 长　田志堂(白)
　　　　　张正洪
　　　　　杨文彪(白)

州技工学校

党支部书记　王顺元(白)
校　　长　唐澄奇
副 校 长　黄毓宝
　　　　　高庆芳(女,白)

州医院

党委书记　李天平(白)
副书记、院长　夏中信
副 院 长　胡代军
　　　　　赵光敏(白)
　　　　　陶　相
　　　　　刘朝芹(女,2009年7月任)
　　　　　王昆兰(女,2009年7月免)

州中医院

院　　长　王作端(白)
副 院 长　段　萍(女,白)
　　　　　奎继中

(《领导名录》由州委组织部干部人事信息科提供)

(本部类责任编校:李建川)

政 治

中国共产党大理白族自治州委员会

·综 述·

【概 述】 2009年是进入新世纪以来全州经济社会发展最为困难的一年。一年来,面对国际金融危机的严重影响,在中共云南省委、省人民政府的正确领导下,中共大理州委团结和带领全州各族干部群众以科学发展观为指导,坚决贯彻落实中央和省委应对国际金融危机冲击的一系列决策部署,全力以赴"保增长、保民生、保稳定",有效遏止了经济明显下滑态势。全州继续巩固了经济平稳较快发展、民族团结和谐、社会稳定安宁的良好局面。全年全州实现生产总值406.8亿元,同比增长12.3%;财政总收入67.6亿元,同比增长12.6%,其中地方一般预算收入31.6亿元,同比增长14.4%;城镇居民人均可支配收入14180元,同比增长10.2%;农民人均纯收入3482元,同比增长13.1%。

千方百计争取项目,加大投入拉动发展。积极配合国家和省搞好重大项目建设,小湾电站三台机组顺利发电,大丽铁路建成通车。大丽高速公路、跃龙公路、鸡足山旅游公路、云龙包罗水库等项目启动实施,关巍公路、环洱海公路等一批项目加快推进。切实做好项目前期工作,加强融资平台建设,多渠道筹集项目资金。进一步健全完善项目协调推进机制,层层建立责任制,对重大建设项目重点服务、重点督查。2009年,全州共争取到国家和省扩大内需项目380个、资金14.2亿元;完成固定资产投资217亿元,同比增长33%;州内金融机构增加贷款67.5亿元,同比增长27%,有力地拉动了全州经济平稳较快发展。

积极推进发展方式转变和结构调整。机械制造、建材、烟草、能源、优势生物资源和农副产品加工产业实现两位数增长。全州完成工业总产值374亿元,同比增长13%,单位生产总值能耗预计下降5%。大力推进农业产业化,烤烟、蚕桑、乳畜、核桃等产业发展势头良好,完成中低产田地改造16000公顷;继续巩固深化集体林权制度改革,实施千村扶贫开发百村整体推进工程,"中间村"建设加快实施,扶贫综合开发示范园区建设稳步推进,农村基础设施和村容村貌不断改善,农村经济持续健康发展。大理苍洱片区旅游产业发展和改革综合试点工作全面启动。大理古城、巍山古城等景区改造提升加紧实施,喜洲古镇、双廊古渔村整体开发建设进展顺利,苍山大索道、《希夷之大理》实景演出项目启动,银都水乡新华村通过国家4A级旅游景区终评验收,旅游产品初步得到转型升级。成功举办了第八届中国摄影艺术节暨2009首届大理国际影会等系列文化旅游活动,大理对外影响力、吸引力和软实力得到提升。年内,全州接待国内游客达1106万人次,首次突破千万人次大关,海外游客达35.3万人次,同比分别增长20%、11.5%,实现旅游总收入86亿元,同比增长18%。商贸、运输、物流、金融等服务业快速发展,城乡消费持续旺盛。

【着力打造良好的开放和招商环境】 2009年,大理州成立了大理州政务服务中心,全面推行"114政府信息直通车"服务,工作效能进一步提高。建立健全招商引资"一站式"服务体系,简化办事程序,落实服务承诺,努力为外来投资者提供优质服务。坚持引进理念、引进人才、引进管理、引进资金,大力实施"走出去、请进来"战略,强化驻外机构的招商引资职能,在昆明、深圳成功举办大理州经济技术合作项目推介会。2009年,引进经济合作项目93项,引进州外实际到位资金74亿元,同比增长47.7%,其中实际利用外资1841万美元。

【滇西中心城市建设加快推进】 认真贯彻落实省政府大理专题工作会议精神,以"两保护两开发"为核心,着力构建"1+6"城市群,各项工作取得新进展。进一步树牢"洱海清、大理兴"的理念,推进洱源生态文明试点县建设,认真抓好洱海流域"两污"治理机制和技术创新。2009年,洱海水质有3个月达到Ⅱ类,总体保持在Ⅲ类。启动实施了大理市洱海流域"百村整治"工程,海西保护向纵深发展。加强海东片区土地收储,基础设施加快推进;积极搭建海东开发融资平台,与富滇银行签订了战略合作协议;与泛华建设集团、云南城投公司签订了海东新城开发投资协议。积极推进滇西中心市场、物流园区规划建设,凤仪开发加快推进。

【各项事业协调发展】 2009年,大理州坚持积极的就业政策,千方百计增加就业岗位,加强对大中专毕业生就业的指导和服务,采取多种措施促进农民工就业,切实帮助"零就业"家庭解决就业困难。全面落实城乡义务教育"两免一补"政策,巩固提高"普九"成果,各级各类教育进一步发展。深入推进医药卫生体制改革,新型农村合作医疗参合率稳步提升。有效控制了甲型H1N1流感疫情扩散。社会保障覆盖面进一步扩大。统筹解决人口问题试验区建设进展顺利。"7·9"、"11·2"抗震救灾和灾后恢复重建工作顺利推进。

【加强文化大理建设】 2009年,大理州成功组织了"万人红装苍洱唱国歌"等庆祝新中国成立60周年系列活动。扎实开展未成年人思想道德建设和大中专学生思想政治教育,社会主义核心价值体系建设积极推进。实施文化惠民工程,文化事业蓬勃发展,广播电视村村通等农村公共文化服务体系建设步伐加快,群众性文化体育活动和民族传统节庆活动深入开展。文明大理建设示范工程进展顺利,进一步树立了文明大理新形象。

【营造良好环境促进和谐发展】 2009年，大理州各级人大、政协紧紧围绕中心，服务大局，切实开展法律监督、工作监督和民主监督，深入开展视察、检查和调研活动，积极建言献策，为"三保"发挥了重要作用。各民主党派积极献计出力，工会、共青团、妇联等人民团体联系和服务群众作用进一步发挥。老干部工作进一步加强，"双拥"工作蓬勃开展。深入贯彻党的民族政策，州人民政府被国务院表彰为全国民族团结进步模范集体。深入开展领导干部大下访、大接访活动，不断加大社会治安综合治理力度，及时解决移民搬迁、项目建设等工作中群众反映强烈的热难点问题，积极预防和妥善处置群体性事件。扎实开展新一轮禁毒防艾人民战争，严厉打击各类刑事犯罪活动，维护了社会稳定。大理州被中央综治委表彰为全国社会治安综合治理优秀州市。切实做好防灾减灾工作，严格落实安全生产责任制，严格食品药品监管，切实保障了人民群众切身利益。

【提升服务发展能力】 2009年，大理州坚持把开展学习实践科学发展观活动作为应对国际金融危机、推动科学发展的重大机遇和强大动力，第二批学习实践活动圆满完成，第三批学习实践活动扎实开展，广大党员干部和各族群众受到了一次深刻的科学发展观教育，科学发展的成效更加明显，得到了上级的充分肯定。加强优秀年轻干部、少数民族干部、女干部和党外干部培养选拔，加大公开选拔力度，一批优秀年轻干部脱颖而出，领导班子和干部队伍结构进一步优化。圆满完成后备干部集中调整工作，干部人事制度改革向纵深推进，建立了体现科学发展观要求的考核评价体系。州、县市两级政府机构改革工作进展顺利。深入开展"三个一"主题实践活动，深化"三级联创"活动和"云岭先锋"工程。坚持从严管理干部，认真落实党风廉政建设责任制，大力推进惩治和预防腐败体系建设，扎实开展"小金库"清理"回头看"，认真开展行政事业单位经营性国有资产统一管理工作，加大各种违纪违法案件的查处力度，反腐倡廉建设取得新成效。

【召开州委六届六次全体（扩大）会议】 中共大理州委六届六次全体（扩大）会议于2009年1月11～12日在下关隆重召开。州委书记刘明代表州委常委会作工作报告并在结束时作重要讲话。州委副书记、州长何金平主持会议并总结2008年经济工作和部署2009年经济工作。会议审议通过了刘明代表州委常委会所作的工作报告。州委委员，州委候补委员出席；州纪委委员，不是州委委员、候补委员和州纪委委员的州级党员领导干部，州人大、州政协秘书长，州长助理，不是州委委员、候补委员和州纪委委员的县委书记、县市长，担任过正厅以上实职的离退休在关老干部，州级各部门、各单位、中央和省属驻大理各单位、解放军和武警驻大理各有关单位党员负责人列席会议。

【召开州委六届七次全体（扩大）会议】 7月28日，中共大理州委六届七次全体（扩大）会议在下关隆重召开。州委书记刘明代表州委常委会作工作报告并在结束时作重要讲话。州委副书记、州长何金平主持会议并通报2009年上半年经济发展的总体形势，安排部署下半年工作任务。会议审议通过了刘明代表州委常委会所作的工作报告。州委委员，州委候补委员出席；州纪委委员，不是州委委员、候补委员和州纪委委员的州级党员领导干部，州人大、州政协秘书长，州长助理，不是州委委员、候补委员和州纪委委员的县委书记、县长，担任过正厅以上实职的离退休在关老干部，州级各部门、各单位、中央和省属驻大理各单位、解放军和武警驻大理各有关单位党员负责人列席会议。

【召开省政府大理专题工作会议】 3月26～27日，云南省人民政府在大理召开专题会议，研究部署保护洱海、保护海西和开发海东、开发凤仪"两保护两开发"工作。省委副书记、省长秦光荣在会上作重要讲话，省委常委、常务副省长罗正富主持会议。省委常委、省纪委书记李汉柏，省委常委、副省长李江，省人大常委会副主任程映萱，省政府副省长刘平，省政协副主席王学智分别作了发言。州委书记刘明代表州委、州政府就落实好会议精神作表态发言，州委副书记、州长何金平就2003年以来全州加快实施"两保护两开发"、推动大理经济社会全面发展作汇报。州委、州人大、州政府、州政协，州级有关部门及各县市党政主要负责人参加会议。

【召开全州项目建设工业发展招商引资工作会议】 2月27日，中共大理州委、州人民政府召开全州项目建设、工业发展、招商引资工作会议。会议认真总结2008年工作，分析面临形势，安排部署2009年项目建设、工业发展和招商引资工作任务，进一步明确责任，狠抓落实，力争项目建设、工业发展和招商引资工作有新突破。州委书记刘明作重要讲话，州委副书记、州长何金平主持并作总结讲话。州委常委，州人大主任、州政协主席，州人大、州政府、州政协分管联系领导，州级各部门和各县市负责人参加会议。

【召开新中国成立60周年庆祝大会】 7月8日，大理州举行庆祝新中国成立60周年纪念大会暨"万人红装苍洱唱国歌"活动。这次活动旨在纪念新中国60华诞，并通过万人红装唱国歌主题激发爱国热情，感受祖国的强大，表达对祖国母亲的深情，展示大理州347万各族人民在中国共产党领导下走中国特色社会主义道路，推进经济社会又好又快发展的精神风貌。州委书记刘明发表讲话，州委常委、州委宣传部部长王以志主持大会。州党政领导和各族干部群众10000余人参加了庆祝活动。

【州委中心组召开督促检查汇报会】 7月27日，中共大理州委中心组召开2009年第二次理论学习活动暨重点项目及招商引资项目督促检查汇报会。会议强调，发扬成绩，再接再厉，以更大的决心、更大的气魄、更有力的举措，努力实现重点项目及招商引资工作新突破。州委书记刘明，州委副书记、州长何金平作重要讲话。王桂芳、袁爱光、马建全、梁志敏等领导分别作了发言；州商务局、州发改委、州经委、州旅游局、大理市、州纪委监察局的领导分别作工作汇报。州委、州人大、州政府、州政协班子领导，州级相关单位、部门主要负责人参加学习活动。省委第三巡视组全体成员，省委学习实践科学发展观第五指导检查组全体成员列席会议。

【召开重大决策部署贯彻落实情况汇报会】 12月10～11日，中共大理州委、州人民政府召开2008——2009年重大决策部署贯彻落实情况汇报会。会议强调，坚决推进重大决策部署的贯彻落实，有力推动全州经济社会又好又快发展。州委书记刘明出席并作重要讲话，州委副书记、州长何金平主持会议并作总结讲话。会上，大理市和大理经济开发区分别汇报了"两保护两开发"进展情况，洱源县汇报了生态文明试点县建设情况，州旅游局汇报了旅游二次创业工作进展情况,州商务局汇报了招商引资工作情况,州规划局、州建设局汇报了城乡规划建设及民居风格整治工作情况,州经委汇报了进一步加快新型工业化进程及工业园区建设情况,州加快中低产田地改造办公室汇报了全州中低产田地改造工作情况。分管上述工作的州领导分别对汇报情况作点评,参会的其他州领导对进一步做好重大决策部署贯彻落实工作提出要求。

【召开党风廉政建设责任制考核动员暨工作情况汇报会】 为认真贯彻落实十七届中央纪委三次全会和省纪委八届四次全会精神,按照《云南省2008年度党风廉政建设责任制工作考核方案》的要求,3月3日,大理州召开党风廉政建设责任制考核动员暨工作情况汇报会。省委常委、省政府副省长,省党风廉政建设责任制考核组组长李江作动员讲话。州委书记刘明主持会议并汇报了2008年度大理州落实党风廉政建设责任制情况。会上,省考核组对大理州党政领导班子及班子成员进行了民主测评。州委、州人大、州政府、州政协班子成员,州属有关部门及各县市党政主要负责人参加会议。

【举行大理至丽江高速公路开工仪式】 12月22日,大理至丽江高速公路开工仪式在大理州隆重举行。大丽高速是省委、省政府确定今年开工建设的20项重点工程项目之一,是《国家高速公路网规划》中杭州至瑞丽高速公路的联络线,是国家均衡国土开发,改善路网布局的一个重要路段。该项目全长259.18公里,初步设计概算188亿元,建设工期4年,设计车速每小时80公里。省委书记白恩培宣布开工,省委副书记、省长秦光荣作重要讲话,省政府副省长刘平主持仪式。省委副书记李纪恒,省政协主席王学仁,省委常委、省纪委书记李汉柏,省委常委、省政府常务副省长罗正富,省委常委、省委秘书长杨应楠,省人大常委会常务副主任晏友琼,省人大秘书长白保兴,省政府秘书长丁绍祥等省级领导;刘明、何金平等州级四班子领导,州级部门和相关县市负责人以及丽江市、迪庆州党政领导出席了开工仪式。

【千方百计保增长】 2009年,中共大理州委带领全州各族人民千方百计保增长:①突出投资拉动。抢抓国家实施扩大内需促进经济增长机遇,千方百计争取项目和资金支持,加大投入,有力地拉动了全州经济平稳较快发展。②加大结构调整力度。加快推进新型工业化发展步伐,工业园区的聚集和辐射效应增强,工业经济发展势头强劲。大力推进农业产业化,烤烟、蚕桑、乳畜业等产业发展势头良好。实施千村扶贫开发百村整体推进工程,"中间村"建设加快推进,扶贫综合开发示范园区建设稳步推进,农村基础设施和村容村貌明显改善,农村经济持续健康发展。大理苍洱片区旅游产业发展和改革综合试点工作全面启动,管理体制和经营机制不断创新。大理古城、巍山古城等景区景点改造提升加紧实施,喜洲古镇、双廊古渔村整体开发建设进展顺利,《希夷之大理》实景演出项目启动实施,旅游产品初步得到转型升级。成功举办了第八届中国摄影艺术节暨2009首届大理国际影会等系列文化旅游活动,大理对外影响力、吸引力和软实力得到较大提升。商贸、运输、物流、金融等服务业快速发展,城乡消费持续旺盛。③着力强化招商工作。努力营造良好的开放和招商环境,大力招商,借助外力推动加快发展。成立了大理州政务服务中心,全面推行"114政府信息直通车"服务,工作效能进一步提高。建立健全招商引资"一站式"服务体系,简化办事程序,落实服务承诺,努力提供公开、规范、高效服务。坚持引进理念、引进管理、引进人才、引进资金,大力实施"走出去、请进来"战略,实施策划招商、规划招商、以商招商,强化驻外机构的招商引资职能,加大在一、二线城市的招商力度。充分利用各种大型投资贸易平台进行招商推介,在昆明、深圳成功举办大理州经济技术合作项目推介会,招商引资的针对性和实效性不断增强。④加快推进滇西中心城市建设。认真贯彻落实省政府大理专题会议精神,以"两保护两开发"为核心,着力构建"1+6"城市群,突出工作重点,各项工作取得新进展。进一步树牢"洱海清、大理兴"的理念,加快推进洱源生态文明试点县建设,认真抓好洱海流域"两污"治理机制和技术创新。启动实施了大理市洱海流域"百村整治"工程,海西保护向纵深发展。加强海东片区土地收储,基础设施加快推进;积极搭建海东开发融资平台,与富滇银行签订了战略合作协议;与泛华建设集团、云南城投公司签订了海东新城开发投资协议。积极推进滇西中心市场规划建设,物流园区建设不断加快,凤仪开发加快推进。

【以人为本保民生】 2009年,大理州坚持积极的就业政策,千方百计增加就业岗位,加强对大中专毕业生就业的指导和服务,采取多种措施促进农民工就业,切实帮助"零就业"家庭解决就业困难。全面落实城乡义务教育"两免一补"政策,巩固提高"普九"成果,大理技师学院开工建设,各级各类教育进一步发展。深入推进医药卫生体制改革,新型农村合作医疗参合率稳步提升。社会保障覆盖面进一步扩大。严密部署和实施甲型H1N1流感防控工作,有效控制了疫情扩散。统筹解决人口问题试验区建设进展顺利。"7·9"、"11·2"抗震救灾和灾后恢复重建工作顺利推进。

【群策群力保稳定】 2009年,大理州各级人大、政协紧紧围绕中心,服务大局,切实开展法律监督、工作监督和民主监督,深入开展视察、检查和调研活动,积极建言献策,为"保增长、保民生、保稳定"发挥了重要作用。工会、共青团、妇联等人民团体联系和服务群众作用进一步发挥。老干部工作进一步加强,"双拥"工作蓬勃开展。深入贯彻党的民族政策,州人民政府被第五次全国民族团结进步表彰大会表彰为模范集体。深入开展领导干部大下访、大接访活动,不断加大社会治安综合治理力度,及时解决移民搬迁、项目建设等工作中群众反映强烈的热难点问题,积极预防和妥善处置群体性事件。扎实开展新一轮禁毒防艾人民战争,严厉打击各类刑事犯罪和严重影响人民群众生命财产安全的多发性犯罪活动,维护了社会稳定。大理州被中央综治委表彰为全国社会治安综合治理优秀地市。切实做好防灾减灾工作,严格落实安全生产责任制,严格食品药品监管,切实保障了人民群众切身利益。

【实施大理州扶贫综合开发示范园区建设】 为深入贯彻党的十七大及十七届三中全会精神,全面贯彻落实科学发展观,把《中共云南省委云南省人民政府关于加快山区综合开发促进区域协调发展的决定》所确定的目标任务落到实处,2009年,中共大理州委、州人民政府决定建设大理州扶贫综合开发示范园区,范围包括祥云县5个乡镇和宾川县6个乡镇及2个华侨农场。1月8日,州委办公室、州政府办公室联合下发《关于成立大理州扶贫综合开发示范园区建设工作领导小组的通知》;1月9日,州委、州政府召开全州扶贫综合开发示范园区建设会议。会议强调,解放思想,创新思路,制定措施，研究部署大理州扶贫综合开发示范园区建设工作，加快推进祥云——宾川扶贫综合开发示范园区建设，促进全州农村经济社会又好又快发展。5月22日，州委、州政府制定出台《大理州扶贫综合开发示范园区建设实施意见》；6月16日，印发《2009年度大理州、县领导班子挂钩联系扶贫综合开发示范园区重点乡镇和重点村方案》；7月22日，印发《大理州扶贫综合开发示范园区建设工作考核奖惩办法》。通过建设扶贫综合开发示范园区，到2010年园区内117公里的交通主干道全面建成，产业发展项目完成70%以上；到2012年，全面完成千村扶贫和村容村貌整治建设任务，实现园区内的GDP、财政总收入、农民人均纯收入在2008年的基础上翻一番，农业总产值和农业增加值年均递增6%；水利化程度达70%，森林覆盖率达63%，80%以上的村实现公路弹石化。

【实施大理市洱海流域“百村整治”工程】 2009年，大理州认真贯彻落实省政府大理专题工作会议和州委六届七次全会精神，全面总结和分析前一阶段海西整治工作情况，研究部署实施洱海流域“百村整治”工程的任务和措施，围绕建设“人文大理、幸福家园”的目标，努力把洱海流域打造成为“农耕文化的承载区、千年文明和白族传统文化的展示区、康体休闲度假旅游区”，州委、州政府决定实施大理市洱海流域“百村整治”工程。8月28日上午，州委书记刘明一行对洱海流域“百村整治”工程情况进行实地调研。下午，州委书记刘明，州委副书记、州长何金平出席大理市洱海流域“百村整治”工程动员大会并作重要讲话。州委常委、大理市委书记段玠主持大会。9月18日，州委办公室、州政府办公室转发《大理市洱海流域“百村整治”工程实施方案》；10月13日，下发《关于落实大理市洱海流域“百村整治”工程领导挂钩联系自然村的通知》。通过实施大理市洱海流域“百村整治”工程，到2010年底以前，全面实现海西大丽路沿线及以东、洱海视廊范围内105个自然村的“四化”建设目标，使洱海面源污染得到有效控制，村容村貌极大改观，村民生产生活条件极大改善，再现大理独特的白族民居建筑风格和优美的田园风光。

【实施文明大理建设示范工程】 2009年，州委高度重视“文明大理建设示范工程”，5月22日，州委、州政府印发《大理州文明大理建设示范工程实施方案》；6月10日，州委召开大理州文明大理建设示范工程动员大会，州委书记刘明出席并作重要讲话，州委副书记王雪峰主持会议，州委常委、州委宣传部部长王以志作工作安排部署。

【加快中低产田地改造】 6月9日，州委办公室、州政府办公室联合下发《关于调整充实大理州中低产田地改造综合协调领导小组组成人员的通知》；6月16日，州委、州政府召开全州中低产田地改造推进会暨规划培训工作会议。会议提出，动员全州广大干部群众，凝心聚力、乘势而上，全面掀起大理州中低产田地改造高潮，打造一批在全省具有典型示范效应的精品和亮点工程。7月6日，州委、州政府制定下发《关于加快中低产田地改造的实施意见》。12月23日，全州中低产田地改造工作现场会暨“全州中低产田地改造示范项目”启动仪式在宾川县鸡足山镇炼洞村委会中低产田地改造示范项目现场举行。会议提出，要以科学发展观为指导，认真贯彻落实中央经济工作会议和省委八届八次全会精神，进一步加强领导，加大统筹协调，为加快推进中低产田地改造提供有力保障，充分发挥好示范区的典型引路作用，迅速掀起中低产田地改造高潮，推动全州中低产田地改造工作迈上新台阶。2009年至2020年全州将新改造中低产田地100000公顷，使全州高稳产农田地面积达到243333.3公顷，实现人均拥有1亩以上高稳产农田地目标，保障全州粮食稳步增长和农民持续增收。

【实施特邀建设项目督查专员制度】 2009年，大理州为推进项目落实，提高工作效能，完善民主监督机制，发挥老干部作用，州委、州政府决定建立建设项目督查专员制度。8月4日，州委办公室、州政府办公室下发《大理州特邀建设项目督查专员实施办法》，对督查专员基本条件、工作职责、工作权限和工作方式等都作了明确规定，督查专员开展工作有了依据。8月12日，州委、州政府举行聘任仪式，为大理州第一批建设项目督查专员颁发聘书。州委、州政府主要领导多次听取督查专员情况汇报，并对有关事项作出批示。通过大理州特邀建设项目督查专员制度的实施，对贯彻落实全州扩大内需及加快“两保护两开发”重大项目建设和招商引资各项决策部署等工作发挥了重要作用。

【认真学习贯彻胡锦涛云南考察时的重要讲话】 8月7日，州委中心组举行第三次理论学习活动，认真传达学习总书记胡锦涛在云南考察工作时的重要讲话精神。会议指出，胡锦涛总书记考察云南期间作出的一系列重要指示，是大理州做好当前和今后一段时期工作的重要指导。全州各级党组织和广大干部群众要把认真学习贯彻胡锦涛总书记的重要讲话精神作为当前和今后一个时期的重要政治任务，结合正在开展的深入学习实践科学发展观活动，深刻领会精神实质，认真制定落实措施，确保胡锦涛总书记的各项要求落到实处。会议强调，要以讲话精神为动力，紧密结合州情，进一步做好“保增长、保民生、保稳定”各项工作，加快推进全州经济社会平稳较快发展。州委理论中心组成员等参加学习活动。

【认真贯彻白恩培等领导在大理视察调研时的重要讲话】 5月22日，州委召开全州领导干部大会，传达学习中共云南省委白书记恩培、副书记李纪恒和国家环保部部长周生贤、省政府副省长和段琪在大理视察调研时的重要讲话精神，对学习贯彻落实作安排部署，进一步推动全州经济社会平稳较快发展。州委书记刘明传达并作安排部署，州委副书记王桂芳主持会议。5月中旬，省委书记白恩培、省委副书记李纪恒先后深入大理州调研，检查指导工作。5月20～21日，国家环保部部长周生贤一行在省政府副省长和段琪等领导陪同下，深入国家环保部学习实践科学发展观活动联系点洱源县开展学习实践活动。会议强调，各级各部门要将学习贯彻各位领导重要讲话精神作为当前一项政治任务抓紧抓好，及时传达学习，广泛发动宣传，营造良好氛围，切实把全州广大党员干部的思想和认识统一到各位领导重要讲话精神上来，统一到科学发展观的要求上来，统一到“保增长、保民生、保稳定”的各项工作上来，形成推动经济社会平稳较快发展的强大动力。

10月26日，州委召开全州领导干部大会，传达学习省委八届七次全会精神和省委书记白恩培到大理调研时的重要讲话精神，对学习贯彻落实作了安排部署。10月22～24日，省委书记白恩培一行深入大理、洱源、祥云、漾濞等4个县市调研，看望干部群众，对大理州工作作出重要指示。州委书记刘明传达并作安排部署，州委副书记、州长何金平主持会议。会议要求，全州各级党组织和各级领导干部要把学习贯彻省委八届七次全会精神和省委书记白恩培在大理调研时的重要讲话精神作为当前的一项重要政治任务，切实把思想和行动统一到省委的要求和省委白恩培书记的重要讲话精神上来，围绕争当“民族团结进步模范州、生态文明建设排头兵、旅游二次创业的示范区、滇西城镇化进程的领跑者”目标，进一步解放思想、团结奋斗、扎实工作，推动经济社会又好又快发展。

【开展第二批深入学习实践科学发展观活动】 按照中央和省委的统一部署，大理州从2009年3月至8月开展了第二批深入学习实践科学发展观活动。3月20日，州委印发《中共大理州委关于开展第二批深入学习实践科学发展观活动的实施意见》，对学习实践活动进行了全面部署。3月21日，州委召开大理州第二批深入学习实践科学发展观活动动员大会。会议强调，要自觉把学习实践活动放在全州工作大局中来谋划，加强领导，精心组织，周密安排，抓住关键，突出重点，突出实践特色，扎实有效地开展学习实践活动，确保全州第二批学习实践活动取得实效。4月30日，州委召开全州第二批学习实践活动分析检查阶段工作部署会议。会议提出，深入贯彻全省第二批学习实践活动分析检查阶段工作部署会议精神，突出重点，务求实效，扎实抓好第二批学习实践活动分析检查阶段各项工作，全力推进全州学习实践活动深入开展。7月1日，州委召开全州第二批学习实践活动整改落实阶段工作部署会议。会议提出，要制定好整改落实方案、集中解决突出问题、完善体制机制和组织群众测评四个环节的工作，确保第二批学习实践活动取得实效，确保学习实践活动真正成为人民满意工程。通过第一、第二批学习实践活动有效的开展，学习实践活动取得了明显成效，切实解决了一些影响和制约科学发展的突出问题，建立和完善了有利于科学发展的体制机制，有力地推动了全州经济社会又好又快发展。

【州委常委班子开展深入学习实践科学发展观活动】 2009年，中共大理州委常委班子按照中央和省委的部署，紧紧围绕“党员干部受教育、科学发展上水平、人民群众得实惠”的要求，带头参加学习实践活动，发挥示范带动作用，有力地推动了全州学习实践活动的深入开展。3月29日，州委印发了《中共大理州委常委班子开展深入学习实践科学发展观活动实施方案》，对学习实践活动作了全面安排部署。3月28日，州委常委班子举行深入学习实践科学发展观第一次集中学习活动，深入学习贯彻省政府大理专题工作会议精神，以“两保护两开发”为核心，全力加快滇西中心城市建设步伐，推动大理经济社会平稳较快发展。4月17日，州委常委班子举行深入学习实践科学发展观第二次集中学习活动，深入贯彻落实省政府大理专题工作会议精神，紧紧围绕“两保护两开发”重点，规划建设滇西中心城市，推动全州经济社会又好又快发展进行学习讨论。4月28日，州委常委班子举行深入学习实践科学发展观第三次集中学习活动，全面贯彻落实省政府大理专题工作会议精神，听取全州招商引资、扩大开放工作情况汇报，结合实际，认真查找大理州招商引资、扩大开放工作存在的问题和差距，研究招商引资、扩大开放的政策措施，推动全州经济社会平稳较快发展。6月12日，州委常委班子举行深入学习实践科学发展观专题民主生活会，紧扣十七大以来大理州的发展实践和应对金融危机确保经济平稳较快发展大局，紧密联系领导班子作风建设实际，深入查找个人和班子在深入贯彻落实科学发展观方面存在的突出问题、应对国际金融危机不利影响反映出来的突出问题、党性修养和作风建设方面存在的突出问题，深刻分析原因，认真开展批评与自我批评，提出整改措施，凝聚科学发展共识，加快科学发展步伐。

·办公室工作·

【“三服务”水平进一步提高】 2009年，州委办公室全体干部职工发扬艰苦奋斗、任劳任怨的奉献精神，克服了人少、事多、工作任务繁重等困难，高标准、高质量、高效率地做好“三服务”工作，圆满完成了州委安排的各项工作任务，州委办公室工作水平、工作效率得到了进一步提升。①在督查工作上，加大了重大决策部署督查力度。督查权威进一步树立，督查工作成效明显。提高督查工作的针对性，狠抓重大决策和重要工作部署的落实，决策督查取得新成效，狠抓省、州领导批示件的落实，专项查办工作取得新进展，提案督办和抄报备案工作稳步推进，较好地完成了各项督查任务，在推动州委、州政府重大决策和重要工作中发挥了积极作用，其中清理规范各种考核评比达标活动、中低产林改造、抗旱救灾等工作还得到了省、州领导的充分肯定。督查工作连续四年被评为一等奖。②在信息工作上，加大了重大信息报送工作力度。完善了考核激励机制，信息上报的数量和质量较往年有很大进步，在全省党委系统信息工作考核中排名第五，较上年度上升4位。办好信息刊物，《大理信息》、《大理信息增刊》、《信息专报》共编发信息700多条，能够在第一时间向领导发布重大信息，以及收集网络舆情、社情民意，及时上报各种重要信息，提供领导决策参考。③在文秘写作上，加大了学习和沟通交流力度。各科室文秘人员注重学习，加强交流，牢固树立精品意识，全面熟悉掌握州情及全州重点工作，积极适应领导的工作方法，准确领会领导意图，严把文稿质量关，文稿起草整体水平不断提高，在工作量加大、领导要求高等情况下，保质保量完成了大量的文件、材料和讲话稿的起草、修改、送审、录音整理等工作。④在综合调研工作上，加大了规范办文办会和调研工作力度。州委办公室综合科运转优质高效，承担了大量的上下级来文办理、发文、办会以及综合调研筹备、服务领导等工作，与相关科室一道，加强统筹协调，积极参与具体事务，办文办会办事水平不断提升。办公室档案工作受到州级表彰。牵头圆满完成了州委六届六次、七次全委会、大理州庆祝新中国成立60周年纪念大会等一系列重要会议、重大活动，充分发挥了州委办公室牵头抓总的作用。认真执行各级领导到基层考察调研接待工作的有关规定，科学周密拟定调研方案，圆满完成了党和国家领导人、中央国家机关以及省委领导到大理考察调研以及州委领导调研活动的组织筹备工作。组织编写了《大理州基层工作手册》，为各级干部深入调研、指导工作提供了全面翔实的资料。调研科积极参与重要文稿起草以及重大调研活动，全年编发《大理调研》18期，完成了州委领导及办公室安排的调研课题5个，推出了一批调研成果。⑤在服务常委工作上，加大了统筹协调和综合服务力度。新成立的常委办积极探索新体制机制下服务常委的各项工作，承担了统筹州委领导及常委出席的会议、活动，以及做好州委常委会筹备、民主生活会、州委大事记编纂等工作任务，州委常委之间的沟通协调，以及州委常委、州人大主任、州政协主席所在部门之间工作的沟通联系得到加强，常委所在部门在服务领导、协调配合、督促落实等方面工作有了很大起色。⑥在行政后勤工作上，加大了规范接待和后勤管理工作力度。行政接待科严格执行接待工作的有关规定，从规范接待制度、加强接待规范性着手，本着热情、节俭、规范、有序的原则，较好地完成了各项接待任务，州委办公室的接待工作还在全省办公室主任座谈会上作了经验交流。后勤管理上，严格执行各项财经纪律，保证了州委机关的正常运转。加强办公设备和耗材管理，完成了州委办公室各种材料及文件的印制任务。车队管理上，加强了车辆的安全管理和定期维护，保证了州委领导及办公室领导的工作用车需求，年内未发生车辆安全事故。⑦在值班信访工作上，加大了应急值守和电文办理工作力度。一年来，总值班室认真负责地开展了重大信息发布平台的管理使用及维护、《重要情况反映》的编发、各种会议通知的发放、参会人员落实，各种函电的办理、群众诉求的答复协调等工作。总值班室坚持做到群众来访不回避，问题不回避，积极化解矛盾，体现群众工作的人性化，及时协调答复群众的合理诉求，促进了社会和谐稳定。州委办被评为省级文明单位、大理州社会治安综合治理维护稳定工作先进单位。⑧在机要保密工作上，加大了督促检查和软硬件建设力度。出台了《大理州国家秘密、工作秘密内部资料载体管理销毁管理办法》，强化对重点涉密部门、关键环节的抽查和管理，年内没有发生重大失泄密案件。党委系统办公室信息化建设有序推进，大理州电子政务内网、党委系统信息资源库、业务应用系统、信息安全基础平台建设顺利实施。此外，圆满完成了中央和省级领导到大理的机要交通传递工作。⑨关心下一代工作、扶贫挂钩等工作取得新进展。州关工委被省表彰为全省未成年人思想道德建设先进单位。注重关工委工作的创新，召开了关工委工作研讨会，推出了一批研讨成果，举办了"老少共颂祖国好"庆祝新中国成立60周年书画展，开展了一系列助学帮困活动。州委办公室扶贫挂钩联系点宾川县钟英乡脱贫步伐加快，贫困户结对帮扶、扶贫项目争取和实施工作进展顺利。认真开展结对帮扶洱海流域"百村整治工程"活动，年度考核中，州委办被评为一等奖。发挥牵头作用，"洱海保护月"活动扎实开展。选派了社会主义新农村建设指导员支持和参与新农村建设，并帮助协调解决群众面临的一些实际困难和问题。

【学习型机关建设得到加强】 2009年，州委办结合州委工作安排，制定办公室学习计划，并要求各科室、各党支部分别制定各自的学习计划，采取办公室集体学习、党员集中学习、科室业务知识学习、个人自学等方式，不断增强政治素养，提高理论水平和业务技能。一年来，办公室重点组织开展了深入学习实践科学发展观活动和"三个一"主题实践活动，圆满完成了各个阶段的学习任务，并坚持理论联系实际，推出了一批学习实践活动成果，有32篇文章在中央及省、州报刊、网络上发表。在日常工作中，一是增强学习的主动性。制定下发了《中共大理州委办公室学习与奖励制度(试行)》，鼓励干部职工发表理论文章，办公室领导积极推荐、购买新书、好书以及批转报刊重要文章提供科室学习，并带头撰写理论文章；二是增强学习的针对性。值班室注重收集重要时评，特别是人民日报评论员文章，坚持每月编发《学习资料汇辑》提供给州委领导，办公室全体干部职工；三是增强学习的趣味性。创新学习方式，组织开展了办公室学习实践科学发展观活动演讲比赛等系列活动，全面提高队伍素质，营造了良好的学习氛围。

【规章制度建设得到加强】 2009年，州委办公室积极探索适应地方党委领导体制和工作机制的新变化，抓住制度建设这个根本，认真学习借鉴省委办公厅和各地党委办公室制度建设的经验做法，深入推进州委办公室工作的科学化、规范化、精细化建设，并结合单位实际，以深入学习实践科学发展观活动为契机，在充分调研论证的基础上，修订、补充和完善了《中共大理州委办公室工作制度、工作规范、工作流程》，实现了州委办各个岗位、各个流程、各个节点工作的制度化，方便了上下级的沟通联系，以及内部科室之间工作的有机衔接，规范了程序、提高了效率。结合新形势、新任务的要求，加强统筹协调，进一步理顺和规范科室职能，合理设置内部科室，增设了州委常委办，配备了工作人员，专司服务常委工作，基本实现了常委部门协调机制制度化、规范化，确保了州级四机关、常委所在部门之间沟通协调的有效畅通。

【干部队伍建设得到加强】 2009年，州委领导高度重视州委办公室队伍建设，切实加大人才培养和选拔使用工作力度，关心办公室人员成长，年内提拔使用了一批优秀干部，其中处级干部4名、科级干部18名(含非领导职务、转任领导职务)。同时，根据工作需要，加大交流轮岗力度，大胆使用年轻干部，调整充实了各科室人员，合理分配工作力量，有效改善了办公室干部队伍结构，进一步营造了团结干事氛围。此外，本着"相互促进、共同提高、推动工作"的目的，继续实行顶岗培训制度，相关县市委办公室先后选派了优秀的办公室人员共4批16人到州委办各科室顶岗培训，有力地支持了州委办公室的工作，同时也增强了顶岗人员素质，提升了县市委办公室业务水平。

【党风廉政建设得到加强】 2009年，州委办公室狠抓党风廉政建设责任制的落实，为各机关各部门做出了表率。州委办公室领导班子年初与分管联系各局科室负责人签订党风廉政建设责任书，各局科室内部也层层签订责任书，把党风廉政的各项任务分解细化到人，监督落实到每一个环节，形成了齐抓共管、相互监督的工作格局。同时，严肃财经纪律，坚决执行"四个零增长"的规定，在现有车辆老化的情况下没有购买新的公务用车。规范接待工作，减少接待经费支出，控制各种考察学习活动，在建设节约型机关上作出了表率。严格执行非税收入管理的有关规定，高度重视小金库清理以及国有资产清理工作，主动配合州国资委对州委办经营管理的国有资产进行了移交、拍卖、处置，实现了国有资产保值增值。此外，重申了廉洁自律的有关规定，州委办在元旦、中秋、春节等重大节假日都下发文件，对各县市委办公室及州级部门重申四个"一律不准"，坚持上下一致，求得基层和部门的理解支持，拉近了领导机关和基层部门的距离，维护了机关的良好形象。州委办公室被评为全州党风廉政建设先进单位。

(《综述》由赵勋撰稿)

·纪检监察·

【概　述】 2009年是深入学习实践科学发展观、积极应对国内外严峻经济形势影响、保持经济平稳较快发展的关键一年，也是以改革创新精神推进惩治和预防腐败体系建设重要的一年。中共大理州委、州人民政府高度重视党风廉政建设和反腐败斗争，切实加强领导，全力支持纪检监察机关坚决查处大案要案，全面加强县级纪检监察机关建设。全州各级党委、政府和纪检监察机关在州委的坚强领导下，围绕中心，服务大局，突出工作重点，狠抓任务落实，党风廉政建设和反腐败斗争取得了新的明显成效，几项主要工作得到省纪委、省监察厅和州委、州政府的充分肯定，为全州经济平稳较快发展和社会和谐稳定提供了有力保证。

【召开州纪委六届四次全会】 2009年2月14～15日，中国共产党大理白族自治州第六届纪律检查委员会第四次全体会议在下关举行。出席会议的州纪委委员35人，列席159人。中共大理州纪委常务委员会主持了会议。全会审议通过了州委常委、州纪委书记梁志敏代表州纪委常委会所作的《以科学发展观统领反腐倡廉建设，为全州经济社会又好又快发展提供坚强保障》的工作报告。总结了2008年党风廉政建设和反腐败工作，提出了2009年全州党风廉政建设和反腐败工作任务。

州委副书记、州长何金平出席全会并作了重要讲话。州委常委及州人大常委会、州政府、州政协领导出席了会议。有关方面负责人参加了会议。

【监督检查扩大内需促进经济增长政策落实情况】 2009年，大理州各级纪检监察机关按照“四抓一化三促进”的要求，及时跟进，主动服务。出台了《大理州加快“两保护两开发”重大建设和招商引资项目监督检查办法》，制定了督查工作方案，及时建立了监督检查台账和项目实施情况月报表等制度。五次牵头对全州1至3批新增中央投资项目中的290个项目、20个“两保护两开发”项目、中小学校舍安全工程开展监督检查，对中央和省、州检查组提出整改要求的问题进行了重点督查，向项目实施存在问题的相关县市和部门发出了整改通知并督促整改落实。对全州2008年以来173项招商引资项目和88项“两保护两开发”项目开展了摸底排查，对重点项目进行了监督检查。聘任了六位州级老领导担任第一批特邀建设项目督查专员，参与全州重大项目的督查。通过监督检查，有效推进了全州扩大内需重大项目的顺利实施，实现了三个“百分之百”考核目标，确保了中央和省、州党委“保增长、保民生、保稳定”等一系列重大决策部署的落实。

【充分发挥党风廉政建设责任制“龙头”作用】 2009年，大理州纪检监察机关对2008年度党风廉政建设责任制工作进行了全面考核、奖惩。印发了2009年反腐倡廉建设任务分解和考核评分标准，明确每项任务的牵头单位和协办单位。各级各部门主要领导与班子成员、各班子成员与分管联系部门主要负责人层层签订了党风廉政建设责任书，认真履行“一岗双责”。以“两无”为目标，以“三公开”和“三资代管”为重点，扎实推进农村党风廉政建设。全面加强农村集体财务及资产资源管理，全州12县市基本完成行政村和村民小组的资金、资产、资源委托乡镇代管。研究部署了加强全州学校党风廉政建设工作的措施。开展了责任制半年检查，检查分计入年终考核结果。对12县市和71个州直部门2009年度惩防体系建设和党风廉政建设责任制工作进行了全面检查考核。

【深入推进阳光政府四项制度和领导干部问责工作】 2009年，大理州纪检监察机关适时对12县市、州级各部门实施阳光政府四项制度的情况进行督促检查，工作落实情况在全州进行通报。认真贯彻《关于实行领导干部问责的暂行规定》，进一步完善领导干部问责工作，继续加大问责工作力度，对169名干部实施了问责，其中县处级干部1人、乡科级干部56人，一般干部112人。全州党群机关全面推行“114政府信息直通车”（96128政务信息查询）服务。

【进一步加大查办案件工作力度】 2009年，大理州纪检监察机关共受理群众信访举报956件，初核违纪线索271件，初核转立案23件。立案查处151件163人，涉及县处级干部8人、乡科级干部24人、一般干部44人、其他人员87人。结案143件，处分违纪人员155人。为165名受到失实举报的党员干部澄清了事实。重点查处了州财校原校长李飞龙、宾川县原副县长黄文山等一批大要案。查处商业贿赂案件34件34人，涉案金额649万元。全力配合省纪委“6·23”专案组的工作。全州12县市纪委监察局和部分派出机构都有自办案件。认真贯彻“一案双查”办法。召开案件查办情况通报会，向500多名县处级以上离退休干部通报了查办案件工作情况。

【领导干部廉洁自律工作有新突破】 2009年，大理州纪检监察机关继续开展了向领导干部发廉政短信、寄廉政贺卡、送廉政台历活动，与新闻媒体开办了各类反腐倡廉专栏。《苍洱清风》廉政文艺节目在全州进行了巡回演出，12000多名党员干部观看。共组织25批3662名领导干部到州警示教育中心接受警示教育。党员领导干部讲授廉政党课1235场次。在全州开展了“加强作风建设、促进科学发展”主题教育活动。多种形式宣传廉政公益广告。新建的州反腐倡廉警示教育中心投入使用。实行了领导干部因公出国（境）管理备案制度。建立了大理州国有企业领导人员廉洁从业工作联席会议机制。开展乡科级以上领导干部任前廉政谈话792人次、诫勉谈话26人次、述职述廉769人次，纪委负责人同下级党政主要负责人谈话1151人次，1847名领导干部报告了个人有关事项。8名领导干部主动上交违规所得9.7万元。严格执行厉行节约规定，全州公务用车和公款出国（境）费用分别比前三年平均数下降19.2%和74.3%，公务接待和用电用油用水费用分别比2008年下降13.3%和9.3%。向全州干部职工发放了10万份《勤俭节约文明办客倡议书》。加强公务用车管理，对州级机关法定节假日、双休日车辆封存情况开展定期检查。

【从源头上预防和治理腐败工作有新进展】 2009年，大理州进一步巩固和扩大治理“小金库”工作成果，认真开展“回头看”。全州各级主管部门抽查下属单位967个，抽查面达53%，实行独立核算的1834个预算单位全部按照要求提交了杜绝“小金库”《承诺书》。认真开展行政单位和参公管理事业单位经营性国有资产统一管理改革工作，分期、分批、分类组织实施了经营性国有资产处置。不断深化干部人事制度改革，深入整治用人上的不正之风。对348项行政审批项目进行全面清理，取消和调整61项行政审批项目。县乡财政管理体制、部门预算、国库集中收付、政府采购等改革深入开展。在州级预算单位全面推行公务卡结算制度。深入推进党务、政务、厂务公开。积极开展了建立大理州公共资源交易市场的相关准备工作。

【执法监察、效能监察和纠风工作取得实效】 2009年，大理州实施了《大理州人民政府关于进一步加强行政效能建设的意见》。对廉租房建设及租赁补贴发放情况、节能减排和环境保护政策措施落实情况等8项工作开展专项效能监察，追缴违规社会保险基金332.7万元，查处新型农村合作医疗资金违规问题106起、涉及资金35.9万元，查处房地产开发中违规变更规划调整容积率案件2件。参与安全生产责任事故调查处理。对"7·9"、"11·2"地震救灾款物管理使用情况进行了专项检查。扎实开展工程建设领域突出问题专项治理工作。清理评比达标表彰项目398项，减少经费支出1003.9万元。清理教育违规收费项目11个，查出乱收费76.4万元，给予党政纪处分3人。清理涉农收费项目56个，减轻农民负担46.9万元，查处损害农民利益案件30件。清理审核涉及交通和车辆的行政事业性收费项目138个472.5万元。播出政风行风热线48期，办理群众投诉咨询452件。组织实施了社会评议州级行政机关和公共服务部门政风行风工作。

【纪检监察机关自身建设进一步加强】 2009年，大理州纪检监察机关以开展深入学习实践科学发展观活动为契机，切实抓好"做党的忠诚卫士、当群众的贴心人"主题实践活动"回头看"。认真贯彻落实中央纪委关于加强地方县级纪检监察机关建设的若干意见和省的贯彻意见，出台了《关于大理州加强县级纪检监察机关建设有关问题的处理意见》，从内设机构、人员编制、领导职数、经费保障等方面全面加强县级纪检监察机关建设。全州第一批州纪委监察局机关和大理市等6个县市改善纪检监察机关办公办案条件、加强信息化建设工作基本完成。州、县市纪委监察局同步录音录像固定谈话点建成使用并成功突破了一批大要案。召开了派出机构工作推进会，提出了进一步规范派出机构运行、发挥派出机构职能作用的对策措施。

（《纪检监察》由陈增雄撰稿）

·组织工作·

【概　述】 2009年，全州组织部门坚持以邓小平理论和"三个代表"重要思想为指导，深入贯彻落实科学发展观，按照中共大理州委六届六次全委会和全省组织部长会议的工作部署，以加强党的执政能力建设和先进性建设为主线，以开展深入学习实践科学发展观活动为重点，紧紧围绕"保增长、保民生、保稳定"，选干部、配班子，建队伍、聚人才，抓基层、打基础，解放思想，改革创新，为有效应对国际金融危机，保持全州经济社会平稳较快发展提供了坚强的组织保证。

【深入开展学习实践科学发展观活动成效明显】 2009年，中共大理州委组织部按照中央和省州党委的统一部署，指导各级党委紧紧围绕中央关于"党员干部受教育、科学发展上水平、人民群众得实惠"的总要求，坚持"五个更加注重"和"五个贯穿始终"，认真落实党建工作"八抓"要求，结合大理实际，突出实践特色，精心设计载体，创新活动方式，扎实开展了两批深入学习实践科学发展观活动，取得了良好成效。一是着力加强理论武装，凝聚大理科学发展新共识。紧紧围绕党员干部受教育的要求，在普遍采取中心组学习、专题培训、案例分析、讨论交流、党课教育、演讲比赛、知识竞赛等方式开展学习培训。通过"依理说事、就事明理"的案例教育、举办"科学发展论坛"等方式，增强学习的吸引力。组建了讲师团、理论宣讲团、理论辅导员、工作指导员、大学生"村官"、致富能手"六支"宣讲队伍，深入基层广泛开展宣讲活动。编印了一批具有民族特色和乡土特色的学习资料、文艺作品，使学习内容更加具体化、本土化、群众化、趣味化。通过抓实学习调研，广泛开展论坛，深入查找问题，深刻剖析原因，广大党员干部进一步加深了对科学发展观的科学内涵、精神实质和根本要求的理解和把握，在要不要科学发展、能不能科学发展、怎样科学发展上形成了共识。二是着力解决突出问题，推进大理科学发展新实践。坚持把学习实践活动与应对金融危机紧密结合，第二批开展"三走进三破解"、"百名州县领导兴调研、千名党组织书记下基层、万名共产党员献计策"等主题实践活动，第三批开展"五进村五到户"、"四走进四服务"、"五访五问"、"四百"活动等主题实践活动，做到了一个领域一个主题、一个单位一个特色，有效地把危机造成的压力转化为科学发展的动力、把危机带来的风险转化为科学发展的机遇，使党的组织优势和政治优势得到充分显现。全力推进"五个一批"项目的实施，有效解决了一些长期存在的制约科学发展的突出问题。三是着力营造良好氛围，紧扣主题抓舆论宣传。充分利用电视、广播、网络、报刊、简报等新闻宣传媒体，认真实施宣传工作"八个一"工程，大力宣传学习实践活动的进展情况、好做法好经验和活动中涌现出的先进典型。中央电视台新闻联播播出了大理州学习实践活动典型经验2条。中央深入学习实践科学发展观活动官方网站刊载148条(7条进入"全国学习实践活动特色经验关注度排行榜")，位居全省第一。其中，《云南大理：打造"六园"社区构建和谐家园》进入"学习实践活动特色经验关注度—2009年度总排行榜"，排名全国第8位。中央学习实践活动简报和全国非公有制经济组织学习实践活动简报刊用大理州信息各1期。人民日报、新华社、光明日报、农民日报、人民网、新华网、中国广播网等中央级媒体报道10多条。云南日报、云南电视台、云南人民广播电台三家省级主流媒体报道300多条。省委学习实践活动《简报》、《专报》单篇采用35期，综合采用12期。

【领导班子思想政治建设不断加强】 2009年，中共大理州委组织部研究制定出台《关于进一步加强和改进领导班子思想政治建设的意见》，对落实情况进行检查。认真落实省委"个人形象一面旗、工作热情一团火、谋事布局一盘棋"的要求，扎实开展主题实践活动，贯彻落实到干部培养、选拔、任用的全过程。全州共有1名县委书记、1名乡(镇)党委书记、8名村(社区)党组织书记被省委评为践行"三个一"先进个人。同时，大力宣传先进事迹，为全州广大党员干部践行"三个一"营造了良好氛围。

【培养选拔"四类干部"工作不断加强】 2009年，中共大理州委组织部认真研究制定并组织实施培养选拔年轻干部、少数民族干部、女干部和党外干部行动计划，明确了培养选拔的"八项措施"，使"四类干部"比例有较大提高。提拔40岁以下县处级干部19名，占提拔人数的52.7%。在州卫生局等4个单位完成了女干部的配备。完成了民革、民建、农工党、致公党4个民主党派州级组织的组建工作。积极实施"2448工程"，完成了全州县处级后备干部集中调整工作，推荐产生了县处级后备干部，建立起了一支门类齐全、结构合理、专业配套的后备干部队伍。

【干部教育培训工作扎实有效】 2009年是新一轮大规模培训干部的第二年，大理州干部教育培训工作紧紧围绕"生态优先、农业稳州、工业强州、文化立州、旅游兴州、和谐安州"的发展思路，突出学习贯彻党的十七大、十七届三中、四中全会精神这一主线，积极创新培训内容，改进培训方式，整合培训资源，大规模开展教育培训工作。制定下发《2008－2012年大理州大规模培训干部的实施意见》，组织实施"八大培训工程"。2009年，全州共举办各级各类培训班3278期，参训干部达334592人次。州级举办了4期共1100人参加的大理州乡镇党政领导班子成员学习十七届三中全会精神培训班。组织62名干部到国家行政学院、浦东干部学院、省委党校等参加十七届四中全会培训。选派47名县乡村三级干部到云南农村干部学院参加培训。认真制定十七届四中全会精神培训方案，对州级部门正处级领导干部、乡镇党委书记、乡镇长共358人进行了集中培训。在大理设立教学点，招录32名电子政务专业工程硕士学位研究生。认真举办各类专题讲座，大力推广网络培训、远程教育和在线学习。邀请北京大学副校长、著名经济学家海闻开展“中国经济的短期波动与长期走势”等4期专题讲座。组织3万余人参加云南省领导干部时代前沿知识讲座。组织224名领导干部参加“云南省干部在线学习学院”学习，有效激发了干部的学习兴趣，成绩位居全省前列。

【人才培养、吸引和使用机制不断健全完善】 2009年，中共大理州委组织部认真履行牵头抓总的职责，启动了《大理州人才队伍建设中长期规划纲要（2009－2020年）》编制工作。完善了《大理州优秀高层次人才选拔使用暂行办法》，出台了《大理州高技能人才培养计划》、《关于加强大理州企业与职业学院（校）合作培养高技能人才工作的意见》，进一步加大高技能人才培养工作，开展了第二届优秀高层次人才的评选递补工作。引进1名长江学者到大理工作，是全省引进高端人才的两个州市之一。大理州力帆骏马车辆有限公司董事长马伟亮荣获云南省第二届“兴滇人才奖”。全州有9名科技人员入选省技术创新人才培养对象。加强农村实用人才队伍建设，扎实推进绿色证书培训、“十万农村人才培训”等项目，全州人才队伍总量稳步增长、各类人才队伍素质不断提高，引才引智工作成效明显。

【选人用人公信度不断提高】 2009年，全州各级组织部门紧紧围绕提高组织工作满意度和选人用人公信度，积极探索创新，着力破解难题，取得明显成效。①积极推进干部人事制度改革。坚持正确的用人导向，按照德才兼备、以德为先标准选拔任用干部。加大了从一线选拔干部的力度，下派102名科级领导干部到乡镇锻炼，从优秀村（社区）干部中定向考录乡镇公务员20名。加大竞争性选拔干部力度，突出岗位需要，注重工作能力，强化实绩导向，公开选拔了8名处级干部。制定了《大理州州级党政机关科级干部竞争上岗工作实施办法》，通过竞争择优选拔中层干部。制定了《大理州县市党政领导班子和领导干部综合考核评价实施办法（试行）》等3个考核办法，综合运用民主推荐、民主测评、民意调查、实绩分析等评价方法，加强和改进干部考核评价工作。探索建立干部选拔任用公开提名、责任提名制度。实行了领导干部署名推荐制度，署名推荐干部108人，使用64人。进一步扩大干部任用工作信息公开，制定了党政领导干部拟考察人选报告个人有关情况、干部任前实绩公示制度。②深入整治用人上的不正之风。认真落实中央和省委关于深入整治用人上不正之风的有关要求，开展了“一报告两评议”工作。加强对干部选拔任用工作的监督检查，会同纪检机关严肃查处干部工作中的违规违纪行为，进一步匡正选人用人风气。在宾川、弥渡两县开展了创建“深入整治用人上不正之风示范县”活动，制定实施了《县委书记用人行为规范（暂行）》、《干部选拔任用工作规程（暂行）》等9项制度。在后备干部集中调整工作中集中整治“拉票”行为，对后备干部集中调整中治理拉票行为进行专项巡查；建立了查核工作责任制，对有关反映拉票行为的举报及时进行查核。配合省委组织部组织实施44个乡镇424个村委会领导班子和领导干部群众公信度调查工作。③强化干部选拔任用监督。健全干部监督联席会议成员单位信息沟通制度，联席会议成员单位之间采取召开会议、个别听取意见等方式，定期不定期交流信息、沟通情况、研究对策，形成干部监督的合力。健全了州、县市组织系统举报信息网络建设，全面开通了12个县市“12380”组织系统专用举报电话。建立了领导干部监督档案。

【基层党组织建设在创新中发展】 2009年，中共大理州委组织部认真贯彻落实全国、全省农村基层组织建设和机关党的建设工作会议精神，以改革创新精神统筹推进基层党建工作：①切实加大“三项工程一抓手”落实力度。大力推进村级组织活动场所建设工程，276个活动场所全部开工建设，已建成活动场所105个，投入资金3528万元。大力推进党员干部现代远程教育工程，完成了1253个党员干部现代远程教育终端接收站点建设，总建点率达100%。大力推进村党支部书记队伍建设工程，按照“一定三有”的要求，对村干部补贴在全省统一提高100元的基础上再提高100元。制定《大理州2009－2013年党员教育培训工作规划实施意见》，加强对村“两委”负责人培训，把乡镇、村党组织书记纳入整个干部培训规划，确保所有村党组织书记每年至少参加一次县或县级以上的集中培训。落实县委书记抓基层党建工作专项述职和抓党建工作责任制，完善党建工作考核评价机制。②创新开展“白州党建示范走廊”建设。把基层党建工作与民族文化紧密结合，将民族文化旅游景区打造成基层党建典型，扎实开展“白州党建示范走廊”，建立了州委常委、州人大主任、州政协主席挂钩联系指导州级党建示范点制度。建成30个州级党建示范点，177个县市级党建示范点，257个乡镇级党建示范点，培育了一批立得稳、影响远、活力强、辐射广的基层党组织先进典型。③着力构建统筹城乡党建新格局。探索建立城乡一体的党员动态管理机制，建立流动党员信息互动平台，开通了“12371”党员咨询服务电话，认真做好返乡流动党员管理服务，形成了覆盖全州的流动党员咨询服务网络。通过开展“县校合作”、“五个一”和“三结对”等帮扶活动，建立领导干部联系点1256个，城市党组织与农村党组织结对共建1381个，党员结成帮扶对子3.2万个，开展帮扶活动4486次，投入帮扶资金5911万元，落实项目1267个，办好事实事23494件。加大基层经费投入，把党建经费列入各级财政预算，各级各部门通过项目支持、结对帮扶、财政预算等多渠道投入经费近1个亿，受到省委组织部充分肯定。④统筹推进各领域基层党组织建设。制定下发了加强农村和“两新”组织党建工作等一批重要指导性文件，进一步强化了基层组织建设的思路和措施。调整优化农村基层党组织设置，新建行政村党总支部20个，新建村民小组党支部262个，发展党员3358名，消除党员“空白村民小组”49个。大力推广在农村社区、农民专业合作社、产业链上建立党组织，在专业协会中建立党组织53个，设立党员中心户5209个，建立庭院、楼宇党组织22个，在115个规模以上非公有制企业建立了党组织。在全州乡镇全面推行“农民服务站”建设，为农民群众提供“一窗式受理、一站式办结、一条龙服务”。落实“三有一化”要求，加强城市社区党组织建设，完成61个城市社区党组织换届，向社会公开选拔10名党组织书记。对49个软弱涣散、失掉群众公信力的村级党组织班子进行集中整顿。投资436多万元，新建、改建社区活动场所

26个。召开全州机关党建工作会议，对机关党的建设作出全面部署。在非公有制经济组织中新建党组织24个，规模以上非公有制经济组织实现全覆盖。学校、国有企业、窗口服务行业等事业单位党的基层组织建设工作，在创新中取得新的进步。⑤推进基层党内民主建设。认真总结大理市和永平县开展了党的代表大会闭会期间代表提议回复试点工作经验，在凝聚广大党员智慧、拓宽民意反馈渠道、充分发挥代表作用等方面进行了积极的探索。加强党内基层民主，全面推行党务公开、"四议两公开"等制度，将涉及群众切身利益、关系村级发展的重大事项等村级事务纳入民主决策的内容，充分尊重党员主体地位，提高了工作的透明度和规范化水平。

【切实加强组织部门自身建设】 2009年，大理州继续深化和拓展"讲党性、重品行、作表率，树组工干部新形象"活动，在全州组织系统开展了以"公道正派、务实创新、认真负责、廉洁自律"为主要内容的"作风建设年"活动，切实加强自身建设，有效推动了组织工作的落实。通过举办组工干部业务培训班、集中研讨、网上在线学习等形式开展专题学习培训，以案例分析、实地调研等为重点开展岗位练兵。注重在发展改革一线和基层锻炼组工干部，选派组工干部参加整村推进、新农村建设、中心工作、重大活动进行实践锻炼。认真开展学习王彦生先进事迹活动，在广大组工干部中营造了学先进、赶先进的良好氛围。扎实开展了"组工干部下基层"活动，各级组织部门开展谈心谈话4129人次，建立联系点179个，结对帮扶农村困难党员182户、困难群众138户，协调项目30个、资金819万元，解决实际困难299个。坚持从严治部、从严带队伍。严格遵守"十严禁"纪律要求，全面推行"八项承诺"、首问责任制和限时办结等制度，对全州组工干部提出树立学习、大局、服务、责任、团队、廉洁意识等"六种意识"和"节奏要快、工作要实、标准要高、差错要无、状态要好、待人要诚"的"六要要求"，受到了省委组织部的充分肯定。

【大理州党组织概况】 2009年，全州党的地方委员会有13个。党的基层组织8997个，其中：党的基层委员会177个（包括27个州属党委），党总支部899个，党支部7921个。

【大理州党员队伍结构】 2009年，全州正式党员占党员总数的97.19%，少数民族党员占50.49%，女党员占23.59%；文化结构：研究生占0.23%，大学本科占10.57%，大学专科占14.14%，中专占8.63%，高中及中技占10.97%，初中及以下占55.46%；年龄结构：35岁及以下占25.86%，36～45岁占25.64%，46～54岁占16.16%，55～59岁占7.77%，60岁以上占24.57%。

【大理州干部队伍结构】 2009年，全州机关干部中：少数民族干部占51.57%；妇女干部占27.34%。文化结构：研究生占1.58%，大学本科占48.34%，大学专科占36.46%，中专及以下占13.62%；年龄结构：35岁以下占33.72%，36～40岁占17.1%，41～45岁占21.62%，46～50岁占14.56%，51～54岁占7.86%，55岁以上占5.14%。

（《组织工作》由董云松撰稿）

·宣传工作·

【概　述】 2009年，全州宣传思想文化工作按照《大理州2009年宣传思想文化工作要点》的安排，高举中国特色社会主义伟大旗帜，坚持以邓小平理论和"三个代表"重要思想为指导，深入贯彻落实科学发展观，贯彻落实党的十七大和十七届三中、四中全会精神，年初召开的全国、全省宣传部长会议精神，按照高举旗帜、围绕大局、服务人民、改革创新的总要求，着力用中国特色社会主义理论体系武装、教育全州各级广大干部职工，推动深入学习实践科学发展观；着力建设社会主义核心价值体系，巩固全州各族人民团结奋斗的共同思想基础；着力唱响主旋律、打好主动仗；着力统一思想、振奋精神、增强信心，为大理州应对国际金融危机，保增长、保民生、保稳定营造良好氛围。有力地服务了州委、州政府的工作大局，有力地促进了白州社会和谐稳定，有力地凝聚起了全州各族人民团结一致、共克时艰的强大力量，有力地引导了社会舆论，为全面建设更高水平小康社会提供了思想文化保证。

【开展好第二批深入学习实践科学发展观活动的宣传】 2009年，州委宣传部在大理州开展第二批学习实践科学发展观活动期间，把强化舆论宣传、营造良好氛围作为搞好学习实践活动的重要保障，为全州学习实践活动的顺利开展提供了思想保证、舆论支持和精神动力。一是媒体宣传有声有色。中央深入学习实践科学发展观活动官方网站报道130多条，中央和省级主流媒体报道300多条，中央媒体集中采访报道大理州洱源县生态建设、永平县林改工作和漾濞县核桃产业发展情况。二是挖掘经验，突出特色。全州有9个单位的学习实践活动先进典型入选《云南深入学习实践科学发展观活动先进典型百例汇编》，6个单位学习实践活动的经验，入选省委学习实践活动领导小组办公室编印的《深入学习实践科学发展观活动第三批试点单位学习实践活动经验选编》，省委学习实践活动《简报》、《专报》单篇采用30期，综合采用10期。三是理论宣讲整体推进。深入全州各参学单位宣讲科学发展观，全州各县市共宣讲1129场次，近5万人次听讲，州级单位宣讲65场次，6000多人次听讲，广大党员干部深受教育。

【开展庆祝新中国成立60周年系列活动】 2009年，中共大理州委宣传部制定和报批了《关于庆祝新中国成立60周年活动的实施方案》，组织了大理州庆祝中华人民共和国成立60周年纪念大会、万人红装苍洱唱国歌、大型群众文艺展演（群众文艺周活动）、焰火晚会、"红土地之歌"演讲比赛、"我给祖国写封信"征文比赛、"我与共和国同生日"采访活动、"颂歌献给母亲60华诞"——青年歌手大奖赛选拔活动、爱国主义电影电视剧展播活动、第八届中国摄影艺术节暨2009首届大理国际影会、群众性爱国主义教育活动、走访慰问活动等十多项活动的宣传。组织州级媒体开设"庆祝新中国成立60周年"，"跨越60载，颂扬新大理"等相关专题、专栏，有计划地发放背景资料、纪念文章、回忆录、社论、评论、通讯、消息等，大力宣传各地区各部门、各行各业60年来取得的巨大成就和涌现出的先进典型，积极宣传报道大理州组织开展的各项庆祝活动。

【组织万人红装苍洱唱国歌宣传】 7月8日，在三塔广场隆重举行了庆祝新中国成立60周年纪念大会暨"万人红装苍洱唱国歌"活动。活动将民族大团结教育融入爱国主义培养，使民族文化外宣实现了时政性大传播，激发了全州人民的爱国热情和自豪感，引发了强烈的媒体传播效应，实现了大理的又一次对外大范围传播的新突破。在活动开展的过程中,州委宣传部和新兴媒体精心策划,通过"上千万快报、上百万短信、上十万点击、上一万条目"的宣传规模目标,推动了宣传范围上的广覆盖。是大理州多年来单一性的时政性新闻传播速度最为快捷、范围最为广泛的一次,也是视觉冲击力最为强烈的一次。此次活动具有强烈的新闻兴奋点,吸引了海内外各大媒体的广泛聚焦,直接参加宣传报道的120家媒体的150多记者,不仅大篇幅、深度性地作了报道,就连300多家没有到场的网络、报刊媒体也纷纷转载报道,使大理的民族文化外宣实现了最大化。北京有关媒体领导评论,大理白族自治州组织的"万人红装苍洱唱国歌"活动是云南省年内组织的在中国影响力最大和让人记忆力最持久的"两件事"(另一件是"聂耳音乐节")之一,特别在乌鲁木齐"7·5"事件后、在加强民族团结教育的新形势下,意义更加重大、作用更加明显。

【举办第八届中国摄影艺术节暨2009首届大理国际影会】 州委宣传部于8月1~5日在大理成功举办了第八届中国摄影艺术节暨2009首届大理国际影会。本届中国摄影艺术节暨大理国际影会的展览分国际展、国内外主要媒体展、摄影师邀请展、专题展、报名展等几大板块进行布展,共设132个展览、展出7000多幅作品。影会吸引了不少海内外商界知名人士,影会不但催生了大理的旅游热,同时也给大理带来了无限商机。节会期间,中外100多名摄影界的著名企业家、1700多名中外摄影家和数万名摄影爱好者云集大理。全国120多家媒体的记者也来到大理,报道中国摄影界的这一盛会。中央电视台《新闻联播》连续报道了第八届中国摄影艺术节暨2009首届大理国际影会开幕式、闭幕式暨金像奖颁奖晚会的盛况,《整点新闻》、《中国新闻》等栏目也连续播出了"一节一会"的新闻,其它各大主流媒体纷纷刊播了相关新闻。整个活动着力打造了"摄影天堂、创意之都、精神家园、旅游胜地"和"人文大理、幸福家园"等系列文化旅游品牌,实现了"高水准、国际化、地域特点鲜明"的目标,为繁荣和发展大理的文化增添了新的活力。

【深入开展干部理论教育】 2009年,中共大理州委宣传部制定印发了《关于2009年全州在职干部理论学习安排意见》。组织在职干部认真学习贯彻党的十七届三中、四中全会精神,学习中共中央总书记胡锦涛在云南考察工作结束时的讲话和中共云南省委书记白恩培到大理调研时的总结讲话。做好中国特色社会主义理论体系等学习宣传工作,组织征订《中国特色社会主义理论体系学习读本》等学习材料8万多册。编写《学习中国特色社会主义理论体系推进"两保护两开发"进程——大理州干部理论教育学习问答》。

【中心组理论学习规范化制度化】 2009年,州委宣传部制定印发了《2009年中共大理州委中心组理论学习计划》。全年州委中心组以专题讲座、专题学习、项目督查汇报会等形式组织集中学习活动三次。修改完善了《大理州各级党委(党组)理论学习中心组学习规则》。

【理论宣传深入广泛】 2009年,中共大理州委宣传部组织党的十七届三中、四中全会精神、中国特色社会主义理论体系等集中宣讲6次,州县市宣讲团共宣讲3700多场次,直接听众达37万多人次。制作《学习实践科学发展观谱写"两保护两开发"新篇章》电视专题讲座,刻录光碟300盘下发各县市以及洱海周边各乡镇、村委会。多形式宣传先进典型,《大理州组织大规模学习宣讲为学习实践科学发展观活动营造理论氛围》等6篇文章刊登在省委宣传部《理论工作简讯》上。

【理论研究结硕果】 2009年,大理州完成《新时期基层理论工作初探》、《提高边疆民族地区领导干部贯彻落实科学发展观能力研究》两个,"云南省实施马克思主义理论研究和建设工程"立项课题。建立云南理论评论大理调研基地,《发展核桃油料产业大有可为》等10余篇文章在《社会主义论坛》刊登。组织13个调研组对当前干部群众思想认识问题和热点难点问题进行调研,形成《当前干部群众思想认识问题和热点难点问题的调查与思考》等调研成果。积极向省纪念新中国成立60周年理论研讨会选送征文,《加强文化基础设施建设充分发挥农村文化基础设施功能作用》等4篇文章入选研讨会。

【举办全省社科年会】 大理州委宣传部、州社科联共同承办云南省2009年社科工作会议。会议于3月23~28日召开,会议主要内容为通报省社科联2008年工作情况,安排2009年工作,交流州市县社科联工作经验;考察调研大理市、巍山县、洱源县、宾川县、剑川县经济社会发展状况。参会人员有省人大原副主任、省社科联主席王义明、省社科联党组书记、副主席袁显亮及其他有关领导,全省各州市、县社科联主席及社科专家、学者,参会人员约130人。州委常委、州委副书记王桂芳,州委常委、州委宣传部部长王以志到会并作重要讲话。会议得到省人大原副主任、省社科联主席王义明的高度赞扬。利用此次时机较好的提升了大理及周边各县的外部形象,达到了预期效果。

【做好贯彻党的十七届四中全会精神的宣传】 2009年,大理州下发《关于做好学习贯彻十七届四中全会精神宣传报道工作的通知》。州级主要新闻媒体在转载新华社和人民日报关于十七届四中全会报道的同时,深入基层、深入实际,及时做好全州各级各地学习贯彻会议精神情况的宣传报道工作。大力宣传报道全州各级党组织学习贯彻十七届四中全会精神的进展情况,重点报道各级党组织和部门在学习贯彻全会精神过程中,加强党的思想理论建设、党内民主建设、反腐倡廉、干部人事制度改革等方面提出的好建议、制定的好措施,营造学习贯彻全会精神的浓厚氛围,推进全州的学习贯彻工作。邀请相关部门负责人和专家学者结合实际对会议主要精神和具体内容进行解读,撰写理论文章,为进一步学习贯彻全会精神提供参考。

【开展群众性爱国主义教育活动】 2009年,州委宣传部组织州属各机关、企事业单位、大中小学校观看影片《建国大业》和《南京!南京!》,并把它作为广泛开展爱国主义、革命英雄主义和社会主义教育的重要教材。组织全州党员干部观看影片《五月的声音》。组织州级媒体开辟"我与新中国同行"等群众性爱国主义教育活动的相关专题、专栏,突出反映全州切实做好民族工作,促进和谐方面的内容。认真组织好全国"100位为新中国成立作出突出贡献的英雄模范人物和100位新中国成立以来感动中国人物"评选活动群众投票组织工作。积极推荐上报并命名了7家省级爱国主义教育基地。

【开展国防教育宣讲活动】 2009年,大理州广泛开展国防教育宣讲活动,由省委组织部、省委宣传部、省军区政治部、省教育厅、省国教办组织的省国防教育巡回宣讲团进行宣讲。昆明陆军学院教授黄成志和省委党校副校长王国忠应邀分别作了题为《当前国际战略形势与国家安全》和《深入学习实践科学发展观，推进军民融合式发展》的专题报告。专题报告使与会人员对如何落实科学发展观，促进国防和经济建设的融合式发展有了更深刻的理解，对于加强大理州国防后备力量建设，建设富裕民主文明开放和谐大理有重要的指导意义。

【组织好大理州全国第二次经济普查宣传】 2009年，州委宣传部结合实际制定切实可行的《大理州全国第二次经济普查工作宣传方案》。强化新闻宣传、社会宣传，指导12县市经济普查宣传工作，为经济普查工作的顺利进行营造了良好的舆论氛围和社会环境。协调州级媒体大力开展经济普查新闻宣传工作，采取多种宣传方式开展广泛深入的宣传工作。宣传了普查的目的意义、普查主要内容、普查对象的法律义务以及普查工作中涌现出的典型事迹。

【组织开展大理州2009年科技活动周活动】 2009年，州委宣传部与州科学技术局、州科学技术协会共同组织了2009年科技活动周活动。科技活动周的主题是："提高自主创新能力，推进大理科学发展——携手建设创新型大理"。组织协调州级媒体通过采访报道的形式，动员全社会参与、支持科技创新及科技活动周的活动，在大理日报、大理电视台、大理州人民广播电台刊播科技创新实践消息和有关情况，宣传科学思想、普及科学知识、弘扬科学精神、传播科技信息、推进科学发展。

【做好交通安全和"安全生产月"宣传活动】 2009年，州委宣传部充分发挥职能作用，把"保护生命平安出行"工程纳入精神文明建设和宣传教育工作者工作的重要议事日程，结合实际，制定交通安全宣传教育工程规划，明确目标，落实责任，配合公安、教育、司法、安全监督、妇联等部门，做好交通安全宣传教育工作。从六月份开始，针对安全工作严峻的实际，深入开展驾驶人员道路交通安全知识教育和"安全生产月"活动。

【进一步加强对防控甲型H1N1流感的宣传工作】 2009年，州委宣传部下发了《关于进一步加强甲流防控宣传报道工作的通知》，要求各新闻单位要高度重视，充分认识做好甲流宣传报道和舆论引导工作的重要性。积极配合各级政府和各有关部门的防控工作，充分发挥媒体的舆论引导作用，认真做好相关宣传报道工作，为防控甲型H1N1流感工作营造良好氛围；在州级各新闻媒体开辟专栏，加强防控知识宣传，准确报道疫情信息；积极宣传应对措施，做好防控工作宣传报道。全面的宣传介绍各级政府、各有关部门所做的各项防控工作、药品供应保障情况、应对政策措施等做，传递给群众疫情可防、可控、可治的积极信息，疏导群众心理压力，防止在社会上造成不必要的恐慌；同时，加强网站管理和舆情监测，完善各项制度。

【开展《防震减灾法》宣传教育活动】 2009年，州委宣传部积极推进防震减灾知识进机关、进学校、进企业、进社区、进乡村，切实将《防震减灾法》宣传教育到社会的方方面面。

【抓好重大会议、活动，重点工作和典型的宣传】 2009年，州委宣传部认真组织好州委六届六次全体（扩大）会议、省政府大理专题会议、全州"两会"、2009中国大理第二届国际兰花茶花博览会、漾濞核桃节以及《防震减灾法》宣传教育活动、甲型H1N1流感、大理州第四届职工技术技能大赛、反邪教、"两保护、两开发"等重大会议、活动、重点工作的宣传工作。召开2010年度党报党刊发行工作会议，安排部署2010年的党报党刊发行工作。

【进一步做好普发兴典型的宣传】 2009年，大理州参加了省委宣传部在云南电视台举办的《彩云南的礼赞——云南省英模先进事迹综艺晚会》。用电影的艺术形式宣传普发兴同志的先进事迹，把云南典型推向全国。省委组织部、省委宣传部和大理州委州政府将根据普发兴同志先进事迹，拍摄一部反映云南省优秀农村基层党组织建设的主旋律影片《村官普发兴》。该片由云南民族电影制片厂负责，已于2009年12月份完成拍摄，现已进入后期制作阶段，计划于2010年上半年公映。

【扩大对外宣传】 2009年，州委宣传部主动走访各新闻媒体，倾听意见，寻求支持，使外宣有的放矢，外宣效果更加突出。春节期间，中央电视台新闻联播连续三天播出了白州欢度春节的新闻。大理州在"百城万店无假货"活动中取得的成效也在中央《新闻联播》、《人民日报》上刊播。据不完全统计，2009年大理州先后在中央级和省级主流媒体及港澳媒体上刊播有关大理的新闻和专题达500多条；中央电视台"新闻联播"、"晚间新闻"等栏目播出反映大理的新闻达70多条；云南电视台的"云南新闻"等栏目播出宣传大理的新闻达200多条；人民网、新华网、云南网等新闻网站有关大理的新闻点击率达600多万次。7月份，云南日报报业集团"祖国好云南红"大型采访宣传活动大理座谈会召开。9月，云南电视台《精彩云南 辉煌60年》大型电视直播行动；10月，云南旅游卫视《旅游新时空》栏目，先后在大理举行"人文大理、幸福家园"现场直播活动。参加"庆祝国庆六十周年全国网络媒体云南行"采访活动的近百家网络媒体记者和编辑来到大理，对大理方方面面的巨大变化进行了采访报道。邀请主流媒体对大理海西田园风光保护和大理生态文明建设及大理旅游二次创业、中低产田改造、2009年全国沙滩排球巡回赛大理站暨全国第十一届运动会沙滩排球资格赛、大丽铁路开通、大丽高速公路开工、"两保护、两开发"为核心的滇西中心城市建设、宾川"11·2"地震等内容进行深入采访报道。精心组织了剑川海门口考古发掘的宣传，中央电视台和云南电视台相关栏目拍摄制作了专题片。据不完全统计，2009年共接待主流媒体记者2500多人次，邀请重点专题采访15次。

【精心组织文化外宣】 2009年三月街民族节期间，中央电视台7套《乡土》有关栏目到大理采访，并播出了专题报道，央视3套《艺术品投资·寻宝》"走进大理"系列活动在大理举行。在中央电视台播出了《探索发现》专题节目《喜洲·苍山洱海间的历史回声》和《永远的家园》，制作了《洱海探秘》专题片，重点介绍了大理的历史、民族和旅游。在央视1套、3套分别播出了电视剧《金凤花开》和电视散文《大理印象》。认真组织策划了《希夷之大理》大型实景演出工程开工奠基宣传及新闻发布会。《剑川民族文化》丛书在昆明首发，向外充分展示了大理白族文化的独特魅力。精心组织了2009第二届"两博会"、三月街民族节、绕三灵、栽秧节等节庆活动的宣传工作。据不完全统计，仅三月街民族节期间州外媒体就刊播了400余篇（件）宣传大理的稿件。大理市邀请央视7套、新华社、云南日报等国家级、省级主流媒体记者到大理采访；宾川县与央视七频道《乡村大世界》栏目成功举办了“走进中国柑桔之乡——宾川”大型文艺活动；巍山县在CCTV—7《乡土》栏目播出《彝家人的大日子》等三个专题节目；南涧县跳菜再次跳上“第二届中国成都国际非物质文化遗产节舞台”；洱源县做好生态文明试点县建设的活动，在央视上作了报道；云龙县先后邀请了美国、法国等专家开展拍摄电影和文化调研等活动；漾濞县举行了云南省城市电视台协作会“探秘中国核桃之乡——漾濞”采访活动等，外宣活动异彩纷呈，形成了外宣合力。

【拓宽文化产业发展渠道】 2009年，大理州进一步拓宽文化产业投融资渠道，借助外脑外力，积极寻找合作伙伴，掀起新一轮文化产业发展的高潮。实施文化产业项目带动战略，建设鹤庆新华村银铜器工艺品、剑川木雕、巍山扎染、漾濞核桃秀、洱源地热温泉、博雅石业等文化产业基地和区域性特色文化产业群。

【精心打造文化产业新品牌】 2009年，大理州采取大戏支撑、品牌营销、凸现特色、项目推进、活动铺垫的思路，调整和集合各方力量，逐步在一些重点项目和重大活动上打造出了一批文化产业新品牌。与北京阳光传媒集团合作，进一步完善文化产业发展规划，着力推出《希夷之大理》、《金凤花开》等一批文化产业新品牌。大力扶持电视连续剧《金凤花开》的拍摄。该项目得到了国家民委、省委宣传部、中央电视台的大力支持。在云南省第三届青年歌手电视大奖赛上，大理州代表队取得1金1银3铜以及团体优秀奖和组织奖的骄人成绩，首次实现了金牌零的突破。

【加强公共文化服务体系建设】 精心组织实施了“边疆解五难”、“2131”电影放映工程、百县千乡宣传文化工程、万村书库工程等文化建设重点建设工程。发展了云龙天池村农民读书会等一批农民自助读书组织，壮大了金花艺术团、祥云古云南艺术团等一批热心服务农村的群众演出团体。在蓬勃开展的群众文艺活动中，涌现出《选秧官》、《彩蝶飞花》、《情满山乡》等一大批获得全国大奖、深受群众喜爱的文艺作品。

【提高宣传干部素质】 2009年，州委宣传部组织开展“三项学习教育”活动、“科学发展观”学习教育活动。选派宣传口正科级以上领导干部8人和12名编辑记者参加了省级学习培训。切实抓好干部在岗自学，近两年我部有5名干部通过参加函授学习，取得了在职研究生学历。

【强化阵地建设提高新闻宣传水平】 2009年，州委宣传部组织大理州新闻工作者代表进行“让党放心，让人民满意——大理新闻界‘做负责任媒体’”承诺宣誓，以庄严的宣誓发出了“做负责任媒体”的承诺。召开大理州新闻工作者座谈会，组织了第十个记者节系列活动。认真开展新闻阅评工作。组织州级相关单位参与第二十五届云南新闻奖评选、云南新闻论文奖评选，8篇文章获得第二十五届云南新闻奖获奖作品和第25届云南新闻论文奖。

【切实抓好舆情信息工作】 2009年，中共大理州委宣传部的舆情信息工作紧紧围绕全党全国工作大局，关注国际国内大事，准确把握经济社会发展形势，全面反映干部群众的热点难点信息，把握重点，提高质量，更好地为大局服务，为决策服务，受到省委宣传部的表彰。

（《宣传工作》由李建奇撰稿）

·统战工作·

【概　述】 2009年，中共大理州委统战部按照年初全州统战部长会议及《2009年全州统战工作要点》的安排，以学习贯彻党的十七大、十七届三中、四中全会，认真开展深入学习实践科学发展观活动，切实加强统一战线的各项工作，促进政党关系、民族关系、宗教关系、阶层关系、海内外同胞关系的和谐，为经济社会建设营造良好氛围，打牢共同的思想基础，提供较好的力量支撑。调动全州广大统一战线的积极性，凝聚起统一战线团结一致、共同奋斗的强大力量，全力服务于州委、州政府的中心工作，为深入贯彻落实科学发展观，应对国际金融危机影响，为“保增长、保民生、保稳定”，推动全州经济平稳较快发展和社会和谐稳定做出了积极贡献。

【广泛开展走访慰问活动】 2009年春节前夕，由州委常委、州委统战部部长杨秀星，副州长李万通带队，组成有关部门领导参加的统一战线春节慰问团队先后赴民主党派、宗教团体、非公企业、台湾村、台资企业、宾川三个华侨农场、鸡足山等地，走访慰问统一战线各界代表人士。代表州委、州政府和相关部门送上慰问礼品、礼金，把党和政府的关怀和温暖带给统一战线成员，祝福他们过上一个欢乐祥和的春节，充分肯定广大统一战线朋友一年来取得的成绩，感谢他们为全州经济平稳较快发展和社会和谐稳定作出的贡献。统一战线代表人士在慰问座谈发言中，衷心感谢党和政府对他们的关怀，决心在新的一年里勤奋工作，以实际行动报答党和政府的关怀和期望，为促进政党关系、民族关系、宗教关系、阶层关系、海内外同胞关系的和谐，为经济社会又好又快发展做出新的更大的贡献。

【中国国民党归侨联谊会参访团到大理考察】 1月6～7日，由中国国民党中央委员会海外部编审岳承凯先生为团长参访团一行34人到大理考察。参访团在云南省台湾同胞联谊会、大理州委统战部、大理州台办有关领导陪同下参观考察了大理境内的崇圣寺三塔等几个主要景点，听取了大理州台胞情况和台资企业发展情况介绍。他们表示衷心感谢大理州人民政府和大理人民多年来对到大理经商、度假、旅游台胞以及对大理籍台胞、台属和台商的支持、关心与照顾，并相信大理的自然环境和投资政策一定能吸引更多的台胞到大理投资办企业，台湾人民和大陆人民期盼的祖国统一事业必将实现。州委统战部、州侨联、州台办设宴招待参访团全体成员。

【指导民主党派成立州级地方组织】 经民革、民建云南省委和中共大理州委批准，州委统战部指导协助民革、民建做好筹备工作，分别成立两个民主党派州委。中国国民党革命委员会大理州第一次全体党员大会于2009年1月9～11日在下关召开。会议认真学习贯彻中共十七大精神和新时期统一战线方针政策，按照《民革章程》选举产生了中国国民党大理白族自治州第一届委员会，选举段利华为主任委员，车惠菊、赵岗为副主任委员，田果芬等11人为委员。中国民主建国会大理州第一次全体会员大会于2009年1月16～18日在下关召开。会议以中共十七大精神为指导，认真学习贯彻新时期统一战线方针政策，按照《民建章程》选举产生了中国民主建国会大理白族自治州第一届委员会委员，褚九云当选为主任委员，宋万钧、章东琼当选为副主任委员。州委常委、州委统战部部长杨秀星代表中共大理州委在会上作重要讲话，相关州级领导、州级部门负责人应邀参加了会议。

【举行统一战线新春茶话会】 2009年1月20日，州委统战部、州民委、州宗教局联合举行全州统一战线新春茶话会，统一战线各界人士欢聚一堂，喜迎新春，共话爱国统一战线事业。州委常委、州委统战部部长杨秀星出席茶话会并讲话。州人大常委会副主任陆璐，州人民政府副州长李万通，州政协副主席毕熊光、杨泽恒等出席茶话会。杨秀星代表州委、州政府及州委统战部、州民委、州宗教局向全州各民主党派、工商联、党外干部、少数民族、宗教界和统一战线各界人士，向台胞台属、归侨侨眷，向关心和支持大理经济建设和社会发展的各界人士致以节日的问候。杨秀星说，全州统一战线事业蓬勃发展。民主党派成立了州级组织，民主政治建设得到进一步加强；民族工作认真贯彻党和国家的民族政策和法律法规，促进了各族人民和睦共处，共同发展；宗教工作认真贯彻落实《宗教事务条例》，充分发挥了宗教界人士和信教群众在促进经济社会发展中的积极作用；非公经济迅速发展，占国民生产总值比重不断提高；港澳台同胞和睦共处。今年是新中国成立60周年，在新的一年里，要继续高举中国特色社会主义伟大旗帜，深入贯彻落实科学发展观，积极应对国际金融危机的影响。刚刚召开的州委六届六次全会描绘了大理州建设更高水平小康社会的宏伟蓝图，要进一步解放思想，把全社会的发展积极性引导到科学发展上来，推动经济社会又好又快发展。全州统一战线要结合各方面的工作实际，正确处理好政党关系、民族关系、宗教关系、阶层关系和海内外同胞关系，积极促进民族团结、宗教和顺、社会和谐发展。各民主党派、工商联、无党派人士、民族宗教界代表人士、台胞台属和海内外侨胞要充分发挥自身优势，紧紧围绕州委、州政府中心工作，建功立业，建言献策，为全面建设小康社会凝聚起强大的力量，为建设富裕民主文明开放和谐大理作出积极贡献。各民主党派、工商联、无党派人士、民族宗教界代表人士、台胞台属、归侨侨眷代表以及非公经济代表200多人参加茶话会。

【召开全州统战部长会议】 3月27日，全州统战部长会议在大理下关召开。州委副书记王桂芳在会上讲话，对过去一年统战工作取得的成绩给予充分肯定。要求各级统战部门在新的一年里要切实把统一战线广大成员的认识统一到中央和省委、州委的决策部署上来，坚持深入贯彻落实科学发展观，紧紧围绕州委、州政府确定的“生态优先、农业稳州、工业强州、文化立州、旅游兴州、和谐安州”的工作思路，调动一切积极因素，围绕妥善应对国际金融危机、保持大理州经济平稳较快发展中的重大问题积极建言献策，积极引导和组织各民主党派、工商联和无党派人士围绕保增长、扩内需、调结构、重民生、保稳定等重点问题开展调查研究；要支持帮助非公有制经济人士在应对国际金融危机、保持经济平稳较快发展中充分发挥作用，促进统一战线可持续发展，各级党委要切实加强和改善对统一战线工作的领导，扎实开展深入学习实践科学发展观活动，全面加强统战干部队伍建设，不断提高统一战线服务科学发展的能力和水平。受州委常委、州委统战部部长杨秀星的委托，州委统战部常务副部长陈培方对2009年全州统战工作作了安排部署。

【召开学习实践科学发展观动员会】 3月24日，中共大理州委统战部召开深入学习实践科学发展观活动动员大会。州委常委、州委统战部部长杨秀星，州委学习实践科学发展观第五指导检查组组长杨保诚在会上作了重要讲话。杨秀星指出，深入学习实践科学发展观活动，是“三个代表”重要思想学习教育活动和保持共产党员先进性教育活动以及开展新一轮解放思想大讨论活动的继续。全州各级统战部门和各民主党派要切实把思想和行动统一到中央和省、州党委的决策部署上来，认真学习，深刻领会，全面贯彻，扎实做好各项工作。要通过开展深入学习实践科学发展观活动，不断强化改革创新意识、科学发展意识、扩大开放意识、大统战意识，切实解决在贯彻落实科学发展观方面存在的突出问题，提高贯彻落实科学发展观的自觉性，增强做好新时期统战工作的紧迫感和责任感，推动全州统战工作再上新台阶。要围绕有效应对国际金融危机影响，推动大理经济平稳较快发展，着力巩固政治基础，努力促进“五大关系”的和谐，努力提高统一战线服务科学发展和实现自身科学发展的能力和水平。州委深入学习实践科学发展观活动第五指导检查组组长杨保诚就开展好学习实践活动提出了具体要求。州委统战部全体干部职工、各民主党派专职主委、副主委、全体专干参加了会议。

【致公党江苏省委领导到大理考察】 4月3～4日，经致公党云南省委、大理州委邀请，致公党江苏省委陈光标一行8人到大理州参观考察。陈先生曾获得中国首善荣称，是致公党江苏省委常委、江苏省政协委员，在我国教育界享有名望。来宾在副州长李万通陪同下，先后参观大理市的主要景点，访问白族民居，到州民族中学考察座谈，李副州长向客人介绍了大理州的基本州情及经济社会发展、民族文化教育等主要情况。陈先生一行认为大理的民族文化教育历史悠久，物产丰富，气候宜人，大理州委、州人民政府非常重视少数民族文化教育，全州教育事业蓬勃发展，取得较好成绩，希望州委、州政府及有关部门进一步重视、扶持少数民族，特别是贫困山区的民族教育事业，不断改善办学条件，培养出更多的少数民族人才，为建设大理作贡献。4月4日，州委、州政府设晚宴招待客人，副州长李万通，州政协副主席、民盟大理州委主委杨泽恒等领导出席了宴会。事后，陈光标先生一行特意捐赠给大理州民族中学、大理州特殊教育学校，洱源、宾川、云龙县的学校100台电脑。

【举行民族团结宣传日活动】 4月8日，大理州州、市民委在大理古城举行“民族团结宣传日”活动，州委副书记王桂芳，州委常委、州委统战部部长杨秀星、副州长李红卫等领导参加活动。整个活动在“五十六个民族五十六朵花”的优美旋律中进行，州市领导及工作人员向往来各民族群众发放宣传资料，解答有关涉及民族政策、法律法规、民族基本常识的问题。共发放《党和国家民族团结宣传提纲》、《中华人民共和国民族区域自治法》、《大理白族自治州条例》、《云南省民族乡工作条例》、《城市民族工作条例》、《和谐之源》、《大理民族工作》以及禁毒防艾的宣传材料3000余份。通过开展活动，加大民族政策的宣传力度，使“汉族离不开少数民族、少数民族离不开汉族、各少数民族也相互离不开”更加深入人心，进一步巩固发展全州平等、团结、互助、和谐的社会主义民族关系。

【深入学习实践科学发展观活动做到“四个新”】 4月15日，州委常委、州委统战部部长杨秀星在州委统战部学习会上强调：在开展深入学习实践科学发展观活动中，按照“党员干部受教育，科学发展上水平，人民群众得实惠”的总体要求，达到“四个新”的具体目标。一是在解放思想上有新飞跃。按照贯彻落实科学发展观的要求解放思想、统一思想，紧密结合统战工作实际和党员干部的思想实际，深刻分析工作中的差距与潜力，积极探索做好统战工作的新途径、新方法，进一步增强贯彻落实科学发展观的自觉性和坚定性。二是在提升能力上有新进步。着力提高围绕中心、服务大局的能力，善于学习、开拓创新的能力，协调关系、促进和谐的能力，增进团结、合作共事的能力，充分发挥统一战线在服务科学发展中的积极作用。三是在解决问题上有新成效。在积极应对国际金融危机的影响，围绕保持全州经济平稳较快发展这一首要任务，以学习实践活动为契机，针对统一战线的特点，结合实际，抓住重点，集中解决最突出的问题，努力做到党员的素质有明显提高，干部的作风有明显改进，广大统一战线成员的满意度有明显上升。四是在创新机制上有新突破。加大履行职能的力度，在促进"五大关系"的和谐、加强自身建设等方面，大胆实践，勇于创新，加快构建符合科学发展观要求的统战工作体制机制，促进新世纪新阶段爱国统一战线的健康发展。

【杨秀星到洱源县调研】 4月16～17日，州委常委、州委统战部部长杨秀星到洱源县调研，强调要把传达学习贯彻省政府大理专题工作会议精神，作为全县学习实践科学发展观活动的重要内容，围绕"党员干部受教育、科学发展上水平、人民群众得实惠"的总体目标，以"两保护、两开发"为核心，进一步树牢"洱源净、洱海清、大理兴"的理念，坚持生态立县，多措并举，科学发展，全力推进生态文明试点县建设。杨秀星一行在洱源县有关领导陪同下，先后深入西山、右所、邓川等地调研，听取了县、乡镇负责人关于西山地震受灾情况、烤烟育苗、西湖保护开发和洱源生态保护等方面的工作情况汇报。杨秀星对洱源县委、政府在烤烟育苗、西湖开发、洱海保护、生态文明试点县建设等方面取得的成绩给予了充分肯定，杨秀星指出，县、乡党委、政府要高度重视震情，增强责任意识，关注民生，确保救灾物资到位，安排好受灾群众的生产生活，抓好灾区的春耕生产；要突出特色，加强领导、密切关注，按照烤烟育苗技术程序严格执行和操作，保证烟苗质量，确保烤烟大田移栽工作的顺利开展，促进烟农增收；要解决好旅游开发与生态保护及群众生产生活之间的矛盾，确保人民群众利益、确保社会和谐稳定，切实使西湖开发项目成为洱源县经济发展的重要增长点；要坚定不移地加大洱海保护治理的力度，重点抓好流域城镇治污截污工程、农业农村面源污染治理工程、流域湿地滩地生态恢复建设工程，主要入湖河流水环境综合整治工程，抓实洱源生态文明试点县建设，推动洱海保护治理向深度和广度发展，实现新的突破。

【指导州佛协、州伊协做好换届工作】 2009年，州委统战部、州宗教局指导州伊斯兰教协会、州佛教协会认真做好换届工作。大理州伊斯兰教协会于4月21～23日召开第五次代表会议，全州各县市及州级单位、各宗教团体负责人共210人参加会议，会议认真学习贯彻党的十七大精神和宗教工作方针政策，听取和审议州伊协四届理事会工作报告、修改伊协章程、选举产生州伊协第五届理事会，选举杨泽雄为会长。大理州佛教协会于9月5～7日召开第二次代表会议，来自全州各县市的佛教界代表、特邀代表、州级有关单位、各宗教团体负责人共220人参加会议，会议审议了大理州佛协第一届理事会工作报告，审议通过了《大理州佛协会章程》，选举产生了大理州佛协会第二届理事会，选举崇化法师为会长。州委副书记王桂芳、州政协主席袁爱光、州委常委、州委统战部部长杨秀星、州委常委副州长马健全、副州长李红卫等领导应邀出席会议，王桂芳、杨秀星、李红卫分别在会上作重要讲话。

【开展专题调研】 4月23～24日，州委常委、州委统战部部长杨秀星，州政协副主席、州工商业联合会主席寇铸勋带领州委统战部、州工商联全体干部职工先后深入到华兴集团、飞龙公司、龙云经贸公司走访调研。调研座谈会上，杨秀星、寇铸勋对三个非公企业在积极应对国际金融危机，保持企业稳定发展方面、保就业、承担社会责任方面所作出的贡献给予充分肯定。杨秀星强调：面对当前国内外形势发生的深刻变化，非公企业要认清形势，科学分析这场危机对大理州非公经济发展的影响，积极研究应对金融危机的对策措施，进一步增强企业发展信心，坚定战胜困难的决心，团结互助，群策群力，共克时艰；要寻求机遇，积极探索转危为安的新路子，挖掘潜力，增强抵御风险的能力；要发挥产业多元化发展优势，发挥产业集群效应和规模效应，促进企业平稳发展；要深入学习实践科学发展观，走科学发展道路，加大创新力度，坚持调整产业结构、节能降耗减排、发展循环经济，形成低投入、低消耗、低排放和高效率的节约型增长方式；要坚持以人为本，激发员工的积极性和创造性，树立与企业同舟共济，共度难关的信心和决心，要自觉承担社会责任，尽量做到"不停产、不裁员、不欠薪、保稳定、保发展"，积极增加就业岗位，为社会和谐发展贡献力量。经过调研，形成了《关于国际金融危机对大理州非公有制经济影响情况的调查与思考》的调研报告。

【召开各民主党派学习实践科学发展观座谈会】 5月19日上午，州委统战部召开各民主党派深入学习实践科学发展观座谈会。州政协主席袁爱光，州委常委、州委统战部部长杨秀星出席会议并作重要讲话。袁爱光主席到会作指导，他强调指出，各民主党派要坚持用科学发展观统领各项工作，用科学发展观武装头脑、指导实践，紧紧围绕"保增长、保民生、保稳定"开展工作，发挥作用。杨秀星对各民主党派认真贯彻落实科学发展观及各项工作取得的成绩给予充分肯定，并对各民主党派深入学习实践科学发展观，深化坚持走中国特色社会主义道路学习教育活动，认真履职、加强调研，进一步提高参政议政能力提出要求。一是加强理论学习，夯实共同政治基础。各民主党派要把深入学习实践科学发展观，学习中国特色社会主义理论体系作为思想建设的主要内容，深入开展形势教育，进一步明确肩负的历史责任，进一步增强参政议政的主动性，发挥各民主党派的特色和优势，为实现全州经济平稳较快发展和社会和谐稳定作贡献。二是发挥优势，选准课题，积极开展调研。各民主党派要紧紧围绕州委、州政府的中心工作，结合自身实际，选择具有综合性、全局性、前瞻性的课题，围绕保增长、扩内需、调结构、保民生、保稳定等方面的社会热点、难点问题，集中力量深入调研，建务实之言、献有用之策。三是创新工作思路，认真履职，努力提高参政议政的能力和水平。各民主党派要紧密结合当前形势，解放思想，创新工作思路，要把开展学习教育活动与民主党派自身建设、履行职能的实践相结合，引导广大民主党派成员发挥智力优势，提高参政议政，积极发挥建言献策和民主监督作用。座谈会上，民主党派负责人就调研工作、自身建设、机关建设等情况进行发言，并对州委统战部学习实践科学发展观活动提出意见和建议。

【深入基层调研民族宗教工作】 5月，州委统战部组成有州民委、州宗教局领导参加的民族宗教工作调研组，由州委常委、州委统战部部长杨秀星带队，先后深入到云龙、永平、巍山、剑川、洱源、宾川、鹤庆等县调研民族宗教工作。调研组采取座谈、实地察看的形式，广泛听取各方面意见、建议，指导基层进一步做好民族宗教工作。走访调查中，在听取各县工作汇报基础上，杨秀星就提高对新形势下民族宗教问题的认识，切实做好民族宗教工作提出了要求。强调工作中要认真贯彻落实胡锦涛总书记在云南视察时的重要讲话精神，广泛开展民族政策、民族基本知识、民族团结的宣传教育，牢固树立“三个离不开”的思想，不断增强做好民族工作的自觉性和坚定性。牢牢把握各民族共同团结奋斗、共同繁荣发展的主题，加强对民族地区经济社会发展的研究，积极帮助少数民族地区加快经济社会发展，更加扎实地推进大理州民族团结进步事业。宗教工作要坚持以科学发展观为指导，树立“民族宗教无小事”的观念，认真贯彻落实党的宗教工作方针政策，依照《宗教事务条例》，在寺观教堂等宗教活动场所全面开展爱国主义教育和法制宣传教育活动，不断完善民主管理制度，及时掌握和稳妥处理宗教方面的难点、“热点”问题，积极引导宗教与社会主义社会相适应，促进宗教和谐稳定。在调查研究的基础上，形成了《如何做好新形势下大理州民族宗教工作的调研报告》。

【杨秀星到下关镇文献村调研】 6月2日，州委常委、州委统战部部长杨秀星带领统战部部分干部职工到大理市下关镇文献村调研。杨秀星对文献村深入学习实践科学发展观，“保增长、保民生、保稳定”、加快新农村建设、推进农村经济社会发展提出要求。杨秀星对文献村近几年在基础设施建设、拆迁搬迁工作取得的成绩给予充分肯定。并对今后工作提出要求：①面对新形势，镇村两级干部要认真学习实践科学发展观，以科学发展观为指导，积极主动思考、理清发展思路，做到思路项目化、项目数字化、措施具体化、效益最大化。②要把基层党组织建设工作和新农村建设、产业培植有机结合起来，充分发挥基层党组织的战斗堡垒作用和党员的先锋模范作用。③市、镇两级党委、政府要在发展思路上给予指导，靠科技、靠新思路、新观念，扎扎实实的规划，推进社会主义新农村建设。④要认真贯彻落实科学发展观，树立以人为本的理念，关注农民生产、生活，“保增长、保民生、保稳定”，及时了解农民反映强烈的问题，倾听各方意见，做好工作，把矛盾问题协调解决在基层。努力把文献村建设成为“生产发展、生活宽裕、乡风文明、村容整洁、管理民主”的社会主义新农村。

【台湾大景福医学交流促进会到大理考察】 由全国台联副会长史茂林先生陪同，以台湾中西医整合医学会名誉理事长杨思标为团长的“台湾台大景福医学交流促进会”考察团，于2009年6月3～5日到大理市及洱源县邓川镇卫生院考察。该团在大理州委统战部、州台办领导陪同下先后参观大理市的几个主要景点，访问白族民居，观看白族“三道茶”歌舞，与邓川镇卫生院医生及有关医学人士座谈、交流，互相介绍办院情况和经验。来宾认为大理的民族文化历史悠久，特产丰富，气候宜人，大理州委、州政府非常重视少数民族卫生事业。表示今后要加强联系，增进友谊与合作，为大理州特别是洱源县的卫生事业给予医术及经费支持。

【州委书记刘明调研统战工作】 6月23日，中共大理州委书记刘明在州委常委、州委统战部部长杨秀星，州委常委、州委秘书长杨健，州委常委、大理市委书记段玠，以及州级有关部门领导的陪同下，对统一战线工作进行调查研究。先后深入到大理市龙龛村委会龙下登自然村、五里桥穆斯林专科学校调研，到龙山办公区看望各民主党派和州委统战部全体干部职工。同各民主党派、宗教界代表人士、州委统战部干部亲切座谈，听取州委常委、州委统战部部长杨秀星对全州统战工作情况的汇报。刘明指出，近年来，大理州统一战线坚持以邓小平理论和“三个代表”重要思想为指导，牢固树立和认真落实科学发展观，认真贯彻党的统一战线理论和方针政策，高举爱国主义、社会主义旗帜，牢牢把握大团结、大联合主题，围绕中心、服务大局，动员全州广大统战干部和统一战线成员，进一步解放思想，创新工作思路，深入调查研究，积极建言献策，主动服务社会，为促进“五大关系”的和谐，推动全州经济社会又好又快发展作出积极贡献，统一战线事业呈现蓬勃发展的可喜局面。特别是民族工作取得显著成绩，州委、州政府被国务院授予“民族团结进步模范集体”荣誉称号。刘明强调，要切实做好民主党派和无党派人士工作。加强思想政治教育，不断提高各民主党派领导班子成员和干部队伍思想素质；加强制度建设，拓宽民主党派和无党派人士参政议政渠道；加强民主党派自身建设，不断提高履行参政议政、民主监督的能力和水平。要牢固树立民族宗教无小事的思想，认真落实党的民族宗教政策，切实维护民族团结、宗教和顺、社会稳定。切实维护宗教和谐，充分发挥宗教文化在构建和谐大理中的积极作用；扎实做好藏区工作，确保大理州藏区经济发展、民族团结、社会稳定。刘明要求，全州统一战线要把开展深入学习实践科学发展观活动作为首要政治任务，按照州委的统一安排部署，扎实抓好学习实践活动后两个阶段工作，确保学习实践活动取得实实在在的成效。统战部门要进一步加强自身建设，切实发挥牵头协调和监督检查职能作用，当好党委的参谋助手。

【选派统战干部到北京培训】 6月24日至7月1日，按照中共云南省委统战部的统一安排，由大理州委统战部副部长林曙盛带队，全州12个县市委统战部长到中央社会主义学院，参加云南省县、市、区委统战部长培训班学习。年内还先后选送25名县市委统战干部、民主党派、民族宗教代表人士到中央社会主义学院和省社会主义学院培训学习。通过培训学习，基层统战干部及统一战线成员拓宽了眼界，提高了统战理论水平，增强了做好新时期统一战线工作的责任感、使命感，为进一步做好统战工作奠定了理论基础。

【认真学习贯彻党的十七届四中全会精神】 党的十七届四中全会召开后，州委统战部干部职工及时收看电视实况，全州统战系统按照省、州党委的《通知》要求，认真组织干部职工学习十七届四中全会精神。在州委统战部学习会上，州委常委、州委统战部部长杨秀星强调，全州统战系统要把学习贯彻四中全会精神摆在当前工作的首要位置，作为主要政治任务学习好、贯彻好；要迅速掀起学习贯彻全会精神的热潮，把学习贯彻全会精神同推动当前工作结合起来，用全会精神切实加强机关党支部建设和机关自身建设，用全会精神指导统战工作；要以贯彻全会精神为契机，进一步巩固学习实践科学发展观取得的成果，进一步深化拓展“三个一”主题实践活动，使广大党员真正达到“个人形象一面旗，工作热情一团火，谋事布局一盘棋”的要求，发挥好先锋模范带头作用；要广泛调动统一战线成员的积极性,积极为加强和改进党的建设建言献策,为保持经济社会又好又快发展凝心聚力,进一步增强坚持中国共产党领导的自觉性和坚定性;要切实加强党对统一战线工作的领导,进一步做好统一战线各项工作,促进政党关系、民族关系、宗教关系、阶层关系、海内外同胞关系的和谐,为深化改革开放和保持经济平稳较快发展提供安定和谐环境,调动一切积极因素,为全面建设小康社会提供力量支撑。

【省委统战部副部长杨光海到大理调研】 7月15~17日,中共云南省委统战部副部长杨光海一行六人到大理就民族宗教工作进行调研。杨光海一行在中共大理州委统战部常务副部长陈培方、副部长林曙盛的陪同下,先后到巍山、大理市、宾川县调研,听取相关部门的工作汇报,与宗教界人士和信教群众亲切座谈,详细了解大理州民族宗教工作开展情况及宗教团体自身建设情况。杨光海对大理州民族宗教工作给予了充分肯定和高度评价。要求各级党委、政府及统战、民族宗教部门在新的国际国内形势下,进一步统一思想,提高认识,加强民族宗教工作,妥善应对宗教工作面临的新形势、新挑战、新考验,进一步全面贯彻党的宗教工作方针政策,依法加强对宗教事务的管理,努力培养一支政治上靠得住、学识上有造诣、品德上能服众、在信教群众中有影响的宗教代表人士,充分调动宗教人士和信教群众投身社会主义建设的积极性和主动性,积极引导宗教与社会主义社会相适应。

【加强对宗教人士的培养和对寺观教堂的管理】 为切实加强爱国宗教团体、宗教界代表人士和宗教教职人员队伍建设,依法加强对宗教事务管理,促进全州宗教和谐稳定。2009年,经州委同意下发了《中共大理州委办公室关于批转<州委统战部关于加强宗教界代表人士培养和做好宗教活动场所修缮工作的意见>的通知》。州政府安排了举办宗教界人士培训班和对修缮重点宗教活动场所的专项经费。州委统战部协调配合州宗教局,认真贯彻执行《宗教事务条例》,在寺观教堂全面开展爱国主义教育和法制宣传教育活动,进一步健全完善民主管理制度。切实加强爱国宗教团体、宗教界代表人士队伍和宗教教职人员队伍建设。

【中国藏学研究中心调研组到大理调研】 8月6~7日,由中国藏学研究中心副总干事、研究员格勒为组长的调研组到大理州调研藏区经济社会发展情况,调研组成员多数是藏族学者。考察调研期间,调研组同大理州委统战部进行座谈,双方介绍交流近年来开展民族宗教工作特别是民族宗教理论研究的情况及经验。他们对中共大理州委、州政府高度重视统战、民族、宗教工作,关注对藏学理论政策的研究,认真贯彻落实新时期新阶段民族宗教的方针政策,巩固和维护了自治州各民族的团结和谐,积极引导宗教与社会主义社会相适应,积极扶持引导藏族村庄的经济发展凝聚民族宗教人士和广大信教群众的力量为全州的经济社会建设服务表示赞赏。调研组先后参观了大理市的几个重要景点和宾川鸡足山。

【香港爱心家庭思源学校考察团到大理考察】 8月21~22日,受民建中央的邀请,以黄刻耐女士为团长的香港爱心家庭思源学校考察团一行19人到大理参观考察。考察团先后参观了大理市的主要景点,到大理州民族中学听课、座谈、联欢,相互介绍了办学情况及经验,州民族中学校长马琴等向参观交流团介绍了办学有关情况。黄刻耐女士等客人座谈时一致认为中共大理州委、州政府高度重视民族教育,全州少数民族教育质量不断提高,为国家培养了一批又一批的人才,希望今后进一步加强联系,为发展大理和香港的教育事业做出更大贡献。州委统战部、民建大理州委有关领导参加了座谈、联欢,并宴请了客人。

【走访慰问台胞、台商、台属】 在国庆60周年华诞和中秋佳节即将到来之际,州委常委、州委统战部部长杨秀星于9月23日带领州委统战部、州台办、大理市委统战部等领导走访慰问居住在大理市的台胞、台商、台属。看望慰问中,杨秀星一行先后走访了台湾村的台胞,给他们送去节日的祝福,带去党和政府的关怀和温暖。每到一处,杨秀星部长都仔细询问台胞、台商在大理的生活情况和台资企业的生产经营情况,认真倾听台胞、台商心声,并表示要积极帮助协调解决台胞、台商生产、生活中遇到的困难和问题。在走访交流中,杨秀星对台胞、台商热爱大理,为大理经济社会发展所作的贡献给予了充分肯定。要求各级统战部门要高度重视对台工作,加强和台胞、台商、台属的联系、沟通和交流,积极为台胞、台商的生产生活提供服务,充分保障台胞、台商的合法权益。

【中国藏语高级佛学院到大理考察】 经中央统战部批准,由郭莽龙活佛为团长的中国藏语高级佛学院考察团于11月18~19日到大理州考察。考察团在州委统战部常务副部长陈陪方等领导陪同下,先后到宾川鸡足山、大理三塔崇圣寺、蝴蝶泉参观考察。参观过程中考察团成员与州县统战部进行交谈,认为鸡足山、崇圣寺佛教文化底蕴深厚,历史悠久。大理州十分重视对佛教名山名寺的建设,认真落实宗教政策,使佛教寺庙和宗教人士在旅游事业和经济建设中发挥了应有的独特作用。表示今后要加强与大理的联系交往,增强友谊,共同发展。

【加强全州民主党派及无党派人士的培养工作】 9月4日,大理州社会主义学院、大理州民族干部学校在州委党校挂牌成立。省委统战部、省社会主义学院有关领导,州委常委、州委统战部长杨秀星出席成立大会。杨秀星代表州委、州政府向大理州社会主义学院的成立和大理州民族干部学校的设立表示祝贺。她说,为加强统一战线工作,着力培养更多与中国共产党真诚合作的统一战线骨干,州委决定成立大理州社会主义学院、大理州民族干部学校,学院(校)的成立,对于提高各族各界代表人士的参政议政能力,巩固共产党领导下的多党合作制度,推动大理州民主政治建设,推进民族团结进步事业具有重要意义。大理州社会主义学院、大理州民族干部学校成立后,将着力培养更多与中国共产党真诚合作的统一战线骨干,坚持把党外领导干部、优秀民营企业家、各领域专家学者、社会各界知名人士、少数民族优秀人才等集中到社会主义学院和民族干部学校进行学习培训,更加坚定其政治信念,进一步提高其理论水平,不断增强其参政议政能力,为大理州经济社会和各项事业的发展提供坚强的人才保障和智力支持。会上,省、州领导以及州委党校有关负责人为大理州社会主义学院、大理州民族干部学校授印授牌。州委组织部、州委党校、州人事局、州民委、州宗教局的领导到会祝贺。

【举办党外干部培训班】 为努力建设一支素质优良、结构合理、代表性强、与中国共产党亲密合作的党外干部队伍,中共大理州委组织部、统战部于9月20~24日在州委党校、州社会主义学院举办了一期党外干部培训班,民主党派、无党派副科以上64名干部人参加培训学习。州委组织部、州委统战部领导在培训班开学典礼会上作动员讲话,省委统战部副部长苏红军、省社会主义学院常务副院长彭济生为培训班学员授课。通过培训,民主党派、党外干部的综合素质进一步得到提高,加深了对中国共产党领导的多党合作制度的认识,更加坚定了走有中国特色社会主义道路的理想信念,增强了政治把握能力、参政议政能力、组织领导能力和合作共事能力。

【召开全州县市统战部长联席会议】 9月14~15日,由大理市委统战部承办的第一次全州县市委统战部长联席会议在大理召开。全州12县市委统战部长、办公室主任和州委统战部、市委统战部的全体干部职工、大理市相关领导参加了会议。州委常委、州委统战部部长杨秀星在会上作讲话。会议的主题是以邓小平理论和"三个代表"重要思想为指导,深入贯彻落实科学发展观,深入学习贯彻落实胡锦涛总书记视察云南时的重要讲话精神,探讨新的形势下,全州统一战线如何更好地围绕服务科学发展,发挥自身优势和作用,为建设富裕民主文明开放和谐大理做出新的更大的贡献。会议要求全州各级统战部门要着力为保增长、保民生、保稳定凝聚力量,更加扎实地推进民族团结进步事业,全面贯彻党的宗教工作方针政策,努力做好新形势下的宗教工作,全面加强统战干部队伍建设,不断开创统一战线工作新局面。会议讨论决定第二次全州县(市)委统战部长联席会议在宾川县召开,将由宾川县委统战部承办。

【举行《辉煌的大理州统战事业》一书首发式】 9月30日,由中共大理州委统战部编辑出版的《辉煌的大理州统战事业》一书首发式在关举行。《辉煌的大理州统战事业》由州委书记刘明撰写序言,该书第一次全面系统地回顾总结建国60年来,特别是改革开放30年以来,大理州统一战线走过的光辉历程和取得的辉煌成果,是对新时期统一战线工作的探索和研讨,是宣传大理统一战线的重要资料。记述了建国60年来,特别是改革开放30年以来,在历届州委、州政府的正确领导下,全州广大统战干部和统一战线成员,解放思想,开拓创新,深入调查研究,积极建言献策,主动服务科学发展,为促进政党关系、民族关系、宗教关系、阶层关系、海内外同胞关系的和谐,推动全州经济社会又好又快发展作出了积极的贡献,统一战线事业呈现蓬勃发展的可喜局面。《辉煌的大理州统战事业》一书分为理论与探索、参政议政、民族团结、宗教和顺、企业风采、海内外和谐6个部分。

【杨秀星到大理市检查指导"百村整治"工作】 10月16日,州委常委、州委统战部部长杨秀星到大理市下关镇太和村委会崇邑自然村检查指导"百村整治"工作。杨秀星在镇、村干部陪同下,先后察看了白族民居建筑风格整治、保护洱海沟河治理、村庄道路、民居房屋、学校、文化广场、古庙等保护建设及生活垃圾处理和污水排放等情况。认真听取镇、村"两保护、两开发"、"百村整治"项目的规划和工作思路汇报,与大家座谈交换意见。杨秀星希望太和村委会结合认真学习贯彻党的十七届四中全会精神,以科学发展观为指导,按照州、市党委政府的要求,紧紧围绕建设"人文大理、幸福家园"的目标,按照州、市党委政府的统一部署,尽快行动起来,努力建设美好家园。强调要进一步完善"百村整治"的项目、规划和工作措施,把整治与文明大理建设、洱海保护、新农村建设有机地结合起来,一步一步地抓落实、抓出实效。按照"建筑民族化、村容整洁化、产业生态化、管理民主化"的四化要求,以求真务实的作风,扎扎实实开展工作,努力营造一个整洁、优美、和谐、充满民族风格的幸福家园。

【黄山市组团到大理考察交流对台工作】 11月2~3日,由中共黄山市委台湾工作办公室组织的黄山市区、县台办主任赴大理学习交流组一行15人到大理州参观考察。考察组在大理州委统战部、大理州台办领导陪同下先后参观考察了崇圣寺三塔、蝴蝶泉、南诏风情岛、洱海、台湾村,并在参观考察中相互交流了对台工作情况和经验。黄山市考察组认为大理州委、州人民政府高度重视对台工作,大理州各级统战、对台工作部门认真宣传贯彻落实党中央对台工作方针政策,扎实做好对台工作,积极引进台资,热情接待台胞,关心台属,关心、支持、照顾到大理经商、度假、旅游的台胞。表示今后要多加联系交流,推动大理、黄山的对台工作更上一层楼,为早日实现祖国完全统一做出新的贡献。

【江西省海外统战工作参访团到大理考察】 11月16~17日,由江西省委统战部常务副部长黄小华带领江西省区市委统战部分管港澳台、海外统战工作的副部长一行7人的考察团来大理考察。考察团在云南省委统战部和大理州委统战部、州台办有关领导陪同下参观考察了大理的崇圣寺三塔等几个主要景点,考察中听取了大理州海外统战工作、台胞情况和台资企业发展情况介绍。他们对大理州党委、政府和统战、对台、侨务部门高度重视海外对台统战工作,加强联络,引进资金和技术,对到大理经商、度假、旅游台胞以及对大理籍台胞、台属的支持、关心与照顾表示赞赏,他们相信大理的自然环境和投资政策一定能吸引更多的港澳台同胞到大理投资办企业,实现互惠互利,共同发展。

【指导有关部门做好招商引资】 2009年,州委统战部指导配合州侨联侨办、州台办充分发挥大理州侨缘台缘优势,不断加强与港澳台地区、华人华侨社团和国外工商界的联系与合作,不断拓展对外交流、交往渠道,多渠道、多形式宣传大理的历史文化、人文景观、自然资源和优惠政策,使更多的人了解、关注、支持大理的发展,吸引更多的海内外友好团体和人士到大理投资兴业。州侨联侨办引资新加坡三德水泥厂落户弥渡、鹤庆县,引资3000多万元,受到州委、州政府表彰奖励;州台办引进台资企业捐赠大理州民族村庄建盖明德小学7所,投资280万元,吸引海外基金会向大理州民族地区开展捐资助学。在巍山、祥云、剑川、漾濞、洱源等县建盖4所学校、1所卫生院,捐助大、中、小学贫困生600余名,约85万元。

【召开党外人士座谈会】 12月28日,中共大理州委召开党外人士座谈会,征求党外人士对全州经济社会发展以及对州委工作的意见和建议。州委副书记王雪峰主持会议。州委副秘书长、州委办公室主任赵中泽在会上向党外人士代表通报了中共大理州委六届八次全委会报告起草过程和主要内容,广泛听取党外人士对工作报告的意见、建议。座谈会上,各民主党派人士先后发言,认为报告全面、系统,涵盖了大理州经济、政治、社会等方面的内容,切合大理州实际。明确了2010年的目标、任务。并就继续做好"三农"工作、加快经济结构调整、大理州旅游产业发展、加强新农村建设、招商引资、加强自主创新、促进区域经济协调发展、扩大内需等提出了意见、建议。

听取发言后，王雪峰指出，大家本着对党和人民的事业高度负责的态度，从推动全州经济社会又好又快发展的美好愿望出发，紧密结合各自工作的实际，深入思考，畅所欲言，提出的意见建议中肯、实在，这充分体现了大理州广大党外人士爱党、爱人民、爱家乡的优良传统，充分体现了大理州广大党外人士注重学习、勤于思考、创新务实的良好作风。各民主党派大理地方组织主要负责人，州级单位非党副处级领导代表，州委办公室、州政府办公室、州委统战部等有关领导参加座谈会。

【开展“洱海保护月”挂钩联系工作】根据州市党委、政府的统一安排部署，中共大理州委统战部2009年“洱海保护月”挂钩联系大理市下关镇太和村委会。“洱海保护月”活动启动仪式后，州委常委、州委统战部部长杨秀星主持召开本部全体干部职工大会，由常务副部长陈培方介绍了“洱海保护月”活动启动仪式情况，传达学习了省、州、市领导在活动仪式上的重要讲话和有关文件精神。通过传达学习，提高了全体干部职工对开展“洱海保护月”活动的重要性、必要性的认识。为认真做好“洱海保护月”挂钩联系工作，由部领导带队，先后5次深入到太和村，开展调研，协助太和村理清思路，制定工作方案，明确发展方向。组织本部干部职工和7个民主党派州委机关专干共28人参加了太和村整治环境卫生、清理垃圾活动。在总结评比工作中，州委统战部被评为2009年度“洱海保护月”活动挂钩工作先进单位。

【认真做好挂钩扶贫工作】 2009年，州委统战部按照州委、州政府的部署安排，高度重视做好挂钩扶贫工作：①认真传达贯彻中央、省委、州委农村工作会议及有关文件精神，不断提高干部职工对挂钩扶贫工作重要的认识，增强责任感，制定挂钩扶贫工作计划。②部领导带队5次深入到单位挂钩扶贫点宾川县拉乌乡来凤溪村委会调研指导工作，帮助该村以科学发展观为指导，结合实际，制定经济社会发展规划及措施。③协调10万元资金帮助来凤溪、阳山两个自然村修建人畜引水工程，协调致公党江苏省委捐赠给来凤溪小学10台电脑；单位捐赠给来凤溪村委会一套会议室桌椅，改善村委会的办公条件，为挂钩乡村订赠党报党刊；坚持每个干部挂钩一个贫困农户，职工献款捐物，帮助贫困户解决受地震影响和生产生活中遇到的困难。④围绕整村推进确定的“866”工程开展工作，指导来凤溪村委会按照“生产发展、生活宽裕、乡风文明、村容整洁、管理民主”的新农村建设方针，圆满完成整村推进项目。在挂钩扶贫工作年度验收评比中，州委统战部获得一等奖。

【党风廉政建设】 2009年，州委统战部高度重视党支部建设，认真落实党风廉政建设责任制各项要求，部领导带头认真贯彻落实中央和省州党委、纪委党风廉政建设的各项要求，党员积极参加“三个一”主题实践活动，充分发挥先锋模范作用。党风廉政建设工作做到年初有计划安排，年中有督促检查，年底有总结考核，注重把党风廉政建设工作与部门工作一并安排布置，列入部门工作重要内容，同步实施、督查，把责任分解到科室及每个职工，做到齐抓共管。在2009年度全州贯彻落实党风廉政建设责任制考核评比中，州委统战部被评为贯彻落实党风廉政建设责任制工作优秀单位，受到奖励。

（《统战工作》由官兴祖撰稿）

·政策研究·

【概　述】 2009年，中共大理州委政策研究室在州委、州人民政府的正确领导和省委政研室、省委农办的精心指导下，全州政策研究和农办工作紧紧围绕党委工作中心，紧扣社会普遍关注、党委政府高度重视的重点、热点、难点问题，总结分析研究实践中的成功经验和做法，为党委在经济社会发展重大问题的决策上提供信息、对策和建议，较好地发挥了决策参谋作用；紧跟党委重大决策和工作部署的贯彻落实情况，向党委及时反馈信息，并针对出现的新情况新问题，提出相应的对策建议，供党委不断完善和修正决策，较好地发挥了督查反馈作用；牢牢把握全州改革发展稳定大局，围绕州委、州政府的中心工作和各个时期的工作重点，努力抓好社会主义新农村建设的综合协调和服务工作，较好地发挥了综合协调作用。为促进全州经济社会又好又快发展做了大量卓有成效的工作，取得了较好成绩。

【发挥以文辅政的作用】 2009年，州委政研室、州委农办先后起草了《大理州2009年度经济社会发展重点工作考核办法》、《中共大理州委、大理州人民政府关于贯彻〈中共云南省委、云南省人民政府关于2009年促进农业稳定发展农民持续增收的若干意见〉的实施意见》、《中共大理州委、大理州人民政府关于大理州扶贫综合开发示范园区建设实施意见》、《中共大理州委、大理州人民政府关于加快“中间村”建设的实施意见》（送审稿）等一批党委、政府的重要文件，较好地发挥了参谋助手作用。

【认真开展调查研究】 2009年，州委政策研究室先后牵头组织完成了《弥渡县“万村千乡市场工程”建设情况的调查报告》、《大理州农民工返乡情况的调查报告》、《大理州工业园区建设和发展情况调研报告》、《大理州红豆杉产业发展情况调研报告》、《关于大理州职业教育情况的调查报告》、《关于缓/控释BB肥在洱海流域试验示范和推广应用的调研报告》、《关于大理州烟草产业提质增效的调查报告》等一批专题调研项目，部分调研成果已进入了州委、州政府的决策程序，较好地发挥了决策参考作用。

【做好咨询服务】 2009年，州委政策研究室围绕州委、州政府的决策需要，编发了《调研内参》、《大理农村经济》、《新农村建设简报》、《大理州扶贫综合开发示范园区建设工作月报》、《2008年大理州社会主义新农村建设典型经验汇编》等一批重要信息和参考资料，为党委政府领导及时了解和掌握经济社会发展动态、完善工作思路、适时作出科学的决策起到了积极作用。

【召开全州农村工作会议】 2009年3月25日，根据州委、州政府的安排，州委政研室组织召开了全州农村工作暨春耕生产工作会议，认真总结了2008年农业农村工作，对2009年农业农村工作、社会主义新农村建设和春耕生产工作作了安排部署。

【承办全省民族自治州第十次政研工作联席会议】 2009年11月11～14日，由大理州委政研室承办、各县市委政研室协办的全省民族自治州第十次政研工作联席会议在大理召开，全省八个民族自治州州委政策研究室领导和大理州十二县市委政研室主任出席会议，玉溪、昭通、丽江、保山、临沧、普洱市委政研室领导应邀参加会议，有十五个州市委政研室向会议提交了书面交流材料。会议围绕“民族地区生态文明建设”这一主题进行了广泛的研讨和交流，实地考察了洱海生态治理、漾濞县生态产业发展和洱源生态文明示范县建设情况。

【抓好扶贫综合开发示范园区建设】为切实抓好大理州山区综合开发工作，创新扶贫工作方式，经过深入调研和论证.2009年，州委政研室起草了《中共大理州委、大理州人民政府关于大理州扶贫综合开发示范园区建设实施意见》，组织召开了大理州扶贫综合开发示范园区建设工作会议；拟定了《大理州扶贫综合开发示范园区建设工作考核办法》、《大理州扶贫综合开发示范园区建设资金管理办法》、《大理州扶贫综合开发示范园区建设2009年度目标责任书》；拟定下发了《大理州扶贫综合开发示范园区建设领导小组办公室工作职责》，组织完成了《2009年大理州扶贫综合开发示范园区建设八个"重点村"建设规划》的评审上报工作。截止2009年12月30日，园区建设的"三大工程、十个重点项目"已完成投资75900.98万元，占计划投资79363.65万元的95.64%，园区内交通建设、中低产田地改造、特色生态农林产业、畜牧产业发展、农副产品加工示范基地建设和园区重点村建设等建设项目成效明显。

【实施农村民居地震安全工程】　2009年，州委政研室组织对2008年农村民居地震安全工程建设工作的检查验收，对工程项目农户进行了满意度测评。组织召开了全州农村民居地震安全工程建设工作会议，对农村民居地震安全工程建设工作作了全面安排部署。与州财政局、州建设局、州扶贫办、州地震局、州残联等五部门联合发文下达了2009年度农村民居地震安全工程建设计划。完善了农村民居地震安全工程建设工作进展情况月报制度，加强了对施工进度和质量的督促检查。2009年，全州十二县市完成农村民居地震安全工程建设加固改造10250户，拆除重建3700户，补助农户项目建设资金5750万元，圆满完成了年度工程建设任务。

【做好农民专业合作经济组织扶持和省级重点建设村工作】　2009年，州委政研室在总结前几年全州农民专业合作经济组织扶持成效和经验的基础上，制定了2009年农民专业合作经济组织扶持办法，组织各县市申报扶持对象，提出了重点扶持意见，安排财政资金100万元，对全州28个组织机构健全、运行规范，有良好经济、社会效益的农民专业合作经济组织进行了重点扶持。

积极做好2009～2010年度省级重点建设村的规划、申报争取和实施工作，全州共有114个自然村列入2009年省级重点建设村建设项目，争取省级建设资金1710万元。目前工程建设正加快进度，顺利实施。

【加强新农村建设工作队的管理】2009年，根据省委、州委的安排，州委政研室圆满完成了对第二批新农村建设工作队、指导员的总结表彰工作，做好第三批新农村建设工作队、指导员的下派、管理和服务工作。2008年全州共派出第二批111支新农村建设工作队，1074名新农村建设指导员，由州委、州人民政府表彰了98名优秀指导员、9名优秀工作队队长、16名先进工作者和6个先进指导员派出单位。2009年全州共派出第三批111支新农村建设工作队，1075名新农村建设指导员，做到了全州每个乡镇都有一支新农村建设工作队，每个村都有一名新农村建设指导员。州、县新农队办加强了对下派新农村建设指导员的管理和服务，积极帮助和支持指导员开展工作。

【组织全州经济社会发展重点工作考核】　在总结2008年度全州经济社会发展重点工作考核经验的基础上，结合新形势、新要求和新任务，州委政研室及时研究和起草了更具科学性和可操作性的《大理州2009年度经济社会发展重点工作考核办法》，认真组织实施了对全州12县市2009年度经济社会发展重点工作检查、考核及奖励。

【扎实开展深入学习实践科学发展观活动】　2009年，按照州委的统一部署，州委政研室成立了学习实践科学发展观活动领导小组及办公室，制定了实施方案，并指定专人负责日常工作，认真开展学习实践科学发展观活动。在认真学习的基础上，结合工作实际，深入开展调查研究和案例分析，广泛征求意见和建议，认真撰写领导班子分析检查报告，召开领导班子专题民主生活会、党员组织生活会，制定了切实可行的整改措施，认真落实整改，达到了预期目的。

【加强领导班子和干部队伍建设】2009年，州委政研室以开展深入学习实践科学发展观活动为契机，加强班子成员之间的互相学习和交心谈心，深入开展批评与自我批评，促进共同进步、相互理解和支持。认真贯彻民主集中制原则，凡属重要人事任免、重大资金使用、重大工作事项都坚持集体讨论决定。坚持集体领导与个人分工负责相结合的原则，充分调动了每一位班子成员的工作积极性，切实提高了领导班子的整体功能和作用。

针对州政府研究室分设后单位人少事多、工作任务繁重的局面，积极协调和多方争取，多渠道补充人员力量，从相关单位和县市抽调了四名业务骨干到新农队办和扶贫综合开发示范园区办公室工作；严格按照组织程序从基层选调了三名同志到州委政研室工作，在加强人员力量的同时优化了干部队伍的结构。按照《党政领导干部选拔任用工作条列》规定的条件和程序，向组织推荐了两名副处级领导干部后备人选，选拔了一名年轻干部任副科长，加强了年轻干部的培养使用。

【坚持用制度管人管事】　根据工作实际，2009年，州委政研室进一步完善了工作制度和管理制度，先后制定下发了《财务与行政管理制度》、《文秘工作管理办法》、《公务用车管理办法》等规章制度，使州委政研室、州委农办的日常工作和各项管理有章可循。

【抓好党风廉政建设和反腐倡廉工作】2009年，州委政研室深入开展警示教育和世界观、人生观、价值观教育，引导大家牢固树立廉洁从政理念；坚持开展理想信念教育，强化公仆观念，增强党性修养。认真贯彻落实中央和省州关于党风廉政建设的部署和要求，建立党风廉政建设一把手责任制，推行党风廉政建设目标管理，层层分解目标责任，形成工作合力。经常深入基层开展调研工作，认真接待群众来信来访，及时研究解决党风廉政建设和反腐败工作中存在的困难和问题。

【抓好部门挂钩帮扶贫困村工作】2009年，室领导多次带队深入挂钩帮扶乡村，了解村情，访贫问苦，组织抗灾，帮助挂钩乡村做好扶贫开发长远规划，努力协调解决基础设施建设、社会事业发展等工作中遇到的困难和问题。通过主任办公会议研究，决定从单位工作经费中挤出1.5万元，帮助挂钩村开展农业科技培训和农村剩余劳动力培训；安排5000元帮助洱海保护挂钩联系点开展环保知识宣传教育培训；组织党员干部职工捐款捐物，帮助困难群众和受灾群众解决生产生活中的实际困难。

（《政策研究》由艾德勋撰稿）

·党 校·

【召开党校工作会议】 2009年2月22日,中共大理州委党校工作会议在大理下关召开。州委书记刘明作重要讲话。州委常委,州人大主任,州政协主席,州委党建工作领导小组成员,州委各部委,州级国家机关各委办局、各人民团体、各企事业单位的主要负责人,各县市委副书记、组织部长等出席会议。会议指出,要进一步发挥好党校工作在全面建设小康社会伟大事业中的重要作用,必须深入学习贯彻《中国共产党党校工作条例》,充分认识党校主渠道、重要阵地、熔炉、思想库的科学定位,明确党校工作的职责和任务,坚持改革创新,突出办学特色,提高办学质量,不断开创党校工作新局面。会议强调,党委重视是办好党校的根本保证,各级党委要按照中央和省委要求,真正把党校工作放在党委工作大局中去认识、把握、部署和推进,切实加强对党校工作的领导,努力为党校开展工作创造良好条件。要把党校工作摆上重要议事日程,按照党校教育规律和干部成长规律来研究党校工作,抓好党校建设;要切实加强领导班子和干部队伍建设,配齐配强党校领导班子,增强党校干部队伍活力;要统筹协调推进党校干部培训轮训工作,把培训与使用统一起来,充分调动干部参加培训的积极性和主动性;要进一步改善党校办学条件,高度重视党校基本建设,切实加大对党校教学设施、信息化和校园建设的经费投入。

【认真贯彻落实省、州党委文件和会议精神】 2009年,大理州委党校充分认识到当前面临的新形势、新任务,认真贯彻落实《中国共产党党校工作条例》、省委《贯彻落实<中国共产党党校工作条例>实施意见》和州委《关于进一步加强党校工作的意见》、中共大理州委党校工作会议精神,不断深化思想认识,增强做好新时期党校工作的责任感和使命感,不断完善党校教育体系,按照中央提出的大规模培训干部、大幅度提升干部素质的要求,坚持正确的办学方针,高标准、严要求,认真履行肩负的重任,坚持"实事求是、与时俱进、艰苦奋斗、执政为民"的办学方针,按照"特色立校、质量兴校、改革强校、从严治校"的工作思路,以与时俱进、求实创新的精神推进各项工作。①强化学习,着力加强思想政治建设;②围绕中心,着力优化党校教学的新布局;③改革创新,着力改进干部教育培训方式;④拓宽思路,着力扩大联合办学的渠道;⑤多措并举,着力实施人才强校战略;⑥强化科研,着力推进教学科研一体化;⑦永葆先进,着力加强机关党的建设;⑧多方协调,积极推进党校基础设施建设;⑨强化指导,着力帮助县级党校排忧解难。

【办好各种主体培训班】 按照中央、省州党委关于大规模培训干部的要求,中共大理州委党校着眼于提高大理州领导干部的执政能力,充分发挥党员干部教育培训的主渠道作用,认真办好培训、轮训、进修等主体班次。2009年,先后举办了大理州2008年度选聘到村任职高校毕业生培训班、大理州第十二届人大代表和人大机关工作者培训班、大理州党外干部培训班,共315人;大理州领导干部学习贯彻党的十七届四中全会精神专题培训班2期372人;大理州2009年度老干部党支部书记培训班1期108人;弥渡县纪检监察干部培训班1期66人;大理州民委系统干部培训班等。通过培训,提升了学员的理论水平,促进了大理州干部队伍素质的进一步提高。

【开展各种专题宣讲活动】 2009年,根据中共大理州委的部署,州委党校抽调教学骨干组成州委宣讲团,分赴各县市、州级部门、驻地部队和部分乡镇、学校、社区,开展深入学习实践科学发展观、中国特色社会主义理论体系和社会主义核心价值体系以及党的十七届四中全会精神等专题宣讲活动,宣讲150多场次,听众达35000多人次,使党的路线方针政策深入人心,受到了社会各界的广泛好评。

【发挥党校的干部教育主阵地作用】 为适应教育转型,提高大理州干部的学历水平。2009年,州委党校千方百计拓宽办学渠道:①与云南大学成人教育学院合作,在州委党校设立函授教学点,开设了国民教育大专、本科学历教育,2009年录取118人,毕业125人。②继续办好函授教育,积极争取在州委党校设立省委党校在职研究生班教学点。2009年省委党校在职研究生班大理教学点招生76人,省委党校函授本科招生28人,毕业学员618人(其中:在职研究生78人,函授本科387人,函授专科153人),目前在校函授学员445人。学校严格管理,抓好教学、考勤、作业、论文、考试等各个环节的工作,确保教学质量,做到善始善终。③与电子科技大学合作,在州委党校开设电子政务硕士研究生班,在读学员31人。④为满足各行业各层次的需求,与云南财经大学、南昌大学、云南农业大学、西南大学、四川大学联合办学,充分发挥了党校在大幅度提升干部素质中的重要作用。

【科研工作成效显著】 2009年,中共大理州委党校科研工作成效显著:①积极组织全体教师进一步做好对重大理论问题的探讨和研究,以新的思想、观点去认识、回答新的形势和新的实践提出的新问题,为提高教学质量服务,为大理州的经济社会发展服务。2009年,学校教职人员在省级及以上刊物公开发表论文14篇、省级内部刊物发表5篇,州级公开发表10篇、州级内部刊物发表39篇,形成了良好的社会影响。②积极开展课题调研,参与完成了中央党校课题1项,省委党校立项课题3项,省委宣传部立项课题1项,校级课题7项。校级课题批准立项14个,部分课题已形成初步的调研报告。③有1篇论文入选全国党校系统研讨会,3篇论文入选云南省党校系统研讨会,3篇论文入选州市级党校系统研讨会,3篇论文获"云南省委党校系统第五届优秀社科成果"一、三等奖,3篇论文获州市级党校系统征文奖。④认真办好《滇西北论坛》,年内出版6期,登载论文170多篇。

【加强机关党建】 2009年,州委党校着力加强机关党建工作:①狠抓思想政治教育,始终把党的十七大、十七届四中全会精神作为政治学习的核心内容,全面学习贯彻省、州党委的重要会议精神,要求广大党员干部特别是教员要争做学习理论的模范。②切实加强组织建设,不断完善"三会一课"制度和其他党内制度。③领导班子建设成效显著。新一届校党委领导班子致力于建设好学习型、创新型、团结干事型的领导班子,有力地推动了党校工作进一步向前发展。④以落实党风廉政建设责任制为龙头,不断加强党风廉政建设。在大理州2009年度惩治和预防腐败体系建设检查及党风廉政建设责任制考核中,州委党校党风廉政建设工作被评定为优秀。⑤结合实际,开展了一系列生动、丰富、有效的党内活动。

【开展深入学习实践科学发展观活动】 按照"党员干部受教育、科学发展上水平、人民群众得实惠"的总要求。2009年,州委党校以"解放思想有新提高、教学改革有新成效、理论研究有新成果、创新发展有新举措"为目标,以"特色立校、质量兴校、品牌强校"为方向,认真开展深入学习实践科学发展观活动。通过学习,学校上下牢固树立了科学发展的理念,找准了实现党校科学发展的切入点和突破口,进一步增强了践行实践科学发展观的能力。

【实施人才强校战略】 人才兴则党校兴。2009年,党校新一届校委领导班子始终把师资队伍建设作为学校重要基础性工作来抓:①先后选派了13名年轻教师到省委党校师资班、北京大学公共管理高级研修班学习。②加强对年轻教师专题课教学的"传帮带"力度,切实提高教学水平,组织了两批共计15名教师以讲授相关专题课进行岗位练兵,考评通过的选题可进入学校培训专题课菜单。此次试讲活动,是州委党校特色立校、人才兴校、改革强校的一项重要举措,对于教师转变思想观念、自觉行动起来提升自己的业务素养具有较大的促进作用。③推荐了3名教师报考省委党校在职研究生,进一步拓宽视野,丰富知识,提高教学水平,实现教学相长。④组织引导教师利用校园网络开展学习,提升素质,努力建设一支政治强、业务精、纪律严、作风正的高素质的师资队伍。

【大理州社会主义学院和大理州民族干部学校授印挂牌】 2009年,为进一步加大全州民主党派和无党派人士以及民族干部的培训力度,整合教育培训资源,中共大理州委决定依托大理州委党校成立大理州社会主义学院和大理州民族干部学校。9月4日,在州委党校举行了大理州社会主义学院和大理州民族干部学校授印授牌仪式。大理州社会主义学院是州委领导下的具有统一战线性质的政治学院,是我州民主党派、无党派人士和社会各界代表人士的联合党校,是统一战线系统的干部学院,担负着全州党外干部、党外中高级知识分子、各民主党派成员、非公经济从业人员、宗教界人士和从事统战工作的领导干部的培训任务。大理州民族干部学校担负着大理州少数民族高素质人才培养、民族理论、民族政策研究以及传承和弘扬各民族优秀文化的重任。两所学校依托大理州委党校成立(设立)后,使州委党校呈现"大理州干部教育培训中心",大理州行政学校、大理州社会主义学院、大理州民族干部学校、大理州预防职务犯罪法制教育中心"五位一体"的办学格局,为充分发挥党校的办学资源优势和主渠道作用,为大理州大规模培训干部和大幅度提高干部素质打下了坚实的基础。

【参公和事业单位改革工作顺利推进】 按照《中共大理州委关于进一步加强和改进党校工作的意见》,经组织人事部门同意,州委党校在2009年将36名从事学校行政和党务工作的人员实行了参照公务员法管理。同时,根据事业单位改革的要求,重新核定专业技术岗位结构比例,理顺单位内部两块人员的关系,加强管理,充分调动教职工的工作积极性,推动了学校整体工作的顺利开展。目前,事业单位人员改革工作正在有序推进。

【积极推进党校基础设施建设】 2009年,州委党校着眼于未来的发展,为增加党校学员住宿容量,适应大规模培训轮训干部的要求,按照2009年1月4日州委现场办公会议精神,校委认真做好党校学员宿舍楼建设的前期筹备工作,已争取资金150万元,招投标工作已完成。校园网络建设、绿化美化工程得到进一步加强。

(《党校》由董灿明撰稿)

·党史研究·

【召开全州党史工作会议】 2009年4月1日,中共大理州委党史研究室在剑川召开全州党史工作会议,各县市委党史研究室主任和州室全体人员参加会议。会议传达贯彻了云南省党史工作会议精神,按照把以史鉴今、资政育人作为党史工作的根本任务,把围绕中心、服务大局作为党史工作的基本要求,安排部署了2009年的党史工作。根据省委秘书长杨应楠在全省党史工作会议上的要求,杨锡海主任对2009年的党史工作提出四点要求:①要按照州委的部署,积极参加学习实践科学发展观活动,理解科学发展观的深刻内涵,增强学习实践科学发展观的自觉性。②加大专题资料征编力度,做好社会主义时期的党史征编工作。③以纪念党史重大事件为契机,广泛开展党史宣传教育工作。④加强对各县市党史业务的指导,扎实开展党史正本第一卷的编写工作。

【召开剑川"四·二"武装起义60周年纪念大会】 2009年4月2日上午,中共大理州委、云南省委党史研究室在剑川金华镇召开纪念大会,州委、州人大、州政协,剑川县四班子和各县市的领导,州县市委党史研究室主任,参加过"四·二"武装起义的部分老同志,以及部分武警战士,青少年学生500多人参加会议。州委副书记、州长何金平主持会议,州委书记刘明、省委党史研究室副主任杨泽宇在会上讲话,剑川县委书记刘平,亲历武装暴动的代表王寿南和剑川县的青年代表李向红也在会上发言。杨泽宇副主任回顾了60年前由中共滇西工委直接领导,剑川县委组织实施的"四·二"武装起义的历史及建立革命武装的作用。杨泽宇副主任讲:1949年4月2日,100多名武装起义的同志手持落后的武器,以血肉之躯与敌人展开激烈搏斗,打败了国民党剑川县城的地方武装,建立起滇西北第一支人民武装。这支部队在中国共产党的领导下由小到大,由弱到强,改编为中国人民解放军滇桂黔边纵队第七支队,转战于滇西北高原,为开辟滇西北革命根据地,解放滇西,作出了重要贡献。州委书记刘明要求继承和发扬"四·二"武装起义精神,践行科学发展观,推动科学发展;要按照"生态优先,农业稳州,工业强州,文化立州,旅游兴州,和谐安州"的发展思路,不断推动全州经济社会又好又快发展。纪念大会结束后,参加会议的人员前往剑川景风公园瞻仰"四·二"武装起义纪念碑,敬献花篮,缅怀革命先烈。

【纪念中国人民解放军西南服务团成立60周年】 2009年7月10日,在下关苍山饭店召开纪念中国人民解放军西南服务团成立60周年座谈会,州委、州人大、州政府、州政协、大理军分区、有关部门的领导、西南服务团的老干部、武警战士和州委党史研究室的全体人员共80多人参加会议。州委常委、州委秘书长杨健主持会议,州委书记刘明到会讲话,西南服务团的代表陈华北、江蒲生,青年代表戴凤玲在会上发言。州委书记刘明讲话肯定了西南服务团的同志们扎根大理,艰苦奋斗,为社会主义建设和改革开放作出的重要贡献,西南服务团的高尚情操及奉献精神值得全州各族人民永远纪念和学习。

【编辑出版《2008中共大理州委执政纪要》一书】 2009年9月,《2008中共大理州委执政纪要》一书公开出版发行。

该书由省州领导工作彩照、执政综述、重要决策、重要活动、党组(党委)工作、州纪委、州委巡视工作、部门工作、群团工作、县市委工作、执政论坛、特约专稿、大事记等组成。该书真实地反映了州委、州政府在2009年的工作中,以科学发展观为指导,坚持党的根本宗旨,坚持执政为民,切实做到发展为了人民,发展依靠人民,发展成果由人民共享,有力地促进了全州经济社会又好又快发展。全州呈现出经济发展、文化繁荣、民族团结、社会和谐、生态良好、人民安居乐业的局面。该书的编辑出版,开阔了党史工作者的视野,充实了党史工作的内容,丰富了社会主义时期的党史资料。搭建了州委执政和加强党的建设的信息平台,有利于提高党的执政能力,促进和谐社会建设的进程。在州委党史研究室的指导推动下,弥渡、宾川、祥云县也编辑出版了2008年的"县委执政纪要"。

【举办老党员先进事迹展览】 2009年9月29日至10月15日,中共大理州委在大理市博物馆举办大理州60年以上党龄的60名基层老党员代表事迹展览。州级四班子领导,州级各部委办局,各县市委有关领导参加开展仪式并参观展览。州委党史研究室负责展览的具体工作。州委书记刘明在展览仪式上作了重要讲话。展览期间接待参观单位196个,接待参观的公务员、军人、居民、学生、游客共22693人,发送宣传资料3000份。老党员事迹展览是大理州革命传统教育的一次探索与创新,对引导广大党员干部继承和发扬党的优良传统作风,推动科学发展及和谐社会建设方面都起到了较好的作用。

【举办全州党史业务工作培训会】 2009年11月15~16日,州委党史研究室在下关召开全州党史业务培训会,共56人参加培训。会议就如何编纂党史正本、执政纪要、社会主义时期的党史资料进行培训。通过培训,增强了各县市党史部门之间的联系,达到了交流经验,取长补短,共同提高党史工作业务能力的目的。

【征编出版《白州初春》一书】 2009年,为加快社会主义时期的党史资料体系建设,州委党史研究室根据《大理州2006——2010年党史工作规划》,采取州县市上下联动,互相配合,共同努力的方法,于2009年12月编辑复印了50余万字的《白州初春》一书。该书由综述、专题资料、县市概述、回忆文章、文献资料、大事记六部分组成,内容包括征粮、剿匪、抗美援朝、减租退押、土地改革运动、镇压反革命运动、援藏、"三反五反"运动、"一化三改造"运动、肃反审干、整风反右运动等。州委党史研究室在基本完成新民主主义时期党史资料后,征编了大理州1950年至1957年的党史资料专辑,对建设和完善社会主义时期的党史资料体系有着重要作用。

【编辑出版《誓言无声》一书】 2009年,根据州委书记刘明的要求,州县市党史研究室和云南秘境印堂营销策划有限公司共同努力,对全州12县市和州级机关遴选出建国前入党的60名老党员进行采访,并对他们的军功章、荣誉证书、生活近况进行录像和拍照,与他们为新中国的诞生和社会主义建设不为名,不为利,艰苦奋斗,无怨无悔的感人事迹和默默无闻的奉献精神汇编成册。该书以图文并茂的形式,真实客观地记录了60名老党员平凡人生中的不平凡事迹,以教育启迪人们树立正确的世界观、人生观、价值观,为大理州经济社会的发展贡献自己的力量。

(《党史研究》由方学云撰稿)

·老干部工作·

【召开全州离退休干部老有所为"双先"表彰会】 2009年11月30日,大理州首次以州委、州人民政府名义,召开全州离退休干部老有所为"双先"表彰大会,对全州36个离退休干部老有所为先进集体、100名先进个人进行了表彰奖励。经逐级推荐,好中选优,大理州原大理市供销社离休干部彭寿同志被中组部授予"全国离退休干部先进个人"。充分体现党和政府对离退休干部的关怀,树立了新时期离退休干部的先进形象,进一步激励广大老同志为党和人民的事业再立新功。州委组织部、州委老干部局编印了1000册《红霞映苍洱——全州离退休干部老有所为先进集体和先进个人事迹选编》,大力学习宣传"双先"典型事迹,以点带面,推动全州老有所为活动广泛开展。

【聘请老干部担任地方建设督查专员】 2009年,为进一步加大对重点建设项目的督查力度,中共大理州委、州人民政府聘任杨旻、杨信全、章键、苏文良、舒自荣等5位州级老领导为大理州第一批重点建设项目督查专员。州委书记刘明向他们颁发了聘书。州纪委、州监察局特邀50位离退休干部参加社会评议机关作风活动。使老干部进一步了解中央、省委、州委的重大决策和工作部署,充分发挥老干部的作用。

【召开全州老干部工作会议】 2009年3月6日,州委组织部、州老干部局召开了全州老干部工作会议。州委、州人大、州政府、州政协、州纪委各一位领导及担任过正厅级实职老干部250多人出席会议。各县市委组织部部长、老干部局局长;州级党政机关各部门、各人民团体及企事业单位分管领导和老干部工作负责人;大理州荣获省老有所为"双先"代表参加了会议。会上,时任州委常委、组织部长、州委老干部工作领导组组长蔡江华同志作了重要讲话,全面系统地回顾总结了2008年以及改革开放30年来大理州的老干部工作,深刻分析了当前老干部工作面临的新形势新任务,明确提出了2009年老干部工作的总体思路和主要任务。出席会议的州级领导代省向大理州荣获全省老有所为先进集体和先进个人代表颁奖。

【老干部工作目标管理责任制年度考核再获全省第一】 2009年,中共大理州委组织部、州委老干部局于2009年初对12县市和州级32个部门2008年度老干部工作目标管理责任制执行情况进行全面检查、考核和表彰。同时,按照党的十七大和十七届四中全会提出的"全面做好离退休干部工作"的总要求,结合实际修订目标管理责任书,增加了对创新发展的考核内容,并将干部管理权限范围内退休干部工作纳入老干部工作目标管理范围,扩大覆盖面。从2009年起在凡有离休干部或5名副县处级以上退休干部的单位均实行目标管理,在原来基础上新列入20个州级部门,全州共64个县市和部门实行老干部工作目标管理责任制。省委、省政府十分重视老干部工作,在全省清理、取消各类检查考核工作中,老干部工作目标管理责任制继续保留,并作为云南省委、省政府对州市2009年度集中检查考核的第42个项目。经省委、省政府集中检查考核,大理州再次荣获全省第一名。同时,大理州老干部信息工作也荣获全省一等奖。

【全州离退休干部党支部建设成效明显】 2009年,大理州老干局把离退休干部党支部建设纳入党的基层组织建设总体规划,做到同步部署、同步考核和同步表彰,按照有利于参加组织活动、有利于教育管理、有利于发挥作用的原则,进一步优化组织设置、健全工作制度、选好支委班子、创新活动方式、保障活动经费。在全州离退休干部党支部党费留成标准按规定提高至80%的基础上,祥云、宾川、鹤庆3个县提高至100%。大理市、祥云、巍山、南涧等部分县市已实行对老干部党支部负责人给予交通、通讯补贴,并纳入同级财政预算,州级部分单位也给予老干部党支部负责人一定的交通、通讯补贴。继续将老干部培训列入全州干部培训计划,州委组织部和州委老干部局于2009年12月15~18日在州委党校举办了为期四天的全州离退休干部党支部书记培训班,共120人参加了培训。全年州、县市举办了老干部党支部培训班14期,1140人参加了培训。离退休干部党支部由2008年的478个发展到566个。为抓好离退休干部党员学习实践科学发展观活动,州委老干部局与州委深入学习实践科学发展观活动领导小组办公室联合下发了《关于组织好全州离退休干部职工中的中共党员参加深入学习实践科学发展观活动的有关问题的通知》,对离退休干部党员的学习实践活动提出明确要求,切实加强对全州离退休干部职工党员开展学习实践活动的指导。离退休干部思想政治建设和党支部建设取得明显成效。

【坚持重大节庆走访慰问老干部】 春节前夕,州委书记刘明,州委副书记、州长何金平先后分别走访看望了大理州原正厅级老领导,并对做好春节慰问工作作出批示。州政府专门安排州级老干部春节慰问经费,在慰问金标准保持上年的基础上,副厅以上离退休干部及遗属每人增发一份慰问品,为全州副县处级以上离退休干部2400多名每人增发一本慰问挂历,其他23000多名乡科级及以下离退休干部发春节慰问信。以州级领导分别逐一走访慰问担任过副厅以上实职的离退休老领导,州委组织部、州委老干部局、州人事局、州卫生局代表州委、州政府进行慰问等形式,慰问了全州副厅以上(含享受待遇)离退休干部及遗属、特困离退休干部、春节期间生病住州医院治疗的离退休干部、州级两个干休所、军队干休所住所离退休干部及遗属等。州委组织部、州委老干部局、州人事局联合下发了《关于做好2009年春节慰问离退休干部工作的通知》。各县市、州级各部门普遍开展了对县处级及其以下离退休干部的走访慰问活动。

根据中央和各级党委要求,州委组织部、州委老干部局、州人事局、州劳动和社会保障局四部门专门发出通知,要求全州认真开展看望慰问建国前参加革命工作的老干部、老党员和老工人活动。全州各级各部门共走访慰问老干部、老党员、老工人3153人,其中建国前参加革命工作的离休干部1457人(含易地安置),老党员204人,老工人120人,退休干部1372人,支出慰问经费近100万元,有218名县处级以上领导干部参加走访慰问及有关活动。

【建立老干部生日慰问和局领导信访接待日两项制度】 2009年,大理州老干部局结合学习实践科学发展观活动,制定了《中共大理州委老干部局关于副州级以上老领导生日看望办法》和《中共大理州委老干部局关于局领导信访接待日制度》,从6月1日起执行。半年来,共看望副州级以上老领导41人,为他们送去生日祝福。局领导共接待老干部36人次,密切与离退休干部的联系。两项制度的实施,受到省委老干部局的充分肯定和广大老干部的赞誉。

【向老干部通报全州案件查办情况】 2009年4月26日,州委常委、州纪委书记梁志敏主持召开案件查办情况通报会,向离退休干部通报近几年来大理州有关案件的查办情况,希望全州广大老干部积极支持和参与反腐倡廉工作。州、市党政机关、企事业单位副县处级以上离退休干部近600人参加会议。

【开展庆祝新中国成立60周年活动】 庆祝新中国成立60周年,是全党全国各族人民的一件大事,按照中央和省、州党委的要求,州老干部局统筹安排,精心组织离退休干部开展庆祝活动:①组织州级100名老干部代表参加大理"万人红装苍洱唱国歌"活动,充分展示了老干部的精神风貌。②组织老干部代表参加州委、州政府举行的大理人民英雄纪念广场揭幕仪式,缅怀革命先烈。③组织老干部代表参加州委举行的大理州60年以上党龄的60名基层老党员代表事迹展览开展仪式,大力弘扬老党员立党为公的先进事迹。④9月12日至10月12日,州委宣传部、州委老干部局、州关工委、州教育局联合举办新中国成立60周年"老少共颂祖国好"诗书画展,大力讴歌共产党好、改革开放好、伟大祖国好。与此同时,各级各部门还普遍召开老干部座谈会、组织老干部参加文艺汇演、诗歌朗诵会等,并通过报刊、电台、电视台、网络等各种媒体,大力宣传离退休干部为革命、建设和改革发展作出的贡献。

【提高离休干部副厅级医疗待遇】 根据省委组织部和省委老干部局《关于提高部分离休干部医疗待遇的通知》精神,经层层审核,上报省委组织部和省委老干部局审批,大理州59名离休干部提高享受副厅级医疗待遇。

【大理州老干部大学成立】 2009年,中共大理州委批准成立大理州老干部大学,为副处级全额拨款事业单位。与州老干部活动中心实行一个机构,两块牌子,设校长1名(副处级,兼中心主任)。副校长2名(正科级,兼中心副主任)。内设办公室、教务科、活动科,副校长(副主任)分别兼教务科科长和活动科科长,办公室为副科级。同时,新增编制3人,增编后,大理州老干部大学(老干部活动中心)人员编制为9名。

【开展深入学习实践科学发展观活动】 2009年,根据中央统一部署和省、州党委的安排,结合实际认真开展学习实践科学发展观活动,州委老干部局做到规定动作不走样,自选动作有创新。紧紧围绕贯彻落实科学发展观、全面做好离退休干部工作的总要求,认真学习,不断深化对科学发展观的认识,深入调查研究,广泛征求意见,全面总结党的十六大以来贯彻落实科学发展观的实践成果,认真查找影响和制约科学发展,以及离退休干部反映强烈的突出问题,深入剖析问题产生的原因,进一步理清发展思路,明确整改方向,制定整改措施,为全州老干部工作科学发展打下了良好的基础。全州广大老干部工作者的政治鉴别、政策运用、业务工作、调查研究、管理服务、开拓创新、拒腐防变等七种能力进一步提高,形成了一支政治上靠得住,工作能力较强,作风过得硬,老干部信得过的队伍。2009年全州党风廉政建设考核,州委老干部局和寸卫平同志再次被州委评定为优秀单位和优秀个人。

(《老干部工作》由赵灿奎撰稿)

·保密工作·

【召开全州保密工作会议】 2009年4月21日,大理州保密工作会议在下关召开。州委保密委员会全体委员、各县市分管领导和保密局长,州级机关各部门分管领导和有关方面负责人参加了会议。会上,州委常委、州委秘书长、州委保密委主任杨健作了重要讲话,在充分肯定全州保密工作取得成绩的同时,认真分析了当前保密形势,按照中央和省委、省政府及省委保密委的总体部署,结合全州实际,对进一步抓好今后一段时期全州保密工作提出了三点要求,同时杨秘书长还要求全州各级各部门领导和广大干部职工一定要认清形势,增强信心,突出重点,强化责任,齐抓共管,狠抓落实,为推动全州保密工作的科学发展而努力奋斗!州委保密委专职副主任、保密局局长杨定中作了题为《抓住机遇谋发展狠抓落实创佳绩为开创全州保密工作新局面而努力》的工作报告,总结了2008年全州保密工作,对2009年工作进行了安排部署,为全年保密工作扎实开展奠定了基础。

【开展保密工作大检查】 4月下旬,全省政府信息上网泄密事件(即"4·16"泄密事件)发生后,按照省里的统一部署,州委保密局积极组织有关方面及时开展清查工作,经过各级各部门的共同努力,全州查获上互联网的内部敏感信息多条,要求有关部门限期进行整改,及时堵塞泄密漏洞,确保国家秘密和工作秘密的安全。为认真贯彻落实中央保密委员会《关于开展地方党政机关保密检查的通知》精神和省委保密委关于全省保密大检查的统一安排部署,6月26日,州保密局在下关召开"大理州保密大检查工作会议"。全州12县市保密局长、保密技术专干和州级保密检查组人员以及大理州保密局全体干部职工共40多人参加会议。会议传达学习了《关于开展地方党政机关保密检查的通知》,中央、省委领导就开展地方党政机关保密大检查工作作出的批示和《关于在全州范围内开展保密大检查的通知》精神。州保密局领导对保密大检查工作作了全面安排部署。局技术检测部门对参会人员进行保密检查技术培训,会上,州保密局还与12县、市的检查组成员分别签订了保密责任承诺书。

经过一段时间对各种计算机、各种移动存储介质的检查,向多个单位发出书面整改通知,要求限期整改;对多个单位提出整改建议,以州保密委的名义下发了《关于全州保密工作大检查的情况通报》,对下一步工作作了安排部署。州保密局随后又对部分单位进行了跟踪督查,确保整改措施落实到位。通过检查,全州保密工作组织领导、保密意识、保密技术防范能力得到不断加强,保密制度建设得到不断完善。

【认真做好涉密计算机登记备案】 2009年,州保密局在全州范围全面开展计算机登记备案工作。要求做到登记全面准确,不重不漏,并明确划分涉密机和上网机。保密局还制作了"涉密计算机严禁连接公共信息网络"、"非涉密计算机严禁处理涉密信息"和"安装物理隔离卡的计算机严禁交叉存储处理涉密信息"等标识,要求各级各部门"对号"粘贴在计算机主机和显示屏上,起警示作用及以便检查。

【加强保密队伍建设】 2009年,州保密局认真贯彻落实中央、省、州文件精神,在州委、州政府的大力关心支持下,州局领导班子得到了充实加强,建立健全了各有关业务科室,充实了业务骨干。10月份,全州派出16名保密干部参加了深圳金城保密技术公司举办的安全保密技术培训班学习。全州部分保密干部参加省州法制局举办的行政执法培训,并取得了行政执法许可证,为更好的开展保密执法监督检查工作创造了有利条件。

【州领导对加强保密工作作出重要批示】 2009年,按照总书记胡锦涛的重要批示和令计划的重要讲话精神及省委、省政府领导的重要批示要求,结合大理州实际,州委书记刘明,州委副书记、州长何金平、州委常委、州委秘书长、州委保密委主任杨健相继就我州信息安全保密工作作出重要批示。总的要求是:一要抓好思想落实。要通过广泛深入学习,使各级领导干部和广大涉密人员进一步提高认识,统一思想,时刻保持清醒头脑,切实增强敌情观念和保密意识。二要抓好制度落实。完善的保密规章制度是搞好保密工作的基础。要用制度管人,按制度办事,充分体现规章制度的强制力和权威性。三要抓好防范落实。要突出计算机信息安全保密这个重点,认真落实人防、物防、技防措施,前瞻预警,堵塞泄密漏洞和消除各种隐患,严防死守,确保党和国家秘密的绝对安全。四要抓好督查落实。要加大保密督促检查的力度,严厉打击各种违纪违法行为。对顶风违纪的人和事,发现一起,查处一起,教育一批。必须从严要求,才能把保密工作任务真正落实到位。

【继续抓好保密法制宣传教育】 2009年,大理州保密局继续抓好《大理州"五五"保密法制宣传教育规划》,组织专人到各县市及州级单位开展保密法制教育讲座共二十六场次,积极配合组织、人事、党校等部门对新任职领导干部和新任公务员进行保密教育培训。紧密结合当前保密工作面临的新形势、新特点、新任务,继续深入开展保密形势、保密工作方针政策、泄密案例警示等"三项教育活动"。积极收集整理"全国重大泄密事件情况通报"、"全省泄密案情通报"、"警钟长鸣"等保密法制宣传教育材料专门呈送州级领导干部阅示,通过各种手段不断提高各级领导干部和涉密人员的保密责任意识,进一步增强了做好保密工作的自觉性和主动性。为加大保密法律法规的宣传教育力度,便于各级机关单位工作人员了解掌握相关保密知识和技能,按照省局的统一安排部署认真抓好《党政机关工作人员保密须知》的征订工作,为保密知识的普及起到了积极的推动作用;通过进行广泛发动和动员,积极组织和开展《保密工作》杂志的征订工作。在保密局经费十分困难的情况下,积极想办法制作了一批保密法制宣传教育挂历,发放到全州县处级和涉密人员手中,随时提醒大家努力做好保密工作。全年共编写《大理保密》5期。为进一步搞好全州"五五"保密法制宣传教育工作提供了有力保障。

(《保密工作》由张帅撰稿)

·信访工作·

【概　述】 2009年,大理州各级信访部门紧紧围绕中心、服务大局,认真贯彻落实中央及省委文件精神,围绕全州经济社会发展大局,把信访工作作为贯彻落实科学发展观的生动实践,摆到更加突出的位置,以新的视野、新的标准调整工作思路,加强领导、落实责任、完善措施,进一步畅通信访渠道,依法规范信访行为,加强综合协调和督促检查,着力解决群众信访反映的问题,积极预防和妥善处理群体性事件,全力做好了全国、全省和全州"两会"、建国六十周年庆典活动期间的信访工作,为维护广大人民群众的合法权益、促进全州经济发展和社会和谐稳定做出了积极的贡献。年内,全州县市以上党政机关信访部门共受理群众来信来访34817件次，与去年同比增加3633件次，上升12%。州信访局受理群众来信来访3653批6197人次，与去年同比总量增加305件次，上升10%。办理中央、省、州领导批示交办重要信访立案件151件，到期办结151件，其中中央和省交办70件，州委、州政府领导批示和自立案件81件。办理复查复核信访件30件。处理省网上信访系统交办件244件，"书记、州长信箱"71件，"州长专邮"重点立案办理37件，州级领导共接访112场次，接待群众1134批6473人次，妥善处理群众反映的信访问题816件次，州党政领导信访接待日接待群众来访327批905人次。2009年，州委处理信访突出问题及群体性事件联席会议办公室被云南省委处理信访突出问题及群体性事件联席会议评为国庆60周年期间云南省信访工作先进单位一等奖。

【州委、州政府高度重视信访工作】 2009年，中共大理州委、州政府坚持将信访工作纳入总体工作进行安排部署，纳入四个建设考核奖励，纳入党委、政府工作的重要议事日程，定期分析信访形势，认真研究和解决工作中的实际困难和问题，州委、州政府领导亲自参与接待群众、亲自参与处置重大群体性上访，真正形成了主要领导亲自抓，分管领导具体抓，部门抓落实，一级抓一级，一级带一级，层层抓落实的良好工作局面。刘明书记、何金平州长、王桂芳副书记等州委、州政府领导亲历亲为，率先垂范，对信访工作多次作出重要指示和批示，从政治和全局的高度，适时提出做好信访工作的思路和举措，批示和指示多达100多件，为做好全州信访工作指明了方向。州委、州政府领导还亲自主持研究重大信访问题，包案带案下访，亲自接访群众，阅批群众来信等，推动了全州信访工作持续深入开展。州委联席会议召集领导多次召开会议，听取信访工作汇报，研究处理重大信访问题，对加强新时期信访工作作出了一系列重大决策部署，充分发挥联席会议的协调和指挥职能，处理了大批信访突出问题和群体性事件。

【开展"信访积案化解年"活动】 2009年，大理州信访局根据中央及省委联席会议办公室《关于开展"信访积案化解年"活动指导意见》的通知精神和统一安排部署，在全州深入开展了"信访积案化解年"活动。对连续多次"倒流"到北京非正常上访、越级到省、州集（群）体访、重信重访、上访老户认真排查梳理，全州共排查出信访积案236件665人次，化解了184件486人次，集中解决了一批长期往返于各级党政机关上访老户的信访问题。

【矛盾纠纷排查化解工作取得实效】 2009年，大理州州级部门共排查出涉及农村征地、集体资产管理、环境污染、企业改制、重点工程建设、水电重点项目工程移民搬迁、征地补偿、山林水土矿产资源纠纷、"两拖欠"、"两援"、"两失"、民办教师、企业军转干部、军队退役人员等方面的热难点信访突出问题139件（其中50人以上的群体性事件18起），涉及40323人，已化解105件，占75.5%，正在化解34件，占24.5%。对未调处终结的34件，已落实"五包"责任，明确责任单位、责任人和调处时限，进一步抓好化解、调处工作。

【非正常上访和群体性事件得到有效整治】 2009年，全州各级党委、政府把信访维稳工作摆到更加突出的位置，采取切实有力的措施，加强对信访维稳工作的领导，对连续多次"倒流"到北京非正常上访、越级到省、州上访、集（群）体访、重信重访、上访老户认真分析查找原因。通过认真细致地摸底排查，全州共排查出有可能赴省进京上访的信访件22件，并以州委联席会议文件形式交办相关成员单位及十二县市，要求对合理诉求及时进行研究解决，不留尾巴；对信访老户始终站在讲政治的高度，进一步加强思想教育工作，稳定情绪；对确属缠访闹访的，采取了有力措施，切实做好稳控工作；对未化解的案件提出明确要求，明确了责任，要求限期办结。通过努力，全州集中解决了一批长期往返于各级党政机关上访的信访问题，切实做好了国庆期间的信访维稳工作。2009年，妥善处理了进京上访群众12批次23人次。

【网上信访工作成效明显】 2009年，大理州信访工作认真贯彻执行《大理州开展网上信访工作的实施方案》、《大理州网上信访暂行规则》，逐步健全完善"网上信访"、"书记、州长信箱"和各部门主要领导电子信箱，采取公开受理、归口办理、公开回复等措施，方便群众反映利益诉求，主动接受群众监督，提高了信访办事效率，搭建了党和政府与人民群众沟通、互动的平台，充分体察民情、反映民意、集中民智，较好地维护了广大人民群众在经济社会建设中的主体地位，赢得了人民群众对党和政府的信任与支持，密切了党群、政群、干群关系。年内，州级信访部门共受理网上信访件275件，办结275件；处理了省网上信访系统244件，"书记、州长信箱"71件，"州长专邮"重点立案办理37件。

【联席会议制度作用明显】 2009年，大理州州委处理信访突出问题及群体性事件联席会议多次召开专题会议认真分析、研判社会稳定形势，有针对性地提出解决信访突出问题及群体性事件的对策建议，协调督促有关单位处理跨部门、跨行业、跨地区的信访突出问题及群体性事件，督促检查各级和各相关部门处理信访突出问题及群体性事件各项措施的落实。

国庆前，州委处理信访突出问题及群体性事件联席会议召开了信访形势分析汇报会，会议听取了联席会议各成员单位及各专项工作小组对本单位、本系统、本行业国庆期间有可能到省进京上访人员情况以及信访热难重点问题排查处置和有可能出现的群体性上访情况的汇报，学习了《大理州人民政府办公室关于加强群众集体性到州政府上访事件预防和处置工作》的通知，并就做好当前信访维稳安保工作，确保国庆期间不出现赴昆进京上访作了安排部署，提出了明确要求。联席会议制度在处理信访问题工作中发挥了重要作用。

【信访部门自身建设进一步加强】 2009年，大理州各级信访部门在省州党委、政府的关心和支持下，全州12县市解决了信访工作用车，并将州信访局工作经费列入同级财政预算，进一步加大了信访部门建设力度。切实加强干部队伍建设，使信访队伍更加适应工作的需要。以轮岗培训为契机，进一步规范工作程序，年内，共有10名州县市国家机关优秀年轻干部到州信访局轮岗锻炼。通过培训，轮岗干部的业务能力得到迅速提高，既缓解了州信访局人手不足的矛盾，同时也对进一步规范州县级机关信访工作程序和标准起到了良好的作用。

（《信访工作》由李凌撰稿）

·机关党建·

【概　述】 2009年，州直属机关党委在中共大理州委、州人民政府的正确领导下，所属各党组织和广大党员，坚持以邓小平理论和“三个代表”重要思想为指导，深入贯彻落实科学发展观，全面贯彻党的十七大、十七届三中、四中全会、省委八届六次、七次，州委六届八次全会、全国机关党建工作会议精神，按照2009年州直属机关党委党建工作会议的安排部署，坚持围绕中心、服务大局，促进发展的思路，解放思想，开拓进取，突出重点，狠抓落实。各级党组织围绕“州直机关党建工作走在全州基层组织建设前列”这个目标，突出作风建设为主题，深入开展“个人形象一面旗、工作热情一团火，谋事布局一盘棋”主题实践活动。认真贯彻落实中央、省委、州委应对国际金融危机各项方针、政策，团结带领机关党组织和广大党员干部在全力应对国际金融危机冲击中，坚定信心保增长，坚持不懈保民生，坚定不移保稳定，在战胜严重困难和严峻挑战中，继续保持经济平稳较快发展和社会和谐稳定中发挥战斗堡垒作用和先锋模范作用，机关党的建设取得了新的成绩。

【召开党建工作会议】 3月13日，大理州直属机关党委2009年党建工作会议在下关召开。会议提出，进一步认清形势、明确任务、统一思想、振奋精神，以深入开展学习实践科学发展观活动为契机，推动州直机关党建工作迈上新台阶。州委常委、州委组织部部长蔡江华出席会议并讲话。蔡江华在总结州直机关党建工作时指出，一年来，州直机关各级党组织坚持以党的执政能力建设和先进建设为主线，不断巩固和发展先进性教育活动的成果，深入实施“云岭先锋”工程，广泛开展“创先争优”活动和“五比五创”竞赛活动，切实抓好党员队伍和基层组织建设，健全完善党员经常受教育、永葆先进性的长效机制，党建各项工作扎实推进。蔡江华要求，当前和今后一段时期，州直机关各级党组织要以开展学习实践活动为契机，努力提高服务科学发展的能力和水平。要树立符合科学发展观要求的党建理念，把提高科学发展能力作为机关党建工作的重要内容；深入推进党风廉政建设和反腐败斗争，进一步发挥机关党组织的监督作用。同时，要深刻理解加强干部作风建设的极端重要性和现实紧迫性，努力实现党员干部和机关作风的进一步好转；结合即将开展的学习实践科学发展观活动和州直机关的实际，坚持用改革创新精神抓好干部作风建设，切实做好自我教育与组织教育相结合、查摆问题与解决问题相结合、廉洁自律与加强监督相结合、继承发扬优良传统与制度创新相结合、改进作风与推动当前工作相结合。要切实转变学风，增强党性观念，强化责任意识，落实制度，深化改革，完善机制，注重实践，推动工作，加强监督，务求实效。

会上，州直机关党委书记杨保诚同志对2008年工作进行了总结，并就2009年机关党建工作作具体安排部署。会议还签订了2009年度《目标管理责任书》和《党风廉政建设责任书》。

【在推动科学发展中当好思想建设先行者】 2009年，州直机关党委把党员队伍的思想建设作为首要任务认真抓落实。一是认真开展深入学习实践科学发展观活动。根据“中共大理州委关于开展第二批深入学习实践科学发展观活动实施意见”的安排部署，州直属机关党委各基层党组织和全体党员参加了第二批深入学习实践科学发展观活动。在学习活动中，紧紧围绕“党员干部受教育、科学发展上水平、人民群众得实惠”的总体要求，精心组织，狠抓落实。完成了“学习调研”、“分析检查”、“整改落实”三个阶段11个环节的工作，整个教育活动开展得扎实有效，取得了丰硕的成果：①广大党员、干部受到了深刻的马克思主义教育，贯彻落实科学发展观的自觉性和坚定性明显增强，加强党性修养和作风建设的自觉性明显提高，对事关本地区本部门本单位科学发展重大问题的认识进一步深化，领导和推动科学发展能力进一步提高。②科学发展水平得到有效提升，进一步理清了本地区本部门本单位科学发展思路，制定了一批推动科学发展的政策措施，解决了一批影响和制约科学发展的突出问题，建立健全了一批保障和促进科学发展观的体制机制。③人民群众得到更多实惠，有力推动了中央惠民利民政策的落实，解决了大量涉及群众切身利益的实际问题，密切了党群关系、干群关系，促进了社会和谐稳定。④党的基层组织建设得到明显加强，扩大了党的组织和党的工作覆盖面，丰富了党组织和党员发挥作用的有效途径和方法，改进了基层党的建设领导体制和工作机制。二是加强政治理论学习。认真组织州直机关广大党员干部深入学习贯彻党的十七届四中全会精神、全国机关党建工作会议精神、省委八届七次、八次全会精神、州委六届七次全会精神，以及中央和省州党委的一系列重大决策，认真组织学习党和国家领导有关重要讲话精神和省、州党委领导的有关讲话精神，坚定不移地把思想和行动统一到中央和省、州党委的决策部署上来，坚定信心和决心，以良好的精神状态和实际行动，投入到工作实践中，为促进大理州经济平稳较快发展发挥了积极的作用。三是不断加大对州直机关党员学习投入力度。党委在为各总支、支部订购《支部生活》、《党建文汇》等学习资料的基础上，针对2009年州直机关正在开展“学习实践科学发展观”活动的实际需要，从党费中拿出51025元，为各总支、支部购买了《科学发展观党员干部读本》等学习材料，用于各总支、支部党员学习时使用，为州直机关基层党组织和广大党员学习提供了有力的保障。四是建立党委、总支、支部三级教育培训机制，抓实党员教育培训工作。党委采取以总支、支部上党课培训教育为主，举办专题培训教育为补充，充分发挥基层党组织教育阵地的作用，采取分级负责、分级教育培训的办法。党委在2009年集中组织“深入学习科学发展观”专题党课1次，组织举办2006年以来新入党党员共146人参加的专题党课。党委还派人深入到剑川县机关党委、大理海关、大理州地税局、大理市小岑村委会等单位为基层党员上党课。五是加强党务干部培训工作。2009年，党委依托上海展望发展进修学院举办了一期党务干部能力提升专题研修班，共29名党务干部接受了教育培训，党务干部外出接受专业党务培训的模式得到了拓展，既培养、锻炼、提高了干部，又开创了州直机关党务干部培训工作的新路子。

【机关党建迈出新步伐】 2009年，大理州直机关各级党组织认真学习贯彻全国机关党的建设工作会议精神和省、州机关党的建设工作会议精神，广大党员进一步认清了形势，明确了任务，增强了加强和改进新形势下机关党建设工作的紧迫感和责任感，基层党组织建设迈出了新步伐：①“双目标管理”责任书进一步完善、落实。党委高度重视机关基层党组织的“双目标管理”责任书签订工作，年初，党委与下属24个党总支、46个直属党支部签订了新一轮的目标管理责任书和党风廉政建设责任书，总支与支部、支部与党员也签订了《责任书》。责任书签订后，党委加强了监管力度，定期对落实情况实行跟踪检查考核，以责任制的落实，促进基层党组织活动的制度化、规范化、科学化。②切实加强基层党组织领导班子建设。年内对任期届满的10个党总支和38个党支部班子进行了换届改选,对3个党总支和6个党支部班子进行了调整补充,全年新成立3个党支部。同时进一步规范机关党组织设置,注重理顺组织体系,强化组织功能,激发组织活力,保证了党组织工作的正常开展。③加强党员队伍日常管理。对新增和转入、转出的每一名党员的组织关系做到及时接转,确保这些同志能够及时参加新单位党组织的活动,履行党员义务,行使党员权利。2009年,党委对党员信息库采集工作进一步作了规范,要求每一名新转入党员填写“党员信息采集表”,及时补充完善党员信息库,做到信息库每月有更新。并重新对事业单位专业技术人员的职务技术信息进行了重新登记和录入,使党员信息库各项数据完整、准确,党员管理工作更趋科学合理。④扎实开展党员公开承诺活动。为建立健全保持基层党组织和党员先进性长效机制,结合实施效能政府“四项制度”,各基层党组织认真开展了公开承诺活动。党员个人都签有“党员承诺书”,承诺书结合岗位实际,制定符合自身工作实际和个人岗位特点的承诺。制作公示卡和桌卡,将党员职务、姓名和承诺内容公示出来,接受群众监督。⑤认真开展好州直机关党建理论专题调研工作。2009年,党委围绕“加强机关党建,服务科学发展”为主题组织开展了调研工作。并由党委领导带队,组成2个调研组,分二批深入到4个党总支、7个党支部进行专题调研。并在全州机关党组织中开展了机关党建理论专题调研论文评选活动。评选活动中共收到了53篇有一定理论水平,实践性、针对性、前瞻性、操作性强的论文。在评选活动中共评选出优秀论文28篇,并在此基础上召开了州直机关党建理论研讨会,同时还向省直机关党建研究会推荐了6篇优秀论文。⑥认真做好组织发展工作。在组织发展工作中,严格发展党员工作程序,坚持推行发展党员公示制度和无记名“票决制”,认真履行入党手续,坚持党委派人谈话制度。通过综合考察,2009年共审批转正党员31名、接受预备党员13名,为党组织增添了“新鲜血液”。并加大对入党积极分子的培训力度,2009年州直机关共有38名入党积极分子参加了党委举行的入党积极分子培训班。

【机关党组织活动内容丰富】 2009年,州直机关党委发挥优势构建和谐机关,不断拓展充实机关基层党组织活动内容:①组织参加了“迎国庆、讲文明、树新风”为主题的大理州第七届“红土地之歌”演讲大赛。6月份,党委按照大赛组委会的通知要求,党委组织协调了有12家州级党委共15名选手参加的“州级机关参加州第七届红土地之歌演讲大赛选拔赛”活动,通过竞赛推选出3名优秀选手参加了9月份全州第七届“红土地之歌”演讲大赛,并取得了好成绩,其中获一等奖一名、获三等奖一名。②组织参加了大理州为庆祝新中国成立60周年开展的各项活动。按照州委、州政府的统一安排布置,组织参加了“万人红装唱国歌”等活动,通过参与活动,充分展示了州级机关党员干部政治坚定、业务精通、清正廉洁、务实高效、作风优良的形象和精神风貌。通过组织活动,吸引干部群众广泛参与,统一思想,鼓舞士气,增强信心,营造文明和谐向上的社会环境。③积极参与“洱海保护月”活动。按照州委的要求,自“洱海保护月”活动开展以来,州直机关党委积极与所挂钩负责的村镇联系,开展清理入海河、沟、渠及道路、村容卫生整治工作,先后两次发动群众共1200人次参与了卫生清理活动。活动的开展极大地宣传和带动了广大村民对保护“母亲湖”的认识和热情,为洱海的保护和治理贡献出了力量。

【成立党委工会联合会】 根据中共大理州委文件精神和州直属机关、企事业单位工会组织收归管理工作会议精神,党委把州直79个机关、企事业单位的基层工会组织起来,成立了大理州直属机关党委工会联合会。工会联合会于9月29日召开州直机关党委第一次代表大会。大会选举出州直机关党委工会联合会第一届委员会、经费审查委员会和女职工委员会。工会联合会成立后,各委员会委员明确了分工,各项工作得到正常开展。对一些基层工会组织的组建、改选工作进行了审核批复,工会联合会2009年共批复9家基层工会委员会的换届选举工作,州直机关基层工会组织工作得到了发展和加强。

【机关党风廉政建设加强】 按照州委《贯彻落实<建立健全惩治和预防腐败体系2008-2012年工作规划>实施办法》的要求,党委结合州直机关实际,始终坚持解放思想,不断创新,明确责任、细化目标、狠抓落实,严把五关,不断加强党风廉政建设。①抓好学习关。党委始终把学习领会中央、省、州党委对党风廉政建设和反腐败工作的要求放在首位,充分利用干部职工会,坚持周五学习制度组织进行学习有关文件,认真领会胡锦涛总书记在中纪委十七届三次全会上的重要讲话和省纪委八届四次全会精神、州纪委六届四次全会精神。并为各总支、支部购买了《廉政论》180册,丰富了基层党组织和广大党员干部廉政学习内容,同时开展“两培训、两谈话、两党课”的工作,提高了学习效果。②抓好责任制关。签订落实“三个责任书”,把党风廉政建设责任制目标任务进行细化分解,认真贯彻落实州委党风廉政建设的各项内容,分解任务,制定措施,层层签订党风廉政建设责任书,把各项要求具体化。在大理州党风廉政建设责任制考核中,机关党委已连续6年被评为优秀。③抓好督促检查关。把检查“党风廉政建设责任制”与检查“目标管理责任制”结合起来,年初,由党委领导带队,以召开座谈会、查阅相关资料、现场查看的方式,检查考核党风廉政建设工作,并将检查情况进行通报,促进了党风廉政建设责任制的落实。④抓好廉洁自律关。党委班子严格执行领导干部廉洁自律的各项规定,各级领导干部自觉贯彻执行党内监督条例,坚持集体领导制度和议事规则,按规定、程序要求办事。⑤推进廉政文化进机关工作。在2007、2008两年开展廉政文化进机关试点工作的基础上,2009年党委将廉政文化进机关工作在州直机关全面推开,制定了“廉政文化进机关”工作的实施方案,要求各基层党组织做到廉政标语上墙、上宣传橱窗,组织讲廉政党课,开展警示教育,以文艺活动、知识竞赛等形式进行正反两方面典型事迹教育,并认真督促各基层党组织抓好各项工作的落实。

(《机关党建》由杨晓荣撰稿)

大理白族自治州人民代表大会常务委员会

【概　述】 2009年,是大理州应对挑战、攻坚克难、实现经济社会平稳较快发展的一年,也是州人大常委会工作取得较好成绩的一年。一年来,州人大常委会在中共大理州委的正确领导和上级人大的帮助指导下,高举中国特色社会主义旗帜,以邓小平理论和“三个代表”重要思想为指导,深入学习实践科学发展观,全面贯彻落实党的十七大、十七届三中、四中全会精神,紧紧围绕州委六届七次全会和州十二届人大二次会议的安排部署,按照州委“生态优先、农业稳州、工业强州、文化立州、旅游兴州、和谐安州”的发展思路,把“保增长、保民生、保稳定”作为主要任务,认真履行宪法和法律赋予的职权,各项工作取得了新进展,有力地促进了自治州经济平稳较快发展和社会和谐稳定,充分发挥了地方国家权力机关的作用。

【州第十二届人大第二次会议在下关召开】 2月17~21日,大理白族自治州第十二届人民代表大会第二次会议在大理市下关镇隆重召开。会议的议程是:听取和审查大理白族自治州人民政府工作报告;审查大理白族自治州2008年国民经济和社会发展计划执行情况的报告及2009年国民经济和社会发展计划;审查大理白族自治州2008年地方财政预算执行情况的报告及2009年地方财政预算;听取和审查大理白族自治州人民代表大会常务委员会工作报告;听取和审查大理白族自治州中级人民法院工作报告;听取和审查大理白族自治州人民检察院工作报告;审议《云南省大理白族自治州苍山保护管理条例(修订草案)》;选举事项。366名州人大代表和153名列席人员出席和列席会议。会议先后召开了4次全体会议,分别由大会执行主席字国顺、杨宴君、张如旺主持。

在为期5天的会议期间,代表们分别听取了州人民政府州长何金平所作的《大理州人民政府工作报告》,州人大常委会主任字国顺所作的《大理州人大常委会工作报告》,州中级人民法院院长黄为华所作的《大理州中级人民法院工作报告》,州人民检察院检察长普赵辉所作的《大理州人民检察院工作报告》,州人民政府副州长许映苏所作的《云南省大理白族自治州苍山保护管理条例(修订草案)》的说明。各代表团全团或分组分别审查了政府工作报告和计划、财政工作报告,州人大常委会工作报告和州中级人民法院、州人民检察院工作报告,审议了《苍山保护管理条例(修订草案)》;会议通过了州人大常委会委员选举办法。

会议选举杨建军为州十二届人民代表大会常委会委员;会议作出《关于大理州人民政府工作报告的决议》、《关于大理州2008年国民经济和社会发展计划执行情况与2009年国民经济和社会发展计划的决议》、《关于大理州2008年地方财政预算执行情况和2009年地方财政预算的决议》、《关于大理州人大常委会工作报告的决议》、《关于大理州中级人民法院工作报告的决议》、《关于大理州人民检察院工作报告的决议》、关于《云南省大理白族自治州苍山保护管理条例(修订草案)》的决议,表决关于代表提出的议案的处理情况报告。会议结束时,州人大常委会主任字国顺作了讲话。

大会开幕之前的2月16日下午,召开了各代表团会议,推选代表团团长、副团长,酝酿大会主席团和秘书长名单(草案)、大会议程(草案)等;州委召开了出席州十二届人大二次会议和州政协十一届二次会议中的中共党员代表、委员的党员大会,州委书记刘明作重要讲话,对开好“两会”提出了要求;举行了州十二届人大二次会议预备会议,通过大会主席团和秘书长名单(草案)和会议议程(草案)。

【州十二届人大常委会举行第七次会议】 2月27日,大理州第十二届人大常委会第七次会议在龙山州级行政办公区举行。会议的议程是:审议通过《大理州人大常委会2009年工作要点》;听取和审议州人民政府《关于提请审议国道214线大理上关至北五里桥公路改造工程向交通银行云南省分行等金融机构贷款有关事项的议案》;听取和审议州人民政府《关于提请审议洱海保护及洱源县生态文明建设重点工程项目贷款有关问题的议案》;听取和审议州人民政府《关于提请审议以“委托代建模式”运作大理农业学校扩建一期等六个项目的议案》;人事任免。

州人大常委会主任字国顺,副主任张如旺、尚榆民、刘世兴、彭增梅、陆璐,秘书长杨蔓宇,以及常委会其他组成人员共33人出席会议。州人民政府副州长李雄,州中级人民法院院长黄为华,州人民检察院副检察长陶建军,不是州人大常委会组成人员的州人大常委会各专门委员会、工作委员会的领导和调研员、助理调研员。

会议听取和审议了州人大常委会秘书长杨蔓宇受主任委托所作的《大理州人大常委会2009年工作要点(草案)》,分别听取和审议了州人民政府副州长李雄受州长何金平委托所作的《关于提请审议国道214线大理上关至北五里桥公路改造工程向交通银行云南省分行等金融机构贷款有关事项的议案》、《关于提请审议洱海保护及洱源县生态文明建设重点工程项目贷款有关问题的议案》、《关于提请审议以“委托代建模式”运作大理农业学校扩建一期等六个项目的议案》;分别听取州人大财经委主任委员赵旭所作的《关于对州人民政府〈关于国道214线大理上关至北五里桥公路改造工程向交通银行云南省分行等金融机构贷款有关事项的议案〉的审查报告》、《关于对州人民政府〈关于洱海保护及洱源县生态文明建设重点工程项目贷款有关问题的议案〉的审查报告》、《关于对州人民政府〈关于以“委托代建模式”运作大理农业学校扩建一期等六个项目的议案〉的审查报告》;听取和审议了州中级人民法院院长黄为华所作的《关于提请任免法律职务的议案》;听取和审议了州人民检察院副检察长陶建军受检察长普赵辉委托所作的《关于提请批准任职的议案》。

会议通过了《大理州人大常委会2009年工作要点》,作出了《关于对〈关于提请审议国道214线大理上关至北五里桥公路改造工程向交通银行云南省分行等金融机构贷款有关事项的议案〉的决定》、《关于对〈关于提请审议洱海保护及洱源县生态文明建设重点工程项目贷款有关问题的议案〉的决定》、《关于对〈关于提请审议以“委托代建模式”运作大理农业学校扩建一期等六个项目的议案〉的决定》。

会议根据州中级人民法院院长黄为华的提请,作出了任免杨阳等10人法律职务的决定;根据州人民检察院检察长普赵辉的提请,作出了批准任命王秀山为永平县人民检察院检察长的决定。

【州十二届人大常委会举行第八次会议】 4月29~30日,大理州人大常委会第八次会议在龙山州级行政办公区举行。会议的议程是:听取和审议《云南省大理白族自治州旅游条例(草案)》(一审);通报《大理白族自治州苍山保护管理条例(修订)》公布施行相关情况;人事任免。州人大常委会主任字国顺,副主任杨宴君、张如旺、尚榆民、刘世兴、彭增梅、陆璐,秘书长杨蔓宇,以及常委会其他组成人员共39人出席会议;州中级人民法院院长黄为华、州人民检察院副检察长陶建军,州旅游局、州苍山管理局、州政府法制局的主要领导,州人大常委会机关不是常委会组成人员的各专、工委、办公室、研究室的领导及调研员、助理调研员,各县市人大常委会的各1位副主任,曾银中、吴家元、李平山、黄正发4位州十二届人大代表列席会议。6位公民到会旁听。

会议听取和审议了州人民政府州长何金平委托副州长所作的《云南省大理

白族自治州旅游条例(草案)》的议案及说明;听取了州人大常委会副主任尚榆民所作的关于《大理白族自治州苍山保护管理条例(修订)》公布施行的情况通报;听取和审议了州人民政府州长何金平委托副州长所作的《关于提请人事任命的议案》、州中级人民法院院长黄为华所作的《关于提请任命法律职务的议案》;分组审议了《云南省大理白族自治州旅游条例(草案)》。

会议对《云南省大理白族自治州旅游条例(草案)》一审稿提出了修改意见;根据州人民政府州长何金平的提请,决定任命岳黎松任大理白族自治州人民政府副州长;根据州中级人民法院院长黄为华的提请,任命左丽梅、马明纳为大理白族自治州中级人民法院审判员。

4月30日下午,出席、列席州十二届人大常委会第八次会议的全体人员,参加了《大理白族自治州苍山保护管理条例(修订)》公布施行大会。

【州十二届人大常委会举行第九次会议】 6月29～30日,大理州人大常委会第九次会议在龙山州级行政办公区举行。会议的议程是:听取和审议州人民政府关于2008年州本级财政决算的报告;听取和审议州人民政府关于2008年州本级地方财政预算执行情况和其他财政收支情况的审计工作报告;听取和审议州人民政府关于全州公安机关加强执法规范化建设工作情况的报告;听取和审议州人民政府关于土地开发整理项目实施情况的报告;听取和审议《云南省大理白族自治州旅游条例(草案)》修改情况的报告;听取和审议州人民政府《关于提请审议我州境内铁路建设征地拆迁资金由省铁路投资公司向上海浦东发展银行昆明分行统借统贷分级偿还的议案》;听取和审议州人民政府《关于提请审议大理经济开发区下和至观音阁截污工程向上海浦东发展银行昆明分行贷款8000万元的议案》;听取和审议州人大常委会代表资格审查委员会关于代表资格审查的报告;听取和审议州人大常委会执法检查组关于《村民委员会组织法》的执法检查报告》;人事任免。州人大常委会副主任杨宴君、张如旺、尚榆民、刘世兴、彭增梅、陆璐,以及常委会其他组成人员共36人出席会议。州人民政府副州长郭有兵、州中级人民法院院长黄为华、州人民检察院副检察长韩小红,州财政局、州审计局、州公安局、州国土资源局、州旅游局、州政府法制局的主要领导,州人大常委会机关不是常委会组成人员的各专、工委、办、研究室的领导、调研员及副调研员,12县市人大常委会的各1位副主任,赵云、李春来、罗秀芬、杨子刚4位州人大代表列席会议。州财政局、州审计局、州公安局、州国土资源局、州旅游局、州政府法制局的各1位科室人员到会旁听。

会议听取和审议了州财政局副局长刘子文受州人民政府委托所作的《关于大理白族自治州2008年州本级财政决算的报告》,听取了州人大财经委主任委员赵旭所作的《关于大理州2008年州本级财政决算的审查报告》;听取和审议了州审计局局长张学义受州人民政府委托所作的《关于大理白族自治州2008年度州本级地方财政预算执行情况和其他财政收支的审计工作报告》;听取和审议了州人民政府副州长、州公安局局长郭有兵所作的《关于全州公安机关加强执法规范化建设工作情况的报告》,听取了州人大法制委主任委员周汝林所作的《关于全州公安机关加强执法规范化建设工作情况的调查报告》;听取和审议了州国土资源局局长李福安受州人民政府委托所作的《关于全州土地开发整理工作情况的报告》,听取了州人大常委会农环工委主任马建军所作的《关于全州土地开发整理工作情况的调查报告》;听取和审议了州人大常委会教科文卫工委主任李如珍所作的《关于对〈云南省大理白族自治州旅游条例(草案)〉一审稿修改情况的报告》,并对《云南省大理白族自治州旅游条例(草案)》进行了二审;听取和审议了州人民政府副州长郭有兵受州长何金平委托所作的《关于提请审议我州境内铁路建设征地拆迁资金由省铁路投资公司向上海浦东发展银行昆明分行统借统贷分级偿还的议案》、《关于提请审议大理经济开发区下和至观音阁截污工程向上海浦东发展银行昆明分行贷款8000万元的议案》,听取了州人大财经委主任委员赵旭所作的《关于州人民政府提请审议我州境内铁路建设征地拆迁资金由省铁路投资公司向上海浦东发展银行昆明分行统借统贷分级偿还议案的审查报告》、《关于州人民政府提请审议大理经济开发区下和至观音阁截污工程向上海浦东发展银行昆明分行贷款8000万元议案的审查报告》;听取和审议了州人大常委会代表资格审查委员会副主任委员邓成立所作的《关于代表资格审查情况的报告》,听取和审议了州人大民族委主任委员李绍平所作的《关于〈村民委员会组织法〉的执法检查报告》;听取和审议了州人民政府副州长郭有兵受州长何金平委托所作的《关于提请人事任免的议案》。

会议作出了《对州人民政府关于2008年州本级财政决算报告的决议》;分别对州人民政府《关于2008年州本级地方财政预算执行情况和其他财政收支情况的审计工作报告》、《关于全州公安机关加强执法规范化建设工作情况的报告》、《关于土地开发整理项目实施情况的报告》提出了审议意见;作出了对州人民政府《关于提请审议我州境内铁路建设征地拆迁资金由省铁路投资公司向上海浦东发展银行昆明分行统借统贷分级偿还的议案》的决定、《关于提请审议大理经济开发区下和至观音阁截污工程向上海浦东发展银行昆明分行贷款8000万元的议案》的决定;通过了州人大常委会代表资格审查委员会关于代表资格审查的报告、州人大常委会执法检查组关于对《村民委员会组织法》的执法检查报告。会议根据州长何金平的提请,决定任命程云川为大理白族自治州人民政府副州长;因工作变动,会议决定接受朱非辞去大理白族自治州人民政府副州长职务的请求。

【州十二届人大常委会举行第十次会议】 8月24～25日,大理州第十二届人大常委会第十次会议在龙山州级行政办公区举行。会议的议程是:听取和审议州人民政府关于2009年1～7月国民经济和社会发展计划执行情况的报告;听取和审议州人民政府关于全州2009年1～7月地方财政预算执行情况的报告;听取和审议州人民政府关于文化遗产保护与利用工作情况的报告;听取和审议州人民政府关于移民安置工作情况的报告;听取和审议《云南省大理白族自治州旅游条例(草案)》(三审);听取和审议州人大常委会执法检查组关于《代表法》的执法检查报告;听取和审议州人大常委会执法检查组关于《云南省大理白族自治州历史文化名城保护条例》的执法检查报告;听取州人大常委会视察组对全州实施“五五”普法规划进展情况的视察报告;人事任免。州人大常委会主任字国顺,副主任杨宴君、张如旺、尚榆民、刘世兴、彭增梅、陆璐,秘书长杨蔓宇,以及常委会其他组成人员共40人出席会议。州人民政府常务副州长马建全,州人民检察院检察长普赵辉,州中级人民法院副院长王晶,州发改委、州财政局、州文化局、州旅游局、州移民局的主要领导,州人大常委会机关不是常委会组成人员的各专、工委、办公室、研究室的副主任、调研员及助理调研员，各县市人大常委会办公室主任，州十二届人大代表余伟才、刘荃、寸圣荣、李沧媛列席会议。州发改委、州财政局、州文化局、州移民局的各1位科室领导到会旁听。

会议听取和审议了州发改委主任张正贤受州人民政府委托所作的《关于大理白族自治州2009年1~7月国民经济和社会发展计划执行情况的报告》，州财政局局长杨光军受州人民政府委托所作的《关于大理白族自治州2009年1~7月地方财政预算执行情况的报告》，州文化局局长杨政业受州人民政府委托所作的《关于全州文化遗产保护与利用工作情况的报告》，州移民开发局局长茶少斌受州人民政府委托所作的《关于大理州移民安置工作情况的报告》；听取了州人大财政经济委员会主任委员赵旭所作的《关于大理州2009年1~7月国民经济和社会发展计划及地方财政预算执行情况的调查报告》，州人大常委会教科文卫工委主任李如珍所作的《关于全州文化遗产保护与利用工作情况的调查报告》，州人大民族委员会主任委员李绍平所作的《关于大理州移民安置工作情况的调查报告》；听取和审议了州人大法制委员会主任委员周汝林所作的《关于〈云南省大理白族自治州旅游条例（草案）〉审议情况的报告》，并对《条例（草案）》进行了第三次审议；听取和审议了州人民政府常务副州长马建全受州长何金平委托所作的《关于提请审议弥渡县医院整体搬迁等六个项目向中国农业发展银行大理州分行申请贷款有关问题的议案》，听取了州人大财政经济委员会主任委员赵旭所作的《关于州人民政府提请审议弥渡县医院整体搬迁等六个项目向中国农业发展银行大理州分行申请贷款有关问题议案的审查报告》；听取和审议了州人大常委会研究室主任贺跃云所作的《关于〈中华人民共和国全国人民代表大会和地方各级人民代表大会代表法〉执法检查情况的报告》，州人大常委会农环工委主任马建军所作的《关于〈云南省大理白族自治州大理历史文化名城保护条例〉执法检查情况的报告》，州人大法制委员会主任委员周汝林所作的《关于全州实施"五五"普法规划情况的视察报告》；听取和审议了州人大常委会副主任杨宴君受主任会议委托所作的《关于提请人事任免的议案》，州人民政府常务副州长马建全受州长何金平委托所作的《关于提请人事任免的议案》，州中级人民法院副院长王晶受院长黄为华委托所作的《关于提请人事任免的议案》。

会议对州人民政府《关于全州2009年1~7月国民经济和社会发展计划执行情况的报告》、《关于全州2009年1~7月地方财政预算执行情况的报告》、《关于全州文化遗产保护与利用情况的报告》、《关于大理州移民安置工作情况的报告》，分别提出了审议意见；作出了对州人民政府《关于提请审议弥渡县医院整体搬迁等六个项目向中国农业发展银行大理州分行申请贷款有关问题的议案》的决定；分别通过了对《关于〈代表法〉的执法检查报告》、《关于〈云南省大理历史文化名城保护条例〉的执法检查报告》的审议意见。

会议根据州人大常委会主任会议提请，决定接受杨蔓宇辞去州十二届人大常委会秘书长、常委会代表资格审查委员会职务的请求，李如珍辞去州十二届人大常委会委员职务的请求，李光美辞去州十二届人大常委会委员职务的请求，杨瑜辞去州十二届人大常委会委员、常委会代表资格审查委员会委员职务的请求；决定免去李如珍州人大常委会教科文卫工委主任职务、赵新光州人大常委会教科文卫工委副主任职务、张世伟州人大民族委员会副主任委员职务、杨凌州人大常委会办公室副主任职务；决定任命李宗贤为州人大常委会副秘书长（正处级），常华敏为州人大常委会办公室副主任。会议根据州长何金平的提请，因工作变动，决定接受李万通辞去州人民政府副州长职务；决定免去谢绍章州粮食局局长职务、和文平州外事办公室主任（接待处处长）职务；任命李桂根为州粮食局局长、杨瑜为州外事办公室主任（接待处处长）。会议根据州中级人民法院院长黄为华的提请，决定任命苏春平为州中级人民法院民事审判第三庭副庭长、朱雪东为州中级人民法院刑事审判第三庭副庭长。

【州十二届人大常委会举行第十一次会议】 10月27~28日，大理州第十二届人大常委会第十一次会议在龙山州级行政办公区举行。会议的议程是：听取和审议州人民政府关于促进全州中小企业发展情况的报告；听取和审议州人民政府关于全州外事工作情况的报告；听取和审议州人民政府关于全州城乡医疗保险工作情况的报告；听取和审议州中级人民法院关于加强行政审判工作情况的报告；听取和审议州人民政府《关于提请审议关巍公路建设等三个项目向建设银行大理州分行申请搭桥贷款有关问题的议案》；听取和审议州人民政府《关于提请审议全州中小学校舍安全工程建设项目2009年州级财政配套缺口资金向富滇银行申请贷款的议案》；通过州人大常委会关于确认主任会议许可省人民检察院对州人大代表黄永华采取强制措施的决定（草案）；人事任免。州人大常委会主任字国顺，副主任杨宴君、张如旺、尚榆民、刘世兴、彭增梅、陆璐，以及常委会其他组成人员共37人出席会议。州人民政府副州长程云川，州中级人民法院院长黄为华，州人民检察院检察长普赵辉，州经委、州外事办公室、州卫生局、州劳动和社会保障局的主要领导，州人大常委会机关副处以上领导及调研员、助理调研员，不是州十二届人大常委会组成人员的县人大常委会主任，各县市人大常委会的1位副主任，李增培、康家凤、周志伟、周丽珍4位州十二届人大代表列席会议。州中级人民法院、州经委、州外事办公室、州卫生局、州劳动和社会保障局的各1位科室相关人员到会旁听。

会议听取和审议了州经委主任李东受州人民政府委托所作的《关于促进全州中小企业发展情况的报告》，听取了州人大财经委主任委员赵旭所作的《关于全州中小企业发展情况的调查报告》；听取和审议了州外事办公室主任杨瑜受州人民政府委托所作的《关于全州外事工作情况的报告》，听取了州人大常委会外事华侨工委主任杨庆华所作的《关于全州外事工作情况的调查报告》；听取和审议了州劳动和社会保障局局长张松受州人民政府委托所作的《关于全州城乡医疗保险工作情况的报告》，听取了州人大民族委主任委员李绍平所作的《关于全州城乡医疗保险工作情况的调查报告》；听取和审议了州中级人民法院院长黄为华所作的《关于加强行政审判工作情况的报告》，听取了州人大法制委主任委员周汝林所作的《关于加强行政审判工作情况的调查报告》；听取和审议了州人民政府副州长程云川受州长何金平委托所作的《关于提请审议关巍公路建设等三个项目向建设银行大理州分行申请搭桥贷款有关问题的议案》、《关于提请审议全州中小学校舍安全工程建设项目2009年州级财政配套缺口资金向富滇银行申请贷款的议案》，听取了州人大财经委主任委员赵旭所作的对州人民政府《关于提请审议关巍公路建设等三个项目向建设银行大理州分行申请搭桥贷款有关问题的议案的审查报告》、《关于提请审议全州中小学校舍安全工程建设项目2009年州级财政配套缺口资金向富滇银行申请贷款的议案的审查报告》；听取和审议了州人大常委会选联工委主任邓成立所作的《关于确认主任会议许可省人民检察院对州人大代表黄永华采取强制措施的决定（草案）的说明》；听取和审议了州人民检察院检察长普赵辉所作的《关于提请人事任免的议案》。

会议对州人民政府《关于促进全州中小企业发展情况的报告》、《关于全州外事工作情况的报告》、《关于全州城乡医疗保险工作情况的报告》和州中级人民法院《关于加强行政审判工作情况的报告》，分别提出了审议意见；会议分别作出了对州人民政府《关于提请审议关巍公路建设等三个项目向建设银行大理州分行申请搭桥贷款有关问题议案》的决定、《关于提请审议全州中小学校舍安全工程建设项目2009年州级财政配套缺口资金向富滇银行申请贷款的议案》的决定，州人大常委会关于确认主任会议许可省人民检察院对州人大代表黄永华采取强制措施的决定。会议根据州人民检察院检察长普赵辉的提请，决定免去李学周州人民检察院检察委员会委员、检察员职务，王盛祥州人民检察院检察员职务。

【州十二届人大常委会举行第十二次会议】 12月25～26日，大理州第十二届人大常委会第十二次会议在龙山州级行政办公区举行。会议的议程是：审议州人民政府关于州十二届人大二次会议代表提出的建议、批评和意见办理情况的报告；审议州人民政府《关于提请审议〈大理滇西中心城市总体规划〉的议案》；审议州人民政府《关于提请审议向中国工商银行云南省分行统借统贷铁路建设项目征地拆迁资金有关事项的议案》；审议州人民政府《关于授予高新平先生大理州荣誉州民称号的议案》；审议《关于召开州十二届人大三次会议的决定（草案）》；审议《州人大常委会工作报告（讨论稿）》，决定报告人；审议州十二届人大常委会代表资格审查委员会关于代表变动情况和代表资格审查的报告；审议州十二届人大二次会议主席团交付的代表议案审议结果的报告（书面）；审议州人大常委会组织部分州人大代表外出学习考察情况的报告（书面）；人事任免。州人大常委会主任字国顺，副主任杨宴君、张如旺、尚榆民、刘世兴、彭增梅、陆璐，以及常委会其他组成人员共37人出席会议。州人民政府常务副州长马建全、副州长李红卫，州中级人民法院院长黄为华，州人民检察院检察长普赵辉，州人民政府督查室、州商务局、州规划局的主要领导，不是州人大常委会组成人员的县市人大常委会主任、州人大常委会机关副处级以上领导及调研员、助理调研员，各县市人大常委会的各1位副主任，花云霞、杜义伟、张天兰、蒋亚虎4位州十二届人大代表列席会议。州中级人民法院、州政府督查室、州商务局、州规划局的各1位相关科室人员旁听了会议。

会议听取和审议了州人民政府副州长李红卫受州长何金平委托所作的《关于州十二届人大二次会议以来代表建议、批评和意见办理情况的报告》，听取了州人大常委会选联工委主任邓成立所作的《关于对州十二届人大二次会议代表建议办复工作情况检查的报告》；听取和审议了州规划局局长陈绍明受州人民政府委托所作的《关于〈大理滇西中心城市总体规划〉（2009～2030）成果及编制工作情况的报告》；听取和审议了州人民政府副州长李红卫受州长何金平委托所作的《关于提请审议向中国工商银行云南省分行统借统贷铁路建设项目征地拆迁资金有关事项的议案》，听取了州人大财经委主任委员赵旭所作的《关于州人民政府提请审议向中国工商银行云南省分行统借统贷铁路建设项目征地拆迁资金有关事项的议案的审查报告》；听取和审议了州人民政府副州长李红卫受州长何金平委托所作的《关于授予高新平先生大理州荣誉州民称号的议案》；听取和审议了州人大财经委主任委员赵旭所作的《关于组织部分州人大代表视察全州"万村千乡市场工程"建设情况的报告》；听取和审议了州人大常委会副秘书长李宗贤受主任会议委托所作的《关于召开大理白族自治州第十二届人民代表大会第三次会议的决定（草案）的说明》、《关于〈大理州人民代表大会常务委员会工作报告（讨论稿）〉的说明》；听取和审议了州人大常委会代表资格审查委员会副主任委员邓成立所作的《关于代表变动情况和代表资格审查的报告》；听取和审议了州人民政府常务副州长马建全受州长何金平委托所作的《关于提请人事任免的议案》、州人大常委会副主任杨宴君受主任会议委托所作的《关于提请人事任命的议案》、州中级人民法院院长黄为华所作的《关于提请任免法律职务的议案》。

会议通过了州人民政府《关于州十二届人大二次会议代表提出的建议、批评和意见办理情况的报告》；分别作出了《关于〈大理滇西中心城市总体规划（2009～2030）〉的决议》、《关于对州人民政府〈提请审议向中国工商银行云南省分行统借统贷铁路建设项目征地拆迁资金有关事项的议案〉的决定》、《关于授予高新平先生大理州荣誉州民称号的决定》；对《关于组织部分州人大代表视察全州"万村千乡市场工程"建设情况的报告》，提出了审议意见；作出了《关于召开州十二届人大三次会议的决定》，决定于2010年2月2日至6日在下关召开大理白族自治州第十二届人民代表大会第三次会议；通过了《州人大常委会工作报告（讨论稿）》，决定字国顺为报告人；通过了《关于代表变动情况和代表资格审查的报告》、《关于州十二届人大二次会议主席团交付的代表议案审议结果的报告》（书面）、《关于州人大常委会组织部分州人大代表外出学习考察情况的报告》（书面）。

会议根据州长何金平的提请，因工作变动，决定免去李雄大理白族自治州人民政府副州长职务，任命蔡春生为大理白族自治州人民政府副州长；根据州人大常委会主任会议提请，决定任命杨达亨为大理州人大常委会教科文卫工作委员会主任；根据州中级人民法院院长黄为华的提请，因工作变动，决定免去张家林大理州中级人民法院审判委员会专职委员、审判委员会委员职务，免去杨瑞东大理州中级人民法院民事审判一庭副庭长、审判员职务。

【对《村民委员会组织法》贯彻实施情况进行执法检查】 6月11～15日，大理州人大常委会组织部分州人大代表，组成以常委会副主任刘世兴、陆璐为组长的两个执法检查组，对全州贯彻实施《中华人民共和国村民委员会组织法》情况进行执法检查。

两个执法检查组在州人民政府副州长许映苏及州民政局等相关部门领导的陪同下，围绕村民委员会换届选举和村务公开，村民委员会实行民主选举、民主决策、民主管理和民主监督的情况，分别深入到巍山县五印乡白乃村委会、祥云县云南驿镇天马村委会，洱源县茈碧镇海口村委会、大理市下关镇大庄村委会进行实地检查。听取了县、市人民政府关于贯彻实施《村民委员会组织法》情况的汇报，召开了相关乡镇和村委会领导参加的座谈会，听取了乡镇和村委会干部就贯彻实施《村民委员会组织法》

的情况介绍，征求了他们对实施和修改该法律的意见建议。

6月15日，州人大常委会在州民政局召开会议，听取了州民政局局长杨泽兵受州人民政府委托所作的关于全州贯彻实施《村民委员会组织法》情况的报告，以及两个执法检查组关于执法情况的汇报。参加执法检查的州人大代表，分别就执法检查活动和进一步贯彻执行《村民委员会组织法》发表了各自的看法和意见，大家既充分肯定了取得的成绩和经验，又指出了存在的困难和问题，并就下一步该法律的贯彻实施及修订提出了建议。

州人大常委会副主任刘世兴代表州人大常委会执法检查组，就此次执法检查活动作了总结，并对进一步贯彻实施《村民委员会组织法》提出了意见建议。

【对贯彻《大理历史文化名城保护条例》情况进行执法检查】 7月22～23日，大理州人大常委会组织部分州人大代表，组成以常委会副主任尚榆民为组长的执法检查组，在州人民政府副州长李红卫及州文化局、州规划局等部门领导的陪同下，对全州贯彻实施《云南省大理白族自治州大理历史文化名城保护条例》情况进行执法检查。州人大常委会主任字国顺，副主任杨宴君、刘世兴，秘书长杨蔓宇参加了执法检查。

执法检查组在分别听取了大理市人民政府副市长方元、大理市规划局局长王永瑜关于贯彻实施《大理历史文化名城保护条例》工作情况的汇报后，围绕贯彻实施《大理历史文化名城保护条例》情况、工作中存在的问题、现行《大理历史文化名城保护条例》需要修改完善的内容等重点，先后深入到下关、双廊、喜洲镇和大理古城，实地察看了龙尾关的黑龙桥、寿康楼、中函街，双廊古镇及海街、玉几岛、岛依旁，喜洲古镇及西入口水景工程、四方街、污水处理厂，南诏德化碑，大理古城南城墙、红龙井、中和居、北门等历史文化景区景点；并听取了市古城保护管理局和相关镇政府关于贯彻实施《大理历史文化名城保护条例》工作情况汇报。

7月23日下午，执法检查组在大理镇政府召开《大理历史文化名城保护条例》执法检查反馈会议。执法检查组充分肯定了州、市人民政府贯彻实施《条例》两年多来取得的成绩，同时也指出了《条例》贯彻实施中存在的困难和不足，并对下一步的工作提出了意见和建议。州人民政府副州长李红卫作了表态发言。

【对《代表法》贯彻实施情况进行执法检查】 7月19～21日，大理州人大常委会组织部分州人大代表，组成以常委会副主任刘世兴为组长的执法检查组，对全州贯彻实施《中华人民共和国全国人民代表大会和地方各级人民代表大会代表法》情况进行执法检查。州人大常委会主任字国顺，副主任杨宴君，秘书长杨蔓宇参加了执法检查。

执法检查组一行在州人民政府副州长郭有兵及州财政局有关领导的陪同下，先后深入到云龙、巍山两县，围绕《代表法》的宣传贯彻情况、人大代表在人代会期间的工作和在闭会期间的活动情况、各级人大及其常委会组织开展代表活动及为代表执行职务提供保障情况、人大代表建议办理情况、代表活动经费的保障落实情况等重点内容进行实地检查。检查组分别听取了州人民政府副州长郭有兵、云龙县人大常委会主任杨立章、云龙县人民政府县长徐会良，巍山县人大常委会副主任胡鸿飞、巍山县人民政府县长常耀辉关于贯彻实施《代表法》情况的汇报。之后，检查组分别深入到云龙县检槽乡、巍山县巍宝山乡，召开了有部分基层人大代表参加的座谈会，认真听取了基层人大代表和基层人大工作者对贯彻实施《代表法》的意见和建议，实地察看了代表活动室建设及相关情况。

通过为期3天的实地检查，执法检查组在充分肯定全州贯彻实施《代表法》工作取得成绩的同时，也指出了存在的困难和不足，并对全州下一步《代表法》的贯彻实施工作提出了意见和建议。州人大常委会主任字国顺对下一步《代表法》的贯彻实施工作作了强调和要求。

【对全州实施"五五"普法规划工作情况进行视察】 8月11～14日，大理州人大常委会组织部分州人大代表，组成以常委会副主任刘世兴、彭增梅为组长的两个视察组，对全州实施"五五"普法规划工作情况进行视察。州人大常委会副主任陆璐参加了视察。

两个视察组在州人民政府副州长郭有兵、州人民政府副秘书长杨毅平和州司法局及州普法办、州依法治州办领导的陪同下，分别深入到南涧、永平和鹤庆、剑川县，围绕加强领导，健全机构，落实普法保障措施；整体规划，逐项实施，全面推进普法工作；突出重点，加大力度，狠抓普法任务的落实；面向社会、面向群众，多形式多渠道广泛深入开展法制宣传教育；学用结合，普治并举，积极推进基层、行业、地方依法治理工作5个重点，进行了实地视察。两个视察组在各县召开了由县人民政府、县委宣传部、县司法局、县普法办和县依法治县办公室领导参加的座谈会，听取了县人民政府关于普法规划工作情况的汇报；还分别深入到南涧县拥翠乡、永平县人民法院和鹤庆县云鹤镇、剑川县工商局，走访部分基层干部和群众，听取了他们对普法工作的意见和建议。

8月14日上午，州人大常委会在机关召开了视察组全体会议，听取了州人民政府副州长郭有兵代表州人民政府所作的全州实施"五五"普法规划工作情况的汇报；参加视察的各位人大代表发表了各自的意见建议，充分肯定了全州实施"五五"普法规划工作取得的成绩，同时也指出了全州普法工作存在的困难和不足，并对全州下一步的普法宣传教育工作提出了建议。

【部分州人大代表视察"万村千乡市场工程"建设情况】 11月4～6日，大理州人大常委会组织部分州人大代表，组成以常委会副主任张如旺为组长的视察组，对全州"万村千乡市场工程"建设情况进行视察。视察组首先听取了州人民政府副州长岳黎松关于全州"万村千乡市场工程"建设情况的汇报。之后，视察组先后深入到弥渡、祥云县和大理市，听取了弥渡、祥云两县政府关于"万村千乡市场工程"建设情况的汇报；实地察看弥渡县红岩镇3个"万村千乡市场工程"标准农家店和红岩镇农贸市场、新街镇农贸市场、滇西蔬菜批发市场，祥云县4个"万村千乡市场工程"标准农家店，大理州泉源"万村千乡市场工程"配送中心和大理市2个标准农家店。通过为期3天的听、看、议，视察组既充分肯定了近年来全州"万村千乡市场工程"建设取得的成绩，同时对下一步的市场建设提出了意见和建议。

【召开新闻发布会】 2月13日上午，大理州人大常委会在常委会会议室召开新闻发布会，宣布大理白族自治州第十二届人民代表大会第二次会议将于2月17日在下关开幕，会期5天。州级各新闻单位、州十二届人大二次会议秘书处宣传组的全体人员，以及州人大常委会机关部分干部职工近50人出席新闻发布会。新闻发布会由州人大常委会副秘书长、办公室主任罗启文同志主持。受州人大常委会委托,州人大常委会秘书长、新闻发言人杨蔓宇通报了州十二届人大二次会议的有关情况,并对做好大会的各项服务工作提出要求。

【召开与“一府两院”工作联席会议】 2月25日,州人大常委会在龙山国际会议中心召开与“一府两院”工作联席会议,征求和讨论《大理州人大常委会2009年工作要点(征求意见稿)》。州人大常委会主任字国顺,副主任张如旺、刘世兴、彭增梅、陆璐及秘书长杨蔓宇,州人民政府常务副州长马建全,副州长李雄、郭有兵、许映苏、洪云龙、程云川、朱非及秘书长李超,州中级人民法院院长黄为华,副院长杨学本、李雄章,州人民检察院副检察长陶建军、韩小红、杨著逵、和泉,州人大常委会副秘书长、办公室主任罗启文,州人民政府副秘书长、办公室主任杨耀,以及州人大常委会机关各专门委员会、工作委员会、研究室的主任出席联席会议。

受主任会议委托,州人大常委会秘书长杨蔓宇宣读了《大理州人大常委会2009年工作要点(征求意见稿)》。与会的州人大常委会和“一府两院”的领导,对州人大常委会2009年工作要点(征求意见稿)进行了讨论,并提出了许多好的意见和建议。州人大常委会主任字国顺主持会议并在结束时讲话,对进一步加强州人大常委会与“一府两院”工作的协调与配合提出要求。

【举办人大代表和人大机关工作人员培训班】 3月24~26日,大理州人大常委会在州委党校举办人大代表和人大工作者培训班。50名在基层工作的州十二届人大代表,各县市人大常委会的1位副主任、办公室主任、选联工委主任,州人大常委会机关近年未参加过省、州人大培训的专工委室主任、副主任等近100人参加培训。24日上午,州人大常委会副主任杨宴君、刘世兴及秘书长杨蔓宇,州委党校常务副校长李宣出席培训班开班仪式。受州人大常委会主任字国顺的委托,州人大常委会副主任杨宴君作题为《围绕中心,服务大局,不断开创人大工作新局面》的动员讲话。在为期3天的学习培训期间,州委党校经济学教研室主任、副教授黄学敏就《学习实践科学发展观》,州人大常委会副主任刘世兴就《学习代表法,提高素质,发挥作用》,州人大常委会秘书长杨蔓宇就《贯彻监督法,不断提高人大常委会审议质量》,省人大常委会办公厅副巡视员、选联工委委员马维刚就《正确理解人民代表大会制度,努力做好地方人大工作》4个专题分别作了辅导;全国和省人大代表王瑛就《关注民生,传递信息,履行好职责》,云龙县人大常委会主任杨立章就《以科学发展观为指导,做好新时期代表工作》,分别作了交流发言。

【召开州人大常委会研究室与“一府两院”研究室工作联系会】 3月27日,大理州人大常委会研究室召开与“一府两院”研究室工作联系会。州人大常委会秘书长杨蔓宇,州人大常委会研究室全体同志,州人民政府研究室、州中级人民法院研究室、州人民检察院研究室的主任、副主任出席会议。州人大常委会研究室主任贺跃云介绍了州人大常委会研究室的机构设置、人员编制、工作职责;总结和通报了研究室2008年的工作情况。州人大常委会研究室副主任马俊通报了《大理州人大常委会研究室2009年工作要点》。“一府两院”研究室的负责人分别介绍了各自研究室的机构设置、人员编制及工作职责,并通报了近年来的工作情况;同时,对加强与州人大常委会研究室的工作联系提出了意见和建议。州人大常委会秘书长杨蔓宇对进一步做好州人大常委会研究室与“一府两院”研究室之间的工作联系提出要求。

【召开州人大常委会外侨工委与对口部门联席会议】 4月2日,大理州人大常委会外事华侨工作委员会在州人大常委会机关召开与州级对口联系部门联席会议。州人大常委会副主任陆璐,州人大外事华侨工作委员会全体委员,州政府外事办公室、人民防空办公室、侨务办公室的主任、副主任及有关人员出席会议。州人大常委会外事华侨工委主任杨庆华主持会议并通报了外侨工委2009年的工作要点和主要任务。与会的各对口联系部门负责人分别通报了2008年的工作情况和2009年的工作打算,并对进一步加强与州人大常委会外事华侨工委的工作联系,自觉接受人大及其常委会的监督,提出了许多好的意见和建议。州人大常委会副主任陆璐在会议结束时作了讲话。

【召开《苍山保护管理条例(修订)》公布施行大会】 4月30日下午,大理州人大常委会在龙山国际会议中心召开《大理白族自治州苍山管理条例(修订)》公布施行大会。州人民政府副州长许映苏、州中级人民法院院长黄为华、州人民检察院副检察长陶建军,州人民政府组成部门的主要领导,州十二届人大常委会组成人员,州十二届人大常委会第八次会议列席人员,州人大常委会机关全体干部职工,州、县市苍山管理部门全体干部职工共170多人参加会议。州政协副主席孙明应邀出席会议。州人大常委会副主任尚榆民主持会议,并宣读了大理白族自治州人民代表大会常务委员会关于公布施行《苍山保护管理条例(修订)》的公告。州人大常委会主任字国顺作题为《认真抓好〈苍山条例(修订)〉的宣传贯彻加快自治州生态文明建设》的讲话。州人民政府副州长许映苏受州长何金平的委托,围绕宣传贯彻《条例(修订)》提出了具体要求。

【召开州、县市人大常委会主任座谈会】 8月26日,大理州人大常委会在大理市召开全州州、县(市)人大常委会主任座谈会,州人大常委会主任字国顺,副主任杨宴君、张如旺、尚榆民、刘世兴、陆璐,州人大常委会原主任赵波,州人大常委会全体组成人员,各县市人大常委会办公室主任,州人大常委会机关副处级以上领导出席了座谈会。州委副书记王桂芳出席会议并作重要讲话。与会的各县市人大常委会主任分别发言,总结交流了换届以来的人大工作情况和取得的成绩。州人大常委会原主任赵波和各位副主任也分别作了讲话,对做好新时期的人大工作提出了意见和要求。州人大常委会党组书记、主任字国顺作了题为《喜迎新中国成立60周年,创造性地做好人大及其常委会的工作》的讲话。

【召开2009年大理环保世纪行新闻发布会】 8月27日上午,大理环保世纪行活动组委会牵头单位州人大常委会农环工委,在州人大常委会机关组织召开2009年大理环保世纪行新闻发布会。州环保世纪行组委会成员单位州委宣传部、州财政局、州国土资源局、州环保局、州农业局、州林业局、州水利局、州苍山保护管理局、州广播电视局的领导,《春城晚报》、《大理日报》、大理电视台、大理人民广播电台等各新闻媒体的部分记者出席新闻发布会。州人大常委会副主任、大理环保世纪行组委会主任尚榆民出席会议并作新闻发布,介绍了2009年大理环保世纪行的指导思想和宣传原则、活动重点及具体安排。

【举行全州人大系统首届法律知识竞赛】 9月18~19日，大理州人大常委会在大理电视台演播大厅举行全州人大系统法律知识竞赛。此次法律知识竞赛的内容为宪法、组织法、选举法、代表法、监督法、立法法、民族区域自治法、大理白族自治州自治条例、大理州苍山保护管理条例、大理州洱海管理条例等法律法规及人民代表大会制度的相关知识。由州人大常委会机关和全州12县市人大常委会机关组成的13支代表队(每个代表队中有领导1人，队员3人;队员中有1名副处级以上领导干部和1名妇女干部)，赛前进行了认真的准备，于9月18日在大理电视台演播大厅进行了预赛。经过预赛，确定出州人大常委会机关、云龙县人大常委会机关、祥云县人大常委会机关、洱源县人大常委会机关、弥渡县人大常委会机关、大理市人大常委会机关6支代表队参加决赛。

6个代表队经过激烈的竞赛角逐，最终云龙人大常委会机关代表荣获第一名，州人大常委会机关代表队和洱源县人大常委会机关代表队荣获第二名，大理市人大常委会机关代表、弥渡县人大常委会机关代表、祥云县人大常委会机关代表队荣获第三名;巍山县人大常委会机关代表队、鹤庆县人大常委会机关代表队、宾川县人大常委会机关代表队、永平县人大常委会机关代表队、漾濞县人大常委会机关代表队和南涧县人大常委会机关代表队，获得法律知识竞赛组织奖。州公证处公证员张国明、范涛对整个预、决赛活动实施了公证。王雪峰、字国顺、杨宴君、刘世兴、彭增梅、陆璐、洪云龙、孙珍玲、李雄章、和泉、曹劲鸽、杨蔓宇等领导，分别为获得一、二、三等奖及组织奖的各代表队颁奖。

【举行《大理白族自治州人民代表大会志》发行仪式】 9月30日上午，大理州人大常委会在机关举行《大理白族自治州人民代表大会志》发行仪式。中共大理州委副书记王桂芳，州人大常委会副主任尚榆民、刘世兴、彭增梅，州人民政府副州长洪云龙，州政协副主席孙明，州中级人民法院副院长王学本，州人民检察院副检察长陶建军，州委宣传部、州志办、州文化局、州档案局、州图书馆，州人大常委会各专、工委、办及研究室的主要负责人，《州人大志》全体编纂人员参加了发行仪式。会议由州人大常委会党组成员、副秘书长李宗贤主持。

受州人大常委会主任字国顺的委托，常委会副主任张如旺出席发行仪式并作讲话，介绍了《州人大志》的主要内容和编纂过程，并对发挥好志书作用提出要求。《大理白族自治州人民代表大会志》按照志书体例要求，横列州人民代表大会及其常委会有关门类，纵述州人大及其常委会历史与现状，按章、节、目3个层次依次记述;该志书采用述、记、志、传、图、表、录诸体并用记述方式，由概述、大事记、第一章大理白族自治州人民代表大会、第二章大理白族自治州人大常委会、第三章大理州人大及其常委会机构、第四章人物、附录7个部分组成;该志上溯自1949年10月1日剑川县人民政府成立，下限止于2009年2月州十二届人民代表大会第二次会议结束，时间跨度为60年，全书约54万字。

王桂芳、尚榆民、洪云龙、孙明为州志办、州文化局、州档案局、州图书馆赠送了《州人大志》。

【大理环保世纪行活动到苍山采风】 10月15日，大理州人大常委会牵头组织大理环保世纪行活动组委会部分成员单位和大理日报、大理电视台、云南信息报的记者，以及近50名大理卫生学校的师生，围绕2009年大理环保世纪行活动主题“你我携手——保护生物多样性”到苍山进行采风。

在为期一天的活动中，大家徒步在苍山云游路行走了约9公里，实地察看了解了苍山丰富的生物多样性情况;大理卫生学校的师生采集了苍山野生药材标本;大理电视台的记者还采访了部分大理卫生学校的学生，请他们畅谈对保护生物多样性的认识和感想。

【召开2009年度大理环保世纪行总结表彰会】 11月12~13日，大理州人大常委会农环工委牵头在下关召开2009年大理环保世纪行总结表彰会。大理州环保世纪行组委会成员、州人大农环委全体委员，各县市人大常委会农环工委主任、大理日报、大理电视台等新闻媒体部分记者及相关人员参加会议。州人大常委会农环工委调研员周文伟对2009年大理环保世纪行活动进行了总结。州人大常委会副主任、大理环保世纪行组委会主任尚榆民出席会议并作讲话，介绍了10多年来大理环保世纪行活动情况并对今后如何开展好大理环保世纪行活动提出了意见和要求。州人大常委会农环工委副主任左仕明宣读了《关于大理环保世纪行宣传活动的表彰决定》。州人大常委会副主任尚榆民、州人大常委会农环工委主任马建军等领导，向获得2009年大理环保世纪行活动组织一等奖、二等奖和新闻作品奖的单位和个人，颁发奖牌、奖状和奖金。

【召开全州人大外事华侨工作座谈会】 11月29~30日，大理州人大外事华侨工作座谈会在下关召开。会议的主题是加强全州人大外事华侨工作部门之间的联系，总结交流经验，推动全州外事华侨工作的深入开展。全州各县市人大常委会分管民侨(外事)工作的副主任及县市人大常委会民侨(外事)工作委员会主任、副主任，州人大常委会外事华侨工作委员会全体成员，州侨办(侨联)、州外事办(接待处)、州人防办的各1位领导等参加座谈会。州人大常委会副主任陆璐出席会议并作讲话。州人大常委会外事华侨工作委员会主任杨庆华主持会议，并通报了州人大常委会外事华侨工作委员会2009年工作情况及2010年工作打算。州外事办、州侨办、州人防办的领导先后发言，分别通报了一年来的工作情况和2010年的工作打算。

【召开州人大民族委州级对口部门联系会议】 12月4日，大理州人大民族委员会在州人大常委会机关召开州级对口联系部门联系会议。州人大民族委员会全体成员，州级对口联系的州民政局、州劳动和社会保障局、州民族事务委员会、州宗教局、州苍山保护管理局、州移民局、州地震局、州老龄委、州法制局的主要领导及办公室主任，州人大民族委全体人员参加了会议。州人大民族委员会主任委员李绍平主持会议并通报了州人大民族委员会2009年工作总结及2010年工作计划。州人大常委会副主任刘世兴出席会议并作讲话，对2009年州人大民族委和州级对口联系部门的工作及取得的成绩给予了充分肯定。参会的州级各对口领导先后发言，分别通报了一年来的工作情况，并就2010年需要人大监督和支持的工作方面提出了建议。

【召开选联工委座谈会】 12月8~9日，大理州人大常委会选联工委座谈会在下关召开，州人大常委会副主任刘世兴，州人大常委会副秘书长李宗贤，州人大常委会研究室主任贺跃云，全州各县市人大常委会分管选联工作的副主任及选联工委主任，部分人大代表，州人大常委会选联工委全体人员参加会议。州人大常委会选联工委主任邓成立主持会议,并传达了近期在腾冲召开的全省人大选举联络工作会议精神,通报了2009年州人大常委会选联工作情况和2010年工作要点。大理市市、镇人大代表胡翠娥,漾濞县人大代表苏光,祥云县州、县、镇人大代表普尚福,宾川县人大代表向志超,弥渡县人大代表张明,巍山县人大代表陈家国,永平县人大代表张康才,云龙县人大代表施宏,剑川县人大代表苏莉岚,鹤庆县人大代表苏荣基,分别交流了依法履职、充分发挥代表作用的经验。南涧、云龙、洱源3县人大常委会选联工委主任先后发言,分别交流了如何做人大代表工作的经验。会议结束时,州人大常委会副主任刘世兴作讲话。

【召开州人大民族工作座谈会】 12月10~11日,大理州人大民族工作座谈会在巍山县召开。州人大民族委员会全体委员,全州各县市人大常委会分管人大民族工作的副主任和人大民侨工委主任及副主任,州人大常委会副秘书长、办公室主任罗启文,州人大民族委全体人员参加会议。中共巍山县委副书记、县长常耀辉应邀出席会议并致辞,简要介绍了巍山县情及经济社会发展情况。州人大常委会副主任刘世兴出席会议并作讲话。州人大民族委主任委员李绍平通报了2009年全州人大民族工作情况,提出了2010年全州人大民族工作的初步打算。各县市人大常委会民侨工委主任先后发言,分别交流了过去一年来的人大民族工作情况及经验。

【召开全州人大常委会办公室、研究室工作座谈会】 12月14~15日,全州人大常委会办公室、研究室工作座谈会在大理市下关召开。分管办公室工作的主任或副主任及办公室、研究室的主任和副主任,州人大常委会党组成员、副秘书长李宗贤,州人大常委会办公室、研究室主任、副主任及有关人员,州人大常委会各专、工委的科长参加座谈会。州人大常委会副主任张如旺、陆璐应邀到会指导。

各县市人大常委会办公室领导先后发言,分别交流了一年来人大常委会办公室的工作情况,探讨了如何进一步做好人大常委会机关的各项服务和人大信访工作。州人大常委会研究室副主任马俊通报了2009年研究室的工作情况,提出了2010年的工作计划。州人大常委会党组成员、副秘书长李宗贤作了题为《围绕中心,服务大局,扎实工作,努力做好新时期人大办公室工作》的讲话,对近年来全州人大常委会办公室和研究室的工作给予了充分肯定。会议结束时,州人大常委会副主任张如旺对做好人大常委会办公室和研究室的工作提出了希望和要求。

【全州人大农环工委工作座谈会暨《环保大理》首发式在下关举行】 12月15~16日,大理州人大常委会农环工委工作座谈会暨《环保大理》首发式在大理市下关举行。全州各县市人大常委会分管农环工委工作的副主任及农环工委主任,州人大常委会农环工委全体委员出席座谈会;州人大常委会办公室、州农业局、州畜牧局、州林业局、州国土资源局、州环保局、州建设局、州规划局、州水利局、州苍山保护管理局、州扶贫办、州人口和计划生育委员会的主要领导应邀参加会议。

州人大常委会农环工委主任马建军通报了州人大常委会农环工委2009年工作情况及2010年工作打算。大理市人大常委会城环工委主任和洱源县人大常委会农环工委主任先后发言,分别交流了强化监督职能、推进科学发展、努力做好新时期人大环境与资源保护工作,加强监督、扎实工作、全面推进洱源县生态文明试点县建设的做法和经验。会议举行了《环保大理》首发式,州人大常委会副主任尚榆民作题为《环境与资源保护,我们共同的责任》的讲话。会议还组织参会人员参观了大理市畜牧业发展情况。

【州人大常委会机关开展"洱海保护"活动】 1月15日、2月5日,大理州人大常委会机两次组织机关干部职工,在州人大常委会主任字国顺,副主任张如旺、尚榆民、刘世兴的带领下,到挂钩联系的大理市双廊镇海印村开展"洱海保护"活动,用实际行动关心和支持洱海保护。活动中,全体干部职工一边清扫和捡拾垃圾,一边畅谈洱海保护的重大意义。同时,大家还认真听取了海印村委员会负责人关于洱海保护有关情况的介绍。州人大常委会机关还向海印村捐赠两辆垃圾清运三轮车和5000元洱海保护经费。

【省人大常委会执法检查组到大理检查《农产品质量安全法》实施情况】 6月9~10日,由云南省人大常委会副主任杨建甲率领的省人大常委会执法检查组,在省人大常委会农业工作委员会、省农业厅、省工商局、省发改委、省财政厅等相关部门领导的陪同下,到大理州就贯彻实施《中华人民共和国农产品质量安全法》情况进行执法检查。省人大代表、大理州人大常委会主任字国顺,省人大代表、大理州农业局生物办副主任张茂云,参加了省人大常委会执法检查组在大理州的检查活动。执法检查组在听取了州人民政府副州长李雄、市人民政府副市长杨永福,分别代表州、市人民政府关于贯彻实施《农产品质量安全法》情况的汇报后,在州人大常委会副主任尚榆民、州人民政府副州长李雄,以及州人大常委会农环工委、州农业局等有关部门领导的陪同下,先后深入到大理州家畜繁育指导站,大理市下关镇大庄村委会感通养殖场、大理镇龙龛村委会,宾川县绿色果品开发有限公司石榴基地、农产品出口备案基地州城葡萄核心示范区、宾居华侨管理区二队柑桔标准化生产基地进行实地检查;分别召开了有养殖专业户及有关协会代表,农产品生产、营销代表,种植户代表参加的座谈会,听取和了解了农产品质量安全的情况,征求了进一步做好农产品质量安全的意见和建议;听取了宾川县人民政府县长朱建斌关于贯彻实施《农产品质量安全法》情况的汇报。

通过听取州、市政府的情况汇报、实地检查、召开座谈会,省人大常委会执法检查组及陪同检查的省级有关部门领导,对大理州贯彻实施《农产品质量安全法》情况及取得的成效给予了充分肯定,同时也指出了大理州在农产品质量安全工作方面存在的困难和问题,并提出了一些有针对性的意见和建议。省人大常委会副主任杨建甲对执法检查活动作了总结。州人民政府副州长李雄表示,州人民政府将认真梳理、吸收和贯彻落实省人大常委会执法检查所提出的建议和要求,采取有针对性的措施,进一步宣传和贯彻实施《农产品质量安全法》,努力把大理州农产品质量安全工作提高到一个新水平。

【省人大代表视察洱源县生态文明建设及洱海源头保护情况】 10月21~22日,大理州人大常委会组织州内选举产生的云南省十一届人大代表组成视察组,在常委会主任字国顺的带领下,对洱源县生态文明建设和洱海源头保护情况进行视察,重点调研洱源县生态文明建设考核体系和生态补偿问题,并就这两个问题形成大理代表团在省十一届人大三次会议期间的议案或建议作好准备。

省人大代表视察组一行在州人大常委会副主任尚榆民、刘世兴，州人民政府副州长许映苏，州环保局、州委研究室、州政府研究室、大理市和洱源县人民政府领导的陪同下，先后深入到大理市上关镇罗时江口生态湿地、大营村，洱源县邓川镇邓北湿地、右所镇西湖老码头、永安江综合治理点、茈碧湖镇下龙门村等地，实地察看了罗时江口湿地建设、大营村中温沼气站和堆粪发酵池、邓北桥湿地建设、西湖湿地生态恢复和南登村生态文明村建设、永安江综合治理、下龙门村环境综合整治等情况。代表们一边察看，一边发表对生态文明建设及洱海源头保护情况的看法和意见。10 月 22 日上午，视察组在洱源县召开了省人大代表视察汇报座谈会，分别听取了州人民政府副州长许映苏、大理市人民政府副市长方元、洱源县人民政府副县长马利生，代表州和市、县人民政府关于洱海流域生态文明建设及洱海保护治理情况的汇报。省人大代表、州人民政府助理段林，省人大代表、州财政局局长杨光军，省人大代表、州人大常委会原主任赵波等分别发言，对洱海流域生态文明建设及洱海保护治理工作所取得的成绩作了肯定，并对存在的问题和不足，以及今后的工作提出了意见和建议。

【全省人大环境与资源保护工作座谈会在大理召开】 8 月 11～12 日，云南省人大环境与资源保护工作座谈会在大理市召开，会议就进一步做好全省人大环境与资源保护的立法和监督进行交流和探讨，推进全省环境与资源保护工作。省人大常委会副主任李春林，省人大常委会环资工委主任冯志成，全省 16 州、市人大常委会分工联系环资工作的副主任及环资工委主任，部分县、市、区人大常委会分工联系环资工作的副主任及环资工委主任，省人大常委会环资工委全体成员出席会议；省人大及其常委会各委员会、办公厅、研究室的各 1 位领导，省政协人资环委、省国土资源厅、省环保厅、省工业与信息委员会，省林业厅、省水利厅的各 1 位领导，中共大理州委书记王雪峰，州人大常委会主任字国顺，副主任张如旺、尚榆民、刘世兴、彭增梅、陆璐，州人民政府副州长许映苏，州政协副主席孙明，州人大常委会秘书长杨蔓宇及各专、工委、室、主任，州政协人资环委、州国土资源局、州环保局、州林业局、州水利局的主要领导应邀参加会议。

会议期间，中共大理州委副书记王雪峰简要介绍了大理州州情和人大工作及洱海保护治理情况。省人大常委会副主任李春林作题为《加强人大环境与资源保护工作，促进我省经济社会又好又快发展》的讲话。省人大常委会环资工委主任冯志成就环资工委本届五年工作思路、工作重点及工作方法作了讲话。省国土资源厅副厅长李连举、省环境保护厅副厅长任治忠分别介绍了云南省环境保护、国土资源保护工作情况。大理州、曲靖市、镇雄县、澜沧县等人大常委会领导，先后作交流发言，介绍了各地做好环境与资源保护工作的做法和经验。省人大常委会环资工委主任冯志成作会议总结。

12 日下午，全体参会人员实地考察了大理市上关镇大营村中温沼气站项目、上关镇堆粪发酵池建设情况、罗时江河口生态湿地建设情况、喜洲镇周城土壤净化槽生活废水深度处理示范工程、大理洱海渔村（饭店）分散性生活污水一体化净化系统、洱海西区湖滨带生态修复（才村）示范工程。

（《州人大常委会》由高绩武撰稿）

大理白族自治州人民政府

·综　述·

【概　述】 2009 年是极不平凡的一年。国际金融危机持续蔓延，各种自然灾害频繁发生，给大理州经济社会发展带来了严重影响。面对严峻复杂的形势，州政府在省委、省政府和州委的坚强领导下，在州人大、州政协的监督支持下，团结和依靠全州各族干部群众，深入贯彻落实科学发展观，坚定信心，砥砺奋进，共克时艰，努力化挑战为机遇，全力以赴保增长、保民生、保稳定，有效遏止了经济增速下滑态势，实现了经济总体回升向好。全年完成生产总值 404.5 亿元，增长 12%，其中一产、二产、三产分别增长 6%、17.3% 和 17%。财政总收入完成 67.6 亿元，增长 12.6%，其中地方财政一般预算收入完成 31.54 亿元，增长 14.42%；一般预算支出首次突破百亿元，达到 102.1 亿元，增长 36.1%。州十二届人大二次会议确定的主要宏观预期目标超额完成，全州经济发展、民族团结、社会和谐的良好局面更加巩固。

【固定资产投资强劲增长】 2009 年，大理州人民政府抓住扩大内需机遇，争取到中央和省扩大内需项目 380 项、资金 14.2 亿元，千方百计筹措项目配套资金 5.2 亿元。完成固定资产投资 217.32 亿元，增长 33.01%。基础设施和基础产业重大项目建设进展顺利。大丽铁路建成通车，大瑞铁路建设加快推进。关巍公路进入路面铺筑，鸡足山旅游公路、上关至北五里桥公路建设步伐加快，大丽高速公路、祥姚公路、跃龙公路开工建设。实施了 29 个乡镇 902 千米通乡柏油路、141 项乡村公路 1234 千米通达工程建设。巍山五茂林、洱源茈碧湖、云龙天池水库通过省级验收，永平大碱塘水库扩建基本完工。洱源三岔河、剑川老君山水库建设和祥云浑水海水库除险加固步伐加快。云龙包罗水库开工建设。祥云、宾川大型灌区建设稳步推进。启动实施 16 件小（一）型病险水库除险加固。引洱入宾北干渠老鹰岩隧洞贯通，主干渠建设完成。小湾电站 3 台机组发电，功果桥、苗尾等水电站建设有序推进。洱源罗平山、马鞍山风电场开工建设。完成 35 千伏以上输变电工程 23 项、输电线路 456 公里。昆明至大理成品油管道投入使用。城建、环保、生态、旅游、信息和社会事业等基础设施项目建设稳步推进。

【农村经济平稳发展】 2009 年，大理州农业总产值预计实现 176.59 亿元，增长 12.22%。粮食总产量达 139.2 万吨，增长 3.02%，连续五年实现稳定增长。农村生产生活条件不断改善。新增农机 1 万余台。改造中低产田地 16000 公顷。新建防渗渠道 398.4 千米。新增蓄水能力 181.6 万立方米，受益人口 24.9 万人。建成农村供水工程 264 件，解决 12.7 万人饮水安全问题。实施 1139 个村级公益事业“一事一议”奖补项目。全面完成 1.4 万户农村民居地震安全和农村危房改造任务。实施了 734 个自然村村容村貌整治。农网改造使 2.5 万农户受益。农村劳动力培训力度加大，转移富余劳动力 7.4 万人。优势特色产业发展加快。种植烟叶 33005 公顷，烟农收入 15 亿元。种植啤饲大麦 45466.6 公顷、无公害蔬菜 33333.3 公顷，新植核桃 100000 公顷、红豆杉 2000 公顷，改造低产桑园 1333.3 公顷。有机、绿色食品和无公害农产品等质量体系认证取得实效。新认定龙头企业 18 户。加强了重大动物疫病防控。奶牛存栏 13.5 万头，肉牛出栏 46.5 万头，生猪出栏 337.5 万头，畜牧业产值达73亿元、增长15%。扶贫开发百村整体推进工作成效显著，解决了6万贫困人口的温饱问题。祥云、宾川扶贫综合开发示范园区建设进展顺利，县、乡扶贫开发试点启动实施。

【工业经济企稳向好】 2009年，大理州人民政府抓好结构调整和重点企业帮扶，工业经济在全省率先止跌回升。完成工业总产值374.26亿元，增长13.17%。规模以上工业企业新增22户达178户，实现增加值91亿元，增长16.2%。烟草、机械、建材、能源、矿冶、生物资源及优势农产品加工等骨干产业发展加快，产值占工业总产值的70.9%，其中烟草、机械工业产值分别达43.3亿元和59.3亿元，增长14.3%和32.9%。企业科技创新与技术改造步伐加快，有3户企业通过国家高新技术企业认定，2户企业获省级企业技术中心认定，2项有色金属冶炼核心技术获部省科学技术奖。工业项目建设稳步推进，完成非电工业固定资产投资34.5亿元，增长25%。滇西水泥余热发电、南涧开启矿业80万吨球团铁生产一期等27个重大工业发展项目建成投产，大理卷烟厂50万标箱技改等23个项目正在建设。工业园区发展加快，实现增加值38亿元，增长19%。中小企业和非公经济稳步发展，非公经济组织达7.6万户，增长10.6%。力帆骏马、祥云飞龙位居全省百强民营企业前列。

【市场消费和旅游持续升温】 2009年，大理州城乡物流体系建设稳步推进，配送中心、乡镇集贸市场建设取得实效。建成标准农家店350个。城乡消费市场繁荣活跃，实现社会消费品零售总额120.4亿元，增长16.3%。居民消费价格总水平上涨1.1%。住房消费意愿明显回升，房地产开发完成投资25.5亿元，增长24.9%。商品房竣工71.7万平方米，增长144.4%；销售97.8万平方米，增长134%。家电、汽车、摩托车下乡销售6.7亿元，兑付补贴6783万元。苍洱片区旅游产业发展和改革综合试点工作全面启动。旅游重点项目建设稳步推进，环球嘉年华等高星级酒店完成主体工程建设，喜洲古镇、双廊古渔村开发加快，苍山大索道、《希夷之大理》实景演出项目启动建设。崇圣寺三塔5A级景区验收准备工作全面完成，鹤庆新华村通过4A级景区终评验收。成功举办了三月街民族节、国际兰花茶花博览会、洱海开海节、第八届中国摄影艺术节暨首届大理国际影会、漾濞核桃节等有影响的节庆活动。电视剧《金凤花开》在央视一套黄金时段播出，巍山县获首届“发现中国·魅力小城”评选综合金奖，大理旅游度假区在2009世界休闲旅游发展高端论坛上获“中国最佳休闲旅游目的地”称号。大理的影响力不断增强。全年接待国内外旅游者超过千万人次，实现旅游社会总收入92.3亿元。

【发展活力不断增强】 2009年，大理州集体林权制度主体改革全面完成，配套改革顺利展开。完成州、县市政府机构改革方案编制上报工作。县乡财政管理体制改革取得实质性进展。行政机关和参公管理事业单位经营性国有资产管理改革、事业单位绩效工资改革有序推进。中小学教师绩效工资改革、宾川华侨农场改革顺利完成。电力和医疗卫生体制改革稳步推进。对外开放和合作水平逐步提升。招商引资工作成效显著，引进州外实际到位资金74亿元，增长47.7%。与泛华集团、华彬集团、昆钢集团、云南城投等大企业签署了合作协议。招商引资工作名列全省第三名。对外贸易实现恢复性增长，完成进出口总额1.4亿美元，增长58%，其中出口6233万美元，增长13.9%。对外窗口建设不断加强，派驻昆明、北京等地办事机构作用日益彰显。不断创新融资方式，拓宽融资渠道，金融支持力度加大。金融机构年末存款余额为470亿元，增长23.6%；贷款余额为317.6亿元，比年初增加68.9亿元，增长27.7%，加上州外金融机构融资，实际新增贷款83.1亿元，创历史新高。住房公积金贷款额度提高，新增贷款3.2亿元，增长38.2%。富滇银行落户大理。融资担保机构担保能力增强，新增担保贷款3.9亿元，支持44家中小企业解困发展。组建了2家小额贷款公司，发放贷款9423万元。保险业持续健康发展。

【滇西中心城市建设步伐加快】 2009年，大理州城镇规划建设得到加强。滇西中心城市总体规划编制基本完成，物流、教育、医疗、交通、旅游5个专项规划编制同步展开。完成115平方公里县城以上城镇控制性详细规划编制。大理市、巍山县、漾濞县城市总体规划修改进展顺利。启动了10个乡镇和184个村庄规划编制。实施城镇基础设施建设112项，完成投资4.7亿元。开工建设16个城镇污水处理和城镇无害化垃圾处理项目，有3个项目基本建成试运行。启动了祥云、弥渡、剑川、鹤庆4个县城的改造提升，城镇面貌和人居环境得到改善。全州新增建城区面积6平方公里，城镇绿化覆盖率为23%，城镇化率达31%。“两保护两开发”取得新进展。洱海流域36个农村环境综合整治项目全面启动。上关、喜洲、双廊等重点集镇污水处理工程开工建设。启动实施乡村清洁工程，新建30个村落污水处理系统和7378户庭院污水处理设施，建成10座中温沼气站。恢复建设2100亩湿地。国家水专项洱海项目顺利启动。海西“百村整治”首批41个村、三塔景观核心区整治和“空心村”改造试点进展顺利。海东1、2号城市主干道一期和环洱海生态公路完成路基工程，大理滇西技师学院一期开工建设，石房子至下和段截污干渠建成。凤仪工业园区、物流园区建设稳步推进，力帆骏马年产2万辆重卡等一批重大工业项目投产，5户大型仓储企业入驻园区。

【生态文明建设成效明显】 2009年，“七彩云南保护”大理行动稳步推进，生态州建设规划编制完成，滇西北生物多样性保护6县市生态建设规划编制顺利进行。洱海保护治理力度加大，洱源生态文明试点县建设步伐加快，洱海水质总体保持稳定。云龙沘江污染治理取得进展。洱源西湖被命名为国家湿地公园，剑川剑湖、鹤庆草海湿地保护取得成效。完成小流域治理145.4平方公里。“绿色走廊”建设、森林防火及病虫害防治得到加强。完成荒山荒地造林2万亩，巩固退耕还林成果19万亩。实施天保工程森林管护2102万亩，公益林建设42万亩。完成义务植树900万株。实施国家、省公益林生态效益补偿702万亩，兑现补偿资金3508万元。新建沼气池2.9万户、节柴改灶2.5万户。开展了以饮用水水源地保护、生活垃圾污水处理、畜禽养殖污染防治等为重点的农村环境整治。淘汰落后产能和节能减排力度加大，组织实施省级重点节能示范项目4个。单位生产总值能耗下降5%，年度减排目标基本完成。土地利用总体规划修编、第二轮矿产资源规划修编进展顺利。完成土地开发整理7.2万亩，新增耕地1.2万亩。

【社会事业全面进步】 2009年，全州中小学办学条件明显改善，新建校舍22万平方米，排除D级危房17.9万平方米。全面落实城乡义务教育“两免一补”政策。初中毕业生升学率为70%。高考上线率达93.8%,连续五年居全省第一位。职业教育招生规模达1.3万人。筹建大理农林职业技术学院获省批准。大理学院办学质量提高,招生规模扩大。各类人才队伍建设得到加强。科技自主创新扶持政策逐步完善,一批科技成果得到转化,科普工作广泛开展。加强了公共文化服务体系建设,新建10个乡镇文化站和142个农家书屋。非物质文化遗产保护、民族民间文化研究和新闻出版、档案、修志工作得到加强。广播电视村村通工程建设稳步推进,广播和电视覆盖率分别达95%和98%。群众性体育活动广泛开展,2012年省第八届农运会筹备工作启动。医疗保障覆盖面不断扩大,新型农村合作医疗参合率达93.3%,年人均筹资标准达100元,报帐比例提高。启动实施了一批县级医院、中心乡镇卫生院、社区卫生服务中心项目建设。甲型H1N1流感得到有效防控。人口和计划生育工作扎实有效,人口自然增长率控制在4.9‰以内。

认真实施"贷免扶补"政策,新增城镇就业2.2万人,城镇登记失业率为4.2%。城镇职工参加基本养老保险13.4万人、基本医疗保险22万人、失业保险9.8万人、工伤保险6.9万人、生育保险6.2万人。城镇居民参加基本医疗保险15.9万人。企业退休人员基本养老金、失业保险、工伤保险、生育保险待遇标准提高了10%。发放城镇、农村居民最低生活保障金1.2亿元和1.7亿元,分别增长19%和64%。农村五保供养对象实现应保尽保。地震抢险救灾及时有力,宾川、祥云等灾区恢复重建进展顺利。城乡居民收入稳步提高,人民生活不断改善。城镇居民人均可支配收入14180元,增长10.2%;农村居民人均纯收入3482元,增长13.1%。新增私人小汽车2万辆、移动电话36万户、宽带用户4万户。开工建设廉租住房37.3万平方米,竣工21.6万平方米,解决了4320户城镇低收入家庭住房困难。实施国有林区棚户区改造647户。10项惠民工程基本完成。

【民主法制建设全面推进】 2009年,大理州政府自觉接受州人大及其常委会的法律和工作监督,主动向州人大及其常委会报告工作,依法执行州人大决定决议。支持州政协履行政治协商、民主监督、参政议政职能。认真办理人大代表意见、建议、批评和政协委员提案。广泛听取各民主党派、工商联、各人民团体、无党派人士及社会各界人士意见建议。积极推进基层民主政治建设,村民自治、居民自治和厂务公开、村务公开等工作深入开展。依法治州工作得到加强。"五五"普法扎实推进。完成旅游条例起草工作。严格依法行政,取消和调整行政审批事项61项。全面落实责任政府、阳光政府四项制度,对169名干部职工进行行政问责,政务服务和政府信息直通车建设深入推进,政府行政行为更加规范透明。认真执行厉行节约有关规定,行政事业单位购车用车、会议、接待、出国(境)等经费支出实现负增长控制目标。行政效能建设、纠风治乱、审计整改工作不断加强。

·重要会议·

【召开省政府大理专题工作会议】 2009年3月26~27日在大理召开。中共云南省委副书记、省长秦光荣,省委常委、省纪委书记李汉柏,省委常委、常务副省长罗正富,省委常委、副省长李江,省人大常委会副主任程映萱,副省长刘平,省政协副主席王学智,省政府秘书长丁绍祥,省级有关部门负责人、大理州及相关县市领导出席会议。会议强调,以科学发展观为指导,认真总结近几年大理城市建设取得的成绩和经验,抓住国家扩大内需的机遇,进一步完善发展思路,转变发展方式,提升发展水平,全面推进保护洱海、保护海西和开发海东、开发凤仪的工作,努力把大理建设成滇西地区辐射面广、带动力强、影响力大的中心城市,为全省城市的可持续发展作出示范。省长秦光荣在会上指出,省委、省政府一直十分关心和重视大理的发展,近年来多次对大理州经济社会发展中的重大问题进行研究、作出部署,其核心就是围绕"两保护、两开发",积极推进滇西中心城市建设,提升苍洱经济区综合实力和核心竞争力,促进滇西地区经济社会加快发展。大理州各级党委、政府解放思想,大胆探索,迅速有力地推进各项工作的落实,促进了滇西中心城市建设的构架逐步拉开,洱海保护治理取得阶段性成果,基础设施建设取得较大进展,特色产业发展势头良好,经济社会实现了平稳较快发展。省长秦光荣强调,要进一步统一思想、提高认识,抓住国家扩大内需的机遇,加速推进"两保护、两开发"进程,努力把大理建设成滇西地区辐射面广、带动力强、影响力大的中心城市,为全省城市的可持续发展作出示范。坚持保护优先、规划引导、统筹城乡、产业支撑、深化改革和扩大开放的原则,按既定决策部署和规划要求抓好落实:第一,着力抓好洱海保护,推动生态文明建设取得新突破。第二,着力推进海西保护,打造山水历史文化名城。第三,着力加快海东开发,打造高原山地生态城市。第四,着力做大做强凤仪片区,打造大理产业发展新高地。省长秦光荣要求,大理州和省级部门要切实增强紧迫感和责任感,充分发挥主动性、积极性和创造性,进一步加快开放步伐,以开放的思维推动各项工作;强化资本运作,广泛动员社会资金投入大理的保护开发;创新体制机制,为加快保护开发注入新的活力;群策群力,形成强势推动大理建设发展的合力。通过各级干部群众的大胆创新,真抓实干,确保"两保护、两开发"工作取得实效。

【召开大理州第十二届人民政府第二次全体会议】 2009年2月4日,大理州召开十二届人民政府第二次全体会议。州长何金平作重要讲话,常务副州长马建全主持会议。会议以党的十七大、十七届三中全会、中央经济工作会议、省委八届六次全会和州第六次党代会、州委六届六次全会精神为指导,会议听取了州长何金平关于2009年《政府工作报告》起草情况的说明,讨论修改并原则通过了拟提交州十二届人大二次会议审议和州政协十一届二次会议协商的2009年《政府工作报告》、《大理州2008年国民经济和社会发展计划执行情况与2009年国民经济和社会发展计划(草案)报告》、《大理州2008年地方财政预算执行情况和2009年地方财政预算(草案)报告》、《大理州2009年国民经济和社会发展计划主要指标表(草案)》。

【召开大理州第十二届人民政府第三次全体会议】 2009年2月26日,州人民政府召开第三次全体会议。州长何金平作重要讲话,常务副州长马建全主持会议。会议以邓小平理论、"三个代表"重要思想和科学发展观为指导,全面贯彻州十二届人大二次会议精神,全面分析2009年全州经济社会发展面临的严峻形势,找准经济社会发展中存在的突出困难和问题,要求突出抓好6个方面的重点工作:①决不动摇加快发展的目标,地区生产总值的增幅要努力达到12%以上;财政总收入和地方一般预算收入必须确保增长13%以上;全社会固定资产投资必须确保增长28%以上,努力达到30%以上的增幅;工业总产值必须确保增长18%以上,力争达到20%以上的增幅;农村居民人均纯收入、城镇居民人均可支配收入必须分别增长10%和8%

以上；全社会消费品零售总额要力争增长20%以上；万元生产总值能耗要力争下降5%以上；居民消费价格总水平涨幅低于去年；城镇登记失业率控制在4.5%以内，新增就业2.1万人；金融机构新增贷款50亿元，招商引资实际到位资金60亿元。②千方百计扩大投资需求。③想方设法扭转工业经济下滑局面。④同心协力抓好“三农”工作。⑤持续不断推进服务业发展。⑥竭尽全力保持社会和谐稳定。会议要求各级、各部门要解放思想、勇于创新，抓紧各项工作计划的制定和落实，做好争取中央、省支持的各项工作，管好用好各项资金，不断加强督促检查，切实加强作风建设，为实现今年全州经济社会发展目标而努力奋斗。

【召开大理州第十二届人民政府第九次常务会议】　2009年1月5日，大理州召开十二届人民政府第九次常务会议，州长何金平主持会议。会议讨论修改了州十二届人民政府拟提交州十二届人大二次会议审议和州政协十一届二次会议协商的2009年《政府工作报告》、《大理州2008年国民经济和社会发展计划执行情况与2009年国民经济和社会发展计划（草案）报告》、《大理州2008年地方财政预算执行情况和2009年地方财政预算（草案）报告》、《大理州2009年国民经济和社会发展计划主要指标表（草案）》，会议研究并通过《关于请求补助国道214线大理上关至北五里桥公路建设资本金的请示》和《关于给予王瑞瑜行政处分的请示》，研究并原则通过《大理州2009年基础设施和基础产业主要建设项目表》、《大理州2009年领导挂钩重大基础设施投资项目建议表》、《关于贯彻建设创新型云南行动计划决定的实施意见》和《洱源县生态文明试点县建设考核办法》。

【召开大理州第十二届人民政府第十次常务会议】　2009年2月3日，大理州召开十二届人民政府第十次常务会议，州长何金平主持会议。会议研究并通过《关于对清查“小金库”和规范非税收入管理工作进行总结表彰的请示》，研究并原则通过《2009年州本级财政收支预算（草案）安排意见》、《关于进一步加快城乡规划建设的决定》、《关于加快全州城镇污水生活垃圾处理设施建设和加强运营管理工作的实施意见》、《关于加强城乡规划工作的意见》，会议听取了关于2009年廉租房建设计划情况的汇报。

【召开大理州第十二届人民政府第十一次常务会议】　2009年4月1日，大理州召开十二届人民政府第十一次常务会议，州长何金平主持会议。会议研究并原则通过《关于“城中村”改造试点工作的指导意见》、《大理白族自治州村庄规划编制和管理办法（暂行）》、《关于促进房地产市场健康稳定发展的意见》、《大理州事业单位岗位设置管理实施意见》，会议研究了《关于大瑞铁路建设征地拆迁有关问题》、《为大瑞铁路建设征地拆迁资金提供贷款担保有关问题》。

【召开大理州第十二届人民政府第十二次常务会议】　2009年4月22日，大理州召开十二届人民政府第十二次常务会议，州长何金平主持会议。会议研究并通过《关于进一步切实加快州本级财政支出进度的建议》，研究并原则通过《大理白族自治州旅游条例（草案）》、《关于进一步加强行政效能建设的意见》、《大理州加快“两保护、两开发”重大建设项目监督检查办法（试行）》，会议听取了关于小湾电站移民工作情况的汇报。

【召开大理州第十二届人民政府第十三次常务会议】　2009年5月11日，大理州召开十二届人民政府第十三次常务会议，常务副州长马建全主持会议。会议研究并原则通过《关于全州2009年机关公务员、事业单位专业技术人员招考有关问题的请示》，会议研究了《关于省财政补助大理州“两保护、两开发”资金使用有关问题的请示》，会议听取了关于州、市级土地利用总体规划修编大纲编制主要情况的汇报。

【召开大理州第十二届人民政府第十四次常务会议】　2009年6月11日，大理州召开十二届人民政府第十四次常务会议，常务副州长马建全主持会议。会议研究并原则通过《关于2008年度千村扶贫百村推进工作考核验收情况的报告》，会议研究了《关于大型实景演出项目有关事项的请示》，会议听取了关于2009年度控制指标下达任务和全州生产安全事故以及落实“一岗双责”意见情况的汇报。

【召开大理州第十二届人民政府第十五次常务会议】　2009年6月24日，大理州召开十二届人民政府第十五次常务会议，常务副州长马建全主持会议。会议研究并通过《关于加强大理州语言文字工作的意见》，研究并原则通过《关于对祥姚、跃龙公路工可测设采用委托方式选择设计单位的请示》、《关于将环海综合治理工程环海路（下和—观音阁）截污工程项目贷款列人2009年政府信用贷款的请示》、《关于在全州深化推广丘北经验工作的意见》、《关于进一步改进和加强社会化道路交通安全工作的意见》，会议研究了《大理州国家粮食储备库转换经营机制实施方案》，会议听取了关于进一步深化推广丘北经验及加强道路交通安全管理工作情况的汇报。

【召开大理州第十二届人民政府第十六次常务会议】　2009年8月18日，大理州召开十二届人民政府第十六次常务会议，州长何金平主持会议。会议研究并通过《关于第四轮取消和调整行政审批项目的决定》、《关于进一步加强政务服务中心建设的方案》、《云南省第八届农民运动会大理州场馆建设改造初步方案》、《关于大理州2009年度享受云南省政府特殊津贴人员人选的请示》、《关于进一步落实安全生产“一岗双责”的实施意见》、《关于分三年解决州住房公积金管理中心下属管理部业务用房的请示》、《关于请求配套农村民居地震安全工程建设资金的请示》，研究并原则通过《大理州义务教育学校绩效工资实施办法》、《大理州中小学校舍安全工程建设实施意见》、《关于将弥渡县医院整体搬迁等六个项目列入2009年度政府信用合作贷款的请示》、《关于全州二级公路建设有关问题的请示》，会议听取了州编办关于州市县政府机构改革情况的汇报。

【召开大理州第十二届人民政府第十七次常务会议】　2009年9月24日，大理州召开十二届人民政府第十七次常务会议，州长何金平主持会议。会议研究并原则通过《云南省大理州人民政府机构改革方案》，会议研究了《关于安排教师绩效工资改革和扩大内需项目州本级配套资金的请示》，州长何金平就转变作风、提高效率，进一步加强州政府行政效能建设，努力建设一个充满活力的团结、务实、高效、清廉的服务型政府，切实营造一个良好的工作环境和发展环境作了要求，并就近期重点工作作了安排部署。

【召开大理州第十二届人民政府第十八次常务会议】　2009年12月14日，大理州召开十二届人民政府第十八次常务会议，州长何金平主持会议。会议研究并通过了《大理州州级财政节能降耗专项资金管理暂行办法》、《大理州基础测绘规划》、《关于改善行政执法促进经济社会和谐健康发展的意见》,研究并原则通过《大理州千村扶贫开发百村整体推进2010年度实施方案》及配套文件、《关于请求解决水利工作有关问题的请示》、《关于请求解决人口与计划生育工作困难和问题的请示》、《关于大力推进知识产权战略的实施意见》、《关于统一调整全州行政事业单位职工住房公积金缴存比例的请示》、《关于请求增设洱海搜救中心的请示》、《大理滇西中心城市总体规划》、《大理滇西中心城市规划体系构建计划(2009—2012)》、《关于继续实施第四批村委会办公用房及村级组织活动场所建设有关问题的请示》、《关于对<大理州风景名胜区管理条例>的清理意见》、《关于做好新型农村社会养老保险试点工作有关问题的请示》,会议还听取了州总工会工作汇报。

【召开大理州第十二届人民政府第十九次常务会议】 2009年12月30日,大理州召开十二届人民政府第十九次常务会议,州长何金平主持会议。会议研究并原则通过《关于安排2009年州本级财政超收资金的请示》。

【州政府召开领导班子专题民主生活会】 2009年6月10日,州政府领导班子召开学习实践科学发展观活动专题民主生活会,州长何金平委托常务副州长马建全主持召开。会议通报了2008年度州政府领导班子民主生活会整改方案的落实情况和州政府领导班子2009年民主生活会征求意见的情况,州政府党组成员紧紧围绕深入学习实践科学发展观这个主题,结合各自分管的工作,积极开展批评与自我批评、对班子和个人在开展学习实践活动中存在的突出问题进行了细致剖析、对班子分析检查报告和下步整改方案发表了意见建议。会议要求州政府领导班子成员:①强化学习意识,进一步加深对科学发展观的理解,准确把握科学发展观的科学内涵、精神实质和根本要求,做到真学、真懂、真用。②强化机遇意识,努力化“危”为“机”,扎实做好“保增长、保民生、保稳定、保洱海”。③强化发展意识,要紧紧围绕州委、州政府的工作思路和工作目标,集中精力谋发展,把握重点促发展,突出项目争取、固定资产投资、重点建设推进、招商引资、工业发展、环境保护、改善民生、维护稳定等工作,确保全州经济社会在困难之年保持平稳较快发展。④强化落实意识,深入一线解决实际问题,狠抓工作落实,务求工作实效。⑤强化廉洁意识,争当廉洁表率,确保各个项目成为廉洁工程。会议强调,要以深入学习实践科学发展观活动为动力,团结一心,以更加饱满的热情、更加务实的举措、更加扎实的作风,全力做好全州经济社会发展各项工作,以优异的工作业绩喜迎新中国成立60周年。

【召开大理州地震灾区恢复重建工作会议】 2009年8月21日,大理州召开“7·9”地震灾区恢复重建工作会议。州长何金平出席会议并作重要讲话,州人大常委会副主任刘世兴、州政协副主席孙明出席会议,副州长岳黎松主持会议。会议认真贯彻落实胡锦涛总书记视察云南时的重要指示和省政府召开的姚安地震灾区恢复重建工作会议精神,总结前一阶段大理州的抗震救灾工作,安排部署当前灾区恢复重建工作,确保2010年春节前灾民全部搬进新居。会议指出,“7·9”姚安地震发生后,大理州与震中接壤的祥云、宾川两县,与姚安邻近的弥渡县受灾较为严重。经过调查核实和评估,大理州受灾区域点多面广,灾情较为严重,恢复重建难度大。地震发生后,在党中央、国务院和省委、省政府的正确领导下,州委、州政府高度重视,迅速开展抗震救灾工作,并取得了阶段性成果,为下一步恢复重建工作奠定了良好基础。会议要求,要以人为本,千方百计安排好灾区群众的基本生活。要继续把妥善安排受灾群众的基本生活作为重中之重的工作,组织强有力的工作组深入灾区,进村入户,逐户检查核实救助措施的落实情况,抓好粮油、蔬菜、食品等生活必需品的供应。要突出重点,迅速完成民房恢复重建工作。要把加快推进民房恢复重建作为首要任务来抓,确保民房恢复重建任务全面按期完成。同时,要分类指导,加快学校、卫生等公共服务设施和水利、交通等基础设施的恢复重建进度。

【召开全州抗旱工作电视电话会议】 2009年12月15日,大理州召开全州抗旱工作电视电话会议,州长何金平委托常务副州长马建全主持召开。会议指出,全州各级、各部门要高度重视,牢固树立抗大旱、抗久旱的思想,把抗旱工作作为当前的头等大事来抓:①高度重视,加强领导,认真落实好抗旱工作行政首长负责制,密切关注旱情发展,采取有效措施,迅速组织广大干部群众积极投入到抗旱保丰收的工作中去.②进一步细化各项抗旱措施,深入基层抓好工作落实,广泛开辟抗旱水源,科学调度抗旱用水,把保证人畜饮水放在抗旱工作的首位,突出抓好抗旱保苗,扩种经济作物,扩大养殖业生产,确保农业增产、农民增收目标的实现.③各县市切实加强对现有水源的统一管理,做好用水调度和协调工作。④按照“先生活、后生产,先节水、后调水”的原则,科学合理调配水资源,优先保证学校、城乡人民生活用水,统筹协调生活、生产、生态用水。⑤落实好节水措施,计划用水,提高现有水源的利用率。会议强调,各县市要采取有效措施,结合农业种植结构调整,指导和帮助农户调整种植结构,选用耐旱优良品种,推广旱作农业,并加强田间管理。要抓住有利时机,紧急动员部署,指导农民抢种补种秋播作物,在保障群众生活用水的前提下,优先保证工业用水,努力保证农业灌溉用水,保证已播种作物生长期的灌溉用水,确保小春作物的高产丰收。

(《综述、重要会议》由李毅峰撰稿)

·重要文件·

【2009年州政府上报的重要文件】 1月4日,大理白族自治州人民政府关于贯彻落实州人大常委会对2008年上半年财政预算执行情况审议意见的报告;

1月5日,大理白族自治州人民政府关于调整使用工业品价格指数的请示;

1月12日,大理白族自治州人民政府关于贯彻落实州人大常委会全州2008年上半年国民经济和社会发展计划执行情况审议意见的报告;

1月14日,大理白族自治州人民政府关于请求将大理州列为全省卫生改革试点州市的请示;

2月6日,大理白族自治州人民政府关于大理农业学校申报大理农林职业技术学院的请示;

2月6日,大理白族自治州人民政府对州人大常委会《关于全州农业科技推广工作情况报告》审议意见落实情况的报告;

2月6日,大理白族自治州人民政府关于请求给予举办2009中国大理第二届国际兰花茶花博览会经费补助的请示;

2月9日,大理白族自治州人民政府关于大理州2008年突发事件应对工作总结评估报告;

2月9日,大理白族自治州人民政

府关于宾川县2009年度第一批城镇建设用地农用地转用和土地征收的请示；

2月16日，大理白族自治州人民政府关于2008年"两基"复查年审工作情况报告；

2月17日，大理白族自治州人民政府关于请求审批《省级历史文化名村保护规划》的请示；

2月17日，大理白族自治州人民政府关于申请开展云南省第二批小额贷款公司试点工作的请示；

2月25日，大理白族自治州人民政府关于弥渡县新型干法熟料水泥生产线建设用地的请示；

2月26日，大理白族自治州人民政府关于提请审议国道214线大理上关至北五里桥公路改造工程向交通银行云南省分行等金融机构贷款有关事项的议案；

2月26日，大理白族自治州人民政府关于提请审议以"委托代建模式"运作大理农业学校扩建一期等六个项目的议案；

2月26日，大理白族自治州人民政府关于提请审议洱海保护及洱源县生态文明建设重点工程项目贷款有关问题的议案；

3月16日，大理白族自治州人民政府关于鹤庆县黄坪镇围子田等三个村土地开发整理项目第一期未用土地开发为耕地的请示；

3月19日，大理白族自治州人民政府关于小湾水电站库区云龙至保山淹没公路改线工程Ⅱ段建设项目涉及永平县博南镇(原老街镇)土地利用总体规划局部调整的请示；

3月19日，大理白族自治州人民政府关于请求调整小额贷款公司试点县市的请示；

4月2日，大理白族自治州人民政府关于请求制发大理州及十二县市人民政府电子印章的请示；

4月21日，大理白族自治州人民政府关于请求将宾川县城至花桥段公路列入鸡足山旅游公路建设的请示；

4月22日，大理白族自治州人民政府关于请求解决小湾水电站移民安置实施中出现的困难和问题的请示；

4月24日，大理白族自治州人民政府关于大理市弥渡县洱源县新增中央投资项目建设管理中存在问题整改情况的报告；

4月26日，大理白族自治州人民政府关于提请审议《云南省大理白族自治州旅游条例(草案)》的议案；

4月27日，大理白族自治州人民政府关于提请岳黎松同志任职的议案；

4月30日，大理白族自治州人民政府关于请求给予大理市血吸虫病防治工作经费补助的请示；

4月30日，大理白族自治州人民政府关于请求给予大理新曙光中学建设资金补助的请示；

5月5日，大理白族自治州人民政府关于请求给予漾濞等六县生态县创建前期工作经费补助的请示；

5月20日，大理白族自治州人民政府关于对《大理州土地利用总体规划大纲(2006—2020年)》给予审查的请示；

5月20日，大理白族自治州人民政府关于对《大理市土地利用总体规划大纲(2006—2020年)》给予审查的请示；

5月20日，大理白族自治州人民政府关于沘洒流域云龙段污染综合治理有关工作的请示；

5月20日，大理白族自治州人民政府关于请求对弥渡洱源两县人民政府教育工作给予督导评估的请示；

5月20日，大理白族自治州人民政府关于2008年度耕地保护责任目标履行情况的自查报告；

5月22日，大理白族自治州人民政府关于将大丽公路丽江机场至鹤庆县城新华岔口段纳入丽江机场一级公路改扩建工程项目的请示；

5月27日，大理白族自治州人民政府关于大理州新增中央预算内扩大内需投资专项资金审计调查报告(征求意见稿)反馈情况的报告；

5月27日，大理白族自治州人民政府关于请求省人民政府帮助协调将宾川、剑川两县列入国家2009—2015年血吸虫病防治综合治理重点项目规划的请示；

6月9日，大理白族自治州人民政府关于大理州国有资产监督管理委员会等132家单位参照公务员法管理的请示；

6月9日，大理白族自治州人民政府关于请求将永平曲硐等三处古镇(村)列为省级历史文化名镇(村)的请示；

6月15日，大理白族自治州人民政府关于提请程云川、朱非二同志任免职的议案；

6月15日，大理白族自治州人民政府关于大理市弥渡县洱源县新增中央投资项目建设管理中存在问题整改情况的报告；

6月16日，大理白族自治州人民政府关于提请审议我州境内铁路建设征地拆迁资金由省铁路投资公司向上海浦东发展银行昆明分行统借统贷分级偿还的议案；

6月16日，大理白族自治州人民政府关于请求给予补助宗教维稳工作经费的请示；

6月16日，大理白族自治州人民政府关于请求给予补助较少人口民族地区基础设施建设和调研工作经费的请示；

6月19日，大理白族自治州人民政府关于请求搬迁南涧县小湾东镇政府驻地的请示；

6月19日，大理白族自治州人民政府关于请求审批南涧县撤销无量乡建立无量山镇的请示；

6月24日，大理白族自治州人民政府关于请求给予"第八届中国摄影艺术节暨首届大理国际影会"活动经费补助的请示；

6月24日，大理白族自治州人民政府关于提请审议大理经济开发区下关至观音阁截污工程向上海浦东发展银行昆明分行贷款8000万元的议案；

6月25日，大理白族自治州人民政府关于请求补助政策决策咨询工作经费的请示；

6月29日，大理白族自治州人民政府关于请求给予大理州对外宣传资金补助的请示；

6月29日，大理白族自治州人民政府关于大理市2009年度第四批城市建设用地农用地转用及土地征收的请示；

6月29日，大理白族自治州人民政府关于大理海东新城区华营至中和村道路(2号路)项目建设用地的请示；

6月29日，大理白族自治州人民政府关于大理市2009年度第五批城市建设用地农用地转用及土地征收的请示；

6月29日，大理白族自治州人民政府关于大理州2009年度第一批城市建设用地农用地转用及土地征收的请示；

6月29日，大理白族自治州人民政府关于大理州2009年度第二批城市建设用地农用地转用及土地征收的请示；

7月1日，大理白族自治州人民政府关于2009年森林防火目标管理责任状执行情况自检报告；

7月6日，大理白族自治州人民政府关于2009年全省重点督查的20个重大项目和20项重要工作上半年进展情况的报告；

7月6日，大理白族自治州人民政府关于大理市2009年度第三批城市建设用地农用地转用和土地征收的请示；

7月10日,大理白族自治州人民政府关于请求批准在大理市举办国际休闲产业论坛暨博览会的请示;

7月13日,大理白族自治州人民政府关于请求增加昆明大理往返航班的请示;

7月16日,大理白族自治州人民政府关于请求办理已批准的大理苍海高尔夫球场部分土地用途变更的请示;

7月16日,大理白族自治州人民政府关于请求变更澜沧江功果桥水电站移民安置方案的请示;

7月17日,大理白族自治州人民政府关于请求给予大理州民族中学改善办学条件资金补助的请示;

7月22日,大理白族自治州人民政府关于申报组建国际兰花协会的请示;

7月31日,大理白族自治州人民政府关于大理至丽江高速公路建设配套资金的承诺报告;

8月5日,大理白族自治州人民政府关于请求停征口岸管理等三项费用的请示;

8月5日,大理白族自治州人民政府关于将我州部分治污项目列入省级统借转贷州级统还贷款项目的请示;

8月7日,大理白族自治州人民政府关于请求拨给全省花卉工作会议经费的请示;

8月10日,大理白族自治州人民政府关于请求给予新一轮禁毒人民战争工作经费补助的请示;

8月10日,大理白族自治州人民政府关于提请李万通等五同志任免职务的议案;

8月10日,大理白族自治州人民政府关于请求拨付小湾水电站南涧县施工区概算调整静态费用增加资金的请示;

8月10日,大理白族自治州人民政府关于请求帮助协调大丽铁路统贷统还征地拆迁资金的请示;

8月11日,大理白族自治州人民政府关于请求推荐绕三灵申报联合国教科文组织2010年"人类非物质文化遗产代表作名录"的请示;

8月12日,大理白族自治州人民政府关于上报姚安"7·9"地震大理灾区恢复重建初步规划方案的请示;

8月13日,大理白族自治州人民政府关于大理市等十县市土地利用总体规划修编各类用地布局成果资料的审查报告;

8月19日,大理白族自治州人民政府大理白族自治州人民政府关于请求批准《云南省级公益林生态效益补偿大理州实施方案》的请示;

8月19日,大理白族自治州人民政府关于对中央扩大内需促进经济增长政策落实情况自检自查报告;

8月21日,大理白族自治州人民政府关于对《关于弥渡县医院整体搬迁等六个项目向中国农业发展银行大理州分行申请贷款的请示》的议案;

8月25日,大理白族自治州人民政府关于祥云、南涧两县土地利用总体规划修编各类用地布局成果资料的审查报告;

9月2日,大理白族自治州人民政府关于请求对2009年部分治污项目开工建设时间进行调整的请示;

9月3日,大理白族自治州人民政府关于请求批准实施宾川县平川镇中低产田改造项目的请示;

9月4日,大理白族自治州人民政府关于请求给予补助大理州教育事业发展资金的请示;

9月4日,大理白族自治州人民政府关于上报"7·9"姚安地震大理灾区恢复建实施项目计划的请示;

9月4日,大理白族自治州人民政府关于对2009年8月12日何金平州长做客省广播电台《金色热线》栏目听众反映问题办理工作情况的报告;

9月16日,大理白族自治州人民政府关于请求豁免弥渡县水泥厂等八家企业省级财政有偿资金借款的请示;

9月17日,大理白族自治州人民政府关于请求给予洱源县邓川镇小江村道路硬化经费补助的请示;

9月18日,大理白族自治州人民政府关于对"7·9"地震大理灾区恢复重建实施项目计划进行补充调整的请示;

9月23日,大理白族自治州人民政府关于抵扣收缴2007年度剑川县省级固定资金投资款贴息资金的请示;

9月25日,大理白族自治州人民政府关于提请审议关巍公路建设等三个项目向建设银行大理州分行申请搭桥贷款有关问题的议案;

9月28日,大理白族自治州人民政府关于请求解决新建滇西救灾物资凤仪储备库所需建设经费的请示;

10月14日,大理白族自治州人民政府关于大理者磨山风电场和大理大风坝风电场耕地占用税征收标准的请示;

10月14日,大理白族自治州人民政府关于对大理州新能源项目建设用地耕地占用税给予优惠的请示;

10月16日,大理白族自治州人民政府关于提请审议全州中小学校舍安全工程建设项目2009年州级财政配套缺口资金向富滇银行申请贷款的议案;

10月19日,大理白族自治州人民政府关于承办云南省第八届农民运动会筹备工作有关问题的请示;

10月20日,大理白族自治州人民政府关于请求省人民政府帮助解决2009年冬春荒群众生活救助资金的请示;

10月23日,大理白族自治州人民政府关于请求追加7·9地震恢复重建资金的请示;

10月23日,大理白族自治州人民政府关于请求给予加强预防和处置地震灾害十大能力建设新建滇西凤仪救灾储备库所需资金的请示;

10月26日,大理白族自治州人民政府关于请求给予洱源县大宏新型材料厂紫茎兰轻质隔墙板生产线项目一次性补助资金的请示;

10月28日,大理白族自治州人民政府关于黄永华同志免职的议案;

11月3日,大理白族自治州人民政府关于州人大常委会对全州移民安置工作审议意见整改情况的报告;

11月4日,大理白族自治州人民政府关于大理市2009年度第一批城市建设用地农用地转用和土地征收的请示;

11月4日,大理白族自治州人民政府关于大理市2009年度第二批城市建设用地农用地转用和土地征收的请示;

11月5日,大理白族自治州人民政府关于实施鹤庆县龙开口镇洛琅村土地开发整理(占补平衡)项目将未利用土地开发为耕地的请示;

11月5日,大理白族自治州人民政府关于实施鹤庆县黄坪镇财丰石洞两个村委会土地开发整理(占补平衡)项目将未利用土地开发为耕地的请示;

11月5日,大理白族自治州人民政府关于实施宾川县力角镇张家村委会龙潭土地开发整理(占补平衡)项目将未利用土地开发为耕地的请示;

11月5日,大理白族自治州人民政府关于实施宾川县力角镇张家村张家林场土地开发整理(占补平衡)项目将未利用土地开发为耕地的请示;

11月5日,大理白族自治州人民政府关于实施宾川县力角镇大会村长坡岭土开发整理(占补平衡)项目将未利用土地开发为耕地的请示;

11月5日,大理白族自治州人民政府关于实施宾川县力角镇渔棚村委会土地开发整理(占补平衡)项目将未利用土地开发为耕地的请示;

11月5日，大理白族自治州人民政府关于实施宾川县力角镇大会村大会林场土地开发整理（占补平衡）项目将未利用土地开发为耕地的请示；

11月6日，大理白族自治州人民政府关于上报"7.9"地震大理灾区恢复重建计划增加项目的请示；

11月9日，大理白族自治州人民政府关于请求豁免鹤庆县省级财政有偿资金借款的请示；

11月16日，大理白族自治州人民政府关于大理市凤仪镇2009年度第一批城镇建设用地农用地转用和土地征收的请示；

11月16日，大理白族自治州人民政府关于大理市凤仪镇2009年度第二批城镇建设用地农用地转用和土地征收的请示；

11月16日，大理白族自治州人民政府关于大理市凤仪镇2009年度第三批城镇建设用地农用地转用和土地征收的请示；

11月16日，大理白族自治州人民政府关于祥云县2009年度第一批城镇建设用地农用地转用和土地征收的请示；

11月16日，大理白族自治州人民政府关于大理州2009年度第四批城市建设用地农用地转用及土地征收的请示；

11月16日，大理白族自治州人民政府关于大理州2009年度第五批城市建设用地农用地及土地征收的请示；

11月16日，大理白族自治州人民政府关于大理市海东镇2009年度第一批城市建设用地农用地转用及土地征收的请示；

11月16日，大理白族自治州人民政府关于澜沧江功果桥水电站建设用地的请示；

11月20日，大理白族自治州人民政府关于提请蔡春生同志任职的议案；

12月4日，大理白族自治州人民政府关于请求给予洱源4.14地震抗震救灾恢复资金补助的请示；

12月8日，大理白族自治州人民政府关于省政府大理专题会议确定事项贯彻落实情况的报告；

12月10日，大理白族自治州人民政府关于请求帮助解决下关一中初中部教学综合楼建设缺口资金的请示；

12月14日，大理白族自治州人民政府关于请求审查审批《祥云县城省级历史文化名街保护规划》的请示；

12月14日，大理白族自治州人民政府关于上报宾川"11.02"地震大理灾区恢复建设规划方案的请示；

12月14日，大理白族自治州人民政府关于请求给予民族工作经费补助的请示；

12月15日，大理白族自治州人民政府关于上报2009年整顿关闭小煤矿名单的报告；

12月16日，大理白族自治州人民政府关于授予高新平先生大理州荣誉州民称号的议案；

12月21日，大理白族自治州人民政府关于请求给予基层卫生人员培训工作经费的请示；

12月21日，大理白族自治州人民政府关于提请审议向中国工商银行云南省分行统借统贷铁路建设项目征地拆迁资金有关事项的议案；

12月21日，大理白族自治州人民政府关于提请审议《大理滇西中心城市总体规划》的议案；

12月21日，大理白族自治州人民政府关于请求将漾濞（跃进）至云龙（诺邓）二级公路过云龙县城段路口路面适当调整加宽的请示；

12月21日，大理白族自治州人民政府关于请求增加有序用电指标的请示；

12月24日，大理白族自治州人民政府关于提请李雄同志免职的议案；

12月30日，大理白族自治州人民政府关于请求给予大理州洱海流域太阳能中温沼气站建设项目资金补助的请示。

【2009年州政府下发的重要文件】

1月4日，大理白族自治州人民政府关于2009年农业产业化发展的意见；

1月4日，大理白族自治州人民政府关于印发《2009中国大理第二届国际兰花茶花博览会组织实施方案》的通知；

1月6日，大理白族自治州人民政府关于对荣获全省2008年烟叶工作先进单位进行表彰奖励的决定；

1月6日，大理白族自治州人民政府关于对2008年烟叶规模化种植大户进行表彰奖励的决定；

1月13日，大理白族自治州人民政府关于对2008年度政府信息直通车工作先进单位和先进个人进行表彰的决定；

1月14日，大理白族自治州人民政府关于印发《大理白族自治州防空袭方案》的通知；

2月2日，大理白族自治州人民政府关于加强和规范政府非税收入管理的决定；

2月6日，大理白族自治州人民政府关于下关汽车运输经贸总公司国有资产处置情况的通报；

2月11日，大理白族自治州人民政府关于表彰十佳医生和十佳护士的决定；

2月11日，大理白族自治州人民政府关于表彰2004—2008年血吸虫病防治工作先进县市的决定；

2月17日，大理白族自治州人民政府关于调整充实大理州人民政府铁路建设领导组的通知；

2月25日，大理白族自治州人民政府关于表彰完成2008年度节能降耗责任目标任务先进单位的决定；

2月25日，大理白族自治州人民政府关于表彰奖励2008年第二轮工业经济倍增计划责任目标先进单位的决定；

2月26日，大理白族自治州人民政府关于精简下放部分行政审批和监管权限促进投资快速增长的意见；

2月26日，大理白族自治州人民政府关于兑现2008年度安全生产工作奖惩的决定；

3月3日，大理白族自治州人民政府关于印发《2009年洱海保护及洱源县生态文明建设工作意见》的通知；

3月4日，大理白族自治州人民政府关于表彰2008年度食品安全工作先进单位的决定；

3月7日，大理白族自治州人民政府关于印发2009年政府工作报告的通知；

3月12日，大理白族自治州人民政府关于表彰2008年全州商务工作先进单位和先进个人的决定；

3月13日，大理白族自治州人民政府关于表彰2008年出口工作先进企业的决定；

3月13日，大理白族自治州人民政府关于下达2009年进出口目标任务的通知；

3月9日，大理白族自治州人民政府关于推进国有资产监督管理全覆盖试点工作的实施意见；

3月18日，大理白族自治州人民政府关于下达大理州2009年国民经济和社会发展计划主要指标的通知；

3月19日，大理白族自治州人民政府关于印发《大理州救灾资金管理办法》的公告；

3月23日，大理白族自治州人民政

府关于表彰2008年禁毒人民战争先进单位的决定；

3月23日，大理白族自治州人民政府关于奖励2008年度万克以上精制毒品大要案件侦破单位的决定；

3月23日，大理白族自治州人民政府关于兑现2008年度禁毒工作责任状奖励的决定；

3月24日，大理白族自治州人民政府关于进一步加强突发公共事件应急管理工作的通知；

3月30日，大理白族自治州人民政府关于加强县级国有资产监督管理的实施意见；

3月30日，大理白族自治州人民政府关于印发《关于加强城乡规划工作的意见》的通知；

3月30日，大理白族自治州人民政府关于印发加快全州城镇污水生活垃圾处理设施建设和加强运营管理工作实施意见的通知；

4月1日，大理白族自治州人民政府关于印发州政府领导班子开展深入学习实践科学发展观活动实施方案的通知；

4月2日，大理白族自治州人民政府关于表彰2008年度消防安全责任制先进单位的决定；

4月2日，大理白族自治州人民政府关于印发2009年惠民工程、重大建设项目和重要工作任务分解的通知；

4月2日，大理白族自治州人民政府关于成立大理州承办云南省第八届农民运动会筹备领导组的通知；

4月9日，大理白族自治州人民政府关于做好2008年冬季退役士兵接收安置工作的通知；

4月15日，大理白族自治州人民政府关于支持和推进TD—SCDMA通信网络建设的通知；

4月22日，大理白族自治州人民政府关于成立大理州中低产田地改造综合协调领导小组的通知；

4月23日，大理白族自治州人民政府关于印发《大理白族自治州小湾水电站南涧巍山外迁宾川移民安置实施方案》的通知；

4月23日，大理白族自治州人民政府关于下达2009年中央驻滇单位及部分省州单位接收安置退役士兵计划的通知；

4月23日，大理白族自治州人民政府关于《大理州限额以上建设项目和重要建设项目规划管理规定(试行)》的公告；

4月29日，大理白族自治州人民政府关于兑现2008年度煤矿安全生产责任状考核奖惩的决定；

5月5日，大理白族自治州人民政府关于印发大理州2009年地质灾害防治工作方案的通知；

5月5日，大理白族自治州人民政府关于批转《关于云龙县"3.17"道路交通事故责任倒查情况的报告》通知；

5月6日，大理白族自治州人民政府关于进一步促进房地产市场健康稳定发展的意见；

5月12日，大理白族自治州人民政府关于进一步加强行政效能建设的意见；

5月18日，大理白族自治州人民政府关于认真做好2009年廉租住房保障工作的通知；

5月18日，大理白族自治州人民政府关于实施成品油价和税费改革文件的通知；

5月20日，大理白族自治州人民政府关于《大理白族自治州农村集体经济组织财务及资产管理暂行办法》的公告；

5月26日，大理白族自治州人民政府关于印发大理州2009年烟叶生产工作意见的通知；

5月26日，大理白族自治州人民政府关于印发大理州2009年白肋烟生产工作意见的通知；

5月31日，大理白族自治州人民政府关于《大理白族自治州流动人口计划生育管理条例实施细则》的公告；

6月1日，大理白族自治州人民政府关于《大理白族自治州游览参观点门票价格管理暂行规定》的公告；

6月4日，大理白族自治州人民政府关于命名大理州第二批州级非物质文化遗产保护名录的通知；

6月9日，大理白族自治州人民政府关于"城中村"改造试点工作的实施意见；

6月11日，大理白族自治州人民政府关于印发实施云南省法治政府八项制度有关工作制度的通知；

6月17日，大理白族自治州人民政府关于《大理白族自治州城乡临时救助管理暂行办法》的公告；

6月23日，大理白族自治州人民政府关于印发《大理州商业网点规划方案》的通知；

7月3日，大理白族自治州人民政府关于进一步加强基层审计工作的意见；

7月16日，大理白族自治州人民政府关于印发《州人民政府领导班子学习实践科学发展观活动整改方案》的通知；

7月30日，大理白族自治州人民政府关于大中型水库水电移民后期扶持人数指标核定及资金解决办法的通知；

7月31日，大理白族自治州人民政府关于对全州政府法制部门给予通报表彰的决定；

8月6日，大理白族自治州人民政府关于表彰第四届职工技术技能大赛优胜职工的决定；

8月20日，大理白族自治州人民政府关于印发"7.9"姚安地震大理灾区恢复重建规划方案的通知；

8月25日，大理白族自治州人民政府关于开展第六次全国人口普查的通知；

9月3日，大理白族自治州人民政府关于印发大理州中心小学校舍安全工程建设实施意见的通知；

9月4日，大理白族自治州人民政府关于表彰优秀教师的决定；

9月4日，大理白族自治州人民政府关于第四轮取消和调整行政审批项目的决定；

9月10日，大理白族自治州人民政府关于表彰税务系统先进集体和先进工作者的决定；

9月10日，大理白族自治州人民政府关于《大理白族自治州村庄规划编制和管理办法》的公告；

9月11日，大理白族自治州人民政府关于表彰大理州啤酒大麦种植农业标准示范区建设先进单位的决定；

9月17日，大理白族自治州人民政府关于进一步落实安全生产"一岗双责"的实施意见；

11月10日，大理白族自治州人民政府关于加强新能源建设有关问题的通知；

11月10日，大理白族自治州人民政府关于对我州参加云南省第届残运会暨第三届特奥会运动员、教练员进行表彰的通知；

11月17日，大理白族自治州人民政府关于调整2009年11至12月工业经济主要指标任务的通知；

12月2日，大理白族自治州人民政府关于切实改进和加强社会化道路交通安全工作的意见；

12月15日，大理白族自治州人民政府印发关于改善行政执法促进经济社会和谐健康发展意见的通知；

12月24日，大理白族自治州人民政府关于印发《漾濞（跃进）至云龙（诺邓）二级公路建设征地拆迁补偿标准实施意见》的通知；

12月31日，大理白族自治州人民政府关于表彰大理州劳动关系和谐企业的决定。

【2009年州政府办公室下发的重要文件】 1月5日，大理白族自治州人民政府办公室关于成立大理州开展打击违法添加非食用物质和滥用食品添加剂专项整治工作领导小组的通知；

1月6日，大理白族自治州人民政府办公室关于兑现2008年烟叶生产责任状奖励的通知；

1月7日，大理白族自治州人民政府办公室关于调整州烟草公司缴纳企业所得税分配比例的通知；

1月19日，大理白族自治州人民政府办公室关于印发州农业局职能配置、内设机构和人员编制方案的通知；

1月19日，大理白族自治州人民政府办公室关于印发州交通运政管理处职能配置、内设机构和人员编制方案的通知；

1月19日，大理白族自治州人民政府办公室关于印发州畜牧兽医局职能配置、内设机构和人员编制方案的通知；

1月20日，大理白族自治州人民政府办公室关于成立大理州推广家电下乡工作领导小组的通知

1月20日，大理白族自治州人民政府办公室关于进一步加强政务信息工作的通知；

1月22日，大理白族自治州人民政府办公室关于成立大理州州级行政单位和参公管理事业单位经营性国有资产统一管理工作领导组的通知；

2月1日，大理白族自治州人民政府办公室关于进一步明确城镇职工补充医疗保险工作职责的通知；

2月2日，大理白族自治州人民政府办公室关于印发大理州州级非税收入征管工作考核暂行办法的通知；

2月2日，大理白族自治州人民政府办公室关于印发大理州非税收入征缴管理暂行办法的通知

2月2日，大理白族自治州人民政府办公室关于印发大理州州级行政单位和参公管理事业单位经营性国有资产实行统一管理实施意见的通知；

2月11日，大理白族自治州人民政府办公室关于2008年度州级有关部门流动人口计划生育目标管理考核结果的通报；

2月17日，大理白族自治州人民政府办公室关于成立小额贷款公司试点工作领导小组的通知；

2月17日，大理白族自治州人民政府办公室关于印发大理州小额贷款公司试点工作方案的通知；

2月17日，大理白族自治州人民政府办公室关于调整州广播电视村村通工作领导小组的通知；

2月19日，大理白族自治州人民政府办公室关于印发大理州2009年粮食间套种技术推广实施方案的通知；

2月19日，大理白族自治州人民政府办公室关于印发大理州2009年大春粮食高产创建活动实施方案的通知；

2月24日，大理白族自治州人民政府办公室关于印发州级机关和县市节能联络员工作办法的通知；

2月24日，大理白族自治州人民政府办公室关于开展粮食清仓查库工作的通知；

2月24日，大理白族自治州人民政府办公室关于成立州粮食清仓查库工作领导小组的通知；

2月25日，大理白族自治州人民政府办公室关于印发大理州开展保障科学发展土地管理新机制试点工作实施方案的通知；

2月25日，大理白族自治州人民政府办公室关于切实抓好2009年全州重大经济发展项目建设有关问题的通知；

2月26日，大理白族自治州人民政府办公室关于印发《大理白族自治州招商引资项目服务承诺实施办法》的通知；

2月27日，大理白族自治州人民政府办公室关于调整充实大理州住房保障工作领导组的通知；

3月2日，大理白族自治州人民政府办公室关于印发《大理白族自治州森林火灾专项应急预案》（修订）的通知；

3月3日，大理白族自治州人民政府办公室关于成立大理州参加云南省第十五届运动会筹备领导小组的通知；

3月7日，大理白族自治州人民政府办公室关于印发《贯彻实施重大决策听证重要事项公示重点工作通报政务信息查询四项制度工作方案》的通知；

3月7日，大理白族自治州人民政府办公室关于2008年度全州政务信息工作目标完成情况的通报；

3月7日，大理白族自治州人民政府办公室关于2008年度流动人口计划生育目标管理责任状检查考核情况的通报；

3月7日，大理白族自治州人民政府办公室关于2008年度国土资源管理目标责任考核结果的通报；

3月7日，大理白族自治州人民政府办公室关于进一步加强我州城乡建设抗震设防管理工作的通知；

3月7日，大理白族自治州人民政府办公室关于印发《大理滇西中心城市总体规划编制工作方案》的通知；

3月7日，大理白族自治州人民政府办公室关于2008年度全州退役士兵安置工作先进单位的通报；

3月7日，大理白族自治州人民政府办公室关于认真抓好全州第三批村委会办公用房及村级组织活动场所建设的通知；

3月7日，大理白族自治州人民政府办公室关于2008年度卫生工作及防治艾滋病工作责任目标考核结果的通报；

3月7日，大理白族自治州人民政府办公室关于进一步加强114政府信息直通车工作的通知；

3月9日，大理白族自治州人民政府办公室关于印发《大理州城乡规划委员会工作规程》的通知；

3月18日，大理白族自治州人民政府办公室关于印发2009年州级财政收支预算安排方案的通知；

3月18日，大理白族自治州人民政府办公室关于2008年度行政执法评议考核情况的通报；

3月24日，大理白族自治州人民政府办公室关于印发《洱源生态文明试点县建设考核办法》的通知；

3月25日，大理白族自治州人民政府办公室关于成立大理州国有资产监管和国有企业改革工作领导小组的通知；

3月30日，大理白族自治州人民政府办公室关于印发《2009年大理州粮食清仓查库工作实施方案》的通知；

4月2日，大理白族自治州人民政府办公室关于调整充实大理州电网规划建设协调领导组的通知；

4月2日，大理白族自治州人民政府办公室关于印发2009年大理州综合类行政执法检查计划的通知；

4月16日，大理白族自治州人民政府办公室关于成立大理州事业单位实施绩效工资工作领导小组的通知；

4月17日，大理白族自治州人民政府办公室关于切实做好2009年血吸虫病防治达标工作的通知；

5月4日，理白族自治州人民政府办公室关于调整充实州招生考试委员会的通知；

5月4日，大理白族自治州人民政府办公室关于印发《2009年第五届泛珠三角区域经贸合作洽谈会大理经贸代表团工作方案》的通知；

5月4日，大理白族自治州人民政府办公室关于成立大理州防控型H1N1流感工作领导组的通知；

5月5日，大理白族自治州人民政府办公室关于成立2009年洱海保护及洱源县生态文明建设工作指导组的通知；

5月5日，大理白族自治州人民政府办公室关于印发《全州2009年烟叶生产种植统一保险实施意见》的通知；

5月6日，大理白族自治州人民政府办公室关于对大理文华酒店重大火灾隐患进行行政挂牌督办整改的通知；

5月7日，大理白族自治州人民政府办公室关于增补大理州中低产田地改造综合协调领导小组成员的通知；

5月7日，大理白族自治州人民政府办公室关于成立深化乡镇财政预算管理方式改革工作领导小组的通知；

5月11日，大理白族自治州人民政府办公室关于成立沘江流域水污染防治工作督导小组的通知；

5月11日，大理白族自治州人民政府办公室关于印发大理州创建"人保财险保险先进村、乡镇"活动实施方案的通知；

5月11日，大理白族自治州人民政府办公室关于印发《大理州2009年节能工作实施意见》的通知；

5月11日，大理白族自治州人民政府办公室关于调整州住房公积金第二届管理委员会委员的通知；

5月13日，大理白族自治州人民政府办公室关于成立大理州鸡足山旅游公路建设协调领导组及指挥部的通知；

5月13日，大理白族自治州人民政府办公室关于成立跃龙二级公路建设协调领导组及指挥部的通知；

5月13日，大理白族自治州人民政府办公室关于成立大理州取消政府还贷二级公路收费工作领导组的通知；

5月19日，大理白族自治州人民政府办公室关于印发《2009年昆明进出口商品交易会大理州交易团工作方案》的通知；

5月20日，大理白族自治州人民政府办公室关于启用大理白族自治州畜牧兽医局印章的通知；

5月26日，大理白族自治州人民政府办公室关于成立大理州卫星电视广播地面接收设施管理协调领导小组的通知；

6月1日，大理白族自治州人民政府办公室关于成立大理州鸡足山公路建设工程施工及监理招标监督委员会的通知；

6月1日，大理白族自治州人民政府办公室关于成立大理州祥姚公路建设协调领导组及指挥部的通知；

6月2日，大理白族自治州人民政府办公室关于印发大理州乡镇财政预算管理方式改革实施方案的通知；

6月3日，大理白族自治州人民政府办公室关于成立大理州深化医药卫生体制改革领导小组的通知；

6月15日，大理白族自治州人民政府办公室关于各县市和州级各部门实施阳光政府四项制度网上发布工作落实情况的通报；

6月15日，大理白族自治州人民政府办公室关于调整充实平安创建工作领导组的通知；

5月20日，大理白族自治州人民政府办公室关于印发大理州第四届职工技术技能大赛工作方案的通知；

5月22日，大理白族自治州人民政府办公室关于成立2009年全国沙滩排球巡回赛（大理站）暨全国运动沙滩排球积分赛筹备领导组的通知；

6月22日，大理白族自治州人民政府办公室关于继续完善大理州粮食行政首长负责制考核指标和奖惩办法的通知；

6月24日，大理白族自治州人民政府办公室关于实施水电铝产业发展模式推进矿电结合工作的通知；

6月26日，大理白族自治州人民政府办公室关于对祥临公路大理州路段安全隐患进行整治的通知；

6月29日，大理白族自治州人民政府办公室关于成立大理州中缅油气管道延伸项目策划工作领导组的通知；

6月30日，大理白族自治州人民政府办公室关于认真贯彻实施《云南省地震监测管理规定》的通知；

7月1日，大理白族自治州人民政府办公室关于兑现2008年度经济社会发展重点工作考核奖励的通知；

7月3日，大理白族自治州人民政府办公室关于2009年全州重大经济发展项目上半年工作进展情况的通报；

7月6日，大理白族自治州人民政府办公室关于开展大理环洱海自然文化遗产保护与发展规划编制工作的通知；

7月6日，大理白族自治州人民政府办公室关于印发大理州语言文字工作委员会关于加强语言文字工作意见的通知；

7月6日，大理白族自治州人民政府办公室转发州人事局等三部门关于州属高中及大理一中、大理新世纪中学招收特少民族学生给予适当补助工作方案的通知；

7月9日，大理白族自治州人民政府办公室关于做好2009年村民一事一议筹资筹劳标准公示的通知；

7月10日，大理白族自治州人民政府办公室关于成立姚安"7·09"地震抗震救灾工作领导组的通知；

7月10日，大理白族自治州人民政府办公室关于成立大理州农家收屋工程建设领导小组的通知；

7月10日，大理白族自治州人民政府办公室关于印发《大理白族自治州工业园区专项资金管理办法》的通知；

7月13日，大理白族自治州人民政府办公室关于印发《大理州中低产田地改造考核奖惩办法》的通知；

7月17日，大理白族自治州人民政府办公室关于调整充实大理州"两烟"打假打私工作领导小组成员的通知；

7月17日，大理白族自治州人民政府办公室关于印发《2009年大理洱海开海节实施方案》的通知；

7月17日，大理白族自治州人民政府办公室关于开展劳动关系和谐企业评选工作的通知；

7月21日，大理白族自治州人民政府办公室关于进一步加强和规范阳光政府四项制度有关工作的通知；

7月24日，大理白族自治州人民政府办公室关于印发进一步加强督查工作实施意见的通知；

7月24日，大理白族自治州人民政府办公室关于做好中央扩大内需促进经济增长政策落实有关工作的通知；

7月24日，大理白族自治州人民政府办公室关于印发《大理州政府参与云南人民广播电台"金色热线"栏目直播工作实施方案》的通知；

7月28日，大理白族自治州人民政府办公室关于成立大理中小学校舍安全工程领导小组的通知；

8月6日，大理白族自治州人民政府办公室关于成立大理州中小学校舍安全工程领导小组办公室的通知；

8月10日，大理白族自治州人民政府办公室关于成立大理州祥姚公路建设工程施工及监理招标监督委员会的通知；

8月10日，大理白族自治州人民政府办公室关于对2009年惠民工程、重大建设项目和重要工作任务督查情况的通报；

8月19日，大理白族自治州人民政府办公室关于进一步明确和完善甲型HINI流感防控措施的通知；

8月20日，大理白族自治州人民政府办公室关于成立姚安"7·9"地震灾区恢复重建工作领导组的通知；

8月24日，大理白族自治州人民政府办公室关于加强农村移动信息富民工程建设工作的通知；

8月25日，大理白族自治州人民政府办公室关于全州扩大内需新增中央投资建设项目第四次监督检查发现问题的整改意见；

8月26日，大理白族自治州人民政府办公室关于成立大理农林职业技术学院筹建工作领导组的通知；

8月28日，大理白族自治州人民政府办公室关于进一步做好下半年阳光政府四项制度实施工作的通知；

9月3日，大理白族自治州人民政府办公室关于加强"7·9"抗震救灾资金管理的通知；

9月4日，大理白族自治州人民政府办公室转发州发改委关于大理州2009年深化经济体制改革工作意见的通知；

9月4日，大理白族自治州人民政府办公室关于印发《大理白族自治州义务教育学校绩效工资实施办法》的通知；

9月9日，大理白族自治州人民政府办公室关于印发州金融工作办公室主要职责的通知；

9月11日，大理白族自治州人民政府办公室关于进一步抓好2009年全州重大经济发展项目建设有关问题的通知；

9月14日，大理白族自治州人民政府办公室关于印发县城建设改造提升工作实施意见的通知；

9月15日，大理白族自治州人民政府办公室关于成立大理州跃龙公路建设工程施工及监理招标监督委员会的通知；

9月21日，大理白族自治州人民政府办公室关于调整和充实大理州扶持人口较少民族发展工作领导小组的通知；

9月22日，大理白族自治州人民政府办公室转发州发改委等部门关于大理州自主创新基础能力建设实施意见的通知；

9月23日，大理白族自治州人民政府办公室关于成立大理州无线电事业发展规划编制工作领导小组的通知；

9月29日，大理白族自治州人民政府办公室关于成立大理州流动人口计划生育工作协调领导小组的通知；

10月15日，大理白族自治州人民政府办公室关于印发《大理白族自治州政务服务大厅暨窗口部门服务规范指导意见》的通知；

10月15日，大理白族自治州人民政府办公室关于开展全州电子政务建设情况调查的通知；

10月15日，大理白族自治州人民政府办公室关于开展大理州第二次R&D资源清查工作的通知；

10月19日，大理白族自治州人民政府办公室关于调整大理白族自治州征兵工作领导小组及办公室成员的通知；

10月19日，大理白族自治州人民政府办公室关于调整充实大理州水土保持委员会成员的通知；

10月20日，大理白族自治州人民政府办公室关于成立大理州新型农村社会养老保险试点工作领导小组的通知；

10月20日，大理白族自治州人民政府办公室关于实施部门月度指标监测和月度行业增加值测算的通知；

10月23日，大理白族自治州人民政府办公室关于组织编制《大理滇西中心城市总体规划》相关专项规划的通知；

10月26日，大理白族自治州人民政府办公室关于印发《漾濞县跃进至云龙县诺邓二级公路建设征地拆迁工作意见》的通知；

11月4日，大理白族自治州人民政府办公室关于成立大理监狱扩建征地工作协调领导小组的通知；

11月4日，大理白族自治州人民政府办公室关于建立政府性项目贷款情况统计月报制度的通知；

11月6日，大理白族自治州人民政府办公室关于印发《大理州参加云南省第九届残疾人运动会奖励规定》的通知；

11月6日，大理白族自治州人民政府办公室关于印发《大理州普通高中新课程改革实施方案》的通知；

11月9日，大理白族自治州人民政府办公室关于大理滇西中心城市交通、物流、教育、医疗卫生及旅游五个专项规划编制工作有关要求的通知；

11月17日，大理白族自治州人民政府办公室关于成立村庄规划建设管理条例（草案）起草领导小组和起草办公室的通知；

11月17日，大理白族自治州人民政府办公室印发《大理州贯彻执行云南省探矿权采矿权管理办法等3个文件的意见》的通知；

11月17日，大理白族自治州人民政府办公室关于下达2009年整顿关闭小煤矿指标的通知；

11月18日，大理白族自治州人民政府办公室关于印发大理州州属国有资产监督管理全覆盖试点方案的通知；

11月18日，大理白族自治州人民政府办公室关于进一步加强《大理白族自治州农村住房建设实用图集》推广使用工作的通知；

11月18日，大理白族自治州人民政府办公室关于进一步加强企业技术改造工作的实施意见；

11月18日，大理白族自治州人民政府办公室关于调整城镇居民基本医疗保险相关政策的通知；

11月18日，大理白族自治州人民政府办公室关于开展城镇居民基本医疗保险门诊统筹工作的通知；

11月30日，大理白族自治州人民政府办公室关于建立担保公司和保险公司金融统计制度的通知；

12月2日，大理白族自治州人民政府办公室关于调整跃龙二级公路建设协调领导组及指挥部的通知；

12月2日，大理白族自治州人民政府办公室关于印发《大理州招商引资项目回访制度》的通知；

12月2日，大理白族自治州人民政府办公室关于认真做好政法经费保障工作的通知；

12月10日，大理白族自治州人民政府办公室关于开展建筑业经营地统计试点调查的通知；

12月11日，大理白族自治州人民政府办公室关于调整大理州科学技术奖励委员会组成人员的通知；

12月14日，大理白族自治州人民政府办公室关于印发大理州2009—2010年广播电视村村通直播卫星覆盖工程建设实施意见的通知；

12月17日，大理白族自治州人民政府办公室关于全州中小学校舍安全工程建设项目2009年州级配套缺口资金向富滇银行申请贷款有关问题的通知；

12月21日，大理白族自治州人民政府办公室关于进一步深化推广丘北经验工作的通知；

12月28日，大理白族自治州人民政府办公室关于统一调整全州行政事业单位职工住房公积金缴存比例的通知；

12月29日，大理白族自治州人民政府办公室关于兑现2009年烟叶生产责任状奖励的通知；

12月30日，大理白族自治州人民政府办公室关于设立烟叶生产组织奖的决定；

12月30日，大理白族自治州人民政府办公室关于进一步做好全州城镇职工补充医疗保险工作有关问题的通知；

12月30日，大理白族自治州人民政府办公室关于建立大理州标准化工作联席会议制度的通知；

12月31日，大理白族自治州人民政府办公室关于印发2009年大理州农村危房改造工程实施方案的通知；

12月31日，大理白族自治州人民政府办公室关于开展大理州第三届劳动模范和先进工作者评选工作的通知；

12月31日，大理白族自治州人民政府办公室关于省检查组对宾川县华侨农场改革和发展工作提出有关问题进行整改的通知；

12月31日，大理白族自治州人民政府办公室关于大理州所属州县农机公司下划地方并实行属地管理有关问题的通知；

12月31日，大理白族自治州人民政府办公室关于印发《大理州州级财政节能降耗专项资金管理暂行办法》的通知。

（《重要文件》由赵剑锋撰稿）

·人事任免·

3月28日

管金堂　任大理白族自治州财政局副局长、兼非税收入管理局局长；

王　蓓　任大理白族自治州商务局副局长；

马新伟　任大理白族自治州法制局副局长；

李春丽　任大理白族自治州信访局副局长；

赵云峰　任大理白族自治州体育局副局长。

5月19日

黄　勇　任大理白族自治州公安局副局长（挂职2年）；

阎　榆　任大理白族自治州人民政府办公室副调研员；

杨　湛　任大理白族自治州人民政府办公室副调研员；

李舫阳　任大理白族自治州人民政府驻昆明办事处副调研员；

赵立琼　任大理白族自治州人民政府侨务办公室副调研员；

周兆斌　任大理白族自治州交通局副调研员；

李枝仁　任大理白族自治州交通局副调研员；

朱利勋　任大理白族自治州劳动和社会保障局副调研员；

董学珍　任大理白族自治州发展和改革委员会副调研员；

王　新　任大理白族自治州发展和改革委员会副调研员；

董富荣　任大理白族自治州水利局副调研员；

张成海　任大理白族自治州水利局副调研员；

赵渊明　任大理白族自治州司法局副调研员；

毛德相　任大理白族自治州审计局副调研员；

李建萍　任大理白族自治州苍山保护管理局副调研员；

谢丽心　任大理白族自治州科学技术局副调研员；

马鸿昌　任大理白族自治州安全生产监督管理局副调研员；

李　丽　任大理白族自治州商务局副调研员；

赵木芳　任大理白族自治州林业局副调研员；

杨真云　任大理白族自治州森林公安局副调研员；

施映喜　任大理白族自治州民政局副调研员；

王建平　任大理白族自治州民政局副调研员；

杨金山　任大理白族自治州建设局副调研员；

李彦东　任大理白族自治州信访局调研员，免去其州政府办公室调研员职务；

马利初　任大理白族自治州无线电管理处副调研员，免去其州政府办公室副调研员职务。

5月26日

宝荣贵　任大理白族自治州公安局副局长；

杨云波　任大理白族自治州公安局出入境管理处处长；

汪　军　任大理白族自治州公安局装备财务处处长；

张庆繁　任大理白族自治州公安局信息通信处处长；

张和林　任大理白族自治州公安局法制处处长；

华开忠　任大理白族自治州看守所所长；

杨文松　任大理白族自治州公安局监所管理支队支队长；

曹云周　任大理白族自治州公安局公共信息网络安全监察支队支队长；

尹　樱　任大理白族自治州人民政府驻北京联络处副主任；

段重英　任大理白族自治州国有资产监督管理委员会副主任；

李德华　任大理白族自治州国有资产监督管理委员会副主任；

李文厚　任大理白族自治州交通局副局长；

李　伟　任大理白族自治州人民政府侨务办公室副主任。

7月10日

赵　荣　任大理白族自治州民政局副调研员；

朱　楷　任大理白族自治州劳动教养管理所副调研员；

杨毅松　任大理白族自治州财政局副调研员；

罗　勇　任大理白族自治州财政局副调研员；

刘琼芬　任大理白族自治州畜牧兽医局副调研员；

徐永平　任大理白族自治州档案事业局副调研员。

7月20日

杨　瑜　任大理白族自治州接待处处长；

和秀娟　任大理白族自治州机关事务管理局副局长，免去其大理白族自治州外事办公室副主任、接待处副处长职务；

和文平　免去其大理白族自治州接待处处长职务。

7月21日

杜淑敢　任大理白族自治州人民政府副秘书长、州人民政府办公室副主任；

阎炳安　任大理白族自治州人民政府副秘书长、州人民政府办公室副主任；

李庆敏　任大理白族自治州法制局副局长；

孙健勇　任大理白族自治州信访局副局长；

左　新　任大理白族自治州农业局副局长、州畜牧兽医局局长（副处级)；

杨登云　任大理白族自治州人民政府研究室副主任。

7月30日

张根惠　任大理白族自治州供销社主任；

王荣富　任大理白族自治州行政学校常务副校长(正处)、州民族干部学校副校长；

李继显　任大理白族自治州金融工作办公室主任(试用期一年)；

杨承贤　任大理白族自治州财贸学校校长；

段冬梅　任大理白族自治州发展和改革委员会副主任(试用期一年)；

陶　鑫　任大理白族自治州经济委员会副主任；

罗占宇　任大理白族自治州教育局副局长(试用期一年)；

张　文　任大理白族自治州民政局副局长，免去其州安全生产监督管理局副局长职务；

王朝强　任大理白族自治州司法局副局长；

戴兴顺　任大理白族自治州人事局副局长；

谢绍章　任大理白族自治州林业局副局长(正处)；

尹正权　任大理白族自治州林业局副局长；

杨益琨　任大理白族自治州文化局副局长；

王　瑛　任大理白族自治州卫生局副局长(试用期一年)；

张爱珍　任大理白族自治州体育局副局长；

冷跃冰　任大理白族自治州旅游局副局长(试用期一年)；

许金海　任大理白族自治州安全生产监督管理局副局长(试用期一年)；

赵　薇　任大理白族自治州外事办公室副主任、接待处副处长(试用期一年)；

朱智云　任大理白族自治州粮食局副局长(试用期一年)；

马永宏　任大理白族自治州宗教事务局副局长；

饶富旭　任大理白族自治州金融工作办公室副主任(试用期一年)；

王锦海　任大理白族自治州规划局副局长(试用期一年)；

李　廿　任大理白族自治州机关事务管理局副局长(试用期一年)；

郭向周　任大理白族自治州农业学校副校长；

刘朝芹　任大理白族自治州人民医院副院长；

赵润琴　任大理白族自治州白族文化研究所副所长；

杨占文　任大理白族自治州扶贫开发领导组办公室调研员，免去其州扶贫开发领导组办公室主任职务；

江从延　任大理白族自治州供销社调研员，免去其州供销社主任职务；

李　宣　任大理白族自治州行政学校调研员，免去其州行政学校常务副校长、州民族干部学校副校长职务；

赵寅松　任大理白族自治州白族文化研究所调研员，免去其州白族文化研究所所长职务；

何树祥　任大理白族自治州发展和改革委员会调研员，免去其州发展和改革委员会副主任、州重点办主任职务；

陈景元　任大理白族自治州经济委员会调研员，免去其州经济委员会副主任职务；

寸　坚　任大理白族自治州民政局调研员，免去其州民政局副局长职务；

孙纪云　任大理白族自治州司法局调研员，免去其州司法局副局长职务；

陈荣道　任大理白族自治州司法局调研员，免去其州司法局副局长职务；

郭朝佐　任大理白族自治州劳动教养管理所(州强制戒毒所)调研员；

杨少平　任大理白族自治州财政局调研员，免去其州财政局副局长职务；

董翠英　任大理白族自治州财政局调研员；

杨直全　任大理白族自治州人事局调研员，免去其州人事局副局长职务；

包世杰　任大理白族自治州林业局调研员，免去其州林业局副局长职务；

段学友　任大理白族自治州林业局调研员，免去其州林业局副局长职务；

熊凤梧　任大理白族自治州商务局调研员，免去其州商务局副局长职务；

史晋云　任大理白族自治州文化局调研员，免去其州文化局副局长职务；

吴天宏　任大理白族自治州粮食局调研员，免去其州粮食局副局长职务；

靳川云　任大理白族自治州司法局副调研员；

徐光述　任大理白族自治州建设局副调研员，免去其州建设局副局长职务；

李继先　任大理白族自治州交通局副调研员，免去其州交通局副局长职务；

解志坚　任大理白族自治州人口和计划生育委员会副调研员，免去其州人口和计划生育委员会副主任职务；

寸杰生　任大理白族自治州规划局副调研员，免去其州规划局副局长职务；

赵劲东　任大理白族自治州供销社副调研员，免去其州供销社副主任职务；

程剑民　任大理白族自治州行政学校副调研员，免去其州行政学校副校长职务；

那　鹏　任大理白族自治州地方志编纂委员会办公室副调研员，免去其州地方志编纂委员会办公室副主任职务；

李飞龙　免去其大理白族自治州财贸学校校长职务。

9月27日

田树泽　任大理白族自治州公安局副局长；

吴学著　任大理白族自治州公安局禁毒支队支队长。

(《人事任免》由李昱初撰稿)

·州政府办公室工作·

【概　述】　2009年，州政府办公室按照建设责任政府、法治政府、阳光政府的目标，紧紧围绕州委、州政府的中心工作，努力发挥“参与政务、管理事务、综合服务”职能，尽心尽力履行工作职责，各项工作取得了新的成绩。

【文秘服务质量不断提升】　2009年，州政府办公室积极探索文秘服务创新机制，科学规范公文运转模式，切实加强公文处理制度化、规范化建设，严把政策、文字和校核关，抓实收发、拟办、审签、印制、传阅、清退、归档、销毁等各个环节，加大过错责任追究力度。2009年，共签收、处理、制发各种文件、讲话、汇报材料等7644份。呈现出公文运转协调、公文格式规范、公文质量提高、文秘服务高效和保密工作强化的良好局面,以文辅政作用得到有效发挥。

【信息工作取得新成效】 2009年,州政府办公室坚持"察实情、讲实话、求实效"原则,围绕工作重点,注重信息质量,及时、有效、全面、客观报送信息。2009年,共编发报送信息3148条,编发《大理政务信息》1878期。同时,完成12县市和部分州级部门信息员跟班培训,实现政务信息报送网络化,信息工作荣获全省一等奖。

【政府督查工作扎实开展】 2009年,州政府办公室制定出台《关于进一步加强政府督查工作的实施意见》。切实加大对2008年州政府20项重点工作、10项惠民工程等重大决策部署和71个重大经济发展项目的督促检查。切实加大对2009年州政府10项惠民工程、10项重大建设项目、10项重要工作和71个重大经济发展项目的督促检查。会同监察、发改等部门,深入12县市和州级部门,对全州扩大内需项目实施情况和法治、责任、阳光政府四项制度推进实施情况进行督促检查、明查暗访,共上报省政府工作推进和经验总结性简报16期。认真落实公示事项和通报事项上网工作,共组织实施重要事项公示78项、重点工作通报112项。共办理领导交办的各类督查事项45项、371人次。认真办理州十二届人大二次会议代表建议350件,州政协十一届二次会议提案319件,参与面商65次,获得人大代表和政协委员的充分肯定。

【应急处置能力得到提升】 2009年,州政府办公室按照"应急值守、信息汇总、综合协调"的职责要求,制定出台《大理白族自治州人民政府关于进一步加强应急管理工作的通知》、《大理白族自治州人民政府办公室应急办(总值班室)工作规范》。一是进一步加强突发事件信息报告工作,突发事件信息加密邮件直报系统覆盖县市、乡镇。二是严格执行全州突发公共事件应急预案和各专项应急预案,扎实做好各类突发公共事件协调和处置应对工作。三是认真开展《中华人民共和国突发事件应对法》自检自查活动,总结经验、查找不足,切实增强做好突发事件预防、应对和处置工作的紧迫感和责任感。政务值班工作不断加强,坚持24小时值班制度,积极做好上情下达、下情上报、联系左右、沟通内外等工作,共收办传真2091件,收转文件13225份,接待群众来访2590人次,接听处理来电12773次,切实做到政令畅通,信息畅通,反应迅速,工作到位,较好地发挥了"值守"职能和政务值班的窗口作用。

【办会办事效率不断提升】 2009年,州政府办公室圆满完成省人民政府大理专题会议筹备工作,组织编辑《省人民政府大理专题会议资料汇编》。圆满完成国家部委和省在大理举行的12次重大活动和会议、全州性各类会议620多次的组织筹备工作,认真做好州政府全会、党组会、常务会和专题会议49次的组织服务工作,积极配合部门做好中央和省调研检查组的接待、调研、汇报工作,认真办理政府领导交办的事务性工作,从会议通知、会场布置、会议材料入手,精心谋划、周密部署,狠抓会前准备、会中服务、会后落实三个环节,全面提升办会办事水平。同时,积极参与三月街民族节、开海节等重大节庆活动的统筹协调工作,为各项活动的顺利举办提供优质服务。

【驻外联络工作顺利开展】 2009年,州政府办公室高度重视驻外联络工作,积极主动加强对各驻外机构的管理和服务。牵头对驻外机构职能设置进行调研,向州委、州政府提出了驻外机构今后改革和设置的建议。各驻外机构立足当地优势,充分发挥对外窗口、信息传递、接待服务、协调服务、招商引资、资产管理等职能,主动加强与驻地党委、政府和各级机构、企业、大理籍乡亲的交往联络,积极做好州内赴驻地开会、学习、工作、务工人员的接待服务工作。不断强化国有资产管理,确保实现保值增值。驻外机构领导班子、职工队伍、党组织和群团组织建设得到加强。驻外机构为大理与驻地间的联系、交流、合作搭建了良好平台,受到了驻地党委、政府、企业,以及州内外有关部门的好评和肯定。

【公务用车管理得到加强】 2009年,全州公务用车管理工作得到加强:①实施定编管理,控制公务用车数量的增加。②严格控制配车标准,优化公务用车的比例结构。③切实加强公车使用的管理,所有公车的维修、保险、加油等实行政府统一招标采购,严禁对车辆进行豪华装修,有效控制了车辆运行经费。④严把审批关。州级单位购车,需经主管部门审核同意后,报州公务用车管理工作领导组审批;县市单位购车,需经所在县市公务用车管理工作领导组审核同意后,报州公务用车管理工作领导组审批。审批手续齐备后,政府采购部门凭《云南省公务用车配备通知》办理采购事宜,公安车辆管理部门凭《通知》办理入户手续,交通管理部门凭《通知》征收或减免各种相关规费。⑤严格实行法定节假日、双休日公车封存制度,从2009年11月起,对机关公车带头进行封存。

(《办公室工作》由李毅峰撰稿)

·州政府研究室·

【概　述】 2009年,大理州人民政府政研室以建设有中国特色社会主义理论为指导,紧紧围绕州委、州政府中心工作,按照科学发展观要求,抓班子、带队伍、谋发展,勤奋工作,认真履职,努力推动工作。①健全机构,明确职责。州政府研究室为正处级常设办事机构,内设综合科、改革发展科、经济科和社会科,人员编制14名,班子配备领导一正两副。按照德才兼备的原则和干部任用的相关程序,从县市和州级部门调入干部10人,考察任用了各科室负责人;建立健全了州政府研究室工作规则、学习制度、会议制度、行文制度、财务制度、管理制度、慰问制度、廉政建设制度、党支部工作制度、考核及激励等10项规章制度,明确了工作职责;按照法治政府、责任政府、阳光政府的要求,坚持依法行政,确保政务公开、阳光透明。认真落实服务承诺制、首问责任制、限时办结制和责任追究制,按要求公示制度、职责和服务承诺,接受群众监督。②创新思路,狠抓落实。为充分发挥职能,努力当好参谋助手,结合开展科学发展观学习实践活动,州政府研究室始终围绕一个目标、突出三个重点、创建三大机制、抓好四项工作,取得了明显成效。一个目标即:围绕州委、州政府中心工作,为州政府决策提供优质、高效服务,真正把政府研究室建成州政府的智囊团和思想库、信息库,多出好的思想和切实可行的决策预案,在政府工作中充当重要角色,发挥参谋助手作用。两个重点即:搜集信息,建设信息资料库;整合资源,构建决策咨询平台。三大机制即:协调传导机制,合作机制,考评机制。四项工作即:一是密切关注世界金融危机发展变化和中央宏观调控政策措施,收集了解各地特别是周边地区经济发展新举措,收集了解沿海发达地区产业结构调整走势，研究思考西部地区寻找新的发展空间，承接产业转移的课题，适时提出建议供州委、州政府参考；二是加强对具有资源优势、区位优势、传统优势的项目的研究，在开展创意设计，强化项目包装，寻找合作伙伴上确定一批研究课题，协同相关部门做好项目储备，增强招商引资工作的针对性和实效性；三是关注全州总体发展思路的完善、生产力空间布局、中心城市拓展、统筹城乡发展等重大战略问题，逐步积累思想，搞好超前谋划，为州委、州政府确立中长期发展战略规划提供参考；四是主动承担、积极完成州政府工作报告、州政府主要领导安排的综合性文稿和专题重要文稿、州政府领导安排的决策性文件的起草工作。③坚持边学边改边完善，努力提高工作质量和水平。及时对各全州各县市贯彻落实州"两会"精神情况进行收集整理，形成了《专题报告》报州政府。将2009年州、县市《政府工作报告》汇编成册，分送州级领导、州级各部门、各县市。主动深入基础对农村经济、扶贫工作、全州半年经济形势等进行调研，及时反映情况，编印《决策参考》五期。为州委、州政府掌握情况、指导工作提供参考。协调、组织完成事关全州经济社会发展的重大课题研究20个，为政府科学决策、民主决策提供可靠依据。④积极做好其它服务工作。积极配合州政府办公室等做好省长大理专题会的筹备、组织，认真协助云南省区域经济学会在大理组织滇西经济发展论坛。尽职尽责完成州政府领导交办的其他工作。

【开展课题研究】　2009年，州政府政研室根据州委、州政府整体工作部署和州人大十二届二次全会提出的目标任务，分别向州领导和州级有关部门发出《调研课题征求意见函》，共征求到53个调研课题。经过认真筛选并报请州政府研究同意，确定了关系全州经济社会发展的20个重大课题，作为2009年研究室研究课题。政府研究室加强领导，创新方法，积极协调组织调研，结合开展学习贯彻科学发展观活动在全州上下掀起了大兴调查研究之风，圆满完成了课题调研任务，为政府科学决策提供依据，有力推进了政府科学决策、民主决策、依法决策进程。

【完成《政府工作报告》起草】　根据职能和政府领导安排，2010年州《政府工作报告》（以下简称《报告》）由州政府研究室负责起草。为起草好《报告》，州政府高度重视，成立了常务副州长马建全为组长，州长助理李文才、州政府秘书长李超为副组长的起草领导组，在州政府研究室设立了起草小组，负责《报告》的起草工作。起草小组认真负责，从2009年10月初开始，经过深入扎实调研、全面收集资料、广泛征求意见、反复修改完善，历经三个多月时间形成《报告》。《报告》采用了传统的写作格式，从九个方面对2009年的政府工作进行回顾，概括了四点体会，同时分析了全州经济社会发展中存在的困难和矛盾，从十个方面提出了2010年的工作意见，并对政府自身建设提出了要求。《报告》经州十二届人大三次会议审议批准后，作为指导全州政府工作的纲领性文件。

【滇西经济发展论坛在大理举办】　云南省区域经济学会2009年年会暨滇西经济发展论坛于12月12～13日在大理隆重召开。副州长李红卫代表中共大理州委、州人民政府向大会致辞。来自全省各地的专家、学者，滇西邻近州市、政府研究室领导等200多人参加会议。会议围绕滇西发展问题、滇西各州市发展问题、云南发展问题展开讨论。会上，参会的领导、专家、学者积极发言，激烈讨论，敬献区域发展良策，收集了59篇区域发展论文并编印成册作为发展研究资料。会议开得圆满成功，达到了预期效果。此次会议的召开，在大理州与省区域经济学会、与周边睦邻州市之间架起了一座友谊金桥，促进了区域间的合作交流。对进一步完善大理州经济社会发展的战略定位和发展思路，也是一次积极的探索。

（《州政府研究室》由蒙志李撰稿）

·机关事务管理·

【概　述】　2009年，州机关事务管理工作在中共大理州委、州人民政府的正确领导下，按照科学发展观的要求，以推行阳光政府"四项制度"和开展学习实践科学发展观活动为契机，找准制约机关事务管理工作科学发展的突出问题，进一步理顺关系，完善制度，细化措施，强化监督，增强服务意识，提高工作效率，州级机关公共事务管理工作和各项后勤保障工作得到了很大提高，为州级机关的高效运转提供了强有力的保障，较好地完成了年度各项工作任务。

【办公区公共事务管理】　2009年，州机关事务管理局按照"管理科学化、保障法制化、服务社会化"的要求，年初与大理市保安公司、大理市三环物业管理公司、云南山川园林绿化公司签订了办公区保卫、卫生保洁、绿化养护协议。年支付物业管理公司服务费169万元。一年来物业管理公司认真履行协议条款，为办公区州级机关运转提供了优质服务，各项服务工作受到一致好评。

【基本建设】　2009年，州机关事务管理局根据州人民政府的安排，精心组织各项基本建设工程。完成了州纪委办公楼加层改造，办公区办公用房雨季屋面检修。对办公区停车坪、室外场地进行了维修，对会议中心卫生间自动冲洗系统进行了改造，于2009年11月启动了州人大、州政协机关常委会议室改造工程，该工程面积2500平方米，计划投资600万元。2009年完成投资额98万元，土建部分计划于2010年4月底全面竣工。认真做好州纪委派出各纪工委综合办公楼的前期准备工作，年内完成选址、土地划拨等前期工作。

【公共机构节能】　2009年，大理州机关事务管理局与州人民政府签订了"十一五"节能目标责任书，并分别与州级78个部门签订了节能目标责任书。建立了抓落实的工作机制，于6月14日开展了"能源短缺体验日"活动，积极开展能源宣传周活动，促进了公共机构节能工作的顺利开展，年内公共机构节能工作成效明显，2009年州级公共机构用电总计336万度，人均用电628度，比2008年降低17.3%；用水总计37万立方米，人均用水68立方米，比2008年降低20.84%；用油总计156万升，车均1256.5升，比2008年降低15.33%。州级机关提前一年完成"十一五"节能指标，被评为全省节能示范性优秀单位和全州优秀单位。

【安全保卫】　2009年，州机关事务管理局切实做好办公区的安全防范工作，全年办公区未发生重大安全事故，确保了办公区机关工作秩序。加强了办公区交通安全管理。合理设置各种交通设施，划分停车位置，设立禁停、警示标志等规范管理的硬件设施，进一步加强了办公区道路交通管理。全年办理车辆通行证541张。做好大型活动和会议的安全保卫工作，确保了省政府大理专题工作会议、大理州第二批深入学习实践科学发展观活动动员大会等20余次大型会议活动的安全。开展了争创"先进平安单位"活动。与78个州级部门签订了平安建设责任书,进行了年度考核,加大了平安创建宣传力度,制作宣传牌2块;认真做好建国六十周年大庆期间的安全保卫工作,确保了节日期间安全。配合做好上访秩序维持,全年共接待32起,922余人次,有效地维护了机关正常的工作秩序。

【大理国际会议中心服务】 2009年,州机关事务管理局按照"优质服务,以人为本,热情周到"的要求,认真做好大理国际会议中心的各项服务工作。全年共承办各类会议265次,承办了澳大利亚米尔迪拉市、新加坡、香港客商等16次外事会(接)见活动,承办各类政务接待宴请、宴会145次,各种政务接待参观、会议、社会各界参观近11万人次。

【绿化养护】 2009年,州机关事务管理局认真做好办公区绿色植物养护工作,完成4000平方米花园建设,种植茶花320株,杜鹃300株,竹类、防风林木180株;完成樱花园建设2000平方米,种植樱花320株;补植整改色块灌木2000平方米。认真开展省级"园林绿化单位"申报创建工作,被评为省级"园林绿化单位"。

【学习实践科学发展观活动】 根据州委安排,大理州机关事务管理局从2009年3月开始在全局开展了学习实践科学发展观活动,全局23名共产党员,重点是领导班子成员参加,至8月底全面完成了学习调研、分析检查、整改提高3个阶段各环节的任务,取得了明显成效,达到了党员干部受教育、科学发展上水平的目标,有力地促进了州级机关事务工作的科学发展。

【廉政建设】 2009年,大理州机关事务管理局局党组、行政领导班子高度重视党风廉政建设工作,领导班子成员切实履行"一岗双责"的工作职能,通过责任分解、机关廉政文化建设、廉政制度建设等措施,党风廉政建设工作取得好成绩,2009年通过州委考核,被评定为优秀。

【自身建设】 2009年,大理州机关事务管理局开展了以建立行为规范、运转协调、公正透明、高效廉洁、人民满意的工作机关为目标,以更新观念、转变职能、创新管理、完善制度为主要内容的机关效能建设。进一步转变了作风,服务能力明显增强,工作效率明显提高。认真落实中央、省有关厉行节约八项要求,加强了公务接待、公务用车和一般性支出管理,确保了四项支出控制在下达的指标以内。开展了以"热爱本职工作、爱岗敬业、勤奋工作、争创一流业绩、争创优质服务"为主题的争先创优活动,调动了干部职工的积极性、主动性和创造性。

(《机关事务管理》由王永贵撰稿)

政协云南省大理白族自治州委员会

【概　述】 2009年,是大理州应对国际金融危机影响,实现经济平稳较快发展和社会和谐稳定的一年。一年来,政协大理州委员会在中共大理州委的领导下,高举中国特色社会主义伟大旗帜,坚持以邓小平理论和"三个代表"重要思想为指导,深入学习实践科学发展观,深入贯彻中共十七大、十七届三中、四中全会精神、全国和全省"两会"精神和中共大理州委六届六次、七次全委会精神,牢牢把握团结和民主两大主题,紧紧围绕州委、州人民政府确定的"生态优先、农业稳州、工业强州、文化立州、旅游兴州、和谐安州"的发展思路和建设富裕民主文明开放和谐大理的目标,切实履行政治协商、民主监督、参政议政职能,充分发挥人民政协协调关系、汇聚力量、建言献策、服务大局的作用,为战胜各种困难和挑战,推动全州经济平稳较快发展和社会和谐稳定作出了积极贡献。

【召开大理州政协第十一届第二次会议】 2009年2月16~20日政协大理州第十一届委员会第二次会议在大理市下关召开。应到委员340名,实到328名。会议主要议程:①听取和审议《中国人民政治协商会议大理白族自治州第十一届委员会常务委员会工作报告》;②听取和审议《中国人民政治协商会议大理白族自治州第十一届委员会常务委员会关于十一届一次会议以来提案工作情况的报告》;③列席大理白族自治州第十二届人民代表大会第二次会议,听取和协商讨论《政府工作报告》,协商讨论《大理白族自治州中级人民法院工作报告》、《大理白族自治州人民检察院工作报告》以及其他报告;④审议通过《中国人民政治协商会议大理白族自治州第十一届委员会第二次会议决议》;⑤审议通过《中国人民政治协商会议大理白族自治州第十一届委员会第二次会议关于政协大理州第十一届委员会常务委员会工作报告的决议》;⑥审议通过《中国人民政治协商会议大理白族自治州第十一届委员会第二次会议关于政协大理州第十一届委员会常务委员会提案工作情况报告的决议》;⑦通过《中国人民政治协商会议大理白族自治州第十一届委员会提案委员会关于十一届二次会议提案审查情况的报告》。

会议听取并审议了袁爱光主席代表政协大理州第十一届委员会常务委员会所作的工作报告和孙珍玲副主席代表政协大理州第十一届委员会常务委员会所作的提案工作情况报告;列席了大理白族自治州第十二届人民代表大会第二次会议,听取并协商讨论了何金平州长代表州人民政府所作的《政府工作报告》,协商讨论了《大理白族自治州中级人民法院工作报告》、《大理白族自治州人民检察院工作报告》及其他有关报告;审议通过了政协大理州第十一届委员会第二次会议决议、政协大理州第十一届委员会第二次会议关于政协大理州第十一届委员会常务委员会工作报告的决议、政协大理州第十一届委员会第二次会议关于政协大理州第十一届委员会常务委员会提案工作情况报告的决议,通过了政协大理州第十一届委员会提案委员会关于十一届二次会议提案审查情况的报告。委员们认真履行职责,积极建言献策,围绕推动全州经济社会又好又快发展和构建和谐大理,提出了很多有价值的意见和建议。会议期间,中共大理州委书记刘明到洱海宾馆听取州政协委员的意见建议,中共大理州委副书记、州长何金平率领州政府领导成员和组成人员到会听取委员协商讨论《政府工作报告》的意见和建议。州委、州政府分管政法工作的领导和法检两长到会听取委员协商讨论"两院"工作报告的意见和建议。中共大理州委、州人大、州政府、州纪委领导,中国人民解放军77263部队和大理军分区首长,大理学院领导,州中级人民法院、州人民检察院、州公安局、州国家安全局主要领导共37位领导,担任过大理州正厅实职的老领导和历届州政协老领导共13人应邀到会指导;州级有关部门和企事业单位领导、中央和省驻关单位领导及有关人员共117人列席会议。

【大理州政协第十一届第二次会议决议】 2009年2月20日，大理州政协十一届二次会议以举手表决方式通过了《中国人民政治协商会议大理白族自治州第十一届委员会第二次会议决议》。《决议》决定中国人民政治协商会议大理白族自治州第十一届委员会第二次会议，于2009年2月16～20日在大理市下关举行。会议听取和审议了《中国人民政治协商会议大理白族自治州第十一届委员会常务委员会工作报告》、《中国人民政治协商会议大理白族自治州第十一届委员会常务委员会关于十一届一次会议以来提案工作情况的报告》。列席了大理白族自治州第十二届人民代表大会第二次会议，听取并协商讨论了《政府工作报告》，协商讨论了《大理白族自治州中级人民法院工作报告》、《大理白族自治州人民检察院工作报告》及其他有关报告。会议期间，中共大理州委和州人民政府领导参加了有关座谈会议和协商讨论会议，与各民主党派、工商联、有关人民团体和各族各界代表人士交换意见，共商发展大计。全体委员认真履行政治协商、民主监督、参政议政职能，以对人民高度负责的精神，围绕推动大理经济社会又好又快发展和社会和谐稳定中的重大问题议政建言。会议审议通过了袁爱光主席代表政协大理州第十一届委员会常务委员会所作的工作报告和孙珍玲副主席代表政协大理州第十一届委员会常务委员会所作的提案工作情况报告。

会议认为，2008年州政协工作在创新中发展、在改革中奋进。在中共大理州委的领导下，州政协团结各民主党派、工商联、人民团体和各族各界人士，高举中国特色社会主义伟大旗帜，坚持以邓小平理论和“三个代表”重要思想为指导，全面贯彻落实科学发展观，牢牢把握团结和民主两大主题，认真学习贯彻中共十七大、十七届二中、三中全会和中共云南省委八届五次、六次全委会、中共大理州委六届四次、五次全委会精神，认真履行政治协商、民主监督、参政议政职能，充分发挥协调关系、汇聚力量、建言献策、服务大局的重要作用，全面完成了年初确定的各项任务，为建设富裕民主文明开放和谐大理作出了积极的贡献。

会议赞同何金平州长代表州人民政府所作的《政府工作报告》，赞同州中级人民法院工作报告和州人民检察院工作报告。会议认为，2008年州人民政府团结带领和依靠全州各族人民，坚持以科学发展观为指导，解放思想，抢抓机遇，奋发有为，统筹兼顾，突出重点，积极应对国际金融危机冲击、国内经济增长放缓、各种自然灾害频发等挑战，全州保持了经济发展、生态改善、文化繁荣、民族团结、社会和谐稳定的良好局面，圆满实现了全年工作目标。《政府工作报告》认真总结了州人民政府2008年的主要工作，客观分析了面临的困难和挑战，明确提出了2009年政府工作的指导思想、全州经济社会发展的目标任务、突出抓好的四个重点、努力做好的五项主要工作和狠抓落实的六项措施，体现了科学发展的要求，符合大理州实际，对于促进全州经济社会又好又快发展和社会和谐稳定具有重要的指导意义。

会议强调，全州政协组织要坚持以科学发展观统领政协工作，把深入学习实践科学发展观摆在首要位置，不断增强贯彻落实科学发展观的自觉性和坚定性，着力转变不符合科学发展要求的思想观念，把科学发展观贯穿于政协履行职能、开展工作的全过程，把履行职能的重点放在事关全州经济社会发展的重大问题和关键环节上，多谋发展之计、多献发展之策、多做发展之事，为推动全州经济社会又好又快发展贡献力量。

会议要求，全州政协组织要紧紧围绕中共大理州委、州人民政府确定的“生态优先、农业稳州、工业强州、文化立州、旅游兴州、和谐安州”的发展思路，坚持把促进发展作为政协履行职能的第一要务，积极开展政治协商，切实加强民主监督，认真做好参政议政，为促进全州各项事业发展献计出力。要牢牢把握团结和民主两大主题，充分发挥人民政协协调关系、汇聚力量的作用和优势，关注民生、体察民情，团结合作、加强联谊，协调关系、促进和谐，努力促进和谐大理建设。要加强自身建设，进一步提高政协委员和政协干部队伍素质，不断增强履职能力，为做好全州政协工作奠定坚实的基础。以优异成绩迎接新中国成立60周年和人民政协成立60周年。

【召开大理州政协第十一届第五次常委会议】 2009年3月23日，州政协十一届五次常委会议在大理市下关洱海宾馆召开。应到会主席、副主席、秘书长、常务委员59名，实到51名。会议审议通过了政协大理州第十一届委员会常务委员会2009年工作要点；会议决定：杨煜华同志因工作变动免去州政协提案委员会主任职务；袁爱光主席就州政协开展深入学习实践科学发展观活动，扎实抓好2009年各项工作作了重要讲话。副主席毕熊光、张树藩、孙珍玲、孙明、寇铸勋、杨泽恒，秘书长欧阳任和43名常委出席会议，州委常委、州委统战部部长杨秀星，州委常委、州政府常务副州长马建全应邀到会指导，各县政协主席和州政协机关不是常委的县处级干部列席会议。

【召开大理州政协第十一届第六次常委会议】 2009年7月29日，州政协十一届六次常委会议在大理市下关洱海宾馆召开。应到会主席、副主席、秘书长、常务委员59名，实到50名。会议听取了中共大理州委常委、州政府常务副州长马建全所作的《2009年上半年全州经济运行情况通报》和州委组织部副部长彭智对州政协有关人事任免事项的说明；通过了州政协常委会对州政府2009年上半年全州经济运行情况通报协商的意见建议；通过了人事任免；袁爱光主席对州政协上半年工作进行了总结，并就做好下半年工作作了重要讲话。副主席毕熊光、张树藩、孙明、寇铸勋、杨泽恒，秘书长欧阳任和43名常委出席会议，州委常委、州委统战部部长杨秀星应邀到会指导，各县政协主席和州政协机关不是常委的县处级干部列席会议。

州政协十一届六次常委会议通过了以下人事任免：杨庆春任州政协提案委员会主任，免去其州政协办公室副主任职务；杨义昌免去其州政协人口资源环境委员会副主任职务，改任调研员；杨泽华免去其州政协民族宗教和联络委员会副主任职务，改任副调研员；孙志海免去其州政协经济委员会副主任职务，改任副调研员；陈培方免去其州政协副秘书长职务。

【召开大理州政协第十一届第七次常委会议】 2009年9月22～23日，州政协十一届七次常委会议在大理市下关洱海宾馆召开。应到会主席、副主席、秘书长、常务委员59名，实到43名。会议听取了州政府副州长、州公安局局长郭有兵代表州公安局所作的工作情况汇报，对州公安局工作进行了分组评议和大会民主测评，通过了州政协常委会对大理州公安局工作的评议意见。袁爱光主席对民主评议州公安局工作进行了总结，对做好政协工作提出了要求。副主席毕熊光、孙珍玲、孙明、寇铸勋、秘书长欧阳任和37名常委出席会议，州委常委、州委统战部部长杨秀星，州委常委、州委政法委书记茶忠旺应邀到会指导，各县政协主席、州政协机关不是常委的县处级干部和州委政法委副书记赵文宝、州公安局副局长何正荣列席会议。

【召开大理州政协第十一届第八次常委会议】 2010年1月13～14日，州政协2009年度第四次常委会即州政协十一届八次常委会议在大理市下关洱海宾馆召开。应到会主席、副主席、秘书长、常务委员59名，实到49名。会议主要议程：①审议通过关于召开中国人民政治协商会议大理白族自治州第十一届委员会第三次会议的决定（草案）；②审议通过中国人民政治协商会议大理白族自治州第十一届委员会第三次会议议程（草案）、日程（草案）；③审议《中国人民政治协商会议大理白族自治州第十一届委员会常务委员会工作报告》（讨论稿）；④审议《中国人民政治协商会议大理白族自治州第十一届委员会常务委员会关于州政协十一届二次会议以来提案工作情况的报告》（讨论稿）；⑤协商州人民政府《政府工作报告》（协商稿）；⑥听取州人民政府关于州政协十一届二次会议以来提案办理工作情况的通报；⑦审议通过中国人民政治协商会议大理白族自治州第十一届委员会第三次会议列席单位和列席人员名单（范围）（草案）；⑧审议通过《中国人民政治协商会议大理白族自治州第十一届委员会常务委员会工作报告》报告人建议名单（草案）；⑨审议通过《中国人民政治协商会议大理白族自治州第十一届委员会常务委员会关于州政协十一届二次会议以来提案工作情况的报告》报告人建议名单（草案）；⑩审议通过中国人民政治协商会议大理白族自治州第十一届委员会第三次会议秘书长、副秘书长建议名单（草案）；⑪审议通过中国人民政治协商会议大理白族自治州第十一届委员会第三次会议分组讨论编组名单（草案）；⑫审议通过州政协有关人事任免名单（草案）；⑬审议通过州政协个别委员调整名单（草案）；⑭审议州政协个别常委调整名单（草案）；⑮袁爱光主席讲话。

会议听取了中共大理州委常委、州政府常务副州长马建全所作的《政府工作报告（协商稿）》的说明和州人民政府关于州政协十一届二次会议以来提案办理工作情况的通报，协商了《政府工作报告（协商稿）》；审议并原则通过了《中国人民政治协商会议大理白族自治州第十一届委员会常务委员会工作报告》（讨论稿）和《中国人民政治协商会议大理白族自治州第十一届委员会常务委员会关于州政协十一届二次会议以来提案工作情况的报告》（讨论稿）；审议通过了关于召开中国人民政治协商会议大理白族自治州第十一届委员会第三次会议的决定（草案）、议程（草案）、日程（草案）、列席单位和列席人员名单（草案）、《常委会工作报告》报告人建议名单（草案）、《常委会提案工作情况报告》报告人建议名单（草案）、大会秘书长、副秘书长建议名单（草案）、分组讨论编组名单（草案）；通过了州政协人事任免、个别委员调整、个别常委调整名单（草案）。袁爱光主席回顾总结了2009年州政协主要工作，提出了2010年工作打算，并就认真做好州政协十一届三次会议各项准备工作提出了要求。副主席毕熊光、张树藩、孙珍玲、孙明、寇铸勋、杨泽恒，秘书长欧阳任和41名常委出席会议，中共大理州委副书记王雪峰应邀到会指导，各县政协主席和州政协机关不是常委的县处级干部列席会议。

州政协十一届八次常委会议通过了以下人事任免：杨建军任州政协副秘书长；张继 任州政协经济委员会主任，免去其州政协办公室副主任职务；许东凯任州政协办公室副主任；薛枚 任州政协提案委员会副主任；赵光铖 任州政协民族宗教和联络委员会副主任；陈智军任州政协人口资源环境委员会副主任；李进东 任州政协文史和学习委员会副主任；王恒武 免去其州政协经济委员会主任，改任调研员；艾连钦 免去其州政协文史和学习委员会副主任，改任调研员；梁袁华 免去其州政协人口资源环境委员会主任，改任调研员；段彦海 免去其州政协提案委员会副主任，改任副调研员。

州政协十一届八次常委会议通过了以下个别委员调整：因工作变动调离本辖区，免去梁正军、部国志、李平辉政协大理州第十一届委员会委员；因本人提出辞职申请，免去谢金平政协大理州第十一届委员会委员；因被判处刑罚，撤销李寿昌政协大理州第十一届委员会委员资格。因工作需要，增补杨俐、张永明、谢如华、杨建军、杨庆春、张继、马克伟为政协大理州第十一届委员会委员。

州政协十一届八次常委会议通过了以下个别常委调整名单（草案）：因工作、职务变动，免去王恒武、梁袁华、杨煜华、芮雪梅政协大理州第十一届委员会常务委员会委员；因工作需要，决定补选杨庆春、杨建军、张继为政协大理州第十一届委员会常务委员会委员，提请州政协十一届三次会议选举。

【召开2009年重点提案办理面商会】 2009年5月26日，州政协召开2009年重点提案办理面商会，对民革大理州委《关于加强畜产品安全检测体系建设的建议》（承办单位：州畜牧局）、民盟大理州委《关于进一步推进两保护、两开发的有关建议》（承办单位：大理市政府）、九三学社大理州委《关于积极应对国际金融危机对实体经济影响，切实解决我州中小企业融资难的建议》（承办单位：州经委）、杨磊等两位委员《关于提升大理市城市品位，加强规划建设和城市管理的提案》（承办单位：大理市政府）、民建大理州委《关于加大食品安全监管力度的建议》（承办单位：州食品药品监督管理局）等5件重点提案进行面商办理。面商会由提案者对提案内容进行陈述，办理单位对提案采纳办理作答复。经提、办双方诚恳协商，提案者对办理情况表示满意。州政协主席袁爱光、州政府副州长岳黎松出席面商会并讲话，州政协副主席孙珍玲主持会议，州政协副主席毕熊光、孙明、寇铸勋，秘书长欧阳任，州政协各专委会主任和提案委员会委员出席面商会。

【召开60周年国庆暨人民政协成立60周年座谈会】 2009年9月22日上午，州政协在大理市下关苍山饭店召开庆祝中华人民共和国成立60周年暨人民政协成立60周年座谈会。中共大理州委副书记、州政府州长何金平出席会议并代表州委、州政府作重要讲话，州政协主席袁爱光讲话，州政协常务副主席毕熊光主持会议。出席座谈会的州领导有：州委副书记王桂芳，州人大常委会主任字国顺，州委常委、州委统战部部长杨秀星，州委常委、州纪委书记梁志敏，州委常委、大理军分区政委马美能，州人民政府副州长、州公安局局长郭有兵，州政协副主席孙珍玲、孙明、寇铸勋，秘书长欧阳任，以及大理学院、77263部队、州中级人民法院、州人民检察院领导。州政协常委、全州12县市政协主席、州政协在关正副厅级离退休老领导、州政协机关干部参加了座谈会。

何金平在讲话中首先代表中共大理州委、州人民政府，向人民政协成立60周年表示祝贺，向共同致力于大理建设发展和人民政协事业的各民主党派和无党派人士、各人民团体和各族各界人士，向历届政协老领导和广大政协工作者致以诚挚的问候和崇高的敬意。何金平说，60年来，历届州委、州政府团结带领全州各族人民，顽强拼搏、扎实苦干，揭开了大理建设和发展的新纪元，谱写了建设中国特色社会主义的辉煌篇章,自治州经济社会发展取得了巨大成就,各项事业实现了又好又快发展。全州综合经济实力显著增强,经济结构不断优化,农村经济全面繁荣,基础设施极大改善,新型工业化快速推进,改革开放不断深入,科教事业快速发展,人才队伍迅速壮大,文化建设成效明显,医疗卫生长足发展,社会保障更加健全,环境保护实绩突出,民主政治建设不断加强,民族宗教工作全面发展,人民生活水平显著提高,社会保持和谐稳定,党的建设全面加强。

何金平指出,伴随着共和国的成长,大理州政协走过了52年的光辉历程。52年来,历届州政协和各级政协组织坚持中国共产党的领导,始终高举爱国主义和社会主义旗帜,牢牢把握团结和民主两大主题,围绕中心、服务大局,注重民生、真情履职,深入开展调研,积极建言献策,政治协商的内容不断拓展,民主监督的力度不断加大,参政议政的水平不断提高,自身建设不断加强。面对新形势新任务,州政协和各级政协组织要紧紧围绕全州工作大局,继续扎实有效地履行好政治协商、民主监督、参政议政职能,切实发挥好协调关系、汇聚力量、建言献策,服务大局的重要作用,为推动大理州经济社会又好又快发展再作新贡献。

袁爱光在讲话中说,回顾全州政协组织成立以来走过的历程,全州政协组织在继承中创新,在开拓中发展,我们深深地体会到,坚持中国共产党的领导,是做好政协工作的根本;把促进发展作为履行职能的第一要务,是人民政协必须遵循的原则;政协积极主动工作、各方大力支持配合是做好政协工作的关键;扎实推进政协履行职能的制度化、规范化、程序化,是政协履行好职能的前提;强化自身建设,是做好政协工作的基础。政协组织和委员要学习人民政协工作的宝贵经验,发扬人民政协组织的光荣传统,坚持用科学发展观武装头脑,把思想和行动统一到科学发展观的要求上来,把智慧和力量凝聚到服务和促进科学发展的各项工作上来,努力为全州经济社会发展作出积极贡献。

州政协常委、民盟大理州委副主委周国珍代表各民主党派,州政协委员、州伊协会长杨泽雄代表宗教界,州政协常委、州财政局副局长李耀红代表经济界,州政协常委、州医院副院长赵光敏代表卫生界,州政协常委、大理市政协主席杨跃光代表各县市政协先后在座谈会发了言。还在座谈会上举行了《大理文史资料选编》丛书首发式。

【深入开展学习实践科学发展观活动】 2009年3月24日,州政协机关在州政协四楼会议室召开开展深入学习实践科学发展观活动动员大会。州政协党组书记、主席袁爱光从提高认识、坚持标准、讲求实效、加强领导四个方面作了动员和安排署,中共大理州委第二批深入学习实践科学发展观活动第七指导检查组组长杨定中到会讲话,州政协机关全体党员干部职工参加了会议。

7月3日下午,州政协机关召开深入学习实践科学发展观活动整改落实阶段工作动员部署会议。州政协党组书记、主席袁爱光总结了学习实践活动分析检查阶段工作,动员部署了整改落实阶段工作,并就制定整改落实方案、集中解决突出问题、完善体制机制、搞好总结测评工作提出了具体要求。州政协秘书长欧阳任主持会议,州委第七指导检查组副组长席玲到会指导讲话,州政协机关全体党员干部职工参加会议。

9月29日上午,州政协机关召开深入学习实践科学发展观活动总结大会。州政协党组副书记、常务副主席毕熊光代表州政协党组对州政协机关开展深入学习实践科学发展观活动情况作了全面总结和对巩固扩大学习实践活动成果提出了要求。州政协秘书长欧阳任主持会议,州委第7指导检查组到会指导,州政协机关全体党员干部职工参加会议。

【召开主席会议专题研究编印出版《大理文史资料选编》丛书工作】 2009年6月17日,州政协召开第21次主席会议专题研究编印出版《大理文史资料选编》丛书工作。会议听取了文史和学习委员会关于编印出版《大理文史资料选编》工作情况及需要研究问题的汇报,确定了《大理文史资料选编》丛书的专辑内容调整充实和辑数、编委会组成、丛书印刷要求以及选择印刷企业的原则、出版时间等有关事项。

【召开《大理旅游》专辑文史资料征稿座谈会】 为全面反映记述大理旅游产业的发展情况和取得的经验,进一步推进旅游二次创业,州政协第7次主席会议决定,征编出版《大理旅游》专辑文史资料。2009年11月19日下午,州政协召开《大理旅游》专辑征稿座谈会,邀请旅游文化等有关方面的专家学者就征编《大理旅游》专辑文史资料进行座谈。州政协副主席孙明通报了2008年以来的州政协文史资料工作,并对征集出版好《大理旅游》专辑文史资料提出了要求。州政协文史和学习委员会副主任艾连钦就《大理旅游》专辑稿件的撰写和时限、内容作了发言。来自旅游、文化、建设、规划、国土资源等部门的专家学者畅谈了自己在大理旅游业发展中的亲身经历和见闻,并对编辑好《大理旅游》专辑文史资料提出了意见建议。

【召开全州政协教科文卫体委员会联席会议】 2009年11月30日,州政协教科文卫体委员会在大理市下关召开全州12县市政协教科文卫体委员会联席会议。州政协副主席张树藩出席会议并讲话,秘书长欧阳任主持会议。会议认真总结了2009年各项工作,提出了2010年工作重点。?张树藩要求:政协科教文卫体委员会的工作要围绕全州经济社会发展的目标,创新工作思路,丰富活动内容;突出重点,选准课题;发挥优势,积极反映社情民意;加强对调研成果的宣传、跟踪、督办,促进党委、政府及社会各界对调研成果的重视、关注、认同和采纳;进一步调动政协委员履行职能的积极性和主动性,提升专委会影响力和凝聚力。

【举行新年茶话会】 2009年12月30日下午,州政协在大理市下关龙山国际会议中心举行2010年新年茶话会。中共大理州委书记刘明出席茶话会并讲话,州政协主席袁爱光致辞,州政协常务副主席毕熊光主持茶话会。出席茶话会的有:中共大理州委常委,州人大主任、副主任,州人民政府副州长,州政协副主席,州长助理,州人大、州政府、州政协秘书长,州级相关党政部门、人民团体、企事业单位领导,中央和省驻关单位领导,驻关部队首长,州政协在下关的正副厅级离退休老干部和州政协常委,各族各界代表,共300多人出席茶话会。

刘明在茶话会上代表州委、州人民政府,向大理州各民主党派、工商联和无党派人士、各人民团体,全州广大工人、农民、知识分子和干部,驻大理的人民解放军指战员、武警官兵和公安干警,“三胞”眷属及关心和支持大理建设发展的海内外朋友,表示亲切的问候和节日的祝福。刘明说,即将过去的2009年是极不寻常的一年。一年来,我们共同见证了伟大祖国60华诞的辉煌时刻,也经历了进入新世纪以来大理州经济社会发展最为困难的局面。面对国际金融危机的严重影响,在省委、省人民政府的正确领导下,州委、州人民政府团结带领全州各族干部群众,认真贯彻党中央、国务院和省委、省人民政府的一系列重大决策部署,以开展深入学习实践科学发展观活动为动力,坚持把“保增长、保民生、保稳定”作为重中之重,解放思想、抢抓机遇,迎难而上、奋力攻坚,有效遏止了经济明显下滑的态势,全州重大项目建设有力推进、对外开放水平显著提升、农业农村工作扎实有效、滇西中心城市建设加快推进、工业经济企稳向好、旅游二次创业全面实施、保障和改善民生工作不断加强、安定和谐的政治局面更加巩固、党的建设得到不断加强,全州继续保持了经济平稳较快发展、民族团结和谐、社会稳定安宁的良好局面。2010年是实施“十一五”规划的最后一年,也是进一步有效应对国际金融危机冲击、巩固经济企稳向好基础、谋划好“十二五”规划的关键之年。我们必须坚持以邓小平理论和“三个代表”重要思想为指导,全面贯彻落实科学发展观,按照“争当民族团结进步模范州、生态文明建设排头兵、旅游二次创业生力军、滇西城镇化进程领跑者”的目标要求,坚持“生态优先、农业稳州、工业强州、文化立州、旅游兴州、和谐安州”的发展思路,进一步扩大对外开放,抓牢生态文明建设,抓实新农村建设,大力培植优势特色产业,全力推进滇西中心城市建设,加快推进旅游业转型升级,千方百计巩固回升向好势头,大力调整经济结构,着力提高发展质量,更加注重改善民生,促进经济社会平稳较快发展。刘明希望,在新的一年里,全州各级政协继续发挥人民政协的特点和优势,坚持围绕中心、服务大局,进一步推进履行职能的制度化、规范化、程序化,加强对改革发展稳定重大问题的调查研究,建有据之言,献务实之策,团结一切可以团结的力量,为深入推进大理州改革开放、推动经济社会又好又快发展、促进社会和谐稳定作出新的更大的贡献。

州政协主席袁爱光在茶话会上代表州政协致辞。袁爱光说,在新的一年里,我们要围绕州委、州人民政府的总体工作部署,在中共大理州委的领导下,在州人民政府和各方面的支持下,坚持用科学发展观统领政协工作,以学习为先导,不断增强做好新形势下政协工作的责任感和使命感,以服务大局为核心,继续把推动科学发展作为履行职能的第一要务,以团结和民主为主题,继续在促进和谐大理建设中发挥重要作用,以自身建设为保障,进一步提高政协履行职能水平,以更加扎实的工作为建设富裕民主文明开放和谐大理作出新的更大的贡献。

驻军部队代表、民主党派代表、宗教界代表、侨联代表、经济界代表、教育界代表先后在茶话会上发言。

【大理州政协机关“洱海保护月”活动启动】 为认真开展“洱海保护月”活动,州政协机关于2009年1月9日成立了由孙明副主席负总责、人口资源环境委员会主任梁袁华为组长的“洱海保护月”工作组。经过认真精心组织准备,1月16日,州政协机关在大理市下关镇刘官厂自然村举行开展“洱海保护月”活动启动仪式。州政协主席袁爱光宣布“洱海保护月”活动启动,副主席毕熊光、孙珍玲、孙明,秘书长欧阳任参加。当天,组织州政协机关全体干部职工和刘官厂自然村全体村民、学生开展了环境综合治理活动。

【全国政协档案工作调研组到大理调研】 2009年2月14~15日,以全国政协文史和学习委员会副主任、国家档案局原局长毛福民为组长的档案工作调研组到大理调研,云南省档案局局长黄凤平等领导陪同调研。调研组通过对大理州档案管理工作、档案馆建设、农业农村档案工作等情况进行调研,对大理州档案管理工作给予充分肯定。毛福民说,大理州党委、政府对档案工作高度重视,依法治档,依法管档,对各种档案资料做到了及时收集、规范管理,为后人留下了信息财富,难能可贵。大理是全国历史文化名城,文化底蕴丰厚,馆藏量丰富,尤其是能够结合大理实际,开放利用,服务于党委政府各行各业及社会各界、人民群众档案使用,真正发挥了档案的作用。对今后档案工作,毛福民说,广大档案工作者要树立新的工作理念,开辟新的工作领域,探索新的工作方式;加强档案信息化建设,加大投入,服务社会。

【中共大理州委书记刘明听取政协委员意见建议】 2009年2月17日下午,中共大理州委书记刘明前往大理市下关洱海宾馆听取出席州政协十一届二次会议委员的意见建议。州政协主席袁爱光主持会议并作总结。州委常委、州委秘书长杨健,州政协副主席毕熊光、张树藩、孙珍玲、孙明、寇铸勋,秘书长欧阳任出席会议。刘明书记在认真听取了杨跃光、杨泽雄、尹福舟、释常应、邓建伟、周明华、周国珍、李玉梅、李德忠、曹健康、张广云、杨富叶、刘昌祥、字剑梅等14位委员的发言后,充分肯定了州政协的工作,并就政协如何围绕保增长、保民生、保稳定,做好协调关系、汇聚力量、建言献策的工作提出了五个方面的要求:第一,要围绕扩大内需,为加快经济社会发展建言献策。第二,要围绕产业发展建言献策。第三,要围绕生态文明建设建言献策。第四,要围绕社会进步建言献策。第五,要围绕社会和谐协调关系、汇聚力量。

【袁爱光到南涧调研公路沿线绿化工作】 2009年3月12日,州政协主席袁爱光到南涧县调研公路沿线“绿色走廊”建设工作。袁爱光对南涧县建设“绿色走廊”工作给予了充分肯定。袁爱光要求南涧县要在树苗管护上下功夫,不断总结经验,积极争取上级支持,实现生态建设产业化,使公路沿线老百姓通过绿色产业发展富起来,收到美化、绿化、经济三赢效果。

【张树藩到洱源永平检查重点建设工程】 2009年3月30日至4月1日,州政协副主席张树藩带领州水利局等有关部门领导到洱源县三岔河水库和永平县大碱塘水库实地检查指导工程建设,就确保工程按时完工、确保工程质量、确保施工安全提出了要求。

【省委深入学习实践科学发展观活动第五指导检查组到州政协指导检查工作】 2009年4月23日,中共云南省委深入学习实践科学发展观活动第五指导检查组到大理州政协指导检查开展深入学习实践科学发展观活动工作情况。省委指导检查组听取了州政协秘书长欧阳任所作的州政协开展学习实践活动学习调研阶段工作情况和下一阶段工作部署汇报后,副组长马宝功说,大理州政协对开展深入学习实践科学发展观活动,高度重视,周密安排,认真扎实,成效明显,提高了认识,促进了发展,完全符合中央和省、州党委的要求。马宝功要求,要把学习实践活动进一步引向深入,切实完成各项目标要求，为下一阶段工作做好准备。中共大理州委常委、州委组织部部长、州委学习实践活动领导小组副组长叶翠萍参加汇报会并对学习实践活动提出要求。州政协副主席毕熊光主持汇报会。

【袁爱光到漾濞县调研指导工作】 2009年5月7日，州政协主席袁爱光在州政协副主席孙明等领导陪同下，到漾濞县调研。袁爱光对漾濞县工作给予了充分肯定，并对漾濞县深入学习实践科学发展观，坚决贯彻中央和省州拉动内需等各项政策措施，加快农业产业和工业经济发展，进一步落实社会治安综合治理责任制等工作提出了要求。

【云南省政协自然保护区建设与管理调研组到大理调研】 2009年6月9～10日，由省政协常委、省政协人口资源环境委员会主任谢承彧为组长的省政协"云南加强生态文明建设——自然保护区建设与管理"调研组到大理调研。调研组听取了州人民政府关于大理州自然保护区建设与管理情况汇报并深入南涧无量山国家级自然保护区实地调研。通过调研，省政协调研组对大理州自然保护区的建设与管理工作给予了充分肯定，同时对进一步加强大理生态文明建设、加强自然保护区建设与管理提出了意见建议。州政协副主席孙明、州政协人口资源环境委员会领导陪同调研，州发改委、州环保局、州建设局、州编办、州林业局、州苍山保护管理局、大理市洱海管理局等部门的领导和专业技术人员参加汇报会并就调研组提出的问题进行了解答汇报。

【云南省政协应对金融危机影响对策调研组到大理调研】 2009年6月11～12日，由省政协副主席王学智带队、省政协经济委员会主任段增庆为组长的省政协应对金融危机影响对策调研组一行到大理调研。调研组先后深入祥云飞龙公司、大理力帆骏马车辆公司、大理华兴集团实地调研，听取了副州长岳黎松代表州委、州政府就金融危机对大理州企业的影响及应对情况的汇报。调研组对大理州在金融危机中采取的一系列措施和取得的成绩给予了肯定，并就如何破解中小企业融资难、如何加快企业自主创新等问题提出了意见建议。州政协副主席张树藩、州政协经济委员会和州经济委员会负责人陪同调研。

【云南省政协农业科技成果转化应用调研组到大理调研】 2009年6月21～23日，省政协副主席顾伯平率领云南农业科技成果转化应用调研组到大理调研。州委书记刘明，州政协主席袁爱光，州委常委、大理市委书记段玠，州人民政府副州长岳黎松，州政协副主席孙明陪同调研。省政协调研组听取了州人民政府副州长岳黎松所作的关于大理州农业科技基本情况和科技成果转化应用情况的汇报，随后深入大理州家禽繁殖指导站、欧亚乳业有限公司、宾川烤烟生产基地、桔果生产基地调研。顾伯平对大理州农业科技成果转化应用方面取得的成绩给予了充分肯定，并对进一步加大农业科技成果推广和转化力度，着力提高农业科技成果转化率提出了意见建议。

【州政协机关举办精神文明建设专题讲座】 2009年6月25日上午，州政协机关举办精神文明建设专题讲座。为深入开展精神文明单位创建活动，继续申报并保持州政协机关的省级文明单位称号，州政协机关党总支特请州委党校副校长杨晓刚给机关全体党员和干部职工作精神文明建设讲座，使机关党员干部职工进一步理解和掌握了精神文明建设的实质、当前存在问题和机关精神文明建设应着力解决的问题。

【云南省政协宗教工作视察组到大理视察】 2009年6月26～29日，全国政协委员、省政协副主席马开贤率领云南的部分全国政协委员和省政协委员到大理视察宗教工作。州人民政府副州长李红卫，州政协常务副主席毕熊光及有关部门领导陪同视察。视察组听取了大理州宗教工作情况汇报以及州委统战部、州宗教局等有关部门和五大宗教团体负责人的意见，深入大理崇圣寺、大理南五里桥穆斯林专科学校、大理市基督教协会、天主教大理教区和宾川鸡足山等宗教场所调研。视察组对大理州宗教工作取得的成绩给予了充分肯定，对进一步巩固好宗教工作成果、抓好宗教政策宣传落实、加强宗教人才培养等问题提出了意见建议。

【袁爱光到海东新城区检查指导城市主干道建设】 2009年7月23日，州政协主席袁爱光深入海东Ⅰ、Ⅱ号城市主干道和相关路网建设现场检查工程进展和建设质量，要求大理经济开发区进一步解放思想，坚持基础设施建设先行、保护开发并举的原则，进一步加大开发建设进度，确保海东新城区Ⅰ、Ⅱ号主干道建设进度和质量。

【云南省政协小城镇和农村环境治理调研组到大理调研】 2009年7月26～28日，省政协副主席陈勋儒率领省政协小城镇和农村环境治理专题调研组到大理调研。州政府副州长许映苏，州政协副主席寇铸勋、杨泽恒及有关部门领导陪同调研。调研组一行深入洱源县、大理市实地察看了饮用水源地保护、农村生活垃圾处理、太阳能中温沼气站运行、洱海渔村污水处理、才村码头生态湿地恢复建设等情况，听取了大理州小城镇和农村环境治理工作汇报。调研组认为，大理州小城镇和农村环境治理工作认识到位，目标明确，思路清晰，重点突出，措施得力，做到了科技、机制、体制、监管四个创新，工作已初显成效。调研组还对农村环境治理工作提出了要用规划指导实际工作、创新投入机制、加强对干部和民众环保意识的培养等建议。

【全国政协原副主席李蒙到大理调研】 2009年8月4～5日，全国政协原十届副主席李蒙在云南省政协副主席陈勋儒陪同下到大理调研。李蒙听取了州委书记刘明、州长何金平、州政协主席袁爱光对大理州有关经济社会发展情况汇报，到大理张家花园、大理国际影像博物馆等地调研后，对大理州在文化保护和发展方面所做的工作给予了充分肯定，希望大理州借助得天独厚的区位优势和丰富的历史文化资源优势，进一步加大改革开放力度，积极抢抓机遇，保持经济社会健康较快发展。省委宣传部常务副部长尹欣、省文联主席郑明、州政协副主席孙珍玲等领导陪同调研。

【传达学习总书记胡锦涛在云南考察时的重要讲话精神】 2009年8月11日，大理州政协分别召开党组会议和机关全体干部职工会议，传达学习胡锦涛总书记在云南考察时的重要讲话精神。提出，要以学习贯彻胡锦涛总书记重要讲话精神为动力，认真履行政协职能，为促进全州经济平稳较快发展和社会和谐稳定做出应有的贡献。

【搞好学习实践科学发展观活动的检查指导工作】 按照中共大理州委的安排，在2009年3～8月开展的大理州第二批深入学习实践科学发展观活动中，州政协常务副主席毕熊光任州委学习实践活动第二指导检查组组长、文史和学习委员会主任刘克纯任副组长、办公室秘书科副科长杨建飞任组员，负责祥云、南涧、巍山三县第二批学习实践活动的检查指导工作；州政协副主席孙珍玲任州委学习实践活动第三指导检查组组长、社会和法制委员会主任刘波任副组长、提案委员会综合科副科长李成耀任组员，负责漾濞、永平、云龙三县第二批学习实践活动的检查指导工作。在2009年9月至2010年3月开展的大理州第三批深入学习实践科学发展观活动中，州政协文史和学习委员会主任刘克纯任州委学习实践活动第三巡回检查组组长，负责宾川、云龙、永平、漾濞四县第三批学习实践活动的巡回检查工作；州政协社会和法制委员会主任刘波任州委学习实践活动第四巡回检查组组长，负责州技工学校、州体育中学、大理农校、省建设学校、大理交通运输集团、省路桥一公司学习实践活动的巡回检查工作。参加学习实践活动检查指导工的州政协领导、专委会领导和科级干部在工作中不辞辛劳，认真履职，为所负责检查指导县和单位学习实践活动的顺利、扎实、有效开展，发挥了应有的作用。

【协助州委、州政府做好小湾电站库区移民安置工作】 按照中共大理州委、州人民政府的统一安排和部署，州政协常务副主席毕熊光任大理州小湾电站库区搬迁移民后续工作领导组常务副组长。2009年7～10月期间，毕熊光带领工作组深入到宾川县、南涧县、巍山县详细调研小湾电站库区移民安置工作开展情况、库区移民搬迁工作中存在的问题、移民上访提出的要求及原因。在深入调研基础上，进驻宾川县新川村委会移民安置区，协调解决移民群众的合理诉求，落实移民户口、社保、医保、学籍转移工作，抓好移民政策及补偿资金兑现，做好土地分配、水利工程建设、农业科技培训、产业发展指导工作。

【提案委员会2009年主要工作】 坚持“围绕中心、服务大局、提高质量、讲求实效”的提案工作方针，加强组织指导，抓好精品提案，强化全程督办，注重提案宣传，对2008年至2009年度优秀提案进行了评选表彰，使提案工作取得了新进展。一年来，共收到提案348件，经审查，立案343件，均已全部办复。从反馈意见情况看，委员们对提案一次办理满意和基本满意率达100%，提案数量有所增加，质量和效果不断提高。在分管副主席的带领下，与社会和法制委员会一起，对大理州增加投资保增长情况开展了专题调研，所提建议有的被有关部门及时采纳落实，有的被吸收到相关文件中。配合社会和法制委员会对州法院、州检察院工作进行视察，配合省政协提案工作调研组做好在大理州的调研工作。积极参加深入学习实践科学发展观活动，召开了两次提案委员会委员会议，专委会自身建设进一步加强。

【经济委员会2009年主要工作】 紧紧围绕中共大理州委、州人民政府的中心工作，联合有关县市政协，开展了全州优势农产品深加工的专题调研和大理州扶贫综合开发示范园区建设情况的视察，为州委、州政府研究部署工作提供了积极参考。选择社会关注的热难点问题，提交了《关于应对国际金融危机政府应加强对工业企业的保护与扶持》、《关于我州旅游业要与花卉产业化经营相结合》、《关于调整数字电视收视费》、《关于加快大理田园风光保护的立法进程》等提案。派出人员帮助祥云县米甸镇米甸村搞好新农村建设，为米甸村解决了一些实际困难问题。积极参加深入学习实践科学发展观活动，加强与县市政协经济委和州级对口部门的联系和工作交流，专委会服务发展大局的能力和水平进一步提高。

【人口资源环境委员会2009年主要工作】 2009年，州政协人口资源委员会紧紧围绕中共大理州委、州人民政府的中心工作，结合政协工作实际，完成了对洱源生态文明试点县建设情况的视察。对大理州建材产业发展情况、大理茶花产业发展情况、南涧县绿色经济长廊建设情况分别进行了专题调研。为进一步加大洱海保护力度，在大理市刘官厂村委会进行了“农村户用型家庭污水处理系统建设”和“生物发酵床养猪”试验示范，两项试验取得很好的示范效果，已在洱海周边地区积极推广；给州政府提交了推广生物发酵床养猪的建议，受到了州政府的高度重视。召开了两次专委会全体会议，通报交流工作的同时，强调做好2010年的提案工作。积极配合省政协做好“云南省加强生态文明建设—自然保护区建设与管理”调研、《全省城镇污水和生活垃圾处理设施建设情况视察》在大理州的调研、视察工作。

【教科文卫体委员会2009年主要工作】 2009年，州政协教科文卫体委员会组织部分州政协委员和相关部门领导开展了全州科技创新情况调研、全州中小学校校舍安全工程建设情况视察，形成了调研、视察报告；组织有关委员赴四川省、陕西省、青海省、西藏藏族自治区考察非物质文化遗产保护工作情况，提交了考察报告，为州委、州政府研究部署工作提供了积极参考。积极配合省政协云南农业科技成果转化应用调研组、全国政协教科文卫体委体育产业和中学体育工作调研组完成了在大理州的调研工作任务。随同州政协分管领导开展重点建设工程检查指导和小湾电站库区移民后续工作。加强专委会自身建设，召开了全州政协教科文卫体委员会联席会议和专委会对口联系部门会议，专委会作用得到了进一步发挥。

【社会和法制委员会2009年主要工作】 2009年，州政协社会和法制委员会紧紧抓住中共大理州委、州人民政府高度关注的工作重点，与提案委员会一起，对全州增加投资保增长情况开展了专题调研，组织部分州政协委员对州人民检察院、州中级人民法院近年来的工作情况进行了视察，有针对性地提出对策和建议，积极向州委、州人民政府建言献策，收到了较好效果。认真组织各县市政协社会和法制委员会、州政协社会和法制委员会委员积极撰写关注民生的调查报告和论文，在全省民生论坛论文征集活动中上报论文24篇，其中有3篇获3等奖。加强与对口部门的联系和对各县市政协社会和法制委员会的沟通和指导，积极探索建立联谊工作机制，不断活跃专委会工作。认真制定落实《大理州政协社会和法制委员会工作简则》、《大理州政协社会和法制委员会主要工作职责》等制度，强化管理，完善措施，专委会履职能力进一步提高。

【民族宗教和联络委员会2009年主要工作】 2009年，州政协民族宗教联络委员会突出团结和民主两大主题，发挥专委会优势，对加快大理州人口较少民族贫困地区经济社会发展进行专题调研、对充分发挥宗教团体在构建和谐大理中积极作用的情况进行视察、赴西藏青海等地区学习考察宗教工作。参加各民族、宗教团体的新年团拜、春节联欢、圣诞、开斋、康巴文化等节日庆典和多年例行的州人大外事华侨委、州侨联、侨办、州政协民族宗教和联络委、致公党“五侨”联席会。促成澳洲中国和平统一促进会和台湾阿尼色弗义诊团到大理州开展义诊活动、日本国社会教育团体碧波会在永平县实施植树绿化项目、台胞卓刘庆弟女士在洱源县茈碧湖镇捐资建校、美国天邻基金会由华恩公司负责代办给大理州各县市贫困残疾人捐赠轮椅。协调州侨联引进马来西亚新都日报社友好人士到巍山一中、二中捐资助学，认真处理来信来访，为构建和谐大理做出了积极努力，得到了州委、州人民府领导的高度重视和充分肯定。

【文史和学习委员会 2009 年主要工作】 2009 年，州政协文史委进一步发挥政协文史资料“存史、资政、团结、育人”的特点和优势，编辑出版了《大理文史资料选编(丛书)》，完成了大理州文史资料第十四辑《洱海保护》专辑的征稿、编辑工作，启动了第十五辑《大理旅游》专辑征稿工作。围绕中心搞好专题调研，完成了主席会议安排的对“大理州房地产业发展”开展调研的任务，州政府在出台《关于进一步促进房地产市场健康稳定发展的意见》时采纳了调研报告提出的部分建议。征集和编印了内部资料刊物《大理政协》4 期、《大理州政协建言献策汇编》第二辑、《大理州各县市政协建言献策选编》第二辑，较好地发挥了交流、总结、推动政协工作的作用。完成了领导交办的 2009 年《云南省政协年鉴》和《大理州年鉴》大理州政协篇目的编纂工作、《辉煌中国云南 60 年》(由省委党史研究室征集出版)大理州政协专文的撰稿和图片收集报送工作。完成了州委安排的对部分县第二、第三批学习实践科学发展观活动的检查指导和巡回检查工作任务。

【视察州人民检察院工作】 2009 年 3 月 25 日至 4 月 1 日，大理州政协组织部分政协委员视察州检察院工作。委员们通过听取州检察院工作情况报告和实地视察，对近年来的大理州检察院工作给予了充分肯定，并对州检察院工作提出了要坚持用科学发展观统领检察工作、紧紧围绕中心工作充分发挥职能作用、坚持用改革创新推动整体工作新发展、健全完善诉讼监督机制、妥善处理基层检察院业务用房和专业技术用房建设问题及负债问题、切实加强检察队伍建设等六个方面的建议。州政协主席袁爱光，副主席毕熊光、孙珍玲、杨泽恒，秘书长欧阳任参加视察。

【视察中小学危房改造工程】 2009 年 5 月 13～21 日，大理州政协组织了由副主席张树藩带队，州政协教科文卫体委员会牵头，部分州政协委员和相关部门负责人参加的视察组，对全州中小学危房改造工程实施情况进行了视察。视察活动听取了州人民政府副州长洪云龙关于全州中小学危房改造工程实施情况介绍，深入永平县、南涧县、巍山县实地视察。州政协主席袁爱光出席 5 月 13 日的情况介绍会并对视察工作提出要求，副主席孙珍玲、孙明，秘书长欧阳任参加介绍会。通过视察，视察组对中小学危房改造工程建设提出了五个方面的建议：①抢抓机遇，加快校舍安全建设步伐；②统筹规划，坚持校舍安全工程建设与撤并校点有机结合；③强化管理，确保工程质量和进度；④结合实际，及时研究和解决好中小学危房改造中的投资比例、投资预算和工程造价调整、危房面积确认等实际问题；⑤加强领导，推动校舍安全工程建设健康发展。

【视察扶贫综合开发示范园区建设】 2009 年 5 月 25～27 日，在大理州政协副主席张树藩的带领下，州政协经济委员会与祥云县政协、宾川县政协联合组织部分州、县政协委员对大理州扶贫综合开发示范园区建设情况进行视察。视察组听取了中共大理州委政研室的综合情况介绍，深入宾川、祥云视察园区项目建设进展情况。州政协主席袁爱光出席情况介绍会并对视察工作提出要求，州政府副州长李雄出席情况介绍会并作讲话。通过视察，视察组对加快扶贫综合开发示范园区建设提出了六个方面的建议：①加大宣传力度，充分发挥园区建设主体和受益主体广大群众实施园区建设的积极性和自觉性；②及时完善规划，指导园区建设健康发展；③采取有力措施，加强园区基础设施建设和生态环境保护；④围绕群众增收，狠抓优势产业发展；⑤抓好教育培训，不断提高园区基层干部群众的素质；⑥健全工作机制，推动园区整体工作全面发展。

【视察州中级人民法院工作】 2009 年 6 月 24～26 日，州政协主席袁爱光、副主席孙珍玲率领部分州政协委员先后到弥渡县人民法院、洱源县人民法院、大理市人民法院和州中级人民法院，采用实地察看、听取工作介绍、座谈研讨等方式，对州中级人民法院近年来的工作情况进行了视察。通过视察，委员们在充分肯定州中级人民法院工作的同时，提出了五个方面的建议：①继续抓好学习实践活动，坚持用科学发展观统领法院工作；②坚持“党的事业至上、人民利益至上、宪法法律至上”的指导思想，为服务大局充分发挥职能作用；③不断深化工作机制创新，促进法院工作新发展；④积极争取各方支持，强化基础设施建设和经费保障；⑤加强法院队伍建设，为推动整体工作新发展奠定基础。州政协秘书长欧阳任参加视察，州中级人民法院院长黄为华陪同视察。

【视察洱源县生态文明试点县建设】 2009 年 8 月 17 日，在大理州政协主席袁爱光的带领下，州政协和洱源县政协联合组织部分州、县政协委员，对洱源县生态文明试点县建设情况进行了视察。州政协副主席孙明、秘书长欧阳任参加视察，州人民政府副州长许映苏及州环保局、州农业局、州建设局领导陪同视察。视察活动先后深入邓川镇邓北桥湿地建设现场，右所镇下山口村落污水处理工程建设现场、永安江综合治理现场和西湖码头，三营镇太阳能中温沼气站、郑家庄生态文明示范村视察，听取了洱源县委、县政府的生态文明建设情况介绍。通过视察，委员们对洱源县生态文明试点县建设取得的成效给予了充分肯定，并就洱源县抓好重点环保项目、生态旅游、生态文明建设经验总结、完善生态文明建设目标责任制等工作提出了建议。

【视察宗教工作】 2009 年 8 月 18～20 日，大理州政协组织部分州政协常委、委员对充分发挥宗教团体在构建和谐大理中的积极作用情况进行了视察。州政协主席袁爱光，副主席毕熊光、孙明，秘书长欧阳任参加视察。视察活动先后听取了州人民政府，大理市、宾川县、巍山县人民政府关于宗教工作情况的介绍，实地视察了大理古城基督教堂、天主教堂，宾川鸡足山，巍山巍宝山、永建回辉登村清真寺等宗教活动场所，并就宗教团体进一步增强大局意识、抵御境外宗教渗透、加强中青年教职人员培养、用法律维护宗教团体的合法权益、引导信教群众构建和谐社会等五个方面提出了建议。

【专题调研工作成效明显】 2009 年的大理州政协专题调研工作，针对国际金融危机的影响，结合大理州经济社会发展实际，坚持以促进科学发展为主题，把“保增长、保民生、保稳定”作为调研的重要内容，精心选择调研题目，认真组织委员开展专题调研，形成了《关于促进大理州房地产业发展的调研报告》、《关于对我州建材产业发展情况的调研报告》、《关于加快我州人口较少民族贫困地区经济社会发展的调研报告》、《关于对我州科技创新情况的调研报告》、《关于全州增加投资保增长情况的调研报告》、《关于对全州优势农产品深加工情况的调研报告》。同时根据州委、州人民政府主要领导的要求及时组织调研，形成了《关于南涧彝族自治县公路沿线"绿色走廊"建设情况的调研报告》、《关于加快大理白族自治州革命老区开发建设的建议》、《关于云南省林业科学院漾濞核桃研究站发展情况的调研报告》、《关于大理茶花产业发展的调研报告》。为增强建言献策的前瞻性、针对性和可行性，在调研中坚持深入基层、深入实际，在充分调研的基础上，形成调研报告，及时报送中共大理州委、州人民政府。州委、州人民政府主要领导对报告给予充分肯定。州委书记刘明在《关于对大理州建材产业发展情况的调研报告》上作出重要批示："政协的调研报告很好，很有质量，很有价值。建材作为我州的重要支柱产业，在当前的市场形势下，加强机制创新、技术创新，已经迫在眉睫，否则优势难保……"州政协的调研报告在《大理调研》上印发9期，作为内部研究参考1期，《关于全州增加投资保增长情况的调研报告》在州委中心组学习活动中作为参阅材料印发。在调研报告中提出的对策、建议，有的被有关部门及时采纳落实，有的被吸收到相关文件中，较好地发挥了人民政协的建言献策作用。

（《州政协》由刘克纯撰稿）

民主党派、工商联

·民盟大理州委·

【召开民盟大理州委一届五次全会】 2009年4月8日，民盟大理州委一届五次全会在下关召开。大理州政协副主席、民盟州委主委杨泽恒主持会议，常务副主委周国珍代表常委会作工作报告。会议认真学习贯彻民盟中央和民盟云南省委有关会议精神，全面总结民盟州委2008年的工作，部署了民盟2009年自身建设、参政议政、社会服务等方面的工作。盟州委全体委员参加了会议。

【加强机关干部对外联系和交流学习】 民盟大理州委自成立以来，十分重视机关干部队伍建设，建立民盟州委机关干部横向学习交流制度，关心机关干部对外联系和学习交流，每年组织机关干部到外地参观学习1～2次，学习外地民盟组织自身建设、参政议政、社会服务和机关建设工作，每年都接待外地组织到大理参观、学习、考察。通过互相走访，增进了友谊和团结，学到了许多好的经验和做法，改进了自身工作，提高了办事效率。2009年3月6～9日，民盟大理州委组织机关干部到西双版纳民盟州委学习考察，学习对方的机关建设和组织发展、后备干部队伍建设等，同时还考察了西双版纳的旅游业，学到很多经验，受到很多启发。

【鄢显俊教授到大理作报告】 8月15日下午，民盟云南省委"坚持走中国特色社会主义道路学习教育活动巡回报告会"在大理州群艺馆举行，中共大理州委统战部副部长陈培方、民盟省委宣传部副部长王文华等领导出席报告会，并同民盟大理州委近200名盟员听取了讲座。报告会由民盟州委主委杨泽恒主持。云南大学马克思主义研究院教授、硕士生导师鄢显俊作了题为《科学发展观视野里的"昆明新政改"透视》的报告。鄢显俊的报告紧紧围绕中共十七大精神，从"最富争议的市委书记"的为官之道、科学发展观指导下的"昆明新政改"透视、"昆明新政改"如何践行科学发展观的核心问题"以人为本"等几个方面作了精彩的演讲，整个报告令听众耳目一新，深受启发。

【组队参加"三八"妇女节拔河比赛】 大理州妇联在"三八"妇女节前夕组织州级机关各单位举行拔河比赛，民盟大理州委组队参加比赛，扩大了影响，增强了组织的向心力和凝聚力。

【举办教师节、国庆节、中秋节和敬老节联庆活动】 9月19日下午，民盟大理州委300多位盟员欢聚一堂，共同庆祝2009年教师节、国庆节、中秋节和敬老节。民盟云南省委副主委戴抗、组织部长李贞贞、办公室副主任马荣惠等人参加本次"四节"联庆活动。庆祝活动由民盟州委常务副主委周国珍主持。大理州政协副主席、民盟州委主委杨泽恒在庆祝会上致辞，向广大盟员表示节日的祝贺和亲切的问候，祝愿我们的伟大祖国更加繁荣昌盛。戴抗在联庆活动上代表民盟省委作了讲话，对民盟大理州委班子团结带领广大盟员，紧紧围绕中共大理州委、州政府的中心工作，认真开展调查研究，不断加强自身建设，在政治协商、民主监督、参政议政工作中所取得的成绩给予充分肯定，并对下一步工作提出了希望和要求。活动中，民盟州委还向年内跨入80周岁的老盟员敬献了"寿"字幅，祝他们身体健康，安享晚年。

【举办庆祝新中国60周年专场文艺演出】 9月19日，在中华人民共和国成立60周年之际，大理州7个民主党派近千名成员欢聚在大理"蝴蝶之梦"演出礼堂，观看由民主党派成员自编自演的国庆60周年专场文艺演出。中共大理州委、州人大、州政府、州政协领导杨秀星、字国顺、袁爱光、杨宴君、陆璐、洪云龙、孙珍玲、孙明、杨泽恒、寇铸勋及民盟云南省委副主委戴抗，大理学院统战部部长施冰等同广大民主党派成员一起观看了演出。演出在民主党派合唱团的大合唱《爱在大理》和《和谐颂》中拉开序幕，紧接着，来自7个民主党派的近百名演员以歌舞、小合唱、书画、器乐、京剧、音诗画、歌曲联唱等艺术形式唱响了共和国60周年的赞歌，抒发了对伟大祖国的深厚情怀，演出在全场合唱《歌唱祖国》中落下帷幕。

【办好《大理盟讯》】 《大理盟讯》是民盟大理州委主办的内部刊物，刊物着重宣传中国共产党领导的多党合作和政治协商制度的方针、政策，弘扬民盟的优良传统；展示民盟参政议政、建言献策、社会服务和组织发展的各项工作成果；探讨新时期盟务工作的新思路、新方法；报导民盟大理州委的重大活动和基层盟组织的活动信息，起到了联系和沟通广大盟员思想的桥梁和纽带作用。该刊自创刊以来恪守办刊宗旨，突出政党性、思想性、可读性，贴近时代、贴近盟员，每年出刊4期，成为广大盟员的精神家园。利用《大理盟讯》开展横向交流，扩大影响，成为大理民盟对外宣传的窗口。多年来，通过向州县（市）统战部、政协、盟员所在单位和省内各地民盟组织赠阅《大理盟讯》，扩大了大理民盟的影响，树立了大理民盟作为参政党地方组织的良好形象。5年来，大理民盟组织每年都被民盟云南省委宣传部评为"宣传工作先进集体"。

【做好"两书"编辑印制工作】 在中华人民共和国成立60周年之际，民盟州委组织编写组，认真总结参政议政和社会服务工作，全面收集整理文字资料和图片，精心编排，于国庆前夕编辑印制了《民盟大理州委建言献策文集汇编》和《民盟大理州委社会服务工作汇编》两书，对推动大理盟参政议政工作和社会服务工作起到积极的作用。

【喜洲“伪民盟”案政策落实工作】 年内，盟州委积极配合盟省委组织部，就落实喜洲“伪民盟”案的有关问题进行调查落实。调查组先后到大理市档案局、大理市教育局人事科、大理供电局人事科等部门查阅有关档案。盟省委根据大量史证，于2008年11月13日正式作出了《关于对“大理喜洲原杨灿然发展联系的部分人员申诉”问题的处理意见》，还历史以本来面目，有关问题逐步得到解决。

【召开参政议政暨基层组织建设工作会】 2009年11月28～29日，民盟大理州委在下关大禹酒店召开参政议政暨基层组织建设工作会，民盟州委委员、基层支部支委、各专委会委员、民盟成员中的各级人大代表、政协委员和2009年加入民盟组织的新盟员共计137人参加了会议。28日的参政议政工作会由民盟州委常务副主委周国珍主持。主委杨泽恒作了《民盟大理州委参政议政工作》的报告，报告全面总结了民盟大理州委自2004年12月成立以来参政议政方面所做的工作，特别就课题调研和政协提案工作作了全面总结，分析了工作中存在的不足，并对往后的参政议政工作提出了希望和要求；州委统战部副部长陈培方在会上作了讲话，对民盟大理州委5年来的参政议政工作给予了充分肯定，对下步工作提出了具体要求。会议还对2009年盟州委在大理州、市政协会上的集体提案和5个县政协会上的重点提案撰写人给予了表彰奖励。29日的基层组织建设工作会由吴建新副主委主持。周国珍在会上作了《民盟大理州基层组织建设工作》的报告，全面总结了5年来的基层组织建设工作。会上，大理学院二支部、大理学院附属医院支部和机关一支部分别作了基层组织建设工作经验交流。

【为离退休老盟员举行养生保健座谈会】 2009年“敬老节”的第二天，民盟大理州委老龄委在大理古城文化馆会议室组织大理总支的全体老盟员座谈，互相交流养生保健的经验。座谈会由盟州委秘书长兼老龄委主任陈四全主持。会上，90岁高龄的老盟员赵文标和80多岁高龄的赵承祖结合自己多年来养生保健、坚持体育锻炼、合理膳食等方面的做法向大家作了介绍，杨宗结合自己顽强战胜癌症病魔的亲生经历，与大家交流了人生在世的许多生活哲理，老盟员们多次给予了热烈的掌声。座谈会上，许多盟员纷纷发言，结合自己的经验交流养生之道。

【组织机关专干到四川参观考察】 7月27日～8月1日，民盟大理州委组织机关专干到四川省九寨沟、都江堰等地参观考察。期间，全体成员不仅被四川黄龙、九寨沟的美景所吸引，更被九寨沟旅游的深度开发、规范的旅游秩序以及优质的旅游服务所打动。在都江堰，大家考察了地震重建工作，当看到连片的民房成了危房，有待重修，成千上万的灾民在炎热酷暑下居住在简易的铁皮房中，数百人共用一个淋浴器，生活及其困难时，大家心情都非常沉重，得知恢复重建工作正在各级政府领导下有条不紊的进行时，大家又觉得非常欣慰。

【政协提案和课题调研工作取得实效】 2009年，大理民盟成员中的各级人大代表和政协委员积极开展调研，充分发挥参政议政作用，在州、市(县)政协会议上共提交政协提案79件，其中集体提案27件，有两份材料在州政协会议期间的政府协商会上进行了交流。年内，民盟州委还组织开展了“发展壮大农村合作经济组织，促进农业增产、农民增收”和“加强农业技术推广，促进农业经济发展”两个课题调研，所形成的调研报告上报大理州政协和州委统战部。

【盟州委选送的论文获省政协表彰奖励】 年内，在云南省政协举办的第一届民生论坛上，民盟大理州委提交的《关注农村留守儿童健康教育》被省政协评为二等奖并在大会上交流。在云南省政协举办的第二届民生论坛上，民盟州委秘书长陈四全撰写的《小摊小贩解决了许多就业岗位，城管应为之服务，不要“围、追、堵、截”》的论文荣获三等奖，受到表彰奖励。

【建言献策】 年内，盟州委领导多次出席党委、人大、政府、政协召开的各类会议，围绕大理州、市建设和改革发展的若干重大问题献计献策；主委杨泽恒被聘为州纪委行风评议员，副主委周国珍被聘为州公安局特邀监督员和州政府教育督学，副主委陈钢被聘为州检察院人民检察员，秘书长陈四全被聘为州公安交警特邀监督员。在参加有关部门组织召开的各种会议上，“四员”积极发表意见和建议，受到重视和好评。

【关注残疾人事业】 2009年3月16日，民盟大理州委周国珍、陈四全、杨丽芳一行到大理州残疾人联合会和大理州特殊教育学校进行调研，了解大理州残疾儿童生活、学习、教育现状及特殊教育学校办学情况。3月18日，在大理州政府副州长李万通带领下，大理7个民主党派的专职副主委、秘书长及部分专干到大理特殊教育学校与校方党政领导进行座谈，了解学校建设和学生学习、生活、课外活动等情况。得知学校缺少课外体育活动设施后，7个民主党派机关分别给学校2000元的资助，用于购买文体活动设施、设备。

【大理学院附属医院支部组织开展义诊活动】 5月8日，民盟大理学院附属医院支部组织医疗专家在院内开展医疗义诊和医导活动，为广大患者看病、治病、开处方、量血压、解答各种问题，深受群众欢迎。随着省第四人民医院在大理附属医院挂牌和医院医技大楼的建成使用，各种先进设备进一步增加，每天来看病治病的患者不断增多，针对许多患者初次来医院就诊，无法及时找到对应的科室和检查的功能室这一情况，支部成员专门组成医导队，并印制了科室平面图发给患者，方便广大患者就诊。医院对此次活动大力支持，并在院部的电子屏幕上打出民盟支部开展义诊活动的消息和专家名单。

【组织医疗专家为社区老年人服务】 年内，民盟大理州委充分发挥民盟成员中医疗专家多的优势，为社会做实事、做好事。在“敬老节”前夕，组织民盟大理学院附属医院支部内科、外科、眼科、泌尿外科、康复科的专家为大理市幸福社区的老年人开展医疗义诊服务，受到广大老年朋友的欢迎。

【民盟大理群力学校高考再创佳绩】 年内，民盟大理群力学校高考补习班参加全国高考又取得好成绩。民盟大理群力学校是经大理州、市教育部门批准，民盟大理州委领导的社会力量办学的实体，自1993年开办以来，已连续16年高考均取得较好的成绩，得到学生和家长的认可，产生了很好的社会效益。2009年，又有389名考生参加高考，上线率达98.6%，其中一本上线率32%、本科上线率82%、600分以上2人，考生李钦被北大录取为本博联读生。

【组织大理州医院专家到大理卷烟厂作讲座】 3月27日，应红塔集团大理卷烟厂物业管理部的邀请，民盟大理州医院支部副主委、妇产科专家何亚兰到大理卷烟厂为物业管理部的全体女职工讲授中年妇女保健和疾病预防知识，何亚兰借助多媒体手段作了讲解，图文并茂，让听讲座的职工深受教育。

【继续开展"教育烛光行动"】 "教育烛光行动"旨在推动提高农村教师的业务素质和教学水平，提高农村基础教育教学质量，促进城乡教育均衡发展，帮助广大农村教师发挥更大的作用，让千千万万农村孩子有个更好的未来。多年来，民盟大理州委一直关注全州农村义务教育事业的发展，先后组织开展了为农村贫困中小学捐赠教学器具、图书，培训师资、帮扶助学等社会服务活动。2009年，民盟大理州委继续组织大理学院教师到漾濞县苍西中学开展中学生心理知识辅导讲座，对全校教师作了电脑课程讲座，对优秀的贫困学生给予人均200元奖学金的资助，向学校赠送体育用品，帮助学校将教师送到外地进行师资培训等，收到了很好的效果，深受学校师生欢迎。

【民盟中央副主席李重庵一行到大理指导工作】 2009年4月，民盟中央副主席李重庵一行来到民盟大理州委检查指导工作。在大理期间，李重庵出席了大理三月街民族节开幕式，同民盟大理州委的部分盟员进行了座谈，并深入到民盟大理州委"教育烛光行动"联系挂钩点漾濞县苍西中学进行视察，对民盟大理州委开展的帮扶活动给予充分肯定，希望民盟大理州委把"教育烛光行动"长期不懈地开展下去，为大理州农村教育继续做出贡献。

（《民盟大理州委》由陈四全撰稿）

民进大理州委

【促进多党合作事业科学发展】 年内，民进大理州委以《毛泽东、邓小平、江泽民论科学发展》、《科学发展观重要论述摘编》、《深入学习实践科学发展观活动领导干部学习文件选编》为主要内容，深入开展科学发展观学习实践活动，要求全体会员深刻把握科学发展观的科学内涵、精神实质和根本要求，在会内掀起学习实践科学发展观的高潮，把深入学习贯彻科学发展观与民进中央开展的坚持走中国特色社会主义道路为主题的政治交接学习教育活动相结合，与纪念新中国成立60周年和中国共产党领导的多党合作和政治协商制度确立60周年活动相结合，与学习中共十七届四中全会精神和学习各级领导的重要讲话相结合，努力增强学习贯彻落实科学发展观的自觉性和坚定性。通过学习，民进大理州委广大会员充分认识到科学发展观是中国共产党关于当代中国发展的基本观点和主张，提高了民进组织参政议政、民主监督、社会服务、自身建设的质量和水平。

【参政议政】 2009年，民进大理州委充分发挥广大会员的积极性，加强调查研究，使提交人大、政协的建议、提案数量、质量齐头并进，取得显著成效。年内，民进大理州委在州政协十一届二次全会上提交了《关于解决大理州义务教育法实施中出现的新问题的提案》、《关于进一步强化维护社会稳定工作的提案》等9件集体提案和《关于加强药品市场监管，保障大众用药安全的提案》、《关于加强"两保护"、"两开发"进程中的村民文化建设和法治宣传的提案》等12件个人提案，其中《关于解决大理州义务教育法实施中出现的新问题的提案》被州政协主席会议确定为重点提案。在大理市政协七届二次全会上，民进大理州委提交了《关于保护海西的提案》、《建议禁止公办学校在职教师做有偿家教的提案》等7件集体提案和《关于加强旅游人性关怀建设的提案》等8件个人提案，其中《关于进一步加强交通管理，推进和谐交通建设的提案》被市政协主席会议确定为重点提案。在市政协优秀提案评选活动中，民进大理州委的《关于下关城中村建设应纳入市政规划的提案》被评为大理市政协优秀提案。年内，民进大理州委还以课题负责制、专家参与的方式开展专题调研，加强了课题调研的力度。撰写了《"住"是旅游者心灵的栖居地》、《喜洲古镇旅游形象》、《古城客栈发展》、《关于'中华民族'认同教育的调研》4个调研报告，使全会的专题调研工作得到一定的提升；撰写了《保护洱海的措施和办法》、《始终彰显以会员为本，切实加强我会基层组织建设》、《以科学发展观统领民主党派机关建设》、《以科学发展观促进参政议政》等文章，活跃了全会的学术气氛。

【信息工作得到加强】 年内，民进大理州委专门召开信息工作会议，要求各支部发动全体会员，关注社会、关注民情、关注身边的事，积极把各种信息提供给州委会，进一步加强全会的信息工作，并逐步形成长效机制。年内，上报了多条信息给民进云南省委，被民进云南省委评为信息新闻宣传工作先进单位。

【组织发展和后备干部队伍建设加强】 为进一步加强组织建设，年内，民进大理州委新成立了下关开发区支部，调整了部分支部。会员发展上，进一步注重质量、注重素质、注重品德，以有代表性人士为主。全年发展会员12人，全部具有中级以上职称，其中，副处级法官1人、博士研究生1人、高级职称4人。后备干部队伍建设也得到加强，全会有3人被推荐为大理州正处级后备干部、1人被推荐为副处级后备干部。全会还积极做好州委会换届的前期准备工作。

【努力开展社会服务活动】 1月，民进大理州委组织会内的书画界人士，并邀请了部分大理地区的书画家，以"文化常下乡，共享新成果"为主题到宾川县开展文化下乡活动，为广大群众书写创作了600多幅春联和一批书画作品。7月16日，民进大理州委邀请了12位大理地区知名书画家，在大理学院茶园举办书画家笔会，为弥渡县和大理学院茶园创作了一批书画作品，并组织大理学院的留学生观摩书画家们的现场创作，向留学生们详细介绍了中国传统书法绘画艺术，对弘扬中国传统文化、宣传大理、促进中西方文化交流起到了积极的推动作用。8月29日，邀请了16名书画家，在漾濞水能开发有限公司为大理华兴集团和漾濞县创作书画作品，书画家们以饱满的热情讴歌了祖国的美好河山和60年的辉煌成就，此次活动创作了近百幅书画作品。10月23日，邀请了国家级书法家、原王个簃艺术馆馆长施作雄，西泠印社社员、《印缘》杂志主编廖富翔，以及"洱海天色"全国书法绘画作品展的一等奖获得者到大理参加笔会，为大理创作书画作品，为大理地区的文化建设作出贡献。9月12日，与民进昆明市委在大理市博物馆共同举办"大理昆明——人文大理·盛世丹青"庆祝国庆60周年书画展，大理州、市党委、人大、政府、政协、统战部及大理地区各民主党派的领导应邀出席活动，民进大理州委全体会员参加。这次书画展以讴歌新中国成立60年来的伟大成就为主题，共展出80多件作品。9月19日，与其他民主党派共同举办国庆60周年文艺专场演出，得到各级领导和群众的一致好评。

（《民进大理州委》由段祥撰稿）

民建大理州委

【民建大理州委成立】 1月17～18日，中国民主建国会大理白族自治州第一次会员大会在下关召开。州政协主席袁爱光、中共大理州委常委、州委统战部部长杨秀星、民建云南省委副主委李啸云等领导出席会议并作了重要讲话。大会选举产生中国民主建国会大理州第一届委员会委员11名，褚九云当选民建大理州第一届委员会主委，宋万钧、章东琼当选副主委。

【开展理论学习】 年内，民建大理州委结合各种会议和活动，组织会员学习了中共十七大和十七届四中全会、民建中央九大、民建省委七大会议精神及新时期统一战线理论、政策、民建《会章》、会史等。通过学习，全体会员进一步提高了政治敏锐性，在思想上、行动上与中国共产党保持高度一致。

【开展学习实践科学发展观活动】 年内，民建大理州委组织全体会员认真开展学习实践科学发展观活动和政治交接学习教育活动，按照学习实践科学发展观的要求，州委会还完成了《2009年一季度大理州房地产市场情况分析》的调研报告。

【组织发展工作】 年内，民建大理州委发展了7名新成员，有8人考察合格后报民建省委审批。截至11月底，全会共有会员78人，其中，男会员46人、占59%，女会员32人、占41%；

【后备队伍建设】 8月，民建大理州委向州委组织部推荐了1名副处级领导后备干部，同时储备了一批优秀的后备干部队伍。

【提案工作取得成效】 年内，民建大理州委在州、市"两会"上提交提案和建议41件，向市政协反映社情民意3条，得到有关部门的重视和采纳。其中，《关于加大食品安全监管力度的建议》被州政协评为重点提案和优秀提案。

【课题调研取得实效】 年内，民建大理州委完成《大理州中小企业发展现状与对策调研》、《大理州生态工业园区建设研究》2个调研报告并提交州委、州政府，作为科学决策的依据。

【各级领导视察、考察】 6月23日，中共大理州委书记刘明在州委常委、州委统战部部长杨秀星等陪同下，到民主党派办公楼各民主党派视察，并与各民主党派负责人进行了座谈。7月29日，民建中央常务副主席、全国总工会副主席、全国政协常委、副秘书长马培华在民建云南省委领导的陪同下到大理考察，对民建大理州委的工作给予了充分肯定。

【开展"暖心"活动】 2009年春节和中秋节，民建大理州委开展了慰问活动，主委、副主委及机关工作人员到80岁以上的会员家中看望慰问，探视生病住院的会员，使会员们真切感受到了组织的温暖。

【发挥优势服务社会】 2009年，民建大理州委有4家会员企业与民建云南省委签定了在国际金融危机中"不裁员、不减薪、不欠薪，保就业、保稳定、保发展"的共同约定书，为地方的经济发展和社会稳定做出了应有的贡献。年内，民建大理州委员会免费为700多人次农民开展科技培训，给大理州特殊教育学校捐助了2000元人民币。

【做好招商引资工作】 2009年5月13日，民建大理州委与大理州人民政府共同举办民建云南省各州市17家企业与大理州政府的项目推介会，副州长李万通主持会议，副州长程云川出席会议并作了项目推介。

（《民建大理州委》由杨绍艳撰稿）

民革大理州委

【民革大理州委成立】 1月10～11日，中国国民党革命委员会大理白族自治州第一次全体党员大会在下关召开。会议深入学习了中共十七大和十七届三中全会精神，听取并审议了主委段利华所作的工作报告，选举产生了民革大理州第一届委员会。省人大常委会副主任、民革云南省委主委杨保建，州委常委、州委统战部部长杨秀星到会并讲话；民革昆明市委主委朱燕及民进大理州委主委陆璐在大会上致辞。州政协主席袁爱光，州委常委、州委组织部部长蔡江华，副州长李万通，州政协副主席、民盟大理州委主委杨泽恒，省政协副秘书长、民革云南省委副主委李瑾，大理学院党委书记王毅，省内各州市民革组织及大理各民主党派、工商联、黄埔同学会负责人应邀出席大会。中共云南省委统战部向大会发来贺电，对出席大会的全体民革党员表示亲切的问候。闭幕式上，民革云南省委和州委统战部分别向民革大理州委授印、授牌。

【基层组织建设取得新突破】 为进一步加强民革自身建设，充分发挥基层组织的重要作用，经中共大理州委统战部和民革云南省委批准，6月14日，民革大理州第一支部、第二支部和第三支部第一次全体党员大会隆重召开。会议选举产生了3个支部第一届委员会，建立健全了各支部的组织和领导机构。3个支部的建立，为更好地发挥民革的作用奠定了组织基础，大理民革进入到了一个全新的发展阶段。

【制度建设日趋完善】 年内，民革大理州委坚持把制度建设与建立健全参政党工作机制结合起来，建立了《全体委员会议议事规则》、《主任委员会议议事规则》、《民革大理州委支部工作制度》、《民革大理州委发展党员的基本原则、手续和审批办法》和《民革大理州委奖励办法》5个规章制度，并制定了主委、副主委和委员的3个工作职责，对州委委员的工作进行了分工。这些制度的建立，确保各项工作有章可循、有序运行，使民革工作走上了规范化、制度化和民主化的轨道。

【组织发展工作】 年内，根据后备干部队伍建设和参政议政工作的需要，民革大理州委主动与相关单位沟通，积极动员高素质人才加入民革组织，不断向组织注入新鲜血液，为更好地履行参政党职责提供了坚强的组织保证和必要的人才保证。年内，又有3人正式加入民革组织，其中博士和硕士各1名，博士为副县处级干部。这些优秀人才的加入，使民革组织履职能力进一步提高。

【提案工作亮点频现】 年内,通过深入调查研究,集中全体党员的智慧,民革大理州委形成了一批有价值、有份量的参政议政成果,内容涵盖了医疗卫生、农村建设、交通运输、环境保护、教育科技、社会治安、城市规划和文物保护等方面。在州、市政协会议上,民革大理州委提交了19件提案,得到有关部门的高度重视并办理,为促进大理经济发展和社会和谐稳定作出应有贡献。其中,《建议加强畜产品安全检测体系建设》和《关于加大督查企业为职工缴纳养老保险金的建议》两件提案被政协大理州委列为重点提案。

【调研工作成果丰硕】 年内,民革大理州委坚持把研究和解决“三农”问题作为参政议政的主攻方向,精选调研课题,深入调查研究。9月,民革大理州委挑选参政议政骨干组成3个课题调研组,参加由州纪委牵头、州级相关部门人员组成的大理州扩大内需项目第五次检查组,深入到全州12个县市,对新型农村合作医疗工作和农村医疗卫生人才队伍建设情况进行专题调研。调研组历时半个月,走访了12县市卫生局,对25个乡卫生院和31个村卫生室进行实地调研,并向近70名农村就医患者进行了问卷调查,认真听取农民群众的意见和建议。经反复研究和归纳提炼,形成了《大理州新型农村合作医疗实施情况调研报告》和《大理州农村医疗卫生人才队伍建设情况调研报告》,为促进大理州农村医疗卫生事业的发展发挥了积极作用,得到了中共大理州委、州人民政府的充分肯定。

【加强后备干部队伍建设】 8月,民革大理州委认真贯彻中共大理州委有关后备干部选拔的规定,按照公开、平等、竞争、择优的原则,在党内公开选拔副县(处)级和正科级后备干部。在多次召开民主生活会的基础上,经民主推荐和上级考察,从中择优确定了两人为大理州副县(处)级后备干部人选,努力推进新时期多党合作事业持续健康发展。

【扶贫济困献爱心】 为促进残疾人事业的发展,3月,民革大理州委向大理州特殊教育学校捐款2000元,向聋哑、智障儿童奉献了一份爱心。8月,台风“莫拉克”给台湾同胞的生命和财产造成了重大损失,民革大理州委积极响应民革云南省委的号召,立即动员民革党员向灾区同胞献爱心,共捐款近4000元。2009年,云南省自然灾害频发,给人民群众的生产生活造成了极大的困难,11月,民革大理州委开展“送温暖,献爱心”社会捐助活动,捐款金额近3000元,为帮助灾区重建家园贡献了一份力量。

【协助民革中央在大理召开会议】 5月11日,民革大理州委协助民革中央副主席何丕洁一行赴祥云县米甸镇石沉江小学开展综合调研,何丕洁还与大理民革党员代表进行了座谈。7月14~15日,民革中央秘书长李惠东一行来大理进行考察调研,向民革大理州委捐赠了两台电脑。8月8日,民革中央在大理古城召开民革全国省级组织办公室工作研讨会,民革大理州委积极配合民革中央和民革云南省委,认真做好各项会务保障工作,出色地完成各项任务,受到民革中央和云南省委的一致好评。

(《民革大理州委》由刘文斌撰稿)

九三学社大理州委

【切实开展政治交接学习教育活动】 2009年以来,社州委通过主委会、全委扩大会及各支社组织活动,深入学习中共十七届三中、四中全会精神,学习中共中央宣传部理论局编写的《六个“为什么”——对几个重大问题的回答》,努力学习实践科学发展观,并将其作为当前政治学习的重点。在学习活动中,把学习贯彻科学发展观与巩固政治交接学习教育活动成果结合起来,把深入学习贯彻科学发展观与传承九三学社的爱国、民主和科学的优良传统结合起来,坚持理论联系实际,切实把科学发展观贯穿于社州委自身建设的全过程和各环节。社州委领导带头学习,积极参加中共大理州委统战部、州政协及所在单位组织的理论学习教育活动。通过学习,使广大社员充分认识到开展深入学习实践科学发展观活动和深入学习中共十七届三中、四中全会的重大意义,在深刻领会精神实质上下功夫,以更大的热情投入到工作中,以更新的理念、更多的思辨、更主动的实践去更努力地做好工作;通过加强学习,广大社员不断提高专业知识与专业素质,努力探索科学真理,真正做到与时俱进,开拓创新。

【参政议政】 年内,在省政协十届二次全会上,由社州委撰写、社省委提交的提案《关于解决我省中小企业融资难问题的提案》被列为第380号提案;在大理州政协十一届二次全会和大理市政协七届二次全会上,社州委共提交集体提案10件,个人提案19件。社州委提出的《关于解决我州中小企业融资难问题的建议》被列为州政协20个重点提案之一,社州委专职副主委杨增铭个人提案《关于大理旅游二次创业的几点建议》被列为州政协20个重点提案之一。上述提案均在上半年内得到州市承办单位的重视和肯定,与社州委及九三学社州、市政协委员进行了面商,并拟采用部分建议。此外,九三学社大理州委在中共大理州委常委民主生活会及对常委委员意见征求工作以及应邀参加的州政协主席会、常委会及各专委会会议中结合实际、及早准备、积极发言,主动建言献策,认真履职。

【专题调研】 2009年5月,在社州委召开的一届九次全委扩大会议上,确定将《关于大理洱海保护治理情况的调研》、《大理州轻工中小企业发展现状的调研及建议》作为社州委年内课题调研的重点。《关于大理洱海保护治理情况的调研》经社州委课题调研组深入实地调研,广泛征求意见,于11月底完成,课题对大理州洱海保护治理现状及存在的问题和困难进行了较为系统的分析,对今后洱海保护治理工作提出了积极的意见和建议;《大理州轻工中小企业发展现状调研及建议》课题,经社州委课题调研组与民建大理州委课题调研组合作,选择了大理州轻工业中的代表性中小企业(大理嘉士伯啤酒厂、蝶泉乳业、清逸堂、漾濞核桃乳厂、瑞鹤药业)开展实地调研,并撰写出调研报告。课题对大理州轻工企业发展的优势、存在的问题和困难作了较为客观的分析,并对今后大理州轻工企业发展提出了建设性的意见。

【开展社会服务】 2009年3月10~13日,社州委配合社省委前往宾川县人民医院开展医疗教学服务活动。社省委聘请的昆明医学院第一附属医院4名教授分别作了“糖尿病的药物治疗”、“急性冠脉综合症”、“上消化道出血的诊疗”、“癫痫的诊断分类及治疗”4场专题讲座,宾川县的150余名医务工作者参加了培训;同时,4名专家不顾疲劳,接待诊治大量患者,为群众解除疾苦。

2009年3月18日,在中共大理州委常委、州委统战部部长杨秀星和致公党中央前来大理挂职的副州长李万通的带领下，社州委机关人员和各民主党派机关人员一道考察了大理州特殊教育学校（盲、聋哑等残疾青少年教育学校）。社州委和各民主党派从工作经费中各拿出2000元、总计14000元，用于购置部分特殊教育所需的文化、体育和音乐器材，为孩子们享有更好的学习、生活环境奉献了一份爱心。

2009年11月20日，社州委积极响应社中央和社省委"关于在第21届国际科学与和平周积极开展科普宣传及社会服务"的号召，组织社州委医疗界的专家、学者和科技工作者到漾濞县开展医疗义诊和科普宣传活动，为当地百姓送医送药、答疑解难。活动当天累计诊疗患者及提供咨询服务近900人次，发送药品价值近2000元，同时发放了甲型流感、结核病、心血管疾病、消化道传播疾病、艾滋病等疾病的防治知识以及核桃栽培病虫害防治、正确使用化肥防治病虫害、动物疫病防治、冬季养猪知识等科普宣传材料1500份，受到当地群众的欢迎和广泛好评。

【组织发展工作】 截至2009年12月末，九三学社大理州委有社员179人，平均年龄52.2岁。社员分布在医疗、卫生、高校、地质勘探、林业、地病防治、气象、行政机关等行业。其中，男社员102人、占56.98%，女社员77人、占43.02%；高级职称89人、占49.72%，中职82人、占45.81%，公务员8人、占4.47%；现任九三学社省委委员2人，州政协常委1人，州政协委员5人，市政协委员4人。年内去世1人，新发展社员4人、净增长2.29%，其中中职3人、机关工作人员1人。

【注重后备干部队伍建设】 年内，社州委领导积极参加社省委和中共大理州委、州政协、州委统战部组织的各种学习活动；全体社员认真学习新时期新阶段统一战线理论，认真学习九三学社社章、社史和九三学社楷模王选、闵乃本2人先进事迹，强化社员综合素质，增强社员坚持和维护中国共产党领导的多党合作和政治协商制度的自觉性，深化社员对九三学社参政党性质、地位和历史使命的认识，为巩固和发展同中国共产党的亲密合作奠定坚实的思想基础。在2009年下半年大理州开展的推荐正处级和副处级后备干部工作中，社州委1人被推荐为正处级后备干部，1人被推荐为副处级后备干部。

【加强自身建设】 年内，社州委机关根据社州委常委会和全委扩大会议决定，经大理州委组织部和州人事局统一组织的公务员考试，按招考程序和录用标准招录1名公务员。

【举办新春茶话会】 2009年初，九三学社大理州委在下关宏祥酒店举办新春茶话会。州、市党委、人大、政府、政协、统战部、各民主党派、工商联负责人和九三学社全体社员参加会议。会议总结了九三学社大理州委2008年的各项工作和所取得的成绩，安排部署了2009年工作。在茶话会上，各支社组织和社员举行了丰富多彩的文艺表演。

【举办文艺演出】 2009年9月19日下午，九三学社大理州委与大理州各民主党派一起在大理市下关蝴蝶之梦歌舞剧院举行文艺演出，庆祝国庆、多党合作制度确立和人民政协成立60周年。各民主党派成员、大理州特殊教育学校学生、下关文化馆少儿艺术团先后表演了《竹韵》、《祖国你好》、《南诏古风》、《我和我的祖国》、《祖国颂》、《光辉照儿永向前》、《红旗飘飘》、《爱我中华》等节目。节目内容包括合唱、男女声独唱、歌曲联唱、现代京剧、诗朗诵、书画、器乐等。整个演出组织严密、内容丰富，弘扬了时代主旋律，展示了大理州各民主党派团结、民主、和谐的良好形象。

【庆祝国庆和人民政协成立60周年】 2009年9月25日上午，九三学社大理州委召开座谈会，庆祝国庆、多党合作制度确立和人民政协成立60周年。

【换届筹备工作】 2004年12月，九三学社大理州第一届委员会选举产生。几年来，在九三学社云南省委员会和中共大理州委的领导下，全社上下团结一心，不断加强学习和自身建设，认真履行参政议政、民主监督职能，为大理州的社会稳定、经济发展作出了应有的贡献。按照《九三学社章程》第四章第二十八条规定，至2009年12月，九三学社大理州第一届委员会将任期届满。社州委为此成立了换届工作领导组和办公室，在九三学社云南省委和中共大理州委组织部、统战部的指导帮助下，顺利完成了第二届委员会候选人的民主推荐、考察以及代表大会代表的民主选举和资格认定工作，为代表大会顺利召开奠定了坚实的基础。

（《九三学社大理州委》由杨增铭撰稿）

致公党大理州委

【概　述】 2009年，致公党大理州委在致公党云南省委和中共大理州委的正确领导下，在州委统战部的指导帮助下，带领全州致公党员，以邓小平理论和"三个代表"重要思想为指导，深入贯彻落实科学发展观，紧紧围绕中共大理州委、州人民政府的中心工作，积极建言献策，为大理州经济社会又好又快的发展做出了应有的贡献。

【加强理论学习】 2009年，致公党大理州委组织全体党员认真学习中共十七大及十七届三中、四中全会精神，学习胡锦涛总书记在纪念新中国成立60周年和人民政协成立60周年庆祝大会上的讲话，学习统一战线理论和有关文件精神。通过学教活动的开展，全体党员进一步坚定了"致力为公，参政兴国"的信念，党员自身的政治素质和思想道德素质不断提高，坚定了走中国特色社会主义政治道路的信心和决心。

【组织参加培训】 年内，致公党大理州委积极参加省、州、市有关部门组织的报告会、座谈会、研讨会、培训班。选派5人参加云南省社会主义学院举办的民主党派中青年党员后备干部培训学习；3～7月，机关2名专干参加州委统战部组织的深入学习实践科学发展观活动，9月，参加州委组织部和州委统战部举办的"2009年党外（民主党派）"干部培训班的学习。4月，机关1名专干及2名党员参加致公党云南省委举办的"社情民意信息工作培训班"学习；5月，机关2名专干及2名党员参加致公党云南省委举办的"致公党云南省委宣传思想工作会议暨特约通讯员培训班"学习；12月，州委2名副主委及专干参加了致公党云南省委举办的全省组织工作会议。

【组织发展工作】 2009年，致公党大理州委在组织建设工作中，建立和健全组织工作制度，牢固树立"人才强党"的组织发展思想，严格遵守《纪要》要求及致公党中央组织工作会议精神，积极稳妥地做好组织发展工作，严格履行组织程序，发展高素质人才。全年共发展新党员16人，其中，高职3人、中职8人、侨眷5人。截至12月31日，共有党员80

名,平均年龄49岁,其中,高职27人、中职23人、归侨侨眷(侨属)39人,医卫届29人、教育界29人、其它22人。

【基层组织建设】 2009年7月18日,致公党大理州委组建了3个基层支部。州委按照组织程序,将具有奉献精神、热心党务工作、具有较强的参政议政能力和一定组织能力的党员骨干推选到支部领导岗位上,大大增强了基层组织的领导力量。7月22日,州委组织召开了3个基层支部委员会议,会议明确了各支部的工作计划和目标,成为致公党大理州委参政议政工作的坚实基础。年内,3个支部班子进行了明确分工,规范了基层支部活动的程序、组织生活的多样性和支部印章的使用范围,逐步走上制度化、规范化,组织凝聚力不断增强。

【州委和各支部领导班子建设】 年内,致公党大理州委以努力建设一个"学习、团结、求实、进取"的领导班子为目标,组织成员,加强学习,尤其是深入学习政治理论和参政议政知识,并要求学以致用。通过不同形式的学习,班子成员的政治把握能力、组织领导能力和合作共事能力得到提高,成为和谐、团结、民主、高效的领导集体。

【机关建设】 2009年,致公党大理州委认真抓好机关干部的管理、培养和使用,强化服务意识,加强协作配合,不断规范机关运作程序;发挥机关在党务工作中的桥梁纽带作用;加强对机关工作人员的政治素养和业务水平的教育和培训。培育了爱岗敬业、团结奉献、积极作为的思想作风,营造了融洽和谐、风清气正的良好环境。机关工作能力和服务水平得到提高。

【举行迎春茶话会】 1月,致公党大理州委在怀仁酒店举行迎春茶话会,邀请州、市统战部、各民主党派全体专职及主委参加,大家欢聚一堂,共叙友情,增进了团结与友谊。茶话会上,与会人员还进行了丰富多彩的文艺表演。

【参加国庆及人民政协成立60周年文艺演出】 9月19日,致公党大理州委组织全体党员参加了大理州民主党派庆祝国庆及人民政协成立60周年文艺演出,致公党大理州委选送的女声合唱《我和我的祖国》等节目获得了好评。

【参政议政与建言献策】 2009年,致公党大理州委以科学发展观为指导,充分发挥党员的集体智慧和各级人大代表、政协委员、特邀人员的作用,紧紧围绕州市党委、政府的中心工作,就人民群众普遍关心的问题深入开展调查研究,建良言、献良策。在2009年"两会"期间,共提交集体提案4件、个人提案3件。其中在州政协第十一届二次会议上提交的集体提案《扩大廉租房建设规模,降低经济适用房购房门槛》、《关于规范幼儿园收费的建议》、《开展职业病防治——关爱农民工》分别被刊登在《大理日报》"关注两会"专栏;党员撰写的文章《基层组织调研应注意的几个问题》《关于大理州旅游二次创业的思考》等分别在《中国致公》和《云南致公》上发表;致公党大理州委撰写的《多党合作共谋发展》被录入《辉煌的大理州统战事业》;响应致公党中央《纪念新中国成立60周年和人民政协成立60周年暨中国共产党领导的多党合作制度确立60周年征稿通知》的精神,撰写了《政治协商,中国民主政治的一大亮点》的文章;参与大理州委六届六次全会报告征求意见(修改稿)的修改。2009年2月,致公党大理州委领导应邀参加了州十二届人民政府第三次全体会议,进一步加深了对州情的了解,为做到知情出力奠定了基础。年内,致公党大理州委还推荐了10名党员为大理州2009年政风行风评议代表。

【深入扎实开展调研】 年初,致公党大理州委召开调研工作会,集思广益,精选课题,深入扎实开展调研,于11月完成了《关于对大理市海东新区被征地农民长久生计问题的调研报告》和《关于完善大理州城市建设拆迁机制的调研及建议》两个调研课题,并提交州政协及有关部门。

【建立参政议政工作机制】 年内,致公党大理州委积极探索切实有效的参政议政工作运行机制,建立参政议政激励机制;加强对支部活动经费的管理和使用,部分设置为课题专项金费,使有限的资金用在刀刃上;实行三级调研、四级保障的联动机制,各支部提出本年度的课题意向,然后逐级筛选,认真组织人员做好致公党大理州委年度课题调研计划的制定、调研的组织实施、调研过程的跟踪与服务、调研课题的收集、整理、撰稿、审校;积极参政议事,对获奖课题、优秀建议和提案给予奖励。

【对外联谊和社会服务】 年内,致公党大理州委积极开展海内外联谊和社会服务工作,参与州人民政府接待了致公党江苏省委及南京爱德基金会云南项目负责人一行,并接受了被誉为2009年"最具号召力的中国慈善家"称号的致公党江苏省委常委、江苏黄埔再生资源利用有限公司董事长陈光标捐赠的100台教学电脑用于大理州教育事业;在副州长李万通的带领下,机关2名专干跟随到怒江州贫困山区开展调研;陪同南京爱德基金会云南项目负责人到大理进行农村排污情况调研;接待了民主党派中央扶贫调研组一行和致公党广西省委旅游考察团一行;9月和11月,受致公中央委托,先后接待了巴拿马华人总汇和美洲各地中华总汇代表30余人,并积极与他们沟通情况、促进合作交流;此外还接待了致公党红河州委、曲靖市委等省内兄弟组织,通过座谈交流,加深了了解,增进了友谊。

【向贫困中小学校捐赠100台电脑】 2009年下半年,致公党大理州委将致公党江苏省委常委、江苏黄埔再生资源利用有限公司董事长陈光标捐赠的100台电脑分别转赠给大理州12县市最贫困的中小学校,以帮助这些贫困山区的孩子学好电脑,适应信息时代的需求。

(《致公党大理州委》由赵文红撰稿)

农工民主党大理州委

【概　述】 2009年,农工民主党大理州委坚持以邓小平理论和"三个代表"重要思想为指导,认真学习中共十七大和十七届三中、四中全会精神,深入学习实践科学发展观,认真学习农工党云南省委五届五次全体(扩大)会议精神,把发展作为第一要务,围绕中心,服务大局,紧紧围绕中共大理州委和州人民政府的中心工作,积极发挥本党派的界别优势和联系广泛的优势,在不断加强自身建设的同时,团结和带领广大党员关注民生,勤奋工作,积极履行好参政议政、民主监督、政治协商和社会服务的职责,各项工作都取得了较好成绩。

【思想建设稳步推进】 2009来,农工民主党大理州委始终把加强思想建设作为搞好自身建设的基础来抓,向基层各总支、支部认真传达了《农工民主党云南省委关于印发陈勋儒副主席在深化学教活动培训班上讲话的通知》;州委把政治理论、当前形势、党章党史作为主要学习内容,组织全体党员把学习贯彻中共十七大精神,贯彻落实科学发展观作为加强自身建设的主要工作来抓。通过学习实践,全体党员进一步增强了走社会主义政治发展道路的自觉性和坚定性,不断增强为党和政府中心工作服务的意识,提高了参政议政、民主监督水平,更好地按照科学发展观的要求履行职能,为促进大理经济社会又好又快发展作出贡献。

【召开州委一届二次全委会】 1月17日,农工民主党大理州委召开一届二次全体委员会议。会上,主委周明华传达学习了省委有关会议精神,部署了农工党大理州委2009年工作。

【召开州委一届三次全委(扩大)会议】 7月31日,农工民主党大理州委召开一届三次全委(扩大)会议。会议传达学习了农工民主党云南省委五届五次全委(扩大)会议精神和中共大理州委六届七次全委(扩大)会议精神;主委周明华通报了参加中央统战部举办的培训班学习的主要精神,并部署了下半年的工作任务;会议还研究了农工民主党大理州委的制度建设和组织建设工作。在组织建设上,州委决定成立2个总支和3个支部。

【召开基层组织成立大会】 9月12日,农工党大理州委召开基层组织成立大会,会议选举产生了大理学院总支委员会、大理市总支委员会、医卫一支部委员会、医卫二支部委员会、州委州级机关支部委员会的领导班子。会上,主委周明华作了讲话,希望各总支、支部以科学发展观为统领,学习中国特色社会主义理论,坚持和完善中国共产党领导的多党合作和政治协商制度,带领和团结广大党员,积极开展组织活动,坚定不移地走中国特色社会主义道路。要求新建立的组织要以思想建设为核心,以组织建设为基础,以制度建设为保障,加强自身建设;各总支、支部要充分发挥优势,以参政议政为工作的落脚点,围绕中心,服务大局,作出新的贡献。

【党员发展成绩突出】 年内,农工党大理州委按照"把握政治标准,完善发展程序,坚持'三个为主'、注重质量、保持特色、组织发展与后备干部队伍建设相结合"的原则,积极响应农工党云南省委"七彩云南保护行动"系列提案、建议的号召,在环境保护和生态文明建设领域适当地发展新党员。截至2009年12月31日,农工党大理州委共有党员150人。其中,大学及大学以上学历党员人数占全体党员人数的比例为42.67%;中高级职称党员人数占全体党员人数的89.33%;在职126人,退休24人;平均年龄41.5岁。2009年党员发展工作的特点一是发展的党员多为年轻技术骨干,二是有质量保证,三是党员发展领域有新拓展。

【参政议政】 在2009年省、州、县(市)政协召开的全会上,农工党大理州委的政协委员积极参政议政、建言献策,共撰写提案12件。其中,省政协提案2件,州政协提案7件(集体提案2件),县(市)提案3件(集体提案1件)。在州政协十一届二次全委会议上的集体提案《关于加强乡镇生态环境保护工作的建议》被州政协列为重点提案。另外《关于对大理市巍山路火车站附近公路路面进行整修的建议》、《关于大理州政协会议分组以界别分组的建议》,以及在市政协七届二次全委会的集体提案《关于将糖尿病足、急性胰腺炎等病纳入大病医疗保险的意见》等,充分体现了州委参政议政能力和提案质量的提高。

【调研工作深入扎实】 年内,在州政府的领导下,农工民主党大理州委和州卫生局、州政府政策研究室共同开展了题为《提高大理州乡镇卫生院服务能力的路径研究》的调研。通过发放调查表到部分乡镇卫生院、现场调查、座谈、查阅州统计资料等形式,对全州110个乡镇卫生院的人力资源、设施设备、收入与支出、投入与负债、病人流向、服务态度等相关因素进行调研,提出了提高大理州乡镇卫生院服务能力的建议。在理论研究方面,农工党大理州委独立完成《社会转型时期民主党派发展的趋同性现状、原因及其对策分析》的研究。文章回顾了各个历史时期民主党派的社会角色和政治功能,对民主党派趋同性的现状及其原因进行总结和分析,同时针对现状和问题提出了具体的对策。

【开展结核病日宣传义诊活动】 3月24日,农工党大理州委与大理州疾控中心联合,深入社区,在流动人口密集点开展"3·24"结核病日宣传义诊活动。重点向农民工宣传结核病相关常识以及国家实行免费治疗肺结核病的优惠政策,活动共发放宣传单、卡片、餐巾纸、环保布袋等25000多份,接受300多人次义诊咨询。与此同时,大理电视台、大理广播电台就结核病防治、国家对结核病防治的优惠政策等进行了为期1周的宣传。

【举办"健康、环保知识进校园"活动】 6月16日,农工党大理州委在大理卫校举办"健康、环保知识进校园"活动。州委副主委杨瑞东作了"健康、环保知识进校园"的讲话;农工党大理卫校组长尚玲就"健康、环保知识"作了宣讲;活动当天,向该校学生发了防治艾滋病、防治结核病等宣传资料400多份。

【开展"国际科学与和平周"捐资助学和义诊活动】 2009年11月15日,农工党大理市总支委员会在州委副主委杨瑞东、总支主委沙榆波的带领下,组织了正、副主任医师一行22人到南涧县乐秋乡东升村委会开展"国际科学与和平周"捐资助学和义诊活动。向乐秋乡东升小学捐赠了单价800余元的体育用具20套,对55名贫困学生进行慰问,并奖励了6名特优学生。此次捐资助学活动总计为东升小学筹集捐赠款项7370元,捐赠了价值3000余元的文体用品,并带来大量的衣物及学习用品。同时,发放了防治艾滋病和结核病的宣传资料300多份,诊治病人400多人。

【慰问老党员】 春节前夕,州委主委周明华、副主委杨瑞东、杨益琨和州委委员逐户走访慰问了李翠兰等70岁以上的老党员,表达了委领导和组织的深情厚谊及祝福。同时,农工党大理州委还组织举行了新春联欢会,党员们表演了丰富多彩的文艺节目,表达了对祖国美好未来的祝福,体现了组织对全体党员的关怀。

【参加国庆及人民政协成立60周年文艺演出】 国庆前夕,农工党大理州委文艺界党员参加大理州7个民主党派联合举行的国庆及人民政协成立60周年文艺演出,农工党党员、州民族歌舞剧院三级演员尹寿斌、赵雪芳分别演唱了《守住清廉》和《祖国您好》两首歌曲,受到大家的好评。

(《农工民主党大理州委》由周正波撰稿)

工商联

【重要会议】 3月21日，大理州工商业联合会在州工商联会议室举行工作情况汇报会，全国工商联党组副书记、副主席宋北彬及全国政协常委、省工商联主席杨焱平等出席会议，州政协副主席、州工商联主席寇铸勋作了《大理州乡镇商会和行业商会发展状况与建议》的汇报，州委统战部副部长、州工商联党组书记李立基就基层工商联的现状、编制情况作了汇报。宋北彬对大理州工商联工作给予了充分肯定并提出要求。州市工商联全体干部职工参加会议。

4月20日，大理州工商业联合会三届四次执委（扩大）会议在州工商联会议室举行，州工商联40名执委出席会议，不是执委的县（市）工商联负责人和州工商联直属会员32人列席会议。中共大理州委常委、州委统战部部长杨秀星作了《认真学习实践科学发展观、努力开创工商联工作新局面》的讲话，会议审议通过了大理州政协副主席、州工商联主席寇铸勋代表州工商联第三届执行委员会常务委员会作的工作报告；会议增补南涧县工商业联合会主席杨开旺、祥云县工商业联合会主席罗珍铧为大理州工商业联合会第三届执行委员会委员。州委统战部副部长、州工商联党组书记、副主席李立基主持会议并传达了云南省工商业联合会十届三次执委（扩大）会议精神，并作了《认清形势、把握大局、促进非公有制经济平稳较快发展》的报告。中共大理州委副书记王桂芳，州工商联副主席杨自尚出席会议。会议期间，州委党校常务副校长李宣作了《深入学习实践科学发展观》的专题讲座。

10月28日，大理州工商业联合会在州工商联会议室举行大理州非公有制经济人士思想政治工作暨工商联组织工作会议，全州12县市统战部领导和工商联主席、党组书记及州工商联直属会员60余人参加会议。州委常委、州委统战部部长杨秀星到会作了重要讲话，州政协副主席、州工商联主席寇铸勋作《深入学习实践科学发展观、努力实现全州工商联组织工作新突破》的讲话，州委统战部副部长、州工商联党组书记、副主席李立基作了《新经济组织开展学习实践科学发展观活动重在抓出成效》的讲话。州委统战部副部长陈培芳应邀出席会议，州工商联副主席杨自尚主持会议。

11月17日，大理州工商业联合会在州工商联会议室举行大理州非公经济代表人士培训会议暨鼓励创业“贷免扶补”工作情况汇报会，全州12县市工商联主席、党组书记、专职副主席及州工商联直属会员60余人参加会议。州委党校副校长马云波作了《大理州当前经济形势分析》的专题报告，州委统战部副部长、州工商联党组书记、副主席李立基主持会议，州工商联副主席杨自尚出席会议。会上，各县市工商联分别交流汇报了鼓励创业“贷免扶补”工作以及落实情况。

【特色创建】 2月24日，大理州工商业联合会第一次直属会员大会在州工商联会议室召开，全州12县市工商联主席、党组书记以及州工商联直属会员53人出席会议。州政协副主席、州工商联主席寇铸勋作了讲话，会议审议通过了《大理州工商业联合会直属商会章程》和《大理州工商业联合会直属商会经费管理办法》，选举李立基为直属商会会长，闫文聪（兼秘书长）、杨金林、李永忠、张跃伟、施建峰、彭金国、戴祖为为副会长；向直属会员单位颁发了《大理州工商业联合会直属会员单位》牌匾。州委统战部副部长，州工商联党组书记、副主席李立基主持会议。

2月25日，大理兴洲小额贷款有限责任公司在大理市下关正式挂牌成立。该公司是经省政府金融办批准成立的，在全省工商联系统尚属首家，由州商会、市商会、州内4家知名企业和6位知名企业家个人共同依法出资设立，注册资本金为3250万元人民币。公司将充分发挥方便快捷、形式灵活的优势开展业务，支持“三农”、服务中小企业。

【鼓励创业“贷免扶补”】 4月27日，大理州工商业联合会在州工商联会议室召开大理州工商业联合会鼓励创业“贷免扶补”工作会议，来自全州12县市工商联的负责人和具体负责“贷免扶补”工作的人员参加会议，会议向12县市工商联下达了鼓励创业“贷免扶补”2009年须完成的任务，成立了鼓励创业“贷免扶补”工作领导小组。州政协副主席、州工商联主席寇铸勋任组长，中共大理州委统战部副部长、州工商联党组书记、副主席李立基，州工商联副主席杨自尚任副组长；宾川县政协副主席、县工商联主席罗增福，巍山县政协副主席、县工商联主席赫振伟，大理市工商联主席赵吉运，漾濞县工商联主席苏永德，祥云县工商联主席罗珍铧，弥渡县工商联主席黄正来，南涧县工商联主席杨开旺，永平县工商联主席马丽娟，云龙县工商联主席杨学斌，洱源县工商联主席张树标，剑川县工商联主席杨瀚，鹤庆县工商联主席徐润莲为成员。寇铸勋、杨自尚出席会议，李立基主持了会议。年内，省工商联下达给大理州90名鼓励创业“贷免扶补”的工作任务圆满完成。

【参政议政】 年内，结合大理州经济发展中的热点、难点问题，大理州工商联组织工商经济界的会员深入基层、企业开展调研，向州人大、政协提交了建议和提案。提交的团体提案有《关于加强非公有制经济组织和社会组织人才队伍建设的提案》、《切实增加科技创新经费投入，促进产业结构调整》、《切实解决中小企业融资难问题，帮助非公有制企业应对国际金融危机的影响》、《尽快出台帮助非公有制企业应对国际金融危机的优惠政策、措施》等9个，受到有关部门重视。

【调查研究】 8月11日，省工商联副主席铁军、副巡视员张丽娅一行到大理州就“云南非公企业吸纳社会就业状况”、“工商联（商会）组织在县域经济发展中的地位和作用”开展调研，州政协副主席、州工商联主席寇铸勋就上述情况作了汇报，部分直属会员单位相关人员及州、市工商联全体干部职工参加汇报会，大理市和弥渡县做了专题汇报。大理瑞鹤药业有限公司、大理华兴企业集团、云南清逸堂实业有限公司、云南力帆骏马车辆有限公司也分别作了发言。

10月19～20日，云南省工商业联合会主席杨焱平一行就“依靠科技创新促进产业结构调整”深入到祥云飞龙实业有限公司、云南力帆骏马车辆有限公司、云南清逸堂实业有限公司、大理华兴企业集团、大理欧亚农业科技开发有限公司开展调研。州政协副主席、州工商联主席寇铸勋，州委统战部副部长、州工商联党组书记、副主席李立基，州工商联副主席杨自尚参加了调研。20日下午，调研组在州工商联会议室召开座谈会，大理华兴企业集团、云南清逸堂实业有限公司、大理浙江（温州）商会、大理瑞鹤药业有限公司、大理纳思屋业有限公司、大理市源泉商贸有限责任公司等分别作了发言。

在历时半年时间，深入全州12个县市非公有制企业开展广泛调研的基础上，州工商联形成了《关于国际金融危机对我州非公有制经济影响情况的调查》、《大理州非公有制经济组织和社会组织人才队伍建设情况的调查》、《大理州工商联光彩事业发展情况的调查》、《关于全州非公有制企业依靠科技进步促进产业结构调整的调查》4个调研报告，为党委、政府提供了有价值的决策依据。

【表彰先进】 年内，大理州工商业联合会在全省工商联系统2009年度工作目标责任制考核评比中荣获三等奖。云南力帆骏马车辆有限公司在2008年度全国工商联上规模民营企业调研排序中营业收入总额列第350位，云南祥云飞龙有色金属股份有限公司、大理华兴企业集团分别列第507位和2095位。10月，云南大理东亚乳业有限公司总经理彭金国被云南省工商业联合会授予云南省第三届"优秀中国特色社会主义事业建设者"称号；大理佳诚房地产开发有限公司总经理赵中柱获提名奖。在庆祝新中国成立60周年活动中，州工商联精心选送作品参加"云南省非公经济人士纪念新中国成立60周年摄影展"，其中《乡村节庆》、《对歌》荣获二等奖和优秀奖。组织撰写的《发挥工商"联动"作用，推动非公经济快速健康发展》理论文章刊登在《辉煌的大理州统战事业》上。

【新任州工商联执委、常委】 年内，在大理州工商业联合会三届四次执委会上，南涧县工商业联合会主席杨开旺、祥云县工商业联合会主席罗增铧被增补为大理州工商联第三届执行委员会委员。

【光彩行动】 7月27日，云南省光彩事业促进会七彩云南助学资金启动仪式在大理市下关举行，资助对象是当年各州市高考文、理科第一名和品学兼优、家境贫穷的少数民族学生，分别给予每人3万元奖励性资助和2万元助学金，帮助其完成大学学业。

【全州工商联组织情况】 2009年末，全州有工商联会员5648个，其中企业会员938个、个人会员4293人、团体会员25个、原工商业者392人，州工商联直属会员商会1个，异地商会3个、乡镇商会43个、行业商会9个。

【州工商联领导机构】 2009年末，大理州工商业联合会（商会）第三届执行委员会成员组成情况：

主　席（会长）：寇铸勋

副主席（副会长）：李立基　杨自尚　李志林　杨　龙　施　祥　范光亮　马伟亮　郑昆芳

副会长：张枝荣　罗乃炘

秘书长：闫文聪

常　委：寇铸勋　李立基　杨自尚　李志林　杨　龙　施　祥　范光亮　马伟亮　郑昆芳　张枝荣　罗乃炘　闫文聪　赵吉运　杨寿天　苏永德　赵有光　罗增福　黄正来　钱德厚

委　员：寇铸勋　李立基　杨自尚　李志林　杨　龙　施　祥　范光亮　马伟亮　郑昆芳　张枝荣　罗乃炘　闫文聪　赵吉运　杨寿天　苏永德　赵有光　罗增富　黄正来　钱德厚　赵　霞　杨章宏　杨　明　张光明　熊有明　李廷柱　戴祖为　董建升　倪文郁　罗增铧　阮兆旺　毛光芬　谢金平　廖文彬　杨开旺　张　宁　杨文彦　马丽娟　黎新琼　杨学斌　尹何春　张树标　李协鼎　杨　瀚　张月秋　徐润莲　杨　虎　杨金林

（《工商联》由赵红燕撰稿）

人民团体

·工　会·

【召开州工会八届二次全委（扩大）会】 3月2日，州工会八届二次全委（扩大）会议在下关召开。州人大常委会副主任、州总工会主席彭增梅，州人民政府副州长程云川等领导出席会议，各县市委、政府分管联系工会工作的领导、州级有关部门负责人、县（市）总工会主席参加会议。程云川代表州委、州政府作《明确任务，坚定信心，努力促进全州经济社会平稳较快发展》的讲话，彭增梅作《建功立业保增长，维权帮扶促稳定，在推动经济平稳较快发展中充分发挥广大职工和工会组织的重要作用》的工作报告。会议对2008年全州工会工作作了全面总结，明确了2009年工作目标。会议还听取了《工会经费审查报告》和《女职工工作报告》；会议对2008年工会工作目标责任先进县市进行了表彰，签订了2009年度工会工作目标责任书。

【广泛开展送温暖活动】 1月7日，州总工会2009年春节送温暖活动启动，州、市党委、政府、人大、总工会领导出席启动仪式，副州长程云川在启动仪式上作讲话，中共大理市委副书记杨晓源主持启动仪式。仪式上，州、市领导为大理市辖区内企业困难职工、单亲困难职工和患重大疾病职工家属代表等200人发放了10万元慰问金和价值2万元的慰问品，并与他们一起观看了大型歌舞"蝴蝶之梦"。据统计，2009年，全州送温暖活动共筹集慰问资金515.37万元，慰问组分赴社区、厂矿、华侨农场、矿山、林业和水利系统等单位，对进入困难职工档案、临时发生特殊困难职工、农民工、一线职工等12524人进行了慰问。

【全面实施工会经费税务代收】 根据云南省总工会和云南省地税局的统一安排，州总工会报经州人民政府同意，从2009年1月1日起，在全州机关、企事业单位全面实施了工会经费和建会筹备金委托地税机关代收工作，该项工作的实施有效地解决了工会经费"收缴难"的问题，为工会组织履行职能提供了有力的物质保障，为推动工会重点工作发挥了重要作用。截至12月底，全年共收工会经费5209万多元，增长率达500%，经费上交率及收缴率发生了巨大变化，支付地税机关代征手续费260多万元，实现了工会经费征收的历史性跨越。

【积极应对国际金融危机】 年内，州总工会结合深入学习实践科学发展观活动，采取有效措施，积极应对国际金融危机。针对金融危机对企业生产经营、职工生活造成了影响、大量农民工返乡的现状，州总工会及时下发了《关于在全州各类企事业单位中广泛开展同舟共济保增长，建功立业促发展竞赛活动的通知》，并联合州劳动局、州工商联、州经委向全州各级工会、企业和职工发出《同舟共济保增长，建功立业促发展》的倡议书，各级工会组织把做好困难职工帮扶工作作为金融危机背景下保增长、保民生、保稳定的大事来抓，积极组织企业和职工开展共同约定行动，对困难企业、困难职工及返乡困难农民工进行慰问和帮扶。

【与大理市党、政领导就工会工作开展

座谈】 3月16日，州总工会与中共大理市委、市政府领导就工会工作召开座谈会。会上，州人大常委会副主任、州总工会主席彭增梅通报了2008年大理市总工会工作情况，对大理市委、市政府一年来重视、关心、支持工会工作表示感谢，与市委、市政府领导一起分析研究了2009年大理市总工会面临的重点、难点工作，并对大理市总工会工作提出了更高的要求。大理市委常委、常务副市长阿泽新，市委常委、办公室主任黑尚锋分别在会上作了表态发言，表示将一如既往的关心支持工会工作；全面加强大理市基层工会组织建设，增强基层工会组织的活力；支持、协助市总工会做好职工合法权益的维护工作；下大力气抓好困难职工帮扶中心建设，重点抓好困难职工的帮扶、培训工作。州总工会党组书记、常务副主席赵明光，州总工会副主席阮荣科，市总工会主席、副主席和州总工会机关干部职工参加了座谈会。

【省总工会副主席王惠萍到大理、祥云调研】 4月1～2日，省总工会副主席王惠萍在州人大常委会副主任、州总工会主席彭增梅的陪同下，就工会维权维稳、企业如何应对经济危机和工会经费税务代收工作到大理市、祥云县开展调研。期间，王惠萍一行先后深入到大理市清逸堂实业有限公司、大理华兴集团、祥云县飞龙实业有限公司、大理州中青石化有限公司、祥云县建材集团有限责任公司等企业，并与企业工会主席、行政领导及县(市)地税局、劳动和社会保障局领导进行座谈。座谈会上，王惠萍对县(市)总工会如何进一步做好工会工作提出了指导性意见。

【工会工作现场会在祥云召开】 4月28日，州工会工作现场会在祥云召开，州人大常委会副主任、州总工会主席彭增梅，州总工会党组书记、常务副主席赵明光，州委学习实践科学发展观第八指导检查组组长张彪、州总工会副主席阮荣科、中共祥云县委领导出席会议。12县市工会主席、州总工会各部室负责人和祥云县总工会干部职工参加了会议。会上，中共祥云县委副书记李宗贤致欢迎辞；祥云县总工会结合深入学习实践科学发展观活动，就如何落实2009年州总工会目标责任工作进展情况作了汇报；阮荣科就全州工会系统学习实践科学发展观第一阶段工作情况进行了通报，并对下步分析检查阶段和整改落实阶段工作提出了要求；11县市总工会分别作了交流发言；赵明光就做好工会重点工作作了全面安排和要求；彭增梅最后对会议作了总结。

【走访慰问农民劳模】 “五一”前夕，在州委副书记王桂芳，州人大常委会副主任、州总工会主席彭增梅和州总工会第八届常委的带领下，大理州组成5个慰问组，分别对10个县市的25名全国、省部级农民劳模进行了走访慰问。慰问组深入山区、社区、村组，带着州委、州政府的温暖，带着为农民劳模解决实际困难的真情，与农民劳模促膝交谈，嘘寒问暖、听取意见、建议和要求。慰问组每到一处都查看劳模家庭住房状况和生产生活情况，对那些有实际困难的劳模家庭，与其共同商讨解决困难的办法和措施，鼓励他们树立战胜困难的信心和决心。经走访调查，州总工会对生产、生活存在困难的8名农民劳模分别给予了帮扶。

【省职工经济技术创新活动推进会在大理召开】 5月22日，云南省职工经济技术创新活动现场推进会在大理召开。州委常委、常务副州长马建全到会致欢迎辞；云南省总工会党组书记、常务副主席卢正国作了讲话，总结前段工作、部署下一阶段工作，对大理州开展职工经济技术创新活动给予充分肯定，并对全省各级工会组织开展经济技术创新活动提出了明确要求；大理、红河、昆明等州市总工会作了交流发言。全省各州市总工会副主席、职工技术协会办公室主任参加会议，州人大常委会副主任、州总工会主席彭增梅出席会议。

【农民工职业技能培训基地成立】 为建立农民工培训工作长效机制，根据省总工会安排和要求，大理州总工会依托州技工学校，于5月份挂牌成立了“大理农民工职业技能培训基地”。培训基地成立了由州总工会党组书记、常务副主席赵明光任组长、州技校校长任副组长，州总工会生活保障部、州技校教务处等相关部室人员为成员的领导小组，具体负责组织协调培训各项工作。

【工会系统业务培训暨职工运动会在关举行】 6月2日，为期两天的全州工会系统业务培训暨职工运动会在下关举行。州总工会主席、副主席、各部室负责人对全州工会系统的70多名工会干部进行了系统的业务培训。州人大常委会副主任、州总工会主席彭增梅，州政协副主席孙珍玲，州委副秘书长李震，州级各有关部门领导出席运动会开幕式，70多名运动员参加了集体跳绳、篮球、“海底传月”、拔河、旱龙舟、双人移球、寻宝蹦蹦跳7个项目的角逐。

【税务代收工会经费工作联席会议召开】 6月15日，州总工会与州地税局召开税务代收工会经费工作联席会议。税务代收工会经费领导小组的有关领导、州总工会、州地税局、经办业务银行的相关人员参加会议。会上，州总工会通报了大理州上半年以来实行税务代收工会经费的情况，提出了改进和完善税务代收工作的意见建议；会议还讨论通过了《税务代收工会经费工作联席会议制度》。

【开展返乡农民工及下岗职工职业培训】 4月7日～6月20日，州总工会举办4个工种的技能培训，培训下岗职工和返乡农民工203人(其中农民工186人)，共投入培训资金22.89万元。培训汽车驾驶员38人(其中失业职工17人、农民工21人)，培训农民工中小型施工机械操作员105人，初级育婴师35人，初级护理员25人。

【职工医疗互助活动】 年内，在州委、州政府和各相关单位的支持配合下，第五期职工医疗互助活动圆满完成，为10765人次兑付了584.46万元互助金。第六期职工医疗互助活动顺利开展，截至2009年6月30日，共收互助金726.52万元，共有141650人参加。自活动开展以来，先后为患病住院的38374名职工兑付了2299万多元补助金，连续6年被云南省总工会评为特等奖。

【州级机关企事业单位工会收归州总工会管理】 年内，经州委批准，在深入调查研究的基础上，州总工会把原由大理市总工会管理的州级机关工会收回，由州总工会机关工作委员会统一管理，并于8月1日正式进行档案移交工作。第一批上划移交的基层工会有160个，职工8792人，会员8570人。其中：机关工会组织79个，职工3583人，会员3422人；事业单位工会组织79个，职工4587人，会员4552人；企业工会组织7个，职工822人，会员596人。

【举办大理州第四届职工技术技能大赛】 8月7日，大理州第四届职工技术技能大赛表彰大会在龙山国际会议中心隆重举行。会上，中共大理州委副书记王雪峰代表州委、州政府讲话，州委常委、州委宣传部长王以志，州人大常委会副主任杨宴君，州人大常委会副主任、州总工会主席彭增梅，副州长程云川，州政协副主席孙珍玲，州政府秘书长李超等领导为110名优胜选手颁奖，技能状元熊文福代表参赛选手发言。本届职工技术技能大赛历时两个多月，共有来自教育、畜牧、电力、交警4个系统11个工种的5000多名选手参加初赛，400多名选手参加了州级决赛，熊文福等11名选手被授予"大理州职工技能状元"称号，其中畜牧专业的2名技能状元分别获得10000元奖金和1台摩托车；马顺伟等22名选手被授予"大理州职工技术能手"称号，并分别获得3000元、2000元奖金，77名选手获得优胜奖，分获500元奖金。

【组团参加云南省职工才艺博览会】 8月10～14日，由祥云、鹤庆、剑川3县总工会，大理电视台，云南清逸堂公司等单位组成的参展团代表我州参加云南省职工才艺博览会。期间，省人大常委会副主任、省总工会主席江巴吉才，省总工会党组书记、常务副主席卢正国，省总工会副主席杨建军、李晋云、王惠萍等领导专程到大理州展厅参观。本次博览会规格高、规模大、门类齐、范围广，是省总工会为庆祝新中国成立60周年而举办的一次重大庆典活动。博览会布展面积达7000多平方米，全省16个州市、40多家省级厅局（公司）组团参展，共精选了352项创新成果，970件文化作品、441件手工作品、60个文艺节目参加展览、展演。大理州共有200多件文化、手工作品参展，其中，1件作品被省总工会收藏，1件文化作品被评为一等奖，3件手工艺作品被评为二等奖；大理州参展团荣获优秀组织奖和最佳展位奖两项殊荣。

【州直属机关企事业单位工会工作会议召开】 8月20日，州直属机关企事业单位工会工作会议在龙山国际会议中心召开。州委副书记王雪峰到会讲话并对收归管理后的机关工会工作提出了要求，州人大常委会副主任、州总工会主席彭增梅出席会议，州总工会党组书记、常务副主席赵明光就机关工会如何发挥作用等问题作了讲解，会议由州总工会副主席阮荣科主持，州直机关企事业单位基层工会、系统工会主席，州直属机关企事业单位党委负责人以及市总工会领导等170余人参加会议。

【继续开展"寒窗助学"活动】 年内，州总工会继续开展"寒窗助学""金秋助学"活动，帮助困难职工解决子女上学资金难的问题。据统计，全州共资助困难职工子女290人，发放103万元助学金，其中，州总工会直接资助困难职工子女173人，发放48.5万元助学金，12县市总工会资助117人，发放51.8万元助学金。

【开展"贷免扶补"工作】 年内，根据云南省人民政府办公厅《关于印发<云南省鼓励创业贷免扶补实施办法（暂行）>的通知》和6部门联发的《云南省鼓励创业贷免扶补实施办法细则（暂行）》等文件精神，大理州为符合条件的81名职工争取到405万元贷款，其中，大学生2人、失业人员21人、复转军人15人、农民工43人。

【组织一线职工赴外地疗养】 年内，州总工会先后分4期，组织农业、水利、建筑、力帆骏马集团、佳丽集团、清逸堂及大理市33个社区工会的203名一线职工到省工人疗养院进行健康疗休养活动，共投入经费23.22万元，人均1100元。

【召开"我与祖国共奋进"劳模座谈会】 9月27日，庆祝新中国成立60周年——"我与祖国共奋进"劳模座谈会在龙山国际会议中心一号厅召开。90位来自全州各级的劳动模范和先进工作者代表，全国、云南省"五一劳动奖状"（奖章）获得者代表，全国、省、州"工人先锋号"获得者代表，省州劳动关系和谐企业代表，大理州优秀职工代表和技术技能状元代表欢聚一堂，畅谈与祖国心连心，与祖国共奋进的深切感受。州委副书记、州长何金平在会上发表讲话，州委副书记王桂芳、王雪峰，州政协主席袁爱光，州委常委、州委统战部部长杨秀星，州委常委、州委秘书长杨健，州委常委、市委书记段玠，州委常委、州委宣传部部长王以志，州委常委、大理军分区政委马美能，州委常委、州委政法委书记茶忠旺，州人大常委会副主任、州总工会主席彭增梅，州政府副州长程云川等领导出席座谈会，并为劳模代表、先进集体代表等佩戴"我与祖国共奋进"授带，少先队员为出席座谈会的代表献花。全国"五一劳动奖状"获得者杨金山，全国机械工业劳动模范马伟亮，全国劳动模范杨跃，省"十佳农民工"、省"五一劳动奖章"、州技能状元获得者李汝荫，省再就业先进个人李珍等分别在会上发言。出席座谈会的领导与90位代表合影留念，并参观了云南力帆骏马车辆有限公司、大理啤酒有限公司。

【省总工会副主席李晋云到大理开展慰问】 国庆前夕，省总工会副主席李晋云带着省委、省政府和省总工会的深情厚谊深入到巍山、祥云两县慰问了部分省部级劳模和困难职工。在省总工会的安排下，全州各级工会组织积极行动，采取入户走访、集体座谈、邀请出席节日庆典活动等形式，在国庆节前完成对全州省部级劳模和困难职工的慰问工作。据统计，全州各级工会对62名省部级困难劳模发放19.4万元帮扶补助金，给予500余名困难职工每人600元的慰问金和价值100元的慰问品。

【加强工会组织建设】 年内，大理州按照州委关于工青妇工作安排，不断强化县级工会组织建设，规范乡镇工会，推动社区工会组建，全州110个乡镇、12个工业园区、40个社区建立了工会联合会或联合工会，改组、改制企业工会整合工作也同步推进，工会三级组织网络不断健全；按照"哪里有职工，哪里就有工会组织"的建会方针，整体推进建会入会工作，最大限度地把职工组织到工会中来，做到"新建一家企业、组建一个工会"，推进行业、系统、工业园区（小区）、社区工会的组建，职工入会工作取得了历史性突破。截至年末，全州有2231个机关企事业单位建立了工会组织，发展会员178164人、递增10%以上；有1034个基层工会建成了县以上合格职工之家，276个基层工会建成了州以上模范职工之家。

【加强工会干部队伍建设】 年内，按照"党政重视支持好、组织网络健全好、履行基本职责好、指导帮助基层好、服务职工群众好、围绕中心服务大局好"的"六好"标准，结合"有牌子、有印章、有组织、有办公地点、有制度、有经费、有活动场所、有作为、有地位、有形象"的要求，大理州工会系统认真落实州委召开的工青妇工作会议精神，在继续坚持乡镇工会主席高配的同时，全州县乡两级工会主席全部由县市人大常委会副主任、乡镇人大主席或副书记分别担任。年内，110个乡镇专职工会干事、50个建制镇总工会专职副主席逐步到位，全州乡镇、社区专兼职工会干部队伍不断壮大，结构更加合理，素质不断提高。

【加强工会女职工组织建设】 年内，在注重创新发展的同时，各级工会组织高度重视女职工组织建设工作，不断推进全州工会女职工工作规范协调、可持续发展。州工会、10县市工会及50个乡镇总工会分别进行了工会换届选举，在换届选举过程中，各级党委和工会组织坚持“三同时”原则，把业务精、工作责任心强，热爱女职工工作的人员配备到女工组织中来。截至12月31日，全州有基层工会组织2443个、会员193091人、其中女会员70070人，有1981个基层工会建立了女职工组织，有462个基层工会因女职工人数较少，分别设立了女职工委员会，有专职女职工干部11人、兼职女工干部2929人。

【加强困难职工帮扶网络建设】 年内，全州各级工会组织积极构建以州级帮扶中心为骨干，县（市）级帮扶中心为支撑，街道、社区、镇和企业帮扶站（点）为基础的完整的工会帮扶工作网络。州级、12县市建立了困难职工帮扶中心，乡镇和社区建立了帮扶点，为1.1万多名困难职工建立了档案并实行动态管理，推动形成了以医疗救助、就学救助、就业援助、法律援助为主要内容的多方位、全域覆盖的帮扶体系，对困难职工做到了“致贫原因清、家庭情况清、帮扶愿望清、脱贫措施清”，增强了困难职工帮扶的实效性。

【加强工会经费管理】 年内，全州各级工会组织不断加大《工会法》的宣传教育力度，使企业了解相关的法律法规，积极主动地依法支持职工加入工会。在工会经费税务代收工作中，税务部门及时制定征收目标，做细做实各项工作，确保了经费收缴。对已认定未征收工会经费的单位及未建立工会组织的单位，地税机关按规定催缴及收取建会筹备金，及时解决征收工作中存在的问题。州总工会、州地税局、州农行加强协调，本级不能处理的问题，积极向上级反映，充分发挥职能作用，尽量做到少出问题或不出问题。工会经费实行税务代收后，工会经费形成收支两条线，工会和税务部门相互协作、相互监督，形成了工会监督税务征收，税务监督工会经费使用的双向监管制度，确保了工会经费分成按时下拨。

【州总工会与州人大办公室召开联系会议】 12月30日，州总工会与州人大办公室召开联系会议。州人大常委会主任字国顺，州人大常委会副主任杨宴君、张如旺、尚愉民、刘世兴、彭增梅、陆璐、秘书长李宗贤，州人大各专工委负责人，州总工会全体职工参加了会议。会议由州总工会副主席阮荣科主持，州总工会党组书记、常务副主席赵明光汇报了州总工会一年来的工作情况和下一步工作打算。会上，字国顺、杨宴君等领导分别讲话，州人大各专工委负责人、州总工会各部室负责人也作了发言。

【召开职工信访及法律援助工作联席会议】 12月29日，州总工会、州司法局、州信访局召开大理州职工信访及法律援助工作联席会议。州委常委、州委政法委书记茶忠旺，州人大常委会副主任、州总工会主席彭增梅，州政府副州长、州公安局局长郭有兵，州政府副秘书长、州信访局局长李国章，州政府副秘书长、州法制局局长马忠华及州直机关纪工委、州总工会、州司法局、州信访局、州中级人民法院、州普法办的领导参加了会议。会议由州总工会党组书记、常务副主席赵明光主持，会议通报了各相关部门一年来开展职工信访和法律援助工作情况，对2010年的信访工作作了安排和部署。

【大理市公共汽车公司喜获全国“五一劳动奖状”】 4月28日，中华全国总工会召开庆“五一”表彰大会，大理市公共汽车国有独资有限责任公司喜获全国“五一劳动奖状”荣誉称号。公司现有运营线路19条，运营车辆296辆，日发车2500班次，日行驶近6万千米，运送乘客21万人次以上，是大理州最大的国有城市公交企业，是城市“三个文明”建设的重要窗口，为大理城市经济社会的发展做出了巨大贡献。近年来，该公司先后荣获中国诚信企业协会荣誉会员单位、云南省工会财务先进单位、云南省建设厅先进单位等称号。

【全国总工会命名表彰“工人先锋号”】 年内，全州各企业在各级工会组织的积极倡议下，坚持不懈地开展创建“工人先锋号”活动，创建工作有了新的突破。云南力帆骏马车辆有限公司拖拉机装配厂第二装配车间、中国人寿保险股份有限公司大理分公司被中华全国总工会命名表彰为全国“工人先锋号”。

【赵立军荣获全国“五一劳动奖章”】 年内，全州各级工会组织积极宣传农民工先进典型，在全社会营造了尊重农民工、关心农民工、爱护农民工的良好氛围，广大农民工以其特别能吃苦、特别能奉献的精神，为推进大理州工业化、城镇化和现代化建设发挥了重要作用。经基层工会民主评选，省、州总工会推荐，向社会公示，全国总工会研究决定，授予大理白族自治州邮政现业局乡村投递员赵立军全国“五一劳动奖章”荣誉称号。

【一批单位、个人获省“五一劳动奖状”“五一劳动奖章”】 年内，各级工会组织在党委、政府的关心支持下，积极开展争先创优活动，广大职工积极参与，有效地推动了机关企事业单位的建设与发展。经州总工会考核推荐，4月28日，云南省召开“五一劳动奖状”“五一劳动奖章”表彰大会，大理市供排水有限责任公司喜获云南省“五一劳动奖状”荣誉称号；大理州金盾保安服务有限责任公司中队长闭正光，祥云县米甸镇党委书记蒋吉富，永平县规划建设局环卫工人李菊花，州人大常委会副主任、州总工会主席彭增梅喜获云南省“五一劳动奖章”。

【工会工作先进县和“六好”乡镇工会受省表彰】 年内，全州各县市工会和乡镇工会按照“组织起来、切实维权”的工会工作方针，着力夯实工作基础，完善工作机制，改善工作环境，打造工作品牌，全面提升县、乡（镇）工会围绕中心、服务大局、维权维稳、和谐发展的能力。经州总工会推荐，云南省总工会研究决定，授予大理州南涧县为云南省工会工作先进县，授予大理市下关镇总工会、巍山县南诏镇总工会为云南省“六好”乡镇工会称号。

【一批单位和个人获云南职工职业道德建设“十佳”】 年内，各级工会组织、工会干部和广大职工按照建设社会主义核心价值体系的要求，广泛深入地开展职工职业道德建设，在平凡的岗位上做出了不平凡的业绩。经各基层工会组织层层选拨推荐，评委会严格评审，《云南日报》公示，云南大理交通运输集团公司被授予“2009年度云南省职工职业道德建设十佳单位”称号；云南省大理州祥云县第四中学党支部书记、校长杨国旺被授予“2009年度云南省第三届职工职业道德建设十佳标兵”称号；云南清逸堂实业有限公司被授予“2009年度云南省职工职业道德建设先进单位”称号；中国移动云南有限公司南涧分公司经理皋国栋被授予“2009年度云南省职工职业道德先进个人”称号。

【一批女职工组织和个人受云南省总工

会表彰】 年内，全州各级女职工组织和广大女职工以强烈的历史使命感和高度的主人翁责任感，努力提升综合素质，争做知识型、技术型、创新型职工，积极投身经济社会建设。经层层筛选和推荐，祥云县妇幼保健院妇产科、巍山县大仓中心卫生院妇产科、大理市地方税务局第一分局被云南省总工会授予云南省“五一巾帼标兵岗”称号；大理市第一人民医院主任医师内二科主任杨桂益、洱源县炼铁中心卫生院护师付梁萍被云南省总工会授予云南省“五一巾帼建功标兵”称号；州政府常务副州长马建全被云南省总工会授予云南省“女职工之友”称号；大理州四方街商贸有限公司总经理刘鸿蕾被云南省总工会授予云南省“再就业创业十佳女明星”称号。

【黄义荣获云南省“十佳农民工”暨“五一劳动奖章”】 年内，全州各级工会组织积极宣传农民工先进典型，在全社会营造了尊重农民工、关心农民工、爱护农民工的良好氛围。广大农民工以其特别能吃苦、特别能奉献的精神，为推进全州工业化、城镇化和现代化建设发挥了重要作用。经基层工会民主评选，州总工会推荐，向社会公示，省总工会研究，大理州家畜繁育指导站奶牛场农民工黄义被授予云南省“十佳农民工”荣誉称号，同时获得云南省“五一劳动奖章”。

【生物生态组合工艺废水处理等4项成果受省表彰】 年内，全州各族职工充分发挥聪明才智，积极投身资源节约型、环境友好型社会建设。经州总工会推荐，巍山县兴巍民族工艺厂的生物生态组合工艺废水处理工程、大理啤酒有限公司杨泽彪开发的水资源节约综合项目、宾川县农业机械管理服务站赵汝能开发的1000公顷果树自压滴灌技术、祥云县建材（集团）有限责任公司徐伟华开发的能量系统优化技改工程被云南省人民政府表彰为云南省职工百佳节能减排创新成果奖。

【州总工会被命名为云南省文明单位】 2009年12月，中共云南省委、省人民政府命名大理州总工会为省级文明单位。同年9月，州总工会被州委、州政府命名为州级文明单位和州级文明系统，12县市总工会全部被评为县级以上文明单位，实现了创建文明单位、文明行业的目标。

（《工会》由李军锋撰稿）

共青团、青联

【开展大理州2009年服务青少年月活动】 1月19日下午，团州委启动“真情暖流，共享和谐”——大理州2009年服务青少年月活动，邀请全州部分进城务工青年和返乡青年代表共聚一堂，倾听大家的心声，共谋新年发展。副州长朱非在座谈会上作讲话，州政协副主席孙珍玲，州市总工会、州市劳动和社会保障局等单位领导出席座谈会。会后，朱非、孙珍玲等参会领导还依次走访慰问了大理清逸堂有限责任公司、大理市保安公司、大理市经济实用住房建筑工地以及民升超市的务工人员，为他们送去了慰问金和慰问品。在“真情暖流，共享和谐”——大理州2009年服务青少年月活动中，团州委还争取社会各界的支持，帮助200名家庭经济困难学生欢度春节，为每名学生赠送价值100元的爱心包。

【召开共青团大理州十一届二次全委（扩大）会议】 1月22日，共青团大理州十一届二次全委（扩大）会议在下关召开。中共大理州委副书记王桂芳，州人大常委会副主任陆璐，州政府副州长朱非等领导出席会议，来自12个县市团委、州属各有关单位的负责人及网络工作人员共100多人参加了会议。会议全面总结回顾了2008年的共青团工作，对2009年工作作了全面部署。会上，州民族中学等5个在“祖国在我心中·我所知道的改革开放”有奖征文中获得组织奖的单位受到表彰奖励；中策装饰有限公司因向洱源县茈碧湖镇海口村“希望工程”捐款20万元，被授予荣誉牌匾。会后，团州委就电子团务集成工作平台对与会人员进行了培训。

【大理州青年联合会五届一次全体会议召开】 3月18～19日，大理州青年联合会第五届委员会第一次全体会议在下关召开。州委副书记王桂芳在会上讲话，州人大常委会主任字国顺，共青团云南省委副书记、云南省青联主席陆平，州委常委、州委统战部部长杨秀星，州委常委、州委宣传部部长王以志，州委常委、州委组织部部长叶翠萍，副州长洪云龙等领导出席会议。大会选举产生了州青年联合会新一届委员会主席、副主席、常务委员。杨瑜当选为五届青联主席，刘海涛、席玲等11人当选为副主席。会上，大理州青年企业家联谊会和大理州青联荣誉委员会成立，州青联自身建设得到全面加强。

【首届“大理青年创业州长奖”颁奖仪式举行】 3月20日，团州委举行以“青春扬帆白州·创业促进成长”为主题的大理青年创业就业行动计划启动仪式暨首届“大理青年创业州长奖”颁奖仪式。州委副书记、州长何金平，州委副书记王桂芳，州委常委、常务副州长马建全，州委常委、州委组织部部长叶翠萍，副州长朱非等出席仪式并为10名获得“大理青年创业州长奖”以及12名获得“大理青年创业州长奖”提名奖的获奖者颁奖。颁奖仪式上，何金平作了重要讲话。

【推出“团青卡”】 年内，团州委在学习实践科学发展观活动中，创新服务模式，联合联通公司推出“团青卡”，通过资费优惠、信息服务等举措，积极为进城务工青年服务，进一步调动他们的工作热情和创造激情。

【纪念“五四”运动90周年】 4月30日下午，团州委在州体育馆举行纪念“五四”运动90周年大会，中共大理州委书记刘明出席大会并讲话，大会对近年来涌现出的“五四”红旗团委、团支部，优秀共青团员和团干部进行了表彰。大会结束后，“成长”主题歌咏会在大理州延安精神宣讲合唱团和老兵合唱团演唱的《希望寄托在你们身上》歌声中拉开序幕，大理学院、大理卫校、州民族中学、州实验中学、州实验小学、武警大理支队团委先后演唱了《我们是共产主义接班人》、《同一首歌》、《当祖国召唤的时候》等歌曲。来自大理市的500名新团员举行了入团宣誓仪式。

【州预防青少年违法犯罪工作领导小组在团州委召开会议】 2009年5月20日上午，大理州预防青少年违法犯罪工作领导小组在团州委召开会议，研究大理州预防青少年违法犯罪工作。州委常委、州委政法委书记、州预防青少年违法犯罪工作领导小组组长茶忠旺到会讲话，州人大常委会副主任、州总工会主席、州预防青少年违法犯罪工作领导小组副组长彭增梅，州政法委副书记张学等14个成员单位的领导出席了会议。

【出台《关于进一步加强党建带团建工作的意见》】 州工青妇工作会议结束后，团州委在深入调研和广泛征求意见的基础上，联合州委组织部于6月份出台了《关于进一步加强党建带团建工作的意见》。《意见》进一步明确了党建带团建工作的指导思想、基本原则和目标任务;进一步强化了党建带团建工作的主要内容和具体措施;进一步完善了党建带团建工作的各项制度。《意见》的出台为全面加强基层的团组织建设提供了理论依据和制度保障。

【举办"青少年成功与家庭教育"公益讲座】 6月21日,共青团大理州委联合中国金口才教育培训中心、中国情商教育培训中心,邀请世界华人教育协会副主席、亚洲八大名师、全国著名演讲家蔡朝东作"青少年成功与家庭教育"的公益讲座。讲座中,蔡朝东对青少年成功与家庭教育的关系,家庭教育的有效方法、常见误区,以及孩子成长中的烦恼、困惑、迷惘等问题进行深入剖析,和家长、孩子一起来探索怎样让孩子成人、成才、成功的理念和途经,为家庭教育和孩子健康成长提供了全新的理念和有效方法。

【圆满完成全国沙滩排球巡回赛(大理站)志愿者服务工作】 7月,全国沙滩排球巡回赛(大理站)赛事举行,团州委组织了100名志愿者为赛事提供服务。志愿者们发扬"奉献、友爱、互助、进步"的精神,以昂扬的斗志、饱满的热情,冒着大雨,全力以赴,克服困难,高质量地完成平沙、捡球、计分、引导、秩序维护等赛事服务,保障了赛事顺利、有序、安全地举行,受到各级领导和州内外嘉宾的高度评价,充分展示了大理青年良好的精神风貌。

【青少年"希望之星"英语口语大赛大理分赛区选拔赛】 7月26日,团州委联合州教育局在下关一中举办2009年云南省青少年"希望之星"英语口语大赛大理分赛区选拔赛。大赛旨在倡导英语口语交际,培养英语学习兴趣和实际应用语言能力,通过口语能力的发展牵动潜在的其他能力的发展。共有561名选手参加本次全州选拔赛,比赛分为幼儿组、小学两个组、初中组、高中组、大学成人组。通过选拔,每组产生6名,共36人进入全省选拔。

【举办云南希望工程送教大理·教师培训华能班】 7月26～30日,云南希望工程送教大理·教师培训华能班在下关圆满完成各项培训任务,来自大理、西双版纳、普洱、临沧、丽江等州市的270名小学教师参加培训。中国青基会希望工程教师培训中心副主任王毅,云南青基会秘书长沈光鑫,国家行政学院教授、本次培训活动教务总监王秀云,华能澜沧江水电公司大理分公司副经理章津云等出席开班仪式。

【中国少年先锋队大理州第一次代表大会召开】 11月9～10日,团州委组织召开中国少年先锋队大理州第一次代表大会。大会提出:"沐浴党的阳光,争当'四好'少年,时刻准备着,为建设富裕民主文明开放和谐大理贡献力量"。全国少工委、中共大理州委书记刘明、州长何金平向大会发来贺电贺信;中共大理州委副书记王雪峰,团省委副书记、省少工委主任杨金莹在会上讲话;州人大常委会副主任、州总工会主席彭增梅,州政府副州长岳黎松,州政协副主席孙珍玲,州关工委主任杨旻等出席会议。大会对评出的"十佳少先队辅导员""十佳少先队员"和"优秀环保小卫士"进行了表彰奖励。

【大理州消防志愿服务总队成立】 2009年11月9日,团州委和大理州消防支队举行大理州消防志愿服务总队成立仪式。从即日起,2000多名消防志愿者将在相关部门的组织、指导下,开展日常消防安全知识和消防法规宣传,维护所在机关、团体、企业、事业单位以及社区、街道、村寨的消防安全,协助公安消防部门纠正消防违法行为,为预防和治理火灾隐患贡献力量。

【开展洱海环保志愿者活动】 12月5日,州、市团委在银桥镇新邑村举行志愿者保护洱海清洁活动,志愿者们以清洁洱海、宣传环保的活动来庆祝志愿者日。来自安利中国大理分公司、云南省地质局310队、新加坡南洋学院的120名志愿者参加了当天的活动。

【切实抓好基层团组织建设】 年内,团州委切实抓好基层团组织建设,积极探索新经济组织建团的运行机制,切实加强新经济组织建团工作力度。全年共投入资金30多万元,完成全国基层团建试点2个、省级7个、州级69个;15个符合建团条件的企业全部建立了团组织,积极发挥了团组织在新经济组织中的生产、经营、管理和服务青年等方面的作用;借村级大学生"村官"选配工作的有利时机,配齐配强村团总支班子,有700多名大学生"村官"兼任村团总支部书记或副书记。

【创建"大理青年就业创业见习基地"】 2009年3月,团州委启动"青春扬帆白州,创业促进成长——大理青年创业就业行动计划",并编制印发了《大理青年创业就业见习基地管理办法实施细则(试行)》,标致着"大理青年就业创业见习基地"创建工作的开展。年内,全州共创建了61个就业见习基地,征集见习岗位2420个,有609名青年上岗见习。

【落实鼓励青年创业"贷免扶补"工作】 为进一步加强和改善对青年创业就业的扶持和服务,4月7日,团州委组织12县市团委负责人、部分青联委员代表、大理州青年企业家联谊会代表、青年创业导师代表召开大理青年创业行动计划——"青春彩云南扬帆工程"鼓励创业贷免扶补工作会议,就大理州各级团组织完成2009年度"贷免扶补"青年创业小额信贷工作作了要求和安排。年内,团州委按照"项目化管理、规范化操作、信息化监督、事业化推进"的原则,扎实稳妥地推进鼓励创业贷免扶补工作。截至12月底,全州共有501名青年获得2504.5万元创业小额贷款。

【启动"双十双百"环保行动】 年内,团州委以加强青少年环保意识教育为着力点,以"小项目大影响,低投入高收益"为原则,于9月4日在大理市银桥镇启动了以"人文大理·幸福家园"为主题的"大理青少年环洱海'双十双百'行动",继续在环洱海周围开展"1助1""1帮5"生态监护活动,通过"小手拉大手",不断使洱海保护意识深入人心,为保护洱海作出了积极贡献。年内,团州委组织修建了45个三格式环保卫生厕,创建了1条青少年生态文明示范路,招募了10支青年志愿者生态监护队伍,评选表彰了15名青少年优秀环保小卫士。65名新加坡青年志愿者参加了环保卫生厕的修建,并和当地青年开展了交流活动。

【希望工程成绩斐然】 年内,团州委继续实施"爱心圆梦大学"行动,采取多渠道、多形式筹集了18万元助学资金,帮助贫困学生、尤其是非义务教育阶段高中生和大学新生解决就学难的问题;筹集230万元资金,援建希望小学12所,希望工程工作成绩斐然。

(《共青团·青联》由董学智撰稿)

妇　联

【概　述】 2009年，在州委、州政府和省妇联的正确领导下，各级妇联深入学习贯彻科学发展观和党的十七届四中全会精神，紧紧围绕保增长、保民生、保稳定的大局和州委、州政府的工作部署，发挥优势，凝心聚力，引领广大妇女攻坚克难，为促进全州经济社会平稳较快发展做出了重要贡献。主要做了八个方面的工作：①抓民生改善，加强妇女创业就业和农民工工作；②抓载体创新，开展“保护洱海·巾帼行动”主题实践活动；③抓典型示范，助推新农村建设；④抓稳定和谐，动员组织妇女参与禁毒防艾人民战争；⑤抓教育关爱，促进儿童健康成长；⑥抓节日活动，宣传展示妇女工作；⑦抓协调推动，促进“两个规划”实施；⑧抓学习实践，促进妇联工作科学发展。

【学习贯彻州委工青妇工作会议精神】
2008年12月30日，州委工青妇工作会议召开，各县市相继召开县(市)工青妇工作会议。各级妇联组织精心安排学习活动，及时传达贯彻会议精神，在妇联系统和广大妇女中掀起学习热潮，用会议精神指导工作、推动发展，把州委的关心与要求转化为做好妇联工作的强大动力，进一步增强了做好新形势下妇联工作的决心和信心。

【出台《工作意见》】 州委工青妇工作会议召开以后，经广泛征求各方面意见，中共大理州委出台了《中共大理州委关于进一步加强工会共青团妇联工作意见》，提出“力争经过3至5年的努力，使妇联组织的国家政权重要社会支柱作用和党联系妇女群众的桥梁纽带作用得到更好发挥，服务意识不断增强、组织能力不断提高、自身建设不断加强”。《意见》指出：在下一步工作中，一是要强化领导责任，加强对妇联工作的领导。把妇联工作纳入各级党委工作的重要议事日程；坚持县以上党委常委会每年至少听取1至2次妇联组织的工作汇报；坚持由党委分管领导主持、妇联组织和有关部门负责人参加的协调会议制度；同时要求各级各部门认真落实男女平等基本国策，进一步形成全社会关心支持妇联工作的良好氛围和环境。二是要加强妇联组织领导班子和干部队伍建设。按照干部“四化”方针和德才兼备原则，把政治坚定，有开拓创新精神，有发展潜力，有工作实绩，清正廉洁，群众公认的优秀干部选拔充实到妇联组织领导班子中。加强妇联干部的合理流动，加大对符合条件的妇联中层干部的培养选拔和交流轮岗力度。有条件的县市妇联主席实行高配，乡镇妇联主席进同级党委班子，有条件的乡镇再配备1名妇联专职干部，村委会、社区居委会妇代会主任进村(社区)“两委”班子。三是要加强妇联组织的保障机制建设，强化资金支持力度。每年给州妇联安排20万元培训经费，列入年初预算，要求州、县(市)财政按照本辖区内妇女儿童人数，按人均不低于0.5元的标准，在年度预算中安排妇联工作经费，同时要求县(市)财政给乡镇妇联组织安排不少于3000元的活动经费，把村(居)委会妇联专干的报酬纳入县级财政预算，要求每人每月不低于70元，其中州财政补助20元。四是妇联工作要有新突破。妇联要进一步发挥在推动科学发展、促进社会和谐、服务妇女群众、维护妇女群众合法权益中的重要作用，议大事、干本行、抓载体、求实效，紧紧把全州妇女团结在党的周围。

【开展鼓励创业“贷免扶补”工作】 年内，大理州妇联组织积极开展云南省鼓励创业“贷免扶补”工作，把扶持妇女创业就业作为妇联工作的重点任务，通过培训、座谈、发放宣传材料和走村入户等形式将相关政策宣传到妇女群众中，将妇联组织多年培养的懂技术、会经营、善管理、有带动能力的女能人作为“贷免扶补”初选对象。将扶持创业任务分配到各县市妇联，与各县市妇联签订“贷免扶补”责任书，各县市妇联再把任务分解到各乡镇，对乡镇妇联进行专题培训。建立“摸底调查、培养选拔、申报审核、发放总结”四个工作流程，对贷款资金做到贷前摸底、贷中跟踪、贷后总结，确保资金安全，提高使用效益。2009年，全州妇联系统向611名妇女创业者发放贷款3000万元，带动1500多名妇女就业，已到还款期限的创业人员全部按期足额还款、还款率达100%，“贷免扶补”创业资金运转良好。

【继续推广“巾帼信用贷款”】 年内，大理州妇联组织与农村信用社合作，继续在全州实施“巾帼信用贷款”项目，以方便快捷的信贷方式支持妇女创业发展。2009年，全州发放“巾帼信用贷款”5950万元，扶持1049名妇女，从2007年至2009年末，全州已发放“巾帼信用贷款”13515.82万元，扶持4908名妇女成功创业，为农村妇女创业就业创造了条件。

【加强农民工工作】 年内，大理州妇联组织利用各类教育培训资源，广泛开展妇女职业技能培训，提高妇女综合素质和就业能力。州市妇联与州市司法局共同在大理市湾桥镇举办了一期专门针对外出务工女青年的法律健康知识培训，培训妇女100名，并发放了《农民工维权法律知识手册》《禁毒知识宣传教育读本》和《预防艾滋病宣传手册》等宣传资料。同时，进一步加强维权服务工作，努力维护农民工的合法权益。

【开展“保护洱海·巾帼行动”主题实践活动】 年内，州妇联和大理市妇联、洱源县妇联紧紧围绕州、县(市)党委、政府的决策部署，开展“保护洱海·巾帼行动”主题实践活动。①制定“保护洱海·巾帼行动”实施方案，在“三八”节期间以文艺晚会形式举办启动仪式，组织“环境与健康”大型专题讲座。②州、县(市)妇联开展了6期集中培训，对大理市、洱源县环保局、妇联领导，沿湖(河)重点乡镇、村委会、自然村负责人、妇女志愿者等800多名骨干进行集中培训。在重点乡镇的42个村委会建立起农民环保学校，发放《洱海保护知识读本》教材，开展经常性宣传教育和培训活动。③州妇联投入洱海保护经费13万元，上下联动，层层签订“保护洱海·巾帼行动”责任书，年初州妇联与大理市和洱源县妇联签订责任书，市县妇联与乡镇妇联、乡镇妇联与村妇代会、村妇代会与妇女委员、妇女代表签订责任书，明确具体要求。④培树了开展全民环保教育和农村垃圾市场化定时定点收集清运模式的示范点——大理市银桥镇鹤阳村；洱海保护与“建设新农村·美化新家园·村容整洁大行动”结合的示范点——大理市双廊镇玉玑岛村；成立妇女环保志愿队，建立活动制度，突出抓好环境卫生整治的示范点——洱源县右所镇西湖村等一批典型。⑤探索建立妇女组织、妇女环保志愿队洱海保护活动制度、农民环保学校培训制度，大力推广“门前三包”“公共区域轮流清扫”“垃圾定时定点收集清运”等模式，完善检查考核、信息报送等工作制度，及时总结推广先进经验。

【编印《洱海保护知识读本》】 为充分发挥妇女儿童在洱海保护中的独特作用，使“保护洱海·巾帼行动”主题实践活动更有成效，年内，州妇联编印了《洱海保护知识读本》，第一次印制5000册，发放到大理市及洱源县的环湖乡镇。全书分“环境篇”“洱海篇”“生态文明篇”“行动篇”“宣传篇”“文艺篇”“法律法规篇”7个部分，用简明的问答形式宣传什么是环境、什么是环境污染、洱海有多大、洱海属于哪个水系、什么是生态文明、保护环境随手可做的100件小事等洱海保护知识，该属书还收录了描绘洱海优美风光的歌曲、白族大本曲和《大理白族自治州洱海管理条例》及配套规范性文件。

【编印《家庭教育实用手册》】 为进一步规范家庭教育工作，年内，州妇联编印了《家庭教育实用手册》10000册，作为家庭教育指导教材。全书共分“家教名言”“家庭教育警示”“影响孩子一生的六种好性格”“管教孩子十三戒”“培养孩子三种做人好习惯”“合格父母的八大言行”“对青春期孩子放手而不放纵”、“批评孩子别用这些语言”“中高考前考生的十大问题”“中国经典名言及注释”10个部分。

【以典型示范助推社会主义新农村建设】 年内，州妇联进一步拓展创新“双学双比”竞赛活动，实施新型农民科技培训工程，加大农村妇女教育培训力度，深入开展“建设新农村·美化新家园·村容整洁大行动”，广泛发动农村妇女投身社会主义新农村建设。州妇联多方筹措资金，下拨“新农村建设巾帼示范村”创建经费和培训经费28万元，建成州级示范村36个。永平县杉阳镇岩洞村委会被命名为2009年全国“巾帼科技示范村”和“双学双比”科技示范基地。

【动员组织妇女参与禁毒防艾人民战争】 年内，州妇联以“拒绝毒品、防治艾滋、保护家园、共创平安”主题活动为抓手，以预防宣传教育和关爱活动为重点，动员组织妇女参与禁毒防艾人民战争。①与有关部门密切配合，以“三八”维权周、禁毒宣传月、“六二六”国际禁毒日等宣传活动为重点，广泛开展宣传教育活动，普及禁毒防艾知识，宣传禁毒防艾法规，提高妇女禁毒防艾意识。②开展平安创建活动。开展维稳宣传月活动，下发了《大理州妇联关于做好2009年度综治维稳工作和深入开展“平安家庭”创建活动的通知》，动员千家万户创建“无毒家庭”“平安家庭”“和谐家庭”，充分发挥家庭成员的监督教育作用，积极参与平安建设和综治维稳工作。全州共创建平安家庭示范户28万户。③在巍山等11个县市实施了“受艾滋病影响儿童社区关爱项目”，一期项目资金395320元，救助儿童234名。举办“儿童心理健康及生活技能”培训，42名项目儿童参加了培训。组织2名受艾滋病影响儿童赴北京参加第六届全国少年儿童夏令营。④在大理市等4个县市的25个乡镇实施“艾滋病防治宣传骨干培训项目”，项目资金94200元，对项目区妇女群众进行艾滋病防治宣传教育和知识培训。

【开展“三八”节系列活动】 3月，州妇联组织开展“三八”节系列活动。①组织“环境与健康”专题讲座，举办“保护洱海·巾帼行动”启动仪式暨巾帼颂文艺晚会，通过妇女自编自演关于洱海保护的文艺节目，形象地反映了全民参与洱海保护的重大意义。②围绕健康主题，开展庆“三八”迎国庆女子拔河比赛和妇女钓鱼比赛；邀请陕西“三八”妇乐公司专家到72个单位作关爱女性健康保健知识巡回公益讲座；联合州妇幼保健院组织女性健康体检，检查费用优惠，同时为100名下岗失业女工和农村贫困妇女进行免费妇科体检。③大理电视台等媒体集中宣传报道“三八”节系列活动，“身边”栏目宣传报道了5位优秀妇女典型。

【向全州领导干部家属发出廉政倡议书】 春节前夕，州妇联联合州纪委、州监察局向全州823名县处级以上领导干部家属发出了“廉洁清风进家庭、夫妻共筑防腐墙”的倡议书。向全州领导干部家属倡导积极弘扬家庭美德、职业道德和社会公德，使家庭成为倡导文明新风、弘扬温馨幸福、增添工作动力、共享天伦之乐的幸福港湾。

【接待处理来信来访】 2009年，各级妇联组织接待处理来信来访1919件，其中婚姻家庭类1307件，侵犯人权类284件，拐卖妇女儿童3件；求决325件，共处理1899件、结处率为99%。各级妇联组织积极通过信访渠道化解了大量矛盾，维护了社会的和谐稳定。

【大理州妇联网站开通】 5月12日，大理州妇联网站正式开通，网址是www.daliwomen.gov.cn。网站以粉色为主，强烈突出温馨、细腻的感觉，简约而又大方的设计风格，体现出妇联机构效率优先、服务女性的宗旨。网站设有妇联简介、妇联动态、领导讲话、基层妇联、五朵金花的姐妹们、维权驿站、网上信访、两规两纲、关爱儿童、图片集锦、在线投稿等18个栏目，设置合理，突出本地特色，以图片、文字、视频等多种形式宣传展示各地工作进展和典型经验，全面反映了全州妇联系统工作概况。

【开展庆祝新中国成立60周年活动】 国庆前夕，州妇联组织召开庆祝新中国成立60周年大理妇女发展座谈会，各族各界妇女200多人参加会议。会上，副州长许映苏、州妇联主席焦映作了讲话，张剑萍等8名代表结合各自经历畅谈了体会。国庆期间，州妇联还选送鹤庆县文体局林海一家登上中央电视台“神州大舞台”栏目，参与“爱国歌曲家家唱”活动，获特别节目演播奖。

【开展结核病防治健康知识培训】 3月31日，大理州结核病防治机构与州妇联等多部门合作开展结核病防治健康促进活动培训。12县市卫生局结核病项目办负责人、县市妇联分管领导、全州结核病防治13个重点乡镇的妇联主席等50余人参加培训。本次培训旨在发挥全州各级妇联组织在基层普及结核病防治知识的积极作用，提高项目活动覆盖地区人口的结核病知识知晓水平。培训班上，州妇联主席焦映作了动员讲话，州疾控中心的有关专家为参训人员讲授了大理州结核病防治规划与项目实施情况、结核病防治知识与政策、多部门合作开展结核病健康促进活动等内容。

【巾帼创业导师队成立】 为进一步推进“妇女创业就业援助服务”活动，把创业促就业贷款工作落到实处，帮助更多的妇女自主创业，为妇女创业提供智力支持和技术指导，7月，州妇联成立了“大理州‘贷免扶补’巾帼创业导师队”。导师队由州农业局高级畜牧兽医师楼士胜、瑞鹤药业有限公司董事长郑昆芳、大理毛家饭店总经理刘芬、大理泉源商贸有限公司总经理赵丽红、大理市农业经纪人协会会长段秀芬等46人组成。这支队伍充分发挥有关行政事业单位领导、创业成功人士、巾帼创新业示范带头人、职业经理、大理女企业家群体在资源、信息、管理和社会影响力等方面的优势，为广大妇女就业创业提供指导意见。

【开展“保护生命、平安出行”交通安全宣传教育活动】 年内，州妇联与公安部门配合,通过举办交通安全知识讲座、设立交通安全宣传员、建立"妇女交通安全宣传志愿队"、创建县乡社区三级道路交通安全宣传教育示范单位等形式,发挥妇女在家庭、社会中的说、帮、教优势,积极参与交通事故预防工作,提高群众的交通安全意识。

【"平安家庭"创建活动受全国表彰】 2009年,大理州"平安家庭"创建活动领导组获全国"平安家庭"创建活动先进集体荣誉称号;祥云县祥城镇程官村委会获全国"平安家庭"创建活动先进示范社区(村)荣誉称号;漾濞县政法委李华荣户、巍山县南诏镇赵丽萍户获全国"平安家庭"活动示范户荣誉称号。

【一批单位和个人受全国和省表彰】 在庆祝新中国成立60周年之际,大理州妇幼保健院获"全国三八红旗集体"荣誉称号,大理海之源西湖旅游开发有限公司董事长李菊仙、云龙县宝丰乡大栗树村妇代会主任何锡珍获"全国三八红旗手"荣誉称号,州中级人民法院院长黄为华、州妇联主席焦映获"云南省三八红旗手"荣誉称号。

【开展庆祝"六一"儿童节活动】 "六一"儿童节到来之际,州妇联联合州教育局、团州委、州关工委等单位,在大理市下关六小开展"大理州共享蓝天关爱农村留守流动儿童活动",在全州开展农村留守流动儿童问卷调查,组织开展大理州庆"六一"暨"绿色家园"环保小创作竞赛及展示活动。同时,广泛开展"六一"儿童节慰问活动,动员社会力量为儿童办实事,州妇联还组织到漾濞县苍山西镇河西村和祥云县刘厂镇大波那村、洱源县此碧湖镇海口村学校慰问农村留守、流动儿童和孤残、贫困儿童。

【省妇联主席胡有兰到永平、漾濞调研】 9月14日,云南省妇联主席胡有兰到永平县就综治维稳工作开展调研,通过听取汇报,胡有兰对永平县的综治维稳工作给予了高度评价,对继续抓好此项工作提出了要求。12月11日,胡有兰再次到大理州漾濞县对各级妇联组织参与经济社会建设情况作调研。在实地视察、听取情况汇报后,胡有兰对大理州妇女发展环境的进一步优化和广大妇女在平安漾濞建设过程中发挥的重要作用给予了充分肯定;要求大理州要进一步抓好特色活动和妇联基层组织建设工作,加强自身建设,继续发挥妇联组织的优势,为更多的妇女提供优质服务。

【省妇联副主席和红梅到大理州督查"贷免扶补"工作】 8月初,云南省妇联副主席和红梅一行到大理州弥渡、祥云、南涧、永平、大理、宾川6个县市对鼓励创业"贷免扶补"工作进行了督查。通过听取专题工作汇报、查看相关材料档案、入户访谈和实地查看,和红梅要求各级相关部门要确保"贷免扶补"资金的安全和100%的还款率,要做到"有为有为",积极落实"四个帮扶"服务,做好信息反馈,注重培树典型,同时要建立贷款户定期活动制度。

(《妇联》由李菊荣撰稿)

·妇儿工委·

【概　述】 2009年,大理州政府妇女儿童工作委员会在州委、州政府的领导下,以党的十七大精神和"三个代表"重要思想为指导,以促进妇女儿童发展为第一要务,以全面贯彻实施《妇女儿童发展规划》为主线,深入贯彻落实全国、全省妇女儿童工作会议和省政府实施规划督查反馈意见精神,加强领导,强化宣传,完善措施,组织调研,分类指导,示范先行,开展监测,抓好妇女儿童各项工作的落实。

【召开州妇女儿童工作委员会(扩大)会议】 3月18日,150多人参加的州政府妇女儿童工作委员会(扩大)会议在下关召开。州人民政府副州长、州政府妇儿工委主任洪云龙作讲话。州政府妇儿工委副主任、州妇联主席焦映作工作报告,全面总结2007年以来的"规划"实施工作情况,通报了"规划"实施进展状况,对2009年的妇女儿童工作提出了具体意见。会议的召开,标志着《大理州妇女儿童发展规划》实施进入攻坚阶段。

【目标责任管理考核】 为督促各级各部门更好地履行职责,年初,州妇儿工委出台了《大理州政府妇女儿童工作委员会成员单位工作职责》和《大理州妇女儿童工作目标责任管理考核暂行办法》,进一步明确了各县市、州级各成员单位的工作责任。年终,各成员单位对照目标责任管理考核办法进行了自检自评,有力地促进了规划目标的实施。

【督查"规划"实施工作情况】 为进一步推动《大理州妇女发展规划(2001—2010年)》和《大理州儿童发展规划(2001—2010年)》的全面实施,9～11月,由州统计局、教育局、卫生局、妇联、妇儿工委、发改委、财政局、州委办领导和相关科室负责人组成的6个督查组,对10个县和36个州级成员单位工作实施情况进行了督查。为下一步提出对策建议,推动各级政府、有关部门建立健全工作机制,制定和完善相关法规政策,采取有效措施,加大投入力度,突出重点,突破难点,确保规划各项目标任务的如期实现和编制《大理州妇女发展规划(2011—2020年)》、《大理州儿童发展规划(2011—2020年)》打下了基础。

【加大"规划"实施宣传力度】 2009年,在抓好常规宣传的同时,州妇儿工委编印了《两规通讯》3期,在新开通的大理州妇联网站上设置"妇女儿童发展规划专栏",加大宣传力度,对实施规划的相关内容进行广泛宣传,为妇女儿童发展营造了良好的舆论氛围。据统计,年内,全州共开展电视宣传402次、近70万人次收看,广播宣传208次、近30万人次收听,报纸刊登104次、发行8.95万份,全州各级妇儿工委共出黑板报6403期,组织咨询1518次、21万多人次前来咨询,发放各种宣传资料423种、112.45万份,制作展板134种、共738块。

【组织开展专题调研】 2009年,州妇儿工委在部分州级成员单位和县市妇儿工委组织开展妇女儿童生存、保护和发展情况的专题调研,共形成专题分析报告13篇,有5篇送省妇儿工委办。

【为妇女儿童办实事好事】 年内,州妇儿工委在全州组织妇女进行妇科病检查,对100名下岗失业女工和农村贫困妇女进行了免费检查;筹集贫困孕产妇救助基金465.87万元,当年使用255.51万元,救助贫困孕产妇6252人;当年筹集贫困儿童助学基金94.16万元,当年使用97.94万元,救助贫困学生885人;全州各级共投入资金180多万元为儿童办实事好事395件,受益妇女儿童人数达84655人,其中,妇女40242人,儿童25752人。

【获省妇女儿童工作目标责任管理考核第二名】 12月1～2日,由云南省统计局副局长罗进忠为组长的省妇儿工委考核组对大理州实施云南省妇女儿童工作目标责任管理情况进行了考核。州政府副州长、州妇儿工委主任洪云龙作了工作汇报,相关成员单位作了补充,考核组查阅了档案材料并进行了个别提问,对大理州的工作给予了高度评价。2009年,《大理州妇女发展规划(2001—2010年)》、《大理州儿童发展规划(2001—2010年)》中可量化目标为71项,大理州达标60项,达标率为84.51%;不可量化目标为35项,大理州达标33项,达标率为94.29%。经全省综合评定,大理州目标责任管理综合得分为118分,在全省16个州市中名列第二。

(《妇儿工委》由张云霞撰稿)

文　联

【举办纪念改革开放30周年成就摄影展】 2008年12月25日~2009年2月26日,州文联在大理州艺术馆举办"大理州纪念改革开放30年成就摄影展"。本次展览共展出400多幅摄影作品,内容涉及城市经济、环保与旅游、工业经济、农业经济、城乡生活、教育、科技、体育、卫生、文学艺术、社会主义新农村等。观众可以从中看到30年来大理的喜人变化,有些还触景生情流下了激动的眼泪。观众同时对此次展览的精心设计、精美制作、这些精湛的摄影作品给观众留下了深刻的印象,给予了很高的评价,此次展览一直延迟到2009年9月底。

(王子荣)

【举办纪念改革开放30周年大型书法绘画展】 2008年12月25日~2009年2月26日,州文联在大理经济开发区明珠广场水幕宫举办"纪念改革开放30周年"大型书法、绘画展,展出了一大批由大理书画艺术家以大理州改革开放30周年为主题创作的书画艺术作品。书法作品包含正、草、隶、篆、行各种字体,绘画作品囊括国画、油画、版画等,其中不乏鸿篇巨制。这些书法、绘画作品热情讴歌了改革开放30年来的伟大成就,充分展示了大理艺术家队伍的创作水平。为了让更多的观众参观展览,此次书画展一直推延到2009年2月底才撤展。

(王子荣)

【"记忆大理——李志华摄影展"在昆明举办】 由大理州摄影家协会、大理州群众艺术馆主办的"记忆大理——李志华摄影作品展"于2008年12月25日~2009年1月3日在昆明展出,共展出作品50多幅,是作者于上世纪70、80年代拍摄大理的照片。展出期间,观众络绎不绝,并纷纷留言,云南人民广播电台"交通之声"作了专题报道,《春城晚报》发了《在昆明看大理老照片》的消息。这次展览是大理州摄影家进入昆明的第一次个人影展,为宣传大理、弘扬大理民族文化起到了积极的作用。之前,"记忆大理——李志华摄影作品展"曾在大理展出,获得广泛好评。

(李志华)

【大理州文联举行2009年新春茶话会】 1月18日下午,大理州文联2009年新春茶话会在州文联会议室举行,大理州在关的40多位国家级会员文艺家,州文联10个文艺家协会主席、副主席,县(市)文联主席近80人参加茶话会。州人大常委会副主任杨宴君、陆璐,州政协副主席张树藩等领导应邀出席茶话会。茶话会由州文联副主席廖惠群主持。州文联党组书记、主席王子荣作了讲话,向州领导和文艺家门介绍了2008年大理州文联积极组织开展繁荣民族文艺创作所取得的喜人成果。施作模、张乃光、张焰铎、史晋云、杨增铭、杨一忠、杨刘忠、李智红、周丽斌、张朝举、郭晓梅等老中青文艺家代表县(市)文联和各文艺家协会作了发言。

(王子荣)

【中国书法家协会副主席何应辉到大理考察】 2009年1月30~31日,当代著名书法家、中国书法家协会副主席、四川省书法家协会主席、四川诗书画院副院长何应辉及中国书协理事、四川省书法家协会副主席刘新德一行8人到大理考察。州文联主席、州书法家协会主席王子荣向何应辉汇报了大理书协近年来的工作,何应辉对大理州书协的发展给予了充分肯定,并对大理书协今后的发展和对外交流工作作了指导。何应辉是继1993年游览大理之后再次来访,对大理州15年来发生的巨大变化和发展成就给予了高度评价。

(王子荣)

【许斌油画作品入选中国西部大地情美展】 2008年12月下旬,由中国美术家协会主办、西部12省、市、自治区美术家协会共同协办并轮流承办的"第五届中国西部大地情美术大展"在昆明隆重举办。此次展览共收到3800多位作者的投稿,经评委公开、公平、公正的筛评,组委会审定,选出展出作品280多件,大理州青年画家许斌油画作品《天佑》名列其中。此外,大理籍画家杨衡民、寇元勋、杨卫民绘画作品也入选本次大展。杨卫民国画作品《丽日》荣获"金奖",寇元勋国画《者摩山》荣获"优秀奖"。

(王子荣)

【白族三弦手在首届国际三弦周一展风彩】 2008年11月10~13日,应中央音乐学院邀请,州曲艺家协会理事姜忠德,会员张树仙、张钱到北京中央音乐学院音乐厅参加了为期3天的"首届国际三弦音乐周"演出活动。台上,3位民间文艺家以娴熟的技巧,古朴的风格,原生态的形式演奏了《田埂调》、《大摆三台》、《小摆三台》、《山后曲》、《大哭板》、《小哭板》、《脆板》等10多个白族传统曲目。3位艺术家的精彩演奏受到了一致好评,被誉为"白族三弦音乐家"。之后,3位艺术家又受云南艺术学院音乐学院邀请作了"白族三弦演奏"讲座,受到专家学者、师生们的好评。

(郭晓梅)

【大理州7名书法家作品入围省展】 为纪念改革开放30周年,云南省文联和省书法家协会在昆明共同举办纪念改革开放30周年大型书法提名展,并于2008年12月28日在云南省博物馆举行隆重的开展仪式,同时出版装帧印制精美的大型书法集。此次展览共有57名书法家作品入围、25名书法家作品入展、31名书法家作品入书,大理州杜武、梅家红、谢美春、陆璐、杨曾铭、杨国正、赵云鹤7名书法家作品入围,杜武、张斌、李铁3名书法家作品入展,段增庆、王子荣、张斌、杜武、李铁5名书法家作品入书,入围、入展、入书作者、作品之多位居全省前列。

(王子荣)

【彝族作家李智红随笔集《静夜煨茶》出版】 年内,大理州彝族作家李智红继出版诗集《永远的温柔》、散文集《布衣滇西》后,又由云南民族出版社出版随笔集《静夜煨茶》。全书263页、20多万字,分"爱心不败""生命清单""星星点灯"3辑,收录了作者多年来发表于国内外诸多报刊的随笔84篇。全书装帧古朴典雅,文笔精炼优美,由作者自序,云南当代青年作家雨夜昙花作跋。

(张会军)

【李智红散文荣获2008中国年度散文银奖】 年内,由《长篇小说》杂志社和《安徽文学》杂志社联合举办的2008年度中国散文年会在北京隆重召开,本次年会盘点了2008年的散文创作成果,分析了散文创作态势。共有1.1万多篇散文参加评选,经专家评审,137人作品进入终评,分设金奖、银奖、一、二、三等奖、最佳作品奖、优秀奖7个档次。评选活动中,永平县文联主席李智红的散文组章《行吟大理》从万余件作品中脱颖而出，荣获银奖。中国散文学会会长林非、著名评论家雷达、《散文选刊》主编王剑冰等担任评委，并在开幕式上为获奖作者颁奖。

（张会军）

【深入宾川开展“三下乡”示范活动】 1月5日，全州文化、科技、卫生“三下乡”示范活动在宾川县城世纪文化广场正式启动。在当天的示范活动中，州文联主席王子荣亲率州内20余位书画家，为宾川部分单位及群众义务书写春联及绘画820余幅，受到宾川县委、县政府及广大干部群众的广泛好评。

（杜家元）

【中国文联副主席、中国作协副主席丹增到大理调研】 2009年3月20～22日，中国文联副主席、中国作家协会副主席丹增偕中国进出口银行浙江分行行长陈筱敏及美国客人一行到大理调研。大理州人民政府副州长洪云龙、大理州文联主席王子荣陪同考察了天龙八部影视城、喜洲、大理制药厂、感通寺、大理古城、大理州博物馆及大理文化古迹。洪云龙、王子荣向丹增汇报了相关工作，丹增对大理的教育卫生事业、文化产业、文艺创作、洱海保护、城市规划等给予了肯定，对下步工作作了指导。期间，大理州委书记刘明、州长何金平、州政府巡视员赵济舟等前来看望丹增。

（王子荣）

【著名国画家孙建东到大理培训创作】 为提高大理州的国画创作水平，加强大理国画队伍的建设，年内，大理州文联邀请了云南省著名国画家孙建东赴大理创作培训。孙建东系中国美术家协会会员、云南艺术学院国画系教授、云南省美术家协会副主席、省文史馆馆员，是禽鸟绘画大师袁晓岑的入室弟子，曾多次赴法国等举办个人画展。在大理期间，大理国画家谢长辛、青年画家杨耀乐、杨云水等前来观摩学习，获益良多。

（王子荣）

【著名画家姚锺华、郎森到大理采风】 2009年3月中旬，中国美协理事、著名画家姚锺华、郎森一行到大理采风。

姚锺华于1956～1964年在中央美术学院学习8年，是创作《开国大典》的董希文工作室的画家，后任云南画院副院长。曾先后在北京、巴黎、台北、洛杉矶、费城等地举办个人画展，多件作品被中国国家博物馆、中国美术馆、中央美院、人民大会堂陈列收藏并被收入《中国当代美术全集》。1985年，其国画《牛》曾作为生肖邮票发行，在全国享有盛名。

郎森是中国美协会员，著名花鸟画家，师从李苦禅、田世光等著名画家，1982年获中央美术学院硕士研究生学位，毕业时获“叶浅予奖学金”。曾为中国驻外使馆及中南海、钓鱼台国宾馆等处创作大型作品。

在大理期间，两位画家不顾年事已高，深入到漾濞石门关、云龙桥，洱源茈碧湖、梨园村、地热国，大理喜洲董苑、龙山办公区创作写生。大理美好的风光、多彩的风情给他们留下深刻的印象。

（王子荣）

【著名画家王森祥到大理培训创作】 2009年4月4～13日，大理州文联邀请云南省文史馆馆员、著名实力派画家王森祥到大理进行国画培训创作。王森祥是我省当代绘画大师袁晓岑、王晋元之后云南一流水平的国画大家。期间，大理画家谢长辛、杨耀乐、杨云水、苏毓、段学松等数天观看王森祥作画，心追手摹，受益非浅。

（王子荣）

【州文联举办迎接第23届摄影国展讲座】 2009年3月14日，由云南省摄影家协会、大理州文联主办的“大理州文联迎接23届全国摄影展高级摄影研修班摄影讲座”在下关金熙宾馆举办。州摄影家协会50多名会员聆听了讲座。《中国摄影家》杂志主编、中国艺术研究院摄影艺术研究所所长李树峰就即将到来的23届全国摄影艺术展览的摄影作品创作、稿件组织和投搞问题作了详细讲解。著名摄影师崔茂元通过幻灯片演示作了讲座。云南省摄影家协会副主席、秘书长朱运宽就2009年我省摄影工作计划作了通报，对摄影创作中存在的问题进行了分析。这次讲座使大理州的摄影创作人员受到了启发，拓展了视野，更新了观念。

（李志华）

【州摄影家协会组织会员到巍山采风】 2009年3月4日是巍山县彝族“二月八”盛会。为进一步宣传大理州的民族文化，繁荣摄影创作，大理州摄影家协会组织了大理、鹤庆、弥渡、祥云、剑川等县的50多名会员到巍山采风。当天，会员们拍摄了古城古朴的民俗民风、巍宝山上彝族祭祖盛典、多彩的打歌对歌场景。不但拍摄了大量的照片，也加深了对巍民族民间传统文化的认识。

（李志华）

【蒙古国摄影家到大理采风】 4月9～10日，应中国摄影家协会邀请，蒙古国摄影协会主席查茨拉特一行4人在云南省摄影家协会副主席、秘书长朱运宽陪同下到大理采风。在大理期间，查茨拉特观看了大理三月街民族节开幕式民族民间传统文化展演、游览了大理古城及崇圣寺，被大理优美的自然风光和丰富多彩的民族传统文化所吸引，拍摄了大量照片。4月10日下午，中国摄影家协会国际部、云南省摄影家协会、中共大理州委外宣办、大理州文联在州群艺馆展厅为蒙古国摄影家举办了“蒙古国摄影家作品展”，共展出摄影作品20幅，这些来自蒙古大草原的摄影作品给大理的观众带来了全新的视觉感受和人生感悟。

（李志华）

【弥渡彝族母子一起加入中国民间文艺家协会】 年内，弥渡县65岁的彝族妇女李彩凤和40岁的儿子李毕一起被中国民间文艺家协会批准加入该协会，成为中国民间文艺家协会的新会员。李彩凤母子常年致力于民间文艺的收集、整理、传承和发展，在民间艺术、民间文学领域各有造诣。

（马翠萍）

【州文联为创作长篇小说深入密祉乡调研】 为了贯彻落实州委、政府关于“五个一”工程中创作一部高质量文学作品的部署，5月7日，中国作家协会会员、州文联主席王子荣深入到弥渡县密祉乡永和村，和先前在永和村的《大理文化》杂志社副社长、州作协副主席杨义龙一起，就年内创作一部以世界名曲《小河淌水》为主题的长篇小说开展调研。弥渡县人大主任李光美、密祉乡党委书记涂茂、县文联主席白成瑾等近20人参加了座谈会。王子荣就名曲《小河淌水》产生的历史、经济、文化背景作了详细地了解，表示一定要组织创作出一部以名曲《小河淌水》为主题的作品，进一步提高大理的知名度。

（杨云水）

【为社会主义新农村建设献艺】 5月7日，州文联主席王子荣带领大理州书画家谢长辛、谢美春、杨光耀等来到弥渡县密祉乡，为当地干部群众挥毫泼墨、创作书画作品。经过3个多小时的创作，谢长辛、王子荣、谢美春、李光美、杨光耀5名书画家为密祉乡干部群众创作出近50件书画作品，为社会主义新农村建设作出贡献。

（杨云水）

【弥渡县9名文艺工作者加入省戏剧家协会】 年内，弥渡县周美润、李贵坚、欧阳加运、李富、李光景、白象菊、杨菊仙、何庆莲、李兰菊9名文艺工作者被云南省戏剧家协会批准成为正式会员。这

9名文艺工作者是建设花灯名县过程中长期孜孜不倦工作的优秀代表，多年来以人民群众为服务对象和表现对象，把握群众需求，创作和表演了许多具有弥渡花灯特色的艺术珍品，其中有荣获云南省首届新农村剧目展演创作一等奖的花灯剧《正月十五闹花灯》《爱在天地间》等。

（吴冬梅）

【马碧静中篇小说《拆迁》发表于《大家》杂志】 年内，大理州回族青年女作家马碧静以弱势群体在城市拆迁中的悲剧命运为题材创作的中篇小说《拆迁》被《大家》杂志2009年第3期刊发。这篇小说是马碧静创作上的一个重大突破，也是大理州作家在《大家》杂志上发表的首部中篇小说。马碧静现供职于《大理日报》。1979年10日出生于大理州永平县，自幼热爱文学艺术，12岁即发表处女作，近年来笔耕不辍，新作迭出，先后出版了长篇小说《守住这一片阳光》，短篇小说集《手魔》，并加入了云南省作家协会。《拆迁》是马碧静历时4个多月，七易其稿推出的一部3万多字的中篇小说。

（张乃光）

【白族女画家白尼画展在京举办】 5月24日，由清华大学美术学院主办的“站在水木的门边——白尼中国画作品展”在京举办。此次画展得到中共大理州委、州政府的大力支持，白尼是第一个在清华大学举办个人美术作品展的云南白族画家。白尼（原名杨云），是大理学院艺术学院的副教授，2008年到清华大学美术学院做访问学者。本次画展分为《素描大理系列》、《水墨人物系列》、《水墨杯壶系列》3个部分，共展出作品68件。画展得到清华美院及北京美术界人士的高度评价。

（杜　京）

【州舞协、州摄协赴京参加文艺交流活动】 2009年7月1~6日，北京市西城区主办“友城手拉手，浓浓民族情”国庆60周年文化交流周活动。由中共大理州委副书记、州长何金平为团长，州委副书记王雪峰及州文化局、文联等相关部门人员组成的大理白族自治州代表团一行19人参加了活动。来自大理、红河、延吉、果洛等14个友好城市的演员在北京西城区月坛体育馆举行了3场民族歌舞演出。大理州舞蹈家协会主席杨晓凡编导、8名舞蹈家协会会员表演的舞蹈《白族霸王鞭·八角鼓》赢得观众的好评。活动周期间，在北京西城区图书馆举办了14个友好城市的风情摄影展，大理州展区展出了王子荣、施作模、李志华、李维江、王仲宽、杨士斌、孙沁南、杨振华、杨志兵、牟淑仙、梅志良、余国勇等摄影家的18件作品，作品浓郁的白族风情、旖旎的大理风光得到了西城区区委书记林铎、区长张建东的赞美。

（廖惠群）

【青年画家秦伟再次赴马来西亚举办个人画展】 继2008年赴马来西亚吉隆坡举办个人画展之后，2009年7月25日~8月31日，大理州青年画家秦伟应吉隆坡集珍庄画廊邀请，再次赴吉隆坡举办个人画展。这次画展共展出秦伟中国画、版画作品60余件，以人物、风景为主，有大量大理白族民居、风俗、风光的作品。期间，马来西亚《星洲日报》、《东方日报》、《马来西亚美术》、亚洲国际电视台等对画展作了报道。法国、荷兰、瑞典等国家的大使及美国、英国、以色列、荷兰、新家坡、中国台湾的观光者、吉隆坡的本土画家前来观看画展。期间，秦伟还到吉隆坡国家博物馆、国家美术馆、画家村进行了交流、访问，进一步开阔了视野，增进了友谊。

（张乃光）

【叶华荫两件作品入选“感动农民书系”】 年内，“感动农民书系”10种由华东师范大学出版社出版，大理州青年农民作家叶华荫有两件作品入选。其中，《我的回族母亲》一文入选《感动农民的68个母亲》一书，《做好一件事就能致富》一文入选《感动农民的68个创业故事》一书。

“感动农民书系”是由尹全生策划、滕刚担任总主编，并由滕刚和他的团队为农民朋友倾力打造的故事丛书，10种选本680篇作品是从1.2万多篇候选作品中精心挑选编辑而成的，其中的每一篇作品叙述的都是跟农村农民息息相关的人和事。

（叶华荫）

【大理作家参加鲁迅文学院中青年作家高级研修班】 年内，由中国作协组织的鲁迅文学院第12届中青年作家高级研修班（少数民族班）在北京鲁迅文学院举办。大理州彝族作家纳张元、白族作家张时胜被推荐参加这次高级研修班。研修班由全国55个少数民族每个民族选拔1名创作上有成就的作家组成，云南共有16个少数民族作家代表参加。在开学典礼上，纳张元代表学员作了发言，他在发言中谈到的“民族性与世界性”的问题受到了与会领导和作家的关注。会后，中国作协主席铁凝专门与纳张元就他发表的观点交换了意见，《中国作家》主编阿克拜尔在讲课时引述了纳张元的观点。

（张乃光）

【“风花雪月”摄影联展在第八届中国摄影节展出】 2009年8月5日，第八届中国摄影艺术节暨大理国际影会在大理降下帷幕。这是大理历史上最隆重的一次摄影盛会，展出了中外摄影家的7000多幅摄影作品。根据组委会的安排，大理州文联在兰林阁酒店展区推出了“风花雪月”摄影联展，展出作品120幅，是大理摄影家多年积累的摄影精品。同时，州文联还在大理一中分院展区组织了32个专题的展览，共展出298幅作品，展览期间，观众络绎不绝。在摄影节期间举办的“魅力大理”摄影大赛中，大理州共有29件作品入选、获奖，其中三等奖2件、优秀5件、入选奖22件。在手机摄影大赛中，大理州有2人分获二等奖和三等奖。

（李志华）

【大理州一批作者加入省作协】 在2009年9月17日召开的云南省作协常务理事会上，大理州王峥嵘、吴君雯、杨林海、郭顺福、刘傅森、李友文、只廉清7名近年来创作较为活跃的作者被批准加入省作协，成为省作协会员。

（张乃光）

【辛恒美术作品入选人民美术出版社出版的专集】 年内，大理州画家辛恒的绘画作品入选由人民美术出版社出版的《艺术人生》专集。该专集是充分展示我国美术创作成就的一本大型画册，分为“总集”与“个人卷”两部分。“总集”收入吴冠中、黄永玉、罗中立等82位画家的作品，辛恒创作的《梨花时节香如海》、《新雨》等6件中国画作品入选；在“个人卷”（《辛恒卷》）中，有《平常日子》、《清夏》、《云岭春深》、《寒夜客来茶当酒》、《芭蕉小鸟》、《清露》等18件国画作品入选。

（张乃光）

【剑川县聚艺轩书画中心成立】 年内，剑川县聚艺轩书画中心在县城成立，来自各族各界的书画艺术家及书画爱好者参加了成立仪式。聚艺轩荟萃了一大批国家级、省级、州级书画家的书画作品，为“文献名邦”剑川增辉添色。聚艺轩成立后将进一步致力于书画艺术的发掘、保护、传承和弘扬。近年来，剑川县广大书画爱好者继承了赵藩、周钟岳、张再谨、赵子群等名家的书画艺术精髓，大力推动书画艺术的发展，涌现出诸如张文渤、杨德举、杨郁生、杨泽森、何佩珍、李鹤仙、寇元勋、杨庆生、苏金川、段辉生、张照葵等一大批书画家。

（剑川县文联）

【《晓雪选集》研讨会在大理召开】 11月8日，由云南省文联和大理州委宣传部联合主办，省作家协会和大理州文联承办的《晓雪选集》研讨会在大理召开。省政协副主席顾伯平，中国文联书记处书记、省政府副秘书长白庚胜，晓雪及夫人赵履珠，省文联主席郑明，省作协主席黄尧，州领导王雪峰、杨宴君、洪云龙、杨泽恒以及省州文学艺术界40多名专家学者参加研讨会。州委常委、州委宣传部部长王以志主持研讨会，顾伯平在研讨会上讲话，州委书记刘明，州长何金平给研讨会发来贺信，王雪峰在研讨会开幕式上致辞。会上，晓雪向州白族文化研究所、州图书馆和喜洲苍逅图书馆等赠送了《晓雪选集》。晓雪是中国现代白族诗人、散文家、文学评论家，大理喜洲人，曾任省文联党组副书记、副主席，省作协主席。他以写作勤奋与涉猎广泛而著称于我国文坛，著有诗集、散文集、诗论集20余部。其长诗《大黑天神》、诗集《晓雪诗选》、诗论集《新诗的春天》等先后在全国获奖。1996年，其作品获意大利蒙罗德国际文学奖特别奖。《晓雪选集》于2008年由云南出版集团公司、云南教育出版社出版，共6卷、370多万字，包括了晓雪多年发表的大部分诗文，是他50多年文学成就的总结。

（杨义龙）

【马福民被授予“共和国艺术风云人物”荣誉称号】 年内，在中国解放区文学研究会、北京市写作学会联合主办的2009年“祖国好”华语文学艺术大赛中，大理州诗人、书法家马福民的参赛作品《欢庆建国60周年感赋》（诗词三首）经终评委会评审，荣获2009年“祖国好”华语文学艺术大赛一等奖；在纪念孔子诞辰2560周年之际，由“中国国学研究会”举办的“孔子金像艺术奖诗、书画大赛”中，马福民书法作品（自撰诗）获书法一等奖，诗三首获诗文一等奖；在“中华诗词研究会”和“中华诗词先锋奖评审委员会”策划组织的“开国新纪元，中华诗词先锋奖”评审活动中，马福民被专家组评审委员会评定为中华诗词先锋奖金奖；为庆祝新中国成立60周年，由“国际汉学研究会”组成的“金晖杯”共和国文艺奖评审委员会通过评审，马福民被授予“共和国艺术风云人物”荣誉称号。

（马海韬）

【《大理文化》全面改版】 历经30多年风雨历程的《大理文化》杂志从2010年起全面改版，迈出崭新的步伐。改版后，《大理文化》在定位上突出“大众性文化月刊”的特色；刊期将由原来的双月刊改为月刊；由原来的64个页码改为112个页码；内容上也将作出调整，由“文学”“文化”两块组成，并将重新设置栏目；装帧设计上体现雅俗共赏，兼备民族性和时代性的风格；内文纸全用蒙肯纸，体现了环保与轻便的特征；装订由原来的骑马订改为胶背订，精致典雅。

（杨义龙）

【协会换届工作顺利完成】 2009年12月10～13日，大理州文联组织召开大理州文学艺术各协会的换届选举工作会议，全州文学艺术界艺术家代表800多人参加了为期4天的会议。会上，10个协会顺利完成换届选举工作，新成立的大理州广播艺术协会也顺利完成首届理事会的选举工作。在过去的5年里，大理州作家协会、书法家协会、摄影家协会、戏剧家协会、美术家协会、民间艺术家协会、曲艺家协会、电影电视家协会、音乐家协会、舞蹈家协会坚持党的路线方针政策，正确把握时代主旋律，积极开展各种文学艺术创作活动，取得了喜人的成绩，有力地推动了全州文学艺术事业的发展，在建设民族文化大州过程中作出了积极贡献。

（夏传武）

侨务、人事劳动和社会保障

·侨 务·

【概 述】 大理州是云南省的重点侨乡之一，全州现有归侨7010人，侨眷56833人，有海外华侨华人6万多人分布在48个国家和地区。近年来，全州侨务工作紧紧围绕州委、州政府的中心工作，坚持以人为本，为侨服务的宗旨，在参政议政、扶贫帮困、华侨农场改革、牵线搭桥、招商引资、海外联谊等方面做了扎实有效工作，全州侨务工作由单一的为侨服务向为全州经济社会发展服务转变，为大理对外开放和经济社会发展作出了积极贡献。

2009年，大理州侨联、侨办在州委、州政府的正确领导下，在上级侨务部门的帮助指导下，以邓小平理论和“三个代表”重要思想为指导，深入学习贯彻落实科学发展观，坚持以人为本、为侨服务，坚持为大局和为侨服务的统一，在华侨农场改革、招商引资牵线搭桥、海外联谊、捐资助学等方面取得新成绩。年内，大理州侨联被中国侨联授予“全国侨联工作先进集体”、大理州侨办被国务院侨办评为“全国侨办先进单位”称号。

（李 伟 赵寿辉）

【国务院办公厅侨场调研组到大理州调研】 2009年9月15日，国务院秘书三局副局长刘会增、国侨办国内司司长杜志滨一行在省侨办党组书记盛云富陪同下，到宾川县调研华侨农场改革和发展工作，大理州副州长程云川陪同调研。调研组一行深入宾居华侨管理区危房改造、新农贸市场建设现场和农业产业结构调整示范园实地查看，程云川就大理州贯彻落实《国务院关于推进华侨农场改革和发展的意见》作了专题汇报。刘会增在听取汇报后，对大理州侨场改革工作给予了充分肯定。近年来，宾川县按照国务院有关精神，结合实际，采取就近并入乡镇的办法，积极主动推进华侨农场改革。完成华侨农场行政领导体制改革，原3个华侨农场89名场员37名被录用为公务员、21名被招收为合同制工人，其余人员也作了妥善安置分流。从2009年7月起，全县3个华侨管理区正式按体制改革后的新模式运行。

（李 伟）

【中国国民党归侨联谊会参访团到大理州访问】 2009年春节前夕，海峡两岸实现“三通”之际，受云南省归国华侨联合会和大理州侨联之邀，中国国民党归侨联谊会参访团一行30人到大理州观光访问，州委书记刘明会见了参访团一行。刘明希望包括台湾同胞在内的海内外各界朋友，一如既往地关注大理、关心大理、关爱大理，不断增进交流、加深友谊、携手合作，为共同开创两岸关系和平发展新局面作出新贡献。期间，参访团一行广泛深入地了解了大理的经济社会发展状况，并对大理的柑桔产业表现出了浓厚兴趣，表示愿意发挥联系广泛的优势，为把大理的柑桔推向东南亚市场多做工作。

（李 伟）

【州委书记刘明到宾川华侨农场调研】 3月20日，中共大理州委书记刘明，副州长李万通一行先后深入宾川县太和华侨管理区五队和彩凤华侨管理区八队、五队，实地检查了危房改造建设情况，深入场员家中与归侨侨眷仔细交谈，详细了解归侨侨眷生产生活情况，走访慰问了部分困难归侨侨眷，鼓励他们树立信心，战胜困难。刘明就太和、宾居、彩凤3个华侨管理区危房改造工程作了指示。刘明要求3个华侨管理区要改革创新机制体制，充分激发场员的积极性，继续凝聚侨心，集聚侨力，引导归侨侨眷团结协作，扎实做好产业发展文章，加快归侨侨眷增收致富奔小康步伐；要围绕和谐侨场的建设，认真分析，讲求方法，深入细致地做好场员的思想工作，引导他们积极参与管理区建设，维护社会稳定，创建和谐发展氛围。

（李　伟）

【省侨办就大理州侨务资源及利用情况作调研】 8月29～31日，云南省侨办到大理州就侨务资源现状及利用情况开展调研。调研组一行重点深入鹤庆县考察了新加坡三德水泥厂，对该企业的运作情况、投资经营环境进行了详细了解。调研期间，州人民政府副州长程云川向调研组汇报了大理州利用侨务资源为地方经济发展服务的有关情况。州政府侨务办公室、州商务局负责人就全州侨务工作情况以及招商引资工作情况作了汇报。调研组听取汇报后，对大理州侨务工作给予高度评价，同时指出，在新形势下，各级侨务部门要坚持以人为本、为侨服务的宗旨，把为侨服务与为大局服务相结合，把为侨服务与为经济建设服务相结合，把资源保护好、培育好，把侨力资源转化为经济社会发展的能量，要有为有位，力争侨务工作再上新台阶。调研组还与大理州侨办共同探讨了侨办与州市之间建立华商投资合作机制的相关事宜。

（李　伟）

【召开全州侨办主任暨州侨联五届四次全委会】 2009年2月13日，全州侨办主任暨州侨联五届四次全委会议在下关召开，州委常委、州委统战部部长杨秀星，省侨办巡视员王冰、省侨联副主席尹曰葵，州人大、州政府、州政协领导出席会议。全州12县市侨办主任、侨联主席及全州侨务系统干部职工参加了会议。杨秀星代表州委、州政府作重要讲话。州侨联主席、侨办主任纳明传达全省侨办主任会议和省侨联八届六次常委会精神，总结2008年全州侨务工作，部署2009年工作；会议根据《中华全国归国华侨联合会章程》，选举李伟为大理州侨联第五届副主席，增补赵寿辉为州侨联第五届委员、常委、秘书长，增补罗宗康为州侨联第五届常委。

（赵寿辉）

【顺利完成华侨农场体制机制改革】 近年来，围绕华侨农场"体制融入地方、管理融入社会、经济融入市场"的总体目标，大理州认真贯彻落实中央、省政府相关文件精神，加强对3个侨场体制机制改革和危房改造的指导检查，配合省侨办工作组帮助解决改革中的困难和问题，积极稳妥地推进华侨农场的改革发展工作。3月20日，宾川县3个华侨管理委员会、华侨管理区正式挂牌成立，中共大理州委书记刘明，省侨办党组书记盛云富，副州长李万通及省、州有关领导参加成立大会并为中国共产党太和华侨管理区委员会、太和华侨管理区管理委员会揭牌。在省政府下达给宾川县3个华侨农场30个编制的基础上，州政府又增加下达给宾川县28个人员编制，完成3个华侨管理区委员会领导班子的选拔和行政人员、工勤人员招录工作。州财政安排年度项目配套资金379.8万元，全面完成省政府下达大理州3个侨场1899户危房改造工程。

（赵寿辉）

【加强交流合作】 年内，全州侨务部门牢固树立"大侨务"观念，坚持"走出去、请进来"，多渠道、多形式地开展联络联谊，注重加强与一些政治上有影响、经济上有实力的海内外侨商的沟通和联系，主动邀请他们到大理观光、考察和投资兴业，共邀请和接待海内外客商和慈善基金会9批次、120多人。①做好昆交会和东盟华商会后的服务工作。邀请第七届东盟华商投资西南洽谈会中的重点华商到大理参观考察，投资兴业；邀请新加坡华星工程投资有限公司董事主席祁豫生及有关专家一行到洱源、祥云等县考察人工菌基因培植和基地种植项目；邀请西班牙王国中国温州同乡会副会长廖晓亮到大理考察中民酒店和苍山饭店收购项目；邀请香港亚洲狮子会会长吴翰诚博士、副会长列子龙一行考察巍山制药厂收购项目和永平县红豆杉项目；3次邀请北欧中联投资集团董事长曹燕灵女士到大理洽谈并购大理市污水处理厂项目。②走出去，广泛联络。组织本单位招商引资小组成员于9月中旬到广州、银川等地进行招商。在广州召开"大理州项目投资推介会"，与广东省侨商会的高层人士进行了广泛的交流，向侨商推荐大理州经济技术投资项目108个，发放宣传资料60份，介绍大理历史文化、自然资源、投资环境和政策；拜访了中国侨联副主席、宁夏回族自治区侨联主席、银帝集团董事长朱奕龙。通过广泛的交流和宣传，扩大了大理州的影响，达到"以侨引侨，以侨招商"的目的。③配合州商务局认真做好泰国华侨首长云南参访团到大理投资洽谈的项目推介工作。9月20日，由泰国华侨首长参访团团长、泰国九属荣誉首长联谊会主席余声清带领的40名泰国华人企业家到大理投资洽谈。此次参访团成员层次高、经济实力强、均是泰国比较有实力的企业集团总裁、董事长、副董事长，涉及化工、汽车、橡胶、机电、贸易、旅游等20多个领域。

【澳大利亚眼科慈善医疗队为弥渡患者实施复明手术】 10月19～22日，在省侨联的关心支持和州侨联侨办、州残联的积极配合下，由澳大利亚澳洲国际总商会会长甄振武、黄肇强等华侨华人捐资筹款，组织"光明之行——澳大利亚眼科医疗队"，无偿为大理州弥渡县100名贫困白内障患者成功实施了手术。省侨联副主席段林、州委常委、州委统战部部长杨秀星出席开诊仪式并作讲话。希望社会各界和广大海外华人华侨和政府一道，关心大理州贫困地区、特别是贫困地区残疾人的健康，大力支持贫困山区卫生事业发展，通过各方面共同努力，尽快改变农村地区医疗卫生事业的落后面貌，使贫困地区残疾人共享卫生事业改革发展成果。

（赵寿辉）

【招商引资牵线搭桥工作取得实效】 2009年昆交会期间，大理州在昆明举行盛大项目推介酒会，30多个国家和地区的500多位华商参加酒会。会议由省侨办主任杨光明主持，中共大理州委书记刘明致辞，州长何金平推介。州委、州政府领导及12县市委书记、县市长参加。会上，大理州共推介300多个项目，约1500多亿元人民币。通过努力，促成一些项目到大理投资、达成一批项目投资合作意向。在第七届东盟华商项目推介会期间，经过省、州、县的共同努力，签订了新加坡三德集团在鹤庆县投资3亿元人民币的第二条水泥生产线协议。2009年，州侨联侨办完成招商引资3800万元人民币，完成州政府下达招商引资任务3000万元人民币的127%。吸引港、澳、台和海外基金会向大理州贫困地区开展捐资助学，捐助大、中、小学生600余名，

用，认真排查、清理违规上网问题，有效防止和杜绝了各类失泄密事件发生。研究制定《大理军分区营院安全警卫方案》和《大理军分区卫兵执勤实施细则》，规范分区重要目标的警卫方式和应急措施，投入2万元对重要警戒目标监控设施进行整治，确保营区及重要目标安全。制定下发《人武部主官管理四项措施》、《车辆使用管理规定》和《县市人武部各项工作分值管理实施办法》，统一收归管理人武部的士官，建立节假日上报干部去向和定时上报人武部主官在位情况制度。对全区所有车辆统一安装GPS全球定位系统、所有电脑统一安装保密系统。组织巡回检查全区的民兵武器弹药仓库。加大应急信访工作力度，确保"两会"和国庆六十周年期间安全稳定。大力开展狠刹干部开车、吃喝玩乐、交往过滥、铺张浪费等"四股歪风"活动。严格落实车辆派遣制度，突出日常教育管理，在重大任务、重要时节、敏感时机及雨、雾复杂气候下有针对性地对驾驶员开展教育管理工作。通过采取高压态势和超常规管理措施，确保了2009年度部队管理安全无事故。

【国防动员和后备力量建设】　2009年，大理军分区针对大理地区军事战略位置重要，国防动员潜力雄厚的实际，结合上级赋予的作战任务，扎实抓好国防动员和后备力量建设。按照"训用一致、突出重点、分类施训、注重实效"的原则，结合藏区维稳任务和敏感时节，有针对性地分批次完成年度民兵军事训练任务。组织一期民兵军事教练员集训，进一步统一规范训练内容和要求。协调召开中共大理州委议军会，组织12县市人武部党委第一书记述职并进行点评，研究通过《贯彻中共云南省委、云南省人民政府、云南省军区<关于加强县（市、区）人武部全面建设的意见>实施办法》，评选表彰10名党管武装好乡镇党委书记、10名关心支持国防建设好乡镇长，进一步促进党管武装工作落实。拟制下发人武部全面建设三年规划，积极推广大理市、永平县人武部的试点经验，人武部建设水平进一步提高。加强民兵组织整顿，不断优化民兵队伍结构。加强兵役登记，认真做好退伍转服预备役人员登记，并将高校应届毕业生预征对象全部录入计算机管理，为年度征兵和兵员动员奠定坚实基础。加强国防动员潜力调查，重点对各类数据进行再核实、再统计，建立较完善的数据信息库。加强兵员征集改革，加大对应届高中、中专、大学毕业生的宣传，从严把关，廉洁征兵，圆满完成上级下达的新兵征集任务。把学生军训工作作为国防后备力量建设的重要内容抓落实，完成大理学院以及州内中等专业学校、高级中学军训任务，增强了参训学生的国防观念。以省军区在大理召开民兵预备役政治工作暨"青年民兵之家"建设观摩会为契机，加强"青年民兵之家"建设。积极组织民兵参加和支援西部大开发，大力抓好以保护苍山洱海为重点的生态环境建设、以"六个一"为重点的新农村援建工作和以应急抢险为重点的维稳工作。

【深入学习实践科学发展观活动】
2009年，大理军分区根据军委、总部和两级军区的统一安排部署，按照"党员干部受教育、科学发展上水平、履行使命见成效"的总体要求，扎实抓好学习实践科学发展观活动。活动于3月2日正式启动，到8月底结束，采取参加上级辅导讲座，常委分工授课，自学规定学习内容，拟制下发理论自测题，每月撰写一篇体会文章等形式，扎实抓好理论学习。以开设专题网页，办好学习简报、板报、橱窗等形式，营造良好的学习氛围。以编印下发先进典型事迹材料选编，召开教育情况分析汇报会，每月制订下发具体学习计划，每个阶段进行小结动员等形式，推动学习实践活动深入开展。以分区党委常委及机关深入基层调研，与基层官兵交心谈心，帮助基层分析建设形势、查找薄弱环节、理清发展思路、解决发展中的重难点问题，广泛征求基层意见，召开党委常委民主生活会，认真查找问题，扎实抓好整改等方式，深化教育效果。尤其是军分区党委对基层提出的47个问题，认真进行分析梳理，在给予公开答复的基础上，按挂账销账的方式，逐一抓整改。通过扎实开展深入学习实践科学发展观活动，使党员干部的思想认识有了提高，党性党风得到了升华，工作作风有了明显转变，有效推动军分区创新发展。

【组织贯彻新大纲集训】　2009年2月，大理军分区采取情况介绍、专题辅导、示范观摩、讨论交流、考核验收等方法，组织军分区机关各办公室负责人、各县市人武部副部长兼军事科长、政工科长和后勤科长集训。以深入贯彻省军区新大纲集训精神为主题，以提高部队军事核心能力和遂行"两多"任务能力为目标，结合军分区人武部特点，安排训练、战备、管理工作等专题辅导课，按照战斗力生成各要素，分别设置指挥所演习、室内战术作业、军官编组作业及军警民联训联演练等个演示课目，积极探索军分区人武部按新大纲组织训练的方法路子，进一步规范了军分区人武部战备、训练秩序，为年度全面按纲施训奠定坚实基础。

【召开大理州委议军会议】　2009年2月21日，中共大理州委在大理军分区召开了中共大理州委议军会议。中共大理州委常委、州人大常委会主任、州政协主席、大理军分区党委常委，州人民政府联系武装工作的领导，各县市委书记、县市长、人武部部长、政委，预备役二团团长、政委参加会议。会议总结回顾了2008年全州国防动员和后备力量建设工作情况，部署2009年工作任务。中共大理州委书记、军分区党委第一书记刘明作了《深入学习实践科学发展观，努力开创国防动员和后备力量建设新局面》的讲话。会议对县市委书记述职情况进行了点评，表彰了10名党管武装好乡镇书记、乡镇长。会议对加强国防和后备力量建设的组织领导，高标准抓好工作落实，正确处理好抓国防与抓经济、抓认识与抓落实、抓兼职和实职、抓典型与抓一般"四个关系"提出明确要求。会议要求各级党委、政府和有关部门要认真落实"军队提需求、国动委搞协调、政府抓落实"，切实履行好在国防动员和后备力量建设中担负的职责任务，从政策上、经费上给予大力支持和保障，进一步抓好大理州国防动员和后备力量建设各项工作，为大理经济发展和社会稳定再立新功，再创辉煌。

【积极做好藏区维稳工作】　2009年，大理军分区针对大理是滇藏公路的重要通道，属全省四大藏区州市之一的实际，扎实抓好上级指示精神的贯彻落实。根据省军区赋予的任务，结合大理实际和维稳行动特点规律，全面分析维稳形势，明确任务区分。立足应对最困难、最复杂局面，修订完善各类应急行动方案。建立健全情况互通机制，加强情报收集掌握，建立维稳专项值班。及时请领和自购维稳物资，分方向、划区域、有重点地调整补充了一批战备器材。12县市按要求组建应急处突队伍，配齐物资器材，突出警戒执勤、武装巡逻、封控抓捕、保交护路等内容的训练，确保一旦有事，能有效应对。

【省军区在大理召开部队资产管理现场会】 2009年3月5～6日，云南省省军区在大理军分区召开部队资产管理工作会议。会议对大理军分区资产管理经验做法进行观摩，总结了近年来省军区部队资产管理情况，探讨了部队资产管理中存在的问题和不足，对资产管理较好的单位进行了表彰。通过这次会议，较好地解决了省军区部队资产管理中存在的思想不统一、职责不明确、制度不落实、程序不规范等问题，极大地促进了省军区部队进一步落实科学理财要求，实现钱物共管、统筹兼顾，对推进省军区部队资产管理工作，提升资产综合保障效益、全面加强现代后勤建设奠定良好基础。

【军委副主席徐才厚到大理视察新农村建设】 2009年5月30日，中央军委副主席徐才厚到大理军分区社会主义新农村建设援建点大理市龙龛村和军民共建"文明生态公园"视察，了解大理州社会主义新农村建设和洱海治理保护情况。徐才厚对大理军分区支援西部大开发、参加社会主义新农村建设工作给予充分肯定，并作重要指示。徐才厚指出："军分区、人武部在参加社会主义新农村建设和洱海治理保护中作了大量的工作，希望大家继续保持发扬这个好的作风，在成都军区、云南省军区和中共大理州委、州人民政府的领导下，在贯彻中央西部大开发的有关决策指示过程中、在贯彻胡锦涛和军委的指示过程中再立新功。"

【开展强化能力素质训练活动】 2009年，大理军分区党委坚持军事训练的中心地位不动摇，把强化责任作为训练的切入点，提高能力作为训练的关键点，真抓实干作为训练的落脚点，在学习实践科学发展观上求深入，在培育当代革命军人核心价值观上求突破，切实解决党员干部的素质能力与新形势、新任务、新要求不适应的问题。从6月10日至8月底，每周安排1天时间，以军分区统一部署、人武部同步展开的形式，采取视频远程教学、集中进行辅导、结合工作自训的方法，历时3个月组织全区干部进行增强素质强化训练。强化训练结合深入学习实践科学发展观活动展开，重点突出提高协调能力、办事能力、表达能力和写作技能四个方面内容，设置了15个相关训练科目。通过训练，重事业、强素质、树形象教育活动进一步深化，培育当代革命军人核心价值观进一步拓展，为军分区部队全面建设科学发展，有效履行使命任务夯实了基础。

【深入开展"小金库"清查治理】 2009年，大理军分区为进一步加强党风廉政建设，规范财经秩序。7月，军分区按照军委、总部和两级军区要求，成立治理"小金库"工作领导小组和办公室，制定整治方案，健全工作机制，明确责任分工，及时展开"小金库"专项清查治理工作。清理工作重点对军分区机关、所属人武部、干休所2007年以来的经费收支、银行账户、货币资金、预算外经费、资产、工程建设及票据管理使用情况进行全面清查。采取听、查、看、问的方法，共查阅会计帐簿53本、会计凭证656本22045份、会议记录及有关资料86份。对检查中发现的因地方财政改革而为人武部专门开设的4个零余额账户作撤销处理，并重新修订完善《大理军分区财务管理规定》，进一步规范了财务管理秩序。

【省军区在大理召开民兵预备役政治工作暨青年民兵之家建设观摩现场会】 2009年9月10～11日，云南省军区在大理召开民兵预备役政治工作暨青年民兵之家建设观摩会。总政群工办副主任土旦赤烈、成都军区政治部副秘书长杨树钊，省军区副政委李炳军，政治部副主任郭增奎，各军分区、昆明警备区、预备役师分管民兵预备役政治工作的领导参加会议。会议围绕贯彻落实中央文件精神，认真总结近年来民兵预备役政治工作取得的成绩、分析矛盾问题、研究对策措施、明确工作任务，采取经验交流、座谈讨论、学习观摩等方式，达到了相互学习、统一思想、明确任务的目的。会议就抓好当前和今后一个时期民兵预备役政治工作提出要求：一要积极适应新的使命任务要求，认清开展民兵预备役政治工作的重要性，进一步增强做好新形势下民兵预备役政治工作的责任感和紧迫感；二要进一步抓好党管武装制度落实，加强基层组织建设和专武干部、民兵骨干能力素质培养，认真做好军事斗争政治工作准备；三是要加强组织领导，不断改进领导方式和工作方法，以求真务实的作风狠抓民兵预备役政治工作，确保各项工作落到实处、取得实效。

【组织民兵军事教练员集训】 2009年，大理军分区针对新形势下民兵军事训练教练员缺乏、教学水平不高等实际，9月，军分区从现役干部、专武干部、民兵骨干、优秀退伍军人、人武学校毕业学员中选出政治思想好、军事素质过硬、作风好、组织纪律观念强、具有一定经验的76名骨干参加集训。集训紧紧围绕研究"解决按纲施训难点问题，培养按纲组训骨干人才"这一主线，开展军事理论、队列动作、战术基础动作、组织民兵应急连队行动等科目的教学法习训练。为建设一支能够覆盖各层次、各兵种、各专业训练课目的教练员队伍，不断提高民兵教练员队伍和民兵军事训练水平打下坚实基础。

【组织保障部队过境行动战术作业】 2009年11月，大理军分区依托信息网络系统，结合遂行任务和辖区自然环境、社会情况，采取预设情况、伴随导调、连续作业的方式，组织军分区首长机关和所属人武部，按现行编制、现职身份参加作业，围绕应急作战背景下保障部队过境行动，以"突出重点、就近用兵"的原则，演练首长机关的组织指挥、工作协调和兵力使用，加深了对担负任务的理解，基本达到了锻炼机关、训练部队，检验预案的目的。

【2009年大理军分区领导名录】

司令员	杨军
	王恩富
	李述朗
政治委员	马美能
	王恩富
副司令员	李东生
参谋长	史殿才
政治部主任	李承白
后勤部部长	胡海洋

（《军事》由杨志坚撰稿）

武警大理支队

【概　述】 2009年，武警大理支队坚持以科学发展观为指导，紧紧围绕总部、总队党委工作部署，着眼忠实履行使命和高标准实现"两个确保"，齐心协力、锐意进取、奋力拼搏，圆满完成了以执勤和处突为中心的各项任务，支队建设呈稳步发展、全面进步的良好态势。一是思想政治建设深入扎实。着眼"三个确保"时代课题，狠抓官兵当代革命军人核心价值观主题教育，采取理论宣讲、网上授课、骨干培养、典型示范、讨论交流等方法，组织读书演讲、书法绘画比赛和“立足岗位学英模、践行誓言尽职责”等活动，切实筑牢官兵高举旗帜、听党指挥、履行使命的思想根基。扎实开展第二、第三批学习实践科学发展观活动，紧紧围绕解决“五个方面问题”，坚持解放思想、突出实践特色、深化整改落实，着力在武装头脑、指导实践、推动工作上下功夫，确保活动取得实效。充分运用“三互”、“双四一”、“九知”等有效载体，狠抓经常性思想工作落实。不断深化“四反五防”、“四不”教育，深入开展“深知兵、真爱兵”活动，扎实做好心理疏导和法律服务，及时建立《官兵思想工作档案》，广大官兵思想稳定、士气高昂。积极支持地方经济建设，开展“送温暖、献爱心”和捐资助学活动，支队被四总部表彰为“军队参加和支援西部大开发先进单位”。二是中心任务完成圆满。着眼提升遂行多样化任务能力，狠抓新兵训练、新大纲集训、勤训轮换、带兵干部骨干集训，采取激发热情、培养尖子、督导考评等方法，增强训练的针对性和实效性，部队战斗力有新的提高。教导队教员赵玉文被总部表彰为“优秀教练员”，邱帅、易庆在总部通信业务比武中成绩优秀，为总队团体第六名的好成绩做出了贡献。着眼目标安全，始终坚持中心居中，进一步严格执勤制度，正规执勤秩序，加强勤务演练，深化执勤安全隐患治理，下大力解决执勤中的“常见病”和“多发病”，投入46.6万元完善执勤训练设施，促成南涧、漾濞县看守所改扩建，永平、宾川县看守所新建进入实质阶段。有效提高执勤安全系数，实现连续15年执勤安全无事故。精心组织临时勤务，圆满完成“1·18”扑救山火、“5·31”军委首长警卫、“8·08”中缅边境维稳处突、“9·24”小湾首台机组发电仪式安保及“10·15”群体性事件处置等临时勤务和抢险救灾任务36起，树立了威武、文明之师的良好形象，受到各级领导和人民群众高度赞誉。三是正规化水平有新提高。坚持依法从严治警，扎实开展“学法规、知法规、用法规”和条令条例学习月活动，不断增强官兵条令意识。注重从落实经常性工作入手，部队秩序更加正规。坚持靠制度管理部队，及时修订完善《干部目标管理责任状》、《机关正规化管理实施办法》、《公勤人员管理实施办法》、《士官量化考评实施细则》及《车辆管理规定》。突出重点时段、干部士官管理、“五个重点问题”治理，深入开展“五个过一遍”、“三查”等活动，进行3个回合作风纪律整顿，对少数责任心弱化、违纪违规官兵进行处理，在部队中起到较好警示作用，部队正规化管理水平明显提升。一大队、四中队、六中队、八中队、大理市中队、勤务中队、祥云、宾川、巍山、南涧、剑川、鹤庆、永平、云龙、漾濞县中队等单位年内确保了安全稳定。一大队二中队班长王猛被总队表彰为“优秀士官人才奖三等奖”。四是部队全面建设进步明显。严密组织新《纲要》培训套训，开展干部网上研讨交流，组织到丽江支队参观学习，扎实开展“大练基本功”活动，选送14名干部到院校学习，干部抓建能力明显提高。坚持把工作重心放在抓基层打基础上，狠抓经常性基础性工作落实，集中开展经常性基础性工作大检查，每季度召开基层建设形势分析会，投入170余万元对一大队、大理市中队、勤务汽车中队、弥渡县中队、巍山县中队、南涧县中队进行营房营区营具整治，投入89万元建成20个网络学习室，投入20万元翻新1200余套系列化营具，投入7万余元购置图书2315册配发中队，不断促进基层建设全面发展、整体提高。制定《支队党委机关考察帮建基层实施方案》，下派9个批次工作组，采取蹲点与跑面相结合的方法，面对面搞好帮带，5个重点帮扶的中队进步明显。注重加强基层自建，配齐配强干部，发挥党员骨干作用，调动官兵建设热情，党支部“三个能力”不断增强。六中队、二中队、巍山县中队、鹤庆县中队、四中队、云龙县中队、大理市中队7个单位被总队表彰为“基层建设先进中队”。着力改善官兵福利待遇，发放各种补助134.6万元，筹措500万元投入公寓楼建设，妥善解决转业干部安置、子女入学、困难补助，有效激发了官兵履职尽责的内在动力。五是综合保障能力有所提升。着力加强后勤队伍建设，狠抓司务长办公、厨师培训、驾驶员复训，选送42名技术学兵系统培训，后勤队伍专业技术水平得到明显提高。4人被总队表彰为优秀司务长，3人被总队表彰为红旗驾驶员，4人被总队表彰为优秀炊事员，4人被总队表彰为优秀卫生员，1人被总队表彰为优秀军械保管员。不断规范后勤管理，严格落实双主官联签会签、经济责任审计等制度，对中队主官和司务长进行离任审计，对23个单位财经管理情况进行检查，有效防范经济风险。积极开展农副业生产，鹤庆县中队被总部评为“基层农副业生产先进单位”，鹤庆县中队司务长张太文被总部表彰为“农副业生产先进”个人。投入15万元补充完善战备物资，开展2次应急保障演练，圆满完成“8·08”中缅边境维稳处突保障任务，有效提高服务保障能力，支队军械仓库被总队表彰为“红旗军械仓库”。坚持长远考虑谋发展，达成支队机关、一大队整体搬迁方案，促成小湾电站对八中队整体搬迁形成意向，支队“四项设施”配套率从2008年的57%提升到76%。扎实开展卫生常识教育和防病治病工作，及时诊治身体患病官兵36名；过细做好甲流疫苗注射，确保甲型H1N1流感官兵不感染、部队不传入。六是一线堡垒作用明显增强。始终以先进性建设和能力建设为主线，加强党委、支部班子建设。注重在“三个进入”上下功夫，坚持集中组织学习与个人自学相结合，积极参加前沿知识讲座，深入开展季度网上理论学习和课题调研，干部理性思维层次明显提升，党组织核心战斗堡垒作用有了明显提高，政治委员谢如华被总部表彰为“优秀师旅团党委书记”，一大队、二中队分别被总队表彰为先进基层党委和党支部，胡小明、杨继业被总队表彰为优秀共产党员。在干部使用、入党考学、士官晋选、评功评奖等敏感问题上官兵较为信服。按照干部《考核评价实施办法》，坚持“德能勤绩廉体”全面发展，加大党管党员、党管干部力度，大力营造“靠素质立身，凭实绩进步”的氛围，干部队伍的事业心责任感明显增强，15名干部荣立三等功，55名干部受到嘉奖。深入开展“加强党性修养，振奋革命精神”教育，着力解决精神状态、职责意识、工作标准、工作作风等方面存在的突出问题，实事求是、真抓实干蔚然成风。

【召开党委二届六次扩大会议】 2009年1月19～22日，武警大理支队召开党委二届六次扩大会议，77名代表参加会议。会议学习传达武警党委一届六次、总队党委二届八次全体（扩大）会议精神，回顾总结2008年度工作，深入分析部队面临的形势，部署2009年度工作任务，总结表彰2008年度先进集体和先进个人。期间，中共大理州委书记刘明亲临大会并作重要讲话。

【宣布命令大会】 2009年1月11日，武警大理支队隆重召开宣布命令大会，支队长姜东明主持会议，武警云南总队副政治委员卢振义宣布命令。支队政治委员李平辉转业到地方工作,原临沧支队政治委员谢如华任武警大理支队政治委员。

【刘红军视察支队】 2009年2月13日,武警部队副司令员刘红军中将在武警云南总队总队长周军、政委王海亮陪同下到支队检查指导工作。

【祁季明到支队调研】 2009年2月17日,总部政治部副秘书长祁季明一行调研组,在武警云南总队政治部副主任申全河的陪同下到祥云县“八一爱民学校”调研。

【李福堂到支队调研采风】 2009年3月10日,中国书画家协会副主席、中国民俗艺术研究院院长、中国美术家协会会员、中国美术家杂志社社长李福堂到支队调研采风。

【扑灭七星山森林大火】 2009年3月25日,大理市海东镇七星山发生火灾。武警大理支队副支队长谭小军、参谋长李仁海率领116名官兵迅速赶到现场,经过部队连续3小时的扑救,出色的完成大面积灭火、余火区巡逻、扑灭余火等任务。

【喻林祥视察支队】 2009年3月28~29日,中央委员、武警部队政委喻林祥上将在武警云南总队总队长周军、政委王海亮和中共大理州委政法委书记茶忠旺、副州长兼州公安局局长郭有兵的陪同下,到支队视察工作。

【学习实践科学发展观活动】 根据总部、总队统一部署,从2009年3月~8月,集中6个月时间,在武警大理支队党委机关开展深入学习实践科学发展观活动。活动中,紧紧围绕党员干部受教育、科学发展上水平、履行使命见成效的总体要求,坚持把理论学习贯穿始终,按照集中精力读原著、带着问题深思考、辅导交流多领悟的思路,以理论学习的深入推动学习实践活动的深化。坚持把解放思想贯穿始终,积极开展“调查研究求深化、解放思想大讨论”活动,通过分析检查、召开民主生活会,清理出4个方面9种不适应不符合科学发展观的思想观念。坚持把解决问题贯穿全过程,先后投入46.6万元完善执勤训练设施,投入170余万元进行营房营区营具整治,投入89万元建成20个网络学习室,投入20万元翻新1200余套系列化营具,投入7万余元购置图书2315册配发中队,对官兵进行了体检,及时诊治身体患病官兵96名,积极推进机关公寓房、干部团购房建设,真正使学习实践活动成为群众满意工程。研究废止了支队干部管理规定、干部安全效益奖2个规定措施,修改完善了10个制度规定,营造了科学发展的环境,官兵对学习实践活动的满意率达99%。

【完成大理三月街民族节安保任务】 2009年4月10~12日,武警大理支队出动兵力,圆满完成大理三月街民族节安保任务。官兵依法、文明执勤的良好形象,受到省、州领导和中外游客的一致好评。

【总队“四项设施”建设现场会参会代表到支队观摩】 2009年4月24日,武警云南总队副总队长郭志刚、参谋长王进、主任史建新、部长张志海率参加总队“四项设施”建设现场会的与会代表深入武警大理支队教导队观摩学习。

【组织开展义务劳动】 2009年5月23~24日,武警大理支队在副政委王先辉的带领下,组织官兵车辆多次,帮助大理市南生久村清理河道800余米,清运垃圾30余吨,义务植树724株,以实际行动积极支援驻地新农村建设。

【军委副主席徐才厚视察祥云县“八一爱民学校”】 2009年5月31日,中共中央政治局委员、中央军委副主席徐才厚上将率工作组专程来到革命老区、红军长征途经地——大理州祥云县,徐才厚代表党中央、国务院、中央军委向武警云南总队、武警大理支队援建的“八一爱民学校”,全校师生致以节日的祝贺和亲切的慰问。总后勤部副部长李买富中将、成都军区政治委员张海阳中将、云南省人民政府副省长罗正富、云南总队总队长周军少将、政治委员王海亮少将和中共大理州委书记刘明、州长何金平陪同视察。

【召开大理州军地“八一”双拥座谈会】

2009年7月30日,大理州军地“八一”双拥座谈会在武警大理支队教导队召开,党政军领导欢聚一堂,共叙军民鱼水深情,共商军地建设大计,共庆建军82周年。中共大理州委书记刘明、大理军分区司令员王恩富、中共大理市委书记段玠分别作了重要讲话,段玠充分肯定了大理驻军和武警部队在维护社会稳定,保护生态环境,促进大理经济社会发展,参加和支援重点工程项目建设、开展扶贫帮困,参加公益活动等工作中所作出的成绩,并提出了具体要求。

【支队被解放军四总部表彰为“军队参加和支援西部大开发”先进单位】

2006年以来,支队积极响应党中央、国务院、中央军委作出参加和支援西部大开发重大战略决策部署,在参加大理洱海污染治理,扑救苍山森林大火,跨区完成双柏县泥石流抗灾救灾、丽江、迪庆奥运火炬传递安保,迪庆藏区维稳、孟连驻训维稳等急难险重任务中勇挑重担。同时积极支援教育事业,在巍山县开办“武警春蕾女童班”,在鹤庆县一中建立了武警部队国防教育基地,在大理州祥云县援建了“八一爱民学校”,解决了贫困地区和革命老区部分贫困儿童入学难的问题,为促进社会和谐、稳定发展作出了积极贡献。2009年7月,支队被解放军四总部表彰为“军队参加和支援西部大开发先进单位”。

【担负中缅边境处突维稳】 年内,“8·08”事件后,因缅甸局势动荡不安,大量边民和溃散军人涌向中国边境。根据总队命令,2009年8月12日,武警大理支队出动官兵、车辆,赴临沧市镇康县,圆满完成1号难民点外围武装警戒、武警云南总队前指警卫和机动备勤任务,有力维护了边境稳定。部队于8月19日16时安全顺利归建。

根据武警云南总队命令,8月25日6时,武警大理支队再次出动官兵、车辆,途经武警临沧市支队教导队机动休整2天后,于8月27日20时安全到达临沧市耿马县孟定镇。主要担负难民点外围武装警戒、溃逃武装人员武器弹药收缴、边境一线社会治安维护、边境武装巡逻和搭建救灾帐篷等处突维稳任务。

根据武警云南总队命令,9月3日,武警大理支队长姜东明带领官兵由耿马县孟定镇赴沧源县担负沧源县边境维稳任务,副支队长谭小军带领官兵继续在孟定一线担负维稳任务。期间,根据边境维稳任务变化,总队对支队维稳兵力进行了调整。处突维稳中,武警大理支队长姜东明、政委谢如华坚持领导带头、靠前指挥,科学筹划、严密组织,参战官兵不畏艰险、连续作战,确保任务圆满完成,受到总部司令员王建平、副参谋长潘昌杰、武警云南总队总队长周军、政委王海亮和中共临沧市委书记李国伟、临沧市市长何建文等各级领导的高度评价。

【周军深入弥渡县中队检查指导工作】 2009年8月18日，武警云南总队总队长周军深入到武警大理支队弥渡县中队检查指导工作。

【担负公审公判会场警戒及武装押解勤务】 2009年8月26～30日，武警大理支队出动官兵配合大理州中级人民法院、大理州公安局圆满完成祥云县"5·11"特大恶性杀人案一审公判会场警戒及武装押解任务。

【潘昌杰检查支队驻沧源维稳部队】 2009年9月6日，总部副参谋长潘昌杰在武警云南总队总队长周军、中共沧源县委书记祁腾武等领导的陪同下，冒着酷暑炎热，长途驱车深入武警大理支队驻沧源维稳处突部队驻地和任务点检查指导工作。

【召开迎大庆、树形象、保安全作风纪律整顿动员大会】 2009年9月10日，武警大理支队召开"迎大庆、树形象、保安全"作风纪律专项整顿动员大会。副支队长普绍林宣读了《大理支队"迎大庆、树形象、保安全"作风纪律专项整顿实施方案》，政委谢如华就搞好此次专项整顿活动进行了深入动员。

【州市调研组到支队调研】 2009年9月22日，中共大理州委副书记、州长何金平，州委常委、中共大理市委书记段玠，州委常委、政法委书记荼忠旺，副州长李红卫、郭有兵及城建、规划和国土等部门组成的调研组深入支队机关和一大队，对部队正规化建设、营区整体规划、部队完成任务等情况进行实地调研。

【周军参加小湾水电站首台机组发电仪式】 2009年9月25日，武警云南总队总队长周军在支队长姜东明、政委谢如华的陪下，参加小湾水电站首台机组发电仪式，并对仪式安全警卫工作进行指导。

【举办"警民共建、平安大理"文艺联欢晚会】 2009年9月30日，支队与大理州中医院、大理州妇幼保健院、下关一小联合举办"警民共建、平安大理"文艺联欢晚会，官兵与医院职工、学校师生欢聚一堂，载歌载舞，共话警民鱼水深情，共祝祖国美好明天，热烈庆祝新中国成立60周年。

【王海亮看望慰问驻沧源维稳官兵】 2009年10月3日，武警云南总队政委王海亮在政治部副主任王维新、沧源县县长徐向东陪同下，看望慰问支队驻沧源维稳官兵。

【成功处置宾川县一起群体性事件】 2009年10月14日20时，宾川县移民安置点发生一起凶杀案，15日，死者家属纠集200余移民集结在中共宾川县委、县人民政府和县公安局，并围攻办案人员，打伤4名交警，一度阻断交通。根据中共大理州委、州人民政府的统一部署，武警大理支队长姜东明带领支队兵力，配合公安机关迅速平息事态。部队于16日14时30分安全归建。

【程相昭到支队采风】 2009年11月2日，中国书法艺术家协会理事、北京书法家协会会员、舒体书法研究室主任，中国当代实力派著名书法家程相昭来到武警大理支队采风。

【担负总队2010年度新训干部骨干大理集训点任务】 2009年11月15日，武警云南总队2010年度新训干部骨干大理集训点动员大会在武警大理支队教导队召开，来自怒江、迪庆、丽江、楚雄、德宏、保山、大理8个支队的新训干部骨干参加了大会。武警云南总队副参谋长石伟章到会并作动员讲话。

【周军到支队勘察一大队整体选址搬迁事宜】 2009年12月20～21日，武警云南总队总队长周军带领总队后勤部部长张志海、副部长黄锐、营房处处长杨兴书深入武警大理支队，就支队机关、一大队整体选址搬迁事宜进行实地勘察，并与大理州政法委书记荼忠旺交换意见，提出规划设想。

【总队部门领导到支队检查指导工作】

2009年1月11日，武警云南总队副政委卢振义到支队宣布团职干部调整命令。

1月21日，武警云南总队参谋长杨绍华深入支队新训大队看望慰问新战士，为新战友们送来春节慰问和新春祝福。

2月23日，武警云南总队副总队长杨绍华一行工作组对武警大理支队支队2009年度新训工作进行检查考核。

2月24日，武警云南总队副总队长杨绍华一行工作组对武警大理支队支队机关干部和基层（大）中队主官进行军事体能考核。

3月12日，武警云南总队副参谋长李华一行工作组到武警大理支队支队进行蹲点、调研、帮建。

4月16日，武警云南总队政治部副主任王维新到武警大理支队洱源县中队检查指导工作。

6月3日，武警云南总队参谋长王进一行工作组对武警大理支队经常性基础性工作落实情况进行检查指导。

6月25日，武警云南总队副参谋长李家贵列席武警大理支队党委学习实践科学发展观专题民主生活会。

7月14日，武警云南总队副总队长郭建华深入武警大理支队检查调研。

9月20日，武警云南总队政治部副主任王维新到武警大理支队沧源维稳部队检查指导工作。

10月4日，武警云南总队副参谋长李家贵工作组一行深入武警大理支队检查指导国庆安保工作。

10月7～8日，武警云南总队政治部副主任申全河到武警大理支队驻沧源维稳部队检查指导工作。

10月17日，总队政治部副主任王维新深入武警大理支队支队驻沧源维稳部队检查指导工作。

10月25日，武警云南总队副总队长李志刚工作组一行4人，对武警大理支队支队进行年终检查考核。

11月2日，武警云南总队副总队长李志刚到武警大理支队支队宾川县中队检查指导地震防范工作。

11月11～12日，武警云南总队副参谋长李明辉一行4人到武警大理支队支队二大队六中队考核进行标兵中队考核。

11月13日，武警云南总队副总队长杨绍华一行工作组到武警大理支队驻沧源维稳分队看望慰问官兵。

【支队建设】 中国人民武装警察部队大理白族自治州支队（简称武警大理支队），正团级。下辖2个大队、1个教导队、22个中队。主要担负大理州12个县市看守所看守勤务、大理监狱看押勤务、小湾水电站守护勤务、大理州人民银行守卫勤务。支队机关驻大理市龙溪路53号。

支队领导和支队各部门正职领导

支　队　长　姜东明　上校

第一政治委员　郭有兵
（大理州副州长、州公安局长兼）
政治委员　谢如华　上校
副支队长　谭小军　中校
副支队长　普绍林　中校
副政治委员　王先辉　中校
参谋长　李仁海　中校
政治处主任　宋金友　中校
后勤处处长　刟建荣　中校

（《武警大理支队》由霍德有撰稿）

大理州公安消防支队

【概　述】　2009年，大理州公安消防支队在总队党委和地方党委、政府的领导下，紧紧围绕总队新三年规划和支队"12345"工作思路，以确保火灾形势持续平稳和部队高度稳定为目标，以宣传贯彻新《消防法》为主线，以"三项"建设为载体，充分发挥党委的核心领导作用，党支部的战斗堡垒作用和党员的先锋模范作用，班子和队伍的凝聚力、战斗力、执行力全面提升，圆满承办了滇西协作区营连排职干部培训，滇西协作区预提班长和初选士官培训，滇西协作区灭火救援指挥箱培训等活动，出色完成了国庆60周年消防安全保卫，楚雄"7.9"地震抗震救灾，宾川"11.2"地震抗震救灾等急难险重工作任务，持续保持了全州连续9年无行政责任事故和案件发生，连续14年没有发生重特大火灾事故和群死群伤恶性火灾事故，得到了各级党委、政府、公安机关和人民群众的充分肯定和高度赞誉。

【火灾基本情况】　2009年，全州共发生火灾104起，死亡3人，伤1人，直接财产损失410万元。与上年同期相比，火灾起数上升62.5%，死亡人数下降62.5%，受伤人数下降66.67%，直接财产损失上升71.74%。全州消防部队共接警出动148次，出动人员1625人次，出动各种消防车辆302台次，抢救68人，抢救财产价值5047.5万元，持续保持了全州9年无行政责任事故和案件发生，14年没有发生重特大火灾事故和群死群伤恶性火灾事故。

【班子和队伍建设充满活力】　2009年，大理州公安消防支队班子和队伍建设充满活力。一是班子核心作用明显。始终将基层党委班子建设放在工作的首要位置来抓，狠抓支队党委班子和基层党组织建设，各级党委（支部）的核心领导作用和战斗堡垒作用成效明显。制定出台了大队级党委班子及班子成员量化考核实施办法，深入开展"争创一个好班子，争当一对好主官活动"，狠抓大队党委、中队党支部制度建设，大力开展典型培育和宣传工作，着力加强干部队伍纪律作风建设。年内，支队党委会共组织召开党委会27次，讨论研究重要工作153项，召开专题民主生活会3次，召开全州性的重点工作会议7次。对4个大队党委班子、11个党支部进行了调整充实，提拔使用干部13名，申办专业技术干部晋级23人。班子凝聚力和战斗力进一步增强，做到心往一处想、劲往一处使，真正形成靠事业凝聚人心、靠团结推进事业的生动局面。2009年3月，支队被总队评为廉政建设先进单位，支队基层党建工作在全省政治工作会议上作了专项交流发言，支队党委班子和军政主官被评为"好班子"和"一对好主官"，支队被公安部消防局表彰为"三基"工程建设先进单位。二是思想政治建设凸显新成效。以"弘扬公安消防精神，忠诚履行职责使命"主题教育活动为载体，采取了"344"工作措施，扎实开展"两个禁令"自查自纠、爱民实践大走访、学习实践胡锦涛总书记"三句话"总要求、学习贯彻党的十七届四中全会精神、"讲政治、顾大局、守纪律"等专题教育活动，先后组织举办了篮球比赛、读书演讲比赛、党团知识竞赛、文艺汇演、政工干部授课评比、征文评比、"弘扬公安消防精神，忠诚履行职责使命"主题教育宣传展、首届"苍洱消防好警嫂"评选表彰、胡锦涛总书记"三句话"总要求宣讲等活动；组织制作了支队文艺节目储备库，组建了支队体育骨干人才队伍；组织举行了国家级和省级青年文明号授牌活动，为全面提高部队战斗力提供了强大的精神动力。年内，有1个单位被公安部和共青团中央命名为国家级"青年文明号"，4个单位被评为省级"青年文明号"，所属12个单位都被评为州级"青年文明号"，5个单位争创为州级"文明单位"，3个中队团支部被评为"五四"红旗团支部，14人荣立"三等功"，1人荣立"二等功"，支队被总队表彰为政治工作业务优秀奖。三是部队高度纯洁稳定。以贯彻落实部局和总队党风廉政建设会议精神为契机，认真学习中共十七届四中全会精神，特别是胡锦涛总书记对进一步加强党风廉政建设和反腐败斗争的深刻阐述，坚持以强化教育为先导，以完善机制为保障，以落实责任为抓手，狠抓人事权、执法权、财务权、招标权四个重点的监管，不断推动了党风廉政建设工作的深入开展。年内，支队先后2次召开专题会议研究廉政建设工作，层层签订廉政建设责任状，对全州12县市大队进行了财务收支审计，对5名干部进行了任职前的经济责任审计，对3名干部进行了离任前经济责任审计，共发现问题5条，督促整改5条，相继开展了2次作风纪律教育整顿活动"两个禁令"专项整治等活动，明确出台了硬性举措，有效预防和减少了违纪问题的发生，确保了队伍的高度纯洁稳定，推动了消防工作和部队建设的健康发展。支队和祥云大队被总队评为党风廉政建设先进单位，选送的廉政课件《常怀律己之心常除贪欲之念深刻认识腐败本质提高官兵拒腐防变能力》，在部局组织的优质廉政党课评比中荣获优秀奖。由鹤庆中队指导员胡兴博演讲的《牢记亲人的叮嘱》获总队"扬正气、倡廉风、保安全、促和谐"主题演讲比赛第一名。

【部队管理成效明显】　2009年，大理州公安消防支队以"两个标准"落实和安全防事故工作为重点，全面加强部队管理教育工作和正规化建设。一是大（中）队达标建设稳步推进。依据《云南省公安消防部队大（中）队建设标准实施细则》，不断加大督促、指导力度，在完成达标任务的基础上，从加强队伍建设、改进作风纪律、强化软实力入手，进一步提升和巩固基层建设质量。年内，全州消防部队全部完成达标建设任务并通过总队验收。二是部队管理得到全面加强。牢固树立安全工作只有起点没有终点的理念，紧紧围绕总队"争创四无、确保安全"的工作目标和"八抓八防"的总体要求，以"人"为管理重点，制定了"严格落实四项机制"、"三移措施"，着力打造"四个四工程"，扎实开展"五月安全月"和"安全双百日竞赛"活动。年内，落实安全管理风险抵押金制度和安全管理监督员定期报告制度，共交纳安全管理风险抵押金11.85万元，设立安全监督员25名，并经总队考核，被总队授予2009年上半年"安全管理流动红旗"。

【部队应急救援能力明显提升】　2009年，大理州公安消防支队部队应急救援能力明显提升。一是以打造大理消防铁军为突破，不断深化岗位大练兵活动。结合大理实际，及时制定了方案，并采取"五抓、五促进"的模式，着力培养官兵的战斗精神,激发广大官兵的练兵热情,全力打造一支“拉得出、冲得上、攻得进、打得赢”的大理消防铁军。年内,举办了全州公安消防部队岗位练兵大比武和全州专职消防队伍岗位练兵大比武竞赛活动,抽调基层指挥员参加全省基层指挥员集中比武和特勤队伍大比武。组建了6个灭火攻坚组并配备器材开展相关训练,初步形成攻坚组(尖刀班)的攻坚作战能力,特别是在宾川县“11·2”地震抗震救灾中,大理消防部队反应迅速,在第一时间携带抢险救援器材奔赴灾区,受到省、州、县各级党委、政府的充分肯定和人民群众的高度赞扬。二是以新中国成立60周年大庆消防安保为重点,不断强化部队应急救援能力。组织全州消防部队进行“大拉动、大演练”活动210余次,圆满完成高层、地下建筑和公众聚集场所灭火救援准备工作,先后对全州63栋高层建筑、54个地下建筑和1255家公众聚集场所,认真开展“六熟悉”,修订了灭火作战预案,开展实装、实地、实战演练,以优异的成绩接受了总队和公安部消防局督察组检查验收,支队还被总队评为“国庆安保先进单位”。同时,以贯彻学习胡锦涛总书记“三句话”总要求为契机,加大向各级党委、政府的汇报力度,不断加快大理战勤保障大队建设和应急救援队伍建设的步伐。

【火灾防控体系实现新突破】 2009年,大理州公安消防支队火灾防控体系实现新突破。一是以确保新中国成立60周年消防安全为目标,狠抓“三抓三保”工作落实,深入开展公众聚集场所、高层和地下建筑消防安全专项整治,全力稳定火灾形势。全年共检查单位6866个,整治火灾隐患4091处,办理行政处罚案件147起,其中,“三停”46起、警告32起、临时查封52起、强制执行10起、拘留7人、罚款174.07万元,协助文化、工商部门吊销证照3家,查处消防产品违法案件20起,罚款3万元,实现了临时查封、强制执行、拘留处罚的零突破。二是以推进执法规范化建设为载体,不断加强执法基础建设,不断提高人民群众满意度。组织开展了消防监督岗位大培训活动,建立起督察、考评、走访等多种手段相结合的执法人员绩效评定机制,认真落实执法信息化工作每月通报,定期分析和“网上办理、网上监督、网上考评”机制,不断加强火灾调查工作,认真处理群众来信来访,全面组织落实消防监督等级评定工作,全州3个执法机构待评一级监督等级,7个执法机构通过二级评定,3个执法机构通过三级评定。年内,共办理火灾事故重新认定4起,接待上访人员20多人次,承办信访事项9件,解决了剑川县金华镇、永平县博南镇火灾信访等一批疑难信访案件,避免了群体性事件的发生,人民满意度不断提升。三是以全面落实消防安全责任制为核心,夯实消防工作社会化基层基础,全面推进消防工作社会化进程。认真落实政府消防工作责任制,圆满完成重大火灾隐患政府挂牌督办任务,集中对全州18家重大火灾隐患单位进行政府挂牌督办,整改完成率达100%;深入开展“零火灾”创建活动,村民房屋财产火灾保险覆盖率达94%,农户投保保费达383.6万元;认真抓好城镇消防专业规划的修编和贯彻落实,全州12个县城、110个乡镇专业规划编制全部完成;积极推行消防安全“标识化”、“标准化”管理,继续深化行业消防管理工作,创造性的培育社会消防监督员,社会单位管理消防安全的能力得到有效加强。四是以《消防法》的宣贯为重点,着力加强消防宣传工作,推动全民消防素质的提高。成立支队宣教中心,完善了宣传多媒体资料库建设和资料存储工作,制定应急消防宣传工作方案,建立了应急宣传响应机制,在国家级、省、州、县市级各类新闻媒体报道616篇(条),编发《大理消防》月刊11期,组织新《消防法》及消防知识培训班、讲座89次,培训各类人员上万人;在全州举办宣传新《消防法》文艺专场演出6场,受教育观众8000人次;支队在全省宣传贯彻《消防法》知识竞赛中获三等奖,在参与全国《消防法》知识网络大赛排名全省第二;在“119消防日”宣传活动期间,支队还举办大理州首届“苍洱消防杯”摄影展,集中展现了消防官兵“忠诚可靠、服务人民、竭诚奉献”的精神风貌,加深了社会对消防工作和部队建设的认识和了解;率先成立了“大理州消防志愿服务总队”,招募消防志愿服务队员5000余人。加大对进城务工人员,老、弱、病、残、幼等弱势群体的消防安全宣传教育的帮扶力度,在各地开展消防宣传服务工作。

【后勤保障能力全面提升】 2009年,大理州公安消防支队后勤保障能力全面提升。一是经费保障能力显著提高。二是基层建设取得新突破。投入420万元新建南涧大队、漾濞大队综合楼及附属训练设施,确保了新建中队如期进驻;完成宾川大队营房的扩建;祥云县消防大队新营区建设工程稳步进展,大理战勤保障大队完成选址、审批、地勘、图纸设计等工作,全面完成15个单位“两证”办理工作,基层基础设施得到明显改善。三是装备建设取得新进展。投入108万元建成全州消防部队视频会议系统,投入229万元新购置5辆消防战斗车辆,投入164万元新购置消防员特种防护装备和打造铁军装备576件(套),全州所有防火监督干部和政工干部达到“一人两机”的要求。四是卫勤工作明显加强。认真做好甲型HN1流感等疾病防治工作,按规定对全体现役人员进行了一次全面体检,对外聘炊事人员进行了两次体检,确保了官兵身体健康及饮食卫生。五是固定资产得到进一步清理。自5月起对全州消防部队进行了一次全面的资产清查,做到账物相符,并将清查结果录入消防局《消防部队资产管理信息系统》,确保了对支队资产底数清、情况明。六是财务管理制度不断规范。加大对各大队上报凭证的审核力度,明确规定财务管理工作程序,严格按新的《会计规范》做好经费预决算、经费审批、借款、报销、会计核算、会计分析、文件资料管理和财务交接等工作。认真开展财务大检查,定期在网上银行检查各基层单位的银行资金流向,对各基层单位大额资金支出实施监控,确保了经费使用的安全性、合法性。

【新一轮三年发展规划落实有力】 2009年,大理州公安消防支队以贯彻落实总队党委扩大会议精神为契机,明确工作思路,成立支队重点工作督导办公室,建立健全定期汇报和督导制度,狠抓新一轮三年发展规划各项工作的落实。年内,与总队签订的40项重点工作完成39项;总队和支队新一轮三年发展规划开局之年的各项工作目标任务全部完成,为全面推动新一轮三年规划向纵深发展打下了坚实的基础。

【大理州公安消防支队领导名录】

支队长:王梁波

政治委员:肖东坤

副支队长:吴维忠

参谋长：张玉巨
政治处主任：陶永钦
后勤处处长：张　超
防火监督处处长：段学武

（《公安消防》由王立仁撰稿）

人民防空

【**概　述**】 2009年，全州各级人防部门在中共大理州委、州人民政府和大理军分区的领导下，省人防办的关心支持下，深入贯彻落实科学发展观，以“长期准备、重点建设、平战结合”的人防工作方针为指导，紧密结合大理州的实际，以饱满的政治热情，良好的精神状态，求真务实的作风，扎实推进各项工作有序开展。

【**组织指挥建设有序开展**】 按照联合防空、区域防空的要求，力争建立军地联合、平战结合、统一高效、稳定可靠的人民防空指挥体制。2009年，全州人防机构稳定，人防专兼职人员共50余人，各项工作运转正常。4月，按照大理州国防动员委员会国防动员潜力调查工作会议精神，做好对各县市人防办国防动员潜力调查工作的指导。9月，省人民政府、省军区将宾川、洱源、巍山、漾濞、云龙等5个县增设为省级人民防空重点城市，为贯彻新时期军事战略方针、加强大理州人民防空建设创造了有利条件。8月~9月中旬，扎实开展2009年度防空警报试鸣活动，做到“组织领导到位、思想认识到位、职责落实到位、宣传教育到位”。9月18日，省人防办主任孙汝继、大理州人民政府副州长郭有兵、大理军分区副司令员李东生、大理州人防办主任鲁华中等领导在大理市参加防空试鸣宣传活动。全州12个县市同步试鸣，防空警报器、控制设备运转正常，试鸣活动组织有序，防空警报的鸣响率达100%，准确率95%，音响覆盖率90%，取得了圆满成功。

【**防护工程建设力度不断加大**】 2009年，大理州人民防空办公室切实加强了结合民用建筑修建防空地下室建设审批、工程维护管理等工作。共审批在防空地下室项目5个；大理市2009年共征收易地建设费766.96多万元。投资近3000万元的大理市人员掩蔽工程（一期）于5月开工建设，年底主体工程完成。大理州人防办积极参与编制《大理滇西中心城市总体规划》，按照人防建设与城市建设相结合要求，不断优化国家三类重点防空城市人防工程布局。各级人防部门认真搞好已建公共人防工程维护管理工作，加强安全检查，及时排查安全隐患，保证其正常的使用功能，为战时应急救援、人员掩蔽提供保障。

【**法制建设逐步推进**】 2009年，全州各级人防部门依法行政，有力地保障了各项工作正常开展。3月1日起，深入实施阳光政府四项制度，进一步转变职能，促进了权力公开透明运行，努力实现人防机关决策科学化、民主化，公示监督制度化、规范化，信息查询便捷化、多样化，推动自身建设上台阶。6月22~25日，组织了为期5天的全州人防行政执法培训。各县、市人防办主任和专兼职人员，州人防办全体在职职工共50余人参加法律知识培训和考试，省人民政府法制办为考试合格者颁发了人民防空行政执法资格证书。通过培训，进一步强化全州人防队伍法制意识，为健全人防执法机制，规范执法程序，改进执法方式，提高执法水平奠定了坚实基础。认真开展高层和地下室建筑消防安全专项整治工作，4月和9月，大理州人民防空办公室会同大理州公安消防支队、大理州规划局、大理州安监局、大理州公安局治安支队和技术服务队6家单位，开展“大理州高层和地下室建筑消防安全专项整治”检查，对存在安全火灾隐患的建筑场所依法提出整改意见，积极参与省检查组检查验收。10月，省人防办人防结建工程专项检查第一检查组到大理州开展专项检查。通过现场查看、资料查阅、听取汇报等形式，检查组重点对大理市人防工程审批建设、人防易地建设费收缴及管理使用、贯彻执行相关文件情况等三个方面进行检查，得到了检查组一致好评。认真贯彻落实《国务院、中央军委关于进一步推进人民防空事业发展的若干意见》、成都军区和西南五省区《贯彻〈国务院、中央军委关于进一步推进人民防空事业发展的若干意见〉的实施意见》精神、《云南省人民政府、云南省军区关于进一步推进人民防空事业发展的实施意见》，制定了《大理州人民政府、大理军分区关于进一步推进人民防空事业发展的实施意见》征求意见稿。10月28~30日，大理州人民防空办公室、大理军分区领导分别到弥渡县、祥云县、宾川县、大理市征求意见。11月10日，大理州人民政府副州长岳黎松召集人防、编办、法制、建设、规划、发改、财政、教育等部门召开专题会议，进一步征求意见建议，对《实施意见》征求意见稿进行修改完善，完成了初稿拟定工作。

【**宣传教育取得成效**】 2009年，大理州人民防空办公室切实将人防知识教育纳入国防知识教育计划，抓实人防知识教育。8月6日，大理州人民防空办公室组织召开人防知识教育座谈会，会议总结了近几年来全州人防知识教育情况，充分肯定所取得的成绩，查找不足，并对今后开展人防知识教育提出了意见、建议。全州12个县市在初级中学、高中、职中、大学结合新生入学军训开展人防知识教育，受教育学生达4.5万人。同时，通过多种形式、多种渠道开展人防法规宣传工作。每年“9.18”防空警报试鸣宣传周，各级各部门利用广播、电视、报纸、标语、专栏等宣传媒体和手段，刊登人民防空政策法规，播放人防知识宣传片，向电信、移动、联通手机用户发放试鸣短信，印发人防知识宣传手册。大理州人防办在大理市、祥云县开展了4场次防空防灾知识宣传活动。在市区公园广场、学校和部分乡镇展出人防知识宣传展板80块，发放防空防灾知识宣传资料12000余份，深受干部群众、学校师生欢迎。

【**《大理白族自治州人民防空志》编纂完成**】 2009年，大理州人民防空办公室在相关部门的帮助配合下，通过大理州人防办全体在职职工和离退休人员的共同努力完成防空志编纂工作。11月18日召开了《大理白族自治州人民防空志》审稿会，邀请了大理军分区、大理州地方志办公室、中共大理州委保密局领导以及州市人防办离退休老领导、编纂人员参会，充分听取修改完善意见建议，于12月底完成初稿审定、修改等编纂工作。

【**“准军事化”建设全面开展**】 2009年，大理州人民防空办公室按照中共云南省委提出的“个人形象一面旗，工作热情一团火，谋事布局一盘棋”的要求，全面推进人防机关“准军事化”建设。以加强领导班子建设为核心，不断增强领导班子的战斗力和凝聚力，推动全州人防工作顺利开展。3月~8月，按照中共大理州委的统一部署，扎实开展深入学习实践科学发展观活动。学习实践活动各阶段工作衔接紧密，进展顺利，通过测评，对大理州人民防空办公室开展深入学习实践科学发展观活动情况评价满意率为100%。通过深入开展学习实践活动,提高了对科学发展的认识,查清了制约科学发展的问题,明确了推动科学发展的思路,进一步增强了全体干部职工推进人防改革与发展的责任感、使命感和紧迫感。党组领导班子以落实党风廉政建设责任制为目标,抓好党风廉政建设和反腐败工作,为推进全州人防持续健康发展提供了有力保证。2009年度领导班子党风廉政建设责任制考核中,大理州人民防空办公室被评定为优秀等次。抓好干部队伍建设,切实改进干部职工思想作风和工作作风。重注干部职工业务培训,不断加大学习培训力度,全年先后派7人次到北京、昆明等地参加国家人防办、省人防办等组织的人防组织指挥、宣传报道、行政复议等培训学习,"走出去"参加学习培训人数占在职职工比例的50%。1名处级领导参加了云南省干部在线学习和学院组织的党史党建理论、科学发展观等专题学习。先后2次邀请州委党校专家专题讲授中国特色社会主义核心价值体系、科学发展观等方面的知识。通过"走出去"、"请进来",提高了干部职工理论水平和业务能力。营造环境,重视人才培养,对2名科级干部进行了轮岗锻炼。通过管理、引导,激发工作热情,使每位干部职工牢固树立全局意识、创新意识、争先意识和责任意识,爱岗敬业,求真务实,推进各项工作有序开展。

(《人民防空》由李斌撰稿)

(本部类责任编校:黄克超)

法　制

·政　法·

【简　述】 2009年,是经济形势比较严峻的一年,也是全州政法工作任务十分繁重的一年。面对严峻的经济形势、稳定形势、治安形势以及新中国成立60周年安全保卫任务等一系列挑战与考验。在年初召开的全州政法工作会议上,中共大理州委常委、政法委书记茶忠旺提出了2009年全州政法工作的指导思想,即:坚持以党的十七大精神为指导,深入贯彻落实科学发展观,紧紧围绕“保增长、保民生、保稳定”的总要求,全面贯彻落实州委六届六次全会和全国、全省政法工作会议精神,以积极应对经济发展困难可能带来的各种不稳定问题为着力点,以积极推进司法体制和工作机制改革为强大动力,以切实加强政法队伍思想政治建设为根本保证,以严格落实维护稳定责任制为重要抓手,坚定信心,迎接挑战,扎实工作,创新突破,全力推进平安和谐大理建设,为迎接新中国成立60周年营造欢乐祥和的社会氛围。

全州政法工作按照政法工作指导思想认真、全面地开展各项政法工作,坚持以科学发展观为指导,坚定信心,锐意进取,强化责任,狠抓落实,各项工作受到了中央和省州党委、政府的高度评价。大理州先后被中央和省表彰为“全国社会治安综合治理优秀地市”、“全省社会治安综合治理维护社会稳定先进州市”。大理市、宾川县、南涧县分别被省州党委、政府命名为首批省、州级“先进平安县市”。中共大理州委书记刘明、大理州人民政府州长何金平、大理州政协主席袁爱光、大理州综治办主任李勇受到中央综治委、中央组织部的嘉奖。

学习实践活动取得明显成效。根据中央和省州党委的部署,按照中央和省委政法委的要求,全州政法机关紧紧围绕“党员干部受教育、科学发展上水平、人民群众得实惠”的总体要求,深入开展学习实践科学发展观活动。通过深化学习,全面加深了对科学发展观基本内涵、精神实质的理解和认识,在武装头脑、指导实践、推动工作上取得了新的突破,工作思路进一步得到完善,工作作风有了明显转变,有力地促进了工作的落实。

服务大局能力进一步增强。始终坚持发展第一要务,切实找准政法工作服务大局的着力点,积极出台促进全州经济发展的具体措施、制度及办法。始终把严厉打击职务、经济犯罪作为服务经济建设的最重要、最直接的工作切实抓紧抓好。积极参与洱海保护治理、海东开发建设、挂钩联系县乡和包村工作,积极做好大理市南国城、永平县城市生活垃圾处理场建设等重大经济建设项目纠纷的协调处理,努力为全州经济平稳较快发展创造了更加和谐稳定的发展环境。2009年,全州两级法院共受理民商事一审、二审和再审案件7670件,审结7568件,同比分别上升13.39%和14.25%,结案标的4.08亿元。

法制宣传教育取得新成效。围绕平安和谐大理建设的总体目标,坚持正面宣传教育为主,进一步整合政法舆论宣传资源,突出法制宣传工作的针对性、主动性、时效性,积极宣传普及与经济社会发展、群众生产生活、维护社会和谐稳定密切相关的法律法规,广大干部群众自觉学法、知法、守法、用法的意识有了新的提高。

平安建设有了新发展。不断完善平安创建工作机制,提升创建水平,巩固和扩大创建成果,继续推进新一轮争创省级“先进平安县市”创建工作,积极向中共云南省委、云南省人民政府申报了弥渡县、南涧县、漾濞县、洱源县为2009年度省级先进平安县市,并接受了省综治维稳委的考核。始终坚持把加强综治维稳基层基础建设作为推进平安创建的重要内容,切实加强对全州各乡镇综治维稳工作领导小组和村(社区)治保调解组织的人员配备、工作运行、经费落实等情况的督促检查,及时研究和解决乡镇综治维稳、村(社区)治保调解等基层综治维稳组织在现实工作中遇到的困难和问题,进一步巩固和发挥乡镇综治维稳、村(社区)治保调解等基层政法组织在维护社会稳定工作中“第一道防线”的作用。通过大理市城市调查队公众社会安全感调查,2009年度人民群众对社会治安满意率达96.9%。

维护稳定工作扎实有力。紧紧围绕新中国成立60周年安全保卫任务,全力抓好对敌斗争,成功抓获美国联邦调查局通缉的恐怖分子贾斯汀·弗朗奇·索伦德兹。深入贯彻落实宽严相济的刑事政策,先后组织开展了“打盗抢,追逃犯”、“打黑除恶”、“侦破命案”、“打击涉枪涉爆犯罪”等专项行动,有效遏制了有组织犯罪、黑恶势力犯罪、严重暴力犯罪和“两抢一盗”等多发性犯罪的发生。深入开展治安突出问题集中排查整治,先后对学校周边治安秩序、平安出行、医患纠纷等领域开展专项集中整治,加强对社会治安动态情况的掌控,积极消除治安隐患。坚持打击和预防并重,切实抓好打击和预防职务犯罪工作,积极开展渎职侵权案件的侦办。进一步整合全州各种社会资源,强化治安管理,通过人防、物防、技防措施的落实,全面提升防范水平,最大限度地预防和减少犯罪。进一步建立健全矛盾纠纷排查化解工作长效机制,着力构建矛盾纠纷大调解工作格局,认真抓实矛盾纠纷排查化解,切实把矛盾纠纷化解在基层、化解在萌芽状态。积极预防和处置群体性事件,认真抓实执行积案清理工作,积极妥善化解涉法涉诉信访问题,最大限度增加和谐因素。加强国家安全人民防线建设,始终保持对“法轮功”等邪教组织的高压态势。

新一轮禁毒防艾工作深入开展。扎实开展新一轮禁毒人民战争,切实加强对毒品特别是新型毒品危害性的预防宣传,坚持不懈抓好禁吸戒毒工作,始终保持严厉打击毒品违法犯罪的高压态势。深入开展巍山永建地区禁毒整治成果巩固工作,派出第14批驻村工作队员,确保了整治成果的持续巩固和发展。2009

年，全州共查破毒品刑事案件268起，同比下降0.7%，抓获贩毒分子480人，缴获毒品海洛因205.93千克，同比上升31.3%；缴获冰毒17.7千克，同比上升77.8%；缴获毒资858.65万元，同比下降4.2%。

司法体制和工作机制改革取得新成果。按照"规范、统一、阳光"的原则，全力推进全州司法体制和工作机制改革。全州两级法院不断健全和完善便民利民诉讼机制，坚持和完善预约立案、上门立案措施，切实加强巡回审判工作，积极推行简易程序和速裁机制。全州检察机关认真落实审查逮捕程序改革，稳步推进公诉工作改革，进一步完善接受外部监督机制。积极开展司法救助工作，2009年，全州共对494件特殊执行难案件进行司法救助，对涉诉特困申请执行人719人发放救助金153.33万元。按照省的统一安排部署，积极开展少数民族法官、检察官、警官和司法干警定向委托培养，在解决少数民族法官、检察官、警官和司法干警"断档"、"断层"方面迈出了实质性步伐。

深入开展"个人形象一面旗、工作热情一团火、谋事布局一盘棋"主题实践活动，积极推进政法干部作风转变和素质提高。深入开展"四项活动"，政法部门自身建设得到明显增强。全面抓实"七项制度"，认真落实"一岗双责"、"一案双查"和"讲党性、重品行、做表率"的要求，抓实全州政法系统各级领导班子民主作风建设，加强政法干警的党纪党风、廉政勤政教育，不断增强广大政法干警的廉洁自律意识，筑牢拒腐防变的思想道德防线。

【社会治安综合治理】　2009年，全州各级各部门深入贯彻落实党的十七大精神和科学发展观，按照省、州党委、政府关于社会治安综合治理维护稳定工作的部署，结合全州实际，围绕"保增长、保民生、保稳定"的总目标，主动适应新形势、新任务、新挑战，积极推动社会治安综合治理工作体制、机制和方法创新，狠抓社会治安综合治理各项工作的落实。年内全州没有发生影响全国、全省社会稳定的重大事件；没有发生影响全国、全省的重大刑事案件和暴力恐怖事件；没有发生达到国家规定、造成重大影响的群死群伤重特大交通事故、火灾事故、生产安全事故，保持了全州社会大局持续稳定；全州治安形势总体良好，人民群众对社会治安满意和基本满意率不断提高，2009年达到96.9%；促进了经济社会平稳较快发展，确保了全州人民群众安居乐业。

年内，全州社会治安综合治理工作按照中央和省的要求，结合全州"建设平安大理，构建和谐白州"的实际，按照组织、协调、打击、防范、管理的工作职能，主要开展了以下工作：一是加强领导，认真落实社会治安综合治理责任制。首先是健全完善领导责任制。全州各级党委、政府高度重视社会治安综合治理工作，始终把社会治安综合治理列入党委政府的重要工作，将其列入重要议事日程，及时帮助解决工作中存在的问题。年内，中共大理州委常委召开会议4次、州人民政府召开常务会议2次专题研究社会治安综合治理工作，分析研究、部署安排社会治安综合治理工作。先后制定下发了《关于印发大理白族自治州2009年度经济社会发展重点工作考核办法》、《关于进一步加强社会治安综合治理维护稳定基层基础建设的实施意见》、《关于实行州综治委领导及成员单位挂钩联系基层综治维稳工作制度的通知》、《关于调整充实州、县市政法委综治办和维稳办人员编制有关问题的通知》、《关于进一步开展排查化解矛盾纠纷和排查整治治安混乱地区及突出治安问题的通知》、《大理州关于对党政领导干部综治维稳政绩进行专项考核的通知》、《关于建立政法综治维稳巡视督查工作制度的通知》等多个重要文件，将综治工作列入各级党委、政府的重要议事日程，纳入全州经济和社会发展总体工作进行安排部署。其次是全面落实综治目标责任制。按照省、州党委、政府的部署要求，在全州政法工作会议上，对2009年的政法、综治维稳工作进行了全面安排。中共大理州委、州人民政府表彰奖励了社会治安综合治理先进县市和先进单位，与各县市和大理州综合治理委员会成员单位签订了2009年度社会治安综合治理责任书。根据全州政法工作会议的部署，大理州综合治理委员会及时下发了相关文件，安排了2009年社会治安综合治理工作要点，并将年度综合治理工作进行量化分解，层层分解落实到各县市及州级综治维稳成员单位和部门，全面落实社会治安综合治理工作目标及各项工作措施。三是严格实行综治责任查究及目标责任考核。年内，全州借鉴外地的经验，由大理州社会综合治理委员会、大理州纪委、大理州委组织部、大理州人事局、大理州监察局五部委联合制定《关于实行社会治安综合治理一票否决的实施办法》，对全州社会治安综合治理一票否决情况进行了规范，严格执行"一票否决权制"和责任查究制。制定《大理州关于对党政领导干部综治维稳政绩进行专项考核的通知》，将综治维稳工作列入党政领导干部的政绩考核内容，把社会治安综合治理工作纳入各级领导干部任期考察、晋职、晋级考核范围。年底，州综治委制定考核办法，量化考核指标，对全州12县市及州级综治成员单位履行综治目标责任情况进行了督查考核。

【充分调动社会各界广泛参与综治】　充分发挥各成员单位在社会治安综合治理工作中"确保一方平安"的作用。年内，大理州综治委通过任务分解和签订责任书的形式，将综治工作任务进一步细划分解到各成员单位，共与33个综治维稳成员单位签订责任书。各成员单位按职责任务要求，一方面加强对本系统综治工作的组织领导，认真抓好本单位社会治安综合治理工作，在单位系统内发挥作用；另一方面，找准位置，明确任务，各负其责，主动承担起维护社会稳定的政治责任，积极参与社会治安综合治理工作，在社会面上发挥职能作用。各成员单位综治职能作用的有效发挥，对确保全州社会治安综合治理整体工作发挥了积极作用。第二，充分发挥大理州社会治安综合治理委员会领导及成员单位对基层社会安综合治理工作的指导作用。2009年，大理州综治委制定下发《关于实行州综治委领导及成员单位挂钩联系基层综治维稳工作制度的通知》，对大理州社会治安综合治理委员领导及成员单位挂钩联系基层综治维稳工作进行了安排部署。实行大理州社会治安综合治理委员领导和成员单位挂钩联系基层综治维稳工作以来，各挂钩联系领导及成员单位牢固树立面向基层、强基固本的思想，转变作风，深入基层，踏实工作，为基层解决了许多实际困难，为人民群众做了大量的好事实事，收到较好的成效。充分发挥了大理州社会治安综合治理委员领导及成员单位在指导、帮助、督促基层综治维稳工作中的职能作用。

【充分发挥综治工作职能作用】　年内，为了充分发挥各专门工作机构在综治维稳工作中的职能作用，着力构建综治维稳工作格局，大理州制定下发《关于加强大理州综治委各专门工作领导小组办公室及各专项工作的通知》，对全州社会治安综合治理各专门工作领导小组及其办公室的设置进行了规范，对各专门工作领导小组及其办公室的职责进行了明确。大理州综治委下设刑释解教人员帮教工作领导小组、预防青少年违法犯罪领导小组、流动人口管理服务工作领导小组、学校及其周边治安综合整治工作领导小组、铁路护路联防工作领导小组等5个专门工作小组，分别负责相应的工作，积极做好社会治安综合治理各项专门工作。充分发挥纪检监察、组织人事部门在综治工作中的指导、协调和监督作用。为了进一步落实社会治安综合治理维护稳定领导责任制和目标管理责任制，加大奖惩和责任查究力度，使各级党委、政府和各部门党政领导干部切实承担起保一方平安的政治责任，确保社会大局持续稳定，经大理州社会治安综合治理委员、大理州维护社会稳定工作领导小组、大理州纪委、大理州委组织部、大理州监察局、大理州人事局联席会议决定，建立大理州综治维稳六部门联席会议制度，下发《关于建立大理州综治维稳六部门联席会议制度的通知》，确立了大理州综治维稳六部门联席会议制度，成立联席会议领导组及办公室，明确了联席会议的召集及活动等事项。

【强化宣传】 认真开展综治维稳宣传月活动。2009年3月，全州组织开展有规模、有影响、有力度、有效果的综治维稳宣传月活动。宣传月活动期间，州、县主要新闻媒体参与宣传报导，大理州综治维稳宣传月活动领导小组共组织了四次重点集中宣传日活动；在大理日报开辟"创建平安大理，构建和谐社会"宣传专栏，共刊登发表新闻稿件70多件；大理电视台在《大理新闻》播出前，以滚动字幕的形式播出宣传月活动主体标语。宣传月活动期间，全州主要新闻媒体对宣传活动进行宣传报道，各县市开展广场文化宣传、法律咨询、举办知识竞赛、举办文艺晚会、召开平安家庭座谈会等多种形式的宣传活动，宣传月活动收到了较好的宣传效果。积极开展全国社会治安综合治理优秀地市宣传活动。5月，州、市社会治安综合治理办公室配合中央电视台，在大理市喜洲镇拍摄综治维稳宣传电视专题片——《"对头村"的和谐路——平安大理》。专题片于6月5日在中央电视台12频道《法治视界》播出，适时组织全州各县市及综治维稳成员单位进行收看。7月6日上午10时，云南网之《嘉宾访谈——法治三人谈》栏目举办"平安之魂"网络在线直播，邀请中共大理州委常委、州委政法委书记茶忠旺、弥渡县委书记邹子卿、大理市委常委、市人民政府常务副市长阿泽新以"平安大理人人参与"为主题进行现场访谈。《云南日报》专板刊登了中共大理州委书记刘明、州长何金平的《努力创建平安和谐大理》专题文章和州委常委、州委政法委书记茶忠旺《关于构建全州政法工作五大体系》的文章，对全州综治维稳工作的主要做法、工作成效和取得的经验进行客观的宣传介绍。采取多种形式积极做好综治宣传工作。按省社会综合治理维稳委员会的要求，全州积极组织相关部门参加2008年度综治好新闻评选推荐工作。经逐级推选，2008年，全州共向省报送参评作品11篇，获奖5篇，其中二等奖3篇，三等奖2篇，大理州社会综合治理委员会办公室获组织奖，全州对获奖作品给予了与省同等获奖金额的奖励。年内，大理州社会综合治理委员会办公室共编写《大理综治》20期，配合省社会综合治理维稳委员会办公室组织开展了综治维稳英雄事迹报告会。争先创优，切实抓好先进平安创建工作。根据省、州党委、政府关于开展以争创"省级先进平安县市"为主要目标的新一轮平安创建活动的部署安排，全州机构不撤、人员不减、目标不变、措施不弱，继续开展好争创省级"先进平安县市"创建工作。在1月份召开的全州政法工作会议上，对年度先进平安创建工作进行了全面的部署；6月2日，召开先进平安县市争创及基层基础工作推进现场会议，对先进平安创建工作作了进一步的部署。8月27日，召开全州政法委书记会议，对全州先进平安创建工作进行再动员、再部署。年内开展了2次平安创建督查检查，确保了全州平安争创工作的有序开展。在平安创建工作中，全州将上一轮平安创建过程中的分期分批创建制改为年度争先创优制，不断完善平安创建工作机制，全面提升创建水平，巩固和扩大平安创建工作成果。制定《关于在全州开展争创先进平安县（市）活动的实施意见》，充实完善了组织领导机构，制定《大理州先进平安县市考评办法（试行）》及《大理州先进平安县市创建标准》。大理州综治办积极会同州级部门，共同研究制定各类行业、系统的平安创建方案，各行业、系统结合自身特点，积极开展形式多样的平安创建活动，推进平安创建向纵深发展。年内，全州重点开展"平安出行创建活动"、"平安铁路示范县市"创建活动、"先进平安景区"、"先进平安医院"、"先进平安校园"、"先进平安家庭"、"先进平安文化市场"等创建活动。通过重点行业、重点单位先进平安创建活动的开展促进全州平安创建工作的全面开展。开展"平安创建"活动以来，全州各级各部门以"平安创建"活动为载体，把服务建设和防范打击有机结合起来，动员广大人民群众积极投入综治工作中。通过"平安创建"这一工作平台，各方面的力量得到了的有效整合，各层次的积极性得到了有效的调动，综治各项措施全面落实。强基层打基础，认真抓好综治基层基础工作。

【加强综治基层组织领导】 大理州于2009年6月2日在弥渡县召开平安建设及综治维稳基层基础建设工作推进会议，重点解决了组织、人员、经费、制度落实等方面存在的困难和问题。会议的召开对全州社会治安综合治理维护稳定基层基础建设工作起了积极的推动作用。制定实施《大理州关于进一步加强社会治安综合治理维护稳定基层基础建设的实施意见》，进一步规范和强化了基层综治维稳的组织领导、机构设置及经费保障，切实加强了综治维稳基层组织建设工作，保证基层有钱办事、有人干事、按章理事。对全州今后一个时期的综治维稳基础基层建设工作具有较大的指导作用。加强治安防范，推进基层社会治安防控体系建设。全州各级综治部门积极研究社会治安形势的新变化、新规律，通过建立以110指挥中心为龙头的快速反应机制，全力实施社区和农村警务战略；充分发挥单位内保人员、保安、辅（协）警和农村治保会、联防队、护村队、民兵连（营）等群防群治组织的作用；加强物防技防投入，建立警务信息化系统，大力推进以电子视频监控、防盗报警为主的科技防范工作，实现了社会治安的良性循环。

截至2009年，全州已建警务室488个，其中社区警务室50个、农村警务室438个；有治保会、保安公司、治安巡防队等群防群治队伍2721支；全州12个县市共安装报警与监控探头9200个，这些防范措施的建立和运行，有效防止了盗窃等多发性案件的发生，一批重大案件及时破获，街面违法犯罪得到有效遏制。充实加强州、县综治、维稳办人员。大理州委政法委与州编办联合制定了《关于调整充实州、县市政法委综治办和维稳办人员编制有关问题的通知》文件，对州、县市两级综治办和维稳办人员进行了增编调剂。从州、县政法部门的政法专项编制中调剂出40名政法专项编制核定给州、县综治办和州维稳办调剂使用。通过以上人员增编调剂，全州综治办、维稳办合计增加编制40人，其中州级综治办、维稳办增加编制5人，县级综治办、维稳办增加编制35人，有效缓解了全州综治、维稳办人员不足的问题。根据中共大理州委、州人民政府《关于切实加强乡镇综治维稳和村（社区）治保调解工作的实施意见》要求，按照《大理州村（社区）治保、调解工作绩效考核办法（试行）》的规定，组织开展治保、调解相关考核、考评工作。在考核、考评的基础上，严格按标准兑现基层治保调解补助经费。州、县市财政为全州1127个村（社区）治保主任、调解主任、副主任或文书兑现补贴680万元。

【加强各项社会管理】　年内，全州重点加强对流动人口、刑释解教人员、社区矫正对象、未成年人的管理、学校及周边治安综合治理。做好流动人口的服务和管理。2009年，全州登记暂住人口68559人，已办理暂住证68509人。进一步落实管理责任，健全管理机制，加强对流动人口的管理。从管理机制、信息建设、户籍改革、治安整治、维权保障、职介规范、计生服务、劳务输出等八个方面强化措施，不断优化流动人口就业、就医、子女就学、社会保障等公共服务，保障流动人口的合法权益；积极探索“以房管人”、“以业控人”的工作机制，确保流动人口底数清、情况明、管理有序。做好对刑释解教人员的安置帮教工作。加强了对刑释解教人员的衔接、安置、帮教工作。探索建立完善刑释解教人员安置帮教基地和社会保障救助体系，积极为刑释解教人员提供回归社会后的工作和生活条件，进一步提高社会管控水平。通过教育、感化和挽救，从源头上预防和减少犯罪，使他们早日融入社会，防止重新违法犯罪。2009年全州刑满释放1107人，解除劳教97人。已落实安置责任879人，回原单位安置18人，从事自主经营81人，社会救济41人，安置率84.6%。共帮教1196人，帮教率达99.3%。

【积极探索社区矫正】　2009年，大理州成立社区矫正工作领导机构，制定《大理州社区矫正实施方案》，召开了社区矫正工作会议，在大理市开展社区矫正试点工作，在建立规范管理措施的基础上，不断创新管理方式，加强对被判处管制、被宣告缓刑、被裁定假释、被暂予监外执行和被剥夺政治权利并在社会上服刑人员的管理和监督，矫正其不良心理和行为，并帮助解决就业、生活等方面遇到的问题和困难。使州内1997名矫正对象得到有效管理和监控，提高了改造质量，体现了宽严相济的政策，确保了刑罚的有效实施。

【切实抓好预防青少年违法犯罪】
2009年，全州结合大理市下关镇“省级预防未成年人违法犯罪示范镇”项目建设，以建立未成年人信息管理系统，建立公益性未成年人校外活动场所，健全完善未成年人法律援助制度，组建预防未成年人违法犯罪志愿者队伍，做好职业教育支撑服务工作为重点。以建好一支青年志愿服务队、建好一批青少年维权岗、搭建好一个“大理青年”QQ群交流平台为依托，整合各方社会资源，围绕“远离毒品”、“安全教育”、“心理辅导”、“法制教育”、“三生教育”、“关注生命，关注成长，关注未来”等主题活动的开展，引导青少年学法、懂法、守法和用法，切实抓好预防青少年违法犯罪工作。深入开展学校及周边治安综合治理工作。制定《大理州关于开展学校及周边突出治安问题及矛盾纠纷排查整治工作的通知》、《大理州学校及周边突出治安问题和矛盾纠纷专项整治化解工作方案》等文件，开展学校及周边突出治安问题和矛盾纠纷排查整治专项行动。全州整治校园周边违章建筑128处、网吧16个、游戏室15个、疏散通道56处、检查食堂、校园周边食馆、摊点561个，提出整改意见91条，取消学校食堂小卖部6个，新增灭火器621具（充灌灭火器1923个），更新老化电线路6200多米，新增饮水管道756米，新挖水井2口，排除各种安全隐患96起，促进了全州教育事业的健康发展。

【全面落实社会治安综合治理各项措施】　2009年，全州加大“严打”整治力度，确保社会治安稳定。按照“什么犯罪突出，就重点打击什么犯罪；什么治安问题严重，就重点解决什么问题；哪里治安混乱，就重点整治哪里；用什么方式更为有效，就采用什么方式”的原则，严厉打击各类违法犯罪活动，适时组织开展专项重点整治，消除隐患，增强打击的实效性。制定下发《关于进一步开展排查化解矛盾纠纷和排查整治治安混乱地区及突出治安问题的通知》（以下简称“两项排查”），对“两项排查”进行了安排，将其列为政法综治维稳的重点工作抓实抓好。在开展“两项排查”工作过程中，坚持“边排查、边化解整治和滚动排查、滚动化解整治”的原则，认真细致开展排查整治化解工作。对各种影响社会和谐稳定隐患及治安突出问题做到早发现、早控制、早解决，切实把矛盾隐患化解在基层、化解在萌芽状态。全州共排查突出治安问题50件，涉及盗窃、抢劫、抢夺、赌博、卖淫嫖娼、流动人口违法犯罪、扰乱社会秩序、其它违法犯罪等八个方面的问题，其中49件进行了整治，整治率为98%；全州12县市和州维稳各部门共排查出各类矛盾纠纷184件，已化解169件，占91.8%；积极稳妥地处置群体性突发事件5起，没有发生应对不妥、处置不当而导致矛盾激化的事件；年内，全州排查涉法涉诉案件230件。其中，中央交办4件，省交办34件，州交办10件。深入开展禁毒人民战争。认真贯彻中共大理州委、州人民政府关于开展新一轮禁毒人民战争的总体工作部署，加大禁毒宣传，加大打击力度，强化堵源截流，创新戒毒模式，积极推进禁吸戒毒工作；抓实巍山永建地区毒品集中整治成果巩固和集中整治大理市毒品集散、中转突出问题，禁毒工作稳步推进，毒品犯罪受到严厉打击，社会面上的吸毒人员明显减少，基本做到无失控吸毒人员。切实加强公共安全管理工作。按照“安全第一、预防为主、综合治理”的原则，把工作关口前移、重心下放，加大对易发群死群伤事故重点行业、重点企业的安全生产监管；切实加强对重大节庆活动的安全保卫及安全管理；切实加强对道路交通、消防、易燃易爆、有毒危禁品及公共聚集场所的安全管理，认真抓好安全隐患排查治理，加大对安全责任事故的查处力度，切实维护人民群众生命财产安全，维护社会稳定，年内，全州未发生重大公共安全事故。切实抓好铁路护路联防工作，深入开展“平安铁路示范市县”创建活动，广泛开展爱路护路宣传教育，认真抓好防洪抢险，积极开展铁路沿线社会热难点问题和安全隐患排查，积极化解和有效处置各种社会矛盾和安全隐患，全州护路联防工作取得明显实效。全州共发生路伤死亡2起，死亡2人，死亡人数同比下降33%；发生大牲畜挡道1起，死亡1头，同比下降50%。全州共排查调处涉路矛盾纠纷42件，调处率100%，涉路刑事、治安案件大幅减少。

【加强见义勇为基金会的管理】 2009年,按照国家对社团组织的相关规范要求,进一步加强对大理州见义勇为基金会的管理,大理州人民政府为见义勇为基金会核拨了100万元资本金,进一步充实了见义勇为基金会的原始基金;开展见义勇为基金会的年检申报工作和见义勇为公民贫困家庭调查;对2008~2009年度的见义勇为公民及见义勇为先进分子进行调查摸底统计,向省见义勇为基金会推荐上报见义勇为先进个人3人,筛选出拟表彰的州级见义勇为先进个人13人,先进集体2个建议名单。

【平安创建】 年内,根据省、州党委、政府关于开展以争创"省级先进平安县市"为主要目标的新一轮平安创建活动的部署安排,全州机构不撤、人员不减、目标不变、措施不弱,继续开展好争创省级"先进平安县市"创建工作。在1月份召开的全州政法工作会议上,对年度先进平安创建工作进行了全面部署;6月2日,召开先进平安县市争创及基层基础工作推进现场会议,对先进平安创建工作作了进一步的安排。8月27日,召开全州政法委书记会议,对全州先进平安创建工作进行再动员、再部署。年内,开展了2次平安创建督查检查,确保了全州平安创建工作的有序开展。在平安创建工作中,大理州将上一轮平安创建过程中的分期分批创建制改为年度争先创优制,不断完善平安创建工作机制,全面提升创建水平,巩固和扩大平安创建工作成果。制定《关于在全州开展争创先进平安县市活动的实施意见》,充实完善了组织领导机构,制定《大理州先进平安县市考评办法(试行)》及《大理州先进平安县市创建标准》。大理州社会治安综合治理办公室积极会同州级部门,共同研究制定各类行业、系统的平安创建方案,各行业、系统结合自身特点,积极开展形式多样的平安创建活动,推进平安创建向纵深发展。年内,大理州重点开展了"平安出行创建活动"、"平安铁路示范县市"创建活动、"先进平安景区"、"先进平安医院"、"先进平安校园"、"先进平安家庭"、"先进平安文化市场"等创建活动。通过重点行业、重点单位先进平安创建活动的开展,促进全州平安创建工作的全面开展。开展"平安建设"活动以来,全州各级各部门以"平安创建"活动为载体,把服务建设和防范打击有机结合起来,动员广大人民群众积极投入综治工作中。通过"平安建设"这一工作平台,各方面的力量得到了的有效整合,各层次的积极性得到了有效的调动,综治各项措施全面落实。

【严打整治】 年内,全州按照"什么犯罪突出,就重点打击什么犯罪;什么治安问题严重,就重点解决什么问题;哪里治安混乱,就重点整治哪里;用什么方式更为有效,就采用什么方式"的原则,严厉打击各类违法犯罪活动,适时组织开展专项重点整治,消除隐患,增强打击的实效性。全州结合国庆60周年安全保卫工作和社会治安实际,开展"打盗抢追逃犯"、"打黑除恶"、"侦破命案"、"整治治安突出问题"、"打击盗窃破坏三电活动"、"校园周边突出治安问题整治"、"道路交通安全专项整治"、打击假币犯罪"09行动"、"打击拐卖儿童妇女"、"打击盗窃摩托车和抢劫犯罪"、"打击传销"、"打击假冒伪劣农资等坑农害农专项行动"、"整治非法地面卫星通信接收"等专项行动,加大打击整治各类违法犯罪工作力度,打掉一大批犯罪团伙,侦破了一大批案件,有力地震慑了各类违法犯罪活动。2009年,全州共立刑事案件6303起,比上年同期上升236起,上升3.88%;共立命案71起,同比下降17.77%,侦破命案70起;共打掉涉黑涉恶犯罪团伙9个,破获黑恶势力团伙犯罪刑事案件98件,涉案成员数131人,抓获犯罪嫌疑人112人,其中骨干成员29人;全州共受理治安案件7981起,比上年同期上升20.34%,查处治安案件7298起,同比上升16.39%,查处率为91.44%。全州检察机关共批准逮捕刑事犯罪案件1223件2075人,同比分别上升7.6%和1.9%;提请公诉1620件2775人,同比分别上升19.8%和14.6%。全州两级法院共受理刑事案件2027件,同比上升9.31%。全州12县市和州级政法各部门共列报有一定影响的各类矛盾纠纷188件,已化解175件,占93.1%;全州乡镇司法所、村(社区)调解委员会共调解民间纠纷39500件,调解达成协议38750件,占98.1%。通过严打整治,维护了全州社会治安的持续稳定。

【社会管理】 2009年全州重点加强对流动人口、刑释解教人员、社区矫正对象、未成年人的管理、学校及周边治安综合治理工作:做好流动人口的服务和管理工作。年内,全州登记暂住人口68559人,已办理暂住证68509人。全州进一步落实管理责任,健全管理机制,加强对流动人口的管理。从管理机制、信息建设、户籍改革、治安整治、维权保障、职介规范、计生服务、劳务输出等八个方面强化措施,不断优化流动人口就业、就医、子女就学、社会保障等公共服务,保障流动人口的合法权益;积极探索"以房管人"、"以业控人"的工作机制,确保流动人口底数清、情况明、管理有序。做好对刑释解教人员的安置帮教工作。年内全州加强了对刑释解教人员的衔接、安置、帮教工作。探索建立完善刑释解教人员安置帮教基地和社会保障救助体系,积极为刑释解教人员提供回归社会后的工作和生活条件,进一步提高社会管控水平。通过教育、感化和挽救从源头上预防和减少犯罪,使他们早日融入社会,防止重新违法犯罪。2009年全州刑满释放1107人,解除劳教97人。已落实安置责任879人,回原单位安置18人,从事自主经营81人,社会救济41人,安置率84.6%。共帮教1196人,帮教率达99.3%。积极探索社区矫正工作。大理州成立了社区矫正工作领导机构,制定了《大理州社区矫正实施方案》,召开了社区矫正工作会议,在大理市开展了社区矫正试点工作,在建立规范管理措施的基础上,不断创新管理方式,加强对被判处管制、被宣告缓刑、被裁定假释、被暂予监外执行和被剥夺政治权利并在社会上服刑人员的管理和监督,矫正其不良心理和行为,并帮助解决就业、生活等方面遇到的问题和困难。切实抓好预防青少年违法犯罪工作。全州结合大理市下关镇"省级预防未成年人违法犯罪示范镇"项目建设,以建立未成年人信息管理系统,建立公益性未成年人校外活动场所,健全完善未成年人法律援助制度,组建预防未成年人违法犯罪志愿者队伍,做好职业教育支撑服务工作为重点。以建好一支青年志愿服务队、建好一批青少年维权岗、搭建好一个"大理青年"QQ群交流平台为依托,整合各方社会资源,围绕"远离毒品"、"安全教育"、"心理辅导"、"法制教育"、"三生教育"、"关注生命,关注成长,关注未来"等主题活动的开展,引导青少年学法、懂法、守法和用法,切实抓好预防青少年违法犯罪工作。深入开展学校及周边治安综合治理工作。制定了《大理州关于开展学校及周边突出治安问题及矛盾纠纷排查整治工作的通知》、《大理州学校及周边突出治安问题和矛盾纠纷专项整治化解工作方案》等文件,开展了学校及周边突出治安问题和矛盾纠纷排查整治专项行动。全州整治校园周边违章建筑128处、网吧16个、游戏室15个、疏散通道56处、检查食堂、校园周边食馆、摊点561个，提出整改意见91条，取消学校食堂小卖部6个，新增灭火器621具（充灌灭火器1923个），更新老化电线路6200多米，新增饮水管道756米，新挖水井2口，排除各种安全隐患96起，促进了全州教育事业的健康发展。

【社会治安综合治理责任制】　按照省、州党委、政府的部署要求，在全州政法工作会议上，对2009年的政法、综治维稳工作进行了全面安排。中共大理州委、州人民政府表彰奖励了社会治安综合治理先进县市和先进单位，与各县市和州综治委成员单位签订2009年度社会治安综合治理责任书。根据全州政法工作会议的部署，州综治委及时下发了相关文件，安排了2009年社会治安综合治理工作要点，并将年度综治工作进行量化分解，层层分解落实到各县市及州级综治维稳成员单位和部门，全面落实社会治安综合治理工作目标及各项工作措施。

【表彰奖励】　2009年，中共大理州委、大理州人民政府对大理州获全国社会治安综合治理优秀地市荣誉称号做出突出贡献的县市和州综治维稳成员单位进行了表彰奖励。

一、表彰县市及奖励金额

大理市、漾濞县、祥云县、宾川县、弥渡县、南涧县、巍山县、永平县、云龙县、洱源县、剑川县、鹤庆县各奖励3万元。

二、表彰州综治维稳成员单位及奖励金额

（一）大理州公安局，奖励8万元。

（二）中共大理州委办公室、州人民政府办公室、大理州委政法委、大理州法院、大理州检察院、大理州司法局、大理州国家安全局，各奖励4万元。

（三）大理州纪委、大理州委组织部、大理州委宣传部、大理州委政研室、大理州委老干局、大理州委610办、大理州发改委、大理州经委、大理州财政局、大理州人事局、大理州劳动和社会保障局、大理州教育局、大理州文化局、大理州民政局、大理州移民局、大理州民委、大理州宗教局、大理州工商局、大理州安监局、大理州广电局、大理州总工会、团州委、大理州妇联、大理军分区、武警大理州支队、武警大理州消防支队、武警大理州森警支队，各奖励1万元。

【对先进平安县市和先进单位表彰】　2009年，中共大理州委大理州人民政府对2009年度先进平安县市和社会治安综合治理维护社会稳定工作先进县市先进单位给予表彰

一、大理州2009年度先进平安县市：祥云县、南涧县、洱源县、鹤庆县

二、大理州2009年度综治维稳工作先进县市：宾川县、巍山县、永平县、云龙县、剑川县

三、大理州2009年度综治维稳工作先进单位：中共大理州委办公室、州人民政府办公室、大理州纪委、州委组织部、州委宣传部、州委政法委、大理州委政研室、大理州法院、大理州检察院、大理州公安局、大理州委610办、大理州司法局、大理州财政局、大理州人事局、大理州教育局、大理州民政局、大理州移民局、大理州民委、大理州工商局、大理州总工会、团州委、大理军分区

【对2008～2009年度见义勇为先进个人表彰奖励】　年内，大理州人民政府表彰奖励2008～2009年度见义勇为先进个人，追授鹤庆县公安局黄坪派出所辅警陈富云为大理州见义勇为先进个人荣誉称号，颁发奖金人民币20000元。授予赵正萍等8人为大理州见义勇为先进个人荣誉称号，每人颁发奖金人民币8000元。

赵正萍　大理市银桥镇马久邑村委会农民
张德强　巍山县大仓镇农业综合服务站职员
自炳杰　祥云县刘厂镇松梅村委会农民
王泽昌　祥云县米甸镇米甸村委会农民
杨　勇　南涧县电信公司保安
杨德寿　洱源县茈碧湖镇中炼村委会农民
王　兴　大理市下关镇泰安路个体工商户
赵　程　宾川县宾居镇宾居村委会农民

授予高志宏等7人为大理州见义勇为先进个人荣誉称号，每人颁发奖金人民币5000元。

高志宏　大理市大理红塔集团大理卷烟厂工人
文壮志　大理市大理交通运输集团退休工人
石丕昌　大理市泰兴实业有限责任公司退休工人
杨亚超　巍山县大仓镇小河村委会农民
安永祥　宾川县拉乌乡拉乌村委会农民
熊光德　大理市下关镇大关邑村委会农民
李继光　宾川县宾居华侨管理区综合办主任

授予杨金雄等4人为大理州见义勇为先进个人荣誉称号，每人颁发奖金人民币3000元。

杨金雄　宾川县公安局金牛派出所辅警
李如伟　宾川县公安局金牛派出所辅警
张泽文　宾川县公安局金牛派出所辅警
子键鹏　宾川县公安局金牛派出所辅警

（《政法》由侯镇山撰稿）

政府法制建设

【简　述】　加强政府法制建设，不断推进依法行政，建设法治政府是党委落实依法治国基本方略，实现立党为公、执政为民的一项重要工作。随着社会主义市场经济的深入推进，人民民主意识的不断提高，要履行好经济调节、市场监管、社会管理、公共服务的政府职能，迫切需要通过法律手段规范市场主体行为，规范政府自身行为，维护公民、企业和其他组织的合法权益。2009年，大理州的依法行政工作在中共大理州委、大理州人民政府的高度重视下，通过各级各部门的共同努力，取得了显著的成绩。2007年、2008年，大理州人民政府连续两年被省人民政府评定为“特别优秀行政执法单位”。2009年，全州政府法制系统受到州人民政府通报表扬；大理州推出的114政府信息直通车制度被云南省人民政府推广为政务信息查询96128专线在全省实施；中共大理州委还将政府信息直通车工作作为中共大理州委上报省委的“三件实事”之一；在大理人民政府法制局增设政务服务科，大理市、南涧县等市县法制系统也加强了机构人员。

【规范性文件审查】　2009年，全州两级政府法制机构认真贯彻落实《云南省行政机关规范性文件制定和备案办法》，按照“有件必备、有备必审、有错必纠”的原则，坚持广泛征求意见制度、网上公开制度和登记备案制度，审核规范了一大批有利于经济社会发展、促进和谐社会建设的规范性文件。年内，全州共制定和发布规范性文件38件，其中：州政府7件，州级行政机关4件，各县市人民政府27件。特别是在审查以大理州人民政府名义发布的《关于改进行政执法促进经济社会和谐健康发展的意见》、

《关于精简下放部分行政审批和监管权限促进投资快速增长的意见》和《大理白族自治州农村集体经济组织财务及资产管理暂行办法》等文件中，大理州法制局发挥了法律参谋助手作用，对规范性文件进行严格的审查把关，提出极具建设性和指导性的意见建议，确保了规范性文件的合法性，规范性文件的质量不断提高。

【行政复议案件办理】 2009年，全州各级复议机关坚持实行领导审批制度、实地调查和听证制度，广泛运用调解和解机制，共收到行政复议申请77件，受理71件。在审结的行政复议案件中，驳回4件，维持36件，撤销8件，变更2件，调解2件，和解2件，自愿撤回申请15件。其中：大理州人民政府收到申请9件，未受理2件，正在审查1件，受理6件并审结6件，其中：驳回1件，维持3件，撤销2件。这些行政复议案件和行政诉讼案件的办理，切实维护了公民、法人和其他组织的合法权益，一些违法的或者不当的行政行为得到纠正，有力地促进了各级各部门的依法行政工作。以上工作受到国务院法制办行政复议检查组的充分肯定。

【政府信息直通车制度】 大理州法制局结合深入贯彻实施《政府信息公开条例》和责任政府四项制度，在全国率先推出114政府信息直通车制度。2009年，被省人民政府在全省县级以上行政机关推广为政务信息查询96128专线。2009年，大理州结合实际，加大工作力度。一是加强组织领导。州人民政府第16次常务会议研究决定，在大理州法制局增设政务服务科，对外履行政务服务中心职能，同时承担云南省政务信息查询96128专线工作，整合了资源，提高了效率。二是创新宣传方式。在各乡镇政府所在地集镇、公路沿线和300人以上的自然村庄醒目位置，粉刷制作统一规范的墙体广告。三是扩大实施范围。中共大理州委办公室制定下发《大理州政府信息直通车党群机关试行办法》，将政府信息直通车延伸至各级党委、人大、政协、纪委、法院、检察院和人民团体。四是延长服务时间。将州县两级党委办、政府办、法制、公安、交警、运政、人事、劳动和社会保障、公积金、教育、卫生、农业、畜牧、林业、商务、广电、文化、政务中心和乡镇政府等与群众生产生活密切相关的部门的服务时间延长至节假日和双休日，同时每天服务时间延长至8：00～20：00。五是配置专用手机。全州各级各部门共为联络员配置了1197部专用手机，做到专人专用，确保群众来电及时接听。六是着手建设管理专网。基本完成大理州政府信息直通车管理专网的软件开发工作，近期将投入试运行。政府信息直通车开通以来，共为群众提供咨询、建议、投诉等服务16万余次，解决问题达1万余件，有效地推进了机关工作作风，提高了行政效率，提升了政府的公信力，密切了党委政府与人民群众的联系。

【阳光政府建设】 2009年，大理州人民政府共组织实施重大决策听证事项6项、重要事项公示78项、重点工作通报112项，各县市自行实施的重大决策听证151项、重要事项公示1045项、重点工作通报事项1812项。全州共为社会提供政府信息公开查询服务5787次，复印资料3500余页。全州负有政府信息公开义务的主体903个，其中州级部门56个，县市及乡镇834个共主动公开政府信息34624条，网站发布34606条，新闻发布会5条，政府公报信息13条。全州各级各部门共受理依申请公开56份，其中当面申请41份，网上申请10份，信函申请5份，均按要求给予了答复。政府工作更加公开、透明，人民参与政府管理的渠道、途径不断拓宽，知情权、参与权、表达权、监督权不断得到保障。

【政务服务】 2008年底，按照省政府关于进一步加强政务服务中心建设的要求，结合大理州实际，采取"中心指挥协调，服务统分结合，部门联动办理"的模式，设立了大理白族自治州政务服务中心。2009年，大理州政务服务中心建立了完善的政务服务体系。在政府层面和各部门，都成立了相应的领导小组，大理州政务服务中心对各单位进行指挥、协调。建立了系统的规章制度。分别制定了政务服务事项的报备制度、集中公示制度、联合办理限时办结制度、例会制度、评价制度、约谈制度等项制度，进一步加强了对各单位政务服务工作的政策指导。完成政务服务事项的集中公示。中心收集、整理了州级行政机关、法律法规授权组织68个单位政务服务的各项内容，汇总后在中心集中公示，便于群众咨询、查询。丰富提升了服务型政府的形象。截至2009年12月31日，在中心的指挥协调下，州级服务大厅和其他州级机关共受理承办政务服务事项208616件，其中：行政许可99686件，非行政许可38670件，其他文件查询、咨询等70260件，已办结208517件，办结率99%。以往政府推动经济社会发展的数据，已被社会广泛知晓，但政府如何为民办理服务事项，却很少被统一整理向社会公示。从2009年5月27日起，中心每天在网络上开展"大理州州级机关政务服务事项通报"，让全社会知晓州级机关政务服务工作的实绩。同时，开展对办事群众的电话回访工作。上述工作的有效开展，通过州政务服务中心这个平台，充分展示了整个州级机关为民服务的情况，丰富和提高了服务型政府的形象。

【行政执法监督】 2009年，大理州法制局组织监察、人事和州政府法律顾问等有关部门和人员，对全州2008年度依法行政工作进行考核评议，大理州人民政府连续两年被省政府评定为特别优秀单位；召开2009年度上半年依法行政联席会议，通报了有关工作情况；对大理市城管执法进行执法检查，抽查有关案卷资料，提出整改意见和要求；组织大理学院政法学院师生对交警行政执法工作进行调查监督；对大理市下关镇文献村毕某反映的关于其农业承包合同错误得不到纠正的案件进行执法监督；对大理州人民政府州长何金平批示的段某信访案件进行调查核实，接待上访群众8起40余人次，接待申请行政复议群众15起40余人次；完成州人大代表答复件2件，州政协委员答复件1件。

【民族立法】 2009年，大理州法制局负责《云南省大理白族自治州旅游条例（草案）》（简称《旅游条例（草案）》）政府阶段的起草工作，为做好该项工作，召开大理州级机关、旅行社、导游等不同层次的论证会。4月8日，按照省政府重大决策听证制度的要求，就该条例召开首次立法听证会，公开听取社会各方面的意见建议，体现科学立法、民主立法，集中民意，反映民智。4月22日，州人民政府第12次常务会议专题研究，通过了《旅游条例（草案）》，并以议案报送州人大常委会，完成《旅游条例（草案）》政府阶段的起草工作。

【行政执法培训】 2009年，大理州人民政府进一步加强对行政执法人员的培训，组织和举办行政执法培训班18次，完成永平县，无线电、人防、交通、卫生、地震等近20余家单位和部门的1600余名行政执法人员的培训工作。

【2009年度全州依法行政工作会议】 2009年12月中旬，由大理州法制局牵头召开2009年度全州依法行政工作会议，采取以会代训的方式，全面总结2009年度依法行政工作的开展情况，针对依法行政工作存在的问题，制定切实可行的整改措施，查漏补缺，不断总结提高，并对全州县市政府分管法制工作的领导干部、州级机关县处级领导干部和法制局(科室)的业务负责人进行培训，促进了依法行政工作的深入开展。中共大理州委常委、州委政法委书记茶忠旺，州人民政府副州长郭有兵参加会议并作了重要讲话。

【法制服务】 2009年9月，大理州法制局结合《行政复议法》实施10周年，积极参加全州依法治州宣传活动，在绿玉公园就《行政复议法》、《政府信息公开条例》、《国务院关于加强市县政府依法行政的决定》和114政府信息直通车制度进行宣传。在大理州法制局的组织协调下，大理学院政法学院30余名学生在暑期社会实践活动中赴大理市和永平县开展促进依法行政调查活动，向群众提供法律咨询服务1300余人(次)，对政府机关工作人员依法行政的理念和意识进行问卷调查，共发放调查问卷1000余份，形成了《促进依法行政工作调查活动论文集》。

【完成领导交办事务】 2009年，大理州法制局完成大理州人民政府领导交办的事关州人民政府关于风能、太阳能、土地利用、综合投资等项目的20余份合作框架协议的法律规范性要求的审查把关，并就相关协议书的合法性原则提出意见和建议，确保了以人民政府签署的协议的合法性和规范性。

(《政府法制建设》由史凯撰稿)

司法行政

【简 述】 2009年，大理州司法行政工作坚持以科学发展观为指导，以学习实践科学发展观为主线，紧紧围绕党委、政府中心工作，积极应对国际金融危机对全州社会稳定的不利影响，努力在服务“保增长、保民生、保稳定”上取得新成效，立足更高起点，强化基层基础，加强规范管理，推进改革创新，切实维护社会稳定、服务经济发展、促进公平正义、深化普法依法治州，充分发挥司法行政职能作用，为促进经济平稳较快发展、维护社会和谐稳定作出了积极的贡献。坚持重点突出，整体推进，各项工作取得了显著成绩。

【社区矫正】 2009年2月24日，大理州司法局召开大理州社区矫正工作领导小组第一次会议，对在全州全面推进社区矫正工作进行研究，会后，下发《大理州全面开展社区矫正工作实施方案》。2月27日，召开全州社区矫正工作电视电话会议，中共大理州委政法委书记茶忠旺作了重要讲话，并对全州全面推进社区矫正工作进行部署，社区矫正工作在全州全面推进。社区矫正工作在全州推开后，累计接收社区服刑人员1997人，解除矫正378人，社区服刑人员在矫正期间的重新犯罪率为0.01%，大大降低了刑罚执行成本，降低了重新犯罪率。95%的社区服刑人员表现较好，顺利回归社会。全州社区矫正工作健康稳定，态势良好。大理市下关镇探索出分类教育的工作方法，取得了很好的效果。

【人民调解】 2009年，全州司法行政机关充分调动人民调解组织和人民调解员的工作积极性，发挥人民调解在排查化解矛盾纠纷中的独特优势，为新中国成立60周年大庆创造和谐稳定的社会环境，而努力工作。在全州开展“深入基层办实事、化解纠纷保稳定”爱民、为民实践活动，人民调解工作充分体现了植根基层、贴近群众、和风细雨、程序简便、成本低、效率高的特点，深受全州各族群众的欢迎。全州共调处各类矛盾纠纷17521件，其中，制止群体性械斗267件，防止群体性上访147件，防止民间纠纷引起自杀61件，防止民间纠纷转化为刑事案件160件，调解成功率达到99%，为维护大理州社会和谐稳定做出了积极的贡献。

【司法所建设】 2009年，全州司法行政机关紧紧围绕“把基层司法所建设成为当地党委、政府重要的工作部门，人民满意的基层政法单位”的目标，集中人力、物力和财力建设司法行政机关的前沿阵地司法所。采用典型引路的工作方法，先后组织各县市司法局分管领导和司法所长对规范化建设工作开展得好的漾濞平坡司法所、宾川县大营司法所、弥渡县新街司法所进行观摩，推动全州司法所外观、标识、专用场所、制度、氛围、档案管理“六统一”。建成后的司法所，给人面目一新，有明显的司法行政特征。在有关部门的支持下，给全州司法所增加52个人员编制，通过积极的工作，树立了基层司法行政单位的良好形象，进一步增强司法所服务人民群众的能力。

【普法与依法治州】 2009年，大理州司法局以“法律六进”为平台，重点抓好领导干部、青少年和农民的法制宣传教育，在全社会营造学法、守法、用法的良好氛围。9月，在全州开展“学法守法用法，建设美好祖国”青少年法律知识竞赛活动，推动了青少年法制教育的深入开展。大理州是农民工的输出地，在全球发生金融危机的背景下，高度重视农民和农民工的生产生活中的涉法问题。大理市组织开展农村法制宣传月活动，并依托该市4个劳务输出培训基地对9255名农民工进行法律知识培训，增强了农民工的法制观念和依法维权意识。为有效提升法治管理水平，大理市启动了法治城市创建活动。

【律师工作】 2009年，大理州司法局在全州律师队伍中开展“中国特色社会主义法律工作者”主题实践活动，以构建诚信体系为重点，着力加强法律服务行风建设。2009年，全州律师共担任法律顾问450家，办理刑事辩护及代理案件1120件，民事诉讼案件2238件，行政诉讼案件297件，解答法律咨询和代写法律文书14005件(次)，调解192件，参加公益事业和社会活动5128次，为社会提供法律业务培训33次。

【公证业务】 年内，全州公证处紧紧围绕全面建设小康社会和构建社会主义和谐社会两个主题，积极深入到社会经济的各个领域，认真做好金融、房地产较为成熟的公证业务，全年办理贷款合同2506件，办理房地产业务2809件。通过中国公证网的公证管理软件，办理25件抵押登记公证，并按要求在中国公证网上对抵押登记的相关信息进行网上登记，确保债权人的债权不被重复登记，督促债务人履行债务的自觉性。2009年全州14个公证处共办理公证事项12664件，其中。国内民事公证事项4191件，国内经济公证事项7916件，涉港澳台公证事项44件，涉外公证事项513件，公证收费446.99万元。

【法律援助】 2009年，大理州司法局深入开展“法律援助便民服务”主题活动，认真落实建立健全便民服务窗口，拓宽申请渠道、简化受理程序等10项便民措施，让更多的困难群众方便快捷地获得法律援助，切实维护人民群众特别是困难群众的合法权益。全州指派刑事法律援助案件1036件，接待来信来访咨询9243人次，指派民事法律援助案件1218件，调解非诉讼案件794件，受援人数达1527人次。

【司法考试】 2009年，大理考区有大理、楚雄、临沧、丽江、保山、德宏、迪庆、怒江8个州市的1590名考生参加考试，比2008年增加考生129人。制定《大理考区2009年国家司法考试工作方案》。对工作人员和监考人员进行认真培训，分成7个专业小组，责任到人，确保了大理考区司法考试工作的顺利进行。全州372名考生中有82人通过了国家司法考试，通过率为22%，是历年司法考试中通过率最高的一年。

【司法鉴定】 2009年，司法鉴定工作健康发展。全州核准登记从事司法鉴定业务的机构16家，司法鉴定人员144名，办理鉴定业务427件，业务收费30万元。司法鉴定机构稳步增长，鉴定人员队伍初具规模，保障和服务功能日益突出，社会影响面逐渐扩大。

【监狱管理】 2009年，大理监狱邀请大理州孔子学会的教师对在押服刑人员讲解《弟子规》、《增广贤文》等传统道德教育读本，增强了罪犯对传统道德的认识和理解。利用每天早晨起床整理内务时间，播放《从头再来》、《壮志雄心》、《好人好梦》等激励服刑人员改造的歌曲，成效突出，有的服刑人员把其中的一些歌词写进了亲情寄语床头牌来激励自己加速改造。6月，开展“安全生产月”活动。9月，组织国庆中秋安全稳定大检查。确保了国庆中秋期间的安全稳定。2009年，在押服刑人员3276人，完成生产总值3000万元，实现利润221万元。大理监狱教育科、十监区被评为云南省监狱系统先进集体，任辉、雷黎明、李文发被评为先进个人。

【劳教管理】 2009年，大理州劳教所坚持“以人为本，依法管理、综合矫治、科学戒毒、关怀救助”的原则，不断探索救治新办法，积极探索对强制隔离戒毒人员的规范化管理，认真做好甲型H1N1流感的防控，加强对入所人员的检查检验，高度重视安全生产，将安全生产作为2009年的重点工作来抓，与大队、中队逐级签订《安全生产责任书》，认真组织学习《云南省安全生产条例》，通过教育，不断提高安全生产意识。2009年，完成生产总值1821万元，新收容劳教强戒人员472人，解教回归社会189人，在教和强戒人员566人。

【队伍建设】 2009年，全州司法行政机关扎扎实实地开展深入学习实践科学发展观活动，制定了活动的实施方案，确定了以“完善司法行政工作机制，提高科学发展水平”为活动的实践载体，找准影响和制约全州司法行政工作科学发展以及基层和群众反映强烈的8个重点问题，在活动中，注重边整边改，推动全州司法行政工作上新台阶。把推进阳光政府四项制度作为加强自身建设的重要举措，制定并实施了大理州司法行政机关《关于推进阳光政府四项制度实施方案》，通过加强领导、健全工作机制、强化宣传，营造良好氛围。对群众关心的司法考试、司法鉴定、公证、律师工作及司法行政机关公务员考试录用等事项，按阳光政府四项制度的要求作了明确规定，方便群众进行监督，改进工作作风。

【党风廉政建设】 2009年，大理州司法局党委高度重视党风廉政建设，始终把党风廉政工作列入重要日程，年初制定下发《2009年全州司法行政系统纪检监察工作要点》，与12县市司法局和州劳教所签订责任书，加大检查督查工作力度。根据中央、省、州关于厉行节约的要求，结合司法行政实际，制定下发《大理州司法局关于做好厉行节约工作的通知》。

【荣誉表彰】 2009年，大理州司法局被国家司法部评为全国法律援助和法律服务主题实践活动先进集体，被省司法厅评为全省司法考试工作先进集体，被州政府评为扶贫工作先进集体。并涌现出一批先进集体和先进个人，大理市经济开发区公证处被中国公证协会评为“全国公证行业文明公证处”，黄起忠被中宣部、司法部评为“全国五·五普法中期先进个人”，赵熔被云南省司法厅评为全省司法行政系统“六十佳”司法行政干警。

【司法部在大理举办法律援助培训班】 2009年10月21～23日，司法部在大理市举办“西部省份法律援助轮训计划”云南省培训班。云南省县级以上法律援助机构和部分省级社团组织法律援助机构领导及工作人员共200多人参加了培训。培训班由司法部法律援助中心副主任桑宁、郭婕博士等8位领导和专家到场授课，重点讲授法律援助的管理、建立法律援助案件质量评估体系的初步构想等方面的知识。云南省司法厅副厅长罗正云作开班动员讲话，培训班上各州市作交流发言，并通报全省法律援助经费检查情况。这次培训领导重视、精心组织，参训人员规格高，人数多、内容丰富，讲课精彩、听课认真，取得了良好效果。进一步提高了法律援助队伍的综合素质，将有力推动全省法律援助工作向深度和广度拓展。

（《司法行政》由舒羽撰稿）

公　　安

【简　述】 2009年，大理州公安工作以抓好公安信息化建设、执法规范化建设和积极构建和谐警民关系“三项建设”为重点，紧紧围绕“保增长、保民生、保稳定”的工作大局，以做好新中国成立60周年庆典安全保卫工作为首要政治任务，全面加强和推进公安工作和队伍建设，精心组织，周密部署，圆满完成国庆60周年庆典和多次重大保卫工作任务。精心组织“打盗抢抓逃犯”专项斗争，继续深化命案侦破工作和“打黑除恶”专项斗争，严厉打击各类刑事犯罪活动，打掉了一批作恶多端的犯罪同伙，侦破了一批大案、要案，有力地震慑了犯罪。继续深入开展禁毒的人民战争，各项公安行政管理工作长足发展，加大治安巡逻防范力度，确保社会面上治安秩序良好，增强广大人民群众的安全感。狠抓道路交通管理和消防管理，最大限度地预防和减少道路交通和火灾事故。以科学发展观为统领，全面加强队伍建设，有力地促进了各项公安工作的深入开展，各级公安机关求真务实，开拓进取，各项工作取得明显成效，为全州经济社会又好又快发展营造了和谐稳定的治安环境。

【全力维护政治稳定】 2009年，全州各级公安机关紧紧围绕“坚决防止发生危害国家安全和政治稳定的重大政治事件，坚决防止发生重大暴力恐怖事件，坚决防止发生影响社会稳定的重大群体性事件，坚决防止发生社会反映强烈的重大恶性刑事案件和治安灾害事故”和“不出大事，少出小事，出了事也能及时妥善处置”的目标，提前谋划、超前部署，全警动员，全力以赴投入维稳工作，加强情报信息工作，排查公安“热、难”点问题和不安定因素，加大对“法轮功”“门徒会”等邪教组织的打击力度，不使形成气候，持续保持全州无“法轮功”人员进京上访和聚众滋事的“双零”目标。在各级党委、政府的领导下，积极稳妥地处置群体性突发事件，没有发生因公安机关处置不当而导致矛盾激化的事件。圆满完成各项重要保卫工作任务，为新中国成立60周年大庆营造了和谐稳定的社会治安环境。

【严厉打击刑事犯罪】 2009年，全州公安机关坚持“什么犯罪突出，就重点打击什么犯罪；什么治安问题严重，就重点解决什么问题；哪里治安混乱，就重点整治哪里；用什么方式更为有效，就采用什么方式”的原则，精心组织“打盗抢抓逃犯”专项斗争，继续深化命案侦破工作和“打黑除恶”专项斗争，适时开展整治突出治安问题专项行动和“冬季行动”，严厉打击各类刑事犯罪活动，打掉了一大批犯罪团伙，侦破了一大批案件，有力地震慑了犯罪，维护了全州社会治安的持续稳定。破各类刑事案件3588起，抓获犯罪嫌疑人员2136人。全州各级公安机关结合国庆60周年庆典活动的安全保卫工作，加大了打黑除恶专项斗争的工作力度，“打黑除恶”工作成效明显，成功侦办了8起恶势力团伙案，共抓获涉案成员112人，其中抓获骨干成员29人，破获刑事案件100余件，涉案总价值达30.15万元。全力开展“命案侦破”工作，充分发挥刑事技术以及信息化建设成果为侦查破案服务的作用，成功侦破了剑川县刘青正被杀案、大理市“2.12”杨镇雄故意杀人案等一大批影响较大的重特大案件，提高了公安机关打击刑事犯罪的能力，有力地震慑了犯罪，进一步增强了人民群众的安全感。年内，全州共立八类现行命案70起，破67起，破案率为92.59%，与去年同期相比，命案发案数下降了22.2%，全州9个县公安局实现了命案全破。

【深入开展禁毒人民战争】 2009年，大理州公安局充分发挥州禁毒办的职能作用，积极协调和指导大理州禁毒委成员单位开展工作，督促指导各县市认真落实禁毒工作责任状，狠抓工作措施落实。不断强化禁毒宣传，毒品预防教育深入人心。全州共建立127个“毒品预防教育示范学校”，12个省级“村委会禁毒宣传教育点”，在校学生、高危人群、城镇和农村的“毒品预防知识知晓率”分别达到100%、90%、95%和80%。强化堵源截流工作，打击毒品违法犯罪取得实效。2009年全州公安机关共破获毒品刑事案件268起，缴获海洛因、冰毒等精制毒品285.1千克，抓获毒品刑事案件作案成员480名；缴获毒资人民币858.6万元，查破零星贩毒案件281起。不断创新戒毒模式，积极推进戒毒工作深入开展。全州共收戒吸毒人员2659人，完成省人民政府下达大理州收戒2000人任务数的133%。落实责任，加强易制毒化学品和精神药品、麻醉药品的管制，禁种铲毒工作成效明显。依法严厉打击，实施综合治理，重点地区禁毒及成果巩固工作成效明显。

【公安行政管理加强】 2009年，大理州公安局强化各项治安管理，依法查处违法行为。年内全州查处治安案件6346起、同比增加12%，查处违法人员11355人（次）、同比上升11.72%；严格枪支弹药、爆炸、危险物品管理，确保在生产、运输、储存、使用过程中不发生大的治安事故；加大治安巡逻防范力度，确保面上治安秩序良好；加紧城镇公共视频监控系统建设，认真落实人防、物防、技防措施，为有效预防各种侵财性案件发生，及时侦破案件提供了有力的保障；不断完善和对重点人员的管控措施，确保做到底数清、情况明、控得住。狠抓道路交通管理、消防管理，最大限度地预防和减少道路交通和火灾事故。年内，全州共发生一般程序处理道路交通事故324起，共造成111人死亡、473人受伤，直接经济损失169.26万元，全州共发生一次死亡3人以上道路交通事故10起（含路外事故），未发生一次死亡10人以上特大道路交通事故。2009年，发生火灾104起，死亡3人，经济损失410万元，未发生重特大火灾事故。

【突出抓好“三项建设”】 2009年，大理州公安局加速公安信息化建设步伐，逐步实现公安工作方式的转变，使信息化转化为战斗力。年内，大理州先后完成州、县市局信息中心扩容改造、四级网电路改造、计算机终端配备、警务通配备、派出所视频系统建设等硬件投资，启动了行动技术、刑事技术、网监技术相关系统建设，积极组织研发情报研判平台，信息化建设、应用都取得了较好成效。全面抓好执法规范化建设，着力提高全州公安机关执法水平和公信力。认真开展执法理念教育，端正执法思想。转变执法方式，实现法律效果和社会效果的有机统一。积极构建和谐警民关系，进一步推动公安工作又好又快发展。全州公安机关扎实组织公安民警“大走访”爱民实践活动，听民声、解民忧。大理州公安局党委委员带队分赴12县市开展“大走访”，各级公安机关组织民警走进千家万户，掀起了“大走访”活动热潮。据统计，全州公安机关有22825人次参加了走访活动，共走访行政事业单位1626个，走访企业1909个，走访居委会463个（次）、村委会2595个（次），走访城区家庭5052个、农村家庭26072个，收集各种信息6903条，广泛征求意见、建议2121条，开展宣传教育2717场次，帮扶困难企业622个、困难群众2039人，排查化解矛盾纠纷944起，排查整治治安隐患1456个，化解信访问题109起，侦破群众关注的案件1533起。

【全面加强公安队伍建设】 2009年，大理州公安局扎实组织开展深入学习实践科学发展观活动。按照中央和各级党委的统一部署，全州公安机关把学习实践活动作为一项重大政治任务，严格按照上级部署，紧密联系公安工作实际，扎实做好各个阶段的规定动作，达到预期目的。在对大理州公安局学习实践活动的情况和效果进行的满意度测试中，满意率达97.65%。建设和谐警营。坚持以人为本，认真分析民警的精神、物质需求和心理需求，不断创新方式、方法，普遍建立健全了经常性的思想政治工作长效机制，落实了队伍思想状况定期分析制度，公安队伍凝聚力、向心力不断增强。大力开展立功创模活动，年内，有1个集体和1名个人分别荣立二等功，15个集体和99名个人分别荣立三等功，有7个集体被表彰为省部级先进集体，11名个人被表彰为省部级先进个人，12个集体被表彰为州市级先进集体，120名个人被表彰为州市级先进个人。认真开展队伍教育整治活动，加紧强教育整顿、规范制度、严格监督，探索从源头上预防和治理腐败的途径和方法，充分发挥教育、监督、惩处、保护的职能，为全州公安工作的发展创造了良好的内部环境。

【陈智敏视察公安工作】 2009年6月16～17日，公安部党委委员、部长助理陈智敏在公安部国内安全保卫局、省公安厅国保总队领导以及大理州副州长、州公安局局长郭有兵、副局长王新、黄勇等陪同下，视察大理州公安工作，特别是对全州国保工作和信息化建设工作进行了深入细致的调研检查。陈智敏在大理调研检查期间，还直接深入到祥云县公安局派出所进行调研。

陈智敏指出，大理州公安机关高度重视国保工作、派出所建设以及信息化建设，各项工作都取得较好成效，特别是在信息化建设方面，克服困难，积极主动，自己开发警务综合信息系统，并在全州公安工作中应用，服务实战，成效明显，应该说大理州的公安信息化建设工作的一些方面是走在全国前列的，公安部将派人到大理进一步帮助、指导和总结。希望大理州公安机关要进一步全面加强“三项建设”工作和“维稳”工作，再接再厉，为民族自治州的繁荣稳定再立新功。

【李汉柏到永建分局检查指导禁毒工作】 2009年8月8日，中共云南省委常委、省纪委书记李汉柏在巍山视察工作期间，在中共大理州委书记刘明，副州长、州公安局长郭有兵，县委书记张继霖，县政法委书记汤云海，副县长、公安局长李光举以及相关领导的陪同下，到巍山县永建分局检查指导禁毒整治成果巩固工作，并看望了坚守在禁毒工作一线的禁毒民警和驻村工作队员。

在仔细查看和听取汇报后，李汉柏对巍山县禁毒整治成果巩固工作和禁吸戒毒工作给予了充分肯定，并高度评价了公安民警为禁毒整治成果巩固工作、社会治安稳定作出的工作和努力。他说，永建地区曾经被国家禁毒委列为全国17个毒品违法犯罪重点整治地区之一，通过多年来国家、省、州、县的共同努力，最终摘掉了全国毒品重点整治地区的帽子，巨大成就的取得离不开广大人民群众的支持，同时也离不开各级党委和政府的坚强领导，这些成绩的取得更离不开奋战在禁毒工作一线的广大公安民警和驻村工作队员的辛勤努力和无私奉献。希望广大公安民警和工作队员牢记使命，用优良的作风和扎实的工作为开展好新一轮禁毒人民战争作出更大、更新的贡献。

李汉柏强调，毒品问题是全球性的问题，禁毒工作是一项长期、艰苦、复杂的系统工作，党中央、国务院、省委、省政府历来高度重视。在广大禁毒工作者特别是公安机关广大民警的共同努力下，禁毒人民战争取得明显成效。虽然通过10年来的集中整治，永建地区摘掉了毒品重点整治地区的帽子，但是各级党委和政府应清楚的看到禁毒工作当前所面临的严峻形势，不可有丝毫懈怠，要按照“领导力量不减、打击力度不减、保障措施不减”的原则，切实抓好毒品整治成果巩固工作，全力推动新一轮禁毒人民战争的深入开展。

【省委第三督导巡视组检查指导公安工作】 2009年6月23日下午，中共云南省委第三督导巡视组一行6人在组长华苑生带领下莅临大理州公安局检查指导公安工作。大理州公安局召开公安工作情况专题汇报会，汇报会由副书记杨俐主持，局党委成员及局直各部门主要领导参加会议。

副州长、州公安局党委书记、局长郭有兵全面汇报了大理州公安工作情况，分析了面临的形势及工作中存在的问题和困难，提出了下步工作思路。

听取汇报后省委督导巡视组组长华苑生代表督导巡视组作了重要讲话。华组长指出：大理地处滇西中心和枢纽；对敌斗争和治安形势相对复杂、维稳任务较重。大理州公安机关在党委、政府高度重视和坚强领导下，紧紧围绕“保民生、保增长、保稳定”目标，全体民警奋发努力，尽职尽责，有力地维护了全州社会政治和治安的持续稳定，取得了公安工作的明显进步和发展，为当地经济社会发展作出了积极贡献，充分证明了大理州公安队伍是一支党委、政府满意和人民群众放心的、有战斗力的一支队伍。

【州长着力解决事关公安发展的重大问题】 为进一步加强大理州公安工作，推动公安工作和公安队伍建设发展，2009年12月11日下午，中共大理州委副书记、州长何金平，州委常委、常务副州长马建全，州委常委、州纪委书记梁志敏，州委常委、大理市委书记段玠，州委常委、州委政法委书记荼忠旺，副州长李红卫，副州长、大理州公安局局长郭有兵和大理州人事局、大理州财政局、大理州发改委、大理州建设局、大理州规划局、大理州国土局和大理经济开发区管委会领导在大理州公安局召开专题会议，听取全州公安工作情况汇报，参观了州公安局信息化建设取得的成果，并围绕进一步加强全州公安工作进行了认真研究。

参会领导认为：2009年，全州公安机关在中共大理州委、州人民政府、省公安厅及州公安局党委的正确领导下，以认真贯彻落实科学发展观，紧紧围绕“保增长、保民生、保稳定”以及经济社会发展这个中心，充分发动和依靠群众，通过全体民警的共同努力，确保了全州社会政治和治安的稳定，公安机关掌控社会治安和服务人民群众的水平逐渐提高。公安信息化建设、执法规范化建设、构建和谐警民关系建设（简称“三项”建设）取得阶段性成效，公安队伍建设健康发展。各级公安机关领导班子团结、和谐，有战斗力。从优待警各项措施落到实处，民警立警为公，执法为民意识更加坚定，执法能力和水平不断提高。当前全州社会治安平稳，民族团结，经济发展，形势喜人。中共大理州委、州人民政府、社会各界和人民群众认为全州公安工作是卓有成效的，对公安机关和公安工作是满意的。

【郭有兵到宾川、祥云、漾濞检查指导工作】 2009年11月10日，大理州人民政府副州长、州公安局局长郭有兵在州公安局副局长田树泽、警令部主任芮灿杰等领导的陪同下，分别到宾川、祥云、漾濞县公安局检查指导工作，深入山区派出所看望基层一线民警。通过实地查看，郭有兵对各地近期各项工作给予了充分肯定，认为强化队伍管理，狠抓工作落实，队伍精神风貌良好，各项工作扎实有效，成效明显。尤其是宾川县公安机关在“11.2”地震发生后，反应快捷，行动迅速，组织警力第一时间赶赴灾区开展抗震救灾工作，充分展现了公安机关的良好形象。

郭有兵一行在县公安局领导的陪同下分别深入宾川县钟英、平川、拉乌和祥云县禾甸、米甸，漾濞富恒等派出所，每到一个派出所都仔细查看派出所的所容所貌、内务管理，值班备勤、地震受损以及各项工作开展情况，对派出所当前开展打击“两抢一盗”专项工作和信息化建设、警务信息运用情况进行调查了解。所到之处，郭有兵亲切询问派出所在案件办理、综治维稳、热难点问题、治保会和民警的工作、学习、生活等情况，关心过问派出所在基层基础工作建设中的实际困难，鼓励派出所民警在艰苦的环境中保持高昂的斗志，蓬勃的朝气，良好的精神风貌，要求他们在工作中尽职尽责，为保一方平安作出应用的贡献。

【组织开展“6·26”禁毒宣传活动】 2009年6月26日是第23个国际禁毒日,大理州按照省禁毒办的要求,围绕“参与禁毒斗争,构建和谐社会”的主题,结合实际开展了形式多样的禁毒宣传活动。

6月26日下午通过公安视频系统,禁毒委成员单位领导、禁毒志愿者、学生代表和大理州公安局相关部门负责人、州禁毒办全体民警约200人参加了云南省禁毒宣传“六进”活动大理分会场的启动仪式。

相继开展了一系列内容丰富、形式多样的宣传活动,大理州人民政府副州长、州禁毒委副主任郭有兵于6月23日发表电视讲话,在大理电视台《苍洱警视》栏目中播出。在大理日报《警方报道》栏目刊载郭有兵的署名文章,动员广大人民群众积极参与禁毒预防宣传教育活动,不断增强广大群众的识毒、拒毒和防毒意识,不断提高举报毒品违法犯罪的积极性,推动全州禁毒人民战争深入开展。由大理州禁毒办协调大理州电视台、州人民广播电台、大理移动、电信、联通公司等新闻媒体,在“6.26”期间播出禁毒公益广告,向广大手机用户播发州禁毒办编写的5条禁毒短信等形式,不断扩大禁毒宣传预防教育的覆盖面。由大理市禁毒委组织,市委政法委、市公安局、市文化局承办,市公安局强制隔离戒毒所参演的禁毒文艺演出在大理市开发区明珠广场举行,通过合唱、舞蹈、独唱、快板、诗朗诵等喜闻乐见的形式,向广大群众宣传了毒品的危害,号召广大群众积极参与禁毒人民战争。巍山、弥渡、剑川等县市在“6.26”国际禁毒日期间组织开展了各具特色的禁毒宣传活动,掀起了全州禁毒预防宣传教育工作的新高潮。

【大理市公安局举办首次“警察开放日”活动】 2009年9月15日上午,以“和谐社会,亲民警营”为主题的大理市公安局首届“警察开放日”活动在大理市下关镇全民健身中心广场隆重举行。中共大理市委常委、市政法委书记杨晓,大理州公安局党委副书记杨俐,大理州公安局副局长、大理市人民政府副市长、市公安局局长李彪,市人大、市政协、市法院、市检察院、武警大理支队、公安消防支队等州市领导和市属各部委办局干部职工、社区、农村、企业、学校等社会各界人士代表应邀出席了活动仪式。大理市公安局党委副书记、政委甘帆主持活动仪式。大理市人民政府副市长、大理市公安局局长李彪在活动仪式上致辞,李彪在致辞中指出,大理市公安局开展此次以“和谐社会,亲民警营”为主题的“警察开放日”活动,是大理公安为深入推进学习实践科学发展观活动,进一步加强警察公共关系建设,着力构建和谐警民关系,充分展示公安工作成果和公安队伍形象的重要举措,也是加强警民互动、开展法制宣传,接受群众检验、促进工作的一次重要尝试。是认真贯彻落实党委、政府“问政于民、问需于民、问计于民”的要求,深入推进公安民警“大走访”活动与“三项”建设工程,积极回应人民群众对公安工作的新期待、新要求,进一步树立执法为民理念,拓宽沟通交流渠道,强化执法工作责任,推动警队科学发展的具体行动。

【省州县公安机关全力投入抗震救灾】 2009年11月2日5时07分,宾川县平川镇帽角山村委会(北纬26°,东经100.7°)发生M5级地震,震中离县城直线距离18千米,震源深度10千米。地震造成全县各乡镇、各华侨管理区不同程度受损,其中平川镇、钟英乡、拉乌乡、力角镇、金牛镇、彩凤华侨管理区、太和华侨管理区受灾较重,给人民群众财产造成较大损失。此次地震共造成全县7个乡镇、3个华侨管理区受灾,受灾人口25.61万人,28人受伤,紧急转移58752人,民房倒塌511户2044人2540间,受损13795户55180人68975间,共造成直接经济损失35662万元。地震发生后,宾川县公安局立即启动应急处置预案,副县长、县公安局局长熊永祥等局领导迅速带领民警第一时间赶赴灾区开展工作,政委陈学植及其他局领导分头到各相关派出所组织民警积极参加抗震救灾工作。省公安厅巡视员马国荣、消防总队副总队长杨文华,交警总队副总队长郭兵,州公安局副局长田树泽、治安支队支队长朱建平、消防支队政委王梁波、交警支队纪委书记杨松等省、州公安机关领导及时赶赴灾区实地查看灾情并指导开展工作。在县委、政府的统一领导下,在省、州公安机关的有力支持指导下,宾川县公安局全力以赴开展抗震救灾工作。

【宾川县公安局全力维护水电移民区稳定】 2009年,为了使新川辖区社会稳定、治安良好、经济发展,宾川县公安局鸡足山派出所新川警务室民警加大走访力度,深入到辖区群众中,与他们交心谈心,听取他们的想法,鼓励他们与邻里村民和谐相处,积极投入到生产劳动中,同时也竭尽全力地为移民办好事,办实事。为提高村民法律意识,民警进村入户宣传法律知识,为村民解答法律问题,在新川村及周围村庄粘贴关于维护社会治安秩序的通告,同时向广大村民宣传国家的有关法律法规,使他们懂得用合法的形式依法维护自己的合法权益,采取合法的渠道表达自己合理的诉求,并自觉维护法律的尊严。新川警务室民警坚持采取多种方式开展安全防范,24小时在新川村开展治安巡逻,在保证第一时间为群众服务的同时,提高见警率、增强移民安全感,有效打击各类违法犯罪活动,严防各类案(事)件发生。通过公安机关切实开展社会治安政治工作,2009年10月16日以来,宾川县新川移民区实现了刑事案件“零发案”的目标,移民区社会治安明显好转,移民情绪稳定,生产、生活秩序井然。

【云龙县公安局查破毒品案件】 年内,云龙县公安局禁毒大队民警在分管禁毒工作的副局长带领下前往墨江县开展南线禁毒专项查缉行动。在墨江警方的大力协助下,8日内查获14起毒品案件(其中无主案件3起,其它案件1起),抓获犯罪嫌疑人21人,查获毒品净重5997克,其中冰毒(片剂)净重3277克,海洛因净重2720克。

2009年5月11~18日,云龙县禁毒民警在国道213线元磨高速公路通关服务区及老国道213线(昆洛公路)黑江县通关镇小河道班的设卡公开查缉过程中,发扬不怕苦、不怕累的连续作战精神,与毒贩斗智斗勇,战果颇丰。狡猾的毒贩利用手提包、旅行包、保温水瓶、鞋底等的夹层及车座、杂物箱、垃圾桶、身体隐蔽位置等隐藏毒品,精心伪装,企图蒙混过关。但再狡猾的毒贩、也难逃法网,18名涉案犯罪嫌疑人全部被云龙县公安局刑事拘留,等待他们的将是法律的严惩。

【大理州警察协会工作又创佳绩】 2009年,大理州警察协会在州局党委的领导下,在省警察协会的指导下,通过州、县市两级警察协会的共同努力,各项工作取得显著成效。州警察协会被评为云南省先进警察协会,8篇论文在云南省警察协会主办的2009年度云南公安理论研究论文评选会上获奖。此外,在创办经济实体,民警救助和维权、警察公共关系建设、对外交流与合作、史志编纂等方面都有了明显的进步和发展。年内,警察协会结合实际,组织全州公安机关广大民警，紧紧围绕公安中心工作，认真开展“和谐警民关系”、“信息化建设”、“规范执法活动”等项公安理论研究活动，大理州公安局领导和各县市公安局、局直各部门主要领导纷纷撰写论文，论文内容涵盖了公安工作的各个方面、各警种。针对性和实用性不断增强，展示了全州公安理论研究工作的发展水平。全州共有8篇论文在云南省警察协会主办的2009年度云南公安理论研究论文评选会上获奖，其中，大理州人民政府副州长、大理州公安局长郭有兵撰写的《推进“三大建设”打造平安大理》获得特别奖；大理州公安局党委副书记、常务副局长何正荣撰写的《加快大理州社会治安防控体系建设的几点思考》获得二等奖；大理州警察协会常务副主席张建国撰写的《关于督促和其它警种警察之间和谐关系建设的思考》、州公安局党委委员、政治部主任杨容撰写的《充分发挥全州公安机关“二级”干部积极性》等论文获得优秀论文奖。

【金盾保安服务公司五年铸辉煌】2004年，在大理州公安局的支持帮助下，大理州警察协会创办了大理州金盾保安服务有限责任公司，初步尝试了社会团体兴办经济实体、合法创收之路。大理州金盾保安服务有限责任公司于2004年6月成立，隶属大理州警察协会，是集保安培训、人防护卫、金融守护押运、技防服务、警用保安物资经营、民爆服务等业务为一体的综合性保安服务企业。2009年，公司下设办公室、财务部、督察队等7个部门及金盾安防科技、护卫、民爆及鹤庆、南涧、永平、弥渡等9个分公司和驻昆代表处共17个直属机构。公司拥有员工1200多人，注册资金300万元，总资产达1000余万元。公司成为云南省符合公安部《关于押运公司管理暂行规定》要求的3家守押公司之一；被共青团大理州委命名为“青年文明号”；被云南省公安厅、云南省保安协会评为“全省先进保安服务公司”，成为全省“十佳保安公司”。

【辅警陈富云英勇殉职】 2009年10月14日凌晨，鹤庆县黄坪派出所接到报警，黄坪镇新街村3名村民被困水井之中。危难关头，黄坪派出所辅警陈富云面对失去宝贵生命的考验毅然下井救人。在营救过程中，陈富云因严重缺氧导致窒息，不幸以身殉职，年仅20岁。和平年代人民警察担负着神圣而庄严的使命和工作任务，公安机关招录的协警和警察一样也担负着相同的使命，1989年生的陈富云穿上了童年时梦想的一身警察蓝，斗志昂扬地步入警营，他用短暂的一生来为这一神圣的职业编织更加绚烂夺目的光环，为守护乡亲群众的平安献出了宝贵的生命，他用自己的实际行动让父老乡亲看到了人民警察队伍的忠诚英勇。陈富云生前积极响应党的号召，并用自己的实际行动在岗位上默默的做着奉献！鹤庆县公安局党委专门将陈富云舍身救人的事迹材料《大爱无言，吾以吾身显忠骨》上报下发，并号召全县公安机关民警、职工、辅警和保安工作人员向陈富云学习，学习他舍身救人的英雄气魄，学习他一心为民的高尚品格，学习他为守护人民群众生命财产安全而无畏牺牲的精神！

2009年大理州公安局党委成员名录

党委书记、局长　郭有兵
党委副书记、副局长　何正荣
党委副书记　杨　俐
党委委员、副局长　刘文章
王　新
张跃光
李　彪
宝荣贵
田树泽
黄　勇
党委委员、纪委书记　赵志兴
党委委员、政治部主任　杨容
党委委员、警令部主任　芮灿杰

（《公安》由肖龙灵、向天明撰稿）

检　察

【简　述】 2009年，全州检察机关在省院和中共大理州委的正确领导下，以邓小平理论和“三个代表”重要思想为指导，认真贯彻落实党的十七大精神，扎实推进深入学习实践科学发展观活动，紧紧围绕中央关于“保增长、保民生、保稳定”的目标，全面履行法律监督职责，切实加大检察业务工作力度，全面加强检察队伍建设，努力创新工作制度机制，不断强化基层基础建设，各项检察工作稳步推进，为促进全州经济社会又好又快发展作出了积极贡献。

【批捕、起诉】 2009年，大理州检察机关共受理提请逮捕各类犯罪嫌疑人2558人，批准和决定逮捕2075人，同比分别上升4.6%和5.8%。受理移送起诉各类犯罪嫌疑人3463人，提起公诉2775人，同比分别上升8%和17%。全面贯彻宽严相济刑事司法政策，坚持依法严厉打击严重危害国家安全、社会治安和市场经济秩序的犯罪，共批捕毒品、故意杀人、绑架等严重刑事犯罪嫌疑人以及批捕“两抢一盗”等多发性侵财犯罪嫌疑人。批捕生产销售伪劣商品、金融诈骗等破坏市场经济秩序犯罪嫌疑人。

【职务犯罪查办】 2009年，大理州检察机关共查办贪污贿赂、渎职侵权等职务犯罪案件110件115人，同比分别上升10.5%和9.5%。其中，贪污贿赂案件90件95人，渎职侵权案件20件20人。通过办案，为国家挽回经济损失1058.48万元。查办群众反映强烈、有震动、有影响的贪污贿赂大要案和重特大渎职侵权案件68件，同比上升79%。其中县处级干部6人，科级干部20人，涉案金额在10万元以上的案件42件。依法介入重大安全生产事故调查35次，查办重大安全生产事故背后的渎职犯罪8件8人。查办涉及退耕还林补助资金、村卫生院建设资金等涉农职务犯罪18件23人。查办涉及教育、医药购销等事关民生、群众反映强烈的商业贿赂犯罪44件48人。查办危害能源资源和生态环境渎职犯罪12件12人。

【法律监督】 2009年，大理州检察机关监督侦查机关立案41件53人，同比上升50%。撤案7件10人，监督立案后提起公诉的案件，法院均作有罪判决。追捕27人，同比上升68%。追诉15人，同比上升114%。依法及时介入侦查活动104件，对侦查活动中的违法行为发出纠正违法通知书和检察建议17份。对认为确有错误的刑事判决、裁定依法提出抗诉12件，同比上升50%，法院已改判或发回重审6件。晋宁“躲猫猫”事件发生后，在全省首家牵头与大理州公安局、大理监狱、大理州劳教所联合开展“整顿监管秩序、加强监所检察”专项行动。在此基础上，按照高检院部署，认真开展“全国看守所监管执法专项检查”及“清查事故隐患、促进安全监管”活动，针对存在问题，及时向监管单位提出书面纠正意见和检察建议124件，是上年同期的30余倍。严格执行换押制度、羁押期限届满提示制度等，确保全州各看守所羁押的3928名人犯无超期羁押。对1110件减刑、假释、保外就医案件进行同步监督，提出纠正意见29件次，纠正脱管、漏管罪犯24人。立案侦查了巍山县戒毒所协警虐待被监管人员案，维护司法廉洁。

【党风廉政建设】　2009年，大理州检察院始终坚持将党风廉政建设与检察工作同部署、同落实。2009年初，组织全院干警签订了《党风廉政建设责任书》，逐步形成了一级抓一级、层层抓落实的责任机制，不断强化了各级领导干部的“一岗双责”。在2008年全州开展纪律作风集中教育整顿活动的基础上，根据省检察院部署，又再次将纪律作风教育整顿摆上重要议事日程，狠抓执法规范化和纪律作风建设，促使全州执法思想进一步端正、执法行为进一步规范，执法作风进一步转变。通过深入开展职务犯罪案件扣押冻结款物专项检查工作、贯彻落实领导干部问责办法、执法过错追究责任制及推行“一案三卡”、“执法档案”、“廉政档案”、“廉政承诺”“廉政谈话”“述职述廉”等行之有效的方法，不断加大对领导班子和领导干部的监督，加大对执法办案活动的监督，保证检察权的正确行使。

【检察队伍建设】　2009年，大理州检察院制定《大理州人民检察院2009年～2012年大力推进教育培训工作规划》、《大理州检察机关检察业务尖子评审办法》、《大理州检察理论研究人才评选办法》等，进一步建立健全符合检察工作特点的培训制度，加大正规化分类业务培训力度，提高检察人员履职能力。加强司法考试考前培训力度，组织全州43人参加了司法考试培训，通过率为59.26%，同比上升2.26个百分点，继续保持全省通过率第一的好成绩。州县两级院12名院领导参加高检院及省检院、省委组织部组织的专项培训，全州270余名干警参加最高人民检察院、省检察院、州检察院各业务部门组织的学习培训。

【全州检察机关反贪工作会议召开】　2009年2月23日，大理州检察院召开全州检察机关反贪工作会议，中共大理州委常委、州纪委书记梁志敏，州委常委、州政法委书记茶忠旺，州检察院党组书记、检察长普赵辉出席会议并作了重要讲话。大理州人民政府副州长郭有兵、州政协副主席孙珍玲、州检察院领导及党组成员、调研员、专职检委会委员，各县市院检察长、分管副检察长、反贪局局长，州检察院各部门正副职领导及反贪局全体干警参加了会议。会议回顾总结了2008年工作，表彰了2008年立办案件成绩突出的先进单位，并紧紧围绕全省检察长会议精神和全省反贪工作会议要求，部署2009年全州反贪工作。

【开展“整顿监所秩序、加强监所检察”专项行动】　年内，昆明市晋宁县看守所“2·8”事件发生后，为进一步加强监所管理和监所检察工作，避免类似事件在大理州的发生。大理州检察机关迅速行动，牵头与大理州公安局、大理监狱、大理州劳教所于3月4～13日联合开展了为期10天的“整顿监所秩序、加强监所检察”专项行动。

【预防职务犯罪知识讲座】　2009年3月26日，祥云县组织召开全县预防职务犯罪工作会议。州检察院检察长普赵辉应邀为全县领导干部开展预防职务犯罪知识讲座。2008年3月17日上午，全州检察机关纪律作风集中教育整顿活动动员电视电话会议召开，决定在全州检察机关开展纪律作风集中教育整顿活动。目的是进一步端正检察干警的执法指导思想，切实转变执法观念，提高执法水平，强化检察官职业道德，树立忠诚、公正、清廉、严明的道德风范；进一步深化“强化法律监督、维护公平正义”主题教育，切实解决检察干部队伍在思想、纪律、作风方面存在的突出问题。

【大理州政协视察大理州检察院工作情况】　2009年4月1日，大理州政协主席袁爱光，常务副主席毕熊光、副主席孙珍玲，秘书长欧阳任、社会和法制委员会主任刘波及部分州政协常委、委员等一行26人在大理州委政法委专职副书记张学陪同下，到大理州检察院视察指导工作。

【大理州检察应用理论研究成果获表彰】　2009年4月，最高人民检察院发布了《关于表彰2008年度检察应用理论研究优秀成果的决定》，对2008年度全国各级检察机关完成的66篇检察应用理论研究优秀成果进行表彰。由大理州检察院课题组完成的《云南民事行政检察工作的创新与发展研究——兼谈云南环境资源保护公益诉讼》获“三等奖”，是云南省检察机关唯一获奖成果。此前，该成果还被云南省检察院评为全省检察机关2008年度“优秀”重点调研成果，获全省“一等奖”。

【加强和改进为企业服务】　为深入贯彻落实科学发展观，更好地为全州经济平稳较快发展提供高效优质司法服务，大理州检察院在反复酝酿，广泛征求各方意见建议的基础上，于2009年5月5日的党组会议上讨论通过了《关于充分发挥检察职能为企业发展提供服务和保障的意见》，要求全州两级检察机关认真落实，切实加强和改进为企业服务工作，为全州企业发展提供优质的法律服务和司法保障。《意见》从思想认识、执法办案、能力建设、组织领导等4个方面提出了6条具体措施，对全州检察机关为企业发展服务工作作了明确要求。

【依法批捕全州首例美国籍犯罪嫌疑人】　2009年6月，大理州检察院受理大理州公安局提请批准逮捕的美国籍犯罪嫌疑人SLONDZJUSTINFRANCHII（译名：贾斯汀·弗朗奇·索伦德兹）涉嫌毒品犯罪一案，大理州检察院依照事实和法律，并严格按照批捕外国籍犯罪嫌疑人的法定程序将其依法快速批捕。

【朱孝清一行到大理调研】　2009年6月26日，最高人民检察院副检察长朱孝清在云南省人民检察院检察长王田海陪同下，深入大理州检察院视察和调研。

【全州检察机关积极开展举报宣传活动】　2009年是检察机关第十一个“举报宣传周”，举报宣传的主题是“反腐倡廉保民生，公平正义促和谐”。根据高检院及省检察院的部署，大理州检察机关迅速组织，于6月22～26日集中开展了以“反腐倡廉保民生，公平正义促和谐”为主题的“举报宣传周”活动。全州检察机关主要采取以挂图、上街设点、法律咨询、散发宣传资料，利用报刊、广播、电视等形式，共接受群众咨询1200余次，受理举报案件1件，深入40余个乡镇和水电、矿山、基础设施建设等单位进行宣传，次数达39次，接受宣传人数达10万余人，制作展板74块，出动宣传车30次，印制检务宣传手册1万余册，印制法律宣传资料99800余份。

【倪慧芳到南涧县检察院检查指导工作】　2009年7月13日，省政协副主席、省检察院副检察长倪慧芳等一行，在州检察院检察长普赵辉、副检察长杨著逵、韩小红等人的陪同下深入南涧县检察院检查指导工作。中共南涧县委书记苏发吉参加了座谈会。

【召开预防职务犯罪工作座谈会】 2009年7月30日，大理州检察院和大理海关就双方在预防职务犯罪方面的配合协作专门召开工作座谈会。大理州检察院党组书记、检察长普赵辉，党组成员、副检察长杨著逵、预防处全体干警及大理海关领导班子成员、中层以上干部参加会议。

【举办文学、书法、绘画和摄影比赛】 为认真落实学习实践科学发展观活动，深入推进检察文化建设，陶冶检察官情操，经大理州检察院党组决定，大理州检察官协会与《大理检察》编辑部联合举办大理州检察机关文学、书法、绘画和摄影比赛。2009年7月底，比赛活动圆满落下帷幕。全州两级检察机关13个检察院共100余名干警及家属积极参加比赛，共收到四类参赛作品246件。从艺术的视野和审美的角度，充分反映检察干警对美的认识，对生活的感悟，对检察工作的热爱，对强化法律监督、维护公平正义的执著追求。

【州委预防职务犯罪工作领导小组会议在大理州检察院召开】 为深入推动大理州预防职务犯罪工作，认真落实中共中央《建立健全教育、制度、监督并重的惩治和预防腐败体系实施纲要》和《建立健全惩治和预防腐败体系2008－2012年工作规划》。2009年8月25日，中共大理州委预防职务犯罪工作领导小组会议在大理州检察院召开。中共大理州委常委、州委政法委书记、州委预防职务犯罪工作领导小组组长茶忠旺，中共大理州委常委、州纪委书记、州委预防职务犯罪工作领导小组副组长梁志敏，州检察院党组书记、检察长、州委预防职务犯罪工作领导小组副组长普赵辉及领导小组成员共48人参加会议。

【漾濞县检察院公开召开兑付涉农案款现场会】 2009年10月20日，漾濞县检察院组织的公开兑付涉农案款现场会在漾濞县平坡镇石坪村委会召开。在这次公开兑付涉农案款现场会上，漾濞县检察院的检察官们为平坡镇石坪村173户退耕还林农户兑付了通过办案追回的退耕还林补助资金49494元。

【大理州检察机关为重点公路建设项目保驾护航】 为确保重点公路建设项目优质、安全、如期完成，促进工程建设人员的依法履职，廉洁高效，共同构筑公路建设中职务犯罪预防的坚固防线，2009年11月10日，大理州检察院以深入学习实践科学发展观为动力，立足职能，发挥优势，与大理州交通局召开“大理州重点公路建设项目预防职务犯罪动员大会”，从而在该项目中正式启动争创“双优”活动。中共大理州委常委、常务副州长马建全，州委常委、州纪委书记梁志敏，大理州检察院党组书记、检察长普赵辉，大理州交通局党委全体成员，大理州检察院及部分县检察院分管职务犯罪预防工作的副检察长及预防处的全体成员，鸡足山旅游公路、祥姚公路、跃龙公路等重点公路建设项目的业主、参建和施工单位相关领导等100余人参加会议。

【职务犯罪预防走进高校】 为加强预防职务犯罪工作，促进高校开展预防职务犯罪工作，进一步从源头上预防和减少职务犯罪，推动高校党风廉政建设和反腐败工作的深入开展。2009年11月11日下午，应大理学院的邀请，大理州检察院检察长普赵辉到大理学院为该院的校领导、全校中层管理人员近300人进行预防职务犯罪的专题知识讲座。

【刑事审判法律监督专项检查验收】 2009年12月4日，由高检院铁检厅副厅级检察员郭素芬带队的高检院专项检查活动检查验收第五工作组和省检院副检察长李若昆带队的省检院专项检查活动检查验收组，对大理州刑事审判法律监督专项检查活动进行检查验收。

（《检察》由杨莉妮 撰稿）

审　判

【审判概况】 2009年，全州法院共受理各类案件15785件（含旧存，下同），与上年同比增加1287件，上升9.65%。其中，诉讼、减刑假释、申诉申请再审、审查行政非诉执行案件收案10959件，增加903件，上升9.09%；执行收案4826件，增加384件，上升11.27%。截至12月20日，已审结、执行14989件，诉讼案件结案率98.92%，提升0.29个百分点，执行率为85.68%，增加9.39个百分点。共有未审结、执行案件796件。结案标的和执行标的金额为67848.15万元，同比减少10622.04万元。大理州中级人民法院受理各类案件2460件，新收案比上年减少28件，下降1.16%，其中，诉讼案件收案1243件，审结1235件，结案率99.36%，结案标的18224.32万元。执行收案122件，执结118件，执行率96.72%，执行标的11952.54万元。减刑假释1046件，申诉申请再审收结案49件。

【刑事审判】 2009年，为分析研讨二审案件的新情况、新问题，加强个案指导，大理州中级人民法院编印《刑事二审信息》4期，交流、总结审判经验，指导审判实践。积极探索轻微刑事案件调解机制，加大刑事附带民事和刑事自诉案件的调解力度，大理市、鹤庆、南涧、剑川调解率达到60%以上。成功审理了诉讼参与人达76人的祥云“5.11”严重刑事犯罪案件和美国籍被告人JustinFranchiSolondz（贾斯丁·弗朗奇·索伦德兹）制造毒品案，收到良好的社会效果。

年内共受理刑事案件2027件，同比上升9.31%，审结2024件，结案率为99.85%。审结严重危害社会治安的案件638件1242人；审结贪污、贿赂等职务犯罪案件101件123人（非国家工作人员受贿案3件3人，挪用资金案7件7人，职务侵占案9件11人，玩忽职守案11件14人，贪污贿赂案71件88人。），为国家挽回经济损失285.9万元；审结非法经营、合同诈骗等破坏社会主义市场经济犯罪案件82件137人；审结走私、贩卖、运输、非法持有毒品等犯罪案件236件390人。全州共生效1484件2405人，其中，免予刑事处分147人，给予刑事处罚2224人。判处10年以上有期徒刑、无期徒刑直至死刑145人，10年以下有期徒刑1214人，拘役85人，缓刑725人，管制3人，单处罚金52人。切实加强司法领域的人权保障，对不构成犯罪或证据不足指控罪名不能成立的34名刑事被告人依法宣告无罪。大理州中级人民法院受理、审结刑事案件454件。其中，刑事一审收、结案265件，刑事二审收、结案188件，刑事再审收、结案1件。

【民事审判】 年内，全州法院坚持“能调则调、当判则判、调判结合、案结事了”的原则，通过调解减少纠纷，把矛盾解决在基层，从源头上减少涉法上访和申诉，有效化解社会矛盾，促进社会和谐。共受理民事案件7670件，同比收案增加893件，上升13.39%，审结7568

件，结案率为98.67%，结案标的40822.34万元，同比减少1703.08万元。大理州中级人民法院受理761件，审结753件，结案率为99.08%，结案标的17537.24万元。其中，民事一审收案68件，未结5件，民事二审收案677件，未结3件，民事再审收、结案16件。平等对待当事人的合法权益，妥善调处涉及民生的现实问题，畅通救济渠道，为农民工、下岗职工、老人、妇女、儿童、残疾人等弱势群体提供司法救助案件659件，减、缓、免交诉讼费、申请执行费57.08万元。

【行政审判】　随着民主法制的进步，公民私权与政府公共权力的平衡日趋重要。2009年，全州两级法院在行政审判中通过建立行政协调机制、举办行政执法学习讲座、加强司法建议等手段，加强与行政机关的沟通，年内审结了全省首例统计行政处罚案件，10月27日，大理州十二届人大常委会第十一次会议专题审议并通过了大理州中级人民法院院长黄为华作的《关于进一步加强行政审判工作的报告》，有力地推动了行政审判工作。共受理行政案件68件，一审收案下降14.81%，审结68件。中级法院受理28件(一审10件，二审18件)，审结28件。

【执行工作】　年内，全州法院切实加强对执行工作的领导，进一步加大执行工作力度，全力营造权利受尊重、利益有保障、纠纷可诉求、生效裁判可兑现的法治环境。共受理各类执行案件4826件，执结4135件，执结率为85.68%(含依程序终结的案件，下同)，执行标的23914.69万元。中级法院受理122件，执结118件，执结率为96.72%，执行标的11952.54万元。开展执行积案清理活动，在州县两级法院的探索和努力下，抓重点、攻难点、保质量，顺利完成集中清理执行积案活动的各项目标和任务，形成了党委领导、人大监督、政府参与、政协支持、各方配合、法院主办的执行工作格局，初步建立了执行工作长效机制，为维护司法权威，保障全州社会稳定和经济发展作出了积极的贡献。全州共清理执行积案6923件，执结6890件。其中，大理州中级人民法院共清理执行积案271件，执结有财产可供执行案件66件，执行和分类处理无财产可供执行的案件175件，执行和分类处理重点案件30件。基本完成有财产案件基本执结，重点案件案了结，无财产案件尽力执结、分类处理的全州执行积案目标任务，取得了明显成效。在清积活动中，采取强制措施138人次，制作电视专题节目12期，召开新闻发布会4次。先后制定《关于建立健全人民法院执行工作联动机制实施意见》，《关于建立全州法院执行工作监督制约机制的规定(试行)》，《关于建立健全人民法院执行工作内部联动机制若干问题的规定(试行)》，《将人民法院执行工作纳入社会治安综合治理目标考核范围的意见(试行)》，《将人民法院执行工作纳入社会治安综合治理目标考核的办法(试行)》等制度，完善了执行联动机制，动员并依靠社会力量共克执行难。各基层法院已初步建立起涉诉困难群体执行救助机制，出台了司法救助的办法和实施意见，全州已到位的救助金达156.95万元，为救助工作的有效开展打下了基础。全州共救助494件719人，救助金额达153.33万元，将特困人员纳入当地医保1461人，纳入当地低保382人。其中，中级人民法院救助111件199人，救助金额42.86万元，将特困人员纳入当地医保132人，纳入当地低保35人。为涉诉困难群众解决了一定困难，充分体现了司法工作的人文关怀，收到很好的法律效果和社会效果。

【审判监督】　加强申诉和申请再审的审查工作，对符合再审条件的，及时立案再审；对原判决确有错误的，依照法律程序予以纠正；对不符合再审条件的，说明法定事由，促其服判息诉。2009年9月27日，大理州中级人民法院在大理监狱举行减刑、假释听证及宣判大会，对216名确有悔改表现的服刑人员进行宣判。再审收案22件，审结22件(刑事3件，民事19件)，维持原判6件，改判6件，发回重审1件，调解5件，经审查不符合再审规定驳回4件。其中，大理州中级人民法院收、结案17件。依法办理减刑、假释案件1046件。

【立案、信访】　年内，全州法院共审查受理各类案件15785件，接待来访人员14835人次，处理来信1385件次。参加大理州人大"主任接待日"、"州长接待日"共24期。认真处理涉法涉诉信访案件，严防群体性事件、重大突发性事件、上访事件发生。在处理来访中，对人大、政府信访局转大理州中级人民法院的信访函，做到了件件有书面复函。

【规范指导监督】　年内，全州两级法院采取积极措施，发挥监督机制作用，加强案件质量管理。一方面，认真审理二审、再审案件，加大对一审案件的监督力度，对判决确有错误的，依照法律程序予以纠正。同时，加强对基层法院的指导，中级法院12个部门定向联系基层法院，具体指导工作，解决存在的困难和问题。另一方面，在全州法院实施案件质量考评制度，各院组织了案件质量评查活动。据统计，共审结刑事二审案件188件，其中，发回重审15件，改判34件，维持138件，调解1件；共审结民事二审案件674件，其中，发回重审35件，改判124件，维持346件，撤诉63件，调解68件，以其它方式结案38件；共审结行政二审案件18件，其中，维持13件，改判1件，驳回3件，撤诉1件。同时重新修定了关于请示案件的规定，以充分发挥各个审级的职能作用。共办理请示管辖案件58件，请示法律适用3件。

【加强队伍建设】　年内，全州法院认真开展深入学习实践科学发展观活动和"执法为民，严守纪律"教育整顿活动，"人民法官为人民"、"深入基层办实事、化解纠纷促稳定"爱民、为民主题实践活动，开展和建立健全政法队伍建设"四项活动"、"七项制度"等活动，推动了法院自身科学发展。共召开党组会议26次，形成会议纪要印发全院执行和监督。全年安排培训221人次，有42人参加司法考试，通过39人。5月，开展干部任职竞争上岗，择优选用干部，法官队伍建设、职业化建设得到进一步加强。7月29日，大理州中级人民法院召开法官与律师工作座谈会，法官代表与律师代表就司法实践中的一些问题达成了共识。以严格落实"五个严禁"、违法审判责任追究、行政问责办法、服务承诺制、首问责任制、限时办结制、领导干部问责制等规定为抓手，认真抓实党风廉政建设，同时，建立了个人廉政档案。在全州法院掀起了向龙进品学习的高潮，宾川、南涧、永平法院被评为州级"文明单位"。

【抓宣传树形象】　年内，大理州中级人民法院加强舆论宣传工作，充分运用广播、电视、报纸、网络等媒体，大力宣传法制，弘扬法制精神。共播出《法在身边》电视栏目43期。各职能部门共编发简报、信息、通讯96期，按照省法院的调研要求，积极完成全国法院系统第21届学术讨论会论文、2009年重点调研课题等14个专题调研和案例征集工作，共完成调研报告、案例282篇。成功创办并出版《大理审判》3期，编写《案例研析》、《法院工作季报》各3期。完成中标的省高院2009年重点调研课题3个。各类稿件被国家级媒体刊载27篇、省级媒体刊载230篇、州级媒体刊载452篇，为服务审判、树立形象发挥了积极作用。在大理州中级人民法院党组的重视下，对2008年调研、信息、新闻宣传工作进行了奖励。

【强化政务管理】 年内，大理州中级人民法院加强审判委员会的专业化建设，修改完善了《审判委员会议事规则》，成立审判委员会事务办公室，进一步落实审判委员会和审判庭工作规则，严格审判各层次的权利和义务，共召开66次审判委员会，讨论各类案件、事项279件，编发《审判委员会纪要》7期。公开审判事务，邀请同级检察机关检察长列席审判委员会10次，自觉接受检察机关的法律监督。与州检察院、州司法局联发出台了《量刑审理程序操作规则(试行)》，成立量刑指导委员会，对量刑纳入庭审程序成功进行了试点。全州共选任人民陪审员109名，共有205件案件邀请人民陪审员281人次参加审理，为147人指定辩护人。加大巡回审理、速裁工作力度，通过巡回审理、速裁，方便群众诉讼，司法便民、利民的各项措施更加完善。全州调解民事一审案件2763件，经调解后撤诉1159件，民事一审案件调解撤诉率达57.05%。大理州中级人民法院一审民事案件调解24件，撤诉4件，调解撤诉率为44.44%，二审民事案件调解68件，撤诉63件，调解撤诉率为19.44%，宾川、洱源、剑川、南涧调撤率达60%以上。

司法改革工作稳步推进，人民法院事业科学发展。积极探索实施速裁庭，实行案件繁简分流，快立快审，快结快执，简化了起诉、审判、执行等诉讼环节，快捷高效化解纠纷。据统计，全州共巡回审理案件315件，速裁案件792件。

大理州中级人民法院通过修定《党组议事规则》、《岗位目标管理规定》、《车辆管理规定》、《请示案件规定》、《案件质量评查办法》等规章制度，使各项工作的管理监督更加规范化、制度化。特别是将改判、发回重审、涉诉上访、各级党委、人大和上级法院批办的案件列入必查范围，实行审判质量量化管理，加强绩效考核，提高办案质量和效率。重点对车辆进行了有效的管理。对全州法院348件一审刑事案件进行质量评查，各法院也开展了案件质量评查活动，对评查存在的问题作了通报，并提出对策和建议。年内11个基层人民法庭建设正在组织实施，争取按期完成建设任务。最高法院援建大理州法院信息化建设工作正式启动，为全州法院信息化建设奠定了基础。完成年度档案归档工作及执行款的兑付工作，与州财政局、州人民政府采购中心协调配合，完成近1200万元的中央政法专款采购，配发了全州的夏服及部分车辆，对全州法院的车辆、人员工资、两庭建设、服装发放等情况进行了基本信息收集管理。南涧、永平、巍山法院档案管理达五星级标准，宾川法院达四星级标准。积极做好清理化解基层建设债务工作，共清理出8家基层法院14个项目的基本建设债务计1669.92万元，经中院及省高院、省财政厅严格审核正式确定全州基本建设债务为1411.74万元，争取州级配套资金500万元，县级配套资金364万元，通过积极协调力争在近期内化解部分基层法院债务。司法鉴定工作有序开展，司法技术处全年共组织协助办理各类司法鉴定168件。州中级人民法院局域网逐步提高使用效率，两级法院的信息化建设在上级法院的支持下正稳步开展。

【完善监督机制】 年内，大理州中级人民法院自觉接受人大及其常委会的法律监督和工作监督，坚持向同级人大及其常委会报告工作情况，通报法院重大执法活动和重特大案件审理情况，10月，向州人大常委会专题报告了行政审判工作；自觉接受政协机关的民主监督，6月，大理州政协委员对两级法院的工作进行视察；自觉接受人民检察院的法律监督，依法审理检察机关提请抗诉的案件22件，其中，刑事案件8件，民事案件14件，抗诉理由不成立维持原判7件，驳回抗诉4件；调解2件，改判7件，发回重审2件。建立与人大代表、政协委员的工作联系制度，共邀请人大代表109人次旁听案件27件，24次邀请人大代表164人视察法院工作，先后52次向232名人大代表走访征求意见，34次邀请人大代表188人次进行座谈，聘请19名人大代表为监督员。通过选任109名人民陪审员参与案件的审理，加强了对法官的监督，体现了司法民主。大理州中级人民法院办理政协委员提案2件，满意率100%。

【重要活动】 2009年2月11～13日，大理州中级人民法院院召开全州法院工作会议，中共大理州委常委、州政法委书记茶忠旺、州人大常委会副主任彭增梅、州委政法委专职副书记张学、州政协副主席孙珍玲出席会议。全州12县市法院院长、政治部主任、研究室主任，大理州中级人民法院党组成员、调研员、审判委员会专职委员、各部门负责人参加会议。茶忠旺、黄为华作了专题报告，会议还对2008年党风廉政建设工作先进集体进行了表彰奖励，对2009年党风廉政建设工作作了部署，黄为华与各基层法院院长签订了2009年党风廉政建设责任状，对2008年调研信息宣传工作先进集体、先进个人进行了表彰、奖励。

2月16～21日，大理州人大第十二届二次会议、政协第十一届二次会议在下关举行，院长黄为华向代表大会作工作报告，会议审议并通过了法院工作报告。州政协举行法院工作报告协商会，对法院工作给予充分肯定。

2月27日，大理州第十二次人大常委会第7次会议根据院长黄为华的提请，任命周彦彬为立案庭庭长、杨霄明为审监庭庭长、杨庆云为民二庭庭长、张家林为审判委员会专职委员、赵云疆为审判委员会专职委员、刘斌为刑二庭庭长、杨晓钟为审判员、董春林为审判员、何群为审判员。免去杨阳民三庭副庭长职务、免去周彦彬审监庭庭长职务、免去杨霄明民二庭庭长职务、免去张家林立案庭庭长职务、免去赵云疆刑三庭副庭长职务。

5月11日，全州法院党风廉政建设会议召开，中共大理州委常委、纪委书记梁志敏到会指导，并就法院开展党风廉政建设工作作了重要指示，全州各县市法院院长、纪检组长、监察室主任及中院全体干警参加了会议。

7月16日，大理州中级人民法院作出二审行政判决，维持了祥云县统计局的统计行政处罚，标志着云南省首例不服统计处罚案尘埃落定。该案系昆明恒顺货运有限公司祥云县分公司不积极配合第二次全国经济普查工作的部署，不服祥云县统计局处罚决定书，以其行为不属拒报，行政处罚不当等为由，将祥云县统计局诉至法院。

7月29日，大理州中级人民法院召开法官与律师工作座谈会，法官代表与律师代表围绕立案审查、二审程序、文书送达、法律援助、量刑纳入庭审、阅卷和复印卷宗材料、法律文书质量等问题深入交换了意见，并就司法实践中的一些问题达成了共识。大理州中级人民法院院党组书记、院长黄为华参加座谈。

10月20日，大理州中级人民法院公开审理了SolondzJustinFranohi(贾斯汀.弗朗奇.索伦德兹，美利坚合众国新泽西州人)制造毒品一案。

10月30日，最高法院行装局副局长郭纪胜、省高院副院长郑蜀饶率联想网域、IBM、北京紫光华宇、上海金桥等10余家国内高端信息技术产业企业到大理州中级人民法院援助大理州法院信息化建设，同日，最高法院援建大理州法院系统信息化建设工作会议在大理州中级人民法院举行。最高法院行装局领导、省高院行装局领导、州政法委、州信息办领导等到会指导，全州两级法院院长与会共商全州法院信息化建设大计。

11月19日，大理州中级人民法院作为大理学院"实践教学基地"的签字授牌仪式在大理州中级人民法院隆重举行。副院长杨学本、申晋、王晶、李雄章和政治部主任杨金文等院领导出席会议。副院长杨学本代表大理州人民法院与大理学院副校长段利华签署合作办学协议，并接受了"大理学院实践教学基地"授牌。

11月下旬，大理州中级人民法院开展"司法作风及党风廉政建设"检查考核工作。检查考核由政治部主任杨金文负责，由中院开展"人民法官为人民"活动办公室和监察室组成两个检查小组，深入全州12县市法院进行检查考核。检查组通过认真听取汇报、召开座谈会、发放调查问卷等形式对各县市法院司法作风和党风廉政建设方面进行了全面细致的检查、考核，并及时地反馈意见，着力解决全州法院法官队伍在思想观念、服务发展、司法能力、作风建设、司法为民、司法廉洁等方面的突出问题。

10月20日，中央电视台社会与法频道(CCTV－12)《庭审现场》节目组到剑川法院对吴某某非法收购国家重点保护植物、李某某包庇一案的审判活动，进行了专题采访。

12月18日，中央政法委召开全国政法工作视频会议，中共中央政治局常委、中央政法委书记周永康，国务委员、中央政法委副书记孟建柱，最高法院院长王胜俊、最高检察院检察长曹建明，公安部常务副部长杨焕宁、司法部部长吴爱英分别发表重要讲话。大理州在大理龙山国际会议中心设立分会场，中共大理州委常委、州政法委书记茶忠旺出席会议并作重要讲话，全州政法机关副处以上干部参会。大理州中级人民法院党组成员、各部门主要领导参会。

12月30日，州中级人民法院召开2009年度工作总结表彰大会，对年度工作中涌现出的先进集体、先进个人作了表彰奖励，对政治部记集体三等功一次。

【开展"人民法官为人民"主题实践活动】 2009年9月11日，大理州中级人民法院召开"人民法官为人民"和"深入基层办实事、化解纠纷促稳定"爱民、为民主题实践活动动员大会。党组书记、院长黄为华在动员大会上对开展两个主题实践活动作了动员讲话。10月16日，大理州中级人民法院开展"人民法官为人民"主题实践活动专题讲座。云南省高院副院长田成有应邀来到大理州中级人民法院作"以人民的情怀做人民的法官"的专题讲座。田成有以典型人物事迹为依托，深刻地剖析了作为新时代法官必须拥有的"人民性"。10月13日，大理州中级人民法院以开展"人民法官为人民"主题实践活动为契机，敞开大门，倾听民意，接受监督，主动邀请大理州党代表、州人大代表、州政协委员、人民调解员、人民陪审员及社会各界人士到法院参加12日、13日大理州中级人民法院组织的两场庭审观摩和司法为民座谈会。旨在查找法院在审判工作中存在的问题，广泛听取各方意见，寻求解决途径，力求使法院司法更加符合法律的要求，更加符合人民的要求。大理州中级人民法院为扎实有效开展"人民法官为人民"和"深入基层办实事、化解纠纷促稳定"爱民、为民实践活动，根据云南省高级人民法院、中共大理州委政法委的统一部署，于2009年10月中旬，集中全州12个县市法院开展以优秀裁判文书评比、庭审观摩和刑事案件质量评查为主要内容的岗位竞赛。10月12日、13日分别举行民事、刑事案件庭审观摩，各党代表、人大代表、政协代表、人民陪审员、人民调解员及社会各界人士应邀参加了活动。通过此次岗位竞赛活动，对法院工作进行了的全面、客观的检验，加强对法院审判的监督力度，反映出了法院工作中存在的问题，为法院今后的工作提出了新的要求，进一步提高了干警业务能力和执法办案水平，规范了司法行为，在比业务、比能力、比实效中不断提高案件质量，展示了人民法院和人民法官的良好司法形象。

【执行积案清理活动】 2009年2月24日，集中清理执行案件领导组会议在大理中院召开，会议由中共大理州委常委、州政法委书记茶忠旺主持，州人大常委会副主任彭增梅、州政府副州长郭有兵、州政协副主席孙珍玲、州委政法委专职副书记张学、大理州中级人民法院院长黄为华和各成员单位出席会议。副院长李雄章向会议汇报了全州开展集中清理执行积案活动开展情况，茶忠旺作了重要讲话。4月15日，以州委政法委专职副书记张学为组长的州集中清理执行积案活动督查组到云龙县人民法院督查指导执行积案工作，云龙县县委常委、政法委张国雄书记，云龙县法院院长洪学智对云龙县清理执行积案工作进行汇报。张学对云龙县清积工作给予了肯定，他强调清积工作要贯彻落实科学发展观"以人为本"的精神，做好惠民工作。截至12月20日，在两级法院的探索和努力下，抓重点、攻难点、保质量，顺利完成集中清理执行积案活动的各项目标和任务，全州共清理执行积案6923件，执结6890件。其中，共清理执行积案271件，执结有财产可供执行案件66件，执行和分类处理无财产可供执行的案件175件，执行和分类处理重点案件30件。基本完成了有财产案件基本执结，重点案件案结事了，无财产案件尽力执结、分类处理的全州执行积案目标任务，取得了明显成效。在清积活动中，采取强制措施138人次，制作电视专题节目12期，召开新闻发布会4次。

【深入开展学习实践科学发展观活动】 2009年3月25日，大理州中级人民法院召开深入学习实践科学发展观活动动员大会，院长黄为华作了动员讲话，中共大理州委深入学习实践科学发展观活动指导检查组组长张明、副组长杨锦春到会指导。在学习实践科学发展观活动中，大理州中级人民法院领导班子成员按照"重在深化思想认识，重在转化调研成果"的任务要求，在认真学习的基础上，结合法院工作实际分赴各基层法院进行调研。3月27日，党组书记、院长黄为华率领副院长王晶等到永平县法院就巡回审判、司法调解等工作进行调研。4月8日，大理州中级人民法院院党组成员、副院长杨学本到洱源法院就如何在民事审判工作中贯彻科学发展观等工作进行调研并指导县法院的学习实践观活动。院党组成员、副院长王晶率相关部门领导深入漾濞、祥云等法院调研。4月16日，副院长申晋率大理州中级人民法院刑事审判庭及司法技术处部门负责人一行深入大理市人民法院就刑事审判中如何贯彻和落实科学发展观开展调研工作，并与大理市人民法院副院长郑一川、刑事审判庭部门领导等一起进行座谈。4月9日，院党组成员、政治部主任杨金文率政治部一行6人就如何在队伍建设中贯彻落实科学发展观深入到云龙县人民法院调研。

鹤庆县人民法院以贯彻落实学习实践科学发展观为契机，深入到中江、朵美两地开展为期一周的送法下乡专项法制宣传活动。重点对施工企业经理进行安全生产法律、法规教育；并深入村委会进行移民搬迁法律、法规和政策宣传；在闹市集镇设立现场立案、预约立案、口头立案，为群众提供诉讼指导。

大理州中级人民法院以深入学习实践科学发展观活动为契机，敞开大门、倾听民意，主动邀请人大代表、政协委员和大理州清积工作办公室的成员单位代表到法院座谈，会议由我院党组成员、副院长李雄章主持，出席民情恳谈会的领导有大理州委政法委赵文宝副书记、州人民政府副秘书长、州政府办副主任杨毅平同志、州人大法制委周汝林主任、州人大法制委周建国副主任。与会的州人大代表有下关镇关迤社区罗云女士，华兴集团董事长施强；与会的州政协委员有民盟专职副主委周国珍、民进副立委石宏麟、展腾律师事务所副主任李庆；大理州清积成员单位领导、大理州劳动和社会保障局副局长阿怀聪、州财政局行政行法科科长朱丽萍等领导、代表和委员参与了座谈讨论。与会领导、代表和委员们热心发言，为人民法院破解执行难建言献策，为人民法院破解执行难问题提出了真知灼见。

4月17日，大理州中级人民法院召开深入学习实践科学发展观活动动典型案例分析会，积极探索保护洱海的新途径。本院党组成员、各部门主要领导参加了会议，大家认为，通过对阳宗海砷污染事件的分析，积极探索洱海保护的司法保障机制，成立“环境保护法庭”，很有必要。

6月2日，宾川法院在学习实践科学发展观活动中，创新学习活动方式，组织开展了庭审观摩活动，以观摩促规范，加强法官之间的学习交流。

6月22日，大理州中级人民法院邀请人大代表、政协委员、州委指导组、专家学者、各界代表参加领导班子分析检查报告评议座谈会。这是大理州中级人民法院深入学习实践科学发展观活动的探索和实践。

9月27日，大理州中级人民法院召开深入学习实践科学发展观活动总结大会，院党组书记、院长黄为华作了重要讲话，回顾了3月份以来大理州中级人民法院在深入实践科学发展观活动中取得的成果。

【领导关怀】 2009年2月20日，最高人民法院副院长万鄂湘、人民法院报社副主编、中国审判副主编官晋东，在省高院副院长杨为栋、大理州委常委、政法委书记茶忠旺、大理州法院院长黄为华及党组成员的陪同下，对大理州法院及祥云县法院进行了工作视察和指导。

4月21日，州直属机关党委杨家永副书记、李嘉城调研员、彭忠以及州药监局刘晓露一行到大理州中级人民法院检查调研工作。

5月11～12日，省高级人民法院院长许前飞在省高院相关部门领导、大理州法院院长黄为华、副院长王晶等的陪同下，深入大理州永平、漾濞、巍山法院，对审判、执行、队伍建设及物质装备建设等进行了调研。

5月26～27日大理州中级人民法院党组成员、副院长李雄章、办公室主任奚云程对大理州中级人民法院调研。

6月3日，大理州中级人民法院院长黄为华、办公室主任奚云程、新闻中心主任郎维学到大理州中级人民法院就清理执行积案工作落实情况进行检查，并就学习实践科学发展观活动征求意见。

6月17～18日，大理州中级人民法院院长黄为华率领研究室主任刘征、审判监督庭庭长杨霄明等人，先后到云龙、剑川县法院调研、指导工作，帮助解决实际问题。中院研究室、审判监督庭等部门领导还与县法院的庭室负责人在调研宣传、案件质量提高方面进行了交谈，并提出了一些指导性意见。同时，院长黄为华还到云龙县政法委，就挂钩联系的综治工作进行调研、指导。

6月22日，省委第三巡视组组长华苑生一行，在州委组织部副部长彭智的陪同下，莅临大理州中级人民法院视察指导工作。

6月24～30日，大理州政协主席袁爱光率领州政协委员对大理、弥渡、洱源等县市及大理州中级人民法院的工作进行了视察，院长黄为华陪同视察。委员们充分肯定了大理州两级法院所取得的成绩，一致认为全州法院近年来围绕中心、服务大局，践行司法为民，队伍素质强，工作成效卓越，改革创新亮点多，为辖区的经济建设和社会事业发展提供了坚强有力的法律保障。在肯定成绩的同时，委员们也就少数民族法官培养、强化司法为民举措、加大调解力度、创新改革思路等方面提出了宝贵的意见和建议。

2009年8月13日，以州人大常委会副主任彭增梅为组长，部分州人大代表为成员的视察组一行9人，在县领导的陪同下到法院视察“五五”普法工作。视察组认为法院的“五五”普法工作成效明显，对下一步工作提出了四点意见。

9月23日，大理州中级人民法院院长黄为华一行到鹤庆县法院指导检查工作，深入鹤庆县法院黄坪法庭实地考察调研。

10月，州人大法制工作委员会主任周汝林、副主任周建国，在州中级人民法院副院长王晶等人的陪同下，来到宾川法院，对宾川县行政审判工作进行了调研。宾川县人大、县法院有关领导以及行政审判人员、调研人员参加了调研会。

2009年10月29日，弥渡县人大常委会主任石雄带领部分州县人大代表对弥渡县人民法院派出人民法庭建设情况进行视察。

11月2日5时7分，宾川县平川镇发生5级地震，当得知正在施工中的平川法庭在地震中受到一定影响后，中院党组心系灾区，院长黄为华当日做出批示，致电询问灾情，并于次日辗转百余公里到达平川法庭慰问受灾干警并安排抗震救灾工作。

12月1日，大理州政协副主席毕熊光带领部分州政协委员，到巍山法院3个派出法庭，视察指导法院工作。

【制度建设】 2009年1月，宾川法院监察室独立办公，设立监察室主任1名。完成了“大立案”改革，将民一庭、民二庭、行政庭、审监庭及平川法庭合署办公，成立民事行政审判中心一处；州城法庭设立为民事行政审判中心二处，指定两名专职审判委员会委员主持日常工作。

3月，《大理审判》（季刊）创刊。年内共编辑发行4期。

3月3～7日，大理州中级人民法院举行科级领导干部竞争上岗活动，共有30名符合竞职条件的人员参加4个正科级职位（审务办主任、刑三庭副庭长、民三庭副庭长、执法处决大队大队长）2个副科级职位（执法处决大队副大队长、政治部老干部管理处处长）的竞争。竞争采用笔试、面试、演讲、民主测评的方式进行。

3月9日，剑川县人民法院根据大

理州政法机构改革方案，报县编制委员会批准同意后，增设了监察室、研究室、升格了执行工作局，使机构设置更加趋于合理、规范。

5月26日，南涧县法院少年刑事案件审判庭挂牌成立，专门负责未成年人犯罪案件的审理。

6月，大理州中级人民法院认真贯彻省法院、省检察院《关于人民检察院检察长列席同级人民法院审判委员会会议的若干意见》规定，公开审判事务，首次邀请大理州检察院检察长普赵辉及副检察长和泉、韩小红列席大理州中级人民法院审判委员会。

6月1日，大理市人民法院刑事审判庭对柳某某故意伤害一案进行了公开审理。庭审过程中首次设置量刑辩论程序。庭审中，该案新增了控辩双方"量刑辩论"的审判环节，控辩双方把各自对量刑的看法毫无保留地"摆在桌面上"，令人耳目一新。将量刑辩论纳入庭审，控辩双方在法庭可以充分表达对于量刑的建议或者意见并相互辩论，法官充分听取两方的主张，做到"兼听则明"。

6月29日，云龙县法院增加监察室和研究室。

8月13日，大理州法院首家环境保护合议庭在鹤庆县法院成立，其主要职责是规范审理涉及环境保护诉讼的行政、刑事、民事案件，加强环境保护工作，为构建资源节约型、环境友好型社会提供司法保障。

8月10日，弥渡县法院出台《邀请人大代表政协委员旁听庭审暂行办法》，将自觉接受监督规范化、制度化。

9月，自2005年5月1日《关于完善人民陪审员制度的决定》实施以来，全州两级法院第一批共选任108名人民陪审员，今年第一批人民陪审员任期届满。按照省法院的统一部署，第二批人民陪审员增选工作全面展开，大理州12县市基层法院中有7个基层法院完成第二批增选工作。各县市法院积极上报人民陪审员调研情况，认真总结人民陪审员工作的好经验、好做法，充分宣传了人民陪审工作对加强司法民主建设、增加司法透明度、提升司法公信办的意义和价值。

【司法救助】　5月22日，祥云县法院首次召开涉诉案件司法救助金发放大会，对31案33人涉诉特困申请执行人发放司法救助金44340元。这是《祥云县司法救助实施办法》实施以来，由法院、财政、民政、卫生、劳动和社会保障等多部门成立司法救助金工作小组后，财政每年预算安排5万元救助金，对涉诉特困申请执行人进行救助的有益尝试。

6月4日，南涧县法院召开第一批司法救助金发放大会，对11案14人发放救助金33500元。10月20日，南涧法院发放第二批司法救助金48500元，共有16案22名特殊困难当事人受益。

6月19日，大理州司法救助领导小组在大理州中级人民法院召开协调会议，大理州政法委、州纪委、州财政局、州民政局的相关领导参加了会议。会议研究了大理州中级人民法院对第一批涉诉特困人员实施司法救助的方案，并同意对救助办法进行相应的修改。7月1日，大理州中级人民法院首次对63案118人实施了司法救助，发放救助金222500元，收到了良好的社会效果。

6月23日，永平县政法委、县法院和县民政局的领导及执行法官一行8人到杉阳镇、博南镇向执行申请人发放司法救助金6300元。

6月30日，宾川县法院首次发放司法救助金15500元，共对4案7人发放了1000～4000元不等的救助金。

12月7日，剑川县法院召开执行救助兑现大会，13人特殊群体执行申请人共获得2.35万元的执行救助款，有效地缓解了特殊群体执行申请人的生活困难。

截至12月20日，各基层法院已初步建立起涉诉困难群体执行救助机制，出台了司法救助的办法和实施意见，全州已到位的救助金达156.95万元，全州共救助494件719人，救助金额达153.33万元。

【爱心传递】　2009年6月，大理州中级人民法院院长院长黄为华到大理州中级人民法院挂钩扶贫点南涧县乐秋乡，对老、弱、病、残等弱势群体进行慰问，同时，将全院干警捐赠的1万元交给了米加禄村委会。

1月9日，根据中共大理州委、州人民政府下发的《开展"洱海保护月"活动实施方案》，院党组召开全院干警大会，宣传、动员干警积极投身洱海保护工作，为实现"洱海清、大理兴"的目标，号召全院干警积极、踊跃捐款，共捐款21050元。

【基层法院基础建设】　2009年3月25日，弥渡县人民法院迁入新审判综合楼办公，以节俭的升旗仪式及法官宣誓仪式举行了典礼。

3月27日，祥云县法院审判业务办公大楼竣工交付使用，同月30日法院迁入新办公楼办公。

5月22日，计划投资100万元的南涧县公郎人民法庭搬迁新建项目审判办公综合楼正式开工建设。

11月10日，剑川县人民法院马登法庭标准化建设工程正式开工。立面威严、结构合理、功能齐全的现代化标准法庭的建成将为推动剑川县西片区法治化建设进程提供了很好的硬件条件。

年内，宾川法院平川法庭、鹤庆县法院黄坪法庭、永平县厂街法庭先后建成投入使用。

【表彰奖励】　2009年1月22日，大理州政法工作会议在大理召开，大理州中级人民法院获2008年度综治维稳工作先进集体奖励。

3月4日，大理州中级人民法院组队参加2009年州级机关"移动杯"迎庆三．八拔河比赛，荣获第五名。

5月22日，在小湾水电站南涧县移民外迁安置工作总结表彰会上，南涧县法院被县委、政府授予"组织奖"，姚卫平、罗应杰被授予"先进个人"荣誉称号。

8月28日，大理州中级人民法院授予南涧县法院公郎人民法庭庭长龙进品个人"三等功"荣誉称号。

9月，云龙县人民法院1名干警获云龙县首届劳动模范荣誉称号。

9月18日，大理州中级人民法院党组作出《关于开展向龙进品同志学习的决定》，号召全州法院干警要向龙进品学习。12月17日，中共南涧县委政法委员会作出《关于向龙进品同志学习的决定》，在全县政法机关和全体政法干警中开展向龙进品学习的活动。

11月12日，大理州中级人民法院老干支部被中共大理州委、州人民政府授予全州离退休干部老有所为先进集体。

年内，大理州大理市、弥渡、宾川、永平、剑川、南涧县法院分别被评为州级"文明单位"。南涧、永平、巍山法院档案管理达五星级标准，宾川法院达四星级标准。

年内，大理市法院纪检监察室被最高人民法院评为全国法院纪检监察工作先进集体。

12月，南涧县人民法院杨继诗、潘伟撰写的论文《罚金刑执行难及对策思考》，荣获全国法院第21届学术讨论会优秀奖。

12月，洱源县人民法院张德铭撰写的《论刑事和解》，荣获云南省高级人民法院机关刊《审判与法治》第一届有奖征文优秀奖。

附：2009年大理州两级人民法院各类案件审结、执行情况统计表

2009年大理州两级人民法院各类案件审结、执行情况统计

单位	刑事一审案件			民事一审案件			行政一审案件			审判监督案件				诉讼案件合计			执行案件		
										刑事		民事							
	收案	结案	结案率	收案	结案	结案率	收案	结案	结案率	收案	结案	收案	结案	收案	结案	结案率	收案	已执行	执行率
大理			100			97.05			100							97.67			81.88
洱源			100			99.79			100							99.83			90.07
鹤庆			100			99.68			100							99.73			93.38
剑川			100			97.95			–							98.44			72.46
弥渡			100			99.63			100							99.69			89.29
祥云			100			98.85			100							99.05			89.84
宾川			99.41			99.02			100							99.08			80.41
巍山			100			98.63										99.03			85.96
南涧			98.59			99.71			100							99.52			85.82
漾濞			98.41			99.12			100							98.98			92.08
永平			100			98.19			100							98.70			95.97
云龙			100			100										100			86.6
中院			100			92.65			100							98.61			96.72
小计			99.84			98.58			100							98.85			85.68
二审			100			99.56			100							99.66			
合计			99.85			98.67			100							98.92			85.68

（《审判》由黄永明撰稿）

（本部类责任编校：黄克超）

农 

种植业

【综　述】 2009年，大理州各级农业系统按照州委、州政府对农业、农村工作的安排部署，紧紧围绕年初确定的各项目标任务，认真贯彻落实促进农业、农村经济发展的各项政策措施，以社会主义新农村建设为载体，以“四保”为重点，狠抓粮食生产，抓实现代农业建设，扎实推进农业产业化经营，加大农田水利建设力度，加快推进城乡统筹发展，积极探索和开辟粮食增产、农业增效、农民增收的有效新途径，认真分析面临的形势和克服遇到的困难，经受住了国际金融危机、全球经济发展速度放缓、农产品价格起落波动等不利因素影响，以及各种不利因素相互迭加带来的深度影响，全州农业农村经济持续快速发展，全年粮食总播种面积26.32万公顷、较上年增长0.71%，总产达139.2万吨，较上年增长3.0%，保障了粮食和主要农产品有效供给。农村经济总收入达347.6亿元，较上年增12.8%，农民人均纯收入3482元，较上年增长13.13%，为近几年增速最高。为稳定民心、安定社会，应对危机提供了重大支撑，为“保增长、保民生、保稳定”做出了较大贡献，夯实了农业稳州战略的基础。

【强化农业基础设施和农村生态建设】 2009年，全州共整合各部门项目资金2.76亿元，完成中低产田地改造1.54万公顷。新建农村户用沼气池5995口。完成省级补助村容村貌整治53个。新增农机1万余台，农机总动力达184.6万千瓦；农机安全工作有序、规范开展，安全生产形势持续稳定好转。抓实洱海流域面源污染治理，新改建生物发酵床1420平方米，建设堆粪发酵池5341个，建成无公害农产品基地建设4万公顷。通过人才、技术引进，“农业部大理生态环境重点野外科学观测站”于2009年7月28日挂牌，为大理州农业环境监测工作提供了良好的条件。

【认真贯彻强农惠农政策】 2009年，大理州紧抓国家大幅增加种粮直补、良种补贴、农机购置补贴和农资综合补贴以及提高粮食最低收购价的机遇，认真扎实做好前期工作，争取补贴项目和补贴资金。全年共争取中央、省各项农业投入5.3亿元，其中兑付综合直补资金1.83亿元、良种补贴资金3980万元、农机购置补贴资金3800万元。

【农业科技推广和创新】 2009年，大理州围绕粮食增产计划，加强粮食生产能力建设，持续推进农业科技入户工作，扎实抓好粮食高产创建、间套种和地膜包谷等农业重点工作，扩大良种选育、测土配方施肥、粮食标准化配套栽培技术等示范推广工作。完成粮烟、粮薯、粮菜、粮果、粮茶、粮桑等粮食作物间套种8.22万公顷，创建高产示范区12个，示范面积2万公顷以上，实现平均亩产增收60千克以上。超级稻和凤稻系列优质水稻品种推广达2.87万公顷，玉米杂交高产品种突破6.67万公顷，作物良种覆盖率达90%以上。实施6.67万公顷测土配方项目，带动大面积示范推广18.7万公顷。

【抓实农村劳动力转移工作】 2009年，大理州积极引导农民发展非农产业和非农就业，鼓励和支持农民发展农村二、三产业，把农村劳动力转移就业作为一个产业来抓，使之成为农村经济和农民增收的重要增长源。大力开展职业技能培训和创业培训，加强就业服务，改善就业环境。充分发挥就业服务机构、各类培训基地及农村劳务经纪人的作用，多形式、多渠道加大输出力度。2009年组织培训农民工8.5万人，转移富余劳动力7.38万人，全州累计转移农村富余劳动力47万人次，农民工工资性收入达36.8亿元。

【深化农业农村综合改革】 2009年，大理州按照农技基层推广体系改革精神，乡镇农业技术推广机构由县级各业务主管部门管理，按照现行农、林、水、畜管理系统，以“一乡（镇）一站”的方式设置，在乡镇分别设置农科站、林业站、水土保持站、畜牧兽医站。乡镇农业四站归口县级主管局直接领导和管理，人员和业务经费由县级主管局统一管理，对人员的调配、站所长任免听取所在乡镇党委、政府意见。全州110个乡镇中管理体制理顺、完成移交的乡镇80个，占73%；农村土地流转有序展开，全州流转面积达3453公顷。完成投资2.1亿元，实施1206个村级公益事业“一事一议”奖补项目，发展集体经济项目15个，累计发展农村经济合作组织314家。

【农产品质量安全监管】 2009年，大理州认真贯彻落实好《农产品质量安全法》，保障食用农产品安全，创新农产品质量安全工作机制，增强农产品安全意识，全面提升农产品质量安全水平。全州共开展各种宣传培训800场次，培训人员1.8万人次，印发各种宣传资料160多万分。“三品一标”认证和监管明显，认证有机食品1个，绿色食品14个，无公害农产品11个，15个优势农产品正在申报“三品”农产品。年末，全州累计认证有机、绿色食品54个，无公害农产品71个，基地面积8.51万公顷。实施完成了弥渡县种植业基地2.8万公顷、南涧县农产品产地4.81万公顷无公害农产品基地认定整体推进工作。完成宾川县1.23万公顷农产品出口基地区域化备案工作，基地备案总面积达1.53万公顷。洱源县无公害农产品生产基地认定整体推进正在实施，突出重点，强化蔬菜、乳制品监管，对430个样品的农药残留抽检工作，抽检合格率大于98%。

【示范园区建设工作全面启动】 2009年，大理州农业局按照州委、州政府的总体部署，以高产、优质、高效、生态、安全现代化农业发展为目标，在祥云、宾川2县扶贫综合示范园区努力培育粮食、烟草、畜牧业、林果、蔬菜五个产业,认真落实1.67万公顷优质粮食、800公顷丰产桑园,实施无公害农产品产地整体推进,已建成优质果园700公顷,全面完成了年度建设任务。扶持项目区内规模养殖大户22户,新建及改造猪舍59幢、排污沟及管道5216米、堆粪区或静态发酵堆肥车间1163立方米、沼气池37个296立方米、化粪池33个2063立方米。通过推进大理州农村扶贫综合开发示范园区建设,以示范引路,为推进农村改革和现代农业发展探索新途径。

【洱海流域农业面源污染治理】 2009年,大理州农业局制定了《洱海流域农业面源污染防治中长期规划》。根据大理州人民政府《2009洱海保护及洱源县生态文明建设工作意见》精神,认真开展测土配方施肥、农作物结构调整、不同作物种植模式监测评价和畜禽养殖粪便无害处理等相关课题专题调研,编制了《2009年洱海流域农业面源污染防治重点项目实施方案》,测土配方施肥建议卡发放入户率达到95%以上,4个重点镇达到100%,完成测土配方施肥技术5333.3公顷。开展技术培训53场次,指导农民科学施肥达2.82万人次。新改建猪舍2670平方米,建成堆粪发酵池5341个、28740立方米。通过推广无公害农产品生产、粪便资源化利用及控源减排循环净化等技术,为治理农业面源污染提供了保证。

【农业执法】 2009年,大理州抓实农业执法年活动,强化农业投入品的监管,认真落实种植业、农资、兽药饲料、三品、生鲜乳的专项整治工作,确保农资市场稳定。全年共发放宣传材料51.09万份,媒体宣传4252次;指导培训11326场次,培训9.1万人次;共监测场所4875个,出动执法人员7461人次,抽取样品14770个,合格13933个,合格率94.33%。检查生产企业19330家,出动执法人员23754人,查处问题687起,涉及金额189.3万元,责令整改568起,立案查处127起,取缔无证照企业2家,整治重点区域1036个。

【凤麦38号通过省级品种审定】 多年来,为切实解决旱地小麦由于受低温、干旱、地力等生产自然要素制约,产量长期低而不稳的问题,大理州农科所立足当地实际,调整充实育种目标,根据小麦生产发展实际和市场对小麦需求特点,积极选育专用旱地小麦良种,新选育的地麦良种凤麦38号兼具高产、抗病、优质、广适易栽培等特点,在2006年、2007年参加云南省小麦品种区域试验中连续两年平均产量285.5千克,比对照增产9.7%,生产示范平均亩产326.3千克。该品种于2009年1月通过省级品种审定,编号:滇审小麦2008004号。

【优势特色种植业基地发展强劲】 2009年,大理州依托优势资源,按市场经济规律,以政府引导、市场牵动、龙头企业带动、中介组织促动、农民主动自觉参与的发展模式,积极推进农业产业化进程,以发挥比较优势、发展特色经济的原则,围绕龙头建基地、突出特色建基地、依托市场建基地、连片开发建基地的思路,大力推进商品生产基地建设,优势特色种植业基地建设正向规模化、专业化、集约化发展。全州种植蔬菜3.34万公顷,产值达21.5亿元;茶园累计达1.21万公顷,总产5500吨、产值8000万元,产量产值比上年分别增15.5%、33.4%;桑园面积达1.53万公顷,鲜茧产量8000吨,农业产值1.6亿元;水果累计种植3.94万公顷,总产量55万吨,总产值15亿元;种植花卉3527公顷,花卉总产32.6亿元;种植中药材1万公顷,总产值7.5亿元。

【龙头企业培植】 2009年,大理州扶持发展农业龙头企业48户,新建投产农业龙头企业5户,发展农民专业合作组织7个,新认定省、州级农业龙头企业18户,农产品加工总产值45亿元,销售收入39.59亿元,上缴税收1.44亿元,出口创汇8011.2万元。组织州内52户企业参加在吉林长春举办的第七届中国国际农产品交易会、北京第七届中国花卉博览会、云南省优质生态第四届中国昆明普洱茶国际博览会、第五届中国昆明国际农业博览会和第十三届中国昆明国际花卉展等展销推介会,展出"松鹤牌"、"大理沱茶"等一百多个知名农产品品牌。

【农业招商引资工作】 2009年,大理州积极开展农产品龙头加工企业引进工作,在全省生物产业大会推出农业招商项目20余个,促成9项签约项目,协议总投资11.22亿元,共注册8户招商引入企业,到位资金和生产资料投入总计约6500万元。

(撰稿人:张炳华)

畜牧业

【概　述】 2009年,大理州畜牧业克服了优势畜产品外销受阻、畜产品价格下跌、养殖效益下降、重大动物疫病防控形势严峻、畜产品质量安全监管任务加重等诸多不利因素,继续保持了良好发展势头,取得了连续31年丰收。畜牧业产值突破了70亿元,达72.5亿元,全州肉类总产41.52万吨,奶类总产39.6万吨,禽蛋产量3.8万吨,人均占有肉、奶、蛋244千克,居全省首位。

【完成州级兽医管理体制改革】 根据国务院《关于推进兽医管理体制改革的若干意见》和云南省人民政府《关于印发云南省兽医管理体制改革实施方案的通知》文件精神,经中共大理州委批准成立了大理白族自治州畜牧兽医局,并重新调整、设置了下属事业单位,撤销大理州畜牧兽医站,设立大理州畜牧工作站、大理州动物卫生监督所、大理州动物疫病预防控制中心,保留大理州家畜繁育指导站,大理白族自治州畜牧兽医局于2009年5月4日正式挂牌成立。至此,州级畜牧兽医管理体制改革已基本完成,形成了畜牧兽医行政管理、技术支持、执法监督三大服务支撑体系,畜牧兽医管理服务机构得到进一步充实完善,为全方位搞好服务提供了保障。

【养殖业蓬勃发展】 2009年,大理州养殖业蓬勃发展。年末,全州大牲畜存栏1217098头,出栏514687头(其中奶牛存栏135317头),牛奶产量394090吨,出栏肉牛464830头,牛肉产量53123吨。生猪存栏2550183头,出栏3374722头(其中能繁母猪374443头),猪肉产量300747吨。

【畜牧科技推广】 2009年,大理州加大畜牧科技推广力度。全年完成猪良种改良44.4万窝(其中人工授精10万窝),牛冻精改良完成18.05万头,推广良种禽669.2万羽,生产工业饲料12.5万吨,推广青贮饲料46万吨,完成畜牧兽医实用科技培训2143期,受训15万人次。

【畜禽防疫】 2009年,全州共开展畜禽免疫4681.4万头只次,动物疫病监测51721头份,完成奶牛结核病监测26454头,奶牛布病监测19809头。

【家畜血防】 2009年,大理州进一步加强家畜血防工作。全州5个疫区县市完成易感家畜的查病125940头,查出阳性畜287头,平均阳性率0.23%,完成对90756头家畜的治疗和扩大化疗,祥云、宾川、弥渡、剑川、漾濞5个监测县完成了16050头易感家畜的监测检查。

【兽药饲料和畜产品质量监管】 2009年,全州完成兽药抽样检验158批次,合格116批次,合格率73.42%;饲料抽样检验175批次,抽检合格率68.52%;生鲜牛奶抽样293个,均未检出三聚氰胺,结果全部合格。提取猪尿样品327个进行饲料违禁添加物残留项目检测,经检验全部合格。

【动物卫生监督管理】 2009年,大理州牧医系统共检疫各种动物270.32万头,检出病畜3335头只,消毒运载工具1.97万辆,屠宰检疫畜禽131.6万头,检出病害畜禽4450只,检出的病害畜禽均进行无害化处理。

【生鲜乳收购站的监管】 2009年,大理州进一步加强生鲜乳收购站的监管,对生鲜乳收购和运输实行严格的许可和准运制度。年末,全州有奶站数121个,已审查通过核发生鲜乳收购许可证86个,生鲜乳准运证明核发31个。开展收奶站点清理整顿,关停了70个严重不符合收奶条件的奶站点,收奶站总数从原来189个减少到121个。

【洱海流域畜牧业污染治理】 2009年,大理州畜牧兽医局组织开展了洱海流域畜牧业面源污染治理工作。推广生物发酵零排放自然养猪法示范生物发酵床(含改圈)4282平方米、新建畜禽粪便堆集发酵池36700立方米。在20个奶牛规模养殖场新建牛粪尿发酵处理池5400立方米,推广牛粪种植双孢菇示范床2000平方米。大理九园公司完成改扩建工程,加大牛粪加工处理力度,开展规模养殖场粪便循环利用试验,设立了6个定点监测点,定期进行监测。

【牧医专业首次列入州职工技能大赛】 2009年,大理州牛冻精改良和猪品种改良2个工种列入大理州第四届职工技术技能大赛。全州12县市的县乡村各级专业技术人员700多人通过初赛,选出了114名选手(牛冻精改良65名,猪品种改良49名)参加州级的总决赛,分别产生了牛冻精改良和猪品种改良前十名优秀选手。祥云县熊文福获猪品种改良状元,大理市黄义获牛冻精改良状元。

(撰稿人:忽克俭)

林 业

【概 述】 2009年,大理州林业工作按照中央林业工作会和省委八届七次全会及省委林业工作会议精神,根据州委、州政府的部署,深化集体林权制度改革,不断推进林业生态和产业建设。各级党委、政府高度重视林业工作,社会普遍关注林业,林业在农村经济发展中的骨干作用、在全州经济社会发展中的基础作用、在实施工业强州战略中的保障作用以及在生态文明建设中的主体作用越来越突出。全州林业改革发展取得重大突破,集体林权制度主体改革全面完成,生态建设扎实推进,林业产业实现新跨越,核桃产值达37.04亿元。

【集体林权制度主体改革全面完成】 2009年末,全州已完成林改确权面积179.17万公顷,确权率达99.4%;集体林均山到户面积158万公顷,均山到户率达87.64%,其中:集体商品林均山到户面积91.9万公顷,均山到户率达87.23%;共核发林权证、股权证817536本,其中林权证352317本,股权证465319本。确权林地740931宗,发证734204宗,宗地发证率达99.09%;全州共排查出林权纠纷13554起,纠纷面积8.48万公顷,已调处林权纠纷13432起,占纠纷起数的99.10%;调处纠纷面积8.27万公顷,占纠纷面积的97.51%。全州12县市集体林权制度主体改革落实山区农民对集体林地使用权和林木所有权的任务全面完成。

【林业综合配套改革】 2009年,中共大理州委、大理州人民政府出台了林业综合配套改革的政策措施,与12县市党政主要领导签订了林权改革和林产业发展的目标责任状,州和12县市都建立了林权流转管理服务中心,积极开展林地林木流转工作,共流转林地1317宗,面积1.99万公顷,流转金2294.49万元。林权抵押贷款初见成效,共办理林权抵押贷款833户、1475宗,抵押面积0.83万公顷,发放抵押贷款8276.9万元。全州争取到国家林业贴息贷款1.2亿元,其中9000万元小额贷款为1200多户林农提供了林业发展资金。中低产林改造试点成效显著,通过群众自发进行和州级试点,共完成中低产林改造3.33万公顷。积极开展公益林生态效益补偿工作,争取到国家重点公益林补偿23.27万公顷,补偿金1693.9万元;启动省级公益林补偿23.51万公顷,补偿金1763.13万元。积极开展森林采伐管理改革,扎实推进国家第三批森林采伐管理改革试点县云龙县的试点工作。林业合作组织和"三防"组织建设取得重大突破,共成立126个林业产业协会、8个林业合作组织、3个专业合作社,共19088人;成立1297支专业、半专业扑火队,人数达30667人;组建114支森林消防基层摩托化应急队,基层森林消防应急能力显著提升。

【林产业发展实现新跨越】 2009年,全州新发展核桃10万公顷,核桃基地面积达44.47万公顷。全州核桃产量已达12万吨,总产值37.04亿元,农业人口核桃收入人均近1200元,核桃产业已成为大理州覆盖面最广、带动性最强、受益面最大的惠民产业。全州完成新种植红豆杉2000公顷,红豆杉基地面积达5400公顷,培育人工红豆杉植株5000多万株,建成全国最大的人工红豆杉原料林基地。同时,按照"区域化布局、专业化生产、集约化经营"的产业发展原则,林下资源开发、木材加工、野生动物驯养繁殖、林化工业和生态旅游等林业产业逐步发展壮大。

【退耕还林工程】 2009年,全州累计完成退耕还林7.38万公顷(其中:退耕地还林3.25万公顷,荒山造林3.88万公顷,封山育林0.25万公顷),其中2009年在宾川、南涧2县实施完成退耕还林荒山荒地造林1333公顷,中央投资200万元。同时,全州完成巩固退耕还林成果林业项目种植1.16万公顷、补植补造1107公顷,国家投资2600.87万元。

【天然林保护工程】 2009年,大理州天保工程实施森林管护140.11万公顷,中央、省投资3824万元;完成天保工程公益林建设2.8万公顷(人工造林6000公顷、封山育林2.2万公顷),中央、省投资3461.1万元。全州共647户列入国家国有林业区棚户房改造项目,总投资3651.6万元。

【绿化造林和全民义务植树】 2009年,全州共完成营造林10.43万公顷,全民义务植树900万株。加大城乡重点绿化力度,在大理市上关镇、洱源县右所镇实施了洱海保护造林绿化工程;在宾川县平川镇石岩村、鸡足山镇上沧村、鸡足山镇新川移民村、宾居镇清河村,祥云县米甸镇米甸村,永平县博南镇老街社区,云龙县团结乡团结村实施“绿色村庄”工程;在大理州民族中学、大理农校、大理卫校、新世纪中学实施了“绿色校园”工程;在云南乳用水牛原种场、剑川县老君山工业园区实施了“绿色园区”建设工程。各县市结合全民义务植树活动,深入开展“绿色庭院”、“绿色校园”和“绿色机关”创建活动,提高义务植树尽责率,提升城乡绿化水平。

【农村能源建设】 2009年,大理州农村能源建设成效显着。新建农村户用沼气池2万户,累计达20.8848万户;完成节柴改灶25296户,累计达63.8357万户;新增太阳能利用面积0.7万平方米,累计达17.19万平方米。农村能源建设,每年节约40万吨标准煤,为发展低碳经济和节能减排作出了重要贡献。

【资源林政管理】 2009年,全州共审核审批各类建设工程征占用林地123起、征占用林地面积1423.735公顷,批准107起、批准面积1299.4146公顷,征收森林植被恢复费7227.8448万元,极大地保障了国家、省、州扩内需的重点项目建设的顺利实施。省下达大理州商品林采伐计划33.41万立方米,出材量为16.36万立方米,实际采伐2.88万立方米,未出现超限额、超计划采伐的现象。清理整顿木材经营加工运输秩序,依法加强木材经营、加工、运输的管理。年度审验换核发《木材经营加工许可证》348户,全州未出现违法违规核发木材经营加工许可证和运输许可证的现象。举办了“木材与家具检验员培训班”,培训164人次。

【森林公安队伍建设】 2009年,全州各级森林公安机关全面加强队伍组织、纪律、作风和廉政建设,正规化建设进一步推进,充分发挥职能作用,严厉打击了破坏森林资源和野生动植物资源的违法犯罪活动。年内,全州森林公安机关共查处各类森林案件1615起,其中:森林刑事案件153起,共抓获犯罪嫌疑人179人;林业行政处罚案件1478起,处罚1799人次,共收缴木材6910.17立方米,收缴财物及罚款折款921.86万元,有效地维护了林区治安稳定。

【森林防火】 2009年,全州共发生森林火灾26起。其中:一般森林火灾14起,较大森林火灾12起,受害森林面积119.15公顷;森林火灾次数、森林受害面积分别低于控制指标80%和91%,火灾当日扑灭率达96.2%,火案查处率达96.2%。没有发生重特大森林火灾和重大人员伤亡事故。

【林业有害生物防治】 2009年,大理州森林病虫害防治有效监测率达98.5%,测报准确率达90.24%,发布预报46次1068份。林业有害生物发生3.47万公顷,有效防治3.28万公顷,防治率达94.61%,无公害防治率达79.23%,投入防治经费514.6万元,挽回直接经济损失1.2亿元。种苗产地检疫率达98.62%,木材及主要林产品调运检疫率为98.86%。

【全国生态文化创作暨林改文艺宣传座谈会在大理召开】 11月10日,全国生态文化创作暨林改文艺宣传座谈会在大理召开。来自全国各省市、区林业厅(局)、森工集团及所属企业的宣传干部,以及“纪念新中国成立60周年生态文化作品大赛”部分获奖者80余人参加座谈。与会代表一致认为,生态文艺创作是建设繁荣的生态文化体系的重要内容,是引领全社会牢固树立生态文明的重要手段;要不断增强做好生态文艺创作的自觉性和紧迫感,努力打造具有广泛社会影响力的精品力作;要加强组织领导,努力把生态文艺创作提高到一个新的水平。11月11日,与会代表考察了宾川县拉乌乡核桃产业基地。

【召开林改领导小组扩大会议】 10月13日,大理州集体林权制度改革领导小组扩大会议在下关召开。州集体林权制度改革领导组全体领导、各县市分管领导、各县市林业局局长和州林改办全体成员出席会议。会议对林改取得的成绩作了总结,认真分析研究了林权制度改革工作中存在的困难和问题,对下一步工作要点进行了安排部署。

【漾濞核桃节隆重开幕】 9月1日上午,一年一度的“中国·大理漾濞核桃节”在漾濞县光明村隆重开幕。中国文联副主席、中国作家协会副主席丹增,省政府参事室参事李森,云南省政协副主席、省林业厅党组书记白成亮,省林业厅副厅长冷华,省旅游局副局长何池康,商务部流通产业促进中心副主任赵剑,中国果蔬产业品牌论坛组委会秘书长程国友,中共大理州委书记刘明,州委副书记、州长何金平,州委副书记王桂芳,州人大常委会主任字国顺,州政协主席袁爱光,州四套班子的其他领导,中央、省、州各有关部门领导和12县市领导出席开幕式。开幕式上,何金平宣读了省委常委、省纪委书记李汉柏发来的贺电,中国果蔬产业品牌论坛组委会授予漾濞县“中国名优核桃”认证牌,云南省城市电视台协作会向有关电视台颁发了“探秘中国核桃之乡—漾濞”活动奖项。核桃节为期1个月,开展了相关合作项目签约、旅游产品和线路推介、核桃产品展销和商贸洽谈、漾濞核桃题材长篇小说《喜鹊窝的秋天》首发式暨说书开播仪式等多项活动。

【林业招商引资】 9月1日下午,3个林业招商引资项目签约仪式在龙山国际会议中心1号厅隆重举行。云森木业有限公司与上海华中实业有限公司签订组建华森林业开发有限公司合作协议,云南宇丰投资有限公司与云森木业有限公司签订组建云南森宇环保炭业有限公司合作协议,云南大通房地产开发集团与云森木业有限公司签订组建永平大森木制品有限公司合作协议,3个项目均落户永平县,主要从事活性炭机制炭生产、现代木材加工、速生丰产林营造、林下资源开发,计划总投资2亿元人民币,3年后可实现产值6亿元。同时,大理州林业局、永平县林业局与新注册的3家公司同步签订服务保障协议。

【出台《大理州优质泡核桃生产技术规范》】 9月1日,大理州地方农业标准规范《大理州优质泡核桃生产技术规范》经大理州质量技术监督局发布实施。《规范》分生产环境与种植区划、种植品种与苗木培育、生产管理技术和果实采收与产品质量4个部分,自发布之日起实施。

(撰稿人:李权张)

水　　利

【概　述】 2009年大理州水利系统在中共大理州委、州政府的正确领导下,在省水利厅的指导支持下,以科学发展观统领全局,积极践行可持续发展治水思路,紧紧抓住国家扩大内需增加投资、省委省政府继续加大对水利投入的良好机遇，着力抓好骨干水源工程建设，着力解决农村饮水安全，以及病险水库除险加固、灌区续建配套与节水改造、水利血防、水土保持等直接关系群众切身利益的水利问题上狠下功夫，水利建设进一步加快，水利管理进一步得到加强。全年共完成水利水电投资108278万元，其中：水利基建投资37965万元，小农水投资41275万元，小水电投资29038万元。年内新增有效灌溉面积2000公顷，治理水土流失面积145.9平方千米，解决农村饮水不安全人口12.7（其中2008年底下达新增3万人，2009度任务完成9.7万人），完成中低产田改造1940公顷，完成干支渠防渗79.6千米，加高加固堤防47.94千米，疏浚河道297.42千米，清淤渠道1631.92千米，新增地方装机容量6.02万千瓦，年发电量达22.3亿度，完成蓄水35782万立方米。

【抗旱防汛】　2009年，大理州气温偏高，降雨量偏少且降雨时空分布不均，全年完成蓄水量35782万立方米，同比2008年减少蓄水13195万立方米。10月以来，全州遭遇有气象记录以来同期最为严重的秋冬连旱，截至12月底，全州因干旱已造成小春农作物受旱9.58万公顷，其中重旱2.89万公顷、干枯1.42万公顷、旱地缺墒面积1.59万公顷。因干旱已造成30.47万人、23.15万头大牲畜饮水困难。全州组织39.225万人投入抗旱，投入抗旱资金1266.63万元，投入机电井757眼、泵站492处、机动抗旱设备12601台、机动运水车5455辆，抗旱用电207.99万度，抗旱用油117.53吨。临时解决了17.657万人和9.69万头大牲畜饮水困难和抗旱浇灌面积3.37万公顷。

全州冬春修复水毁堤防137处40.993千米，护岸218处32.408千米，坝垛20座，河道112处71.52千米，开挖土方71.285万立方米、石方12.1293万立方米、混凝土浇筑6.7908万立方米。完成投资1979.94万元。积极组织防汛预案修订工作，严格对照预案狠抓防汛物资和防汛队伍的落实。全州共储备各种防汛应急物资麻袋0.3万条、编织袋20.85万条、铅丝0.86吨、桩木945立方米、橡皮舟3艘、冲锋舟14艘；组织采购了省防办委托代储的物资器材有救生圈500个、救生衣500件、管涌停3吨、潜水服1套、移动式自发电照明灯2套、防汛虹吸溢洪成套设备2套。组建了150支6538人的兼职防汛抢险队伍。并以州森林警察部队为依托，组建了大理州防汛应急抢险队伍，为大理州防汛应急抢险工作提供了保障。

【重点水利工程建设】　2009年，云龙天池、巍山五茂林水库完成建设任务，年内通过了省级竣工验收。骨干水源工程永平大碱塘水库完成投资3960万元，洱源三岔河水库完成年度投资4800万元，剑川老君山水库完成投资3700万元。引洱入宾北干渠控制性工程老鹰岩隧洞已贯通，完成年度投资2060万元。云龙县包罗水库工程完成了导流洞、进库公路、以及监理招标工作，并于9月14日举行了开工奠基仪式，已开工建设进库公路及导流隧洞工程。

病险水库除险加固工程顺利进行。洱源县茈碧湖水库除险加固工程顺利完成了竣工验收，祥云县浑水海水库共完成投资3065万元；小（一）型水库继南涧县大龙潭水库、大理三哨水库、弥渡县黑泥箐水库完成建设任务之后，鹤庆县羊龙潭水库也已经完成项目建设任务，并完成了单位工程验收工作。同时，2007～2008年度下达的弥渡县蒙化箐水库，祥云县许长水库、锁水阁水库，宾川县崔家箐水库、磨房箐水库、杨公箐水库，剑川县双河水库、大干场水库、永丰水库，鹤庆县西龙潭水库、松桂水库、大龙潭水库、大坝水库、三甲水库等14件项目都已基本完成主体工程的建设任务，并在年内完成了实施方案完工验收工作。2009年下达的祥云县罗家村水库已开工建设，预计2010年5月完成。

【人畜饮水工程建设】　2009年，大理州农村人畜饮水安全工程重点是解决污染严重，未经处理的地下水、水量不达标、用水方便程度不达标的山区、半山区群众的饮水安全问题。年内，云南省发改委、省水利厅下达大理州2批新增中央预算内投资农村饮水安全项目总投资5168万元，解决大理等12个县市9万农村人口的饮水安全问题。项目实施工作按照《农村饮水安全项目管理办法》及云南省水利厅《关于抓紧2008年新增中央预算内投资农村饮水安全项目和大型灌区续建配套项目实施工作的通知》文件要求开展，由州级统一开展管材招投标工作，各县市负责项目的实施工作。按照中央、省对新增项目实施的要求，大理州涉及的12个项目县市积极开展项目的实施工作，并在年内完成了项目的建设工作，建成工程376件，工程总供水能力8743立方米/天，完成投资5442.48万元，解决347个村民小组、97026人的饮水安全问题。

【水土保持】　2009年，大理州完成水土保持治理面积145.9平方千米，完成淤地坝（拦砂坝、谷坊）35座，坡面水系4千米，修建塘坝池等小型蓄水保土工程155件。完成了州级24个开发建设项目水土保持方案的审查审批工作，对云龙县县城电站、洱源县憓安电站、漾濞县平坡电站、永平县下河电站等9件开发建设项目水土保持设施进行了竣工验收。督促、指导县市级完成42个开发建设项目水土保持方案报告书（表）的审查审批工作，组织和参加建设项目水土保持执法检查162场次，检查项目191项，查处违法案件5起。组织完成了2008年第四季度新增中央水利投资水土保持项目弥渡县大湾箐小流域、洱源县江旁涧小流域、鹤庆县映虹河小流域一期治理工作，完成综合治理面积12平方千米。与大理电视台共同完成反映大理州开展水土保持工作情况的专题片《保一方水土，创一方和谐》。

【水政水资源管理】　2009年，大理州认真组织了全州2009年“世界水日”、“中国水周”宣传活动，大力宣传《水法》，树立社会节水意识，稳步推进节水型社会建设。编制完成《大理州地下水功能区划》及《大理州地下水保护利用规划》，多方筹集资金11万元编制印发《大理州2008年水资源公报》。组织建设项目水资源论证审查7个，转报省厅审查2个，对取水许可证进行了年度审验，新发放取水许可证6套，水资源费征缴达1500万元。水行政执法工作得到进一步加强，各县市监察大队在县政府的支持下，对辖区内主要河道的违章建筑、设施进行了集中整治，取得了较明显的效果。

【县级供电企业管理体制改革】　2009年，大理州进一步深化供电企业管理体制改革，县级供电企业管理体制改革工作取得新突破。大理州弥渡、南涧、永平、洱源、宾川、鹤庆等6个县县级供电企业已完成整体上划云南电网公司的深化管理体制改革工作，成为云南电网公司的全资子公司，并于6月27～29日正式挂牌成立。茈涌溪发电有限责任公司深化产权制度改革工作进入最后的扫尾阶段，验收资料准备工作正有条不紊地全面展开。

【电网建设】　2009年，大理州电网建设取得新进展。年内全州电网建设累计完成投资7.7645亿元,投资计划完成率103.8%,其中110千瓦以上竣工投产10项,城农网工程共49个项目,已全部完工,完成28867户的户表改造工程。

【水利管理与改革】 2009年,大理州中型水利工程管理单位年度达标考核工作顺利完成,经省水利厅组织验收,祥云县小官村水库管理所被评为省一级管理单位,祥云县新兴苴水库管理所、洱源县茈碧湖水库管理所被评为省二级管理单位。全面完成农村小型水利工程管理体制改革调查摸底工作,全州登记列入改革的农村小型水利工程共计250282件。省小型水利工程管理体制改革试点县弥渡县的改革工作顺利完成,全县登记列入本次改革工作的水利工程共有36347件,完成改革的工程36002件,共发放产权证16256份。全面推进了水价改革工作,全州有5个县市农业供水价格超过0.04元/立方米,积极推行计量收费,全年征收水费收入1800万元。

【水利建设规划】 2009年,大理州完成了《大理白族自治州水利发展"十二五"规划思路报告(初稿)》,编制完成了《大理州病险水库除险加固2010~2013规划》、《水利血防建设2010~2015规划》、《大理州中型灌区节水灌溉建设规划》、《大理州农村饮水安全2010~2013规划》、《大理州中低产田改造水利建设中长期规划》、《大理白族自治州节水灌溉2009~2020规划》。完成了《大理州中小河流近期治理规划报告》,云龙县包罗水库初步设计报告经云南省水利厅、云南省发展和改革委员会组织评审并通过,批准包罗水库总库容1184.0万立方米,兴利库容908.9万立方米。巍山县歪角河流域水电开发规划报告通过评审,河段按四级开发,总装机容量2.55万千瓦,工程总投资16284.7万元。巍山县巍宝山水库初步设计通过州级审查,批准概算总投资7702.48万元,总库容210.3万立方米,坝高56.2米。永平县金河水库可研通过州级审查,总库容205万立方米,估算总投资6894.36万元。祥云县青海湖、宾川县仙鹅水库可研报告已完成,并积极开展其他前期工作。

【周英到大理检查工作】 5月16~17日,国家水利部副部长周英在省水利厅厅长周运龙及大理州副州长李雄等领导的陪同下,对大理州鹤庆县、漾濞县及大理市的防汛抗旱工作进行检查指导。

(撰稿人:董金鹏)

渔业

【概述】 2009年,大理州渔业工作在中共大理州委、州政府的正确领导下,在省农业厅和各级有关部门的关心支持下,根据全省渔业工作总体部署安排,制定了大理州渔业工作计划并围绕渔业生产任务的各项指标,千方百计增加农民收入,重点抓好北3县冷水鱼资源调查及发展规划、漫湾及小湾库区罗非鱼产业发展规划、水产养殖专项执法督促检查、珍稀渔业资源保护与发展、长江流域春季禁渔及整治非法捕捞、大水面增殖移殖、土著名优经济鱼类研发等项目,加强渔业行政执法,顺利完成了各项任务,取得了较好的成绩。全州共完成水产养殖面积8133.47公顷,其中池坝塘3202公顷,湖泊229.33公顷,水库4702公顷,稻田养鱼面积2010公顷;水产品完成产量年度计划42025吨。

【漫湾、小湾库区罗非鱼养殖】 澜沧江漫湾、小湾水电站建成后水资源十分丰富,水温适宜,形成的库区面积大,拟在漫湾电站库区(主要地点在原老湾子村附近和银甸河库湾)、小湾水电站库区适宜区域发展网箱养殖罗非鱼项目。项目于2008年开始进行调研规划、宣传发动,按规划要求2009年开始制作网箱并投入生产,2012年前漫湾库区开发网箱面积6.67公顷,养殖罗非鱼6500吨,2009年小湾库区蓄水后到2012年将使库区网箱养殖面积达13.33公顷,养殖罗非鱼13500吨,两库区计划发展8000只网箱,共20公顷,总产量达20000吨。

【冷水鱼养殖开发】 大理州冷水鱼主要养殖虹鳟鱼类,项目规划开发流水养殖虹鳟鱼池41.83公顷,网箱养殖虹鳟鱼6.67公顷。按规划要求至2012年预计虹鳟鱼总产达到11500吨,同时在剑川县征用2公顷土地建设虹鳟鱼深加工厂,加工能力达到年深加工虹鳟鱼2500吨。主要加工的产品为冰鲜、精品保鲜、冷熏、烟熏等。

【水产养殖专项执法督促检查】 2009年,根据省渔业主管部门"关于做好2009年水产养殖业专项执法检查"的要求,大理州渔业主管部门于5~6月先后对大理、洱源、鹤庆、宾川、祥云、弥渡等县市检查督促水产养殖业专项执法工作的开展情况,主要针对养殖证、苗种生产许可证的办理情况、违禁渔药、生产记录档案的执行情况等方面进行督促检查。先后有针对性的进行执法检查共21次,出动执法人数85人次,检查渔业生产重点单位12家、渔药及水产品销售市场摊点37个,有效地推进了养殖证、苗种生产许可证的办证工作,大部分养殖户建立了生产档案,未发现违禁渔药及有毒有害水产品。年末,全州共有有效养殖证907本,涉及渔业水域面积1955.53公顷,其中,池坝塘面积628.86公顷,水库面积1326.67公顷。

【渔业资源增殖放流】 2009年,大理州实施了3次增殖放流活动,放流地点分别是洱海、洱源西湖、鹤庆草海。其中洱海放流大规格斤两鱼种鲢鱼92万尾、鳙鱼24.5万尾、武昌鱼5万尾,9~10月龄高背鲫鱼80万尾、青鱼96万尾、土著鲤鱼180万尾、武昌鱼250万尾。共计放流鱼种727.5万尾,放流经费为195.936万元。鹤庆草海6月份共放流价值13万元8~9月龄鱼种30万尾,其中鲤鱼6万尾、鲫鱼6万尾、草鱼10万尾、鲢鳙鱼8万尾;10月份在鹤庆黄平洛漏河放流价值9万元12月龄草、鲤、鲫、花鳅、青虾共计12万尾。洱源西湖共放流价值1.5万元9~10月龄的鲤、鲫、花鲢、鳙鱼种25万尾。特别是洱海,近年来每年鱼种放流资金都在200万元左右,放流规格逐步增大,极大的提高了放流鱼种的成活率,同时放流品种上增大了洱海土著鲤鱼的数量及以滤食浮游植物为主的白鲢鱼,不但使渔民增收,同时对洱海湖水质净化起到了较好的作用。据统计,近年来,洱海湖人工放流鱼类的捕捞产量占洱海总产量的30%左右,年产量约2400吨左右。鹤庆草海及洱源西湖均是大理州重要的湖泊湿地,鱼类增殖放流能进一步加强保护湿地生态系统,进一步改善水域环境,增加生物物种,使更多的候鸟回归,还鱼米之乡的本来面目,构建人与自然环境、人与动物和谐相处的友好型社会。

【禁渔期管理】 根据《2009年大理州实施长江禁渔期制度方案》,按"统一领导、统一时间、统一行动、分区分级负责"的原则,大理州渔业主管部门于2009年2月1日起对金沙江、渔泡江(90千米)、漾弓江(121.5千米)、落漏河(48千米)实施了全面禁渔工作,达到了"江中无渔船,岸边无网具,市场无江鱼”的禁渔要求。在整个禁渔期间,共召开各种形式禁渔动员会4次,电视宣传11次,发放传单3500余份,发放通告2300张,制作永久性标牌1500块,出动宣传车14车次,收到较好的宣传效果。在金沙江流域范围内,共出动22车次、150人次、进行各种形式执法检查25次。查处电捕鱼案件3起,没收电鱼器4台,没收违法销售渔获物5千克。对罚没的电鱼器、迷魂阵、钓钩等分别作了销毁处理,对没收的活鱼放归原水域。通过该项工作的开展,进一步宣传了《渔业法》及各种相关规章制度,既锻炼了渔政执法队伍,又有效地遏止了有害渔法渔具,使渔业资源得到了休养生息和保护。

【稻田养鱼增加农民收入】 2009年,大理州实施稻鱼工程面积100公顷。洱源县实施稻鱼工程66.67公顷,参与养殖农户460户;大理市实施稻鱼工程33.33公顷。全州稻田养鱼平均亩产达25千克,平均每亩增收400元;稻鱼工程产鱼平均亩产达65千克,最高为80千克,最低为50千克,每亩增收500~600元,涉农户平均每户净增收200~300元,圆满完成了省农业厅下达的各项任务指标,为实现粮食增产、农民增收作出了积极的贡献。

【裂腹鱼驯养繁殖试验】 在前几年驯化养殖、强化培育成功的基础上,2009年,大理州渔业工作站在微流水条件下对性成熟的云南裂腹鱼和小裂腹鱼进行人工催产繁殖试验,催产云南裂腹鱼30组,顺产20组,获受精卵16万粒,受精率达80%左右,孵化鱼苗500余尾。由于调整了催产药物的品种和剂量,大多数亲体都在31小时左右发情产卵,比往年提前40余小时,而且亲鱼产卵集中,能够自然产卵,此举成功,推进了云南裂腹鱼批量制种工作的进程,更有效地恢复和利用裂腹鱼这一名优土著经济鱼类。

(撰稿人:王志达)

气　象

【概　述】 2009年,大理州降雨量偏少,大部地区气温偏高至特高、日照略多、雨季开始期正常,全州雨季结束期偏早。年内全州少雨干旱的气候特点突出,汛期单点性大雨、暴雨引发的局部洪涝、滑坡、泥石流等灾害发生次数较去年和常年偏少,各种气象灾害造成的农作物受灾面积则明显多于去年。总体而言,2009年为降雨量偏少、气温异常偏高、光照正常略多的中等气候年景。年平均气温特高,各县市年平均气温为13.2~19.4℃,其中南涧、永平较常年偏高0.2℃和0.4℃,鹤庆、大理、弥渡、祥云较常年偏高1.1~1.3℃,其余县较常年偏高0.7~0.9℃。大理、弥渡、祥云、巍山、剑川、鹤庆为历史极高年,宾川、云龙、永平、漾濞为历史次高年,洱源、南涧分别为历史第4和第6高年。年降水量为464~1049毫米,其中大理、鹤庆分别偏少4毫米和42毫米,属略少;其余县偏少93~271毫米,属偏少。年日照时数为2233~2852小时,与常年比较,宾川偏少5小时,云龙偏少29小时,南涧偏少208小时,属略少;鹤庆、漾濞偏多253~336小时,属偏多;祥云偏多1小时,属正常;其余县市偏多149~246小时,属略多。

全年气温偏高特点突出。年内各月平均气温除1月5个县为偏低至特低,7个县为正常外,其余月份大部地区气温为偏高到特高,创历史新高或达次高的情况频繁发生。年内降水量偏少的特点突出,除4、5月降水量偏多,主汛期中的8月降水量略多外,其余各月大部地区降水量为略少、偏少、特少。区域性的大雨、连阴雨过程明显少于常年,相继出现冬春旱、雨季开始前的初夏旱、部分地区的夏旱、秋旱及严重的秋冬连旱。

有利的气象条件是:2008年秋末出现了罕见的连阴雨天气,全州库塘蓄水量较充足,小春作物播种期土壤墒情好,大麦、小麦出苗较为整齐,大部地区保证了小春作物的适时灌溉。2月25日~3月5日,全州各地降了小阵雨,其中宾川、鹤庆、剑川降雨量为2~7毫米,其余地区为11~25毫米,缓和了旱情,并促进了小春作物的生长发育,尤其对旱地作物生长发育十分有利。5月29~31日,受孟加拉湾低压外围西南暖湿气流和地面冷空气的共同影响,全州出现了中到大雨天气,大部地区进入雨季,有效缓解了旱情,降低了森林火险等级,大春作物按节令栽种。作物栽种后热量条件好,对促进作物生长十分有利。汛期降水量偏少,局部性洪涝、滑坡、泥石流等灾害造成的大春粮食损失少于常年。7~8月气温偏高至特高,热量条件好,无低温天气影响,对大春作物产量形成较为有利。雨季结束早,对大春收晒有利。

不利的气候条件是:2008年11月至2009年2月,全州各地降水量偏少到特少,1月4日~2月24日,全州持续51天滴雨未下,加之气温高、风速大、蒸发快,山地土壤失墒严重,干旱对旱地小春作物的生长发育和产量形成有不同程度的影响。3月14日,大理州中部以北部分地区出现霜冻,造成马铃薯、蚕豆、大麦、小麦、早玉米等出现不同程度的灾害损失。雨季开始前,初夏干旱明显,影响部分作物的适时栽种,山地玉米受旱严重。6月、7月东南部和西北部地区降水少,插花性干旱明显,对作物发育和山地作物影响严重。8月下旬中至9月上旬中,大部地区连续22天无有效降水,各地9月上、中旬气温较历年偏高0.8~3.2℃,秋旱明显,对灌浆至乳熟期的玉米等旱地作物产量形成有不同程度的影响。局部地区出现山洪、滑坡、泥石流等灾害,造成一定损失。12月24~26日,气温异常偏低,出现历史罕见的霜冻灾害。旱冻叠加,对蔬菜、小春作物及经济林果造成较大损失。

2009年大理州各县市平均气温一览表

单位:℃

县市＼月	1月	2月	3月	4月	5月	6月	7月	8月	9月	10月	11月	12月	年平均
大理	8.9	12.6	14.1	17.6	20.0	20.6	21.0	19.8	19.3	17.1	12.9	9.6	16.1
宾川	10.6	14.2	16.0	20.9	23.9	24.2	24.8	23.5	23.2	19.8	15.2	11.0	18.9
弥渡	10.4	13.3	15.4	19.5	21.8	22.5	22.6	21.8	21.3	18.4	14.5	11.1	17.7
祥云	8.5	11.7	13.7	17.6	19.9	20.6	20.5	19.6	19.3	17.4	12.9	9.6	15.9
巍山	8.9	11.8	13.7	18.1	21.1	21.9	22.1	21.1	20.6	18.0	13.7	9.5	16.7
云龙	9.2	12.1	13.4	18.0	20.9	22.9	23.1	21.9	21.4	17.4	13.3	9.2	16.9
漾濞	9.4	12.7	14.0	18.4	21.5	22.4	22.7	21.6	21.0	17.7	13.5	9.4	17.0
永平	8.5	10.7	12.5	17.2	20.4	21.9	22.1	21.4	20.8	17.6	12.9	8.2	16.2
剑川	5.6	8.1	9.3	14.3	17.7	19.3	19.6	18.3	17.6	13.4	9.7	5.6	13.2
洱源	7.5	10.3	11.4	16.1	19.5	20.7	20.7	19.1	18.3	15.7	11.4	7.7	14.9
鹤庆	7.4	10.5	12.2	16.3	19.2	19.5	19.9	18.4	17.9	15.1	11.4	8.2	14.7
南涧	11.9	14.9	17.4	21.1	23.7	24.2	24.2	23.3	22.9	20.4	15.9	12.7	19.4

2009年大理州各县市降雨量一览表

单位:毫米

县市＼月	1月	2月	3月	4月	5月	6月	7月	8月	9月	10月	11月	12月	年合计
大理	5	20	8	36	91	162	237	251	185	49	1	4	1049
宾川	0	2	3	10	23	102	118	107	94	5	0	0	464
弥渡	8	8	5	32	85	78	121	107	108	19	1	0	572
祥云	4	11	6	27	72	111	211	120	81	8	1	0	652
巍山	13	9	13	33	74	95	175	143	22	6	0	0	583
云龙	0	7	18	14	43	71	92	179	118	7	1	0	550
漾濞	3	9	5	34	43	149	133	225	235	62	0	0	898
永平	5	10	4	44	59	84	110	250	93	20	0	0	679
剑川	0	6	4	10	47	123	169	194	81	18	0	0	652
洱源	1	5	17	7	39	82	137	180	102	5	1	1	577
鹤庆	0	2	1	10	65	176	195	264	197	15	0	0	925
南涧	8	5	9	32	58	103	91	152	71	27	1	0	557

2009年大理州各县市日照时数一览表

单位:小时

月 县市	1月	2月	3月	4月	5月	6月	7月	8月	9月	10月	11月	12月	年合计
大理	221	235	220	232	225	199	142	90	150	176	234	267	2391
宾川	256	263	232	240	251	158	146	142	211	248	244	276	2667
弥渡	244	283	277	259	250	186	161	168	235	247	253	289	2852
祥云	235	275	259	247	236	155	89	93	167	225	225	268	2474
巍山	208	265	253	234	199	102	102	116	178	172	223	262	2314
云龙	192	221	186	209	200	125	75	106	131	162	214	232	2053
漾濞	218	255	220	234	247	139	106	130	158	209	239	263	2418
永平	195	244	220	235	231	167	116	152	154	213	208	206	2341
剑川	244	261	238	247	237	157	94	108	147	228	252	270	2483
洱源	243	258	241	226	246	168	153	144	179	253	258	266	2635
鹤庆	258	267	270	244	242	135	106	110	155	242	248	272	2549
南涧	188	247	206	219	205	133	83	103	177	210	207	255	2233

【气象灾害】 2009年,大理州的主要气象灾害是干旱、霜冻、局部洪涝灾害及滑坡、泥石流等次生灾害。干旱是年内最为严重,损失也最大的气象灾害。据有关部门统计,因与气象相关的灾害及次生灾害造成农作物受灾274104公顷,其中旱灾面积占84.8%;成灾面积为143327公顷,其中旱灾面积占86.7%;绝收面积为29015公顷,其中旱灾绝收面积占86.7%。因雷击死亡3人,洪涝、泥石流灾害死亡2人。

干旱灾害:2009年由于降水少,气温高,全年各季都出现了不同程度的干旱灾害。全年受旱面积232465公顷,成灾面积为123510公顷,绝收面积为25179公顷,旱灾面积明显多于去年和常年。冬春旱。干旱主要出现在2008年11月7日至2009年2月25日、2009年3月7~29日、4月下旬至5月下旬中。2008年11月7日至2009年2月25日连续110天,弥渡、巍山、南涧降水量为11~18毫米,大理、漾濞、祥云、永平为6~9毫米,其余县0~2毫米。1月4日至2月25日,全州各地滴雨未降,1~2月内的旬、月平均气温、日最高气温纷纷突破、达到或接近历史极高值,少雨高温干旱特点突出,在全省属特旱区。夏旱。2009年夏季气温偏高,州内大部地区降水量略少至偏少。6月1~21日、7月8~19日,东南部和西北部地区无10毫米以上降水日,大部地区气温特高,各地出现了不同程度的夏旱,除大理、鹤庆、剑川外,大部地区干旱明显,对大春作物生长发育产生了不利影响,进而影响产量。秋旱。8月25日~9月14日连续22天,全州大部地区无有效降水,秋旱明显,造成山区、半山区的大春作物早熟、逼熟,影响产量。秋冬旱。10月11日~12月31日连续81天,全州各地均无有效降水,平均气温偏高至特高,蒸发量偏大,平均风速偏大,干旱持续发展,形成了有气象记录以来最为严重的秋旱。山区、半山区小春作物因缺水下种后不出苗或出苗后受旱死苗等情况较为严重,影响下年的小春作物生长发育。

霜冻灾害:晚霜冻。3月14日,大理、洱源、鹤庆、弥渡、祥云等县市,出现霜冻灾害,水果、蚕桑、油菜、蚕豆、大麦、小麦、马铃薯等不同程度受冻害。洱源最低温度达-2.8℃,为近20年来的最低值,地面最低温度达-6.4℃,为近30年来的最低值。大理、弥渡、祥云、鹤庆最低温度为-1.8~1.4℃,地面最低温度为-0.6~0.3℃。因霜冻灾害使全州粮食作物受灾24767公顷,成灾10120公顷,绝收2127公顷。冬季霜冻。在前期气温持续异常偏高的情况下,12月下旬气温迅速下降,旬平均气温除大理、弥渡、祥云、鹤庆属正常外,其余各地偏低到特低,永平县较常年偏低1.7℃,为历史次低值。特别是12月24~26日,最低气温下降明显,26日全州大部地区日最低气温为-7.0~-1.0℃,巍山达-2.4℃,永平达-3.7℃,剑川达-7.0℃,为历史同期罕见。各地出现不同程度的霜冻,对进入始花期的蚕豆、油菜、蔬菜、经济果苗等造成不同程度的冻害。据到永平县实地调查的情况,因霜冻天气导致全县农作物受灾面积达4373公顷,成灾2287公顷,灭产627公顷;核桃苗因冻死苗达655万株,直接经济损失1900万元;县内缅桂花行道树受冻死苗严重。

洪涝灾害:全州年大雨、暴雨出现次数略多于常年但少于去年,洪灾涝灾明显少于常年和去年。全年因局部洪涝灾害造成农作物受灾4883公顷,成灾2101公顷,绝收243公顷。因洪灾死2人,伤8人,倒塌房屋34户198间,损坏房屋507间,死亡大牲畜44头,直接经济损失2999万元。

泥石流、山体滑坡灾害:全年滑坡、泥石流灾害使农作物受灾面积3110公顷,其中成灾面积851公顷,绝收面积216公顷,倒塌房屋83户177间,损坏房屋640间,死亡大牲畜6头,直接经济损失2587万元,其中农业经济损失1253万元。

大风、冰雹灾害:全年大风、冰雹造成农作物受灾面积为3080公顷,成灾1731公顷,绝收334公顷,直接经济损失2325万元,其中农业经济损失1904万元。

雷击灾害:2009年全州因雷击灾害死亡3人,伤4人,造成较大的财产损失。

【南涧县气象局完成观测场搬迁和业务切换】 2009年1月1日，南涧县气象局观测场搬迁顺利完成，新观测场正式启用。同时，该局由一级站业务切换为国家气象观测站业务。南涧县气象局对所有业务仪器设备、系统软件安装、业务切换细则和流程、值班安排以及供电设施、应急预案等各方面工作进行了严格仔细的检查和梳理，确保了新观测场各项工作的正常运行。

【州气象学会目标管理】 2008年，大理州气象学会积极组织会员开展了科技三下乡、科普宣传周、世界气象日、制作科普展版、安全宣传月、办气象小报，接待中、小学生参观气象台站等有声有色的系列活动，受到普遍好评。2009年1月19日，在大理州科协系统工作会议上，州气象学会被评为“2008年度大理州学会工作目标管理一等奖”。这是大理州气象学会连续第5年获此殊荣。

【气象科技论文(专著)获省奖】 2009年，由大理州气象局主持完成的《洱海流域气候变化分析及水资源预测系统研究》、宾川县气象局和宾川白肋烟有限责任公司共同完成的《宾川白肋烟与气候》两课题荣获2009年度云南省人民政府科学技术三等奖；专著《宾川白肋烟与气候》出版发行；《云南大理干湿季近地层湍流特征对比分析》、《云贵高原西部大理地区近地层湍流特征分析》、《基于ArcGIS的农业气候资源推算及应用》、《高原地区风廓线雷达资料评估》、《基于风廓线雷达资料的暴雨天气过程分析》、《浅谈气象档案在防灾减灾中的作用》等科技论文在国内核心期刊发表。全州共有11篇论文、专著获2009年度云南省气象局气象科技论文奖。

【大理新一代天气雷达选址】 由中国气象局、大理州人民政府共同投资2785万元(中国局投资1985万元、大理州人民政府投资800万元)建设的大理新一代天气雷达系统，是大理州一项重大科技建设项目。它的建设对大理州经济建设和社会发展具有非常重要的意义。2009年2月11日，大理州人民政府成立大理新一代天气雷达系统项目建设工作领导小组。3月6日，大理州人民政府组织有关专家对大理新一代天气雷达拟选站址进行评审。评审组在听取大理州气象局大理新一代天气雷达选址工作报告、大理州无线电管理处电磁环境测试和频率协调情况介绍的基础上，专家组经过认真讨论和质询，一致通过选址报告，在4个拟选站址中同意大理新一代天气雷达选址文笔山，为雷达系统项目建设迈出了重要的一步。

【地面气象测报竞赛获嘉绩】 2月11~13日，云南省第三届地面气象测报技能竞赛在昆明举行。大理州气象部门参赛选手章慧英、杨银、张旭在竞赛中团结协作，蝉联团体亚军。章慧英获全能第二，地面观测理论、地面气象报告两项第二名；杨银获全能第三，地面气象报告第三名；黄世云获最佳教练第二名。章慧英和杨银双双被省气象局选拔为云南省代表队，参加第二届全国气象行业地面气象测报技能竞赛。

【《宾川白肋烟与气候》正式出版】 2009年4月，宾川县气象局和宾川白肋烟有限责任公司共同编纂完成的《宾川白肋烟与气候》一书，由气象出版社正式出版发行。该书系统介绍了白肋烟的起源发展、白肋烟气候资源、白肋烟产量质量与气候的关系、白肋烟气候区划及优质栽培技术等方面的内容。该书的出版填补了国内在此方面研究的空白，对云南白肋烟产业的发展壮大有一定的指导意义。

【防灾减灾日活动丰富多彩】 5月12日，是全国第一个防灾减灾日，大理州气象部门采取多种形式积极开展宣传活动。在农村气象综合信息电子显示屏上发布大理州常见气象灾害及防御措施，全州约12万订阅天气预报手机短信用户均收到防灾减灾日相关信息及宣传口号。编办《大理气象科普》防灾减灾宣传专刊二期，发放《云南气象与防灾减灾》40册。通过图片展板、发放宣传单、现场答询等方式，向广大群众介绍气象防灾减灾知识。组织全局职工参观地震科普宣传画展。通过开展防灾减灾日宣传活动，将气象防灾减灾知识辐射到全州城乡，加深了广大人民群众对气象防灾减灾知识的了解。

【文明创建取得新突破】 5月22日，大理州气象局，以及下属的大理、巍山、弥渡、云龙、鹤庆、宾川、南涧、剑川等8个县市气象局被中共大理州委、大理州人民政府命名为大理州第十一批州级文明单位，大理州气象局再次被命名为州级文明行业。2009年12月22日，大理州气象局、南涧县气象局被省委、省政府命名表彰为第12批省级文明单位。与上一届相比，大理州气象部门文明创建取得了新突破。

【矿山生产防雷安全大检查】 6月2日，大理州安全生产委员会下发《关于对全州矿山生产开展防雷安全大检查的通知》，要求自2009年起每年雨季前须作定期检查、检测；在各县市自查的基础上，由州安委会、州气象局、州治安支队等成员单位组成检查组，对相关县市进行重点检查。对检测合格的单位，州防雷装置安全检测中心将核发合格证，安全生产主管部门将纳入年度安全考核。对检查中发现的防雷安全隐患，各生产单位要制定整改方案，限期落实整改，及时消除隐患，把风险降到最低限度。整改方案必须通过州防雷装置安全检测中心及有关部门审核认可后方可实施；各级安全生产主管部门和气象主管机构要密切配合，加大监管力度，要将防雷安全生产工作纳入当地安全生产责任制考核、安全质量考核以及安全生产评估考核体系；要严格执行安全生产责任追究制度。对不引起重视、防护不到位、拒不接受检查、检测、不按规定落实整改，导致雷击造成人员伤亡和重大经济损失的，将严厉追究有关单位负责人和直接责任人的责任。

【丁凤育到大理检查指导工作】 6月3~7日，省气象局局长丁凤育率领省局部分处室领导，到大理州气象局及云龙、漾濞、洱源、剑川、鹤庆、宾川等县气象局检查指导工作。丁凤育在听取汇报、实地查看、详细询问后，对大理州的气象服务、现代化建设、科技服务、学习实践科学发展观活动等方面的工作给予了充分肯定，对下一进的气象工作提出了五个方面的要求：一是认真开展好实践科学发展观活动。二是全力以赴做好今年汛期气象服务各项工作。三是以大理新一代天气雷达建设为牵引，努力搞好业务、台站建设。四是努力以电子显示屏服务“三农”系统建设为牵引，推动整个事业的发展。五是加强台站综合改善工作。

【全面完成自动气象站建设任务】 至2009年6月7日，在省大气探测保障中心、自动站生产厂家及大理州气象局的共同努力下，大理州顺利完成了鹤庆、洱源、漾濞、弥渡、南涧、巍山6个县气象站的自动气象站安装任务。至此，全州12个气象站全面完成了自动气象站建设任务，使大理州气象测报业务现代化水平跃上了新台阶。

【省气象青联会第三片区会议在大理召开】 6月11～13日，来自大理、楚雄、迪庆、丽江等州市气象局的青年代表40余人在大理开展了以“了解气象综合观测发展方向”为主题的系列活动。云南省气象部门青联主席刘岫清，大理州团委副书记、州青联副主席刘海涛出席活动并讲话。青年代表们参观了大理国家气候观象台，了解气象综合观测发展方向。观象台专家介绍了观象台业务、与国内外合作情况以及科研成果。邀请“首届全国气象行业地面测报业务技能竞赛”获奖者杨银作报告。第三片区各州市青联委员代表作了交流。组织青年代表参观了大理苍洱生态环境保护项目之一的苍山东坡人工增雨作业点。活动发出倡议：广大气象青年要提高观测质量，提高预测预报准确率，做好气象预报工作，争做“汛期气象服务标兵”，更好地为云南经济社会发展服务，为建设小康社会、国家防灾减灾做出更大贡献。

【大理州2部小雷达投入使用】 为提高防灾减灾预测预报能力，南涧、巍山2县政府各投资20万元，购买了2部红隼—TWR01新型小雷达，6月底已安装调试结束，正式投入使用。该雷达在半径80千米范围内探测天气变化，提高了对冰雹、暴雨等局地强对流天气的监测预报能力，为短时临近预报、应急气象保障、人工增雨防雹作业等提供了科学依据，为防灾减灾、农业生产起到了保驾护航作用。

【天气预报节目实现网络数字化传输】 2009年，经大理州气象局与州电视台协商决定，通过互联网传输电视天气预报节目，并建立了业务规范。7月1日，大理州电视天气预报节目结束了从1995年以来靠人工送录像带的历史，大大提高了工作效率，有效节约了电视天气预报节目的运行成本。

【抓实防雷安全管理工作】 2009年，大理州气象局高度重视防雷安全管理工作，进一步加大防雷工作宣传力度：一是与州商务局联合发文安排部署全州石化系统防雷装置年度检测及防雷安全隐患排查工作；二是与州安委会联合发文安排部署全州矿山防雷安全大检查工作；三是督促全州金融系统开展防雷装置年度检测工作，确保该系统电子设备及人员安全；四是对新、改、扩建建设项目开展防雷安全执法检查，对防雷装置设计未经核准擅自施工的单位进行查处，对危险及人员密集场所开展防雷安全专项检查；五是组织防雷办、气象学会及防雷中心参加大理州、市安监局举办的安全生产月宣传活动，通过摆放展板及发放宣传材料进行防雷安全知识及防雷管理相关法律法规宣传。

【气象计算机网络安全管理工作】 8月下旬，大理州气象局对用于公务活动的计算机信息网络系统安全运行工作进行了认真检查。制定下发了《大理州气象局计算机网络信息安全保密管理规定》、《大理州气象局涉密存储介质保密管理规定》、《大理州气象局计算机维修维护报废管理规定》。张贴了涉密计算机和非涉密计算机标识。购买了物理安全隔离卡，对局领导及各管理科室存储处理公务文档的8台计算机进行安装，较好地解决了在同一台计算机上既处理公务文档，又可上互联网查阅信息资料的矛盾，有效地堵塞了计算机应用中的泄密漏洞，以确保单位工作秘密和内部信息系统运行的安全。

【举办气象信息员师资培训班】 为加强气象信息员队伍建设，提高农村气象信息员业务素质和能力，充分发挥气象信息员在气象灾害信息传播及灾情收集上报中的积极作用，切实解决好气象服务最后一公里问题，大理州气象局于9月3～4日在下关举办首期气象信息员师资培训班。来自全州12县市气象局和县乡两级人民政府及农业、水利等相关部门的40余人参加了培训学习。本次培训会重点介绍了大理州主要气象灾害和防御措施及气象基本知识，发送了《云南省气象信息员》、《气象信息员工作手册》等宣传资料，参观了大理国家气候观象台、州气象台、苍山东坡标准化人工影响天气作业点、大理市龙龛村委会电子显示屏示范点等，让广大信息员了解当前气象科学的发展情况，增强农村气象信息员工作的自信心，为电子显示屏的推广应用及下一步进行县级培训打下了良好基础。

【农村气象综合信息服务系统建设】 9月28日，为进一步提升大理州气象服务新农村建设能力，特别是“三农”气象预报预警信息的传播能力，解决气象信息发布“最后一公里”问题，增强突发公共事件的应对能力，最大限度减轻气象灾害损失，顺利推进大理州新农村建设，大理州人民政府下发了《关于加快农村气象综合信息服务系统建设的通知》，要求各县、市人民政府要高度重视农村气象综合信息服务系统建设工作，把该系统建设作为创建平安大理，构建和谐社会，提升大理形象，促进大理州经济社会发展的一项重要措施抓好抓实；要把农村气象综合信息电子显示屏服务系统建设纳入地方突发公共事件总体应急预案，加大投入，使其尽早发挥效益。系统建设由政府主导、气象部门实施，相关部门要给予积极支持和配合。气象部门要充分发挥职能作用，做好规划布点、督促检查和协调服务工作，建设好系统平台，扩大气象服务和预警信息的覆盖面，及时发布各类气象预警信息，提高全社会应对突发性气象灾害的能力。

【气象预报为洱海蓄水调度服务】 为洱海蓄水调度提供预报和情报是大理州气象台气象服务的主要内容之一。早在汛期开始前，州气象台就分别在1月8日、2月8日，针对洱海蓄水调度撰写“洱海流域前期气候概况和后期气候趋势预测”等专题服务材料2期，为州政府及相关部门提供决策参考依据。8月18日、31日和9月15日，继续针对洱海蓄水情况撰写专题服务材料3期，对洱海的高水位运行提出了科学调度建议。在整个汛期中，州气象台及时为洱海管理局水资源管理所提供每月短期气候预测、每月降雨量和每天有效降水的实况，为洱海的蓄水调度起到了重要的参考作用。

【开展雨季预报服务】 2009年的雨季开始期，州气象台作了准确的长、中、短期预报，并提供了优质服务。2009年年气候趋势预测及汛期气候趋势预测：“5月雨量偏多，雨季开始期偏早，大致在5月中旬开始”。从4月下旬开始，气象台将雨季开始期作为会商讨论重点，于5月21日发布重要天气消息：“受孟加拉湾低压外围西南暖湿气流影响，预计5月26～30日大理州将出现明显降雨天气过程，全州阴有中雨局部大雨，各地将先后进入雨季”。5月28日再次发布重要天气消息：“受孟加拉湾低压外围西南暖湿气流和冷空气的共同影响，预计未来48小时内，大理州将出现一次明显降雨降温天气过程，全州阴有中到大雨并伴有雷暴，最高气温将下降8～10℃，各地将进入雨季”，并发布“30～31日全州阴有中到大雨”的中期天气预报。先后撰写“大理州当前旱情与农业生产对策建议”等专题服务材料4期。实况是5月29～31日，大理州各地先后出现了中到大雨的天气过程,全州各地全面进入雨季,预报与实况相符。

【春季干旱及插花旱气象服务】 州气象台在2009年第1、2期短期气候预测中预报有春旱。在第5期气候预测中预报:"6月雨量正常略少,雨季开始后有插花性干旱天气"。预报与实况相符。针对干旱预测预报,州台于2月5日撰写了《连续90天无有效降雨干旱严重保苗防火形势严峻》专题服务材料。2月12日再次撰写《大理州干旱日趋加重抗旱形势异常严峻》专题服务材料。6月15日撰写《插花旱悄然形成未来将加速发展》专题服务材料,及时将大理州的干旱形势及对策建议提供政府及相关部门,并提出有针对性的生产建议措施。

【州人大检查气象"一法两条例"贯彻落实情况】 11月26日,大理州人大农环委到州气象局检查《中华人民共和国气象法》、《人工影响天气管理条例》和《云南省气象条例》(简称气象"一法两条例")贯彻落实情况。大理州气象局对气象"一法两条例"贯彻实施以来,气象现代化建设、防雷管理、人工影响天气、气象探测环境保护等工作取得的主要成绩和存在问题作了汇报。检查组认为,气象"一法两条例"在大理州得到了较好执行,有效地促进了大理州气象事业持续、快速、健康发展,气象为全州社会经济发展、防灾减灾做出了卓有成效的工作。同时建议:一是要利用手机短信、报刊、电视等媒体加强气象"一法两条例"的宣传力度,让社会广泛了解和关注气象工作;二是要严格依法行政,各级气象部门一定要加大执法检查力度,特别是涉及到人民生命财产安全的雷电灾害防御、人工增雨防雹减灾等工作要进一步加强管理;三是州人大要加强与州、县政府的协调,帮助落实气象职工的地方性补贴和解决防雷管理方面存在的问题;四是争取将《大理白族自治州气象条例》列入下一届立法规划。通过此次检查,使州人大领导对气象"一法两条例"在大理州的宣传贯彻落实情况有了全面了解,对各级气象部门行使气象行政管理职能起到了促进作用。

【气象档案管理星级达标工作】 2009年,大理州气象局在实施"云南省档案局档案管理'八项工程'"工作中,在大理州档案局的大力关心、支持、帮助下,通过州、县两级气象部门的共同努力,于年底前全面完成了档案星级达标任务,其中:州局、大理、鹤庆、宾川、祥云、弥渡、南涧、巍山、漾濞、永平、云龙等11个州、县市气象局达五星级,洱源、剑川县气象局达三星级。

(撰稿人:周晓玲)

乡镇企业

【概　述】 2009年,大理州乡镇企业工作在省乡镇企业局的指导下,以企业发展、农民增收、项目推进为核心,着重抓好农产品加工业发展工作。一年中,企业和政府努力克服金融危机带来的影响,实现了乡镇企业的复苏性发展。全年完成现价总产值278.6亿元,比上年增长16.7%;完成营业收入281.3亿元,比上年增长16.4%;完成增加值74.3亿元,比上年增长15.5%;完成工业增加值50.2亿元,同比增长16.4%;实交税金完成9.16亿元,同比增长7.76%;有28.8万人在乡镇企业就业。全年发展呈现以下特点:一是总量实现稳步增长。全年完成现价总产值278.6亿元,同比增长16.7%,其中工业总产值完成50.2亿元,同比增长16%。年度中农产品加工各产业发展态势普遍好于2008年。二是效益有所回落。全年实现利润17.4亿元,基本与去年同期持平。主要受冶金行业停产半停产和成品价格长期低迷影响。三是乡镇企业的主体作用明显。全年实现劳动者报酬22.08亿元,同比增长10.8%,农产品加工企业直接收购农产品支出25.4亿元,同比增长一倍,对促进农民就业和增收起到了积极的促进作用。四是出口好于去年,以小葱、大蒜、野生菌等农产品为主的出口交货值达到3.1亿元,同比增长近一倍。五是长期低迷的茶叶生产回归理性。因市场炒作形成的泡沫逐步消除,茶叶市场价格回归理性,精制茶产量同比增长46%。

【完成乡镇企业责任目标】 2009年,省乡镇企业局下达给大理州的责任目标为:增加值增长15%、工业增加值增长16%、实交税金增长6%、农产品加工业销售产值增长17%。全年实际完成增加值74.3万元,增长15.5%;工业增加值50.2万元,增长16.4%;实交税金9.16万元,增长7.76%;农产品加工业销售产值68.8万元,同比增长31.8%。下达企村结对任务35对,实际完成37对;下达职业技能培训鉴定1500人,据统计,全州乡镇企业通过各种途径参加培训鉴定人数为2319人,获证人数为2282人,完成省局下达的目标任务。

【农产品加工业增长较快】 2009年,大理州农产品加工业在省局所列的16大类中除橡胶加工业和薯类加工业外有14类。据统计,2009年完成现价总产值73.05亿元,同比增长31.6%;工业销售产值68.8亿元,同比增长31.8%;营业收入66.2亿元,同比增长30.5%;增加值20.9亿元,同比增长34.8%;利润总额7.15亿元,同比增长58.9%;上交税金3.22亿元,同比增长40%;实现劳动者报酬3.5亿元,同比增长16.7%。全州农产品加工业普遍好于往年。

【继续开展企村结对活动】 企村结对是省乡镇企业局为实现工业返哺农业、农业为工业提供原料而开展一的项互利共赢活动,从2007生开始,3年以来,大理州共有108户企业参与了结对活动。至2009年,108户企业累计向农村投入资金2530万元,帮助农村修建基础设施和农产品基地建设。涉及农户10万户,涉及村民约42万人,企业培训种植、加工人员1.8万人,吸纳就业1.5万人。2009年,省局下达给大理州35对目标任务,实际完成37对,超额完成任务。37户企业以各种形式投入新农村建设资金961万元,涉及农户约6.5万户,涉及村民约27万人,培训种植、加工人员4143人,吸纳就业3139人。

(撰稿人:鲁树成)

(本部类责任编校:李建川)

工 

综 述

【概 述】 2009年，在州委、州人民政府的坚强领导下，全州工业经济战线认真贯彻落实中央和省委、省政府应对危机、提振经济的各项政策措施，坚定信心，化危为机，战胜了金融危机的严峻考验。年初，工业经济增长下滑的势头得到了有效遏制，工业投资、节能减排等工作取得明显进展，产业结构不断优化，多数企业效益改善，工业经济企稳回升，为全州国民经济的稳定增长提供了坚实支撑。

一、工业经济止跌回升，增速位居全省前列。通过不懈努力，全州工业经济从2009年3月份起顺利实现止跌回升，全年表现为“一季度低位运行，二季度恢复性增长，三季度企稳回升，四季度发展加快”的基本运行态势。至12月底，全州累计完成工业总产值374.26亿元，同比增长13.17%（可比价计算增长19.41%）；规模工业累计实现增加值91.08亿元，按可比价格计算增长16.2%，增速位居全省7个重点州市之首，分别高于全省、全国平均增速5个百分点和4.8个百分点。

二、轻重工业同步较快发展，增速均在10%以上。至12月底，全州轻工业累计完成产值145.74亿元，同比增长19.02%；重工业累计完成产值228.52亿元，同比增长9.74%；轻、重工业均实现了较快增长，轻工业增速快于重工业9.28个百分点。

三、重大工业发展项目建设顺利推进。2009年，州政府确定的58个重点项目中，50个项目实现启动，鹤庆县溢鑫铝业有限公司80万吨/年氧化铝生产线建设等8个项目正在做前期工作。开工项目中，云南力帆骏马车辆有限公司新建载货汽车驾驶室冲压焊装生产线项目、南涧开启矿业公司80万吨球团铁（一期）等27个项目完工或单线投产，大理卷烟厂50万标箱改扩建等23个项目建设正扎实推进。

四、园区规划修编建设有序开展。全州12县市在2009年内均开展了新一轮工业园区规划修编工作，县市工业园区基础设施建设步伐不断加快。大理创新工业园区及物流园区基础设施、标准厂房建设，祥云财富工业园区核心区基础设施建设等工作进展顺利，工业园区的聚集效应持续体现，12个县市工业园区实现工业增加值38亿元，增长19%，占全州工业经济总量的1/3。

五、非公经济快速发展，在国民经济中的地位和作用持续提高。至12月底，全州非公有制经济累计上缴税金15.3亿元，增长27.8%；非公经济累计实现增加值189亿元，增长13.8%，非公经济占全州经济总量的比重达46.4%，比上年提高0.5个百分点。

六、节能降耗工作有序推进。节能统计、监测和考核“三体系”建设初见成效；针对重点用能企业开展的清洁生产、能源审计工作有序开展；累计投入500万元节能专项资金支持20多个节能技改项目；共推广绿色照明节能灯具86万只；交通、建设、商业、机关、农村等重点领域节能全面推进，节能效果显著。

七、全面完成省、州下达工业经济发展年度目标任务。①规模工业累计实现增加值91.08亿元，非电力固定资产投资34.5亿元，均全面完成了省下达的年度责任目标；②累计完成现价工业总产值374.26亿元，同比增长13.17%（按可比价计算增长19.4%），超额完成了州人代会确定的“增长13%”的既定目标；③单位GDP能耗下降5.51%，超额完成了省、州既定“下降4.7%”的年度目标。

（苏发高）

【“保增长”成效明显】 年内，面对严峻的国际国内经济形式，大理州采取积极的应对措施，“保增长”取得明显成效。一是以责任书的形式分解目标、明确责任；二是加强重点工业项目建设协调督导服务，强力推进项目建设；三是适时召开工业经济运行大会、经济局长座谈会等各种专题会议，增强发展意识，坚定发展信心；四是加强经济运行调控，强化对停产、半停产企业的监控及信息反馈，完善运行报表制度，及时掌握经济运行动态；五是从下半年起按月召开经济运行联席会议，对工业经济进展情况和存在问题进行及时分析会诊；六是深入调查研究，积极开展停产、半停产企业、负增长企业帮扶活动；七是全面梳理有关政策措施，并予以贯彻落实；八是积极争取省级财政资金支持（累计争取6839万元），减缓企业资金需求压力，支持企业发展壮大。九是强化服务，引导企业顺势而为。

通过抓实上述举措，全州工业经济“保增长”取得明显成效：①全州工业经济顺利实现企稳增长。工业总产值增速由2008年7月份的30.8%逐月下滑至2009年1月的-10.1%和2月份的-0.6%的谷底后，持续稳步回升，至年末达到了13.46%（按可比价计算增长19.4%），工业经济企稳向好。②县市工业经济运行明显好转。2009年末，祥云、永平、漾濞3县已顺利走出年初的“下行”局面，成功实现“由降转升”；全州共有10县市实现增长，增速均在10%以上。③多数企业相继实现复产，停产半停产规模企业由最高峰时期（2008年11月）的56户下降为18户，负增长规模企业由最高峰时期（2009年7月）的102户下降为85户。

（苏发高）

【工业结构进一步优化】 年内，大理州坚持保增长与调结构两手抓，工业产业结构优化升级取得显著成效。冶金、机械、生物资源和农副产品加工、能源、建材、烟草六大骨干产业完成工业产值265.32亿元，占全州工业总产值的70.89%，比上年提高了0.9个百分点。机械、冶金、生物资源和农副产品加工3个产业产值均超过了烟草产业，大理州已成为全省最大的乳制品、野生菌、梅果和黄金等产品的生产基地。规模以上企业由2008年的156户增加到178户，增加了22户。全州销售收入突破亿元的企业达30户,占工业经济总量的比重达49.14%;力帆骏马公司、大理卷烟厂两户企业产值首次突破50亿元大关和30亿元大关;红塔滇水、大理药业产值首次达到5亿元。力帆骏马和祥云飞龙两户企业分别名列全省第18位和第25位,力帆骏马还成为全省最大的机械加工企业和全省第二大民营企业。另一方面,企业进一步加快推进技术升级,全年争取并安排省州企业技术创新项目82项。云南远益园林公司等3户企业通过国家高新技术企业认定,大理药业公司、洱宝实业公司获省级企业技术中心认定,祥云飞龙公司2项有色金属冶炼核心技术获国家、省科学技术奖。全州节能降耗、污染减排均完成年度目标,全州万元GDP能耗下降5.5%。

(杨枝相)

【全州项目建设工业发展招商引资工作会议召开】 2009年2月27日,州委、州政府召开全州项目建设工业发展招商引资工作会议,州委书记刘明到会作了重要讲话,州长何金平对抓好工业发展提出了要求并作了会议总结;会上,州委、州政府对完成2008年工业“倍增计划”、节能降耗目标任务的县市、州级部门和重点能耗责任企业给予了表彰奖励;会议签订了2009年工业经济“倍增计划”、节能降耗目标责任书。按照之前州政府召开的专题会议及此次工作会议的要求,2009年,全州现价工业总产值拟完成390亿元、同比增长17.93%,全部工业增加值拟完成127亿元、同比增长13.13%,全州拟完成4.7%的节能降耗目标任务。

(邹红芳)

【全州重大经济发展项目推进工作会议召开】 2009年4月23日,州政府召开全州重大经济发展项目推进工作会议,对71个项目进展情况及实施过程中存在的困难和问题进行了分析研究。会上,州经委主任李东逐一汇报了项目实施进展情况以及存在的问题,州级有关部门、金融机构、县市政府主要领导就如何解决问题作了表态发言,州委副书记、州长何金平在会上作了重要讲话,要求各级各部门要抓住项目实施的有利时机,齐抓共管,全力推进全州重大经济发展项目建设,确保全州经济平稳较快发展。

(邹红芳)

【全州企业家新春座谈会召开】 2009年1月20日,大理州人民政府在龙山国际会议中心召开了2009年企业家新春座谈会。州长何金平、常务副州长马建全、副州长程云川、州政府办公室主任杨耀、州政府副秘书长施双林、李继显出席座谈会,州经委、州国土局等有关部门领导以及祥云飞龙、力帆骏马、大理浙江(温州)商会等50多家企业、商会负责人参加了座谈会。会上,何金平作了重要讲话,祥云飞龙、力帆骏马、大理浙江(温州)商会等10户企业和商会代表作了发言。会后,州政府还举办了企业家团拜会。

(邹红芳)

【全州煤炭安全生产工作会议召开】 2009年4月30日,州政府召开全州煤炭安全生产工作会,总结2008年度煤炭安全生产工作,兑现了安全生产奖惩,安排部署了2009年度的安全生产工作,签订了煤炭资源整合及安全生产责任状。

(邹红芳)

【六大工业产业稳步发展】 2009年,全州六大工业产业共完成工业产值265.32亿元,占全州工业经济总量的70.89%;对全州工业经济增长的贡献率达73.7%,直接拉动工业增长10个百分点。①机械产业实现高速增长。全年累计完成产值59.28亿元、增长32.93%,累计生产载货汽车59516辆、增长98.45%,生产中型拖拉机51008台、增长4.36%。②矿冶产业从下半年起逐渐走出困境,产销同步增长。全年累计完成产值59.83亿元、增长2.71%,累计生产电解锌13.67万吨、增长12.45%,生产黄金3356千克、增长35.51%,生产成品钢9.96万吨、增长9.32%。③建材产业产能持续释放。全年累计完成产值28.04亿元、增长14.46%,累计生产水泥685万吨、增长33.15%。④能源产业稳步推进,新能源建设快速发展。全年累计完成产值31.07亿元、增长21.21%,全州累计生产原煤265.34万吨,累计发电35.84亿千瓦时。⑤烟草产业快速增长。全年累计完成产值43.31亿元、增长14.25%,累计生产卷烟41.6万箱、超年初计划1.6万箱,同比增长1.71%;⑥生物资源及优势农产品加工业稳步发展。全年累计完成产值43.78亿元、增长3.35%。

(苏发高)

冶金工业

【概　述】 2009年是新世纪以来冶金行业发展最困难的一年,也是积极应对国际金融危机取得明显成效的一年。面对金融危机的冲击,全行业着力以重点企业的项目来推进产业结构调整和增长方式转变,坚持走新型工业化发展道路,不断增强自主创新能力,资源综合回收利用率大幅提高,生产成本下降。随着市场需求回升,全行业生产逐步企稳,2009年,全行业累计完成产值59.83亿元,同比增长2.71%。全年生产铁合金23559吨,同比增长10.6%;锌136671吨,同比增长12.45%;锑11444吨,同比增长8.77%;生铁120717吨,同比下降46.82%;钢材99630吨,同比增长9.32%;黄金3356千克,同比增长35.51%。

【祥云飞龙生产经营再创佳绩】 祥云飞龙有色金属股份有限公司是大理州冶金工业的龙头企业,2009年,面对国际金融危机,公司积极应对,不断增强创新能力,提高整体工艺水平,使企业逐渐走上低投入、高效率的发展模式,为全州工业经济“保增长”作出了积极的贡献。2009年,公司累计生产电锌108317吨,实现工业总产值28.2亿元,实现销售收入27.5亿元,实现利税3亿元(其中:实现利润1.6亿元,上缴国家税收1.4亿元)。

【祥云飞龙获省创新型非公企业称号】 年内,祥云飞龙有色金属股份有限公司被省人民政府授予2009年度“云南省创新型非公企业”称号。公司总经理杨龙被中国企业家协会授予2009年度“全国优秀创业企业家”称号,这是大理州第一位获此殊荣的企业家。多年来,飞龙公司大胆创新,引进人才,以灵活机制引人,以股权激励留人,注重节能减排、技术创新,不断增强企业的核心竞争力,实现了持续快速健康发展,公司实验中心被省经委认定为“省级企业技术中心”,并拥有7项发明专利,公司资产总额达22.9亿元。

【祥云飞龙高度重视新产品改造】 2009年,祥云飞龙有色金属股份有限公司在资金极度短缺的情况下,利用自主研发技术,完善了2000吨/日氧化矿选矿项目的建设,成功完成了电锌5改10项目,配套建设并完善了铅的冶炼系统。年内,公司再次投资2000余万元,顺利完成了"电铅底吹炉、电铅烟化炉、硫酸沸腾炉烟气废热锅炉替代燃煤工业锅炉及电机系统节能工程、能量系统优化工程项目"的改造,该项目的建设得到国家发改委的大力支持,并获得680万元的资金奖励。

【祥云飞龙再获殊荣】 2009年,祥云飞龙有色金属股份有限公司先后荣获"中国有色行业先进集体"、"云南省扶贫先进集体"和"云南省扶残助残先进集体"等称号。公司在难处理复杂氧化锌矿方面的两项专利技术分别荣获"云南省科学技术一等奖"和"中国有色金属工业科学技术一等奖"。公司总经理杨龙荣获全国"关爱员工优秀民营企业家"、"第八届全国优秀创业企业家"、"中华慈善突出贡献人物"等荣誉称号。

【祥云黄金公司通过国家开采黄金矿产资质认定】 年内,祥云县黄金工业有限责任公司经省黄金管理局初审,以省工业和信息化委名义转报工业和信息化部,顺利通过了国家开采黄金矿产资质认定并取得《开采黄金矿产批准书》。根据《中华人民共和国矿产资源法》和《矿产资源开采登记管理办法》的规定,该企业可以合法开采规划矿区范围内的黄金矿产。

【省工业和信息化委督查大理州淘汰落后钢铁产能工作】 2009年6月17~18日,省工业和信息化委重工业处处长余映宏到大理州督查淘汰落后钢铁产能完成情况。大理州经委副主任赵道春带领重工业科人员陪同省督查人员到鹤庆县力量钢铁有限责任公司、剑川县金川矿业公司,就淘汰落后钢铁产能情况进行实地核查。6月17日,经现场核查,鹤庆县力量钢铁有限责任公司已于2008年12月顺利拆除50立方米炼铁高炉,炉体肢解后作废旧钢铁出售,未发现异地转移使用的情况,符合国家淘汰落后产能政策标准。省、州、县三级领导在《淘汰落后钢铁产能现场核查表》上签字,标志着该公司已顺利完成了2007年淘汰落后钢铁产能目标任务。6月18日,督查组一行到剑川金川公司开展督查,通过实地察看并与企业相关负责人进行座谈,余映宏要求企业早计划、早安排,确保年内完成220立方米高炉淘汰工作。

(《冶金工业》由杨丽芳撰稿)

煤炭工业

【概 述】 2009年是煤炭行业的"安全生产年"。一年来,大理州煤炭行业以科学发展观为指导,全面贯彻落实党中央、国务院、省、州关于加强煤炭安全生产工作的一系列指示精神和决策部署。坚持"以人为本,安全发展"的指导原则,坚持"安全第一、预防为主、综合治理"的方针,坚持近期与长远、治标与治本、预防与查处相结合。以深入开展"安全生产年"活动为主线,以有效防范、坚决遏制重特大事故为目标。扎实开展安全生产宣传教育、安全生产执法、安全生产治理"三项行动",切实加强安全生产法制体制机制、安全生产能力、安全生产监管队伍"三项建设",推动了安全生产状况的持续稳定好转。年内,全州煤炭产量保持持续增长,基本满足了大理及周边地区的用煤需求;事故死亡人数和百万吨死亡率创十年来的新低,取得了"一升三降"的历史性突破。

2009年,大理州煤炭产量创历史新高,达265.34万吨,比上年增长10.84%;原煤产值6.4亿元,贡献税费1.3亿元;煤矿从业人员10000余人,职工年平均收入30000元。解决了大量农村富余劳动力的就业问题。年内,全州共发生煤矿生产安全事故2起、死亡4人,其中较大事故1起、死亡3人,一般事故1起、死亡1人,比省政府下达的控制指标少7人;煤炭百万吨死亡率为1.54人,比2008年减少5.37人;煤炭安全事故比上年同期减少15起,死亡人数减少13人。年内,全州经省政府公告关闭了宾川、弥渡、剑川等县煤矿矿井7对,年底保有煤矿矿井总数133对,其中1对异地接替矿井。

【全面落实煤矿安全生产责任制】 2009年3月21日,大理州人民政府召开了煤炭安全生产工作会议。州政府领导、州煤矿专项整治成员单位领导、云南煤监局大理分局领导、各产煤县政府分管领导、各县煤炭主管部门和各煤管站(所)负责人及部分企业领导参加了会议。会上,副州长李红卫作了讲话,对大理州2008年煤炭全行业产值首次突破10亿元大关,各种税费贡献达1.3亿多元,无较大以上事故发生,死亡人数、百万吨死亡率同比下降,全面完成省政府下达的煤炭资源整合任务作了充分肯定。各产煤县政府与州政府签订了《大理州2009年度煤炭资源整合责任状》和《大理州2009年度煤矿安全生产工作责任状》。州经委分管领导全面总结全州2008年煤炭安全生产工作的经验教训,安排部署了2009年的安全生产工作,兑现了2008年度煤矿安全生产责任奖惩,并对资源整合完成较好的县给予表彰奖励。

【推进煤炭资源整合工作】 2009年,大理州人民政府高度重视煤炭资源整合工作,成立了以常务副州长马健全为组长,副州长程云川、李红卫为副组长,相关部门领导为成员的煤炭资源整合工作领导小组及办公室,负责具体工作,各县政府也相继成立了工作领导机构,为工作的顺利开展提供了组织保障。州政府于年初与各产煤县政府签订了年度煤炭资源整合工作责任状,将各县煤炭资源整合方案的内容以责任制的方式作了明确。另一方面,认真贯彻落实《云南省人民政府办公厅关于下达2009年整顿关闭小煤矿指标的通知》和《云南省煤炭资源整合工作领导小组办公室关于对2009年煤炭资源整合和煤矿整顿关闭工作进行督查的通知》精神,下发了《关于下达2009年整顿关闭小煤矿指标的通知》,将2009年省政府下达大理州的关闭矿井指标进行了分解。

【抓实煤矿安全生产隐患排查工作】 年内,大理州进一步抓实煤矿安全生产隐患排查工作。①健全完善的煤矿企业隐患排查治理制度。按照国务院相关规定及总局发布的《安全生产事故隐患排查治理暂行规定》,督促煤矿企业健全完善的隐患排查、治理和报告制度,使隐患排查治理真正成为企业的自觉行为,并做到制度化、规范化、经常化。②落实隐患排查治理责任。督促地方各级煤炭行业管理部门建立重大隐患分级管理制度,探索建立重大隐患管理责任追究制度,立足于治理大隐患、防范大事故,紧盯重大隐患,在深化整治上下功夫,着重抓好责任、措施、资金、期限和应急预案"五落实",做到隐患整治到位。③加大重大隐患治理力度。督促地方和企业加大安全投入,加快隐患治理和安全技术改造,落实安全防范措施,有效治理煤矿瓦斯、透水、火灾、冲击地压等重大灾害，有效防范因自然灾害引发煤矿事故。④认真开展安全大检查。全州共组织开展了春节前、春节后、“三月街”民族节、6月“安全生产月”、国庆节、年末岁尾等安全大检查。年内，省煤炭工业局、云南煤监局对大理州开展了6次督查；7月，国家煤监局副局长彭建勋一行到大理州检查指导工作；10月，国家发改委煤炭生产许可监管检查吉林省检查组对大理州开展检查。

【煤炭生产许可证及煤炭经营资格年检】 年内，按《云南省工业和信息化委员会《关于开展2009年度煤炭生产许可证年检工作的通知》要求，大理州经委下发传真作了安排，各产煤县随即开展了煤炭生产许可证年检工作，其中，弥渡、剑川、鹤庆、永平、宾川5县审验结束。根据云南煤炭工业局下发的《关于开展煤炭经营企业煤炭经营资格条件变化和依法经营状况全面检查的通知》精神，大理州经委下发相关文件，就煤炭经营企业煤炭经营资格条件变化和依法经营状况年检工作作了安排部署。通过企业自检，各县主管部门初检和州级主管部门复检、省检，州内8家企业全部年检合格。

【推进煤矿安全质量标准化建设】 为推进煤矿安全质量标准化建设，加强煤矿瓦斯治理，年内，大理州人民政府下发了《大理白族自治州人民政府关于转发云南省人民政府关于加强煤矿瓦斯治理的实施意见的通知》《关于开展煤矿瓦斯治理工作体系示范工程建设意见的通知》和《大理州煤矿瓦斯专项整治工作方案》，并成立了大理州瓦斯治理工作体系示范工程专项整治领导组和办公室，负责牵头实施。为推进标准化建设，确定祥云县为示范县，祥云县长永煤矿等6对矿井为示范矿井；要求示范工程建设与全省基本同步，按照“统筹规划、分步实施，典型示范、总体推进”的工作思路，分阶段进行，即2009年7月底前为规划起步阶段，2010年底前为重点建设和总体推进阶段，2010年后为全面推广阶段。通过推进煤矿安全质量标准化建设，全面提升全州煤矿瓦斯综合治理水平，实现煤矿重特大瓦斯事故的有效遏制。

【煤炭安全生产宣传教育活动与安全技术培训】 年内，大理州进一步强化煤炭安全生产宣传教育活动与安全技术培训工作。①搞好各大节日的安全生产宣传和6月“安全生产月”活动。成立了以大理州经委分管领导为组长的活动领导小组；安排在重点产煤县县城和重点矿区开展咨询活动；强化安全教育培训和宣传活动；安排各县进行安全生产交叉检查，提高认识，交流经验。②积极开展安全技术培训教育工作。大理州有1个三级资质煤矿安全技术培训中心，2个四级资质煤矿安全技术培训中心，2009年组织6874人次参加煤矿从业人员《资格证书》取证培训；组织煤矿特种作业人员《资格证书》取证培训9期，12个工种、1200余人参加培训。

【矿山救护队建设】 为增强矿山事故救援能力，年内，大理州在原矿山救护队的基础上增加了10个事业编制，解决人员不足的问题；同时，安排了50万元资金用于改善装备，在原每年下拨15万元工作经费的基础上增拨10万元，解决资金困难问题。祥云县政府积极响应，划拨8亩土地作为救援基地，已完工投入使用，为提升大理州救护能力建设作出了贡献。

（《煤炭工业》由程林撰稿）

机械工业

【概　述】 2009年，随着国家扩大内需，基础性投入加大，以及惠农政策的实施，大理州机械工业产品产销两旺，实现高速增长，为全州实现“保增长”的目标作出了贡献。年内，全州机械产业累计实现工业产值59.28亿元，同比增长32.93%。全年累计生产载货汽车59516辆，增长98.45%；累计生产中型拖拉机51008台，增长4.36%；累计生产农用拖拉机196台，增长13.29%。

大理州机械产业以云南力帆骏马车辆有限公司为龙头，以车辆制造、销售为主体。2009年，受国家政策的带动，企业汽车、农机产品与相关的配套产品回升较快，实现了产销两旺，各项经济指标明显回升，总体经营质量明显改善，极大地带动了全行业的快速增长。

【省长秦光荣到力帆骏马公司调研】 2009年3月27日，省长秦光荣在州委书记刘明、州长何金平陪同下到力帆骏马公司调研。其间，秦光荣指出：力帆骏马在促增长、保就业方面作出了积极的贡献。要支持重点产业做大做强，要立足于已经形成的产业基础，要以工业园区为载体，重点扶持机械、轻纺、建材、食品、制药等产业发展。现今，凤仪创新工业园区已建成了云南最大的汽车生产基地，要以力帆骏马为龙头，大力发展汽车及其配套产业，支持企业加强技术创新，培育具有自主知识产权的产品，不断扩大生产能力；要引导企业把握国家扩大内需和实施农机具补贴的机遇，加快结构调整步伐，生产适销对路的产品，做大做强汽车、拖拉机产业。

【力帆骏马公司签订6.5亿元合作项目】 5月18日，在2009全国企业家活动日活动上，云南力帆骏马车辆有限责任公司与湖南同心实业有限责任公司签订投资6.5亿元、新建10万套载货汽车驾驶室冲压、焊装生产线的合作协议。该项目的实施将使力帆骏马到2012年实现轻、中、重各类载货汽车10万套的生产能力。作为云南招商引资重点项目，大理州经委、州企业家协会一直积极主动、多方协调，最终促成项目的成功签约。参加此次签约的项目共有23个，总投资额237亿元，涉及城市建设、旅游开发、高速公路建设、医药、化工、冶金、能源等多个领域。全国企业联合会会长王忠禹及省州有关领导出席并见证了23个项目的签约仪式。

【力帆骏马重型汽车上市】 2009年1月5日，大理州机械制造业龙头企业力帆骏马车辆有限公司传来喜讯，经过两年多时间和6亿多资金的投入，力帆骏马车辆有限公司开发出的具有自主知识产权的工程型“欧式战龙T9”和公路型“欧式战龙V9”两款重卡在大理市正式上市，标志着大理州机械工业发展又迈上了一个新台阶。

【力帆骏马发展势头强劲】 近年来，力帆骏马车辆公司发展迅速，公司充分利用高新技术提升产业发展，实施技术改造项目100多项，固定资产总投资超过18亿元。公司现有员工8600多人，其中各类专业技术人员1530多人；公司通过了ISO9001:2000质量管理体系认证，取得具有完全自主知识产权的“力帆牌”N1、N2、N3汽车的生产资质，是云南省3个汽车企业中唯一拥有生产载货汽车全资质的民营企业。2008年，公司进入全国汽车生产企业“十强”，2009年，实现产销30%以上的增长率，拖拉机产销量居全国第五、云南省第一。2006～2009年，公司连续4年取得了云南省机械制造行业总产值排名第一、吸纳劳动就业人员第一和纳税第一的好业绩。2009年,公司董事长马伟亮荣获“全国机械行业劳动模范”“云南省十大兴滇人才奖”等荣誉称号。

(《机械工业》由杨丽芳撰稿)

纺织工业

【概　述】　纺织业是大理州传统产业和重要的民生产业之一,多年来,该产业在繁荣市场、扩大出口、吸纳就业、增加农民收入、促进城镇化发展等方面发挥着重要的作用。目前,全州纺织工业主要有棉纺织、麻纺织、亚麻初加工、蚕丝、扎染布及服装等子行业。截至2009年底,全州共有纺织工业企业12户,其中规模以上企业7户;规模以上7户企业中有3户亏损,亏损额为980万元;7户规模以上企业全年实现销售收入1.71亿元,同比下降3.98%;上缴税金590万元,同比增长29.21%。

【棉纺业形势严峻】　大理州棉纺织业原料、市场两头在外,近年来,从省外购进的棉花价格年均涨幅达25%左右,加之距离远、运输费用高、燃料动力等价格上涨等因素,企业生产成本居高不下,缺乏价格竞争优势,经济效益大幅下滑。另一方面,大理州90%以上纺织产品销往州外及东南亚各国,由于近年来人民币持续升值,出口退税比例下调,金融危机导致出口受阻,形势十分严峻。2009年,大理华兴纺织有限公司、大理滇西纺织有限公司两户棉织纺企业实现销售收入9388万元、同比增长3.4%,上缴税金28万元、比上年减少88万元,亏损670万元、比上年减亏262万元,全年生产纱2410吨,布250万米、同比减少6.72个百分点,生产服装近3万件。

【茧丝业逐渐萎缩】　近年来,由于其他经济林木种植面积的扩大,蚕桑种植面积减少及劳动力的转移,使得大理州蚕桑产业出现逐渐萎缩的态势。另一方面,丝价波动大,企业抗风险能力较弱,长期处于亏损边沿,生产经营低位运行。到2009年末,全州有4户茧丝企业,即祥云县银龙茧丝绸厂、祥云县缫丝厂、鹤庆茧丝绸有限公司、永平县博南茧丝绸有限公司。2009年,4户企业实现销售收入6000万元,生产白蚕丝1500吨。

【亚麻业逐步退出】　大理州从2001年开始试种亚麻,获得较好的经济效益。到2005年,种植面积从开始的1300多公顷增加到11300多公顷,有初加工企业13户,生产线17条,年加工能力达10.2万吨。近年来,由于环保成本过高、自然灾害影响及世界亚麻市场竞争激烈,大理州亚麻产业逐年萎缩。到2009年,全州只有少量亚麻种植,初加工也只有永平县鑫联麻业有限公司、弥渡新兴亚麻有限公司2户企业从事(加工能力18000吨/年亚麻原茎),唯一的亚麻纺织企业大理华远亚麻纺织有限公司于2009年12月关闭,标志着大理州亚麻业的退出。

【扎染业低位运行】　扎染系列产品以独特的天然植物染料、传统手工艺及浓厚的民间艺术特色畅销日本和欧美市场。然而,由于传统手工生产用工较多,人工费支出较大,加之产业规模小,原辅料价格上涨、销售渠道狭窄等诸多因素,导致近年来企业经营较为困难。至2009年末,全州具备一定规模的企业有2户,即巍山县蓝龙扎染有限公司、巍山县民族工艺服装厂。

【大理华远亚麻纺织有限公司关闭】
大理华远亚麻纺织有限公司是全省唯一的麻纺织企业,拥有用地产麻纺低、中、高支纱技术。2003年,企业投资建设20000锭亚麻纺纱生产线,一期5000锭纺纱生产线于2004年8月建成投产,生产所用原料绝大部分是州内所产。近年来,由于亚麻种植面积萎缩,初加工企业纷纷关停,原料优势全部丧失,同时,受世界金融危机及亚麻产业竞争加剧的影响,企业难以维持正常生产经营,于2009年12月实施关闭。

(《纺织工业》由张雪梅撰稿)

烟草工业

【概　述】　2009年,在中共大理州委、州政府和红塔集团的领导下,大理卷烟厂始终坚持以科学发展观为统领,认真贯彻落实国家烟草专卖局“卷烟上水平,税利保增长”的目标要求,紧紧围绕红塔集团“打造世界领先品牌”的奋斗目标和工作部署,努力克服国际金融危机带来的不利影响,主动适应宏观经济形势和政策变化,努力创建“优秀卷烟工厂”,各项工作扎实开展,生产、技改稳步推进,工厂整体运行平稳健康,生产生活各环境进一步提升,职工收入和福利稳步增长。至年底,厂区占地40万平方米。设备年综合卷烟生产能力为50万箱。拥有意大利Garbuio公司制造打叶复烤生产线1条、德国豪尼公司制造制丝线1条、卷接包装机组17台套,其中:8000支/分的PASSIM-8K卷接机组1台套,7000支/分的PASSIM-7K卷接机组5台套,ZJ17卷接机10台套,6500支/分的SUPER-9卷接机1台套。

2009年,大理卷烟厂生产卷烟41.6万箱,比上年增长1.71%,占全年红塔集团品牌卷烟生产总量的10.20%,其中:三类烟19.78万箱、增长60.03%,四类烟21.82万箱、下降23.55%;生产“红塔山”19.78万箱、增长60.03%,“红梅”21.82万箱、下降23.55%。卷烟产品质量监督检测市场抽检合格率100%。按照红塔集团统计分配口径,完成工业总产值32.81亿元、比上年增长8.75%,实现税利23亿元、比上年增长20.67%,入库税金21.35亿元、比上年增长22.74%,占全州财政收入的31%。

年内,大理卷烟厂圆满完成65万担烟叶采购任务,其中:“红大”35万担、“K326”13.1万担、“NC297”5.73万担、“云87”11.17万担,上等烟占55.31%、中等烟占44.69%,国家局抽检合格率为62.7%。对南涧、巍山“红大”烟叶26万担实施工业分级,红塔集团抽检合格率为94.8%。

年内,大理卷烟厂复烤原烟投料23889.5吨,产出叶片16719.2吨,产出梗条5790.7吨。出片率69.99%,出梗率24.24%;成品水份合格率为96.80%。

【大理州召开烟草产业发展座谈会】　1月12日,中共大理州委、州人民政府在大理卷烟厂召开大理州烟草产业发展座谈会,专题研究加快推进实施红塔集团大理卷烟厂技改项目,进一步提升巩固烟草产业的支柱地位,把大理建成全国最大的特色优质烟叶基地和全省老烟区改造提升示范区。会议听取了红塔集团大理卷烟厂厂长杨煜文、大理州烟草公司经理樊在斗的汇报,听取了大理市政府就协调解决大理卷烟厂技改项目实施情况等有关问题的汇报。对红塔集团大理卷烟厂在“十一五”技改过程中遇到的困难,需要州、市党委政府帮助解决的问题作了专题研究和部署。州委书记刘明、州长何金平出席会议并分别作重要讲话。

【召开职代会及时部署年度工作任务】 3月12日，大理卷烟厂召开第一届第一次职代会暨第一届第二次工代会。会上，厂长杨煜文代表厂领导班子作了工作报告，全面总结了2008年工作，分析了面临的形势，安排部署了2009年的工作，明确了今后一段时期大理卷烟厂的主要任务；工会主席范斌代表厂一届工会委员会作工会工作报告；会议还听取了副厂长李志新作的预算执行情况报告和纪委书记范斌作的业务接待费使用情况报告。会议通报了就地技改项目进展情况和中层管理人员民主测评情况，表彰了2008年度优秀员工、科技创新成果、专利成果、合理化建议获奖单位和个人，并与各部门签订了《安全责任书》。

【深入开展"创优"活动和"对标"管理】 2009年，大理卷烟厂按照各级创建"优秀卷烟工厂"和"对标"管理的要求，结合工厂实际，确立了努力创建"优秀卷烟工厂"的发展目标。紧紧围绕国家局"卷烟上水平"的主要任务和"五个上水平"的系统工作，深入开展"对标"管理，切实增强工厂的基础管理水平、技术创新水平、品牌发展保障水平、市场营销保障水平和原料保障水平。对照行业主要指标，从纵向、横向认真分析指标现状，确定重点指标，对各个阶段的工作制定相应的计划，对目标责任进行分解和下达，进一步优化了各项业务流程和管理制度，工厂运行机制更加完善，责权更加明晰，工厂的整体运行效率进一步提高。在行业"创建优秀卷烟工厂"的10项技术经济评价指标中，除全员实物劳动生产率、单箱管理费用、焦油加权平均值3项指标因受生产规模和产品规格所限未达到行业平均水平外，其余7项指标均达标。

【科技创新取得明显成效】 1月14日，大理卷烟厂《一种滤筒自动清洁机》实用新型专利获国家知识产权局授权（发明人：杜华川、翁汝标、邓云鹏、杨润生，专利证号：zl200720105225.9）。年内，大理卷烟厂上报国家知识产权局的《射吸式双元喷嘴》、《烟条输出装置》、《卷烟机切刀毛刷自动清洁机》、《风机轴承防漏油装置》、《加料系统在线过滤排渣装置》、《梗丝掺配系统中输出容积可调计量管》、《分级式定量喂料系统》、《硬盒包装机气动泵吸式供胶装置》和《垂直切刀机切片控制方法》9项专利获受理。截至年底，大理卷烟厂共有4项专利。在对34项科技创新成果和87项合理化建议进行评审中，34项科技创新成果、30项合理化建议、14项优秀QC小组成果获厂表彰奖励。其中，28项科技项目被推荐参加红塔集团的科技成果评审，获一等奖1项、二等奖3项、三等奖11项、鼓励奖5项；参加云南中烟工业公司评审获二等奖1项。QC成果获红塔集团一等奖1项、二等奖1项、三等奖4项；获云南中烟二等奖2项、三等奖1项；批准科技创新项目立项39项，结转2008年度未完成项目10项，注册登记QC小组课题28项。年内，大理卷烟厂被云南中烟工业公司授予"云南中烟工业质量管理小组活动优秀企业"称号。

【就地技改项目进入全面实施阶段】 2009年，在州、市党委政府和红塔集团的高度重视下，大理卷烟厂进一步加大就地技改项目工作力度，确保了技改项目的进度。1月12日，中共大理州委、州人民政府到厂召开"大理州烟草产业发展座谈会"，对加快推进技改项目的实施作了专题研究和工作部署。4月底，大理市人民政府如期移交新征地块，确保了各项工作的如期推进。7月初，项目初步设计顺利通过省住房和城乡建设厅的审查。9月28日下午，项目奠基仪式暨开工典礼隆重举行。省委常委、省纪委书记李汉柏，省人大常委会副主任程映萱，副省长曹建方，省政协副主席顾伯平，国家烟草专卖局发展计划司司长赵洪顺、副司长孙桂芳，中国烟草机械总公司董事长王崇光，州委书记刘明，州长何金平，云南中烟工业公司党组书记、红塔集团董事长柳万东，省烟草公司副总经理杨经建，云南中烟工业公司副总经理姚庆艳，红塔集团总裁李穗明等出席奠基仪式暨开工典礼。李汉柏宣布项目开工，进入全面实施阶段。

【加强质量管理】 2009年，大理卷烟厂进一步加大质量管理工作力度，确保工厂品质保障能力。一是确立"追求产品质量零缺陷"的质量愿景和"三个坚定不移"的质量方针，即：坚定不移地树立质量第一的思想不动摇、坚定不移地执行内控标准严于集团标准不动摇、坚定不移地执行严格考核不动摇。成立加强质量管理工作领导组，制定工作实施方案，明确工作整改措施，完善质量管理考核体系，针对不同部门设定不同的考核标准和权重，进行严格考核。二是加强工艺技术管理，严格工艺标准、工艺纪律，强化过程控制，积极开展在线卷烟工艺技术与新工艺的研究应用，严格各工序工艺质量的监督检查和考核标准，加强课题攻关，切实解决存在的隐患问题，确保产品质量的稳定和提高。三是与烟用物资供应商加强沟通、合作，签署《烟用物资采购质量协议》，促进供应商积极采取改进措施，确保辅料质量的稳定。四是积极开展质量意识教育、质量文化宣贯活动，提高全体干部员工积极参与自检自查的自觉性，切实增强员工的质量意识和责任意识，烟用材料供应商的质量控制水平也得到进一步提高。

【人才队伍建设不断加强】 年内，大理卷烟厂全面启动实施了生产系统员工技术发展通道建设，在"加强三支队伍建设"上，进一步加大了培训经费的投入，努力为员工创造更多的培训、竞赛活动和技术比武机会，提高综合素质。2009年，工厂组织开展各项岗位技能培训898人次；成立了生产系统员工技术发展通道工作机构，有针对性的开展技能岗位综合素质和岗位技能的培训，216人取得中、高级等级资格，2人取得技师资格，1人取得高级技师资格，实现了高级技师"零"的突破。同时，大理卷烟厂还积极选派选手参加各种竞赛活动和技术比武，涌现出一批岗位技术能手。在参加第四届全国烟草行业烟叶分级职业技能竞赛中，烟叶质检员周雪娟取得综合成绩第10名的优异成绩，获得国家烟草专卖局、中国烟草总公司授予的"全国烟草技术能手"荣誉称号；在承办的红塔集团第一届"红塔杯"烟机设备维修职业技能竞赛B1机型竞赛中囊括了前四名，4名员工荣获"云南中烟工业公司技术能手"称号、6名员工荣获"红塔集团技术能手"称号。在企业内部各岗位人力资源配置方面，坚持从生产经营工作需要出发，人尽其才，用其所长的原则，通过公平竞争上岗6人，表彰了60名年度厂级优秀员工。

【绩效管理实现标准化】 2009年，大理卷烟厂对《绩效管理手册》进行修订完善，与标准化工作紧密结合，进行了标准转化。在经过近半年的标准转化和新标准制定工作后，结合红塔集团下达的关键绩效指标的分解，评审发布了本厂绩效管理标准，10月份正式执行，实现了工厂绩效管理标准化。年内，根据集团创建标准化良好行为企业的工作安排，于2月份编制下发《大理卷烟厂标准体系自我评价工作计划》，并按计划组织相关部门和人员完成了企业标准体系的自我评价工作，形成《标准体系自我评价报告》。4月，下发了《大理卷烟厂2009年度厂级标准制修订计划》。5～9月，组织完成了《科技项目管理办法》等21项管理标准、《原料仓储管理办法》等5项仓储管理类标准和《绩效管理制度》等34项绩效方面管理标准的制定、评审和发布工作，进一步完善了标准体系，全厂年内共发布实施79项管理标准。10月底，下发《大理卷烟厂部门级标准制定计划》，启动了部门标准体系的建立工作，至12月底，完成了23项部门标准的发布。

【统计管理卓有成效】 2009年，大理卷烟厂统计管理工作卓有成效，获得“大理州景气调查工作先进单位”及“红塔集团2009年度统计工作一等奖”。

【大理卷烟厂被评为“清洁生产先进集体”】 年内，大理卷烟厂深入开展清洁生产合格单位创建和节能减排工作，全面开展清洁生产审核工作，取得了明显成效。2月20日，工厂顺利通过由省经委清洁生产办公室和大理州经委组织的验收，被集团评为“清洁生产先进集体”。之后，按照集团的统一部署，大理卷烟厂在巩固和提高第一轮清洁生产审核工作所取得成效的基础上，继续深入开展清洁生产合格单位创建工作，制定了创建清洁生产合格单位工作实施方案，明确了目标和各项工作措施，努力向清洁生产先进水平迈进，促进工厂走上新型工业化的发展道路。

【积极参与红塔集团品牌联营和对外合作交流】 年内，大理卷烟厂积极参与红塔集团品牌联营加工和对外合作交流，为红塔实现“两个跨越”作出贡献。①积极响应集团与越南和阿根廷的合作交流，为集团加快实现“国际跨越”作出积极贡献。2008年调往越南升龙卷烟厂1台套SUPER9－GDX2卷接包联合机组，为使集团品牌在越南顺利生产、销售，2009年应越南方面的邀请，先后派出4批技术人员到越南提供技术服务，协助生产卷烟8000箱，实现了集团品牌在越南市场的落地销售。调往阿根廷的设备也已办理完相关手续，等待起运。②积极参与集团省外品牌联营加工。派遣5批16人次质检员分别到长春卷烟厂和哈尔滨卷烟厂开展品牌许可生产质量监督工作。外派人员始终严格要求自己，以高度的责任感圆满完成集团下达的工作任务，努力确保了集团对外联营加工卷烟品牌的品质，充分展现了集团的良好形象。

【企业文化建设深入开展】 2009年，在巩固几年来取得的成果的基础上，大理卷烟厂继续深入推进“红塔文化”的落地生根，加强对“红塔文化”的宣传贯彻，引导广大员工牢固树立“两个至上”的核心价值观。围绕集团《企业文化建设规划》和推进建设母子文化的精神和要求，按照突出重点、突出特色和整体推进的指导思想，以管理文化、执行力文化、质量文化和安全文化为重点深入开展企业文化建设，并将企业文化建设工作纳入到各部门的绩效考核，为企业的持续发展提供了强有力的支持。年内，由厂党委组织，各部门承办，分别开展了以“同心管理·卓越绩效”为主题的管理文化展示活动、以“说到做到·快速有效”为主题的执行力文化活动、以庆祝新中国成立60周年暨“卓越品质·成就未来”为主题的质量文化展示活动、以“安全生产·持续发展”为主题的安全文化展示活动，使广大干部职工在寓教于乐中受到了极强的文化感染，使“红塔文化”得到了很好的渗透。

【红塔集团召开大理原料新春答谢座谈会】 1月7日，红塔集团在下关漫湾大酒店举办“红塔集团大理原料新春答谢座谈会”。大理州人民政府主要领导，大理州烟草公司领导班子，红塔集团大理卷烟厂领导班子，红塔集团物资采购中心领导，大理州12县市领导及各县（市）烟草分公司的经理、副经理等出席座谈会。会上，大理卷烟厂厂长杨煜文代表红塔集团致辞，感谢大理州各级党委政府和烟草部门长期以来对红塔集团的关心、支持和帮助，并就红塔集团和大理卷烟厂的生产经营情况和大理原料工作的开展情况作详细介绍。大理州烟草公司经理樊在斗介绍了大理州烟草公司与红塔集团原料合作情况及大理烟叶今后的发展思路。大理州政府主要领导对红塔集团和大理州双方共建红塔大理核心原料基地工作给予肯定，表示将一如既往地支持红塔集团的发展。

【红塔大理核心原料基地建设受国家烟草专卖局好评】 2009年3月，国家烟草专卖局第四、第五期“全国烟叶产区县（市）负责人培训班”在北京平谷烟草培训中心举办，全国各烟叶产区县（市）烟草分公司负责人共320人参加培训。期间，国家局充分肯定云南中烟在品牌导向型的原料基地建设、原料差异化战略实施等方面的积极探索和取得的成功经验，中国烟叶总公司、国家局人事司还邀请云南中烟工业公司在会上作工作交流。大理卷烟厂副厂长王洪云为此代表云南中烟工业公司两次赴京，以《工商合作、主导结构、实施差异、共铸品牌》为题作了交流发言，受得国家烟草专卖局的好评。

【周雪娟荣获“全国烟草技术能手”称号】 5月22日至27日，第七届全国烟草行业职业技能竞赛暨第四届全国烟草行业烟叶分级职业技能竞赛在中国烟草总公司职工技术培训中心（河南郑州）举行，大理卷烟厂烟叶生产质检科质检员周雪娟代表云南中烟工业公司参赛。经过紧张、激烈的理论和实作考试，周雪娟从来自38家烟草企业的197名参赛选手中脱颖而出，取得了综合成绩第10名，荣获国家局、总公司授予的“全国烟草技术能手”荣誉称号。

【召开美引品种“NC297”示范推广总结会】 6月10日，大理州美引烤烟品种“NC297”示范推广总结会在弥渡召开。州委、州政府领导，红塔集团副总裁张建华，大理卷烟厂党委书记吕坚、副厂长王洪云，大理州烟草公司经理樊在斗，弥渡县县长沙伟风等参加了会议。大理州委、州政府领导对美引烤烟品种“NC297”示范推广工作给予了充分肯定，并要求在下一步示范推广、建立新品示范基地的工作中，要坚持工商协同，科技创新，要以特色优质烟叶基地建设为平台，深化合作机制，加强技术交流，为打造大理特色优质烟叶和提升红塔集团核心原料建设水平奠定坚实的基础。会上，云南中烟工业公司、云南省烟草研究院、红塔集团、红云红河集团、大理州烟草公司和大理卷烟厂的烟草专家组对“NC297”进行了论证。

【红塔集团召开大理原料差异化总结会】 7月16日，红塔集团大理原料差异化战略实施总结会议暨大理州红塔品牌导向型原料保障体系建设合作签字仪式在大理国际会展中心召开。州政府主要领导、云南中烟工业公司原料部部长马剑雄、红塔集团副总裁张建华、红塔集团大理卷烟厂领导班子、大理州烟草公司领导班子、大理州12县市领导、烟草分公司领导等出席了会议。会议分析总结了红塔集团大理原料差异化战略实施三年来所取得的成果，并对今后红塔品牌导向型大理核心原料建设的工作思路进行了科学谋划。会议对红塔集团大理原料差异化项目实施过程中涌现的先进集体和个人进行表彰。红塔集团与大理州人民政府及南涧、弥渡、巍山、永平、宾川、云龙6县人民政府签定《红塔品牌导向型原料保障体系建设项目合作协议书》。

【大理卷烟厂等单位合作项目被鉴定为"国内领先"】 经过三年的试验研究，由红塔集团大理卷烟厂、大理州烟草公司、南涧县烟草分公司、云南瑞升烟草技术(集团)有限公司等单位合作开展的《红大品种"青筋黄片"等因素对烟叶品质的影响研究》项目于2009年顺利完成，并在云南中烟工业公司组织的项目鉴定会上被与会专家鉴定为"国内领先"，分别荣获云南中烟工业公司科技项目二等奖、红塔集团科技创新项目二等奖和红塔集团大理卷烟厂科技创新项目一等奖。

【省委常委、省纪委书记李汉柏到大理卷烟厂调研】 3月14日，省委常委、省纪委书记李汉柏在中共大理州委书记刘明等领导的陪同下，到大理卷烟厂调研，并在大理卷烟厂召开大理州企业党风廉政建设工作座谈会。李汉柏一行深入生产车间参观视察，并听取了大理卷烟厂厂长杨煜文的汇报，对大理卷烟厂几年来的发展表示充分肯定。在党风廉政建设工作座谈会上，李汉柏认真听取了大理州重点企业负责人对加强企业党的建设和反腐倡廉建设工作的意见和建议，为省纪委下一步更好地推进企业党风廉政建设提供决策依据、思想动力和智力支持，并为全省大中型企业纪委书记座谈会的召开作前期调研。

【省人大副主任程映萱到大理卷烟厂视察】 7月9日，省人大副主任程映萱率省委调研组到大理卷烟厂视察。在大理州人大副主任杨宴君、副州长许映苏的陪同下，调研组视察了生产车间和就地技改项目现场，并召开了座谈会，听取了厂长杨煜文的工作汇报。程映萱对大理卷烟厂近年来改革发展所取得的成绩和为地方经济社会发展作出的重大贡献给予了充分肯定，希望大理卷烟厂再接再厉，扎实工作，开拓创新，加快发展，为地方经济社会发展作出更大贡献。

【州委书记刘明考察红塔集团总部】 6月29日，中共大理州委书记刘明率州、市有关领导到红塔集团总部考察。红塔集团董事长柳万东热情接待了刘明一行，介绍了红塔卷烟品牌发展、企业自主创新、技术改造等情况，双方还就大理卷烟厂的技改项目、大理卷烟厂职工住房建设、建立更紧密合作关系等事宜展开了交流。刘明一行随后参观了红塔集团烟事文化馆。

【红塔集团董事长柳万东到南涧考察烟叶生产情况】 7月12日，红塔集团董事长柳万东、副总裁张建华一行在大理州主要领导，南涧县县委副书记、县长莽绍标，大理卷烟厂领导杨煜文、吕坚、王洪云，大理州烟草公司副经理李文璧等人陪同下，深入到大理州南涧县调研原料差异化生产及原料基地建设情况。在深入田间地头，实地查看大田烟叶长势及现代烟草农业建设情况后，柳万东对南涧县原料工作给予了高度评价。在随后的座谈会上，柳万东强调：红塔集团卷烟品牌的建设，离不开优质原料的支撑，南涧"红大"烟叶以其优良的品质，成为了"玉溪""红塔山"品牌配方中的主要原料，红塔山突破200万箱，南涧"红大"所起的作用很大，这是大理州、南涧县对红塔的支持和厚爱。柳万东要求红塔集团和大理卷烟厂要认真总结推广"南涧经验"，以前瞻性的眼光把烟叶工作做深做透做扎实，为红塔卷烟品牌建设打牢原料基础。希望大理州、县各级党委、政府和烟草部门继续为红塔集团提供支持，加强战略合作，做大做强"红大"烟叶品牌，满足红塔集团对优质原料的需求。

【红塔集团总裁李穗明到大理卷烟厂调研】 8月26日下午，在大理州副州长李雄、大理卷烟厂厂长杨煜文、副厂长王洪云的陪同下，红塔集团总裁李穗明一行走访了大理州烟草公司，工商双方就红塔卷烟销售、烤烟生产、红塔大理核心原料基地建设等情况进行了座谈。

8月27日，李穗明到大理卷烟厂调研。在实地察看了就地技改造项目现场后，召开了工作座谈会，全厂中层以上管理人员参加会议。杨煜文代表厂领导班子汇报了全厂各项工作的开展情况和下一步工作打算。听取汇报后，李穗明对大理卷烟厂的工作给予了充分肯定，并结合行业的发展形势和集团发展战略，通报了红塔集团近期的生产经营情况和下一步的工作思路，就如何加强内部管理，不断提升品牌竞争力和管理软实力，加强队伍建设，加快推进"两个跨越"，加强品类构建研究，完善非法人实体建设，加快技改进度，加强原料工作和销售工作等方面作了深入阐述和强调，对大理卷烟厂下一步工作提出具体要求。

(《烟草工业》由杨本信撰稿)

医药工业

【概　述】 2009年，医药市场复杂多变，受世界金融危机影响，药品需求下降、市场竞争加剧、出口疲软，中小制药企业的生存与发展困难重重，面对严峻的挑战。年内，大理州制药企业充分利用国家扩大内需、减税退税等有利政策，抓住机遇、开拓创新、深化管理、注重市场体系建设，生产经营继续取得较好的业绩。全州5户规模以上企业实现销售收入6.05亿元，比上年同期增长23.39%；上缴税金3188万元，比上年同期增长23.5%；实现利润8295万元，比上年同期增长27.75%；从业人员825人。

【大理药业股份公司再创佳绩】 2009年，大理药业股份公司积极应对金融危机带来的影响，努力克服各种困难，生产经营再创佳绩，实现稳步、快速发展。全年生产各种针剂7116万支，比上年同期增长17.3%；完成工业总产值49973万元，比上年同期增长24%；实现销售收入48181万元，比上年同期增长23%；上缴税金3232万元，比上年同期增长44%；实现利润比上年同期增长30%。

【大理药业股份公司狠抓质量管理】 2009年，大理药业股份公司下决心、下大力气狠抓质量管理，使"质量重于泰山"的理念扎根于每一位员工，落实到每一个环节。①更新观念、提高认识，增强全体职工责任感、使命感。②充实、调整了质量管理人员，实行了质量受权人制度，健全了驻厂监督员制度。③按照法规性、实用性、有效性、可操作性的原则修改、完善了公司全套GMP文件系统。④成立了验证委员会，完善了验证制度，加强了验证工作。⑤加强了"防污染、防差错"工作，确保药品生产的洁净环境。⑥进一步明确了质量控制点，严格生产工艺，加强质量控制，保证产品质量万无一失。⑦推进名牌产品建设，醒脑静注射液再次被评为云南省名牌产品。

【大理药业股份公司强化 GMP 执行力度】 年内，大理药业股份公司强化了 GMP 执行力度。①加强职工学习培训力度。全年采取自学、内培、送培等形式培训员工 2013 人次。②加大 GMP 执行的检查力度。对 93 个项目开展了重点检查，结果表明违反操作规程的情况明显减少。③加强整改力度。组织自检 12 次，接受上级各种检查 13 次，公司对查出的缺陷逐一进行了整改。

【大理药业股份公司注重市场体系建设】 年内，大理药业股份公司狠抓市场体系建设。①继续加强销售市场网络建设，不断发展新的代理商。②继续加强公司销售队伍建设，适时调整和充实片区销售人员。③适时召开销售工作会议，及时研究、协调、解决销售市场出现的新情况、新问题，维护市场秩序。④拓展物流运输途径，开展了与中铁快运的合作。⑤更加重视市场信息反馈，积极配合各地药监部门对公司产品的抽验和监督检查，公司信誉度和产品声誉得到进一步提高。

【云南白药大理药业公司求真务实强管理】 年内，云南白药大理药业公司求真务实，进一步加强了管理。①狠抓安全不放松，重视基础求发展，做到人员落实、制度落实、机构落实、责任落实，加强现场安全管理，坚决制止各种违章行为，加强员工安全教育，提高安全意识。②始终把安全生产和产品质量视为企业的头等要务，根据 GMP 要求定期不定期对安全生产、产品质量、管理制度进行全面检查。全年未发生安全生产和产品质量事故。③根据集团资源优化配置，逐步转变生产经营管理模式，由生产经营型逐步向制造型转变，全年完成集团委托加工的 1257 万元产品订单，占全部销售额的 27.5%。④克服和避免内外环境的不利因素，着力确保主要产品"益脉康"的生产和销售。2009 年，"益脉康"产品销售额达 2364 万元，占全部销售额的 51.8%。

【云南白药集团大理制造中心项目进展顺利】 年内，云南白药集团大理制造中心项目顺利推进。项目可行性研究、立项、设计、土地、规划、招标、资金筹措等前期准备工作已全部完成，主体工程建设进入实质性阶段。10 月 21 日，工程开标，11 月 1 日，主厂房工程综合制剂车间全面动工。倒班房、锅炉房、动力站的设计图纸也陆续完成，开始报建招标手续。截至 2009 年底，工程累计投资 1987 万元，工程各项目建设紧张有序地进行。

【云南白药大理药业公司企业文化建设结硕果】 企业文化建设是企业发展的催化剂，更是企业健康发展的基石。年内，云南白药集团大理药业公司注重企业文化建设，把企业文化建设定格在增强企业的凝聚力和感召力上，紧紧围绕生产经营目标任务，深入、持久地开展争创优秀员工、先进集体活动。2009 年，公司评选出 16 位优秀员工及制剂车间、生产管理部两个先进集体。通过群众性的评选活动，激发了广大员工爱岗敬业的热情，圆满完成全年生产经营任务。公司全年完成销售收入 4562 万元，比上年同期增长 12.48%；上缴税金 785 万元，比上年同期增长 60.53%；实现利润 1239 万元，比上年同期增长 95.12%；生产片剂 58791 万片，比上年同期增长 146.13%；生产胶囊 2528 万粒，比上年同期的 197 万粒大幅增长。

【大理瑞鹤药业自主创新求发展】 年内，面对金融危机的影响，大理瑞鹤药业依托科技创新，转变发展方式，从日用化妆品、保健食品着手，用新产品开拓市场，以弥补药品市场的疲软，新产品销售收入占到总收入的 60%，确保了全年生产经营稳步增长。公司全年完成工业总产值 4964 万元，比上年同期增长 10.21%；实现销售收入 6145 万元，比上年同期增长 6.2%；实现利润 688 万元，比上年同期增长 11.51%。

【大理瑞鹤药业不断优化产品结构】 年内，大理瑞鹤药业完成了 100 万瓶纯天然熊油系列化妆品生产车间的改扩建工程，推出美容、润肤、防晒霜及晒后修复等系列产品，推出熊胆茶、瑞鹤喉宝含片、熊胆酒等保健食品，形成了集药用动物驯养、繁殖、生物制剂、化妆品、保健食品为一体的产品链。年内，公司"熊胆粉""熊胆茶"获"云南省名牌产品"称号，企业被评为"高新技术企业"，公司申报的"维西母系黑熊驯养、繁殖优质种群产业化"项目已通过省发改委推荐，上报国家发改委审批。

（《医药工业》由张雪梅撰稿）

食品工业

【概　述】 大理州食品工业包含农副食品加工业、食品制造业、饮料制造业 3 个子行业，农副食品加工业主要有饲料、制糖、蔬菜、水果、坚果、淀粉的加工，食品制造业主要有乳制品、蔬菜水果罐头、食盐的加工，饮料制造业主要有白酒、啤酒、果酒、瓶（罐）装饮用水、果汁菜汁及含乳饮料、精制茶加工。2009 年，受世界金融危机及国内重大食品安全事件的影响，全州食品工业发展速度减缓、盈利下降，子行业中农副食品加工业、食品制造业销售增速均在两位数以下，饮料制造业销售收入增速为 10.96%。2009 年，全行业实现销售收入 25.34 亿元、比上年同期增长 7.75%，上缴税金 1.27 亿元、比上年同期增长 17.49%，实现利润 1.98 亿元、比上年同期减少 2358 万元，从业人员 7901 人，比上年增长 17.1%。

【乳制品产业发展势头强劲】 乳制品产业是大理州的传统优势产业，也是极具发展潜力的产业，年内，该产业经受住了严峻考验，全州乳制品中未检出"三聚氢胺"。经历"三聚氢胺"事件及世界金融危机的洗礼，企业更加注重产品品质、奶原基地建设、市场开拓、科技创新、新品开发、品牌塑造、市场反馈等工作，并取得了较好成效。全年全行业生产乳制品 16.97 万吨，比上年同期增长 5.81%。①新希望邓川蝶泉乳业有限公司全年实现销售收入 2.75 亿元，上缴税金 1292 万元，出口创汇 450 万美元。公司在加大液态奶产品开发的同时，积极开拓婴幼儿奶粉市场，发展趋势较好，液态奶销售比上年同期增长 28.9%；年内，公司投资 1200 万元新建了 18 个机械挤奶站；"蝶泉"商标再次被认定为云南省著名商标，"蝶泉"牌液态奶被认定为云南省名牌产品，企业还荣获 2009 第五届昆明国际农业博览会金奖。②大理东亚乳业有限公司 2009 年实现销售收入 2.51 亿元，实现利税 2328 万元。多年来，公司一直注重奶原基地的建设，基地奶牛数量由 2003 年的 1.5 万头增加到 2009 年的 4 万多头，为生产提供安全、优质、充足的奶原；2009 年，公司在原有 40 多种产品的基础上新开发了特珍系列"红""黑""绿"牛奶，大果粒杯装酸奶，红枣银耳、紫米燕麦杯装酸奶等 10 多个新品；新购置了日本四国杯装机、丹麦 APV 杀菌机、瑞典利乐无菌灌装机等30多台(套)生产设备及高效液相乳品分析仪等安全检测仪器,新增了2条百利包生产线,进一步增强了企业的实力;同时,公司营销网点也达到了21160个。

【酒类行业发展状况】 大理州酒类生产有着悠久的历史,起步较早,明清时期就有许多制酒作坊。新中国成立后,国家投入建设了一批制酒企业,产品辐射周边地区,倍受各地区少数民族的喜爱。改革开放以来,经过多年改革改制,全州制酒行业全为非公有制经济。2009年末,全州有酒类生产企业27户,其中,啤酒企业1户、白酒及其他酒企业25户、生产食用酒精企业1户。全州酒类生产规模21.88万吨,其中,啤酒20万吨、白酒及其他酒1.58万吨、食用酒精0.6万吨。全年共生产酒类产品14.79万吨,其中,啤酒13.51万吨、白酒及其他酒1.12万吨、食用酒精0.16万吨。全年实现销售收入4.81亿元,完成工业增加值1.45亿元,实现利税1.24亿元,全部从业人员1590人。

【下关沱茶(集团)股份有限公司生产经营企稳向好】 2009年,普洱茶市场经过震荡回落后逐渐复苏。为维护好"下关沱茶"的市场份额和品牌形象,下关沱茶(集团)股份有限公司加强营销规划,强化企业管理,增强员工信心,弘扬"下关沱茶"文化,努力实现年度目标。2009年,下关沱茶(集团)股份有限公司实现销售收入10074万元、比上年同期增长22.14%,生产精制茶2490.7吨、比上年同期增长38.9%,出口64吨,出口创汇80.2万美元。

【下关沱茶(集团)股份有限公司注重知识产权工作】 年内,下关沱茶(集团)股份有限公司以知识产权管理为中心,满足宣传需求,扩大企业及品牌知名度,有效维护公司权益。①根据云南省推进驰名商标战略会议精神,全面启动申报"宝焰牌"商标为全国驰名商标认定工作;成功申报了"松鹤(图形)"商标为云南省著名商标的第三次重新认定;新申请认定"下关"商标为云南省著名商标;运用注册商标权益,积极主动进行了3次维权打假。②以对外宣传为主,重点把博物馆对外开放纳入公司创收新模式进行试点探索,根据对外开放需要配备博物馆产品展示柜台和销售柜台,增加功能,提高接待质量。③下关沱茶传统手工技艺申报国家非物质文化遗产项目通过省、州名录,并得到国务院授权文化部的审核反馈。

【大理洱宝实业公司新品研发结硕果】 年内,大理洱宝实业公司以"转变观念、加快发展"为指导,以原有产品为基础,在青梅糕、酸角糕、木瓜糕的基础上新研发了西番莲糕、核桃糕、核桃乳等新产品,还进行了青梅爽饮料口感改进,新产品适应更多的消费需求,投放市场后深受广大消费者的喜爱。"洱宝"牌系列产品获得2009第五届昆明国际农业博览会"优质农产品金奖","洱宝"话梅、青梅糕、酸角糕、木瓜糕荣获云南省名牌农产品。年内,公司投资5980万元建设的核桃乳生产线也于12月竣工投产。

【强化盐业市场管理】 年内,大理州盐务管理局遵照盐业法律法规,认真研究、分析全州盐业市场现状,针对盐业市场管理中出现的热点、难点问题,研究对策,制定措施,加强对盐业市场的巡查监管,加大对盐业违法、违规的查处打击力度。全年累计查处盐业违法案件30多起,销毁违法盐产品2.6吨,收缴70多吨,行政罚款、收缴违法所得3万多元,净化了食盐市场,保障了人民群众食盐安全。

(《食品工业》由张雪梅撰稿)

电力工业

【概　述】 2009年,由于全球金融危机对有色冶金、水泥等行业的冲击,工业用电增速明显放缓,电力供需出现年初增供促销,电量富余,11月进入紧缺计划用电的特殊状况。2009年,全州社会用电量达33.42亿千瓦时、同比增长6.8%(不含自发自用和线损电量),其中:城乡居民用电6.18亿千瓦时、同比增长18.12%,工业用电18.21亿千瓦时、同比增长6.21%,第三产业用电3.15亿千瓦时、同比增长11.69%,其它用电5.88亿千瓦时、同比持平。

年内,为加快大理州电网建设的步伐,州人民政府出台了《关于进一步加强大理电网规划建设意见》《大理州电网建设工作考核管理办法》两个文件,进一步加快对电网建设骨干项目和连接网点的建设投资力度,提升全州电网水平。

在电源点建设上,进一步加快功果桥电站、苗尾电站等大中型电站的建设步伐;利用大理州丰富的风能资源,积极开发风店,抓紧实施洱源罗平山一期和者磨山二期风店工程。截至2009年末,全州拥有小水电容量91.66万千瓦,扣除西洱河电站、徐村电站等属省网统调电站的装机57.6万千瓦,州内非统调水电装机容量为34.06万千瓦,年内全州发电量为35.84亿千瓦时。电力工业产值达21亿元,年增长8.2%,全州电力工业平稳发展。

【小湾电站第一台水电机组投产发电】 小湾电站是国家重点工程和实施西部大开发、"西电东送"战略的标志性工程,总投资277亿元,是云南省有史以来单项投资最大的工程项目。小湾电站坝高294.5米,总库容149亿立方米,总装机容量420万千瓦,单机70万千瓦,年发电量190亿千瓦时。经过10年艰苦奋战,这一世界上在建的第一座300米级混凝土双曲拱坝电站首台水电机组于9月25日投产发电。

【加快电力体制改革步伐】 2009年,全州电力体制改革工作取得了突破性进展。6月27～29日,南涧、弥渡、永平、宾川、鹤庆、洱源6个县分别挂牌成立供电有限公司,将县级供电企业整体上划云南电网公司。

(《电力工业》由杨会英撰稿)

建筑材料开发

【概　述】 2009年,全州建材工业系统紧紧把握扩大内需,促进经济增长对建材产品需求旺盛的有利时机,大力调整产业结构,积极推进节能减排,有效化解生产经营中的各种困难和矛盾,全力确保各项重点工程、基础设施和民生项目建设的需求。全州规模以上建筑材料实现总产值28.04亿元、比上年增长14.46%,生产水泥685.4万吨、同比增长33.15%。目前,大理州建材行业以水泥为主线,全州规模以上及规模以下水泥企业有21户,其中旋窑8户、立窑8户、粉磨站5户。全年生产水泥764万吨(旋窑生产水泥646万吨),销售水泥763万吨(销售旋窑水泥648万吨),水泥生产达产率63.8%。2009年,经过全行业共同努力,大理州建材工业产业结构进一步优化,生产实现高速增长,呈现出质量、速度、结构、效益协调发展的良好态势。

【水泥行业落后生产能力第二批淘汰计划确定】　年内，云南省人民政府办公厅下发了《云南省人民政府办公厅关于进一步做好淘汰落后水泥生产能力工作的通知》，确定了到2010年全省淘汰落后水泥生产能力1066万吨的目标。其中，大理州水泥行业计划淘汰落后熟料生产能力85万吨，肢解机立窑7座，涉及6户企业。

大理州淘汰落后水泥生产能力（第二批）目标分解表

序号	企业名称	淘汰落后产能（熟料、万吨）	淘汰生产线数量	淘汰时限
1	洱源县天琪水泥有限责任公司	6	立窑1条	2010年12月31日
2	云南弥渡庞威有限公司	26	立窑2条	2010年12月31日
3	巍山县高炉水泥有限责任公司	17	立窑1条	2010年12月31日
4	祥云县清华洞水泥厂	13	立窑1条	2010年12月31日
5	祥云县水利水电三台坡水泥厂	15	立窑1条	2010年12月31日
6	祥云县太鼎水泥制造有限公司	8	立窑1条	2010年12月31日
	合　计	85	立窑7条	

【滇西水泥公司获省节能优秀奖】　2009年，滇西水泥股份有限公司水泥综合电耗、熟实物煤耗分别下降19.76kw.h/t、24.49kgce/t，1－3条生产线直接节能6180吨标准煤，1－4条生产线节能25494吨标准煤。公司1#、3#窑烟气在线监测系统顺利通过省、州、市环保部门现场检查验收，公司为此荣获云南省节能优秀奖，受到省政府表彰。

【滇西水泥公司三项QC成果获奖】　5月25～27日，云南省建材工业行业协会举行第26次QC小组成果发布会，滇西水泥公司在会上发布的3项QC成果全部获奖，其中烧成车间工艺管理QC小组成果《提高3#窑尾烟室温度》、制成车间设备管理QC小组成果《提高3#水泥磨中热保证率》双双荣获一等奖，烧成车间工艺管理QC小组成果《提高4#窑尾温度计的使用寿命》荣获三等奖。两项一等奖QC成果还被推荐参加云南省第31次、全国建材行业第26次优秀QC小组成果交流。

【滇西水泥公司完成纯低温余热发电一期工程建设】　滇西水泥公司纯低温余热发电一期工程建设项目自2008年11月26日开工，经过10个月的紧张建设，于2009年8月8日成功实现带负荷发电试车，8月18日，州环保局同意投入试生产。该项目工程实际完成投资5150万元，截至年底，累计发电量1264.4万千瓦时。

【祥云县建材集团公司节能成果获省表彰】　年内，在“云南省职工百佳节能减排创新成果”评选活动中，祥云县建材集团公司“能量系统优化技改工程”被省人民政府授予“云南省职工百佳节能减排创新成果”奖。祥云县建材集团公司充分发挥广大职工的聪明才智，积极投身资源节约型企业建设，开展了一系列节能减排创新活动，创造出了“能量系统优化技改工程”的节能减排新成果。“能量系统优化工程”也称“过程能量优化工程”，该项目年节电量达110万千瓦时，年新增销售收入8814万元、税金1056万元、利润1805万元（税后）。

【宾川县与昆钢签订战略合作协议】　2009年9月29日，宾川县政府与昆明钢铁控股有限公司在宾川县水泥厂签订战略合作协议及备忘录，并为大理昆钢金鑫建材有限公司成立揭牌。昆钢所属企业昆钢建材水泥集团有限公司与宾川县金鑫建材公司合作，出资1亿元组建大理昆钢金鑫建材有限公司，控股宾川县水泥厂，并利用昆钢建材水泥集团有限公司经营特长和优势，发展建材产业，进军滇西建材市场。双方下步还将在矿产资源、生物资源开发、机械制造等方面开展更广泛、更深层次的合作，共同发展宾川的工业项目。

【财政部对大理州开展专项检查】　年内，根据《财政部关于印发＜淘汰落后产能中央财政奖励资金管理暂行办法＞的通知》的精神，财政部委托成都市投资评审中心，于2009年8月14～21日对大理州2007年、2008年淘汰落后产能中央财政奖励资金安排使用情况以及2009年计划淘汰落后产能情况进行专项检查。期间，州经委会同州财政局全程陪同成都市投资评审中心的工作人员，深入相关县市和企业，积极开展专项检查工作。中央财政2007年、2008年下达大理州淘汰落后产能奖励资金共1360万元，经过核查组认真细致的核查，未发现大理州在奖励资金申报和使用过程中有违规违纪行为，核查组对大理州淘汰落后产能工作给予高度评价。

（《建筑材料开发》由杨丽芳撰稿）

节能降耗

【概述】　2009年是节能降耗工作的决战之年，在应对国际金融危机冲击、保增长任务十分繁重的情况下，全州上下始终狠抓节能降耗工作不放松，切实加强领导、加大工作力度，把节能降耗工作作为贯彻落实科学发展观，构建社会主义和谐社会的重大任务来抓；把建设资源节约型、环境友好型社会放在新型工业化、现代化发展战略的突出位置。全州节能工作稳步推进，能耗指标持续下降，节能降耗工作取得明显进展。

【能耗指标持续下降】　2009年，省人民政府下达给大理州的节能目标为：万元GDP能耗下降4.7%。为此，大理州淘汰落后炼铁生产能力10万吨，全年单位GDP能耗同比下降5.51%，规模以上工业单位增加值能耗下降14.16%。截至

2009年末，全州“十一五”节能总体目标完成近80%，确保节能目标完成进度与“十一五”总体目标任务进度保持同步。

【国家财政补贴高效照明产品推广任务超额完成】 6月9日，全州2009年国家财政补贴高效照明产品推广工作会在喜洲镇召开，在省节能中心的支持下，大理州将喜洲镇作为推广节能灯示范镇，州级安排补助推广经费10万元，建立责任制，要求全镇机关、事业单位、经营性商店、两个示范村年内达到100%节能灯具使用率，其余村必须达到90%以上使用率，全镇至少推广使用节能灯具20万只。2009年，全州推广节能灯任务为50万只以上，截至12月底，实际完成82.6万只，超额完成了任务。

【大理州连续受到省人民政府表彰】 经过全州各级、各相关部门的努力拼搏，全州节能降耗工作扭转了节能指标不降反升的局势，完成进度基本赶上了“十一五”总体目标任务进度，省人民政府考核后对大理州节能降耗工作给予了高度评价。为此，2008年，大理州人民政府被云南省人民政府授予“节能优秀奖”，州经委获得“推广财政补贴高效照明产品工作先进单位”称号；2009年，州经委又获得全省节能工作“节能优秀奖”。

【强化节能降耗目标责任制】 2009年3月，州人民政府分别与12县市人民政府、7个州级节能主管部门和12户重点耗能企业签订了《2009年度节能降耗目标责任书》，将年度节能目标责任指标分解到各县市、州级各有关部门和企业，把节能降耗指标完成情况纳入经济社会发展综合评价体系，并作为领导干部综合考核评价和企业负责人业绩考核的重要内容。

【加强节能降耗工作监督考核】 根据州人民政府的安排，2009年2月初，由州经委牵头组成州政府节能降耗工作考核组，分成6个考核小组，对签订《2008年度节能降耗目标责任书》的12县市人民政府、州级相关主管部门和重点用能企业的节能目标任务完成情况进行了现场考核验收。州人民政府按《大理州节能减排工作问责实施意见》等相关要求，将节能降耗目标任务作为各县（市）综合考核的重要内容严格考核，实行一票否决。州人民政府对2008年节能降耗工作业绩突出的单位进行了通报表扬。

【加大节能资金投入】 为充分发挥企业节能技改项目的示范作用，提高企业节约能源的意识和积极性，全面推动全州节能工作的深入开展，大理州多渠道争取节能技改项目的财政扶持，在上年安排100万元专项资金的基础上，2009年将州级财政节能降耗专项资金增至500万元。其中，对20个节能降耗、资源综合利用和节能灯推广示范项目安排扶持资金390万元，安排全州12县市、州统计局及7个州级节能主管部门节能“三体系”建设补助资金110万元。

【清洁生产和能源审计】 为全面推动清洁生产和能源审计工作的深入开展，2009年，大理州将清洁生产和能源审计工作目标任务纳入节能降耗目标。年内共有11户企业启动清洁生产审核工作，有4户完成并通过省清洁生产办组织的清洁生产审核验收。全部资金投入1773.95万元，年创经济效益615.19万元；节约标煤3524.57吨，节水35802立方米，节电69.7万度，减排废水20473立方米。2009年，大理州能源审计目标任务是完成6户企业能源审计工作，年内已有10户企业启动了能源审计工作，其中7户企业已经完成并通过省能源审计专家评审。

【大力推进清洁生产】 年内，大理州以环洱海流域的工业企业和冶金、化工、建材等行业为重点，大力推行清洁生产，共组织了300多人次参加清洁生产培训，企业开展清洁生产的意识普遍增强，开展清洁生产的主动性和积极性进一步提高，政府推动、企业主动、中介机构技术支持的框架基本形成。大理州在本轮清洁生产实施过程中取得经济效益4239万元，实现节能量为18300吨标煤，节电634.8万度，节水45411吨。

（《节能降耗》由冯安梅撰稿）

州企业家协会

【一届六次理事会（扩大）会议召开】 2009年1月10日下午，大理州企业家协会在下关金达酒店召开一届六次理事（扩大）会议。州经委主任李东，州工经联会长章键、州工商联副主席杨自尚、州财政局、州科协、州总工会、州劳动保障局领导等出席会议，来自全州的130多名企业家参加了会议。

【第三期职业经理人资格认证培训班举办】 3月14日，大理州企业家协会第三期职业经理人资格认证培训班正式开班，30多位来自全州各企业的中高层管理人员参加培训。

【举办学习实践科学发展观专题讲座】 4月，州经委、州企业家协会以开办讲座的形式，就深入学习实践科学发展观进行集中学习，全体经委系统干部职工，部分中小企业厂长、经理、职业经理人等听取了讲座。讲座邀请了云南大学教授徐光远，就经济形势暨经济政策、提高企业发展能力、企业竞争战略、中小企业管理、职业经理人企业经营管理知识等进行了深入浅出的分析讲解。

【组织会员参加2009全国企业家活动日】 5月17～18日，2009全国企业家活动日在昆明如期举办。在州政府副州长程云川、州经委主任李东的带领下，大理州企业家协会负责人及云南力帆骏马车辆有限公司董事长马伟亮、祥云飞龙有色金属股份有限公司董事长杨龙、云南红塔滇西水泥股份有限公司总经理徐敦山、祥云县银龙茧丝绸有限公司董事长钱体辉、宾川县金鑫建材有限责任公司胡仕军、大理水泥集团有限责任公司董事长陈绍刚、大理交通运输集团公司总经理马建国、大理洱宝实业有限公司董事长李协鼎等60多人参加了主会场的各项活动。

【考察YBC丽江（试点）办公室】 6月13日，大理州企业家协会一行4人在秘书长杨章宏带领下，对YBC丽江（试点）办公室进行了考察。

【召开YBC大理办公室筹备工作专题会议】 2009年6月19日，大理州企业家协会就成立YBC大理办公室召开专题会议，州经委、团州委、州劳动和社会保障局、州总工会、州工商联等成员单位参加会议，就YBC大理办公室筹备事宜进行商讨。大理州企业家协会会长孟宪方、州经委副主任那玉海、大理州企业家协会秘书长杨章宏出席了会议。

【举办心理健康讲座】 为帮助企业经营管理人员从容应对不断变化的国际、国内经济形势，缓解心理压力，预防心理疾病，7月17日，大理州企业家协会邀请了大理市第一人民医院心理治疗师、大理卫校、大理学院特聘讲师易俊为企业经营管理人员讲授心理健康知识。来自全州30多家企业的200多名中、高层管理人员听取了讲座。

【召开州企业家协会第二次会员大会】 11月27日，大理州企业家协会在下关召开第二次会员大会，会议按协会章程规定进行了换届选举工作，并认真总结了协会五年来的工作，通报了协会经费开支情况。

（《州企业家协会》由邓菊敏撰稿）

室内装饰行业协会

【州室内装饰行业协会第二届会员大会召开】 2009年1月8日，大理白族自治州室内装饰行业协会第二届会员大会在下关召开，43家会员企业以及相关部门人员、特邀单位代表共70人参加会议。州人大副主任张如旺、州人民政府副州长程云川、州经委主任李东、州工经联会长章键出席会议。会议审议通过了协会一届理事会工作报告、财务报告、协会章程修改报告。选举产生了大理州室内装饰行业协会第二届理事会；选举产生了协会负责人：会长孙纯，常务副会长邵正祥，副会长王家德、胡志光、鲁宏春、陈一松、何彦、杨海燕、余季松、杨臻、张雪梅，秘书长杨宗海，副秘书长杨彬、马铣，名誉会长李东，顾问舒自明、张如旺、章键。

【州室内装饰行业协会喜庆新春】 2009年1月12日下午，大理州室内装饰行业协会在下关举办2009年迎春联谊会。大理州室内装饰行业协会会员单位相关人员、州政府巡视员舒自明、州政府办、州经委、州工商局、州质量技术监督局、州建设局、州政研室、州房地产协会、大理市消费者协会的有关领导及部分地产界嘉宾共200余人参加活动。联谊会上，州室内装饰行业协会会长孙纯、州经委主任李东作了热情洋溢的讲话，肯定了行业取得的成果，展望了行业未来的美好发展前景，分析了面临的机遇和挑战。会议对获得“2008年度优秀家装企业”“2008年度家装工程质量优秀企业”“家装优良工程”奖的企业进行了表彰。联谊会还举行了丰富多彩的游园活动。

【发布《构建家装消费和谐、促进大理经济发展倡议书》】 2009年3月15日，大理福德室内外配套装饰有限公司等27家会员企业及7家装饰材料经销商共同发布了《构建家装消费和谐、促进大理经济发展倡议书》，倡议书有5条，分别是：（一）诚信经营、守法经营，做好家装消费维权的第一责任人；（二）正确引导消费、不误导家装消费者，不搞虚假广告，不出售伪劣产品；（三）倡导功能第一，努力为消费者营造适用、经济、美观、安全的家装工程；（四）创建规范服务达标企业，做到：诚信经营经营合同行为规范、文明施工现场管理规范、质量第一施工规范、放心省心饰后服务及投诉处理规范；（五）稳定员工队伍、多为社会提供就业岗位。

【《中国室内装饰》刊登州室内装饰行业协会文章】 2009年5月15日，中国室内装饰协会主办的《中国室内装饰》期刊刊登了大理州室内装饰行业协会《服务是行业协会永恒的主题》的经验介绍。

【第二届“天城杯·艺海天成”室内设计大赛举办】 5月20日，大理州室内装饰行业协会及大理天城屋业有限责任公司联合主办的第二届“天城杯·艺海天成”室内设计大赛启动。本届竞赛的主题是“一切为了孩子”“享受都市本色生活”。大赛设特别奖1名、奖金10000元，金奖3名、每名奖金5000元，银奖3名、每名奖金3000元，另设有由消费者评出的“百姓喜爱设计奖”9名、每名奖金2000元，参赛入围奖若干名、每名奖金800元。有30家企业的52名室内设计人员参加大赛。

【大理州家庭装饰工程行业指导价格发布】 2009年5月26日，大理州室内装饰行业协会发布了《大理州家庭装饰工程行业指导价格》，此指导价格系业内家庭居室装饰计报价的指导性、技术性文件，自2009年6月1日起实施。

【印发《关于室内装饰企业内部成本管理人工费基价》的约定】 2009年6月30日，大理州室内装饰行业协会印发了《关于室内装饰企业内部成本管理人工费基价》的约定，该约定有32户会员企业签字认可，是企业自我保护的重要措施。

【第二届“天城杯·艺海天成”室内设计大赛颁奖】 2009年7月11日上午，由大理州室内装饰行业协会、大理天城屋业有限公司合办的第二届“天城杯·艺海天成”室内设计大赛颁奖仪式在大理市下关龙溪路中段“艺海天成”楼盘前举行。通过专家对21家企业的63套室内设计方案进行认真评选，评出特别奖2件（并列）、金奖2件、银奖4件，消费者还参与投票评选出消费者喜爱设计奖9件。本届大赛的举行有效地调动了大理地区室内装饰设计人员的积极性，促进了设计水平的有效提升。

【《第二届“天城杯·艺海天成”室内设计大赛作品集》发行】 2009年9月，《大理第二届“天城杯·艺海天成”室内设计大赛作品集》发行，这些作品是针对“艺海天成”楼盘的户型设计的，每种户型都有不同风格的21套室内设计方案，共63套作品，代表了大理州目前行业的最好水平，是家庭装饰、室内设计参考、学习、研究的好资料。

【在全州行业协会研讨会上作交流】 2009年9月15日，州民政局在下关洱海宾馆召开大理州行业协会研讨会，大理州室内装饰行业协会在会议上作了《搞好服务是行业协会的生命》的经验交流。

【装饰材料首次团购活动圆满成功】 2009年12月29日下午，大理州室内装饰行业协会装饰材料团购签字仪式在下关举行，11家室内装饰企业与中标的材料经销商签订采购7类18种装饰材料。装饰材料团购活动在州内尚属首次，这种点对点的采购服务使中间环节减少，既为装饰企业和家装消费者节约了资金、保证了材料品质，又规避了一些不正当的行为。

（《室内装饰行业协会》由孙纯撰稿）

（本部类责任编校：杨摅）

交　通

公　路

【概　述】 2009年，大理州交通部门紧紧抓住国家扩大内需、新农村建设等重大机遇，坚持"顺势而谋，突出重点，注重基础，稳健发展"的交通发展思路，立足州情，解放思想，改革创新，扎实工作，攻坚克难、突出重点，拉动投资，相继开工建设了一大批交通项目，全州交通投资保持持续增长势头。年内，全州交通固定资产投资突破15.6亿元，完成计划任务的139%，同比增46%，占全州固定资产投资的7.18%，为全州经济增长提供了强劲动力。

【路政管理取得新突破】 2009年，大理州交通部门进一步加大公路巡查力度，各种侵占公路、损坏设施等违法行为得到遏制，共查处各类路政案件118起，挽回经济损失39.8万元。加强对超限运输车辆行驶公路的治理，全州4个治超检测卸载点共检查车辆100519辆，检查出超限超载车辆31057辆，责令卸载车辆5912辆、卸载重量28657.69吨。以点带面开展专项治理，重点整治公路沿线乱堆、乱建、侵占路产等行为，维护了路产路权，保障了公路的安全和畅通。

【农村公路发展迅速】 2009年，大理州通畅、通达工程全面推进，其中2008年续建的20个通乡油路项目587千米已完工16个项目433.6千米；2009年9个项目315.4千米中巍山县大仓至紫金公路全面完工，其中4个扩大内需项目超额完成年度投资任务，还有4个项目正在施工。总投资30847.5万元的141个项目1233.9千米通达工程，年内完工54个项目460.6千米，通达61个村，其中通水泥或沥青路39个村、通弹石路12个村、路基改造10个村，其余87个项目773.3千米正在紧张施工。初步统计，"十一五"以来，全州共完成48个乡镇1428.8千米通乡油路或水泥路建设，完成547个建制村4075千米路基改造或路面改造。2008年全州43个养护大中修项目全部完成，工程质量全部评定为合格。安保工程建设和应急保通工作得到加强，农村公路路况、路容、路貌有了极大改观。经检查考核，全州县道路况综合优良率为56.64%，乡道、村道好路率分别为42.02%和32.85%，完成了省公路局下达的农村公路养护质量考核指标。

【农村客运发展稳步推进】 12月18日，为全面推广"丘北经验"，大力发展农村客运，迅速掀起农村客运发展高潮，改善群众出行条件，解决农民群众出行难的问题，州人民政府在巍山县召开"大理州推广丘北经验发展农村客运现场工作会议"。会上，副州长李红卫就加快全州农村客运发展作了讲话，州交通局局长周云就全州农村客运发展工作作了安排部署。2009年，全州乡镇通班车率达99.09%，行政村通班车率达68%；共开行农村客运线路151条，农村客运车辆1413辆。

【交通系统党风廉政建设工作会议】 为切实抓好全州重点公路建设项目预防职务犯罪工作，11月10日，大理州分别召开了重点公路建设项目预防职务犯罪动员会议和大理州交通系统领导干部集体廉政谈话会议，全州交通系统副科以上领导干部，各在建二级公路指挥部中层以上干部、各项目部经理、项目总监、总工等参加了会议。通过廉政教育活动，交通系统广大党员干部从中总结经验，增强了廉洁自律、拒腐防变的自觉性，对进一步实现"工程优质、干部优秀"，建设人民满意工程、人民放心工程的目标起了积极的推动作用。

【杨光成到大理州检查指导交通工作】 10月13日，云南省交通运输厅厅长杨光成一行到大理州检查指导工作，州长何金平、副州长李红卫、州交通局局长周云及祥云县委、县政府领导陪同检查。杨光成一行实地查看了大理州扶贫开发综合示范园区公路、祥姚二级公路、禾甸镇通畅工程后，在祥云县城听取了州交通局关于大理州二级公路、农村公路建设等方面的情况汇报；祥云县委、县政府汇报了祥云县交通发展情况。在听取汇报后，杨光成充分肯定了大理州二级公路建设取得的初步成效，并对二级公路建设提出了要求。

【推行"阳光交通"五项制度】 多年来，大理州交通局按照建设优质、安全、阳光、廉政的交通工程的目标，始终把制度建设作为党的建设和行业管理的重要手段。针对全州交通建设与发展的实际情况，2009年5月，大理州开始推行"阳光交通"五项制度。一是重大项目公示制度，二是重点工程质量责任追究制度，三是施工企业信用等级评价制度，四是路况质量动态公示制度，五是重大事项和行政执法程序公开制度。

【开展工程建设领域专项治理】 根据中央、省的安排部署，为着力解决公路、水运工程建设领域存在的突出问题，大理州交通系统从2009年9月起用2年的时间在全州开展工程建设领域突出问题专项治理活动，制订了详细的实施方案，明确了责任单位和责任人，按时限要求完成了动员部署、隐患排查阶段的工作任务，专项治理活动取得了初步实效。

【办理回复两会建议、提案】 2009年，州交通局共收到11个县65件代表建议、委员提案。州交通局认真办理人大代表建议和政协委员提案，在100%面商的基础上，安排专款资金50万元解决代表、委员反映的交通发展项目，满意率达到98%，得到州人大、州政协的一致好评。

【二级公路建设掀起高潮】 2009年，大理州紧紧抓住取消政府还贷二级公路收费的历史机遇，切实加快全州二级公路建设，总投资52.79亿元、总里程358千米的6条在建二级公路已全部开工建设。其中:关巍公路基本完成主体工程正抓紧扫尾,大凤公路(二期,2月18日开工建设)、鸡足山旅游公路(7月14日开工建设)、祥姚公路(10月28日开工建设)、跃龙公路(12月1日开工建设)正在掀起建设高潮,丽江机场至鹤庆县城公路(12月31日开工建设)、弥渡果河公路(12月31日开工建设)开工建设。重点公路开工项目多、覆盖地域广、建设里程长、投资数额大,开创了大理州交通发展的历史先河。

(撰稿人:施华平)

运　　政

【道路运输管理上新水平】　2009年,大理州交通部门围绕“加强行业管理、树立交通新形象”的目标,不断强化道路监管,提高执法水平,交通行业服务经济社会发展的能力显著增强。认真开展了打击“黑车”专项整治活动,有效遏制了出租车市场“黑车”泛滥的势头。共出动稽查人员23936人次,检查车辆76323辆次,查处案件7665件。共完成公路运输客运量2019万人、完成旅客周转量28.44亿人/千米,同比增15.5%和41%;完成货运量1785万吨,同比减少6%;完成货物周转量26.64亿吨/千米,同比增20%。

【开展道路运输企业质量信誉考核】　2009年3～6月,州运政处开展了道路运输企业质量信誉考核,共对全州33户客运企业、44户普通货物运输企业、5户危货运输企业、68户二类以上机动车维修企业、29家机动车驾驶员培训机构进行了考核。

【营运车辆年度审验】　2009年5月1日～7月31日,州运政处开展了道路运输营运车辆及相关业务的年度审验工作,参加审验的旅游运输车辆3344辆,审验率99%;出租汽车1085辆,审验率99.6%;普通货物运输车辆13293辆,审验率64%;危货运输车辆284辆,审验率80%;教练车663辆,审验率100%。

【加强运政培训考核】　7月5～16日,州运政处组织全州运管干部职工214人、协管员39人分批参加了云南省交通行政执法培训及《道路运输管理工作规范》、《云南省道路运输条例》宣贯培训,并对全体执法人员进行了统一考试,考试合格后审验换发了《云南省行政执法证》和交通部《交通行政执法证》。2009年,州运政处在道路运输从业人员诚信考核工作中,共对全州25618名驾驶员进行考核,其中:AAA级19634人、AA级5984人。

(撰稿人:时艳艳)

海　　事

【水上运输管理有序推进】　2009年,大理州海事部门进一步强化船舶签证管理,实行“谁签证、谁负责”的责任制,确保进、出港船舶安全、适航。严把年度审验和市场准入关,检验船舶107艘,换发船舶证书107本,合格率达100%。洱海巡逻搜救船建造工作顺利推进,整船主体结构基本成形。重视船员培训和管理,招聘了10名海事协管员,组织了229名船员参加的培训班,建立了270名船员个人档案,确保船员适任。全年安全运送旅客124万人次、完成旅客周转量4180万人/千米,同比增3.5%和53.79%;完成货运量5035吨、同比增74.8%;货运周转量70645吨/千米。

【强化水上安全现场监管】　2009年,大理州海事部门共出动管理人员1668人次;出动车、船520次;检查各类船舶1396艘次;查处违章船舶100起,其中罚款17起、警告27起、现场整改56起。召开安全工作会22次,累计参会人员1800人次;安全运送旅客124万人次。在开展船舶检验业务工作中,2009年参加基本安全考试111人,五等驾机员适任证考试94人,客船特殊培训考试99人,高速船船员特殊培训考试34人。洱源西湖非机动船船员培训77人,通过考试取得船员适任证资格。签发基本安全合格证93本。设置船员注册、签发服务簿250本,签发船员适任证书76本,客船船员特殊培训合格证94本。举办2期船员安全学习,参加学习人数646人。

【建造澜沧江海事局巡逻搜救船】　澜沧江海事局巡逻搜救船于2009年1月26日开工建造,合同总价(包干价)860万元,其中:船体建造工程460万元;主机(进口设备)采购400万元。年末,已完成了主体工程,正在进行船内装饰工作,计划2010年5月底完成建造任务并投入使用。

【小湾库区航运基础设施建设筹备】　小湾库区航运基础设施工程建设涉及大理州南涧、巍山、漾濞、永平、云龙5个县的7个码头,14个停靠点。为加快澜沧江小湾库区航运基础设施工程建设,充分发挥其效益,根据云南省航务局《关于澜沧江小湾库区航运基础设施工程建设有关问题的函》的意见,大理州于2009年10月28日成立了大理州澜沧江小湾库区航运基础设施工程建设指挥部,负责指挥、协调、督促、检查各县指挥部工作,所涉及的5个县都相继成立了指挥部,并开展了筹备工作。

(撰稿人:殷兆忠)

大理火车站

【概　述】　2009年,大理火车站认真贯彻执行车务段提出的关于抓好运输组织工作,努力增运创收的要求,车站在进一步挖潜提效、优化旅客运输组织上下功夫,在进一步提高旅客服务质量上下功夫,在进一步提高工作技能上下功夫。加强“春运”、“五·一”、“十·一国庆60周年”黄金周期间和小长假期间加强旅客运输组织,圆满完成各项任务指标。1～11月,大理火车站站区各项生产指标完成情况为:旅客发送人数641901人,与上年同比下降19%;到达人数672292人,与上年同比下降18%,客运运输总收入与上年同比增1.35%。截至2009年12月16日,大理火车站实现安全生产3897天。

【劳动人身安全管理加强】　2009年,大理火车站针对职工特别是主要行车工种岗位的职工有时由于安全意识淡薄、思想麻痹、怕麻烦等原因造成作业中危及自身人身安全的问题,制定了相应的整改措施,做好安全防范工作。针对冬季车站作业环境的特点,强化职工冬季安全知识教育,对未参加过冬季生产的新职员进行培训合格后方准上岗,调车、接发列车、道岔清扫、除雪等室外作业人员作业中严格执行防护制度,全面确保冬季劳动人身安全。

【完善安全责任制】　2009年,大理火车站按照“规范管理、强基达标”的要求,认真落实车务段各级管理干部量化指标责任及考核，进一步转变管理人员工作作风，加强对安全重点和关键作业环节的控制力度，严格落实考核，全面提升安全管理和安全控制能力。通过进一步深化对合资铁路专业化管理，车站管理人员加强“关键时段、关键岗位、关键地点”现场作业卡控。在行车方面重点是“把三关”，即闭塞关、进路关、凭证关。特别是做好旅客列车的接、发作业标准，非正常情况下接、发列车及调车作业的现场把关工作。调车方面重点是防挤、防撞、防溜措施的检查。客运方面精心组织旅客乘降、维护好进、出站秩序，防止旅客携带“三品”进站上车，全年共查处违禁物品68件。

【加强行车设备管理】 2009年，大理火车站进一步深化车站行车设备管理，每月按规定由站长组织各班组长及电务、工务、派出所等部门参加对行车设备及客运设备进行联合大检查，发现的隐患和问题限期集中整治。针对主要行车设备存在的突出问题，明确整治目标和量化要求，大幅度降低设备故障；加强整治跟踪检查，并落实整改责任到人。

【加强施工安全管理】 2009年，大理火车站进一步加强施工安全管理。切实加强营业线施工安全管理，深刻吸取营业线施工事故教训，狠抓车站施工安全管理。车站组织运转人员重新学习《昆明铁路局营业线施工实施细则》并组织考试。对Ⅰ、Ⅱ、Ⅲ(A、B、C)级施工，车务段主要领导及车站站长亲自组织方案审查，召开施工协调会，制定施工行车安全措施，检查责任落实情况。遇施工(维修)作业开始前10分钟按规定到岗，并对登记、请令进行把关，作业结束前10分钟到岗，对销记、列车放行进行把关；遇大型机械在站内或相邻区间施工及向区间开行施工列车时全程进行把关；把关人员亲自核对日计划、登记内容、确认施工(维修)的调度命令、行车凭证、进路准备情况及开通恢复使用范围和条件、限速要求、施工单位、设备检查单位、配合单位签认情况。加强运行揭示调度命令的管理检查，按规定要求车站值班员熟记熟背慢行里程、限速及联控用语。

【火车站消防管理加强】 2009年，大理火车站进一步深化消防管理。消防无小事，车站始终把消防工作做为重点工作来抓。1月，车站组织专业人员对消防设施进行全面检修，使消防报警系统真正发挥作用，修订消防管理制度，定期检查站区内的消防安全设施，组织职工学习消防知识，进行消防演练，提高职工的防火意识和技能。

【自控型班组建设】 2009年，大理火车站根据广通车务段《2009年自控型班组建设》的有关要求，车站建立和完善班组安全生产自控机制，以提高班组管理水平为主线，落实班组长的责权利为重点，突出班组管理在运输安全生产中的重要地位和作用，为确保车站安全运输生产持续稳定创造良好的环境。建立完善职工各岗位安全责任考核体系，把岗位作业人员的遵章守纪、标准化作业情况纳入考核，落实《接发列车标准》、《调标》、《客规》、《人身安全作业标准》等专业技术规章，把各岗位安全作业控制重点项点进一步细化和规范。建立完善车站班组管理制度，实现科学化、规范化、实用化。

【加大营销力度】 2009年，大理火车站进一步加强售票组织工作加大营销力度。严格按照计划售票，在春运、暑运、五一、民族节、十一、新老兵运输期间，提前联系大、中专院校、厂矿企事业单位，掌握售票高峰日期，在售票厅设置询问处，增开售票窗口，延长售票时间，及时公布票额动态避免旅客盲目排队。加大联程票、往返票、短途卧铺票优惠和新增开大理－丽江东临时客车的宣传力度。列车运行图调整时，印制大理站各次列车到发时刻，发放到大理旅游公司、公路、民航和114政府信息直通车等部门，开展多方宣传。定期召开客流调查分析会，按时上报客流分析表，给上级部门了解滇西客流，做好增减开行列车提供了信息保障。

【提高客货服务质量】 2009年，大理火车站客货服务质量得到进一步提高。由于大理站站场改扩建施工，给旅客候车、乘降带来了极大不便，车站认真贯彻铁道部、昆明铁路局、车务段有关提高客货运服务质量的要求，认真执行首问首诉负责制，坚持“以人为本，诚信服务”理念，对服务质量中的突出问题，切实抓好整改。用不同颜色的座椅标出重点旅客专座，并安排专人负责引导进站。售票人员严格执行六字售票法，退票率和作废票率大大降低。客运人员保证对旅客服务不降低，服务质量不下降，文明服务、耐心解答旅客的询问，搞好车站卫生，努力营运良好的旅客乘车环境。

(撰稿人：董仁龙)

大理机场

【概　述】 2009年，大理机场在集团公司和中共大理州委、州政府的领导下，坚持以邓小平理论和“三个代表”重要思想为指导，全面贯彻落实党的十七大精神和科学发展观，全力应对国际金融危机的冲击，按照年度工作的指导思想、基本工作思路，认真推进平安、诚信、文明、和谐机场建设，以安全生产为前提，以提供优质服务为主线，开拓创新、锐意改革，较好地完成了全年的各项工作任务。全年，大理机场共安全保障各类飞行2732架次，其中起降正班2492架次、加班54架次、补班2架次、专机2架次、军航30架次、调机18架次、训练26架次、备降4架次、急救4架次、通用88架次，飞越12架次，旅客吞吐量209304人次，货邮吞吐量313.9吨。

【强化安全管理】 2009年，为全面落实安全生产责任制，大理机场紧紧围绕年度工作指导思想和基本工作思路，结合与集团公司签订的《航空安全责任书》、《经营目标责任书》、《社会治安综合治理责任书》深入动员，认真部署，根据大理机场的实际，层层分解安全责任和经营管理目标，对全年工作进行了统一部署，制定了大理机场2009年主要工作任务分解方案，进一步明确了各级管理人员和保障岗位的安全责任。机场坚持周讲评会、月安全分析会，实行动态考核，明确各个时期的安全工作重点，并定期进行检查，以确保各项责任措施落到实处。

【完善重点部位的安全防控体系】 2009年，大理机场专题召开安保工作会议，对空防安全工作进行了研究和讨论，全面安排和部署了安全防控体系的建设工作。重点完成了以建立候机楼安全防控体系为切入点，努力构建机场重点部位(包括候机楼、停车场、飞行区、中心变电站、供水站、航空器停放地、航空器维修地、空管塔台、地空通信及导航台等)的安全防控体系的建立工作，对新候机楼等区域重新进行责任明确，制作了机场责任区分布图。针对保安体系的建立和完善进行隐患排查治理。保安委办公室组织了对商户、清洁绿化等相关人员的安保知识培训，进一步加强了责任区域管理、重点要害部位守护等安保措施的监督检查力度，全面提升了机场综合安全防控能力。

【开展应急救援演练】 大理机场基于3月份严峻的空防形势，在3月6日组织完成一次反恐应急救援演练，同时制定了《安检站反恐应急预案》，并下发各部门及驻场单位。在安全生产月活动中，依次组织了甲型H1N1流感病毒防控处置预案演练、停机坪运行突发事件桌面演练、停机坪飞机漏油处置演练、飞行区积水排水应急演练、安检现场特情处置演练、离港系统不正常应急演练、过夜飞机守护突发事件应急桌面演练。机场各个部门积极组织参与演练，都达到了预期效果。年内，机场共制定预案3个，修订预案6次，共组织单项应急演练13次。

【开拓航空市场】 2009年，大理机场在抓好安全生产的同时，通过多种措施和办法着力狠抓航空市场的开发营销和外部协调工作。一是以旅游旺季补淡季，在抓好五一、端午小长假的同时，以大理民族节为契机，提前准备，做好宣传工作，积极配合地方政府进行旅游推介，扩大市场范围，积极营销市场，同时配合航空公司做好大客户、常旅客的开发工作，形成相对稳定的市场群体；二是客货并举、以货补客，积极发展县市客货客户群，并完善配套服务项目，建立长期合作机制；三是开展市场调研、统计、分析工作，积极同州市政府、机场集团公司联系，争取州市政府、机场集团、西南管理局、监管办等的政策性支持，积极培育航线网络；四是提倡互惠、互利合作，加强与航空公司、旅行社的合作，形成战略一体化经济链，共同开发航空市场，将大理的旅游资源优势、机场的服务保障优势和航空公司、旅行社的优势进行互补，达到多赢。

【加强财务管理】 2009年，为加强机场的经营管理，机场年初提出"严格管理、开源节流、增收节支"的工作思路，结合"节能减排"周的宣传活动，严格电话费、燃油费、维修费、办公费等的使用，进一步加强对可控成本费用的管理和控制，对差旅费、接待费、办公费实施签批制度，增强员工节约意识，有效地控制了成本。同时按照集团公司的要求，全面推行预算管理，制定了财务收支预算，在全面分析测算基础上，对当月上报资金预算强化执行，避免了重预算、轻执行的问题，资金预算的执行率达95%。

【推进"三标一体"运行】 2009年，按照集团"三标"工作的要求，大理机场认真开展机场"三标一体"运行工作，一是为确保三标作业文件符合机场运行实际，机场三标办同各部室就质量、安全、环境目标和职责划分等内容进行了沟通，并制定下发了09年的三标工作计划和目标指标；二是严格落实节能减排各项目标指标，结合"节能减排周"活动，大力开展节能减排宣传，努力建设节约型机场；三是结合候机楼转场后工作程序的变更，对作业文件进行了修改；四是根据"三标"要求，对新增和修改国家、地方环境、职业健康安全法律法规和民航相关法律法规进行了识别和修改和上报工作；五是修订了环境因素清单、重要环境因素清单，制定了2009年度环境管理目标、指标与管理方案；六是组织机场全体员工进行了体检，并对体检结果进行了分析；七是开展了年度的顾客满意度调查。机场"三标"管理工作做到了领导重视、全员参与、全面贯彻，通过掌握和运用国际先进的管理理念与管理方法，逐步达到促进管理质量的提升，并自觉做到按体系文件要求做好本职工作。

【机场改扩建工程】 大理机场扩建项目是云南省"十一五"期间重点工程建设项目之一，也是云南机场集团有限责任公司"5+1"机场改扩建工程第一个实施的项目，扩建工程于2007年5月20日正式破土动工。此次扩建工程项目主要包括：新建250×118.50米的停机坪、新建一条长144米，宽18米，两侧道肩各宽3.5米的垂直联络道、原停机坪往西扩宽33.5米、新建10050平方米的二层候机楼、440平方米的货运站、1250平方米的特种车库、1085平方米的消防站、253平方米的消防泵房、扩建中心配电室及相应土石方和助航灯光工程。扩建后机场可同时停放10架客机，满足机场年旅客吞吐量110万人次的要求。机场扩建工程于2009年1月正式完工，2月13日顺利通过竣工验收，对竣工验收提出的问题进行了认真整改，进一步完善了新候机楼的基础设施，于6月22日顺利通过了行业验收。在大理机场全体员工的共同努力下，8月15日扩建工程项目的设施、设备全部转场完毕，16日零时扩建工程全部项目正式启用。

【机场员工培训】 2009年，为进一步转变经营理念，树立市场观念，努力提高机场的经济效益和保障能力，大理机场一方面注重了对员工的培训学习，以适应新的发展的需要。由于职工的不断更新，为防止职工思想麻痹，结合机场实际，制定了相应的管理制度，加强了日常保障的监控管理，进一步规范了员工岗位行为，特别加强了员工日常学习培训，通过班组的强化学习培训，提高员工学习的自觉性，通过开展知识讲坛、现场交流、交叉检查、专项授课等多种形式，保证每位员工月累计学习达12学时以上。另一方面各科室对新进职工加强安全教育培训，建立了新人安全教育档案，加强了安全思想、安全观念、安全意识、安全规章和职业道德方面的教育，把安全教育融入到岗前技能培训和业务培训中去。全年机场开展团队执行力、服务礼仪等内部培训共计32次，共有108人次外出参加各类业务培训和学习。

【提升服务品质】 2009年，大理机场开展了"打造服务品牌，优化服务形象，赢得顾客满意"的质量上台阶活动。通过开展学习、宣传，开展"找差距、树形象、强化服务意识、规范服务行为、提高服务水平"为主题的系列学习培训活动和服务质量大检查等几个阶段的活动，打造值机柜台、安检通道、贵宾服务三个优质服务、文明服务、精品服务示范岗，候机楼各岗位普通话服务率达到100%，礼貌用语服务率达到100%，微笑服务率达到100%。员工岗位仪表、仪容合格率达到100%，岗位形象、行为合格率达到100%。机场服务质量顾客总体满意率上升1个百分点。

（撰稿人：李金凤）

（本部类责任编校：李建川）

信息产业

综　述

【概　述】 2009年末，大理州移动电话交换容量达382万门，移动电话用户数达175.69万户，移动数据用户数达87.1万户，无线基站数达2758个；TD－SCDMA等3G网络建设以及农村移动信息富民工程建设按计划顺利推进，并推出高速手机上网、手机电视等新业务；固定电话交换容量达92.86万门，固定电话用户数达59.95万户；互联网宽带上网用户数达9.17万户；通信业务总量共计完成10.6亿元。与上年相比，除固定电话交换容量略有下降外，其余各项主要经济技术指标均有增长或较大幅度的增长。年内，电子政务应用工作有新发展，无线电管理工作取得新突破。

【召开门户网站建设与信息保障工作会议】 为加快推进"中国·大理"门户网站建设及信息更新保障工作，确保取得应有的建设成效，大理州于2009年11月19日在大理国际会议中心召开了"中国·大理"门户网站建设与信息保障工作会议，专题研究和安排部署网站建设与信息保障的有关工作任务。会议由州人民政府秘书长李超主持，州委常委、州委秘书长杨健到会作重要讲话。州级78个相关单位分管领导及网络信息员近150人参加会议，并签领了信息更新保障的有关任务。

【在线咨询系统应用成效显著】 2009年，大理州在2008年建成州级主站点的基础上，进一步建成了12个县市政府公共服务在线咨询系统分站点，体系与数据结构采用集中控制、分级管理模式。全年累计办复各类问题3675个(不含以电话、电邮等非公开方式办复的问题)，IP访问量达200489次，月平均访问量达1.67万次。同时，按照责任政府四项制度、特别是限时办结制的要求，初步建立了一套较为科学合理、切实可行的在线咨询服务工作制度与运作机制。在线咨询服务工作得到了上级的肯定和公众的认可。

【"中国·大理"门户网站建设工作启动】 2009年，经过反复比较论证，大理州确定了充分依托省级软硬件资源，重点做好功能设计、页面制作、栏目维护、信息更新等工作的技术发展路线。在完成网站主页面设计制作与相关栏目数据移植工作的基础上，于12月25日正式开通了全新的"中国·大理"门户网站，网站增设了"大理视频新闻"等新栏目，强化了动态栏目的信息更新保障及日常维护管理工作，全面整合了州政府信息公开主站点以及阳光政府四项制度建设相关栏目内容。与此同时，全州政府信息公开网站群运行维护工作稳步推进，已进入较为规范的常态化运行阶段。

【3G网络与农村移动信息富民工程建设】 年内，根据国家和省有关文件精神，大理州先后印发实施了《大理白族自治州人民政府关于支持和推进TD－SCDMA通信网络建设的通知》、《大理白族自治州人民政府办公室转发省人民政府办公厅关于大力支持第三代移动通信发展的通知》以及《大理白族自治州人民政府办公室关于加强农村移动信息富民工程建设工作的通知》等文件，有效推进了TD－SCDMA通信网络等3G通信网络建设工作，并积极协调龙山行政办公区有关单位，为确保建设单位按上级时间、任务、进度和质量要求圆满完成TD－SCDMA网络建设创造了有利的条件。同时，积极支持通信运营部门加强了农村移动信息富民工程建设工作，理顺和完善了相关的组织保障与工作机制。

【计算机信息系统保密安全】 年内，州信息产业办根据计算机信息系统保密安全工作的需要，圆满完成了全州党政机关门户网站及政府信息公开门户网站涉密与敏感信息清理工作。整个清理工作做到了迅捷、高效、安全、保密，得到了上级部门的肯定。同时，按照州委保密委工作安排，配合完成了全州党政机关计算机网络信息系统保密大检查。此外，根据上级指示和要求，组织开展并圆满完成了应对部分IC卡安全隐患检查工作。

【电子政务建设情况调查】 根据全省统一部署和全州"十二五"期间电子政务建设工作的需要，2009年11月，州信息产业办组织开展了全州电子政务建设情况调查。通过调查，摸清了底子，掌握了情况，为下一步编制全州电子政务"十二五"规划提供了丰富详实的基础数据。

【视频会议保障】 2009年，大理州信息产业办圆满完成了全年电子政务视频会议系统应用保障与日常维护工作，安全、顺利地完成了共计32次省州县三级视频会议的保障工作。

【电子政务基础网络建设与应用】 年内，大理州新增州国动委、州交警支队及州军队退休干部休养所3个电子政务专网横向接入单位(其中州国动委采用SDH接入，其余2家单位采用VPDN接入)，州级专网横向接入单位达75家。完成了国家电子政务外网州级节点建设与干路接入工作，并调拨州政务服务中心、州车管所以及大理市政务服务中心外网电路3条。全州依托电子政务外网以及专网平台，共计建立了26个垂直业务应用系统，其中年内新增9个系统(省政府应急指挥系统、省政府非涉密公文交换系统、金宏工程、国防动员系统、民政业务系统、民委信息系统、政务服务系统以及州车管所与大理市政务服务中心2个视频监察系统)，并利用政务专网传输平台，为部分商业性金融单位提供了公务卡对公服务接入应用。

【通信与网络信息系统应急安全保障】 年内，大理州继续加强了春节、三月街民族节、国庆节、州庆等重要节庆期间全州通信网络与计算机信息系统安全应急值守工作。州信息产业办组织全州通信运营企业及各相关部门开展了应急通信、应急保障、应急储备、应急值守与应急联络等相关工作，圆满完成了年内全州通信与网络信息系统安全保障工作。

【计算机技术与软件专业技术资格水平考试】 2009年全国计算机技术与软件专业技术资格水平考试于5月23日和11月14日举行。全年大理考点报名人数为160人，比上年增加25人，考试合格人数为33人。

（撰稿人：和云平）

无线电管理

【无线电法规宣传特色鲜明】 2009年1月和6月，州无线电管理处在全州范围内组织开展了"无线电法规宣传月"和《云南省无线电电磁环境保护条例》宣传月活动，采取了悬挂标语、发放资料、广播电视宣传、网站宣传、短信宣传、现场解答等方式宣传无线电管理法规。通过开展无线电法规宣传使人民群众对电磁环境保护的重要性和必要性有了进一步认识，依法保护使用无线电频率资源的意识得到增强，无线电管理工作的社会认知度和无线电管理工作的权威有了一定提高。无线电法规宣传进社区活动的开展，进一步拓展了无线电管理法规知识宣传的深度和广度，提高了无线电管理工作的社会影响，是无线电管理宣传工作的一次尝试。

（张雄辉）

【无线电台站址评审】 2009年，由州人大、州无线电管理处、州规划局、州国土局、州环保局、州林业局、州建设局、州气象局等相关部门专家组成评审组，共组织召开了6次专家评审会，对新设台站拟选台站址进行综合审查。2月25日，在下关召开"州移动公司393个新建基站综合评审会"。3月6日，在下关召开"大理新一代天气雷达站选址评审会议"。4月7日，在大理电视台召开"团山3KW电视差转台拟选台址评审会"。6月6日，在下关召开"中国移动大理分公司TD—SCDMA一期公众网135个基站综合评审会"。7月13日，在大理市气象局召开"大理国家观象台风廓线雷达站台站址专家评审会"。11月6日，在州联通公司召开"大理联通公司新建GSM、WCDMA公众网346个基站评审会"。

（杨　生）

【协办省无线电台操作资格考试培训】 3月8日，按照省无管办的安排部署，昆明赛百威学校在下关举办了"云南省无线电台操作资格考试培训班"；3月9～11日组织学员培训，邀请了云大教师、省无管办领导和专家作为培训授课教师，分别就无线电通信原理及新技术、无线电频率和台站管理规范、无线电法律基础知识、《云南省无线电电磁环境保护条例》等知识进行了讲授。3月12日上午，省无管办组织学员进行无线电操作资格证考试。此次培训考试活动面向全州所有设台单位，共有70位学员参加。

（刘大红）

【鹤庆县解决移动基站电磁辐射纠纷】 3月18日，鹤庆县无线电管理领导小组委托四川省核工业地质局分析测试中心对云鹤镇东升社区文昌宫巷移动通信基站进行电磁环境测试。2009年春节过后，鹤庆县东升社区居民先后多次到县政府、县无线电管理领导小组办公室、县环保局、县移动公司、云鹤镇政府上访，强烈要求撤除县移动公司位于新康宾馆旁的移动通信基站。县级相关部门及镇政府多次作居民的思想工作，宣传无线电的有关知识，耐心解释国家环境电磁波卫生标准，讲解移动基站的发射设备是经国家核准后使用的合格产品，但居民始终无法接受。最后，县政府主要领导作出批示，请相关部门积极协调，邀请有资质的测试机构对该基站的电磁环境进行测试，用科学的数据和事实向居民解释。经测试，移动基站开机前，幼儿园屋顶小灵通基站的辐射峰值是1.7伏/米；移动基站开机后，离发射天线最近的居民楼二层阳台辐射峰值是1.87伏/米，其余附近居民家中都小于1伏/米，幼儿园辐射叠加峰值是2.4伏/米。测试结果表明，该基站周围的电磁辐射强度符合单个项目功率密度要求，远低于国家一级安全区标准。根据《云南省无线电电磁环境保护条例》，基站的发射功率大于100瓦的应进行电磁环境测试。此次测试的基站发射功率不超过20瓦，属国家非强制测试的范围。

（张品秀）

【州无线电管理处正式挂牌】 2008年底，大理州无线电管理处在原州无委办的基础上升格为正处级单位，受州人民政府和省无管办双重领导，下设综合科、管理科、监测站，加挂稽查科牌子，负责全州无线电管理工作。人员编制从7人增加到12人，为无线电管理工作提供了组织保障和人员基础。2009年5月31日，"大理白族自治州无线电管理处"正式挂牌。为不断完善制度，10月20日，印发了《大理白族自治州无线电管理处工作制度规则》，并正式实施。规则分别从指导思想、目的意义、机构职能、议事、办文、人事、财务、接待、出勤、车辆管理、无线电频率台（站）管理、监测、行政执法、廉政建设及职业操守等方面进行了全面规范。

（张雄辉）

【召开全州无线电管理工作会议】 5月31日，全州无线电管理工作会议在关召开，州政府秘书长李超作了题为"加强协作配合，突出服务重点，努力开创全州无线电管理工作新局面"的讲话。各县市人民政府和办公室分管无线电管理工作的领导及专兼职人员、州无线电管理委员会成员单位、州级有关部门，以及主要设台单位的代表参加了会议。会上，州无线电管理处处长施双林与各县市续签《云南省无线电管理行政执法委托协议书》。会议安排了工作座谈，听取了各县市的意见和建议。

（杨　生）

【无线电管理行政执法培训】 6月1～2日，大理州举办无线电管理行政执法培训班，并安排了执法资格考试。州内25名无线电管理专兼职人员参加了无线电行政执法培训和资格考试。培训会上，州无管处联合州法制局特邀州政府法律顾问及法制局领导授课，8位资深教师从法律专业理论及无线电管理法律法规知识等方面进行了讲授。25名学员全部通过考试，取得了行政执法资格。

（张雄辉）

【移动通信基站测试工作全面完成】 基站测试是无线电管理工作中一项重要工作，由于近两年无线电通信事业发展迅速，通信基站建设过快，加上人员较少、任务繁重等原因，2007、2008年的基站测试工作都没能如期完成，造成任务积压。对此，大理州无线电管理处处高度重视，迅速将其列入议事日程，并在年度工作计划和阶段性工作中做了具体安排部署。为加强对各类无线电台（站）的技术管理，维护空中电波秩序，州无线电管理处处对三大运营商的移动通信基站开展了按比例抽测工作，通过艰苦努力，共检测各类基站设备123台（其中GSM112台、CDMA11台），全面完成了基站测试任务。

（刘大红）

【国家无线电管理局到大理州调研】 8月7～8日，国家无线电管理局调研组一行4人，到大理州就广播电视和民用航空电磁干扰等无线电管理工作进行了调研。

（杨 生）

【成立州无线电事业发展规划领导组】 9月22日，州政府办公室发文通知成立大理州无线电事业发展规划领导组。州人民政府副州长岳黎松任组长，州政府副秘书长、州无线电管理处处长施双林任副组长兼办公室主任，州级19个相关部门的领导为成员。

（杨 生）

【加强无线电行政执法】 为进一步加强对讲机的设置使用管理，加大对无线电台（站）非法设台和违规使用的执法力度，保护合法无线电台（站）权益，净化无线电电磁环境，维护电波秩序，2009年8月开始，全州按宣传发动、自查自检、抽查和重点检查、总结四个阶段，对12县市小区物业、建筑工地、旅游景区、餐饮娱乐场所、商场超市、度假村、宾馆和饭店等行业开展了清理违法使用对讲机专项执法活动，共清理对讲机1692台。8月27～28日，州无线电管理处联合大理市无线电管理领导组以及大理市公安、建设、商务、旅游、经济等相关部门组成联合执法检查组，对大理市鸿城商业广场、鸿元体育中心、红山水泥股份公司、大理市第六建筑公司、亚星饭店、天龙八部影视城等6个单位进行了实地检查，共查出违规使用对讲机97台，联合执法检查组对6家违法设置使用无线电对讲机单位进行了调查笔录，并责令其整改，不符合规定的对讲机令其封存禁止使用，同时对如何合法使用无线电台以及规范使用无线电台的重要性和必要性进行了宣传教育。在清理整顿期间，共有18家单位相继补办了126台对讲机的设台手续。12月8日，针对西湖旅游公司和地热国擅自设置使用对讲机、洱源广电网络公司逾期未缴纳频率占用费、以及通信基站擅自采用微波传输等问题，州无线电管理处会同洱源县无委办组成联合工作组，深入实际进行了跟踪、督促和检查。

（张雄辉）

【电台执照年检换证】 2009年，全州共设有各类无线电台7769部，涉及民航、公众移动通信、气象、卫生、教育、广播电视、金融、公安、林业、水利、电力、地震、交通、物业管理、酒店服务、娱乐场所、超市、购物广场、业余爱好者等行业120余家设台单位，共发出年检换证通知125份，换发电台执照7755本，收取频率资源占用费276010元。

（杨 生）

【宾川无线电监测小站建成】 2009年底，宾川无线电监测小站建成，这是继祥云水目山、永平、苍山索道和大理机场监测小站后，大理州建成的第五个无线电监测小站，将进一步扩大全州的无线电监测覆盖范围，提升无线电监管能力，在经济社会发展中发挥积极的作用。

（刘大红）

【查处有害无线电干扰】 2009年，州无线电管理处及时查处无线电干扰5次，其中电力系统微波通信干扰联通WCDMA通信基站1次，查处了下关一中电力线缆干扰电脑和电视的特殊干扰1次，查处会议干扰器干扰联通WCDMA通信基站2次，查处对讲机干扰1次。无线电有害干扰的及时查处，切实维护了无线电秩序，避免了造成更大损失。

（刘大红）

【无线电安全保障】 2009年，大理州无线电管理处加强日常监测工作，完成上级安排的各项特殊监测任务，同时对民用航空、广播电视、森林防火、移动通信等重要频段和台（站）进行重点监测。顺利完成了春节、国庆60周年等重大节假日无线电安全保障工作；在2009年研究生考试、高考、司法、成人高考等5重大考试工作中，与教育、公安等有关部门通力配合，坚决贯彻预防为主、打防结合的方针，严厉打击考试中利用无线电手段作弊的行为，有效遏制了利用无线电手段进行考试作弊的现象。特别是在高考期间，在大理和下关两个城区之间开展巡回监测方面进行了尝试，积累了一定经验。

（张品秀）

【全力推进3G产业发展】 5月18日，大理州无线电管理处印发了《全力配合大理州3G项目建设的意见》，明确了指导思想、目标任务和保障措施，要求加强组织领导，加强沟通联系、积极主动配合，建立协调机制、简化办事程序、压缩审批时间、狠抓政策落实。6月3日，又印发了《关于3G通信网基站建设初审工作有关问题的通知》，进一步明确为简化办事程序、压缩审批时间，在原址上不改建天线、机房的共建共享基站，县市不再进行初审。凡是通信运营商提出的3G项目建设审批台站址的申请，无线电管理部门都及时受理、审批，提供优质服务。年末，三家移动通讯运营商3G项目建设顺利推进，移动公司建成TD－CDMA基站135个，联通在建WCDMA基站148个，电信公司升级运行CDMA2000基站132个，工作开展初见成效。

（杨 生）

邮 政

【概 述】 2009年，大理州邮政系统把省邮政公司安排部署的管理创新任务、经营创新任务、服务创新任务及发展、改革目标落到实处，经营基础进一步得到夯实，坚持树立“三流合一”大邮政思想，突出效益，突出全面协调，突出可持续发展。以满足客户需求为出发点，打破各专业板块各自为政的“围墙意识”，充分发挥邮政“三流合一”的整体优势，分类分层处理好资源整合和专业推进的关系，真正形成一个利益共同体，和谐一致，协同发展。全年完成业务收入9191.58万元，同比增长14.19%，净增1142.18万元，顺利实现了从“跟着跑”、“挤着跑”到“领着跑”的成功转变。

【邮务类业务高效快速发展】 2009年，大理州邮政系统在做好移动、邮储、建行、工行、公积金等现有账单项目的基础上，不断扩大寄递量和服务范围，促进账单业务的规模发展；加快名址信息库的建设，促进商函业务发展；巩固门票明信片项目，扩充景区网点服务功能，加大旅游文化市场的开发。及时捕获信息、研究市场、创新服务方式，做好包裹的揽收和服务。狠抓“代”字类业务的发展，整合“高考大礼包”项目，加大代理机票营销力度。做好大理茶兰博会、大理影会、开海节的营销工作；加快盘活库存，拓展“书信文化城”功能，做大零售规模；做好《大理》集邮册的促销和县局个性化邮票及形象年册的市场开发工作，为邮政业务结构调整和长远可持续发展奠定了坚实基础。全年实现邮务类业务收入2943.93万元，占总收入比重达32.03%，同比增幅4.78%。

【速递物流类业务快速扩张】 2009年，大理州邮政系统速递物流类业务实现收入2299.81万元，占总收入比重达25.02%，同比增幅24.76%，其中速递业务实现收入1330.26万元，物流业务实现收入969.55万元。速递业务以专业化经营为契机，迅速扩张市场，在激烈的市场竞争中逐步打造了一支权责一致、结构优化、功能完备、技术先进的行业领军队伍；不松懈、不畏难，继续抓好“身份证寄递”项目；以“巩固阵地、收复失地、抢占高地”的思路，实施流程优化、提高揽投能力，落实“次日递”、“次晨达”国内时限承诺服务项目，切实提高物品型速递的市场竞争力和占有率，确保业务发展速度与规模效益的双增长；做好机动车自选号牌寄递，发展单证照业务；加快经济快递业务发展；加大特快送汇、“五节联送”项目的拓展，做大节日礼仪市场；加强了特快邮件的质量管控，代收货款业务的管理。物流业务进一步深化卷烟配送业务项目，优化配送流程，合理安排人力、物力，拓展T+O配送模式、直配模式、直投模式，最大限度降低配送成本，实现全州卷烟配送物流业务服务统一、质量统一、标准统一的新格局，有效巩固了“烟邮合作”成果；以基层农技员为突破口，加快推进农资配送经营工作，打造“配送+加盟+服务”的农资配送服务平台；坚持以一体化业务的运作促进邮政物流队伍运作技能的提升和物流标准化体系的建立，通过整合仓储、运输等资源进一步提升大理邮政物流的市场竞争力；在做好雅芳、DELL等一体化物流的基础上，启动网上找客户e邮宝项目，加快各县土特产品资源或特色企业产品上行物流发展。

【金融类业务抓机遇做大做强】 2009年是邮政金融转变经营模式、拓展业务市场、加快全面发展的关键时期。按照“一切有利于大理邮政的发展，一切有利于大理邮储银行的改革”思路，统一管理，分工负责，利益共享，风险共担。个人综合业务抓住机遇，坚定信心，落实政策，强化措施，实现储蓄业务的增量前移。以发展优质客户，带动结算业务和理财业务的发展。商易通业务，将其作为发卡和吸收活期存款重要渠道，加快服装、建材、小商品、通讯、粮油等客户的发展进网工作。理财业务一边加强理财队伍建设，提升理财产品销售人员的素质，一边加大理财业务宣传力度，加强网点对客户的营销，做好日常客户维护工作。公司业务切实做好全州卷烟资金大集中工作，全面落实电子结算的各项工作要求；以烟草、移动项目推进为契机，以中小企业、邮政关联企业、资金归集型企事业单位为重点，认真梳理客户，探索和发挥邮政一体化业务拓展模式，实现行业单位资金归集、结算新突破。信贷业务充分发挥邮政金融点多、面广、贴近城乡居民、贴近中小企业的优势，认真组织、扎实奋战，着力发展小额信贷业务，使小额信贷成为县域种植户、养殖户、农产品加工户、小企业主、小手工业者、商品经销户、零售商的有效融资途径。汇兑业务加大商务汇款、账户类汇款业务的开发，突出做好关联汇款业务，提高高附加值汇款的比重，从量上实现汇兑业务的新突破。保险业务充分发挥网点优势，不断加强网点人员销售技能，拓展县级和农村市场；继续深化与保险公司的合作，逐步实现代理产品和销售方式的结构调整，重点发展分红型保险、机动车辆保险，不断提高代理保险收益水平。全年金融类业务收入累计实现3300.79万元，全州邮政储蓄余额累计增长3.88亿元，余额规模达到17.5亿元，不断增强了邮政金融业务的竞争力。

【省公司检查“三个规定”贯彻落实情况】 11月8日，省集团公司“三个规定”检查组到大理检查工作。检查组对大理邮政“三个规定”贯彻落实情况给予了充分的肯定，表扬大理邮政在落实中“领导重视、资料齐全、制度细好”，各部门职责分工细致明确，履行职责要数齐全，履职资料整齐完备。特别是对大理邮政制定的《大理州邮政局、邮储银行大理州分行邮政金融稽查审计、风险管控、沟通协调机制工作实施细则》予以高度评价，认为《实施细则》很全面、很细致，为邮政金融专业化经营管理后的网点人事管理、金融从业人员培训教育、财务核算、后勤技术保障、服务支撑、金库出入库安全管理、ATM机安防达标建设及日常维护管理等一系列问题的解决提供了规范的执行原则、可操作性强的操作机制，保障了银邮沟通畅通，为邮政金融健康发展提供了安全的生产环境。

【国家邮政局领导调研普遍服务工作】 12月14日，国家邮政局普遍服务监督检查组一行10人到大理调研，检查指导大理邮政普遍服务工作。国家邮政局普遍服务司副司长王国栋对大理邮政在经营管理工作中取得的成绩予以肯定，指出大理邮政在改革的过程中高举大旗的意识清晰，责任强，为社会提供了有效的服务。并对大理邮政如何做好普遍服务提了两点建议：一是服务创新。要善于“借力”和“结合”，要借政府之力，创造更多的工作空间，争取更多的方针政策；要把邮政与社区相结合，寻找业务突破口进入社区，需求是研究发展的根本出发点，要为社区提供更有效的服务。二是管理创新。要细化用工制度，改善待遇，争取政策。

【召开邮政经营、安全和服务会议】 2月28日，大理邮政召开了“大理州邮政局2009年经营、安全和服务会议”。会上，局长罗光文作了三方面的安排：一是加强合作，促进三大板块共同发展；二是干部是维护三大板块协调发展的关键；三是经营是源头，安全是保障，服务是根本，要落到深处、细处、实处。全州邮政必须围绕这三大主题，加快发展，努力工作，在经营、安全和服务工作中达成思想的统一，认识的统一和行动的统一，最终狠抓落实。

【召开党报党刊发行服务工作座谈会】 10月26日，大理州邮政局在国际龙山会议中心召开2010年党报党刊会议。会议深入学习贯彻全省党报党刊发行工作会议精神，安排部署了2010年大理州党报党刊发行工作，州委常委、州委宣传部部长王以志做了重要讲话。会议强调，做好党报党刊发行工作是壮大主流舆论的需要，是满足人民群众不同文化需求的需要，是党的宣传思想工作的重要组成部分，是各级党委宣传部门的重要政治职责和政治任务。各级党委和宣传部门要以高度的政治责任感做好发行工作；要以改革创新的精神，积极推行“财政代扣、集订分送”制度。

【参加省技能大赛获佳绩】 在7月28～30日全省分拣员、转运员技能大赛上，大理州邮政局参赛队伍以优异的成绩获得大赛优秀组织奖，分拣、转运两个工种分别获得团体第二名，杨陈君、丁金福、普利民3名选手还获得个人全能前十强的好成绩，充分展示了大理邮政网运工作实力和较好的职工素质。

【包状邮件散件外走模式试点见成效】 2009年，大理邮区中心局以“摸着走、带着走、领着走”的方式，在确保邮件分拣质量的前提下，依托现有的网络平台和信息网络系统，建立包状邮件散件外走的邮件封装模式。以收寄信息一次录入、全网共享为原则，以网上电子清单为依据，总包内不再随附封发清单，邮件勾核以电子清单为依据，以包裹依据散件信息的全网互联互通为基础，进一步优化包裹分拣封发作业流程，提高包裹处理效率。实行立体化作业、一站式交接、汽车邮路运输、公交化运作、动态式调度。凡是符合外走的包状邮件，均实行散件裸封发运，突破了只有装进邮袋才叫邮件的传统观念。5月5日，大理邮区中心局正式与昆明邮区中心局试行相互设置的封发格口的封发模式，在昆明至大理邮路相互发运包状外走邮件总包。通过不断总结、探索、实践、提高，实行包状邮件外走业务后，大理邮区中心局邮件内部处理、网运管理等方面已初见成效：一是简化了交接手续，提高了邮件处理效率；二是减少了中间环节和重复劳动；三是增强了邮件的安全性，提高了邮件传递质量和工作人员的责任感；四是减轻了员工的劳动强度；五是有利于对邮政通信各生产环节的进一步优化。

【职工小家建设初显成效】 2009年，大理邮政从改善基层职工生产、生活环境入手，维护职工最关心、最直接、最现实的根本利益，小家建设取得初步成效。根据先易后难的原则，共新建或改造农村支局(所)小食堂7个，小浴室31个，厕所4个，休息室、小活动室34个。配置电视机27台，微波炉、电磁炉7台，电冰箱2台，饮水、洗浴设施34台。通过职工小家建设，提升了基层邮政职工的生产、生活水平。把劳务工和业务外包员工吸引到工会活动中来，建成集教育、学习、服务、生活于一体的“职工小家”。促进了基层邮政所的基础管理和民主管理。通过小家建设活动，创造沟通平台，职工在工作中团结协调，目标一致，能够自觉完成任务，自觉维护邮政支局(所)形象。通过小家的作用，达到了充分调动和发挥广大职工的积极和创造性的目的，为企业发展激发积极因素，促进了基层邮政所所务公开，提升了基层邮政企业形象，使邮政更好地服务社会，促进了企业的经营发展、稳定。

【大理集邮文化融入地方文化产业】 6月15日，第八届中国摄影艺术节暨2009首届大理国际影会活动组委会召开第一次筹备会，会上要求大理州邮政局设计制作好第八届中国摄影艺术节暨2009首届大理国际影会纪念邮票及纪念信封，并组织举办好纪念邮票及纪念信封的首发式工作”。大理邮政精心策划了开发纪念封、个性化邮票、礼品册等系列集邮产品的方案和设计初稿，并积极与主要负责人沟通，在组委会的支持下又反复调整设计思路和创意，最终为用户制作“第八届中国摄影艺术节暨2009首届大理国际影会”个性化邮票1600版、纪念信封2370个、大理9项国家非物质文化遗产纪念封5040个、礼品册500册，开海节个性化邮票2000版(含邮折)，合计签单23.15万元。组委会还决定组织开发纪念邮品首发仪式，并纳入了活动日程安排中。

【启动“爱心包裹”项目】 5月12日，大理州“爱心包裹”启动仪式在下关建设路邮政营业室前举行。“爱心包裹”项目是中国扶贫基金会发起的一项全民公益行动，受中国扶贫基金会委托，大理州邮政局具体承担大理州范围内“爱心包裹”受理以及捐赠款归集工作。当日，建设路邮政营业室“爱心包裹捐赠站”就有53位爱心人士捐献了67个“爱心包裹”。启动仪式结束后，大理州各邮政网点将继续发挥“爱心包裹捐赠站”的功能，将爱心持续下去，为更多需要帮助的学子和学校送去温暖和关爱。

(撰稿人：甘静)

中国电信大理分公司

【大理电信率先推出3G业务】 2009年1月7日，国家正式发放第三代移动通信技术(简称3G)业务经营牌照，中国电信大理分公司按照集团、省公司的统一部署，投入大量资源，加快3G网络建设进度，并积极探索、创新开发3G移动新业务。经过努力，在3G移动牌照发放后的第100天，中国电信大理分公司就在全州实现了3G业务放号，成为首家在大理州推出3G业务的运营商。新推出的3G业务包括无线宽带、手机影视、爱音乐全曲下载、全球眼无线视频监控、综合办公等移动应用服务。

【承办“天翼畅游3G”体验巡展】 4月23日上午，由中国电信大理分公司承办的全省首场“天翼畅游3G”体验巡展在大理举行。大理州、市、各县相关部门领导、VIP客户，德宏、保山、怒江、丽江、迪庆、临沧电信公司领导和嘉宾，以及深圳中兴公司、北京互信互通、云南地灵卫星网络科技有限公司、云南泽东公司、联想集团云贵分区等合作伙伴共300余人参加巡展会，体验和了解到最新的电信3G业务。

【深入学习实践科学发展观】 3月起，根据中央和集团、省公司的总体部署，围绕“战略转型上水平、服务信息化创一流”这一主题，中国电信大理分公司认真开展了深入学习实践科学发展观活动。回顾总结了公司近年来的经营发展情况，开展解放思想大讨论和交心谈心活动，召开专题民主生活会，认真查找问题、总结经验、剖析原因，提出了进一步贯彻落实科学发展观的努力方向。在活动中坚持边学边改、边查边改，解决了一批制约公司发展的突出问题和涉及群众切身利益的现实问题，为公司在全业务运营环境下实现跨越式发展目标奠定了扎实的理论和思想基础，注入了新的活力，得到广大党员干部和群众的高度评价。

【移动网络脱胎换骨】 2009年全年，中国电信大理分公司按计划、分步骤实施CDMA移动网络建设、优化和维护工作。配置充足的资源，通过建设新基站、优化和改造原有基站、实施“网络质量跨越专项优化”、“春风行动”等网络优化提质工作，努力打造精品移动网络，通过一年的努力，全州CDMA网络覆盖面和覆盖质量得到大幅提升。

【提升电信服务质量】 2009年，中国电信大理分公司始终坚持“用户至上，用心服务”的服务理念，认真对待用户投诉，不断优化服务流程，通过缩短用户业务办理等待时间，加强10000号、社会代办渠道、网上营业厅、掌上营业厅等多种服务渠道的建设，加强营业员的培训与营业窗口服务质量的管理等来提升服务水平，改善用户感知。5月18日起，公司策划推出“我的e家、满意100“活动，由服务人员上门对宽带用户进行回访，免费为客户提供电脑保养、赠送手机购机优惠券等，努力提升客户满意度，营造出诚信经营、放心消费的和谐服务环境。

【开展“电信百年感谢云南”公益活动】 1月，中国电信大理分公司积极与中共大理州委宣传部、共青团大理州委、州教育局、州民政局、州残疾人联合会、大理学院等相关单位加强沟通联系，继2006年启动“电信百年感谢云南”大型公益活动后，持续第三年开展“电信百年 感谢云南”活动。中国电信大理分公司在中国电信云南公司的统一部署和指导下，将3.8万元资助款按各相关单位提供的受助者分布情况，分配到大理分公司下属的各县区分公司，由各县分公司与当地宣传、教育、民政部门共同开展了形式多样的捐赠活动。

【李江视察大理电信】 3月4日，中共云南省委常委、副省长李江等领导一行在大理州委书记刘明等领导的陪同下，到中国电信大理分公司视察“114政府信息直通车”平台的运行和服务情况，并在大理分公司七楼会议室听取大理州实施四项制度工作汇报，与“114政府信息直通车”接线员、联络员、群众代表进行了交流。李江对各级各部门以及电信大理分公司在实施四项制度过程中所做的努力表示感谢，对2009年建设阳光政府和进一步实施政府“新的四项制度”提出了新的更高要求：希望大理州各级、各部门密切配合，充分利用好电信114平台的优势，扎实抓好阳光政府和新的四项制度建设，不断创造出新的经验，使大理州成为全省政府自身建设和制度建设的排头兵，同时要建立起贯彻落实四项制度、打造阳光政府的长效机制，推动机关工作作风有效转变，在广大人民群众心目中，树立党委和政府的良好形象。大理州委办、州政府办、州监察局、州人事局、州政府法制局、州政府督查室、电信大理分公司等单位代表参加了汇报会。

【合作建设大理州工商e通项目】 7月16日，大理州工商局与电信大理分公司签订了《工商行政管理移动执法办公系统项目合作协议》。项目建成后，大理州工商局将在全州范围内通过使用中国电信大理分公司提供的CDMA1X及3G移动业务，实现信息查询、移动办公、移动执法等功能。该项目分两个阶段实施，第一阶段完成全州中心平台的建设和州工商局机关所有在职人员的接入；第二阶段完成全州各县市工商局的全面推广使用。年内已有600多户全州工商系统的用户通过中国电信手机接入该系统平台。

【推出IPTV宽带电视】 9月，电信大理分公司成立IPTV业务开通项目组，在省公司的统一指导下，从业务受理开通、安装维护、市场推广等方面开展新业务启动的相关工作。10月18日，IPTV业务正式商用。IPTV业务是中国电信与央视国际、云南电视台多方合作，依托中国电信宽带网络及央视国际、云南电视台的运营优势，联合推出的新兴业务。用户办理IPTV宽带电视业务后，可以通过中国电信宽带网络连接至IPTV平台，通过遥控器等设备操作来使用平台上所提供的电视广播、电视时移、电视回看、视频点播以及信息服务等多种互动多媒体服务。该业务一经推出，立即受到广大用户的亲睐，吸引了众多客户争相办理和使用。

【鹤庆电子政务建设项目荣获“全国十佳”】 在10月30日中国杭州揭晓的中国电子政务10年优秀应用成果评选活动中，由中国电信大理分公司投资兴建的云南省大理州鹤庆县政务办公信息系统荣获“全国电子政务效能管理优秀应用(区县级)十佳案例”奖项。2008年5月22日，中国电信大理分公司、鹤庆分公司积极与鹤庆县政府合作，本着“政府主导，电信运作，共同合作，整体推进”的原则，签订了电子政务网建设战略合作协议。该网络涵盖鹤庆县县级党政机关及事业单位、各乡镇人民政府的电子政务网上应用系统，以及电子政务网上应用门户网站和自动化网络办公平台系统。至2008年7月21日，合作双方完成全部建设开通和使用培训工作，鹤庆县委、政府各级各部门全面实现无纸化办公，办公效率和信息化管理水平大大提高。

【为政府信息直通车联络员“添翼”】 10月16日，电信大理分公司为大理州政府信息直通车联络员推荐的8款天翼手机终端，在大理州政府采购中心通过法定程序组织的统一公开招标采购会上一举中标。12月，中国电信大理分公司积极配合大理州法制局，到大理州及各县市相关单位为政府信息直通车联络员配发天翼手机，并为联络员量身定制“政务快车”套餐。在业务开通时，中国电信大理分公司还为联络员开通了手机与固定电话同步振铃的业务，很好地解决了之前政府信息直通车联络员电话漏接的问题，使中国电信天翼手机成为大理州1200余名政府信息直通车联络员的工作好帮手，有力促进了大理州、市县各单位信息联络员的服务水平又上一个新台阶。

【抗震救灾保通信】 11月2日5:07分，宾川县平川镇发生里氏5.0级地震。地震造成大理宾川、祥云县境内中国电信多点杆路倒塌、折断、电缆损毁，3个电信分支机构房屋震裂，部分员工房屋裂损。灾情发生后，大理分公司领导迅速了解灾情，启动通信保障应急预案，指挥开展了一系列抗震救灾保通信措施：成立“11.2抗震救灾领导小组”，下设网络设备保障抢修组，业务响应保障组和后勤物资供应组三个小组，确保抗震救灾工作的顺利实施；组织力量赶赴宾川平川灾区，查看灾情，进行通信抢修，并慰问基层员工；及时为宾川县“11.2”地震抗震救灾指挥部提供了15部致富通应急电话，并开通2条宽带，保障了指挥部的通信和对外信息发布需求。

【越南同行到大理参观访问】 12月11日，越南邮政和电信集团(VNPT)第一副总裁 Bui Thien Minh 与电信处、市场处、投资处处长一行到中国电信大理分公司参观访问。访问团在公司领导的陪同下参观考察了大理古城人民路FTTN设备点和大理山水间住宅小区的FTTB设备点等几处电信光进铜退EPON设备。双方就通信行业发展趋势、宽带业务发展方向、宽带发展模式等方面问题进行了深入探讨和交流。

【合作建设大理市视频会议系统】 12月16日，由大理市委、市政府和中国电信大理分公司合作建设的“大理市视频会议系统”正式建成开通。该项目包括了大理市委、市政府中心会场及大理市“两区”、10镇、1乡共计15个点的视频会议系统。电信大理分公司十分重视该项工作，组建专业的工作团队，加班加点实施工程项目建设和调测开通工作，并用心做好系统建成后的培训和维护、服务工作，集中优势资源和技术力量，确保了系统的快速开通和长期稳定运行。大理市视频会议系统项目的实施，在节约行政成本、提高行政效率、迅速传递政令方面起到巨大作用，推进了大理信息化、数字化建设的进程。

【电信企业文化建设】 2009年，中国电信大理分公司以推动企业发展为中心，以人为本，积极创建和谐企业。一是关心关爱员工。认真做好员工住房补贴的核对、公示和发放工作，组织员工参加各类体育锻炼、注射乙肝疫苗、开展“员工生日慰问”、“送温暖、献爱心”活动、“医疗互助活动”等。二是组织开展各种形式的劳动竞赛，树立“企业兴亡，人人有责”的意识，推动企业不断向前发展。先后开展了“天翼之星”劳动竞赛、“天翼腾飞”劳动竞赛及“激情e家”业务发展劳动竞赛等。三是通过一系列文化活动的策划和组织实施，帮助员工缓解和释放工作压力，增强员工和团队的凝聚力和战斗力。组织开展了“歌颂祖国，展我风采”员工才艺展示、“歌唱祖国”国庆60周年歌咏比赛、“企业在我心中”演讲大赛等各类文化活动。四是充分利用各类宣传阵地，对先进人物、事迹、重大事件、各项营销活动等进行宣传,弘扬先进、选树典型,创建学习型组织,使企业文化焕发勃勃生机。

(撰稿人:杨阳)

中国移动通信大理分公司

【概 述】 2009年,中国移动通信大理分公司在州市党委、政府的关心支持下,在省公司的正确领导下,始终坚持以科学发展观为指导,以发展为第一要务,围绕“两大主题”(发展和稳定),狠抓“四块市场”(城区、农村、校园、家庭市场),突出“三大驱动力”(新客户、新业务、新话务),全面提升服务质量,不断强化精细化管理,较好的完成了各项目标任务,保持了分公司稳定、持续、健康的发展。年末,分公司在网客户规模达到150.12万户,业务收入实现7.4亿元;全州基站规模达到1441个,交换机容量达到278万门,客户服务持续保持同行业中领先水平。

【召开全州工作会】 2月19~20日,中国移动通信大理分公司召开2009年全州工作会议,来自各市县分公司、分公司各部门的120名代表参加了会议。会上,分公司党委书记、总经理尹以辉作了题为《坚定信心,突出重点,狠抓业务发展;夯实基础,巩固优势,确保市场稳定》的工作报告。工作报告总结了分公司2008年生产经营工作,全面分析了分公司2009的发展趋势、所面临的挑战和机遇,详细部署了分公司2009年的工作思路和工作措施。

【信息富民村工程全面启动】 根据州党委、政府建设社会主义新农村的相关思路,为了向农村客户提供实惠、优质、信息化的移动通信服务,移动通信大理分公司在省公司的统一指导下,于2009年6月全面启动了“136移动信息富民村”工程。通过前期“兴边富民”移动通信工程打下坚实的网络基础,着力完善农村移动通信基础覆盖网;加快农村移动通信服务营销体系建设,着力拓展农村移动通信营销服务网;搭建优质高效的移动信息化平台,着力搭建移动通信农业信息网。全年在建移动信息富民村达到1007个,正不断向全面实现移动通信“三网惠三农”的目标迈进。

【集团信息化建设成果显著】 2009年,移动通信大理分公司在信息化推广中,实现了社会效益和经济效益的双丰收。全年累计完成集团信息化收入1954.69万元。警务通、专线接入、气象和电力应用等信息化业务发展排在全省前列。

【做好TD规划建设】 2009年,移动通信大理分公司紧紧围绕省公司“学经验、快动员、赶设计、要政策、抢设备、勤通报”的工作思路,推动TD建设从小步快跑到大干快上。分公司全年共建设TD基站135个,于2009年12月投入试运行,圆满完成省公司下达的建设任务。

【大理移动开办橙人行动培训会】 7月10日,由移动通信大理分公司、共青团大理学院委员会联合举办的2009年暑期大学生社会实践主题活动“3G时代召唤强大橙人——2009大理移动橙人行动启动仪式暨岗前培训会”启动仪式隆重举行。“橙人行动”是中国移动核心价值、公益形象、社会责任的体现,不仅为学生们提供了勤工俭学的平台,也为高校学生参与社会实践提供了一种新方式、一个新舞台。

【举办“全球通VIP凤凰大讲堂”】 10月31日,“2009全球通VIP凤凰大讲堂”在大理龙山国际会议中心拉开帷幕。本次讲堂由中国移动通信集团、凤凰新媒体、大理州委宣传部联合主办,大理移动公司承办。主讲嘉宾邱震海以《中国崛起背景下的两岸关系》为主题,从两岸关系的历史背景出发,剖析了影响两岸关系的深层次原因,探讨了两岸关系的结构性难题,并对当前两岸关系的发展趋势做了展望,现场听众还与主讲人展开了热烈的互动交流。

【职位梳理工作有效开展】 按照省公司的统一部署,大理分公司于10月开展员工职位梳理双选、竞聘工作。本次双选、竞聘工作是分公司优化人力资源配置的重要举措,是打造和发挥人才优势的重要途径,是实现员工自身发展和价值提升的重要方式。双选、竞聘工作的实施为分公司以后各项工作的顺利开展奠定坚实的人才基础。

【移动文化建设结硕果】 在2009年的文明创建活动中,中国移动通信大理分公司创建了4个省级文明单位、5个州级文明单位和2个县级文明单位,系统内文明单位创建率达到100%。分公司还荣获2009年度“大理市平安创建先进单位”称号。在省公司2009年经营业绩KPI打分排名中,位居全省第一名;劳动竞赛中,荣获市场口劳动竞赛优胜奖三等奖一次、集团客户劳动竞赛优胜奖一等奖一次;网络质量提升大会战中,得分排名全省第二名;136工程评优中,取得全省优胜单位二等奖。

(撰稿人:普峰)

中国联通大理州分公司

【概 述】 2009年是中国联通大理州分公司改革重组后全面运营的第一年,面对新形势的挑战,在总部和省分公司的正确领导下,公司上下始终坚持以科学发展观为指导,紧紧围绕公司2009年工作思路“以移动业务为主体,以宽带业务为重点,加快全业务经营,发挥融合优势,加快网络建设,加大发展力度,提高发展质量,提升服务水平,努力实现公司又好又快的发展”的工作目标。通过公司全体员工的共同努力,使公司各项业务得到了较快的发展,公司总体经营业绩得到了大幅提升。全年GSM网共发展用户同比上年发展数增长15314户,年末出账用户同比增长17171户;固网固话业务发展同比增长61.16%;宽带业务共发展同比增长203%。移动业务净增出账用户计划完成率为76.6%。全年完成通信服务收入(含备查账且已剔除坏账)7371.13万元,完成计划进度的103.05%,超计划进度3.05%;通信服务收入比上年同期增长14.57%。

【生产经营工作取得明显成效】 2009年,中国联通大理州分公司生产经营工作取得明显成效。持续抓好GSM移动业务发展,深化销售渠道建设工作,夯实渠道基础,紧紧把握住移动业务收入增长的主线,确立GSM业务的核心经营地位,依靠移动业务的快速增长带动公司业绩提升,全年移动业务增收271.42万元,为全面完成收入计划奠定了坚实的基础。加强销售渠道建设,以销售渠道为中心进行整合的营销传播,提升销售渠道效益和能力。年末,销售网点扩充至1140个。通过多种合作模式全州共建设手机卖场型优质渠道网点24个,自建它营及承包经营网点55个。在优质渠道的支撑下,公司GSM业务新增发展保持了较高的水平,月均发展量达到12000户以上。在大理市及其他经济较发达县份开展了乡村网点的“驻点营销”工作。各县分公司销售人员划片负责,入驻各乡镇村舍发展经销商,发展客户。针对“驻点营销”工作,公司制定了相应的考核激励机制,确保乡镇“驻点营销”工作取得实效。

【联通营业厅改革】 2009年,大理联通公司结合全州销售渠道建设开展了持续的营业厅改革工作,通过改革公司人工成本得到了有效的控制,截至2009年12月底,扣除转职电信和网通融合等政策性因素,实际减少人员69人。巍山、宾川、鹤庆、洱源、南涧、云龙、永平、漾濞等8个县分公司已经成功的实现了营业厅改革目标。改革推进过程中部分县分公司员工看到了公司业务增长的前景,主动提出辞职之后承包乡镇营业厅或直接成为公司的渠道代理商。

【拓展重点集团客户业务】 2009年6月,金沙江上游的宾川鲁地拉、鹤庆龙开口水电站因项目环境评价未获通过,停工整顿,大量施工人员撤离工区,话务量急剧下滑,大理联通业务收入大幅下降。6~12月累计影响业务收入近200万元。面对严峻的挑战,公司积极采取相应措施,采取取消收取漫游功能费、减免用户最低消费等手段极力挽留客户在网。为了维持集团客户收入稳步增长,公司开发了新的集团客户收入增长点。与共青团大理州委合作在大理州范围内推出团青卡,根据大理驻地部队多的特点推出大理部队战旗卡,与宾川县移民局合作开展小湾移民村集团客户发展,与大理学院合作开发学生集团客户。通过以上项目的实施新增发展客户近4000户,实现出账收入166.32万元。

【宽带互联网业务初具规模】 2009年,大理联通固网业务中宽带互联网业务发展迅速,全年新增宽带客户7810户,累计客户到达数12738户,固网业务收入实现1392.71万元,成为公司新的收入增长点。与大理广电网络公司合作的EOC项目达成,依托有线电视网络丰富的接入资源及技术的优势,扩大了宽带业务拓展市场。在抓好EOC项目的同时,公司自有网络宽带业务遵循了重点突破、集团化发展的思路,在大理市区、大理古城等现网资源配置比较完善的区域组织了深入单位、社区的体验宣传促销,现场办理业务,靠优质服务赢得市场。

【3G业务正式投入运营】 2009年,大理联通大力发展3G业务。WCDMA一期工程建设规模为基站127个,室内分布系统10个。主要基站建设区域为下关市区和大理古城城区。5月,完成了所有基站的设备安装、基站开通、网络优化的单站验证、簇优化;7月,完成了全网优化。10月,按时开始了3G业务正式商用。3G网络正式商用之前,公司在资费、运营、终端、渠道、人员培训以及广告宣传等方面进行了认真细致的准备,顺利通过了总部3G督导组的实地检查。按照总部及省分公司的安排及部署,大理分公司“精彩在沃,百日促销”各项工作正在稳步推进。为了督促各项促销任务按时完成,公司对“百日促销”任务进行了分解及细化,制订了相应的考核激励措施,严格按照“六统一”的原则积极推进客户发展,开展客户维系及服务。

【网络融合】 2009年,中国联通大理州分公司结合公司网络覆盖现状,对CHINA169和165进行了融合,对数据网各网元进行了清理维护,确保了核心层数据设备BRAS、汇聚层数据设备、接入层LAN接入、DSLAM接入设备的正常运行,保障了数据宽带业务的及时开通、调试和扩容,有效支撑了代维公司对数据网疑难故障的处理、诊断与排除。

【网络融合及投资集约化】 2009年,中国联通大理州分公司对大理本地传输网进行了大规模改造、升级。新建市区核心汇聚机房11个,新建3个汇聚环,较好的完成了传输网络的构架搭建并保证了WCDMA基站的开通。继续贯彻集约化投资策略,在核心发展区域内建设开通WCDMA基站127个,GSM基站225个,基站总数达到663个。以上工程建设项目的按期投产,为市场营销提供了有力的支撑。

(撰稿人:崔茂峰)

(本部类责任编校:李建川)

旅　游

综　述

【简　述】 2009年，受金融危机、甲型流感等不利因素的影响，大理州旅游业同全省一样，面临着出游人数减少、旅游市场竞争激烈、效益下降等困难和问题。在中共大理州委、州人民政府的正确领导下，认真组织开展深入学习实践科学发展观活动，进一步增强了加快全州旅游产业发展的紧迫感和责任心；以“文化为魂、生态为本”、“人文大理，幸福家园”为主题，着力打造三大旅游圈；全面启动苍洱片区旅游发展和改革综合试点工作，以改革创新为动力，以推进旅游二次创业为重点，破解旅游产业发展中存在的困难和问题；扎实推进旅游重大项目建设，鹤庆银都水乡新华村通过国家4A级旅游景区验收，崇圣寺三塔文化旅游区通过了国家5A级旅游景区资源评价，慈航大道全面完工。海东片区开发、苍山大索道、宾川鸡足山、洱源地热国和西湖、巍山古城和巍宝山、剑川石宝山和寺登街等一大批旅游重大项目稳步实施，提高大理旅游的吸引力和竞争力；旅游行业改革不断深入，由云投控股大理旅游集团，组建大理州旅游产业开发公司，改革创新了管理体制和经营机制；一批旅游重大项目签约、落地大理，招商引资取得实质性进展；在巩固和提升苍洱主景区的基础上，洱源地热国和普陀泉、苍海高尔夫、大理古城洋人街和红龙井等一些休闲度假产品稳步发展，旅游产品转型升级初见成效；苍山洱海、巍山古城、喜洲古镇、云龙诺邓、沙溪寺登街等一批文化遗产、自然遗产得到有效保护；交通、通讯、电力等基础设施日益改善，宾馆饭店、景区景点等接待服务设施的规模与档次逐年提升；精心组织开展旅游宣传促销活动，提高大理旅游的知名度和影响力；抓好旅游法制建设，强化旅游市场管理；创新发展机制，增强发展活力，调整产业结构，培育旅游新业态。旅游产业体系基本形成，经济效益、社会效益和生态环境效益同步增长。旅游产业在带动相关产业发展、增加群众收入、扩大社会就业、保持社会稳定等方面也作出了较大贡献，但是，在肯定成绩的同时，大理州旅游产业发展遇到了许多新情况、新挑战，主要是国际和国内旅游业你追我赶的竞争局面更加激烈；大理旅游产业处在“不进则退、慢进也是退”的关键时期。发展中还存在着一些亟待解决的问题：一是思想观念落后，创新意识不强，有盲目自满和盲目悲观两种倾向，还不适应建设旅游经济强州的要求。二是发展方式粗放，还处在以景区门票收入、以数量型扩张为主的发展阶段。三是基础设施和接待服务设施滞后，外部可进入方式和内部通达性需要进一步改善。四是景区景点老化，休闲度假产品、大众旅游产品开发刚刚起步，转型升级进展缓慢，不能满足游客不同层次的需求。五是招商引资力度不足，融资渠道不畅，旅游重大项目建设力度不足，不能满足加快发展的要求。六是管理手段落后，从业人员素质不高，服务质量和管理水平亟待提高。七是旅游宣传促销方式简单，针对性和有效性不足。八是旅游意识不强，“人人都是旅游形象，处处都是旅游环境”的氛围还没有完全形成。因此，必须进一步增强加快发展的危机感和紧迫感，牢固树立大产业、大市场、大环境的观念，加强统筹规划，从改革、开放、服务、管理入手，破解发展中的难题，促进全州旅游产业跃上新台阶。

【全州旅游经济保持平稳的运行态势】 2009年，全州旅游行业广大干部、职工认真贯彻落实中共十七届三中、四中全会精神，深入学习实践科学发展观，采取切实有效的措施，全力应对全球金融危机、甲型流感等各种不利因素对旅游产业发展的制约和影响，攻坚克难，使全州旅游经济保持了总体平稳的运行态势，2009年，全州共接待海外旅游者35.3万人次，同比增长11.46%；旅游外汇收入9986万美元，同比增长14.53%；接待国内旅游者1105.92万人次，同比增长19.99%；旅游业总收入86亿元，同比增长18%。接待人数和效益继续居全省前列。

【大理旅游又现新亮点】 2009年，全州旅游产业发展呈现出4大新亮点：一是滇西北旅游线路市场热度只增不减。“昆明、大理、丽江、香格里拉”旅游产品在云南省旅游市场中继续占据主导地位，特别是2009年暑期旺季，滇西北旅游线路因其所具有的秀丽自然风光、浓郁民俗风情的显著特点，吸引了大量的旅游者，彻底扭转旅游市场年初以来一度出现的颓势。二是旅游休闲度假产品开发全面启动。大理古城“红龙井水景酒吧群”和“洱源地热温泉项目群”等一批新兴休闲旅游产品初具规模，以大理“苍海高尔夫”和“国际高尔夫学院”为代表的高端旅游产品起步顺利。2009年11月，大理被全球旅游度假论坛评为“国际最佳旅游度假胜地”，旅游产品转型升级工作初见成效。三是旅游宣传促销力度大且效果显著。组织了一系列规模大、品位高、影响力强的节庆活动，尤其注重加强与客源地及昆明旅行社的沟通和交流，积极参加了各种国际、国内旅游交易会，宣传促销工作取得实效。四是散客旅游发展形势喜人。自驾游和自助游等散客旅游方式开始占据大理旅游的半壁江山，来自四川、重庆、广东、贵州、广西等省区以及省内各地州的自驾车旅游者纷至沓来，成倍增长。州内自驾休闲游也进入千家万户，成为旅游市场上新亮点和旅游消费新的增长点。

【南涧县旅游局挂牌成立】 2009年2月3日，南涧县旅游局挂牌成立。南涧县位于大理、澜沧、思茅的结合部，是大理州的南大门，地理区位优越，旅游资源极为丰富。境内有无量山、哀牢山、横断山三大山脉，有澜沧江、礼社江、把边江三大水系，有无量山国家级自然保护区、灵宝山国家森林公园、小湾水电开发奇观、万亩生态茶园等优美的自然资源，以及悠久的历史文化、浓郁的少数民族风情等独具地方特色的人文资源。南涧“跳菜”被誉为东方芭蕾，入选第二批国家级非物质文化遗产名录；有金庸先生在《天龙八部》中描写的“无量玉壁”、“无量石洞玉像”、“无量剑”等优美传说。南涧交通、通讯等基础设施日益改善，过境的祥临高等级公路建成，打通了大理州连接临沧、思茅，并走向东南亚的大通道，为海内外旅游者提供了安全、舒适、便捷的旅游交通条件。长期以来，南涧县旅游管理体制没有理顺，旅游产业发展相对滞后。随着改革开放的不断深入，中共南涧县委、县人民政府高度重视，以创新体制、理顺机制为动力，决定成立南涧县旅游局，为旅游产业的发展提供了有力的组织保障。南涧县旅游局成立后，以科学发展观总揽全局，依托优势资源，率先做好旅游发展规划，抓好旅游资源的开发、保护和宣传促销，加大招商引资力度，开发独具地方特色的旅游资源，打造旅游精品，促进南涧县经济发展、社会进步。

【省旅游局局长喻顶成高度评价大理旅游】　2009年3月4日，云南省旅游局局长喻顶成出席“2009年大理州旅游产品推介会”，并发表了热情扬溢的讲话。他说：长期以来，中共大理州委、州人民政府高度重视旅游产业发展，立足大理悠久的历史、秀丽的自然风光、独特的白族文化，宜人的居住环境和便捷的交通区位优势，率先提出“精心培植旅游支柱产业”的重大战略决策，面向国际、国内两大旅游市场，坚持保护与开发并重、基础设施建设与服务质量提升并举，不断创新管理体制和经营机制，全州旅游产业快速发展，后劲不断增强，旅游支柱产业地位基本确立，已经成为滇西重要的旅游目的地和客源集散地，为云南建设旅游经济强省，构建和谐社会做出了重要贡献。由于受“世界金融海啸”的影响，2008年以来，旅游消费需求呈现出下滑趋势，旅游市场相对萎缩，旅游企业经营相对困难。在这种大背景下，中共大理州委、州人民政府在昆明举行大理州旅游产品推介会，推出了一批独具地方特色、能满足不同层次旅游者的消费需求、有较强吸引力和竞争力的旅游产品，制定了一系列切实有效的营销政策和奖励办法，意义重大，影响深远。我们希望在全省旅游二次创业中，大理州要继续发扬团结拼搏、开拓创新，敢为人先的精神，一手抓硬件设施建设，加快重大旅游项目建设步伐，进一步优化旅游环境，改善接待条件；一手抓软件建设，不断提高管理水平和服务质量，让海内外旅游者乘兴而来，满意而归，共同树立云南旅游新形象。我们也希望全省各级、各部门，特别是新闻媒体的新、老朋友们一如既往地关心支持云南旅游，为旅游产业发展营造更加优越的社会环境。我们相信：有省、州党委、政府的正确领导，有全省各级、各部的关心和支持，我们一定能够攻艰克难，走出困境，建设云南旅游经济强的目标一定能够实现，云南旅游的明天会更加美好！

【开展学习实践科学发展观活动】2009年，州旅游局按照州委、州人民政府的统一部署，制定并印发了《大理州旅游局深入学习实践科学发展观活动实施方案》，采取有力措施，扎实有效地推进学习实践活动的各项工作。州委书记刘明，州委副书记、州长何金平率先垂范、身体力行，深入全州旅游行业开展调查研究，多次召开旅游行业座谈会，广泛征求意见和建议，为开展学习实践科学发展观活动树立了榜样。州旅游局根据“大理州第二批深入学习实践科学发展观活动动员大会”的统一部署，对学习活动作了全面安排。为了加强领导，健全机构，做到认识到位、措施到位、组织到位、工作到位，3月23日，成立“大理州旅游局深入学习实践科学发展观活动领导小组及办公室”，切实抓好深入学习实践科学发展观活动。通过学习，使全体党员和干部、职工的思想更加统一，认识更加提高，进一步增强了加快全州旅游产业发展的紧迫感和责任心。在学习活动中，找准了制约全州旅游产业发展的困难和问题。大家一致表示要紧紧围绕“生态优先、农业稳州、工业强州、文化立州、旅游兴州、和谐安州”的总体思路，研究制定出切实可行的整改措施，狠抓整改，为推动全州旅游二次创业再创佳绩，再立新功。

【大理州旅游业协会第三届会员代表大会】　2009年4月23日，州旅游局，12个县、市旅游局，大理旅游集团、大理州旅游产业开发集团、大理州旅游产业管理服务公司、国际、国内旅行社、旅游星级饭店、购物商店、景区景点、导游公司等旅游负责人120人参加的大理州旅游业协会第三届会员代表大会在下关召开。会议由副会长刘福荣主持，州旅游局局长马金钟作大理州旅游业协会第二届理事会工作报告；副调研员何应忠作大理州旅游业协会经费收支情况报告；副会长高充对第三届协会理事会建议名单作说明；会议采取无记名的方式选举产生了第三届协会理事、常务理事；选举产生第三届协会会长、副会长、秘书长；表决通过《大理州旅游行业自律监管办法》。

【召开新华村旅游景区开发建设现场会】　2009年5月31日~6月1日，州人民政府在鹤庆县召开新华村旅游景区开发建设现场会。会议提出，一是要进一步统一思想，明确目标。鹤庆县是全省旅游产业发展的重点县，新华村又是全州旅游“二次创业”的重点项目。鹤庆县要把旅游文化产业作为重要的支柱产业来培植，要明确目标，突出重点，做到有所为有所不为；要加快实现两个转变，即从投入回报型向营销型转变，从旅游大县向旅游强县转变。二是要加大力度，加快速度。首先要高起点、高水平做好旅游文化产业总体规划，重点对新华村景区、银都水乡进行规划；其次要突出重点，打造亮点，彰显特色，打造中国知名、西南地区或云南最大、特色最鲜明的银都水乡。三是要处理好开发与保护的关系，重视生态保护；要处理好旅游开发与村民的关系；要加强金融协调，创造良好的银企关系。四是要加大宣传促销，加强景区营销。五是企业要突出重点，搞好近期、中期、远期规划，做到以短养长。六是要加强领导，狠抓落实。尤其在新华村的金、银、铜手工艺产品加工上，一定要打造诚信品牌。同时，要把新农村建设与旅游景区建设相结合，将新华村建成精品旅游景区示范点。大理州旅游局、文化局、国土资源局、工商银行和大理旅游集团等部门的负责人和鹤庆县相关部门领导参加会议。与会人员对新华村旅游景区建设进行实地踏勘，还深入县城火车站、县文化馆及周边古建筑群进行实地调研。鹤庆县县长段智深就全县经济运行情况和新华村景区开发建设情况作工作汇报；大理州银都水乡旅游投资有限公司负责人就新华景区建设情况发言；州级相关部门负责人就新华村旅游景区建设提出了意见和建议。

【剑川县召开旅游文化产业发展分析座谈会】　2009年6月9日，剑川县召开旅游文化产业发展分析座谈会。中共剑川县委、县人大、县政府分管旅游工作的领导，剑川县旅游局、交通局、文化局、民宗局、建设局、发改委等部门主要负责人参加会议。州旅游局副局长刘福荣、北京达沃斯巅峰旅游设计规划院院长李佐等应邀出席会议。会议由剑川县政府副县长董洪旺主持，与会人员站在加快剑川旅游资源优势转化为经济优势，促进剑川县旅游业又好又快发展的角度，各抒己见，畅所欲言，献言献策。会议讨论并通过了剑川县旅游文化产业发展规划实施意见和相关合同条款，并与北京达沃斯巅峰旅游规划设计院有限公司签订剑川县总体旅游策划合同以及石宝山、沙溪寺登街的旅游规划合同。

【重温入党誓词】 2009年6月13日，大理州旅游局全体党员、干部、职工到祥云县王复生、王德三烈士故居开展题为“重温入党誓词，认真践行科学发展观”的党支部组织生活专题会活动。在王复生、王德三烈士故居，州旅游局党总支书记许泽军带领全体党员干部重温了入党誓词。州旅游局党组书记、局长马金钟针对此次学习实践科学发展观专题党支部生活会作了题为“重温入党誓词认真践行科学发展观”的讲话。马金钟说：重温入党誓词，就是要回顾申请入党时的思想激情和奋斗追求，回顾入党宣誓时的庄严承诺和坚定决心；就是要积极实践人生誓言，发挥共产党员的先锋模范作用，永葆共产党员的政治本色。面对鲜红的党旗，我们必须进一步增强党员的党性观念，牢记党的宗旨，增强党员的使命感和责任感，履行党员义务，立足岗位奉献；以更加饱满的工作态度和创新精神，全身心地投入到全州旅游产业“二次创业”工作中。州旅游局党组成员、副局长刘福荣主持重温誓词仪式。通过重温入党誓词，使每个党员干部进一步提高党性修养，增强全心全意为人民服务的宗旨意识，推动深入学习实践科学发展观活动。

【省政府参事室调研组到大理调研】 2009年8月22日，按照云南省政府办公厅的安排，省政府参事室调研组一行9人到大理，对大理州旅游产业发展和改革综合试工作推进情况进行调研。在深入到大理旅游集团、喜洲古镇、双廊、海东片区实地调研的基础上，州政府在漫湾酒店会议中心召开汇报会，州市相关部门主要负责人参加会议。在听取州旅游局的工作汇报后，调研组对大理州旅游产业发展和改革提出了意见、建议和对策措施

【召开大理至丽江铁路开通旅游市场分析会】 2009年8月24日，州人民政府副州长许映苏召开旅游市场分析会，州旅游局、州交通局、州运政处、各旅游汽车公司、大理民航站、大理火车站、旅行社等相关部门负责人参加会议，分析大理至丽江铁路旅游客运开通后对大理旅游业造成的影响，研究相关应对措施。许映苏指出，大理至丽江铁路线的开通，对大理而言是机遇与危机并存。面对机遇，我们必须及早策划，化危为机。交通、运政部门要及时与昆明、丽江、迪庆的交通、运政部门协调，做好旅游车异地接团工作，打破区域界限，保障旅游车正常营运；旅游汽车公司要加强对旅游车的管理，抓好诚信建设，杜绝和减少零负团行为的发生；州旅游局要尽快提出对铁路运行时刻调整的最佳建议方案，把负面影响降到最低限度。参会单位负责人表示，要积极应对交通变化导致旅游团队行程的变化，及早谋划，在大理至丽江的火车客运即将开通之际，应该加强政府和铁路运输企业之间的互动协调，让大理至丽江铁路成为一条滇西北旅游行业互利共赢的旅游黄金线，共同带动滇西北地区旅游业的快速发展。

【召开全州旅游产业综合试点工作领导组会议】 2009年8月31日，大理州旅游产业发展和改革综合试点工作领导组会议在龙山国际会议中心召开。中共大理州委书记刘明，州委副书记、州长何金平，州委常委、大理市委书记段玠，州人大常委会副主任杨宴君，州人民政府副州长许映苏，州政协副主席张树藩出席会议。会议由州政府秘书长李超主持，州旅游产业试点工作领导组成员单位的主要领导参加会议。许映苏传达2009年云南旅游产业发展大会精神。刘明作重要讲话，充分肯定了全州旅游二次创业取得的成绩，同时指出存在的主要问题。刘明强调指出，开展综合试点工作要紧紧围绕抓管理，提升形象；抓亮点，提升影响力；抓项目，丰富内涵；抓创新，用足政策；抓行动，注重实效。要坚持解放思想，通过“四个引进”清除思想上的障碍；坚持改革创新，在投融资体制、管理体制、营销机制和服务机制上不断创新；坚持扩大开放，引进战略合作伙伴，掀起国内外大客商来大理投资的热潮。要在4个重点环节上有大的突破即建设旅游大景区，在景点建设上实现大突破；培育引进大企业，在引进战略伙伴上取得突破；引进酒店大品牌，实现在建酒店引进知名品牌上有突破；在宣传促销和市场开拓上取得进展。何金平在讲话中进一步阐述了旅游业在全州经济和社会发展中的重要作用。并提出，要进一步统一思想，切实加强领导；要突出重点，推进重点项目的建设，改善软硬环境；要认真策划，编制好旅游产业发展和改革综合试点工作实施方案；要实行抓落实责任制，调动各级、各部门的积极性，形成合力；要切实加强市场管理，为游客营造一个有序、安全、舒适的旅游环境。

【国家旅游局专家组开展崇圣寺三塔景区资源价值评价】 2009年9月18～20日，根据国家旅游局《关于做好5A级旅游景区复核和创建工作的通知》以及《关于对部份创建国家5A级旅游景区资源价值进行评价的通知》的具体安排，国家旅游局派出由世界休闲组织中国分会副秘书长叶军、方圆水木旅游景观规划研究院总规划师陈强、中国科学院地理所博士后冯凌、中国旅游研究院区域所所长（博士）马小龙、国家旅游局规划财务司规划处副处长潘肖澎等5人组成专家组，在云南省旅游局规划发展处副处长杨许云、副主任科员许劼的陪同下，到大理对崇圣寺三塔文化旅游区创建国家5A级旅游景区，开展旅游资源价值评价。州、市旅游局，大理旅游集团的相关人员全程陪同。专家组深入到崇圣寺三塔文化旅游区进行现场检查、考核和评价。

【崇圣寺三塔景区资源价值评价通过专家评审】 2009年9月19日，召开崇圣寺三塔文化旅游区创建国家5A级旅游景区资源价值汇报会，州、市旅游局、大理旅游集团、崇圣寺三塔文化旅游区相关负责人参加会议。会议由州旅游局局长马金钟主持，总经理冯辉汇报圣寺三塔文化旅游区国家5A级旅游景区创建工作情况以及资源价值自评情况；国家旅游局专家组5位成员对照《中国旅游资源分类、调查与评价》和《旅游景区质量等级评定与划分》国家标准的“细则二：景观质量评分细则”分别进行评价，提出了许多宝贵的意见和建议，并同意通过国家5A级旅游景区资源价值评价。大理旅游集团总经理和佳轶作表态发言。

【国庆节和中秋节假日旅游工作电视电话会议】 2009年9月24日，大理州假日协调领导组各成员单位、各旅游企事业单位在参加云南省政府召开“2009年国庆节和中秋节假日旅游工作电视电话会议”之后，召开“大理州国庆节和中秋节假日旅游工作电视电话会议”。2009年10月1日是中华人民共和国成立60

周年纪念日,全国各地都将举行隆重、热烈的庆祝活动。“十一”又时逢中秋佳节,假日时间8天,为了切实做好“十一”黄金周的各项工作,全面贯彻落实省政府电视电话会议精神,州人民政府副州长许映苏在大理分会场提出四点要求:一要周密安排,精心组织,切实做好“十一”黄金周各项筹备工作。二要突出重点,狠抓落实,切实加强旅游安全生产。三要加强管理,规范经营,净化旅游市场秩序。四要完善制度,履行职责,全面完成各项工作任务。许映苏强调指出:黄金周假日旅游既为我们提供了加快旅游产业发展,提高旅游行业经济效益、社会效益和环境生态效益的良好机遇,也是对全州各级、各部门组织协调能力、接待能力、管理水平和服务质量的一次综合检验。我们要站在加快全州经济社会发展,全面建设小康社会的高度,统一思想,团结协作,全面完成“十一”黄金周假日旅游的各项工作,努力实现“健康、安全、秩序、质量”四统一的目标。

【国庆节和中秋节大理旅游创新高】 2009年10月1~8日,黄金周期间,全州共接待海内外游客593954人次,同比增长44.86%,旅游总收入35502万元,同比增长51.2%,其中:接待海外游客44272人,同比增长55.5%;接待国内游客549682人次,同比增长44.07%。过夜游客308013人次,同比增长44.31%,国内一日游游客285941人次,同比增长45.46%。景区(点)接待人数与收入大幅度增长:洱海游船共接待27631人次,旅游收入193.42万元,同比分别增加29.72%和61.95%;三塔公园共接待51417人次,旅游收入270.91万元,同比分别增加89.03%和35.46%;蝴蝶泉公园共接待30980人次,同比增加9.19%;宾川鸡足山共接待25224人次,旅游收入70.45万元,同比分别增长7.34%和35%;巍山巍宝山共接待10331人次,旅游收入15.34万元,同比分别增长71.71%和54.27%;鹤庆新华村共接待52000人次,旅游收入2316万元,同比分别增长12.07%和40.6%;洱源西湖共接待4850人次,旅游收入9.7万元;大理地热国共接待14000人次,旅游收入155万元,同比分别增长13.82%和2.65%;祥云水目山共接待30100人次,旅游收入39.24万元,同比分别增长185%和153%。大理、洱源、鹤庆、宾川等旅游热点县市星级饭店客房爆满,多数县市启动旅游接待应急预案,引导分流部分游客入住到普通旅馆、招待所和农家乐旅游接待点。大理市五星级饭店平均出租率为75%,与上年持平;四星级饭店为75.5%,同比增长4.44%;三星级饭店为70.73%,同比增长3.63%;古城客栈为80%,同比增长10%。

【黄金周旅游接待有6大特点】 2009年,“十一”黄金周旅游接待有6大特点:一是大理古城休闲度假游持续升温。采取了州外游客黄金周期间入住大理古城客栈2晚免收1晚的房费、入住3晚免收2晚房费以及可享受主要景区(点)门票5折优惠等优惠措施,客栈、餐馆、酒吧、土特产商店等游人云集,生意红火,假日旅游经济效应凸显。二是特色旅游线路和景区(点)火曝。组织规模较大、品位较高、影响力和吸引力较强的洱海开海节和漾濞核桃节,适时推出的宾川鸡足山佛教文化游、洱源温泉康体度假游、洱源西湖、此碧湖和鹤庆新华村生态民俗游、漾濞核桃文化游、双廊白族风情游等特色旅游线路,满足海内外旅游者求新、求奇、求异旅游需求,景区(点)火曝,部分超负荷经营。三是自驾游和自助游成为市场主导。1~8日,进出大理州的自驾车共184729辆次,其中,进入90086辆次,离开94643辆次。来自四川、重庆、贵州、广西等省区的自驾车成倍增长,同时,州内自驾车休闲游也进入千家万户,成为旅游消费新的增长点。四是传统景区(点)接待人数大幅增长。崇圣寺三塔、蝴蝶泉等传统景区(点)接待人数大幅上升,游客增长最多、经济效益最好。五是无重大旅游投诉和安全事故发生。共受理2起旅游投诉(1起投诉导游服务质量,1起投诉酒店卫生),处结率为100%,没有发生安全事故。六是早动员、早安排,州假日办高效协调,各成员单位各尽其职,密切配合。形成通力协作,齐抓共管的格局。各项措施落实到位,工作卓有成效。

【加强旅游统计】 2009年,大理州旅游部门切实加强旅游统计工作。一是认真抓好旅游统计月报、“黄金周”假日旅游信息统计和抽样调查等基础性工作。二是建立领导负责制,切实加强旅游统计工作的领导。三是强化队伍建设,各县市旅游局进一步完善旅游统计机构,核定和配备与旅游统计任务相适应的专职人员,加强统计人员的业务培训,提高业务素质和职业道德素质。四是建立旅游统计评比奖惩制度,根据工作情况,对行政领导和统计人员进行考核并做出相应的奖惩,不断提高工作质量和工作效率。

【大理国际影会激活苍洱旅游圈】 2009年8月1~5日,第八届中国摄影艺术节暨首次大理国际影会在洱海渔村双廊拉开帷幕。在影会期间,大理州将非物质文化遗产及民间民俗活动作为重点展示内容,充实了以往游客心中“下关风,上关花,苍山雪,洱海月”传统旅游形象,围绕影节主题,以大理深厚的历史文化和多彩的民族风情为内容,通过展示大理非物质文化遗产震撼力的形式,多角度、全方位提供大理丰富的人文摄影素材,让摄影师在活动中更好地感受大理、聚焦大理、宣传大理。“第八届中国摄影艺术节暨2009首届大理国际影会”征集到照片7000余幅,其中包括享誉世界的摄影大师:荣获“普利策”大奖的大卫·博耐特的作品《奥运体育》、荣获法国波佩尼昂报道摄影节大奖、法国骑士勋章的闫雷《山的雕刻家》、陈云峰《大理的古塔古桥》等。为密切配合这次影会,旅游系统特别精心安排了4条摄影路线,并让大理知名摄影师全程陪同:A线:巍山、祥云、南涧、弥渡——古城、古建筑、茶马古道、道教文化、自然风光、民族风情创作线路。B线:漾濞、云龙、永平——特色自然风光、白族古村落、古桥、茶马古道创作线路。C线:洱源、剑川、鹤庆——茶马古道、自然风光、民族风情、历史古迹创作路线。D线:宾川、大理——特色佛教文化、白族本主文化、苍洱风光、热带农作物、田园风光创作路线。与此同时,中央电视台、云南电视台,《中国摄影》杂志社、《大众摄影》杂志社、《摄影之友》杂志社、《上海摄影》杂志社、《中国摄影家》杂志社、人民日报等各地媒体记者热聚大理,伴随着暑假旅游,多数游客慕影展之名而来,使得大理旅游快速升温。自线路启动以来,全州共接待游客18万人次,其中大理市主要景区的日游客接待量均以每天千人的速度递增,主景区的崇圣寺三塔周接待量以达到4万人次,大理国际影会激活了环苍洱旅游线路。

【加强局机关自身建设】 2009年,大理州旅游局切实加强自身建设,健全和完善工作机构,创新工作机制,调动工作积极性,根据工作需要,按照多岗位锻炼,培养复合型人才的要求,对“五科一室”的负责人进行轮岗。同时,调整和充实内设机构及工作职责,设立信息统计科和政策法规科;对大理旅游质量监督管理所所长、副所长实行竞争上岗。严格执行“四项制度”,完善了《大理州旅游局机关工作规则》,深入持久地抓好政治理论和专业知识学习,不断提高政治思想素质和业务工作能力,在切实转变工作作风,提高工作效能和服务质量等方面取得了新进展;党风廉政建设、信访、保密、扶贫挂钩等项工作成效显著,全体党员干部进一步树牢了全心全意为人民服务的宗旨,机关的凝聚力、战斗力和创新力得到提高。

【大理旅游暑期升温】 2009年暑期,气候宜人、风光秀丽的大理成为众多旅游者的避暑胜地,大理旅游开始升温,并出现了持续发展的好势头。据统计,1～6月,大理州共接待海外旅游者近18万人次,同比增长21.91%;旅游外汇收入5169万美元,同比增长19.87%;接待国内旅游者525万人次,同比增长12.30%;旅游业总收入421951万元,同比增长4.91%。

【征集新线路推出新产品】 2009年,针对大理州旅游产品老化、线路单一、吸引力和竞争力下降等突出问题,州旅游业协会发出了《关于征集旅游产品线路的通知》,面向各县市旅游局及州旅游业协会各相关单位,征集新线路、推出新产品,满足不同层次、不同旅游目的的海内外旅游者的消费需求。此次旅游线路征集活动的重点:一是“生态文明为本,历史文化为魂”,深入挖掘和丰富旅游产品的文化内涵,展示大理旅游风采。二是围绕打造“三大旅游圈”,加强区域旅游合作,整合旅游资源配置,创新旅游产品与线路,推动无障碍旅游的实现。三是根据旅游市场需求,对旅游线路产品进行设计和创新,推出种类繁多、档次不同、特色鲜明的精品旅游线路。此次旅游线路征集,是全州旅游行业贯彻落实旅游发展观的重大举措,为大理州旅游业“二次创业”注入新的活力。

【大理荣获国际最佳旅游度假胜地称号】 2009年11月9日,大理在2009年全球旅游度假论坛上获荣“2009年度国际最佳旅游度假胜地”称号。此论坛在迪庆藏族自治州香格里拉县举行,由迪庆州人民政府与联合国挚友理事会、国际旅游营销协会、世界旅游促进会、世界自助旅行者协会联合主办。来自联合国生态安全组织、中国国家旅游局、国务院发展研究中心、中国社会科学院等国内单位和国内66个旅游机构代表,希腊、韩国、瑞士、印度、土耳其、尼泊尔等22个国家驻华使馆官员和代表,国内外20多家具有影响力的媒体共200多位嘉宾参加。

【台湾海峡两岸旅游观光协会会长赖瑟珍考察大理旅游】 2009年11月20日,台湾海峡两岸旅游观光协会会长赖瑟珍,在国家旅游局副局长杜江,国家旅游局港澳台司司长满宏卫,云南省旅游局副局长徐光佑,州委常委、常务副州长马建全的陪同下,到大理古城、崇圣寺三塔公园、洱海、南诏风情岛等景区考察。通过考察,赖瑟珍对大理旅游业的发展给予高度评价。

【巍山县荣获“发现中国魅力小城”评选活动最高奖】 2009年12月8日,在浙江乌镇举办的首届“发现中国·魅力小城”评选活动颁奖典礼上,巍山县县城从入围的19家魅力小城中脱颖而出,以无可争议的优势,获得首届“发现中国·魅力小城”评选活动最高奖——综合金奖。

【州政府高度重视旅游集散中心规划编制】 2009年12月1日,为高标准、高起点、高质量、高效率地编制《大理滇西中心城市旅游集散中心规划》,州人民政府召开《大理滇西中心城市旅游集散中心规划》征求意见会。会议由副州长许映苏主持,州人大常委会副主任杨宴君、州政协副主席张树藩、州政府副秘书长张彤,大理市政府、州发改委、州旅游局、州交通局的领导以及邀请的州内部分专家、学者,旅游企业负责人参加会议。全体与会人员站在促进全州经济社会发展的高度,对编制好《集散中心规划》,各抒己见,畅所欲言,提出了许多宝贵的意见和建议。

【省旅游局赴大理调研旅游业试点工作】 2009年12月7～9日,云南省旅游局副局长余繁率领省发改委、省旅游局相关处(室)以及由省旅游规划研究院、云大商旅学院、昆明方成规划公司、云南师大发展研究中心、云南招商国际旅行社、省文物局博物馆、东南亚考古研究中心等单位组成的专家组到大理,对开展旅游产业发展和改革综合试点工作进行调研。在实地考察苍山大索道、“希夷之大理”、崇圣寺三塔创5A改造提升、喜洲古镇、海东片区开发、大理国际大酒店、洱海天域大酒店建设项目之后,12月9日,在龙山国际会议中心召开工作汇报会。会议由余繁主持,大理州苍洱片区旅游产业发展和改革综合试点工作领导组成员单位主要领导参加会议。州政府副州长许映苏汇报大理州旅游产业发展情况以及苍洱片区旅游产业发展和改革综合试点工作情况;省发改委、省旅游局相关处(室)以及专家组各成员结合现场考察情况,提出了许多宝贵意见。余繁在总结发言时对大理州旅游产业发展以及试点工作给予了充分肯定,希望加大工作力度,扎实推进各项工作,为全省探索并积累经验。

【召开滇西旅游集散中心规划专家咨询会】 2009年12月12日,州旅游局召开《大理滇西中心城市旅游集散中心规划》专家咨询会,州、市相关部门负责人参加会议,邀请原州政协副主席、高级工程师李彪、州建设局副调研员、工程师徐光述、州规划局总工程师、高级工程师张崇礼、州环保局总工程师、高级工程师卫志宏、大理学院经济与管理学院副院长、教授赵建军等组成专家咨询组。首先,由规划编制单位“云南大学工商与旅游管理学院、云南大学旅游研究所”的专家介绍《规划》编制情况。与会人员在认真听取介绍和审阅《规划》后,充分发表意见和建议。大家一致认为:《大理滇西中心城市旅游集散中心规划》是大理州旅游二次创业的重要项目之一,是一个具有科学性、前瞻性以及人文关怀、高度整合、以数字化为特征的项目。专家咨询组对规划的总体评价是:规划方做了大量、深入的调查研究,同时提供了许多有针对性、有参考意义的相关背景资料;规划指导思想明确,依据充分;总体框架可行,对网点分布、实体支撑的思考较为全面、可行的。专家咨询组建议:一是定位不太清晰,建议收集省政府大理专题会议、滇西中心城市规划等相关资料,进行全面、深入的研究,突出把大理建成滇西旅游集散地的定位目标。二是规划文本重视了游客“散”的功能,而对“集”的功能研究不足。三是在体制、机制方面,仍然要强调政府为主导,充分发挥旅游企业等各方面的力量。四是在交通组织和旅游线路设计方面,要远近结合,避免放射排列的单一性,要重视网络性环状发展,提升旅游结构网纯的水平,从分散单点开发到点轴开发和多层次开发。五是加强对保障措施的研究,进一步细化并明确提出滇西旅游集散中心建设的具体保障措施。

【中国旅游协会副会长王军一行到大理

调研】　2009年10月26～30日，原国家旅游局党组成员、纪检组长，现中国旅游协会名誉副会长、中国国际休闲产业协会主席王军一行7人到大理，就旅游直升机项目进行调研。州、市人民政府分管领导、州旅游局、州招商局、大理机场负责人陪同调研，召开了调研工作座谈会。

【召开打造大理古城旅游文化产品征求意见会】　2009年12月29日，根据中共大理州委书记刘明的要求，为了把大理古城的文献楼、南城楼、五华楼、市博物馆（帅府）、文化馆、北城楼、东城楼和西城楼打造成为独具特色的文化旅游产品，丰富大理古城的旅游文化内涵，提升大理旅游的品位和档次。州旅游局决定召开打造大理古城旅游文化产品征求意见会。州旅游局、州文化局、州文联、州白族文化研究所、大理省级旅游度假区、大理州旅游产业开发集团、大理镇人民政府、市旅游局、市文化局、大理古城保护局的主要领导；大理学院经济与管理学院和民族文化研究所负责人；大理古城客栈酒吧分会会长、秘书长参加会议。全体参会人员实地考察文献楼、南城楼、五华楼、市博物馆（帅府）、文化馆、北城楼、东城楼和西城楼。并在征求意见会上提出许多好的意见和建议。

【认真做好全州“十二五”旅游产业发展规划编制】　2009年12月31日，根据中共大理州委、州人民政府的统一部署，州旅游局及早安排全州“十二五”旅游产业发展规划编制工作：一是认真学习，统一思想。认真组织学习相关文件，深刻领会“十二五”是实现全面建设小康社会奋斗目标承上启下的关键时期，科学编制和实施“十二五”规划，对于促进全州经济社会又好又快发展具有重大意义。要认真总结全州旅游产业发展取得的成功经验，全面分析当前存在的突出问题，提出切实可行的对策措施，促进全州旅游产业又好又快发展。二是加强领导，健全机构。成立了大理州旅游旅游产业“十二五”规划编制工作领导小组。领导组下设办公室设在规划发展科，由杨光明兼办公室主任，赵晓海兼副主任。同时，成立秘书组、信息统计组和综合协调组。三是精心组织，周密安排。抓紧做好“十二五”旅游产业发展重大课题调研的基础上，根据“州委‘十二五’规划建议”提出的目标要求、基本原则、政策导向和战略重点，进一步修改完善后，按时上报《大理州“十二五”旅游产业发展专项规划（草案）》。

旅游企业

【简　述】　2009年，为了培育统一开放、竞争有序、健康发展的旅游市场体系，年内将“大理旅游一卡通有限责任公司”改制为“大理州旅游产业管理服务有限责任公司”，进一步加强了宏观管理和服务功能；组建并成立了“大理州导游管理服务有限责任公司”，进一步提升导游服务质量、提高对导游队伍的管理水平，更好地维护好导游人员、旅游企业和旅游者的合法权益；按期完成大理州旅游协会的换届选举工作，对各星级酒店分会进行了合并，组建大理古城客栈分会，修订了协会章程，完善了行业自律公约；对大理州旅游监管中心进行人员重组，高标准、严要求地招聘了50名大专以上学历的监管人员，为实施旅游行业自律监管提供了人才保障。

【及早部署2009年春运工作】　2009年1月14日，为认真抓好2009年春节黄金周旅游接待工作，精心组织、调配交通运力，做到游客进得来、走得了、出得去，实现“安全、质量、秩序、效益”四统一的目标。州旅游局及早部署2009年春运工作，要求各县市旅游局及早谋划，召开辖区内旅游企业春运安全生产动员会，做好充分准备，确保旅游团队用车的合理调运；各旅游企业要加强与旅游车公司之间业务联系，做好旅游车辆春运的安全检修，严禁使用技术状况不合格的旅游车辆；确保旅游团队用车、房、餐、导游等各项工作准备充分，措施有力，工作到位；要加强对旅游企业黄金周春运接待工作的督促检查指导，强化信息沟通，做到主要领导亲自带班，确保通讯畅通，并在黄金周期间要做好24小时值班制度。

【洱源县西湖高原水乡旅游规划通过专家评审】　2009年1月16日，州旅游局主持召开《云南省大理白族自治州洱源县西湖高原水乡旅游规划》评审会，旅游、发改、规划、建设、环保、以及旅游院校等部门的专家和领导参加评审会。与会人员在听取规划编制单位云南大学旅游研究所专家的介绍，认真审阅规划文本后，一致认为：《规划》体现了建设民族文化大州和旅游大州的要求，符合全州旅游产业二次创业和大理州旅游总体规划的要求，《规划》依据充分，思路清晰，起点较高；对洱源西湖景区的现状、资源特点、客源市场分析预测、游览线路和道路系统、环境保护及对策措施等作了分析和评价，定位准确，形成了可持续发展的基本框架。专家提出：一是应以原生态乡村旅游精品景区、景点为目标，进一步做精做细规划。二是准确把握客源市场，提出解决好同类产品的竞争、替代、屏蔽关系，为景区开发及可持续发展奠定基础。三是加强建设项目投资与回报的经济效益分析和研究，做好项目投资估算和效益分析。四是进一步明确西湖旅游区投资开发模式，整体规划，逐步开发，滚动发展。五是加大环境保护的分析和研究，提出环保措施。最后，专家组原则同意通过《水乡旅游规划》的评审。并由规划编制单位按专家组建议对规划进行补充、修改和完善后，按规定程序报批。

【大理州旅游产业管理服务公司成立】　2009年1月20日，州委、州人大、州政府、州政协领导，州旅游产业领导组成员单位、大理市政府、大理旅游度假区管委会，市国资委、各县市旅游局，州旅游业协会及各专业分会会长，州内31家国际、国内旅行社、大理旅游集团、大理州旅游产业开发集团主要负责人，媒体记者参加大理州旅游产业管理服务公司成立庆典仪式。在州市各有关部门和旅游企业的大力支持下，深化“大理旅游一卡通有限公司”改革，重组成立“大理州旅游产业管理服务有限责任公司”，对进一步加大对旅游市场宏观调控力度，努力营造公平、公正、公开、有序的经营环境，切实保护旅游企业、旅游从业人员和旅游者的合法权益，创新宣传促销方式，整合宣传促销资源，加大宣传促销力度，做好旅游新景点、新线路推介营销，进一步拓展客源市场具有重要意义。大理州旅游产业管理服务有限责任公司”的主要任务是：一是坚持和完善结算功能，并逐步覆盖到全州所有旅行社、A级景区（点）、星级饭店、餐馆等旅游企业。二是建立和完善旅游宣传促销激励机制，筹集宣传促销经费，加大宣传促销力度和市场开拓能力，实现接待人数和效益同步增长。三是进一步完善全州旅游安全救助体系，帮助旅游企业化解经营风险，为旅游者提供安全保障。四是建立旅行社市场开拓、旅游企业绩效考核、导游及旅游车驾驶员服务质量的综合考评体系，全面提高管理水平和服务质量。五是按照“优质服务、规范管理、促进发展”的原则,使之成为加强行业管理、实施行业自律的有效抓手,打造诚信大理旅游品牌。

【推荐大理兰林阁酒店为四星级旅游饭店】 2009年2月26日,大理州星评委根据《旅游饭店星级划分与评定标准》(GB/T14308-2003)认真初评,认为大理兰林阁酒店已基本符合四星级旅游饭店的条件,向省星评委推荐为四星级旅游饭店,请省星评委最终评定。大理兰林阁酒店总投资8000多万元,于2002年正式营业。该酒店位于大理古城中心,地理位置优越,交通便利,总体设计和布局基本合理,采用白族名居、院落建筑风格,文化主题鲜明,环境优美、整洁、舒适,各项服务项目和服务功能基本与接待规模、接待档次相适应,且各项设施使用安全、方便,是一座具有浓厚民族文化特色氛围的休闲度假型酒店。酒店经过多年经营和宣传营销,客源市场不断拓展,品牌形象和知名度日益提升,取得了较好的经济效益和社会效益,为全州饭店行业的发展起到了很好的示范带头作用,也为外事接待工作和旅游业的发展作出了积极贡献。为了更好地适应旅游市场的需要,促进饭店的经营和发展,饭店提出了评定四星级的申请。

【圆满完成旅行社业务年检】 2009年3月9日,经各县市旅游局、审计等部门的共同努力,旅行社业务年检工作圆满完成。全州有31家旅行社参加年检,其中昆明康辉旅行社大理分社参照年检。按照云南省旅游局的统一安排,对旅行社经济指标、经营管理状况以及财务管理等方面进行检查考核。一是主要指标经营情况。2008年度,全州旅行社营业收入总额31,473.79万元,同比减少39.13%;亏损总额355.18万元,亏损面达58.62%,旅行社经营业绩呈现大幅度下滑的局面;实缴税金656.35万元,同比减少23.33%;接待入境旅游者11.3万人次、15.1万人天,同比分别减少34.6%和22.55%;接待国内旅游者88.1万人次、119.9万人天,同比分别减少30%和28.66%。二是旅行社资产情况。全州旅行社资产总额为25310.20万元,负债总额为20235.36万元,所有者权益为5074.84万元。三是存在的主要问题。通过年检考核,旅行社建章立制、内部管理等工作仍需规范和完善;部分旅行社业务量小,经营管理水平低,经济效益较差。要积极拓展客源市场,努力扭转经营不景气的现状;少数旅行社内部财务管理不规范,资料不全,不能客观、真实地反映旅行社的经营状况。要加强和规范全州旅行社的财务管理。年检结果:有24家旅行社通过年检;6家旅行社暂缓通过年检。

【五一小长假旅游市场有增有减】 2009年“五一”小长假,全州旅游总体客流略显平淡,但自驾车等散客旅游热情不减,部分景区点的旅游接待指标较上年同期各有增减。据统计,5月1~3日,全州共计接待国内外旅游者15.78万人次,同比增长3.1%。其中,接待海外旅游者5876人次;过夜旅游者10.39万人次;一日游接待4.8万人次。全州旅游饭店、宾馆、招待所及其它住宿设施每日平均入住率为72%。节日期间,州内主要旅游景区点的接待情况为:崇圣寺三塔4907人次,同比下降36.16%;蝴蝶泉公园5838人次,同比下降23.9%;鹤庆新华村7961人次,同比下降29.8%;洱源地热国2398人次,同比下降10%;洱源西湖681人次,同比下降48%;宾川鸡足山5470人次,同比增长19.6%。由于受到假期安排变更等因素的影响,多数客源地市场的组团情况均不理想,导致云南滇西旅游线的团队市场低迷。同时,全州各景区散客接待量同比上涨明显,散客市场仍然保持正常的接待规模和水平,大理古城民居接待设施住宿供求曾一度紧张。

【网络结算系统逐步覆盖到旅游景区(点)】 2009年4月20日,为实现把“大理州旅游产业管理服务有限责任公司”的网络结算系统逐步覆盖到各县市主要景区(点)、旅游星级饭店和旅游企业的目标,积极推介和销售大理州特色旅游产品,提高旅游产业综合效益。州旅游局召开旅游景区(点)及相关旅游企业负责人会议。大理旅游集团、大理州旅游产业管理服务公司、宾川鸡足山、大理市张家花园、喜洲严家院、宝成府、上关花公园、洱源地热国、西湖、鹤庆边陲古寨的主要负责人参加会议。会议主要内容是:进一步统一思想,提高认识,采取切实有效的措施,把“大理州旅游产业管理服务有限责任公司”的网络结算系统逐步覆盖到各县市有关景区(点),加大宣传推介力度,拓展客源市场。

【大理州导游服务有限责任公司成立】 2009年6月5日,根据大理州旅游业协会、大理州旅游产业管理服务有限责任公司、大理旅游集团有限责任公司《关于申请成立大理州导游服务有限公司的请示》,州旅游局批准设立大理州导游服务有限责任公司。业务经营范围是导游服务、游客咨询和旅游翻译业务;注册资本金100万元人民币;大理州旅游业协会、大理州旅游产业管理服务有限责任公司、大理旅游集团有限责任公司、傅东寅、李海亮为投资人。同时,州旅游局要求公司成立后,要按照《导游人员管理条例》、《导游管理实施办法》、《云南省旅游条例》、《大理州导游人员管理办法》等相关法规、规章开展经营活动,服从旅游行政管理部门的监督管理,积极面向旅行社和社会各界提供高品质的导游服务,为导游人员创造良好的学习和工作环境,保障导游人员的合法权益,确保导游人员的出团率不断增长,逐步提高经济和社会效益,为大理州旅游二次创业作出新的贡献。

【云南驿景区被评为国家AA级旅游景区】 2009年6月12日,云南驿景区被评为国家AA级旅游景区。云南驿是省级历史文化名村,也是第四批县级文化保护单位。汉朝在此设置云南县,蜀汉时设云南郡,唐代南诏在此设置了第一个节度使,宋代大理国王段氏在大理境内设十赕,云南驿为云南赕。元代设置了云南中书省,从此“云南”成为一省之称并延续至今。明代云南县城从云南驿迁到现在的祥云县城,清代,云南驿成为茶马古道上最重要、最繁华的驿站。近代,特别是二战时期,云南驿成为中印缅战区的重要军事基地,举世闻名的滇缅公路由此通过,云南驿机场是著名的驼峰航线的航空转运站。至今,长达1000米的青石板古驿道仍保存完好,两边的古老民居仍然是汉族传统的一门、一窗、一铺台式样。现在建立了《云南马帮文化博物馆》和《二战中印缅战区交通史纪念馆》,丰富的展品再现的历史场景使人们亲身体验从古至今交通发展的历程。大理州旅游景区质量等级评定委员会按照《旅游景区质量等级的划分与评定》(GB/T17775-2003)国家标准,对云南驿景区进行全面的检查和评定,达到了国家AA级旅游景区的标准,同意评定为AA级景区并对外公布。

【大理地热国3A级旅游景区创建通过初评】 2009年6月21日,大理地热国3A级旅游景区创建通过初评。四川宜宾万泰集团累计投资2.52亿元,完成32个温泉沐浴池、各类客房322间、餐厅、卡拉OK厅、棋牌室、网球场、游船、篮球场等基础设施和接待服务设施。据统计,大理地热国2006～2008年共接待游客110.6万人次,旅游收入5421.1万元,上缴税金共计近1500万元,直接从业人员192人,间接从业人员近1000人,取得了较好的社会效益、经济效益和环境生态效益。为进一步提升景区管理水平,努力使景区经营和管理朝规范化、标准化、科学化发展,大理地热国景区实施了一系列卓有成效的3A级旅游景区创建活动。州"A评委"对照《旅游景区质量等级的划分与评定》国家标准的要求,对地热国景区的服务质量与环境质量、景观质量、游客意见进行检查和评分,下发了《整改通知》。经整改和复核验收,州"A评委"认为:大理地热国旅游资源品位高,是集温泉沐浴、疗养、娱乐、运动、会议等功能为一体,推动大理旅游产业从观光型向休闲、康体、度假等多元型转变,实现转型升级的突破口;是昆明、大理、丽江、香格里拉4大景区中间让旅游者放慢节奏、消除旅途疲劳、恢复愉悦身心的理想场所和精品景区。已基本达到国家3A级旅游景区的条件和要求,上报省"A评委"组织评定验收。

【做好旅游景区(点)汛期地质灾害防治】 2009年6月以来,全省连续出现区域性强降雨天气,先后引发了多起地质灾害,地质灾害防治形势十分严峻。按云南省旅游局的统一部署,州旅游局发出通知,要求把做好旅游景区(点)汛期地质灾害防治工作列入各级、各部门重要的工作议事日程,组织力量认真搞好险情排查,采取更加有效的措施,抓好除险加固,防患于未然,确保国家和海内外旅游者的生命、财产安全,保障全州旅游产业稳健发展。

【州旅游协会星级饭店分会换届选举】 2009年6月25日,大理州旅游协会星级饭店分会召开换届选举大会。通过民主选举产生了新一届星级饭店分会领导班子:漫湾大酒店副总经理刘熙云当选为协会会长;大禹酒店总经理江英、下关饭店总经理冯永诚当选为协会副会长;怀仁酒店总经理蓝家强当选为协会秘书长;美登大酒店总经理刘学武、军供宾馆总经理成少昆、明珠宾馆总经理赵成来当选为协会副秘书长。杨劲松、王家雄、杨建娟、王庶当选为协会理事。会上,大理州旅游局局长马金钟代表州旅游局、州旅游协会对大会的召开表示热烈的祝贺,并希望新一界分会负责人,积极探索,改革创新,带领大理酒店行业加强行业自律、提高服务水平、增加企业效益、促进全州酒店行业的快速、健康发展,为全州旅游"二次创业"贡献力量。

【全面提高酒店管理水平和服务质量】 2009年6月26日,大理州召开高星级酒店座谈会。州委书记刘明,州委常委、州委秘书长杨健,州政府副州长李红卫,州旅游局局长马金钟出席会议,漫湾大酒店、风花雪月大酒店、美登大酒店、祥和酒店、苍山饭店、鸿元体育中心、兰陵阁酒店、中民大酒店和在建的大理国际大酒店、洱海天域大酒店、水晶国际大酒店、鹤庆新华酒店、宾川鑫亚酒店、巍山雄诏酒店、弥渡美晨酒店的总经理或法人代表参加会议。州委、州政府明确提出:要坚持引进理念、引进人才、引进管理、引进资金的原则,按照国际化标准,推动大理州酒店业健康有序发展。已经建设好的酒店,要进一步提高管理水平和服务质量,拓展服务空间和服务内容;正在建设的酒店,必须坚持管理优先,加快知名品牌的引进,特别是新建酒店,一定要想方设法引进国际知名品牌;要发挥大理是休闲度假胜地的优势,加快旅游休闲度假产品开发,建设好休闲度假型酒店,不能重复建设商务型酒店;要下大力重点解决有些酒店虽是高星级硬件,却是三星级价格、二星级服务等问题。州委、州政府将进一步全力解决酒店业发展中存在的实际问题,使酒店企业有良好的发展条件与发展环境;政府各部门要进一步发挥职能作用,提供优质服务,支持酒店业发展;要不断营造良好的发展环境和氛围,努力为酒店业健康发展提供良好条件,推动大理旅游由单纯的观光型向休闲度假康体型转变。

【重新审核旅行社业务经营范围】 2009年7月6日,根据《旅行社条例》和《旅行社条例实施细则》的有关规定,州旅游局重新审核旅行社业务经营范围和换发《旅行社业务经营许可证》。州内国际、国内旅行社认真填写《旅行社信息登记表》、《旅行社分社信息登记表》、《旅行社服务网点信息登记表》;对全州旅行社、旅行社分社、服务网点的经营范围进行重新审核;统一到省旅游局办理换发《旅行社经营许可证》和领取《分社、服务网点备案登记证明》;现有旅行社许可经营出境业务满两年期的起点时间为国际旅行社从国家旅游局批准其设立之日起计算,国内旅行社从5月1日《旅行社条例》实施之日起计算。

【州旅游局批准设立大理旅游集散中心】 2009年7月7日,根据大理州导游服务有限责任公司《关于申请成立大理旅游集散中心有限责任公司的请示》,州旅游局批准设立大理旅游集散中心有限责任公司。经营范围是:旅游咨询、宣传、招徕,散客接待,餐饮、客房预定,旅游产品销售与推广,交通票务代理,会议、商务接待。注册资本金30万元人民币。同时,要求依法依规开展经营业务,服从旅游行政管理部门的监督管理,积极向游客提供高品质的旅游产品,逐步引导和规范大理散客旅游接待市场。

【巍山建四星级山水园林式酒店】 2009年,巍山县凤巢酒店修建性详细规划在巍山古城通过专家评审。巍山县依托得天独厚的历史文化资源优势,打牢基础,树立品牌,强化营销,创新体制,全县旅游文化产业得到了迅猛发展。凤巢酒店由巍山县兰花协会会长黄德敏投资兴建,该酒店占地面积39.2亩,设计标准为四星,计划投资4513万元,是山水园林式酒店。

【调整大理州星评委】 2009年9月2日,因州旅游局领导班子调整,为进一步加强全州旅游星级饭店管理工作,对大理州旅游星级饭店评定委员会机构进行调整。由州旅游局局长、州旅游业协会会长马金钟任主任,刘福荣、高充、冷跃冰3位副局长任副主任。州星评委办公室设在行业管理科,何元玛任主任,冯亚军任副主任,负责办理日常工作。

【云龙宾馆被评定为三星级旅游饭店】 2009年10月13日,根据云龙宾馆的申请,大理州星评委按照《旅游星级饭店的划分与评定》(GB/T14308—2003)的国家标准,从设施设备、维修保养、清洁卫生、服务质量等方面进行全面检查和评定,经州星评委会议研究:同意云龙宾馆评定为三星级旅游饭店。并要求进一步按照《旅游星级饭店的划分与评定标准》和《星级饭店访查规范》,加强经营和管理,强化对全员业务知识和业务技能的培训,不断提升饭店整体管理水平和服务质量,努力树立旅游星级饭店的品牌形象。

【君山大酒店被评定为三星级旅游饭店】 2009年10月13日,大理州星评委按照《旅游星级饭店的划分与评定》(GB/T14308—2003)的国家标准,从设施设备、维修保养、清洁卫生、服务质量等方面进行全面检查和评定,经州星评委会议研究:同意君山大酒店评定为三星级旅游饭店。并要求进一步按照《旅游星级饭店的划分与评定标准》和《星级饭店访查规范》,加强经营和管理,强化对全员业务知识和业务技能的培训,不断提升饭店整体管理水平和服务质量,努力树立旅游星级饭店品牌形象。

【2009年度星级饭店复核】 2009年10月19日~11月20日,为加强星级饭店规范发展,不断提高酒店管理水平和服务水平,维护星级标准的严肃性和权威性,全面提升全州星级饭店行业的整体形象,按照省星评委的统一安排,组织开展2009年度星级饭店复核。全州共有112家(其中:五星2家,四星3家,三星29家,二星75家,一星3家),应参加年度复核的有107家,实际参加的有102家(其中,评定性复核16家,年度性复核86家),其余5家饭店因年内被省抽检或高进一个星级等原因免复核。在复核中,对饭店的必备项目及选择项目、设施设备及服务项目、设施设备维修保养、清洁卫生、服务质量、服务与管理制度等方面进行全面检查、考核和评分,全州旅游星级饭店呈现出保星和争星意识明显增强、整体管理水平明显提升、服务质量和服务水平明显改进、环保意识和安全意识明显增强等新亮点。

【核准古城电动车公司经营范围】 2009年11月20日,根据大理古城电动车营运有限公司《关于对大理古城电动车营运有限公司经营范围的请示》,州旅游局核准该公司在大理古城内开展旅游咨询、景区点讲解、导游服务、旅游商品销售业务。

【地热国景区评为国家3A级旅游景区】 2009年12月16日,大理地热国被省旅游局"A评委"评定为国家3A级旅游景区。地热国位于214国道旁的洱源县城,距州府大理市60千米,丽江120千米,香格里拉240千米,总占地面积1000亩。2002年8月18日,四川宜宾万泰集团累计投入2.52亿元,使景区基础设施和配套服务项目逐年完善,知名度和竞争力日益增强。2009年7月18~19日,大理州"A评委"及时组织景区检查员,对大理地热国景区的服务质量与环境质量、景观质量、游客意见三个方面进行严格的综合检查和评分,并针对景区存在的不足下发《整改通知》。经整改和复核验收。省旅游景区质量等级评定委员会经过严格评审认为,大理地热国已基本达到国家3A级旅游景区的条件和要求。2009年12月16日,云南省旅游局下发《关于批准大理地热国等两家景区为国家3A级旅游景区的决定》,并对外公布。

【鹤庆银都水乡新华村评为国家4A级景区】 2009年11月24日,通过国家旅游局A评委专家组终评,云南省旅游局下发《关于转发国家旅游局〈关于批准发布北京市八达岭水关长城等85家景区为国家4A级旅游景区的决定〉的通知》,鹤庆银都水乡新华村评为国家4A级景区并对外公布。鹤庆银都水乡新华村位于云鹤古城西北5千米处,距丽江机场12千米,规划面积12.97公顷,主要以加工销售银器民族工艺品而出名,工艺品包括生活、宗教、装饰、收藏四大类,风格多样,工艺精湛,畅销全国,远销欧美及东南亚。有"中国民间艺术之乡"、"中国民俗文化村"、"云南十大名镇"等称号。2001年7月,被评为AA级景区。2003年6月,鹤庆县政府将新华村经营权转让给云南新华旅游商品开发有限公司,并开始按国家4A级旅游景区标准对景区重新进行规划建设。累计投入4.4亿元,重点完成石寨子购物广场(包括银器玉器馆、云南土特产馆、高原药材馆、普洱茶俗馆、白族特色餐厅等10个展馆)、银器博物馆、旅游外围交通环线、游客服务中心、生态停车场、景区旅游厕所、生态游道、门禁系统、小桥流水、大水环路、路灯广告、景区绿化美化亮化、水磨坊工程、水车工程、标志性牌坊工程、寸氏庄园等项目建设,星子龙潭生态园、银都水乡酒店、三市街、凤凰山包装、农村文化站等配套设施。新华村景区硬件设施不断完善,服务项目和服务内容不断丰富,景区品牌形象和知名度不断提高。

【开展旅游保险统保】 2009年12月29日,按照云南省旅游局的安排,全州各旅行社、旅游车船公司积极参与《云南旅游安全组合保险》,并到银行及保险公司开户及签订合作协议。旅行社不为旅游团队和游客投保"云南旅游安全组合保险",将依据《旅行社条例》进行查处;旅游车、船公司不参加《云南旅游安全组合保险》的,旅行社不得租用其承运游客,否则经营风险自担。参与《云南旅游安全组合保险》的统保车船,由云南省旅游安全保障与救援委员会发放统保标识,证明该车、船有统一保障。保护游客的合法权益和利益,最大限度地减少旅行社,旅游车、船公司的经营风险,提高大理旅游的保障能力,促进全州旅游业健康发展。

【洱源海西海温泉度假区总体规划通过评审】 2009年12月1日,州旅游局主持召开《云南大理洱源海西海温泉度假区总体规划》(以下简称《规划》)评审会。邀请州人大、政协、旅游、发改、规划、建设、环保以及云南国土资源学院和大理学院等部门的专家和领导参加评审会。洱源县人民政府县长杨作云就项目背景情况作简要介绍;规划编制单位"北京绿维创景规划设计院"的专家介绍《规划》;与会人员认为:《规划》充分体现了中共大理州委、州人民政府建设民族文化大州和旅游经济强州总体要求,依据充分,思路清晰,起点较高,结构合理,重点突出,定位准确,具有较强的针对性、前瞻性和可操作性,为景区开发建设和可持续发展提供科学依据。专家提出:一是要进一步挖掘文化内涵,树立特色鲜明的旅游品牌形象,把项目开发建设成为集康体、休闲、度假为一体的高端旅游产品。二是进一步把握景观建设的地方民族特色,使景区内的建筑物与自然山水协调统一。三是应进一步分析和研究客源市场,提出同类资源和产品之间客观存在的竞争关系及应对策略。四是加强对建设项目投资与回报等经济效益分析和研究,做好项目投资估算和效益分析,为企业投融资提供更为科学、准确的依据。五是加大对环境保护力度,认真分析研究海西海与洱海保护之间的关系,提出环境的容量和相应的环境保护措施,确保洱海水源地水质。专家组原则同意通过对《规划》的评审。

【鸿元体育中心被推荐为四星级旅游饭店】 由大理鸿元集团投资建设的鸿元体育中心,2007年投入经营。2009年,根据鸿元体育中心的申请,大理州星评委对照《旅游饭店星级划分与评定标准》进行初评,经整改和复核检查,认为鸿元体育中心经营定位明确,总体设计和布局基本合理,各项服务项目的功能基本与接待规模、接待档次相适应,且各项设施使用安全、方便,是一家以现代化康体健身为主的综合型商务酒店,已基本符合四星级旅游饭店的条件,向省星评委推荐为四星级旅游饭店,请省星评委最终评定。

【大理旅游集散中心成立】　2009年12月4日,经州旅游局批准,大理旅游集散中心正式挂牌成立。随着国际国内旅游市场的变化以及网络市场的普及,散客游、自驾游、自助游等方式迅速兴起,发展势头强劲。旅游散客以停留时间长、单体消费高、对本地旅游经济带动大的特点,越来越受到旅游目的地和旅游集散地的重视和青睐。对大理古城客栈的调研发现,近300家客栈,每天都有不少于2000人住宿、自驾游、自助游,做好旅游散客的接待工作显得十分重要。为了适应旅游市场发展要求,州旅游局批准成立大理旅游集散中心,目的在于整合全州的旅游市场资源,进一步规范旅游市场,优化产业结构,提升旅游服务质量。按照统一管理、统一宣传、统一报价、统一服务标准,逐步建立覆盖全州主要景区景点的散客旅游集散网络,加强与周边地区的合作,努力拓展服务领域,强化企业内部管理,以规范诚信的经营、热情周到的服务,塑造企业形象,切实保障散客的合法权益,提升大理旅游品牌。

【开展旅游商店年度审验】　2009年12月1~31日,按照大理州旅游商店年审工作领导小组的安排,宏翔精品工艺展销厅、云地矿珠宝经营部、博雅石业有限责任公司、大理石厂工艺精品展销部、天和石业大理石工艺经销部、白族茶艺文化展示中心、大理南国城经营管理有限公司、新华旅游商品开发有限公司,泰安旅游购物商店、森江旅游珠宝商场10家旅游商店参加年审。主要审查建筑工程质量验收合格证,消防、卫生许可证,工商营业执照,税务登记等证照是否齐全;是否有800平方米以上固定的营业面积,功能完善,装修格调高雅,特色鲜明,能满足接待国内外旅游团队的基本购物需求;是否有柜台、货架、问询处、收银台等营业设施;是否有与经营规模相适应的停车场,有专人指挥疏导;是否有相适应的冲水式男、女公共卫生间、厕位分隔加门,有防滑设施及提示;是否有规范的公共信息图形符号,标识准确、清晰;能否提供商品质量保险,邮政代办托运等售后服务;内部管理规章是否健全,岗位职责明确、完善;服务人员是否统一着白族服装,实行普通话文明用语服务,仪表端庄,礼貌待客,主要岗位会用英语服务;管理人员和服务人员是否经过旅游岗位培训合格,严格实行从业人员持证上岗。是否按时交纳信誉质量保证金;变更营业场所等是否报旅游管理部门备案;是否执行国家相关规定,明码标价,严禁出售假冒伪劣商品;是否履行“60日不满意即可退货”承诺等。

项目开发

【简　述】　2009年,在旅游二次创业的进程中,全州根据中共大理州委、州人民政府《关于进一步加快旅游产业二次创业的意见》的统一部署,按照“开发建设一批、改造提升一批、规划实施一批”的思路,通过积极争取,2009年8月29日,在全省旅游业发展大会上,省人民政府与州人民政府签订旅游二次创业目标考核《责任书》,把7个旅游重大项目纳入省政府的目标责任考核。其中,在建类5个,都在要求的时限内启动,完成投资6.14亿元,超出下达投资额度的14.14%;随后,在全州旅游工作会议上,州政府与县、市政府签定旅游二次创业目标考核《责任书》,把8个项目列入全州年度考核的旅游重大开发建设项目,完成投资5.51亿元。年内对旅游重大项目开发建设实行抓落实责任制,州、县市都成立了协调领导机构,由党委、政府主要领导挂帅,任务到部门,责任落实到人,全州重大建设项目全面启动,有序推进,部分项目取得了突破性进展。实现了以旅游重大开发建设项目为载体,着力打造“三大旅游圈”,扎实推进旅游二次创业的目标。

【省政府批准开展旅游业发展和改革试点】　2009年1月8日,云南省人民政府下发《关于同意大理州开展旅游产业发展和改革综合试点工作的批复》,同意在大理州苍洱片区开展旅游产业发展改革综合试点工作。为了抢抓机遇,把大理挤入全省旅游产业发展和改革综合试点地区之一,州旅游局及时制定了《大理旅游产业发展和改革综合试点工作方案》,于2008年6月10日上报省政府。按照省政府的要求,8月27日,省旅游局召开评审会,对《工作方案》进行认真评审。按照评审意见和建议,多次召开会议对《工作方案》进行修改、完善,并于10月30日再次上报省政府。3月27日,省政府在大理召开以“两保护、两开发”为主题的专题会议,有力地推动了以“两保护、两开发”为核心的滇西中心城市建设步伐,拉开了大理州苍洱片区旅游产业发展和改革综合试点工作的序幕。

【健全旅游业发展和改革试点工作领导机构】　2009年,为加强对大理州苍洱片区旅游产业发展和改革综合试点工作的组织领导和综合协调,中共大理州委决定成立“大理州苍洱片区旅游产业发展和改革综合试点工作领导组及办公室”。领导组由中共大理州委书记刘明,州委副书记、州长何金平任组长;副州长许映苏,州委常委、大理市委书记段玠,州人大常委会副主任杨宴君,州政协副主席张树藩,州长助理李文才任副组长;州政府联系旅游工作的副秘书长、各县市人民政府县市长、州旅游局等部门负责人为成员。领导组下设办公室在州旅游局,由副州长许映苏兼任办公室主任,马金钟、张彤任办公室副主任,工作人员由州旅游局、大理市政府、度假区管委会、开发区管委会、大理市旅游局抽调。同时,明确了领导组及办公室的主要工作职责,形成上下联动、齐抓共管的工作格局。

【州委印发旅游业发展和改革试点实施方案】　2009年,中共大理州委、州人民政府高度重视旅游产业发展和改革综合试点工作,多次召开专题会议,认真研究,及时协调解决工作中的困难和问题。经过反复论证,广泛征求意见和建议后,州委印发《大理州苍洱片区旅游产业发展和改革综合试点工作实施方案》,提出了大理州苍洱片区旅游产业发展和改革综合试点工作的指导思想、总体目标、工作原则、试点范围和工作重点。指导思想是:以中共十七大精神为指导,深入贯彻落实科学发展观,解放思想,扩大开放,深化改革,坚持“以生态文明为本,以文化历史为魂”,把优美的自然风光和深厚的历史文化相结合,把观光旅游与休闲度假康体旅游相结合,把硬件建设与软件建设相结合,把以大理苍洱为中心的旅游与全州乃至于滇西旅游区的发展相结合,把强化管理与改革创新相结合,以旅游产业为突破口带动全州各类产业和基础设施的大发展,加快推进重点项目的实施,增强大理旅游的吸引力和竞争力,全面推进大理旅游二次创业,推动大理旅游由单一的观光型向观光、休闲、度假、康体、会展多元型转变,加快推进旅游资源大州向旅游经济强州转变。总体目标是:通过开展旅游产业发展和改革综合试点,进一步深化改革、扩大开放、创新机制体制,促进全州旅游产业又好又快发展。用5年的时间在全省率先建立旅游产业发展的长效机制和新型的旅游产业管理、投资、开发和经营体制，努力构建旅游产品特色化、旅游服务标准化、生态环境优质化的旅游发展新格局，成为全省旅游产业新政策的试验基地和“以旅促农、以城带乡”的典型，把大理建设成为“国内一流、世界知名的旅游度假胜地，中国著名的休闲之都和康体养生之地”，实现大理旅游从观光旅游向休闲、度假、康体、会展旅游的根本性转变。到2013年，全州接待国内外游客突破1250万人次，其中，接待海外游客50万人次；旅游社会总收入突破110亿元。工作原则是：一要坚持科学规划，及早着手。试点范围内的相关县市要根据全州旅游产业发展和改革综合试点工作领导组的要求，尽快制定专项规划和方案，做到全州上下一盘棋，及早实施旅游产业发展和改革综合试点工作。二要坚持先行先试，制度创新。大胆突破制约旅游发展的体制机制障碍，逐步建立符合旅游产业发展规律的新型管理体制和运行机制，积极争取国家和省级的政策扶持，加紧制定完善州内配套政策。三要坚持部门联动，上下推动。建立健全全州上下协同、部门联动的推进机制，充分发挥各级各部门的工作积极性、主动性和创造性，不断开创旅游产业发展和改革综合试点工作的新局面。四要坚持统筹发展，突出重点。进一步优化布局，完善旅游产品体系，推进产业转型升级。抓好重大旅游项目的建设，注重旅游宣传促销和市场开拓，打造一批知名的州内旅游产品品牌。五要坚持科学发展，注重实效。制定符合旅游产业发展规律的政策措施，建立目标责任制和考核评价体系，确保各项工作任务如期完成。试点范围：按照打造“三大旅游圈”的统一部署，旅游综合试点的主要范围是：以苍洱核心景区为主体，辐射资源和基础条件较好的洱源九气台、茈碧湖和西湖景区、宾川鸡足山景区、剑川石宝山和寺登街景区、巍山古城和巍宝山景区、鹤庆新华村和草海湿地景区，形成以苍洱为核心，辐射带动周边景区的综合试点格局。

【高起点高标准编制试点工作规划】 2009年，为加大对试点工作的指导力度，促进大理旅游可持续发展，大理州通过多渠道、多方式筹措资金，聘请国际、国内著名的规划或策划机构，高起点、高水准编制《大理州旅游产业发展战略策划》和《大理州苍洱片区旅游产业发展和改革综合试点总体规划》，提高规划和策划的科学性、前瞻性和可操作性，在规划和策划的指导下，扎实推进旅游业发展和改革综合试点工作。

【坚持创新推进旅游业发展和改革综合试点】 2009年，大理州坚持创新，推进旅游业发展和改革综合试点：一是创新旅游管理体制。转变政府职能，完善公共服务平台。按照建设公共服务型政府的要求，加强政府公共服务职能，减少对旅游市场经营主体的直接干预。从机构设置、领导配备、人员编制、职能定位、经费投入等方面予以充实、强化，以便适应旅游产业发展形势。建立综合执法机构，对全州旅游市场秩序和服务质量实施监督管理；加快信息化建设步伐，建立健全旅游网络信息和网络结算平台，完善游客咨询服务体系。二是创新旅游投融资体制。建立政府引导市场、企业自主决策并承担风险的运行机制，形成投资主体多元化、投资机制市场化、投资方式多样化的新型投融资体制。完善政府投资决策和引导机制，构建投融资平台，加大项目包装、策划和项目融资、招商力度，为旅游项目招商引资创造良好条件；三是创新旅游统筹发展机制。建立滇西中心城市与旅游目的地、旅游集散地相统一的发展机制，统筹旅游与文化、环保、林业、生态农业的发展，实现产业良性循环。加强区域旅游合作，开发跨区域精品旅游产品，形成互利互惠、合作共赢的发展格局；四是创新旅游对外开放机制。积极开通与重点客源城市的直航或包机业务，构建直接交通进入体系。消除妨碍公平竞争的行政壁垒，注重引进海内外大企业大财团、投资机构、国际知名酒店和旅游管理公司来发展大理旅游。按照国际旅游市场的通行规则和服务标准，建立和完善与之相应的旅游市场规则和服务标准体系，不断提高旅游产业发展的国际化水平；五是创新旅游发展与生态保护循环机制。积极发展生态农业、工业旅游、乡村旅游，创建农业生态和工业旅游示范点，构建旅游新业态。探索以洱海流域为核心的生态旅游区建设模式，建设生态保护新机制。研究制定全州旅游重大项目生态建设标准，积极开展旅游循环经济试点工作。

【新华村景区建设进入快车道】 云南新华旅游商品开发有限公司在2003年6月取得石寨子的开发经营权后，对新华村的文化资源进行深度挖掘、整理并大力开发。到2009年，将石寨子从原来的1个旅游购物点发展成为集吃、住、行、游、购、娱6大要素为一体的旅游休闲度假目的地，实现了初次的转型升级。新华村环西路基本拉通，山体旅游线路初具规模、观景台及山体文化附属部分已经完成60%以上，黑龙潭周边绿化、星子龙潭生态旅游区均初具规模。景区内水系、路道、标识系统、环境系统、游客接待中心及路径系统均已按景区标准建设。“银都水乡”酒店已进入装修阶段，并引进香港维锦酒店管理集团对酒店进行专业管理。草海湿地旅游整体规划已通过评审，并进入实施阶段。

【把扶贫示范园区建设列入工作重点】 2009年，州旅游局把扶贫综合开发示范园区建设列入旅游工作重点。大理州扶贫综合开发示范园区涉及宾川县和祥云县的11个乡镇，辐射带动太和、宾居和彩凤3个华侨农场。总面积2494平方千米，人口34.9万人。州旅游局从园区内有红色、民族风情、宗教、农业观光，水电工业等丰富的旅游资源，风景优美，文化底蕴深厚，特色鲜明，交通便捷，比较优势突出，开发潜力大，市场前景好的优势，着力抓好宾川鸡足山旅游集散中心、侨乡生态观光园、拉乌核桃谷以及祥云水目山景区改造提升、刘厂旅游商品加工销售基地、钟英鲁地拉水电工业旅游等项目建设。州旅游局安排20万元专项资金支持宾川拉乌乡、祥云米甸乡旅游规划编制及特色旅游村打造。精心打造独特的旅游产品，促进当地旅游开发与扶贫攻坚紧密结合，帮助当地群众脱贫致富，为社会主义新农村建设作出贡献。

【加强“中国大理”门户网站“旅游频道”建设】 2009年1月14日，州旅游局成立“中国大理”门户网站“旅游频道”建设与信息保障协调管理领导小组及办公室。同时，要求各县市旅游局、开发办、机关各科、室、所、中心指定专人作为信息员，负责信息收集、编写、上报、管理等工作；信息员应全方位、多角度、高质量的报送相关信息，每月不少于2条，全年不少于20条；报送的信息由单位或部门负责人审核、把关，重要信息由领导组组长或副组长审定后报送；信息上报的数量、质量等情况，将纳入年度工作考核的重要内容，对工作业绩突出的单位和信息员给予表彰奖励。

【圆满完成列入全省年度考评旅游重大项目】 2009年，中共云南省委集中检查组在认真听取州政府主要领导关于旅游“二次创业”总体情况汇报、对评分表的各项指标以及书面材料进行考核的基础上，对大理州纳入省政府年度集中考核的7项旅游重大建设项目（其中，前期准备类2项，在建类5项）的推进情况进行实地检查，各项指标、书面材料以及实地查看都达到了目标要求，大理州自评分为50分，省委集中检查组的考评分为49.3分。

【前期准备类2个旅游重大项目全面启动】 2009年，西洱河旅游文化长廊、宾川鸡足山旅游景区基础设施建设这2个前期准备类项目，都在要求的时限内全面启动，同时，在年内完成投资1.75亿元。大理州的自评分为14.28分；通过严格考评，考评分得为14.28分。其中：西洱河旅游文化长廊责任单位为大理旅游集团，年内投入9000万元，完成"苍洱天籁"项目；"风城星座"项目主体工程已基本完工；"滨河龙关"项目正在进行规划评审，年内完成招投标后进入全面施工建设；投资1亿元的大型水幕电影、大型彩色音乐喷泉、重建"锁水阁"以及美化亮化绿化等工程年内逐步启动。大理州的自评分为7.14分；考评得分为6.84分（因缺国有土地使用合同扣0.3分）。宾川鸡足山旅游景区基础设施及索道建设项目责任单位为宾川鸡足山旅游投资开发有限公司。项目规划总投资2亿元，年内已投入8507万元，完成旅游索道改造、祝圣寺至玉皇阁森林防火通道建设、山门停车场、景区绿色巴士和游客服务中心等项目。正在开展索道设计、地勘、报批，以及设备选型、引进等前期工作，计划2010年底全面完成。大理州的自评分为7.14分；经考评得分7.14分。

【在建类5个旅游重大项目取得突破性进展】 2009年，大理州5个在建类旅游重大项目年度考评投资额度为5.38亿元，实际完成投资5.08亿元。其中，未完成年内投资额度的洱海天域大酒店、大理环球嘉年华2家业主书面承诺如期完成投资额度。双廊休闲旅游度假区开发责任单位为大理旅游度假区管委会。年度考评投资额度为0.5亿元，实际完成投资1.07亿元。实施了项目总体规划编制、环境整治、红山绿化、道路修缮、双廊海街时尚艺术走廊等工程；正在进行古镇道路、排污、环境整治等基础设施建设，已成功举办了两届大理洱海开海节系列活动。大理州的自评分为7.14分；经考评得分为7.14分。鹤庆银都水乡新华村4A级景区创建责任单位为大理银都水乡新华村旅游投资公司。累计投入4.64亿元，年度考评投资额度为1.08亿元，实际完成投资1.8亿元。实施了小桥流水、游客中心、路灯广告、游步道、景区绿化美化亮化、标志性牌坊、寸氏庄园等项目建设。2009年9月，省A评委对新华村4A级景区进行初评，11月24日，通过了国家A评委4A级景区的终评验收后。继续着力抓好三市街、星子龙潭生态园、银都水乡酒店装修以及佛教文化景区等项目建设。大理州的自评分为7.14分；经考评得分为7.14分。洱海天域大酒店（五星级）责任单位为中建惠丰置业公司。项目规划总投资4亿元，年度考评投资额度为1亿元，实际完成投资2569万元。完成主体建筑，进入室内设计（主要是对宴会厅和大堂功能进一步细化设计以及增加两幢主楼之间的建筑等景观设计），正与洲际皇冠假日酒店管理公司、法国雅高集团珀尔曼酒店管理公司洽谈引进管理等事宜。大理州的自评分为7.14分；经考评得分7.14分。大理国际大酒店责任单位为大理力帆骏马集团。项目规划总投资3.5亿元，年度考评投资额度为0.8亿元，实际完成投资1.2亿元。主体建筑正在施工，并进行装修设计和景观建筑设备招投标，土建部分计划2010年3月完成；项目计划在2010年内全部完成。大理州的自评分为7.14分；经考评得分7.14分。大理环球嘉年华（含五星级酒店）责任单位为深圳环球嘉年华投资有限公司大理环球嘉年华旅游产业有限公司。项目规划总投资6亿元，建筑面积6.9万平方米，6层以上为五星级酒店。年度考评投资额度为2亿元。实际完成投资0.75亿元。完成大楼主体建设、外墙装饰、商业楼层装修及内部装修设计，计划2010年竣工并投入使用。大理州的自评分为7.14分；经考评得分7.14分。

【州政府年度考评的旅游重大项目稳步推进】 2009年，州人民政府年度考评的旅游重大项目稳步推进。其中，大理苍山大索道责任单位为大理旅游集团。建设内容主要有索道和配套设施建设，总投资2.33亿元。2009年2月奠基后，已投入资金1.31亿元，完成项目设计、地勘、线路沿线林木采伐，站房场地三通一平，索道设备的选型、引进，索道支架基础等项目建设。游客中心、旅游厕所、中部站提升机、下部站停车场、医疗救护站和管理用房等配套设施建设已经全面启动，计划2010年10月竣工投入使用。大理喜洲古镇保护开发责任单位为大理旅游度假区管委会。已投入资金2.3亿元，完成大丽路西入口片区水景工程和特色白族民居等工程建设，以及大理古镇旅游公司和大理旅游产业开发集团的资产重组。污水处理厂、东环路截污管网、寺上街市政基础设施改造、正义门广场改造等工程正在抓紧实施；喜洲新区配套生活园区项目正在进行规划设计，年内将开工建设。保护提升大理巍山古城和巍山巍宝山景区开发建设责任单位为巍山县人民政府。总投资3亿元人民币，累计完成投资1.208亿元。一是巍山古城保护提升项目，投入4800万元，完成巍山古城旅游区的《云南巍山历史文化名城保护规划》、《巍山县城总体规划》，完善了巍山古城文庙片区、等觉寺两个景点修建性详规，正在实施巍山古城基础设施建设改造项目；巍山县政府与云南丹彤集团股份有限公司签订了《巍山县巍山古城文庙片区保护开发合作协议》，投资500万元合作改造、提升蒙阳公园、文庙片区，计划2010年2月底完工；雄诏大酒店（四星级）建设投资3500万元，已完成土建工程，正在进行装修方案设计和经营招商工作。二是巍宝山景区开发建设项目，累计投资3580万元，已完成大、小停车场、污水处理厂、旅游公厕、电力、照明、游道、游客服务中心等工程建设。巍山古城、巍宝山、东莲花村的整体开发建设已与云投集团达成意向性协议。崇圣寺三塔创5A改造，累计完成投资近3.5亿元，其中，2009年投入4600万元，完成游客中心提升改造、停车场生态化改造、标识标牌和垃圾箱的规范整治、旅游厕所提升改造、旅游区电网及功能性建筑的改造、绿化美化工程改造、景区交通提升改造等，整个创建工作已顺利通过省旅游局的初评。9月19日，国家旅游局A评委派出专家组深入实地，对崇圣寺三塔景区的旅游资源进行考评并顺利通过，待国家旅游局A评委终评。蝴蝶泉公园提升改造项目按国家5A级景区标准，对蝴蝶泉景区生态系统和水景配套设施工程进行改造提升，规划投资5.7亿。原计划由大理旅游集团开发建设，但因投资开发主体没有确定，该项目还没有实施。大理古城改造提升项目责任单位为大理旅游度假区管委会。已编制完成《大理古城保护开发概念性总体规划》和《大理古城控制性详细规划》，已投入1亿元，完成古城道路、网管等基础设施。"希夷之大理"实景演出项目责任单位为大理州旅游产业开发集团。总投资2亿元，已投入资金1000万元，完成地质勘探、水电路“三通”、舞台设计、演员招聘并培训、剧场看台、对外宣传的官方网站等工作;正在开展规划、演出场地平整、彩虹桥建设等工作,计划2010年竣工并投入使用。保护开发剑川石宝山、寺登街,责任单位为剑川县人民政府。聘请北京达沃斯设计院编制了《云南剑川旅游文化产业发展与提升总体策划》、《云南剑川石宝山景区旅游总体规划》和《云南剑川千狮山景区旅游总体规划》。投资约1300万元,完成沙溪镇旅游基础设施建设、环境整治项目。

【旅游产品吸引力不断增强】 2009年,大理州以自然风光、历史文化和民族风情为特色的观光旅游产品日趋完善和成熟,休闲度假旅游产品正在形成,会展、商务、生态和康体等专项旅游产品快速起步。大理旅游度假产品开发取得实质性进展,在省内外旅游市场上产生较大的影响。2009年11月,大理被世界自助旅游者协会和2009年全球旅游度假论坛组委会授予“国际最佳旅游度假胜地”的荣誉;在2009世界休闲旅游发展高端论坛上获“中国最佳休闲旅游目的地”称号;巍山县获得首届“发现中国·魅力小城”评选综合金奖,大理在国内外的知名度、美誉度得到进一步提升,吸引力不断增强。

【圆满完成年度旅游招商引资责任目标】 2009年,州旅游局在深入学习实践“科学发展观”活动中,以扎实推进“旅游二次创业”、抓好综合试点为工作目标,进一步解放思想,深化改革,扩大开放,加大招商引资力度。2009年引进4家投资商,签订意向性旅游项目资金21.11亿元。其中,项目已经落地,资金已经到位的有2家:宾川县引进云南省旅游投资集团,合作开发建设鸡足山景区。规划投资2.03亿元,年内已到位3000万元,正在实施旅游索道改造、森林防火通道、停车场和旅游专线车营运点等项目。洱源县引进昆明神功集团,合作开发下山口普陀泉温泉度假区。规划总投资2.18亿元,年内已到位4000万元。签订意向性合作项目协议2家,意向总投资16.9亿元:洱源县与云南永德天源电力公司合作开发牛街海西海温泉度假区,规划总投资额14.9亿元,《总体规划》已经通过专家评审。巍山县人民政府与云南丹彤集团签订了巍山古城文庙片区保护性开发合作意向,规划投资2亿元,已经举行了文庙片区保护开发暨蒙阳公园改造工程开工典礼,各项建设工作有序开展。圆满完成年度招商引资目标任务,加快了全州旅游重大项目开发建设步伐。

【州政府督查旅游重大项目建设进展情况】 2009年6月25日,针对全州旅游重大开发建设项目进展缓慢、成效不明显等问题,州委、州人民政府加大对旅游重大项目建设督查力度,各县市人民政府也把加快重大旅游项目开发建设步伐,推动全州旅游二次创业作为全面落实科学发展观,抓好城乡统筹协调发展的重大举措,作为应对金融危机,实现“保稳定,保民生,保增长”目标的重要抓手,实行抓落实责任制,形成了党委领导,政府推动,书记挂帅,县长亲自抓,各部门密切配合,通力协作,齐抓共管的工作格局。充分调动各级、各部门的积极性和主动性,采取行之有效的对策措施,加快旅游重大项目开发建设步伐。同时,立足资源优势,按照人无我有,人有我优,人优我特的原则,科学论证,认真筛选,精心策划,突出特色,提出后续重点开发建设项目,努力实现在建一批,储备一批,滚动发展的良性循环。打造大理旅游的新亮点和新卖点,增强吸引力和竞争力,扭转大理旅游产品老化、吸引力和竞争力下降的被动局面,促进全州旅游产业又好又快科学发展。

【《希夷之大理》大型实景演出项目奠基】 2009年7月3日,在大理古城北门举行《希夷之大理》大型实景演出项目奠基仪式。大理州党政军领导刘明、袁爱光、杨秀星、马建全、梁志敏、段玠、王以志、马美能、杨宴君、张树藩,著名导演、《希夷之大理》项目总导演陈凯歌,百胜年代文化传播(北京)有限公司董事长王兵出席奠基仪式,大理学院、州级相关部门、大理市、大理旅游度假区的领导,以及海内外110多家新闻媒体的记者参加奠基仪式。“希夷”二字源自老子《道德经》第十四章中的“视之不见名曰夷,听之不闻名曰希”,意指梦幻玄妙的地方。《希夷之大理》是陈凯歌导演的第一部大型实景演出作品,其剧情主线取自大理白族著名的民间故事“望夫云”。该项目由大理省级度假区管委会投资主办,百胜年代文化(北京)有限公司承制,总投资近2亿元,计划于2010年首演。《希夷之大理》的演出场地在大理古城北门水库200亩水面上,设计5000个座席。项目建成后,将极大地提升大理旅游竞争力和国际知名度,提高旅游产业综合效益。

【鸡足山旅游公路开工】 2009年7月14日,中共大理州委、州人民政府在宾川县大营镇举行大理州鸡足山旅游公路建设开工仪式,标志着鸡足山旅游公路正式启动建设。州委副书记王桂芳,云南省交通运输厅副厅长杨延,州人大常委会主任字国顺,州委常委、常务副州长马建全,州委常委、大理市委书记段玠,州政协副主席张树藩,大理州检察院检察长普赵辉等领导参加开工仪式,王桂芳宣布旅游公路开工。大理州鸡足山旅游公路总投资10.9亿元,全长84.9千米,是被省政府确定的2009年100个新开工的重点建设项目之一。该公路由3条线路组成,第一条起点大理机场,止于鸡足山盒子孔桥,全长51.3千米;第二条起点宾川县城与盒子孔公路相连,全长25.87千米;第三条起点宾川县大营镇宝丰寺与拟建的大丽高速公路相接,全长7.72千米。鸡足山旅游环线公路建设要求:2010年底基本完成路基工程,2011年底完成路面铺筑工程并投入使用。鸡足山旅游公路建成后,是大理——鸡足山——丽江旅游环线的重要组成路段,同时又是宾川县的主要经济干线,将极大改善鸡足山的外围交通环境,促进鸡足山旅游资源的开发与建设。

【认真落实省政府百日调研督查事项】 2009年7月22日,根据《云南省人民政府办公厅关于继续做好百日调研督查活动协调解决问题等有关工作的通知》,州旅游局结合省政府百日调研督查第43组对大理旅游集团的调研内容,认真进行专项落实:一是完善大理旅游集团的法人治理结构,通过州市党委、政府和大理旅游集团的共同努力,新一届的大理旅游集团董事长、总经理已经到位。6月18日,云南省国有资产投资控股集团有限公司保明虎董事长一行,专题向州市党委、政府领导汇报了大理旅游集团经营领导班子的组成情况,介绍了旅游集团下一步的发展战略和工作部署,大理旅游集团经营目标和方向得到进一步明确。二是苍山大索道项目自开工以来,施工道路、场地平整及供电等前期工程进展基本顺利,征地报批、项目核准和审批工作正在积极进行,已完成投资800万元。三是宾川鸡足山旅游景区基础设施建设,已完成游览车线路选线和可行性研究报告评审,正在办理地形图测量、地质勘探、征地和林木砍伐等相关报批手续,计划年内完成3500万元投资。四是西洱河旅游文化长廊建设项目中,苍洱天籁子项目已经启动,该项目征地、基础及桩基工程施工完毕,完成第一期投资1.4亿元。

【漾濞编制旅游发展长远规划】　2009年,漾濞县围绕州委、州政府提出的"1+6"滇西中心城市规划建设,立足实际,着力将漾濞建设成为名副其实的"漾江生态走廊"、"大理后花园",打造独具魅力特色的生态文明城市。通过深入实地调研、发放问卷等多种方式,及早编制旅游发展长远规划。一是做好全县的生态旅游总体规划以及每个景区(点)的控制性详细规划和修建性详细规划;二是以滇西中心城市建设为契机,紧紧抓住州委、州政府大力实施全州旅游二次创业的机遇,积极打造大旅游圈环线,着力在山、水、林上做文章,打造漾江生态走廊,进而实现打造全国农业生态旅游示范区的目标;三是整合核桃可看、可吃、可购等多重功能,加大核桃系列产品的开发力度,使核桃向生态旅游特色商品转变,打造"漾濞核桃"生态旅游品牌;四是着力挖掘核桃、历史、彝族三种文化,提升漾濞新魅力;五是做精环苍山游览线、石门关——光明——县城生态观光线等旅游线路,进一步加强旅游的连续性;极力争取苍山西坡索道项目,争取与苍山东坡连接。

【洱源县加大旅游景区建设力度】　2009年,洱源县紧紧围绕"生态文明试点县建设、打造滇西北旅游黄金线上的温泉休闲度假基地"的总体目标,加大招商引资力度,千方百计增加投入,加大旅游景区建设力度:一是不断完善西湖景区基础设施建设。认真做好《西湖景区详细建设规划》等前期工作,投资4500万元,完成一期工程的码头、停车场、民族歌舞表演厅、旅游厕所、风雨桥及会议室等设施建设。不断提升景区档次,增加旅游接待能力。二是加快大理地热国三期工程建设。年内投资1200万元的宫廷饭店正在建设中;九气行宫已完成200万元投资进行图纸设计和地勘工程;投资600万元进行水、电、环保、绿化工程改造提升;投入200万元进行申报国家3A级旅游景区的设施改造提升。三是加强下山口温泉景区基础设施建设。先后投资1800万元进行下山口森林温泉SPA的项目建设,完成征地、景区道路、景观河道、温泉泡池、客房、大厅、规划设计、餐厅及客房配套设施等建设。相应的带动了周边发展,营造一个崭新的下山口温泉小镇,进一步激活洱源旅游发展的潜力,全面提升全县旅游的整体竞争力。四是加大投入,积极申报梨园全省生态旅游特色村。对全国工农业旅游示范点梨园村的道路、旅游厕所及标志标识等进行建设改造,在做好基础设施建设的同时,加强软件建设,加大宣传促销力度,积极向上申报全省生态旅游特色村,不断提升旅游接待档次。

【巍山发现古代军事营盘遗址】　2009年,巍山县文物普查小组在庙街镇开展田野调查时发现一处保存较为完好、规模较大的古代军事营盘遗址。这是巍山县自文物普查以来的又一次重大的田野考古发现。发现的古代军事营盘位于巍山县庙街镇古罗村后面3000米处的深山密林中,遗址自上而下分布着二层壕沟,中心位置有建筑用石。经过巍山县文物管理所专业人员认真勘定后认为,此遗址建造年代不晚于明代。这一发现,为研究巍山乃至西南地区的军事历史和军事建筑提供了直接的实物依据。

【祥云县清华洞景区开发项目签约】　2009年11月16日,祥云县与西双版纳万福生态有限责任公司合作投资开发祥云县清华洞景区的签约仪式在祥云县政务中心会议室举行。签约仪式上西双版纳万福生态有限责任公司董事长就清华洞景区开发建设总体思路作介绍,清华洞景区总投资预计1.2亿,一期投资5000万元(2010年1～12月),通过3～5年的开发建设,力争打造祥云清华洞国家5A级旅游景区。

【加快巍山古城旅游开发建设步伐】　2009年,立足巍山古城历史悠久,文化灿烂,古建筑林立,是国家级历史文化名城,也是南诏文化的发源地等优势,州、县党委、政府加大对巍山古城的保护与开发的力度,经过各级、各部门的努力,巍山古城已初步具备了接待国内外游客的基本条件。随着关巍公路的开通,巍山县按照"七个一"的思路即:编制一个高水平策划,培养一种旅游意识、成立一家旅游开发公司、营造一个优美环境、编制一组特色旅游线路、建设一组规范标识系统、编撰一本导游词,进一步加快巍山古城旅游开发建设,实现资源优势向经济优势的转变。

【祥云县扶贫综合开发示范园区建设】　2009年,州旅游局认真贯彻落实全省旅游工作会议精神和大理州扶贫开发示范园区会议精神,加强对祥云县的业务指导,加快祥云扶贫开发示范园区旅游项目建设。按照《祥云县水目山旅游景区修建性详细规划》,由县人民政府担保,水目山彩玉旅游公司向国家开发银行贷款2000万元,用于景区基础设施和配套服务设施建设,景区停车场至常住寺及保华寺4.5米宽旅游公路弹石路面硬化工程已完工。常住寺景区内提升改造项目部分工程完结。景区旅游公厕、景观绿化、保华寺玉佛殿正在建设中;根据禾甸旧邑村生态旅游景观积极争取把旧邑村列入全省旅游特色村并争取资金扶持,用于打造园区生态旅游线、进一步完善碾子沟农家乐休闲度假设施建设;开发王家庄红色旅游文化资源,积极争取项目资金,对革命烈士、云南省委第一任书记王德三故居进行修缮保护,抓好村容村貌的绿化、美化,完善旅游基础设施和配套设施。

宣传促销

【简　述】　2009年,全州各级、各部门高度重视旅游宣传促销工作,一是精心组织开展形式多样、卓有成效的旅游宣传促销活动。举办"三月街民族节"、"大理国际茶花、兰花博览会"、"大理开海节"、"万人红装苍洱唱国歌"、"漾濞核桃节"以及第八届中国摄影艺术节暨首届大理国际影会、全国沙滩排球巡回赛(大理站)暨全国运动会沙滩排球积分赛等专项节庆活动。二是与祥鹏航空公司联合组织"美在大理"特色文化空中宣传活动。历时1个月,用大理的民族服饰、音乐、图片和饮食文化装饰祥鹏航空公司的10架飞机,用这种独特的方式将大理的特色文化广为传播。三是积极组织旅游企业参加国内旅游交易会、美国领事馆旅游推介会、中国昆明国际文化旅游节、中国昆明国际旅游交易会、厦门海峡旅游博览会、首届中国西部旅游博览会、"连理同庆"(大连、大理、大同、大庆)4地联盟的宣传促销活动。四是组织2次昆明旅游推介会,邀请昆明重点旅行社和主要旅游团队操作人参加的大理旅游研讨会,积极推广旅游产品。五是创办旅游刊物《大理旅游》,围绕全州旅游工作重点,共发行了5期,分送全州所有星级饭店、旅行社、旅游景点、旅游餐馆和大理古城客栈、酒吧,受到普遍欢迎。

【"两博会"旅游促销有新招】　2009年2月5～10日,旨在发挥大理花卉资源优势，打造一年一度国内最大规模的国际化兰花、茶花博览会，提升大理是世界兰花、茶花资源中心、生产中心及市场集散地的地位，发展花卉产业，建设生态文明，弘扬先进文化，推动旅游发展的“第二届国际兰花茶花博览会”在大理如期举办。州旅游局抓住机遇，以“品幽兰茶花神韵，赏风花雪月大理”为主题，开展旅游宣传促销：一是及时召开动员会，各旅行社把“两博会”的相关信息发到上游旅行社，请上游旅行社进行宣传推介，尤其面向四川、华东、台湾及韩国、日本等国家和地区加大宣传力度，各旅行社广泛动员、组织海内外旅游者免费参观“两博会”。二是充分利用大理旅游网，结合春节“黄金周”进行全方位的宣传报道。三是广州、成都成立的大理旅游形象店向市民宣传“两博会”。四是各宾馆酒店、主要景区（点）悬挂布标，旅游车贴标语，为“两博会”营造喜庆、祥和的节日氛围。五是各宾馆酒店、景区（点）加大安全检查力度，规范标识标牌，提高服务质量，用热情、高效、优质、周到的服务，展示大理旅游新形象。六是搭建大理旅游宣传促销展位，布置背版，发放大理旅游宣传册和各景点景区的宣传册品；在展区内表演大理民俗歌舞、茶道，设置电子屏幕，播放大理旅行形象宣传片，增强旅游促销效果。

【大理州旅游产品推介会在昆明举行】 2009年3月4日，州人民政府在昆明举行“2009年大理州旅游产品推介会”。云南省旅游局局长喻顶成，州人民政府分管领导，省旅游业协会副会长曹昊男，省国投公司副总裁余蜀坤等领导出席推介会。昆明市旅游局、昆明市交通局、昆明市运政处、省旅游汽车公司、大理州交通局、昆明旅行社协会、昆明旅游营销协会、昆明市115家旅行社、大理旅游集团、大理州旅游产业开发集团、大理州旅游产业管理服务集团、大理交通集团、大理州旅游业协会及各分会、重点旅行社和重点景区的负责人，以及云南日报、春城晚报、大理日报、大理电视台等新闻媒体记者共400多人参加推介会。推介会由州人民政府副秘书长张彤主持，大理州旅游局局长、州旅游业协会会长马金钟对2009年大理州旅游产品进行推介；省国投公司副总裁余蜀坤向来宾介绍了大理旅游集团的发展情况。

【继续实行旅游产品销售奖励办法】 2009年3月4日，大理州旅游产品推介会提出：继续实行灵活多样的销售和奖励办法，促销2009年旅游产品，推出更加丰富多彩的旅游产品，满足不同旅游消费者的需求。一是为应对金融危机，激活旅游市场，降低旅游企业经营成本，对部分旅游景区（点）门票价格进行规范和调整，让利于旅游企业和旅游消费者。二是凡是进入网络结算的旅游团队，可以享受折扣优惠价格和安全救助保障；旅行社在推荐销售景区（点）时，可自由选点销售。三是旅行社销售“大理风光游线路”产品时，免费享受优质、足量的白族风味中餐，提高旅游者对餐饮质量的满意度。四是旅行社“旅游安全救助金”和“旅游宣传促销费”合并，并各降50%进行收取，以减轻旅行社的经营成本和资金压力。五是大理旅游集团下属的景区（点），采取联票的方式销售的基础上，按人均消费水平实行梯次返佣奖励。

【意大利知名摄影家到大理】 2009年4月20～22日，意大利知名摄影家莫妮卡席尔瓦到云南、大理摄影、采风。在大理期间，先后到大理古城、崇圣寺三塔、洱海千年白族渔村双廊、大理苍山国家地质公园、洱源地热国、西湖、鹤庆新华白族村等景区（点）拍摄、创作。对大理留下了深刻而又美好的印象，通过作品宣传了大理旅游。

【组团参加第一届中国西部旅游产业博览会】 2009年6月18～21日，由国家旅游局、重庆市人民政府共同主办，西部11省市（自治区）政府协办的“第一届中国西部旅游产业博览会”，在重庆国际会展中心隆重举行，本届博览会以“多彩西部”为主题，集海内外旅行商、旅游投资商、旅游景点、企业、旅游宾馆（饭店）、旅行社及相关企业参展，中央、地方媒体参加旅游界同仁的洽谈、合作、交流的盛会。大理州参展团由州旅游局、州旅游产业管理与服务公司、大理旅游集团、旅行社、旅游星级饭店等负责人组成。围绕“生态文明为本，文化历史为魂”主题，对全州优美的自然风光，宜人的气候条件，多彩的民族风情，悠久的历史文化，丰富的旅游资源进行集中展示，重点营销2009年精品旅游线路产品及休闲度假、康体SPA产品。在博览会期间，共发放旅游宣传品3.6万份，接待咨询客户5万人次。

【打造连理同庆旅游品牌】 2009年7月18日，在第二届中国（大庆）湿地文化节期间，“文献名邦”云南大理、“浪漫之都”辽宁大连、“塞上古都”山西大同、“油化之都”黑龙江大庆，因“大”结缘，携手共建跨省市无障碍旅游区，连理同庆、共铸品牌、优势互补、合作共赢。4州市签订了旅游合作协议，共同整合资源，发展旅游专列，构建以4市为中心，东部、北部、西南部旅游精品线路；发挥各自的优势资源，突出地方特色，利用媒体、网络、展销等手段，联合促销，共同宣传、打造“连理同庆”品牌；建立4州市旅游企业、协会、新闻媒体定期交流机制，增进城市间了解与融通；推进旅游人才在4州市间的合理流动，人才资源共享，旅游企业的投资合作；把4州市建成中国跨省市的无障碍旅游区，建设“连理同庆”一体化旅游信息服务。

【举行“美在大理，亲近大理”航空宣传月启动仪式】 2009年7月29日，大理州人民政府和云南祥鹏航空有限责任公司共同举行“美在大理，亲近大理”航空宣传月启动仪式。云南省旅游局局长喻顶成、州人民政府副州长许映苏、祥鹏航空有限责任公司首席运行官胡波、大理民航站站长赵一江出席启动仪式；大理旅游集团、大理旅游开发集团、大理州旅游产业管理服务公司负责人，云南日报、春城晚报、昆明日报、都市时报、云南信息报、大理日报、云南电视台、昆明电视台、大理电视台、云南人民广播电台等新闻媒体记者参加了启动仪式。为进一步增进祥鹏航空公司与云南各州（市）政府的交流与合作，促进云南旅游产业的发展，云南祥鹏航空公司计划从8月开始在所有的航班上开展每个月1个州（市）的特色文化空中宣传活动。倡议一经提出，得到了大理州人民政府的积极响应。经双方协商，从7月29日正式启动祥鹏航空“魅力云南”——云南地州旅游文化巡回宣传活动“美在大理，亲近大理”航空宣传月活动。

【“三节”并至掀旅游促销高潮】 2009年8月1～5日，由中国摄影家协会、文化部中国艺术研究院、中共云南省委宣传部、中共大理州委、大理州人民政府、云南省文学艺术界联合会、云南省农村信用联社共同主办的“第八届中国摄影艺术节暨2009年首届大理国际影会、大理洱海开海节”在大理隆重举行。节前，全州旅游行业在认真抓好安全大检查、消除安全隐患的同时，全州旅游星级饭店、大理古城客栈以及各个县的接待饭店都悬挂活动标语、彩旗，增强参与意识，营造节日氛围；州内各景区（点）认真抓好环境卫生、悬挂标语、营造氛围；在企业内部广泛开展服务技能竞赛，提高服务质量，用优质服务喜迎四海嘉宾，八方友人。节日期间，州内各旅行社精心组织，周密安排旅游团队参加“第八届中国摄影艺术节暨2009年首届大理国际影会、大理洱海开海节”开幕式及系列活动，扩大影响力，增强宣传促销效果。对持有嘉宾证、记者证的来宾，给予免收门票礼遇，提供热情、周到的服务。抓住“三节”并至的难得机遇，加大旅游宣传促销攻势，实现节庆搭台，旅游唱戏。

【借节庆之机促销大理特色旅游精品】 2009年，借助中国摄影艺术节，大理州首次举办国际影会，主题是“大理——摄影天堂、创意之都、精神家园、旅游胜地”。作为云南乃至全国规模最大的摄影文化盛事，不仅是大理振兴旅游的契机，更是各商家品牌市场营销的最佳平台。为全力办好“第八届中国摄影艺术节暨2009首届大理国际影会”，大理旅游行业从软件方面，立足满足国内外摄影家和爱好者需求，配合“魅力大理”数码摄影大赛创作，精心安排了以大理市为中心，辐射全州12县市，融大理、巍山2座历史文化名城，12县市民族风情、山水风光、人文景观，国家文化部2009年公布的8个艺术之乡4条摄影创作精品线路，由专业旅行社组团，每条线路均有大理州知名的摄影家作向导与游客一起同行。同时，洱海开海节与摄影节同期开幕，充分展示大理白族传统的开海祭祀活动、渔猎方式、食鱼文化和洱海上百帆乘风竞发、千人开海捕鱼的壮观景象，为中外摄影家和摄影爱好者提供难得的拍摄良机。硬件方面，通过对外广发邀请函，邀请国内外知名照材企业及出版社、旅行社和出版商参加此次盛会，同时还邀请到国内众多摄影类媒体、综合类媒体、都市类媒体和网络媒体进行全方位的报道。国内外优秀摄影师千人云集大理，参展人数和展览数量均超过历届各种摄影节，媒体的参与数量也将远超国内以往历届摄影节。

【支持旅游企业开拓国内外市场】 2009年8月3日，云南省旅游局制定《2009年云南省支持旅游企业开拓国内外市场的实施办法》报经省政府批准同意实施。大理州认真贯彻执行，州旅游局充分发挥职能作用，做好协调与咨询服务，组织、引导旅游企业积极开展富有创新意义的市场开发和促销活动，争取省旅游局给予支持和奖励，大力开发海内外旅游市场，确保各项政策措施落到实处。

【大理与新加坡旅游企业携手拓展旅游市场】 2009年8月初，由大理州旅游业协会牵头，相关旅游企业与新加坡佳宾国际旅游公司，就开拓双方旅游市场、加强旅游市场营销等问题进行专题讨论，双方就发展前景表现乐观，表示要充分发挥优势，携手拓展旅游市场。双方针对大理佛教文化、少数民族文化在新、马、泰等地区的影响力比较大的优势，围绕“主打文化旅游牌，深挖大理文化内涵，加快大理旅游深度游”的主题，合力打造以金庸武侠小说为背景的旅游文化产品，加大对佛教文化旅游产品的包装和营销，做到“文化、娱乐两不误，硬件、软件两手抓”，让更多的海内外旅游者充分了解大理文化的多元性和包容性。在深入挖掘民族文化的基础上，做精旅游产品包装，抓好旅游产品的市场推广，加大宣传促销力度，实现优势互补、资源共享、客源互送、共谋发展。

【加强与台湾旅行商的交流与合作】 2009年8月2日，大理州旅游局和州旅游业协会、州旅游产业管理服务公司以及旅行社，与台湾喜美旅行社、雄峰旅行社、中联旅行社、凤凰旅行社、京城天下旅行社、金远东旅行社就开拓旅游市场达成合作意向。在合作中，台湾旅行社将组织更多的从业者到大理进行实地考察、采线，并在台湾以“营销大理，招客入榆”的主题，开展一系列大理旅游营销活动，推出大理旅游产品、旅游路线，组织更多的旅游者到大理观光、休闲、度假。同时，大理州也将在年底组织一次赴台旅游宣传促销活动，并由旅行社积极组织旅游团队赴台旅游。双方还就旅游营销方式、旅游产品组合、旅游包机、旅游接待等问题展开了深入细致的讨论，并对不定期互访和交流达成合作意向。

【楚雄州旅游促销团到大理推介促销旅游产品】 2009年8月31日，楚雄州旅游促销团一行20人，到大理推介促销旅游产品。在推介会上，楚雄州旅游促销团重点推介促销了集遗址保护、科普科考、观光旅游和休闲娱乐于一体的世界恐龙谷旅游景区；浓缩了楚雄彝州地方特色的彝人古镇；被誉为“风神捏造的世界”的元谋土林；因牡丹而闻名的武定狮山；以产盐历史悠久而被列为国家历史文化名镇的黑井古镇等5个精品旅游景区。

【漾濞核桃节组委会举行旅游产品推介会】 2009年9月1日，中国大理漾濞核桃节组委会旅游组在光明生态村举行旅游新产品、新线路推介会。会议由组委会旅游组副组长、漾濞县政府副县长雷家彬主持，昆明市旅行社协会会长、昆明招商国际旅行社总经理段庆元、云南康辉旅行社副总经理汤浩中、昆明中国国际旅行社国内部经理曾经、昆明中北旅行社副总经理杨炳华等旅行社代表参加会议。漾濞县旅游局局长汪一民首先介绍了漾濞县的旅游资源情况，并就漾濞县旅游线路进行了介绍。与会旅行社经理表示，漾濞县有着丰富的旅游资源，石门关、核桃生态旅游村都有较好的旅游价值。将紧紧依靠大理，发挥石门关的优势，先把城市休闲消费群带动起来，拉动特色旅游的发展；漾濞作为昆明、大理、腾冲线上的中间站，要以特色和亮点吸引游客，以点带面，先以石门关山水和烤全羊特色饮食为突破口，吸引部分旅游者来旅游。州旅游局副局长刘福荣要求漾濞县要在听取各方意见的基础上，明确市场定位，加大招商引资力度，加强基础设施建设，抓住滇西旅游开发的机遇，逐步推出一些特色旅游产品和线路，让来到大理和滇西方向的游客逐步分流一部分到漾濞，实现漾濞县旅游客源的新突破。

【景区分会加强与台湾南投县观光协会的合作】 2009年9月16日，台湾南投县观光协会参访团莅临大理参观考察。大理与台湾南投县虽然远隔万水千山，但是，两地之间的观光旅游活动从未间断过。在“台湾日月潭”和“大理洱海”缔结“姊妹湖”之后，大理州旅游业协会景区分会与台湾南投县观光协会签订《合作协议》，增进了两地旅游业界的交流、合作与业务往来，共同推动旅游业的发展与繁荣。

【8个景区(点)加盟云南旅游护照】 2009年9月27日，大理崇圣寺三塔、大理南诏风情岛、大理宾川鸡足山、大理蝴蝶泉公园、天龙八部影视城、大理苍山索道、大理苍山感通索道、洱海游船8个景区(点)加盟《云南旅游护照》。同时，严格贯彻执行省旅游局的营销规定和优惠价格，没有发生因执行不到位而引发的投诉。通过对加盟景区(点)的规范化管理，为提高大理州旅游服务质量和水平，共同维护云南大理旅游的良好形象提供了保障。

【南涧县广泛征集评选旅游宣传口号和形象标识】 2009年6月1日~7月15日,南涧县面向全国广泛征集、认真评选旅游宣传口号和形象标识评选。共有来自全国20多个省、自治区、直辖市的228名应征者踊跃参与。至截稿之日,共收到宣传口号2221条,形象标识36个。在评选过程中,按照"公平、公正、公开"的原则,制定了《评选实施方案》,成立形象标识评审组和宣传口号评审组,对所有参赛作品进行统一编号,分为初评、复评和公示3个阶段进行。第一阶段由评审组成员对参加作品进行投票初评,评选出5个形象标识和40条宣传口号进入复评;第二阶段由评审组成员对进入复评的参赛作品进行打分评选,分别评选5个形象标识和11条宣传口获奖作品;第三阶段在进行初评和复评的基础上,在有关媒体上对获奖作品进行公示,广泛征求社会各界的意见和建议。在评选过程中,南涧县司法局公证处工作人员进行了现场公证和监督。

【国际旅游交易会大理州参展团成效显著】 2009年11月19~22日,2009年中国国际旅游交易会在昆明国际会展中心隆重开幕,来自全球94个国家和地区的180个展团参加本届旅交会,参展国家和地区数量创历年新高。经过4天的展示、洽谈、签约和推介,大理州参展团共发放各类宣传资料10万多份,接受咨询6.7万人次,意向性签约项目35项,涉及金额8000万元,客源25万人,在有16个州市和多家旅游企业参加评比情况下,大理州展台被评为最佳展台奖和最佳组织奖,评委的评语是:主题突出,个性鲜明。州委、州政府高度重视,明确提出要以"人文大理,幸福家园"为主题,全州一盘棋,突出展示全州乃至整个滇西大旅游,推出个性化旅游线路和产品,展示了大理丰厚的旅游资源。各县市努力展示各自的旅游资源和产品,祥云县是大理旅游的门户。借助旅交会,通过宣传促销、洽谈,与西双版纳万福生态旅游发展有限公司达成开发清华洞景区的协议;鹤庆、巍山、宾川、剑川等县也拿出最有实力的旅游产品进行宣传促销;大理州银都水乡旅游投资有限公司把小锤敲进交易会,展示了银都水乡的魅力。

行业管理

【简 述】 2009年,全州在构建规范旅游市场秩序,强化旅游市场监督管理中,整合市场管理力量,成立大理州旅游局执法监察办公室,开展了一系列具体措施。一是针对旅游法规建设滞后的实际,州人大常委会把《大理州旅游管理条例》纳入了本届常委会的5年立法规划。这项工作进展顺利,年内已经通过州人大第三次审议,报请省人大批准实施。二是借助国务院《旅行社条例》颁布的契机,组织开展声势浩大的学习宣传月活动;采取部门联动、共同执法的方式,开展游客维权知识宣传,引导旅游者理性消费;大力整治"零负团费",严厉查处"黑社"、"黑导"、"黑车"等非法经营行为,加大旅游市场综合整治力度。三是按期完成全州旅行社业务年度审验工作,启用《云南省国内旅游合同(2009版)》,进一步严格旅行社管理;组织参加全国导游人员考试及导游年检培训工作,导游培训质量和考试及格率都有较大幅度的提高。四是与发改、工商等部门联合制定并实施《大理州游览参观点门票价格管理暂行规定》,对部份景区(点)削价竞争或高额返给佣金等违规经营行为进行集中整治;完成全州111家旅游星级旅游饭店年度复核检查,对部分酒店冒用虚假星级标志开展整治专项行动。五是加强旅游投诉受理,实行24小时专人专线责任制,完善了旅游投诉网络系统,建立多部门联合受理机制,全年共受理旅游投诉39起,比上年同期下降37%,处结率为100%,维护了旅游者和经营者的合法权益。

【深入开展旅游安全专项整治】 2009年3月12日,州旅游局以"安全生产年"为主题,深入开展旅游安全专项整治。成立旅游安全工作领导组;按照辖区管理的原则,与各县市旅游局、开发办签订旅游安全生产责任状,及时有效地对旅游安全生产专项整治工作进行指导监督检查;各县市旅游局(开发办)与辖区内旅游企业签订安全生产责任状,建立企业法人的主体责任体系,做到横向到边落实到各个部门,纵向到底明确每一个岗位和员工的责任,建立全州旅游安全监管体系。深入开展事故隐患排查,不断提高安全生产管理水平,采取定期不定期相结合,黄金周旅游旺季的重点检查和日常检查相结合,努力确保无责任事故。积极探索并建立起旅游行政主管部门监管,企业联动,第一责任人(法人)负总责,安全生产部门抓落实的旅游安全工作机制,共同营造安全的旅游环境,促进全州旅游业安全、持续、健康、稳步发展。

【开展《旅行社条例》学习宣传月活动】 2009年4月1~30日,经州人民政府批准,州旅游局组织开展《旅行社条例》学习宣传月活动。2009年2月20日,国务院发布《旅行社条例》(以下简称《条例》),5月1日起施行。为在全州迅速掀起学习、宣传贯彻《条例》的高潮,成立大理州开展《旅行社条例》学习宣传月活动领导小组,下设秘书组、学习培训组、宣传报道组、市场整治组4个工作机构;制定《开展〈旅行社条例〉学习宣传月活动工作方案》,按照准备阶段、贯彻和实施阶段、总结阶段3个阶段进行。主要工作目标:一是以学习、宣传、贯彻《条例》为契机,在全州旅游行业掀起学法、守法、执法新高潮,不断增强旅游从业人员和旅游经营者法制观念,推进依法执业,依法经营,依法行政,依法管理。二是以整治"零负团费"、"黑社"、"黑导"、"黑车"等违规、违法经营行为重点,不断加大旅游市场综合整治力度,有效遏制低价竞争等严重阻碍旅游产业发展的突出问题,努力构建公平、公正、开放有序的旅游市场。三是采取多形式、多渠道,加大宣传促销力度,向旅游者和旅行社推介、营销大理旅游精品,不断增强大理旅游的吸引力和竞争力。

【加强旅游系统甲型H1N1流感防控】 2009年6月5日,州旅游局采取有力措施,切实加强全州旅游系统甲型H1N1流感防控工作。各县市旅游局、各旅游企业领导高度重视,充分认识到甲型H1N1流感防控工作的重要性和长期性,主要负责人亲自抓,负总责,迅速建立健全组织和工作制度,切实保障海内外旅游者的健康和人生安全。各单位迅速组织甲型H1N1流感防控知识学习、培训,使所有人员必须"两熟知"、"两能够",在注意自身健康保护的同时做好服务工作。各旅游企业建立了出、入境旅游团队台帐日报制和零报告制度。每日向旅游主管部门报告当日相关情况,发现疑似病例在第一时间报告州旅游局和州疫病防治控制中心。

【积极探索行之有效的市场监管方式】 2009年6月，大理州旅游监管中心重组以来，以"为产业服务，为游客服务"为目标，针对旅游市场现状，积极探索行之有效的市场监管方式，不断提高监管力度和服务水平。监管中心下设5个分队，分别对古城、景点、餐饮、酒店的经营情况与市场秩序进行监管。针对监管工作的特殊性，采取经常性与突击性检查相结合、帮助与批评相结合、社会监督与专门督查相结合，使旅游监管工作的重心下移，关口前移，实现了不间断、全方位、全过程的动态监管。同时，由监管队员及时把相关信息录入电脑，使监管工作步入了科学化、规范化管理的轨道。提高了信息交流的速度和准确性，为及时了解和掌握监管工作情况，打造诚信大理旅游品牌，树立大理旅游新形象作出了贡献。

【完善旅游执法监察与信息工作机构】 2009年6月26日，大理州旅游局党组会议研究决定成立大理州旅游局执法监察办公室和大理州旅游局信息中心。大理州旅游局执法监察办公室的工作职责：负责协调指挥全州各级旅游执法监察机构的工作运行；负责旅游行政执法机构与行业协会自律监管队伍之间的工作协调。大理州旅游局信息中心的工作职责：负责全州旅游信息的编写和发布；负责《大理旅游》杂志的编撰及出版；负责"大理旅游网"的建设与管理。

【开展整治虚假星级饭店专项行动】 2009年7月9日，大理州开展整治"虚假星级饭店"专项行动。大理州整治"虚假星级饭店"专项行动小组由大理州旅游质监所、大理市旅游综合执法大队、大理州旅游监管中心组成，共出动执法人员30人次，突击检查虚假星级饭店12家。查获违反《云南省旅游条例》悬挂假冒星级牌、擅自使用虚假星级标志对外宣传的饭店10家，销毁虚假星级标志的饭店2家。通过此次专项整治行动，使悬挂虚假星级牌、擅自使用假冒星级标志的现象基本得到遏制。饭店管理人员、从业人员的星级意识和旅游饭店知识水平有了进一步提高。从根本上杜绝饭店擅自使用虚假星级标志对外宣传造成的负面影响，保护了消费者的合法权益。

【加强导游人员管理】 2009年7月16日，根据《旅行社条例》、《实施细则》及《导游人员管理条例》的有关规定，州旅游局印发《大理州进一步加强导游人员管理的实施意见》。重点是完善导游管理体制，组建大理州导游服务公司；建立健全"专职导游"和"兼职导游"双轨并行的管理制度；规范导游人员准入和上岗管理制度；努力提高导游队伍的学历水平；建立和谐的劳动关系，落实导游人员劳动报酬和社会保险，稳定导游队伍。通过完善导游管理体制，理顺导游人员的劳动关系，在保障导游合法收入和福利保险的基础上，强化对导游队伍的岗位培训和素质教育，规范导游人员的执业行为，全面提高导游队伍的整体素质和服务质量。

【调整大理州旅游景区质量等级评定委员会】 2009年7月23日，为进一步规范和做好全州旅游区（点）质量等级评定与复核工作，按照《云南省旅游条例》和国家旅游局《旅游区（点）质量等级评定管理办法》的规定，州旅游局决定调整充实大理州旅游区（点）质量等级评定委员会及相关人员，由州旅游局局长、州旅游业协会会长马金钟担任A评委主任，办公室设在规划发展科，杨光明任办公室主任，赵晓海任办公室副主任，负责州A评委的日常工作。

【为"一节一会"营造旅游环境】 2009年7月25～27日，州、市旅游局联合行动，分5个检查组，对苍洱景区内的所有一星至五星级酒店和旅游景点进行拉网式检查。为大理洱海开海节和第八届中国摄影艺术节暨首届大理国际影会的举办营造旅游环境。一是检查各旅游接待单位安全工作痕迹管理是否健全，包括安全规章制度、安全培训制度、安全应急预案是否健全。二是现场检查各接待单位的食品卫生安全、消防安全、压力容器及电梯安全、密集场所安全等项目。在景点检查过程中大理旅游质量监理所还查处违规导游7人。其中查到疑似使用假导游证2名，无故不随团活动导游5名。这7名导游中还有2名导游着装不规范，大理旅游质监所对以上导游作出现场暂扣导游证的处理，待导游下团之后再接受进一步调查处理。通过两节前的拉网式检查，苍洱景区内所有星级酒店和景点认真接受了旅游局安排的节前工作任务。保证两节期间做好接待任务，营造温馨、和谐、热情、高质量的接待环境。检查过程中，质监所共下达11份整改通知，所有企业认真投入到节日的接待工作中，展示大理旅游良好形象。

【省检查组赴大理检查假日旅游接待工作】 2009年9月21～23日，由云南省旅游局副巡视员谭崇访、行管处副处长李华、省质监局特种设备安全监察处主任科员陈贤勇、省公安消防总队工程师李殿臣组成的"省假日办检查组"赴大理检查"十·一"黄金周假日旅游安全和接待工作准备情况。州市旅游局、州质量技术监督局、州消防支队、州安全生产监督管理局相关人员陪同，先后检查新华村景区、泰安购物店，喜州古镇、感通索道，风花雪月大酒店、崇圣寺三塔景区、大理港码头和洱海游船公司，并在漫湾酒店召开了汇报及意见反馈会。

【巍山县创建平安旅游区】 2009年，巍山县采取综合措施，抓好平安旅游区创建工作。一是成立创建领导组抓好责任落实。形成领导负责制，一级抓一级，层层抓落实。二是突出重点抓好安全生产。按照与州旅游局签订的《2009年旅游安全责任书》以及与县政府签订的《2009年安全责任状》，把安全生产作为重中之重，完善工作预案、制度和工作机制。三是加强安全生产监管，充分发挥巍宝山景区管委会办公室和旅游局的监管职能，分类抓好旅游行业安全生产工作。四是加强教育培训，提高安全防范能力。通过举办景区消防知识培训暨防火预案演练，创建"平安景区"、"无邪教景区"动员、培训会，进一步提高了全县旅游行业的安全防范、文明经营水平。通过多措并举抓实安全生产，年内没有发生旅游安全事故，安全、质量、秩序、效益四统一的旅游环境逐步形成

【全州导游人员年审】 2009年12月25日，根据《导游人员管理条例》、《大理白族自治州导游人员管理办法》的要求，大理州旅游局开展全州2009年度导游人员年审。成立大理州2009年度导游年审工作领导组，加强对年审工作的组织和领导，办公室设在行业管理科；凡持有《导游证》（IC卡）的导游人员参加年审，不在导游工作岗位或不再从事导游工作的人员可以3年检审1次；主要审验导游业务情况、行政处罚扣分情况、游客反映情况和培训情况。旨在强化对导游人员管理，不断提升导游人员整体综合素质、服务质量和服务水平。

旅游培训

【简　述】 2009年,为了适应全州旅游产业发展的需要,以科学发展观为指导,推进大理旅游教育培训体系和方法创新,全面落实"人才兴旅"战略,推进人才培养工程,拓展旅游教育培训的工作思路、培训模式、方法和手段,加强旅游教育培训的制度化、规范化建设。加大旅游高素质人才开发力度,全面提升旅游从业人员素质:一是建设高水平旅游人才教育和培训体系。充分发挥大理学院、大理技工学校等职业教育资源,促进高、中、初级相结合的国民旅游教育体系的完善,加强大理州旅游培训中心建设,改善教学设施、设备,强化师资队伍培训,提高教学水平,使之真正成为全州旅游教育培训的中坚力量。建立企业培训制度,明确各级旅游教育培训的职责和任务。州旅游局制定全州旅游年度教育培训计划,并指导和督促各企业培训制度的落实,对全州旅游行政管理人员、企业管理人员进行培训,对全州旅游行业从业人员职业资格认证培训和年检培训。企业根据实际制定年度培训计划,重点对所属员工职业道德教育、服务规范标准、服务技能更新和提升等进行培训。形成多层面教育培训,上下联动的旅游教育培训工作局面。二是推进旅游教育培训的改革。整合旅游教育培训资源、促进旅游教育培训单位资源共享、优势互补,相互支持的大旅游、大教育、大培训新格局。创新旅游教育培训形式和方法,坚持学以致用,理论联系实际的原则。充分运用远程教育,网络教育等现代化教育手段,提高旅游教育培训的科技含量。采取"走出去、请进来"的方法,加大旅游教育培训交流合作,积极的选派骨干参加国家、省旅游局举办的各类培训班、有针对性到发达地区考察学习,引进先进的教学培训经验,请优秀的专家教授来举办专题讲座、培训班,丰富培训形式,提高教育培训质量。

【巍山县举办第二届职工技术技能大赛】 2009年4~6月,为全力实施旅游二次创业,打响"南诏古都、彝祖故里、道教圣地、鸟道雄关、红河之源、和谐回村"六张名片,改善巍山县旅游发展软环境,巩固提升畜牧支柱产业地位。巍山县总工会、巍山县旅游事业局、巍山县畜牧事业局、巍山县人事局、巍山县劳动和社会保障局、巍山县经济局、巍山县广播电视事业局、巍山消息采编部共同主办巍山县第二届职工技术技能大赛。从4月开始,在全县干部职工、旅游服务行业员工中组织开展牛冻精改良竞赛、旅游知识试卷竞赛、餐厅中式摆台竞赛、宾馆中式铺床竞赛、旅游知识现场竞赛。有100多个基层工会共5000多人参加比赛。在比赛中一批优秀选手脱颖而出取得了优异成绩,其中牛冻精改良竞赛中有1人获状元奖、3人获能手奖、6人获优胜奖;餐厅中式摆台竞赛中有2个餐厅获优秀组织奖、1人获状元奖、2人获能手奖、3人获优胜奖;宾馆中式铺床竞赛产生优秀组织奖5个、状元奖1人、能手奖2人、优胜奖3人。通过激烈角逐,巍宝山乡代表队获旅游知识现场竞赛一等奖,县供电公司、牛街乡等5个代表队分别荣获二等奖和三等奖,11个代表队荣获优秀组织奖。在6月24日举行的旅游知识决赛暨颁奖晚会上,有151名嘉宾参与旅游知识竞赛获幸运奖。

【组织编写大理古城导游词】 2009年7月6日,为挖掘整理大理古城景观风物及民俗文化内涵,充实大理古城旅游产品中的文化元素,丰富和规范导游人员在大理古城旅游活动中导游用语的文化内涵及准确性,受州旅游局的委托,由大理学院经济与管理学院负责编写《大理古城导游》一书。在该书编撰期间,大理学院经济与管理学院相关人员到有关景区(点)及单位收集材料,得到了各单位的大力支持、密切配合。

【南涧县举办服务技能大赛】 2009年7月9日,南涧县举办服务技能大赛。有来自南涧宾馆、小湾宾馆、小湾假日酒店、祥和酒店、云南小湾澜沧江实业有限公司等10个代表队,31名选手参加中式铺床、中餐摆台等项服务技能竞赛,州旅游局副局长刘福荣等到会指导。通过激烈角逐,云南小湾澜沧江实业有限公司代表队杨月兰荣获"中餐摆台状元";南涧宾馆代表队何家雁、字曾丽荣获"中餐摆台技术能手"称号;南涧宾馆代表队赵正娟、沈丽云、云南小湾澜沧江实业有限公司代表队徐亚美荣获"中餐摆台优胜选手"称号;南涧宾馆代表队任子玉荣获"中式铺床状元";云南小湾澜沧江实业有限公司代表队茶映萍、小湾假日酒店代表队陈丽云荣获"中式铺床技术能手"称号;南苑宾馆代表队罗学芳、南涧宾馆代表队李红艳、邮电宾馆代表队周建琳荣获"中式铺床优胜选手"称号。南涧宾馆代表队、小湾宾馆代表队、小湾假日酒店代表队荣获组织奖。通过举办技能大赛,进一步完善了南涧县旅游行业管理和教育培训工作,促进了南涧县服务行业接待质量和水平的提高。

【祥云县举办旅游服务知识培训班】 2009年8月18日,由祥云县旅游局组织的旅游行业服务知识培训班在云信宾馆开班。全县各星级饭店、旅游景区和部分非星级饭店的近百名员工参加培训。开班仪式上,分管旅游工作的副县长程建云出席会议并作动员讲话,县旅游局局长梁启萍对本次培训提出严格要求。这次培训得到州旅游培训中心、祥云县职业高级中学的大力支持,派出3名专业授课教师授课。培训班为期2天,主要授课内容为服务人员职业道德、礼节礼仪、星级饭店基础服务知识、中式铺床及前厅服务4个部分,课程设置针对祥云县服务行业的薄弱环节进行操作培训,全面提高服务技术技能。

(《旅游》由杨光明撰稿)

旅游便览

一、旅游行政主管部门

名　称	地　址	电　话	传　真	邮　编
云南省旅游局(办公室)	昆明市滇池路678号	4608333 4608365	4608311	650200
大理州旅游局	大理市龙山州级行政办公区	2316784 2316770	2316774	671000
大理市旅游局	大理古城绿玉小区绿玉路	2671364	2371364	671003
祥云县旅游局	祥云县祥城镇府前街4号	3121853	3121853	672100
宾川县旅游局	宾川县金牛镇农经站	7142243	7142243	671600
鹤庆县旅游局	鹤庆县北门街02号	4122659	4122659	671500
剑川县旅游局	剑川县金华镇凤营小区52号	4521762	4521762	671300
巍山县旅游局	巍山县南诏镇日升街58号	6120893	6120893	672400
洱源县旅游局	洱源县城兴源路14号	5125512	5125512	671200
漾濞县旅游局	漾濞县老县委院内	7524617	7524617	672500
弥渡县旅游局	弥渡县弥城镇锦屏街14号	8168388	8168388	675600
云龙县旅游局	云龙县诺邓镇人民路46号	5523287	5523287	672700
永平县旅游局	永平县城博南路县政府大院内	6526919	6522375	672600
南涧县旅游局	南涧县金龙路99号	8521667	8521667	675700

二、旅游相关单位

名　称	地　址	电　话	传　真	邮　编
大理州旅游业协会	大理市人民北路86号	8881826	8881369	671000
大理旅游质量监督管理所	大理市人民北路86号	2335186	2335169	671000
大理州旅游培训咨询中心	大理市下关人民南路126号	2124466	2183986	671000
大理州旅游监管中心	大理市人民北路86号	8881369	8881369	671000
大理旅游集团	大理古城绿玉小区玉局路	2670745	2670745	671003
大理州旅游产业管理服务有限责任公司	大理市下关美登大桥北农行大楼	2141509	2141509	671000
大理州旅游产业开发集团有限责任公司	大理古城绿玉路绿玉小区70号	2440966	2440799	671003
大理州旅游集散中心	大理国际会展中心	2183999	2179006	671000
大理州导游服务公司	大理市人民北路86号	2335157	2335158	671000
大理古城旅游电瓶车公司	大理古城一塔路双鹤停车场	2670996	2671898	671003

三、旅行社

2009年,年内注销3家国内社之后,全州共有28家旅行社,其中:国际社5家,国内社23家;大理市辖区20家,县辖区8家。

名 称	法定代表人 总经理(手机)	电 话	传 真	地 址	许可证号
大理三塔国际旅行社有限公司	龙胜欧 白云松 13808766855	2310235	2310245	开发区天庆路374号3楼	L－YN－GJ00008
大理海外旅行社有限公司	杨文勋 杨文勋 13908728720	2195555	2195566	泰安路天城青春海岸2楼	L－YN－GJ00016
大理茶花国际旅行社有限公司	杨凤武 段鲁昆 13988592222	2125168	2177072	大理市苍山路132号	L－YN－GJ00027
大理州古城国际旅行社有限责任公司	关 阳 刘 忠 13608729830	2191985	2124902	苍山路亦乐写字楼A座9楼	L－YN－GJ00045
大理天龙八部旅行社有限公司	杨麟源 杨麟源 13808767053	3157310	3157315	下关滇源路金汇假日酒店内附楼3楼	L－YN－GN03174
大理风情旅行社有限公司	崔海江 崔海江 13908727139	2311638	2311799	大理经济开发区金贝商业城19幢3楼	L－YN－GN03176
大理苍山旅行社	盛湘民 盛湘民 13987290283	2124771	2123697	建设路客运服务中心内	L－YN－GN03177
大理大运旅行社	杨天杰 赵世平 13508727575	2122903	2122448	建设路大运宾馆8楼	L－YN－GN03179
大理市旅行社	朱启宏 13988559000	2119699	2119676	建设路下关宾馆4楼	L－YN－GN03180
大理天马旅行社有限公司	张汝华 张汝华 13608724426	2192555	2185666	邮电宾馆1楼	L－YN－GN03181
大理金塔旅行社	李建彬 李建彬 13908724766	7142945	7143791	宾川县金塔宾馆内	L－YN－GN03183
大理兰花旅行社	芮春花 芮春花 13808767002	2310009	2310007	山水大酒店	L－YN－GN03185
大理中国旅行社有限公司	杨永祥 13908727649	2328618	2327636	开发区云岭大道西侧火车客运站对面	L－YN－GN03186
大理阳光假日旅行社有限公司	李兴伦 李兴伦 13908728180	2119564	2124463	建设路广发大厦4楼	L－YN－GN03187
大理招商旅行社	张 峻 张 峻 13987213651	2116027	2119522	下关宾馆6楼	L－YN－GN03189
大理民航飞羽旅行社	师晋叶 师晋叶 13987201148	2315400	2315296	云岭大道民航售票处2楼	L－YN－GN03190
大理西电海星旅行社	李 斌 赵永波 13908725646	2174385	2170968	文化路西电招待所	L－YN－GN03191
大理金岛旅行社有限公司	黄家芳 黄家芳 13908729170	2318904	2318900	金贝商业城37幢	L－YN－GN03404
茶马古道旅行社	段 绚 李 娜 13987261288	2327505	2321617	开发区龙山市场内06幢	L－YN－GN03436
大理阿鹏旅行社	张庆昌 张庆昌 13368724941	4521433	4521434	剑川县剑川宾馆内	L－YN－GN03469
巍山红河源旅行社	张俐乔 13708647477	6125097	6125097	巍山县东新街51号巍山宾馆内	L－YN－GN03579
彩云之南旅行社	字雪梅 字雪梅 13608722777	3121085	3121085	祥云县府前街4号	L－YN－GN03580

名　称	法定代表人 总经理(手机)	电　话	传　真	地　址	许可证号
南涧小湾旅行社	张国永　段东梅 13987257909	8520200	2323997	南涧县南涧宾馆内 8521733、8523002	L－YN－GN03581
大理山水旅行社有限公司	刘　君　刘　君 13908726939	3183906	3107589	澳霖大厦C楼	L－YN－GN03603
昆明康辉旅行社有限公司大理分公司	周新民　黄佳芳 13908729170	2171265	2125252	大理市经济开发区漫湾大酒店商务楼	L－YN－GJ00042
宾川鸡足山旅行社	谢正松　赵正光 13608824958	7153208	7350496	宾川金牛镇金牛路26号宾川宾馆南院	L－YN－GN06671
鹤庆县石寨子旅行社	洪龙辉　杨少芹 13988501868	4138001	4138001	云南省鹤庆县草海镇新华村	L－YN－GN03673
洱源地热度假旅行社	杨金红　杨金红 13330559728	5127677	5127617	洱源茈碧湖镇洱周路	L－YN－GN03674

四、旅游星级饭店

2009年，全州共有106家旅游星级饭店，其中：五星2家，四星3家，三星29家，二星69家，一星3家。

序号	星级	饭店名称	地址	传真(0872)	房间数	经济类型	评星时间
1	五星	漫湾大酒店	大理经济开发区沧浪路	2181742	232	国有	2007.4
2	五星	风花雪月大酒店	大理古城玉洱路大丽路旁	2682105	501	股份	2007.6
3	四星	美登大酒店	大理市下关苍山路116号	2138666销售	96	国有	2007
4	四星	祥和大酒店	大理市经济开发区云岭大道	2322860	92	私营	2007.10
5	四星	苍山饭店	大理市下关苍山路19号	2124741销售 2127252商务	241	国有	2008.6
6	三星	洱海宾馆	大理市下关人民北路212号	2161820销售 2166898传真	132	国有	2000.12
7	三星	明珠宾馆	大理市经济开发区云岭大道明珠广场旁	2323566	103	国有	2000.12
8	三星	格理酒店	大理市漾濞路345号	2322319	60	私营	2000.12
9	三星	三塔苑酒店	大理古城三塔公园旁	2666280销售	138	国有	2000.12
10	三星	金汇假日酒店	大理经济开发区滇源路南侧	2315103 2315104	177	股份	2003.9
11	三星	龙山酒店	大理经济开发区苍山东路	2318388	63	国有	2003.9
12	三星	腾越酒店	大理经济开发区沧浪路	2315695销售	60	私营	2003.9
13	三星	昆瑞酒店	大理市环城南路风车广场旁	2195666销售 2164911总机	98	国有	2003.9
14	三星	天龙酒店	大理市下关万花路中段	2209868	59	国有	2003.9
15	三星	金达酒店	大理经济开发区沧浪路中段	2162889销售 2191666	86	国有	2002.1
16	三星	锦瑞酒店	大理市建设路53号	2328008	88	私营	2004.10
17	三星	长宏酒店	大理经济开发区息龙路	2312029	62	私营	2004.10

序号	星级	饭店名称	地址	传真(0872)	房间数	经济类型	评星时间
18	三星	顺兴大酒店	大理经济开发区滇源路	2323181	79	私营	2007.1
19	三星	怀仁大酒店	大理经济开发区三茂街	3105366	60	私营	2007.1
20	三星	升辉大酒店	大理古城三月街观音路72号	2675288	118	私营	2005.4
21	三星	大禹酒店	大理市下关双鸳路20号	3140600	82	国有	2004.10
22	三星	泛美酒店	大理经济开发区沧浪路南段	3105366	78	私营	2006.1
23	三星	山水大酒店	大理市双鸳路	2323182 3104166	85	国有	2006.12
24	三星	茂元大酒店	祥云县龙翔路9号	3319508 3121505	95	股份	2003.9
25	三星	宏强酒店	宾川金牛镇中心街198号84			私营	2005.4
26	三星	鹤庆宾馆	鹤庆县云鹤镇兴鹤路16号	4120202	99	私营	2005.4
27	三星	庆远楼	宾川县金牛镇金牛路238号	7311411	71	私营	2007.6
28	三星	鑫亚酒店	宾川县金牛路146号	7311677	57	私营	2007.3.26
29	三星	新华酒店	大理市经济开发区沧浪路中段	2327177	83	国有	2007.10
30	三星	新世纪大饭店	大理市滇源路火车站以东	2326288 2328353	93	私营	2007.10
31	三星	周城蝴蝶泉宾馆	大理市喜洲镇周城村蝴蝶泉旁	2433200	68	私营	2008.3
32	三星	天赐大酒店	大理市宾川路268号	2315288	57	私营	2008.3
33	三星	君山大酒店	剑川老君山镇	4735222	61	私营	2009.10
34	三星	云龙宾馆	云龙县诺邓镇虎山路198号	5524803	77	私营	2009.10
35	二星	海玉酒店	大理市下关茫涌路中段	2295887	45	私营	2000.9
36	二星	交旅酒店	大理经济开发区三茂街	2328775	76	国有	2000.10
37	二星	地质宾馆	大理市下关兴盛路14号	3141118	108	国有	2006.11
38	二星	宏祥酒店	大理市下关环城(西)南路	2188718	121	私营	2000.11
39	二星	大理饭店	大理市下关建设西路1号	2121788 2179988	68	私营	1998.9
40	二星	下关宾馆	大理市下关人民街1号	2168889	94	私营	1998.4
41	二星	下关饭店	下关建设东路58号	2128020	252	私营	1995.4
42	二星	文华酒店	大理市下关泰安路北段	2235615	63	私营	1998.8
43	二星	茶花酒店	大理市下关经济开发区 文昌街(苍山路)中段	2318296	95	私营	1998.4
44	二星	红星饭店	大理市下关幸福路10(27号)号	2129213	52	国有	2001.11
45	二星	金荣宾馆	大理市下关息龙路	2326232 2136223	34	私营	2001.11
46	二星	集盛酒店	大理市建设东路61号	2325659	35	私营	2001.11
47	二星	世纪大饭店	大理经济开发区三茂街	2322198	101	私营	2001.11
48	二星	忠鹤大酒店	大理市下关经济开发区沧浪路	2322074	81	股份	2001.11
49	二星	雄丰酒店	大理市下关经济开发区息龙路	2320588	64	私营	2001.11

序号	星级	饭店名称	地址	传真(0872)	房间数	经济类型	评星时间
50	二星	凤发酒店	大理市凤仪镇凤中路17号	2481390	30	股份	2001.11
51	二星	明珠酒店	大理市下关人民南路156号	2139435	41	股份	2001.11
52	二星	银盛大酒店	大理经济开发区苍山路	2310358	40	私营	2001.11
53	二星	金利酒店	大理经济开发区沧浪路口	2324468	80	私营	2002.8
54	二星	西电宾馆	大理市下关文化路9号	2153100	59	股份	2002.8
55	二星	八鑫楼酒店	大理市经济开发区苍山东路	2320831	35	私营	2002.8
56	二星	香苑酒店	大理经济开发区沧浪路	2170682	30	私营	2002.5
57	二星	兴邮酒店	大理市下关龙溪路东段	2192888	42	国有	2003.12
58	二星	鹤祥酒店	大理市下关经济开发区云鹤路356号	3103701	71	股份	2003.12
59	二星	云苍宾馆	大理市周城商贸旅游一条街	3153722 2431419	46	私营	2003.12
60	二星	龙泉酒店	大理市周城商贸旅游一条街	2432720	45	私营	2003.12
61	二星	军供宾馆	大理市下关幸福路10号	2122858	58	国有	2003.12
62	二星	文献酒店	大理古城博爱路160号	2660469 2662497	58	集体	2003.12
63	二星	瑞和酒店	大理市建设东路59号	3102609	36	私营	2003.12
64	二星	苍龙酒店	大理市下关环城南路44号	2185783	96	私营	2004.12
65	二星	金鹰大酒店	大理市下关经济开发区滇源路	2310669	52	私营	2004.12
66	二星	宏亚酒店	大理经济开发区息龙路3号	3140327	33	私营	2004.12
67	二星	通达宾馆	大理古城三月街观音路99号	2676333	52	私营	2004.12
68	二星	伊利宾馆	大理经济开发区沧浪路	3103531	30	私营	2004.12
69	二星	鑫昌宾馆	大理市下关经济开发区滇源路	2312760	30	私营	2004.12
70	二星	龙园酒店	大理古城绿玉小区	2664365	35	私营	2004.12
71	二星	竹溪大酒店	大理古城绿玉小区	2664366	36	私营	2004.12
72	二星	泛亚酒店	大理市经济开发区苍山路东延长线	2317099	60	私营	2005.11
73	二星	玉鑫酒店	大理古城绿玉路36号	2671518	38	私营	2005.11
74	二星	榆城酒店	大理古城博爱路181号	2678398	42	私营	2006.11
75	二星	迎宾酒店	大理古城西门外水碓村	2679828	45	私营	2006.11
76	二星	银华酒店	大理市经济开发区金贝商业城36幢	2322156	54	私营	2006.11
77	二星	金鹏大酒店	大理市下关建设东路2号	2119916	131	私营	2006.11
78	二星	大运宾馆	大理市下关建设路12号	2125526	87	私营	1998.8
79	二星	佳丽大酒店	剑川县城北新区	4777177	37	集体	1999.4
80	二星	九气台温泉宾馆	洱源县城腾飞路	5122998	47	私营	1997.7
81	二星	洱海源温泉宾馆	洱源县城茈碧路	5126628	45	私营	2003.5
82	二星	弥渡宾馆	弥渡县弥城镇建设路50号	8160325	41	股份制	1998.10
83	二星	鸿林宾馆	弥渡县花灯广场旁	8161667	38	私营	2008.11

序号	星级	饭店名称	地址	传真(0872)	房间数	经济类型	评星时间
84	二星	宾川宾馆	宾川县中心12号	7153118	46	股份	1997.5
85	二星	富达大酒店	祥云县祥城镇清红路北段	3124914	65	私营	2004
86	二星	云信宾馆	祥云县祥城镇龙翔路90号	3129999	22	国有	2001.1
87	二星	南涧宾馆	南涧县城振兴北路2号	8123002	62	私营	1999.6
88	二星	祥云宾馆	祥云县祥城镇红星街16号	3121046 3120331	62	私营	2005
89	二星	小湾宾馆	南涧金龙路1号	8790059	56	股份	2002.11
90	二星	电力宾馆	祥云县祥城镇西昌路6号	3319623	28	国有	2003
91	二星	巍山宾馆	巍山县文华镇东新街52号	6124309	80	私营	2002.1.8
92	二星	大栗树茶苑宾馆	云龙县诺邓镇虎山路4号		46	股份制	2006.11
93	二星	黄龙潭宾馆	鹤庆县云鹤镇		26	国营	2004.1
94	二星	锦鑫酒店	鹤庆县云鹤镇大丽路137公里处	4126999	29	私营	2003.12
95	二星	富达大酒店	祥云县祥城镇清红路北段	3124914	45	私营	2004.1
96	二星	锦兴酒店	祥城镇八里路南段	3126466	26	私营	2006.6
97	二星	春玉大酒店	鹤庆县烟草公司对面	4121099	33	私营	2006.1
98	二星	鹤祥酒店	鹤庆县云鹤镇南环路东段	4621001 4211009	24	私营	2007.12
99	二星	鹤庆大酒店	鹤庆云鹤镇东环路	4121838	48	私营	2008.1
100	二星	鹤庆饭店	鹤庆云鹤镇南大街	4129362	28	私营	2007.12
101	二星	好常来酒店	漾濞县苍山西路33号	7523313	23	私营	2008.12
102	二星	方圆酒店	剑川县				2009.1
103	二星	永昌宾馆	剑川县				2009.1
104	一星	松华酒店	鹤庆云鹤镇东环路	4120204	21	私营	2007.12
105	一星	彩云酒店	鹤庆县云鹤镇兴鹤路15号	4121630	16	私营	2007.12
106	一星	漕涧宾馆	云龙县漕涧镇朝阳路	5782987	14	私营	2000.4

五、A级旅游景区

2009年,全州共有A级景区16个,其中4A级景区4个,3A级景区3个,2A级景区9个。

(一)4A级景区(4个)

【大理崇圣寺三塔文化旅游区】 以三塔和崇圣寺为主题,展示大理苍洱风光、历史文化、佛教文化、自然景观、休闲度假为一体的大型文化旅游区。1983年以来,逐年恢复扩建了景区规模,特别是2003年恢复重建的崇圣寺院落群,占地600亩,建筑面积20080平方米,使景区面积达到1000亩。崇圣寺建筑风格体现历代建筑之精华,规模宏大,再现了南诏大理国时期的“灵鹫山圣地,妙香国佛都”胜境,是东南亚最具特色的佛教寺院建筑落群。2003年12月,被评为国家4A级旅游景区;2008年7月25日,云南省A评委对其进行5A级旅游景区初评;2009年9月19日,通过了国家A评委专家组5A级旅游景区资源评价;正在等待国家A评委5A级景区终评。(联系电话:0872-2666490)

【大理南诏风情岛】 位于“苍山——洱海”国家级风景名胜区的黄金地段。岛上幽穴古洞盘曲交错,百年古榕繁枝蔽日,岛屿四围渚青沙白,与邻近白族渔村,构成一幅“远山、近树、村舍、碧柳”交相辉映的田园实物风光画卷,蕴藏着浓郁醇厚的白族风土人情,置身其中使你流连忘返,沉醉迷恋,是一方极为理想的旅游胜地。2001年10月被评为AAAA景区。(联系电话:0872-2461040)

【宾川鸡足山风景区】 位于宾川县西北部,浓郁的佛教文化、丰厚的历史文化、雄、秀、幽、奇、绝的自然景观构成鸡足山三大旅游特色,是中国五大佛教名山之一,是享誉南亚、东南亚的著名佛教圣地,是以展示佛教文化和生态景观为主的,集佛事朝拜、佛学研究、观光旅游、科普科考为一体的多功能旅游景区。2003年12月被评为AAAA景区。(联系电话:0872-7350668)

【鹤庆新华白族旅游村】 鹤庆银都水乡新华村，位于云鹤古城西北5千米处，距丽江机场12千米，规划面积12.97公顷，主要以加工销售银器民族工艺品而出名，工艺品包括生活、宗教、装饰、收藏四大类，风格多样，工艺精湛，畅销全国，远销欧美及东南亚。有"中国民间艺术之乡"、"中国民俗文化村"、"云南十大名镇"等称号。2001年7月被评为AA级景区。2003年6月，鹤庆县政府将新华村经营权转让给云南新华旅游商品开发有限公司，并开始按国家4A级旅游景区标准对景区重新进行规划建设。累计投入4.4亿元，重点完成石寨子购物广场(包括银器玉器馆、云南土特产馆、高原药材馆、普洱茶俗馆、白族特色餐厅等10个展馆)、银器博物馆、旅游外围交通环线、游客服务中心、生态停车场、景区旅游厕所、生态游道、门禁系统、小桥流水、大水环路、路灯广告、景区绿化美化亮化、水磨坊工程、水车工程、标志性牌坊工程、寸氏庄园等项目建设，星子龙潭生态园、银都水乡酒店、三市街、凤凰山包装、农村文化站等配套设施。新华村景区硬件设施不断完善，服务项目和服务内容不断丰富，景区品牌形象和知名度不断提高。2009年11月24日，通过国家旅游局A评委专家组终评并对外公布。

(二)3A级景区(3个)

【大理蝴蝶泉景区】 地处大理点苍山云弄峰麓，主要参观点有蝴蝶泉、蝴蝶馆、蝴蝶大世界，景区内清泉甘凉、蝶泉相容、绿树成荫、花团锦簇，每年的春末夏初，有传统的蝴蝶盛会，会期人如潮涌，情歌四起，热闹非凡。2001年4月被评为AAA景区，现正在积极申报AAAA景区。(联系电话：0872－2431125)

【大理天龙八部影视城】 位于大理苍山中和峰东麓，是为拍摄电视连续剧《天龙八部》而兴建的，主体建筑及景点有城墙、城门、皇宫、王府、大理街、辽街、女真部落、西夏城、日本街、摄影棚、珍珑棋局等，再现了大理国时期当地的市井民风。是以影视拍摄和文化旅游为主的景区。2008年3月被评为AAA景区。(联系电话：0872－2674508)

【大理地热国】 位于214国道旁的洱源县城，距大理市60千米，丽江市120千米，香格里拉县240千米，总占地面积1000亩。2002年8月18日，四川宜宾万泰集团股份有限责任公司与洱源县人民政府签订引资开发云南九气台旅游风景区协议书，并按照建设"一个上规模，上档次，别具一格，国内第一，世界一流的温泉旅游度假风景区"的总体目标，进行开发建设。已投入资金2.52亿元，建设和完成32个温泉沐浴池、各类客房322间、300人就餐的VIP包房和餐厅，并配有水吧、卡拉OK厅、棋牌室、茶室、网球场、游船、篮球场等休闲娱乐、运动康体场所，景区基础设施和配套服务项目逐年完善，知名度和竞争力日益增强。为进一步提升景区软、硬件建设水平，努力使景区经营和管理朝规范化、标准化、科学化发展，大理地热国景区提出申报3A级旅游景区的请示。2009年7月18～19日，大理州"A评委"及时组织景区检查员，对大理地热国景区的服务质量与环境质量、景观质量、游客意见3个细则进行严格的综合检查和评分，并针对景区存在的不足下发了《整改通知》。经整改和复核验收。省、州旅游景区质量等级评定委员会认为，大理地热国旅游资源品位高，已经成为全州重要的招商引资项目。是集温泉沐浴、疗养、娱乐、运动、会议等功能为一体，推动大理旅游产业从观光型向休闲、康体、度假等多元型转变，实现转型升级的突破口。是昆明、大理、丽江、香格里拉4大景区中间让旅游者放慢节奏、消除旅途疲劳、恢复愉悦身心的理想场所，是昆、大、丽、香格里拉黄金旅游线上的精品景区。同时，大理地热国景区游览、安全、卫生、邮电、综合管理等和旅游基础设施较为完善，已基本达到国家3A级旅游景区的条件和要求。2009年12月16日，云南省旅游局下发了《关于批准大理地热国等两家景区为国家3A级旅游景区的决定》，并对外公布。

(三)2A级景区(8个)

【大理洱海公园】 位于大理洱海的南岸，1976年，经云南省人民政府批准建设。2006年，新建改造了梅竹园、茶花园、杜鹃园，改造了植被、道路、动物园、儿童游乐园，增设了水景和灯光设施，使设施更加完善，功能更加完备，景色更加亮丽。1998年11月被评为AA景区。(联系电话：0872－2670745)

【大理天镜阁风景区】 位于洱海东岸的罗荃半岛，景区包括天镜阁、观音阁、太子阁、玉虹桥、罗荃寺、石骡子、罗荃塔遗址等。天镜阁是洱海四大名阁中唯一恢复重建的一阁。登天镜阁一看苍洱风光，二拜观音菩萨，三访罗荃故事，四品洱海鱼是，五听风声、涛声和歌声。2001年10月被评为AA景区。(联系电话：0872－2479517)

【大理上关花公园】 地处苍山云弄峰麓，主要景点包括上关花生态园、天龙洞、龙首关、纪念徐霞客游记碑、上关花仙子、天龙泉、访花亭等，可乘天龙索道登苍山第一峰，眺望洱海全景，领略田园风光，具有"观苍海、赏名花、探奇洞、寻古城"四大特色。2005年2月被评AA景区。(联系电话：0872－2458661)

【弥渡县东山国家森林公园】 位于弥渡县东部，1992年，被国家林业部批准为国家森林公园。公园自然风光秀丽，森林资源丰富，物种多样，整个公园由仿古建筑群、森林自然景观、水上乐园、人文景观组成。2001年8月被评AA景区。(联系电话：0872－8168388)

【剑川县千狮山(满贤林风景区)】 位于剑川县城西，原名蟒歇岭，又名"买闲林"。现有形态各异的石狮2600只，海拔2780米处的"狮王"，高18.6米，周长28米，是世界雕琢史上体积最大的石狮。是集奇、险、幽、美的自然景观旅游区。2002年10月被评为AA景区。(联系电话：0872－4521762)

【漾濞石门关景区】 位于点苍山西坡，景观有雾锁石门、福国晚钟、澄明虚谷、崖洞幽兰、霞客忘归、碧潭溅玉、万卷天书、凌云栈道、玉皇涌翠、苍山夕照等。石门关旅游区集自然景观、历史文化、人文景观为一体，2001年9月被评为AA景区。(联系电话：0872—7523918)

【洱源西湖景区】 位于苍山云弄峰山麓，为高山平坝淡水湖，是洱海的重要水源之一。主要景观有六村七岛、千亩芦苇荡、旧州三塔、西湖湿地——白鹭栖息地、鱼鹰戏水、西湖温泉、柏节圣妃本主庙等，是洱海源头休闲度假的旅游胜地。2008年6月被评为AA景区。(联系电话：0872—5392799)

【祥云云南驿景区】 位于县城西20千米，是省级历史文化名村，也是第四批县级文化保护单位。公元前109年，汉朝在此设置云南县。蜀汉时设云南郡，郡址仍在云南驿。唐代时南诏在此设置了第一个节度使。宋代大理国王段氏在大理境内设十赕，云南驿为云南赕。元代设置云南中书省，从此"云南"成为一省之称并延续至今，当时在云南驿设云南州。明代云南县城从云南驿迁往今天的祥云县城，从此结束了云南驿从西汉到明朝初期长达1500年作为县、郡、州、赕和节度使所在地的历史。清代，云南驿成为茶马古道上最重要和最繁华的集散地。云南驿在元明清三代都是我国驿道系统中的咽喉要道和重要设置。主要用于中央政府与地方的各种政务、经济、军事等公文信息传递、物资运输、军队调动、军队后勤补给，同时保障官员出差、调任与巡视，也是中央政府对边疆地区行政管理的重要保障。所以后来驿站名就成为了当地的地名。近代，特别是在二战期间，云南驿成为中印缅战区的重要军事基地，举世闻名的滇缅公路由此通过。云南驿机场是著名的驼峰航线的航空转运站。云南驿是当今唯一集中了马帮运输，公路运输、铁路运输与航空运输等各个不同时代运输方式的地方，是人类交通发展史的活化石。至今长达1千米的青石板铺就的古驿道仍保存完好，古驿道两边的古老民居仍为今天已不多见的云南汉族传统的一门、一窗、一铺台的式样。现在建立了《云南马帮文化博物馆》和《二战中印缅战区交通史纪念馆》，丰富的展品和再现的历史场景使人们亲身体验从古至今交通发展的历程。2009年6月12日，评为AA级景区。（联系电话：0872—3382007；13769201588）

六、旅游购物商店

2009年，大理州立足资源优势，着力开发独具特色的下关沱茶、大理石工艺品、白族三道茶、剑川木雕家具、宾川果品、琥珀核桃、鹤庆乾酒、南诏御酒、永平白木瓜酒、周城扎染、洱源乳制品、雕梅、话梅等系列旅游商品，加工规模和档次同步提高，旅游购物商店有10家。满足海内外旅游者的购物需求，不断提高旅游产业综合效益。

序号	旅游商店名称	营业场所地址	经营范围	电　话
1	宏翔精品工艺展销厅	喜洲镇作邑水库旁	珠宝玉石、工艺品	2457336
2	云地矿珠宝经营部	下关镇万花路玉水金都	工艺品、珠宝玉器	13508821001
3	博雅石业有限责任公司	大理镇小岑村公所旁大丽路西侧	工艺品、玉器	13508722980
4	新华旅游商品开发有限公司	鹤庆石寨子广场	珠宝玉石、工艺品、茶	4138001 13908722149
5	泰安旅游购物商场	鹤庆西邑镇西邑厅	珠宝玉石、工艺品	13769229399
6	森江旅游珠宝商场	鹤庆西邑镇	珠宝玉石、草药、工艺品	4381128
7	福源珠宝商场	鹤庆松桂蝙蝠山庄	珠宝玉石、药材、土产品	4333278
8	大理石厂工艺精品展销部	大理市大理镇北门大理石厂内	工艺品珠宝玉器、土特	13508723829
9	天和石业大理石工艺经销部	大理市大丽路马久邑20公里桩	大理石、珠宝玉器、土特	13508724732
10	白族茶艺文化展示中心	大理市喜洲镇周城（三合院） 214国道旁	茶叶	13508724732

七、旅游餐馆

2009年，为加强行业自律，提高全州旅游餐饮行业的服务质量，切实维护旅游者的合法权益，州旅游业协会先后成立了周城片区餐饮分会、下关片区餐饮分会和大理古城片区餐饮分会，会员已达110多家，餐桌有3200多张，总餐位数达到3.2万多个，旅游餐饮业已成为大理旅游接待的重要组成部份。

名　称	电　话	传真号
蝶沁缘饭店	0872－2431099	2432472
段老五饭庄	0872－2431370	3153519
洱海源饭店	0872－2432179	2432179
方缘鱼庄	0872－2432588	2432588
麒麟饭庄	0872－2431099	2432472
段家楼饭店	0872－2431017	2431720
鸿福园饭店	0872－2431912	2431912

名　称	电　话	传真号
万达饭店	0872－2431098	2432728
聚合园饭店	0872－2431157	3153099
文华饭店	0872－2431202	2432675
欣鑫酒店	0872－2431006	3453837
董春园餐厅	0872－2431186	2433219
四景饭店	0872－2432666	2432666
三九楼饭店	0872－2431129	2431129
旺家楼饭店	0872－2432198	3153718
金泉餐厅	0872－2432766	2432588
泉源饭店	0872－2431072	3153505
洱海渔村饭店	0872－2431228	2432388
金花园饭店	0872－2431326	3153516
双龙轩饭店	0872－2431248	2432856
御香园风味庄	0872－2432536	2432536
聚贤庄	0872－2433266	2433266
菊洪饭店	0872－2431084	2431084
段仕酒楼	0872－2432950	2432008
万蝶来鱼庄	0872－2432072	2431074
华馨园饭店	0872－2432185	2432185
云苍宾馆	0872－2431419	3153722
聚兴饭店	0872－3153708	2431729
源滨饭店	0872－2433297	2433297
周城龙泉酒店	0872－2431596	2432720
自柘音饭店	0872－2432981	2432981
红杏园	0872－2432918	2432918
开心酒店	0872－2432265	2432265
严家民居餐厅	0872－2451189	2452968
怡和饭店	0872－2431575	2433337
盛泉酒家	0872－2431032	2432993
蝶鸿园饭店	0872－2431252	2431252
蝴蝶泉酒店	0872－2431300	2433200
白香院饭店	0872－2433077	2433077
四方宏源	0872－2433330	2433330
渔村之家		
怡乐饭庄	0872－2431405	2432827
大禹酒店餐厅	0872－3140588	
金达酒店餐厅	0872－2191888	

名　　称	电　　话	传真号
漫湾大酒店餐厅	0872－2185669	
怀仁酒店餐厅	0872－2323266	
一品白餐厅	0872－2180579	
紫藤风味园	0872－2318787	
宏亚酒店餐厅	0872－2310759	
雄丰酒店餐厅	0872－2320588	
国土宾馆餐厅	0872－2311758	
山水大酒店餐厅	0872－2323076	
阳光假日酒店餐厅	0872－2317058	
长宏酒店餐厅	0872－2312036	
明珠宾馆餐厅	0872－2310846	
龙山酒店餐厅	0872－2318666	
银泉酒店餐厅	0872－2323266	
泛亚酒店餐厅	0872－3105506	
银盛大酒店餐厅	0872－2310347	
西窖酒店餐厅	0872－2317684	
茶花酒店餐厅	0872－2323316	
八鑫楼酒店餐厅	0872－2318818	
世纪大饭店餐厅	0872－2328951	
海燕饭店餐厅	0872－2197085	
格理酒店餐厅	0872－2322588	
泛美酒店餐厅	0872－3103888	
忠鹤酒店餐厅	0872－2312657	
腾越酒店餐厅	0872－2315694	
锦瑞酒店餐厅	0872－2322556	
交旅酒店餐厅	0872－2320979	
金鹰酒店餐厅	0872－2310669	
集盛酒店餐厅	0872－3103388	
瑞和酒店餐厅	0872－3102607	
鹤祥酒店餐厅	0872－2317699	
泰丰园	0872－2326959	
祥和酒店餐厅	0872－2322855	
金汇假日酒店餐厅	0872－2320101	
顺兴酒店餐厅	0872－3101898	
玉水金都餐厅	0872－2354611	
天龙酒店餐厅	0872－2209848	
文华酒店餐厅	0872－2209228	

名　称	电　话	传真号
海玉酒店餐厅	0872－2282898	
地质宾馆餐厅	0872－3141169	
交通饭店餐厅	0872－2112853	
下关饭店餐厅	0872－2128020	
下关宾馆餐厅	0872－2119808	
昆瑞大酒店餐厅	0872－2166498	
苍龙酒店餐厅	0872－8882277	
路安酒店餐厅	0872－2138357	
兴邮酒店餐厅	0872－2163888	
金熙宾馆餐厅	0872－2120564	
凤凰温泉渡假酒店餐厅	0872－2116884	
长辉大酒店餐厅	0872－2675288	
兰林阁酒店餐厅	0872－2680168	
麒翔饭庄	0872－2670949	
裕园酒店餐厅	0872－2680766	
文献酒店餐厅	0872－2662416	
紫藤园	0872－2660691	
唐肥肠	0872－2674776	
赵府酒店餐厅	0872－2663948	
常香园	0872－2670071	
杏花村酒家	0872－2670082	
玉洱路杏花村	0872－2670087	
文秀竹园	0872－2678033	
快活林	0872－2664379	
竹溪大酒店餐厅	0872－2664388	
金花大酒店餐厅	0872－2673846	
亚星大饭店餐厅	0872－2670004	
梅子井酒家	0872－2671578	
憩茗园	0872－2664069	
月花雪月酒店餐厅	0872－2666666	
陶然乐园	0872－2665499	
朋缘居餐厅	0872－2670865	

八、旅游交通

2009年，全州旅游车公司有11家，其中：旅游汽车公司10家，旅游车696辆，载客量达19159人；年内，新增大理古城电瓶车公司，有40辆车、560个车位。有大型游船6艘（大运号载运量600人、海星号载运量400人、苍山号载运量500人、杜鹃号载运量960人、洱海一号载运量1000人、洱海二号载运量800人），合计载运量达4260人。

序号	公司名称	电　话	地　址	车　辆
1	大理茶花旅游车公司	2171750	苍山路132号	75

序号	公司名称	电 话	地 址	车 辆
2	恒久旅游车公司	13368729977	州体育馆内	52
3	旅游集团旅游车分公司		锦园路三塔倒影公园旁	15
4	大理运通旅游车公司	2181888	兴盛路亚太酒店旁	165
5	阿鹏旅游车公司	2311830	宾川路202号	37
6	大理龙山旅游车公司	2325279	龙山花园别墅对面	86
7	大理安然旅游车公司	2662169	大理古城三塔倒影路口	27
8	大理金舟旅游车公司	2194569	西屏小区5栋12号	86
9	大理大交旅游车公司	2329183	富海路185号	116
10	云南省旅游车公司	2252288	大理市小关邑清真路	34
11	大理古城电瓶车公司	2670996	古城一塔路双鹤停车场	40

九、旅游娱乐

2009年,全州有12家旅游娱乐单位,其中:游船"三道茶"歌舞表演单位8家,陆地上"三道茶"歌舞表演单位3家。其他旅游涉外定点娱乐单位1家,由大理旅游集团牵头,21家旅行社、5个自然人共同打造了一台高档次、高品位的《蝴蝶之梦》大型梦幻风情歌舞晚会。

单 位	地址	电话	负责人
大理旅游集团"三道茶"歌舞表演(包括大运、海星、苍山、杜鹃、洱海一号、二号游船)	洱海码头	2172982 13987279776	段劲椿
文献楼"三道茶"歌舞表演	大理古城文献路文献楼	13320559659	李耀林
喜洲严家大院"三道茶"歌舞表演	大理市喜洲镇富春里36号	5451189 13508824717	严学侯
喜洲宝成府"三道茶"歌舞表演	大理市喜洲镇富春里3号	5451163 13987118819	王 波
大理风花雪月文传播公司 -《蝴蝶之梦》	幸福路11活动	2138719 13988506666	杨 华

十、特色精品旅游线路

(一)大理文化游。

1. 感通索道、苍山国家地质公园、张家花园、天龙八部影视城、大理古城、崇圣寺三塔、蝴蝶泉公园。

2. 苍山索道、苍山国家地质公园、天龙八部影视城、大理古城、崇圣寺三塔、蝴蝶泉公园。

(二)大理佛教文化游

1. 洱海大游船、小普陀、天镜阁、双廊渔村、蝴蝶泉公园、崇圣寺三塔。

2. 宾川鸡足山、祥云水目山、云南驿。

3. 剑川石宝山、沙溪寺登街、剑川千狮山、海门口遗址。

(三)大理风光游

1. 苍洱风光1日游:洱海游船(白族歌舞表演三道茶及其他旅游文化项目)、南诏风情岛、蝴蝶泉、崇圣寺三塔、大理古城。

2. 苍洱风光2日游:第一天行程:洱海游船(白族歌舞表演三道茶及其他旅游文化项目)、南诏风情岛、蝴蝶泉、崇圣寺三塔、大理洋人街。第二天行程:感通索道、苍山国家地质公园、天龙八部影视城、大理古城。

(四)大理温泉康体、休闲度假游

1. 大理古城、崇圣寺三塔、喜洲严家白族民居(含白族三道茶歌舞表演)、上关花天龙洞景区、西湖景区、下山口普陀泉、洱源茈碧湖(梨园)、大理地热国。

2. 大理古城、崇圣寺三塔、喜洲宝成府白族民居、上关花景区、洱源西湖景区、下山口温泉、洱源茈碧湖(梨园)、大理地热国。

3. 大理古城、崇圣寺三塔、蝴蝶泉公园、鹤庆边陲古寨、新华村(草海湿地)。

4. 大理古城、苍海高尔夫、凤凰温泉度假村或洱源下山口普陀泉度假区。

(五)大理民俗游

1. 张家花园、大理古城、崇圣寺三塔、南国城、喜洲严家民居及白族三道茶歌舞表演、蝴蝶泉公园。

2. 张家花园、大理古城、崇圣寺三塔、南国城、喜洲宝成府、蝴蝶泉公园。

(六)大理南诏文化及道教文化游

巍山古城、巍宝山、弥渡太极顶。

(七)大理历史文化游

1. 历史文化1日游:大理古城、天龙八部影视城、崇圣寺三塔、蝴蝶泉、喜洲白族民居(含白族三道茶歌舞表演)、上关花公园。

2. 历史文化2日游:第一天行程:大理古城、天龙八部影视城、崇圣寺三塔、蝴蝶泉、喜洲白族民居(含白族三道茶歌舞表演)、上关花公园、大理地热国。第二天行程:剑川海门口遗址、千狮山、石宝山、宝相寺、海云居、剑川沙溪寺登街。

(八)大理苍山峡谷生态游

1. 感通索道、清碧溪、七龙女池。

2. 苍山索道、中和寺、桃花溪。

3. 漾濞石门关、永平宝台山、博南古道。

4. 云龙诺邓千年白族村、天池、天然太极图。

(九)自助游线路推介

1. 洱海东环路、双廊千年白族古渔村(品白家鱼宴)、南诏风情岛、蝴蝶泉公园、喜洲白族民居(品白族三道茶)、大理古城、蝴蝶之梦歌舞表演。

2. 宾川农业生态观光游(桔园、葡萄园、咖啡园),体验异国风味餐(印尼、缅甸)、鸡足山景区。

3. 漾濞石门关、光明村万亩核桃园、苍山西坡麦地大花园、剑川沙溪寺登街、石宝山。

4. 巍山古城、巍宝山、南涧无量山、弥渡南诏铁柱、天生桥、花灯之乡弥祉。

5. 弥渡南诏铁柱、天生桥、花灯之乡弥祉、南涧无量山、小湾水电工业游。

(十)大理民俗节庆游

1. 大理三月街民族节。时间:农历3月15~21日。地点:苍山中和峰下、大理古城西门外。

2. 大理蝴蝶会。时间:农历4月15日。地点:蝴蝶泉、喜洲、周城等白族聚居村

3. 绕三灵(白族狂欢节)。时间:农历4月24~25日。地点:喜洲庆洞村、周城等白族聚居村。

4. 白族火把节。时间:农历6月24~25日。地点:剑川石宝山、沙溪寺登街;时间:农历6月25日。地点:巍山古城、漾濞彝族村寨、南涧彝族村寨、周城白族村。

5. 剑川石宝山歌会。时间:农历7月末尾3天。地点:剑川沙溪寺登街、石宝山。

6. 白族本主节。时间:一年四季。地点:大理市各村。

7. 洱海开海节。时间:7月1日。地点:双廊4000年古渔村。

8. 漾濞核桃节。时间:9月1日。地点:漾濞光明村万亩核桃园、漾濞石门关。

(十一)大理康体游

1. 康体休闲1日游:大理苍海高尔夫球场、大理古城、大理洋人街。

2. 康体休闲2日游:第一天行程同上,第二天行程:大理地热国、洱源茈碧湖梨园村、返回大理。

(十二)自驾游

1. 大理北线

(1)线路:大理——大理古城——崇圣寺三塔——天龙八部影视城——喜洲古镇——蝴蝶泉——洱源西湖——大理地热国——剑川石宝山——寺登街(可前行到鹤庆、丽江;可绕道到云龙,到云龙游览后参照(三)号大理西线线路反方向返回大理;也可原路返回)

(2)美食:洱海酸辣鱼、大理砂锅鱼、乳扇、饵饮、生皮、螃蟹、洱海虾、白族三道茶、洱源乳制品、果脯、鹤庆米糕、猪肝鲊、剑川白族土八碗。

(3)购物:大理石、扎染、白族刺绣、木雕、草编、下关沱茶、洱源乳制品、雕梅、凤羽砚、鹤庆银铜制品、剑川木雕。

(4)娱乐:大型梦幻风情歌舞《蝴蝶之梦》、白族三道茶歌舞表演、大理洞经古乐,大理洋人街泡吧、大理地热国SPA、下山口温泉度假村泡疗、梨园村休闲品茗、鹤庆草海湿地游玩、对歌等项目。

2、大理东线

(1)线路:大理——大理古城——崇圣寺三塔——天龙八部影视城——祥云水目山——云南驿——宾川果园——宾川鸡足山(可前行到昆明;或到永胜;也可原路返回)。

(2)美食:洱海酸辣鱼、大理砂锅鱼、乳扇、饵饮、生皮、螃蟹、洱海虾、白族三道茶、祥云土锅宴、毛驴肉、祥云酱辣子、宾川海梢鱼、时令鲜果、鸡足山素食。

(3)购物:大理石、扎染、白族刺绣、木雕、草编、下关沱茶、祥云酱辣子、鸡足山法器、时令鲜果。

(4)娱乐:大型梦幻风情歌舞《蝴蝶之梦》、白族三道茶歌舞表演、大理洞经古乐,大理洋人街泡吧、祥云好吃一条街、宾川华侨农场冷热饮品和鲜果。

3、大理西线

(1)线路:大理——大理古城——崇圣寺三塔——天龙八部影视城——漾濞石门关——永平宝台山——永平玉皇阁——云龙天池——云龙太极图——诺邓千年白族村(可前行到兰坪;可绕道到剑川,到剑川游览后参照大理北线线路反方向返回大理;也可原路返回)。

(2)美食:洱海酸辣鱼、大理砂锅鱼、乳扇、饵饮、生皮、螃蟹、洱海虾、白族三道茶、漾濞核桃、烤全羊、永平黄焖鸡、腊鹅、香牛脚、黄焖羊肉、诺邓火腿、师井挂面、云龙豆腐肠、麦地湾梨等美食。

(3)购物:大理石、扎染、白族刺绣、木雕、草编、下关沱茶、漾濞核桃、油鸡枞、根雕、石雕、兰花、白族刺绣、诺邓火腿、麦地湾梨等。

(4)娱乐:大型梦幻风情歌舞《蝴蝶之梦》、白族三道茶歌舞表演、大理洞经古乐,大理洋人街泡吧、漾濞彝族歌舞、永平曲硐温泉、云龙白族"吹吹腔"、白族"霸王鞭"舞蹈表演。

4、大理南线

(1)线路:大理——巍山古城——巍宝山——天摩崖寺——南涧土林——无量山——生态茶园(可前行至临沧、西双版纳;也可原路返回)。

(2)美食:洱海酸辣鱼、大理砂锅鱼、乳扇、饵饮、生皮、螃蟹、洱海虾、白族三道茶、巍山耙肉饵丝、清真食品、一根面、南涧锅巴油粉、彝家砣砣肉、酸菜炒肉等。

(3)购物:大理石、扎染、白族刺绣、木雕、草编、下关沱茶、药膳食品、咸菜、南涧油鸡枞、茶叶等。

(4)娱乐:大型梦幻风情歌舞《蝴蝶之梦》、白族三道茶歌舞表演、大理洞经古乐,大理洋人街泡吧、巍山彝族、回族风情、南涧跳菜。

(十三)特别推荐

大型梦幻风情歌舞《蝴蝶之梦》

(十四)特色专题精品游

1. 古迹民俗文化游:第一天:大理至云龙,游千年白族村诺邓,品尝诺邓火腿,欣赏白族吹吹腔,住云龙。第二天:前往剑川,沿途欣赏沘江自然风光和千奇百怪、历史悠久的古桥,茶马古道上唯一幸存的古集市沙溪古镇寺登街,品尝白族八大碗,参加对歌篝火晚会,住沙溪客栈。第三天:游览国家级重点文物保护单位石宝山、一览南天瑰宝的神奇魅力,游览悬空寺宝相寺,游览剑川海门口遗址,参观剑川西大街古民居,住剑川。

2. 神游妙香佛国:第一天:大理至鸡足山,游览祝圣寺(中餐),游览华首门,登金顶,晚餐后入住金顶。第二天:观日出,看早课,下山前往第一个叫云南的地方——祥云云南驿,参观二战博物馆,体验千年哑巴神舞,参观全国最大的野生菌加工出口基地,品尝野生菌全席;前往水目山,参观全国第二大塔林,地宫红色肉身舍利,返回大理晚餐,入住大理古城。第三天:游览皇家寺院崇圣寺,观国家级重点文物保护单位三塔,感受妙香佛国神韵,游览大理古城,中餐后离开大理。

3. 体验本主图腾游:体验将军洞香火,感受白族文化包容性,参观最大的图腾本主;游览白塔邑村,体验祭主文化,参与白族情人狂欢节。中餐后游览中国最大的白族村周城,体验白族传统扎染工艺,学习白族霸王鞭舞,返回大理或前往丽江。

4. 南诏古都寻踪游:第一天:大理至巍山,参观西南著名、独具特色的国家级历史文化名村东莲花村,探寻回民马

帮建筑文化,品尝中国唯一的回族三道茶;前往巍山浏览中国著名的道教圣地巍宝山,领略全国彝胞寻根祭主圣地的神秘风采,探访国家级文物保护单位长春洞;游览全国历史文化名城巍山古城,登古楼、听古乐、逛古街、品小吃,晚入住巍山县城或在道家住宿,听道家文化。第二天:早餐后前往大理,参加大理古城游览。

5. 康体休闲游:到大理苍海高尔夫挥杆寻乐,享受山景、海景各18洞的无穷刺激,大理古城中餐;前往洱源西湖,观赏洱海源头最大的高原湿地西湖风光,泛舟戏水,赏鸟食鱼;到西部最大的温泉资源大理地热国温泉SPA,娱乐消遣,食宿地热国。

6. 苍山洱海深度游:游点苍玉带路,赏奇峰溪流,览苍海全景,游双廊古渔村;乘洱海游船,赏苍洱渔歌,宿古城客栈,洋人街泡吧,住大理古城。

7. 苍洱风光精品游:洱海游船(白族歌舞表演三道茶及其他旅游文化项目)、南诏风情岛、蝴蝶泉、崇圣寺三塔、大理古城。

(《旅游便览》由杨光明撰稿)

(本部类责任编校:赵秀元)

城乡规划建设管理

国土资源管理

【概　述】 2009年,全州国土资源系统坚持以科学发展观为统领,以开展"共建保障科学发展土地管理新机制试点工作"为契机,围绕中心,服务大局,贯彻落实国家、省扩大内需一系列重大决策和部署,开展"保增长、保红线"行动,增强资源保障能力,加强耕地保护,扎实推进土地开发整理项目,强化执法监察,规范矿政管理,完善地质灾害群测群防,提高干部队伍素质,夯实基础工作,各项工作再上新台阶。

【用地保障有新成效】 2009年,全州国土资源部门按照"依法依规、突出重点、节约集约、优质高效"的原则,切实履行职责,积极主动服务,提前介入,用地保障服务工作取得新成效。在省下达新增建设用地指标440公顷的基础上,积极争取到海东、凤仪开发新增建设用指标667公顷,有效缓解了扩内需重点项目用地压力。对76批次2924.5公顷(项目)用地进行用地(供地)规划审查和预审。审查上报39个项目(批次)建设用地报件,面积2071公顷,保证了"两保护、两开发"项目、廉租住房项目和功果桥电站、大瑞铁路、大丽高速公路、中缅石油管道等国家、省、州重点建设项目用地需求,为"保增长、保民生、保稳定"目标的实现作出了积极努力。

【耕地保护有新突破】 2009年,全州土地利用总体规划修编专题研究、大纲、"三张图"通过省组织的评审,并上报省国土资源厅备案。州级和洱源、鹤庆两县的矿产资源规划已通过州、县初审,其他10个县市规划编制工作正在紧张进行。第二次全国土地调查工作共到位省、州、县三级配套经费3187.6万元,农村部分土地调查工作基本完成,城镇部分土地调查已完成69%。全年组织完成21个土地开发整理项目公开招标工作,通过招标比预算节省资金2824万元。争取到位部、省投资土地开发整理项目资金2.1亿元,完成土地开发整理4766.67公顷,新增耕地760公顷。大理州国土资源局是全省唯一一家被国土资源部、农业部表彰为"全国基本农田保护工作先进单位"的州级单位。

【市场配置资源作用明显】 2009年,大理州国土资源局加大项目供地审批和闲置土地清理力度,全年盘活利用存量建设土地137.5公顷。全州出让建设用地415宗,面积399公顷,收取土地出让金11.1亿元,经营性用地做到了100%招标拍卖挂牌出让。矿产资源有偿使用制度进一步建立和完善,大理州矿业权交易中心成功开市并举办了27起采矿权出让、转让业务。全年收取矿产资源补偿费512万元,有偿使用费2100万元,矿山地质环境恢复治理保证金195万元。

【矿政管理取得新进展】 2009年,大理州国土资源局加强矿政管理,一是严格矿业权管理,按照矿业权管理"严格准入、从严审批、全程监管、严肃查处"的要求,建立健全矿业权审查审批各项制度。全州累计完成采矿权登记195个,其中省级发证68个、州级发证11个、县市发证116个,注销4个;完成探矿权年度检查123个,采矿权年度检查540个;完成储量备案131个,开发利用方案备案36个;按时上报2009年探矿权采矿权年度出让方案,其中探矿权31个、采矿权2个;按时上报2010年探矿权采矿权年度出让计划建议报告,其中探矿权32个、采矿权1个。组织各县市国土资源局分别与228个探矿权、540个采矿权人签订探矿权采矿权行政管理合同及矿产资源勘查开采承诺书。二是不断规范矿业权市场建设,组建了大理州矿业权交易中心,全州矿业权一律采取招标拍卖挂牌等有偿方式进行出让,强化市场配置资源力度。年内共组织实施了采矿权挂牌出让14宗、转让5宗。三是应收尽收矿产资源补偿费、有偿使用费、采矿权价款,完成省厅下达的矿产资源有偿使用费、矿产资源补偿费征收入库任务。四是认真开展矿业权实地核查及矿产资源利用现状调查工作,全州累计完成540个采矿权、228个探矿权核查工作。五是全面清理和规范过期探矿权采矿权,经过清理,全州共有过期探矿权107个、采矿权124个,其中:省级发证过期的15个,州级发证过期的24个,县级发证过期的85个。已收回调查表探矿权88个,采矿权48个,其中省级15个,州级24个,县级颁发的省州发证采矿权9个。

【地质环境保护成效明显】 2009年,大理州国土资源局不断加强和完善地质灾害防治工作的组织领导,认真编制地质灾害防治方案,建立健全群测群防网络,全州12县市全面完成地质灾害调查与区划工作,加大汛期地质灾害巡查力度,全年共发生地质灾害42起,其中滑坡26起,地裂缝3起,泥石流7起,崩塌6起,没有人员伤亡。矿山地质环境恢复治理工作稳步推进,向国土资源部申报的洱源三营岩头煤矿、弥渡栗子园大洞煤矿地质环境恢复治理项目的治理设计方案已经省国土资源厅审查通过,项目初步设计已通过省级评估。委托云南省地质调查局开展申报苍山世界地质公园的各项前期工作,组团到国土资源部作了专题工作汇报,年内完成了4次野外考察工作。

【执法监察取得好成绩】 2009年,全州继续保持土地违法案件查处高压态势,大理市和巍山、永平、鹤庆等县土地执法监管共同责任新机制初步建立。全年全州发现土地违法行为637起,立案查处343起,涉地面积29公顷,拆除构筑物6849平方米,收缴罚没款53.4万元;查处矿产违法案件52件,没收矿产品220吨,收取罚没款6.9万元,制止和取缔无证开采138起,关闭"死灰复燃"矿山5个,炸封矿井(洞)242个。州国土资源局被评为"全国国土资源执法监察先进集体",受到国土资源部表彰。

【认真贯彻落实"阳光政府"四项制度】 2009年,大理州国土资源局认真贯彻落实"阳光政府"四项制度,做到"五个公开"、"五个结合"。"五个公开"一是工作人员身份公开。将全局工作人员的职务、工作岗位、职责权限、办公位置及联系电话用公示牌公示于办公区域。二是办事程序公开。采用网上公布、政务大厅电子显示屏滚动播放、印发办事指南等方法将办事程序和服务承诺事项公示,方便群众办事及监督。三是政策法规公开。一般性政策法规,公开在电子政务网上或印制宣传资料发放。四是政务活动公开。对2009年拟实施的重大决策听证、重要事项公示、重点工作通报事项进行了认真梳理,并作了详细安排,全年共组织实施重大决策听证1项、重要事项公示10项、重点工作通报10项。五是政务信息公开。通过每月一期《大理州国土资源局月事记》和根据工作实情编发的《大理国土资源信息》、《大理国土资源简报》等及时向省国土资源厅和州委、州政府、州人大、州政协和相关单位通报工作信息。"五个结合"一是贯彻落实"阳光政府"四项制度与深入学习实践科学发展观相结合。从服务科学发展,维护社会稳定的高度出发,积极主动做好四项制度落实,提高国土管理工作决策透明度。二是贯彻落实"阳光政府"四项制度与规范国土资源管理相结合。在贯彻实施"阳光政府"四项制度的内容上,把重点放在创建保障和促进科学发展国土资源管理新机制工作上,对政务信息、公务人员录用、晋升和选拔任用、重大评优评选、重点项目建设进展情况和机关服务承诺等内容及时进行通报和公示。三是贯彻落实"阳光政府"四项制度与优化国土资源管理服务相结合。要求国土干部在行使权力时做到公开、透明,通过召开座谈会、做出服务承诺等,让群众充分享受知情权和监督权,同时切实帮助群众解决实际困难和问题,进一步构建和谐的国土资源管理服务关系。四是贯彻落实"阳光政府"四项制度与政务信息公开相结合。通过《大理州国土资源局月事记》和《大理国土资源信息》、《大理国土资源简报》等及时向省国土资源厅和州委、州政府、州人大等相关单位通报工作信息,并在外网上进行发布,主动接受社会各界的监督。五是贯彻落实"阳光政府"四项制度与加强内部管理相结合。将执行"阳光政府"四项制度作为政务公开的重要渠道,加大督查力度,强化工作落实。

【大理州基础测绘规划批准实施】 2009年5月,《大理白族自治州基础测绘规划》(2010-2020年)、《大理白族自治州基础测绘现状调研报告》经省内有关专家组成的评审专家组评审论证,于12月14日州十二届人民政府第18次常务会议研究通过《大理白族自治州基础测绘规划》(2010-2020年),同意实施。

【州十二届人大常委会审议土地开发整理项目实施情况】 2009年6月30日,大理州第十二届人大常委会第9次会议听取和审议了州国土资源局局长受州人民政府委托所作的《关于土地开发整理工作情况的报告》。会议在充分肯定州人民政府土地开发整理方面取得成绩的同时,指出了项目实施中存在的困难和问题,并明确要求州人民政府应认真抓好土地开发整理项目储备和上报审批、资金整合、项目管理、队伍建设、农村建设用地整理等方面的工作。

【国家三部局检查组到宾川检查耕地保护责任目标履行情况】 6月6日,国土资源部、农业部和国家统计局三部门组成的联合检查组一行7人,深入到宾川检查耕地保护责任目标履行情况。检查组通过听取政府汇报、带着问题抽查、核查台帐资料、深入实地查看等方式进行检查,对宾川县强化和规范土地利用总体规划及土地利用年度计划管理,建立健全耕地和基本农田保护及监管、严格执行占补平衡,实现了全县耕地数量不减少、质量不降低的目标,促进了全县经济社会可持续发展的工作,给予了充分肯定和赞赏。同时,建议宾川县继续进一步加大对土地利用年度计划和耕地保护目标责任制的执行力度,继续健全耕地保护的各项规章制度,继续广泛开展耕地保护宣传教育,切实增强干部群众依法用地、珍惜耕地的法律意识,继续结合新一轮土地利用总体规划修编成果,修复完善基本农田保护的标志牌,不断加大基本农田的保护力度,坚守1.2亿公顷耕地红线不动摇。

【巍山县受国土资源部表彰】 2009年2月10日,巍山县国土资源局由于在县(市)、乡(镇)、村级干部国土资源法律知识宣传教育培训活动中成绩突出,经全国县(市)、乡(镇)、村级干部国土资源法律知识宣传教育培训活动办公室审核评定,被评为全国县(市)、乡(镇)、村级干部国土资源法律知识宣传教育培训活动先进单位,受到了国土资源部通报表彰。

(《国土资源管理》由杨志逵撰稿)

城乡规划

【概　述】 2009年,在州委、州人民政府的领导下,大理州规划系统以科学发展观为指导,坚决贯彻落实州委、州政府应对国际金融危机冲击和"保增长、保民生、保稳定"的一系列决策部署,主动服务于全州经济社会发展大局,认真履行规划管理职能,始终把推进城镇化进程作为首要任务,把加强城乡规划管理作为基本出发点,按照省政府大理专题会议精神,围绕滇西中心城市建设目标,更加坚定自觉地加快推进"两保护两开发",更加积极主动地狠抓工作落实,全州城乡规划编制步伐加快,规划体系不断完善,规划实施管理效能持续提高,城镇人居环境显著提升,自然文化资源保护利用进一步加强,为全州经济社会平稳较快发展做出了积极贡献。2009年城镇化水平比上一年提高了2个百分点,达到31%,建成区面积达132.5平方千米,城镇建成区绿化覆盖率达23%,全州城乡规划管理工作呈现出全面、协调和可持续发展的良好势头。

(舒　文)

【省政府在大理召开专题会议】 3月26日~27日,省政府在大理召开专题会议,研究部署保护洱海、保护海西和开发海东、开发凤仪"两保护、两开发"工作。省长秦光荣作重要讲话,副省长罗正富主持会议,副省长李江、秘书长丁绍祥等出席会议。纪委书记李汉柏、人大副主任程映萱应邀参加会议。大理州四班子领导及有关部门主要领导参加会议。

会议强调,在大理州推进"两保护、两开发"的工作中,要坚持保护优先、规划引导、统筹城乡、产业支撑、深化改革和扩大开放的原则,按既定决策部署和规划要求抓好落实。一是着力抓好洱海保护,推动生态文明建设取得新突破。要采取更加有力的措施,全面、科学、系统地保护洱海。当前,要集中力量加快环湖道路建设,搞好截污工作,加大入湖河道整治力度,高度重视农村面源污染,加快生态屏障建设,做好上游水源地整治和保护，通过各项综合措施确保洱海水质总体保持Ⅲ类，力争达到Ⅱ类。二是着力推进海西保护，打造山水历史文化名城。要坚持规划先行、突出特色、保证质量、防治结合的原则，采取山、水、林、田、路同步综合治理的办法，全面推进海西田园风光、白族民居建筑风格、古城古镇和历史文化遗产的保护。海西的保护，要与大理的旅游文化产业发展紧密结合起来，以大理苍洱旅游改革发展综合试验区试点的实施为契机，高起点、高标准、大手笔地策划开发一批大项目，努力把大理打造成国内一流、世界知名的旅游胜地，中国著名的休闲度假和康体养生之都。三是着力加快海东开发，打造高原山地生态城市。要进一步抓好规划编制，坚持有序合理开发，加快推进基础设施建设，搞好海东片区与下关老城区和洱海流域城镇建设的对接配套，力争通过15年左右时间，把海东片区建设成为全省科学发展的样板、生态城市的样板和国际化康体休闲度假城市的样板。四是着力做大做强凤仪片区，打造大理产业发展新高地。要以项目为载体，进一步增强产业集聚效应，提升产业发展水平，大力发展汽车、物流、轻纺、生物制药、食品加工等产业，力争到2012年，把凤仪片区建成规划布局合理、基础设施良好、功能配套齐全、产业聚集发展、商贸物流活跃、环境优美宜人的现代化产业区。在切实加强"两保护、两开发"的同时，要统筹做好区域发展的各项工作，全面推进大理州各县市加快发展，形成优势互补、良性互动、共同发展的格局，带动全州经济社会发展迈上新的台阶。

（李桂梅）

【《大理滇西中心城市总体规划》编制工作初步完成】 2009年，为更好地落实省委、省政府提出的目标和要求，有效解决大理滇西中心城市建设所面临的一系列突出问题，大理州委、州政府决定统筹编制《大理滇西中心城市总体规划》（以下简称《总规》），以省政府现场办公会和大理专题工作会议精神为依据，充分吸纳大理滇西中心城市建设前期研究成果，以大理市为核心，打破行政区划限制，把周边的洱源、漾濞、巍山、弥渡、祥云、宾川6县的相关区域纳入滇西中心城市统筹规划。于2009年初正式启动了《总规》编制工作。2009年7月下旬，《总规》纲要成果完成，大理州委、州政府召开了五个场次的《总规》纲要汇报会暨听证会，广泛征求省、州各级各部门、专家和群众代表意见。2009年11月下旬，《总规》成果编制完成，州政府常务会、州委常委会分别对《总规》进行了审定，州人大常委会审议通过了《总规》。同时，为配合《总规》的实施，大理州委、州政府于2009年10月下旬开展了《总规》的交通、物流、教育、医疗卫生及旅游五个专项规划的编制工作，5个专项规划编制完成并通过州人民政府审定后将与《总规》一起上报省政府审批。

（赵泽权）

【政策法规和制度建设进一步加强】 2009年，大理州规划局认真贯彻落实《城乡规划法》，起草并由州人民政府颁布实施了《关于加强城乡规划工作的意见》、《大理州城乡规划委员会工作规程》、《大理州限额以上建设项目和重要建设项目规划管理规定（试行）》、《关于"城中村"改造试点工作的指导意见》和《大理州村庄规划编制和管理办法（暂行）》等政策性规范性文件；制定了《大理州建设用地规划设计条件变更管理规定（暂行）》、《大理州建设项目规划管理技术规则》、《关于人大代表、政协委员、专家代表和公众代表参加州规委会议的推选办法（试行）》等配套文件。同时，进一步完善规委会、规划审批、规划管理和专家咨询、联席会议、公众参与、规划公示、机关工作、服务承诺、廉政建设等10多项制度，保障了城乡规划工作有序健康发展。

（舒　文）

【构建滇西中心城市规划体系】 2009年10月，州政府批准实施滇西中心城市规划体系构建计划，提出建立由州域城镇体系规划、滇西中心城市总体规划、城市总体规划、控制性详细规划、分区规划和专项规划以及镇（乡、村）规划构成的比较完整的规划体系。2009年，全力推进城乡规划编制步伐。完成《大理滇西中心城市总体规划》编制，开展了《大理环洱海自然与文化遗产保护与发展规划》编制工作，推动《大理滇西中心城市总体规划》与1+6县市总规的衔接，巍山、漾濞启动总规修改，《大理市城市总体规划》修改进展顺利。完成了大理市海东、凤仪片区规划和弥渡、南涧县城排水专项规划。开展了大理市满江片区安置地规划和周城省级历史文化名村保护规划。启动了洱源县城综合管网规划、鹤庆县城地下弱电系统规划和县城给排水专业规划、祥云县给水、电力、电信专业规划、永平县城规划区道路专业规划和县城规划区给排水专业规划以及商贸街以西片区修规、剑川县腾龙小区修建性详细规划等。完成115平方千米县城以上城镇控制性详细规划编制，全州控规覆盖率达58.58%。其中大理市、宾川、祥云、弥渡、鹤庆和永平县规划区部分建设用地的控制性详细规划已进入批准实施阶段，洱源、南涧、云龙和剑川县规划区部分建设用地的控制性详细规划编制进展顺利。大理市、弥渡县、云龙县开展了规划区内部分1:500数字化地形测量工作。完成了10个乡镇的规划编制，到2009年底，全州110个乡镇，有102个完成规划编制，完成率达92.7%，部分重点镇开始新一轮总规修改。

（舒　文）

【启动村庄规划编制试点】 2009年，大理州规划局以洱海流域"百村整治"工程和扶贫综合开发示范园区建设为推动，启动了村庄规划编制试点。以大理市海西片区、各县地处交通干线沿线、重要旅游景区景点、风景名胜区、历史文物保护单位附近的自然村为重点，在试点的基础上，确定了2009～2010年全面完成大理市洱海流域105个村庄、11个县51个村的村庄规划编制任务，截至年底，大理市海西片105个村庄和11个县51个村的规划编制工作已经开展，其中大理市已完成41个村庄规划编制试点，海西片区133个村（含自然村）的规划编制也已顺利启动。扶贫综合开发示范园区涉及的4个乡镇、1个华侨农场和18个重点村的规划编制已全面完成。通过实施规划，推进了"百村整治"工程和示范园区的有序建设，"百村整治"成效和园区示范作用进一步显现。

（舒　文）

【深入推进"阳光规划"】 2009年，大理州规划局以编制《大理滇西中心城市总体规划》（以下简称《总规》）为契机，积极推进科学民主决策和"阳光规划"实施。《总规》纲要编制阶段，组织召开了不同层次五场会议，共有278人参加，收回征求意见表126份，收回5封网络和媒体回信，收集意见和建议500多条。《总规》成果编制阶段，举行了《总规》成果汇报会暨州级专家评审会，两场会议合计参加人数282人，形成州级专家评审意见，完善了成果编制内容，提高了《总规》的科学性和准确性。《总规》编制期间，4次到规划编制单位南京大学进行工作对接，多次到各县市实地踏勘收集资料，广泛征求各县市、州级各部门和社会各界的意见建议，不断修改完善《总规》编制内容。截至年底，《总规》成果通过州政府常务会和州委常委会审定以及州人大常委会审议,按要求在报纸和网络上进行了30天公示,顺利完成了州内法定程序。

同时,在全州城乡规划工作中积极推行城乡规划的专家咨询和集体决策制度,对城乡规划工作的重大事项进行决策,实行专家把关、公众监督、集体决策制度,切实提高了规划决策的民主性、科学性和权威性;推行办事程序公开制度,按照《行政许可法》要求,将行政审批项目办理程序、所需材料、办理科室、分管领导、审批领导、办理时限在办公场所的显著位置上进行公告;推行规划批前公示批后公告制度,规划项目在审批前进行公示,广泛征求社会各界意见,所有规划项目在规划审批之后,在建设工地等适当位置进行公告,接受群众监督,对违反规划建设行为严查重处,维护规划严肃性;推行限时办理制度,对所有来办理规划建设项目的单位和个人,按责任政务四项制度的要求,限时办结;推行政务信息公开制度,通过报刊、电视等新闻媒体、政务公开栏、规划许可公示牌等主动公开规划部门的地址、办公电话、领导及职工的职责、服务承诺,规划许可审批项目及法律依据、申请条件、办事程序和时限、审批结果,经批准的各类规划,以及规划修编情况,城市重大项目的规划设计方案、建设工程规划许可内容的审批情况以及设计方案、工程许可、容积率等;根据法定程序积极受理公民、企业等提出的公开申请,并在规定的期限内给予书面答复。

(舒 文 李桂梅)

【规划实施管理效能进一步提升】 2009年,大理州规划局进一步加大规划建设项目审查审批力度,加强城乡规划实施管理,建筑密度、容积率、绿地率等各项规划指标得到有效控制,确保了规划的顺利实施。召开州规委规划审查会议10次,重点审查了弥渡县人民医院整体搬迁、巍山南昭新苑、洱源邓川污水处理厂及配套管网工程、漾濞广电业务楼、大理泰业国际广场、锦达大厦、大理学院附属医院住院楼等100个重大项目规划。强化"一书两证"审批管理,严格执行限额以上项目和重要建设项目规划审批管理规定,初步建立州级规划审批和管理的良性运行机制。按程序完成弥渡同心苑等12个限额以上建设项目和重要建设项目的规划许可工作。完成"银海山水间"、"武庙会"、"耀鹏鑫苑"一期、"建宁花园"二期等项目的规划验收。与州监察局联合实施全州规划效能监察,认真开展工程建设领域突出问题专项治理工作,规范市场交易行为和行政权力运行,组织开展了对2006~2009年审批的137个房地产项目规划执行情况的检查工作,促进了规划系统反腐倡廉建设。加大依法依规查处违法建设力度,查处违法建设170起,处置办结157起,城市规划区违法建设得到有效控制,维护了规划的强制性和权威性。以省政府大理专题工作会为契机,围绕"两保护、两开发"工作部署,以规划为引导,积极服务于海西整治和保护田园风光、海东I号城市干道、环海公路等城市交通、管网工程以及环洱海截污干渠波罗江至下和段、海东污水处理厂、垃圾处理场、大理技师学院和凤仪片区道路硬化、园区建设以及房地产开发等重大项目,完成了苍山大索道、鸡足山索道改造建设选址涉及风景区报批协调工作。关注民生,加快实施了保障性住房建设和"治污"建设规划选址和规划审批工作。

(舒 文)

【开展低碳经济研究】 洱海流域地区有丰富的水能、风能、太阳能和地热能资源,适合发展清洁能源、地热、旅游休闲和康体养生等低碳能源产业。2009年,按照州委、州政府要求,规划部门委托南京大学开展了《中国大理洱海流域低碳经济试验区战略规划》纲要编制,初步提出实施能源结构优化战略、产业结构升级战略、生活方式转变战略和低碳经济技术支撑战略,积极探索把高耗能、高污染的发展方式转变为低碳、循环的发展方式,提高经济发展质量和效益。

(舒 文)

【扶贫综合开发示范园区规划编制完成】 2009年,大理州扶贫综合开发示范园区宾川县拉乌乡总体规划,箐门口、石岩、古底、碧鸡、李相5个重点行政村和太和、溪和、下窝铺3个重点自然村,祥云县禾甸镇总体规划,检村、旧邑、米甸、三家4个重点行政村和老街、宝家、瓦窖、新生邑、清涧美、朝阳地6个重点自然村的规划编制工作全面完成。

(赵泽权)

【城市规划测绘管理工作有序开展】 2009年,大理州规划局在州规委成功运作基础上,建立了大理州城乡城市测绘专家库,根据各县市城市测绘验收需要,组织省、州内进行城市测绘验收,完成云龙县旧州镇鲁羌片区及宝丰乡、弥渡县工业园区1:500数字化地形图测量工程验收、大理市经济开发区下和北片区A地块及1号道路地形图测绘验收、完成洱源县城部分区域1:500数字化地形图补测工程检查验收工作。

(赵泽权)

【全州规划管理干部培训工作全面启动】 2009年3月,全州城乡规划工作会暨规划管理干部培训会议在下关苍山饭店召开。各县市政府、"两区"管委会分管领导,全州110个乡镇分管副乡镇长和专职规划管理人员,各县规划建设局局长和大理市规划局、园林局、城管局、古城保护管理局等部门主要领导及规划管理人员,州规划局机关及下属单位全体干部职工,共有431人参训。聘请了州法制局、国土局、环境保护局、监察局领导,省住房和城乡建设厅、省规划设计研究院、云南方成设计院、南京大学的资深规划专家、教授前来授课。开展了"贯彻落实科学发展观,促进城乡规划管理"、"区域发展与城市发展"、"法制化建设"、"城乡环境保护"、"城乡建设项目规划管理"、"解读城乡规划法"、"风景园林与遗产保护"、"城乡规划技术标准及技术规范"、"党风廉政建设"等10个专题讲座。

(《城乡规划》除署名外由李桂梅撰稿)

风景园林建设

【简 述】 2009年,经过全州各级各部门的共同努力,大理州风景园林建设工作迈上了新的台阶。全州景区、历史文化名镇(村)规划编制步伐明显加快,规划管理工作取得了显著的成绩,基础设施有了很大改善。自然文化遗产资源保护力度加大,国家级、省级历史文化名镇(村)的调查和申报列级工作进展顺利,同时积极向上争取大理苍山与南诏文化遗存国家自然与文化双遗产、历史文化名城(镇、村)保护建设项目国债资金支持。全州园林绿化建设得到加强,园林绿化市场管理进一步规范,行业队伍建设进一步加强,有资质的园林绿化施工企业达19家。

【大理苍山大索道建设项目进展顺利】 大理苍山大索道是省、州政府确定的"十一五"期间滇西北重点旅游发展项目。2009年,该项目上、中、下站站房已办理了《云南省风景名胜区名胜区建设许可证》,项目建设进展顺利。

【鸡足山风景区详细规划批准实施】 鸡足山景区是大理国家级风景名胜区的

重要组成部分，为保护好景区资源，规范景区管理，宾川县组织编制了《大理国家级风景名胜区鸡足山景区详细规划》，2009年8月，经国家住房和城乡建设部批准实施。

【国家级、省级历史文化名镇名村申报列级工作顺利开展】 9月17日，省住房和城乡建设厅组织专家对全省上报的项目进行了审查，大理州上报的永平县杉阳镇、曲硐村和宾川县平川镇通过列级审查，待省政府审批。同时，宾川县州城镇、洱源县凤羽镇、宾川县萂村和祥云县云南驿村开展申报国家级历史文化名镇(村)工作，申报材料经省住房和城乡建设厅、文化厅审查通过，上报国家建设部和文化部。

【萂村省级历史文化名村保护规划经省政府批准实施】 宾川县大营镇萂村于2007年1月被省政府公布为省级历史文化名村，为进一步规范历史文化名村的管理，宾川县积极开展保护规划的编制工作，2009年8月，《萂村省级历史文化名村保护规划》经省政府批准实施。

【创建园林城市进展顺利】 7月24日，大理市人民政府在下关召开了创建国家园林城市动员大会，正式启动创建国家园林城市工作。云龙、祥云、宾川和洱源等县也正积极开展创建省级园林城市的相关工作。

【15个单位和小区荣获"云南省园林单位"和"云南省园林小区"称号】 2009年12月，云南省住房和城乡建设厅通过评选，授予大理市委办公室、大理州云南白药集团大理药业有限责任公司(厂区绿化)、大理市人民检察院、大理州机关事务管理局、云南省大理农业学校、大理白族自治州民族中学、大理学院、云南省烟草大理烟叶复烤有限公司(厂区绿化)、红塔烟草(集团)有限责任公司大理卷烟厂等9个单位"云南省园林单位"称号，授予纳思花园、大理展宏物业管理有限公司龙腾苑小区、花韵蓝湾小区、烟厂雪人路生活区、祥云县银冠·阳光城居住区、云南省烟草大理烟叶复烤有限责任公司生活小区等6个小区"云南省园林小区"称号，为大理州"创园"工作开展打下良好的基础。

【城市园林绿化建设加强】 2009年，全州城市绿地建设完成投资4937万元，新增城市绿地32公顷，其中，公共绿地11.7公顷。全州建成区城市绿化覆盖率达23%、绿地率达17%，人均公共绿地面积4.5平方米。

【《大理白族自治州农村住房建设实用图集》推广使用工作有序开展】 2009年，《大理白族自治州农村住房建设实用图集》推广使用以来，得到了全州各级各部门的重视和社会各界的广泛支持，在推进"整治海西、保护田园风光"和社会主义新农村建设、农村民居抗震、村容村貌、民族建筑风格整治工作中发挥了指导和规范作用，使农村居民建房有图可依，提高了建房质量和防灾能力，并在建筑中体现民族特色，有效地解决了民居风格异化问题，改善了农村人居环境。同时，为大理市开展"整治海西，保护田园风光"和民居建筑风格整治工作提供了有力的技术支撑，促进了大理白族民居建筑风格的传承和延续，推进了大理州农村经济社会健康和谐发展。

(《风景园林建设》由陈云兴撰稿)

城乡建设

【简　述】 2009年，全州城乡建设系统以创建和谐社会为目标，构筑滇西中心城市为重点，坚持以邓小平理论和"三个代表"重要思想为指导，全面贯彻落实科学发展观，紧紧围绕全州经济社会发展目标和任务，解放思想，开拓进取，认真履职，扎实工作。结合第二批深入学习实践科学发展观活动的开展，紧紧围绕"深入学习实践科学发展观，又好又快推进住房与城乡建设事业持续健康发展"这个主题，坚持以科学发展观统筹解决住房与城乡建设问题。按照州委统一部署，坚持把学习实践活动作为当前首要政治任务来抓，更新发展观念，转变发展思路，以"保增促调强民生，攻坚克难抓进度"实践载体为总抓手，实行责任目标考核挂钩结对问责制度，紧紧围绕"党员干部受教育、科学发展上水平、人民群众得实惠"的总体目标，结合住房与城乡建设中心任务，坚持高标准、严要求，着重在突出特色、注重实效、关注民生上下功夫，服务好全州重点建设工程，全力推进全州城乡建设事业又好又快发展。

2009年，全州城镇化率达到31%，城镇建成区面积比上年增加6平方千米，年初确定的各项工作目标如期完成。

【推进滇西中心城市建设】 2009年，大理州建设局以"两保护、两开发"为核心，加快滇西中心城市建设，围绕"一年出形象、三年大变样"，开展了"整治海西，保护田园"工作。省政府大理专题会议后，全面开展了大理市海西保护、洱海流域"百村整治"、"空心村"改造和旧城提升改造工作。开展了全州农村民居建筑风格整治工作，整治村庄41个，完成了2008年3090户建筑风格整治的验收工作、114户有偿拆迁户和6815户建筑风格整治户的基础调查工作；恢复湖滨带58千米；新建1万多亩湿地和32.5千米截污管渠；建成2个污水处理厂、2个垃圾处理厂、20个村落污水处理系统和3座中温沼气站。海西田园风光保护、白族民居建筑风格整治取得初步成效。

以推进滇西中心城市建设，提升苍洱经济区综合实力和核心竞争力为目标，按照先易后难、循序渐进、逐步推进的原则，以规划为龙头、项目建设为突破口，基础先行，海东片区开发全面启动，投资5.63亿元的污水处理厂、垃圾填埋厂、大理市第六自来水厂已完成前期相关工作，进入报批阶段。新城区变电站建设(投资4500万元)已列入大理州"十一五"电网规划。洱海治理、海东Ⅰ、Ⅱ号城市干道和环洱海生态观光大道等城市交通道路工程全面开工，海东下河至龙河截污干渠建设进展顺利，大理技师学院已完成选址，现正做前期工作；满江片区18条道路路基及雨污水管网建设已全面拉开；风仪工业、物流园区基础设施建设加快，园区三纵一横道路建设顺利推进，一批重点企业入驻园区。

【大理市中心城市框架初步形成】 2009年，大理州建设局坚持以市政基础设施建设为重点，以交通为先导，强化城市交通功能。在建成大凤公路、兴盛北路、海滨大道、兴盛大桥等一批城市交通基础设施项目的基础上，投资17110万元改造建设苍山路排污管道、阳南河道路、兴盛路延长线道路、洱河北路延长线等重大城市市政道路建设项目。加大旧城改造力度，目前正办理拆迁及前期工作并已完成投资1124万元。积极推行公交优先原则，大力实施城市水网、电网改造，城市供排水网络初具规模。大理市被评为省级园林城市。

【加快城镇化步伐】2009年，大理州城镇以"治污"项目为重点的基础设施投入力度进一步加大，结合县城建设改造提升和廉租住房项目建设，一批污水处理厂、垃圾处理厂、供排水工程、城镇道路、房屋建筑等项目得以实施，城市建设总体水平有较大提升，投资效益有所提高。

以县城建设为重点，全力推进城镇化进程。全州各县按照省、州党委政府的战略部署要求，加快县城市政基础设施建设步伐，城镇生态环境质量和市容市貌有了大的改观，城镇功能逐步完善，对县域的辐射带动作用逐步增强。县城基础设施建设加快，县城综合承载力进一步提高。各县采取有效措施，完善社区功能，积极创造条件加快县城公共交通、环境卫生等公共事业的发展。州委、州人民政府出台了《关于进一步加快城乡规划建设管理的决定》和《大理州县城建设改造提升工作实施意见》。分期分批推进县城建设改造提升工作，全面推进县城建设改造提升，提升县城建设档次、功能和管理水平，构建县城宜居环境，塑造县城新形象。鹤庆、祥云、弥渡、剑川四个县县城建设改造提升工作已全面启动，进展顺利，基本实现"一年一变样"。

【"治污"工作力度加大】 2009 年，大理州建设局加大以"治污"项目为重点的基础设施投入力度。按照省政府的要求和大理州治污建设项目建设年度规划，大理州 2008～2012 年新建 10 个污水处理厂（总规模为 7.9 万立方米/日），新建配套管网 386.8 千米；改扩建 2 座污水处理厂（总规模为 1.15 万立方米/日），扩建配套管网 118.9 千米；污水处理项目总投资规模为 8.18 亿元，其中：2008 年计划开工 1 项，总投资 7403 万元；2009 年计划开工 6 项，总投资 32510.9 万元；2010～2012 年计划开工 5 项，总投资 24777.59 万元。新建 11 个城镇生活垃圾无害化处理设施（总规模为 1263 吨/日），扩建 1 个城镇生活垃圾无害化处理设施（总规模 700 吨/日），其中：2008 年计划开工 4 项，总投资 12431.01 万元；2009 年计划开工 6 项，总投资 21157.58 万元；2010～2012 年计划开工 2 项，总投资 36791.19 万元。

至 2009 年底，列入规划的 24 个项目已开工建设 16 项，占计划应开工数的 66.7%，其中：2008 年计划开工建设治污项目 5 项，总投资 19834.01 万元，已完成祥云县、鹤庆县、弥渡县 3 个生活垃圾处理场项目，其余剑川县生活垃圾处理场、宾川县污水处理厂及配套管网正抓紧实施。2009 年计划开工建设治污项目 12 项，总投资 53668.5 万元，除因工艺变更重新编制可研环评和受土地利用规划调整影响的项目外，其余项目已于 2009 年底开工建设。

【社会主义新农村建设工作有序开展】 2009 年，以"六村"为载体、"七好"为主要任务的示范村建设工作取得新成效，截至到年底，全州 2007 年开始实施的 13 个小康示范村建设共完成项目建设投资 24636.23 万元，占计划数 18455.23 万元的 133.49%，其中：好规划完成投资 131.6 万元，占计划数 79.0 万元的 166.59%；好路子完成投资 7580.28 万元，占计划数 6807.29 万元的 111.36%；好村庄完成投资 14776.76 万元，占计划数 9443.07 万元的 156.48%；好体系完成投资 391.96 万元，占计划数 550.82 万元的 71.16%；好村风完成投资 998.97 万元，占计划数 750.04 万元的 133.19%；好班子完成投资 80.7 万元，占计划数 50.28 万元的 160.50%；好制度完成投资 10.90 万元，占计划数 8.10 万元的 134.57%；完成其它投资 665.05 万元，占计划数 768.763 万元的 86.51%。

全州 2007 年开始实施的 13 个小康示范村建设实际到位资金 22698.20 万元，占计划数 18455.23 万元的 122.99%，其中：州级财政补助资金到位 1300 万元，占计划数 1300 万元的 100%；县市级财政补助资金到位 1330 万元，占计划数 1300 万元的 102%；有关部门整合资金到位 6937.47 万元，占计划数 4720.14 万元的 146.98%；信贷资金到位 1970.00 万元，占计划数 2519.00 万元的 78.2%；群众自筹及投工投劳折资共 10420.50 万元，占计划数 8232.57 万元的 126.58%；其它资金到位 740.23 万元，占计划数 395.52 万元的 187.15%。

基础设施及社会公益事业项目建设：完成进村公路 31856 米、村内主干道 144873.6 米、村内巷道 150357.7 平方米；完善机耕路 28906 米、沟渠 55747.9 米、水管道 155771 米、水窖 1432 口；沼气池 1619 口、太阳能 2022 户；新建住宅 1058 户、住宅改造 7386 户、实施青瓦白墙 5457 户、墙体粉刷 658673.16 平方米、改厕改厩 4874 间；校舍危房改造 1605 平方米、新建教学办公用房 5359.4 平方米；新建垃圾池 73 个、公厕 50 座、活动场所 45 个、集贸市场 9 个、村委会及五室建设 4727.86 平方米、种植树木 44963 棵；抽水站 1 座、45 米交通桥 1 座、农网改造 220 户。

经济发展项目：完成高效农田 1441.2 公顷、茶园 239.13 公顷、泡核桃 535.53 公顷、冬桃 62.13 公顷、黄金梨 8 公顷、蚕桑 278.07 公顷、甜柿 38.53 公顷、葡萄 168.67 公顷、烤烟 285.33 公顷、辣椒 42.67 公顷、热作 120 公顷、蔬菜 360.67 公顷；养殖牛 7071 头、生猪养殖 35782 头；建设茶厂 4 个、核桃烤房 10 座、畜牧业示范区 2 个、农家乐 3 户、农家店 1 户。

科技培训：劳动力转移培训输出 7308 人。

全州 2007 年度开始实施的 13 个小康示范村在 2009 年底均已通过州级考核验收。

在 2009 年内，全州 2008 度开始实施的 12 个社会主义新农村建设示范村各项工作进展顺利，投资实际到位 10792.66 万元，占计划数的 58%，完成投资 10956.99 万元，占计划投资的 59.46%。

【开展抗震和恢复重建】 2009 年大理州地震灾害频发，连续发生了洱源 4.3 级、凤仪 3.3 级、姚安 6.0 级地震波及和宾川 5.0 级的地震。地震发生后州建设局快速反应，切实加强领导，紧急部署抗震救灾工作，并迅速赶赴灾区开展调查掌握灾情。特别是"7·9"姚安地震和"11·02"宾川地震后，及时采取应急措施，一是迅速了解灾情，及时向局领导及省抗办报告震情和灾害损失情况；二是深入灾区参与开展抢险救灾、排险加固和协调服务工作；三是组织专家深入灾区帮助公共房屋建筑和市政基础设施排查鉴定；四是组织了专家 20 人分别对"7·9"姚安地震波及的祥云、宾川、弥渡三县开展震损评估工作，向州人民政府提供了评估报告；五是根据评估和排查鉴定结果，编制了"7·9"地震大理灾区恢复重建规划方案，报州人民政府审查并下发各县，为大理州灾后恢复重建工作奠定了基础；六是组织召开了全州"7·9"地震恢复重建工作会议；七是及时汇总上报"7·9"地震恢复重建项目实施计划，2009 年，省下达大理州"7·9"地震恢复重建资金 11520 万元，项目实施计划安排了民房重建和修复加固 9074.5 万元，占总资金的 78.77%，其他系统重建加固：教育 1295.5 万元，卫生 325 万元，水利 160 万元，交通 480 万元，公用房屋 185 万元。八是开展了"11·02"宾川地震恢复重建方案编制工作。

【完成大理州中小学校舍安全工程排查鉴定】 2009年,大理州建设局按照大理州排查鉴定"时间表"和"路线图"的要求,完成了全州中小学校舍安全工程排查鉴定工作。排查鉴定涉及大理州12县(市),110个乡(镇),2403所学校,10502幢单体建筑单体,建筑面积3585936.8平方米,其中房屋现状排查鉴定A级建筑956幢,1019054.5平方米,B级建筑1516幢,838373.15平方米,C级建筑1684幢,791593.25平方米,D级建筑6346幢,936920.91平方米。

【开展农村危房旧房普查】 2009年,依据住房和城乡建设部、国家发展和改革委员会和财政部《关于2009年扩大农村危房改造试点的指导意见》,《农村危险房屋鉴定技术导则(试行)》,云南省住房和城乡建设厅、云南省发展和改革委员会和云南省财政厅《关于印发2009年云南省扩大农村危房改造试点实施意见的通知》的要求,州建设局进行了全面普查,摸清了农村危旧房的底数。经过普查,全州农村危房共233544户,其中:C类局部危房137237户,D类整体危房96307户,并制定了《大理州农村危房改造工程工作实施方案》。

【贯彻实施阳光政府四项制度】 2009年,为切实加强对实施阳光政府四项制度的领导,确保阳光政府四项制度工作得到有效落实,州建设局严格按照州政府相关要求制定了实施方案,成立了领导组及办事机构,明确了具体职责,制定了工作计划。并结合州建设局实际工作,精心组织实施。按照相关要求及州建设局的实施计划,州建设局已顺利实施重要事项公示一项,即《大理州建筑业、建设监理、检测机构和试验室资质管理规定》;重点工作通报三项,即大理州县城改造提升进展情况、大理州廉租住房建设情况(上半年)和大理州生活垃圾处理设施建设情况;重大决策听证一项,即《大理白族自治州建设工程招标投标管理办法》听证。对在大理公共信息网上分配到州建设局的23个问题作出了认真回复;对大理州信息直通车转接群众疑问、咨询32个进行了耐心细致及时的回答,做到了零投诉。

【加强党风廉政建设】 2009年初,州建设局局长和州人民政府签订了党风廉政建设责任状,同时,局长和副局长、下属单位负责人也层层签订了《党风廉政建设责任书》。围绕务实清廉要求,建立和完善了廉洁从政制度。完善了党风廉政建设责任制、建立了党组成员联系点制度、落实了廉洁从政制度,把廉政建设的各项制度落到实处,提高了党员干部拒腐防变的能力。

【认真开展工程建设领域突出问题专项治理】 2009年,按照《中共中央办公厅、国务院办公厅〈关于开展工程建设领域突出问题专项治理工作的意见〉的通知》的要求,大理州及时成立了建设局工程建设领域突出问题专项治理工作领导小组,制定了《大理州建设领域突出问题专项治理工作实施方案》,用2年左右时间对2008年以来规模以上的政府投资和使用国有资金项目,特别是扩大内需项目进行全面排查,着重解决工程建设领域存在的突出问题。

【加强队伍建设】 2009年,州建设局在提高行政效能、加强行业监管、提升班子和队伍执行力等方面强化制度建设,进一步建立长效机制,建立健全了一批促进科学发展的体制机制,在对现有制度进行认真梳理的基础上,认真做好制度的"废、改、立"工作,相继建立和完善了一些新制度和新规定。一是进一步增强服务意识,提高了服务水平。压缩了办事时限,减免事业性收费,惠及企业,根据州人民政府《大理州人民政府关于精简下放部分行政审批和监管权限促进投资快速增长的意见》,下发了《大理州建设局关于进一步加强全州建筑业管理工作的通知》等惠及企业的举措。对规范机关行为,提高工作效率,深化体制、机制、制度改革和创新,深入推进行政审批制度的改革提供了保障。二是进一步建立健全了相关规章制度。完善了《大理州建设局关于贯彻行政问责办法等四项制度的实施意见》、《大理州建设局行政执法责任追究实施细则》、《大理州建设局服务承诺制》、《行政效能投诉举报公告》、《八项工作承诺》等一系列贯彻执行云南省行政问责办法等四项制度的具体办法和措施,确保四项制度得到有效的落实。三是围绕选好用好干部,建立和完善了选拔任用制度。全面加强内部建设和管理。

(《城乡建设》由李跃花撰稿)

建筑业和房地产业

【简　述】 2009年,面对复杂、严峻的经济社会发展形势,全州建设系统广大干部职工深入学习实践科学发展观,认真贯彻落实中央和省、州有关"保增长、保民生、保稳定"的决策部署,抢抓中央扩大内需促进经济增长的机遇,加强市场监管,分析市场态势,科学应对国际金融危机的冲击,在较为困难的条件下,仍然保持了全州建筑业和房地产业的平稳增长。全州完成建筑业产值36.06亿元,完成房地产业产值25.5亿元。

【做大做强建筑业和房地产业】 2009年,大理州建设局通过建立健全建筑市场法律、法规建设,完善对有形建筑市场的规范管理,加大招投标监管力度,规范运作。同时严格招投标过程的监管,年内,全州实行公开招标工程406个,工程造价157203.01万元;实行邀请招标工程177个,工程造价79896.42万元,招标率达100%。工程控制价246052.77万元,中标价237099.43万元,全州综合优惠率为3.64%。进一步整顿和规范建筑市场,加大市场化运作的透明度;大力推行新型材料改革和新型建筑材料,促进建材业发展。

【推进房地产业健康发展】 2009年,国务院办公厅和省人民政府出台了《关于促进房地产市场健康发展的若干意见》和《关于促进云南省房地产市场健康稳定发展的意见》,大理州人民政府出台了《大理白族自治州人民政府关于进一步促进房地产市场健康稳定发展的意见》等一系列拉动政策措施,房地产开发投资、商品房供应量及销售量得到明显提升。年内全州房地产开发完成投资25.5亿元,同比增长24.87%;房地产开发新开工面积74.63万平方米,同比增长8.21%,;商品房竣工面积71.59万平方米,同比增长144%;商品房销售面积97.84万平方米,同比增长133.68%。

【房地产开发信贷增长较快】 2009年,全州投入房地产市场的信贷资金总量为54.16亿元,其中房地产开发贷款16.56亿元,同比增长8.09%,环比下降1.95%。个人住房贷款37.6亿元,其中商业银行自营性个人住房贷款余额26.23亿元,同比增长39.49%,环比增长3.85%;住房公积金贷款余额11.37

亿元，同比增长38.27%，环比增长0.32%。

【全州建筑施工企业队伍素质稳步提升】 2009年，全州现有建筑业企业132家。按资质等级分类：一级资质企业3家；二级资质企业23家；三级资质企业102家；劳务分包企业4家。按承包方式分类：施工总承包类企业95家（其中：施工总承包一级资质企业2家，施工总承包二级资质企业15家，施工总承包三级资质企业78家）；专业承包类企业33家（其中：专业承包一级资质企业1家，专业承包二级资质企业8家，专业承包三级资质企业24家）；劳务分包企业4家。一、二级建造师的注册工作开展顺利。全州现有一级注册建造师115人，二级注册建造师677人，二级临时建造师507人，建造员731人。

【安全生产形势整体稳定】 2009年，大理州建设局紧紧围绕“安全生产年”及“治理隐患、防范事故”的工作目标，深入扎实抓好安全生产贯彻落实工作。一是加强建筑起重机械的安全管理工作，全面提高建筑起重机械安全管理水平。二是开展全州建筑安全教育培训。全年共培训了各类人员1100人。三是扎实有效地开展建筑施工安全质量标准化达标检查工作，取得了明显成效：全州开展安全质量标准化达标企业共119家，其中合格96家，基本合格23家，有效促进了全州建筑安全生产状况的根本好转。四是认真开展2009年“安全生产月”宣传活动和执法检查行动，对永平、剑川、经济开发区、洱源、弥渡、祥云等县进行了督查。同时集中开展了多次全州建筑、城镇燃气、供水安全生产隐患排查治理和督促检查工作，督查施工现场102项，发现安全隐患309项，发出限期整改通知70份，停工整顿通知22份，停业整顿通知1份，印发燃气安全使用宣传单1万份。切实做到排查安全隐患有实效，隐患整改三落实，全州安全生产形势整体稳定。

【保障性住房建设有成效】 2009年，省政府下达给大理州廉租住房建设计划37.29万㎡ 7458套，其中：2008年底追加计划3.15万㎡ 630套，2009年中央新增计划34.14万㎡ 6828套。计划总投资49749万元，其中：申请中央补助14916万元，申请省级补助3729万元，州级补助7458万元，县市自筹配套23646万元。要求年内必须全面开工，完成投资额60%以上、竣工面积50%以上。

为全面抓好年度工作任务的落实，州人民政府作出了《关于认真做好2009年廉租住房保障工作的通知》，认真贯彻落实省人民政府《关于进一步加快保障性安居工程建设的实施意见》精神，编制了《大理州2009—2011年廉租住房保障规划（草案）》。各县市编制了《2009-2011年廉租住房保障规划》，出台了《廉租住房管理办法》，并结合工作实际，制定了《廉租住房租赁合同》、《廉租住房补贴管理办法》或《廉租住房租赁补贴发放方案》、《廉租住房分配方案》、《廉租住房入住须知》、廉租住房使用证、审批表、住户登记卡等相关配套管理制度，制定了《廉租住房申请、轮候、公告制度》、《廉租住房建设用地保证供应制度》、《廉租住房保障资金制度》、《廉租住房保障资金专账管理制度》，建立了廉租住房档案和低收入住房困难家庭档案。

在工作推进中，建立了工作月报告制度，各县市每月2日前将上月工作情况报州住房保障工作领导组办公室，及时上报省住房和城乡建设厅和州人民政府。

全州廉租住房建设用地27公顷按行政划拨方式于当年6月前全部落实，保障性住房建设城市基础设施配套费等各项行政事业性收费和政府性基金按中央和省有关政策落实了税费减免。

到位资金49325.02万元，占投资计划的99.15%，其中：中央补助资金14916万元，占计划数的100%；省级补助资金3729万元，占计划数的100%；州级配套资金7458万元，占计划数的100%；县市级配套资金23222.02万元，占计划数的98.21%。

全州共筹集廉租住房租赁补贴资金3788万元，其中：中央第一批补贴资金2164万元，第二批补贴资金1624万元。到年底，全州已用于发放租赁补贴和购买廉租住房3559.67万元，基本实现了应保尽保。

全州廉租住房建设22个项目7458套37.29万㎡已全部开工，全年完成投资35290.63万元，占年度计划的70.9%，竣工面积215940㎡，占年度计划的58%，全面完成了省政府下达的年度工作任务。

【农村危房改造工程正在实施】 2009年，云南省将大理州12县市列入云南省农村危房改造工程101个试点县之中，计划实施农村危房改造9120户。

到2009年底，按照《大理州农村危房改造工程工作实施方案》，落实了专门的工作机构和工作人员，完成了由专人负责的农村危房改造信息系统的建立和档案管理工作，全州各县市已按要求将农村危房改造任务分解到各乡镇，各乡镇已将具体任务落实到农村危房户。国家及省补助资金5420万元已全部到位，大理州所需配套资金740万元正在加紧筹措，完成了省下达的9120户农村危房改造户数的落实和国家、省补助资金的下达安排任务。

（《建筑业和房地产业》由李跃花撰稿）

（本部类责任编校：冯燕）

环境保护

综　　述

2009年，在州委、州政府的正确领导和省环保厅的有力指导以及各级有关部门的大力关心支持下，大理州环保系统以深入开展学习实践科学发展观活动为契机，坚持以中共十七大精神为指导，深入贯彻落实科学发展观和中共十七届四中全会、省委八届六次全会、州委六届七次全会精神，按照"围绕中心、突出重点、着力发展、整体推进"的总体工作思路，以污染减排为中心，以洱海保护治理为重点，以落实"七彩云南保护行动"为载体，统筹兼顾，固强补弱，狠抓"七彩云南保护行动"、洱海水污染综合防治、主要污染物总量减排目标责任的全面落实，"七彩云南保护行动"向纵深发展，洱海水质稳定保持在Ⅲ类，主要污染物减排目标圆满完成，有力推动了全州环境保护工作的科学发展，进一步开创了全州环境保护工作的新局面。

洱海保护

【概　述】 2009年，紧紧围绕洱海保护治理中心，全力狠抓洱海保护治理工作的落实，洱海保护有了新的推进，洱海水质总体保持稳定，圆满实现了省政府下达的洱海水质稳定保持在Ⅲ类的目标。

【调整充实洱海保护治理领导组】 2009年，州人民政府调整充实了洱海保护治理领导组，进一步加强了洱海保护及建设洱源生态文明试点县工作；及时成立了洱海保护治理重点项目专家审查组，经常深入洱海流域保护治理重大工程在建项目建设现场查进度、督质量，经常深入已建成试运行的保护治理项目现场查运行、看效果，有效加快了重点项目的建设进度。

【完善洱海治理"河长制"】 年内，洱海管理、环保部门，进一步完善了"河长制"，向广大人民群众公布了入湖河道综合整治的责任单位和责任人；协助州委、州政府迎接了国家环保部周生贤部长对洱海保护及洱源县生态文明建设工作的第二次调研，深入推进了洱海保护治理工作的落实。

【充分发挥职责作用】 年内，环保部门积极认真组织，参加了第十三届世界湖泊大会，展示了洱海保护的阶段性成效，洱海展台得到了国家和省的一致好评，有效扩大了大理的影响力；充分发挥牵头单位作用，按照政府安排通过政府信用合作的方式向银行贷款7000万元，进一步加大洱海保护治理重点工程项目的资金投入，州级财政补助洱海保护治理项目资金达8680万元，已足额逐项兑现到洱源、大理2县市及各相关项目单位；狠抓了《2009年洱海保护及洱源县生态文明建设工作意见》、《2009年洱海保护治理重点工程专项效能实施方案》的落实，各项重点工程项目进展顺利。

【集镇污水处理设施建设】 年内，8个重点集镇污水处理设施建设已启动实施7个，其中洱源下山口及喜洲主体工程已完工，正在进行试运行；周城已完成项目可研、选址、地勘和施工图设计工作，正在办理征地手续。乡村环保工程已建成投入试运行小型垃圾焚烧炉10座和7378个简易农户庭院污水处理设施。农业面源污染治理工程推广测土配方施肥6666.7公顷，大春水改旱面积达666.7公顷，建成3.5万立方农田堆粪发酵池7294个。

【湖泊内源污染控制工程建设】 2009年，湿地生态修复、河道治理及内源污染控制工程中的洱源县东湖邓北桥湿地和大理市才村湿地建设已完成，永安江3.97千米的河道整治、罗时江1.85千米的河道整治已全面完工。同时委托中国环科院、天津航道设计院等科研单位，分别编制《云南洱海绿色流域建设与水污染防治规划(2009～2030年)》、《云南洱海流域水污染防治近期项目规划》、《洱海北部湖湾内负荷削减及底泥疏浚可行性研究》，以及"洱海环湖截污管网工程、洱海流域主要中心集镇污水处理工程、洱海流域垃圾处理处置工程、洱海流域生态修复工程"4个重点项目可行性研究报告，为科学治理洱海提供科学依据。

【生态文明试点县建设】 年内，州环保局与州政府政策研究室共同编制的《洱海保护及洱源生态文明试点县建设评价体系研究》已完成，并正在组织上报；国家水专项洱海项目(课题)已全面启动，相继建成了邓川、才村、上关等课题研究工作站3个，4个课题的16个子课题的实施方案全部通过了论证。

污染减排

【概　述】 2009年，大理州环保系统始终把污染减排工作作为生态环境保护工作的核心工作，紧紧围绕省下达的目标任务，坚持从源头控制入手，大力推行清洁生产，切实狠抓污染治理重点项目的实施，有力地推进了年度污染物总量削减任务的落实。云南国资水泥剑川有限公司清洁生产、大理青林食品贸易有限公司关停及洱源县县城污水管网改造工程3个项目已按时完成；云南省鹤庆锰业有限责任公司6300KVA冶炼炉脱硫设施项目已建成并通过环保竣工验收；大理旅游古镇有限责任公司0.2万吨/日污水收集管网及处理工程、洱源县右所镇三枚村委会下山口780吨/日污水收集管网及处理工程目前已全面完工投入试运行；按要求新建的南涧县、剑川县、鹤庆县、云龙县、祥云县、宾川县污水处理厂项目已于12月31日前全部开工建设。

2009年，不计算新增量，全州削减

$SO_2$900吨(待国家环保部和省环保厅核定认可)、削减COD213.45吨,圆满完成了省政府下达的2009年削减$SO_2$50吨、COD100吨的年度任务。

【注重从源头上控制污染】 年内,全州环保系统严格遵照新建项目必须符合国家产业政策、行业准入条件、区域主体功能定位和环保标准要求,结合实际实行“三个不予审批”,从严进行建设项目环境影响环评审批。即:对违反国家产业政策和行业规划、国家明令淘汰和禁止建设、“三高一低”类的项目不予审批;对不符合规划的项目及选址于敏感区域的污染项目不予审批;对不符合滇西中心城市发展总体规划、选址于洱海流域对水体有污染的项目不予审批,有效把住了从源头控制污染的关口。

【切实加大清洁生产推行力度】 年内,全州环保系统聚力狠抓污染物排放总量控制相关制度的落实,举力推进污染防治技术、清洁生产的运用,祥云建材(集团)有限责任公司、红塔烟草(集团)有限责任公司大理卷烟厂和云南盐化股份有限公司乔后盐矿自愿性清洁生产审核通过了省、州经济部门的审核验收;邓川蝶泉乳业有限公司强制性清洁生产已通过省环保厅组织的审核验收;大理市中川化工有限公司、祥云县平南化工有限公司被纳入云南省第四批强制性清洁生产审核重点企业名单。

污染治理

【概　述】 年内,全州环保系统始终把确保饮用水水源地安全、最大限度降低环境污染风险、保证辐射环境自身及周边安全、及时妥善处理环保热点问题等作为全州生态环境保护工作的重中之重,并将其作为重大民生问题之一,不断创新工作机制、完善工作措施、加大工作力度,狠抓以洱海保护为重点的水污染综合防治、辐射环境的安全监管和环保信访工作的落实。适时开展饮用水水源安全隐患排查,定期组织饮用水水源地水质监测,大力开展全州典型乡镇饮用水水源地环境调查及评估工作,积极协助相关部门开展沘江综合治理和长江上游水污染防治,确保了全州饮用水水源地的安全。

【完善污染事故应急预案】 2009年,环保系统为切实降低环境污染风险,州环保局在严格落实已有污染应急预案的基础上,针对甲型H1N1流感疫情,及时制定下发了《应对甲型H1N1流感疫情医疗废物管理和应急处置预案》,12县市环保局结合本地实际,也依据此预案制定了相应的实施预案。根据国家环保部和省环保厅的要求,由州环保局负责及时对辖区内危险废物经营持证单位情况和产生危险废物单位的贮存、处置、转移及是否制定事故应急处置预案的情况进行了突出检查,经查,大理州尚无危险废物经营持证单位。为有效防止汛期和退水期重大水污染事故,专门成立汛期水污染防治工作领导组,有针对性地制定汛期环境监督管理工作计划,适时加密断面水质及污染因子监测及现场监察频次。加强对洱海流域、沘江、县城集中式饮用水源地等重点区域的环境监察和监测工作,确保了广大人民群众的生产生活用水安全。

【开展大理州第一次全国污染源普查】 从2007年开始,环保系统开展的大理州第一次污染源普查历时3年之久,查清了全州1461个工业源(其中重点源856、一般源605)、11946个农业源(其中种植业6352个、畜禽养殖业3955个、水产养殖业1639个)、3746个生活源、9个集中式污染治理设施等污染源的数量、行业和地区分布,主要污染物产生量及排放量、排放去向、污染治理设施运行状况、污染治理水平和治理费用等情况。并通过普查建立了全州各类重点污染源档案和州、县市重点污染源信息数据库,促进了污染源信息共享机制的建立,为污染源的管理奠定了坚实的基础。同时为建立科学的环境统计制度、改革环境统计调查体系、提高统计数据质量创造了条件。根据普查结果,为建立新的“十二五”环境统计平台做了前期准备;编制了《大理州第一次全国污染源普查技术报告》,并荣获国家三等奖。《技术报告》在准确掌握全州污染源总体状况的基础上,对全州污染源情况进行了全面系统的分析,为经济社会发展综合决策提供了客观的科学依据。

【开展沘江流域云龙段水污染防治】 上个世纪80年代以来,沘江上游有色金属矿业开发给沘江造成严重的环境污染,致使下游地区的大理州云龙县人民生产、生活受到严重的影响。解决沘江污染治理,事关民生问题,“十一五”期间大理州多次向省政府及相关部门进行专题汇报。2008年,省长秦光荣、常务副省长罗正富、副省长和段琪同志分别对沘江污染问题作了重要批示。2008年年底开始编制《云南省沘江流域水污染防治规划》,2009年年初《规划》编制完成通过评审并得到省人民政府的批准。根据省人民政府批准的《云南省沘江流域水污染防治规划》项目实施进度,第一阶段(2009~2011年)主要实施工业污染源治理工程,矿区污染治理与生态恢复工程,城镇污染源治理工程。目前大理州主要做了以下工作:一是加强对沘江流域云龙段沿岸2家工业企业的监管和工业污染源治理。完成飞龙公司白石电解锌厂3#渣库废渣清运、绿化工程和康云选矿厂尾矿库封库覆土、绿化工程;二是加快推进城镇污染源控制工程进度。完成日处理40吨、填埋库容达40万立方米的云龙县县城生活垃圾处理厂及完成日处理5000立方米的云龙县城污水处理厂及配套管网工程建设前期相关工作,2009年12月正式开工建设;三是扎实做好饮用水源保护与水源替代项目工作。完成一期县城供水工程各项附属工程,着手二期县城供水工程施工设计。组织完成了《包罗水库可行性研究报告》审查工作,完成包罗水库土地征占用及“三通一平”前期工作和进场公路建设,2009年12月正式全面开工建设。

【组织实施《三峡库区及其上游水污染防治规划》】 《三峡库区及其上游水污染防治规划(修订本)》中大理州涉及鹤庆、祥云、宾川3个县4个项目,祥云飞龙有色金属股份有限公司的废水治理项目按照《规划》确定为工业污染治理项目,该项目实际总投资5132万元,包括生活废水处理厂和工业废水处理厂。生活废水处理厂于2007年10月开工建设,设计规模为处理废水1000立方米/日,采用CASS活性污泥法工艺,该厂已于2008年4月投产运行,现运行正常,水质达到国家中水标准。工业废水处理厂于2008年1月开工建设,总处理废水2500立方米/日,工艺采用两段处理,6月完成设备安装并单机试车,项目已于2008年7月投产运行;鹤庆县城市生活垃圾处理场建设总投资3237.38万元,采用卫生填埋工艺,设计总库容91.5万立方米,平均日处理城市生活垃圾135吨,设计服务年限13年,将服务云鹤镇、辛屯镇、草海镇、松桂镇、金墩乡5个乡镇的生活垃圾处理,近期服务人口5万,远期服务人口20万人。2009年12月

29日，鹤庆县城生活垃圾处理场建设工程基本完工并已通过县级初验；鹤庆县污水处理厂近期规模0.8万吨/日，远期规模1.6万吨/日，该项目于2009年12月29日正式开工建设；宾川县污水处理厂采用一次性规划，分期建设，近期（2015年）建设1.0万立方米/日污水处理厂1座，新建污水管网25.83千米，雨水管网20.87千米。干管管径按远期（2025年）规划3.0万立方米/日设计。污水处理工艺采用改良A2/o工艺（即：厌氧－缺氧－好氧生物脱氮除磷工艺）。该项目主体工程于2009年年底正式开工建设，预计2010年10月投入试运行。

【加强辐射环境监管】 2009年，全州环保系统相继开展了放射源、放射性同位素和射线装置专项清查行动、涉源单位申报登记工作、闲置放射源收贮、辐射安全监管等工作。及时组织辐射监管人员18人、用源单位使用管理人员80人参加了省级专业培训，进一步提高了辐射环境安全监管人员的素质。深入狠抓辐射环境的安全监管，共出动55人次对全州放射源、放射性同位素和射线装置的使用管理、防护措施落实、应急预案制定、有无闲置废弃放射源等情况进行了检查。全年未发生任何辐射事故。

【12369环保举报热线】 2009年，全州环保系统均设立了12369环保举报热线电话，目前州级12369热线进行了系统升级，现正处于系统升级后的调试运行之中。全州全年共核查处理污染纠纷137起，妥善处理人民群众来信来访251件，处理率均为100%，结案率达到95%；认真调查处理金色热线、行风政风和直播大理节目热线的投诉以及网上信访系统、上级环保部门转办案件14件，处理率100%。

生态建设

【概　述】 2009年，全州环保部门，着眼未来发展，坚持用环境生态学的原理来规划、建设和管理生态环境，从规划编制入手，按照突出重点抓示范、典型引路促发展的思路，积极狠抓生态保护行动的落实。

【贯彻“生态立州”战略】 2009年，全州环保系统职工，积极认真组织生态州（县）建设规划编制。深入贯彻“生态立州”战略，由州环保局牵头组织相关部门编制了《大理生态州建设规划（2009～2020）》，评审稿已通过省环保厅组织的专家评审，待州政府审定和州人大审批后执行；地处滇西北生物多样性保护范围内的大理市、洱源县、剑川县的生态县市建设规划已通过省组织的专家组评审，云龙县、鹤庆县、宾川县的生态县建设规划编制工作正有序进行。

【推进农村环境整治】 年内，全州环保部门，全面贯彻国务院全国农村环境保护工作电视电话会议和李克强副总理重要讲话精神，狠抓农村环境综合整治的落实，全州37个自然村已被列入中央农村环保专项资金扶持对象，已获村落环境综合治理专项资金3548万元，且37个农村环境综合整治方案全部通过省环保厅组织的专家评审，即将启动实施。聘请负责自然村垃圾收集管理员944名，基本形成了村组垃圾收集到垃圾中转站，再由中转站集中垃圾到垃圾处理场处理的垃圾收集、运输、处理网络。

【自然保护区建设】 年内，全州环保部门，为深入贯彻《云南省人民政府关于加强滇西北生物多样性保护的若干意见》和省政府滇西北生物多样性保护工作会议精神，及时制定下发了《大理州滇西北生物多样性保护主要任务分解方案》，认真编制《大理州关于贯彻落实滇西北生物多样性保护的实施意见》。为深化洱源生态文明试点县建设，根据《中华人民共和国自然保护区条例》和《云南省自然保护区管理条例》的相关规定，科学合理的对洱源县海西海和罗坪鸟吊山自然保护区的范围进行了调整；新建洱源西湖国家湿地公园，云龙天池省级自然保护区晋升为国家级自然保护区工作进展顺利，已通过国家和省级林业主管部门专家评审。及时对全州自然保护区信息进行了更新完善，全州建立自然保护区29个（其中国家级2个、省级4个、州级23个），总面积达181916公顷，占全州国土面积的6.4%，已基本形成物种保护、生态和社会效益显著的自然保护区体系。坚持“以打促防，打防结合，标本兼治”的工作方针，严厉打击各种破坏国家重点保护植物和猎（捕）杀国家重点保护动物的违法犯罪活动，严肃查处保护区内各种违法违规开发建设行为，有效保护了野生动植物资源。

【全面开展绿色创建活动】 年内，全州环保部门，大力开展生态乡镇创建，洱源县右所镇、凤羽镇、三营镇被命名为第四批云南省生态乡镇；剑川县职业中学等8所省级“绿色学校”和大理市下关镇龙祥社区等3个省级“绿色社区”创建申报工作已完成；洱源县邓川镇等5个乡镇已列为拟命名的第五批云南省生态乡镇，洱源县茈碧湖镇等4个镇创建全国环境优美乡镇的申报工作已完成，生态示范创建工作扎实推进。

环境执法

【概　述】 2009年，大理州坚持以《环境影响评价法》、《建设项目环境保护管理条例》和《云南省建设项目环境保护管理规定》为依据，从严建设项目审批；坚持以人为本，大力开展违法排污整治环保专项行动，积极维护广大人民群众的生态环境安全；多渠道组织环境执法队伍素质培训，整体能力素质得到有效加强，确保了环境法治行动的有效落实。

【开展违法排污整治环保专项行动】 年内，由州环保局牵头，联合州安监、发改、经济、监察、司法、建设、工商、供电等9部门开展了“2009年大理州整治违法排污企业保障群众健康环保专项行动”，突出饮用水源地保护区的后督查和城镇生活污水处理厂、垃圾填埋场等重点进行了集中整治，深入钢铁行业、涉砷行业进行了专项检查，严厉打击了“两高一资”行业重点污染企业的环境违法行为。9月，组织开展了尾矿库环境安全隐患、饮用水源地保护区、重金属生产经营企业、化工行业的安全隐患排查。12月，9部门又联合组织了重金属专项检查。全年共出动2000余人次，对洱海流域的污染控制及排放和11家国控、省控企业、4个省级年度污染物减排项目以及全州49个重点污染源进行了现场监察，共检查尾矿库（坝）74个、涉及排放危险废物的企业15家、铅冶炼业7家、锌冶炼业6家、钢冶炼业企业8家、涉及重金属污染的企业44家，及时对轻微环境违法、违规和存在环境安全隐患的6个尾矿库实施了限期整改，停产整治涉及重金属污染的企业2家，对2家严重环境违法的企业实施了经济处罚。

【落实环境影响评价制度】 2009年，全州环保系统，深入贯彻中央和省扩大内需保增长有关指示精神，州环保局采取主动协调、上下互动，适时检查、现场指导，热情服务、及时办结等方式方法，开辟实施环保审批“绿色通道”。投资近20亿元的48个建设项目环境影响评价通过州级“绿色通道”审批，有力地促进了扩大内需政策的落实，其做法得到了服务对象的高度评价，受到了国家和省级环保部门的充分肯定。全年共完成500KV功果桥电站送出工程等41个省级项目的审查；完成大理市驴产业系列生物产品加工一期项目等48个州级项目的环保审批；对剑川有色金属工业有限公司5000吨/年电炉锌粉改扩建工程等20个项目实施了环保竣工验收，环境保护为经济发展服务的工作扎实推进。不断完善重点项目环评动态管理制度，及时下达“三同时”监理通知单，全过程实施“三同时”执行情况监理，有效加大了重点建设项目全程跟踪管理的力度，大中型建设项目的环境影响评价和“三同时”执行率均达到100%。

【排污费征收计划的执行】 2009年，根据省下达给大理州的680万元年度排污费征收任务指标，按照近3年排污申报登记及排污量和州、县市征收排污费等实际情况，全州环保部门及时将任务指标分解下达到州环境监察支队和12县市环保局，任务单位狠抓排放污染物申报登记制度的落实，严格遵照国家和省的有关规定要求及新的排污费征收办法，积极开展排污费的征收工作。至12月31日，共完成排污费征收1084.44万元，超额完成404.44万元。

【加强基层环境执法队伍能力建设】 8月下旬，州政府法制局组织全州环保系统117名新调入、需换证人员进行了行政执法培训。全年分5批组织全州环境监察机构负责人9名，参加了国家环保部环境监察局组织的环境执法培训；分2批组织全州环境监察人员37名，参加了省环保厅环境监察总队组织的环境执法培训，进一步提升了执法队伍素质。

环境监测

【概　述】 2009年，全州环保系统圆满完成了大理州环境质量现状监测任务，全年完成水、气、声、生态常规监测，累计获得监测数据25020个。2009年分别对国家重点流域和澜沧江水系的沘江、黑潓江、弥苴河、菠罗江、西洱河、洱海、西湖、茈碧湖、海西海、沘江流域大理段等点位进行水质监测，分别对大理州12个县市及典型乡镇29个饮用水源地水质进行了监测，全年共完成地表水、地下水监测数据1.8万个；环境空气监测，全年共完成环境空气监测数据3000个，降水监测数据300个；环境噪声、生态监测，全年完成各类噪声监测数据3200个、共获得藻类监测数据260份、叶绿素a监测数据260个。

【重点污染源监测】 2009年，全州环保部门圆满完成了辖区内的重点污染源监测任务。全年分别对6家国家重点控制工业污染源、5家省级重点控制工业污染源和大理州省级污染减排重点项目的污染物排放情况进行了监督性监测，为主要污染物总量减排、环境统计、污染监督等环境管理重点工作提供基础数据。

【洱海保护水质监测】 2009年，全州环保部门进一步加大了洱海保护水质监测力度。每月1次，同时在7月1日~10月31日每周1次对洱海6个重点湖湾（海东向阳湾、挖色湾、双廊红山湾、上关海潮河湾、沙坪湾、喜洲沙村湾）进行水质采样及监测，监测项目为透明度、水温、叶绿素、藻类，为洱海保护提供了科学决策依据。

【完成环境质量报告书的编制】 年内，州环保局主持编制完成了《2008年大理州环境质量报告书》、《2008年大理州环境质量公报》、《2008年度九湖（洱海）水质分析报告》、《洱海重点湖湾水质分析报告》、《2007~2008年洱海及主要入湖河流水质分析报告》、《洱海水质分析报告》、《沘江流域2009年6~8月份水质监测报告》，及时完成大理州境内的污染事故监测、竣工验收监测，为地方政府和管理部门提供技术支持和技术服务。

【环境监测从业人员业务培训】 2009年，州环保局依托州环境监测站的人力资源和设备、技术平台，采取以工代训、换岗锻炼、结对帮带等方法，大力组织开展了全州环境监测从业人员200余人次的业务培训。10月下旬，全州环境监测系统120人参加了国家环保部监测司主办、中国环境监测总站和云南省环境监测中心站承办的“大理州环境监测技术培训班”，有效改善了监测队伍现状，宾川县环境监测站顺利通过了省级计量认证，有环境监测资质的监测站增至4家。

环保宣传

【概　述】 2009年，全州环保系统狠抓生态环境保护宣传的落实，宣教水平有了新的提高。充分利用资源，大力拓展宣传渠道。坚持每月在《大理日报》刊登《洱海水质月报》，向社会公布洱海保护治理情况和洱海水质情况，并及时以短信形式向省、州领导以及州洱海保护治理领导组成员报送洱海水质情况；近60余条环保工作信息被省环保厅“七彩云南保护”网站登载；“州环境保护局开辟环保绿色通道落实‘三保’要求”、“州环保局全力推动环保事业步入健康发展快车道”等6条做法被州委学习实践活动领导小组转发全州；“洱海保护与治理向纵深发展”、“认真履行环境保护各项职责，为全州经济社会又好又快发展做出新贡献”被《大理日报》刊用；“大理州环境保护局”网站及时载发环保政务信息236条；同时，还充分利用领导走进广播电台“金色热线”、“政风行风热线”和“直播大理”节目直播之机，大力宣扬生态环境保护，及时为广大听众朋友解惑释疑。12月中旬，中央电视台、光明日报、科技日报、中国环境报等数十位记者对洱海保护工作进行了为期3天的现场采访报道，采访记者充分肯定了洱海保护取得的成绩，相关报道陆续在各大媒体上刊播。

【环保公益广告宣传】 年内，围绕主题，广泛设置了内容丰富的“七彩云南保护行动”公益广告。紧紧围绕“七彩云南，我的家园”主题，充分利用县市及主要集镇、重要湖泊的主要通道、标志性建筑等明显位置和旅游景区、城市居民生活小区、公共汽车站台及公交车内人群较为集中、流动性大的区域，以“爱我家园保护大理”、“保碧水蓝天建生态大理”、“保护洱海—洁净·绿化家园”、“像保护眼睛一样保护洱海”、“洱源净洱海清大理兴”、“保护生态环境倡导文明新风”、“保护七彩云南禁止白色污染”等为主要内容，设置广告牌近500块、悬挂布标300余幅、张贴标语上万张。

【开展“洱海保护月”活动】 2009年，紧密结合实际开展了形式多样的宣传活动。州级相关部门和大理市于1月联合组织环洱海居住的党政机关、驻军武警、学校社区、企事业单位和社会各界人士，大力开展“洱海保护月”活动。州环保局与州妇女联合会共同编印了《洱海保护知识读本》发放到社会，有效激发了全民保护洱海的自觉意识。州、县市环保、水利、国土资源主管部门积极主动协调，在“环境日”、“水日”、“地球日”，充分利用乡镇赶集农民群众较为集中之机，通过现场释疑和发放宣传画、宣传单、环保袋的方式，大力开展资源环境宣传日活动，共发放宣传资料20余万份、环保袋万余个，悬挂宣传布标近50条，展出展板110块、有效深化了广大人民群众自觉保护资源环境的意识。

（《环境保护》由陈体韬、何波撰稿）

洱海管理

【“洱海保护月”活动领导组会议】 2009年1月6日上午，“洱海保护月”活动领导组在龙山国际会议中心召开“洱海保护月”活动工作会议，州、市挂钩单位、沿湖乡镇、“两区”主要领导参加了会议。

会议由“洱海保护月”活动领导组、大理市人民政府主要负责人主持，“洱海保护月”活动领导组副组长、大理州人民政府副州长许映苏就州、市挂钩单位采取有效措施，精心组织实施深入贯彻落实“洱海保护月”相关活动等工作作了进一步的安排部署。要求各挂钩责任单位要按照保护月活动实施方案尽快开展活动，要在责任区内认真组织实施，帮助建立长效机制，多渠道多方式的开展工作，严格考核机制，扎实推进工作。

1月8日，州委、州政府召开洱海保护工作会议，州委书记刘明，州委副书记、州长何金平对做好洱海保护与治理工作进行全面部署。与会的袁爱光、茶中旺等领导讲了话；大理市主要领导、洱源县县长、州环保局局长就如何做好下一步工作发了言。

1月16日，大理市召开洱海综合治理保护工作会议，会议总结2008年洱海保护治理工作，客观分析存在的困难和问题，安排部署2009年洱海综合治理保护各项工作，不断加大洱海综合治理保护工作力度，全力推进洱海水质进一步好转。市洱管局、市环保局分别作了洱海治理保护工作汇报。市人民政府与各乡镇、“两区”、市级有关单位签订了《2009年洱海保护治理重点建设工程项目责任书》。并安排部署2009年洱海治理保护工作。

【洱海保护月活动】 年内，州、市各级各部门以“洱海保护月”活动为契机，积极投身“洱海保护月”活动。按照活动实施方案“八个一”要求，结合挂钩村实际制定实施方案，协调解决工作经费，开展进村入户发放宣传资料、清理农村垃圾活动和污染物，指导建立环境卫生管理长效机制等活动，充分发挥广大人民群众的主体作用，形成洱海保护的合力。

【洱海全湖半年休渔】 2009年1月20日，大理市召开2009年洱海全湖半年休渔工作会议。会议总结了2008年洱海全湖半年休渔工作，安排部署2009年全湖半年休渔工作。2009年全湖半年休渔的时间为2009年2月1日～2009年8月1日上午10时止。

【捕捞渔船归港管理】 2009年1月25日，大理市洱海保护管理局渔船归港工作全面铺开，于2009年2月8日结束。渔船归港期间，渔政执法人员采取宣传教育和强制入港两手抓的工作方式指导沿湖各镇做好渔船归港工作。归港采取集中属地管理原则，由专人负责管理。洱海捕捞船办证3180艘，对拒入港的10艘渔船，以强制取消捕捞资格收回牌证，入港共计3170艘，入港率达到100%。

【洱海保护治理项目推进会】 2月4日，大理市召开洱海保护治理项目推进会，以现场调研、听取汇报的方式，进一步落实有关部门、镇区的责任，加快推进洱海保护治理项目建设，尽快使项目在洱海保护治理中发挥作用。市洱管、环保、交通、农业等部门和镇区领导在会上对2008年洱海综合治理重点工程项目的建设情况及2009年项目的实施建设情况作了汇报。

市政府要求，2008年的工程必须在2009年3月底前全部完成，涉及到的镇区一定要配合相关部门在征地拆迁、借地埋管上给予强有力支持配合。2009年需要完成的项目实施方案，必须及时汇总形成总方案，抓紧上报实施。项目保障方面注意组织、资金投入、施工条件、纪律等方面的保障，继续加大宣传教育，广泛动员全社会力量积极参与保护活动。

【洱海鱼种流放】 2009年大理市洱海保护管理局洱海鱼苗鱼种投放工作自2月1日起开始，到3月10日投放结束。投放品种为鲢鱼、鳙鱼、青鱼、土著鲤（含春鲤、杞麓鲤、大头鲤）、草鱼、高背鲫、武昌鱼、红鲤鲫，共投入资金400万元，计划投放大规格（50－250g/尾）鱼种314吨，（250－500g/尾）鱼种86吨，9－11朝鱼种570万尾。实际投放（50－250g/尾）鲢鱼272吨、鳙鱼30吨、草鱼8吨、武昌鱼3吨、红鲤鲫1吨；（250－500g/尾）鲢、鳙鱼86吨；9朝春鲤60万尾；10朝武昌鱼100万尾、杞麓鲤30万尾、高背鲫50万尾；11朝大头鲤80万尾、杞麓鲤80万尾、高背鲫120万尾、青鱼50万尾。

【洱海保护综合治理见成效】 自2008年1月31日“洱海保护月”活动启动以来，大理市辖区内州、市党政机关、事业单位、群团组织、民主党派、初级中学及其以上的学校和当地驻军部门等责任单位共计179家挂钩单位组织积极投身活动，截至2009年2月10日，共计投入资金80.47万元，镇、村两级共投入资金近40万元。投入物资有：拖拉机1辆、保洁船2艘、水泥32吨、三轮车14辆、自行车10辆、树木150棵、书籍800册和其他价值2400元的物资，发放宣传资料14.37万份，入户宣传3.01万户，制定环保项目150个，参与人数达到7.17万人次，取得了阶段性成效，在很大程度上起到了动员全社会，全民共参与的积极作用，为今后一个时期顺利开展洱海保护综合治理工作奠定了坚实的基础。

【洱海湖滨带（东区）一期生态修复建设工程】 3月5日，市委、市人民政府召开了洱海湖滨带（东区）一期生态修复建设工程动员暨签责大会，全面启动洱海湖滨带（东区）一期生态修复建设工程。同时，为确保按时、按质、按量完成该工程建设任务，成立了大理市洱海湖滨带（东区）一期生态修复建设工程领导组，领导组在市洱海保护管理局下设办公室，办公室下设综合组、土地清退组、拆迁安置协调组、东环海截污管网及湖滨带修复组、东环海生态环保公路建设组。目前工程进度情况：一是完成环洱海带状1:500数字化加密修测工作；二是截至3月31日，已完成土地清退的放线工作，完成了除上关、双廊2镇外涉及的房屋拆迁放线工作；三是双廊镇、挖色镇、海东镇3镇完成了项目拆迁安置地选址工作；四是从4月1日起，挖色镇进入房屋评估工作。

大理市洱海（东区）一期生态修复建设工程又取得新进展：①农田清退工作进展情况。农田清退组已拟定农田清退协议书，并将协议范本提供给海东、挖色、双廊、上关4镇。海西片1974米以内应退未退农田面积已基本澄清。②房屋拆迁和异地安置工作进展情况。海东镇、挖色镇、双廊镇共需拆迁房屋537院，已评估502院，安置用地在确定选址地点进行"三通一平"建设工作。已完成全线47.86千米临海部分的施工放线工作及房屋拆迁标记工作。根据工程进展情况，领导组办公室下拨项目资金2100万元。

【省长秦光荣到罗时江生态湿地保护区考察】 3月26日中午，秦光荣省长一行来到大理市罗时江生态湿地保护区考察，听取洱海综合治理保护、洱海湖滨带生态修复建设工程、"两江一河"水环境综合治理项目、洱海北片区生态经济示范镇及罗时江入湖河口湿地项目建设情况汇报，在深入湿地调研和听取情况汇报的基础上，秦光荣对大理的生态文明建设、"两保护、两开发"等方面取得的突出成绩和可供借鉴的经验给予了高度的评价及肯定。

【入湖河道整治行动初见成效】 年内，大理市环湖（区）镇认真落实洱海主要入湖河道整治工作会议精神，积极推进整治行动，通过对河道淤泥、砂石、滩地腐殖层以及河道两旁的畜禽粪便、杂草等杂物的清理，有效减少了洱海的面源污染和在雨季来临前的入湖垃圾量。此次整治共清理河道49条，淤泥10022立方米，砂石1285吨，杂草1093吨，腐烂物2180吨，为扎实推进洱海综合治理保护工作奠定了有力的基础。

【创建文明卫生村活动启动】 6月5日，大理市在大理镇才村举行文明卫生村创建活动启动仪式，市委、市政府、市人大、市政协的领导以及市委各部委、市级国家机关各委办局、"两区"、各乡镇有关领导、各界群众代表参加了启动仪式。当天，在"保护洱海、创建文明卫生村"宣誓仪式上，全体参会人员郑重地进行了宣誓。出席启动仪式的有关领导向大理镇11位环境卫生整治志愿者授旗，州委常委、市委书记段玠宣布大理市文明卫生村创建工作正式启动。从6月5日开始，用6天时间在全市各乡镇举行的百村万人签名大传递活动相继开展。仪式结束后，参会人员还积极开展了清扫环境、整治卫生村创建活动。

【洱海保护重点工程项目】 6月15～17日，由州洱海保护治理领导组办公室主持，大理市洱海综合治理保护领导组办公室承办，邀请州人大、州政协、州环保局州、农业局、州林业局、州水利局、州建设局、州财政局、州审计局、州监察局等部门相关领导以及实施国家水专项洱海项目的有关专家组成的洱海保护及洱源生态文明建设项目专家审查组，对州人民政府下达的大理市2009年洱海综合治理保护重点工程8项目实施方案进行审查。经专家审查组深入讨论和充分论证，此批工程项目实施方案通过了审查。实施方案通过审查后形成项目实施改进方案，项目实施单位将依据专家和领导提出的意见和建议，进一步细化和完善方案，加快组织实施，推动项目按期、按质、按量完成。

【开展旅游船只环保检查】 8月25～28日，市洱海保护管理局对洱海管理区域内五家游船公司的49艘旅游船只进行环保检查，检查方式采取自检自查和上船检查。检查内容包括：对游客的环保宣传、船上卫生厕所使用的情况及粪便处理情况、船上环境卫生及垃圾的收集处理情况、船上生活污水的排放及处理情况、含磷洗涤用品的使用情况、对游船工作人员的环保管理制度。经过检查，各游船公司都十分重视游船的环保工作，都做到了粘贴环保宣传、大游船公司做到广播滚动宣传、专人巡查环境卫生，建立环保管理制度，责任到人。船上的垃圾、生活污水、粪便都做到统一收集，上岸处理。通过对游船的环保检查，进一步加强各游船公司保护洱海的意识，促进管理制度和环保措施的落实，对存在的问题进行了整改和完善。

【省、州、市人大代表视察洱海】 10月21～22日，在大理州选举产生的省十一届人大代表对洱源县生态文明建设和洱海源头保护治理情况进行视察。州委副书记王桂芳，州人大常委会主任字国顺，州委常委、大理市委书记段玠，州人大常委会副主任尚榆民、刘世兴，副州长许映苏参加视察。在两天的视察中，省人大代表重点调查研究洱源县生态文明建设考核体系和生态补偿机制问题，实地查看了大理市上关镇沙坪湾罗时口生态湿地建设情况、大营村中温沼气站和堆粪发酵池建设情况，洱源县邓川镇邓北桥湿地建设情况、右所镇西湖湿地生态恢复和南登村生态文明村建设情况、永安江综合治理情况及茈碧湖镇下龙门村环境综合整治情况。

11月3日，市人大组织市辖区选举产生的州十二届人大代表和部分市人大代表对洱海综合治理保护工作进行视察。此次视察采取听、看、查、议的方式进行，州、市人大代表听取了市政府关于洱海综合治理保护工作情况的汇报，并到海东天镜阁视察洱海水质，听取洱海综合治理保护"六大工程"实施情况汇报；到海东向阳村视察洱海湖滨带（东区）一期生态修复工程情况，听取相关情况汇报。

【组团参加第十三届世界湖泊大会】 以"让湖泊修养生息，全球挑战与中国创新"为主题的第十三届世界湖泊大会于11月1～5日在武汉召开，来自全球45个国家1500余名权威专家和政府官员、代表共商湖泊治理保护与可持续发展大计。大理州由州人大常委会、州环保局、大理市环保局、洱海管理局、洱源县环保局及洱海湖泊研究中心、州环境检测站、云南水文局大理分局的专家组团参加会议。11月1日，首届中国国际湖泊流域治理与工程技术设备展览会暨湖泊环境保护成果展在武汉国际会展中心开幕，大理州以"洱海，向世界问好"为主题参加了洱海保护治理成果展。11月3日，副州长徐映苏在"市长论坛"上作了《洱海清大理兴》的主题发言；尚榆民在专家论坛上做了《洱海立法与实践》的交流发言。

【洱海保护治理专题会议】 11月18日，大理市人民政府在市洱海保护管理局三楼会议室召开了大理市洱海综合治理保护重点项目、重大工作会议。市发改局、市财政局、市洱管局、市农业局、市畜牧局、市水利局、喜洲镇、上关镇等有关部门及领导参加了会议。会议总结了2009年度贯彻落实《大理白族自治州人民政府关于印发〈2009年洱海保护及洱源县生态文明建设工作意见〉的通知》的情况，申报了《2010年洱海保护治理专项资金预算表》及申报目标责任书及州级安排要求大理市2010年完成的其它项目，编制上报了《云南洱海绿色流域建设与水污染防治"十二五规划"（2010～2015年）》、《云南洱海绿色流域建设与水污染防治中期规划（2016～2020年）》、《云南洱海绿色流域建设与水污染防治远期规划(2021～2030年)》。会议要求必须加快进度,年底坚决完成工作,虽然受全球金融危机的严重影响,市财政较为困难,项目建设资金筹措难度大,建设资金严重不足,影响了工程推进速度,但各部门要积极请示汇报,加强部门沟通协调力度,将所需项目建设资金配套到位,确保2009年大理市实施的重点工程项目全面完成,通过州级考核验收。

【严查非法猎捕出售野生水鸟】 近年来,洱海湖滨带植物增多,洱海水质好转,鱼虾增多,为水鸟提供了安全的栖身之地和充足的食物,也为违法分子非法猎捕、野生水鸟提供了便利。洱海保护管理局渔政人员在掌握了这一情况之后,从12月中旬开始,根据《洱海管理条例》规定,全市城乡各农贸市场对非法猎捕、出售洱海野生水鸟行为进行严厉打击,并对当场查处的违法人员严肃处理,追究当事人的法律责任。

【漂浮杂物清理】 进入秋冬交替季节,洱海水面出现大量死亡水草、水葫芦、藻类、垃圾等漂浮物,容易在风浪作用下聚集在海湾和潜水区,如不及时清理打捞,将对洱海水体造成二次污染,加速富营养化。大理市洱海保护管理局针对这一规律,制定洱海漂浮物打捞及水生生物治理项目实施方案。根据方案组织沿湖专业人员于2009年11月1日～12月25日对湖湾等地区开展打捞与清运。截至12月底共计打捞漂浮物、死亡水草约10289吨。及时遏制了有害死亡植物的污染,保护了水质,确保了沿湖一带“岸洁、水清”。

【销毁违法渔具】 12月24日,洱海管理局在喜洲镇沙村的小广场销毁违法渔具。当天销毁的违法渔具主要包括地笼、密眼拉网等3000多个。违法捕捞的行为得到了进一步的遏制。

【规范鱼鹰养殖】 大理市洱海保护管理局将从2010年1月1日起开展规范鱼鹰养殖的相关工作,根据《云南省实施〈中华人民共和国渔业法〉办法》的相关规定,禁止使用鱼鹰捕鱼。为传承洱海鱼鹰文化,发展洱海旅游业,结合洱海当前鱼鹰养殖的实际情况,适当保留部分鱼鹰作为观赏及民俗展演使用;洱海鱼鹰保留数量以2009年1月1日前调查并注册在册的为准,数量为122只;2009年1月1日以后新增的鱼鹰不在保留范围,属违法捕捞渔具,禁止进入洱海;在洱海管理区域内一经发现,将按规定处理。对现有的鱼鹰进行登记归档,不得随意增加,可以根据自然繁殖规律科学更替,并按要求上报大理市洱海保护管理局进行登记备案。

【“洱海保护月”活动动员大会】 2009年12月31日,2010年度“洱海保护月”活动动员大会在苍山饭店礼堂召开。州委书记刘明,州委副书记、州长何金平,州人大常委会主任字国顺,州政协主席袁爱光,州委常委、大理军分区政委王恩富,州人大常委会副主席尚榆民,副州长许映苏,州政协副主席孙明等出席动员大会,并为受表彰的先进单位颁奖。州委常委、大理市委书记段玠总结动员,市委常委、常务副市长阿泽新主持动员大会。市委副书记杨晓源宣读了《中共大理市委、大理市人民政府关于对2009年“洱海保护月”活动挂钩联系先进单位进行通报表彰的决定》。州、市44家挂钩联系单位受到表彰奖励。大理市“四班子”领导,“两区”、挂钩联系“洱海保护月”活动的州、市各部委办局、各人民团体、各企事业单位和驻关部队主要领导,各镇党政主要领导、分管领导和各村民委员会主任、书记等参加会议。

(《洱海管理》由罗兆刚、李俊英供稿)

苍山保护

【参与“洱海保护月”活动】 大理镇西门村委会背倚苍山,苍山绿玉溪、中溪、桃溪3条溪流贯穿而过,溪水全部流入洱海,是洱海保护治理的重要区域之一。1月18日,州苍山保护管理局与大理镇西门村委会联合举行“洱海保护月”启动仪式,州苍山保护管理局局长杨鹤松以及大理镇党委书记就保护洱海活动作了宣传动员。19日下午州苍山保护管理局全体干部职工到该村进行环境卫生清理和整治活动,使“洱海保护人人有责”起到一定的宣传、示范作用。

【苍山遇险受困人员得到救助】 年内,有20余人被困在山上,其中一名印度游客被救后经抢救无效死亡,其余人员全部安全获救。苍山由于地理环境和气候变化的复杂性,凡进入苍山游览的人员一定要做好入山前的准备,注意选择适宜的入山时间,注意天气状况,到入山登记点进行入山登记。在上山期间要保护苍山的生态环境、自然遗迹、文物古迹,注意森林防火,自带垃圾下山,在无向导带路的情况下,请不要翻越苍山。发生遇险受困需要求助时请及时拨打遇险求救电话。

【苍山发生森林火险】 3月16日,苍山感通索道6号杆附近发生森林火灾,疑为游客丢弃烟头所致,经调派直升机迅速将火扑灭。

【考察苍山脉地大花园】 4月,州人大常委会主任字国顺带领考察组一行到苍山西坡漾江镇脉地大花园考察。州苍山保护管理局局长杨鹤松就苍山保护管理工作所取得的成绩及今后面临的问题向考察组作了汇报。字国顺主任对今后的苍山保护管理工作提出了以下要求:①要以学习实践科学发展观为契机,科学规划好脉地大花园的保护管理项目,以项目带动保护管理工作;②积极推进周边社区的共管共建,以核桃产业为龙头,积极发展农业农村经济,提高人民群众的生产生活水平,从而达到保护苍山资源的目的。

【《苍山保护管理条例(修订)》正式施行】 《云南省大理白族自治州苍山保护管理条例》于2002年8月颁布实施以来,已经走过5个年头。为了使苍山保护管理工作实际和《条例》更加紧密的结合起来,决定对《条例》重新进行修订。经过一年多的努力,圆满完成了《苍山保护管理条例》的修订工作,于2009年6月1日起正式施行。《条例(修订)》的颁布实施将进一步提高苍山的保护管理水平,使苍山的保护管理工作的法律依据更加完善。

【加强苍山保护管理宣传】 年内,《苍山保护管理条例(修订)》颁布实施后,为了做好宣传工作,苍山保护管理局制定了《条例》宣传计划,采取与大理日报社、大理州电视台、大理广播电台和县市新闻媒体合作的方式,发放《条例》宣传资料2万多份,《条例》文本3300册,悬挂宣传标语37条,发送手机短信1000条,对下一步贯彻执行《条例》奠定了良好的群众基础。

进一步完善了州苍山保护管理局网站,共上传40多条信息。印发苍山保护宣传保护年画、宣传挂历等宣传资料1.95万份,印发苍山生态保护宣传彩页1万份,悬挂宣传标语15条。通过不同层次、不同形式的宣传,使周边企事业单位、学校、村社、群众和游客增强了保护苍山的意识，让越来越多的人认识到"爱我苍山、保护苍山，人人有责。"

【滇西北生物多样性保护繁育】 2009年4月，省人民政府滇西北生物多样性保护联席会议的召开，标志着滇西北生物多样性保护繁育（大理）中心项目已纳入云南省滇西北生物多样性保护行动计划。作为滇西北生物多样性保护行动重点依托的中心之一，为高起点、高标准建设好该项目，州苍山保护管理局委托中国科学院植物研究所编制《滇西北生物多样性保护繁育（大理）中心项目可行性研究》。2009年11月召开了中期汇报会，已完成特色植物普查和项目可行性研究报告初稿。

【林窗地恢复更新全面完成】 由于挖沙取石和泥石流的原因，造成苍山山体、植被和地貌景观的严重破坏。州苍山保护管理局在庆洞（小干河）采沙点实施了林窗地生态修复项目。种植冬樱花510株，枫香496株，北京杨20株，千头柏502株，爬山虎300株，油麻藤292丛，常春藤100丛，边坡及平台铺种草坪2600平方米，砌筑挡土墙161.46立方米，挡墙边沟133.5米，坡顶边沟511米，简易边沟284米，蓄水池3座（总方量为32立方米），边坡挂土工网2000平方米。苍山林窗地修复项目的实施，对水土流失的防治和植被恢复起到积极的作用，有效保护了生态环境。

【繁育白腹锦鸡】 苍山分布有国家二级保护动物白腹锦鸡，但由于人为因素的影响，使苍山上的白腹锦鸡几乎灭绝，为有效保护苍山生物多样性，达到人与自然和谐相处，通过建立1000平方米的白腹锦鸡养殖基地，把猎捕的白腹锦鸡收容到保护繁育基地，加以保护，并根据国内成熟的锦鸡繁育技术，进行人工繁育，使白腹锦鸡的数量有所增长，达到能在野外自然繁衍的种群数量。目前已成功养殖白腹锦鸡50多只。

【开展苍山水资源情况调查】 年内，以漾濞县苍山保护区7条、洱源县苍山保护区8条重点溪流为重点，根据州苍山保护管理局拟定的《苍山水资源情况调查实施方案》，采取与各县市水文局合作的方式对苍山溪流的水质、水量等水资源情况进行调查。

【苍山景区门票和资源有偿使用费征收】 为做好苍山景区门票经营工作，强化景区门票管理，采取与旅游集团联合促销景区旅游，共同做好苍山景区服务接待工作等形式，推进苍山景区生态旅游工作，全年接待进入苍山景区游客19.5万人次，完成苍山景区门票费390万元，比上年略有增长。在县市苍山保护管理（分）局的配合下，对在苍山保护范围内从事生产经营活动的单位和个人依法征收风景名胜资源有偿使用费，全年完成苍山风景名胜资源有偿使用费57.45万元，超额完成征收任务。

【苍山内建设项目审批】 州苍山保护管理局严格按照《苍山保护管理条例》的规定，严把苍山保护范围内建设项目选址准建审批关，做好苍山保护区建设项目的准建审批工作和进入苍山保护区活动人员的准入审批工作。2009年，初审同意了4家单位在苍山保护范围内的项目建设，批准2个进入苍山保护区指定范围内进行活动的申请。

苍山保护管理局除继续执行《大理州苍山保护管理巡护制度》外，加强苍山沿线日常巡护，截至2009年底，巡护302次1321人次，立案查处15起，行政处罚12人次，罚款8000元，警告、批评教育154人次；有效制止和打击苍山保护范围内各种违法犯罪行为；全年共接到举报案件10起，苍山保护管理局会同相关部门，迅速组织人力，深入案发地点，进行实地调查，对举报属实的违法事件，进行严厉查处，满意率达到100%。

（《苍山保护》由何永娜供稿）

（本部类责任编校：那鹏）

贸　易

国内贸易

【概　述】 2009年，全州共引进国内经济合作项目201项，其中，当年新签约项目125项，往年结转项目76项。引进州外实际到位资金73.91亿元，在上年完成50.05亿元的基础上净增23.86亿元，增长47.67%，完成州下达目标任务数60亿元的123.18%；其中省外实际到位资金39.58亿元，在上年完成32.19亿元的基础上净增7.39亿元，增长22.96%，完成省政府下达目标任务数37亿元的106.97%。新批外商投资企业8户，实际利用外资1841万美元，完成年度任务数1800万美元的102.28%。在年终全省招商引资工作综合考评中，大理州被省政府评为全省招商引资质量综合考核第三名，荣获二等奖。

【招商项目储备取得新突破】 年内，大理州商务局及早谋划，采取多项措施，立足全州资源和区位优势，实施重大项目提报制度，加强项目的动态管理，切实做好招商引资项目的论证、储备。2009年，大理州共收集、筛选、论证、包装、储备、编印推出招商项目308个，投资总额达1538.8亿元人民币。其中，工业矿业类项目51个、农业食品类48个、林业环保类36个、旅游度假类41个、能源交通类15个、城建地产类26个、商贸物流类40个、文化医药类51个。策划、编印、刻录了中英文对照的《大理投资指南》、《大理州招商引资项目》、《大理州经济技术合作重点项目》等一系列项目册与光碟，为招商引资工作奠定了坚实的基础。邀请专家对大理州投资环境进行评估，编印了《大理州投资环境评价报告》，以第三方的评估结果进行投资环境宣传，增强了投资环境宣传的客观性和公信力，取得了较好的效果。

【创新招商引资工作机制】 年内，在招商引资工作机制创新上，大理州商务局通过走出去学习，加大调研力度，相继拟定上报，并由州委、州政府出台了《中共大理州委办公室大理州人民政府办公室关于强化驻外机构招商引资职能的意见》、《2009年度大理州招商引资责任目标》、《大理州2009年度招商引资工作经费管理办法》、《大理州2009年度招商引资责任目标考核评价办法》、《大理州招商引资项目服务承诺实施办法》、《大理州2009年度招商引资工作方案》和《大理州招商引资项目回访制度》7个促进全州招商引资发展的相关文件，极大地激发了全州各级各部门的工作积极性和主动性，营造了良好的招商氛围，确保了招商引资到位资金实现了跨越式增长。

【招商引资质量提升】 年内，面对国际国内复杂的经济形势给招商工作带来的严峻挑战，大理州采取了积极有效的措施，注重引资质量，逐渐实现了从数量型招商向质量效益型招商的转变，从招商引资向招商选资转变，从引进资金向引进技术、人才和管理理念转变。深入实施招商引资州内向州外、省内向省外、省外向国外的“三步走”战略。坚持内资外资一起引，使全州引进省外实际到位资金和州外实际到位资金均大幅增长。年内，先后成功引进了中国华电集团总公司、中国大唐集团、国电电力集团、华能集团、北京泛华建设集团、泰国国王食品公司、昆钢集团、云南物流产业集团、云南地矿资源股份有限公司等一批国际国内知名的大企业、大集团落户大理，投资建成一批具有辐射功能强、带动作用大的企业实体，为大理州第二轮经济工业倍增、旅游二次创业注入了新的活力。

【推进城乡市场体系建设】 年内，大理州在争取各级政府支持城乡市场体系建设上取得新突破。①针对大理州城市商业网点规划滞后的实际，在经过学习借鉴和大量调研的基础上，拟定了《大理州商业网点规划思路》和《大理州商业网点规划图》，指导各县市编制《商业网点规划》。②加大了向上争取改造、新建乡镇市场和“万村千乡”市场工程建设的资金扶持力度，在全省建设的乡镇市场和“万村千乡”工程年度建设指标数中，大理州争取到的建设指标数为全省第一，极大地促进了全州城乡市场体系建设，交易环境进一步改善。③积极稳妥地做好推广家电下乡的组织领导、宣传动员、人员培训、网点布局、登记备案、货源组织、资金筹措、销售启动、补贴兑付等各项工作。④抓住州人大代表视察全州内贸工作契机，多次向视察组和州委、州政府就加强农村市场建设等作工作汇报，得到了州政府领导的认同，决定将农村市场体系专项建设经费列入州级财政预算，给予专项扶持。⑤千方百计争取到昆明至大理的输油管道建设项目，极大地缓解了因油运紧张而带来的不稳定因素。⑥成功承办了云南省乡镇集贸市场建设现场会，充分展现了大理州在乡镇集贸市场建设工作中取得的成绩，为全省乡镇集贸市场建设工作提供了成功经验。

【维护商贸流通市场秩序】 年内，大理州在商贸流通市场秩序维护上取得新突破。①认真抓实元旦、春节、“五一”期间的市场供应、监测和巡察，及时协调解决流通企业的困难和问题，保障节日市场物质供应，确保节日期间全州市场繁荣、供需平衡、物价稳定。②加大生活必需品和重要商品的市场监测工作力度，并根据省厅要求把大理市和弥渡县列入全省百县监测对象，新增了祥云县百货大楼、永平宏达商贸有限公司、南涧土产日杂公司、宾川贸易公司4个企业为重点流通样本监测企业。弥渡县兴发商贸有限公司、巍山县农资种业有限公司、鹤庆县农资有限责任公司、永平县供销合作社联合社农资公司4个企业为重要生产资料样本监测企业。③开展了打击违法添加非食用物质和滥用食品添加剂专项整治以及“万村千乡”市场工程农家店节日期间的“保安全，促消费”活动。④扎实开展了对全州23个生猪定点屠宰企业证牌的统一编码、制作和换发工作,进一步规范了生猪定点屠宰企业的管理。年内,全州共屠宰生猪15万头,无害化处理率、肉品检验率均达100%。同时,切实加强了猪流感疫情的监测和防控工作,成效非常显著。⑤推荐上报了大理海春畜牧有限公司、鹤庆乾酒有限公司鹤庆酒厂和祥云得元食品有限责任公司3家企业为省级活猪、冻猪肉储备企业,争取资金扶持。⑥做好成品油运行监测工作。协调公安、工商、发改委等部门积极采取有效措施,对囤积居奇、哄抬价格、牟取暴利等违法行为的生产经营单位和个人开展打击查处,切实维护了合法经营者和消费者的利益。⑦积极争取"放心菜市场工程"建设项目,积极推荐大理市泰兴市场作为实施标准化菜市场示范工程,争取国家、省的资金支持。

【家电下乡稳步推进】 2009年,全州共完成489个家电下乡销售网点的备案工作,销售家电总量66015台,销售总额为118191万元,兑现到农民手中的补贴为1244万元。累计建成农家店2026个,遍及全州98%的行政村,居全省首位,获中央、省级补助资金2235.23万元。改建14个乡镇集贸市场,新建5个"双百"市场,获得省级补助资金820万元。全州共完成社会消费品零售总额120亿元,同比增长16%。全州商品供给充裕,市场繁荣,居民消费心理稳定。

【"四大"联谊年会召开】 按照大连、大理、大同、大庆4州市商务、贸促系统原来签订的联谊协议,2009年,大理州承办了4州市联谊年会。本次会议首次将"四大"联谊活动上升到州市政府合作交流的层面,并召开了第一届"州市长论谈",签订了政府合作协议,为大理州扩大开放开辟了新渠道。

(《国内贸易》由孙建新撰稿)

对外贸易

【进出口总额首次突破1亿美元大关】 2009年,全州共完成进出口总额14405万美元,在上年完成9109万美元的基础上净增5296万美元、增长58.14%,进出口总额首次突破1亿美元大关、位居全省第7位。其中,出口完成6233万美元、同比增长13.86%,进口完成8172万美元、同比增长124.83%。超额完成了州政府下达的进出口总额10190万美元的年度工作目标任务。

【"请进来、走出去"招商推介取得新突破】 年内,大理州在"请进来、走出去"的招商推介工作中取得新突破。①切实把过去"成群结队的团队式请进来"改变为"单个企业、单个项目请进来",充分利用目前已在大理投资的客商资源,扎实开展"以商招商"工作。2009年,先后邀请了香港瑞安集团、香港骏杰国际投资集团、香港沣氏集团、新加坡苏米特集团、中国国电集团国电电力发展有限公司、北京泛华建设集团、深圳花样年集团、深圳环球嘉年华投资公司、法国城市照明管理集团、云南昆钢物流公司、云南铜业集团、云南物流产业集团等大企业、大集团到大理州考察、洽谈,达成了一批投资合作项目。②采取小分队出击招商、上门招商等招商方式,主动"走出去"招商引资。先后组织了由州委、州政府领导率领的小分队对昆明钢铁控股有限公司、云南冶金集团总公司、云南柏联集团、昆明星耀集团实业有限公司、香港瑞安集团上海总部、上海上实集团、上海复星集团和韩国现代汽车有限公司等大企业、大集团进行了考察和招商活动,对全州招商引资重点项目进行宣传推介。③组织了12县市、"两区"商务局(招商局)和部分企业及园区参加了由国务院侨办、云南省人民政府主办的有来自30多个国家和地区的560余名海外侨领和华商参加的"第七届东盟华商会投资西南项目推介会",充分展示了大理州的资源优势和投资环境。④在昆明成功举办了大理州建州以来规模最大、规格最高的"2009年大理白族自治州经济技术合作项目推介酒会",邀请了来自美国、英国、法国、德国、日本、香港、台湾等30多个国家和地区的560余名海外侨领和华商以及国内100多名知名企业家参加。新华社、人民网、新华网、经济日报、香港文汇报等32家媒体参加推介会并作了宣传报道。⑤以"借台唱戏"的方式,借助"云南文化旅游周暨广东省云南商会成立庆典大会"举行的契机,在深圳成功举办了"大理州经济技术合作项目推介会"。另外,抓住云南温州商会年会在大理召开和泰华侨团首长参访团到大理考察的机遇,成功举办了"温州·大理经济技术合作项目推介会"和"大理·泰华侨团经济技术合作项目推介会",取得了很好的宣传推介效果。⑥利用各种节会展会开展招商工作。先后组团参加了昆交会、第五届泛珠三角区域合作经贸洽谈会、第十届中国西部国际博览会、第六届中国——东盟博览会。共发送《大理投资指南》、《大理州招商引资项目》、《大理州经济技术合作重点项目》3000多册,加强和拓展了大理州与泛珠区域内省区的合作与交流。

【外贸重点企业进出口业绩喜人】 年内,大理州选择了一批有潜力、有市场竞争力的优势产业,从政策导向、资金帮扶、业务指导、市场拓展等方面给予积极支持,保障了这些企业出口的稳步增长。2009年,全州进出口总额超过300万美元的企业达11户,共实现进出口总额13446万美元,占全州进出口总额的93.34%。其中超过1000万美元的有4户,分别是祥云飞龙有色金属股份有限公司、大理源畅光电有限公司、云南华王绿色食品有限公司、宾川农宽垦副产品有限公司,比上年增加2户;进出口总额超过500万美元以上1000万美元以下的有1户。

【农产品出口增长势头强劲】 年内,大理州充分利用与东南亚国家的经济互补优势和东盟自由贸易区的特殊区位,抓住香葱等农特产品对台湾、泰国、越南等出口增长的有利时机,加大市场营销力度,扩大出口。2009年,全州农产品出口增长势头强劲,已成为第一大宗出口商品,共出口5038万美元,同比增长21.2%,占全州出口总额的80.3%。其中香葱、大蒜出口总额达到2428万美元、同比增长51.37%,水果实现首次自营出口,出口额479万美元。2009年,全州单项产品出口额达300万美元以上的有香葱、大蒜、纺织品、乳制品、野生菌、水果、啤酒、农用汽车、松香9个品种,共出口5709万美元,占全州出口总额的91.6%。

【营造良好的外贸进出口发展环境】 年内,大理州商务局积极应对国际金融危机对外贸进出口带来的严峻挑战,不断加大调研和业务指导力度,多次适时组织召开了进出口企业座谈会、培训会,及时帮助、协调解决企业在开展进出口业务工作中遇到的困难和问题。同时,最大限度地帮助企业向上争取各项外经贸发展资金,2009年,共争取到各项资金支持1500多万元,并协调财政及时兑付到企业。会同商务、海关、检验检疫、外管、税务等涉及进出口工作的相关部门定期不定期地研究进出口工作形势和存在的问题,形成了部门联动的协调机制,创造了外贸进出口发展的良好环境,有力地促进了进出口的增长。

【拓展国际劳务输出】 年内,大理州商务局积极做好外派劳务宣传工作,主动与省商务厅和有关县市联系沟通,向省商务厅推荐弥渡县为大理州的“省级外派劳务基地县”被批准备案。另一方面,进一步强化外派劳务业务指导,与大理州兴洲小额信贷公司协调,促成了大理国际公司与兴洲公司达成筐架贷款协议;为弥渡县和大理国际公司争取无偿援助资金6.71万元;为省路桥公司对外承包公路建设项目与省商务厅、国家对外投资承包商会协调,项目最终获准备案。2009年,外派劳务出国人员共82人,比上年增长23%。

(《对外贸易》由孙建新撰稿)

供销合作

【概　述】 2009年是全面贯彻落实中共云南省委、省人民政府《关于深化改革推进供销合作社“二次创业”意见》和州委、州人民政府《关于深化改革推进供销合作社“二次创业”实施意见》关键的一年。一年来,大理州供销社系统以科学发展观为统领,以推进供销合作社“二次创业”为重点,进一步统一思想,明确了当前和往后一段时期供销社改革发展的方向和任务,增强使命感、紧迫感和责任感,在全系统营造了团结干事、开拓进取、奋发向上、务实高效的良好氛围,为全力推进“乡村流通工程”建设奠定了坚实的基础,各项工作任务取得了较好的业绩。

【主要经济指标持续快速增长】 年内,大理州供销社系统汇总实现利润2200万元,完成省社下达任务的176%,比上年的2156万元增长102%;经营总额239065万元,完成省社下达任务的125.8%,比上年171314万元增长102%;销售化肥468196吨,完成省社下达任务的17.3%;发展“两社一会”437家,完成省社下达任务的132.4%;培训人员10374人,完成省社下达任务的225%。

【召开全州供销社改革发展座谈会】 为贯彻落实全省供销合作社改革发展座谈会精神,州委、州政府于2009年5月6日组织召开了州委、州人大、州政府、州政协和各县市党委、政府分管领导,社主任参加的全州供销社改革发展座谈会。会议分析了当年大理州供销合作社改革发展面临的形势,安排部署相关工作。

【全力落实“县县五个一”】 年内,为全面贯彻落实省委、省政府相关精神,省社提出“县县五个一”工作任务。一是县委、县政府结合实际出台一个《实施意见》;二是县委、县政府组织召开一次供销社改革发展工作会议;三是各县市制定一个《乡村流通工程》建设规划;四是明确一个“乡村流通工程”建设试点单位;五是建立一个贯彻落实县委、县政府《实施意见》的联席会议制度。截至10月27日,全州12县市全面完成了“县县五个一”的工作任务,为进一步贯彻落实好省、州党委、政府深化改革,推进供销合作社“二次创业”的实施意见打下了坚实的基础。

【抓好教育培训】 2009年,大理州供销社在教育培训经费十分短缺的情况下,积极开展了以农产品经纪人为重点的农村各类实用技能技术人员培训。共举办培训班277期,培训各类人员10374人次(其中:开展农民经纪人培训1558人次)。通过对乡镇种养大户、农村能人、村组干部及农产品经纪人的培训,有力地推动了农民专业合作经济组织的发展壮大。同时,在供销社的积极倡导和有力的组织下,农民专业合作社发展迅速,并在搞活农产品流通市场,助农增收中涌现出了一批典型农产品经纪人,造就了一支优秀的农产品经纪人队伍。大理市农产品经纪人段秀芳、李和木,在全国首届优秀农产品经纪人评选活动中被评选为“全国百佳农产品经纪人”。大理州供销社被中华合作总社评为2009年度全国供销合作社农民实用技能鉴定和农产品经纪人星火科技培训优秀单位。

【落实州级财政和各县(市)财政资金支持】 根据州委、州政府明确每年补助化肥储备贴息和仓储设施建设100万元、农村现代流通服务网络体系建设150万元、以及每发展一个农民专业合作经济组织补助1万元的相关政策。年内,大理州供销社积极上报州县财政2010年部门预算,请求政府纳入预算,以项目引资金,促进“乡村流通工程”建设的快速发展。

【全州“乡村流通工程”建设进展顺利】 年内、大理州供销社按照“政府引导、市场运作、合理布局、改建为主、连锁配送、一网多用、规范完善”的要求和州委、州政府提出的五年发展目标,结合各县市实际,以祥云、鹤庆为试点县,认真开展全州区域乡村流通建设规划和项目申报,全年全州各县市供销社系统争取省、州、县级“乡村流通工程”建设项目50个,落实省、州、县级财政项目资金补助合计917万元,其中:争取省级化肥储备贴息5个企业,贴息资金91.25万元,专业合作社补助资金50万元。为确保专项资金的规范使用,州社下发了文件,开展专项检查,确保专款专用,提高资金的使用效率。

【大理州供销社被授予州级文明单位称号】 在荣获市级文明单位荣誉称号之后,2009年5月,大理州供销社成立了以社党组书记、主任为组长、社领导班子其他成员为副组长,党、政、工、青、妇为成员的创建领导小组,围绕创建规划,开展了扎实有效的州级文明单位创建活动。抓领导班子建设,做到团结干事;抓深化改革,构建和谐社会;加强党风廉政建设,做到廉洁从政;抓综治工作,创造良好的工作生活氛围;抓评优创先活动,保持奋发向上的工作和生活热情,历时2年的创建活动有力地促进了社机关各项工作的全面进步。2009年,经考核验收,大理州供销社机关被州委、州政府命名为州级文明单位。

【签订日用消费品流通合作协议】 年内,州供销社紧紧抓住“二次创业”的发展机遇,充分利用自身网络优势,进一步加大“开发办社”和联合合作的力度,于11月20日与大理泉源商贸有限公司签订日用消费品流通合作协议,全力打造大理州农村现代流通服务网络体系,推动大理州“乡村流通工程”建设。

【加快农资销售服务网络体系建设】 2009年,为加快和完善农资销售服务网络体系建设,州供销社系统以联合合作的方式重组了漾濞、祥云、云龙、洱源、宾川等县供销社农资公司。

【基本解决改制企业拖欠职工养老保险金问题】 为全面贯彻落实中共云南省委、省人民政府《关于深化改革推进供销合作社“二次创业”意见》精神,解决全州供销社系统参保企业拖欠职工社会养老保险金问题。经州供销社深入细致地调查核实后，争取到财政专项补助资金238.58万元，基本解决了全州供销社系统改制企业长期拖欠职工社会基本养老保险金的问题。

(《供销合作》由张韬撰稿)

粮油购销

【概　述】 2009年，面对国际金融危机的冲击，粮食工作经受了严峻的考验。年内，全州粮食系统干部职工深入学习实践科学发展观，紧紧围绕全州经济社会发展的战略目标和《大理州粮食局2009年工作意见》，突出重点，狠抓落实，全面完成了粮食流通管理工作和粮食清仓查库任务，保障了全州粮食安全。

一是认真学习，组织开展调研。①按照学习实践活动规定篇目学习，撰写心得和调研材料；②学习党的十七届四中全会精神；③学习粮食法规、规章、政策和综合法律、法规、规章；④学习新知识、新技能。针对部分干部职工存在工作责任心、执行力和创新力不足的情况，给每名职工和各县市粮食局领导、企业负责人发放了《谁动了我的奶酪》、《致加西亚的信》、《粮食战争》、《粮食危机》等书籍学习，注重代着问题联系实际学习。8～11月，局领导率相关人员组成调研组对影响全州粮食工作发展的几个关键问题开展调研，到成功地区学习取经，起草完成了3个调研报告，对进一步做好粮食工作具有较强的针对性和指导意义。

二是认真完成了清仓查库任务，摸清了库存家底。按照国务院的部署和云南省清仓查库工作实施方案，由局领导带队，相关部门人员组成2个检查组，对规定普查的单位按普查的内容、时点进行严格检查，经省政府复查，国务院抽查，所查内容真实、安全、规范，做到账实相符、账账相符、库贷挂钩、补贴到位。

三是认真落实粮食行政首长负责制。按照省政府关于继续完善云南省粮食行政首长负责制考核指标和奖惩的要求，州政府充实完善了考核指标，调整了考核分值，并对各县市粮食行政首长负责制落实情况及州级相关部门工作进行了检查考核。受到省、州政府的表彰奖励。

四是加强储备粮管理。①严格按照中央及地方储备粮管理法规和规章管理各级储备粮，做到各级储备粮在需要时调得动、用得上、有保障；②按时、按质、按量完成了省州储备粮年内的轮换任务；③建立了州级食用植物油脂储备。

五是积极推进依法管粮工作。①依法做好《粮食收购许可证》的申请、审批发放和年度审核工作；②积极开展全州粮食行业安全生产执法治理和宣传教育"三项行动"和专项整治工作；③认真开展军粮财务专项检查工作；④按时上报行政许可、行政审批和行政复议事项。

六是认真做好军粮供应工作。①按照《军粮供应管理暂行办法》做好军粮供应价差的审核、结算、拨补，积极筹措粮源，确保当地驻军的军粮供应；②按照国家粮食局的部署，对全州军供粮站、点进行军粮财务专项检查。经查，全州军供粮站均在农发行设立专户，无截留、挤占、挪用和虚报冒领军粮差价款，无担保、抵押情况。

七是加强党风廉政和机关作风建设。①局领导以身作则，带头严格执行领导干部廉洁自律各项规定，勤政廉政，开拓工作；②层层签订廉政责任制及廉政承诺；③深化理论学习，注重联系工作学习；④强化工作责任意识、忧患意识和爱岗敬业教育；⑤制定《大理州粮食局贯彻实施重大决策听证、重要事项公示、重要工作通报、政务信息查询四项制度工作方案》，落实"阳光政府"四项制度，做好信息直通车工作；⑥严格公务接待和车辆管理制度，厉行节约，同比公务接待费用支出削减10%，车辆运行费压缩8%；⑦深入基层，开展调研，为基层搞好服务，为党委政府当好参谋；⑧深入挂钩扶贫村切实帮助村委会出谋划策，为困难群众解决生产、生活中的实际困难。

【开展调研】 为加强和改进粮食工作，在学习实践科学发展观活动开展调研的基础上，8～11月，由州粮食局局长带队，相关科室、县市粮食局长和企业负责人组成课题调研组，对全州粮食工作基础设施、储备管理、搞活经营、队伍建设等进行了深入调研。在为期4个月的调研过程中，调研组走访察看了全州90%以上的粮点、仓库状况和粮食经营管理情况，参观学习了北大荒集团、西粮集团、成都青白江粮油储备中心、昆明南国家粮食储备库、红粮集团、借鉴他们的成功经验和做法。在充分开展调查研究的基础上，调研组针对全州粮食工作存在的突出问题起草形成了集中反映当前全州粮食工作特点，对全州粮食工作具有指导意义的《关于加强大理州地方国有粮食仓储设施建设的调研报告》、《关于加强粮食储备管理的调研报告》和《关于加强粮食机构人员的调研报告》。

【粮食清仓查库】 根据《云南省人民政府办公厅转发国务院办公厅关于开展全国粮食清仓查库工作文件的通知》和《2009年云南省粮食清仓查库工作实施方案》，州政府及时成立了由分管副州长为组长，分管副秘书长，粮食局、发改委领导为副组长，监察局、财政局、农业局、审计局、质监局、统计局、州农发行相关人员为成员的全州粮食清仓查库工作领导小组和办公室，制定了《大理州粮食清仓查库工作实施方案》，组织了64人参加省粮食清仓查库业务培训，抽调55人完成了全州粮食清仓查库工作。①检查重点：一是粮食库存实物；二是粮食库存账务；三是核查企业农发行贷款余额和企业粮食实际库存成本情况；四是核查企业上年末的财政补贴资金；五是核查重点非国有粮食企业执行粮食流通制度的情况；六是核查对重点非国有粮食企业、粮食企业粮食库存情况的典型调查。②检查时点：2009年3月25日24时；③检查范围：全州12个县市及州级国有粮食企业、中储粮云南分公司大理直属库。④检查结果：全州12个县市及州级国有粮食企业、中储粮分公司大理直属库库存真实、质量完好、储粮安全、轮换规范、账实相符、账账相符、库贷挂钩、补贴到位。

【粮食行政首长负责制目标考核】 年内，按照云南省粮食行政首长负责制领导组关于继续完善云南省粮食行政首长负责制考核指标和奖惩的要求，结合大理州的实际，大理州粮食局在粮食行政首长负责制考核指标中增加了加强粮食仓储设施建设和管理的指标，同时加大了国有粮油企业扭亏增盈力度的考核分值，并由粮食、财政、农业、农发行、统计等部门组成考核组，对大理、祥云、洱源、鹤庆、漾濞、云龙6市县2008年贯彻落实粮食行政首长负责制情况进行了实地考核。年内，省人民政府对州人民政府2008年贯彻落实粮食行政首长负责制考核结果为合格，并给予了奖励；州人民政府对考核优秀的祥云县人民政府、考核优良的大理市和弥渡县人民政府、考核合格的其余9个县人民政府和州级8个相关部门给予了奖励。

【国有粮食企业积极应对金融危机度过难关】 年内，受国际金融危机的影响，全州外销的大宗粮食品种蚕豆、啤大麦、玉米受市场冲击，销售价格严重下滑。啤大麦从2.2元/千克下跌至1.5元/千克，玉米从2.1元/千克下跌至1.4元/千克。为确保种粮农民收益，全州国有粮食购销企业在粮价严重下滑的情况下敞开收购粮食，严格执行订单收购价格。粮食价格下滑因素直接导致了上半年全州国有粮食购销企业亏损145万元。下半年，全州国有粮食购销企业抓住国际经济触底回升和国家拉动经济政策措施出台的时机，积极转换经营方式，采取应对措施拓展经营，努力把亏损降到了最低程度。年末，全州国有粮食购销企业亏损93.7万元，同上半年相比减亏51.3万元，亏损下降35%。

（汪自云）

【建立州级食用植物油脂储备】　年内，云南省粮食局、云南省发改委以《关于下达各州市食用植物油脂储备规模建议的通知》，安排给大理州食用植物油脂储备任务。鉴于大理州辖区内目前没有大规模食用植物油脂存储基础设施条件的情况，经州人民政府研究决定：①按省政府下达计划建立州级食用植物油储备；②食用植物油以异地动态储备方式储备。州粮食局为此将第一批食用植物油脂储备计划下达给州国家粮食储备有限公司，明确了食用植物油脂的储备数量、质量标准、费用补贴，并实行月报告制度。2009年末，州国家粮食储备有限公司与云南昆明国家粮食储备库签订了州级食用植物油脂动态储备合作合同。

【粮食收购行政许可单位年检】　根据《粮食流通管理条例》、《云南省<粮食流通管理条例>实施办法》和《粮食收购许可审核管理暂行办法》有关规定，州粮食局对2009年内发放了《粮食收购许可证》的77家单位（国有、集体股份制粮食企业29户，个体粮食经营户48户）进行了年检，均为合格。年检结果显示：①77户被许可人（单位）在《粮食收购许可证》所登记的内容无重大变化；②被许可人（单位）无涂改、倒卖、出租、出售《粮食收购许可证》现象；③被许可人（单位）绝大多数都能够遵守国家有关法律、法规和粮食政策，尤其是对"最低常年粮食库存量一般应该保持申报仓库容量的10%"的规定执行较好。

【大理州国家粮食储备有限公司挂牌成立】　年内，根据《大理州人民政府关于授权大理州国有资产监督管理委员会对苍山饭店和大理州国家粮食储备库进行监管的通知》精神，州国资委对大理州国家粮食储备库履行出资人和人财物监管的职责。经州人民政府批准，该库进行了建立现代企业制度、转换经营机制的改制工作，改制后更名为大理州国家粮食储备有限公司，成立以公司、州国资委、州粮食局、州财政局组成的董事会，由公司和州国资委组成监事会，公司内设置物流分公司、办公室、财务部、仓储管理部、购销业务部和质检站6个机构。新公司于2009年11月6日挂牌成立。

（宋亚琴）

【创新经营见成效】　年内，大理州国家粮食储备有限公司按照年初制定的"以粮食储备经营为基础，扩大议价经营，大力发展现代物流业"的经营方针，创新经营方式，采取多客户战略、直接面对终端客户、广泛采集信息、改变融资方式、科学决策，制度化运作，租赁仓库7153平方米；共实现利润35万元，同比增长196.6%，企业步入了良性发展阶段。

（宋亚琴）

【切实搞好为农服务】　2009年，在秋粮收购中，大理直属库采取多项措施，将"惠农""利农""便农"工作落到实处，实现了工作服务和入库粮质好，售粮农民满意、直属库满意和地方政府满意的"两好三满意"。①及时宣传，扩大影响力。针对地方农户卖粮难的问题，在收购中深入到周边乡、村，把收购政策、价格、形式及质量标准及时向广大农户进行宣传；②敞开收购，工作透明。无论数量多少，坚持早开门、晚关门，敞开收购，做到了随到随收。并按照价格上榜、标准上墙、样品上台的原则，坚持严把质量、以质论价、计量公正、诚信待农、增加粮食收购工作的透明度；③为民服务，设置"便农"窗口。为确保粮农"粮出手、钱到手"，在库内设置"一站式"便民窗口，缩短售粮排队等候及结算时间，并与当地银行合作，在库内直接开设收购款支付点，由银行人员现场为卖粮农户支付现金，坚决"不打白条"。

（杨　松）

【确保企业安全生产】　年内，大理直属库认真抓好企业安全生产"六个一"工作，即：①召开一次安全生产动员会；②营造一个安全氛围；③组织一次安全知识专题学习活动；④开展一次安全知识竞赛；⑤开展一次安全消防技能演练；⑥开展一次安全生产宣传教育周活动。通过通报安全事故，在库内醒目位置张贴安全宣传标语，组织学习安全生产法律、法规、制度，开展安全知识竞赛和员工实地灭火演练，对库内粮仓、消防器材、生产办公用电、消防水池、制度责任落实情况进行全面检查等措施，进一步强化了安全生产意识和技能，筑牢了员工安全生产的紧迫感、责任感，为有效预防和控制直属库安全事故的发生起到了积极的作用。

（孟继斌）

（《粮油购销》除署名外由李宇撰稿）

（本部类责任编校：杨虓）

财政　税收

财　　政

【概　况】 2009年,受国际金融危机的冲击,加之政策性减免税费影响,全州财政增收极度困难,出现1~5月持续负增长的局面。面对危机,全州财政部门迎难而上,认真落实应对国际金融危机的一揽子措施,狠抓财源培植和征收管理,切实加快支出进度和优化支出结构,“千方百计保增长、集中力量保民生、坚定不移保稳定”。6月份财政收入增长由负转正、止跌回升,财政支出实现历史性突破,促进了全州经济社会平稳较快发展和社会和谐稳定。全州各级财政部门在有效应对金融危机冲击、促进经济平稳较快发展、圆满完成全年财政收支目标任务中,取得了令人瞩目的成绩,并积累了应对危机的宝贵经验:一是面对困难要始终坚定加快发展的信心;二是履行职责要牢固树立服务大局的意识;三是化险危机要科学把握统筹兼顾的方法;四是改善民生要把公共财政理念贯穿财政工作的始终;五是科学理财要始终把改革创新作为财政发展的动力。全州财政总收入完成676150万元,比上年增长12.6%,其中:地方一般预算收入完成315480万元,比上年增长14.4%。全州一般预算支出首次突破100亿元大关,达1020682万元,比上年增长36.1%。2009年全州财政部门认真组织实施大理白族自治州第十二届人大三次会议批准的地方财政预算,奋力克服国际金融危机对财政经济运行的严重冲击,狠抓增收节支工作,不断加强财政管理,抢抓机遇,化险危机,财政预算执行情况良好,圆满完成了州第十二届人大三次会议批准的财政收支预算。通过实施和深化预算管理改革、国库管理改革、国有资产管理改革、政府采购改革、财政资金绩效评价改革等各项工作,财政监督和精细化管理水平不断提升,财政资金使用绩效进一步提高。

【财政收入】 全州财政总收入完成676150万元,比上年增收75471万元,增长12.6%。其中:上划中央和省级税收收入360670万元,比上年增收35706万元,增长11.0%;一般预算收入完成315480万元,比上年增收39765万元,增长14.4%。财政总收入分征管部门的完成情况是:国税部门组织税收收入365723万元,比上年增收31009万元,增长9.3%;地税部门组织税收收入225255万元,比上年增收30237万元,增长15.5%;财政部门组织非税收入85172万元,比上年增收14225万元,增长20.1%。财政总收入分地区完成情况是:州本级完成260553万元,比上年增收30918万元,增长13.5%;县市级完成415597万元,比上年增收44553万元,增长12.0%。

【财政支出】 2009年,全州财政支出增长较快,保持了2位数以上增长速度。一季度,全州财政支出完成12.4亿元,同比虽增长18.7%,但仍低于全省平均增幅。州财政局通过调研后建议州人民政府下发《关于加快财政支出进度的通知》,进一步简化财政资金审批流程,切实加快了州本级切块资金的审批下达进度。全州财政支出增幅从3月底的全省第12位到6月底跃居全省第3位,全年财政支出增幅居全省第5位。全年全州一般预算支出首次突破100亿元大关,达1020682万元,比上年增支270463万元,增长36.1%,高于全省平均增幅3.5个百分点。全州一般预算支出的分地区完成情况是:州本级支出124578万元,比上年增支28065万元,增长29.1%;县市级支出896104万元,比上年增支242398万元,增长37.8%。

【落实积极财政政策】 中央扩大内需政策出台后,州本级累计安排项目前期工作经费3750万元,州财政局会同有关部门共争取到中央和省扩大内需项目380项、资金14.2亿元;筹措扩大内需项目配套资金5.2亿元,并实现高效快捷安全足额拨付。抓住国家实施积极财政政策的机遇,全年争取到中央和省补助资金81.26亿元(含国债资金47618万元),比上年增加26.21亿元,增长47.61%。

【支持企业发展】 2009年州级财政安排支持工业企业发展专项资金6167万元,全州争取到中央和省级财政支持工业企业发展资金12235万元。帮助力帆骏马车辆有限公司争取到政府信用合作贷款2亿元。组建了2家小额贷款公司。积极支持中小企业信用担保体系建设,年内注入州级融资担保机构资本金4500万元,新增担保贷款3.92亿元,支持44家中小企业解困发展。

【税收减免】 认真落实增值税转型、消费税调整、车购税减征、内外资企业所得税合并、营业税起征点调整、出口退税等各项税收减免政策。全州落实增值税转型政策减征增值税11647万元,落实小排量小汽车税收政策减征车购税3176万元,落实企业所得税优惠政策减免企业所得税20000万元,办理出口退税9312万元。有效降低了企业税收负担,促进了企业技术进步、产业结构调整和经济发展方式的转变。

【服务“三农”】 全州农林水事务支出128130万元,比2008年增支20925万元,增长19.5%。州级财政安排农业方面的资金12528万元,同比增支2130万元,增长20.5%,其中:扶贫开发千村推进建设资金3300万元、扶贫示范园区建设资金1000万元。全年发放粮食直补、良种补贴、农资综合直补、农机具购置补贴、农业生产补贴、新型农村合作医疗补助等19项惠农补贴,补助资金121191万元,农民人均获得补贴401元。各级财政支持县域金融机构涉农贷款增量奖补达1759万元,直接或间接拉动全州多投放涉农贷款89662万元。多渠道筹集农业综合开发资金9041万元,比2008年增加60.58%。以改造中低产田为重点，在全州7个开发县市实施31个农业综合开发项目。全年全州财政部门组织完成中低产田地改造6.33万亩，超额完成了州中低产田地改造办公室下的达计划1.29万亩。

【支持农村综合改革】 全年共争取到省农村税费改革转移支付资金19719万元，促进乡（镇）机构、农村义务教育和乡（镇）财政管理体制改革进一步深化；华侨农（林）场改革、集体林权制度配套改革稳步推进；争取到中央和省对大理州实施农村公益事业“一事一议”财政奖补试点资金6271万元，补助了1139个自然村的公益事业建设项目，有效破解了农村公益事业建设难题，得到了广大农民群众的拥护。

【支持医疗卫生事业】 全州医疗卫生支出完成95595万元，同比增支25821万元，增长37%；州级财政共筹集资金1455万元，支持城镇居民基本医疗保险试点；筹集资金21211万元，将新型农村合作医疗年人均筹资和政府补助标准分别提高到每年100元和80元，参合率达93.3%；筹集资金2722万元，支持健全农村和城市社区医疗卫生服务体系；筹集资金3830万元，支持新一轮艾滋病防治和甲型H1N1流感防控工作。

【支持城乡社会保障】 全州共筹集社会保障和就业支出151405万元，同比增支55697万元，增长58.2%。筹集资金28832万元，使292987名贫困人口得到最低生活保障；筹集资金4460万元，将各类关闭破产企业及困难国有（集体）企业退休人员17817人全部纳入城镇职工基本医疗保险；筹集资金1496万元，对城乡低保边缘群体和其他临时困难群众给予临时救助；筹集资金5400万元，使18694人优抚对象享受到抚恤补助政策；全州发放下岗失业人员小额贷款13242万元，财政全额贴息569万元，共扶持4007名下岗失业人员再就业。

【支持社会事业】 全州共安排文化体育和传媒资金22747万元，同比增支11193万元、增长96.9%；州财政安排文化文物专项经费427万元，支持民族文化研究和保护开发、城乡文化事业发展。争取到上级财政专项资金259万元，确保州博物馆等3家博物馆从2009年起免费开放。全州安排科技资金7097万元，同比增支817万元，增长13.0%，其中：州级安排科技科普经费980万元，促进农村实用技术普及和推广运用等各项事业的发展。

【支持教育事业】 2009年，全州教育支出完成187575万元，比上年增长31.2%。安排农村义务教育保障经费27370万元，保障机制得到不断巩固完善，有效地改善了大理州农村中、小学办学条件，缩小了城乡教育差距，促进了教育公平。支持启动全州中、小学校舍安全工程。全州筹集资金17686万元，排除中、小学校D级危房17.9万平方米。全州共争取上级义务教育债务化解资金1713万元，年内化解义务教育债务2573万元。州财政安排1000万元普通高中建设资金和1000万元职业学校校舍实训实作基地建设资金，有力地促进了高中教育和职业教育协调发展。

【支持生态文明建设】 州级财政安排2000万元用于洱源生态文明示范县建设；通过政府信用合作方式向银行贷款7000万元推进洱海保护治理各重点项目按计划实施，当年州级财政投入洱海保护治理项目资金达9760万元，争取到中央和省投入12394万元。各市县也相应安排生态环境建设资金，推进生态文明建设。

【推进财政改革】 部门预算改革方面，州本级84个部门、166个预算单位，以及12县市804个部门、2316个预算单位全部纳入部门预算编制范围，建立了较为详细的预算单位基础信息数据库。全面启动乡（镇）财政预算管理方式改革，将乡（镇）财政所的人财物统一收归县级财政管理，各县市统一实行“预算县编、账户统设、集中收付、采购统办、票据统管”的预算管理方式。全州国库集中支付改革整体推进，有1504个预算单位纳入财政授权支付范围，累计下达财政授权支付额度291400万元，比上年增加104000万元，增长55.6%；实行财政统发工资预算单位1738个，统发人数93403人。州本级161个预算单位全面启动公务卡制度改革，提高了公务消费支出透明度。按照中央提出的“明确责任、分类负担、收支脱钩、全额保障”的总体要求，将各级政法机关所需经费全额纳入财政保障范围。全年争取到中央和省政法部门专项补助资金2.2亿元，州级安排配套资金2800万元，确保了改革顺利实施，提高了政法经费保障能力。启动和实施州级行政单位和参公管理事业单位经营性国有资产统一管理改革工作，对一批行政事业单位的经营性国有资产进行公开处置，金达酒店、红星饭店等已率先注入州国有资产经营投资公司实行集中统一管理。

【非税收入管理加强】 切实加大非税收入预算执行力度，严格执行“收支两条线”管理，积极探索建立非税收入增长新机制，财政部门非税收入完成85172万元，比上年增长20.1%，为缓解财政收支矛盾发挥了重要作用。

【进一步搞好政府采购】 在《大理日报》开辟“政府采购有奖征文”专栏，刊登文章21篇，有效宣传了政府采购工作。通过加强规范管理和监管核查，政府采购覆盖面和采购规模进一步扩大，采购效率进一步提升。2009年全州政府采购预算金额36669万元，实际采购合同金额32907万元，节约资金3762万元，综合节约率为10.26%。

【加强财政法规建设】 2009年，大理州人民政府印发实施了《大理州救灾资金管理办法》、《大理州工业园区专项资金管理办法》、《大理州州级财政节能降耗专项资金管理暂行办法》，提高了财政专项资金配置和管理的统一性、科学性和规范性。

【加强财政监管力度】 在贯彻落实中央和省扩大内需政策工作中，相关部门多次对扩大内需政策落实情况进行督促检查，重点检查了县市财政部门资金下达拨付情况、配套资金到位情况、项目单位管理使用情况、项目实施进展情况。进一步加强了对支农惠农政策落实情况的检查力度，对全州2008年千村扶贫开发百村整体推进资金进行了检查；配合省财政厅投资评审中心对大理州2008年7个县现代农业、中央财政现代农业生产发展项目进行了全面检查；配合中央审计署驻重庆特派办对弥渡县、剑川县“一折通”集体户进行了检查；与州农业局共同组成检查组，对全州2005～2008年村容村貌、集体经济、合作组织资金进行了全面的检查；对祥云、宾川、洱源、鹤庆4个国家级开发县3年来农业综合开发土地治理项目财政有偿资金债务核减情况进行了督促检查。

【落实财政资金绩效评价制度】 州级财政资金管理建立并落实30万元以上项目预期绩效目标申报制度；州财政局组织17个部门对2008年州本级财政安

排100万元以上的项目支出开展部门绩效自评。各县市都启动了财政支出项目绩效评价试点，切实加大了对财政资金使用的跟踪问效力度。

【降低行政成本】 2009年，下发了《关于严格控制一般性支出切实做到四个零增长的通知》、《关于采取有力措施贯彻落实厉行节约八项要求的通知》，对公款出国经费、车辆购置和运行费用、公务接待费、用电用油用水费用前3年的支出情况进行摸底调查，并按照中央和省的要求提出大理州2009年公款出国经费、车辆购置和运行费用、公务接待费、用电用油用水费用支出压缩目标及措施。2009年，全州出国(境)费用支出下降54.5%，汽车购置和运行费用支出下降21.9%，接待费用支出下降11%，用电、用油、用水支出下降6.2%，有效节约了开支，降低了行政运行成本。

【刺激农村消费】 2009年，在落实“家电下乡”、“汽车摩托车下乡”、“汽车以旧换新”和农机具购置补贴等过程中，通过加强领导、组织培训、加大宣传、规范运作、精简程序，实现补贴资金及时发放。全年家电下乡销售11819.06万元，兑付补贴1244.23万元，兑现金额居全省第四位；汽车摩托车下乡销售55383.16万元，兑付补贴5551.35万元；兑付农业机械财政补贴3800万元，补贴农机具10142台(套)。通过多方努力，力帆骏马车辆有限公司的17种产品被列入“汽车下乡”产品销售目录，公司销售总额达35亿元。全州实现社会消费品零售总额120.43亿元，比上年增长16.3%，消费对经济增长的拉动作用显著增强。

【加强财政队伍建设】 2009年，围绕建设“政治合格、业务过硬、作风优良、求实创新、清正廉洁”目标，切实抓好学习型机关建设和精神文明创建工作。州财政局机关、鹤庆县财政局、南涧县财政局机关等单位被评为州级文明单位、省级文明单位。调研信息宣传工作得到加强，信息工作在全省财政系统中居州市第二位，在中共大理州委、州人民政府考核中均位列第一位。州财政局分别被财政部财政科研所、省财政厅表彰为2009年度财政科研宣传工作先进集体。成功举办全州财政系统庆祝建国60周年首届职工运动会暨第六届“财政杯”篮球赛；参与组织国家税务、地方税务分设15周年暨庆祝建国60周年活动，增强了财税系统的凝聚力、向心力，为全年目标任务的完成提供了精神动力。州财政局组织创作的“财政金花”歌舞说唱节目，成功参加全国财政系统建国60周年文艺汇演、全省行(企)业文艺汇演，并获“星光创意奖”、优秀表演奖和优秀创作奖。充分展示了全州财政系统干部职工奋发有为、锐意进取、敢于拼搏、勇于创新的良好形象。

(《财政》由杨越冰供稿)

国家税务

【概　述】 2009年是进入新世纪以来经济社会发展最为困难的一年，也是大理国税收入形势最为严峻的一年。一年来，在中共大理州委、州人民政府和云南省国家税务局的正确领导下，大理州国家税务局始终坚持以邓小平理论和“三个代表”重要思想为指导，深入学习实践科学发展观，认真贯彻“服务科学发展，共建和谐税收”主题和“为国聚财、为民收税”宗旨，认真落实“创新发展年”各项工作部署，紧紧围绕“领导坚强、队伍整齐、素质过硬、服务优良、绩效明显、形象良好”的目标，落实“突出重点、突破难点、补足弱点、实现亮点”的要求，结合全州国税工作实际，坚持“狠抓作风建设，强化责任落实，坚持以人为本，构建和谐国税”的总体思路，在有效实现管理创新、推动国税工作科学发展方面取得了实实在在的成果，组织收入、税源管理、队伍建设、效能建设等各项工作取得了新的成绩。

【国税收入实现38.39亿元】 2009年，大理州国税部门共组织税收收入383913万元(含免抵调增值税收入1362万元)，比2008年增长9.29%，增收32632万元，占全州财政总收入676150万元的56.78%。完成云南省国家税务局年初下达收入确保目标370190万元的103.71%，超收13723万元；完成云南省国家税务局下达奋斗目标381390万元的100.66%，超收2523万元。组织“三税”(增值税、消费税和企业所得税)收入366674万元，比2008年增长9.47%，增收31714万元，完成中共大理州委、州人民政府下达“三税”目标任务360000万元(含免抵调增值税收入)的101.85%，超收6674万元。其中：国内增值税收入164086万元(含免抵调增值税收入1362万元)，比2008年下降1.99%，减收3324万元；国内消费税收入156661万元，比2008年增长31.66%，增收37670万元；企业所得税收入45927万元，比2008年下降5.42%，减收2632万元；储蓄存款利息个人所得税收入1342万元，比2008年下降55.80%，减收1694万元；车辆购置税收入15896万元，比2008年增长19.64%，增收2610万元。2009年国税收入在严峻的经济形势下实现9.29%的增长，宏观税负9.44%，税收弹性系数0.77，主体税种收入与相关经济增长基本协调。

【开展深入学习实践科学发展观活动】 学习实践科学发展观活动开展以来，大理州国税局坚持把开展学习实践活动作为重大的政治任务，作为推动科学发展、促进社会和谐的强大动力，作为抓班子、带队伍、强作风的有效途径。按照“党员干部受教育、科学发展上水平、人民群众得实惠”的总体要求，紧扣科学发展的主题，强化组织领导，加强督促检查，积极探索创新，丰富活动载体，充分发挥领导班子和党员领导干部的示范带动作用，扎实推进学习调研、分析检查、整改落实三个阶段六个环节的工作，既保证了中央和省、州党委“规定动作”的落实，又突出了大理国税八项“自选动作”的特色，在解决影响大理国税事业科学发展的突出问题上取得了较好成效，活动富有成效，满意率超过98%。

【贯彻落实阳光政府“四项制度”】 一是按照地方政府要求成立推行阳光政府四项制度领导小组，并结合单位实际制定实施方案，把推行“阳光政府四项制度”作为加强党风廉政建设责任制的重要内容进行部署、检查、考核，切实做到组织保障有力，工作班子落实。二是将“阳光政府四项制度”的具体内容在全体干部职工中进行认真学习和广泛宣传，同时在省局外网、州市频道上，将大理州国税局落实“阳光政府四项制度”的内容、责任部门进行公告，自觉接受社会各界的监督。三是修改完成了大理州国税局重大决策听证制度、重大事项公示制度、重点工作通报制度、政务信息查询制度的实施意见，从制度上保证了“阳光政府四项制度”的有序运行和规范管理。四是结合各部门职能和分工，建立责任分解机制。

【纳税服务水平不断提高】 一是开展了以“税收·发展·民生”为主题的第

18个全国税收宣传月活动，进一步促进全社会依法诚信纳税意识；二是开展纳税服务“六个一”活动，即认真贯彻落实执行“一系列优惠政策”、规范“一个办税服务厅”、用好“一个宣传网站”、开通“一条咨询热线”、组织好“一个税法宣传例会”、办好“一个税收宣传月”；三是通过“政府信息直通车”和省国税局、州政府公共信息服务平台解答、办理涉税事项；四是充分利用税收宣传月和税收政策宣传例会等开展税法宣传；五是2次上线大理人民广播电台，倾听广大纳税人心声，加强沟通交流，为纳税人提供多元化服务，进一步提高服务水平。通过认真落实增值税转型等结构性减税政策，2009年全州减轻纳税人负担2.1亿元，办理其他各种减免税2.4亿元。

【贯彻落实增值税转型政策】 2009年，大理州国税部门认真贯彻落实增值税转型等结构性减税政策，有效拉动投资增长，税收杠杆“助力”经济效果渐显。一是增值税转型允许抵扣购进固定资产进项税，全年全州惠及增值税一般纳税人274户，抵扣进项税额11662万元、预测抵扣率为97.18%，为企业生产“减”去成本11662万元，顺利实现了增值税由生产型向消费型的转换。二是全年办理1.6升及以下排量乘用车减按5%征收车辆购置税12644辆，减征税款3176万元。汽车销售额11.4亿元，同比增长46.83%，政策效应为全州社会消费零售总额增长16%作出积极贡献。三是资源节约和综合利用政策落到实处。金属矿、非金属矿采选产品的增值税税率恢复到17%，增加增值税2360万元；全州10户废旧物资经营企业免税调整为“先征后返”，全年缴纳增值税1054万元，政策调整反而促进了企业的健康发展；2户风力发电企业全年缴纳增值税1571万元，即征即退增值税720万元，有力支持企业再生产，凸显了资源综合利用增值税即征即退50%税收政策。2009年，全州10570户小规模纳税人（查账征收2602户、起征点以上双定户7968户）征收率分别从6%、4%下调到3%，减征税款2232万元，有力地促进了非公经济快速增长。四是正确执行福利企业定额退税政策，全州179名残疾人实现就业再就业。五是卷烟消费税政策调整增加消费税12833万元，其中：工业生产8349万元、商业批发4484万元。

【创新税源管理】 2009年，大理州国税系统坚持以科学发展观为指导，以管理创新为抓手，推行“风险税源优先管理，重点税源重点管理，日常事务有人管理，利用数据管理税源”的科学管理模式，税源管理质量和效率不断提高。一是建立了税收管理员—税源管理分局—县市局—州局“四级”联动税收分析，加强税收计划执行情况的分析、检查、通报，拓展税收分析的深度。二是开展了17个税源管理分局“比执法规范、比管理精细、比服务优质，创建科学管理先进分局”的“三比一创建”活动，有效激发基层税源管理部门和广大税收管理员的积极性、主动性和创造性，增强服务和管理能力，在一定程度上解决了“疏于管理，淡化责任”的问题。三是开展了税源管理分局“结对交流”活动。全州17个税务分局结成9个“对子”，在税务分局之间形成互联、互帮、互学、互助、互促的机制，建立定期交流、信息共享、互评互查、服务交流等一系列制度。突破惯性工作思维，转换角度发现亮点，完善措施为我所用，推动工作有效落实。采取不同形式交流税源管理工作经验，促进了征管质量有效提升。四是开展了“百名干部进百企、优化服务保增长”主题活动。全州100名副科以上干部和部分业务骨干“一对一”进百户企业，直接了解掌握全州重点税源企业生产经营管理的现状及存在的困难和问题，积极反映并帮助协调解决；了解重点税源纳税服务需求和对优化纳税服务工作的意见、建议；了解企业执行税收政策情况，开展税收政策的宣传和重点税收政策的辅导，为符合条件的企业落实好国家各项结构性减税政策。截至2009年12月，百户企业中共有49户涉及补缴税款3606万元。

【纳税评估和税务稽查有效开展】 2009年，大理州国税系统着力开展典型评估、稽查案例解剖分析和经验交流，推动纳税评估和税务稽查工作的深入、有效开展。全年全州国税系统对526户企业所得税纳税人的评估，发现并纠正了存在问题20多个，补缴企业所得税3495万元；对493户增值税纳税人的评估，补缴增值税5327万元；对261户纳税人的稽查，有问题213户，查补入库税款7409万元（含企业自查、纳税评估补税4647万元），罚款122万元，补缴滞纳金985万元，超额完成省局下达的5553万元稽查收入任务。

【机构改革顺利完成】 按照国家总局、省局的统一部署，2009年9月底，大理州国税系统机构改革工作顺利完成。改革后，州局机关设12个内设机构（正科级）、3个直属机构（1个副处级、2个正科级）、3个事业单位（正科级），同时成立大理白族自治州税务学会，12个县市国税局分别按省、州局要求规范了机构设置。通过规范机构设置，进一步优化了组织结构，完善了运行机制，促进了国税管理职能向服务型、责任型、法治型、廉洁型转变，为国税工作提供了更加强有力的组织保障。

【队伍建设加强】 2009年，大理州国税局坚持以新的理念助推观念转变和工作落实，积极倡导责任意识，带活干部队伍。优化领导班子结构和人力资源配置，选拔了100名素质优良、数量充足、结构合理的副科级后备干部队伍，组织65名后备干部竞争副科级领导干部岗位面试。以提高技能为重点加强干部培训，抓好学历教育，注重以交叉评估检查、税务稽查和案例点评对干部进行实战培训，干部队伍适应信息管税的能力有效提高。

【创新考核激励机制】 2009年，大理州国税局致力机制创新，着力构建有利于推动各项工作有效落实的考核激励机制、督查督办机制。制定实施对县市局《目标管理等级局认定奖励办法》、《领导班子考核办法》、《业务管理考核办法》、《党风廉政建设责任制考核办法》和机关《绩效考核评价办法》等工作考评制度，坚持并完善班子工作和分管业务协调联系例会、税负责任管理、税收管理员主副岗制度等，促进各项工作目标落到实处并取得实效。在云南省国家税务局对16个州（市）局目标管理考核中，大理国税排名第二，比2008年前进了8名，取得历史性突破。

【加强党风廉政建设和反腐败工作】 一是制定实施《对县（市）局党风廉政建设责任制考核办法（试行）》，切实增强党风廉政考核的针对性和实效性；二是在系统内认真开展党性党风党纪教育、警示教育、典型示范教育和廉政勤政教育，提高领导干部拒腐防变能力；三是全面贯彻落实《建立健全惩治和预防腐败体系2008～2012年工作规划》，构建惩防体系；四是聘请第三届特邀监察员，拓宽监督渠道，建立全方位、多层次的监督机制；五是强化内部监管，规范财务管理，严格执行厉行节约的各项规定和压缩经费支出比例；六是坚持签订《廉政公约》及走访回访调查制度，全年新签约919户，累计签约13404户。

【精神文明建设再创佳绩】 2009年，大理州国税系统荣获“创建全国精神文明建设工作先进单位”1个，中共云南省委、省人民政府“文明单位”9个，省妇联、省国税局“巾帼文明岗”2个，省国税局“文明单位”3个，中共大理州委、州人民政府“文明行业”1个、“文明单位”11个，省国税局“精神文明建设先进工作者”9名。

【国税文化建设成果丰硕】 2009年，大理州国税局牵头组织了全州财税系统庆祝新中国成立60周年暨国税、地税成立15周年体育活动和专场文艺演出，并编辑出版《财税同心谱华章》全面反映活动的内容和成效；参加全省国税系统庆祝新中国成立60周年文艺汇演取得较好成绩；开展副科级以上领导干部“每季阅读一本好书，每年写好一篇文章”活动，各级领导干部的能力素养不断提升；编辑出版大理国税文化丛书《责任·关爱·和谐》，职工文体活动丰富开展、“责任·关爱·和谐”主题演讲决赛、文艺汇演等系列活动，使国税文化凝聚人心、激发活力的作用进一步彰显。

（《国家税务》由华艳供稿）

地方税务

【概　述】 2009年，大理白族自治州地方税务局在中共大理州委、州人民政府和省地税局的领导下，认真学习贯彻中共十七大、十七届四中全会、中共云南省委八届六次全会、中共大理州委六届六次全会、全州财税工作会议和全省地方税务暨党风廉政建设工作会议精神，坚持“聚财为国、执法为民”的税收工作宗旨，将学习实践科学发展观活动与大理州地方税务局年初确定的“三个确保、三个抓好、四个强化”工作思路紧密结合，切实创新工作理念，扎实开展好学习实践科学发展观活动、“文明单位”和“文明行业”创建活动，开展庆祝新中国成立60周年暨国家地方税务局成立15周年纪念活动，进一步加强干部队伍建设，推进依法治税，深化税制改革，认真做好工会经费和建会筹备金的代征工作，进一步强化科学管理，坚持贯彻落实云南省阳光政府“四项制度”，优化纳税服务，构建和谐征纳关系，促进和谐平安地税建设，积极推进地税“二次创业”，各项地方税收工作保持了良好的发展势头，确保全年各项地方税收工作任务的顺利完成。

【开展学习实践科学发展观活动】 大理州地方税务局党组坚持把思想政治建设作为应对各种挑战、推动地税事业发展的强大动力，按照中共大理州委深入学习实践科学发展观活动的安排部署和学习实践活动的指导思想、方法步骤、目标要求，紧密联系当前全州地税工作实际，精心组织实施，突出实践特色，深入学习调研，深刻分析检查，认真整改落实，圆满完成了州局机关和各县市局机关学习实践科学发展观活动，受到了中共大理州委巡视组的充分肯定。通过学习实践活动的深入开展，增强了地税系统广大党员干部践行科学发展观的自觉性和坚定性，进一步提高了地税系统贯彻落实科学发展观的能力和水平，切实解决了一些制约大理地税事业科学发展的困难和问题，实现了提高思想认识、解决突出问题、创新体制机制、促进科学发展的目标要求，取得了推动科学发展的阶段性成果。

【继续保持地方税收收入增长】 2009年，由于受世界金融危机的影响，税收工作面临情况复杂、困难较大的严峻形势。全州各级地税部门狠抓各项工作措施的落实，进一步明确组织收入工作职责，在税法宣传、税收调查、税源管理、税收服务、税务稽查、征管手段、信息化建设、组织保障等诸多方面进一步加大工作力度，团结奋斗、共克时艰，圆满完成了2009年度省局、州政府下达的地方税费收入任务。2009年，全州地税系统共组织税费收入合计328666万元，比上年增长15.89%，增收45070万元。组织地方税收收入240018万元，完成省局下达计划230000万元的104.36%，完成州政府下达计划215500万元的104.53%，收入比上年增收30238万元，增长15.5%。组织社会保险费收入78903万元，征收率99.33%，比上年增长11%，比上年增收7821万元；代收代缴工会经费和建会筹备金5209万元。地方税费收入再上新台阶，收入规模取得了新的突破，实现了确保收入任务圆满完成的目标。

【严格税收执法】 认真贯彻落实《税收征管法》和其他程序法，严格按照法定权限和程序，贯彻执行好各项税收法律法规和政策。坚决执行各项税收优惠政策，2009年，全州享受就业和再就业税收优惠政策户数为46568人（次），减免各种税费5000余万元。坚决落实“依法征税，应收尽收，坚决不收‘过头税’，坚决防止和制止越权减免税”的组织收入原则，努力确保税款及时足额入库。继续抓好对新《企业所得税法》及其《实施细则》的学习培训和宣传辅导工作，妥善处理好新、老税法的政策衔接和征税问题，确保新企业所得税法顺利施行。坚持税收政策执行情况反馈报告，提高反馈问题和解决问题的及时性和深入性。

【深入推行税收执法责任制】 进一步完善岗责体系，明确岗位系数，规范、细化工作规程，加强考核评议，严格责任追究。积极创造条件，确保税收执法管理信息系统在大理州的应用，不断提高执法考核的科学性、准确性和公正性。同时，加强对各地税收执法责任制实施情况的督促检查。年初州局组织了7个考核小组，对全州2008年税收执法责任制工作进行了全面考核。2009年7～11月，由州局法规科和监察室牵头组成各相关成员单位组成联合检查组，检查全州12个县市局的税收执法检查和税收执法监察工作，进一步提高了全州地税系统税收执法及行政管理水平。认真执行重大税务案件集体审理制度，完善税收优惠政策管理办法，规范审批程序，明确管理责任，强化责任追究，坚决杜绝越权减免税。认真执行税收规范性文件会签制度和备查备案制度，依法严格把关。

【强化税务稽查】 结合大理州实际，对房地产及建筑安装业、烟草业、中介服务行业、工商银行开展了重点检查，各级地税部门对有色金属冶炼业、餐饮娱乐业、证券业等行业开展了专项检查，深入整顿和规范地方税收秩序。健全完善税警配合机制，加大对涉税违法行为的打击力度。州局稽查局对云龙、鹤庆、巍山3县部分纳税单位实施了延伸稽查，取得了显著成效。2009年，全州地税部门稽查企业176户，其中有问题159户，查补收入达到3715万元，其中罚款117万元、加收滞纳金79万元，入库率达到100%。进一步整顿和规范了全州地方税收秩序，有力地促进了地方税收征收管理。

【加大税收宣传力度】 围绕“税收·发展·民生”的宣传主题，结合大理州经济社会和税收发展的实际，按照“三贴近”的原则，因地制宜，在全州全面深入开展了全国第18个税收宣传月活动。4月1日与国税局联合举办了税收宣传月的启动仪式，制作了税收宣传月宣传片和税收粘贴画。全州各级地税部门上街宣传咨询20多次，发放宣传资料30000多份，悬挂宣传标语160多幅，张贴标语1000多条，张贴粘贴画500多张，举办宣传栏、黑板报40多期。充分阐释了“税收促进发展，发展改善民生”的深刻含义，符合中央“保增长、扩内需、调结构、促改革、惠民生”2009年经济工作总体要求，掀起了全州地方税收宣传的新高潮。

【贯彻落实《政府政务信息公开条例》】 加强组织领导，完善制度和工作机制。充分利用政务信息网站、公示栏、电子触摸屏等平台，发布地税系统重要工作、重大决策、税收法律法规、税收服务事项等政务信息，促进了阳光政府“四项制度”和政务信息公开工作顺利开展。建立政府直通车登记制度和AB角工作机制，向州政府购买了政务信息直通车专用手机，确保了政务信息畅通。

【优化纳税服务】 加强税收软环境建设。全州地税系统积极开展“优秀办税服务厅”创建活动，切实把创建“优秀办税服务厅”活动与推行责任政府“四项制度”、“六好”创建，“文明单位”、“文明行业”创建等工作有机结合起来，扎实抓好办税服务厅窗口建设，让纳税人享受经济社会发展的成果，感受地税服务的新变化。加强和规范货物运输业自开票纳税人管理，巩固企业所得税征管成果，实施新企业所得税的各项优惠政策，把过渡期的各项优惠政策执行到位。建立健全个人所得税管理的各项制度，深化个人所得税管理信息系统的推广应用，努力提高个人所得税征管水平。截至2009年3月31日，全州共受理2008年度申报年所得12万元以上纳税人642人，申报年所得总额48777.85万元，应纳税所得额25493.55万元，应纳税额3412.69万元，已缴（扣）税额3397.05万元，补缴税额15.64万元。下功夫抓好土地增值税清算工作。认真开展城建税、教育费附加与增值税、消费税税源信息比对工作。房产税、印花税、烟叶税征管质量不断提高。

【代征工会经费及建会筹备金】 2009年1月份以来，全州地税系统各单位结合各自实际，认真贯彻落实《云南省地方税务局、云南省总工会关于地税机关代收工会经费和建会筹备金通知》及上级部门的相关工作部署，切实加强组织领导，与工会和农行通力协作，密切配合，在及时做好代收户接收工作的同时，积极采取措施，集中人员力量，深入机关企事业单位，摸清费源底子，扎实抓好缴费登记、数据审核录入、代收系统模拟测试等工作，妥善解决好具体工作中出现的困难和问题。做到了“组织到位、协调到位、措施到位”，确保了4月1日上线征收目标的圆满实现。当日，全州地税机构共征收1986户，征收工会经费和建会筹备金513万元。2009年，全州共征收费款5209万元。

【加强干部队伍建设】 大理州地税局党组把思想政治建设放在地税系统各级领导班子建设和干部职工队伍建设的首位。广泛开展思想政治工作，使全州地税系统各级领导班子和干部职工牢固树立“立党为公、执政为民”思想，树立以“八荣八耻”为主要内容的社会主义荣辱观，形成了良好的道德风尚和健康文明的生活方式。10月，云南省地税局对大理州地税领导班子及处级干部进行考核，省局考核组高度评价了大理州地税局领导班子3年来的工作。2009年，州局机关继续坚持每周一各科室轮流组织政治业务学习的做法，扩展了全体干部职工的知识面。2月，州局组织全州干部职工进行了政治理论、政策业务知识统一考试，通过以考促学，营造了良好的学习氛围，激发了干部职工的学习积极性。3~5月，州局组织全州地税系统股（所）级以上领导干部240人采取“走出去”的方式，委托长沙、扬州、大连国家税务总局干部培训中心进行更新知识培训，使各级领导干部贯彻落实科学发展观的能力、行政执法能力、综合管理能力等得到进一步提高。同时，聘请专家进行稽查业务培训84人、税收政策业务培训100人、计算机系统维护员培训60人（次），提升了干部职工业务水平。2009年3月，成功组织了滇西8州（市）稽查业务考试，由于组织工作周密细致、保障充分，考场纪律严明、秩序井然。圆满完成了承办考试的任务，得到了省局和各参考单位、参考人员的一致好评。10月，做好了对班子调整和第三轮竞争上岗试用期满干部考察转正工作。

【党风廉政建设工作深入扎实】 2009年初，制定并印发了《大理州地税系统2009年纪检监察工作要点》、《大理州地税系统2009年党风廉政建设和反腐败工作任务分解》，修订、完善了《党风廉政建设责任书》，根据岗位职责制定了4种形式的廉政责任书。1月份组织综合检查组，结合“六好”考核，对12个县市地方税务局，州局机关各科室、直属单位进行了贯彻落实2008年党风廉政建设责任制的工作情况考核，评选出4个党风廉政建设先进单位，并对先进单位进行表彰。加强廉政宣传教育。结合学习实践科学发展观活动，开展职业道德和勤政廉政教育。每月1次的纪检日活动使廉政宣传教育做到了警钟常鸣，防患于未然。加大监督和检查力度，把重点放在对权力的制约、对财务经费的监控和对干部任用的监督上，落实政务公开，加强审计监督，防止权力滥用和腐败行为的发生。采取党组会议集体研究、召开职工会议通报、局务会通报、公开栏公示等方式对内部工作进行公开，使两权监督工作落到实处。积极开展廉政文化建设。结合学习实践科学发展观活动，制定了《大理州地税系统开展廉政文化建设系列活动实施方案》，活动方案拟定了10项内容，突出了地税特点，反映了地方文化特色，充分利用空间布局，将廉政文化宣传以图片、书画、格言警句等方式在楼道、大厅、办公室、会议室等予以展示宣传。同时编辑印制了《大理州地税系统工作人员廉洁从政手册》1200册发放到每位干部职工手中，真正把廉政文化建设融入到全州地税系统文化建设之中，掀起了全系统廉政文化建设的新高潮。6月，全省纪检监察工作会议在大理召开，省局领导和各州市纪检组长高度评价了大理州地方税务局党风廉政建设工作。

【加强精神文明建设】 州局党组高度重视“文明单位”和“文明行业”的创建工作，及时成立了精神文明建设领导组，全面负责“创建”工作。州局要求全州地税系统加强领导，提高认识，加强教育，注重普及，使创建工作具有广泛的群众基础，把在全系统开展创建活动，作为树形象、谋发展的重要工作来抓；系统上下加强联系，相互沟通，相互交流好的经验做法，取长补短，相互促进，共同提高；成为全系统的集体行为和全体干部职工的自觉行动，促进了全系统各项工作的整体推进和全面发展。整个创建工作制度健全、机制完善、特色突出，创建效果明显。通过开展创建活动，大理州地税系统各级领导班子的执政能力和地税队伍的综合素质显著提高；广大职工政治理论、业务水平、履职能力、公仆意识明显增强；地税工作保障各级地方政府财力需要、推动依法行政、服务宏观调控、促进经济建设的作用得到了充分发挥，取得令人注目的成绩。州局机关和8个县市局被中共云南省委和省人民政府命名为省级文明单位，大理州地税系统被中共大理州委、州人民政府命名表彰为州级文明行业，11个县市局和1个基层分局被中共大理州委命名为州级文明单位。

【"六好"创建活动深入开展】 认真按照"六好"创建办法督促责任部门对"六好"创建工作抓好落实。1月，州局抽调系统部分业务骨干，组成7个检查组对12个县市局及机关各职能部门和直属单位对2008年度的"六好"创建工作进行了全面的检查考核，并评定出"六好"创建工作一、二等奖，被考核检查的单位对发现的问题进行了及时整改。省局"六好"综合检查考核组于4月21～22日对大理州地税局"六好"创建情况进行了检查考核，重点抽查了大理市地税局，省局评定大理州地方税务局为2008年度"六好"创建工作一等奖。8月，在收到省局新的《"六好"考核办法》之后，州局积极组织人员将考核办法进行分解，迅速下发到各县市地税局及州局机关各部门，督促全州地税系统积极做好"六好"创建工作，确保"六好"创建工作再上新台阶。

【规范内部管理】 2009年，全州紧紧围绕构建和谐地税、平安地税的目标要求，实施领导责任制，全面开展"平安单位"创建活动，促进了全系统的平安创建工作，为全面落实和完成全年综治创安工作责任目标奠定了基础。通过保密、突发事件安全、消防知识等培训，增强了干部职工的保密意识和应对突发事件的能力。明确内部行政管理职责，建立健全目标管理责任制，健全完善了公文管理制度，顺利完成公文处理系统升级，提升了公文质量。提高了固定资产管理和财务管理水平，积极配合审计部门圆满完成了对大理州地方税务局2007～2008年经费的审计工作。高度重视厉行节约八项要求，及时安排部署，认真组织实施，强化学习宣传，加强监督检查，狠抓工作落实，全面压缩、降低、和削弱了一般性支出，最大限度的节约了公务用车经费、会议费、接待费等各项经费支出。完善信访制度，进一步落实车辆等管理制度，确保全局无事故。认真做好人大代表议案、建议和政协委员提案的答复工作，答复政协委员提案1件。加大24小时值班执行力度，确保政令畅通。机关后勤保障管理不断提高。完成了州局机关工会和党总支改选工作，进一步增强了群团组织的凝聚力和战斗力。

【新中国成立60周年暨国家地方税务成立15周年系列活动】 9月，成功参与了由州人民政府主办，财政、国税、地税3家共同承办的大理州财税系统庆祝新中国成立60周年暨国税地税成立15周年系列活动，全州地税系统共有50名先进个人和12个先进单位受到了州人民政府的表彰奖励；在财政、国税、地税3家篮球友谊赛中，州地税局男、女篮球队均获得了第一名的好成绩；在财政、国税、地税3家文艺汇演中，州地税局组队演出了大合唱《人民的税务官》、《高原之上》、配乐诗朗诵《祝福祖国》、舞蹈《如火的青春》、弥渡县地税局演出的花灯说唱《能生万物是春风》等节目，充分表达了全州地税干部热爱祖国的高尚情怀，塑造了地税干部爱岗敬业、艰苦创业、开拓进取的良好形象，受到了全州各级党委、政府和广大纳税人的高度赞扬。活动期间，州局还举办了地税15年成果展和干部职工书画摄影作品展，并编辑出版了《大理地税十五年》、《大理白族自治州地方税务系统论文集》2本书，为建国60周年暨地税成立15周年献礼。州地税局与国税局联合成立了大理州税务学会，大理州地方税务局还召开了地方税务研究会年会，表彰了2006～2009年以来的优秀论文作者。通过开展系列活动，展示了丰富多彩的地税文化建设活动及其取得的硕果，进一步推动了地税文化建设的深入开展。

（《地方税务》由谢悦娟供稿）

（本部类责任编校：章兵）

金融　保险

金　融

大理银监分局

【概　述】 2009年,大理银监分局紧紧围绕"保增长、防风险、促稳定"的指导思想,按照"把握度、守住底、找准点"的工作思路,抓监管、防风险、着力提高监管有效性;抓改革、谋发展、着力推动银行业可持续发展;抓服务、重落实、着力营造良好的环境;抓防控、查隐患、着力遏制案件多发势头;抓信息、促创新、着力扩大监管成效;抓党建、促廉政、着力强化防腐能力;抓管理、聚人心、着力提升队伍素质;大力构建"文明和谐、敬业奉献"的监管团队,推进各项工作上新台阶。2009年末,大理州银行业机构各项存款余额469.98亿元,较年初增加89.64亿元、增长23.57%;各项贷款余额317.64亿元,较年初增加68.95亿元、增长27.73%;实现税后利润5.38亿元,有效促进了大理经济金融的协调、健康、快速发展。

【监管有效性明显提高】 2009年,大理银监分局召开监管委员会议17次,受理行政许可事项194项,其中:受理银行分支机构迁址、升格、终止、许可证变更等事项65项,高管人员变更75人次,业务审核备案54项;换发《金融许可证》72份。完成了对大理州11个县农村信用合作联社和大理市农村合作银行2008年监管评级工作,并督导其开好董(理)事会议。召开审慎监管和风险分析会议16次,累计发出风险提示29份,上报报表及报告3470多份。全年派出检查组25个,投入2919个工作日,检查银行业机构35家、业务金额24亿元,提出整改意见和建议161条。

【风险管控持续强化】 2009年,大理银监分局实行风险全面管理,全面掌握被监管机构的经营和风险状况,确定监管关注重点,紧盯大客户和集团客户不放松,督促银行业严防企业因金融危机导致经营管理不善而形成新的信贷风险,发现问题随时预警。全年约见银行业机构负责人12人次进行诫勉谈话,约见银行业高管人员监管谈话8次,发出非现场监管警告单8份,提示单1份。积极向地方政府部门沟通汇报工作6次,深入各银行业及企业调研30多人次,召开监管座谈会3次,发出风险提示3份,提出监管意见24条,有效督促各银行业密切关注企业变化情况,采取措施,积极防控信贷资金风险。密切关注影响经济金融发展的敏感问题和热点、焦点问题,开展了大理州房地产业情况,"节能减排"、奶业、小水电业贷款等专项调查,对相关风险问题进行了监测和预警。针对两个农村信用联社内部管理制度执行不力、不良贷款上升等问题,约见了两个社理事长诫勉谈话。针对"大理旅游小镇南国城"项目贷款风险、惠丰房地产开发有限责任公司和大理市鸿元经贸有限公司信贷风险情况,积极向地方政府部门沟通汇报工作6次。

【银行业改革持续深化】 2009年,大理银监分局力促大理银行业金融机构多元化,协助搭建银政沟通协作平台,鼓励和支持各商业银行在大理设立分支机构。2009年9月4日富滇银行大理分行获批挂牌开业。2009年5月8日农发行洱源支行获批挂牌成立。支持关注小额贷款公司的健康发展,已挂牌成立兴洲、恒信等2家小额贷款公司。组织业务骨干向已挂牌成立村镇银行的兄弟辖区学习成功经验。着手协助州政府对南涧县沙乐村联合国YUEP项目社区保护与发展基金转型为农村合作资金互助社的前期准备工作。分局领导带队深入13个农村乡镇金融服务空白点开展调研,督促农村信用社采取流动服务和定时定点服务的方式,积极提供针对性服务,基本满足了当地群众的金融需求。圆满回复了州人大代表关于在金融服务空白点设立银行网点的建议。督促农信社深化产权制度改革,全面提高农村合作金融机构经营管理能力、抗风险能力和支农服务能力,加快农信社发展。通过强化监管,12月末,大理州农村合作金融机构各项存款余额达141.78亿元,比年初增加34.94亿元,增长32.70%;各项贷款余额达101.96亿元,比年初增加23.47亿元,增长29.90%,不良贷款余额4.94亿元,占4.85%,比年初减少0.42亿元,相对数下降1.98个百分点,实现税后利润1.27亿元。农村合作金融机构资本充足率、不良贷款率和贷款损失拨备充足率在全省排名前列。

【金融服务水平持续提高】 2009年,大理银监分局认真做好非法集资情况监测,确保不出现非法集资案件和越级上访情况发生;加强中间业务风险监管,分局督促银行业金融机构高度重视贷款承诺、财务顾问、委托贷款、理财产品和代理基金、保险等中间业务给银行带来的声誉风险和法律风险。进一步指导银行业金融机构密切关注小企业融资问题,要求小企业贷款增速不低于全部贷款增速,促进小企业的稳健发展。工行和农行小企业金融服务中心相继挂牌营业,银行业向中小企业贷款比年初增加了29.22亿元,增幅达33.53%。督导银行业机构加强对新形势下行业发展和企业经营状况的分析,积极向上级行争取信贷倾斜,在坚持审慎经营的前提下积极为商贸流通企业和扩大内需型建设项目提供信贷支持。支持大丽、大瑞铁路、市政工程和洱海综合治理等44个建设项目,银行贷款规模近23亿元,推动了大理经济社会的全面发展。督促银行业全面落实中央各项惠农、支农、强农政策措施,不断拓展支农领域和创新支农金融产品,努力解决农民和农村小企业"贷款难"问题。12月末,全州农业贷款余额为96.10亿元,比年初增加18.54亿元,增长23.90%。全年发放惠农卡近11万张,授信额度达7亿元,消费贷款增加近11亿元,增幅达40%,有效促进城乡消费的升级。

【案件多发势头得到有力遏制】 年内，大理银监分局切实防范出现新的案件风险。全年召开了三次案件防控专题工作会议，要求银行业结合自身实际，建立健全“滚动式”自查案件风险制度，做到重大风险早发现、早报告、早处置，边查边改，风险排查与责任追究同步进行，保持加大对案件防控的高压态势。全年大理州银行业自查发现案件1个，涉案金额41万元。处理责任人员6人，其中：移交公安机关处理1人，行政纪律处分5人。及时有效处置自助设备案件风险。5月20日，分局接到银行机构报告，称不法分子通过安装读卡器及摄像头等手段窃取客户的银行卡信息进而盗取客户资金。为了防止不法分子扩大作案范围，分局立即启动紧急情况处置预案，收集相关情况，为防止此类案件蔓延，及时召开银行自助设备案件风险防范工作会议，共同研究防范对策，部署下一步应对工作。同时两次向大理州银行业机构发出《关于防范不法分子利用ATM机具盗取客户银行卡资金的风险提示》，提出了7点监管意见和措施，请求省局协调广西银监局及云南辖区内银行业机构，通过银警联动，于香格里拉成功抓获3名犯罪嫌疑人。至此，在广西及云南大理等地作案的犯罪团伙全部落网，确保了一方金融平安。切实加大对客户投诉的督办力度。进一步健全完善了信访工作领导、责任和联动机制，参与了州政府政务信息直通车活动，上报了专门的投诉热线和信息联络员名单，畅通信访投诉渠道，及时掌握舆情动态，妥善处理各类信访案件。全年共办理接待群众来信来访12件，接待电话投诉36件，均已全部圆满回复，无上访事件。分局被命名为2009年“先进平安单位”，何显海局长被表彰为2009年平安建设工作先进个人。工行和建行被命名为2009年“先进平安单位”，其它银行业机构全部被命名为2009年“平安单位”。

【党风廉政建设取得实效】 年内，大理银监分局全面贯彻云南银监局2009年纪检监察工作会议精神，何显海局长向全体干部职工讲授《论银行监管的成与败》专题党课，号召全体党员充分发挥先锋模范和战斗堡垒作用，带动广大干部职工团结拼搏、奋发向上。制定印发了《大理银监分局2009年党风廉政建设工作意见》、《大理银监分局2009年纪检监察工作意见》、《大理银监分局2009年反腐倡廉教育计划》、《大理银监分局贯彻<建立健全惩治和预防腐败体系2008—2012年工作规划>工作任务分解表》等文件。全年发出廉政监督卡166份，到场宣布纪律24人次，提交廉政跟踪监督报告24份，进行廉政回访28人次，组织反腐倡廉专题教育2次，共84人参加。开展“小金库”治理专项工作，有7名副科级以上干部和工作人员分别实行了职务回避和工作回避。成功举办了银监会系统“全国银行业反腐倡廉警示教育展览”滇西片区巡展，滇西片区七个银监分局纪委书记和监察室主任参观了本次巡展，全辖银行业机构观展者人数达1260人次，感想留言48条，收到良好实效。

【政务信息工作成效显著】 年内，大理银监分局注重发挥调研信息服务决策和辅助监管的作用，及时推出解决问题的举措，促进监管工作持续高效开展。修改完善了《大理银监分局系统信息工作管理办法》，全年共编发《工作简报》15期，《监管信息》16期，《监管简报》11期，刊发调研文章11篇；其中，调研信息被银监会、云南银监局和地方党政各类刊物采用38条，形成了调研、监管与服务经济互动局面。根据监管工作的需要，组建了“信息编译小组”，全年编译信息13条，全部被上级采用。2009年度，分局政务信息工作获评云南银监局“政务信息一等奖”。

【推进监管文化建设扎实有力】 年内，大理银监分局在内部管理和监管文化建设上，分局领导班子身体力行、率先垂范，坚持做到以班子的率先垂范引领人、以细致的思想工作鼓舞人、以良好的文化塑造人、以正确的导向激励人、以健全的机制约束人。被省局评为思想政治工作先进单位，并在省局系统思想政治工作大会上作了交流发言。召开了以“加强领导干部党性修养、树立和弘扬良好作风”为主题的专题民主生活会，进行批评与自我批评，全年党委中心组学习14次，共完成管理类、监管类、综合类等培训项目16项，共计806人次参训。注重拓宽用人渠道，推荐1名科长到富滇银行大理分行任副行长。共有23人参加了上级组织的在昆明、深圳、上海举办的监管、人力资源管理、工会业务等培训。开展了3个科级领导干部职位竞争上岗工作。有2名干部分别获“2008年云南银监局青年论坛”一、三等奖，有2名干部获银监会汶川地震有奖征文优秀奖，有2名干部获云南银监局公文写作比赛一、三等奖，有1名科长作为监管标兵被省局推荐上报中国银监会，有11位职工在《银行监管》等刊物上发表了文章。发动职工向扶贫点开展“动真情、办实事、送温暖”活动，“六．一”儿童节捐资5560元助学；同时分局克服困难，选派基层工作经验丰富的同志到扶贫点挂职，为扶贫点解决扶贫帮困资金30000元，捐赠电脑4台，真正把扶贫工作落到了实处。分局被州政府评为“扶贫先进单位”，进一步丰富了监管文化建设的内涵。

（《大理银监分局》由何俊撰稿）

人民银行大理中支

【概　述】 2009年，人行大理中支全面贯彻落实科学发展观，按照“抓管理、强内控、促发展”的工作思路，认真贯彻落实适度宽松的货币政策，强化内部管理，切实提高金融服务水平，促进了全州经济平稳较快发展，较好地履行了基层央行职责。

【力求满足经济增长资金需求】 2009年，人民银行大理中支结合国际、国内经济金融形势，围绕“保增长、保民生、保稳定”的目标任务，认真执行适度宽松的货币政策。一方面通过发放支农再贷款、对商业银行贴现票据提供再贴现等方式，确保银行体系流动性充足，12月末全州支农再贷款余额7000万元，比年初增加4800万元，增长2.18倍，累计发放支农再贷款1.1亿元；另一方面引导辖内金融机构进一步加大对全州重点建设项目的金融支持力度，全州金融机构存贷款较快增长。全州贷款增势好于2008年同期，提前完成州委、州政府2009年全州新增贷款50亿元的目标。2009年末，全州金融机构人民币各项存款余额为469.98亿元，比年初增加89.64亿元，增长23.57%。各项贷款余额为317.64亿元，比年初增加68.95亿元，增长27.73%。

【全力支持重点建设项目】 2009年，人行大理中支围绕“保增长、扩内需、调结构”的政策方针，完善银、政、企沟通平台，加强与政府相关经济部门的沟通联系，通过产品推介会、市场业务培训、媒体宣传等多种形式，引导和帮助地方政府、金融机构及企业了解和运用金融市场创新产品，引导信贷资金重点向全州支柱产业、基础设施、民生工程项目、“三农”、中小企业倾斜，加强货币政策与财政政策、产业政策的协调配合，保证符合条件的投资项目配套贷款及时落实到位，促进全州经济在增长中逐步优化转型。2009年末，农业贷款余额为87.94亿元，比年初增加17.91亿元、增长25.57%。促进了农业产业化发展，基本满足了农村资金需求。切实加大“两保护两开发”和全州扩大内需重点项目的信贷支持，按月跟踪报送44个重点项目资金落实到位情况，定期反馈通报，为政府重点项目资金投入和顺利启动奠定了基础。中长期贷款余额150.81亿元，比年初增加42.87亿元、增长39.72%。中小型企业贷款余额82.62亿元，占全州各项贷款的26.01%。四季度末，消费贷款余额为36.95亿元，比年初增10.93亿元，增长40.38%。

【加大就业再就业和教育事业支持】 2009年，人行大理中支积极开展下岗失业人员小额担保贷款工作，积极督促大理州各县市农行及信用社开办小额担保贷款业务。至2009年末，全州下岗失业人员小额担保贷款余额1.23亿元，比年初增加0.99亿元。进一步做好国家助学贷款工作，12月末国家助学贷款余额4281万元，累计发放人数2331人。积极协调并推动了宾川华侨农场危房改造、集体林权制度改革、小额担保贷款、民贸贷款等工作，开展专题调研，提出了金融支持意见，确保了国家优惠政策落实到位。

【有效提高结算效率】 2009年，人行大理中支真实、准确、完整、及时处理会计核算和支付清算业务，确保了资金安全。至2009年末，办理大额支付往账业务5036笔，金额248.63亿元；大额支付来账业务9995笔，金额240.14亿元；小额支付往账业务25笔，金额17.19万元；小额支付来账业务65笔，金额16.33亿元；同城票据交换清算业务25万笔，金额274.76亿元；支票影像交换业务2笔，金额6.3万元。按时按质完成中央银行会计集中核算电子对账系统上线任务。认真组织开展支付系统百日集中宣传活动，通过开展宣传活动，让社会各界进一步了解认识支付系统，更好地发挥支付系统“网联金融，服务大众”作用，更有力地支持地方经济健康发展。认真履行账户审批及备案工作。至2009年末，全州共开立基本存款账户2061户，一般存款账户430户，专用存款账户1675户，临时存款账户440户，撤销单位银行结算账户3987户。加强对支付工具的管理，整治银行卡犯罪，促进银行卡产业的发展，组织开展大理州银行卡联合宣传活动，倡导安全、快捷的支付结算方式，建立刷卡无障碍街，加快资金运转、提高资金使用效率同时减少了假币的流通空间，着力改善银行卡受理环境，积极引导银行卡业务健康发展。

【积极推动诚信建设】 2009年，人行大理中支加强贷款卡核发、管理及年审工作。至2009年末，全辖共发放贷款卡169户，实际参加年审贷款户为810户，年审合格率为92.9%。继续推进中小企业信用档案征集工作，大理州中小企业征集总户数为1339户，累计组织对中小企业培训及宣传1173次，累计纳入中小企业信用档案658户。共接收企业信用报告查询17次，完成57户自然人为单位担保的贷款卡编码配发和农发行洱源支行及富滇银行大理分行在企业征信系统中新建机构代码工作。共受理个人信用报告查询166人次并接受公众相关问题咨询。组织开展“2009年大理州征信知识宣传月活动”。活动共印制宣传折页3.9万份、定制印有征信宣传标语的环保袋3.7万个，各网点粘贴宣传海报800份，发送征信宣传短信110万条，提升了公众信用意识。

【反洗钱工作有效开展】 2009年，人行大理中支继续深入学习贯彻《反洗钱法》及相关反洗钱法律法规，开展了形式多样的反洗钱宣传活动，向金融机构分发了《反洗钱知识一点通》。认真汇总、分析、上报反洗钱监管信息，按时督促金融机构报送非现场监管报表，基本将全辖应尽反洗钱义务的金融机构全部纳入反洗钱业务综合管理信息系统，收集非现场监管报表750张，认真对非现场监管报表进行分析，发现异常信息及时处理。对巍山农村信用社、农行巍山县支行所属4个机构反洗钱工作进行了现场检查。

【确保合理现金供应】 2009年，人行大理中支根据经济发展的需要，做好发行基金供应预测，有计划地做好发行基金调拨工作，做到合理摆布发行基金，根据市场流通情况适当调整了人民币的券别结构，保证货币供应。至2009年末，从昆明中支调入发行基金8.5亿元(7次)，调出下摆各县支库15亿元(12次)，从各县支库调入中支17亿元(12次)。全州共调入未清分发行基金7亿元(19次)，调出发行基金6.6亿元(20次)。在云南省州市中率先实现火车调运，火车调运发行基金2865万元。投放发行基金70亿元，回笼发行基金84亿元，净回笼14亿元。组织销毁损伤人民币7次，共销毁损伤人民币16亿元(5.9万捆)。反假人民币工作重点面向农村、基层、边远贫困地区、少数民族地区，配合金融机构及执法部门加强柜面堵截收缴工作，维护人民币信誉。截止12月末，按规定程序实际收缴假币78万元，其中公安部门收缴假币12万元，金融机构柜台收缴假币66万元，有力打击了制贩假币违法犯罪活动，维护了经济金融秩序的稳定。

【履行经理国库职责】 2009年，全州财政总收入完成67.6亿元，同比增收7.5亿元，增长12.6%。其中：上划中央、省级税收收入完成36.1亿元，同比增收3.6亿元，增长11%；一般预算收入完成31.5亿元，同比增收3.9亿元，增长14.4%。全州一般预算支出完成102.1亿元，同比增支27亿元，增长36.1%。在漾濞支行试行取消同城票据交换业务改革，同城票据交换取消后，国库同城清算全部通过内部往来，提高国库管理和结算速度，为下一步国库横向联网打下基础，进一步强化内部控制和资金风险防范。

【促进对外交流和外贸发展】 至2009年末，全州银行结、售汇总额1.56亿美元，同比增长1.2%，其中：结汇0.97亿美元，同比下降12.11%；售汇0.58亿美元，同比增长35%。继续抓好直接投资外汇业务管理信息系统、出口收结汇联网核查系统、贸易信贷登记系统等三个新系统在辖内的推广、使用工作。认真办理进出口核销业务，1至12月，发放出口收汇核销单1398份，办理企业出口收汇核销1119笔，金额6047.85万美元，同比增长14.3%；企业进口付汇50笔，金额4673.73万美元，同比增长26.42%；企业异地付汇备案23笔，金额5083.25万美元，同比增长6.88倍；进口到货报审66笔，金额2975万美元，同比下降12.47%。认真做好外商投资企业登记、资本项下收入结汇、外汇支付等的审批工作。1至12月，新登记外商投资企业8户，注册资本金1685.74万美元；新登记外债3笔，金额1685万美元，新登记外债转贷款1笔，金额4423万美元；核准外债及外债转贷款结汇62笔，金额1903.64万美元，还本付息29笔，金额717.85万美元。核准外商投资企业外方股东人民币利润境内再投资3笔，金额514万元人民币。核准开立境内机构及个人资产变现专用账户2户，核准入账金额512万美元。认真开展“诚信兴商”宣传月活动，组织辖内《外汇有奖问答》网上知识竞赛活动，宣传外汇管理政策,倡导诚信意识。

(《人民银行大理中心支行》由李娟撰稿)

建设银行大理州分行

【“大理名城财政预算单位公务卡”发行】 2009年7月31日,“大理名城财政预算单位公务卡”首发仪式在龙山国际会议中心隆重举行。早在2007年下半年,财政部和人民银行刚刚部署在各级地方预算单位推广实施公务卡之初,建行大理州分行就投入到了充分运用龙卡产品体系,以面向历史文化名城的“名城卡”为载体,推出一张具有大理地域特色、能彰显大理城市品牌的“名城公务卡”的工作中。经过两年多的精心筹备,“大理名城公务卡”终于发行。“大理名城公务卡”的首发,标志着银政共建银行卡支付体系、协力推进地方预算单位推广实施公务卡工作迈开了坚实的一步。“大理名城公务卡”作为打造城市品牌、塑造城市精神、弘扬城市文化的独特载体,对改善城市用卡消费环境,加快城市国际化步伐,增强市民乃至世界对大理这座魅力城市的认同感和自豪感具有特别的意义。

【与大理学院签订银校合作协议】 2009年8月20日,大理学院与建设银行云南省分行《银校合作协议》在关签订。大理学院合并组建以来,已累计完成投资7亿多元,学院设有16个校属学院,还有多个教辅机构、科研机构、附属医院等,办学规模和办学层次等综合排名已跃居全省高校第四名。2009年,建总行推出了包括“教育惠民”、“医疗健民”等4方面内容的“民本通达”系列产品组合,全方位介入社会民生诸领域。省、州分行以“民本通达”系列产品综合服务方案为良好平台,本着“平等互利、相互支持、诚实信用”的原则,经充分协商,促成了与大理学院的银校全面合作。《协议》签订后,学院即把建行作为主办银行,在该行开立基本账户、学费收入账户、基建专用等账户。同时,指定建行办理代发工资、公务卡、财务顾问、工程预决算审查、代理保险、国际结算等业务;建行则为学院的基础设施建设、资金管理、资金融通、个人业务等需求提供全方位、个性化的金融服务。

【各项存款新增整体平稳】 截至12月31日,建行大理州分行一般性存款余额88.17亿元,较年初新增12.41亿元,增幅16.38%,占全州四大银行新增的28.02%。其中:企业存款余额50.72亿元,较年初新增5.9亿元,增幅13.18%;个人存款余额37.45亿元,较年初新增6.5亿元,增幅21.01%。该行加大了对公存款的考核力度,提高存款考核挂价比例,加大账户考核力度,特别是基本结算户和零余额账户的考核;加大对公存款基础管理的制度建设,年初出台了《建行大理州分行对公存款客户日常管理规定》,将客户维护工作日常化、精细化、制度化。个人存款方面,从激励导向和管理重点入手推动业务发展,及早制定包括存款在内的年度个人金融业务专项绩效考核办法,个人存款快速增长,市场份额和系统内份额占比小幅提升,个人存款增幅高于全省建行平均水平0.57个百分点。

【对公类信贷结构调整取得明显成效】 2009年,建行大理州分行信贷结构调整成效明显。全行各项贷款余额48.26亿元,较年初新增4.38亿元,增幅9.99%。对公贷款的投放主要集中在电力、道路运输业、公共设施管理业、以及教育、卫生行业,分别净投放贷款3.65亿元、3.3亿元、1.3亿元、1.2亿元、0.68亿元。当年,与大理学院签订了《银校合作协议》,年内投放基建贷款1.2亿元;与云南白药集团大理制造中心签订合作协议,提供首期5000万元的委托贷款;积极开展“民本通达”业务营销活动,在教育、卫生行业有较大突破,审批通过5.8亿元贷款额度。本年度累计投放小企业贷款2.44亿元,累计回收2.3亿元,贷款余额3.03亿元。全年通过“速贷通”、“成长之路”投放小企业贷款24笔,金额8010万元。继续加快对公贷款结构调整步伐,全年退出2.48亿元,同时,A级以上非贴贷款占比达到96.76%,比上年提高了4.16个百分点。

【大力推动中间业务发展】 2009年,全州建行实现中间业务收入3252万元,同比增加40万元。在工作中努力促进中间业务发展,推进公司业务战略转型。一方面,加大传统中间业务收入的拓展力度;另一方面,积极拓展新兴业务产品,努力在企业年金、保理、工程建设资金监管等业务方面实现突破,年内工程建设资金监管业务有较大突破,实现收入98.8万元。促进代理保险业务的发展,全行代理保险手续费收入167.93万元;银证业务持续健康发展,实现三方存管收入23.12万元,专项服务收入50.84万元;进一步加大国际业务营销力度,全省建行首笔“融信通”业务在大理州分行完成。国际业务结算量6720万美元,结售汇量6413万美元,当地四行占比49.06%,比去年上升了12.74%。传统个人中间业务收入稳步增长,银行卡成为中间业务创收的主力军。全行实现个人中间业务收入1920万元,其中银行卡业务收入957万元。个人电子银行客户签约快速发展,活动客户达24460户,新增14826户。电子银行交易占比17.34%,全行电子自助渠道交易占比达到49.28%;个人客户结构持续优化,全行5万元以上个人存款客户新增3544个,个人VIP客户数新增1197户,个人VIP客户AUM值(“客户可控金融资产”)达19.74亿元,较年初新增6.36亿元;实现黄金业务收入30.55万元,实现理财业务收入459万元。

【信贷资产质量进一步提高】 2009年,建行大理州分行在努力做好市场营销的同时,将强化合规风险管理放在极其重要的位置,着力防范和化解各种风险。全行风险管理意识进一步得到增强,基层机构关键风险点的检查监控得到有效落实,操作风险管理能力得到增强。年末,全行各项贷款余额48.26亿元,五级分类口径不良贷款余额1.11亿元,比年初下降286万元,降幅2.52%,不良率2.29%,较年初下降0.29个百分点。其中:公司类不良贷款余额8773万元,比年初下降633万元,降幅6.73%,不良率2.39%,较年初下降0.34个百分点;个人类不良贷款余额2297万元,较年初增加347万元,不良率2%,比年初下降0.09个百分点。全行不良资产处置额6529万元,实现现金回收4745万元,实现超值现金回收960万元。

【继续加强信贷基础管理】 2009年,建行大理州分行认真总结分析信贷管理工作面临的形势,梳理信贷管理工作中存在的不足,制定具体的改进措施。为加强贷后管理,积极防范风险。在加强管理过程中,成立了包括“南国城”项目在内的13个贷后管理领导组及项目责任小组,制定了《贷后管理监控项目责任小组职责》等相关工作职责,针对部分信贷项目贷后管理中存在的问题,采取调整经办行领导班子分工、充实贷后管理团队等一系列有效措施,努力将风险降到最低。建立健全贷后管理奖惩制度,制定了《对公客户贷中贷后管理实施细则》，切实将贷后管理工作落到实处。针对存量个人信贷基础信息数据质量差的实际，先后多次组织经营网点对存量个人贷款信息进行清理、维护、补充和更新，使自动化催收成功率由年初的31%提高到46%。年内先后开展了"个人贷款合规检查"、"提升精细化管理水平"，"巩固个贷资产质量"、商用房贷款全面检查等专项活动，对夯实信贷基础管理起到了重要作用。

【营业网点服务质量广受赞誉】 2009年，是建行大理州分行在上级行统一部署下，分步实施网点转型工作的第三个年头，该行在继续深入推进网点转型的同时，狠抓服务质量的监督与管理，全州各营业网点服务质量受到广大客户的普遍赞誉。首先是狠抓服务质量，固化一代转型。建立营业网点服务质量管理及监督责任人队伍，按月检查通报，加强服务质量考核，逐级落实责任，强化督导，巩固网点转型成果；其次是紧紧围绕个人VIP客户服务新理念和新要求，实施网点转型二代项目。与此同时，建行渠道经营管理持续向前推进，全年组织实施网点购置1个、网点装修项目7个（含3个个人理财中心）；以租赁方式设立1个单台ATM机离行式自助银行；新增自助设备8台。加大自助渠道与柜面交易量占比的考核力度，促使各网点主动对客户进行分流和引导，自助银行交易占比31.94%，自助渠道分流替代作用进一步加强。

【实施纪检监察特派员派驻制等多项改革】 2009年，建行大理州分行相继实施了纪检监察、服务保障、公司业务经营管理模式等多项改革。按照省分行关于实行纪检监察特派员派驻制的要求，选派了4名纪检监察特派员，负责所辖基层行的纪检监察督促工作，强化对基层机构及其负责人监督；为加强后台的服务保障能力，积极推行了服务保障改革，出台了《建设大理州分行服务保障实施方案》，8月，州分行服务保障中心成立后，及时明确了工作职责，充实了人员，建立了工作机制，对网点的保障水平和服务效率进一步提高。此外，建行还对公司业务经营管理模式进行了调整优化，继续推进了营运管理体制改革。

【公共关系及企业文化建设工作成效明显】 2009年，建行积极推进服务文化、合规文化在内的企业文化建设。采取多种形式倾听员工心声，把握员工需求。按照省分行"抓服务，讲合规，促发展"主题活动相关安排，以及关于将大理州分行等两个二级分行作为"探索开展关爱员工活动试点行"的决定，结合本行实际，开展了行长接待日、领导与员工面对面交流、"搭建沟通立交桥"等人文关怀活动，在全行营造"关爱员工"的良好氛围，激发员工热爱建行的团队意识。做好新闻宣传和品牌建设工作，有效支持全行的改革和业务发展。突出信息宣传报道的及时性和广泛性，促进全行信息交流。运用《建设银行报》、省分行网站《本行动态》等舆论宣传主渠道，在总分行层面充分展示大理分行的形象，在《建设银行报》的发稿量继续居全省二级分行第一；为有效发挥州分行信息服务网站的作用，突出其信息交流、行务公开、资源共享的功能，调整了信息服务站的管理职责，并进行了改版。积极履行企业社会责任，在重点抓好贫困高中生"成长计划"的基础上，8月，向全行员工发起了主题为"成长计划·助你启航"的捐款倡议，为贫困考生踏入人生新起点再尽一份力，员工共捐款13510元，连同省分行补助的22490元，送到了受资助的贫困学子手中。在全行营造学习先进、争当先进的良好氛围，进一步助推服务文化及合规文化建设。据不完全统计，2009年，州分行本级与各支行先后获得总分行各类、各条线先进单位表彰23项，33人次员工获得总分行各类、各条线先进个人表彰。

（《建设银行大理州分行》由刘庆云撰稿）

中国银行大理州分行

【概　述】 2009年，中国银行大理州分行坚持以科学发展观为指导，及早制定和完善本行四年中期发展战略规划，适时调整发展思路，努力"扩规模、调结构、练内功、上水平"，克服各种困难，扎扎实实推进各项工作。至2009年末，各项人民币存款较上年增长6.1亿元，增量创历史新高；储蓄存款增长取得历史性突破，全年净增2.5亿元，超过了中国银行大理州分行2004—2008年五年储蓄存款增长的总和，中国银行大理州分行经营实力和发展能力持续增强，资产结构进一步优化，盈利能力明显提高。资产规模扩大和结构改善明显降低了经济资本占用，风险调整资本回报率和经济资本增加值进步率在全省系统内名列前茅。

【坚持发展是第一要务】 2009年，中国银行大理州分行以省分行2009年工作会议精神为指导，紧紧围绕本行四年中期发展目标，坚持以市场为导向、以客户为中心的营销理念，结合本行实际确立了"个金打基础、公司扩规模、各业务条线协调发展"的指导思想，狠抓业务发展不放松，积极调整公司客户结构，加大对重点行业和产业的信贷支持力度。行领导带头认真开展外勤公关工作，积极寻找业务突破口，成功实现了对优质重点民营企业的授信支持，从而大大改善了该行服务与支持地方经济的形象，有效优化了客户结构、壮大了优质客户群。同时该行积极加强与茶叶生产、旅游、房地产等优势行业的合作，有力地支持了地方重点项目、重点企业的建设和发展。

【狠抓风险控制和案件事故防范】 2009年，中国银行大理州分行大力加强内控机制建设，认真落实基层机构网点操作性风险自查和州分行季度重点风险检查制度，对重点岗位、重点环节是否按制度规范操作开展全面的督促检查，对检查发现违规问题的当事人及相关责任人进行严肃处理，并在全辖区通报。2009年中国银行大理州分行开始实行员工个人违规扣分制度，使全体员工深刻认识到违规的严重性，真正从思想上引以为戒、吸取教训，从而在实际工作中加强行为自律、杜绝侥幸心理，严格做到遵章守制、规范操作。同时认真开展案件防控和风险排查工作，由行长亲自挂帅，建立组织架构、落实工作责任，扎实做好重点存款账户风险排查和专项安全检查工作，从而有效地堵住了风险漏洞，最大限度地降低了操作风险，巩固了案件防控治理成果，确保"不发一案、不误一人"。

【推进惩治和预防腐败体系建设】 2009年，大理中行深入贯彻《中国银行党风廉政建设责任制实施办法》，认真落实省分行2009年党风廉政建设暨监察保卫内控工作会议精神，扎实开展反腐倡廉宣传教育，及时层层签订《党风廉政建设目标责任书》、《安全保卫目标责任书》、《维护稳定目标责任书》和《保密承诺书》，明确工作目标、落实责任，把惩防体系建设工作落到实处。坚持党委中心组学习（扩大）制度和部门网点学习讲评制度，各部门和营业机构网点每周不少于一次班前学习、每半月至少一次内控合规专题学习，扎实开展廉洁自律教育、警示教育和合规教育。三是认真开展形势分析教育，及时传达学习上级行的有关工作方针和要求，做好对全体党员和员工的教育引导，把握好正确的舆论导向，深入抓好员工思想动态分析和矛盾纠纷排查化解工作，确保全行的团结稳定。四是认真开展“双十禁”学习教育，州分行成立了“双十禁”学习指导工作领导小组。五是加强艰苦奋斗、勤俭办行教育，认真开展厉行节约专项检查工作，加强财务预算管理和费用管理，改进和完善费用审批制度，不断提高费用开支的经济效益。

【切实加强班子建设】 2009年，面对错综复杂、变化多端的经济金融环境和艰巨的发展任务，大理中行党委始终保持清醒的头脑，坚决贯彻落实总行、省分行的各项经营方针和重大决策部署，及时认清和把握形势，审时度势调整工作思路和方向，确保全行各项工作围绕中心正常运转。班子成员能够严格遵守廉洁自律各项规定，讲正气、顾大局、树形象，努力成为带领全行员工迎难而上、团结进取、加快发展的坚强领导核心。同时严格坚持民主集中制原则，不断完善党内议事规则和决策程序，重大事项党委集体讨论决定，没有个人独断专行的情况。严格按照规定选拔任用干部，实行上岗目标任务承诺制，重点突出管理者履职过程的考核评价管理，制定清晰的准入和退出机制，坚持群众公认、德才兼备、注重实绩的原则，提高选人用人的公信度，杜绝用人上的不正之风。

【加强企业文化建设】 2009年，为切实保障广大员工的身心健康，大理中行定期组织全行员工进行体检，对生病住院的员工由工会牵头进行登门慰问。认真加强新员工入行教育，州分行领导专门召开以“坚定信心、找准位置、成就梦想”为主题的与新入行大学生的座谈会，鼓励新员工勤于思考、积极进取，在中行改革发展的事业中实现自己的理想和抱负。州分行抓住节庆时机适时举办了以“团结拼搏、自强向上”为主题的庆“三·八”女职工登山活动，以“直面挑战、追求卓越”为主题的党日活动和主题教育活动，组织党员和入党积极分子参观周保中将军事迹展览，组织全行员工参观由监管部门举办的“反腐倡廉集中警示教育”巡展，在庆祝新中国六十华诞之际积极开展爱国歌曲演唱会等活动，从而有效地激发了广大员工爱国爱行的热情，增进了集体凝聚力和向心力。

（《中国银行大理州分行》由赵亚玲撰稿）

工商银行大理州分行

【概　述】 中国工商银行大理分行认真贯彻落实总、省行2009年工作会议精神，坚持以科学发展观为指导，以劳动竞赛为抓手，积极应对复杂多变的经济金融形势，抢抓国家扩内需、保增长带来的发展机遇，积极营销优质市场，大力推进结构调整，继续强化内部管理，进一步提升全行整体竞争力，各项工作迈上了新台阶。至2009年末，全行总资产较年初增长21.74%。总资产不良率1.52%。

【狠抓稳存增存工作】 2009年，工行大理州分行拓宽筹资渠道，将大理市细分为大理古城区，下关老城区、新城区、开发区四片竞争区域，由各支行实施围城、围街营销，同时，积极营销50千米内的凤仪、海东、喜洲、漾濞等我行无机构区域的客户，临近县域支行周边县的客户，拓宽业务增长点。全年新增存款12亿元，增长21.57%。

【做好代发工资单位金融服务】 2009年，工行大理州分行把月累计代发工资超过1亿元的签约合作单位统一纳入工行创建的“VIP客户维护系统”，建立单位及其员工信息档案管理，对代发工资单位和个人做到“四个服务”，即：客户经理定期上门跟踪服务、网点定时批量系统处理服务，全行定位发卡推荐电子银行服务，举办理财沙龙活动专属服务，构建和发展新型的“银客”合作关系。储蓄存款较年初增长12.27%。

【构建公司客户多层次立体化服务格局】 2009年，工行大理州分行对烟草、交通、电力、通讯、财政、社保、移民及军队等重点系统和单位，州分行和各支行上下联动，构建多层次立体化服务格局，根据客户的不同需求推荐不同的金融产品和金融服务。对机构、公司大客户加强沟通，定期不定期走访，及时解决服务中存在的问题。实现了银企合作从传统的存贷款业务、本外币资金结算业务到投资银行业务、电子银行业务、年金的全方位业务转变。公司存款较年初增长26.65%。机构存款较年初增长34.96%。

【开拓优质信贷市场】 2009年，工行大理州分行对大理州重点项目华能龙开口水电站发放项目前期贷款4亿；对大理洱海保护投资建设有限责任公司放贷1.3亿，用于大理市洱海湖滨带（东区）一期生态修复建设工程；对州国有资产经营投资有限责任公司放贷7000万元，用于洱海面源污染治理项目；对云南省交通厅发放项目贷款4.9亿，用于漾濞至跃进二级公路建设等。在有效支持地方经济建设的同时，提升了经营效益。

【拓展个人贷款业务市场】 2009年，工行大理州分行国家以及总行、省分行一揽子关于金融促进消费的政策出台后，积极安排师资力量参加业务培训，及时开展转培训，将相关政策贯彻到所有从业人员，为使人人掌握政策，将省分行相关政策编成政策速查手册发放到个贷营销人员手中。上下同心协力开展个人贷款营销，个人贷款比年初增长95.56%。

【大力开拓新兴业务市场】 2009年，工行大理州分行一是积极安排部署推动国内贸易融资业务的发展。二是大力拓展对公结算账户。三是大力发展现金管理签约客户。四是加大营销力度，实现法人理财产品和结构性存款业务的快速发展。五是采取多种措施大力推动品牌业务的发展，实现品牌金销售网点覆盖率100%的目标。六是积极抓好企业年金业务的拓展。七是国际业务取得较大突破。2009年中间业务收入同比增长6.6%。

【不断激发经营活力】 2009年，工行大理州分行在总结以往成功经验做法的基础上，完善和修订出台了七个激励考核办法。一是出台《大理分行2010年一季度储蓄存款考核办法》，确定目标任务与绩效工资奖励挂钩。二是出台《大理分行绩效考核分配办法》，确立五项分配考核原则。三是出台《大理分行服务营销业绩积分计价考核办法》，统一建立全行服务营销业绩积分计价考核系统平台。四是出台《大理分行客户经理考核办法》，对客户经理实行统一集中考核。五是出台《大理分行营销明星团队及个人考评办法》，构建创先争优的明星文化。六是出台《大理分行推动创建学习型组织培训学习考核办法》，推动建立学习创新型员工团队。七是出台《大理分行部门及支行负责人经营管理问责试行办法》，引入问责制度和引咎辞职制度。

【推动服务质量和工作效率整体提升】 2009年，工行大理州分行经过精心策划和细致准备，于5月25日在全辖各网点同步推行晨会制度。晨会时间定为每个工作日7时45分至8时，以网点为单位统一组织实施，每日由支行行长（副行长）或网点主任具体负责安排，员工轮流组织主持，当天应到岗员工参与，其中每周三全体员工必须参加。在全辖推行晨会制度，搭建起上下级之间和员工之间沟通交流的新平台，有力地推动了服务质量和工作效率整体提升。

【加强内控管理】 年内，工行大理州分行根据人事变动情况，及时调整了“大理分行内控管理委员会”、“大理分行操作风险领导组”、“大理分行反洗钱领导组”等领导组成员，为各领导组规范的履行工作职责提供了组织保障。充分发挥好内控管理委员会在全行内控工作中的组织领导作用，重要的内控管理决策和重大内控事项均经过委员会审议，并且严格按照议事规则和程序审议各项内控管理事项，确保了委员会决定的事项落到实处。全年共开展各项审计、检查及调查核实项目共22个，累计投入566人天。

【抓好党建促队伍和企业文化建设】 年内，工行大理州分行，一是巩固深入学习实践科学发展观活动的成果，认真开展了“回头看”，确保整改事项落实到位。二是建立健全完善领导干部联系点制度。行领导坚持深入基层，密切联系员工，积极开展调查研究，解决实际问题和困难。三是以建党88周年为契机，进一步抓好党员队伍建设。先后举办了支部书记、入党积极分子培训班。四是认真抓好中年员工培训工作。使中年员工适岗转岗培训工作真正落到实处。五是根据业务发展动态，撰写、报送信息的数量和质量都有了大幅提高，被省分行评为“网讯工作先进单位”。

（《中国工商银行大理分行》由李辉撰稿）

中国农业银行大理分行

【概 述】 2009年是农行股份公司正式挂牌成立之年，农行大理分行在省分行和州委、州政府的领导下，在州人民银行、银监局的指导帮助下，以“三个代表”重要思想为指导，认真贯彻落实科学发展观，按照构建现代金融企业制度和公司治理机制的要求，以“改革、发展、控险”为主题，实施“发展、转型、创新、控险、强管、增效”的业务经营方针，全面落实面向“三农”市场定位；深入推进业务经营转型和精细化管理；顺利完成信贷审批体制和州分行、县支行内设机构改革；强化队伍建设和案件风险防控；加快存、贷款和中间业务发展，加强不良资产清收和管理；各项业务工作快速发展，呈现出规模增长、结构优化、质量改善、效益提升的良好势头，开创了大理分行各项业务发展新局面。2009年末，全行各项存款余额107.18亿元，比年初增13.25亿元；各项贷款余额81.04亿元，比年初增14.2亿元；中间业务收入6155万元（含财政划拨委托不良贷款清收手续费1203万元），增长31.91%。

【抓实信贷有效投放】 年内，农行大理分行一是全面推进信贷审批体制改革，推行信贷独立人审批制。信贷审批体制改革是农行股份公司经营管理的重要组成部分，实现了信贷业务审批的专业化和审批权限的下移，信贷业务的审批效率得到了较大的提高。二是信贷结构进一步得到调整、投放重点突出、成效明显。贷款增量主要集中在电力、旅游、交通、城镇建设、卫生、房地产、农产品和农户小额贷款等行业和项目。三是惠农卡及农户小额贷款业务蓬勃发展，成效突出。四是加快了个人住房贷款的营销和投放。

【加大重点经济项目支持力度】 2009年，农行大理分行抓住较为宽松的货币政策，积极拓宽信贷渠道，加大信贷投放力度，重点支持大企业、国家鼓励发展行业和州政府确定的重大社会经济发展项目，使信贷增量明显，成效突出。一是认真贯彻落实州政府“政银企”合作精神，与州政府办签订了《关于服务“三农”支持地方经济发展和重点项目建设的信贷资金投放协议》。协议明确农行大理分行在2009年上半年投放10个亿的信贷资金，专门用于支持大理州内“三农”企事业单位、个人、县域中小企业、城乡居民的生产经营、商品流通以及个人消费和重点项目建设的资金需求。协议签订后，农行大理分行认真落实责任，积极履行协议内容，2009年上半年累计投放信贷资金365,423万元，贷款净增95,610万元，完成协议信贷投放要求的95.6%，有力地支持了大理州基础设施和农副产品加工业的发展。二是积极支持大理州重点社会经济发展项目和行业，加快信贷投放，促进大理州经济发展。根据国家“扩内需、保增长”政策，大理分行加大对国家、省、州确定的重点经济发展项目和行业的支持力度，积极选择了一批辐射功能大、带动效果好的项目和龙头企业进行支持。三是着力加大对个人住房贷款的拓展力度，促进个人贷款业务发展。以大理市为重点，带动全州各县支行加强个人住房贷款和房地产开发贷款的联动营销，以优质优势楼盘为依托，保证了个人住房贷款业务稳定增长。

【扎实抓好惠农卡发行工作】 2009年，农行大理分行充分认识到惠农卡及农户小额贷款业务是一项长期性的工作，既是国家落实“三农”政策的具体体现，又是农行发展战略的必然选择。全州各县支行、相关直属机构不畏艰难、统一思想，克服人员不足、管理半径大等困难，扎实有效地将惠农卡发放到村村寨寨。大理分行以惠农卡为载体，积极发放小额到户贷款，支持县域经济发展；紧紧围绕服务“三农”确定的目标，根据各县支行自身情况和农户融资需求，实行全面推进，有效支持了农民增收致富，促进了县域经济的发展。其中祥云、宾川、弥渡、洱源、南涧等七个支行，共发放农户小额扶贫贴息贷款3,736笔、金额6,476万元。2009年大理分行新发放惠农卡79,914张，新增授信户数25,356户，农户小额贷款用信余额47,458万元，其中新增用信40,458万元。惠农卡业务覆盖全州110个乡镇中的82个乡镇，覆盖乡镇率74.55%；覆盖全州1104个行政村中的550个，覆盖率49.82%。真正履行了农行服务“三农”的承诺，为大理州“三农”经济发展作出了应有的贡献。

【保证各项基础工作稳健开展】 2009年，农行大理分行统筹兼顾，齐头并进，保证了各项工作有条不紊的进行。一是顺利完成全辖股份公司金融机构许可证、营业执照、机构代码证的变更工作和土地、房产证换证工作；全面完成股份公司成立后各种行政印章、财会印章的更换、收缴和新印章的启用工作。二是全面完成金库达标建设工程，其中新建6个、改建6个。三是各种新系统平稳上线运行，保证了业务的正常开展和经营管理水平的提高。综合办公信息系统（SOI）二期、财务价值管理系统（PVMS）、金库调拨系统等新系统正常上线运行，进一步提高了办公效率和科学管理水平。四是加快网点转型，全面引进网点标准文明服务导入工作。全年完成了6个网点装修施工图的设计，申请获批装修改造网点14个；网点人员的精神面貌、主动服务意识和基础服务礼仪都有明显改观。五是积极开展各种创先争优活动，促进精神文明建设。大理分行积极组织员工参加上级行组织的各种业务技术比赛和女员工“建功立业”、“做合格员工,争当业务能手、岗位标兵”等活动,涌现了一批业务技术能手和先进个人,其中叶春丽荣获总行“青年岗位能手”,祥云县支行营业部李培友荣获总行“知识型员工先进个人”,激发了广大员工的爱岗敬业精神,促进了农行大理分行精神文明建设工作。

(《中国农业银行大理分行》由朱艳松撰稿)

省联社大理办事处

【概 述】 2009 年是全州农村信用社管理规范、成效显著的一年。一年来,在省联社的正确领导下,在各级党委、政府的关心支持下,在人行、银监、州金融办、财政等有关部门的监督、指导、协调、帮助下,全州农村信用社紧紧围绕省联社年初工作会议、信贷工作会议精神及办事处工作意见,以发展为主线、以服务创优为动力、以增效为中心、以管理控险为重点,锐意开拓、勇于创新、真抓实干,通过全州信合员工的不懈努力,各项工作取得了显著成绩,圆满完成了州委、州政府和省联社下达的各项工作任务。

【开展学习实践科学发展观活动】 根据省联社学习实践科学发展观活动总体部署,从 2009 年 3 月开始,省联社大理办事处结合实际,组建了工作机构,制定了实施方案,进行了动员培训,稳步推进学习实践科学发展观活动。一是办好一个栏目,大理办事处与大理报社联合在《大理日报》A2 版合办为期一年的“学习实践科学发展观,支持白州经济社会发展”有奖征文栏目,营造“大宣传、大发展”的格局。二是学好指导丛书,办事处组织了 10 多次集中学习,比较系统地学习了《毛泽东邓小平江泽民论科学发展》、《科学发展观重要论述摘编》、《科学发展观学习读本》等,全面准确把握科学发展观的深刻内涵和基本要求。三是开展学习调查研究,办事处和各县联社(合行)深入开展调查研究,由主要领导牵头,确定专题,深入基层、深入到群众中开展调研,形成具有针对性、指导性、实用性的调研报告,办事处主任寸尊喜撰写的“农村信用社如何支持白州经济平稳较快发展”在《大理日报》二版“苍洱论坛”刊发,起到了较好的宣传效果。四是在分析检查阶段,办事处认真组织了“三查三找”,深刻分析了当前及今后一个时期全州农村信用社需要继续抓好的各项工作,每个党员干部结合自身所负责的工作,深刻查摆存在的问题,认真填写科学发展观“回头看”群众意见表,提出了整改落实的意见和建议,做到了边实践、边检验、边解决、边提高。

【深化人事制度改革】 年内,省联社大理办事处深化劳动用工、人事管理和薪酬分配“三项制度”改革工作,着力推进“干部竞聘、员工聘用”机制,各行社对中层干部实行竞聘上岗,给想干事的人有机会,给能干事的人有平台,让不想干事和不能干事的人有危机感,全面开展员工竞聘上岗工作。大理办事处对弥渡县联社副职在全州农村信用社实行公开竞聘,通过自愿报名、组织审查、组织考试、演讲答辩、民主评议、张榜公示、接受监督、组织考核等阳光操作后,选拔和任用了年轻有为、德才兼备的干部。

【开展服务创优活动】 年内,省联社大理办事处始终树立“资金是生存之本、效益之源”的指导思想,从保效益、保发展的高度出发,强化措施,开展形式多样、丰富多彩的创优活动。一是抓好柜台服务,提高服务质量,做到优质服务待人、实际行动感人、优良作风服人、典型事迹激人,不但稳住了老客户,而且吸引了大批新客户;二是充分利用宣传媒体,系统报道信用社支持“三农”、改革创新、规范管理等方面取得的成效,精心打造“农村信用社是老百姓自己的银行”的品牌形象。通过开展服务创优活动,提高信用社信誉和社会地位、树立企业良好社会形象。

【继续实施“信用工程”】 2009 年,全州农村信用社继续实施“信用工程”,大力开展“信用户、信用组、信用村、信用乡镇”评定活动,截止年末,全辖已评定信用户 264423 户、信用组 1350 个、信用村 309 个、信用镇 4 个,农村信用环境有了明显改善。

【积极介入重大经济发展项目】 2009 年,全州农村信用社把经营工作同当地经济社会发展有机地结合起来,大力支持“工业倍增”计划。支持大理州 2009 年 44 个重大经济发展项目中的 15 个项目,占 34.1%,支持贷款 23625 万元。如:大理大钢钢铁有限公司年产 30 万吨的达产技改、祥云县万祥工矿有限责任公司新建一对年产 15 万吨煤炭生产系统、云南力帆骏马车辆有限公司新建载货汽车驾驶室冲压焊装生产线项目、祥云县龙云公司野生菌罐装生产线及仓储设施建设项目等。

【宾川县联社推出《侨民贷款证》】 2009 年,宾川县联社推出《侨民贷款证》,支持侨民危房改造,2009 年底已经授信 529 户、867 万元,用信 410 户 638 万元;累计发行“金碧卡”154095 张,发行“金碧惠农卡”44941 张,让农民贷款更加方便、快捷、实惠,并享受到更大的信用额度,进一步改善了对“三农”的服务手段,提升了服务水平。

【稳步推进“贷免扶补”创业小额贷款工作】 2009 年,各县联社(合行)结合自身实际,建立“政府主导、多方参与、信用社经办”的工作联动机制,在办理贷款过程中简化手续、提高工作效率,根据创业人员提供的创业小额贷款申请审批表,创业企划书及创业小额贷款推荐表,以及其他贷款所需的相关资料进行“贷免扶补”创业小额贷款的发放工作,稳步推进“贷免扶补”创业小额贷款工作。2009 年末,全州农村信用社发放“贷免扶补”创业小额贷款 1904 户,9385 万元,为 5600 多人提供创业和就业机会,提前超额完成了省、州政府确定的年内发放任务。弥渡县联社在省政府召开的全省鼓励创业“贷免扶补”工作推进会议上交流了工作经验和做法。

【召开“双先”表彰大会】 为树立先进典型,弘扬敬业精神,2009 年 2 月 19 日,省联社大理办事处召开全州农村信用社工作会议暨“双先”表彰大会,对全州农村信用社先进集体、个人进行表彰奖励,39 名先进个人胸前戴上大红花,14 家先进集体捧着大奖牌,这不仅是工作“褒奖”的象征,也是“光荣”的象征。州委常委、常务副州长马建全到会作了重要讲话。

【开展“廉洁从业”专题思想教育活动】 2009 年,省联社大理办事处组织开展了“廉洁从业”专题思想教育活动,以“六个一”为载体“廉洁从业”专题思想教育活动,即:签订一份承诺书、组织一次理论考试、进行一次警示教育、召开一次述廉会、发送一条短消息、组织一次演讲会,进一步落实了“廉洁从业”各项规定,收到了良好效果。

【积极开展各种文体活动】 2009 年,大理市农合行与人行大理中支行、大理银监分局开展丰富多彩的联谊活动;洱源、弥渡、鹤庆、南涧等县联社积极参加地方政府组织的文艺汇演;“三八”节,永平县联社组织了信合风采的展示活动；剑川县联社结合“金碧惠农卡”发行工作，在剑川县甸南镇举办了“金碧惠农暖民心”文艺演出，观看人数达2000多人；宾川、云龙县联社认真准备，积极参加当地组织的演讲活动，取得了较好的成绩。通过开展多种形式的文体活动，既陶冶了职工的情操，又增进了与各级各部门之间的友谊，取得了较好的宣传效果，大力提升了企业社会形象。

【信息宣传工作实现三个突破】 2009年，省联社大理办事处为不断提升大理信合品牌，建设有特色的大理信合企业文化，充分发挥信息宣传的舆论导向作用，全方位、多层次、多渠道的搞好此项工作。调研、信息工作实现三个突破：在组织领导水平上有突破，主要领导亲自抓，建立了办事处、联社（合行）、基层社（支行）三级通联队伍，优化了信息资源；在开发信息源上有突破，做到信息跟着工作走，工作成果入信息，使信息资源得到综合开发利用；在信息宣传档次上有突破，在信息质量、采用级次上进一步提高档次，年内，在报刊、电台、电视台刊登宣传稿件200多篇（幅、条）。

【各项业务指标实现“六新”】 年末，全州农村信用社各项存款跨上新台阶，各项存款余额达141.78亿元，占全州金融系统各项存款总额的30.17%，增量占全州的38.97%，净增34.94亿元，增幅为32.7%；贷款总量实现新突破，全州农村信用社各项贷款余额达101.96亿元，占全州金融系统贷款总额的32.1%，增量占全州的30.04%，净增23.47亿元，增幅为29.9%；资产质量有了新提高，全州农村信用社盘活不良贷款4209万元，不良贷款占比由年初的6.83%下降到4.84%，降低了1.99个百分点；中间业务彰显新领域，全州农村信用社实现中间业务收入1059万元，中间业务收入领域有所拓展，尤其是“安贷保”中间业务收入增势喜人；创收增效取得新成绩，全州农村信用社实现各项收入81457万元，实现利润19175万元；抵御风险有了新提高，全州农村信用社股金总额达到43258万元，比年初增加15352万元，资本实力进一步增强，贷款损失准备充足率达到163%，拨备覆盖率为134%，抵御风险能力明显提高。各项经营指标均超额完成省联社下达的计划任务。

（《省联社大理办事处》由戴灿涛撰稿）

保　险

·中保财险大理州分公司·

【概　述】 2009年，中国人民财产保险股份有限公司大理州分公司紧紧围绕公司进取性区域发展战略，加快实施三年发展规划，紧扣“突出效益、强化服务、创新发展”三大主题，大力推进实施“效益、速度、服务”领先的市场战略，围绕全省年度工作会议提出的“盈利能力保持云南省非寿险行业领先水平，业务发展速度高于云南省非寿险市场平均增速，客户服务水平整体上明显好于优于云南省非寿险市场其他主体”的总体要求，勇于应对竞争，着力开拓新领域，强化经营管理，锐意进取、扎实工作，各项工作基本实现预定目标。全州系统实现保费收入2.52亿元（提前75天完成全年保费收入计划），完成年度计划的111.6%，较2008年增长28.35%，净增保费收入5572万元。其中，企财险保费收入1365.4万元，机动车险保费收入17421.72万元，责任险保费收入491.49万元，货运险保费收入70.73万元，人身意外伤害险、健康险保费收入1963.69万元，家财险保费收入63.59万元，工程险保费收入100.81万元，农业保险保费收入3748.02万元。年内累计赔款支出13687.4万元，已决赔付率55%，未决赔款尚有4014万元。及时支持受灾企、事业单位和个人及时恢复生产、生活。为地方经济建设，构建和谐社会起到了积极的保障和促进作用。

【开展共同愿景大讨论活动】 5～6月，中保财险大理州分公司在全州系统范围内深入开展了共同愿景大讨论活动，活动得到全体员工积极响应，在公司内部网站论坛积极参与讨论，探讨公司发展规划和长远发展蓝图，探讨公司业务发展和经营管理办法。共征集到共同愿景讨论文章30余篇，征集到职场宣传用语50余条。通过在全州系统开展共同愿景大讨论，确定了广大干部员工高度认同、衷心追求的公司愿景目标，以及共同遵循的使命和价值观，进一步增强了队伍的凝聚力和向心力，为制定公司中长期战略规划奠定了坚实基础，为推进公司可持续健康发展提供了强大的精神动力。

【精神文明建设扎实推进】 2009年，中保财险大理州分公司以创建社会治安综合治理先进单位活动为载体，加强平安单位建设，2009年度，州分公司被大理市委、市政府评定为“先进平安单位”。全州各分支机构继续保持精神文明创建成果，通过各级党委、政府组织的检查、复核、验收，州分公司再次被州委、州政府命名为“文明单位”，同时，州分公司被省委、省政府命名为“文明单位”；全州系统再次被州委、州政府命名为“文明行业”。

【“三农保险”促进农村社会稳定和谐】 2009年，中保财险大理州分公司在继续承保能繁母猪保险的基础上，与州级有关部门密切协作，开办了奶牛保险和烤烟种植保险，在全州12个县市均办理了农房保险，切实落实了中央关注三农、扶持三农的政策。年内，能繁母猪保险赔款1626万元，奶牛保险赔款829万元，烤烟赔款209万元，“三农保险”基本实现收支平衡、略有结余、以丰补歉的经营目标。农业保险业务的开办，为促进农村社会稳定和谐，促进社会主义新农村建设起到积极的作用。

【举行庆祝人保公司建司60周年系列座谈会】 10月20日、21日，在中国人民保险公司迎来60周年之际，公司分别召开了政府职能部门座谈会和大客户座谈会，州、市政府领导和有关职能部门领导以及来自全州的大客户代表90多人参加庆典座谈会。州人民政府分管副州长到会作了重要讲话，充分肯定了人保财险大理州分公司在推进白州经济社会发展中发挥的社会“稳定器”和经济“助推器”作用。来宾们观看了反映人保集团公司和人保财险公司发展历程的纪录片，对公司的发展、管理、承保、理赔服务等诸多方面，提出了宝贵的意见、建议。一致认为人保公司发展迅速，成就卓著，值得信赖，值得长期合作。通过司庆系列活动的开展，进一步提高了公司的社会公信力，凸显了在行业中的主导地位，对业务的发展起到了积极的促进作用。

【积极开展“安保互动”业务】 年内，中保财险大理州分公司和州安监局共同在全州开展了“安保互动”相关工作，为全州矿山、石化等高危行业从业人员3242人提供了保额为72285万元的保险保障。

【不断丰富服务内涵】 年内，中保财险大理州分公司深入开展了中国人保60周年客户节系列活动，一是针对社会普遍关心的理赔问题，在精心准备的基础上，实施理赔大提速，大幅度缩短理赔周期，实施限时赔付，并通过《大理日报》公开向社会承诺赔付时限，二是向社会公示理赔服务程序，通过《大理日报》将理赔流程、所需手续、联系电话、投诉电话向社会公开，引入监督制约机制，自觉把理赔工作置于社会的监督之下，实施阳光操作，提高了理赔服务的透明度和公信力。三是实施异地出险，就地理赔，让客户无论身处何地，都能够享受到全流程便捷、高效的理赔服务，极大地方便了客户。

【机动车辆保险实行全天候核保和见费出单制度】 年内，为全面贯彻落实省分公司机动车辆保险"1号工程"，中保财险大理分公司积极投入资金配置了3G无线网卡、VPN锁等设备，在不增加人力成本的同时，从7月7日起，开始实行全天候车险业务核保制度，进一步做好为基层服务工作。为遏制机动车辆保险应收保费不断攀升的被动局面，有效防范和化解经营风险，在省保监局和省公司的统一部署下，公司于年初在全州范围内实施了机动车辆保险见费出单制度，经过近一年的运行，广大客户已经普遍能够接受见费出单，营造出了较好的经营氛围，同时，公司的应收保费余额较上年大幅度降低，成效显著，较好地解决了困扰公司多年的应收保费居高不下的问题。

【事故车辆集中拆检定损点运作顺利】 2009年，中保财险大理分公司了提高服务质量，有效整合公司全系统的理赔资源、人力资源，节约经营成本，有效控制理赔工作中的跑冒滴漏现象，发挥整体优势，为展业提供准确的客户资料，促进业务发展。同时，紧紧围绕《车险理赔服务承诺》为客户提供更加优质的理赔服务，不断完善服务体系，做到保险服务便民高效、保险理赔快速便捷。4月份，州分公司抽调大理市同城四家分支公司人员，建立了大理州分公司事故车辆集中拆检定损点，运行半年多来，收效明显，既方便了广大客户，又促进了车险经营效益的提高。

【州政府颁布《创建"人保财险保险先进村、乡镇"活动实施方案细则》】 2009年，中保财险大理分公司为进一步促进大理州农村和农民保障体制的建立，在州政府大力支持下，公司在全州各县市开展了农村保险示范县和农村保险先进村、乡镇创建活动，制定了创建活动实施方案。《方案》得到州人民政府的充分认可，并于5月11日以《大理州人民政府办公室关于印发大理州创建"人保财险保险先进村、乡镇"活动实施方案的通知》下发各县市人民政府和州级有关部门，对农村保险示范县和农村保险先进村、乡镇创建活动作出了具体的安排部署。州、县二级人民政府相应成立了创建活动领导小组，相关部门领导为成员，负责对辖区创建工作的领导。各县市分别选定了1个乡镇和2个村委会作为本县市的创建活动建设点，使农村保险示范县和农村保险先进村、乡镇创建活动全面开展。

【坚持依法合规经营带头维护市场秩序】 2009年，为促进保险市场秩序的好转，维护公司及同业的共同利益，中保财险大理分公司在全系统深入开展了打击假保险机构、假保单、假赔案工作，组织各分支机构结合自身情况进行了自查，纠正了经营活动中的一些不规范行为；同时，由人保财险公司发起，州保险行业协会召集各市场主体针对大理保险市场手续费居高不下的状况，进行了专题协商，形成了《关于相对规范车险手续费支付标准的紧急通知》下发各同业公司执行，对手续费的支付标准和方式进行了规范，对降低经营成本，提高经营效益起到了积极的促进作用。

（《中保财险大理州分公司》由李志刚撰稿）

中国人寿大理分公司

【概　述】 2009年，中国人寿大理分公司认真贯彻全省系统保险工作会议精神，以科学发展观为指导，以业务转型为契机，以改革创新为动力，以服务管理为平台，以矩阵式考核为手段；实行"低成本推进、高效率运营"和"一保两控"政策；转变增长方式，提升内涵价值，稳中求进，保持业务平稳发展；有计划、分步骤地组织实施各阶段业务推动方案，促进全年关键考核指标达成；通过强化销售队伍建设，提升队伍销售能力，优化业务结构，加强风险管理和精神文明建设等一系列举措，有力地促进了公司的可持续健康发展。

【业务销售再创佳绩】 2009年，中国人寿大理分公司业务结构明显改善，队伍发展壮大，内涵价值提升，综合竞争能力增强，有力地促进了公司又好又快的发展。截止12月31日，全州系统累计实现总保费收入30142.18万元，在全省系统2009年度绩效评绩考核中获甲AA公司。

【市场份额得到巩固】 2009年，中国人寿大理分公司以弘扬诚信精神，倡导行业诚信规范为已任，深入开展"诚信我为先"活动，带头规范市场竞争秩序，通过诚信优质服务，促进行业持续健康发展，在激烈的市场竞争中，市场份额得到巩固。据大理州保险行业协会统计报表显示，截至12月31日，大理国寿实现保费收入28259.33万元（不含集团保费），占寿险市场份额的46.19%；其中：人身意外险、健康险、寿险保费收入，市场份额占比分别为47.84%、50.85%和46.23%。

【业务结构进一步优化】 2009年，转变增长方式，提升内涵价值，大理国寿在确保市场份额领先的同时，坚持在动态中有效调整业务结构，努力提高创佣、创费、创利能力。在业务推动过程中，根据市场变化和业务进度情况，调整业务发展策略。个险渠道以期交为主打产品，期交占比特别是十年及十年以上期业务占比明显加大；银保渠道以柜面出单为主，实现了趸交向期交的转型；团险渠道业务在激烈的市场竞争中得到巩固，分散型业务也有了长足的发展。此外，企业年金险业务逐年上升，为推进团险业务发展奠定了基础。

【风险防范进一步加强】 2009年，中国人寿大理分公司充分发挥内控与风险管控职能作用，为实现分公司超常规发展、从严管控保驾护航。9月中旬，按照内控手册标准对比，分别对分公司和基层公司进行测试，对测试中发现的问题提交相关部门整改。与此同时，分公司组织联合工作组对各县公司的财务、业务、重要单证、印章，A、B柜面操作工号的管理和依法合规执行情况进行专项检查，发现问题及时解决，把风险隐患消灭在萌芽状态。

【学生平安保险业务持续增长】 2009年，中国人寿大理分公司认真贯彻落实地方党委政府的指示和要求，加强与各级各部门的沟通协调联系，积极做好学生平安保险服务工作，履行社会责任，为确保一方平安和构建和谐社会作贡献。通过优质服务，树立分公司品牌形象，在激烈的市场竞争中赢得了市场和声誉。在2009年度的学生平安保险承保工作中，中国人寿以绝对的市场份额领先，持续五年实现正增长，为全州36万学生提供了保险保障。

【全省系统保险先进村创建经验交流现

场会在大理召开】　2009年3月31日至4月1日，全省系统保险先进村创建经验交流现场会在大理隆重召开。会议总结分析了今年以来全省各地、州、市开展保险先进村创建工作的进展情况，听取了大理、昆明、楚雄、保山四家分公司的经验介绍，现场观摩了大理市永兴村、周城村两个先进村建设点。此次全省系统保险先进村创建经验交流现场会在大理隆重召开，不仅对中国人寿大理分公司前期工作给予充分的肯定，更是对我们进一步做好工作的激励和鞭策，分公司将认真总结成功的经验，把"保险先进村"创建工作做得更深入、更上一层楼。

【积极开展"保险先进村"创建达标活动】　2009年，为全力推进"保险下乡、服务三农"，中国人寿大理分公司按照州人民政府批转的《大理州"中国人寿保险先进村"创建活动实施方案》，在全州十二县(市)深入开展了"保险先进村"创建活动。截至12月底，经省分公司考核验收，全州"保险先进村"创建达标106个。中国人寿将秉承服务宗旨，把"保险先进村"创建活动做得更加深入更加全面，为广大的农村村民提供更为方便快捷的人身保险保障。

【大理国寿举行"工人先锋号"授牌仪式】　大理国寿在2008年荣获云南省"工人先锋号"荣誉的基础上，于2009年4月荣获全国"工人先锋号"殊荣。为热烈祝贺中国人寿保险股份有限公司大理分公司荣获全国"工人先锋号"荣誉，4月30日上午8时，大理州人大常委会副主任、州总工会主席彭增梅、副主席阮荣科，大理市总工会主席李志东，副主席赵泽生，大理州、市总工会有关工作人员，大理州、市电视台、大理日报记者、大理州金花锣鼓队一行20余人，莅临大理国寿祝贺并授牌，大理国寿机关和来自一线的业务员100余人，精神振奋、士气高昂，参加了全国"工人先锋号"授牌仪式。

【精神文明建设再上新台阶】　2009年，分公司紧紧围绕公司中心工作，大力实践国寿科学发展方略，把精神文明建设的引领作用和促进业务发展有机结合起来，以建设社会主义核心价值体系为根本，以"保险下乡、服务三农"为契机，以"合规经营、诚信服务"为标准，着力稳定职工队伍，切实维护职工合法权益，动员组织职工参与公司改革与发展。广泛开展"文明单位"、"文明行业"、"平安单位"等创建活动；搭建"成功创富"平台，正确引导员工劳动致富；深入开展"比、学、赶、帮、超"业务劳动竞赛，扎实推进"工人先锋号"活动。2009年度荣获全国"工人先锋号"、省级"文明单位"州级"文明行业"等多项荣誉。

【企业文化丰富多彩】　2009年，分公司紧紧围绕中国人寿保险公司建司60周年庆典，制定下发了《2009年员工文体系列活动方案》。通过系列活动，展示员工风采，丰富和活跃广大员工的精神文化生活。在开展系列活动中，分公司本着隆重、热烈、节俭的原则，利用全国"工人先锋号"授牌仪式、"星光大道"表彰等活动在当地主流媒体宣传公司核心价值理念。与此同时，积极参加全国保监会、总公司组织的各类征文活动，并有征文获奖；在参加全省系统手工艺品、书画、摄影、诗歌大赛中，书法、摄影分别荣获三等奖；在参加全省系统文艺汇演中，选送作品《弦子弹到你门前，保险送到白族村》分别荣获省、总公司三等奖。通过系列活动的开展，司风、司貌明显改善，并向社会展示了员工的精神风貌和总公司的品牌形象。

(《中国人寿大理分公司》由杨林撰稿)

太保财险大理中心支公司

【概　述】　中心支公司在总公司和省分公司的领导下，在大理州党委政府和社会各界的大力支持下，坚持诚信天下、稳健一生、追求卓越的企业核心价值，依法合规经营，保持中心支公司持续稳健发展。承保方面：全年实现保费收入4163万元，与2008年的2720万元相比，增加了1443万元，增长率为53%。其中车险业务保费收入3089万元，占全年保费收入的74.2%，非车险业务保费收入1074万元，占全年保费收入的25.8%。理赔方面：全年接报案7383件，已决案件6633件，已决赔款1480.9万元，未决案件750件，未决估损515万元，已决和估损合计1996.2万元，案均赔款2233元，简单赔付率35.52%，结案率89.84%。全年实现承保利润为560万元，利润率为13.45%。

【夯实业务发展的基础】　2009年，太保财险大理中心支公司一是总经理室根据实际，在员工献计建言的基础上，调整了组织架构，对部门重新设置，对人力资源重新进行了组合，采取了公开竞聘上岗的形式选拔任用了4个内管部门和5个外勤业务部门的经理、主任以及负责人。对员工重新进行了组合，合理使用人力资源，最大限度地发挥和调动员工的潜能。二是针对中心支公司现有市场保险资源，合理分配业务部门任务指标，把任务指标的分配与业务部门原有维护的保险资源相结合，与核心业务部门的员工特长优势相结合，人均所担负的任务指标均在100万元以上。三是健全和完善激励机制，中心支公司在制定考核办法时，将业务部门工资与保费实际收入全额进行挂钩，内管部门经理、主任30%、员工20%的工资与保费收入挂钩，并将业务部门员工全年保费收入列为下一年度工资定级的依据。从全年超过额完成业务指标情况看，较好地发挥和调动了员工队伍的积极性和创造性。

【加大业务拓展的力度】　2009年，太保财险大理中心支公司一方面加强与集团客户的沟通协调，巩固现有的保险资源，在提高服务水平、服务质量和工作效益上下功夫，努力提高太保产险的品牌形象，使州行政事业单位、大理交通集团、旅游集团、中运公司、省旅运输公司、大理州烟草公司等一批集团客户继续保持了同中心支公司的合作，关系进一步得到密切。另一方面，重视做好招投标工作，年初在大理市行政事业单位车辆承保招标中再次中标，取得了承保资格。公司在维护好招投标业务的同时，又拓展了交警支队、力帆骏马集团的企业财产险、出厂新车的提车保险业务以及大理市公交公司老年免费乘客的意外险业务。

【努力提高服务水平和服务质量】　2009年，太保财险大理中心支公司一是坚持每周五的学习和业务培训，在搞好承保理赔政策教育，增长保险业务知识的同时，让业绩突出、经验丰富的部门经理交流经验，给员工传经送宝，相互借鉴和学习。新保险法颁布后，公司专门安排时间进行学习，有针对性地重点章节重点学，并逐步把工作的指导思想统一到新保险法的要求上来。二是抓业务管理中心的建设，中心支公司共有11个营业网点，所属营业网点以客户至上，对每个上门接受服务的客户均做到热情周到，诚实守信，童叟无欺，尽其所能为他们提供优质服务，树立了保险行业的窗口形象。三是在客户服务工作方面，中心支公司总经理杨爱平亲自抓，全中心支公司树立大服务的观念，只要客户出险，业务部门和具体承办员工积极主动协助客户报案，为客户办理相关理赔手续提供咨询帮助。客户服务中心制定了切合实际的查勘理赔措施，在全中心支公司施行，措施对查勘时限、理赔时限本标准作了更加具体的要求。与此同时，中心支公司成立了合规经营领导小组，安排专人对出险客户的回访，主要了解客户对中心支公司理赔工作的意见和要求，以及有无虚假赔案，有无惜赔和乱赔情况。州级行政机关事业单位和企业集团单位客户对太保财险公司服务都给予很好的评价，满意度达到96%以上，零散客户满意度达到90%以上。办公室热情受理客户的投诉，对每笔投诉都认真调查，快速处理，及时向客户进行反馈。

【抓合规经营防范风险】 2009年，在行业竞争异常激烈、市场不太规范的情况下，太保财险大理中支公司员工秉承稳健经营、合法合规发展的传统。一是中心支公司严格执行去年国家保监会下发的70号文件和今年大理州保险行业协会规范市场的一系列规定，不任意降低承保条件参与恶性竞争，不搞任何增值服务揽业，不搞虚假宣传误导客户，始终把维护保险市场的稳定作为首要任务。二是下功夫治理应收保费问题。见费出单后，有效地控制了应收保费的产生，但往年积存的应收保费的清收仍然是个顽症。2009年以来，公司认真组织清收，责任到部门到人，能在年内收回的已经收回，暂时收不回的也同对方单位签订了清收协议，限期收回。全年应收保费存量仅为1902元；三是加强监督管理，防范个人风险。对热点部门敏感部位的员工，从制度措施上加以制约，从思想教育上加以防范。对工作不落实出现差错，不按时上下班和不按规定着装的员工给予相应的批评教育和经济处罚。一年来，没有发现内管部门的员工借工作之便以权谋私的行为。

【加强县级支公司建设】 6月12日，太保财险大理中心支公司在弥渡县举行弥渡县支公司开业庆典，中共弥渡县委、县人大、县政府、县政协等有关方面的领导应邀出席了开业庆典，至此，大理中心支公司已拥有宾川、祥云、洱源、弥渡四个县级支公司。一年来，中心支公司加强对四个县级支公司的建设，公司领导和业务对口部门多次深入基层进行指导帮助工作，从人力上财力上以及费用政策上给予了力所能及的支持。各县级支公司按照中心支公司的要求，精心组织，努力拓展业务空间，不断提高服务水平和服务质量，使公司业务有了较大的发展。截止12月31日，四个县级支公司共实现保费收入1480.24万元，占全司保费收入的35.5%。其中宾川县支公司完成保费收入778.3万元，完成计划数的118%，祥云县支公司完成保费收入493.4万元，完成计划数的123%，对全司保费收入的快速增长起到积极的作用。

（《太保财险大理中心支公司》由陈明华撰稿）

中国太平洋人寿保险股份有限公司大理中心支公司

【概　述】 2009年，中国太平洋人寿保险股份有限公司大理中心支公司在总、分公司的领导和支持下，坚持以科学发展观统领工作全局，以“防风险、调结构、稳增长”为工作主线，着力转变发展方式，推动以价值增长为导向的业务发展；着力完善内控体系，防范化解风险；着力加强资源整合，提升集约化水平；着力推进专业化建设，完善管理机制；着力加强队伍建设，增强执行能力，全面推进太平洋保险事业向前发展。2009年，中国太平洋保险（集团）继A股成功上市后，12月23日实现在香港联交所H股成功挂牌上市，太平洋寿险大理中心支公司也为公司的改革和发展作出贡献。2009年实现保费收入7284万元。全年共承保6351件，理赔总案件3433件，理赔总金额453万元，满期给付346.8万元。2009年，红利年年年金保险（分红型）、金泰人生终身寿险（分红型）和红福多两全保险（分红型）三个新产品相继上市销售。

【贯彻落实科学发展观】 2009年，根据云南分公司的统一要求和部署，继续开展深入学习实践科学发展观活动，中心支公司特别注重把学习实践科学发展观活动与大理中支的发展结合起来，重点放在解放思想上。4月17日，中支召开全体员工参加的一季度工作会议，会议以解放思想为主题，从为什么要解放思想、解放什么思想、如何解放思想三个方面认真进行了讨论学习。并要求各部门利用5天晨会或夕会，结合深入学习实践科学发展观，围绕“优化经营管理模式，提高整体销售能力，加快核心业务发展”开展第一轮解放思想大讨论，取得了较好的效果。

【开展同读一本书活动】 为了加强学习型队伍建设，同时配合思想层面工作的落实，今年中支在干部员工中开展了同读一本书活动。中层干部先后同读了《仇和十年》、《向解放军学习》，每人都上报了读后感，中支对读后感认真进行了互评。共青团员共读《羊皮卷》，在全员层面共读《你为谁工作》。

【抓实全员基础知识和基本技能培训】 从3至8月，太保人寿大理中支利用周末时间集中组织员工进行基础知识和基本技能培训。开展了以商务礼仪、社交礼仪为主的基本礼仪培训；以office办公软件的应用为主的IT基本技能培训；以公文写作基础和OA系统使用为主的办公自动化系统培训。所培训内容结合工作实际，学之即会，会之即用，提高了员工在日常工作中基本技能和计算机应用能力，提高了工作效率。

【不断加大宣传力度】 2009年，太保人寿大理中支对宣传岗位进行调整后，建立通讯员队伍及通联制度，加大品牌传播及宣传力度，多渠道、多层次、多领域宣传公司。各部门共投稿42篇，有34篇（次）在公司内外刊物上发表，其中在《太平洋保险报》发表1篇，《云太保寿险信息》发表19篇，《云南保险信息》发表4篇，《大理保险信息》发表10篇。

【加强企业文化建设】 年内，太保人寿大理中支在企业文化的建设上与单位工会、共青团工作的开展有机地结合在一起，使企业文化通过工会、共青团组织的具体活动这一载体充分得以建设。工会组织的春节团拜及康体活动，共青团组织的春游登山活动都取得了非常好的效果，员工的凝聚力得到了进一步加强。同时积极参加云南分公司开展的企业文化活动，取得了优异的成绩，在云南分公司工会举办的第三届书法、摄影比赛上，大理中支荣获组织奖，分别有十六幅摄影作品九人获奖；云南分公司组织的乒乓球比赛大理中支获团体第二名。

【组织新《保险法》学习】 新修订的《中华人民共和国保险法》于2009年10月1日起实施。为进一步调动全司干部员工学习新保险法的积极性并深刻认识和了解新保险法，切实行使和履行保险法规定的权利和义务，保证保险消费者的合法权益，树立公司品牌形象，云南分公司举办了保险知识竞赛活动。大理中支认真组织,要求本部全体员工参加保险法相关知识闭卷考试;号召全体员工参加有奖征文活动,为公司和客户在新的法律环境下如何积极应对提出合理化建议。在此次知识竞赛活动中,闭卷考试参考率达100%,共撰写文章11篇,两人分获合理化建议二等奖和三等奖,大理中心支公司荣获优秀组织奖一等奖。

【参加云南省"保险双星"评选活动】 由云南省保监局、云南省保险行业协会、云南省保险学会共同举办的云南省第三届"保险双星"评选活动,从2009年5月开始启动,历时4个月,于2009年11月27日落下帷幕。公司积极推荐符合条件的候选人参加评选,太平洋寿险大理中心支公司副总经理余丽华在评审委员会评审和市民投票评选中以较高票数荣获了云南省"保险明星"称号,并作为"保险明星"代表在11月27日举办的云南省第三届"保险双星"表彰大会上作了经验交流。

【努力维护消费者权益】 2009年,太保人寿大理中支为配合大理消费者协会"3.15"消费者权益日宣传,围绕"消费与发展"的活动主题,宣传投保、理赔等相关知识,发放宣传资料1000多份。继续大力宣传保险业近年来的发展情况,公司重大典型理赔案例,为人民群众讲解人生风险,积极主动接受市民的咨询和投诉。引导广大从业人员不断提高服务质量,树立保险业的良好社会形象,为保险业的发展营造良好的舆论环境。

【开展"责任照亮未来"爱心支教活动】

经过近半年精心筹备,9月20日,在太保系统内层层选拔确定的8位志愿者怀揣着所有太保人的关爱和期望,从上海、北京、重庆等地赶赴大理州鹤庆县邑头太平洋保险希望小学开始为期五天的"责任照亮未来"爱心支教活动。此次支教活动,在不打乱当地教学进度的原则下,志愿者根据学校现状,对教学内容上进行延展,精心开展英语教学、数学启蒙式思维、音乐教学,拓宽了学生的知识面和眼界。除正常现场教学外,志愿者还根据学校、学生和老师的实际情况进行现场沟通、了解,策划了多种校内活动。整个支教活动推进有序,志愿者与学生老师相处融洽,圆满完成了支教任务,以实际行动展示出太平洋保险人的良好形象。大理中支接收整理了全国各地太平洋保险分支公司捐赠的数千册爱心图书和文具,为鹤庆县邑头太平洋保险希望小学建立了"太平洋保险爱心图书室",拓展了孩子的视野,为他们打开了通向外面世界的心窗。此次支教活动,受到当地政府、学校师生及当地人民群众的一致好评,用实际行动再次诠释了"太保是负责任的保险公司"的社会承诺和形象。

(《太保寿险大理中心支公司》
由杨瑞武撰稿)

(本部类责任编校:杨林柏)

经济管理与监督

发展规划管理

【"十二五"规划编制工作全面启动】 2009年，根据全省"十二五"规划编制工作的总体部署，大理州及时启动了规划编制有关前期工作，拟定了全州"十二五"规划编制工作方案，提出了规划编制工作的总体要求、基本原则、主要任务和时间进度安排。筛选出40个前期重大课题，对事关全州长远发展的全局性、战略性、前瞻性的重点、热点和难点问题进行研究。2009年12月30日，成立了由州委副书记、州长何金平为组长，州委副书记王雪峰，州委常委、常务副州长马建全，州委常委、州委秘书长杨健，州政府秘书长李超，州发展改革委主任张正贤为副组长，各相关经济社会发展部门主要领导为成员的"十二五"规划编制领导小组，并以州委办、州政府办大办发下发了《关于做好大理州"十二五"规划编制工作的通知》，对全州"十二五"规划编制工作进行了全面的安排部署。总的工作进度安排是，2010年3月底以前完成前期重大课题研究，4月底以前完成全州"十二五"规划基本思路，9月底前完成全州"十二五"规划纲要（草案）；2011年初，《大理州国民经济和社会发展"十二五"规划纲要》（草案）报请州人代会审议。

【开展大理州生产力空间布局战略研究】 2009年，根据州人民政府关于对全州经济社会发展有关问题开展课题调研的统一部署，州发改委牵头组织编制完成了《大理州生产力空间布局战略研究》。该课题研究在充分调查研究的基础上，对全州主要生产力空间布局现状、特点和存在的问题进行了实事求是的分析、评估，对今后较长时期内调整和优化生产力布局的方向、重点及对策措施提出了较合理可行的意见建议，为各级各部门决策提供了参考。

【大理滇西中心城市物流发展专项规划编制完成】 2009年，根据州人民政府的安排部署，为更有利于推进滇西中心城市建设，实现滇西中心城市既定的建设目标，配合滇西中心城市总体规划的编制，由州发改委组织编制了《大理滇西中心城市物流发展专项规划》。该规划通过对大理滇西中心城市物流业发展的基础条件、现状分析和市场需求的预测，详细规划了大理滇西中心城市"2+5"物流圈和大理州域的"255"物流网络，并提出把大理滇西中心城市建设成为中国——东盟自由贸易区的重要物流节点、云南省三大物流主枢纽之一、云南省联系川藏的门户性综合物流枢纽、滇西地区的商贸物流中心、大理州物流的核心区域。规划的编制对于推进"滇西中心城市"战略的实施、促进物流业与其他产业的联动发展、解决大理滇西中心城市发展的流通瓶颈问题等具有重要的理论和实际意义。

（《发展规划管理》由李爱萍撰稿）

国有资产监督管理

【概　述】 2009年，州国资委在州委、州政府的正确领导下，在省国资委以及有关部门的大力支持下，紧紧围绕州委六届二次全体会议和州十二届二次会议提出的目标任务和工作计划，以国有资产保值增值为目的，创新务实、突出重点、统筹兼顾，进一步理顺国有资产监管体系，继续推进国有企业改革，加强企业财务监督，建立业绩考核机制，积极组织招商引资，加强国有企业产权管理，使各项工作顺利推进。

【国有资产监督管理全覆盖试点工作全面推进】 2009年，根据省委、省政府《关于加强国有资产监督管理工作的意见》文件精神，州政府出台了《关于推进国有资产监督管理全覆盖试点工作实施意见》，将全部州属企业的国有资产，州级党和国家机关、人民团体、事业单位资产（包括经营性和非经营性资产），投入生产经营过程的国有资源性资产，旅游、文化、体育和传媒等可市场化运作的国有资产，授权州国资委代表州政府履行出资人职责，实行国有资产监督管理的全覆盖。并成立了由分管副州长为组长，分管副秘书长、州国资委主任、州财政局局长为副组长的试点工作领导小组，切实加强对全覆盖试点工作的领导。11月，大理州人民政府办公室印发了《大理州州属国有资产监督管理全覆盖试点方案》，将全部州属国有资产按照直接监管、授权监管和委托监管三种监管方式进行了分类，进一步确保了监管责任落实到位。

【国有资产监督管理体系进一步健全】 为了全面加强大理州国资监管体系建设，提高国有资产监督管理的质量和效率，在2008年州级单位单设国资委的基础上，2009年州政府又下文明确了县级国有资产的监管主体，明确由各县市政府授权县财政局履行本级国有资产出资人职责，同时为了加强县级国有资产的监督管理，州政府又出台了《关于加强县级国有资产监督管理的实施意见》，要求各县市建立国有资产监督管理体系，完善对各类国有资产的监督管理，推进和落实县级国有资产监督管理全覆盖工作。年内各县市财政局已完成内设机构的调整，建立了国资监管机构，确保了机构到位、人员到位和职责到位，县级国有资产监督管理体系正式建立。

【全州企业国有资本实现保值增值】 2009年度，大理州国有企业积极应对金融危机，控制成本，拓宽市场，增加投融资，实现了国有资本的保值增值。2009年度大理州国有及国有控股企业共102户，其中参与国有资产统计的72户年初国有资本及权益总额为278913.5万元，年末国有资本及权益总额为302192.6万元，国有资本保值增值率为108.35%。

【大理州国家粮食储备有限公司顺利完成改革】 为使大理州国家粮食储备库完全按照现代企业制度运作，充分利用现有资源，改变经营理念，发展多种经营，最大限度发挥现有经营优势，提高经济效益，州国资委成立了专门的工作组，进入粮食储备库开展工作，对大理州国家粮食储备库进行了深入细致的调研，对粮库的资产情况、人员情况、近三年的经营情况以及存在问题等进行了全面了解。在广泛调研的基础上，因地制宜地制定出了大理州国家粮食储备库建立现代企业制度工作方案，在报请州政府批准后组织实施。大理州国家粮食储备库于2009年11月6日正式更名为大理州国家粮食储备有限公司，顺利完成转换经营机制、建立现代企业制度的改革工作。

【《中华人民共和国企业国有资产法》颁布实施】 2009年5月1日，《中华人民共和国企业国有资产法》颁布实施，《大理日报》做了专题报道。中共大理州委常委、副州长马建全发表题为《深入学习贯彻<企业国有资产法>努力开创全州国有资产监管工作新局面》的文章，强调当前做好国有资产监管工作的重要性。州国资委主任刘卫东等领导也分别撰写文章，从不同角度，宣传贯彻《企业国有资产法》。《企业国有资产法》的颁布实施为企业国有资产管理体制改革奠定了法律基础，是国资委依法履行出资人职责的法律依据，是实现国有经济平稳较快增长、促进国有资产保值增值、防止国有资产流失的重要法律保障。

（《国有资产监督管理》由李冬勤撰稿）

审计监督

【概 述】 2009年是大理州审计工作在不断开拓、创新与发展的基础上取得崭新成就的一年。全州审计机关通过深入学习实践科学发展观，坚持“依法审计，服务大局，围绕中心，突出重点，求真务实”的审计工作方针，紧紧围绕州委、州政府的中心工作，把推进法治、维护民生、推动改革、促进发展作为审计工作的出发点和落脚点。主动做好扩大内需建设项目和资金落实情况的审计监督检查，进一步深化财政预算执行和财政决算审计，优化领导干部任期经济责任审计，强化各种专项资金审计，不断加大投资建设项目的前置审计和竣工决算审计力度，各项主要审计工作均取得了显著成果。全州共完成审计项目915个，比上年同期增加143个；审计查出违规金额9945万元，损失浪费及管理不规范金额2.51亿元，是上年同期的2.8倍；审计后应上缴财政资金2956万元，应归还原渠道资金1132万元，应作调帐处理资金1323万元。通过审计处理处罚，已上缴财政资金1565万元，已归还原渠道资金642万元，已作调帐处理资金792万元。移送司法机关案件1件1人，涉案金额3万元，移送纪检监察部门案件1件，涉及金额300万元，为强化政府调控、严肃财经法纪、规范经济秩序、促进廉政建设作出了新的贡献。与此同时，全州审计机关狠抓自身建设，全面落实省政府《关于加强基层审计机关建设的意见》，狠抓机关的干部队伍职业化、机关建设标准化、职业规范体系化、基础设施现代化建设，全州审计机关基础设施建设、党风廉政建设和精神文明建设再上新台阶。在巩固多年全国文明单位和全州党风廉政建设先进集体光荣称号的基础上，再次被州委、州人民政府表彰为党风廉政建设和惩防腐败工作优秀单位，被省委、省政府再次命名为省级文明单位，局长张学义被国家劳动人事部、国家审计署表彰为全国审计机关先进工作者，受到了温家宝总理的亲切接见，并代表全国审计机关先进集体、先进工作者在表彰会上宣读了倡议书。

【全面开展扩大内需建设项目和资金的审计监督】 2009年，为应对国际金融危机、促进经济平稳较快增长，党中央、国务院出台了一系列扩大内需、促进经济增长的政策措施，仅全州第一批扩大内需建设项目就达数百个，涉及到的资金达到8亿多元。为确保中央各项政策的贯彻落实，全州审计机关按照中央、省、州的有关要求，积极发挥审计监督职能作用，采取不同形式，全面开展了对扩大内需建设项目和资金的审计监督。一是积极配合省审计厅开展了对全州2008年新增中央预算内扩大内需建设项目资金的审计调查。调查了州本级和大理、祥云等县市的29个建设项目。从审计调查结果看，州委、州政府和各级、各部门高度重视中央扩大内需政策的贯彻落实，行动迅速，措施有力，项目实施快，资金管理好，未发现新增中央投资用于低水平重复建设和产业过剩行业及党政机关办公楼等楼堂馆所项目，未发现挪用、侵占中央扩大内需建设项目资金等违规违纪问题，但审计调查也发现了部分建设项目基本建设程序不合规、资金未到位情况突出等问题，及时提出了整改意见和建议。二是抽调业务骨干参与了州政府统一组织的对扩大内需建设项目的5次专项督察。与监察、发改委、财政等部门协调配合，密切注意新增投资的重点投向、拨付和管理使用情况，及时向政府和上级审计机关报告情况，确保中央政策措施落到实处。三是对扩大内需建设项目和资金实行审计全程监控。按照要求，将监督检查情况每月进行一次汇总，并将汇总情况及时上报州政府和省审计厅，从而为扩大内需建设项目和资金在全州的顺利实施和规范使用发挥了重要作用。

【全州财政预算执行审计向纵深发展】 预算执行审计是《宪法》和《审计法》规定的一项基本审计工作任务。2009年，全州审计机关积极创新思路，在深化预算执行情况审计工作上展现出了新的特点：一是积极扩大覆盖面，把农业、林业、水利、扶贫等部门列为必审范围；二是进一步强调审计的深度，在开展预算执行审计的过程中，既关注预算内资金、又关注预算外资金，既关注资金、又关注资产，既关注主管部门的预算内外收支、又关注二、三级单位的财务收支和经济活动，使审计揭示的问题进入更深层次。其中仅州审计局就查处收缴了部分州级主管部门下属单位的各种违规违纪资金500余万元；三是审计整改效果显著，按照省政府《关于进一步加强审计整改工作的意见》要求，全州各级政府对审计整改工作高度重视，州政府、大理市政府和南涧、云龙等县人民政府召开会议，专题研究审计整改工作，通过审计整改，促进了各级政府完善相关制度，发挥了审计的建设性作用。州人民政府出台了《大理白族自治州州级财政支出绩效评价暂行办法》，大理市政府出台了《大理市基层会计核算单位专项审计实施办法》，永平县政府制定了《财政资金管理办法》等。

【固定资产投资审计核减工程价款2.63亿元】 大理州的固定资产投资审计起步较早，成效显著，经过几年的发展，已经形成了一套科学合理的监督制度，实现了全程监控、重点突出、规范实施。随着各级政府基础设施建设投资的逐年加大，固定资产投资审计成为了审计工作的重中之重。2009年，全州审计机关进一步加大投资审计工作力度。一是进一步完善固定资产审计制度和程序，全州审计机关认真贯彻落实《大理白族自治州政府投资建设项目审计办法》，进一步规范审计行为，大理市审计局专门印制了《大理市审计局投资审计指南》，为政府性投资建设项目提供了“规范、便捷、高效、文明”的服务。鹤庆县出台了《鹤庆县政府投资建设项目审计补充意见》，进一步规范了操作程序。二是切实加强对政府投资建设项目的前置审计、预算执行审计和竣工决算审计，优化整合资源，进一步扩大投资审计的开放度和影响。全州全年共完成前置审计项目448个，比上年同期增加132个，送审价20.67亿元，比上年同期增长了46%，通过审计，核减投资2.33亿元，比上年同期增长了90%。完成竣工项目结算（决算）审计177个，审计投资额5.93亿元，核减工程价款3013万元，为节约国家建设资金，规范建筑市场秩序作出了重要贡献。

【全州领导干部经济责任审计取得新成绩】 对领导干部实行任期和离任经济责任审计是加强干部管理、强化对权力的制约与监督的一项重要措施，也是审计机关的一项重要任务。2009年，全州审计机关按省、州党委、政府和上级审计机关优化领导干部任期经济责任审计工作的要求，进一步加强此项工作：一是深化审计内容，扩大审计覆盖面，全州全年共接受组织部门的委托，审计了55名领导干部，查出违规资金4276万元，管理不规范金额1212万元，损失浪费金额322万元。二是强化绩效评价，审计重心逐步向注重政策执行、资金使用、资源利用、行政效能等方面转变，综合分析审计对象的履职绩效。三是加强审计结果运用。2009年对杨建华任祥云县人民政府县长期间的经济责任审计结果进行了单项公告，这是继2007年对某中专学校校长实施经济责任审计单项公告后，州审计局首次对县（市）长审计结果进行单项公告。此外，大理市和云龙、鹤庆等县还相继推行了领导干部离任经济责任事项交接制度，进一步规范了领导干部经济行为。

【认真开展企业职工养老保险审计】 根据云南省审计厅的安排部署，2009年下半年，大理州12个县市审计机关对其所辖县市的2008年度企业职工基本养老保险基金的征缴、管理、使用、结余情况进行了全面审计，州审计局行政事业审计科对审计实施工作进行了周密安排部署，下发了实施方案，要求各县市审计局认真组织实施，并于年底前全面上报实施情况和审计结果，州审计局及时向省审计厅上报了综合报告。

审计结果显示，2008年末，大理州企业职工应参保101125人，实际参保88375人，审计核实参保率为87.39%，缴费企业职工人数为84341人，缴费比例95.44%，领取社会保险金人数37849人，社会化发放率为100%。2008年企业职工基本养老保险基金本年收入513388379.78元，本年支出422597753.6元，上年结余465482154.09元，2008年末基金累计结余556272780.27元。

审计结果表明，大理州按规定征收的社会保障基金已全额纳入财政专户，严格实行“收支两条线”管理核算，做到了专款专用，充分体现了政府关注“民生”的宗旨，全州社会保障体系运转基本正常。审计中未发现经办机构存在违反国家规定的财政收支、财务收支行为，较好地遵守了相关财经法规，基本真实地反映了全州社会保险基金的收缴、管理和使用情况。通过审计揭示了以下问题：一是少核缴费基数导致基金收入减少1476755.57元；二是缴费单位历年欠缴社会保险费14587091.04元；三是社保机构少计收入30087.68元，虚列支出22568.93元。针对存在问题，审计机关及时提出了整改纠正意见，被审计单位认真进行了整改，从而进一步规范了全州的企业职工基本养老保险基金管理与发放工作。

【部门单位内部审计工作展现新的起色】 部门单位内部审计是审计体系的重要组成部分。2009年，在州审计局内部审计指导科和州内部审计协会的组织、管理与指导下，各主管部门和单位的内部审计机构及广大内审人员充分发挥职能作用，全州内部审计工作有了新的起色。一是为使内审工作做到有章可循，有规可依，大理州内部审计协会先后制定了《大理州内部审计优秀审计项目评选办法》、《内部审计工作规范化格式》等规章制度，各主管部门和单位内审机构认真遵照执行。如大理州教育局在对下关一中初中部和州实验小学开展内部审计过程中，遵循《内部审计工作规范化格式》精心组织，进一步规范了学校的财务制度，提高了教育资金的使用效益，促进了学校党风廉政建设。二是积极督促各级各部门建立健全内部审计制度。要求应该设置内部审计机构的部门和单位按照规定设立内部审计机构，配备内部审计人员。如大理州建设局及时成立了内部审计机构，配备了专兼职内审人员，制定了《大理州建设局直属企业事业单位内部审计办法》；大理州教育局出台了《大理州教育系统内部审计工作意见》等。三是加强帮助指导，年内，州审计局内部审计指导科配合大理州总工会经费审查委员会开展了对永平县总工会2008年度工会经费的审计，南涧、鹤庆等县审计局积极帮助指导内审工作，收到了很好的效果。四是加大教育培训力度，年内，由大理州内审协会、大理州农经站联合举办了两期乡镇内审人员培训班，共345人参加了培训，培训内容有内部审计准则、内部审计实务、固定资产投资审计、计算机审计等，使全州的乡镇内部审计工作得到进一步规范，人员素质有了新的提高。

【大力推进基础建设】 借助深入贯彻《云南省人民政府关于加强基层审计工作的意见》的东风，2009年，大理州审计机关抓住机遇，积极争取，精心部署，认真组织实施，大力推进基层审计机关基础建设工作：一是按照审计队伍职业化的要求，切实加大培训力度，先后举办了两期计算机审计资格认证考试培训班，开展了审计执法资格培训和内部审计资格培训，动员和鼓励干部职工积极参加后续教育培训、专业职称考试等，努力推进审计队伍职业化建设。二是按照机关建设标准化的要求，强化机关建设工作，及时报请州人民政府出台了《关于进一步加强基层审计工作的意见》，进一步加强了审计机关的内部管理、审计纪律“八不准”规定执行、内部审计工作规范化格式、审计档案管理和机关党风廉政、精神文明建设等工作，成效明显。三是按照制度规范体系化的要求，着力规范审计执法行为，全州各级审计机关共出台各类规范性文件和内部管理制度300多项，审计执法环境得到进一步改善，审计执法程序得到进一步规范。四是按照基础设施现代化的要求，全力改善县级审计机关办公条件落后状况，积极争取省审计厅支持，将全州12县市审计局的办公用房新建和改造工程纳入了《云南审计发展工程2009至2012年建设规划》，共争取到补助大理州的基层审计机关基础设施建设资金1170万元，专项用于支持大理州县市基层审计机关的基础设施建设。年内已启动了洱源、剑川、弥度、南间、永平、云龙6县的办公用房建设工程。

【州审计局被考评为惩治和预防腐败体系建设及党风廉政建设优秀单位】 作为专司经济监督职责的部门，大理州审计局高度重视机关的党风廉政建设和反腐败工作。2009 年，局机关把党风廉政建设与学习实践科学发展观活动有机结合起来，齐抓共管，取得了党风廉政建设的新突破：一是以执行新的“八不准”审计纪律为契机，进一步严格审计纪律，维护审计机关形象，制定出台了《大理州审计局关于执行审计纪律“八不准”规定的实施办法》，并在审计工作中严格遵守。二是结合学习实践科学发展观活动，狠抓廉政教育，组织干部职工到大理监狱开展警示教育，专题学习“阳宗海砷污染事件”等典型案例，进一步提高了干部职工廉政建设的责任意识和忧患意识。三是通过开展审计，加大大案要案的查处力度。四是结合“阳光政府”四项制度的贯彻落实，大力推行政务公开和审计结果公告，年内对企业职工养老保险基金、新型农村合作医疗基金等 73 个审计结果向社会作了公告。五是结合审计工作任务，牵头完成和协助完成了州委、州政府下达的推进领导干部经济责任审计工作，主动做好扩大内需政策落实情况的监督检查等 14 项党风廉政建设和反腐败工作分解任务，取得了显著成效。较好地完成了反腐倡廉建设年度工作任务，为全州经济社会又好又快发展作出了新的贡献。

年底，经州委、州政府党风廉政建设建设和反腐败工作考评组严格考评，州审计局获优秀单位殊荣，局党组书记、局长张学义同时被考评为履责优秀个人。

【文明单位创建工作】 精神文明建设是大理州审计局常抓不懈的一项重要工作，几任领导班子坚持换届不换奋斗目标，换人不换指导思想，经过 20 多年的创建，取得了显著成果。在 2008 年大理州审计局被中央文明委第二次命名为全国文明单位的基础上，2009 年，全州审计机关以全省审计系统争创省级文明行业为契机，进一步提高认识，创新内容，构建载体，积极开展形式多样，内容丰富的文明创建活动，精神文明创建工作再创佳绩，大理州审计局再次被省委、省政府命名为省级文明单位；祥云、弥渡、宾川、鹤庆、云龙、永平 6 县审计局跨入省级文明单位的行列；全州审计系统 13 个审计机关全部被州委、州政府命名为第十一批州级文明单位，至此，全州 13 个审计机关全部实现了州级文明单位“满堂红”。

【州审计局局长张学义荣获全国审计机关先进工作者称号】 张学义同志是党培养多年的领导干部，先后担任过中共永平县委组织部部长、大理州总工会主席等职。在 2003 年 1 月的政府换届选举中，张学义自觉服从组织调动，担任起了大理州审计局党组书记、局长职务。7 年多来，他以高度的事业心和责任感，积极投身于审计监督事业，认真总结大理审计的实践、创新和发展经验，勇当大理州审计事业的领头雁，带领全州审计干部开拓进取，大胆创新，努力做到“单项工作争排头，整体工作创一流”。张学义工作作风朴实、群众感情深厚、以身作责、清正廉洁。在张学义的带领下，大理州的审计工作取得了新的跨越式发展与突破，创立了政府性投资建设项目前置审计新模式，开展了对领导干部的任期经济责任审计，实施了计算机审计“金审工程”，实现了审计办公现代化。教育和培养出了一支高素质的审计干部队伍，谱写出了机关党风廉政和精神文明建设的新篇章。全州审计机关多项工作名列州市前列，大理州审计局连续两届获得了“全国文明单位”光荣称号。由于张学义的为人品格和突出贡献，2009 年 12 月被国家劳动人事部和国家审计署表彰为全国审计机关先进工作者，受到了国务院总理温家宝的亲切接见。

（《审计监督》由谢云山撰稿）

工商行政管理

【概　述】 2009 年，大理州工商局共有在职干部职工 913 人，其中公务员 802 人；离退休干部 354 人。州局机关内设 11 个科室及经检支队、“12315”指挥中心、信息办，下辖 12 个县市工商局和开发区、旅游度假区两个州属分局、35 个工商分局，17 个工商所。全州工商系统继续开展“文明单位”创建活动，努力提升“文明单位”“文明行业”等级，2009 年，包括州工商局在内的 6 个州、县市工商局被中共云南省委、省人民政府命名表彰为省级文明单位。

2009 年，大理州工商系统按照云南省工商局、中共大理州委和州人民政府的安排部署，坚持以邓小平理论和“三个代表”重要思想为指导，深入贯彻落实科学发展观，认真实施阳光政府四项制度，围绕落实国家工商总局的要求和云南工商工作目标，创新机制、提升效能，依法行政、规范执法，积极推进工商工作转型，切实履行工商行政管理机关市场监管和行政执法职能。

【开展学习实践科学发展观活动】 2009 年，大理州工商局紧紧围绕“党员干部受教育、科学发展上水平、人民群众得实惠”的总体要求，按照中共大理州委第二批深入学习实践科学发展观活动的一系列安排部署和工作实际，抓住学习调研、分析检查、整改落实三个重要环节，突出实践特色，创新活动载体，以领导班子分析检查报告为依据，针对查摆出来的突出问题和需要完善的制度，研究制定了《大理州工商行政管理局深入学习实践科学发展观活动整改落实方案》，对 28 项近期整改任务进行集中整改；对三个大方面的中长期整改任务，理清解决的思路，制定实施方案和计划，分阶段进行整改。同时建立规范的“销号整改”台帐，落实“销号”制度，整改一件，销号一件，确保整改措施落到实处。通过开展学习实践科学发展观活动，进一步提高了对科学发展的共识，找准了影响和制约科学发展的差距，广大干部职工特别是党员干部的认识得到了进一步提高，思想得到进一步锤炼，工作作风得到进一步转变，推进了科学监管，促进了科学发展，实现了履职、工作、谋划“三个到位”。

【实施阳光政府四项制度】 2009 年，为了认真贯彻落实省政府出台的阳光政府四项制度，根据州人民政府和云南省工商局的统一部署和要求，中共大理州工商局党组及时研究和部署，下发了大理州工商行政管理局《关于印发阳光政府四项制度实施办法的通知》，制定出台了《落实阳光政府四项制度创建阳光工商实施方案》，明确了全州工商系统落实四项制度的指导思想、总体要求、工作重点和监督保障等内容，要求全州工商系统要以学习落实阳光政府四项制度为契机，进一步转变工作作风，规范行政行为，提高工作效能，通过学习落实阳光政府四项制度，推动工作取得全面进步。全年开展了重要事项公示 11 次，重点工作通报 11 次，重大决策听证 1 次，政务信息查询及 96128 专线实现常态化。

【开展廉政警示专题教育】 为进一步加强全系统干部职工特别是领导干部人

生观、价值观、权力观的学习改造，正确认识和慎重对待手中的行政执法权，中共大理州工商局党组决定从9月1日到30日，集中一个月的时间在全系统开展“秉公用权、廉洁执法”廉政警示专题教育活动。以集中学习、集中警示教育为主，采取多种形式，深化教育效果，突出开展“五个一”活动：即召开一次动员会、开展一系列集体学习活动、开展一次警示讲座、开展一次观看教育警示片活动、开展一次实地警示教育活动。全系统干部职工深入学习关于反腐倡廉的一系列重要论述，认真学习廉洁自律各项规定及法律、法规、规章；邀请大理州检察院领导进行预防职务犯罪专题辅导；组织全体干部职工观看廉政教育警示片；到大理监狱接受警示教育。通过“身边事、身边人”的教育警示，增强了广大干部职工的责任感和廉洁自律意识，进一步体会到加强党风廉政建设的重要性和必要性，推动全州工商事业继续健康、稳定发展。

【实施廉政风险点管理】 2009年，全州工商系统按照中共大理州工商局党组《关于进一步开展廉政风险点管理工作的补充意见》的要求，结合实际，认真实施廉政风险点管理，突出重点，分类管理，对监管风险进行了排查、评估、防范，排出了八类监管风险。确定全系统廉政风险重点是行政执法办案和基建风险，同时把经营性资产清查和个私协会会费收支纳入廉政风险点管理，并制定切实可行的防范措施加以制约和防范。围绕上述重点，纪检机构把可能发生问题的事项列为风险点造册登记，定期跟踪、定期检查，定期提出预警，确保风险点无风险。全州工商系统844名干部职工填报了个人的防范承诺表，真正体现“个个身上有风险，人人自我要防范”。

【开展县局机关述职述廉试点活动】 2009年，中共大理州工商局党组、纪检组认真筹备祥云县工商局向监管服务对象代表述职述廉试点工作，指导祥云县工商局按照省、州统一要求，分阶段、分步骤、按程序扎实开展向监管服务对象代表述职述廉试点工作。述职述廉试点工作受到社会各界的充分肯定，其经验做法在全省工商系统党风廉政建设工作会上作了交流。

【工商工作队伍建设】 2009年，大理州工商局坚持抓班子、带队伍、强素质的指导思想，严格执行民主集中制，坚持重大事项集体讨论决定，提高决策的民主化、科学化水平；坚持党组中心学习组学习制度，通过领导班子带头学习，带动全系统广大党员和干部深入学习；建立和完善党组学法制度，提高各级班子依法行政的能力；健全完善对领导班子和领导干部的科学考核评价机制，实施对县市局班子的量化考核，推动各项工作责任落实，不断激发班子活力。围绕新形势、新任务对工商行政管理工作的新要求，强化业务培训，提高队伍素质。继续在系统内开展计算机操作能手、注册登记能手、执法办案能手竞赛活动。积极参加全省工商系统三个能手竞赛，2009年，大理州工商系统共有13名选手获得省局能手称号，其中：计算机操作能手4名、注册登记能手5名、执法办案能手4名。分3期选送8名县市局及两区分局局长参加了国家工商总局行政学院的培训。结合开展深入学习实践科学发展观活动，切实开展全员培训，组织全系统58名所（分局）长进行骨干培训，组织全州12县市工商局“学办”主任、人教股长、工商所长（分局长）和州局机关全体干部职工共141人，在州委党校进行了为期3天的全州工商系统基层单位深入学习实践科学发展观骨干培训。

【规范化建设得到推进】 2009年，结合工商所（分局）工作转型的要求，根据“以信息化建设和全员执法办案为突破口，全面推进基层规范化建设”工作思路，根据省工商局示范工商所建设工作安排，大理州工商局制定了《云南省大理州工商行政管理局关于加快工商所规范化建设实施方案》，将示范工商所创建的进度进行了合理调整。同时根据转型后基层工作实际，研究制定全州城区工商所和农村工商所不同的工作职责、创建标准和规范化建设目标，规范工商所全面建设，提升基层工作效能，着力把工商所建设成为维护市场经济秩序、服务大理经济发展的前沿阵地和服务窗口。全州已有33个工商所（分局）完成规范化达标任务，占全州工商所（分局）实有数的63.5%。

【继续推进法制建设】 2009年，全州工商系统继续按照“抓基层、抓规范、抓质量”的工作思路，以执法重心下移和执法活动的合法性、规范性、适当性为重点，进一步建立健全行政执法评议考核和绩效管理制度，加大执法培训，强化执法监督，规范执法行为，提高执法效能。全系统以开展岗位练兵竞赛活动为重点，组织各类培训37期、培训人员达2000多人次。受理审结行政复议案件4件（其中：1件维持、3件由申请人撤回），切实开展行政处罚案件评析和案件回访工作；根据国家工商总局、省工商局统一安排部署，对全州工商系统794名具备执法资格的行政执法人员的身份进行认真清理、公示，并建立了数据库。同时，继续深入开展“五五”普法工作。2009年3月，大理州工商局被中央宣传部、司法部、全国普法办授予“全国‘五五’普法中期先进集体”荣誉称号。

【企业注册登记】 2009年，大理州工商局结合实际，制定了《关于完善市场主体准入制度创新监管服务方式促进经济平稳较快发展工作方案》，从完善市场主体准入、提高服务效能、支持各类市场主体健康发展、市场主体退出机制、营造经济平稳较快发展良好氛围等方面提出27条措施。截至2009年12月底，全州共登记注册各类内资企业3849户，注册资本（金）631003万元；私营企业4697户，注册资本819065万元；外商投资企业（法人）达88户，投资总额达77469.74万美元，注册资本达39251.2万美元，比2008年末分别增长7.32%、15.77%和6.97%；全州共有个体户72022户，从业人员103446人，注册资金185983.97万元，比2008年同期分别增长13.59%、14.20%和31.23%。

【企业监督管理】 2009年，大理州工商局继续完善企业（个体工商户）信用分类监管机制，加强实施对各类市场主体准入、退出、交易、竞争行为的综合性监管，加强以“经济户口”为依托，以工商所属地监管为核心的日常监管工作，对全州8816户企业的信用情况进行了分类。2009年12月底，A类（守信）8491户（其中私营企业4797户），占96.31%；B类（警示）110户（其中私营企业53户），占1.25%；C类（失信）175户（其中私营企业133户），占1.99%；D类（严重失信）40户，占0.45%，数据库数据基本完整和齐备，基本实现了企业信用分类监管目标。结合日常巡查，查处无照经营行为，全年全州共查处取缔无照经营案件1075件，案件总值655.70万元，其中立案查处案件889件，全年引导办照1027户，取缔无照经营392户。

【积极服务农村改革发展】 2009年，大理州工商局积极服务农村改革发展。一是红盾护农。以化肥、农药、种子等农业生产资料为重点，以规范经济秩序、强化质量管理、建立服务体系为工作内容。全年共开展宣传活动30次，印发宣传材料22728份，媒体宣传报道11篇次，检查市场1798个次，检查农资经营户7867户次，取缔无照经营17户，查处农资案件168件，案值256.76万元，没收查扣物资34354千克/台、件，捣毁制假售假窝点2个，受理投诉14件，为农民挽回经济损失2.36万元，抽查农资20批次，对439户种子经营户实行了种子留样备查公示制度，建立两帐两票一书一卡制度的农资经营户达1475户。二是经纪活农。以培育、规范、发展为原则，以宣传引导、业务培训、登记注册、规范经营和典型示范带动为内容，重点培育发展优势产业、特色农产品和农村劳动力转移等方面的农村经纪人。全年共培育经纪人1808户，经纪执业人员1690人，经纪业务量2896万元。应运而生的蔬菜、水果、养殖等各种行业协会7个和专业合作社262个。三是合同帮农。以打击涉农合同欺诈行为作为突破口，积极探索合同帮农工作机制，重点帮扶涉农企业和行业组织规范与农户的种养殖和农产品购销合同，并积极推广《农产品购销合同》、《甘蔗种植订购合同》、《蔬菜买卖合同》、《水果买卖合同》等六种涉农格式合同，防止合同条款缺陷和“霸王条款”。全年，共有涉农企业129户，签约农户56463户，签约合同56454份，金额1.986亿元，履约100%；共检查合同779份，金额1.068亿元，检查涉农企业28户，涉农合同5140份。依法调解涉农合同纠纷，为农民挽回经济损失9万余元。四是商标富农。积极引导涉农企业走“企业+农户+商标”的农业产业化发展模式。以引导商标注册、实施商标战略、培育名优品牌为工作重点，充分利用商标知识产权，提高农产品的市场竞争力。五是权益保农。以网络建设、调处纠纷、市场规范为工作重点，大力开展“一会两站”建设，形成了“纵向到底，横向到边”的维权网络。加大农村市场监管力度，以农资、食品、家电为重点，打击假冒伪劣，有效维护农民群众生产生活消费安全。全年，查处商品交易市场违法违章案件168件，案值256.76万元。六是政策爱农。下放登记注册权限，方便农村个体工商户就近办照；减免费用，鼓励创业发展；引导产业结构调整，发展“执照”农民；提高农业生产组织化程度，发展农民专业合作经济组织。为农民和涉农减免登记费等各种费用达3万余元。七是市场助农。以促进农产品“引产帮销”为工作内容，以改善农村市场交易环境为着力点，积极参与农村集市的改造，改善农村市场交易条件。目前，全州共有涉农市场266个。

【开展诚信市场创建】 2009年12月底，全州录入商品交易市场信用分类监管软件93个市场，认定等级市场93个，其中，A级26个，B级52个，C级14个，D级1个。录入一体化软件，纳入日常监管204个市场。开展创建“诚信市场”活动工作，通过县、市工商局考核认定、公示，已完成48个诚信市场的认定，其中“1A级诚信市场”8个，“2A级诚信市场”40个。州级完成考核认定、公示21个诚信市场的认定，其中“3A级诚信市场”15个，“4A级诚信市场”6个。

【节日市场监管】 2009年，全州工商系统统一思想，确定工作重点，明确工作目标、任务，有计划、有措施地开展了元旦、春节、五一、三月街、十一、中秋和州庆期间的节日市场专项整治。重点加强了对农村集市、城乡结合部市场和景区景点的市场检查，重点查处无照及食品违法行为；重点检查食品、副食品、饮料、酒类、肉类、保健品、防寒保暖商品及粮油及制品等的检查；重点加强对旅游景点、景区、旅游商品等的检查。节日市场整治中，全州各级工商机关共出动车辆180台次，执法人员2506人次，检查经营户4239户次，检查市场429个次，教育违规经营户18户次，查处案件27件，受理投诉95件，挽回经济损失1.93万元。

【成品油和粮食市场监管】 年内，全州工商系统加强对成品油市场监督检查工作，共出动检查人员510人次，出动检查车辆120车次，检查加油站点274个次，查处无照经营户4户，案值1.4万元，清理取缔非法加油站点4个，查扣油品0.21吨；同时，对全州56户可入市收购粮食企业进行重点监管，其中，国有16户，经批准具备入市收购资格的企业40户，查处非法收购粮食案件1件，案值0.7万元。

【“禁磷”和“禁塑”工作】 2009年，大理州工商局要求大理、洱源两县（市）工商局把“禁磷”工作作为日常市场巡查重点之一，巡查中一经发现“含磷”洗涤用品，坚决予以查禁。共出动执法人员1450余人次，出动执法车辆380余台次，检查各类生产、经营、销售、使用洗涤用品的单位和个体户计4720余户。开展“禁塑”工作以来，共出动执法人员2223人次，出动执法车辆218台次，组织开展专项整治工作6次，检查市场296个次，检查经营户16980户次，查处并曝光黑窝点6个，查处违规经营户1户，收缴违禁塑料袋202万余个，发放宣传材料54000份，环保袋20000多个，组织“禁塑”宣传15次，制作并悬挂“禁塑”宣传栏40余个，电视8期。

【流通环节食品安全监管】 年内，全州工商系统一是开展“农村食品安全示范店”创建。2009年，全州共创建农村食品安全示范店469个，超额完成创建任务。二是继续抓好食品安全监管工作。全州共出动执法人员26738人次（其中农村市场14143人次），车辆5376台次，检查食品经营户65532户次（其中农村市场41062户），检查批发市场、集贸市场等各类市场763个（其中农村市场450户），取缔无照经营户162户（其中农村市场107户），吊销营业执照43户，查处制售假冒伪劣食品案件127件，案值32.07万元，没收假冒伪劣不合格食品1763.5千克（其中农村市场1328.2千克），不合格各类葡萄酒62瓶，不合格酒类506.3千克，肉类1256.6千克，禽蛋62千克，调味品148.2千克，饮料605千克。三是认真开展食品快速检测信息公示制度。充分利用食品快速检测仪、检测箱加大对流通环节食品的快速检测工作，全年全州各级工商机关共检测食品经营户490户，开展37次食品快速检测工作，检测食品690个批次，503个品种。检测鲜猪肉1052头，发布公示检测信息28次。

【打击传销专项行动】 年内，全州工商系统一是组织排查，掌握情况。对全州范围内的直销企业分支机构和网点进行了一次全面的摸查，检查是否销售直销产品、是否有打着“直销”等旗号从事传销活动。共出动执法人员549人次，出动执法车辆116台次，检查出租聚会场所272余个，共发放“禁止传销法律知识宣传单”和“规范直销行为宣传材料”9000余份。二是突出重点，积极组织开展打击传销专项行动。认真开展打击“世界通”网络传销活动。公安、检察院、法院、工商等部门成立了专门的领导机构，下设8个专案组，由公安、工商抽调工作人员，历经2个多月时间开展了打击和取缔工作，共立案7件。三是加强宣传教育。在利用电视、报刊等新闻媒体搞好宣传的同时，开辟专栏、制作专题节目、宣传车、张贴画等多种形式，广泛宣传、深入揭批,在注册登记窗口共发放"打击传销规范直销"宣传手册2500份,各集贸市场张贴宣传画600多张。全年全州共出动执法人员1671人次,出动车辆382台次,接待举报20起,检查出租房935个,捣毁传销窝点76个,教育劝返传销人员272人次,查处案件4件,移送公安机关2起,人员14人,没收传销物品135件,传销材料1216份,发放宣传材料4838余份。

【"扫黄打非"工作】 2009年,大理州工商系统积极同文化,公安等部门配合,开展了对文化出版物市场的清理检查。对政治性非法出版物,淫秽色情出版物,盗版出版物进行坚决查处,坚决查缴淫秽光盘和以青少年为读者对象的有害卡通画册及淫秽"口袋本"图书,查缴封建迷信和伪科学及诱发未成年人违法犯罪行为和恐怖、残忍等内容的出版物、游戏软件产品等。全州出动工商执法人员2448人次,检查出版物市场225个次,检查经营户4665户次,检查临时摊点600户次,检查印刷复印户314户次,没收淫秽、低俗音像制品2177张(碟)、违法小广告2400份,没收非法出版物12本,查获黑网吧2户,暂扣电脑、显示屏37套,查获"六四文化衫"142件(套),取缔无照经营户7户,立案查处7件。

【"两烟"打假打私工作】 2009年,全州各级工商行政管理机关始终把"两烟"打假打私工作作为整顿和规范市场经济秩序的重点,坚持"打源头、打网络、端窝点、清市场"的工作方针,以严厉打击卷烟制假、贩假、售假,非法加工贩卖卷烟、烟丝以及无证照经营卷烟等违法经营行为为重点,充分发挥工商职能作用,加大对"两烟"市场监管的力度。共出动执法人员1580人次,执法车辆465车次,检查卷烟销售经营户2632户次,检查旅游景点卷烟销售点215个次。检查宾馆、酒店、娱乐场所、货运站点等522户次,与烟草专卖部门联合查办各类卷烟案件387件,其中一般程序44件,简易处罚343件,查缴假冒卷烟4382.1条、走私白皮烟223.3条,取缔违法经营户、无照经营户104户。

【商标监督管理】 2009年,大理州工商局深入推进商标战略实施,不断完善工作措施,认真开展驰名商标培育申报和基层工商所"一所一标"活动。云南下关沱茶(集团)股份有限公司的"宝焰牌"沱茶已上报国家商标局申请认定中国驰名商标。全州有云南省著名商标39件(其中新认定12件)。"一所一标"、"一所多标"责任数为76个,各县市局已完成上报指标任务数173个,完成率为227%。同时,不断巩固和完善商标监管执法工作中行之有效的制度措施,积极探索遏制商标侵权假冒行为发生的长效机制。以食品、药品、农资、服装等商品为重点,把日常巡查与专项执法相结合,加大了对中国驰名商标、云南省著名商标、地理标志证明商标、涉外商标的保护力度。全州工商机关共立案查处商标侵权假冒案件70件。

【广告监督管理】 到2009年12月底,大理州经工商部门核准登记的广告经营单位204户,广告从业人员822人,广告经营额2001万元,广告公司33户。全州工商系统继续深入开展整治虚假违法广告专项行动,以医疗、保健食品、药品、化妆品、美容服务等五项广告为重点,全州共检查广告、广告监测2403条,其中:药品广告85条,医疗271条,保健食品52条,化妆品13条;其它检查2446条。检查电视广告2180条,报纸广告285条,广播广告167条,户外广告1656条,印刷品广告807条;其它形式广告212条,发现涉嫌电视违法广告7条,涉嫌户外违法广告56条,涉嫌印刷品违法广告1条。全州工商机关共立案查处各类广告违法案件89件。

【12315维权工作】 年内,大理州工商局积极维权、促进消费,开展"12315平台"和"一会两站"建设,消费维权水平进一步提高。强化全系统"12315"网络建设,不断提升"12315"服务效能。开展工商业务全方位咨询,消费维权开始由事后调处为主向事前调控和防范为主转变,"12315"正在成为大理工商的"第一品牌"。州工商局指挥中心和各县市工商局认真完善值班制度,健全受理申诉举报快速反应机制,高效、便捷处理各类消费者申投诉,做到有诉必接,有诉必查,有查必果。指挥中心每月撰写消费分析向广大消费者发布消费警示。全年共受理消费者咨询、申诉、举报5719件,其中,咨询4155件,申诉、举报1564件;为消费者挽回经济损失111.69万元。

【信息化建设】 2009年,大理州工商局一是进一步夯实网络基础。11月,对部分工商所(分局)联网设备进行更换,在全省率先完全实现州、县、所三级路由器硬件对联,网络线路及联网设备质量位居全省前列。二是组织开展了全州政务系统骨干培训工作。11月16日全系统正式启用一体化软件政务模块,实现所有工商行政管理政务业务工作一体化应用。三是与中国电信大理分公司签订了大理州"工商行政管理移动执法办公系统"项目合同。8月,州局机关启用移动执法办公系统,12月底前,各县市工商局均启用了移动执法办公系统,实现利用移动执法终端登录州局移动执法办公服务器开展移动执法办公。利用笔记本电脑通过3G无线上网卡登录一体化软件服务器开展移动执法办公。

【基本建设】 2009年,大理州工商局按照基本建设与四化建设相统一、与示范工商所建设相统一、与工商所职能调整相统一的要求,建立了全州工商系统基层(县市局及工商所、分局)建设三年规划项目储备库。严格遵守基本建设有关规定和要求,认真执行省工商局批准的项目、面积、标准化图纸设计和施工程序。2009年,大理州工商系统被省工商局列入的四个基本建设项目(祥云县下庄分局综合办公楼、剑川县马登分局综合办公楼、巍山县工商局大仓分局综合办公楼、宾川县太和工商所综合楼)于12月28日全部开工建设。

【保护消费者权益委员会工作】 2009年,大理州工商局一是组织开展围绕"消费与发展"年主题的3.15国际消费者权益日大型宣传咨询服务和执法活动。3月15日,大理州、市工商局和消协分别在下关、大理和凤仪等地举办了现场投诉咨询活动,为群众解答和发放宣传资料,邀请了电信、移动等多家企业参与现场解答咨询。全州进行电视报道23期,发放宣传材料207860份,发放了《2009年纪念"3·15国际消费者权益日"商品房问卷调查表》200份,接受咨询人数102324人次,现场受理投诉20件,成功调处17件。二是开展市场检查执法活动。全州各级消费者协会联合工商、公安、安监、农业、质监、药监、卫生监督、烟草专卖、供销社等行政执法部门,出动执法人员1599人次、车辆383辆次,检查107个集贸市场、54个超市、5650家经营户的317种商品,没收"三无"及过期食品2210千克,色情光盘3000张,盗版光盘700张。各县市消协联合公安、烟草、文化等相关单位,销毁假劣物品321种,假劣物品价值378.7万元;销毁假冒卷烟1万多条、价值100多万元。三是受理消费者投诉。全州共受理消费者投诉1201件,成功调解1195件,调解率99%,为消费者挽回经济损失73.2万元,接待来访和接受咨询2393人次。四是定期通报投诉情况分析。大理州消费者协会办公室向各县市消协和社会公众通报消费维权热点、难点问题5次,制作大理州消费者协会简报2期。五是加强"一会两站"建设。全州乡镇应建分会110个和行政村等应建两站1344个。到11月底建立分会110个,投诉站和联络站共1438个。

【个体私营经济协会工作】 2009年,个体私营经济协会一是建立和完善大理州扶持创业导师库工作。在全州非公企业会员中推荐出246名志愿为创业者提供指导咨询服务的"创业导师",并录入了省个私协会创业导师数据库,各基层分会从"创业导师"数据库中选出43名有创业实际经验的创业导师,为初次创业人员开展"一对一"的帮扶指导服务;建立了省级高校毕业生就业见习示范基地1个(《大理同兴房地产有限公司》,获首批省级云南省高校毕业生就业见习示范基地称号)。二是"贷免扶补"工作。2009年底,全州工商机关通过"贷免扶补"帮助扶持创业者67人,领到贷款共计335万元。三是个私经济组织党建工作。出台了一系列制度及措施,强化个私经济组织党建,做好"登记申报、年检年报"工作;对个私经济组织党建工作开展了专题调研和督查,全面加强个私经济组织党建。建立以个体私营企业中的党员为主的党组织20个(其中:党委1个、党总支2个、党支部17个)。私营企业以企业为单位建立党支部187个、团支部67个,工会315个。四是强化自身建设。全年全州各级协会组织开办业务培训班39班次、培训1740人;组织考核定级13次、参加人员350人;获得证书260人;组织开展宣传教育110场次,参加人数达19774人次;全州个私经济协会会员中有各级人大代表和政协委员311人(其中:省级人大代表1人、省级政协委员1人、州级人大代表15人、州级政协委员12人);全国劳动模范2人,省级劳动模范3人;"云南省青年文明号"2户,南涧县个私协会被推荐为"全国个私协先进单位";2009年底,全州共建立个私协组织80个(其中:州级1个,县市级12个,基层分会66个,行业协会1个);经济实体1个。全州会员达76799户(其中:个体工商户会员72022户、私营企业会员4777户);从业人员达188041人。全州各级个私协会会员中有高级专业技术职称的96人、中级383人、初级617人;烹饪师5471人,家电维修技工676人,美容美发师2427人。

(《工商行政管理》由雷建萍撰稿)

质量技术监督

【概　述】 2009年,全州质监系统认真贯彻落实党的十七大精神、中央经济工作会议精神和全省质监工作会议精神,不断深入学习实践科学发展观和持续推进实施阳光政府四项制度,紧紧围绕提高全州产品质量总体水平、促进经济和社会发展这一主线,全面履行质量管理、标准化与计量管理、食品安全监管、特种设备安全监察和执法打假职能。在全体干部职工的努力下,克服了各种困难,战胜了各种挑战,按时按质按量地完成了各项工作,取得了一定的成绩,为全州经济社会又好又快发展起到了积极的促进作用。

【圆满完成乳制品企业驻厂监管任务】 在"三鹿奶粉"事件发生后,全州质监系统在第一时间启动应急预案,第一时间派出驻厂监管人员,迅速、果断、有效地开展了各项应急处置工作。截止2009年3月4日,共向全州13家乳制品生产企业派出驻厂监管员128批次4000多人次。在六个月的驻厂时间里,广大驻厂监管员讲政治、顾大局、识大体,不畏艰难、认真履职,对企业从原辅料进库到成品出库的各个环节实行全程监管,对企业的原辅料仓库、化验室、配料室等关键环节进行重点监控,圆满完成了驻厂监管任务。全州驻厂企业生产正常稳定,未出现质量安全事故。

【食品质量安全市场准入推进顺利】 2009年,全州质监系统在实施食品质量安全市场准入制度时强化服务,做到高效、快捷、便民。一是坚持政务公开的工作原则,对申请食品生产许可证所需的材料、程序、费用、时限做到一次性全部告之。二是对申请取证企业积极认真开展帮扶工作,引导企业规范生产,帮助企业顺利取证。三是完善《食品生产许可证申请材料审查表》,企业在申报生产许可证工作时由计量、标准、特种设备等业务科室提供相关专业知识服务,强化对食品生产企业的服务能力,快速、高效、准确做好食品生产许可证受理工作。全年共受理了申报取(换)证的企业63家,并加强对全州151家获证企业的日常监管工作。

【食品安全整顿工作不断规范】 2009年,全州质监系统认真抓好"四查、四建、四落实"。严格落实《食品安全法》,加大对食品生产加工企业无证生产的查处力度;严格落实企业的食品安全主体责任,引导企业牢固树立企业是食品质量安全第一责任人并承担相应法律责任的主体意识,监督企业建立和落实"五项制度";建立完善食品安全风险预警机制和质量追溯制度,不断完善食品安全风险预警机制,定期收集各类产品质量检验、监督抽查、行政执法、质量申诉等信息,并对信息进行分析研究。全州系统先后组织开展了"春节"、"三月街民族节"、"中秋"、"国庆"等重大节日食品安全专项检查。重点开展了乳制品专项整治,严格要求企业落实"三查一报告"制度;组织开展了违法添加非食用物质和滥用食品添加剂专项整治工作。督促全州600多家食品生产加工企业(含小作坊)进行自查自纠,同时出动执法人员420人次,检查了辖区内121家食品生产企业,查处违法违规企业11家,重点对白酒、乳制品、饮料、蜜饯等重点产品进行检查;通过宣贯培训、监督抽样、执法检查等形式开展了月饼、淀粉产品、肉制品、方便食品、豆制品等种类食品的专项执法检查。

【加大特种设备安全监察力度】 2009年,全州质监系统积极采取各种有效措施,进一步加大监察力度,确保全州特种设备安全运行。一是加强数据建设,实施动态监管。2009年,州、县(市、区)两级安全监察机构,均安排专人负责特种设备动态监管工作。全面完成全州电梯575台、锅炉472台、起重机械743台、压力容器1713台、游乐设施13台、客运架空索道4条、厂内机动车辆553辆、压力管道30千米的特种设备安全监察管理系统的数据核对清理工作,做到各类数据信息准确有效,真正实现了动态监管。二是加强宣贯培训,提高安全意识。认真开展了特种设备作业人员的培训工作,全年共组织了11期培训班,共培训锅炉、电梯、起重机械、厂内机动车辆等各类特种设备作业人员2925人,并在南涧县职业高级中学探索建立特种设备作业人员培训基地,为下一步培训特种设备作业人员打下了基础;通过大理日报、电视、广播、政府网站、手机短信等平台向社会公众进行特种设备安全知识的宣传。三是加强监督检查,确保使用安全。落实各方责任,督促特种设备制造、安装、维修、充装单位到期换证,对核查中所发现的问题进行监督整改。抓好监督检验,做到各类特种设备定期检验率为100%。组织开展"春节"、"五一节"、"国庆"等节日特种设备安全大检查。全州共出动执法人员816人次,执法车辆298车次,检查使用单位1046家,检查设备1956台,发现有安全隐患的设备78台,现场监督整改42台,发出特种设备安全监察指令书限期整改36台。对大理州重点工程龙开口、功果桥、小湾、鲁地拉4个电站以及大丽、大保铁路开展联合安全大检查;组织开展了压力管道元件、起重机械专项整治;配合建设部门规范整顿了液化石油气经营市场。

【质量管理工作成效显著】 2009年,全州质量监系统共受理35家企业申报工业产品生产许可证,先后对60家获证企业进行了年审和巡查。为进一步推进质量诚信体系建设工作,积极开展了全州企业质量档案建档和数据更新工作。对获得名牌产品生产企业和列入工业产品生产许可证和CCC认证目录范围内产品的104家生产企业建档,动态收集企业信息,适时新建、适时更新。2009年,大理州质监局经过对全州13家符合名牌产品申报条件的企业从规模、效益、品牌历史、质量管理等情况进行全面摸底,派出专人上门服务,积极引导企业抓好质量、标准、计量和认证等基础工作。指导企业认真对照评审要求,高质量地准备申报材料参评。最终全州有12家企业生产的13个产品获得了"云南名牌产品"称号,入选数量创历年之最,使大理州共有18个产品获得了"云南名牌"称号。同时,坚持以点带面、分批实施、扎实推进、务求实效的工作方针。结合开展"质量和安全年"的各项活动,在祥云县和洱源县开展"质量兴县"试点工作,继续促进其它县市开展"质量兴县市"活动,广泛推动一定规模以上企业开展"质量兴企"活动。

【加强计量监管与服务】 2009年,为进一步发挥计量工作对经济社会发展和建设节约型社会的促进保障作用,全州质监系统不断加强计量监管服务工作。通过"诚信计量进市场、健康计量进医院、光明计量进镜店、服务计量进社区乡镇(学校)"的"四个走进"大型主题活动,全面完成了覆盖辖区内所有的集贸市场、医疗卫生单位、眼镜店、社区乡镇这"四个百分之百"目标。分别与120家集贸市场主办者、医疗机构和眼镜店签订了诚信计量承诺书。积极开展宣传服务活动,免费为群众进行眼镜、家庭用血压计、人体秤等计量器具进行检定及宣传相关知识,及时处理群众投诉和举报等计量违法行为21起。根据全州重点耗能企业的实际情况,对50家重点耗能企业进行监督检查;通过推动中小企业计量检测能力建设,促进能源计量管理,对已取得25家计量合格证企业进行引导,做好复审考核工作。认真做好强制检定计量器具的建档工作,将建档工作与日常检定工作结合、与监督检查结合,力争做到不漏建、不漏检。开展好电子计价秤专项整治,全州共检查电子计价秤销售企业2家,电子计价秤维修企业1家,集贸市场、餐饮店232家,检查电子计价秤107台,未发现作弊行为;积极开展进口计量器具的监督检查工作,共出动执法人员352人次,对进口计量器具的销售企业、使用单位进行了检查。完成对125家白酒、茶叶、肉制品、乳制品等食品生产企业的定量包装监督检查工作,有效维护了定量包装商品生产企业的经济秩序。在甲型H1N1流感发生后,大理州局立即联系省局计量处和省计量院对大理州口岸的体温检测仪器进行免费校准;全州质监系统还深入人口密集的学校、医院等单位进行检查,共检查了50所学校、40个医疗单位,检查甲流感体温筛检红外体温测量仪等计量器具55台,确保全州红外体温测量仪等计量器具能够正常开展工作,切实保障全州人民群众的生命安全。

【标准化工作得到夯实】 2009年,全州农业标准化工作推进有力,《大理州优质泡核桃生产技术规范》、《漾濞泡核桃综合标准》、《洱源无公害大蒜综合标准》三个农业地方规范已公布实施,"洱源梅子"地理标志保护产品专用标志已有2个企业申报使用。全州系统共对114家企业完成标准战略调查统计工作;帮助辖区内企业起草制定了30多个企业标准;共审定出符合国家烤烟标准样品114套3990把,保证全州烤烟收购按国家标准顺利进行。州人民政府高度重视标准化战略工作,《大理州标准化战略》已起草并征求意见,全州标准化工作在旅游、服务等领域得到拓展。全系统共办理72个企业标准的备案,清理作废14个食品企业标准;共办理代码证年检废置2763件、初领换证变更1899件,确保数据清理合格。

【积极推行"开门审案"和"说理式执法"】 2009年,全州质监系统进一步推行"开门审案"制度,专门聘请了州人大、州政协、州纪委、州法院、州检察院等相关部门领导(专家)作为行政执法顾问和监督员,参加质监局拟处罚较重或者影响大的行政案件的公开审理工作。通过邀请行政执法监督员参加案审会议的形式,充分听取各位监督员的意见建议,提高办案质量,取得了良好的社会效果。2009年,全州共实施行政案件公开审理6件。其次,为提高行政处罚的公开性、公平性,大理州质监系统逐步推行了"说理式执法",在行政执法中,行政处罚告知书、行政处罚决定书采取叙述式,使行政相对人充分了解和认识自己的违法事实、理由和应当受到的处罚,有效化解行政争议,减少行政复议和行政诉讼,2009年,全州使用说理式执法文书的案件数为48件。

【认真整顿和规范市场经济秩序】 2009年,全州质监系统全面开展了以质量宣传年、质量提升年、质量服务年、质量整治年和质量建设年为主要内容的"质量和安全年"活动,并在此基础上深入开展了以食品、特种设备、农资、建材、危化类等产品为主的"十项专项整治行动"。以开展重大节日专项检查和打击生产、加工、贮藏假冒伪劣商品的黑窝点为重心,立足于查大案、堵源头、捣窝点,坚持日常打假与专项打假相结合,加强产品质量监督抽查工作,有力地净化了市场环境。全年,行政处罚立案336件,涉案货值金额2000余万元。全州共对饲料、化肥、汽柴油、建材、白酒、乳制品、饮料、饮用水、茶叶、酱油、食用醋及食用植物油、瓶装饮用水、酒类、饮料(含乳饮料)、陶瓷(砖)等产品498个抽样批次开展了监督抽查,综合合格率为74.74%;对全州辖区内的369家企业进行抽样检查,合格企业282家,企业抽查合格率为75.74%,不合格产品企业87家,不合格产品企业占24.26%;全年有效工作日共接听12365热线电话124个,其中消费者服务咨询52件,举报投诉33件,无效电话39个。对每件投诉案件始终都做到件件有落实,事事有交代,切实保护消费者的合法权益,受到人大、政协、信访部门的好评。

【云南省乳及乳制品质量监督检验中心落户大理】 2009年11月8日,云南省乳及乳制品质量监督检验中心正式在大理州综合技术检测中心揭牌运行。该检验中心与大理州综合技术检测中心实行两块牌子，一套人马的管理模式，具备覆盖现行乳制品国家标准和其他大部分食品全部质量指标的检验能力、具备了开展风险预警及食品质量安全应急检验能力、具备乳制品、饮用水、蜜饯等大部分食品的全项检测能力，对防腐剂、色素、甜味剂等食品添加剂和食品中有害元素、农残、黄曲霉毒素及磺胺、四环素、青霉素等化学及生物污染物质具有较强的检测能力。云南省乳及乳制品质量监督检验中心在大理州正式运行，标志着全州乳制品及其他食品质量安全检测能力和水平迈上了一个新台阶。

【检验检测能力不断加强】 2009年，为适应当前食品加工行业发展及食品质量安全监管的要求，大理州综合技术检测中心与大理学院生命科学与化学学院本着平等自愿、共同发展的原则，充分发挥各自优势共同组建了食品质量安全检测与研究联合实验室。通过加大资金投入、装备采购、实验室改造、制度建设、人才引进、检验人员培训和实验室资质评审等工作，大理州综合技术检测中心已具备536个产品标准和853个检验参数的检验检测能力，在全省同类技术机构中处于领先地位。工作方式逐渐由单纯开展工作向检验检测与科研工作并重的方向探索，大理州质量技术协会申报的《大理州天然土碱在食品中应用的可行性研究》、《民族特色银饰品产业化发展》两个科研项目获批立项。2009年，大理州综合技术检测中心共对乳制品等种类的产品共4086个样品进行检验，共出具珠宝玉石检定证书103000份，共计检定计量器具13760台(件)，共检验锅炉等特种设备7023台(件)。

【积极开展深入学习实践科学发展观活动】 年内，按照中央和省、州党委的统一安排部署，全州质监系统积极参加了第二批深入学习实践科学发展观活动。各级党组高度重视，成立了学习实践活动领导小组，制定了实施方案。经过学习调研、分析检查、整改落实3个阶段共11个环节的活动，全州质监系统开展的深入学习实践科学发展观活动已顺利通过验收。通过学习实践活动，全州质监工作有了较大的提高和发展，全体党员积极践行“一面旗、一团火、一盘棋”思想，切实做到党员干部受教育、科学发展上水平、人民群众得实惠。

【认真贯彻实施阳光政府四项制度】 年内，为进一步提高政府工作的透明度，促进民主决策、科学决策，建设公正、透明、高效的阳光政府，全州质监系统认真组织开展了“重大决策听证、重要事项公示、重点工作通报、政务信息查询”阳光政府四项制度工作，并注重与法治政府八项制度和责任政府四项制度相结合。各部门根据自身情况，因地制宜地通过组织学习、网站、便民服务中心窗口和宣传栏等建设，做好114政府信息直通车、12365质监投诉电话的接听，对实施阳光政府四项制度的各项内容采取形式多样的方式进行宣传发布、通报公示，主动接受社会监督，以确保阳光政府四项制度落到实处。通过落实“阳光政府四项制度”和扎实抓好各项制度的实施，全州质监系统做到了进一步转变职能、改进作风、提高工作效能，尽力打造一支问政于民、问需于民、问计于民、珍惜民情、了解民情的质监队伍。

(《质量技术监督》由戴俊撰稿)

物价管理

【概 述】 2009年，大理州居民消费价格总指数为101.1%，食品类为103.1%，比上年同期上升3.1个百分点；烟酒及用品类为103.3%，比上年同期上升3.3个百分点；衣着类为96.4%，比上年同期下降3.6个百分点；家庭设备用品及维修服务类为100.6%，比上年同期上升0.6个百分点；医疗保健和个人用品类为101.6%，比上年同期上升1.6个百分点；交通和通信类为101.6%，比上年同期上升1.6个百分点；娱乐教育文化用品及服务类为99.0%，比上年同期下降1个百分点。

【价格总水平控制在合理区间】 2009年，针对金融危机冲击下急剧变化的经济形势，大理州发展和改革委员会会同农业、粮食和统计部门，定期或不定期分析国际国内形势及大理州价格运行和市场生产供应情况，判断价格变化趋势，及时提出有针对性的措施建议。大理州中晚籼稻、粳稻最低收购价在国家基础上每千克提高0.1元，超额完成收购任务，为稳定物价奠定了坚实基础。促进价格合理回升，结合宏观经济运行情况，加强对居民消费价格指数等宏观经济指标的定期监测和分析，准确把握市场动态，及时提出宏观调控建议，努力将价格总水平稳定在合理区间。大理州发展和改革委员会在认真分析2009年全年价格走势的基础上，对2010年价格形势进行了预测，提出了大理州价格预期调控目标建议。

【努力稳定重要商品价格】 2009年，大理州发展和改革委员会切实加强重要商品和服务价格的监测分析，深入分析影响价格变动的原因，及时采取有效措施，稳定市场价格。8次对成品油进行了价格调控，提高与降低相抵后，全年汽油等柴油分别净增1520元和1390元。为确保成品油价格调整方案的顺利实施，大理州发展和改革委员会认真贯彻执行与居民消费密切相关的公路客运、城区公交、农村道路客运、出租车等客运价格一律不做调整，及时协调生产营运中的矛盾。针对燃油价格的不断变化，年初，大理州发展和改革委员会及时贯彻落实客运票价在正常核定票价的基础上上浮20%，下浮40%的政策，及时制定并启动了公路客运运价与成品油价格联动方案，提高客运基准运价0.03元/人·千米，纠正了运输企业在执行客运价格政策中存在的问题。

【努力减小价格异常波动】 2009年，大理州发展和改革委员会针对出现甲型HIN1流感疫情，根据国家和省发展和改革委员会的要求，从5月5日起，在监测周上报增加了“HIN1疫情防护用品”，对达菲、八角、脱脂棉口罩、84消毒液等商品进行价格监测。随着疫情的传播和扩散，6月3日，又在“HIN1疫情防护用品”栏目下增加了体温计、抗病毒药物、板兰根等商品进行重点价格监测。根据云南省发展和改革委员会《关于加强地震灾区价格监管维护市场稳定的紧急通知》文件精神。7月11～7月30日，大理州发展和改革委员会对楚雄地震后涉及大理州宾川、祥云和弥渡受灾地区的价格进行监测，并报送《地震灾区应急价格监测》21份，按照国家发改委和省发展和改革委员会的要求，积极推进实时应急价格监测试点工作。2009年，还加强元旦、春节、国庆、中秋等节假日期间的价格应急监测，严格执行预警值班制度，及时掌握重要商品市场情况，确保节假日期间市场稳定。

【进一步完善价格监测体系】 2009年，

大理州发展和改革委员会继续落实“国家—省—州市”三级监测网络，不断完善价格监测日报、周报、月报、季报和年报制度。加强各县市监测报告制度执行情况的督促指导，确保监测数据的及时性、准确性，不断完善专项监测报告制度，突出重点，加强对重要商品价格变动原因和价格变动带来的影响进行深层次分析，及时提出措施建议，为促进经济平稳较快发展和人民群众生活稳定发挥积极作用。通过将监测数据分析与宏观政策及数据、宏观经济形势紧密结合，形成“国家—省—州市”三层次分析体系，紧紧抓住倾向性和苗头性问题，有机结合分析材料，价格监测分析能力不断提高。

【加强对政府调定价项目成本的监审】

2009年，大理州发展和改革委员会根据原国家发展计划委员会《游览参观点门票价格管理办法》和国家发改委、财政部、国土资源部、住房和城乡建设部、国家林业局、国家旅游局、国家宗教事务局、国家文物局《关于整顿和规范游览参观点门票价格的通知》，对洱源地热国、西湖等13个景区(点)旅游门票价格成本进行了调查审核，净核减其成本费用2669.43万元。为了支持医疗废物处置产业化，保护环境，根据大理丰顺医疗废物处置有限公司提供的《云南大理医疗废物集中处置场可行性研究报告》、《云南省发展和改革委员会关于大理医疗废物集中处置场初步设计的批复》、《大理州劳动和社会保障局关于转发〈云南省劳动和社会保障厅关于公布2007年度全省在岗职工平均工资、退休人员平均养老金和2008年度基本养老保险个人账户利息计息办法的通知〉的通知》、大理州财政局《关于下达2005年国债专项资金基本建设支出预算的通知》、大理州卫生局《大理州卫生统计年鉴(二〇〇七年)》和公司与相关建设单位的合同，在对公司投资、原材料、燃材料及动力等处置成本项目和服务费用等基本数据进行调查核实的基础上，按成本监审的相关规定，本着实事求是的原则，多次对大理丰顺医疗废物处置有限公司的医疗废物处置成本进行了调查审核，核定了处置成本，核减企业上报成本185.46万元。洱源县、祥云县对生活垃圾处理成本进行了监审，净核减企业上报成本34.6万元。对弥渡县新街镇供水工程管理站管理的自来水供水工程及成本情况进行实地调查，并要求该站补充成本核算资料，经补充资料后核定了供水成本，核减上报成本12.74万元。云龙县对旧州镇自来水成本进行了监审。核定了大理一中、巍山一中社会化管理学生公寓成本，核减企业上报成本283.18万元。核定了宾川县城市污水处理收费成本，核减企业上报成本59.31万元。为使大理市人民吃上火烧肉，大理海春畜牧有限公司开展了加工火烧猪业务，但由于火烧猪是白族人民的风俗习惯，省定收费项目没有火烧猪收费。为使省准确核定火烧猪成本，大理州发展和改革委员会开展了相应调查审核，核定了火烧猪成本，核减企业上报成本34.83万元。

【工农业产品生产成本调查工作】

2009年，大理州开展成本预测和年度的重要工业品生产成本调查、农产品成本调查，按时、按质、按量审核并汇总上报相关成本及分析资料。根据省发改委《关于开展小水电企业投资运营成本调查的通知》，为了解大理州中小水电企业的建设投资及运营成本情况，对符合装机容量在1.5～25万千瓦的漾濞江东电力开发有限公司、漾江水能开发有限责任公司、大理祥龙能源开发有限责任公司、鹤庆鑫盛发电有限公司(金河电站)、鹤庆新源漾弓江发电有限责任公司(燕子崖电站)的生产经营和运行成本状况进行了调查，并向省报送了相关资料。就市民反映的国家实行成品油税费改革两次降低成品油价格和取消养路费、客货运附加费、公路运输管理费后是否相应调低公交公司的车票价格问题，大理州发展和改革委员会对大理市公共汽车国有独资有限责任公司进行了实地调查，形成了《关于对大理市城市公交经营情况的调查报告》。根据2009年以来，全国生猪和猪肉平均出售价格下跌，生猪养殖户出现亏损的情况，大理州发展和改革委员会对大理州生猪生产经营现状进行了相关调查，形成了《猪肉价格下跌生猪养殖亏损》的调查报告。由于各级党委、政府出台一系列鼓励生猪生产的政策措施，生猪价格回升，形成了《我州生猪养殖收益情况好转》的报告。根据《大理白族自治州人民政府关于进一步促进房地产市场健康稳定发展的意见》，大理州发展和改革委员会向大理市辖区物业管理公司下发了《物业服务成本监审表》，并对上报数据的真实性、准确性作了严格要求，核定了大理市物业服务成本，为规范物业管理服务收费作了基础性工作。根据国家发展和改革委员会的要求，与州烟草公司共同开展了全州烤烟生产成本调查。以州委、州政府等相关部门报送信息的《发改简讯》为平台，宣传报导成本调查和监审工作。

【大力开展各类价格收费专项检查】

2009年，大理州发展改革委员会把促进经济平稳较快增长作为工作的重中之重，立足扩大内需，特别是农村需求，加大价格执法力度，做好增收和减负两篇文章，优化经济增长的价格环境。据统计，1～10月全州查处价格违法案件52件，没收价格违法所得金额315.344万元，退还101.565万元，罚款4.5万元，上缴财政319.844万元。其中，州价格监督检查局查处价格违法案件18件，没收价格违法所得金额263.91万元，退还58.647万元，上缴州财政263.91万元。一是组织电力价格专项检查。为落实国家出台的电价调整政策，督促电力企业严格执行电价政策，保护电力用户和群众的合法权益，推进资源节约型和环境友好型社会建设，促进经济保持平稳较快发展。认真组织开展了全州电力价格专项检查，重点检查各电网企业、发电企业，以及越权出台电价政策的地方政府及有关政府主管部门，2008年1月1日以来执行国家有关电价政策。重点检查剑川、祥云、宾川、洱源、漾濞县电力公司，大理市、鹤庆、巍山、永平、云龙、弥渡、南涧县电力公司由各县市价格监督检查局进行检查。共查出价格违规金额36.97万元，进一步规范了企业价格行为，树立了企业价格自律意识。二是组织开展惠农价格收费检查。减轻农民负担、增加农民收入是扩大农村需求的基础。对化肥等农资价格的检查，依法查处农资价格串通、倾销、垄断等行为，维护农资价格秩序，进一步保护农民种粮积极性。大理州价格监督检查局出动检查人员12人次，检查了5家化肥经营户，纠正指导不按规定明码标价或明码标价不规范行为。坚决制止农村义务教育、农民建房、计划生育、涉及农民工、农民机动车、农村殡葬等领域的乱收费。大理州价格监督检查局组成两个检查组，出动42人次，对洱源县、弥渡县、云龙县的国地、建设等部门收费进行检查。共查出价格违规金额86.40万元，退还用户33.60万，收缴州财政2.30万元，移交县处理50.50万元。切实减轻了农民不合理负担，维护了农民的切身利益。配合省涉农收费交叉检查组，对大理州宾川县、大理市相关涉农收费单位进行检查。共查出价格违规金额380万元。三是组织开展涉企收费检查。开展了全州涉企收费检查，配合省检查组，检查土地、建设、交通及其下属部门、环保等部门违反规定向企业乱收费的行为，共查出价格违规金额900.16万元，进一步为企业发展创造宽松的环境。四是组织开展药品和医疗服务价格专项检查。大理州价格监督检查局组成三个检查组，出动56人次，对全州12县市的第一人民医院和省、州属医院进行了认真的检查。共查出价格违规金额38.86万元，价格违规案件正在审查处理当中。五是开展游览参观点门票价格检查。门票价格监管是价格监督检查的重要工作，为进一步维护旅游市场价格秩序，促进大理州旅游产业健康可持续发展，全州重点对社会反映较大景区的价格问题进行了检查。对价格公示不规范以及价格欺诈等行为进行了纠正教育，对门票价格制定调整幅度大的进行了纠正。

【着力维护市场公平竞争秩序】 2009年，州价格监督检查局组织开展重要商品市场价格巡查。价格总水平下行风险增大，部分商品供求关系发生逆转，为防止市场出现低价倾销、价格欺诈、串通定价、压级压价、行业自律价等价格违法行为的发生，大理州组成3个检查组，出动价格监督检查人员24人次，对大理市各大商场、超市、农贸市场进行价格巡查。对商家负责人、个体户进行《反垄断法》等价格法律法规的宣传，维护了良好的市场消费环境。

【积极推进大理州价格诚信建设工作】 2009年，继2008年全省54家单位被授予云南省首届“价格诚信单位”称号，大理州又有4家榜上有名后，全州又以医疗卫生、教育、通信行业为重点，大力开展云南省第二届“价格诚信单位”创建评选活动。州价格监督检查局设立了价格诚信单位评选办公室，制定了评选办法和工作方案。在66家参评单位中，经过严格的考评程序，评出了大理学院附属医院等20家单位为“2009年度大理州价格诚信单位”。州发改委、州委宣传部、州文明办联合对诚信单位进行了表彰授牌。并将大理学院附属医院等10家单位推荐上报省发改委参加“云南省第二届价格诚信单位”评选。通过价格诚信建设，进一步转变了价格监管理念，创新工作方式。由以价格监督检查部门查处为主要手段，转变为以经营者自律，社会监督，政府引导规范的工作方式。同时使经营者的价格诚信意识普遍提高，诚实守信的经营理念基本形成，价格欺诈等市场不正当行为明显减少。

【畅通价格利益诉求渠道】 2009年1～10月，州价格监督检查局受理群众价格投诉和价格政策咨询19件次，立案查处价格违法案件4件，查处违法金额23.652万元，退还消费者23.652万元，做到件件有落实，事事有回音。

【认真开展价格认证工作】 大理州各级价格认证部门继续做好涉案财物价格鉴定工作，2009年，大理州受理涉案财物价格鉴定案件1171件，涉案金额达2446.54万元。其中，刑事案件934件，涉案金额1655.81万元，其他案件237件，涉案金额790.73万元。

（《物价管理》由霍沁祥撰稿）

统计管理

【概　述】 2009年大理州统计工作，紧紧围绕州委、州政府和省统计局的工作重点，以提升统计科学发展并服务于科学发展为目标，以提高统计数据质量为中心，以强化国民经济核算为龙头，以增强统计信息化技术能力为支撑，继续推进统计体制机制改革，推进统计制度方法创新，推进机关和“双基”统筹建设。加快构建组织体系完善、调查制度科学、技术手段先进、法制保障有力、队伍素质过硬的现代统计体系，最大限度地发挥统计的作用与效能，为各级党委、政府、社会公众及各类经济体提供优质高效的统计服务，为推动全州经济社会又好又快发展，为建设富裕民主文明开放和谐大理作出新的贡献。

【统计基层基础工作进一步加强和规范】 2009年，全州统计系统在2008年组建7个地方统计调查队、110个由各县市统计局垂直管理的乡镇统计站的基础上，重点加大统计基层基础和业务建设力度，充实配备了28名地方统计调查队员和132名乡镇统计人员，开展了3506人次的业务知识培训。12县市均建立了涉及人、财、物及统计业务管理的相关规章制度，进一步规范了乡镇统计站的统计业务、工作职责、目标任务和工作方式。2009年，州统计局着力规范专业统计工作。

【着力规范专业统计工作】 一是加强“双基”建设，狠抓源头数据质量，进一步规范乡镇统计站的数据质量评估、图表上墙、统计台帐、统计档案、信息服务等工作。二是进一步完善以GDP为龙头的统计数据质量评估制度。三是进一步加强专业统计数据质量控制。四是进一步加强对相关统计数据匹配性审核，建立了《统计数据质量过程控制办法》建立了与州经委、国家统计局大理调查队三个部门联席会议制度，加大了与发改、建设、交通、商务、水利、农业、计生、人事等部门的合作力度，加强了相关专业统计数据，部门间数字的衔接与统一。

【加强统计分析和监测】 年内，州统计局一是加强统计分析人才队伍建设举办写作知识培训，为提升统计服务水平和能力充电。二是加强制度建设，下发了《大理州统计局信息管理工作实施办法》，明确职责，理顺信息报送渠道。三是增强统计服务的针对性、时效性，年初整理了《2008年大理州国民经济主要指标》作为州政府工作报告附件提供给“两会”。在建国60周年前夕，州统计局及时编印了《奋进的大理－新中国成立60周年统计资料汇编》，全面反映大理州及各县市建国60年来经济社会取得的光辉成就。在《大理报》上以图文并茂的形式专版刊登《沧桑巨变60年辉煌大理谱新篇》一文，以《大理经济研究》印发各部门，对大理60年来取得的建设成就作了全面系统的宣传，收到了很好的社会效益。2009年4月和8月又及时编印了《大理州领导干部经济工作手册（2009）》和《大理统计年鉴（2009）》发至州级领导、相关部门及各县市。四是充分发挥统计咨询职能，认真做好对社会公众的统计信息服务工作。及时发布《2008年大理州国民经济和社会发展统计公报》、《2008年全州及各县市单位GDP能耗等指标及有关情况的公报》，年内仅综合科就接待来信来电来访统计信息咨询约450人次（件），对外提供统计数据约9000笔，共接政府信息直通车咨询电话35次，全年有5篇信息被省委办公厅、省政府办公厅采用，一条信息被何金平州长批示，107多篇（条）统计分析和信息被两办采用，在同级报送单位中州统计局的信息、资料采用分值由2008年的第八位上升到第三位。

【认真做好各项普查和调查工作】 年

内，州统计局一是高质量的完成了第二次全国经济普查，大理州经普办被省经普办向国家经普办推荐为全国第二次经济普查先进集体。二是认真做好第六次全国人口普查的前期准备工作。三是认真组织开展大理州第二次 R&D 资源调查工作；四是全州第二次全国农业普查的各项扫尾工作有序进行；五是圆满完成了各项统计调查工作任务。年内，全州各级统计部门先后组织完成了乡村领导班子和领导干部群众公信度调查、旅游卫星账户调查，限额以下批发和零售、住宿和餐饮业月度抽样调查、工业企业成本费用调查、人口变动调查、劳动力调查、群众安全感调查工作。研究制定了季度第一产业、规模以下工业、建筑业、交通运输邮电业、贸易业、住宿餐饮业、其他第三产业、居民能源消费调查方案，配合州体育局完成体育及相关产业调查工作。（五）推进信息化建设。

【提高统计工作整体水平】 2009 年，围绕“全面加强统计信息化人才队伍建设，加大硬件投入力度，努力建设一个适应新形势发展需要的、高效的、安全的统计信息网络平台”这一目标，全州统计信息化建设工作取得了长足发展。一是制定并评审通过了《大理州统计信息化建设方案》，计划于 2010 年内开始建设并建成州、县、乡三级联网的大理州统计信息网。二是统计信息化人才队伍建设成效显著，加大培训力度，每县市明确了一名具有一定计算机应用技能的、年轻的统计人员专门负责统计信息化建设工作。三是对大理州统计局内部信息网进行了改版重建。四是网络系统安全得到进一步加强，实施全网病毒实时监控，提高了网络的安全性。

【依法查处统计违法行为】 2009 年，全州统计法制工作以深入贯彻落实科学发展观，以提高统计数据质量为中心，以服务统计改革和建设为主线，完善统计法律制度，强化统计执法监督，全面推进依法统计，保障统计工作科学发展。一是认真做好统计法律法规的学习、宣传、调研，召开了由州人大、政协、政府法制局、司法局等部门参加的《统计法》修改意见座谈会和新统计法统计违纪违法行为处分规定宣传现场会。二是认真开展了统计基层基础工作的执法检查。三是加大统计执法检查力度，严肃查处统计违法违纪行为。年内共查处统计违法案件 5 起，结案 5 起，其中一起案件进行了二审诉讼。四是加强了部门统计调查项目审批管理；五是认真做好统计执法证件的管理工作，完成统计从业资格证换证 3 批，共计 279 人。

【积极推进统计方法制度改革】 年内，州统计局一是结合建国 60 周年的宣传工作，科学推算出比较完整的 1949－1978 年分产业生产总值历史数据，填补了国民经济核算的历史空白，推算方法被全省各地借鉴使用。二是为适时了解国际金融危机对大理州实体经济造成的影响，正确把握经济运行态势，从 2009 年 10 月份起，实施部门月度指标监测和月度行业增加值测算制度，变滞后服务为超前服务，变被动服务为主动服务，更好地发挥统计的决策咨询作用。三是为解决月度限额以下社会消费品零售总额统计的数据来源问题，在全州 12 县市开展了限额以下批发和零售、住宿和餐饮业月度抽样调查工作。四是加强建设项目跟踪统计，重点做好 5000 万元以上新开工重大项目的统计监测。五是加强科技统计工作，在全州 12 县市建立规模以上工业企业科技统计制度，建立了规模以上工业企业科技统计台账。六是研究制定了季度第一产业、规模以下工业、建筑业、交通运输邮电业、贸易业、住宿餐饮业、其他第三产业、居民能源消费调查方案。按照省局计算出全州和分县市规模以上工业增加值和发展速度，按月反馈，统一了县市和全州规模以上工业增加值；七是开展了国家统计局建筑业在地统计试点工作。

【深入开展学习实践科学发展观活动】 2009 年，州统计局结合大理州统计工作实际，围绕中央、省、州党委关于深入学习实践科学发展观活动的指示精神，以“统一思想认识、解决突出问题、提高统计改革和体制机制创新能力、促进全州统计科学发展，切实提升统计服务水平”为目标，周密制定活动方案，统筹解决工学矛盾，积极稳步推进学习实践活动各项工作的开展，顺利完成了学习调研、分析检查、整改落实 3 个阶段的学习实践活动，取得了明显的成效。

【积极参加“万人红装苍洱唱国歌”活动】 2009 年 7 月 8 日，中共大理州委、州人民政府在三塔公园内举办了“万人红装苍洱唱国歌”活动，抒发爱国热情。州统计局选派了 8 个同志参加了此次活动。

【首次开展乡村领导班子和领导干部群众公信度调查】 2009 年 11 月 16 日，大理州统计局召开了由各县市统计局长、业务人员参加的大理州乡村领导班子和领导干部群众公信度调查工作会议。州统计局党组书记、局长杨瑄作了题为《精心组织科学安排扎扎实实做好乡村领导班子和领导干部群众公信度调查工作》的报告，州委组织部干部监督科科长代表州委组织部到会作指导，会议还对调查业务进行了培训。

会议要求，全州统计部门必须不折不扣地执行省委组织部和省统计局制定的调查方案，精心组织，科学安排，扎扎实实做好乡村领导班子和领导干部群众公信度调查工作，圆满完成调查任务。

【北京市海淀区统计局到大理考察】 2009 年 11 月 12 日，北京市海淀区统计局、国家统计局海淀区调查队考察团一行 24 人到大理考察，考察团在大理州统计局召开了座谈会。国家统计局海淀区调查队林松队长介绍了此次调研的目的。大理州统计局高立宏副局长介绍了大理州和州统计系统的基本情况以及大理州在统计基础建设、统计方法制度改革、统计法制建设、统计信息化建设等方面的做法及经验。双方还就“三下”企业统计数据收集、能耗核算、统计违法案件查处等方面的问题进行了探讨。

【信息化建设方案通过评审】 2009 年，在深入学习实践科学发展观活动中，大理州统计局党组高度重视统计信息化建设，成立了专题调研组。调研组在深入开展调研的基础上，根据计算机网络技术的发展趋势，结合大理州统计系统的实际及统计工作的要求，对全州统计信息化建设提出了总体规划，拟定了《大理州统计局信息化建设方案》。

2009 年 10 月 21 日，州统计局召开了《大理州统计局信息化建设方案》评审会议，邀请省统计局计算中心、大理州信息产业办公室、大理州保密局、大理州国家安全局、大理州公安局等 6 个部门的领导、专家，对《方案》进行评审。通过评审，一致认为：大理州统计信息化建设方案符合全省统计信息化建设的总体规划，能满足全州统计工作发展的需要；网络信息系统安全保护建设定级适当；网络整体规划科学合理，有利于网络的管理维护;网络安全防护措施得当,有效保障了网络系统的安全;是全州信息化建设的组成部分,应纳入全州信息化建设规划。评审通过的《大理州统计局信息化建设方案》经修改完善后,于2009年11月起分步实施。

【召开《大理统计》通讯员培训会】 10月19至21日,《大理统计》通讯员写作知识培训会在下关龙山酒店召开,各县市统计局、统计学会(小组)受聘的《大理统计》通讯员及州统计局全体职工40余人参加了会议。会上,由州统计局、州统计学会领导为《大理统计》第一批受聘通讯员颁发了聘书;学习通过了《大理统计》优秀通讯员评比表彰办法(试行);布置了通讯员队伍组建后的有关工作。

培训会议采取以会带训集中学习的形式,紧密结合工作实际,举办了三个专题知识讲座:请《云南统计》主编、省统计学会秘书长侯家荣讲授统计分析写作知识;请大理州政府办新闻信息科杨儒军科长讲授公文写作知识;请《大理日报》社李根总编助理讲授统计新闻写作知识。大理州统计局领导对此次培训高度重视,从师资配备、教材选择以及时间安排等方面都进行了周密研究,时间虽短,但内容丰富,具有较强的针对性和实用性。在与会学员的共同努力下,会议达到了统一思想,明确任务,增进了解,增强素质的目的。

【李灿光到大理检查指导工作】 10月16日,省统计局局长李灿光到大理检查指导工作。在认真听取州人民政府副州长许映苏、州统计局局长杨瑄、州经委主任李东的工作汇报后,李灿光对大理州的统计工作给予了充分肯定,还介绍了全省的经济情况并对下一步的工作提出了新的要求。

【开展批发和零售月度抽样调查】 为解决月度限额以下社会消费品零售总额统计的数据来源问题、为宏观调控以及国民经济核算提供更准确、可靠的统计数据,经州统计局局长办公会研究决定,在全州12县市开展限额以下批发和零售、住宿和餐饮业月度抽样调查工作。10月13~14日,州统计局在下关召开了限额以下批发和零售、住宿和餐饮业月度抽样调查工作培训会。会议对《限额以下批发和零售、住宿和餐饮业月度抽样调查方案》、处理程序进行了培训,并对12县市作了工作要求,抽样调查工作于11月份正式开始。此项工作的开展标志着大理州贸易统计工作方法制度改革迈出了新的步伐。

【积极参加全省统计系统庆祝新中国成立60周年文艺汇演】 为庆祝中华人民共和国成立60周年,州统计局组织人员认真准备,积极参加省统计局于9月23日举办的“祖国在我心中”庆祝新中国成立60周年全省统计系统文艺汇演。在演出中以极具大理浓郁风情的舞蹈《欢庆》,展示大理州统计人的风貌,为祖国祝福。

【开展第二次(R&D)资源清查摸底工作】 根据全省第二次(R&D)资源清查会议精神,8月19~20日,第二次全国R&D资源清查摸底调查方案培训会在大理召开,国家统计局副司长察志敏、省统计局副局长罗进忠出席会议,州政府副州长程云川到会致辞。10月15日,大理州人民政府办公室下发了《大理白族自治州人民政府办公室关于开展大理州第二次R&D资源清查的通知》文件,成立了由州人民政府副州长程云川为组长,州政府副秘书长、金融办主任、办公室副主任李继显、州统计局局长杨瑄为副组长,州统计局、州科技局、州发改委、州教育局、州财政局等单位领导为成员的大理州第二次R&D资源清查领导小组及其办公室,办公室主任由州统计局副局长管成金兼任。12月18日,大理州第二次R&D资源清查领导小组及办公室在下关举办了统计系统各县市、各重点单位的(R&D)资源清查实施方案培训会议。对全州第二次R&D资源清查进行了全面部署。

【开展国民经济核算部门月度指标监测和月度行业增加值测算工作】 为及时、准确地把握经济运行态势,了解经济社会发展中苗头性、趋势性问题;增强对经济发展形势分析预测的时效性;强化经济运行情况的监测和分析,切实加强国民经济核算工作,为政府和部门及时调整行业发展政策提供优质服务,经局长办公会议研究,报经大理州人民政府同意,决定从2009年10月份起开展部门月度指标监测和月度行业增加值测算工作。10月份初步测算数据已提供州委、州政府领导参考使用。

【安排部署第六次全国人口普查工作】 8月25日,大理州人民政府下发了《关于开展第六次全国人口普查的通知》,成立了以分管副州长为组长、州级有关部门为成员的大理州第六次人口普查领导小组及办公室,全面安排部署大理州第六次全国人口普查工作,标志着大理州第六次人口普查工作正式启动。

《通知》指出,第六次全国人口普查的主要目的是全面调查2000年以来大理州人口的发展变化情况,查清10年来大理州人口在数量、结构、分布和居住环境等方面的变化情况,为科学制定大理经济社会发展规划,实现可持续发展战略,构建和谐大理提供科学准确的统计信息支持。

《通知》要求,各级人民政府和有关部门要充分认识这次普查的重大意义及工作的艰巨性,要切实加强组织领导,认真做好普查的宣传动员和组织实施工作。要求县市人民政府在2009年10月底以前,各街道办事处、乡镇人民政府在2009年11月底以前成立相应的普查机构。

《通知》强调,各级政府要狠抓普查工作落实,建立工作责任制,签订人口普查目标责任书,把人口普查纳入2010年和2011年度目标考核任务和政府督办内容进行管理,保障实现普查工作目标。

【定点挂钩扶贫工作受到州委州政府表彰】 2009年月,中共大理州委、大理州人民政府印发《关于对2008年度千村扶贫开发百村整体推进先进个人和先进集体进行表彰奖励的决定》,其中决定对2008年定点挂钩帮扶工作做得好的57个单位和做得较好的54个单位给与表彰和奖励。州统计局2008年扶贫工作成绩突出,被评为挂钩扶贫工作做得好的单位。

上年,州统计局认真贯彻落实州委、州政府扶贫开发工作的各项方针政策,深入学习落实科学发展观,心系贫困群众,深怀爱民之心,恪守为民之责,善谋富民之策。领导多次深入扶贫挂钩点调研,采取多种形式积极为当地群众办好事、实事,扶贫工作成效显著。

【省统计局发文在全省推广弥渡县乡镇统计体制改革经验】 2009年5月,省统计局下发了《云南省统计局办公室关于印发弥渡县乡(镇)统计体制改革经验的通知》,充分肯定了大理州乡镇统计体制改革的经验,并在全省统计系统推广弥渡县乡镇统计体制改革的经验和做法。

【召开第一季度经济分析联席会议】 2009年4月16日下午，州统计局首次主持召开第一季度经济运行情况分析联席会议。州政府副州长程云川、州统计局、州经委、国家统计局大理调查队等单位有关领导及相关科室30余人参加了会议。

州统计局局长杨瑄首先对全州2009年一季度统计数据作了通报、分析，大理调查队队长熊正照、州经委副主任赵建昌等领导分别就部门监测情况对全州一季度经济运行作了全面分析。总体认为：一季度全州经济在州委、州政府的坚强领导下，农业生产平稳发展，工业经济出现回暖迹象，城乡市场平稳发展，投资高速增长，但财政收入减收，收支矛盾加剧。

副州长程云川在各部门分析评估的基础上作了重要讲话。认为一季度的统计数据及各部门的分析评估较为客观真实地反映了大理州经济发展的实际，统计部门在下步工作中：一是要对全州经济运行进一步加强分析研究；二是要紧紧围绕州委、州政府确定的目标，进一步搞好统计跟踪监测，确保年初目标任务圆满实现。

【积极开展2009年度“洱海保护月”活动】 为了提高全民保护洱海意识，加大洱海保护治理力度，经州委、州政府研究，决定从2009年起，将每年的1月定为“洱海保护月”。同时将州和市共188个单位列为责任单位，挂钩联系和负责洱海环湖各镇村的环境综合治理。根据“洱海保护月”活动工作领导组的安排，大理州统计局挂钩联系大理镇南门村委会。2009年1月15日，大理州统计局和大理镇南门村委会，在大理镇南门村委会联合开展2009年度“洱海保护月”活动启动仪式。在启动仪式上，州统计局党组书记、局长杨瑄代表大理州统计局作了表态性发言。启动仪式结束后，州统计局全体干部职工与南门村委会的干部职工和部分村民代表共同开展了“洱海保护月”活动宣誓仪式，并开展了洱海保护知识宣传活动及整治环境卫生、清理垃圾活动。

【举办科学发展观专题讲座】 4月9日下午，大理州统计局邀请省统计局党组成员、副局长、高级统计师罗进忠作深入学习实践科学发展观活动专题讲座。罗进忠以“感悟统计科学发展”为题，从科学发展观的内涵、精神实质和统计科学、学习实践科学发展观的统计理念探讨以及统计如何服务于服务好大理经济社会科学发展等六个方面作了深入浅出、全面系统的辅导。州统计局局长杨瑄在罗进忠辅导的基础上就州统计局如何进一步贯彻落实好科学发展观提出了六点意见：一是要与创新统计发展思路结合起来；二是要与加快统计科学发展结合起来；三是要与提高领导科学执行能力结合起来；四是要与破除体制机制障碍、提高统计科学管理能力结合起来；五是要强化统计数据质量、强化统计服务意识结合起来；六是要与加强统计系统行风和党风廉政建设结合起来。

州委学习实践科学发展观活动第十七检查指导组、州统计局全体干部职工听取了专题讲座。通过罗进忠的精彩演讲，全体干部职工对科学发展观的内涵有了更加清晰的认识，对如何进一步贯彻落实好科学发展观有了更加明确的思路，对全面实现统计工作的科学发展更加坚定了信心。

【大理州第二次全国农业普查总结表彰暨农村统计工作会议在下关召开】 12月11日至12日，大理州第二次全国农业普查总结表彰暨农村统计工作会议在下关召开。全州12个县（市）统计局分管农村统计的领导和业务人员及州农普办工作人员共30余人参加了会议。

州农普办主任高立宏受大理州人民政府副州长、大理州第二次全国农业普查领导小组组长李雄、大理州统计局局长杨瑄的委托对大理州第二次全国农业普查工作进行了总结；州统计局副局长王继林作了题为“以科学发展观为指导，不断强化基层基础建设，为大理州经济社会又好又快发展提供优质的统计服务”的讲话。

会议对荣获大理州第二次全国农业普查工作的20个国家级先进集体、67名国家级先进个人，27个省级先进集体、404名省级先进个人，25名优秀组织者，41个州级先进集体、362名州级先进个人进行了表彰。对2009年全州农村统计年报和2010年农村统计定期报表工作进行了安排部署。

【扎实开展“12.4”法制宣传日活动】 为认真宣传贯彻落实新修订的《中华人民共和国统计法》，在2009年的“12.4”全国法制宣传日活动中，大理州统计局采取灵活多样的形式，开展了统计法规的宣传活动。

一是下发文件通知，对《统计法》宣传月活动向各县（市）做了具体安排，提出了具体要求。

二是联合州司法局、政府法制局等单位，在大理市下关镇繁华地段设立统计法规和其他法规咨询台，局领导亲临现场，向广大群众进行宣传，发放宣传资料。

三是印制了统计法律宣传画历7500份，配合上级统计部门下发的宣传资料在全州12个县市发放。

【云南省第六次全国人口普查专项试点研讨暨劳动工资统计工作会议在下关召开】 11月26～28日，云南省第六次全国人口普查专项试点研讨暨劳动工资统计工作会议在下关召开。国务院人普办副主任孟庆普一行三人到会指导，大理州人民政府副州长程云川到会致辞，省人口普查办公室主任、省统计局副局长罗进忠出席会议并讲话。全省16个州市人普办业务副主任和试点县市统计局长、业务骨干暨16个州市劳动工资统计人员共100余人参加了会议。

【全省工业、能源统计工作会议在下关召开】 11月16～18日，云南省工业、能源统计工作会议在下关召开。来自全省16个州市统计局的分管领导和负责工业、能源统计的工作人员参加了会议。省统计局副局长杨逸群到会讲话，对全省工业、能源统计工作提出了三点要求：一是要充分认识在新形势下搞好工业、能源统计工作的必要性和重要性；二是突出重点，进一步提高统计数据质量；三是求真务实，努力建设一支高素质的工业、能源统计队伍。

会议总结了云南省一年来的工业、能源统计工作，安排布置了2010年的工业、能源统计工作，对工作突出的先进州市、先进个人进行了表彰。

【开展建设项目跟踪统计基层基础规范化试点工作】 根据云南省统计局办公室《关于开展全省建设项目跟踪统计基层基础规范化工作试点的通知》精神，经11月9日大理州局办公会研究，决定在祥云县开展大理州建设项目跟踪统计基层基础规范化试点工作，试点工作按《云南省建设项目跟踪统计基层基础规范化工作试点方案》执行，试点时间为半年，至2010年5月结束。

【《奋进的大理—新中国成立60周年统

计资料汇编》出版发行】 2009年9月，为纪念新中国成立60周年，由大理州统计局组织编辑的《奋进的大理—新中国成立60周年统计资料汇编》出版发行，该书为16开精装本，共272页，约万余字。大理州人民政府程云川副州长为该书作序，全书分为统计图、文字、统计资料三部分。统计图栏目主要介绍60年来大理州主要经济指标发展水平、结构、趋势和规律；文字栏目主要以文字材料的形式放映大理60年来经济社会发展的主要成就；统计资料栏目以表格数据形式全面展现。《统计资料汇编》是一部以“图、文、表”方式全面反映大理白族自治州自建国60年来经济社会取得的辉煌成就的文献资料书。该书的出版，对全州各级干部全面了解在中国共产党领导下大理的发展历程与成就，进一步深化对州情、县（市）情认识，强化经济社会宏观决策与管理，具有较强的适用性和权威性。

【大理州统计局连续两届被命名为“州级文明单位”】 一直以来，大理州统计局始终坚持以邓小平理论和“三个代表”重要思想为指导，全面贯彻落实科学发展观，紧紧围绕州委、州政府的中心工作，以求真务实、开拓创新、勤政高效、清正廉洁为宗旨，把建设社会主义核心价值体系作为精神文明建设的主线；以培养思想过硬、作风优良、业务精湛、团结和谐、服务一流的干部职工队伍为目标；全面推进干部职工整体素质的提高，为全省统计工作的健康发展提供了有力的思想保证和精神动力。州统计局继2005年被州文明办命名为“州级精神文明单位”后，2009年，再度被命名为“州级精神文明单位”，受到表彰奖励。

【国家统计局司长李晓超和省统计局局长李灿光被聘为大理学院客座教授】 2008年11月8日，大理学院举行仪式，聘请国家统计局新闻发言人、综合司司长李晓超，云南省统计局局长李灿光为大理学院客座教授。2009年11月20日，李灿光到大理学院作《云南省宏观经济运行情况分析》专题讲座，大理学院师生和大理州统计局全体职工近300人参加听取了报告。

【开展第六次全国人口普查专项调查试点工作】 2009年7～9月，根据《云南省第六次全国人口普查专项试点综合方案》要求，大理州统计局在大理市下关镇兴国社区组织开展了人口普查出生人口、死亡人口专项调查试点工作，取得园满成功。通过开展试点工作，大理州演练了人口普查工作的主要过程，探索和总结了人口普查中搞准人口出生、死亡情况的方法和途径。总结了新形势下如何动员社会力量开展工作及保证调查数据质量的经验，培养和锻炼了调查业务骨干，提高了组织管理能力，为2010年即将开展的人口普查工作积累了宝贵的经验。

【全国建筑业在地统计大理试点工作全面启动】 2009年11月，国家统计局确定云南大理和河北邯郸两地为全国建筑业在地统计试点。12月11日，国家统计局在云南省召开了全国建筑业在地统计大理州试点工作会议。会议由大理州统计局局长杨瑄主持，州政府副秘书长李继显到会致辞，国家统计局投资司副巡视员赵培亚、省统计局副局长罗进忠出席会议并讲话。大理市发改委、国土局、建设局、国税、地税等部门，以及各县、市统计局主要领导和业务骨干共80余人参加了会议。此次会议的召开，标志着全国建筑业在地统计试点工作全面启动。会上，赵培亚对建筑业经营地试点工作做了动员。强调本次试点的主要目标是探讨建筑“在地”统计的可行性，研究按企业主要经营活动所在地统计的方法和途径，为加快建筑业经营地统计制度改革，完善地区建筑业增加值核算方法提供依据。在试点中要科学地界定试点调查的对象，查清跨地区施工的单位，查清外地注册本地施工，以及本地注册外地施工的建筑业企业法人和产业活动单位，以使这次试点工作形成的成果对全国各地区有普遍的指导意义，具有可复制性和可推广性。

【大理州首例统计行政诉讼案二审胜诉】 7月3日，大理州中级人民法院二审审理了昆明某货运有限公司祥云县分公司状告祥云县统计局，要求依法撤销祥云县统计局作出的《统计违法行为处罚决定书》一案。法院审理认为，认定事实清楚，审理程序合法，适用法律正确，判决公正，驳回上诉，维持原判。该案以二审终审胜诉而告终。

在2008年年报期间，祥云县统计局和祥云县经济普查办公室依法向被调查单位发出了《关于召开祥云县专业统计2008年年报、2009年定期报表和第二次全国经济普查任务布置和培训会议的通知》要求被调查单位于2008年12月24～25日参加年报会议，接受统计调查任务和领取统计报表。昆明某货运有限公司祥云县分公司，于12月22日收到召开会议通知，但在会议期间既没有派人参加会议，也没有领取报表。会后，祥云县统计局根据《中华人民共和国统计法》，对该分公司拒报统计资料的违法行为进行立案查处，并依据《中华人民共和国统计法》第二十七条和《中华人民共和国统计法实施细则》第三十三条的规定，依法给予该分公司3000元罚款的处罚。该分公司不服处罚决定，向祥云县人民法院提起诉讼，请求撤销处罚决定。祥云县人民法院于2009年4月2日开庭审理，认为案件定性准确，适用法律正确，处罚适当，程序合法，维持处罚决定。

此案二审终审胜诉，再次证明法律是神圣不可侵犯的，统计调查对象必须依照统计法律法规，真实、准确、完整、及时地报送统计资料，认真履行法定义务。

（《统计管理》由杨云生　李江撰稿）

食品药品监督管理

【概　述】 2009年，大理州食品药品监管系统在州委、州政府和省食品药品监督管理局的正确领导下，紧紧围绕“保增长、保民生、保稳定”工作大局，按照年初工作会的安排部署和要求，以“一条主线、两个加强、三个创新、四个提高、五个结合”的工作思路，深入贯彻落实科学发展观，认真实践科学监管理念，依法行政保安全，科学监管促发展，圆满完成了各项工作目标任务，为保障公众饮食用药安全，促进全州经济社会又好又快发展作出了积极贡献。

【召开全州食品药品监督管理工作会议】 3月5日，州政府召开2009年全州食品药品监督管理工作会议。会议对2009年全州食品药品监管工作提出八点要求：一是高度重视，全面落实食品药品安全工作目标责任；二是认真履职，进一步健全食品药品安全工作机制；三是突出重点，扎实开展食品药品安全专项整治；四是细化措施，切实做好农村食品药品安全工作；五是倡导诚信，认真落实企业第一责任人责任；六是优化服务，促进食品医药产业健康快速发展；七是强化宣传，营造良好工作氛围；八是提高素质，提升科学监管能力和水平。

【深入开展科学发展观学习实践活动】

2009年,按照州委统一部署要求,州、县(市)食品药品监督管理局和大理州食品药品检验所全面启动深入学习实践科学发展观活动。经过6个月的紧张工作,各单位圆满完成了学习调研、分析检查、整改落实等3个阶段11个环节的工作任务,学习实践活动取得了明显成效。全州食品药品监管系统各级领导班子和广大党员思想认识上有新提升,理论水平上有新提高,能力建设上有新突破。特别是将学习实践活动与为群众办实事办好事相结合,与加强市场监管保障公众饮食用药安全相结合,与服务企业发展加快药业发展相结合。积极组织开展"清理家庭小药箱、安全用药保健康"主题实践活动,深入开展农村药品"两网"建设和药业产业发展调研,切实加强市场监管,不断推进农村宴席食品安全工作等,得到了社会各界的充分肯定和人民群众的广泛好评。

【完成打击违法添加非食用物质和滥用食品添加剂专项整治工作任务】 2009年,根据全国打击违法添加非食用物质和滥用食品添加剂专项整治工作电视电话会议精神和省政府印发的《云南省开展打击违法添加非食用物质和滥用食品添加剂专项整治工作实施方案》要求,州政府成立专项整治工作领导小组,召开了全州专项整治工作电视电话会议,印发了《大理州开展打击违法添加非食用物质和滥用食品添加剂专项整治工作实施方案》,按照州政府的统一部署和要求,各县市和州级相关部门认真开展了专项整治工作。州政府于1月和2月对全州专项整治工作开展情况进行了两次工作督查,保障了全州专项整治工作任务顺利完成。通过深入开展打击违法添加非食用物质和滥用食品添加剂专项整治,各级政府进一步加强了对食品安全工作的领导,职能部门进一步加大了各环节食品安全监管力度,查处了违规使用添加剂行为,广大群众提高了对在食品中添加非食用物质和滥用食品添加剂危害的认识,食品生产经营企业增强了企业自律意识,进一步加强了内部质量管理,食品添加剂经营使用进一步规范,也促进了食品产业健康发展。4月17日,全州专项整治工作顺利通过省专项整治工作领导组的考核评估;4月28日又代表云南省接受了全国专项整治工作领导小组的现场考核评估,全州专项整治工作得到国家和省考核评估组的充分肯定。5月13日,州政府召开专题会议对全州专项整治工作作了总结。

【农村宴席食品安全监管深入推进】 2009年,州食品药品监督管理局根据州政府印发的《大理州加强农村宴席食品安全监管工作指导意见》精神,结合全州实际,继续深入推进农村宴席食品安全监管工作,进一步健全落实农村宴席申报备案、责任承诺、厨师培训、现场督查、事故应急等工作制度,积极防范群体性食品安全事故。同时,结合深入学习实践科学发展观活动的开展,在全州范围内进行了农村宴席食品安全监管工作推进情况专题调研,并形成专题调研材料,为进一步做好农村食品安全监管工作,积极防范群体性食品安全事故提供了决策依据和工作指导。至2009年底,全州累计开展农村宴席厨师培训138期,培训厨师9989名,在99个乡镇910个村(居)委会实行了宴席申报备案和责任承诺制度,在22个乡镇65个村(居)委会实行了固定宴席场所管理,累计备案数达31350户次。

【食品安全整顿工作扎实开展】 2009年,州食品药品监管局认真组织开展为期两年的食品安全整顿工作。州政府成立大理州食品安全整顿工作领导小组,下设领导小组办公室在州食品药品监督管理局,负责领导小组日常工作;根据食品安全工作"政府负总责,部门各负其责,企业是第一责任人"的责任要求,进一步明确了在食品安全整顿工作中各县市和农业、畜牧、水利、质监、工商、商务、卫生、出入境检验检疫、食品药品监管等部门的责任;6月22日,印发了《大理州2009年食品安全整顿工作安排意见》,明确要重点开展好食品添加剂、农产品质量、食品生产和进出口、食品流通、餐饮消费、畜禽屠宰、保健食品等7个方面的专项整治工作;州级各相关职能部门和各县市整顿工作领导小组每月28日定期将整治工作信息、数据和检测情况报送州领导小组办公室,经汇总后按时报省。截至2009年底,全州共检查食品生产加工、经营、餐饮服务等企业57585户次。

【认真组织食品安全宣传周活动】 2009年,州食品药品监督管理局、州卫生局、州农业局、州质量技术监督局、州工商局联合下发《关于开展2009年食品安全标准宣传周活动的通知》,把开展食品安全标准宣传周活动作为宣传《食品安全法》、《食品安全法实施条例》的一项重要内容,明确各部门根据食品安全监管职能分工,以"食品安全标准关系你我他"为宣传主题,以食品生产加工、食品流通、餐饮服务企业(单位)及其从业人员为宣传重点,大力向广大消费者宣传食品安全标准知识,提高群众食品安全意识。活动期间,各县市和州级各相关部门共制作和发放宣传资料45106份,现场接受群众咨询3169人次,培训各类食品生产加工、流通、餐饮服务从业人员3087人。

【加强食品安全事故预警防范】 年内,州食品安全委员会根据全州食品安全状况,切实加强了重大食品安全事故的预警防范和应急管理。下发了《关于进一步加强食品安全工作积极防范食品安全事故的通知》,通过《大理日报》发布《夏季细菌易滋生,饮食须注意卫生》的食品安全预警公告,及时转发了省食品安全委员会办公室关于防范高毒农药中毒事件和野生蕈中毒事件的相关要求。各县市和各食品安全监管部门加强对食品生产经营单位的监督检查,特别是加强对城乡结合部、农村、集贸市场等部位和信誉度低、风险度高的食品生产经营单位的监督检查,继续加大食品安全宣传力度,大力普及食品安全常识,积极引导广大群众主动防范宴席食品安全事故。

【学习贯彻《食品安全法》及《食品安全法实施条例》】 2009年,《食品安全法》及《食品安全法实施条例》颁布实施后,州政府下发了《大理白族自治州人民政府关于认真学习贯彻〈中华人民共和国食品安全法〉的通知》,州卫生局和州食品药品监督管理局联合下发了《关于认真学习贯彻〈中华人民共和国食品安全法〉的通知》、转发了省卫生厅、省食品药品监督管理局关于做好餐饮服务许可证启用及发放工作的相关文件,全州相关职能部门掀起学习贯彻《食品安全法》及《食品安全法实施条例》的热潮。食品药品监管系统认真组织开展《食品安全法》及《食品安全法实施条例》学习宣传活动,形成了《关于餐饮消费环节食品安全监管工作的分析与思考》、《关于对履行餐饮服务环节食品安全监管职能作好准备的几点思考》等专题学习材料;组织开展了"餐饮服务环节食品安全监管专题调研"、"餐饮消费环节食品安全、保健食品、化妆品监管情况调查"等调查研究工作并形成专题调研材料;州法制局、州食品药品监督管理局组织开展《食品安全法》、《食品安全法实施条例》等内容的行政执法培训。年内全州各部门共发放宣传资料170余万份,举办食品安全知识培训905期,培训各类食品从业人员30748人次，在电视报刊媒体刊播相关信息47条。

【强化药械市场日常监管】 2009年，全州食品药品监管系统切实加强药械市场日常监管。通过“上下联动、左右联手、专协结合”监管机制和“四个一、两必到、五不放过”等有效的监管方式，进一步完善了药械监管长效机制，打击了违法违规行为，规范了药械市场流通秩序，保障了公众用药用械安全。全年共出动执法人员12093人次，执法车辆3988车次，检查生产、经营、使用单位11962户/次，共发现违法违规行为为428起，立案查处248件，责令改正180起。

【认真组织开展药械专项检查】 年内，州食品药品监管部门组织开展了药械专项整治、甲流防控药械专项检查、计生药械专项检查、不合格药品专项查处、特殊药品专项检查、中药注射剂生产专项整治后的跟踪检查、盐酸克仑特罗生产经营专项检查、含可待因复方口服溶液经营情况专项检查、医疗机构制剂配制专项检查、化学药品制剂生产企业原料药专项检查、微生物实验室生物安全监督检查等十多次药械专项检查。专项检查目标明确，重点突出，成效明显。

【对药品生产企业实行责任制管理】 5月19日，大理州食品药品监督管理局召开大理州药品生产企业实行责任制管理座谈会，会议决定从2009年起对全州药品生产企业实行责任制管理。州食品药品监督管理局与全州9户药品生产企业签订了《云南省药品生产企业质量保证责任书》，责任制管理以签订、监督实施和考评《云南省药品生产企业质量保证责任书》为主要内容。责任书签订后，州食品药品监督管理局与药品生产企业将承担以下质量职责：一是对本企业生产的药品质量负责；二是依法和按药品GMP要求组织生产药品；三是不擅自变更药品生产工艺和处方；四是定期开展GMP自查和缺陷项的整改落实；五是主动监测上报药品不良情况，及时、有效采取控制措施减少危害。

【严把药械市场准入关】 年内，食品药品监管部门按照《药品管理法》、《药品经营许可证管理办法》、《药品经营许可证管理办法实施细则》和《医疗器械经营企业许可证管理办法》等法律法规的规定，对申请经营药械的企业进行严格市场准入审核，重点审核人员资质、设备设施、营业场所、仓储条件、质量管理机构等，严格依法审批严把药械市场准入关。年内共办理药品经营许可证93家，截至2009年底全州药品经营企业上升至1196家，共办结94户医疗器械零售企业的办证、换证，74户医疗器械零售企业的变更，初审1户批发变更和1户批发换证。

【强化GSP和GMP认证检查和跟踪检查】 2009年，食品药品监管部门严格按照《药品经营质量管理规范》(GSP)和《药品生产质量管理规范》(GMP)标准，加强对新申报经营企业进行GSP认证检查和跟踪检查，严格要求药品生产企业按照GMP标准组织药品生产，确保生产、流通、使用环节药械质量安全。对新申报GSP的88家药品零售企业、18家药品零售连锁企业进行了GSP认证现场检查，对GSP证到期的9家批发企业和6家药品零售连锁企业进行了再认证，对4家批发企业实施了GSP跟踪检查。现场检查药品生产企业29户次，上报注销了1户不具备生产条件的药品生产企业。

【对药械经营企业和医疗机构实施信用等级及分级量化评定】 农村药品医疗器械动态管理是大理州食品药品监督管理局对药械经营、使用单位实施信用等级和分级量化评定、动态监管的一项创新机制。2009年，食品药品监管部门根据《大理州农村药品医疗器械动态管理实施方案》精神，对全州1157户药械经营企业和1722户医疗机构药械质量管理情况进行了评定。其中，药械经营评为守信等级的1028户，占88.9%，评为警示等级95户，占8.2%，评为失信等级34户，占2.9%。医疗机构规范药房388户，占22.5%，合格药房1301户，占75.6%，不合格药房33户，占1.9%。从动态管理实施情况看，与2008年相比，纳入信用等级和分级量化评定的药械经营、使用单位范围更广，药械经营企业评为守信等级的同比增加6.7%，评为失信等级的同比减少5.5%。各级医疗机构评为合格药房以上的达98%，不合格药房比例有所下降。通过对药品经营企业、医疗机构药械质量管理情况分级量化评定，进一步增强了监管部门日常监管的针对性，有效提升了药械经营和使用单位的责任意识与诚信守法意识。

【积极做好甲型H1N1流感防控药械质量监管和应急药械保障工作】 州食品药品监管系统作为防控成员单位积极做好了甲型H1N1流感防控应急药械和防控疫苗及抗病毒药物、医疗器械的质量监管及应急保障工作。成立领导小组切实加强对防控工作的组织领导，下发了《关于对甲型H1N1流感防控药品医疗器械监督检查工作开展全面督查的通知》，加强对甲型H1N1流感防控药品生产、经营和使用环节的监管；下发了《关于加强医用防护口罩、医用防护服、呼吸机等医疗器械监管文件的通知》，加强对有关医疗器械经营、使用的监管；下发了《关于对治疗甲型H1N1流感药品经营及质量监督情况建立上报工作机制文件的通知》，对全州涉及甲型H1N1流感相关药品、医疗器械的生产、流通情况和辖区内药品经营企业经营、储备治疗甲型H1N1流感相关药品及保障供应能力进行了调查，共对银黄口服液(839支)、银黄胶囊(18543粒)、双黄连口服液(81381支)、藿香正气水(869439支)、连花清瘟胶囊(15688粒)、清开灵注射液(71118支)、醒脑静注射液(5025支)等26个防控药品进行了详细统计、备案，积极协助有关部门做好治疗药品的计划调度、指导储备等工作；各级药品不良反应监测中心进一步加强与卫生部门的协调联系，畅通信息沟通渠道，做到及时掌握和上报甲型H1N1流感疫苗接种情况。年内全州未收到甲型H1N1流感接种疫苗不良反应报告。

【食品药品监管执法骨干培训】 8月13～14日，大理州食品药品监督管理局和州法制局联合举办了为期两天的行政执法业务培训，全州食品药品监管系统134名执法骨干参加了培训。州法院、州法制局、大理学院法学院的专家、教授为参训人员授课，培训了《中华人民共和国食品安全法》、《食品安全法实施条例》、《行政许可法》、《行政诉讼法》、《行政处罚法》、《国家赔偿法》、《政府信息公开条例》、《行政复议法》、《行政复议法实施条例》、《云南省行政执法监督条例》等十个专题法律法规知识。

【切实加强三项监测工作】 2009年3月底，大理州各县市组建了药品不良反应中心，明确了分管领导和具体工作人员，全州建立完善了药品不良反应监测工作机制，三项监测工作得到加强。全州完成药物滥用监测调查表603份，完成药品不良反应监测收集、上报152例,完成医疗器械不良事件上报250例。药品不良反应和医疗器械不良事件合计达到122例/百万人口(按全州330万人计),完成了省下达的120例/百万人口的要求。

【充分发挥药械监管技术支撑作用】 2009年,州食药品监督管理局完成省下达医疗器械计划抽验任务,并对高风险医疗器械品种进行监督抽验11批,靶向抽验10批,完成800批药品专项抽验和监督抽验任务。在药械市场监管中,充分发挥药品快检车作用,完成1124批药品快检任务,协助县市食品药品监督管理局查处违法违规行为29起。充分发挥药品远程监管信息平台作用,共对95个涉嫌品种和批次的药品进行查询,及时掌握了12个批次抽验不合格药品的流向。

【州药学会召开二届四次理事会暨第八次药学学术交流会】 10月23日,大理州药学会在弥渡县召开二届四次理事会暨第八次药学学术交流会议,从事药品生产、经营、医院药学工作者、药学教育、药品监督管理人员共140余人参加了会议。会议回顾总结了2009年工作,安排部署了2010年工作,特邀部分药学专家、学者作了学术讲座。因人事变动,会议还选举通过州食品药品监督管理局党组成员、纪检组长李晖担任州药学会理事、常务理事、会长职务。

【积极服务药业产业发展】 2009年,州委、州政府高度重视药业产业发展,提出“充分利用资源优势,培植生物制药支柱产业,把大理建成全省重要的生物制药基地”的重大战略。食品药品监管部门充分发挥职能作用,坚持“药业发展有多快,药监地位就有多高”的理念,深入调研,积极协调,主动服务,努力为推动药业产业发展献计献策。大理州上报省科技厅和省食品药品监督管理局的弥渡县和巍山县被授予“云药之乡”荣誉称号。云南白药集团与州人民政府签订了总投资1.5亿元、占地156亩的“云南白药集团大理制造中心”项目;云南东骏药业集团与大理州经济开发区管委会签订了总投资3.2亿元人民币、占地105亩的“云南东融滇西中药材物流经营中心”;云南佳能达医药有限公司投资4000万元、占地10亩的“美洲大蠊GAP示范养殖暨滇西医药配送中心”的三个招商引资项目稳步推进。州食品药品监督管理局超额完成年度招商引资工作任务,受到州委、州政府的表彰奖励。

【组织清理家庭小药箱活动】 4月19日,州食品药品监督管理局抽调相关专家和工作人员20余人,在健之佳药业的支持配合下,组成两个工作组,在大理市滇纺住宿区和水电生活区分别设置现场开展安全用药宣传咨询活动。深入居民家中进行义务清理“家庭小药箱”,启动了为期一个月的“清理家庭小药箱,安全用药保健康”主题实践活动。清理家庭小药箱、安全用药保健康”主题实践活动对居民家庭小药箱进行义务清理,对居民自行清理出来、带到现场的过期失效药品进行登记封存并在事后集中销毁,开展宣传咨询活动,发放宣传资料,对提高广大家庭安全用药意识,养成定期清理家庭小药箱习惯,排除用药隐患,实现确保公众用药安全起到了积极而重要的作用。

【州食品药品监督管理局荣获州级文明单位称号】 6月,州委、州政府下发关于命名表彰第十一批州级文明单位的决定。大理州食品药品监督管理局被命名为州级文明单位,这是州食品药品监督管理局被命名为市级文明单位之后,将文明单位创建与学习实践科学发展观、开展系统文化建设、加强党风廉政建设、强化食品药品监管有机结合,巩固成果,深入推进,狠抓创建的成果。是荣膺全国食品药品监督管理系统纪检监察先进集体、全国食品药品监督管理系统先进单位等荣誉后又取得的荣誉。

(《食品药品监督管理》由刘振华撰稿)

安全生产监督管理

【概　述】 2009年是国务院确定的“安全生产年”,全州各级政府坚持“安全发展”的指导原则和“抓源头、重防范、严整治、强机制、堵漏洞”的工作思路,紧紧围绕《云南省人民政府关于开展“安全生产年”活动的实施意见》和《国务院办公厅关于进一步推进安全生产“三项行动”的通知》以及开展安全生产“三项建设”(安全生产法制建设、体制建设、监管队伍建设)的要求,结合实际深入推进以打“三非”(非法生产、非法经营、非法建设)反“三违(违章指挥、违规作业、违反劳动纪律)为主要内容的安全生产执法行动,以“治大隐患、防大事故”为主要目标的安全生产治理行动,以“关爱生命、安全发展”为主题的安全生产宣传教育行动,不断提高依法行政能力,不断健全完善乡镇安监办的工作规范。大力加强乡镇安监办的执法培训和企业各类人员的安全资格培训,以落实政府的安全生产监管责任主体和企业的安全生产责任主体的主体责任为重点,针对工作中的重点难点问题制定分阶段工作方案,采取“突出重点、带动一般”的工作方法,进行针对性地安排部署,安全生产工作取得了较好成绩,圆满完成了省政府下达的控制指标。2009年,全州共发生各类生产安全事故446起,死亡136人,受伤479人,经济损失1330万元。与2008年同期相比,事故起数上升12.9%、死亡人数下降14.5%、经济损失下降23%。死亡人数低于省政府下达的160人的死亡控制指标24人,其中:道路交通控制指标126人,实际死亡111人,低于指标数15人;火灾控制指标0人,实际死亡1人,净增1人;工矿商贸控制指标23人,实际死亡20人,低于指标数3人,煤矿控制指标11人,实际死亡4人,低于指标数7人。经省政府考核,大理州政府2009年的安全生产工作被确定为优秀等次,省政府给予奖励20万元。

【2009年生产安全事故结构及其主要成因】 在2009年的生产安全事故中:一是道路交通事故324起,死亡111人,受伤473人,经济损失169万元,与上年相比分别上升8.4%、下降5.1%、上升8.2%、下降55.5%;事故起数和死亡人数分别占全州2009年生产安全事故总起数和死亡总数的72.7%和81.2%,反映出道路交通安全生产工作的形势十分严峻。主要表现在:部分客运企业安全生产管理的“主体责任”和“一岗双责”的落实还有差距,超速行驶、违法装载、酒后驾车、疲劳驾车等严重违法行为是事故的主要原因;全州道路通车里程长、等级低,有的驾驶人员驾龄短、临危操作不当;平直路段、平交路口、一般弯坡事故较多;四是货车、中巴车、摩托车事故尤为突出。二是工矿商贸企业事故18起,死亡20人,受伤3人,经济损失489万元,与上年相比分别上升20%、下降4.7%、下降200%、上升22.8%。事故原因:有的企业认识不到位,规章制度和安全保障措施落实有差距,安全设施投入不足;有的作业场所安全防范措施不落实,作业人员违章、冒险作业,自我保护意识不强;三

是个别行业管理部门的安全生产工作力度不够。三是煤矿事故2起,死亡4人,受伤2人,经济损失270万元,与上年相比分别下降88.9%、下降76.5%、持平、下降62.1%。事故原因:从业人员安全教育和培训工作以及井口管理和矿井“一通三防”工作落实有差距;基础工作薄弱,设施设备老化;作业场所缺乏专业人员的现场指导,员工冒险、违章作业突出。四是火灾事故102起,死亡1人。主要原因是农村用火不慎、电线老化。在446起事故中,一次死亡3~9人的较大事故9起,造成31人死亡。其中:道路交通事故8起,死亡28人;煤矿事故1起,死亡3人。9起事故分布情况:弥渡县3起、云龙县2起、剑川县2起、祥云县1起、宾川县1起。与上年相比,较大事故起数持平,死亡人数下降11.4%。全州未发生一次死亡10人以上的重、特大生产安全事故。

【落实安全生产责任】 3月2日,州人民政府召开全州安全生产工作会议。副州长李红卫作了讲话,会议总结了2008年的安全生产工作,兑现了州政府与各县市和州级有关部门签订的2008年安全生产责任状,表彰了在2008年安全生产工作中成绩优秀的42个安全生产先进单位,与12个县市政府、12个州级专项整治责任部门和31户中央属、省属、州属的重点企业签订了2009年度的《安全生产责任状》、《安全生产专项整治工作目标责任状》和《安全生产主体责任承诺书》。小湾建设管理局、大交集团、红塔滇西水泥厂在会上做了交流发言。

【州政府兑现2009年安全生产责任状】 2009年,州政府下达州级有关部门和各县市的安全生产死亡控制指标为160人,同时还对县市政府下达了安全生产基础工作考核指标。经年终考核,实现死亡控制指标和基础工作考核为优秀的县市和单位有:大理市、漾濞县、祥云县、宾川县、南涧县、巍山县、永平县、鹤庆县和州经委、州安监局、州公安交警支队;弥渡县、云龙县、洱源县、剑川县的安全生产基础工作考核为良好。州政府对实现控制指标和完成基础工作考核指标的县市以及完成责任状的州安监局、州经委、州公安交警支队、州公安消防支队给予表彰奖励;对成绩优秀的专项整治责任单位州安监局、州交通局、州建设局、州质监局、州教育局、州农业局、州旅游局、州公安局治安支队以及为专项整治工作中做出贡献的州安委办、州监察局、州总工会给予奖励。

2009年大理州安全生产控制指标运行情况表

县市名称	2009年州政府分解下达控制指标数	2009年实际死亡人数	死亡人数占年控制指标的百分数
大理市	22	15	68.18%
漾濞县	5	4	80%
祥云县	17	11	64.71%
宾川县	17	15	88.24%
弥渡县	10	22	220%
南涧县	9	4	44.44%
巍山县	5	2	40%
永平县	6	2	33.33%
云龙县	9	19	211.11%
洱源县	6	7	116.67%
剑川县	9	12	133.33%
鹤庆县	12	9	75%
楚大公路	18	5	27.78%
大保公路	15	9	60%
合计	160	136	85%

【州政府表彰奖励50个安全生产先进单位】 2009年,全州有50个单位获得“2009年度安全生产先进单位”称号受到州政府表彰。获奖单位:云南华能澜沧江水电有限公司小湾水电工程建设管理局、西北咨询公司小湾监理中心、浙江华东工程咨询公司小湾监理中心、三峡发展小湾监理部、中国水电四局小湾项目部、中国葛洲坝集团公司小湾项目部、中国水电一局小湾项目部、中国水电八局小湾施工局、中国水电七局小湾右砂项目部、中国水电十四局小湾机电安装项目部、小湾141水电工程联营体、云南华能澜沧江水电有限公司苗尾·功果桥水电工程建设管理局、浙江华东工程咨询有限公司功果桥工程建设监理中心、中国水利水电第十四工程局有限公司功果桥电站项目经理部、中国水利水电第四工程局功果桥工程项目部、云南华能澜沧江水电有限公司龙开口水电工程筹建处、中国葛洲坝集团股份有限公司龙开口水电工程项目部、中国水利水电第八工程局有限公司龙开口施工局、云南华电鲁地拉水电有限公司、中国水利水电第十四工程局有限公司金沙江鲁地拉水电站项目部、昆明铁路局滇西铁路建设指挥部、中铁八局集团有限公司大瑞

铁路工程项目部、中铁大桥局大瑞铁路项目部、中铁一局大瑞铁路项目部、云南华能大理水电有限责任公司、云南电网公司大理供电局、云南省公路开发投资有限责任公司大理管理处、云南省路桥一公司、大理公路管理总段、大理交通运输集团公司、云南机场集团有限责任公司大理机场、大理火车站、大理州旅游集团有限责任公司、红塔烟草(集团)有限责任公司大理卷烟厂、州烟草公司、中石化大理石油分公司、中石化云南石油大理配送中心、中石油云南大理销售公司、红塔滇西水泥股份有限公司、云南地矿资源股份有限公司北衙分公司、鹤庆县锰业有限公司、祥云飞龙实业有限责任公司、大理汇国民爆器材化工专营有限公司、大理中运公司、下关沱茶股份有限公司、电信大理分公司、移动大理分公司、联通大理分公司、大理学院、大理州医院。

【举办安全生产工作专题访谈节目】 1月28日下午17~18时,大理州人民广播电台在新闻综合频道举办了安全生产工作专题访谈节目。州安监局局长段晋槐在节目中,围绕全州安全生产工作的发展与民生的改善,对安全生产工作进行了回顾与展望。州交警支队事故预防办公室主任苏治华作为嘉宾出席访谈节目。节目先后连线了大理州(祥云)矿山救护队、大理市银桥镇政府、华能澜沧江水电建设有限公司功果桥电站筹建处安全环保部和大理州烟花爆竹安全管理办公室领导,请他们从不同角度介绍了安全生产工作情况,并解答了1个道路交通安全方面的热线电话。

【认真抓实非煤矿山和尾矿库各项工作】 年内,州安监局一是规范非煤矿山建设项目安全设施验收工作。根据《非煤矿山建设项目安全设施设计审查与竣工验收办法》和有关法律、法规,结合实际对验收工作进行了规范。进一步明确了范围、职责和分工及工作程序和要求。二是召开非煤矿山专项整治工作联席会议。2月16日,州安委办召开非煤矿山安全整治工作联席会议,州安监局、监察局、国土资源局、公安局领导参加了会议。三是举办非煤矿山中深孔爆破开采技术培训班。2月18~20日,在下关举办了一期非煤矿山中深孔爆破开采技术专题培训班。全州167户露天矿山企业安全负责人、爆破技术人员及相关作业人员共235人参加了培训。通过培训,省安监局给培训合格的学员颁发了中深孔爆破作业《安全资格证书》。四是印发2009年非煤矿山专项整治方案。3月26日,州安监局印发了非煤矿山专项整治方案、尾矿库专项整治方案,明确了整治目标、整治重点、开展工作的方法、提出了六个方面的工作要求。五是召开非煤矿山和尾矿库工作会议。3月28日,召开全州非煤矿山和尾矿库安全专项整治工作会议,12个县市安监局分管的副局长和安全评价机构负责人参加会议。会议传达了3月27日召开的全省非煤矿山和尾矿库安全生产工作会议精神,通报了全州的督查情况,对工作进行了再安排。六是督查尾矿库安全专项整治工作。3月9~25日,州安委办组织专项督查组,对全州的35家非煤矿山和10座尾矿库的专项整治工作进行了督查,查出安全隐患107条,下达"责令整改指令书"25份,并向州政府办公室上报了督查报告。七是对大理州2009年尾矿库安全整治工作进行专项效能监察。经州人民政府同意,州监察局、州安监局决定将2009年全州的尾矿库专项整治工作列入政府专项效能监察。监察的范围是全州登记在册的39座尾矿库。八是安排非煤矿山和尾矿库安全生产治理行动工作。6月初,根据国务院和省安委办开展安全生产治理行动的安排,州安委办安排了非煤矿山和尾矿库的治理工作。九是尾矿库整治工作通过州级验收。10月15~25日,州安委会抽调州安监局、监察局、发改委、经委、国土资源局、环保局人员,分2个组,对有尾矿库的8个县的尾矿库专项整治工作进行验收。依据《尾矿库专项整治工作验收表》逐项打分,对工作中的不足,提出明确的整改要求。十是省政府验收大理州尾矿库整治工作。10月29日~11月1日,由省工业和信息化委副巡视员钱智光为组长的省尾矿库专项整治领导小组第三检查验收组,对大理州的尾矿库整治工作进行检查验收。根据《州市尾矿库专项整治工作验收表》的内容,大理州综合评定得92分,达到验收的优秀档次,通过省级验收。

【认真进行"三同时"审查】 5月22日,省安监局组织相关行业和部门,邀请州、县安监局参加,对云南地矿资源股份有限公司北衙分公司生态环境恢复及铁金矿选厂改造工程配套600吨氰化钠仓库建设项目《安全设计专篇》进行审查。5月23日,州安监局组织危险化学品专家组并邀请祥云县安监局,对祥云县飞龙公司新建氧气厂和黄金工业有限公司新建烟气制硫酸项目进行安全设立、安全设计和竣工验收审查。

【抓实烟花爆竹和危险化学品管理整治工作】 年内,一是部署春节前烟花爆竹安全生产工作。1月9日,州安委办对春节"、"两会"期间的烟花爆竹安全管理工作进行了部署,要求切实加强领导、加强管理、合理布局销售网点、抓好宣传培训,营造烟花爆竹安全氛围。二是安排2009年全州危险化学品和烟花爆竹专项整治工作。3月9日,州安委办发文,部署危险化学品和烟花爆竹安全整治工作,要求进一步落实行业管理部门的责任,突出重点,强化制度建设,加强源头治本,加大作业现场的安全检查力度,加强联合执法,打击违法行为。三是安排烟花爆竹安全治理行动。6月初,根据国务院和省安委办开展安全生产治理行动的安排,州安委办安排了烟花爆竹的治理工作。四是移交烟花爆竹及原材料定点进货审批职能。根据省安监局和省公安厅的要求,州安监局和州公安局联合下发了《关于烟花爆竹及原材料定点进货审批工作的通知》,从2009年3月起,原由公安部门负责的烟花爆竹及原材料定点进货审批工作,调整由安监部门审批。五是加强非药品类易制毒化学品安全管理工作。1月12日,州安监局发文对非药品类易制毒化学品工作进行了安排,要求各县市安监局要充分认识大理州特殊的地理位置和复杂的周边环境,进一步提高做好非药品类易制毒化学品生产、经营管理工作重要性和特殊性的认识,认真分析新形势、新问题,强化防范和管控。六是加强汛期危险化学品安全监管。6月23~26日,州安监局组织州危险化学品专家组,深入洱源县、云龙县,分别对新建的洱源县炼铁加油站和云龙县表村加油站进行"三同时"现场检查,对云龙县表村加油站进行选址检查,对功果桥电站加油站进行专项检查。七是部署加强重点危险化学品安全监管工作。为确保全州经营、使用、储存、运输重点危险化学品单位的生产安全,2009年10月28日,州安委办根据国家安监总局、公安部、国家工商行政管理总局2009年第14号公告的精神,结合大理州实际,列出了重点危险化学品名单,并提出了加强管理的4条措施。八是部署岁末年初安全生产工作。12月30日,州安监局召开"全州烟花爆竹安全生产监管工作暨今冬明春安全生产部署会",对相关工作进行了安排部署。

【做好反腐倡廉建设工作】 年内，州安监局一是部署2009年反腐倡廉建设工作。3月5日，州安监局根据州纪委六届四次全会精神，结合实际对全州安监局系统的党风廉政建设工作作了五个方面的安排，并要求认真贯彻落实好安全监管干部“九不准”要求。二是转发省安监局2009年党风廉政建设和反腐败工作要点。三是制定建立健全惩治和预防腐败体系工作实施意见。四是州委考核州安监局2009年党风廉政建设责任制。12月22日，州党风廉政建设责任制第15考核组，对州安监局2009年的党风廉政建设责任制工作进行考核。

【上级部门的检查指导调研工作】 年内，一是省安监局副局长白良到大理州调研。5月11～12日，省安监局副局长白良带领调研组，深入到弥渡县九顶山矿业有限公司、中石化物流大理配送中心、振戎油库、才村游船公司等企业等地调研。二是省安监局检查大理州尾矿库专项整治和防汛工作。5月30日～6月2日，云南省安监局检查组对大理州的尾矿库安全生产专项整治和防汛工作进行检查，抽查了云龙、弥渡、鹤庆、洱源4个县的15座尾矿库。三是国务院安委办督查组督查大理州的安全生产工作。7月14～17日以国家煤监局副局长彭建勋为组长的国务院安委办督查组，在省安监局副局长汤中明、省煤监局副局长张春生等领导的陪同下，到祥云县、大理市督查安全生产工作。四是国家安监总局交叉检查组检查大理州行政执法工作。7月17～18日，以福建省安监局副局长郭国华为组长的国家安监总局行政执法交叉检查考评组，在省安监局局长助理、法规处处长蔡继发的陪同下，检查了大理州的安全生产行政执法工作。五是省督查组检查大理州尾矿库整治工作。7月22～24日，以省工业和信息化委员会副巡视员钱智光为组长的省尾矿库专项整治工作督察组对大理州的尾矿库专项整治工作进行了督查。六是省安委会督查大理州国庆节前的安全生产大检查工作。9月16～17日，由省交通运输厅副厅长唐文祥带队的省安委会第二督查组，对大理州国庆节前安全生产大检查工作开展情况进行督查。七是省安监局督查大理州重点行业的安全生产工作。9月18～20日，由省安监局副局长白良带队的督查组，对大理州的煤矿、非煤矿山、尾矿库、危险化学品和烟花爆竹行业开展专项督查。

【部署民用爆炸物品安全整治工作】 1月8日，州安监局召开了全州民爆物品安全管理及供应工作会议，专门部署民用爆炸物品安全整治工作。12个县市公安局治安大队、州级相关部门和单位的主要领导参加了会议。会议全面总结了2008年的民爆物品专项整治工作，对2009年的安全监管工作提出了6点要求。并对2008年民用爆炸物品安全专项整治责任状考核先进单位和个人进行表彰奖励，签订了2009年民用爆炸物品安全专项整治责任状。

【认真落实安全生产督促检查工作】 年内，一是督查鲁地拉电站安全生产工作。3月中下旬，结合深入学习实践科学发展观活动，州安监、质监、治安和宾川县相关部门，对鲁地拉电站建设工程进行安全生产联合执法大检查。二是开展客运安全大检查。4月8日，州安委办组织交通、安监、交警、运政部门，联合对大理交通运输集团公司4个客运站点、1个货运车队、1个旅游公司全面进行安全生产大检查。三是部署“五一”节期间安全生产工作。为努力实现“五一”节期间全州安全生产形势平稳，州安委办于2009年4月底对工作进行了针对性布置，要求各县市、各部门要深刻吸取事故教训，进一步落实安全生产责任制，要加强值班、加强监督检查，严防事故发生；四是部署劳动防护用品安全监管工作。为加强劳动防护用品的安全监管，保障从业人员的职业安全和健康，州安监局于2009年5月部署了劳动防护用品的安全监管工作。五是开展防雷安全大检查。从5月起，州安委办开展了一次为期2个月的矿山企业防雷安全专项大检查，并将其定为雨季的一项例行工作，常抓不懈。防雷安全大检查按照全面自查、重点督查的方式，由安监、气象和治安等部门组成联合检查组，对矿山企业的防雷安全装置运行和年检情况进行严格的监督检查，切实消除雷电安全隐患，严防因雷击导致的重大人员伤亡和经济损失的安全事故。六是抓好重点建设工程汛期安全生产工作。6月16～19日，州安委会牵头，组织州交警、治安、质监部门和南涧县相关部门、重点工程建设单位、监理单位，组成联合检查组，对小湾电站建设工程施工单位进行了执法大检查和安全生产大检查。七是安排工程建设领域安全生产突出问题专项治理工作。根据省、州开展工程建设领域突出问题专项治理工作领导小组的部署，州安监局牵头负责安全生产突出问题的专项治理工作。2009年9月，州安监局制定了工作实施意见，明确了整治工作的指导思想、总体目标、工作重点、主要措施和保障措施，对工作步骤作了安排。八是部署冬季易结冰路段安全保通工作。12月27日，根据副州长李红卫的要求，州安委办召集州安监局、州交通局、州交警支队及楚大、大保高速公路大队和昆瑞路政大理大队、大理公路管理总段、云南省公路投资公司大理管理处等单位，在大理管理处召开联席会议。各单位在会上分别通报了结冰路段安全保通工作情况。结合各单位的工作开展情况，会议研究部署了下一步工作措施。

【省级挂牌督办隐患路段摘牌销号】 2008年9月，国道214线右所复线被列为省级挂牌督办路段进行整治。经各方共同努力，该路段共投入经费8.8万元，增设警示标牌53块（路口、村庄标志），修复损坏标牌15块，增补减速钉710个，增设减速标线108㎡、路面突起路标61个、路面标线104㎡，增设修补示警桩91棵。2009年3月26日，州安委会召集安监、公安和交通等相关部门组成检查验收组，由州安监局局长段晋槐带队，对这2个路段的整治工作进行了验收，并报省交通厅给予了验收销号。

【安排煤矿行业安全生产治理行动工作】 2009年6月初，根据国务院和省安委办开展安全生产治理行动的安排，州安委办安排了煤矿行业的治理工作。工作目标：进一步落实政府和企业的两个主体责任，认真解决存在的突出问题和薄弱环节，建立重大危险源监控机制及分级管理制度，有效防范和遏制较大、重大、特别重大事故。

【开展“安全生产月”活动】 年内，州安委办根据省委宣传部、安监局、公安厅、广电局、总工会和共青团省委联合下发的《关于开展2009年“安全生产月”活动的通知》精神，围绕“关爱生命、安全发展”的活动主题认真部署工作，在全州开展宣传、安全检查、预案演练等丰富多彩的活动。6月14日，州安委办和大理市安委办在下关人民公园联合开展安全生产咨询日活动，州人大常委会副主任张如旺、副州长李红卫、州政协副主席孙珍玲等州市领导出席活动。州、市安监、交警、气象、电力、大理机场等部门参加了活动，现场设立了展板100多块、咨询台和事故隐患举报台20多个。大理市正阳社区和交警一大队举行了贴近生活、贴近工作的安全文艺会演，生动、幽默的节目，深受广大群众的欢迎，收到了很好的宣传效果。

【安排金属非金属矿山和尾矿库的整顿关闭工作】 在各县市进行初步安排和统计的基础上，州安监局于6月18日下达了金属非金属矿山和尾矿库的整顿关闭（闭库）工作计划。全州2008年共有450个金属非金属矿山和尾矿库，有62个列入2009年关闭计划，关闭比例为14%。

【召开祥临公路交通安全专项整治工作会】 为有效遏制通车以来事故多发的态势，确保国庆期间祥临公路通行安全，9月27日，州预防道路交通事故领导组牵头，在弥渡县召开祥临公路专项整治工作会议。弥渡、祥云、南涧县和云南省公路投资有限责任公司大理管理处在会上做了发言，州交警支队通报了祥临公路事故情况和特点，州安监局对下步工作作了安排，副州长李红卫对工作提出了5点要求。

【安全培训工作】 2009年，大理州安全生产宣传教育培训中心共举办企业各类人员安全培训班59期，培训5530人，其中厂矿长（经理）276人，安全生产管理员620人，危险化学品从业人员725人，烟花爆竹安全管理员656人，电工2334人，焊工825人，起重作业操作工94人。在培训总人数中，新取证3650人，旧证复审1503人，老证换新证377人。州安监局及时为培训人员免费办理了发证、换证、复审手续。

（《安全生产监督管理》由张润萍撰稿）

大理海关

【概　述】 2009年，大理海关在昆明海关党组的坚强领导及州委、州政府的关心支持下，以邓小平理论、“三个代表”重要思想和科学发展观为指导，认真贯彻党的十七届四中全会、两级关长会议及反腐倡廉工作会议精神，坚决落实昆明海关党组提出的“做到‘4个结合’、实现‘4个提升’”、“接着干、不松劲、抓落实、促发展”的思路和要求，深入学习实践科学发展观，着力优化海关监管和服务，切实加强队伍建设，全面履行把关服务职责，积极探索“用制度管权、按制度办事、靠制度管人”的发展机制，各项工作取得新进展。2009年，大理海关被大理州人民政府表彰为2009年度大理州商务工作先进单位；被大理市委、市人民政府表彰为大理市2009年度先进平安单位；继2006年被授予第十批州级文明单位后，大理海关2009年度再次获得第十一批州级文明单位称号，并荣获第十二批省级文明单位殊荣。

【选举产生第一届大理片区海关机关党委、纪委】 根据海关总署、昆明海关党组关于党组织隶属关系调整的统一部署，2009年5月7日，中国共产党大理片区海关党员大会在大理海关召开。大会按照组织程序，经过无记名投票，选举产生了第一届大理片区海关机关党的委员会和纪律检查委员会。

【扎实开展整改落实及“回头看”活动】 2009年，根据海关总署和昆明海关党组的部署要求，大理海关认真抓好24项近、中、远期整改措施的督办落实，并组织开展整改落实“回头看”，着重解决突出问题，不断完善制度机制，积极探索建立学习实践科学发展观长效机制。2009年6月16日，组织12名党员群众参与了“回头看”工作满意度抽样测评，统计结果表明，党员群众对学习实践科学发展观活动开展情况的满意率为100%。

【共同预防职务犯罪】 2009年7月30日下午，大理海关与大理州人民检察院举行共同预防职务犯罪签字仪式，签署了《成立预防职务犯罪工作指导委员会的决定》和《共同开展预防职务犯罪工作的实施意见》两份文件，重点从加强领导、强化监督管理、建立工作机制、加强情况通报和信息交流、加强工作协调配合等五个方面加强合作。

【着力加强科级领导班子建设】 2009年，大理海关提出“科级班子管理合力”的理念，要求和引导科级领导干部立足岗位、提高能力，求真务实、转变作风，大胆管理、加强协作，强化责任、主动作为，发挥好传帮带作用，切实提高执行力。8月21日，大理海关召开科级领导班子座谈会，总结经验、查找不足，剖析原因、挖掘根源，明确努力方向。一年来，科级领导班子的履职能力明显增强。

【做好新中国成立60周年安保工作】 2009年，大理海关以“6个加强”为抓手，做好建国60周年安保工作：一是加强组织领导，成立以关长为组长的“大理海关建国60周年安保工作领导小组”；二是加强思想保障，提高广大关警员对做好建国60周年安保工作重大意义的认识，增强做好安保工作的政治责任感和历史使命感，坚决维护社会和谐稳定；三是加强应急预案完善，进一步提高处理紧急重大、突发事件的应急能力；四是加强隐患排查工作，重点对电源、水源、火源、消防报警系统、计算机网络、保密设施等进行排查，消除安全隐患，确保万无一失；五是加强值班工作，提高值守应急能力，确保通信联络畅通，发现情况及时处理，及时报告；六是加强与边防武警、检验检疫、公安部门的联系配合，多方联动，周密部署，积极应对可能出现的各种突发情况。

【做好规范市场秩序工作】 2009年，大理海关进一步深化关警融合，不断推进缉私工作与海关业务工作的有机结合；坚持“把关与服务并重，打击与防范并重，惩治与教育并重”的工作思路，保持打击走私高压态势，不断规范市场秩序。年内，办结行政案件1起，收缴邮寄出境违禁手稿27本；受案初审涉嫌走私濒危野生植物及其制品案1起，查扣红豆杉树根5吨；侦办涉嫌走私进口矿产品案1起，案值达6106.30万元，涉嫌偷逃税款693.74万元。

【举行报关员资格考试】 大理考点2009年报关员资格全国统一考试于2009年11月8日上午在下关三中进行，整个考务工作严格按照《报关员资格全国统一考试考务工作规程（试行）》进行，考场秩序良好。此次考试应参考人数为104人，实际参考人数为60人，参考率为58%，共有3人成绩合格。

【支持大理州重点项目建设】 2009年，大理海关树立“主人翁、建设者、参与者”意识，认真落实总署总关制定的促进经济发展措施，对地方重点项目实行提前介入、上门服务、跟踪服务，大力支持大理州重点项目建设，积极促进大理州外向型经济又好又快发展。在年内海关总署、昆明海关下放进口设备减免税审批权限后，积极主动推动大理州年产120MW太阳能非晶硅光电膜板项目减免税优惠政策的落实。企业第一批进口设备为5MW太阳能非晶硅光电膜板生产线，设备价款为1200万美元，共享受减免关税289592元人民币。

【积极开展文明创建工作】 2009年，大理海关领导班子高度重视文明创建工作，根据社会主义精神文明建设的要求,按照昆明海关的安排部署,在大理州、市文明委的关心指导下,始终坚持"两手抓、两手都要硬"的方针,结合海关行业特点,以建设一支"政治坚强、业务过硬、值得信赖"的高素质干部队伍,培养和造就有理想、有道德、有文化、有纪律的"四有"关员为目标,通过强化创建工作意识,建立创建工作长效机制,深入开展以和谐海关建设为重点的文明单位创建工作,全面提升各项工作水平,树立良好的对外形象,促进三个文明建设的协同发展。通过全关上下的共同努力,继2006年被授予第十批州级文明单位后,2009年再次获得第十一批州级文明单位称号,并荣获第十二批省级文明单位殊荣。

【大理州进出口总值首次突破亿元】 2009年,大理州外贸进出口在国际金融危机、外部需求减少等不利因素的影响下,整体上仍保持了较为平稳的发展势头。全年进出口总值首次突破亿元大关,再创历史新高。

据海关统计,2009年大理州外贸进出口总值为14405万美元,同比增长58.1%。其中出口总值6233万美元,同比增长13.9%;进口总值8172万美元,同比增长124.8%。年内共有30家企业开展贸易,同比增长7.1%,其中,有12家实现增长,7家零增长,11家负增长。进出口额突破百万美元的企业共15家。

从商品结构来看,出口商品主要有农副产品(鲜或冷藏的豆类、蔬菜等)、棉纱、啤酒、乳制品等。进口商品主要有锌矿砂、等离子增强型化学气相沉积装置、空气压缩机等机器设备。总体来看,2009年出口呈现四大特点:一是农产品出口成为增长亮点。由于出口产品具有难以替代性以及产品需求未饱和等优势,2009年农产品出口3594.41万美元,同比增长45.8%,占全州出口额的57.6%。二是纺织品出口实现稳步增长。2009年纺织品出口776.99万美元,同比增长24.1%。三是由于消费需求弹性较小,部分消费品出口企业受金融危机影响有限,出口继续保持增长。四是茶叶制品出口逐渐回升。2009年茶叶制品出口85.19万美元,同比增长359.8%。

2009年与大理州开展贸易的有澳大利亚、泰国、缅甸、土耳其、伊朗、荷兰、意大利、中国香港等35个国家和地区,同比增长40%。其中与澳大利亚、泰国、缅甸、南非、荷兰、意大利等15个国家的贸易额均超过百万美元。

(《大理海关》由杨黎伟撰稿)

(本部类责任编校:杨林柏)

教　育

综　述

【概　述】 2009年，全州有幼儿园513所，在园（班）幼儿77781人；小学1082所，教学点1067个，在校学生298880人，教职工15214人（其中专任教师14252人）；普通中学215所（其中，完全中学14所、高级中学24所、初级中学165所、九年制学校12所），高中在校学生51212人，初中在校学生136213人，教职工13519人（其中高中专任教师3513人、初中专任教师8421人）；中等职业学校19所，在校学生34691人，教职工1809人（其中专任教师1507人）；特殊教育学校1所，在校学生316人，残疾儿童少年随班就读777人；大学1所，全日制在校学生15493人，成人教育学生9572人，留学生500多人，教职工1262人（其中教授112人，副教授311人）。

【教育经费执行情况】 2009年，全州教育经费总收入22.2亿元，其中：国家财政性教育经费收入20.27亿元，社会捐赠办学经费0.07亿元，事业收入1.61亿元，其他收入0.24亿元。教育经费总支出23.31亿元，其中：中等职业学校支出1.67亿元，普通中学支出8.97亿元，普通小学支出9.5亿元，特殊教育学校支出1052万元，幼儿园支出3003万元，教育行政单位支出6129万元，教育事业单位支出2.0亿元，其他支出1526万元。教育经费支出23.31亿元的明细为：人员支出15.54亿元（含学生助学金1.12亿元），公用经费支出6.82亿元（含校舍维修改造支出2.6亿元），教育基建支出0.95亿元。

【"两免一补"实施情况】 2009年，①农村学校免杂费补助公用经费：全年享受免杂费补助的在校学生40.36万人，其中：初中生12.75万人，小学生27.61万人，占全州农村中小学在校学生40.95万人的98.56%，其中：初中生12.69万人，占100.47%，小学生28.26万人，占97.69%，全年补助免杂费补助公用经费14460.2万元。补助标准为：小学300元/生．年；初中500元/生．年；特殊教育学校每人500元/年（学期）。②城市免杂费：全年享受免杂费的在校学生23860人，其中：初中生9309人，小学生14551人，占全州城市中小学在校学生25576人的93.29%，其中：初中生9313人，占99.96%，小学生16263人，占89.47%，全年补助公用经费325.01万元，补助标准：小学每人110元/年（学期），初中每人190元/年（学期）。③免费教科书：全年享受免费教科书的中小学在校学生43.13万人，其中：初中生13.48万人，小学生29.65万人，占全州中小学在校学生43.51万人的99.13%，其中：初中生13.62万人，占99%，小学生29.89万人，占99.2%，全年补助免教科书经费4220.75万元，省按初中每人90元/年（学期）、小学每人45元/年（学期）的标准实行统一招标采购。④家庭贫困寄宿制学生生活费补助：全年享受家庭贫困寄宿制学生生活费补助的在校学生12.48万人，其中：初中生7.54万人，小学生4.91万人，特殊教育学校0.03万人，占全州中小学在校学生43.13万人的28.94%，其中：初中生13.62万人，占55.36%，小学生29.89万人，占16.43%，特殊教育学校享受面100%。全年享受贫困家庭寄宿制学生生活补助经费8137.02万元，补助标准为：小学每人500元/年（学期），初中每人750元/年（学期）；特殊教育学校每人750元/年（学期）。

【何金平等领导看望慰问教职工】 9月7日，州委副书记、州长何金平率州委副书记王桂芳，州委常委、州委秘书长杨健，州委常委、大理市委书记段玠，州委常委、州委宣传部部长王以志，州人大常委会副主任杨宴君，州政府副州长洪云龙，州政协副主席张树藩，以及州级相关部门的领导深入部分中小学校，看望工作在第一线的教职员工，走访慰问教师劳模代表和离退休教师代表，向他们送上节日祝贺和真诚关怀。何金平一行先后深入州民族中学、州特殊教育学校、州技工学校、州实验小学进行走访，与工作在第一线的教职员工座谈，并逐一上门看望慰问受省级以上表彰的劳模教师代表和离退休教师代表。在州特殊教育学校，何金平代表州委、州政府向辛勤耕耘在教育教学各个工作岗位上的教职员工送上诚挚的节日祝福，对他们在特殊教育领域长期以来付出的艰辛劳动表示感谢，并深入部分教学班级与任课教师交谈，实地察看学生学习情况，提出要求和希望。

【隆重庆祝第25个教师节】 9月7日下午，大理州隆重集会，回顾新中国成立60年来全州教育战线走过的光辉历程，热烈庆祝第25个教师节到来，并对优秀教师和教育教学先进集体进行表彰奖励。州委副书记、州长何金平在会上讲话，州委副书记王桂芳主持大会。何金平首先代表州委、州政府向辛勤工作在教育教学第一线的广大教师和教育工作者致以节日问候，并提出希望和要求。会上，张培治等100名优秀教师和教育教学先进学校及教育教学管理先进单位受到表彰。省水利厅副厅长、省校舍安全工程督察组组长王仕宗，州政协主席袁爱光，州委常委、州委秘书长杨健，州委常委、州纪委书记梁志敏，州委常委、州委宣传部部长王以志，州人大副主任杨宴君，州政府副州长洪云龙，州政协副主席张树藩，州级各有关部门领导、各县市党委和政府领导、县市教育部门和州属学校领导，受表彰教师及教师代表300多人出席会议。

【举行庆祝新中国成立60周年暨第25个教师节文艺晚会】 大理州教育系统于9月7日晚在苍山饭店礼堂举行文艺晚会，庆祝新中国60华诞，迎接第25个教师节。晚会在州教育局、州实验中学的师生合唱《祖国颂》的嘹亮歌声中拉开了帷幕。之后，下关三中的学生表演了舞蹈《彝家炫舞歌盛世》；州财校的老师们深情朗诵了配乐诗《我爱你，我的祖国》；大理市少艺校的学生们在这短短数分钟内，用手中的笔描绘出了一幅幅多彩的画，用隶书写出“我爱您我的祖国”，通过作品表达了他们对祖国的热爱以及对祖国60华诞的祝福；州幼儿园的小朋友们表演了舞蹈《小小雨花石》；州实验中学的歌伴舞《老师我总是想起你》；大理市少艺校还演出了该校荣获中央电视台第九届CCTV少儿艺术电视大赛儿童组声乐类金奖的歌舞《弹弦子的小阿妹》；州特殊教育学校的学生表演了荣获云南省第六届残疾人艺术汇演金奖的舞蹈《竹韵》；大理学院的师生合唱了荣获云南省第三届青年歌手电视大奖赛银奖的《小河淌水》；巍山县教育局送演了荣获全国首届中小学生艺术展演表演类一等奖的原生态歌舞《山妮惹》。州委副书记王桂芳，州委常委、州委统战部部长杨秀星，州委常委、州委宣传部部长王以志，州委常委、州委政法委书记茶忠旺，州委常委、州委组织部部长叶翠萍，州人大副主任杨宴君，副州长洪云龙，州政协副主席张树藩到场观看演出。

【全州教育系统学习实践科学发展观活动取得实效】 根据中央和省、州党委关于深入开展学习实践科学发展观活动的统一部署，州教育局按照“党员干部受教育、科学发展上水平、人民群众得实惠”的总体要求，准确把握指导思想、目标要求、基本原则和方法步骤，认真组织开展“六个一”活动，找准突出问题、召开专题民主生活会、开展分析评议，以支部、科室为单位采取集中学习、交流讨论、调查研究等形式，摸实底、查实情、找差距、提对策，召开座谈会37个，收集意见建议90多条，形成了6份调研报告，并制定了整改方案，解决了一批教育工作中存在的、关乎人民群众切身利益的突出问题。9月以来，州教育局扎实抓好全州中等职业学校和中小学的学习实践活动，按“五个更加注重”的要求，积极开展“三创一促”活动（理念创新，师德创优，管理创效，促进学校科学发展），加强学校文化建设，改进教风、学风和管理者作风，推进科学发展观进教材、进课堂、进师生头脑，在广大中小学校形成了凝心聚力谋发展，全心全意抓教育的良好气氛。

【全州高考成绩再创佳绩】 2009年，大理州高考上线率连续五年蝉联全省第一，高考成绩亮点频频：一是上线比例稳中有升，根据省招生考试院确定的普通高校招生最低录取控制分数线统计，大理州达到最低控制分数线的考生共有17359人，上线率为93.8%，比2008年提高3.8个百分点，比全省上线率83.8%高出9.9个百分点，上线率居全省第一位。二是全州12个县市上线比例同步增长，有10个县市上线率超过90%，各县市之间上线比例均衡增长。三是学校之间的上线分布不断优化，全州有34所学校有毕业生参加高考，其中25所学校上线率超过90%，8所学校上线率超过80%。四是农村考生大幅增长，2009年全州农村考生达14867人，占考生总数的80.3%，比2008年的76.33%增加3.97个百分点，体现了大理州城乡教育质量得到同步均衡发展，结构趋于合理。五是艺术类考生上线率明显提高，全州共有433名考生参加艺术类考试，艺术类上线率达95.4%，比2008年的92.6%增加2.8个百分点。六是全面完成年初制定的上线率比全省高8个百分点；本科上线率比全省高5个百分点；一本上线率比全省高2个百分点的高考目标。2009年在上线考生中，一本上线率为11.19%，比全省的9.03%高出2.16个百分点；本科上线率占总上线人数的54.3%，比全省的40.47%高出13.83个百分点。

【何金平调研苍山西镇中学新校区建设】 4月16日，州委副书记、州长何金平深入学习科学发展观活动联系点漾濞县调研。下午，何金平就大瑞铁路过境漾濞学校的拆迁等问题，与副州长李红卫一道，到苍山西镇中学进行现场协调，帮助解决了学校拆迁和新校区建设的实际困难问题。何金平要求，要确保在6月30日前完成好大瑞铁路建设涉及到农民、学校、机关的拆迁征地工作，既要按时按质按量完成，又要确保群众利益，确保社会的和谐稳定。州政府办、人事局、农业局、林业局、水利局、扶贫办、重点办等州级相关部门负责人陪同调研；州教育局刘洪局长、高汉生副局长参加调研。

【州政协视察全州中小学危房改造工程】 5月13～22日，州政协组织部分政协委员对全州中小学危房改造工程实施情况进行为期8天的视察。13日下午，视察组听取了州人民政府副州长洪云龙关于全州中小学危房改造工程实施情况汇报。州政协主席袁爱光出席汇报会，并对视察工作提出要求。州政协副主席张树藩、孙珍玲、孙明，秘书长欧阳任及州政协部分委员参加视察。此次视察重点是巍山县、永平县、南涧县。

【召开全州教育系统党风廉政建设暨预防职务犯罪工作会议】 1月7日，全州教育系统党风廉政建设暨预防职务犯罪工作会议在下关召开。会议全面落实科学发展观，总结教育系统党风廉政建设和预防职务犯罪工作，安排部署下一步工作。州委常委、州委政法委书记茶忠旺，州政协副主席张树藩等领导出席会议。茶忠旺在会上作重要讲话。会上，州教育局与州直属学校签订了2009年度党风廉政建设目标管理责任书。

【召开学校党风廉政建设工作座谈会】 4月29日，大理州召开学校党风廉政建设工作座谈会。州人民政府副州长洪云龙主持会议。州纪委派出直属机关、人事民政、文教卫、农林水、财贸纪工委领导，州教育、卫生、财政、农业、劳动和社会保障等部门分管纪检工作的领导，州委党校、农校、财校、技工学校及州教育局直属学校的校长和分管纪检工作的领导参加了会议。大理学院和云南省建设学校纪委书记应邀参会。州人大副主任杨宴君出席了会议。州委常委、州纪委梁志敏书记作了重要讲话。州级各学校、州直各主管部门结合各自工作的实际、存在的问题和下一步工作建议作了交流发言。

【教育系统认真贯彻党风廉政建设责任制】 2009年，教育系统狠抓学习教育和制度建设，实施目标管理，对党风廉政和反腐败工作进行细化、量化，制定了《大理州教育系统党风廉政建设工作实施意见》和《大理州教育系统内部审计工作实施方案》，形成了靠制度管人、管事、管权、管物的机制。对局机关2008年行政事业费管理使用情况进行了审计，对州属两所学校财务收支管理进行了教育内审，对全州12县市义务教育保障经费管理使用情况进行了检查，做到有腐必惩、有乱必治、有案必查。州、县市教育局领导班子坚持深入基层调查研究，立足实践，研究实情，指导工作。局机关干部经常深入学校，深入课堂，帮助解决困难，促进了学校发展。

【开展形式多样的学生资助活动】 2009年，实施“爱心圆梦”行动计划，筹集359.41万元，资助1299名大学新生顺利入学，为4358名大学生办理生源地信用助学贷款2313.184万元，为18537名中职学生发放国家助学金2780万元，为2010名高中学生申报了中央彩票公益金资助，63名学生通过省政府奖学金初审。

【加强教师培训工作】 完成2009年春秋两季全州中小学教师履职晋级培训工作，全州有14240人参加了培训、考试、考核，及格率98.1%。小学班主任远程培训工作全面启动，全州有853人参加培训。组织700名小学班主任参加“知行中国——中小学班主任教师培训”项目。完成一期初级中学骨干校长培训，有30名校长参加培训。协同团州委组织了小学教师“希望工程”培训，有260名教师参加培训。积极开展“5122”工程，全州109名教师参加了云南省第二批农村中小学骨干教师培训。组织58名中小学校长赴“香港真道书院”学习。

【教师队伍建设得到加强】 2009年，州、县大张旗鼓表彰教育教学实绩突出和师德师风先进的优秀教师，全面实施义务教育学校和普通高中教师绩效工资改革，拓宽教师进入渠道，广泛吸引优秀大学毕业生充实教师队伍，7个县招聘“特岗教师”198人，届满转正117人。大理市、宾川县教师进修学校创建为省二级教研机构，结束了大理州无省级示范性教师进修学校的历史。全年组织1.7万人次参加中小学教师履职晋级培训、班主任培训以及骨干校长、骨干教师培训。256位教师在州以上教学活动竞赛中获奖。小学、初中专任教师中具有专科、本科学历的分别达66.99%、53.09%，分别比上年提高2.64个和8.15个百分点。1468人晋升中级教师职务资格、488人申报高级教师职务资格。组织对祥云等4个县教研室进行教研机构评审。认真执行新课程标准和计划，教育观念、教学方法、教学手段进一步更新，课堂教学效果不断提高。

【全州义务教育学校和普通高中教师全面实施绩效工资制度】 8月，云南省下发《云南省义务教育学校绩效工资实施意见》，按照教师平均工资水平不低于当地公务员平均工资水平的原则，义务教育学校绩效工资分为基础性和绩效性两部分，其中，基础性绩效工资占绩效工资总量的70%，奖励性绩效工资占绩效工资总量的30%，同时校长与学校普通工作人员奖励性绩效工资的比例暂定在2.5比1。义务教育学校绩效工资总量和水平的核定分为3部分：实行绩效工资同清理规范津贴补贴结合，绩效工资总量暂按学校工作人员上年度12月份基本工资额度和规范后的津贴补贴水平核定；义务教育学校工作人员规范后的津贴补贴水平，由县级以上政府、财政部门按照教师平均工资水平不低于当地公务员平均工资水平的原则确定，绩效工资总量随基本工资和学校所在县级行政区域内公务员规范后津贴补贴的调整作相应调整。奖励性绩效工资主要体现义务教育学校的公益目标完成情况及工作人员的工作量、实际贡献等因素，由各地、各学校结合实际情况，设立班主任津贴、课时津贴、教育教学成果奖励、学年奖金等项目。奖励性绩效工资每年由县级以上政府人事、财政部门在规定的奖励性绩效工资额定内核定给同级学校主管部门，再由学校主管部门负责核定具体学校的奖励性绩效工资总量。对在农村特别是条件艰苦的义务教育学校工作人员，在核定绩效工资总量内采取设置农村学校工作补贴等方法给予倾斜，以吸引和鼓励广大教师扎根农村任教。

【推进中小学校舍安全工程建设】 2009年，州政府成立了扎实推进中小学校舍安全工程建设领导组，负责全面组织协调、统筹实施中小学校舍安全工程。各县市、乡镇也成立了相应的组织领导机构，工程实施取得阶段性成效。完成《全国中小学校舍信息管理系统》和《中小学校舍安全排查档案》基本信息的采集录入，对全州中小学校舍所有建筑单体进行了拉网式排查鉴定，制订了《中小学布局调整实施方案》。建立完善监督机制，领导亲自带队，靠前检查指挥，成员单位挂钩督查，推动校安工程的实施。两年内排除省锁定的D级危房43万平方米，共需投入4.3亿元。年内已经到位1.6亿元，州级已超额下达3450万元配套经费，拆除D级危房29.29万平方米，开工27.99万平方米，完工3.72万平方米。

【全州切实减轻中小学负担全面提高教育质量工作会议在南涧召开】 2月23日，全州切实减轻中小学负担全面提高教育质量工作会议在南涧召开。州教育局领导、各科室负责人，南涧县委、政府领导，州纪委文教卫纪工委、州监察局领导，州直属学校领导，各县市教育局、相关股室负责人参加了会议。州教育局刘洪局长作了《切实减轻中小学负担，大力推进素质教育，全面提高教育质量》的讲话；州教育局副局长张春骅传达了省“减负”工作会议精神；州教育局副局长高汉生主持会议并作了总结讲话。会上，州教育局与各县市教育局签订了“减负”责任书，颁发了“减负”特派监察员聘书。会后，全体参会人员还深入南涧县碧溪乡、无量乡、宝华镇参观学习校点布局调整工作。

【推进实施素质教育】 2009年，州教育局认真督促各级各类学校贯彻落实减轻中小学生负担工作，学生的学习负担、心理负担和经济负担得到切实减轻。全面实施“三生教育”，不断拓宽德育工作领域，帮助学生珍爱生命、学会生存、幸福生活。广泛开展庆祝建国60周年宣传教育活动，组织3000名师生参加“大理州庆祝新中国成立60周年暨万人红装苍洱唱国歌大型活动”，举办全州教育系统庆祝新中国成立60周年文艺晚会，举办全州中小学生艺术展评活动，承办全省中小学艺术展演，大理州有33个作品在省展演活动中获奖，促进全州中小学推进素质教育，走特色办学之路。召开全州中小学校体育卫生艺术教育专项会议，成立了全州学生体育协会。积极组织开展学生阳光体育活动，推行校园集体舞、体育大课间活动。

【弥渡、洱源两县顺利通过县级政府教育工作督导评估】 6月，省政府教育督导团评估组对大理州弥渡、洱源两县的政府教育工作进行了为期8天的评估验收。评估组采取了听、看、查、访、议等方式，分别听取两位县长作的《2009年教育工作督导评估报告》；与部分政协、人大代表、相关部门及乡镇主要领导、部分校长、教师代表分别进行了交流座谈；并实地深入两县的7个乡镇25所中小学、幼儿园进行了全面检查；同时分组查阅了两县教育局、财政局、人事局等相关部门的档案资料。评估组通过综合督导检查，评估组给洱源县政府教育工作评定为93分，弥渡县政府教育工作评定为94分，两县均获教育工作合格县称号。

【依法治教示范校的创建工作成效显著】 大理州积极开展依法治教示范校的创建活动，通过正确引导，大力宣传，积极发动，涌现了一大批创建示范校的学校。大理州教育局对2009年依法治校示范校工作进行了过程督导，深入到申报学校进行指导，推动了依法治校工作的开展，并组成专家组按照《云南省教育厅关于开展依法治校示范校创建活动的通知》、《云南省教育厅关于印发云南省依法治校评选管理办法及评估指标体系的通知》及有关工作程序和具体要求，通过听汇报、实地查看校园校貌和设施设备、查阅档案资料、召开师生座谈会、发放调查问卷、对申报学校进行了认真检查评估；完成了27所中小学幼儿园的州级评估认定工作，按有关程序命名了2009年大理州州级依法治校示范校19所，下发了文件，颁发了铜牌；推荐8所优秀学校参加省级依法治教示范校的评选，大理州创建依法治校示范校取得显著成效。

【教育系统甲型H1N1流感防控成效明显】 全州教育系统认真贯彻落实中央和省的各项部署要求，按照“密切追踪、积极应对、联防联控、依法科学处置”的原则，采取外堵内防、统筹兼顾方式，积极配合有关部门，认真落实各项防控措施，有效地预防了甲型H1N1流感病毒的传播。一是成立以主要领导为组长的防控领导小组，制定应急预案，完善责任制，实行24小时值班制度和疫情报告制度；二是通过各种途径向广大师生员工宣传甲型H1N1预防知识，教育学生养成良好的个人卫生习惯，积极开展课外体育活动，提高身体素质，增强抗病力；三是各级各类学校加强监控，每天开展晨检和午检，并做好书面记录。同时安排专人负责对从疫区国家和地区归来的师生进行医学跟踪观察，做到早发现、早报告、早诊断、早隔离、早治疗；三是加强学校生活饮用水源的管理，做好教室、图书馆、食堂、宿舍、厕所等学生学习和生活场所的通风、消毒与清洁卫生工作，消除传染病发生和流行的条件。通过严格防控，全州教育系统未出现因甲型H1N1流感而导致的人身伤亡和影响教育系统稳定的现象。

【州教育局编辑印发《大理州中小学幼儿园安全管理工作手册》】 《大理州中小学幼儿园安全管理工作手册》主要包括四个方面的内容：一是大理州中小学幼儿园安全管理工作规程。从安全管理工作领导机构，学校安全管理工作主要内容，学校安全管理的职责，校内安全管理的基本要求，学校安全教育，日常安全管理，安全事故处理，奖励与责任等几个方面对学校安全管理工作提出了明确具体的要求；二是大理州学校安全工作考核标准。根据学校安全工作机制和制度，安全设施建设，学校安全工作常规管理，安全教育等方面制定出了考核内容、评分标准、评分方法及考核办法；三是大理州教育系统突发公共事件应急预案。预案包括总则、应急组织指挥体系及职责、预防和预警机制、应急预案启动标准和响应程序、应急保障、社会安全类突发事件应急处置、事故灾难类突发事件应急处置、公共卫生类突发事件处置、自然灾害类突发事件应急处置、网络和信息安全类突发事件应急处置、考试安全类突发事件应急处置以及附则等内容。四是安全管理常用的相关文件规定。主要有《云南省学校安全条例》、《中小学公共安全教育指导纲要》、《学生伤害事故处理办法》、《学校集体用餐卫生监督办法》、《学校食物中毒事故行政责任追究暂行规定》、《机关、团体、事业单位消防安全管理规定》等内容。《大理州中小学幼儿园安全管理工作手册》的编印，标志着大理州教育系统安全管理工作步入了制度化和规范化的轨道。

【全州教育系统安全稳定工作成效明显】 针对2009年大事多、喜事多和热难点问题多以及安全稳定工作任务较重等实际，在上级党委政府的坚强领导和各级各有关部门的帮助指导下，全州教育系统高度重视安全工作，认真传达和贯彻落实好相关文件和会议精神，以“平安校园”创建为载体和抓手，强化各项措施落实，安全稳定工作取得了较好成效。一是加大对学校安全管理知识的宣传教育力度，全系统教职员工对抓好学校安全工作的责任意识明显增强，制度进一步完善。二是强化对师生员工的思想政治教育，广泛宣传邪教组织与反分裂势力的危害性，广大师生员工自觉维护团结，自觉抵制邪教与反分裂行为的意识和能力进一步增强。三是加大对安全隐患的排查，各级各类学校定期不定期对学校的防震减灾、危房、水、电路等安全隐患进行排查，对学校锅炉等特种设备安全运行进行检查治理，在校园内开展管制刀具的排查整治工作，建立健全了学校安全隐患横向到边、纵向到底的排查和整改制度，加强值班值守力度。四是在相关部门的配合支持下，加强对校园周边环境进行治理，严厉打击侵害学校和师生员工生命财产安全的违法犯罪行为，严厉查处社会上损害师生利益的问题，校园及周边社会治安秩序明显好转。通过努力，一年来，各级各类学校未发生重大安全责任事故，学校安全管理工作取得了明显成效。

高等教育

【大理学院推进教育科研改革】 1月2日，大理学院2008年科研工作总结及2009年科研工作布置会提出学校科研工作从九个方面进行改革：一是鼓励申报高级别纵向课题，精心准备标书，大胆申报国家级课题，在科研团队的组合上，鼓励跨学院、跨部门、跨单位的合作；二是努力培植优秀的科研创新团队，给予课题参加人以名份，提高课题参与者的积极性，承担大课题的老师，可以根据自己的情况分出小课题给项目组成员或其他教师，学校视这些承担子课题的人员为低一级别课题的负责人，在职称申报、年终考核等方面计算工作量；三是努力培植科研成果，改变重课题轻成果的现状，鼓励科研人员将结题的科研成果进行成果鉴定和成果登记；四是加大应用型，特别是有开发前景的科研项目的资助力度，把大学科技园作为孵化场所，培植出为地方服务的项目；五是调整科研成果奖励机制，降低低水平成果的奖励，重点奖励高水平文章和成果，并加大对专利的奖励力度；六是建立新的教师及科研人员考核和工作量计算办法，让教师和科研人员各得其所；七是适当提高教授的评审条件，原则上未承担纵向科研课题的人员申报教授应予以限制，挖掘高职称人员的科研潜力；八是举办学术论坛，加强学术交流，营造学术氛围。从学校层面每周定期开设论坛，不限专业，不限内容，百家争鸣，海纳百川；九是广泛开展横向联系，包括政府部门与科研人员的联系，关注地方社会与经济发展需求，广泛开展横向合作，争取科研经费。

【全省高校（滇西片区）保卫后勤工作调研座谈会在大理学院举行】 1月4～5日，楚雄师院、保山师专、德宏师专、丽江师专、临沧师专、楚雄医专、保山中医药专科学校齐聚大理，共同研讨高校的保卫、后勤工作。大理学院交流了学校的后勤、保卫工作的经验和今后的工作思路。与会的各兄弟院校在总结交流2008年的保卫后勤工作和后勤社会化改革的基础上，交流了各院校在保卫、后勤工作的下一步打算和思路，并对省教育厅保卫后勤处的工作提出了建议。

【大理学院实施“云岭先锋”工程取得丰硕成果】 大理学院实施“云岭先锋”工

程,由于领导重视,精心组织,突出重点,狠抓落实,五年来取得了丰硕成果。学院围绕“五好五带头”的目标,开展“为党旗添光彩,为评建作贡献”活动,大力加强基层组织建设,党务工作队伍建设得到加强,基层党组织的创造力、凝聚力和战斗力明显提高,政治核心、战斗堡垒作用进一步发挥,广大党员立足本职、埋头苦干,在教书育人、管理育人、服务育人中积极发挥先锋模范作用,涌现了一大批先进基层党组织和优秀共产党员,为学校教育教学工作的顺利开展以及实现学校跨越式发展提供了强有力的组织保证。学院对基础医学院党总支等22个基层党组织、刘蜻蜻等109名优秀共产党员和张崇文等28名优秀党务工作者进行了表彰奖励。

【大理学院在全国大学生艺术展演中获奖】 2月12日,大理学院选送的女生6人组合节目《唱歌唱到心相合》,在全国第二届大学生艺术展演活动现场集中展演中荣获专业组二等奖。这是该校文艺节目首次获此殊荣,也是云南省在全国大学生艺术展演活动中迄今为止唯一获奖的专业组节目。同时,学院副院长赵全胜的论文《开发利用乡土音乐课程资源的实践探索》获得此届艺术展演活动艺术教育科研论文征文比赛二等奖,并出席论文报告会。全国大学生艺术展演是教育部举办的全国性大学生艺术比赛,每3年举办一届。

【大理学院安全生产工作受到州政府表彰】 3月2日,在龙山国际会议中心召开的“2009年全州安全生产工作会议”上,大理学院荣获“2008年度安全生产先进单位”称号。近年来,大理学院努力做好在水电安全管理、校园基建安全生产、饮食安全卫生、交通运输安全等方面的工作,创建“平安校园”,做到制度健全,职责明确,措施有力,确保社会治安综合治理各项工作落到实处。把预防突发事件,维护学校稳定放在首位。建立统一、快速、协调、高效的突发公共事件应急处理机制,提高快速反应和应急处理能力,保障广大师生员工的生命与财产安全,保证正常的教学和生活秩序,维护学校和社会稳定,为建设和谐大理作出了应有的贡献。

【大理学院加强研究生教育工作】 3月13~14日,大理学院召开2009年学位与研究生教育工作研讨会暨导师培训会。省教育厅厅长助理于达林,云南大学副校长、研究生院院长、博士生导师林文勋先后在会上作有关研究生教育的专题报告。党委书记王毅、院长戴志明,分别在会上讲话并提出要求。郭宪国等6名教师及1名研究生代表在会上作交流发言。

【大理学院召开本科教学工作水平评估总结表彰大会】 3月20日,大理学院在古城校区召开了本科教学工作水平评估总结表彰大会。大理州人大常委会主任字国顺,大理州政协主席袁爱光,州委常委、州委宣传部部长王以志,大理州人大常委会副主任、党组副书记杨宴君,大理市人民政府副市长刘琼芬,省教育厅高教处领导,大理学院党政领导出席会议。

【大理学院深入开展学习实践科学发展观活动】 3月24日,大理学院在古城校区召开学习实践科学发展观动员大会。4月17日,学院以党委中心学习组扩大会议的形式,在古城校区组织党委中心学习组集中学习。省委宣传部胡正鹏巡视员为与会人员作了学习科学发展观的理论专题报告。4月20~22日,学校党委理论中心组进行了为期3天的集中学习。5月5日,召开学习实践科学发展观干部理论培训会,学院领导,学院副处级以上干部,机关副科级以上干部,校属学院综合办、学生办、教学办、教研室负责人参加培训会。5月6日,学院召开学习实践科学发展观民主党派代表座谈会,通报学习实践科学发展观活动开展情况,以及第三轮干部聘任工作情况,同时就学院如何抓住机遇科学发展进行座谈,积极建言献策。5月8日,召开深入学习实践科学发展观活动转入分析检查阶段动员大会。6月10日,召开深入学习实践科学发展观活动转入整改落实阶段动员大会。9月3日,召开学习实践科学发展观活动总结大会。大理学院共20个党总支(党委),113个党支部,2446名党员,参加了学习实践科学发展观活动。校级领导班子、18个校属学院(后勤、图书馆)班子,138名处级以上领导干部是这次学习实践活动的重点,一般干部和师生也以多种形式积极参与到学院的学习实践活动中来。

【大理学院毕业生就业工作取得良好成绩】 大理学院坚持“落实目标责任制,提高毕业生就业率和就业质量”,既注重日常工作的开展和过程管理,又注重求真务实,重开拓创新、重科学实效,形成了全院重视、全员参与的就业工作新局面,就业工作取得了较好的成绩。在过去几年中,在毕业生人数逐年增加、就业形势严峻的情况下,学院取得了本科专业毕业生2006年初次就业率、年终就业率两项全省第一,2007年初次就业率全省第一、年终就业率全省第二的佳绩,2008年初次就业率又取得全省第一的好成绩。2009年,大理学院毕业生人数为2961名,其中研究生有60名,其余为本科生。3月28日,大理学院在下关校区举办2009届高校毕业生供需洽谈会,有180多个用人单位参加,共计2000来个岗位虚位以待。4月24日,大理学院在古城校区召开2009年就业工作会。学院党政领导,州劳动局、教育局、卫生局的领导出席了会议。当天,大理学院在下关校区举办2009届医药类毕业生供需洽谈会。昭通市卫生系统、德宏州职业技术学院、贵州黔南民族医学高等专科学校等100多个用人单位,共提供了400多个岗位。4月28日,大理学院召开动员大会,对2009年全省选聘10000名高校毕业生到村任职工作及相关政策进行说明和部署。12月29日,在云南省2010年高校毕业生就业指导与服务工作会议上,大理学院作为毕业生就业工作比较突出的高校之一作经验交流,并被推选为云南省唯一一家高校作为全国就业工作宣传单位。

【陈庆德被聘为大理学院客座教授】 4月1日,国家学科评议组成员(云南省唯一成员)、云南省学位委员会委员、云南大学教授陈庆德应邀到大理学院作学科建设、学位点申报建设指导专题报告。陈庆德教授就学科建设的意义、内涵及如何做好学位点申报建设等作了介绍,特别是针对大理学院即将开展的新增博士学位授予权单位省级立项建设规划工作和学位点的申报工作,他结合个人和其它高校申报的经验,就如何凝炼学科方向、如何填写学位点申报表格作了详细的介绍,并提出自己独到的见解。他还通过现场交流的方式回答了与会人员提出的问题。4月2日下午,大理学院举办聘任仪式,党委书记王毅向陈庆德教授正式颁发了客座教授聘书。陈庆德教授,现供职于云南大学文化产业研究院,博士生导师。中国著名人类学家,主要研究方向为社会经济发展与民族经济。1993年获国务院政府特殊津贴。1994年为云南大学中国经济史硕士生导师。1999年获民族学博士生导师资格。2003年受聘为国务院学位委员会学科评议组成员。20余年来,公开发表论著100余份,300余万字,年均逾10万字。

【大理学院国际合作交流工作深入开展】 2月6日,由柬埔寨教育部陈浩司长、皇家金边大学校长拉齐夫先生、外事处长黄展同先生、外语学院院长索曼女士组成的代表团到大理学院访问。4月3日,泰国东方大学代表团和美国北卡罗莱纳大学代表团到大理学院访问。4月8日,来自泰国东方大学访问团的11位师生与体育科学学院师生齐聚一堂,共同开展中泰体育暨文艺交流汇演。4月9日,柬埔寨教育部国务秘书皮查南、高教总长马克诺威、文化与奖学金司副司长陈皓先生到学院访问。5月18日,大理学院副校长李翔与泰国梅爵大学(MaejoUniversity)分管国际事务的副校长NamchaiThanupol,分别代表各自学校,签署了合作谅解录,双方就人文、社科、泰语和汉语学习、科技、农业(尤其是本地农业知识)、文化研究和社会局势变革等的学术合作在本协议中达成了共识,同意在数学、研究、汉语和泰语的合作与交流计划等方面开展合作。5月9日,老挝驻华大使维吉·欣达翁和一秘阿伦·西拉达拿昆到大理学院访问。6月11日,美国北德克萨斯大学UniversityofNorthTexas(UNT)副校长EarlGibbons到学院访问。8月6日,韩国2009大学生东北亚大长征队伍来到了在中国的第三站——大理站,和大理学院的大学生们进行了一对一的文化交流,200名中韩大学生联手绘制了长达30米的友好壁画。8月2~9日,学校党委王毅书记率副校长李翔、国际交流与合作处处长刘明,对南亚的尼泊尔和孟加拉两国进行了为期一周的工作访问。9月12日,“日本九州中国人学者技术人员联谊会”为国服务访问团到大理学院访问,日本福冈工业大学卢存伟教授、日本佐贺大学郑绍辉博士、日本长崎大学刘震教授为师生分别作了专题报告。10月16日,泰国拉帕孔子学院代表团到校访问。

【副省长高峰考察大理附属医院】 4月9日,省人民政府副省长高峰在副州长洪云龙、院党委书记王毅等陪同下,视察了大理附属医院。高峰一行先后参观了附属医院门诊楼、医技楼、一号住院楼,实地查看了拟建的二号住院大楼选址,并询问了附属医院引进人才的情况。附属医院党委书记吕跃军、院长丁跃明就附属医院近期工作情况以及二号住院大楼规划建设的准备情况向高峰副省长作了简要汇报。在听取汇报后,高峰对大理附属医院近年来的发展和所取得的成绩给予了充分肯定并提出要求。

【大理学院与香港科技大学、中山大学签署科研合作协议】 4月,为推动中国华南、西南地方社会历史研究及民间文献的收集整理工作,大理学院民族文化研究所与香港科技大学华南研究中心、中山大学历史人类学研究中心签署了科研合作协议,三方决定在学术互访、田野考察、成果交换、共同出版研究资料等方面开展实质性的合作。此协议的签署,将为大理学院参与高水平学术活动、扩大学术影响起到积极的作用。中山大学历史人类学研究中心是教育部人文社会科学重点研究基地,香港科技大学华南研究中心是中国华南地方历史及人类学研究的重要学术机构。

【民盟中央副主席李重庵参观大理学院】 4月10日,民盟中央副主席李重庵在大理学院副校长杨树元,州政协副主席、大理学院数计学院院长杨泽恒,院统战部部长施冰等领导的陪同下参观了古城校区。杨树元等向李重庵简要介绍了大理学院的基本情况。李重庵对学院的建设和发展给予了高度评价。

【云南省出国留学预备学院大理分院成立】 4月21日,云南省出国留学预备学院大理分院在大理学院举行揭牌仪式。云南省教育厅国际交流中心高明磊主任,澳洲项目负责人张誉女士,澳大利亚贸易委员会高级商务代表过向红女士,澳大利亚南澳大学国际部吕大新参加了揭牌仪式。高明磊主任受云南省教育厅副厅长邹平委托,对云南省出国留学预备学院大理分院的成立表示热烈祝贺,并要求尽快确定分院职责,明确重点开拓的一至二项主要任务。云南省出国留学预备学院是经云南省教育厅正式批准成立的非学历教育服务机构,集中云南省高校的相关优势资源,设立不同的分院,主要开展外语培训、国外高校预科课程教育并提供专业的出国留学服务。该预备学院与国外有关政府教育部门、相关大学合作开展国外大学预科课程培训,即“直通车”项目,可以帮助中国学生在一年内过渡到国外大学教育体制中。“直通车”课程结束考试合格者,将具备就读国外大学学分课的素质和条件,为在国外大学攻读本科学位做好准备。云南省出国留学预备学院大理分院的成立,将拓展学院国际合作与交流的业务范围,推动学院教育国际化进程,使学院及滇西各地州的学生能得到云南省出国留学预备学院的各项专业服务。

【洛杉矶圣·芭芭拉舞蹈团到大理学院演出】 4月24日晚,美国著名舞蹈艺术团——洛杉矶圣·芭芭拉舞蹈团为大理学院师生献上了一场有较高国际水准的艺术盛宴。该场演出活动由美中文化教育基金会主办,大理学院承办。演出现场,在多媒体投影的背景下,演员们时而如行云流水,时而如波涛涌动。他们用优美的舞姿,诠释着美丽的意境。Artifice(技巧)、RomeoandJuliet(罗密欧与朱丽叶)、Voice,Findingmy(声音,我发现了自己)、DanceforanUnknownOccasion(无缘由之舞蹈)、LifeCycleofTrees(树上的年轮)等一批古典与现代交融的舞蹈佳作,让现场观众遐想不断,浮想联翩。圣·芭芭拉舞蹈艺术团1991年成立于美国西部著名的文化艺术中心洛杉矶。目前艺术总监为著名舞蹈艺术家杰瑞·佩森。十几年来,舞蹈团已发展成为美国乃至世界著名的舞蹈艺术团。舞蹈艺术团现在拥有十多位主要舞蹈演员,每年有近30个周的演出时间。他们的足迹遍及美国各大城市,先后到过欧洲、非洲、南美洲和印度。他们的演出风靡世界,且多次获得全美现代舞艺术比赛大奖,创作的作品在现代舞蹈艺术界产生相当大的影响。

【大理学院第七届“国际日”圆满落幕】 4月12日,澳大利亚查尔斯特大学商学院的约翰·赫科斯院长在大理学院作了“区域经济问题和经济政策对中澳经济关系的影响”的学术讲座,标志着以“澳大利亚学术文化活动月”为主题的大理学院第七届“国际日”正式拉开帷幕。第七届“国际日”活动更加注重“重心下移”,具有四个特点:一是学术意味浓,以学术文化讲座为主,邀请国内外专家、学者等23人次,举办了10场别开生面的有关澳大利亚经济、文化、教育、留学等方面的学术文化讲座。二是受益面广,活动直接由相关部门和校属学院承办,充分调动了承办者的积极性,有4个职能部门,8个校属学院直接参与到10场学术文化讲座中,受益师生达3000余人。约有2000余名师生观看了美国现代舞团的两场演出,1000余人观看了中外学生文艺汇演。三是活动开展深入,历时长,收益大。四是形式新颖,活动转变了以往的工作思路,以长期分散的学术文化讲座、文艺演出代替了集中短期的传统活动方式和活动内容，扩大了“国际日”的影响，使广大师生更直接地受益。

【大理学院聘请舒乙为客座教授】 5月19日，大理学院聘请中央文史研究馆馆员舒乙为客座教授，学院党委书记王毅在古城校区图书馆报告厅为舒乙颁发了聘书。舒乙，1935年出生于青岛，北京人，满族，我国著名文学家舒庆春（舒舍予老舍）之子。1954年9月留学苏联。历任中国林业科学院林产化工研究所实习员，北京光华木材厂科研室主任、科长、工程师、高级工程师，中国现代文学馆副馆长、常务副馆长、馆长，研究馆员，博士生导师，北京市第七、八、九届政协委员，全国第九届政协委员。著有散文集《老舍散记》、《父亲最后的两天》、《老舍的爱好和关坎》、《我的风筝》、《我爱北京》、《梦和泪》、《小绿棍》、《现代文坛瑰宝》、《我的思念》，长篇传记文学《老舍》等。曾有随笔《都市精灵》入选初中课本做课本剧。

【大理学院祥和驾驶培训学校揭牌】 5月20日，大理学院在古城校区举行大理学院祥和驾驶培训学校揭牌仪式。学院党委书记王毅和大理州交警支队调研督导组组长、大理州道路交通安全协会会长和玉川为大理学院祥和驾驶培训学校揭牌。大理学院祥和驾驶培训学校由大理学院与大理州交警驾校联合申办，经有关交通主管部门批准建设的。大理学院祥和驾驶培训学校是由大理学院后勤服务发展中心与大理州交警驾校采取联合办学的方式建成的，从2008年5月开始试训，经省、州、市运管局三级联合验收组进行全面验收。2009年2月，省运管局为祥和驾校正式颁发《云南省道路运输许可证》，3月经大理州公安局车辆管理所审批上报省交警总队车管处核准，同意省运管局许可大理学院祥和驾校为三类驾校，并在规模内换发教练车牌证号，同时经工商管理部门核准注册办理《工商经营许可证》。

【大理学院副教授杨云在清华大学美术学院举办画展】 5月24～28日，大理学院艺术学院副教授杨云在北京清华大学美术学院举办了“站在水木红门边—白尼中国画作品展”。展出的作品包括《素描大理系列》、《水墨人物系列》、《水墨杯壶系列》3个系列，共有中国画作品68件。展出的所有作品被编入《中国当代画坛著名画家精品荟萃》第3辑中，杨云成为第一个在清华大学举办个人美术作品展览的云南白族画家。2008年，艺术学院副教授杨云到北京清华大学美术学院做访问学者，师从清华大学美术学院硕士生导师孙玉敏教授。白尼中国画作品展的展出得到了大理州委宣传部和学校的高度重视及大力支持，引起了全国多家媒体的广泛关注。北京电视台、《中国青年报》、北京《新京报》、《中国民族报》、《人民日报海外版》、《光明日报》、《云南日报驻京记者站》各媒体的记者对杨云进行了采访，随后作了相应的报道。

【云南省滇西继续医学教育培训中心、大理学院职业技术学院成立】 6月5日下午，大理学院在下关校区隆重举行云南省滇西继续医学教育培训中心暨大理学院职业技术学院成立大会，省卫生厅、教育厅领导，州政府洪云龙副州长，州、市教育局、卫生局、劳动局、人事局的领导，滇西各地州卫生局、大理州各县卫生局的领导，州内各中专、技校、职中的领导，州外与大理学院开展高职教合作办学的相关学校的领导，州市医院的领导，大理学院机关各部门和校属各学院的领导等约150人出席了成立大会。省卫生厅纪检组长周天让代表省卫生厅宣读了关于成立云南省滇西继续医学教育培训中心的批复文件，大理学院党委王毅书记宣读了《关于成立大理学院职业技术学院的决定》。

【大理学院到云龙开展扶贫助残活动】 6月16日，大理学院纪委书记、校工会主席张明一行深入挂钩扶贫点云龙县关坪乡开展扶贫、助残慰问活动，将10000元助残款和4000元家庭贫困儿童助学慰问金送到乡长张秀华手中，从学校教职工助学基金中支取3000元当场向10名品学兼优的家庭贫困小学生给予了每人300元的资助。

【王毅小说《李猛出国》改编为数字电影《罂粟花儿不再开》】 2009年，王毅小说《李猛出国》改编为数字电影《罂粟花儿不再开》，影片由北京玉美琳影视文化有限公司、昆明诺西波卡传媒有限公司荣誉出品；由大理学院、西双版纳州州委政府、昆明诺西波卡传媒有限公司、北京玉美琳影视文化有限公司联合摄制，云南省公安厅文联协助拍摄。

【台湾台东大学校长蔡典谟访问大理学院】 6月22日，台湾台东大学校长蔡典谟一行23人到大理学院访问。双方学校领导介绍了各自学校的基本情况，并播映了校情片。双方共同协商，就以下几个项目进行合作：交换出版物及学术资料，并就教育成果、研究成果等情况进行交流；双方教职员工共同从事教育及学术研究活动，或共同举办学术会议；双方就促进学术研究进行师生及其他相关人员互访，互访期间负责提供各项设备使用为原则；共同就双方感兴趣的课题进行合作研究。台东大学代表团还参观了古城校区。

【大理学院举行2009届毕业生毕业典礼】 7月1日，大理学院分别在古城校区和下关校区举行2009届毕业生毕业典礼。2009年，大理学院共有59名硕士研究生，2908名本、专科学生完成学业。59名硕士研究生全部获硕士学位；在2500名本科生中，有2464人获毕业证书、2351人获学士学位证书；在408名专科学生中，有401人获毕业证书。本届毕业生先后有144人次荣获国家和省政府奖学金，82名同学被评为省级三好学生，11名同学被评为省级优秀学生干部，149名同学被评为省级优秀毕业生，159名同学考取了硕士研究生；有9个班集体获得省级表彰；有83人次在省级以上各类学习竞赛活动中获奖；有39个班集体和1507人次获得过学校表彰奖励。

【第三届地方院校校长论坛在大理举行】 7月10～12日，由全国教师教育学会地方院校协作会主办、大理学院承办的“第三届地方院校校长论坛”在历史文化名城大理举行。会议期间，与会代表听取了教育部师范教育司管培俊司长的专题报告，有八位校长作了大会典型发言，并进行了分组讨论和交流。本次论坛共有来自全国25个省市区的66所院校的150余名代表参加会议。

【大理学院选手在全国首届大学生中学物理教学技能大赛中获奖】 8月15～18日，“全国首届大学生中学物理教学技能大赛”在山东省烟台市的鲁东大学举行。大理学院选手孔玲获得一等奖，曹文儒获得二等奖，陈发敏和王泽超获得三等奖；指导和带队教师环敏获“优秀指导教师”称号，学院还荣获“优秀团体奖”。本次大赛由中国教育学会物理教学专业委员会主办，是全国最高水平的大学生物理教学技能比赛。选手多为师范院校的物理学本科生，还有少数是研究生和电子信息类工科学生。

【大理学院试行三学期制】　大理学院于9月试行三学期制，学期由原有的春、秋两学期调整为春夏秋三学期，增加8周以学生实践和科研为主的夏季短学期。这是云南省第一家全面实行三学期制的高校，这一改革受到多家媒体的广泛关注。从9月新学期开始，大理学院上课形式从"20周+20周"改为"18周+15周+6周"，即新制度上课总周数变动不大，形式改为两个长学期和一个短学期，考试时间由过去的2周缩短为1周，夏季短假期为2周，春季假期为4至5周，暑假为6至7周，总体休假时间无大变化。长学期是秋季学期（10月中旬至1月下旬）和春季学期（3月上旬至7月上旬），这两个学期包括专业课程学习和考试时间；新增夏季短学期（8月中旬至9月下旬）主要是通识教育和实践教学环节，不安排专门的考试时间。学生在校上课的总体时间并没有减少，而且还可以利用短学期学习更多的课程，开展更多实践，有更加充裕的时间来充实自己，对就业也有帮助。

【大理学院民族体育艺术团成立】　大理学院民族体育艺术团是以"繁荣校园文化生活，提高大学生体育文化艺术修养，推进素质教育，促进学校精神文明建设"为根本宗旨，以提高学生的审美能力和人文素养，促进校园精神文明建设，弘扬中华民族优秀体育文化传统为目的，成立了舞狮队、健美操队、民族健身操队、啦啦操队、武术队、太极拳队、太极剑队、刀术队、跆拳道队等民族体育艺术团体。

【大理学院校报被评为云南省高校优秀校报】　9月28日，省委高校工委、省教育厅评定大理学院校报为云南省高校优秀校报。同时被评为优秀等级的高校校报是：《云南民族大学报》、《云南大学报》、《云南财经大学报》、《云南师范大学报》、《昆明学院报》。

【大理学院举办大学生创新设计作品模型展】　10月27日，大理学院在古城校区举行大学生创新设计作品模型展，展出了物电学院学生设计的科技作品十余件，其中一件已经进入第四届全国大学生机械创新设计大赛复赛。此次大学生创新设计作品模型展是大理学院首次机械模型展出，也是物电学院第二届大学生科技节的活动之一。物电学院将以"勤奋学习、崇尚科学、追求真知、勇于创新、早日成才"为宗旨举办科技类竞赛、科技论坛及讲座、科普类展览和展示、科技成果展、多媒体制作大赛、"挑战职场"模拟招聘赛等活动。此次参展的作品共有16件，其中"地震全程救援机器人"将无线摄像头、机械手、多轮同时驱动设计、温度传感器、无线远程遥控等设备组合，能够实现在地震后无线远程寻找、救援、逃生等全程救援的一系列工作。尤其是在救援目标转移途中，若因余震等因素导致机器人受困，逃生主体舱可以使救援机械手脱离并独立逃生，保证救援目标及时脱离危险现场，到达安全目的地。此外，还可根据环境不同更换配件，用于矿难、野外探险等方面的救援工作。该设计因其创新点和推广应用价值突出得以入选第四届全国大学生机械创新设计大赛复赛。其他的展品还包括智能抢答系统、寻光避障机器人、迈步前进蟋蟀、多功能智能机器人、三自由度机械手、运河吊桥控制、步行机器人、塔式起重机模型、全自动移动厕所、自制太阳能环保小车、气动挖掘机模型等。

【日本德岛大学校长青野敏博先生访问大理学院】　11月4日，日本德岛大学校长青野敏博先生及美马市市长牧田久先生等一行10人访问大理学院。戴志明校长代表学校与来访人员举行会谈，建议德岛大学和大理学院在师生互换、招收留学生等项目上开展合作。日本德岛大学校长青野敏博先生简要介绍了德岛大学的基本情况和药学专业建设方面的情况，并希望能从药学专业开始合作交流。德岛大学药学部主任高石喜久先生和大理学院药学院刘光明院长等主要商讨了药学方面的合作事宜。着重在药学专业师生互换项目上，意向可以开展的项目是本科专业"3+1"，"2+2"合作模式、硕士生的互换、科研合作等。德岛大学校长青野敏博先生表示，希望院领导组团到德岛大学考察，这样可以增进双方的了解，等时机成熟，两校可以签署合作协议，开展实质性的合作。

【大理学院引进高层次人才】　11月10日，云南省人民政府从浙江大学为大理学院引进一名高水平学术领军人物——长江学者、博士生导师赵昱教授。当天，大理学院党委副书记、校长戴志明为赵昱教授颁发聘书，聘任赵昱教授为学院特聘教授、校长助理和药学院名誉院长。这是大理学院坚持实施人才强校战略的一大标志性成果，是学院在引进高端人才、树大师方面取得的重大突破。赵昱，男，1967年2月生于郑州市，1994年毕业于兰州大学，并获理学博士学位，随后进入中科院昆明植物研究所做博士后研究。赵昱教授为中科院"百人计划"入选者、"长江学者"，主要从事生物资源研究与新药研发，具抗老年性痴呆、抗肿瘤、降血糖等效果之相关先导化合物，以及活性天然产物的研制等成果获国家发明专利多项。引进后重点开展"美蠊精胶囊"的抗癌作用机制研究以及安全性、有效性、质量可控性评价。

【大理学院国际高尔夫学院成立】　11月13日，大理学院和云南澳峰体育发展有限公司合作组建的大理学院国际高尔夫学院，在大理学院古城校区体育馆北侧广场举行成立仪式。澳大利亚驻广州领事馆副总领事兼高级商务专员唐杰夫，云南省高尔夫协会副秘书长汤小明，州委书记刘明，州委常委、州委宣传部部长王以志，州人大常委会副主任杨宴君，州政府副州长洪云龙，州政协副主席张树藩，州政府秘书长李超，云南澳峰体育发展有限公司董事长罗骏松、总经理何峰，大理学院党政领导王毅、戴志明、王沛智、钱金栿、洪世久、段利华、杨韶春，以及各高尔夫球会、新闻媒体和学院师生代表出席成立仪式。云南省高尔夫协会名誉主席梁公卿来信表示祝贺。成立仪式上，大理学院戴志明校长与云南澳峰体育发展有限公司罗骏松董事长签订了合作办学协议；澳大利亚驻广州领事馆副总领事唐杰夫先生代表澳大利亚PGA 国际高尔夫学院 Miss. TraceyHowley 院长与云南澳峰体育发展有限公司罗骏松董事长签订了购买PGA认证权协议。大理学院党委王沛智副书记宣读了大理学院国际高尔夫学院领导的任命：任命大理学院段利华副校长为大理学院国际高尔夫学院院长，体院科学学院院长彭春江为副院长，云南澳峰体育发展有限公司何峰总经理为副院长。大理学院党委王毅书记向大理学院国际高尔夫学院授牌、授印，标志着大理学院国际高尔夫学院正式挂牌成立。

【大理学院与大理监狱等3家单位共建实践教学基地】　11月18日、19日，大理学院分别与大理州监狱、云南星震律师事务所、大理白族自治州中级人民法院3家单位共建实践教学基地项目的签约暨授牌仪式。云南星震律师事务所还依据双方的合作协议，向大理学院政法学院捐赠了第一期“星震法学教育发展基金”，合计人民币20000元。这是继大理学院2007年7月与大理州人民检察院、2007年11月与大理州人民政府法制局共建两个实践教学基地之后，再此扩展的3个新的针对法律等社会科学的实践教学基地。

【云南省天文学会2009年学术年会在大理学院举行】 11月27、28日，由云南省天文学会主办、大理学院协办的云南省天文学会学术年会举行，这是云南省内天文和天体物理领域最高规格的学术会议，云南省天文学会理事长、中国科学院云南天文台台长韩占文研究员、赵世荣书记、王建成副台长和来自云南省内的天文和天体物理学者、研究生等130多人参加了学术年会。本届年会按照相关研究方向，陈培生、刘煜、李焱等27名专家学者分两天在下关校区专家公寓报告厅和古城校区图书馆报告厅作了学术报告，内容涵盖星系与星系团、天文仪器与探测方法等多个天文领域。专家学者在做学术报告的同时也针对自己感兴趣的问题作了相应的交流。大理学院李忠木博士也在年会上作了“星团的颜色——星等图解释”的报告。年会除了在进行学术报告外，还安排了资深研究员陈培生为学院师生做题为“从天文望远镜看现代天文的发展”的科普讲座。

【大理学院举办第四届“挑战杯”大学生创业大赛】 大学生创业计划竞赛旨在激发和培养广大学生的创新意识，宣扬创业理念，培养创业精神和实践动手能力。“挑战杯”大学生创业计划大赛以“崇尚科学、追求真知、勤奋学习、锐意创新、迎接挑战”为宗旨，传播自主创业意识。本次大赛参赛对象包括全日制普通本专科生、研究生。参赛时间为2009年12月至2010年5月。本次大赛的竞赛主题为“奋斗成就梦想，创业点亮人生”，分6个阶段：竞赛启动阶段；校属学院宣传发动、预报名阶段；校级培训、立项阶段；市场调研及撰写商业计划书阶段；复赛、决赛及表彰阶段；组织参加云南省“挑战杯”大学生创业计划竞赛阶段。

【中国共产党大理学院第一次代表大会举行】 12月26日，中国共产党大理学院第一次代表大会在古城校区图书馆报告厅隆重开幕。戴志明主持开幕式。中共云南省委高校工委副书记杜玉银，中共大理州委书记刘明，云南省卫生厅纪检组长周天让，中共大理州委常委、宣传部部长王以志，中共大理州委常委、组织部部长叶翠萍，大理州人民政府副州长洪云龙，中共云南省纪委纪检监察二室副主任寸东洪，中共云南省委组织部干部三处副处长杜少波，中共云南省委高校工委组织部部长陈丽娟等领导出席开幕式。校离退休的校级老领导、合并前各学校原任主要领导、民主党派基层负责人、不是代表的正处级干部及校学生联合会主席列席大会。大会一致通过了《中国共产党大理学院第一次代表大会关于党委工作报告的决议》和《中国共产党大理学院第一次代表大会关于纪委工作报告的决议》。大会选举产生了中共大理学院第一届委员会、第一届纪律检查委员会。当选为中共大理学院第一届委员会委员的是：王毅、戴志明、王沛智、段林、钱金栿、李翔、洪世久、张明、杨树元、杨韶春、鲁黎虹。当选为中共大理学院第一届纪律检查委员会委员的是：张明、段国伟、陈钟、褚远辉、张学清、李合、施冰。

【中国共产党大理学院第一届委员会第一次全体会议召开】 12月27日上午，中国共产党大理学院第一届委员会第一次全体会议在古城校区第三会议室召开。新当选的党委委员王毅、戴志明、王沛智、段林、钱金栿、李翔、洪世久、张明、杨树元、杨韶春、鲁黎虹参加了会议，不是党委委员的纪委委员列席了本次会议。会议由王毅主持。会议按照中国共产党章程的有关规定选举王毅为中国共产党大理学院第一届委员会书记，选举戴志明、王沛智、段林3人为中国共产党大理学院第一届委员会副书记。

【中国共产党大理学院纪律检查委员会一届一次全体会议召开】 12月27日上午，中国共产党大理学院纪律检查委员会一届一次全体会议在大理学院古城校区第三会议室召开。新当选的中国共产党大理学院纪律检查委员会委员张明、段国伟、陈钟、李合、褚远辉、施冰、张学清参加了本次会议。会议由张明同志主持。会议按照中国共产党章程的有关规定选举张明同志为中国共产党大理学院第一届纪律检查委员会书记，选举段国伟同志为中国共产党大理学院第一届纪律检查委员会副书记。

普通教育

【促进义务教育均衡发展】 2009年，大理州切实提升“两基”教育水平，依法组织适龄儿童、少年入学，严格控制在校学生辍学，抓好义务教育阶段免试、就近入学工作，维护进城务工子女和留守儿童受教育权益，“两基”成果得到有效巩固，小学适龄儿童入学率达99.46%，辍学率控制在0.57%；初中毛入学率达105.95%，辍学率控制在1.83%。完善义务教育经费保障机制，覆盖城乡的免费义务教育得以实现，“两免一补”实施范围扩大、标准提高，补助经费达2.73亿元。3月，在南涧县召开了全州加快中小学布局调整工作现场会。11月，州政府又召开全州中小学区域布局调整暨校舍安全工程会议。加快寄宿制学校建设，实行集中办学，撤并办学条件简陋、师资力量薄弱的校点364个。促进了学校布局合理化、建设标准化、办学规模化、师资均衡化、资源公平化。

【大理州启动“两基”迎“国检”业务工作】 根据教育部和国家教育督导团的部署，2010年，将组织对云南省“两基”工作检查验收。为迎接国家对云南省的整体检查验收即“国检”，大理州启动“两基”迎“国检”业务工作，州督导室专门印发了《关于认真做好“两基”迎“国检”有关工作的通知》文件，以入学和控制辍学为重点，确保对每一个适龄儿童少年负责，抓住主要指标的巩固提高，认真疏理和完善“两基”业务档案，将责任落实到县市、乡镇、村（居委会）和学校，确保资料齐全，数据翔实。要求各县市高度重视，加强领导，强化督导队伍建设，对“两基”档案资料查缺补漏确保准确无误。并于12月份组织州级专家组对12县市进行“两基”年审复查工作。针对存在的问题，州政府教育督导室下发了整改通知书，限期整改，并形成《2009年大理州“两基”年审复查报告》上报省教育督导团。为迎接教育部、国家教育督导团的“两基”“国检”做了细致扎实的迎检准备工作。

【全面推进高中新课程改革】 2009年秋季，大理州高中全面进入新课改。按照国家教育部要求，教师上岗前必须接受培训，做到“先培训、后上岗，不培训、不上岗”。暑假期间组织全州高中教师1851人参加云南省高中课改培训及全省新课改远程学习培训。完成高中数学、英语新课改州级骨干教师培训工作。组织九个学科教师，编写了“高中课改后初高中知识如何衔接”的材料，寄发到各高完中学校。

【云南省普通高中新课程改革第二期管理者培训在大理州举行】 6月30日～7月1日，云南省普通高中新课程改革第二期管理者培训在苍山饭店礼堂举行。滇西8州市教育局长、基础教育科长、教研室主任、电教馆长、高完中校长等500人参加会议。本次会议是为了贯彻落实云南省基础教育工作会议和《基础教育课程改革指导纲要（试行）》精神，发挥专家组的参谋、智囊作用，邀请了国家基础教育二司课程处刘月霞处长、海南省海口市长流中学万辉校长、浙江省杭州市余杭区赵丽萍副局长、广东省深圳市深圳中学赵立副校长就新课程的背景、思路与实践、实施方案及新课程教学评价作了专题报告。

【群策群力开展高考复习指导】 年初，州教育局下发了《关于做好2009年全州中考、高考工作指导意见》，要求各县市成立中考、高考领导组，要求学校实行三级负责制，明确分工，责任到人。州教育局拨专款，召开9个学科的高考复习研讨会。聘请学科专家到各县市，直接面对高三学生开展高考复习专题讲座。成立了以局领导为组长的四个高考备考督察组，深入到全州各县市高完中，与学校领导、高三教师共同研讨复习迎考对策。2009年高考，全州18509人参加高考，17359人上线，上线率为93.8%。高考各科平均分、及格率均居全省前列。

【开展县级教研机构、示范进修学校的建设评估达标工作】 2009年，根据《云南省教育厅关于印发云南省县级教研机构建设发展评估方案（试行）的通知》《云南省教育厅关于建设省级示范性教师进修学校的意见》要求，积极开展县级教研机构建设和省级示范性教师进修学校建设发展评估工作。通过评估验收，祥云县教研室、巍山县教研所、弥渡县教研室、剑川县教研所、南涧县教研室、鹤庆县教研室晋升为省级二级一等教研机构，云龙县教研室、洱源县教研室、永平县教研室晋升为省二级二等教研机构。大理市教师进修学校和宾川县教师进修学校被评为省级示范性教师进修学校。

【普通高中优质教育资源持续扩大】 2009年，大理州以扩大优质高中建设为抓手，促进普通高中提质增效。大理新世纪中学、巍山一中晋升为省一级高完中，祥云二中、宾川四中晋升为省二级一等高完中，对大理五中、南涧民中、洱源一中等高完中综合办学水平评价工作进行指导，促进了高中学校的规范管理，优质教育资源进一步扩大。普通高中课程改革稳步推进。召开全州普通高中新课程改革座谈会，承办全省新课程改革培训工作会，组织全州1851名高中教师参加新课改上岗培训。深入调研，征求意见后，州政府制定下发了《大理州普通高中新课程改革实施方案》。全州普通高中招生17614人，中等职业学校招生13371人，初中毕业生升学率达70.09%，比2008年提高3.74个百分点。

【云南省第三届中小学生艺术展演暨“祖国万岁”歌咏活动在大理举行】 9月15～17日，来自全省15个州市代表队的中小学师生们身着靓丽的民族服装聚在大理学院艺术学院古城校区，进行云南省第三届中小学生艺术展演暨“祖国万岁”歌咏活动艺术表演类声乐组的展演。云南省中小学生艺术展演每3年举办一次，本届为第三届，本届艺术展演活动的主题为“阳光下成长”。活动项目包括艺术表演（声乐、器乐、舞蹈、校园剧）和艺术作品（绘画、书法篆刻、摄影等）两大类。同时还举行云南省第三届中小学艺术教育论文报告暨校长论坛。艺术表演类声乐组的师生们给师生带来了《沃嘚嘚》、《打歌》、《弹弦子的小阿妹》等表演唱歌曲；《欢迎你到壮乡来》等合唱歌曲；《多情的土地》、《青藏高原》等独唱歌曲。省教育厅副厅长罗嘉福，州委常委、州委宣传部部长王以志，州人大副主任杨宴君，副州长洪云龙，州政协副主席张树藩，市委常委、副市长刘琼芬等领导出席开幕式并为展演活动剪彩。

【大理州实验中学发展态势喜人】 大理州实验中学由百年师范转办为高中以来，立足自己的传统和优势，遵循“学生成才、教师成功、学校发展、人民满意”的宗旨，以普高教育为主体、艺高教育为特色，实行全寄宿、半封闭管理，注重过程，细化管理，形成科学、规范的管理体系。是州内一所环境较好的学校。目前，学校有12万册图书、60台钢琴、300余台计算机及校园网络、自动化办公、视频点播、电子借阅系统、教室多媒体化，初步实现教育教学现代化。学校教师队伍结构合理，素质精良，在职教师中，有硕士研究生2人，特级教师5人、高级教师46人，40余位中青年教师毕业于西南师大研究生课程班。学校承担了国家级德育课题及省立项规划课题研究。近年来，教职工在省州及国家级刊物发表的论文就有250多篇，还有260余人次在各级评比中获奖。2008年首届高考实现开门红，2009年高考成绩又创新高，荣获州2009年高中教育教学先进学校和大理市2009年教育系统先进单位。2008年底，学校申报省一级三等高中顺利通过了省评价组的评估，晋升为云南省一级高级中学。2009年底，学校被命名为省级文明单位。

【大理州实验中学举行建设项目竣工暨一级高中挂牌典礼】 12月11日，大理州实验中学重点建设项目竣工暨一级高中挂牌典礼在学校新竣工的综合馆隆重举行。州委副书记、州长何金平，州委副书记王雪峰，州人大常委会主任字国顺，州政协主席袁爱光，州委常委、常务副州长马健全，州委常委、大理市委书记段玠，州委常委、州委宣传部部长王以志，州人大常委会副主任杨宴君，州政协副主席张树藩出席庆典仪式，州级有关部门领导，有关学校领导和实验中学全体师生参加庆典活动。副州长洪云龙、州教育局局长刘洪、州实验中学校长李儒彬分别在庆典上致辞，何金平在庆典仪式上为大理州实验中学授“云南省一级高中”牌匾。洪云龙和刘洪在庆典仪式上的讲话中充分肯定取得的各项成绩，希望争创一流学校。

【大理州实验中学被命名为省级文明单位】 12月，大理州实验中学再次被中共云南省委、云南省人民政府命名为省级文明单位。这是学校从百年师范转办为高中以来首次被命名为省级文明单位。大理州实验中学历来重视精神文明建设，取得过可喜成绩。1991年被命名为州级文明单位，1992年被命名为省级文明单位，1997年、2001年重新评定为省级文明单位，2001、2006年、2009年重新评定为州级文明单位，1997年被省教育厅评定为云南省文明学校，2001年、2005年重新复查认定为云南省文明学校。

【大理州民族中学荣获云南省“价格诚信单位”称号】 大理州民族中学为巩固和发扬学校近年来价格收费所取得的

成绩,规范学校收费行为,维护学生和家长的合法权利,于2009年5月申报了云南省2009年度“价格诚信单位”。学校成立了申报小组,认真对照收费情况进行自检自查,查找了不足,制定了整改措施。州价格检查局专家组于7月7日上午对学校申报工作作了初审。学校在初审的基础上认真总结,组织上报了相关材料,于8月24日正式通过了验收。

【大理二中庆祝建校70周年】 11月11日,大理二中举行庆典活动,纪念大理二中成立70周年。州委副书记、州长何金平,华中师范大学校长、博士生导师马敏,省审计厅厅长尹建业,省财政厅副厅长杨利邦,中共大理州委常委、大理市委书记段玠,州人民政府副州长洪云龙,省州市相关部门的领导出席庆典活动。大理二中创办于1939年,其前身是闻名遐迩的私立五台中学。五台中学创办之初,时逢华中大学为避战火而西迁大理喜洲。华中大学教育学院将五台中学作为实习基地,选派优秀教师和学生到五台中学任教,华中大学的教师子女均在五台中学就读,当时的五台中学实际上就是华中大学的附属中学。一流的设备、科学规范的管理、高素质的师资队伍,使五台中学教育教学质量誉满滇西,名扬省内。新中国成立后,五台中学于1952年更名为大理第二中学,一直沿用至今。70年来,有3万多名学子从这所学校走出,许多人成为社会的杰出人才。华中师范大学、大理二中多次互访,情谊不断加深。2008年4月,作为历史和友谊见证的“华中大学西迁办学纪念碑”在大理二中落成。2008年12月,华中师范大学与大理市人民政府签署协议,大理二中被确定为华中师范大学在大理市的实验基地。今年1月,华中师范大学在西南地区的自主招生复试在大理二中举行;7月,华中师范大学与大理市人民政府签订了《合作框架协议》,大理二中被列为华中师范大学附属中学。庆典当天,马敏校长和大理二中校长李文豪分别发表了热情洋溢的讲话,何金平、马敏、尹建业、段玠等领导共同为华中师范大学大理附属中学揭牌。

【下关第一中学初中部举行30周年校庆】 下关第一中学初中部2009年9月9日在大理州“蝴蝶之梦”剧场举行了隆重的建校30周年暨第25个教师节庆典活动。州、市各级领导及兄弟学校、社会各届人士、历届校友欢聚一堂,共襄盛典,为学校的发展赐言献策、共叙师生之情谊、共商发展大计。学校通过“三个一”(一本纪念册,一台文艺展演,一部专题片)从不同角度展示了学校30年来自强不息、春华秋实的办学历程。

【下关第一中学初中部开展第二届“名师”评选活动】 在自愿报名、民主推荐的程序基础上,3月6日,学校第二届名师评选结果揭晓,授予杨波涛等13名教师为学校第二届名师。

【下关第一中学初中部深化教育教学改革】 2009年,下关第一中学初中部以教育改革的“三大工程”为突破口(即教师知识结构转化工程,现代信息技术的教育在课堂教学中的实际应用工程,造就多才多艺的人才工程)力求着眼于学生的终身发展,实现学生活动的自主化,教育教学的民主化,课堂教学的现代化。2009年中考再创新高:600分以上人数再次突破200人,达206人,其中113人超过640分。学校已取得连续7年实考分600分以上人数超百人的突出成绩。

【下关第一中学初中部实施学校大体育模式】 2009年,下关一中初中部坚持贯彻“以人为本”的办学宗旨,把体育教学工作放在重要的位置,绝不允许占用学生体育活动时间,坚持教师出早操,坚持了学生在校体育锻炼的时间不少于一小时。学校重视体育工作,把它作为关呼师生身体健康的大事来抓。把它纳入学校整体工作计划之中。对于学校举行和参加的重大体育活动,给予人力、物力、时间上的保证。切实解决体育教学中所出现的问题。学校领导还亲自督促全校“两操、一课”的进行、各班体育活动的开展等,并把参加体育锻炼活动的情况和体锻达标率、优秀率作为评选先进班集体和评三好学生的重要依据,有力地促进了学校各项体育活动的开展。

【祥云全面启动中小学“班班通”工程】 祥云县于2008年被列为云南省首批7个“班班通”试点县之一以来,各级加大项目实施力度,目前,“班班通”试点工程顺利展开,全部工程将于2009年4月底全面完成并投入使用。“班班通”作为实现教育现代化和信息化的基础条件,以及促进教育均衡发展的重要手段,该县高度重视试点工程,及时制订了《祥云县中小学远程教育“班班通”实施方案》和《祥云县中小学远程教育“班班通”管理应用考核方案》,对试点工作进行细化,落实责任;组织的项目学校校长、管理员、教研人员开展培训等相关准备工作;在省教育厅安排项目资金497.88万元的基础上,县政府配套项目资金100万元,全县各学校自筹资金140万元,提升了试点工程的配置标准,以确保试点工程任务的完成。通过“班班通”试点项目的实施,该县初中将建成19个信息中心,319个教室接通信息点,配备295套固定多媒体投影设备;小学将建成54个有线信息中心、22个无线信息中心,798个教室接通信息点,配备161套固定多媒体投影设备、80套移动多媒体投影设备、72套光盘播放设备。

【宾川县和大理市通过省级普及实验教学合格县复查验收】 4月,省教育厅“普实”工作复查组专家组,对宾川县和大理市中小学实验教学普及工作进行了复查验收。复查组的领导和专家通过听汇报、查资料、看学校、座谈会、访教师和抽考学生等方法,复查“普实”工作。复查组认为,宾川县和大理市高度重视“普实”工作,把教育事业摆在优先发展战略地位,“普实”的巩固、提高工作成绩显著;增加投入,进一步改善办学条件,使学校建设向标准化、现代化迈进;把“普实”工作纳入教育管理评估体系,不断加强中小学实验设备设施的补充配备;健全制度,规范管理;建设了一批教育理念先进、建设标准化、现代化,管理科学规范,办学有特色的中小学;不断提高学校办学质量和办学水平,“普实”巩固、提高工作取得了显著的成绩,各项指标均达到了省定的标准和要求。

职业教育、成人教育

【全省中等职业教育发展工作现场会在大理召开】 4月9日,全省中等职业教育发展工作现场会在大理州召开。省政府副省长高峰在会上作讲话并提出要求。省教育厅党组书记、厅长罗崇敏主持会议。大理州委书记刘明在会上致辞,省人力资源和社会保障厅副厅长李兴旺,省财政厅副厅长刘德强,省教育厅副厅长罗嘉福,大理州委常委、州委宣传部部长王以志,大理州政府副州长洪云龙出席会议。省教育厅、省人力资源和社会保障厅领导先后作了发言,对下一步全省中等职业教育发展工作作了强调和要求。会议期间,参会人员先后参观考察了大理财校、云南建设学校、大理卫生学校、大理技工学校4所职业学校。

【大理技师学院开工建设】　6月20日，州政府召开第十二届政府第三次常务会议，研究并通过了《大理技师学院新建项目建议书》。7月1日，州发改委正式批准开展大理技师学院项目规划选址等前期工作。项目选址于大理市海东上和村马尾山，学院以千亩万人的规模，按一次性规划，分期实施的原则，拟定6年内完成建设，分三期实施。该项目概算总投资6亿元。

【筹建大理农林职业技术学院】　为加快大理州高等职业技术教育发展，继大理滇西技师学院申报成功后，2009年初，州政府向省政府请示，提出在大理农业学校的基础上，组建大理农林职业技术学院。经评议论证，同年7月，省教育厅同意批准利用大理农业学校现有教育教学资源以及区位优势，在滇西地区首家筹建农林类高等职业技术学院，并明确，拟筹建的大理农林职业技术学院属专科层次的高等职业技术学院，由大理州人民政府管理；学院筹建期3年，起止时间为2009年7月10日~2012年7月10日。拟建的大理农林职业技术学院的发展定位是立足大理，服务滇西，面向全省全国，辐射东南亚；招生规模为近期(即2012~2015年)高职大专在校学生达2100人，中期(即2016~2020年)达4500人，远期(即2021年后)达6000人以上；以专科职业教育为主，适度发展成人继续教育；以农林职业技术教育为主，初期开设作物生产技术、植物保护、畜牧兽医、食品生物技术、园林技术、农业经济管理等专业，并以食品生物技术、畜牧兽医、园林技术为特色专业，多专业相互促进，协调发展；办学设施建设分三期进行，估算总投资为12939万元。目前第一期工程建设已实施完成。

【大理州成立旅游、加工制造职业教育集团】　年内，为认真贯彻落实《国务院关于大力发展职业教育的决定》和《云南省人民政府办公厅关于印发云南省加快中等职业教育发展行动计划的通知》精神，进一步深化职业教育改革与发展，走规模化、集约化、连锁化发展路子，实现校校联合，校企合作，资源共享，优势互补，灵活开放的办学格局。结合州委、州人民政府建设旅游大州、工业兴州发展思路，大理州组建成立了旅游、加工制造两大职业教育集团。集团由骨干职业学校牵头，联合全州相关职业学校和省内外相关企业组成职业教育办学联合体。集团各成员单位隶属关系不变，产权性质不变，独立法人、独立核算的办学体制不变，人员身份待遇不变。集团在大理州教育局统一指导下，由牵头学校组织成员单位开展教学研究、教学观摩、技能竞赛、学科统测等教学工作；根据本地区经济社会发展和企业对人才的需求，确定和调整专业设置、培训目标，统一审定教材使用，统一推荐就业。为成员企业优先输送优秀毕业生，为企业员工进行职业技能、法律法规等知识培训，为成员学校学生提供实训实作，优先接纳毕业生就业，使学校办学和企业经营获得双赢。职业教育集团的建立，为大理州中等职业教育搭建了教学科研平台，信息交流平台、技能竞赛平台、资源共享平台、毕业生集体推荐就业平台，必将使大理州中等职业教育发展跃上一个新台阶。

【大理州成立五大类骨干专业教学联谊会】　为切实有效开展职业教育教学研究，改进教学方法，提高教学质量，提升毕业生就业能力和层次，走规模化、集约化、连锁化发展路子，实现校际之间优势互补，资源共享的目的。大理州根据学校专业设置分布，紧密结合市场需求，组建成立了计算机应用、旅游服务与管理、电工电子、汽车驾驶与维修、农林园艺5个大类的专业教学联谊会。联谊会在州教育局的统一领导下，委托部分学校牵头，相关学校参加，每年举行一至二次教研活动。活动的主要内容：开展教学和课题研究；改革专业课程设置；审定教材使用、确定教学重点；制定办学水平、量化评估体系；组织观摩教学、学生技能竞赛、学科统测；开展和编写校本教材；开展毕业生推荐就业等相关工作。通过联谊会活动，逐步构建起以骨干专业为纽带的大理州教学科研平台、技能竞赛平台、信息交流平台、资源共享平台、毕业生集体推荐就业平台，以此推动全州中等职业教育又好又快发展。联谊会的成立，为大理州组建职业教育集团奠定了坚实基础

【职业教育加快发展】　2009年，组建了大理州旅游职业教育集团和加工制造职业教育集团，构建了全州职业教育教学科研平台、信息交流平台、技能竞赛平台、资源共享平台、毕业生集体推荐就业平台。举办首届大理州中等职业学校电工电子类职业技能竞赛和第四届职工技术技能大赛中等职业学校教师技能竞赛，扶持大理市中等职业学校等6所学校加强骨干专业实训实作设备建设，实施了大理卫校和漾濞、宾川、祥云、鹤庆、弥渡职中等六个项目，新建校舍2万多平方米。剑川职中申报省级示范学校工作通过省级验收。派出39名教师，分别参加国家级培训、上海职业教育培训、现代管理知识培训和就业指导及心理咨询培训，组织全州中职校长到山东等地考察学习。4月，全省中等职业教育发展工作现场会议在大理州召开，会议对大理州优化整合资源，多元投融资，强化实训基地建设，建设“双师型”教师队伍，提高办学水平的经验给予充分肯定。2009年，全州中等职业学校招生12742人，中职毕业生推荐就业率达96.5%以上。

【大理州教育局举办中等职业学校毕业生就业指导暨创业报告会】　1月12日，大理州2009年中等职业学校毕业生就业指导暨创业报告会在大理市中等职业技术学校举办。报告会由州教育局主办，大理市教育局协办，大理市中等职业技术学校承办。州教育局张春骅副局长主持报告会，州市教育局领导、中等职业学校师生800余人参加了报告会。报告会邀请了赵红飞经理、刘涵英主任、张炳才副总经理3名有艰辛创业经历的中职学校毕业生，以他们自己的人生经历及奋斗历程，现身说法，激励广大在校学生刻苦学习，树立正确的人生观、价值观和择业观，证明职业教育照样能撑起一片蓝天。

【大理卫校举办2009年毕业生供需洽谈会】　在4~6月，大理卫校成功举办三次洽谈会，吸引了来自全省各地的公立医院、医药企业、民办医院及个体诊所共计40余家用人单位，提供就业岗位1000多个。据统计，6月份的洽谈会达成意向性就业协议900余人，洽谈会上护理专业毕业生深受用人单位的青睐。整个洽谈会气氛热烈，秩序井然，亮点纷呈，大理日报、大理电视台等多家新闻媒体报道了洽谈会盛况。

【大理卫校招生工作开创新局面】　2009年大理卫校计划面向全省招收初中毕业生1600人，实际录取1782人。据统计，云南省2009年中考报考中职学校考生中，第一志愿填报大理卫校、410分以上有近1800余人。质量方面，录取分数线高于往年，护理专业达440分，高分段入读学校的考生数量明显增多，500

分以上的学生占报到学生数的近三分之一,专门录取的12名特少数民族学生的分数也在450分以上,特别是与大理学院联办的五年制临床专科班全州的最低录取分达585分。顺利实现了"完成计划招生数、提高生源质量"的工作目标。本年度招生,学校采取多项措施、多种渠道从互联网、报刊、广播电视等媒体来加强招生宣传。

【大理卫校强化感恩教育】 10月起,大理卫校开展以"心存感恩成就人生"为主题的感恩教育系列活动。学校从宣传教育转变思想入手,帮助学生树立感恩意识。充分利用各班级黑板报、宣传栏、广播等教育阵地进行感恩教育宣传发动,营造感恩活动的氛围。认真组织,狠抓落实,在活动中加强感恩教育,每月一个主题,认真组织开展"感恩父母、感恩师长、感恩学校、感恩祖国、感恩自然"系列活动,把感恩教育活动推向深入。同时以活动为载体,以班级为单位,通过主题班会、专题会议、参观、座谈等形式多样的活动引导。认真组织学生学习以"八荣八耻"为主要内容的社会主义荣辱观、《公民道德建设实施纲要》,普及"爱国守法、明礼诚信、团结友善、勤俭自强、敬业奉献"的基本道德规范,开展诚信教育活动。

【大理卫校与漾濞彝族自治县联合举办乡村医生培训班】 4月15日下午,在大理卫生学校举行了盛大的"漾濞彝族自治县大理卫生学校乡村医生培训班开班典礼,州人民政府洪云龙副州长出席典礼,州卫生局丁一先局长、漾濞彝族自治县县委书记张郭宏,65名乡医以及大理卫校全体教职员工参加了开班典礼。本次培训主要针对大理州农村卫生工作中存在的卫生技术人员队伍学历过低,技术水平不高,服务质量与群众需求不适应的现状。培训时间为6个月,其中到大理卫校进行全脱产理论学习2个月。理论学习后,由大理卫校安排到县级及以上综合医院进行临床实践学习4个月,经培训考试合格后,由大理卫校发给培训合格证,由漾濞县卫生行政主管部门对乡村医生进行乡村医生职业注册。大理卫校高度重视此次培训,先后3次深入到漾濞县部分乡镇卫生院及村卫生所进行走访、调研,深入了解农村医疗卫生工作的现状和需求,据此组织编写了具有较强针对性的培训大纲和培训教材。

【大理卫校举办全省护理实训教学研讨会】 受教育部职成教司的委托,由省教育厅、科学出版社、中国护士实习就业网主办,大理卫校承办的云南省护理实训教学研讨会于4月28~29日在大理举行。教育部职成教司综合处刘杰处长、州人民政府洪云龙副州长、省教育厅李桂武副巡视员、省卫生厅科教处张长安处长参加会议并讲话。全省16所医学专科学校和中专卫校,大理学院护理学院、州医院、州妇幼保健院、市医院、水电医院的领导及相关教师共120多人出席研讨会。大理卫校国家级护理实作实训基地于2008年建成并顺利投入使用,是目前云南省规模最大、设备最先进、实训项目最全的一流实训基地,在培养学生动手能力方面发挥了积极的作用。

【大理卫校成立消防志愿者服务分队】 9月5日,大理卫校为积极响应"中国消防志愿者行动实施意见"的号召,成立消防志愿者服务分队,并举行了授旗仪式。大理卫生学校消防志愿者服务队的成立,标志着大理州拥有了第一支以学生为主的消防志愿服务队。消防志愿服务队成立后,在学校党政关心、支持和保卫科指导下,通过对志愿者消防安全知识、消防器材使用常识和消防预警逃生知识的培训,多次组织志愿者参与学校"消防安全演练",为"平安校园"建设工作,起到了积极的促进作用。11月9日,100名消防志愿者参加了大理州"119消防日"宣传暨大理州消防志愿服务总队成立仪式。

【大理卫校在全国首次卫生职业院校护理操作技能大赛中成绩优异】 8月9日,由教育部职成教司、卫生部科教司牵头,中国职业技术教育学会卫生教育专业委员会主办,首都铁路卫生学校承办,全国知名护理专家担任评委的全国卫生职业院校护理操作技能大赛,在北京落下帷幕。本次大赛共25个省、64所卫生职业院校256名选手参加。其中专科及高职院校33所,中专学校31所。比赛项目为成人徒手心肺复苏术、昏迷病人鼻饲法、密闭式静脉输液法3个项目,分全能组(限报1名)、单项组(限报3名,每人限报一项)二个组别。此次大赛云南省有4所学校参赛,即楚雄医学高等专科学校、曲靖医学高等专科学校、临沧卫生学校、大理卫生学校。经过3天紧张的角逐,大理卫生学校在本次大赛中表现优异,取得了团体二等奖,4名选手参加成人徒手心肺复苏术项目竞赛的张琳同学获一等奖,参加昏迷病人鼻饲法项目竞赛的张霞同学、全能选手普晓庆同学获三等奖,参加密闭式静脉输液法的高亚丹同学获优秀奖。在4所云南省参赛的学校中成绩名列第一。

【大理财校加强党风廉政建设】 大理财校将党风廉政建设、勤政廉教工作摆上议事日程,先后于2月25日和5月27日两次召开党风廉政建设大会,学习各级领导关于党风廉政建设的讲话。3月,学校与主管局签订《党风廉政建设责任书》,同月,学校内部签订了《大理财校党风廉政建设责任书》,全面组织开展实施学校党风廉政建设工作,同时学校还自觉接受上级有关部门及社会的监督,推动了学校党风廉政建设工作的进一步完善。

【大理财校教育教学硕果累累】 大理财校积极探索教学改革,先后召开4次专题教研会,集思广益,征询专职教师对教学教研的意见和反馈,鼓励教师参加各类教学竞赛,积极撰写教学教研论文,展示学校风采。在全州中职学校教师技能竞赛中,杨一戈老师获得计算机组第一名,荣获"状元"称号,张照峰、罗美琴、张建伟三名老师分别获得三等奖和优胜奖;张俊美老师参加2009年云南省财经类中专学校说课比赛,获得二等奖;在2009年云南省财经类中专学校图书信息论文比赛中,姜建民、马漾红老师获得一等奖,李秀娟老师获得三等奖;4月,在全国第29次计算机等级考试中,学校共807名学生参加考试,483名学生取得合格证。石焕琼老师和杨一戈老师分别被授予省级优秀教师和州级优秀教师光荣称号。

学前教育、民办教育、特殊教育

【学前教育快速发展】 2009年,全州在园幼儿达77781人,比上年增加881人,3-6岁儿童入园率达61.59%,比上年提高2.3个百分点。开展幼儿园评估复查,完成了56所幼儿园的州级评估认定工作。州幼儿园和宾川县幼儿园评定为省级优秀甲等幼儿园。

【大理州幼儿园送教下乡】 10月23~24日,大理州幼儿园组织5名教师到祥云、南涧开展送教下乡活动。杨晓勤园长采用参与式培训方法,就《2006—2010

周期教育部—联合国儿基会早期儿童发展项目(幼儿教师指南3—6岁)》进行专题培训。其余4位教师的教学观摩活动《可爱的小脚丫》、《牙齿上为什么会有龋洞》、《为什么我不能》、《尖锐的东西会伤人》从健康、语言、科学、社会、艺术不同侧面展示了大理州幼儿园优质集体教育活动的设计、组织、反思,给250多位参训教师作出了示范和榜样。

【大理州幼儿园被定为“大理州幼儿教师培训基地”】 2009年5月,大理州幼儿园正式被州教育局挂牌为“大理州幼儿教师培训基地”。培训基地除承担州内幼儿教师的培训外,还与省教育厅幼儿教师培训中心、北京师范大学、华东师范大学、云南师范大学学前教育培训中心等、高等教育机构合作,为大理州乃至滇西片区幼儿教师提供了一个与专家学者交流对话的平台,实现学前教育资源的优化配置、优势互补。

【大理州幼儿园美术特色教育成绩显著】 2009年4月州幼儿园一批师生参加省教育厅、省青少年书画艺术协会举办的“三生教育”优秀书画作品大赛。张立、孙静怡等14名幼儿获一等奖,李罗雅琪等29名幼儿获二等奖、王珺、张瑞颖等31名幼儿获三等奖,幼儿园获“组织一等奖”。2009年5月参加“全国中小学生幼儿优秀美术书法摄影作品大赛”获得好成绩,共送出幼儿参赛作品218幅,分别获得金、银、铜奖,教师分别获辅导特等奖、一等奖、二等奖。2009年6月参加共青团省委少先队组织的“第三届云南省少年学艺大赛幼儿组美术类”比赛。邓杨帆、李想等33名幼儿获金奖,王子怡、苏洋等100名幼儿获银奖,杨默涵、夏雨彤等64名幼儿获铜奖,董浩、何炜柏等14名幼儿获参赛奖,文枝丽、杨晓丽等被评为“优秀指导教师”。

【大理州幼儿园参加全省幼儿体操少儿健美操锦标赛再创佳绩】 5月,大理州幼儿园12名体操队员,代表大理州赴曲靖参加云南省幼儿体操少儿健美操锦标赛,小选手们稳定发挥,分别获得幼儿快乐操二等奖,幼儿响铃操一等奖,省编快乐操一等奖,省编啦啦操二等奖,少儿大众三级操一、二、三等奖,少儿大众二级一、二等奖,基础套路三人操第三名的好成绩。另外,云南省体操协会还授予州幼儿园罗建兴、程荣波老师“云南省优秀幼儿体操教练员”的荣誉称号。多年来,州幼儿园注重发挥教师专长、挖掘幼儿的潜质,在素质教育、特色教育方面积累了丰富的经验和成果。州幼儿园体操队连续代表大理州参加体操比赛获一等奖19次,二等奖13次,赢得社会各界的肯定和好评。

【大理州幼儿园通过云南省优秀甲等幼儿园的评估验收】 4月23~24日,省政府教育督导评估组的领导和专家一行8人,莅临大理州幼儿园检查、指导、评估。评估组通过听取州教育局的介绍、州幼儿园工作汇报、现场听课、查阅资料、发放家长问卷表、实地考察、教职工座谈等多种方式,对幼儿园进行全面评估检查。省评估组领导和专家一致认为大理州幼儿园坚持正确的办园方向,树立正确的办园思想,突出队伍建设的核心地位,打造了一支高素质的教师队伍;积极筹措资金,使硬件办学条件明显改善;强化科学管理,不断拓宽教育渠道,教育教学成绩突出,特色教育效果明显。省评估组认真对照《云南省幼儿园督导评估工作方案》中的4项A级指标、11项B级指标和32项C级指标,认定大理州幼儿园已达到云南省优级甲等幼儿园的量化考核标准,顺利通过验收。

【州教育局成立民办教育科】 为进一步加大对全州民办教育机构的管理和指导力度,规范民办教育机构的办学行为,提高办学效益,促进全州民办教育事业稳步健康发展,州教育局成立了民办教育科。科室级别为正科级,编制2人。科室主要职能职责是宣传和贯彻落实民办教育法律法规以及相关政策;编制全州民办教育事业发展规划,制订和出台促进民办教育发展的政策措施;对全州各级各类民办教育机构的办学行为进行监督管理和业务指导,为民办教育机构提供政策咨询和优质服务;审批高中阶段民办教育机构。

【全州民办教育稳步健康发展】 2009年,全州共有各级各类民办教育机构550所(其中幼儿园493年,小学1所,中学5所,职业高中1所,培训学校50所);在校学生64832人(其中幼儿园49564人,小学785人,中学5017人,职业高中309人,培训学校9157人);教职工3751人(其中专职教师2937人,行政人员814人,兼职教师510人);学校资产42050.44万元,占地面积930884.76平方米,校舍建筑面积374246.69平方米,设备2792.27万元,图书204.19万元。学校数和学生数分别比2008年(465所、55763人)增85所和9069人,分别增长18.28%和16.26%。

【大理州获省70万元民办教育专项资金扶持】 2009年,大理州认真指导各级各类符合申报条件的民办教育机构开展项目申报工作。在各民办学校申报的基础上,州、县市两级教育、财政部门严格坚持省定的申报标准,对各民办学校的申报材料进行了严格审核把关。省专家组深入部分民办学校进行实地考察,对部分项目的可行性进行评估,并经专项资金项目评审委员会评审后,全州6所民办学校获得70万元的专项资金扶持。其中祥云祥华中学20万元,大理师范附属幼儿园、大理市凤仪幼儿园、宾川县艺术幼儿园、宾川县州城幼儿园、南涧县新星幼儿园各10万元,为这些民办学校缓解办学压力,扩大办学规模,提高办学效益奠定了坚实基础。

【大理市黄冈实验中学正式办学】 大理市黄冈实验中学自2005年试办学以来,不断强化发展意识,积极改善办学条件,强化和规范常规管理,依法办学、诚信办学,加强教师队伍建设,办学效益逐年提高。2007/2008学年,学校获得大理市教育局教育目标管理考核二等奖,2008年学校参加银河工程文艺赛演的参赛节目获“优秀节目奖”,首届高中毕业生高考上线率为60.53%。2009年初,学校被团州委指定为“青年创业就业实习基地”,第二届毕业生高考上线率达69.7%,本科上线率达18.4%,校长高长青被评为“大理州青年创业十佳州长奖”,逐步得到了社会的认可。经评估研究决定批准大理市黄冈实验中学正式办学。

(《教育》由赵鳌撰稿)

(本部类责任编校:刘丹霞)

科　学

综　述

【概　述】 2009年，是大理州科技发展不平凡的一年。面对国际金融危机的严重冲击，在州委、州人民政府的坚强领导下，在省科技厅的有效指导和帮助推动下，全州科技工作以提高自主创新能力为中心，以支撑发展方式转变和经济结构调整为主线，全面推进创新型云南行动计划的贯彻落实，以科技项目为抓手，以实施八大科技工程为载体，坚定信心，团结协作，迎难而上，共克时艰，为扭转经济增速下滑，增强经济发展后劲做出了切实贡献，科技发挥了重要支撑作用。全年争取上级科技项目经费7960万元，是2008年的近4倍和2007年的10倍多，科技进步对经济增长的贡献率达到48.1%。实施建设创新型云南行动计划工作，以良好的成绩顺利通过省的考核检查，受到省政府的表彰奖励。大理州知识产权局荣获全省2009年度知识产权工作先进单位一等奖。大理州科技局继2008年度首次获得全州党风廉政建设考核优秀之后，在2009年度惩治和预防腐败体系建设检查及党风廉政建设责任考核中，再度荣获考核优秀，受到中共大理州委的通报表彰。

（石湖波）

【学习实践科学发展观活动扎实有效】 按照州委的部署和要求，在州委学习实践科学发展观活动第18指导检查组的帮助指导下，从3月起，州科技局认真扎实地开展了深入学习实践科学发展观活动。全局共有29人参加，其中在职党员干部职工14人、在职非党干部9人、离退休党员6人。通过学习，达到了提高思想认识、解决突出问题、创新体制机制、促进科学发展的目标要求，取得了显著成效。一是统一思想，增强了贯彻落实科学发展观的自觉性和坚定性。二是认真分析，找准了影响和制约科技事业发展的突出问题。三是明确方向，确定了科技工作思路。四是边学边改，取得了一些具体成果。

（卜怀志）

【安排州级科技计划项目】 州科技局按照大理州产业发展政策和科技发展规划，2009年同州财政局共安排科技计划项目41项，下达科技三项费180万元，其中，工业科技项目13项，安排经费60万元；农业科技项目13项，安排经费70万元；社会发展及其他科技项目15项，安排经费50万元；安排科普计划项目19项，下达科普经费60.6万元。

（卜怀志）

【推荐云南省科学技术奖请奖】 2009年，根据云南省科技厅关于推荐2009年度云南省科学技术奖有关事项的通知要求，大理州科学技术局共组织推荐云南省科学技术奖请奖项目7项，其中农业3项、工业1项、卫生2项、气象1项。经过云南省科学技术奖励委员会全体会议审定，由大理州园艺站完成的“云南山茶标准化商品盆花生产技术研究与示范”、大理州农业科学研究所完成的“优质大粒高蛋白蚕豆新良种凤豆十号(9829)选育及应用”、祥云县黄金工业有限责任公司完成的“高砷高硫炭质提金技术及示范”、宾川县气象局、宾川白肋烟有限责任公司完成的“宾川白肋烟与气候”4个项目获2009年度云南省科学技术奖科学技术进步类三等奖。

（覃晓玲）

【科技成果登记】 根据“云南省科技成果登记实施细则”的有关规定，经过形式审查合格，2009年度，全州共办理科技成果登记手续10项。经过鉴定的成果项目数8项；验收的成果项目数1项；知识产权数1项。其中生物、医药和医疗器械4项，农业5项，其他1项；成果应用行业上，农、林、牧、渔业5项，制造业1项，卫生、社会保障和社会福利业4项。

（覃晓玲）

【建立省州科技工作会商机制】 为加快建设创新型云南行动计划的实施，增强区域自主创新能力，省科技厅决定从2009年起，建立厅州科技工作会商机制，通过省科技厅与州(市)高层领导协商，实现科技工作思路的有效对接。4月22日，全省首家厅州会商在大理州举行。会商期间，大理州人大常委会副主任尚榆民率相关部门的领导，陪同省科技厅会商人员，前往大理州园艺站花卉基地、大理喜洲作邑垃圾焚烧站和大理力帆骏马公司，进行了深入的考察调研。会商中，大理州州长何金平向省科技厅会商组介绍了大理州科技工作情况、贯彻落实省委、省政府《决定》情况、党政一把手科技工程的实施情况、大理州科技兴州思路，提出了请求省科技厅给予扶持的重大科技项目及做好科技工作的意见建议；省科技厅龙江厅长、洪世奇副厅长等领导同志，对大理州的科技工作给予了充分的肯定，认为大理确立的科技工作思路科学可行，提出协商解决的重大科技项目，既紧扣省委、省政府《决定》和全省科技工作会议精神，又体现了大理的特色和优势，省科技厅将积极给予支持。到年底，大理州提出的4个大项目中已有3项得到立项，其中，书记州长科技工程分别获得省科技厅265万元、300万元的支持，其他1项也已通过评审。

（卜怀志）

【大理州又有3户企业被认定为省级创新型试点企业】 2009年，继续认真组织和申报省级创新型企业，向省科技厅推荐申报了5家，其中云南大理瑞鹤药业有限公司、大理药业股份有限公司、云南远益园林工程有限公司3家被认定为云南省创新型试点企业，分别获得50万元的经费支持。

（卜怀志）

【大理州3户企业认定为高新技术企业】 根据科技部、财政部、国家税务总局联合发布的《高新技术企业认定管理办法》的规定，在企业申请的基础上，经形式审查、专家评审、公示等程序，云南省高新技术企业认定管理工作领导小组确定了云南省2009年拟认定的高新技术企业，并报经全国高新技术企业认定管理工作领导小组办公室备案核准，大理州云南远益园林工程有限公司、云南大理瑞鹤药业公司和大理力帆骏马车辆有限公司3户企业入选高新技术企业，高新技术企业认定有效期为三年。根据2008年1月1日开始实施的新《企业所得税法》的有关规定，通过认定的高新技术企业，将减按15%的税率征收企业所得税。至此大理州共有5户企业被国家认定为高新技术企业。

（刘子红）

【科技人才工作卓有成效】 2009年，认真实施省高端科技人才引进计划、省创新人才团队选拔培养计划、省中青年学术和技术带头人后备人才及省技术创新人才培养计划，大理学院引进一名长江学者，是全省除昆明外州市一级引进高端人才第一人，并由省科技厅给予资助安排320万元的课题研究经费。加大科技专家库建设工作力度，建成的专家库汇集了194位专家，涉及工业、农业、医疗、教育等领域，为引领区域经济发展提供人才保障。

（卜怀志）

【科技活动周丰富多彩】 以创新思维谋划全州科技活动周活动。一是改革传统“广场宣传活动”启动仪式的组织方式，在5月16日的大理日报上，全文刊发州委王桂芳副书记《科技活动周要为创新型大理建设营造良好的社会氛围》，并由大理电视台和大理人民广播电台，配套进行摘要式的新闻报道，二是开展州领导调研指导创新活动。科技活动周期间，邀请州人大主任字国顺、副州长李雄、副州长朱非、州政协主席袁爱光、副主席孙明，分别带队深入到大理瑞鹤药业、州家畜繁育指导站、祥云飞龙公司、大理药业等重点科技单位调研和指导，一方面帮助创新单位及科技人员协调解决发展中的困难和问题；一方面在全社会营造州级领导班子带头抓科技创新着力促进大理科学发展的良好氛围。三是组织科技创新系列采访宣传报道。对强化学科学、用科学和尊重科学、尊重创新、尊重人才、尊重劳动意识，产生了良好的宣传效应。在科技活动周期间，全州共订阅发送科技报刊1.98万份，组织科技培训63场次、受训人数5000多人次，组织城镇专题科普宣传活动38场次、参与人数3.6万人次，开展科技咨询活动25场次、参与人数近万人次，开放科普教育基地共接待1520人次，举办科普展览36场次、接待人数近8000人次，组织科技下乡服务约50场次、直接受众达12000多人次。

（周　新）

【大理州增加2家省级科普教育基地】 2009年，为加强科普教育平台建设，全年共组织8个科普基地申报省级科普教育基地，其中，大理国家气候观象台和鹤庆县青少年校外活动中心被省科技厅命名为云南省科普教育基地。

（卜怀志）

【开展科技创新有奖征文活动】 2009年1～12月，州科技局在大理日报开设专栏，组织开展了为期一年的以“提高自主创新能力促进大理科学发展”为主题的科技创新有奖征文活动。活动得到了各级各部门以及社会各界的大力支持和积极参与，全年共收到征文投稿100多篇，属于科技创新有奖征文范畴的有75篇，经活动组委会初评，在《大理日报》上每周刊登1篇征文，全年共选用刊登52篇征文。已刊登征文，经专家评审委评选，评选出一等奖1篇、二等奖6篇、三等奖14篇，其余刊登征文为鼓励奖，州科技局政策法规科、大理市科技局为组织奖。

（覃晓玲）

【大理州举办科技管理综合学习培训】 11月27～30日，大理州举办了一期大规模、高质量的科技管理综合学习培训班，各县市的科技局、州级科研院所、大中专学校、医疗单位、重点科技活动单位负责人和州科技局全体干部职工等约150人参加了学习培训。州政府岳黎松副州长作动员部署，省科技厅派出厅党组成员、省知识产权局党组书记方涛和农村科技处处长丁鲲、政策法规处副处长和振远，分别就科技计划与管理、农村科技项目组织及实施管理、如何用好用活科技政策法规等问题，深入大理进行了系统全面和生动有趣的讲授，深受全体参加学习培训人员的一致好评。州科技局3名副局长就如何做好农村科技管理及科技成果转化工作、工业科技管理及知识产权工作、社会科技管理及科技政策法规工作，分别进行了深入的分析与辅导。学习培训期间还组织了一场党风廉政建设及加强作风建设问题的专题讲座，邀请州科技局党组书记、局长李建昌和州纪委农林水纪工委副书记杨晓冬作专题辅导，通过专题学习辅导，提高了对加强党风廉政建设和转变机关作风的必要性、紧迫性的认识，进一步明晰了推进全州党风廉政建设与科技管理工作的紧密结合及互推共促的思路。

（周　新）

【大理州专利申请和授权量创历史新高】 全州专利申请和授权数量快速增长，双双创历史新高。专利申请达132件，比2008年的78件增长69.2%，超额完成《大理州贯彻建设创新型云南行动计划决定的实施意见》中制定的专利申请量达到100件的目标，专利授权达75件，比2008年50件增长50%。

（董文煌）

2009年大理州科学研究与技术开发机构概况表

单位名称	人员（人）			从事科技活动人员按技术职务分类（人）					课题数（项）	科技成果登记（项）		科技成果奖励（项）				地　址
	总数	其中：甲类	其中：乙类	总数	高级	中级	初级	其他		总数	已应用数	总数	国家级	省部级	地市级	
大理州农业科学研究所	63	38	22	51	9	22	12	8	18	3	3	1	0	0	1	大理市凤仪镇
大理州经济作物研究所	31	29	2	50	14	12	5	19	8	0	0	1	0	0	1	宾川县牛井镇
大理州林业科学研究所	24	17	7	24	5	8	7	4	14	0	0	0	0	0	0	大理市下关福文路19号

续表

单位名称	人员（人）			从事科技活动人员按技术职务分类（人）					课题数（项）	科技成果登记（项）		科技成果奖励（项）				地址
	总数	其中		总数	高级	中级	初级	其他		总数	已应用数	总数	国家级	省部级	地市级	
		甲类	乙类													
大理州矿冶开发研究所	10	7	3	11	2	5	3	1	0	0	0	0	0	0	0	大理市下关镇苍山路151号
大理州血吸虫防治研究所	65	49	16	65	12	19	25	9	5	0	0	0	0	0	0	大理市下关镇关平路82号
云南省大理白族自治州农业机械技术推广站	8	6	2	8	2	4	2	0	0	0	0	0	0	0	0	大理市下关关平路39号
大理州科技情报研究所	4	3	1	4	2	0	1	1	3	0	0	0	0	0	0	大理市下关龙山行政办公区
合　计	202	149	56	213	46	70	55	42	48	3	3	2	0	0	2	

注：甲类：大学毕业及以上学历或具有高、中级技术职务人员；

乙类：大、中专毕业学历或具有初级技术职务人员。

自然科学

【组织专家对大理州承担的省科技厅粮食高产创建活动项目进行复测】 2009年9月10日、17日、21日，由大理州科技局主持，邀请省、州、县（市）专家，组成复测验收组，分别对弥渡县水稻高产创建项目，大理市水稻高产创建项目，剑川县马铃薯高产创建项目，进行复测验收，专家组在组织现场实测、查阅相关记录资料的基础上，得出了复测数据：弥渡县水稻百亩核心区平均亩产988.77千克，大理市水稻百亩核心区平均亩产815千克，剑川县马铃薯百亩核心区平均亩产3512.7千克，千亩示范区平均亩产3059.73千克，超出了粮食高产创建目标要求，超额完成了省科技厅粮食高产创建项目计划任务。

（罗惠文）

【“粮茶间作套种立体生态农业规范化种植技术”项目通过专家的验收】 2009年，在项目组织实施中，开展技术培训198场次，受训15850人次，指导培训36场次，发放宣传资料6580份；推广粮茶间作套种立体生态农业规范化种植面积32000亩，经济效益和社会效益显著；摸索出粮茶间作套种中茶树种植的株距、行距以及粮食、茶叶管理等规范化技术，制定了一套切实可行的《粮茶间作套种立体生态农业规范化种植技术规程》，超额完成了项目任务书中的研究内容。项目通过了专家组的验收。

（罗惠文）

【“蚕豆优质高密度高产栽培技术生产中试示范”项目通过验收】 2009年，大理市、洱源县、祥云县实施高密度垄作10.36万亩，平均亩产337.48千克，比非项目区平均亩增产37.82千克，增产12.62%，新增产量391.28万千克，新增产值979.55万元，增产效果显著。项目通过了专家验收。

（罗惠文）

【蚕豆高产新良种“凤豆十一号”选育及推广应用项目通过验收】 2009年，“凤豆十一号”在历年品系比较、区试、生产试验及示范中表现高产、稳产，一般亩产250.42—343.57千克，增产效果显著。项目通过了专家验收。

（罗惠文）

【“云南山茶标准化商品盆花生产技术研究与示范”项目创新点突出】 2009年，一是收集保存了大量云南山茶种质资源，为开展相关研究工作以及后续生产开发奠定了良好的基础。二是研究开发了新型优质云南山茶盆栽基质。三是在国内首创开展了云南山茶组合盆栽技术，为云南山茶标准化、规模化生产提供了技术保障。四是率先完成了云南山茶商品盆花标准化生产技术标准。五是云南山茶离体嫁接快繁技术在主产区试验成功并规模化示范推广应用。六是国内首创漂浮与旱化相结合的育苗技术。七是采用不同种类茶花实生苗作为标准化商品茶花砧木，进行规模化生产，并成功推广应用。

（罗惠文）

【“云药之乡”认定】 2009年9月24日，云南省科技厅、云南省食品药品监督管理局认定弥渡县、魏山县为2009年云南省第一批“云药之乡”。

（李晓红）

学会与科普

【开展学习实践科学发展观活动】 根据州委的统一部署要求，州科协党组及时召开动员大会，认真制定了实施方案，严格按学习调研、分析检查、整改落实三个阶段组织学习。学习中，坚持联系实际，边查边改，边改边干，把推动工作作为学习实践活动的着眼点和落脚点，做到学习与工作相结合，扎实开展学习实践活动，推动了科协事业的发展。学习实践活动期间，州科协领导干部深入各县市科协，与基层科技工作者200多人（次）进行座谈，进行调查研究和征求意见；编印工作简报24期，州委领导小组办公室采用2期；在“大理科普网站”开辟了学习实践活动专栏，党员干部撰写体会文章13篇，州科协主席罗朝玺撰写的《学习实践科学发展观是提高科协工作能力的迫切需要》的体会文章，被中国科协主办的《科协论坛》和大理日报采用。州委第八指导检查组对州科协学习实践活动工作给予了充分肯定。经测评学习实践活动满意度达100%。

【召开五届六次全委扩大会议】 1月19日，州科协召开五届六次全委扩大会议。原州政府副州长朱非到会作了重要讲话，州科协主席罗朝玺同志代表五届常委会向全体委员作了工作报告。会上表彰了2008年度科协系统工作目标管理先进集体，大理市科协、弥渡县科协、祥云县科协、漾濞县科协、剑川县科协、宾川县科协、永平县科协、云龙县科协和大理州烟草学会、大理州老科技工作者协会、大理州林业生态与产业协会、大理州地震学会、大理州护理学会、大理州气象学会、大理州统计学会、大理州档案学会、大理州质量技术协会、大理州土木建筑学会被评为目标管理一等奖。

【实施核桃科普示范项目】 为认真贯彻落实州委、州政府关于"建成1000万亩核桃产业"的目标要求，州科协联合州林业局，投入资金126万元，在12县市建立4个5000亩以上核桃科普示范基地、7个5000亩以上核桃科普示范村和1个10万亩以上核桃科普示范乡，并制定了《大理州核桃科普示范基地示范村示范乡创建方案》和《大理州核桃科普示范基地示范村示范乡技术规程》。为进一步推进创建工作，充分发挥科普示范带动作用，6月16～17日，州科协、州林业局联合在祥云县召开"大理州核桃产业科普示范创建推进会"。

【申报实施科普惠农兴村计划项目】 州科协结合大理州产业发展实际，找准优势和特色，提前做好项目储备，积极争取上级科普项目，2009年科普项目数量、经费大幅增加。南涧县乐秋乡米家禄村等7个村被列为云南省科普惠农兴村计划科普富民示范村，共获省财政以奖代补扶持资金35万元。洱源县湿地保护科普行动等8个项目被列为省级科普项目，争取项目经费88万元。弥渡县中药材协会、宾川县奶牛协会、云龙县河东宏达农业产业协会、剑川县狮河木雕工艺协会、漾濞县马厂核桃林场、南涧县黑龙潭茶厂、大理市良种猪扩繁厂等7个项目，被中国科协和财政部表彰为"科普惠农先进单位"和"科普带头人"，获得奖补资金125万元，争取项目数名列全省第二位。11月召开的全国科普惠农兴村计划经验交流会上，漾濞县马厂核桃林场科普示范基地负责人，代表云南省作了经验交流。

【举办大理州科技专家迎春座谈会】 1月8日，州科协组织召开"大理州科技专家迎春座谈会"，州委书记刘明在听取部分科技专家重点发言的基础上，作了题为《坚持科学发展加快自主创新为大理经济社会发展提供有力科技支撑》的重要讲话。刘书记充分肯定了科技专家对大理科技、经济发展作出的突出贡献，并对当前和今后一个时期的科技工作提出了明确要求。这次会议既体现了州委、州政府对科技工作者的关怀，又为科技工作者建言献策搭建了平台。会上，州科协慰问了参会代表。

【召开全州学会工作会议】 4月24日，州科协召开了全州学会工作会议，36个州级学会代表及挂靠单位的领导、县市科协分管学会的领导和州科协干部职工等80多人参会。会议总结了近年学会各项工作，安排部署下一阶段州级学会学术重点工作。通过了《州级学会学术项目申报管理办法（试行）》；确定了科协和学会的学术调研重点，拟定"洱海湿地环境保护与资源持续利用意见建议"等16个调研提纲。会后，有18个州级学会申报了课题，州科协对课题进行评估，根据开展课题和实施情况给予了经费支持。

【在云南省第四届科技论坛上获佳绩】
根据省科协要求，大理州精心组织了省第四届科技论坛论文征集工作，发动科技工作者围绕"农民专业合作组织发展"的主题，积极撰稿，取得了较好成效。在论坛上，《大理州农技协发展初探浅议》等15篇论文被评为第四届科学技术论坛优秀论文，祥云县古云南养鸡协会作为本届论坛先进典型代表在会上作了交流发言。

【举办国际前沿学术报告会】 9月12～13日，州科协邀请日本长琦综合大学教授刘震博士、日本福岗工业大学教授卢存伟博士、日本佐贺大学副教授郑绍辉博士一行3人赴大理，举行学术报告会及座谈交流活动，在大理学院作了题为《数据挖掘及其发展趋势》、《IT革命与超图像——3维、4维图像检测及在未来检测领域的应用》、《日本农业生产现状及问题分析——环保农业的研究动向》等学术报告，大理学院近千名师生认真倾听了3位博士的精彩讲授。

【千村扶贫百村整体推进工作成效明显】 州科协围绕"866"建设目标，制定了实施方案，联合州法院在南涧县乐秋乡米家禄村开展扶贫工作。一是实施"美国薄壳山核桃项目"，投入10万元资金购买美国山核桃苗2000株，发展美国山核桃200亩。二是争取项目支持，米家禄村被列为"云南省科普惠农兴村计划"项目实施单位和全州"农村书屋"扶持村，投入资金7万多元，实施了科普活动室、科普宣传栏等"七个一"建设。三是开展科技培训，开展核桃栽培技术培训2次，培训120多人，招收农函大核桃专业培训班，招收学员60名。四是慰问贫困户，州科协干部职工捐款3000元，单位购买了40多箱宾川柑桔，由领导带队走访慰问米家禄村委会和15户结对帮扶户。

【农函大办学工作取得较好成绩】
2009年农函大大理州分校设置专业53个，281个培训班，共招收学员14107名，连续五年招生数超万人，被国家和省农函大表彰为先进单位。

【组织编写《大理农村科普丛书》】 州科协组织科技专家，围绕大理州支柱产业、特色产业和生态环境保护工程等，编辑发行《大理农村科普丛书》，丰富农村科普文化生活。丛书第一辑由《大理核桃新技术》、《蔬菜栽培简明手册》、《农作物栽培管理技术》、《新农村卫生保健读本》、《畜禽养殖与疫病防治》、《农村环境保护知识》等6册组成。丛书编写得到州委、州政府的重视和支持，州委副书记王雪峰为丛书作序。

【到生产一线开展科技培训】 围绕州委、州政府大力发展核桃产业这项重点工作，州科协邀请核桃专家杨源，多次深入基层开展实用技术培训，因地制宜普及推广先进实用技术，宣传大理州核桃产业有关政策，提高群众栽培管理水平。5月份，深入南涧县乐秋乡米家禄村、上虎村，开展美国薄壳山核桃和泡核桃科学栽培管理培训。8月份，深入鹤庆县西邑镇响水河村组织开展铁核桃改良培训，并给当地群众作核桃嫁接操作演示，共培训果农200多人。

【开展全国科普日活动】 9月20日，大理州"全国科普日"活动在云龙县文化广场隆重举行，州委常委、政法委书记茶忠旺到场作了重要讲话，来自州县两级20多个单位科技工作者对广大群众进行了科技咨询、科技展览、专家义诊，发放了科普资料等。活动期间，州科协还深入云龙、永平、漾濞等县中、小学，开展科普大篷车巡展与“节约纸张、保护环境”青少年科学调查体验活动。整个活动共发放科普资料27000多份，发送环保袋2000个，展出科普展板193块，义诊300多人，受益群众、学生6000多人。

【组织参加第24届云南省青少年科技创新大赛】 本次大赛在取消加分的情况下，具有参赛学校多，参赛人数多，参赛作品多，内容丰富，涉及面广，科技含量高等特点，大赛共有86所学校、12867名学生、931个作品参赛。经评审，评出州级一等奖23项，二等奖67项，三等奖216项；上报第24届云南省青少年科技创新大赛作品265项，获省级一等奖5个，二等奖15个，三等奖68个，省级优秀组织奖1个，优秀教师奖一个，获奖率达33%。

【开展形式多样的青少年科技教育活动】 开展青少年走进地震科普基地活动，在“5·12”四川汶川地震一周年之际，组织大理市育才二小学生近400人，到中国地震局滇西地震预报实验场观看防灾减灾展板和地震科教片。5月10日，组织全国中学生生物学联赛，来自下关一中等7所中学的151名学生在6个考场进行了理论考试。大理考点参赛人数居全省第二，理论考试的考务工作受到好评。9月，开展科普大篷车巡展与“节约纸张、保护环境”青少年科学调查体验活动。

【命名滇西地震预报实验场为州级科普教育基地】 4月3日，州科协命名滇西地震预报实验场为州级科普教育基地，并举行了挂牌仪式。

【举办青少年科技教育培训班】 大理州青少年科技教育组织工作者及科技教师培训班于9月3日在下关开班。特邀中国科学院昆明动物研究所熊江研究员作了《创新思维与青少年科技活动》及《昆虫研究方法》的专题讲座，云南天文台高级工程师、昆明市青少年科技教育协会常务副理事长高衡作了《为什么要做科学研究》的专题讲座。来自全州12县市科协、教育局的青少年科技教育组织工作者，各县市中小学校及州属各学校教师140多人参加了培训。

【加强“科普通”宣传力度】 5月6日，大理州“科普通”领导小组召开大理“科普通”工作座谈会，原副州长朱非在会上作了重要讲话，各成员单位与会人员提出了许多好的意见和建议，总结了经验，提升了品质。截止12月，“科普通”用户保持在4万人，全年累计发送科普短信260多条，受益群众10多万人，“科普通”短信的作用越来越明显，得到了用户的好评。

【建立大理科普网站】 2009年3月，大理科普网站（http://www.dlast.org.cn）开通，为广大群众参与科普，普及科学知识、传播科学思想和方法、弘扬科学精神搭建了新的平台。

【开办科普大篷车电视栏目】 2009年9月，由州科协牵头，联合云南广电网络大理分公司，积极争取到中国科协声像中心的大力支持，携手精心打造以科普为内容的“科普大篷车”电视专栏。从2009年9月1日起在广电网络有线电视《数字大理》频道开播，每周1期，每期15分钟，每周星期一首播，星期三、五重播，具体播出时段为18:10分。节目免费播出后，全州有43万户家庭受益。

【编辑发行《大理科普》】 2009年，《大理科普》编辑发行两期，共发行4000册，并免费发放到全州各乡、村行政组织。刊物的栏目设置、栏目内容不断改进，刊物质量不断提高，得到了读者和各级领导的好评。

【建立科协工作创新激励机制】 为了进一步解放思想，开动脑筋，形成浓厚的创新氛围，州科协实施了大理州科协工作创新激励机制。2009年，有10个县市申报了23项创新成果项目，经州科协考评，有16项工作创新成果得到认可，并表彰为先进单位。

（《科协》由杨崇斌撰稿）

社会科学

【概　述】 2009年，大理州社科联在州委、州政府的领导和州委宣传部的具体指导下，以及省社科联的关心指导，带领广大社会科学工作者，积极开展社会科学理论研究，普及社会科学知识，加强社科学会管理，搞好社科学术交流，开展社科优秀成果评奖，促进社科队伍建设，承办全省社科工作会议等活动，为繁荣发展全州的哲学社会科学，促进全州经济社会又好又快发展，作出了社科理论界应有的贡献。

【开展学习实践科学发展观活动】 2009年，大理州社科联紧紧围绕深入学习实践科学发展观这个主题，结合州委组织的第二批深入学习实践科学发展观活动，认真组织社科理论界深入开展学习实践科学发展观活动。社科联在州委的统一安排下，认真学习有关理论，充分认识开展第二批学习实践活动的重大意义，准确把握开展学习实践活动的指导思想、目标要求和主要原则，选准社科工作着力点，注重实践特色，确保学习实践活动取得实效。从3月份开始到8月底结束，社科联按要求圆满完成了学习调研，分析检查，整改落实三个阶段，共11个环节进行的学习。同时，州委学习实践科学发展观领导小组抽调社科联两名同志作为州委第六指导检查组的组长和成员，负责对8个州级行政单位的指导检查，圆满完成了州委指导组的工作任务，8个单位均按时按质按量高标准完成了第二批深入学习实践科学发展观活动。9月份，根据州委统一安排，社科联配合州民政局对州属各学会、协会、研究会组织第三批学习实践科学发展观活动，并于10月15日召开了动员大会。社科系统深入学习实践科学发展观活动的开展，加强了社科队伍建设，进一步理清了社科工作的新思路。

【积极抓好课题调研工作】 2009年，州社科联以科学发展观为指针，围绕州委、州政府的工作重心，精心做好社科课题的设置、立项、研究和评审，使课题研究工作成为学习宣传贯彻科学发展观的具体行动，成为“围绕中心，服务大局”的具体实践。我们对大理州哲学社会科学研究课题项目28个课题的完成情况进行评审，目前，研究课题已全部结题并通过验收，目前正在编审书稿，集结成书。这种课题研究的方式，较好地解决了理论工作者如何为党委政府的决策提供服务的问题，也充分调动了专家、学者的积极性，有效整合了全州社科人才资源。

【圆满完成云南省2009年社科工作会议】 根据省社科联安排，大理州委宣传部、州社科联共同承办了云南省2009年社科工作会议。会议于3月23～28日召开，会期6天（含调研、考察）。会议主要内容为通报省社科联2008年工作情况，安排2009年工作，交流州、市(县)社科联工作经验;考察调研大理市、巍山县、洱源县、宾川县、剑川县经济社会发展状况。此次会议参会人员多,考察路线长,规模层次高。参会人员有省人大原副主任、省社科联主席王义明、省社科联党组书记、常务副主席袁显亮及其他有关领导,全省各州市、县社科联主席及社科专家、学者约130人。中共大理州委副书记王桂芳,州委常委、州委宣传部部长王以志到会并作重要讲话。

【加强社科队伍建设】 为了进一步准确掌握各学会、协会、研究会的工作动态,州社科联于年初对各学会、协会、研究会的领导班子、联系方式、工作地址等进行了认真的核查。与每个学会、协会、研究会的负责人进行了有效沟通,对州属各学会、协会、研究会的情况做到了准确掌握、及时指导。8月15日,州社科联配合州民政局举办了全州社团秘书长培训会议,并对社团活动管理规定进行了学习,进一步促进了社团活动的制度化、规范化。各学会、协会、研究会在社科联的领导下活动正常规范、各具特色、富有成效。2009年以来,州级又成立了大理州纪检监察学会、大理州税务学会等,社科团体迅速发挥作用。2009年,由大理电视台主办,社科联参与组织指导的《大理讲坛》社科类论坛节目创办满两周年,在2009年6月份云南省广播电视节目社教类优秀节目评选中,《大理讲坛》栏目因其独一性、本土性、高品位的文化物质,在全省众多电视栏目中独树一帜,被评为2008年度云南省十佳电视栏目。

【积极利用社科载体推进对外宣传】 州社科联一直注重对大理本土专家学者充分发掘和培养,并积极通过社科理论界的活动扩大大理社科工作的影响力。在省社科联的大力关心支持和亲自主持下,大理州社科联与巍山县委宣传部、社科联,以及剑川县委宣传部一道,在2009年3月7日和3月21日,在省社科联分别组织了巍山县历史文化学者杨光梁老师和剑川县石钟山石窟文管所所长董增旭老师到"云岭大讲坛·国学讲坛"进行演讲。杨光梁老师以《解读历史文化名城巍山》为题,董增旭老师以《南方的敦煌——剑川石宝山石窟》为题,分别对巍山的历史文化和剑川的石窟文化进行了讲解。听众反应较好,得到省社科联领导和全省社科学界的高度评价。同时,两场授课情况和巍山剑川有相关历史文化信息的相关报道分别在《云南经济报》、《都市时报》、《春城晚报》、《云南信息报》、《滇池晨报》等多家媒体整版刊登,大理电视台、《大理日报》以及县级相关媒体对此次活动作了宣传报道,较好的利用社科渠道宣传了大理。8月1日,杨光梁老师在红云红河先进文化论坛上作了题为《走进神秘的边陲古国》的演讲,反响较好。同时,州社科联还与省社科联、巍山县委、县人民政府一道在昆成功举办了巍山摄影节以及巍山旅游推介会。进一步推进了大理对外宣传工作。彰显了哲学社会科学为地方经济社会发展服务的功能。州县学者走上云岭大讲坛,大理属全省地州首家。

【不断研究基层社科联的发展】 州委宣传部、州社科联高度重视基层社科联的建设。在每年的全州宣传思想工作会上,州委领导都对县级社科联组织建设提出明确的要求。同时,大理州还将县市社科联的成立纳入每年的宣传思想工作目标责任考核项目之一。2009年以来,州社科联结合省考察组赴四川重庆考察的有关要求,加大对各县市建立社科联的调研力度,力争尽快多建立县级社科联基层组织,想方设法为基层社科联的建立创造条件。如今,大理州两家县级社科联成立后,其他几个县也正积极着手筹备社科联。县级社科联的成立,对大理州哲学社会科学的繁荣和发展起到了良好的导向作用,是社科联队伍建设上的一个突破。

【举办"两保护两开发"知识竞赛】 为进一步深入学习实践科学发展观,贯彻落实好省人民政府大理现场办公会议精神,按照州委常委会有关要求,2009年9月,大理州社科联牵头与中共大理州委宣传部、大理州委党校、大理日报社共同举办了"两保护两开发"普及性知识竞赛。本次竞赛的内容包括科学发展观概要;滇西中心城市建设的任务、目标;省政府大理专题会议有关内容;环保小常识;苍山洱海保护常识以及大理历史文化知识等。竞赛面向全州所有人员,州市两级行政部门、企事业单位要求人人参加。其余各县市积极参与。本次竞赛设一等奖1名;二等奖10名;三等奖100名;优秀奖200名;优秀组织奖5名(仅限集体参评)。活动开展后,得到全州各行各业人士的广泛积极参与,共收到26000份答题卡。此次活动的开展较好的落实了省州党委关于建设滇西中心城市的要求,为促进大理"两保护两开发"工作作出了积极的贡献,也拓宽了社科知识普及的领域。

(《社会科学》由何正春撰稿)

地方志、年鉴

【概　述】 2009年,全州第二轮地方志续修工作稳步进行,总体进展顺利并取得阶段性成果。《大理白族自治州志》(1978~2005)共有主体志49部,截至2009年12月底,承编《大理白族自治州志》的中央属、省属和州属单位完成专业志送审稿24部,其中11部已进入分纂阶段;未组合成专志的部门志送审稿29部。未完成的单位正在抓紧进行编写、修改校对和审稿工作,积极推进续修志书工作。有18家单位已出版单独的部门志、专业志。全州12部县市志中,有1个县基本完成初稿、2个县已进入分纂阶段、5个县基本完成了资料搜集任务、3个县市正在资料搜集过程中,《南涧彝族自治县志》已出版发行。《大理州年鉴》(2009)如期出版发行,全州12个县市中有11个县市编辑出版年鉴。

【全州地方志系统纳入参公管理】 2009年,根据中共大理州委组织部、大理州人事局相关文件精神和要求,大理州地方志系统全部纳入参照公务员管理。大理州地方志办公室属大理州人民政府直属正县级参照公务员管理的事业单位,对全州地方志工作进行统筹规划、组织协调、督促指导,依法主管本行政区域内的地方志工作,履行以下职责:①贯彻执行中央、国务院、省委、省人民政府和州委、州人民政府关于地方志工作的方针政策和法律法规,依法规划和管理全州地方志工作;②负责组织、指导、督促和检查全州地方志工作,审查、验收辖区内地方志志稿;③负责拟定全州地方志规划和编纂方案,组织协调和具体实施;④负责编纂大理州志和大理州综合年鉴的组稿、编辑、出版发行;⑤组织志书资源开发和有关文化建设项目的策划及实施;⑥组织搜集、保存、整理辖区内旧志;⑦完成州委、州政府及上级部门交办的任务。

【开展第二批深入学习实践科学发展观活动】 2009年3~8月,大理州志办为全面深入贯彻党的十七大精神,根据中央、省州党委的安排和部署，开展第二批深入学习实践科学发展观活动（以下简称学习实践活动）。整个学习实践活动按照《中共大理州委关于开展第二批深入学习实践科学发展观活动的实施意见》，分为"学习调研、分析检查、整改落实"3个阶段，每个阶段分为3个环节。活动期间，州志办紧扣"党员干部受教育"的要求，坚持理论联系实际，着力用科学发展观武装头脑，广大在职党员全程参加了学习实践活动，95岁高龄的老党员也积极参加。紧扣"科学发展上水平"的要求，突出实践特色，紧密联系日常工作，进一步学习、宣传、贯彻《地方志工作条例》，广泛宣传地方志工作的重要意义，让全社会都了解地方志，支持地方志的工作，在工作中切实体现以人为本的观念，努力营造单位"和谐修志"、"快乐修志"的氛围。紧扣"人民群众得实惠"的要求，努力使学习实践活动成为群众满意工程。先后两次组织2个调研组深入各县市志办和部分州级修志单位开展调查研究，形成了调研报告。同时向州各级修志部门、单位发放征求意见表50余份，共征求到建议70条，梳理、归纳为15条。领导班子成员征求到建议93条，梳理、归纳为21条。通过开展学习实践活动，提高了科学发展观对推动全州地方志事业科学发展重要性的认识，找到了全州地方志工作在落实科学发展中存在的主要问题，明确了发展的目标，制定了促进全州地方志事业科学发展的整改方案，确保全州地方志工作按全州续志规划全面、协调、持续开展。

【召开2009年年鉴工作会】 2009年3月6日，大理州志办组织全州100多家中央属、省属和州属单位的年鉴撰稿人，在下关金熙宾馆召开了2009年年鉴工作会。会议就如何提高《大理州年鉴》的编纂质量作了培训，会上，州志办主任赵秀元就"年鉴条目的规范化"作了讲解，调研员杨光复就"年鉴选题及条目编写"作了讲解，副主任那鹏就"年鉴是什么，编纂人员应该怎么做"作了讲解。通过培训，增强了《大理州年鉴》编辑部与各单位年鉴撰稿人之间的联系和沟通，为提高年鉴撰稿人的编纂水平，为保证《大理州年鉴》常编常新、质量不断提高，打下了坚实的基础。

【开展中国特色社会主义理论体系、社会主义核心价值体系宣讲工作】 2009年5月21日，根据中共大理州委宣传部《关于做好中国特色社会主义理论体系、社会主义核心价值体系宣讲工作的通知》要求，大理州志办邀请州委宣讲团成员，州委党校理论研究室主任、副教授李锡鹏老师，为全体干部职工作题为《中国特色社会主义理论体系解读》的宣讲。宣讲以中宣部理论局编写的《中国特色社会主义理论体系学习读本》和中宣部编写的《社会主义核心价值体系学习读本》为基础和蓝本，以省委宣讲团专家拟定的《〈中国特色社会主义理论体系学习读本〉宣讲提纲》和《〈社会主义核心价值体系学习读本〉宣讲提纲》为参考，全面准确地理解和掌握中国特色社会主义理论体系、社会主义核心价值体系的重大意义、主要内容和实践要求，并把学习实践科学发展观贯穿于中国特色社会主义理论体系、社会主义核心价值体系的宣讲内容之中。通过宣讲，进一步加深了广大党员干部和群众，特别是领导干部对中国特色社会主义理论体系和社会主义核心价值体系的历史地位、时代背景、科学内涵、精神实质、根本要求的领会和把握，增强了贯彻落实科学发展观的自觉性和坚定性。

【开展保护洱海、创建文明卫生村活动】 2009年，按照州委州政府的部署，州地方志办公室挂钩大理市下关镇石房子村，开展保护洱海、创建文明卫生村活动。州志办多次深入石房子村，开展保护洱海、创建文明卫生村活动。6月10日，大理州志办全体职工来到挂钩的石房子村，与村民一起开展了"保护洱海、创建文明卫生村"志愿者活动。参加活动的志愿者中，除了党员、团员，还有年近80的老人，以及妇女、儿童等60余人。大家手拿扫把、垃圾桶、火钳等工具，来到石房子村辖区内的洱海滩地，捡拾各种生活垃圾和不可降解的塑料制品。志愿者们在活动中充分体现了不怕苦、不怕脏、不怕累的精神。通过大家的努力，洱海边的垃圾被捡拾得干干净净，之后志愿者们又对村内巷道进行了清扫，使全村环境焕然一新。通过这次志愿者活动，进一步增强了大家的环境保护意识，使大家认识到，保护洱海就是保护我们自己的生存环境，这也是一项长期而艰巨的任务，要坚持在日常生产生活中，按各级政府有关洱海保护的条例，从自己做起，爱护环境，保护家园。

【《大理州年鉴》(2009)出版发行】 2009年10月，《大理州年鉴》(2009)由云南民族出版社出版发行。全书1400千字，采取以条目为主的栏目编排形式，设特载、专文、年内要事、概况、政治、军事、法制、农业、工业、交通、信息化建设、旅游、城乡规划建设管理、环境保护、贸易、财政税收、金融保险、经济管理与监督、教育、科学、文化、卫生、体育、民族宗教、社会、县市要览、统计资料选编、人物、附录等29个部类。该年鉴把大理州2008年内的大事、要事、新事和重大进展以图、文、表的形式展现给读者，反映了大理州政治、经济、社会、文化等各方面的发展情况。同时，突出了2009年新中国60华诞的年度特色，以大理州庆祝新中国成立60周年"万人红装苍洱唱国歌"彩色照片作封面，并用彩页的方式，重点介绍了2009年发生的全州性大事：大理州庆祝新中国成立60周年重大活动及新中国成立60年来大理州国民经济主要指标对比情况图表、省政府大理专题工作会议、全州第二批深入学习实践科学发展观活动开展情况、2009中国大理第二届国际兰花茶花博览会、第八届中国摄影艺术节等。成为州内外读者了解大理、投资大理、建设大理的指南。

【召开大理州地方志协会第六届会员大会】 2009年12月17～18日，大理州地方志协会第六届会员大会在漾濞召开，州地方志协会会员65人参加会议，州政协文史委、州科协、州民政局和中共大理漾濞县委、县政府、县人大、县政协的领导应邀出席会议并讲话。会议首先进行了大理州地方志协会换届选举，共选举出36人担任第六届理事，16人担任第六届常务理事，赵秀元当选为第六届理事长，那鹏、刘丹霞当选为副理事长，冯燕当选为秘书长。随后，会议围绕深入学习贯彻《地方志工作条例》，推进第二轮地方志编修工作，促进地方志事业科学发展进行理论研讨，特别是针对新形势下地方志事业发展遇到的新情况新问题开展地方志学术论文交流，会议共收到交流材料、论文11篇，11人在会上进行了交流发言。

【召开《大理州年鉴》创刊20年总结表彰暨地方志续修工作会议】 2009年12月30日，州人民政府在大理市苍山饭店召开《大理州年鉴》创刊20年总结表彰暨地方志续修工作会议。云南省地方志编纂委员会专职副主任、云南省地方志编纂委员会办公室主任李一是，大理州人民政府副州长、州地方志编纂委员会副主任洪云龙出席会议并作重要讲话；州人大常委会常务副主任杨宴君、州政协副主席孙明出席会议;州地方志办公室主任赵秀元作工作报告;会议由州政府秘书长李超主持。各县市政府分管地方志工作的副县市长、各县市地方志办公室主任、中央属、省属和州属单位分管领导地方志和年鉴撰稿人共计300多人参加会议。

《大理白族自治州年鉴》创刊于1990年,是由州人民政府主办,州地方志编纂委员会办公室承办,《大理州年鉴》编辑部负责编纂的一部反映大理州政治、经济、社会、文化等各方面发展情况的大型地方综合年鉴。每年定期编纂出版1卷,至2009年已成功编纂出版了20卷,发行4.05万册。《大理州年鉴》的公开出版,为地方领导科学民主决策提供了大量的有价值信息,也为研究地情的专家学者提供了丰富翔实的资料,同时为宣传介绍大理,树立大理改革开放新形象以及地方志续修积累了全面而系统权威的资料,取得了良好的社会效益。《大理州年鉴》在全国全省组织的历届评比中多次获得特等奖和一等奖(全国共2次、全省共15次),在《大理州年鉴》创刊的影响和带动下,全州12县市地方志办公室中,有11个县市地方综合年鉴先后创刊,为促进当地经济社会发展发挥了重要的存史、资政、教化的作用,大理州成为云南省较早开展地方综合年鉴的地区之一。

会上,洪云龙对年鉴和地方志编修工作取得的丰硕成果给予了充分肯定,认为编修工作坚持了正确的政治方向和求实存真的原则,坚持领导重视,切实保证质量,推进志书和年鉴等重要地情资源的开发利用,不断深化理论研究,积累了丰富的经验,值得认真总结。他要求在下一步工作中要进一步提高认识,坚持以科学发展观为指导,坚持质量第一的原则,抓紧做好第二轮地方志编修工作。州志办主任赵秀元就《大理州年鉴》创刊20年和2004年以来5年全州州、县市两级第二轮地方志编修工作作总结汇报,并表示在下步工作中要进一步加强对《地方志条例》的学习,进一步加强领导,提高认识,统一思想,坚持质量第一,按时按质完成修志任务。他要求各县市地方志办公室在抓紧完成州志承编任务的同时,要加快县市志的编纂工作。对《州志》承编单位要按照抓两头带中间的方式进行分类指导,并进一步加强年鉴编纂工作。

为总结20年来的经验,更好地办好《大理州年鉴》,大理州地方志编纂委员会组织对《大理州年鉴》创刊20年来的工作进行了认真总结和评审。决定授予为《大理州年鉴》连续工作10年以上、工作积极、成绩优异的沈寿康等47名同志"突出贡献奖"称号;授予为《大理州年鉴》的编纂出版、尽心竭力、成绩突出的李爱萍等73名同志"先进工作者"称号,并予以表彰奖励。会议最后,主席台领导为获奖的代表颁奖,全体会议代表合影留念,会议圆满结束。

【大理州地方志协会获得州科协2009年度学会目标管理考核二等奖】 2009年,大理州地方志协会围绕州委和州政府的工作大局,充分发挥自身优势,为经济社会全面协调可持续发展提供咨询服务;积极开展学术交流,活跃学术思想;反映地方志工作者的意见和建议,组织地方志工作者参与修志调查研究;不断提高修志水平,推动大理州地方志事业向前发展,在州科协开展的学会目标管理考核中荣获二等奖。

【《大理白族自治州民族宗教志》出版发行】 2009年12月25日,由州委书记刘明,州委副书记、州长何金平分别作序的《大理白族自治州民族宗教志》在下关举行发行会。州委常委、州委统战部部长杨秀星出席,副州长李红卫讲话。州委、州政府高度重视民族宗教志编纂工作,组建了《大理白族自治州民族宗教志》编纂委员会,做了大量调查研究和资料整理工作,于1987年启动编纂工作。该志书分为民族和宗教两个篇章,民族部分详细记载大理州13个世居民族的族源、人口分布、社会经济、生活习俗、社会事业和宗教信仰等内容,充分展示了大理州各民族共同团结奋斗、共同繁荣发展的风貌;宗教部分从五大宗教入手,忠实记录了大理州贯彻落实党的宗教政策和宗教和谐和睦的景象。该志书有80万字,共分22章134节,由序、凡例、概述、大事记、民族、宗教、人物和附录等部分组成。

(《地方志、年鉴》由冯燕撰稿)

地　震

【概　述】 2009年,在大理州委、州政府和省地震局的领导下,大理州地震系统全面贯彻党的十七大精神和深入学习科学发展观,紧紧围绕"震情"这个中心,全面贯彻落实省政府"全面加强预防和处置地震灾害能力建设的十项措施"及大理州政府"关于进一步做好防震减灾工作的通知"精神,以及全省地震局长会议精神,全年财政共投入199.2万元防震减灾经费,完善地震短临跟踪措施,实行震情跟踪责任制,加强地震监测预报,完善宏观观测网,组织州、县市抗震救灾指挥部地震应急演练和开展应急检查,高效开展洱源4.4级、姚安6.0级、宾川5.0级地震应急工作。进一步完善大理州应急指挥中心、防震减灾网、数据传输网,创新防震减灾工作方式,开展电视防震减灾知识竞赛、骨干教师培训等形式多样的宣传活动。健全地震机构,增购应急设备,成立地震应急救援队伍和志愿者队伍。依法开展房屋抗震设防管理,推进农村民居地震安全工程和中小学校舍安全工程,组织全州地震局长和业务人员培训。由于措施得力、工作扎实、准备充分,有效地应对了洱源4.4级、姚安6.0级和宾川5.0级地震,工作成效显著,为州委、州政府当好了参谋,为大理州的经济建设和社会稳定做出了应有的贡献。

【认真贯彻实施防震减灾法律法规】 2009年,大理州地震系统结合贯彻实施新修订的《防震减灾法》,于5月1日前后组织了座谈会、街头宣传、防震减灾法知识竞赛等一系列的宣传、贯彻活动;2009年4月27日大理州人大常委会组织召开宣传贯彻《中华人民共和国防震减灾法》座谈会,州人大副主任刘世兴、州政府副州长李红卫、州政协副主席孙明以及州人大、政协、州委宣传部、纪委、政府办、发改委、财政、建设、民政、公安、地震等州级相关20多家部门领导参加了座谈会。2009年7月7日,大理州地震局与州质量技术监督局转发了省地震局、省质量技术监督局《关于贯彻实施云南省<建设工程地震安全性评价分类>地方标准的意见》,指导全州地震安全性评价工作。

【开展防震减灾执法培训检查和监督】 2009年7月8~10日,大理州地震局与州法制局共同举办大理州地震系统行政执法培训班,学习系统行政执法的有关知识。全州76人通过培训和考试,执法队伍得到了进一步加强。按照省政府《全面加强预防和处置地震灾害能力建设十项重大措施》的要求和《关于迅速上报全省2009年20个重大建设项目和20项重要工作进展情况的通知》,大理州地震局牵头完成了督办任务并上报省、州政府督察室。按照州抗震救灾指挥部的安排,9 月 10 ~ 23 日州督查室、建设、地震、民政、教育、审计、财政、纪检等八家单位对全州各县市政府、州抗震救灾指挥部成员单位、州级 12 所学校开展了 2009 年地震应急工作检查。对祥云、宾川、弥渡、洱源县及大理市 5 个县市政府、州交通局、州经委、云南建设学校、州民族中学共 9 个单位进行了实地检查,65 家单位按要求作了自检自查。通过上述检查,进一步促进了大理州的防震减灾工作,完善了全州的监测、震害防御、应急救援工作。

【加强监测台网建设】 为进一步完善和优化全州的地震监测台网,不断提高台网监测能力,2009 年州地震局对大理市洱滨井、永平白果树井、巍山温泉、祥云、云龙地电场和温泉等项目进行前期调研,规划增设大理市洱滨纸厂 900 米机井的水位、地温、CO2 观测、永平白果树井的水位、地温观测、祥云县温泉水温观测、地电场、电阻率观测、云龙地电场观测等项目,进一步完善和优化全州的地震监测台网。6 月配合省地震局完成小湾电站弥渡县、云龙县的微震台网建设,完成了省政府《全面加强预防和处置地震灾害能力建设十项重大措施》的地震监测项目在大理州实施的准备工作,为进一步提升大理州的地震监测预报奠定了坚实的基础。

【强化震情跟踪,工作取得实效】 依托滇西小震群活动研究,1965 年以来滇西 M≥5 级地震前地震活动图像和地震学参数的清理,滇西及邻区 187 项前兆观测手段和 20 多项地震活动性指标的清理和完善,滇西地震短临决策方案的补充完善,大理州内所有台站的观测环境、地质条件、观测井孔的基本情况整理为基础,及层层分解的震情跟踪责任,以及遍布全州 96 个乡镇、15 个社区、3 个农场、693 个行政村,包含 1199 名人员的的防震减灾宣传网、地震测报网、地震灾情速报网及 82 个地震宏观骨干网的作用,大理州的震情跟踪工作取得了实效,预报工作、震情跟踪工作在全省评比中获第一名。

【防震减灾工作取得佳绩】 2009 年大理州的防震减灾工作继续保持全省领先的优势,监测预报、地震紧急救援、防震减灾综合工作均取得佳绩,地震监测预报工作获全国先进集体,全省先进单位第二名,全国先进集体;震情跟踪工作、预报效能获全省第一名;地震趋势会商报告获全省第三名;强震动台网管理获全省第一名;防震减灾综合工作获全省第三名;地震紧急救援工作获单项奖。

【农村民居建设抗震设防和中小学校舍安全工程】 2009 年,省政府下达大理、漾濞、祥云、宾川、弥渡、南涧、巍山、永平、云龙、洱源、剑川、鹤庆 12 个县市 13950 户实施农村民居地震安全工程。其中,加固改造 10250 户,拆除重建 3700 户,各县市已按有关要求和进度完成任务。2009 年是国务院提出的全面推行中小学校舍安全工程建设的第一年,全州对 10539 幢中小学建筑单体进行了排查,共计 358.59 万平方米,其中 D 级危房 93.69 万平方米,加固改造工作正按计划进行。

【开展“大震·09”应急指挥桌面推演】 2009 年 8 月 14 日,大理州抗震救灾指挥部举行“大震·09”应急指挥桌面推演,使指挥部各成员熟悉预案启动程序,修改完善各自的地震应急预案,查找应急准备的不足,提升了应对突发地震灾害的能力。

【多种形式开展防震减灾知识宣传】 2009 年,大理州根据新的地震形势,结合实际,突出重点,多渠道、多形式地开展了防震减灾宣传工作。一是发挥全州已建立健全的 24 所防震减灾科普示范学校的宣传带动作用,与教育局联合在 1800 多所学校开展了地震科普知识教育和避震演练,洱源振戎中学、巍山红河源中学被评为省级防震减灾科普示范学校;二是培训防震减灾科普示范学校骨干教师 80 余名,所建立的大理州科普教育基地被中国地震局命名为国家级科普教育基地;三是发放《防震避震常识》27 万册、《地震 100 问》10 万册、新修订《中华人民共和国防震减灾法》宣传挂图 640 套、《中华人民共和国防震减灾法》单行本 100 本,《防震避震常识挂图》4 万套;四是举办全州 12 个县市中小学代表队及州级 5 所学校代表队参加的“防震减灾科普示范学校学生防震减灾知识电视知识竞赛”。

【宾川“11·2”5.0 级地震】 2009 年 11 月 2 日 05 时 07 分,云南省宾川县(北纬 26.0°,东经 100.7°)发生 Ms5.0 级地震。地震造成 2 人重伤,29 人轻伤,大理州的宾川县、祥云县、丽江市的永胜县部分房屋破坏,生命线工程及水利等基础设施损坏。宏观震中位于宾川县平川镇帽角山村二哨—龙潭箐一带,极震区烈度为Ⅵ度,个别居民点达Ⅶ度破坏,灾区总面积 945 平方千米,直接经济损失 23930 万元,其中,大理州宾川县 17270 万元,祥云县 1410 万元,鹤庆县 230 万元,丽江市永胜县 4720 万元,楚雄州大姚县 300 万元。据云南省地震台网测定,截止 12 月 31 日 23 时,宾川 5.0 级地震序列共发生 1.0 级以上地震 29 次,其中 1.0 - 1.9 级 26 次,2.0 - 2.9 级 2 次,5.0 级 1 次。

【姚安 6.0 级地震】 2009 年 7 月 9 日 19 时 19 分,云南省姚安县(北纬 25°36′,东经 101°06′)发生 Ms6.0 级地震。地震造成大理州的祥云县、宾川县和弥渡县部分房屋破坏,生命线工程及水利等基础设施损坏,祥云 19 人轻伤,直接经济损失祥云县 22740 万元,宾川县 13260 万元,弥渡县 500 万元。

(《地震》由李滔撰稿)

(本部类责任编校:刘丹霞)

文　化

综　述

【概　述】 2009年，全州文化工作坚持以中共十七大精神为指导，以科学发展观为统领，以解放思想为动力，紧紧围绕州委、州人民政府确立的文化立州发展战略和州文化局年初制定的"12353"工作思路，开拓创新，真抓实干，文化建设取得显著成效。文化基础设施进一步夯实，装备条件逐步改善，公共文化服务体系建设日趋完善，以节庆文化、广场文化、文化下乡为标志的群众文化蓬勃发展，艺术精品创作亮点纷呈，文化遗产保护成果丰硕，文化产业快速发展，文化市场繁荣有序。

【群众文化活动异彩纷呈】 2009年，大理州文化系统圆满完成三月街大型系列文艺活动的组织工作，其中非物质文化遗产展演大胆创新、构思精巧、规模宏大。组织开展了第十二届"大理古乐节"、第三届全州赛诗会、第十一届洱海歌手"石宝山杯"民歌大赛。与州外事、旅游部门合作，完成大理州礼仪接待歌曲的培训工作，州级各单位干部职工1986人次参加培训，同时还举办了大理州礼仪接待歌曲示范性演唱晚会和颁奖文艺晚会。组织了中国（大理）兰花茶花博览会开幕式、洱海开海节、白族火把节文艺表演及北京西城区"手拉手"文艺活动。在云南省第六届歌舞乐展演中，大理州选送的舞蹈《三灵之舞》、白族三弦弹唱《白月亮·白姐姐》获银奖。完成2009年8月在大理州举办的第八届中国摄影艺术节开幕式大型文艺表演及古城游演、非物质文化遗产展示任务。在云南省首届"大家乐"群众文化广场舞蹈大赛上，大理州荣获优秀组织奖，选送的巍山彝族打歌《阿克哩》、剑川白族广场舞《阿勒勒》、弥渡花灯歌舞《跳花灯》获1个金奖、2个银奖。

【基层文化建设顺利推进】 2009年，共向全州56个文化站及6个文化室配送图书2.7万册、电视机11台、DVD影碟机11台、书架12个，在"三下乡"活动中送出春联800副、农村信息资料4500份、日历250份，新建"农家书屋"142家。投入农村电影放映经费141万元，全州免费放映1.2万场，与大理州移动通信公司合作开展第二期农村电影放映活动。乡镇文化站、村级图书室、农家书屋、信息资源共享工程等工作进展顺利。

【加强文化市场管理】 2009年，全州共有文化经营单位1896户，其中娱乐业经营场所509户、网吧302户、营业性演出13户、艺术品经营14户、音像制品销售租借409户、电影录像放映64户、印刷企业44户、"三小印"经营337户、出版物零售234户，从业人员1.1万人。全州在专项执法行动和日常检查中共出动检查人员24514人次，发放宣传资料1.6万份，检查文化经营场所25803个次（其中检查演出场所168个次、娱乐场所3307个次、网吧5926个次、电子游戏室1766个次、电影发行放映场所290个次，其它经营户2409户次）；受理举报175件（其中立案调查70件、移交案件30件、办结案件36件）；对违法违规经营户给予行政警告124次，罚款13.8元，停业整顿16户，查扣物品167件。其中对网吧违规经营户给予行政警告68次，罚款13.4万元，停业整顿14户，查扣物品167件；对歌舞娱乐场所违规经营户给予行政警告26次；对电子游戏违规经营户给予行政警告30次，罚款4000元，停业整顿2户。

【文化遗产保护见成效】 2009年，大理州文化遗产保护工作卓有成效。"绕三灵"申报联合国教科文组织人类口头与非物质文化遗产名录，列入中国政府推荐清单；大理州申报全国十大文化生态保护区，通过文化部专家评审；公布了第二批州级非物质文化遗产保护名录（23个单项和30名传承人），并在68个州级项目中推荐出35项申报云南省非物质文化遗产名录。安排落实了国家级传承人年均补助8000元、省级传承人年均补助3000元；投入文物普查经费近300万元，第三次全国文物普查工作取得阶段性成果。全州调查文物点2375处，其中新发现1726处、复查649处。推荐18项文物保护单位申报第七批国家重点文物保护单位，海门口遗址考古发掘被国家文物局评选为"2008年度全国十大考古发现"之一。表彰了大理州首批14名优秀收藏家和5名优秀藏书家。经云南省古籍保护中心批准，在全省16州市中率先成立古籍保护中心。编创内部学术资料《大理文博》，加强文博研究工作力度。国际博物馆日、中国文化遗产日等重要节庆活动丰富多彩，与教育部门合作开展青少年"热爱大理、热爱家乡"爱国主义教育活动。

【推进文艺精品创作】 2009年，全州文艺精品创作全力推进。大型现代白剧《洱海花》完成编创，国庆首演获得成功；《人文苍山》课题进展顺利。州民族歌舞剧院全年完成演出180场次，观众18万人次。完成"三下乡"演出50余场、《苍洱清风》廉政晚会全州巡演14场。2009年昆明国际旅游节演出大理州荣获"最佳花车表演奖"和"优秀广场表演奖"等奖项；在云南省首届酒歌大赛中，大理州选送的白族酒歌《乞乞杲杲》获最佳歌曲奖、《求亲酒》表演获最佳形象奖。

【文化产业稳步发展】 2009年，大理州新华书店实现销售收入10500万元，利润650万元。投资3000万元的大理古玩城建成投入使用。全州新闻影视及广告产业、文娱演艺产业、设计包装印刷产业稳步发展。论证储备了一大批文化产业发展项目，为文化产业持续发展奠定了基础。

【文化基础设施进一步夯实】 2009年，大理州组织实施了24个示范性文化站、

12个农民文化大院、138个村文化室的规范化建设，完成了中央投资的10个乡镇综合文化站建设任务，总投资350万元。建成信息资源共享工程6个县级支中心和44个基层站点，总投资870万元，网络化基本形成。争取了142个农家书屋，2010年即将实施324个，总投资超过1000万元。开展了全州图书馆、文化馆（站）评估定级工作，对国家级、省级文化先进县市进行复评。

【文化工作会议召开】 3月10日，全州文化工作会议在下关苍山饭店召开，州政府副秘书长张彤主持会议。州委常委、州委宣传部部长王以志，州人大副主任杨宴君、州政协副主席孙明及州人民政府分管副州长出席会议。参加会议的还有州人大教文卫委、州政协教科文卫体委、州财政局、州发改委相关领导、州文化局全体干部职工，各县市分管文化工作的副县市长、文化（体育）局局长、文化馆馆长、图书馆馆长、文物管理所所长。会上，州文化局局长杨政业部署了2009年全州文化建设工作。会议期间，分管副州长与各县市签订了第三次全国文物普查、乡镇文化站建设、电影放映“2131”工程及农村信息共享工程建设责任状。

【大理州互联网服务营业场所行业协会成立】 11月20日，由大理州互联网上网服务营业场所（企业）和管理工作者及有关人士发起筹建的大理州互联网上网服务营业场所行业协会正式成立。该协会属于行业性、非营利性的社团组织，旨在协助政府有关部门加强行业管理，加强行业与政府有关部门之间的沟通，切实维护会员合法权益；普及网络知识，提供互联网上网服务良好的社会环境，为繁荣大理州文化市场、满足社会公众日益增长的文化消费需求服务。州文化、民政、公安、工商、消防等部门领导应邀出席当日举行的大理州互联网上网服务营业场所行业协会第一次会员代表大会暨成立大会。

【网络文化市场计算机监管平台建设启动】 根据省文化厅《关于在全省开展网络文化市场计算机监管平台建设工作的通知》要求和全省开展网络文化市场计算机监管平台建设暨净化社会文化环境工作汇报会的部署，大理州及时启动了网络文化市场计算机监管平台建设工作。此项工作于2009年3月启动，至8月14日止，先后安装302户，安装上线率达94.1%，达到了省文化厅监控平台建设上线率需达到90%以上的要求。

【净化社会文化环境】 2009年3月以来，全州文化部门按照中办、国办《关于进一步净化社会文化环境促进未成年人健康成长的若干意见》、全省净化社会文化环境工作会议的要求和省文化厅关于进一步净化文化市场的总体部署，以“打、防、管、建、疏”为基本手段，进一步加大了文化市场执法力度，净化社会文化环境工作扎实有效。

一是突出重点，加大“打”的力度。以网吧、娱乐场所和校园周边文化市场为重点，不断加大对文化市场的稽查和日常巡查力度，集中执法力量，严厉打击以上场所违规接纳未成年人、超时经营和“黄赌毒”现象。对校园周边的音像店和游摊，销售出租含有淫秽、色情暴力、封建迷信等内容的图书、“口袋本”、有害卡通画册、不良玩具、非法小广告等违法行为，一经发现立即没收并处罚款。截至8月底，全州共出动检查人员11685人次，发放宣传资料866份，检查演出场所94个次、娱乐场所848个次、网吧1265个次、电子游戏室584个次、电影发行放映场所203个次、书报刊经营场所702个次、音像经营场所1638个次、印刷经营单位665个次、其它经营409户次；受理举报案件207件，立案调查7件，移交案件1件，办结案件6件；收缴非法音像制品14651盒、非法盗版书刊5324册，查扣其它物品167件；给予行政警告180次，罚款3.7万元，停业整顿6户，取消经营资格17户（其中黑网吧4户、电子游戏室3户），取缔非法经营摊点21个。

二是着眼长效，提高“管防”能力。州文化局按照中央和省、州要求对净化全州社会文化环境作出了具体安排。成立了净化社会文化环境工作领导小组及办公室，健全组织协调机制；出台了《大理州文化局关于进一步加强网吧管理工作的意见》，按照严控总量、调整存量、优化结构，推进规模化经营的原则进一步加大对网吧的监管力度；配合消防部门，结合对人群聚集场所和高层建筑、地下建筑消防安全的集中整治，对娱乐场所、网吧等经营场所进行拉网式排查，发现并消除安全隐患17处。

三是形成合力，发挥“建”的作用。将净化社会文化环境和全州“扫黄打非”工作结合起来，按照全国“扫黄打非”第22次电视电话会议精神和2009年“扫黄打非”行动方案的要求，把整治行动摆上重要日程，通过大力查处危害未成年人健康成长的不良出版物，重点清理学校特别是中小学周边的出版物市场，坚决取缔各种形式非法游商地摊，从源头上杜绝了各类非法、有害出版物流入市场，进入校园；与关工委密切配合，在“五老”人员中聘请网吧监督员，建立网吧监督员制度，加大对网吧的社会监督力度；按照全州1户网吧配备1名“五老”义务网吧监督员的原则，充分发挥“五老”义务网吧监督员作用。

四是健全制度，畅通“疏”的渠道。健全文化市场行政执法责任制。坚持“谁签字谁负责、谁执法谁负责、谁主管谁负责”的管理原则，层层落实责任制，做到责权挂钩，分工明确，责任到人；健全明查暗访制度，由州文化局领导班子成员带队，分组包片，定期或不定期地对文化市场进行明查暗访；健全12318文化市场举报电话制度，积极受理群众的举报和投诉，切实做到有报必查，属实必罚，并及时反馈查处结果。

（《综述》由李文波撰稿）

民族文化建设

【民族节开幕式文艺节目展示大理文化遗产】 2009年4月10日上午，大理三月街民族节开幕式大型文艺表演《大理是个好地方》非物质文化遗产保护成果展演在赛马场隆重举行。演出由《千年古街》、《小河淌水》、《白乡扎染》、《彝家打跳》、《三灵花雨》和尾声《大理是个好地方》6个章节构成。赛马场上搭建了富有白族建筑特色的舞台玉带桥，营造出具有鲜明白族文化特点的艺术场景。展演以原生态的形式展示了大理文化遗产的典型特征，在云南省属首例。演出以多角度、多层次、多样化的呈现方式，将大理州9项国家级、13项省级以及100多项州级非物质文化遗产保护成果，以舞蹈、歌曲、音乐、戏剧、民俗、语言、服饰、传统技艺等表现方式展现在舞台上，达到民族性、艺术性和观赏性的统一。

【大理州3人入选非物质文化遗产项目传承人】 5月26日，第三批国家级非物质文化遗产项目代表性传承人名单正式公布。大理州有3人进入名单：巍山县“彝族打歌”代表性传承人茶春梅、南洱县"彝族跳菜"代表性传承人鲁朝金、大理市"白族民居彩绘"代表性传承人李云义。至此,大理州共有国家级非物质文化遗产项目5项、国家级非物质文化遗产项目代表性传承人5人。

【19个项目入选省非物质文化遗产名录】 8月26日,云南省人民政府公布了第二批非物质文化遗产名录和第一批非物质文化遗产名录扩展项目名录,大理州有19个项目名列其中。大理州入选云南省第二批非物质文化遗产名录的项目是:传统音乐——剑川白曲、弥渡民歌,传统舞蹈——剑川白族霸王鞭,传统礼仪与节庆——云龙白族耳子歌、巍山彝族高台社火、巍山彝族二月八节、祥云彝族哑巴节,传统手工技艺——剑川白族布扎、大理石制作技艺、大理白族刺绣、下关沱茶制作技艺、剑川木雕技艺、大理洱海鱼鹰驯养捕鱼,民族传统文化保护区——凤羽镇白族传统文化保护区、沙溪镇白族传统文化保护区、诺邓村白族传统文化保护区、五星村彝族传统文化保护区、青云彝族传统文化保护区。入选云南省第一批非物质文化遗产名录扩展项目的是鹤庆县白族传统手工造纸技艺。

【公布大理州第二批非物质文化遗产保护名录】 6月3日,大理州人民政府公布大理州第二批非物质文化遗产保护名录。全州12县市共申报州级保护名录86项,其中单项32项、代表性传承人54人。经大理州非物质文化遗产保护专家委员会评审,共提出53项,其中单项23项、代表性传承人30人。经报请大理州人民政府审核认定后,53个保护项目于5月9~24日在《大理日报》公示。经州人民政府命名的大理州第二批州级非物质文化遗产保护名录有传统知识与实践3项、民间文学1项、传统礼仪与节庆7项、传统手工技艺6项、传统音乐3项、传统舞蹈3项,传承人30人。

【申报第三批国家级非物质文化遗产名录】 根据文化部《关于申报第三批国家级非物质文化遗产名录项目有关事项的通知》精神和省文化厅的部署,云南省非物质文化遗产保护工程专家委员会在评审论证云南省第二批非物质文化遗产名录的基础上,确定了大理州重点申报第三批国家级非物质文化遗产名录项目:传统音乐——弥渡民歌,传统舞蹈——剑川霸王鞭,传统技艺——剑川白族布扎、大理石制作技艺、下关沱茶制作技艺、剑川木雕技艺、大理洱海鱼鹰驯养捕鱼,民俗——云龙耳子歌、巍山二月八节。9月,大理州完成了第三批国家级非物质文化遗产名录项目的申报工作。

【"文化遗产日"宣传活动丰富多彩】 2009年6月13日,在中国第四个"文化遗产日",大理州各级文化部门开展了丰富多彩的宣传活动。州、市文化局在大理古城文化馆举行形式多样的宣传活动:一是以宣传展、影视资料展播、技艺展示、第三次全国文物普查阶段成果展等形式集中展示大理悠久灿烂的历史文化遗产,并用图文并茂的版面对《文物保护法》进行宣传;二是举行了丰富多彩的专题文艺演出,同时对全州入选国家级非物质文化遗产保护名录的9个项目和2名代表性传承人颁发了奖牌、证书;三是向广大人民群众发放各类文化遗产宣传单5000多份。州人大、州政协、州纪委文教卫纪工委,市人大、市政府、市政协等部门的领导,州、市文化局领导及州、市文化局直属单位的负责人参加了宣传活动,州、市新闻单位派记者进行报道。

巍山县文体局在古城拱辰楼广场举办文物和非物质文化遗产展览,展出展板55块,发放宣传材料3000多份,免费开放文化遗产景点,并在县电视台连续3天滚动播出文化遗产保护宣传标语;祥云县文体局在文化大楼举办文化遗产图片宣传展览活动,向群众发放文物普查倡议书2000多份;洱源县文体局在街心花园悬挂标语,发放文物普查宣传资料1000多份;鹤庆县文体局在县城云鹤楼下张贴宣传标语、播放宣传录音、设立咨询台和文物普查线索提供台,接受咨询17次、提供文物线索26条,发放宣传资料4200余份。弥渡、南涧、云龙等县文体局结合实际,充分利用集市街期开展宣传活动。

【中国摄影艺术节暨大理影会开幕式在大理举行】 8月1日下午,第八届中国摄影艺术节暨2009年首届大理国际影会在大理三塔旅游文化广场开幕,国家和省、州领导以及来自海内外的1000多名摄影家参加了开幕式。云南省委宣传部常务副部长、云南省摄影家协会主席尹欣主持开幕式。刘大为、丹增、张田欣、杨保健、韩方明、廖奔、张炳功、黄光汉、马德山、孙凤山、刘明、何金平等领导为第八届中国摄影艺术节暨2009年首届大理国际影会剪彩。

开幕式举行了《绕三灵·本主祭》大型非物质文化遗产及民俗文化展示活动。展示活动以大理深厚的历史文化和多彩的民族风情为内容,展示大理非物质文化遗产的震撼力,多角度、全方位地提供大理丰富的人文摄影素材,以期激发艺术家的创作激情和灵感,在活动的过程中更好的感受大理、聚焦大理、宣传大理。

【开展非物质文化遗产及民俗展演活动】 在第八届中国摄影艺术节暨首届大理国际影会期间,大理州文化局组织了非物质文化遗产及民俗展演活动。8月1日,大理洋人街上的酒吧、茶室前,有大理歌手和民间艺人吹拉弹唱;古戏台前小广场上,有彝族打歌篝火晚会。8月2~4日,大理洋人街古戏台每天都有大本曲、吹吹腔、耳子歌的表演;大理古城复兴路及主要街区举行绕三灵、霸王鞭、八角鼓、龙队、大刀队、过山号队、舞牛队、花灯队巡游;大理古城文化馆举行洞经古乐和大理白族集体舞表演;玉洱公园举行洱源白族唢呐、永平苗族噶蒙卡兜、祥云哑巴舞、南涧热巴表演;大理古城电影院广场举行民歌对唱、三弦弹唱、田埂调和剑川白族集体舞表演;古城武庙会每天举行1场白族本主祭祀活动;大理古城九龙居小广场设有迎宾跳菜宴席;喜洲庆洞神都、大理古城南门城隍庙每天都举行民间祭祀活动;古城五华楼每晚放映电影《五朵金花》;古城文化馆举办文化遗产保护成果图片展览。大理古城门口开设"手工技艺一条街",集中展示各项代表性传统技艺,包括展示刺绣、扎染、金银铜器、木雕、大理石技艺及瓦猫、剪纸、纸扎等民间手工技艺;喜洲周城村举行扎染技艺实景展示和民间文艺活动。

【大理洱海开海节在双廊镇举行】 8月1日上午,大理洱海开海节在双廊镇举行。2009年的开海节丰富了渔文化展示的内容,增加了开海祭祀、织网、空手捉鱼、放生、白族大本曲弹唱等项目。洱海上,百艘渔船齐挂白帆,渔民们用传统的方式捕鱼,有的放出鱼鹰、有的向水中撒下丝网、有的在水中放下鱼罩,白族传统的各种渔业技能纷纷亮相。开海节还举行了赛龙舟、白族对歌、舞龙舞狮等活动。

【"绕三灵"非物质文化遗产名录申报工作完成】 大理州于2003年正式启动"绕三灵"申报联合国教科文组织的非

物质文化遗产保护名录工作，因各种原因未果。2009年，中国重启向联合国教科文组织的文化遗产申报工作。7月初，大理州又向国家文化部作专题汇报。文化部正式发文将“绕三灵”列入向联合国教科文组织申报2010年“人类非物质文化遗产代表作名录”推荐清单。8月1日，文化部委派专家，对大理州的申报工作进行专题指导，要求在8月14日以前将申报材料呈送文化部。大理州及时成立专门工作机构，全力投入申报工作。8月7日，大理州召开“绕三灵”申报非物质文化遗产文本汇报会。8月12日，完成了“绕三灵”申报联合国教科文组织2010年人类非物质文化遗产代表作名录工作，申报文本、视频、图像资料全部制作完毕。

（《民族文化建设》由李文波撰稿）

文学艺术

【现代白剧《洱海花》公演】 9月25日，现代白剧《洱海花》在苍山饭店礼堂公演。该剧讲述的是洱海生态保护退田还湖拆迁工作中发生的喜剧故事。以现代白族地区的生活为素材，通过长岛村干部和村民之间的喜怒哀乐，讴歌了在加快大理发展中“党心民心一条心”的主题。

【举办洱海歌手“石宝山杯”民歌大赛】 大理州第十一届洱海歌手“石宝山杯”民歌大赛由大理州文化局、剑川县人民政府主办，大理州群艺馆、剑川县文体局承办。大赛于9月5日前完成初赛选拔工作。9月12日，12个县市的近百名民歌参赛选手在剑川县参加复赛。经过2场复赛，于9月14日进行决赛。剑川县文体局选送的《顶则扎》和大理市文化局选送的《爱你爱在心窝窝》获一等奖。

【开展礼仪接待歌曲征集活动】 为弘扬大理州优秀的民族文化，展示礼仪之邦和歌舞之乡的风采，彰显“以歌亲和”的特色，营造对外交往和接待工作中高雅、文明、热情、活跃的文化氛围，由州文化局、州旅游局、州接待处、大理日报社共同举办《礼仪接待歌曲》征集活动。3月中旬，州文化局、州旅游局、州接待处、大理日报社联合下发了《关于认真做好大理州“礼仪接待歌曲”征集工作实施方案的通知》，各县市文化主管部门组织专业人员创作和搜集整理。专家组对应征的215首曲目认真评议（其中新创歌曲79首、民间传统歌曲136首），选出《金花花哟遍地开》等37首优秀礼仪接待歌曲在全州范围内推广普及传唱。推出了《大理州礼仪接待歌曲》（第一辑）示范演唱CD光碟和《大理礼仪接待歌曲》（第一辑）音乐教材。

8月31日，州委、州政府召开大理州礼仪接待歌曲推广普及会议，表彰礼仪接待歌曲优秀作品和选送单位。《金花花哟遍地开》等15首礼仪接待歌曲获奖，州民族歌舞剧院等5个选送单位获优秀组织奖。当晚，举行了大理州礼仪接待歌曲示范演唱暨颁奖晚会。

【央视录制“南涧民歌周”节目】 2009年5月16日，大理州选派26人，参加中央电视台举办的《民歌·中国》“南涧跳菜无量情·南涧民歌周”节目录制。这次录制的节目由6个部分组成，周一《民歌·经典》、周二《民歌·发现》、周三《民歌·故事》、周四《民歌·版图》、周五《民歌·博物馆》、周六《新民歌》。共录制了无量山打歌、三跺脚、激情火把夜、美丽的南涧、茶的故乡、茶马古道、蒙化调等23个节目。在节目录制过程中，主持人张宇通过对嘉宾董丽馨、高文华、阿本枝、高洪章等人的现场节目访谈，向观众介绍了南涧民族乐器小闷笛、小三弦芦笙等，系列化地介绍了南涧彝族民间原生态民歌艺术。经过现场嘉宾推荐和专家评审，歌曲《南涧跳菜》入选中国民歌博物馆。

【举办大理非物质文化遗产摄影大赛】 10月23日，第八届中国摄影艺术节暨2009首届大理国际影会最后一个摄影赛事——“地道云南杯”大理非物质文化遗产摄影大赛评选揭晓。北京摄影师朱光星拍摄的《大理洱海开海节》从3000余幅参赛作品中脱颖而出，获得一等奖。费茂华拍摄的《聚焦大理》、李华海拍摄的《南涧原生态跳菜（组照）》获二等奖；杨越峦拍摄的《古城狂欢迎盛会》、李文龙拍摄的《白族绕三灵》、杨橙云拍摄的《调子唱响洋人街》获三等奖，同时还产生了优秀奖150名。

（《文学艺术》由李文波撰稿）

群众文化

【国家专项检查组到大理州检查】 2008年，云南省发展和改革委员会下达给大理州新增中央投资乡镇综合文化站建设项目10个，涉及宾川、祥云、南涧、云龙4个县的10个乡镇综合文化站建设，总投资360万元，建设面积3000平方米。到位资金313万元（其中中央投资资金172万元、省配套资金106万元、州配套资金35万元）。计划在2009年9月底前全面竣工，国庆节投入使用。

2009年4月22～25日，国家乡镇综合文化站建设专项检查组一行4人，到大理州检查中央新增乡镇综合文化站建设项目实施情况。检查组对大理州创新乡镇综合文化站建设方式、层层签订乡镇综合文化站建设项目责任状、加强项目督查和工程进度月报制度等措施给予充分肯定，对大理州乡镇综合文化站建设项目完成情况表示满意。

【文化信息资源共享工程建设项目通过验收】 由云南省文化厅组织的2008年文化信息资源共享工程建设项目检查验收组于2009年6月8～13日对大理州建设项目进行检查验收。2008年度云南省文化厅批准大理州文化信息资源共享工程6个县级支中心和44个基层站点建设项目，涉及大理、弥渡、巍山、剑川、鹤庆、祥云6个县市和44个乡镇，总投资818万元，其中省配套资金550万元、州配套资金162万元、县市配套资金62万元。通过检查，检查验收组对大理州高质量、高标准完成文化信息资源共享工程建设项目的6个县级支中心和44个基层站点给予高度评价，所有站点顺利通过验收并投入使用。

【“文化大篷车·千乡万里送戏行”在弥渡县首演】 7月6日，由省文化厅直属的省京剧院、省滇剧院、省花灯剧团、省话剧团、省歌舞剧院、省杂技团组成的“文化大篷车·千乡万里送戏行”艺术团第一分团在弥渡县举行启动仪式暨首场演出。演出从2009年7月起，计划用5年时间走遍全省1497个乡镇，保证每月都有演出分团在乡镇演出。

【大理州获“大家乐”广场舞蹈大赛多项奖】 云南省首届“大家乐”群众文化广场舞蹈大赛于12月2～3日进行决赛，大理州代表队荣获优秀组织奖，巍山彝族打歌《阿克哩》荣获金奖，剑川白族广场舞《阿勒勒》、弥渡花灯歌舞《跳灯乐》荣获银奖。

【开展农村电影放映活动】 为了改善农村广大人民群众看电影难、学科技难、掌握信息难的问题,促进全州社会主义新农村建设,突出中国移动大理分公司"感谢大理,回报大理"的营销主题,大理州文化局与中国移动大理分公司合作,于8月15日~12月15日在大理移动信息富民达标村合作放映电影660场次。

【开展重点国产影片展映展播活动】 为迎接建国60周年,营造欢乐祥和的节日氛围,满足广大人民群众日益增长的文化需求,州文化局和州广播电视事业局于8月20日~10月20日在州内城乡开展庆祝新中国成立60周年"向祖国汇报"重点国产影片展映、展播活动。

【新闻出版总署检查大理州"农家书屋"】 2009年5月14日,国家新闻出版总署、省新闻出版局检查组到大理州检查农家书屋工程建设工作,对大理州农家书屋建设工作给予了高度评价。

2006年11月21日,大理州作为云南省农家书屋工程建设试点州之一,在云南出版集团、云南新华书店集团有限公司、大理州新华书店有限责任公司的支持下,第一批"新华农家书屋"在大理市湾桥镇举行了授牌暨启动仪式,省、州领导为11个"新华农家书屋"授牌并发放了1.2万册书籍,总价值22万元。2007~2008年,大理州新华书店有限责任公司先后在大理市、宾川县、永平县、漾濞县建立58个"新华农家书屋",捐赠图书64274册,总价值58万元。2008年初,省新闻出版局决定在大理州试点工作的基层上,新建142个农家书屋。2008年5月,国家新闻出版总署图书司、省新闻出版局对大理州"农家书屋"建设情况作了专题调研,对大理州在"农家书屋"建设上取得的成绩给予充分肯定,并向大理市6个"农家书屋"(凤仪镇农民文化大院、大理镇农民文化大院、凤仪镇文化站、上关镇文化站、湾桥文化站、喜洲镇周城文化室)配发了价值12万元的图书。2009年5月底,大理州全面完成了142个"农家书屋"工程建设验收工作。

(《群众文化》由李文波撰稿)

文　博

【剑川海门口遗址列入中国十大考古新发现】 在2009年3月31日由国家文物局主办、中国考古学会协办、中国文物报社承办的2008年中国十大考古新发现评选活动中,大理州剑川海门口遗址选入十大考古新发现,排名第五。大理剑川海门口遗址曾于2009年1月被中国社会科学院考古研究所公布为2008年全国六大考古发现。

【开展第三次全国文物普查】 3月10日,大理州文化局召开全州文化工作会议,州文化局局长杨政业部署了第三次文物普查第二阶段工作。会上,分管副州长与12县市分管副县市长签订了《大理州全国第三次文物普查工作责任书》。截至3月,全州各县市文物普查办有工作人员83人、普查队员167人。经州编委批准,州文物管理所新增专业技术人员编制3人。全州用于文物普查的经费166.7万元,其中中央、省补助经费(含设备)93.5万元,州补助经费25万元,各县市补助经费48.2万元。2009年,州级财政下达了普查经费100万元。

【省文物普查督查组到大理州督查】 为确保第三次全国文物普查第二阶段文物实地普查工作全面完成,云南省文物局第三次全国文物普查第四督查组,于2009年8月10日到大理州进行为期3天的文物普查工作督查。督查组一行4人听取了全州第三次文物普查第二阶段实地普查工作情况汇报后,抽查了祥云、永平、洱源3县普查工作的情况。通过听汇报、查阅相关资料、实地勘察新发现文物点,督查组对大理州文物普查第二阶段实地普查工作给予充分肯定:一是州政府高度重视文物普查工作,成立了领导组和办公室,机构健全;二是召开了专题工作会议进行安排部署,与各县市政府签订了责任书,职责明确;三是全州第二阶段实地普查进展总体良好,采取以县为单位"先难后易、先远后近、确保重点"的普查思路,方法得当;四是加大了普查力度,措施有力。

【完成文物实地普查任务】 根据国家文物局的总体部署,第三次全国文物普查从2007年4月开始,到2011年12月结束。根据云南省的安排和大理州的实际情况,计划用5年的时间完成此次普查,并分3个阶段进行。大理州第二阶段的文物实地普查工作于2009年12月31日前如期完成。完成了109个乡镇的实地普查任务,全州文物普查率达100%。共调查登记文物2375处(点),其中新发现1726处(点)、复查649处(点),复查率100%。

【巍山县发现明代引水渠遗迹】 2009年,巍山县在全国第三次文物普查实地调查过程中,文物普查工作队员在鸟道雄关密林深处发现一处明代引水渠遗迹。遗迹位于明代古刹广善寺至鸟道雄关的茶马古道旁,由一座建在出水口上的石雕神庙及一条石质引水槽组成,建筑材料均为本地红砂石。神庙内雕刻2个石像,石像高62厘米、宽40厘米,面部因年代久远已经出现风化。在石像之下,一股清泉汩汩流淌,引入红砂石雕凿的引水槽中,直通广善寺。石质引水槽保留完好的有200多米,在此之前巍山县还未发现如此长的古代石质引水槽。

【大理古玩城投入运营】 被列为大理州文化产业重点建设项目之一的大理古玩城于2009年11月竣工并投入运营。大理古玩城总投资3000多万元,由古玩交易市场、藏宝楼、国际拍卖中心、珠宝交易中心、淘宝市场、文物艺术品展览区等功能区组成。11月22日,举行了庆典仪式。大理州领导字国顺、袁爱光、王以志、杨宴君、尚榆民、洪云龙、张树藩,原省委副秘书长、政策研究室主任李森,省文化厅副厅长、省文物局局长熊正益,楚雄州副州长朱非,中国艺术研究院研究员、佛像考古专家金申,云南文物集团董事长、总经理王昆等出席庆典仪式。庆典仪式上,有关领导为大理州首批收藏家颁发了荣誉证书。

(《文博》由李文波撰稿)

图　书

【评定图书馆】 2009年8月30日~9月1日,由省图书馆馆长李友仁带队的评估领导及专家组对大理州图书馆进行考核评估。9月1~5日,州图书馆参加了对12县市图书馆的评估检查。通过查、看、访、听等形式,将全州各县市级公共图书馆5年来的发展状况、存在困难及问题汇集成材料,达到了"以评促改、以评促建、以评促管”的目的。

【图书延伸服务得到加强】 州图书馆为确保延伸服务工作的长期有效开展，建立了延伸服务的长效机制，由专人常年开展跟踪联系服务，完善了分馆各项制度及档案，及时掌握各分馆、各流通点业务开展情况，保障了图书的合理循环流通。在强化对大理市看守所、大理市武装部分馆服务的同时，于1月19日建成大理监狱分馆。该分馆位于大理监狱教学大楼，占地面积约100多平方米，设有150多个阅览座席，有图书5000多册，州图书馆每月提供流动图书1200多册。各流通网点全年借阅图书10.8万册次。

【举行古籍保护中心揭牌暨藏书家命名仪式】 12月9日，云南省古籍保护中心大理州分中心成立揭牌暨“2009年大理藏书家”命名颁奖仪式在大理州图书馆举行。

云南省古籍保护中心大理州分中心是在全省范围内首家成立的州市级分中心，大理州古籍保护工作由此进入了政府主导、统一规划、规范进行、分步实施的新阶段，将根据全省古籍保护工作的统一部署，按照“保护为主、抢救第一、合理利用、加强管理”的方针，在组织全州各系统图书馆和古籍收藏单位开展古籍普查工作的基础上，运用现代科技，采用相应的保护方法，逐步建立大理古籍总目、大理古籍数据库，建设高标准的古籍书库，进行古籍修复以及出版和再造善本等，使全州古籍收藏得到全面、完善的管理和保护。

在揭牌仪式上，州文化局授予杨芸珍、魏树生、郭锋、石钟才、耿嘉陵“2009年大理藏书家”称号。

【开展“送书下乡”活动】 大理州图书馆积极参加“三下乡”活动。1月5日，在州委宣传部组织的宾川“三下乡”服务活动中，州图书馆向群众发放《农业科技信息》4500余份、窗花纸200余份、日历250余份、春联800副，并向县图书馆赠书500余册。春节前夕，向祥云云南驿赠送图书500余册，在州图书馆大厅向读者赠送春联300余副。3月，在全州文化工作会议期间，组织“送书下乡”及乡镇文化站设施设备发放活动，送书2.7万册、电视机11台、DVD影碟机11台、书架12组。

（《图书》由李文波撰稿）

广播电视

【概　述】 2009年，大理州广电局紧紧围绕州委、州政府中心工作，充分发挥广播电视的喉舌作用，按照“保增长、保民生、保稳定”的要求，较好地完成了年度各项工作任务。在全省广播电视年度目标责任制考核中评为优秀，连续3年获一等奖。

宣传工作：围绕大理州“十一五”规划、深入学习实践科学发展观活动、建国60周年、社会主义新农村建设、创建和谐大理、洱海保护治理、省政府大理工作会、三月街民族节及各项重大活动等重点，组织广播电视宣传。坚持“三贴近”原则，深化宣传改革，加强宣传管理，荧屏、声频进一步净化和规范，广播电视内宣、外宣工作取得成效。

事业建设：圆满完成漾濞、巍山、南涧3个县广播电视“村村通”第一批直播卫星接收设施安装调试任务，编制“十二五”广播电视“村村通”规划。广播电视“村村通”建设工作被评为大理州2009年度十大新闻之一。组织实施2009年云南省级广播电视节目无线覆盖工程，完成省投资282万元，扩建、更新全州11台站22部广播电视发射机任务。州广电中心、大理电视台、州人民广播电台和苍山电视转播台事业建设又上台阶。加大了全州有线电视骨干传输网投资建设和升级改造，开发新业务，有线电视数字化发展步伐加快，互动电视、宽带互联网业务得到发展，地面数字电视建设规划顺利推进，CMMB数字移动多媒体广播节目发射台筹建工作进展顺利。全州广播和电视覆盖率分别达到95%和98%，比上一年度分别提高1.8和0.9个百分点。

管理工作：依法行政、社会管理、行业管理、安全播出、内部管理和职能机构建设工作进一步加强。在各级综治、公安、工商、国安、信息产业等部门配合下，开展对卫星电视地面接收设施销售安装使用、广播电视医疗广告、广播电视医疗资讯服务和电视购物节目内容、有线电视网络传输境外节目、互联网传输色情等有害信息、互联网上传播视听节目的整顿和专项治理。加强对广播电视播出机构频率、频道、台标、频道标识、呼号和IPTV、CMMB数字移动多媒体广播等新媒体的管理。增强安全播出责任意识，完善制度和技术防范手段，确保了以庆祝建国60周年为重点的国家、省、州各项重大活动及节假日等年度重要保障期广播电视安全播出和安全生产。以阳光政府四项制度建设为主，加强内部制度建设、加强执法队伍建设。社会治安综合治理、扶贫、妇女儿童和老干部等工作都取得了较好的成绩。

产业发展：大理电视台巩固传统广告业务，拓展以大型录播为主的创收渠道，收入又创新高。大理州人民广播电台积极开展广告业务，不断开拓广告市场。云南广电网络大理分公司在加大骨干网建设改造的基础上，改善服务，经营创收又上新台阶。

队伍建设：加强领导班子建设，认真组织开展深入学习实践科学发展观活动，狠抓党员干部学习教育和党风廉政工作。大理电视台、大理州人民广播电台、苍山电视转播台进一步深化和完善内部用人制度，完成中层干部竞聘上岗和双向选择上岗工作。进一步加强干部职工队伍培训，职工队伍政治思想和业务素质不断提高。

【提升广播电视宣传舆论引导水平】 2009年，全州广播电视公信力、影响力、舆论引导能力得到提升。一是始终坚持正确的舆论导向，增强广电宣传从业人员的政治敏锐性和鉴别力，在宣传上做到看清本质。二是围绕中心、服务大局，重点宣传突出。圆满完成全州“两会”、“两博会”、州委全会、省政府大理工作会议、三月街民族节、第八届中国摄影艺术节暨2009首届大理国际影会、“万人红装苍洱唱国歌”、大理洱海开海节、新农村建设、小湾电站移民等重大活动及主题宣传报道任务。各级电台、电视台精心策划，上下联动，采取新闻、访谈、连线采访、现场采访、听众热线、现场录制、开办专栏、制作专题等形式，常规报道与重点报道、集中报道相结合，对喜迎国庆60周年、改革开放30周年、深入学习实践科学发展观、应对国际金融危机、“两保护、两开发”、推进大理滇西中心城市建设等重大活动进行重点宣传，保持良好的宣传态势。三是坚持新闻立台，提升骨干节目质量。2009年，大理电视台播出新闻6000多条、州人民广播电台播出新闻6400多条。大理电视台和州人民广播电台牢固树立精品意识，重点打造《大理新闻》、《全州新闻联播》、《1027午间新闻》、《身边》、《采风》、《大理讲坛》、《口述大理》、《点苍说书楼》、《走进新农村》等骨干栏目，节目质量稳步提高。四是坚持“三贴近”原则，提高广播电视引导力。不断加大民生新闻、专题节目、栏目的采编力度,改进会议和领导活动报道内容和形式,把重要时段留给来自基层的鲜活新闻。

【广播电视节目获多项奖】 2009年4月,全州广播电视节目在2008年度云南省广播电视政府奖及其它省级奖评选中取得优异成绩,共获12个一等奖、16个二等奖、17个三等奖、1个十佳栏目奖。电视新闻类:《洱海开海节》(大理电视台)、《剑川海门口发掘出史上最大海滨“杆栏式”建筑聚落遗址》(大理电视台)获一等奖,《实施整村推进20万农民脱贫》(大理电视台)、《走进海门口》(剑川)获二等奖。广播新闻、社教类:《破冰之旅:大理旅游在自我转型中“突围”》(州广播电台)、《走向生态文明——洱源探索生态经济重建模式》(州广播电台)、《人生》(州广播电台)获二等奖,《大理剑川发现中国最大水滨“杆栏式”建筑聚落遗址》(州广播电台)、《白族老太展绝活“双龙”圆“梦”庆奥运》(州广播电台)、《永平林改系列报道》(永平)、《热区农家》(宾川)获三等奖。电视社教类:《大理讲坛》(大理电视台)被评为十佳栏目,《留住我们的家园》(大理电视台)获一等奖,《我们在一起》(大理电视台)获三等奖。播音、主持类:《大理新闻》(张黎明)、《放牛娃的激情英语人生》(曾丽霞)获一等奖,《十佳颁奖晚会》(袁斌)、《人生——用大爱融化“坚冰”》(李杰秋)获二等奖,《身边》(张蓉)、《全州新闻联播》(苏雯)、《人文大理——洱海古遗迹》(小凡)获三等奖。县市优秀广播电视节目奖:《农村妇女陈美秧的一笔账》(巍山)、《情洒山乡育桃李》(洱源)、《火的节日》(大理市)、《大理热线》(大理市)获一等奖,《让下肢残障人士走得更远》(祥云)、《祥云农村建起“信息桥”》(祥云)、《吴云海被授予“全国优秀农民工”称号》(祥云)、《仁和里的教化》(弥渡)、《建设中间村推进“新农村”》(宾川)、《狮子口私设收费站事件》(宾川)获二等奖,《群力小学唱健康童谣建和谐校园》(巍山)、《李光:用敬业奉献诠释生命》(巍山)、《谁为宾川优质大米买单》(宾川)、《农村涌动民主潮》(大理市)、《小河淌水声》(弥渡)获三等奖。广播电视文艺类《最爱苍山红杜鹃》(大理电视台)获一等奖,MTV《身边》(大理电视台)、《遥远的部落》(州广播电台)、《经典大本曲》(州广播电台)获二等奖,《青春常在圆梦大理》(大理电视台)获三等奖。广告类:《苍山大酒坊(苍洱春)》(大理电视台)、《八方名嘴话名城》(大理市电台)获一等奖。公益广告《南涧形象》(大理电视台)、《改革开放三十年通讯篇》(州广播电台)获三等奖。

【广播电视对外宣传成效显著】 2009年,全州对外宣传工作成效显著。大理电视台制作的《初一抢头水,新年好彩头》、《大理:耍龙舞狮,欢庆新春》、《南涧:新人结连理,跳菜送祝福》3条反映大理民俗文化的新闻,于大年三十、大年初一、大年初二在中央电视台《新闻联播》中播出;在大理洱海开海节、第八届中国摄影艺术节暨2009年首届大理国际影会期间,大理电视台有5条新闻在中央电视台各套节目中播出;国庆期间,大理电视台制作的白族群众收看国庆阅兵大典、白族群众放飞风筝祝福祖国、大理国庆长假旅游热等新闻,在中央电视台《新闻30分》栏目中播出。2009年,中央电视台各主要新闻栏目共播出反映大理的新闻40条,其中《新闻联播》8条;云南电视台共播出大理新闻350多条,其中《云南新闻》190多条。州人民广播电台加强与中央和省级媒体的联系,在省电台新闻综合频率播出录音稿件、连线报道80多条,与新闻综合频率《百姓与社会》节目进行长达40分钟的联合直播。在中国国际广播电台播出新闻专题4篇,在中国广播网站上发表照片10幅。《万商云集“三月街”,大理民族节热闹开街》一文在中国广播网首页国内新闻刊发,同时被新浪网等网站转载。此外,制作了《来赶大理“茶花集”》(6幅组图)、《清凉中国行:四季如春的云南大理》(4幅组图)、《走进“三月街”民族节,感受大理风情,体验白族三月狂欢》3个录音专题节目,分别被中国国际广播电台《在中国旅行》、《花开中国》、《中国少数民族》栏目采用。从3月30日起,大理市广播影视管理局承办的《每日农经》大理宣传周特别节目在CCTV-7播出。

【广播电视专项宣传特色突出】 2009年,大理州广播电视专项宣传特色突出。一是重点策划国庆60周年宣传工作。大理电视台推出了庆祝建国60周年特别节目《直播大理》,共播出形象宣传片7部、新闻宣传报道采编制作47条、专题宣传片28部、大型现场录制2场、综合编辑包装宣传片5部。《直播大理》采取主持人与嘉宾访谈为主,电话连线采访、记者现场采访、听众热线穿插其中的方式播出8期。《大理周刊》编辑刊载专版4版,制作光盘250盘。州人民广播电台开辟专栏《辉煌六十年》,开办《经典红歌回放》栏目,国庆期间共播出新闻56条、栏目74期。二是集中力量宣传全州开展深入学习实践科学发展观活动。大理电视台《大理新闻》及时开设《深入学习实践科学发展观》、《科学发展在大理》和《坚定信心,应对挑战》3个专栏;州人民广播电台在《全州新闻联播》中开设《深入学习实践科学发展观》、《科学发展,共建和谐》2个专栏,专题开设《直播大理——大理州深入学习实践科学发展观活动大型系列访谈》节目,宣传报道全州各级各部门开展学习实践活动的做法、经验和取得的成绩。大理电视台《大理新闻》年内播出第二批、第三批深入学习实践科学发展观活动新闻280多条,在云南电视台《云南新闻》中播出64条。州人民广播电台《全州新闻联播》共播出深入学习实践科学发展观活动新闻471条,在省电台新闻综合频率播出31条。三是加强三月街民族节宣传。大理电视台在《大理新闻》栏目中推出《魅力三月街》专栏,播出新闻136条;州人民广播电台在《全州新闻联播》节目中开设了“走近三月街”专栏。

【广播电视宣传管理水平进一步提高】 2009年,全州广播电视宣传管理进一步加强,管理水平进一步提高。一是加强宣传管理职能建设,州广电局把局总编室改为宣传管理科,及时加强人员配备,完善职能转换,从偏重业务指导向宣传管理转变,有效加强对全州广播电视宣传的管理指导。二是加强编委会制度建设,5月11日,州广播电视局成立编委会,明确编委会组织机构和编委会职责,对贯彻落实国家和省广电部门宣传管理政策、规章制度,提高全州广播电视重大宣传活动决策的科学化、民主化、规范化发挥积极作用。三是不断健全完善监听监看制度,从政治标准、道德标准和内容标准上加强对全州广播电视播出机构的宣传管理。四是完善全州评优创优机制,修订了《大理州广播电视优秀节目评选办法》。五是建立大理州广播电视事业局宣传联席会议制度,定期研究解决宣传工作中出现的困难和问题,加强对重点宣传工作、重要节目和栏目的指导和监管,把握正确的舆论导向。

【召开全州优秀广播电视节目政府奖评

奖会】 4月23～24日，州广播电视局召开2008年度全州优秀广播电视节目政府奖评奖会。大理电视台、州人民广播电台及全州12县市广播电视局推荐116件节目参加评奖。评委会经过认真审查、点评，有16件广播作品、31件电视作品获奖。

【云南省电视新闻奖评选会在大理举行】 4月26～28日，云南省广播电视政府奖2009年度电视新闻奖评选会在大理举行。全省16个州市广播电视局、云南电视台、云南人民广播电台、云南省广播电视局相关处室领导参会。全省17个电视台推荐的86件作品参加评选，有55件作品获奖。大理州县市广播电视局派出业务骨干到会观摩学习。

【大理电视台展示建国60年辉煌成就】 7～10月，大理电视台围绕建国60周年宣传活动，推出《直播大理》新闻系列节目。《直播大理》设《成就篇》、《人物篇》、《历史篇》3个板块，充分展示大理州60年发展的事、人、史。《成就篇》推出祥云、弥渡、南涧、巍山、漾濞、永平6个专篇，每县播出3～20条新闻，其它县播出2条新闻，州级选择工业、农业、水利、电力、林业、城建、环保、旅游、社保、扶贫、教育、文化、卫生等30个选题，共播出主题报道70多条；《人物篇》选择在新民主主义革命时期对中国革命有影响的大理籍人物张伯简、施滉、王德三、周保中、杨杰等，新中国成立以来做出过突出贡献的大理籍人士王希季、张丽珠、杨丽珠、杨丽萍以及在大理州改革开放事业中做出突出贡献的模范人物普发兴、毕国才、朱兆康、马琴、张建发等40人进行宣传；《历史篇》每天回顾1年大事，回顾1949～2009年60年时间里，每年发生在大理州的重大政治、经济、社会、民生事件，共播出大事记60篇。《直播大理》还制作形象宣传片7部，采编播出新闻宣传报道47条，制作播出专题宣传片28部，现场录制和播出专场大型节目3场；综合编辑宣传片5部，编辑《大理周刊》专版5版，制作光盘250套。《直播大理》新闻系列宣传效果突出，获州委宣传部2009年宣传“创新奖”。

【《大理讲坛》被评为云南省十佳电视栏目】 2009年6月，大理电视台《大理讲坛》栏目被评为2008年度云南省十佳电视栏目。《大理讲坛》是电视讲座类栏目，以口述历史的形式，宣传大理本土深厚悠久的历史文化。《大理讲坛》于2007年10月8日开播，在大理电视台第三频道播出，周一首播，周三回放。每周播出1期，每期长度45分钟。到2009年底，共播出111期。

【大理电视台三月街民族节宣传亮点频出】 在2009年三月街民族节期间，大理电视台提出在全台开展“构建小台大宣传格局，实现宣传经营互动发展”主题实践活动，使三月街民族节的宣传亮点频出。一是对三月街民族节的宣传做到早安排、早策划、早宣传，在《大理新闻》栏目中推出《魅力三月街》专栏，先后播出新闻136条。二是做好三月街民族节开幕式、大型文艺表演、大理州非物质文化遗产保护成果展演等多场活动现场直播，及时将三月街民族节开幕式消息传送到云南电视台和中央电视台，当晚在中央电视台《新闻联播》、《整点新闻》以及云南电视台各频道中播出。三是《身边》、《采风》、《苍洱警视》、《黄金剧场》等栏目互相联动，宣传异彩纷呈。四是对三月街赛马活动连续4天进行了5场次现场直播，将精彩的赛事及时展现给观众。

【大理电视台第一时间报道宾川抗震救灾情况】 11月2日5时7分，宾川5.0级地震发生后，大理电视台在第一时间及时报道抗震救灾情况。11月2日，大理电视台启动突发事件应急预案，安排第一组记者赶赴灾区，记者于中午1点抵达震中平川镇马花村，是第一个赶到灾区一线的媒体。在宾川县有关部门和平川镇的配合下，记者及时将反映宾川地震的第一条图像新闻专车送回大理电视台。下午5点，图像传到云南电视台。当天晚上，中央电视台、云南电视台、大理电视台及一些省级电视台相继播出了来自灾区的地震画面。接着，大理电视台的记者与随后赶到的云南电视台记者互相配合，将《宾川地震震级不大灾情不轻》、《各级反应迅速救灾有序展开》、《第一批救援物资运抵灾区》、《受灾群众居有室所吃有保障》等报道及时在云南电视台和大理电视台播出，让广大观众在第一时间了解灾区的情况。在宾川抗震救灾工作中，大理电视台先后派出4个记者组深入灾区进行采访，在云南电视台各档新闻节目和大理电视台《大理新闻》栏目中共播出抗震救灾报道30多条。

【大理电视台开展主题实践活动】 在2009年3～8月的深入学习实践科学发展观活动中，大理电视台开展“开门办电视，践行三贴近”主题实践活动。一是组织台领导和部门负责人深入祥云、弥渡2县，听取县委宣传部、广电局负责人和基层记者、编辑的意见和建议。二是协调组织全省13个州市电视台和省外青岛、苏州电视台到漾濞、巍山县开展异地采访活动，宣传报道这2个县经济社会发展取得的成就和经验。三是各部门、各栏目积极开展主题实践活动。新闻中心针对观众反映的会议新闻过多、领导活动新闻过长、农业生产新闻过于集中的问题，在节目内容和编排上作了大的调整。节目中心加强《身边》、《采风》栏目策划，推行选题报批制，把镜头对准基层、对准群众，关心群众生产生活，反映群众意愿呼声。

【大理电视台与社会联办栏目】 大理电视台在近年来与州市公安局、州计生委、州委组织部、州纪委联合开办《苍洱警视》、《人口与计划生育》（2009年8月起改名为《人与家》）、《大理党建》栏目的基础上，进一步依靠社会力量，与州市有关部门和单位联办栏目。先后推出《品牌大理》、《红土地》等联办栏目，进一步丰富了节目内容。

【大型活动直录播成效明显】 大理电视台不断加强对全州大型活动现场直录播工作。2009年，先后对大理三月街民族节开幕式和大型文艺表演、三月街“蝶泉乳业杯”赛马活动、2009全国沙滩排球巡回赛（大理站）暨2009沙滩宝贝选拔大赛、2009年大理旅游狂欢节、洱海开海节、“万人红装苍洱唱国歌”、第八届中国摄影艺术暨2009年首届大理国际影会等49次大型活动进行电视直播和录播。

【《洱海》书套碟出版发行】 大理电视台历时3年拍摄制作的大型电视系列片《洱海》播出后，受到州委、州人民政府的重视和广大电视观众的好评。为给后人留下一份珍贵的历史档案，大理电视台与州环保局联合编制《洱海》书套碟，2009年9月由云南民族出版社出版发行。全书分电视篇（光盘2碟）、文学篇、资料篇3个部分，共15万字。电视篇收入《沧海桑田》、《寻找茈碧花》、《海西海》、《东湖记忆》、《留住西湖》、《 涨茛河上》、《金梭岛人家》、《滩地——沉重的呼吸》、《封海的日子》、《洱海螺蛳的危机》、《水水水》、《弓鱼故事》、《洱海放鱼人》、《两个人的洱海》、《苍山十八溪》、《西洱河畔》、《洱海牧歌》等18集电视系列片及文字稿。文字篇和资料篇分别收入电视系列片《洱海》拍摄纪实、体会和洱海保护有关资料。

【《种植一棵灾难意识之树》获报刊评论一等奖】 7月，州广播电视局主任编辑赵阔的报刊评论《种植一棵灾难意识之树》在全国城市广播电视报协会获一等奖后，被推荐参加中国广播电影电视报刊协会评奖，获全国广播电影电视报刊评论一等奖。

【《每日农经》大理宣传周在央视播出】 3月30日，由大理市广播影视管理局与市农业局承办的《每日农经》大理宣传周特别节目在CCTV－7开始播出。《每日农经》栏目组对大理的特色农业发展、民俗文化旅游和社会主义新农村建设等情况进行深入细致地采访拍摄，摄制了《牛奶做成片片卖》、《洱海里的鱼》、《能生吃的猪皮》、《蝴蝶泉边三道茶》、《不同寻常的板蓝根》等节目，分5期播出。

【州广播电台推出《1027午间资讯》栏目】 州人民广播电台从3月24日起，推出新闻资讯类栏目《1027午间资讯》。栏目立足全州重大新闻事件，关注民生、反映民情，以大容量、全方位的新闻资讯和活泼多样的报道、播报形式吸引听众。该栏目与《全州新闻联播》节目相助补充，滚动播出。节目每天中午12:00准点播出，时长15分钟。

【《交警之声》广播栏目开播】 5月1日，州人民广播电台与州交警支队联合推出了交警栏目《交警之声》。栏目旨在加强交警信息化、执法规范化、和谐警民关系"三大任务建设"工作，提高交通参与者的安全意识，加强警民之间的沟通和交流，构建和谐交通，为大理经济社会发展营造平安、畅通、有序的交通环境，树立大理和谐、文明、开放的良好形象。栏目每期时长30分钟，每周1期，首播1次，回放3次。

【《阳光校园》广播节目开播】 9月10日，州人民广播电台推出教育类节目《阳光校园》。节目为教育类杂志式综合性广播节目，主要关注全州教育改革与发展及教育、教学和管理工作，展现校园风貌，反映教师、家长和学生心声，引导教改舆论。节目主要设置《名校名师》、《苦乐年华》、《芳草地》、《家庭教育经》、《教育视窗》等板块。每天12:20和18:00播出，节目每周播出2期，每期时长30分钟。

【播出访谈节目《1027近距离》】 12月31日，州人民广播电台推出直播访谈类节目《1027近距离》。节目时长30分钟，每天上午10:30、晚22:30播出，周四上午10:30首播。节目以"讲述百姓故事，解析事件新闻，关注民生诉求"为宗旨，通过对人物的访谈和事件新闻主体的解析，记录大理人生活中的点点滴滴。

【庆祝第十届中国记者节】 11月6日晚，由州广播电视局主办，大理电视台、大理州人民广播电台和大理市广播影视管理局协办，在州广电中心大演播厅举行"我爱我的祖国"诗歌朗诵会暨欢庆第十个记者节活动。晚会上，新闻工作者代表进行了"让党放心，让人民满意——大理新闻界'做负责任媒体'"承诺宣誓。州广播电视局领导通报了全州2008年度获省优秀广播电视节目奖情况，对全州2008年度优秀广播电视节目进行表彰。州市媒体40名播音员、主持人朗诵了《雪落在中国的土地上》、《阳光·生命》、《我亲爱的祖国》3个篇章共32首不同体裁的诗歌。州委常委、州委宣传部部长王以志，州人大副主任杨宴君、州政府副州长洪云龙、州政协副主任张树藩等领导及州级相关部门、大理市相关领导出席晚会，大理州新闻工作者协会部分代表，省、州、县市属广电系统干部职工代表、武警大理州森林支队官兵、大理学院部分师生共300多人参加了庆祝活动。

【调整广播电视"村村通"工作领导小组】 2月13日，州人民政府下发《关于调整州广播电视村村通工作领导小组的通知》，对州广播电视"村村通"工作领导小组成员进行调整。州人民政府副州长任组长，州政府副秘书长、办公室副主任张彤和州广电局局长阿苍洱任副组长，州发改委、州财政局、州宗教局、州广电局、州扶贫办相关领导任成员。领导小组办公室设在州广电局，州广电局副局长李成林兼任办公室主任。

【规范化管理有线电视工程建设】 1月17日，大理州《关于进一步规范大理州新建小区有线电视预埋管网建设工作的通知》正式施行，在全省州市级率先把有线电视工程建设纳入法制化规范管理。"通知"是州建设局、州规划局、州广播电视事业局经过1年多的调研、协调、论证、拟订、修改，经州人民政府法制局审核批准下发的，对城乡建设道路有线电视管网埋设、建筑物有线电视网络布线、预埋、设置标准、施工要求作了明确规定。

【州政府召开全州广播电视工作会议】 3月11日，州政府在下关召开全州广播电视工作会议，贯彻落实全省宣传部长会议、广播电视工作会议和全州宣传思想工作会议精神，总结2008年工作，研究和部署2009年全州广播电视工作。会议对全州2008年北京奥运会、残奥会期间广播电视安全播出先进单位进行了表彰，副州长代表大理州人民政府与12县市人民政府分管广电工作副县市长签订了广播电视"村村通"目标责任书。州委常委、州委宣传部部长王以志，州人大副主任杨宴君、州政协副主席张树藩等领导出席会议。各县市分管副县市长、广电局局长及州委宣传部、州政府办公室、州发改委、州人事局、州财政局、州扶贫办、州宗教局、州纪委文教卫纪工委领导及州级广电部门领导、驻大理省属653台、云南广电网络大理分公司领导等130多人参加会议。

【举行广电"村村通"现场会暨直播设备发放仪式】 5月14日，州政府在南涧县拥翠乡新华村举行新时期广播电视"村村通"工程建设现场会暨直播卫星设备发放启动仪式。州政府"村村通"建设领导组成员及12县市分管副县市长、广电局局长、州广电系统中层以上领导、云南广电网络大理分公司经理等100多人参加会议。会议部署了全州新时期广播电视"村村通"工程建设工作。现场会上，向符合使用卫星电视广播地面接收设施的受益村民代表发放了"村村通"卫星直播设备，向部分特困村民赠送电视机，技术人员进行直播卫星地面接收设施的技术讲解和演示。与会代表还深入到农户家中指导直播卫星接收设备的安装。

【完成"村村通"第一批直播卫星覆盖工程】 州委、州人民政府将广播电视"村村通"工程列入年度十项惠民工程。年初，下发了《大理州新时期广播电视村村通建设方案》；5月，在南涧县拥翠乡召开工程建设现场会。全州广播电视"村村通"第一批直播卫星覆盖工程涉及南涧、巍山、漾濞3县1626个已通电自然村的22357户，州财政配套资金100

万元、县级配套资金26万元。6月15日,大理州提前15天全面完成第一批广播电视"村村通"直播卫星设备的安装调试任务。向目前还没有电视机的部分特困户赠送了1000台电视机,向用户统一颁发《大理州广播电视村村通直播卫星接收设施使用许可证》,向3个项目县配发"村村通"专用电脑、打印一体机和自主研发的《村村通直播卫星用户管理软件》。9月11~18日,经省"村村通"工程建设领导组检查验收小组实地检查,全州第一批直播卫星广播电视"村村通"建设项目通过验收,被评为全省第一批"村村通"直播卫星覆盖工程考核验收优秀州市。

【继续实施"村村通"直播卫星覆盖工程】 12月14日,州人民政府下发《关于印发大理州2009~2010年广播电视村村通直播卫星覆盖工程建设实施意见的通知》,明确了2009~2010年全州广播电视"村村通"直播卫星覆盖工程的指导思想、目标任务、组织领导、设备采购招标、资金保障、资金管理和使用、有关要求等方面的政策。在继续完成漾濞、巍山、南涧3县工程建设的同时,启动永平、云龙、祥云、宾川、弥渡、洱源、剑川、鹤庆、大理9个县市3242个20户以上已通电自然村直播卫星接收工程建设,对南涧、漾濞、巍山3县1626个村的第一批直播卫星村村通设备进行空中升级,全面完成"十一五"期间全州4868个村的建设任务。对9个县市3242个村,国家补助每个村5000元设备款、省补助每个村2500元设备款,州政府共贷款补助730万元,县级配套补助缺口部分。

【完成省级广播电视无线覆盖工程建设任务】 6月,省政府投资282万多元,扩建、更新大理州的宾川、洱源、鹤庆、剑川、弥渡、南涧、巍山、祥云、永平、云龙10个县和苍山电视转播台11部调频广播发射机及其配套附属设备,同时对部分附属设施进行改造。6月24日,州广电局召开全州省级广播电视节目农村无线覆盖工程建设工作会,涉及工程建设的10个县及苍山电视转播台领导和技术负责人参加会议。会议传达了云南省省级广播电视节目无线覆盖工程建设会议精神,安排部署全州工程建设任务,州广播电视局与各建设单位签订了工程建设责任状。年底,全面完成工程建设任务。

【广播电视数字化建设步伐加快】 2009年,全州广播电视数字化建设步伐加快,成效显著。一是有线网络数字化发展快速推进。云南广电网络大理分公司加快有线电视网络升级改造,新增有线电视用户16081户、有线数字电视用户25784户,新增互联网用户5137户,发展互动电视用户673户,数字付费节目用户不断增加,新建数字专网22个。二是下关团山发射台地面数字电视建设规划完成并启动。配合广电总局完成了台址勘察,制定了大理地面数字电视发射技术方案上报省局和广电总局,年底启动国标地面数字高清电视的覆盖工程,发射中央、州部分高清电视节目。三是筹建CMMB数字移动多媒体广播工程项目。按照国家广电总局规划,苍山电视转播台与中广移动多媒体云南子公司签订股东协议,年底启动大理CMMB建设项目,首期下关团山CMMB发射台将为大理市城区7吋以下移动多媒体接收用户提供中央电视台第一、第三、第五套节目及新闻台、精彩电影、云南卫视、大理电视台共7套电视节目和3套广播节目。四是加快制播设备数字化建设。按照国家数字化建设的要求,苍山电视转播台利用数字技术,对播出机房软、硬件进行升级改造。大理电视台多方筹集资金,在省内州市级首家启动购置8+2讯道大型标清数字转播车,州电台进行以民族语节目为重点的数字化设备的建设与改造。

【苍山电视转播台实现全年安全播出目标】 苍山电视转播台苍山4092高山台承担着中央人民广播电台第一套、云南电视台第一套、云南人民广播电台第一套、大理州人民广播电台、大理电视台第一套等5个广播电视节目频率频道的转播发射任务。2009年,按照"不间断、高质量,既经济又安全"的技术维护总方针,做好播出机房、远动控制、无线发射各个环节的技术维护和保障工作。投入资金对计算机远动控制系统进行升级改造,实现山顶发射机房发射和附属设备精准监测和控制;升级集成视音频监视系统,实现对山下机房信号源、开路播出信号源及视频监视信号的集中监视;对10KV高压输电线路进行改造,加强了供电系统安全性。全年无重大安全播出事故发生,各频率频道累计播出19718小时。

【下关六五三转播台成绩突出】 2009年,省属下关六五三转播台圆满完成转播中央、省多套广播节目和国家广播实验台各项转播任务。4月,全省直属中波(实验)台工作会议在下关召开,六五三台被评为全省年度目标量化考核工作先进集体。六五三台承担全天24小时转播中央人民广播电台第一套中波及调频节目,同步转播云南人民广播电台第一套中波节目,播出发射国家实验广播节目,转播云南人民广播电台的生活频率、交通旅游频率、音乐之声频率、民族之声频率4套调频节目,并通过多个调频频点对大理地区进行交叉覆盖。六五三台搞好日常设备维修维护,在州内更新第一部10千瓦DAM数字中波发射机。通过全台干部职工的共同努力,确保了安全播出,实现全年台内停播为零,圆满完成了全国及全省"两会"、国庆60周年等重大活动的转播和日常转播任务。

【有线电视骨干网络建设有新突破】 2009年,云南广电网络大理分公司加大全州有线电视骨干网建设力度,投资1098万元,完成县乡骨干传输网(MSTP)建设工程;投资343.7万元,建成漾濞、永平、云龙3县传输环网;投资325万元,完成巍山、鹤庆县乡(镇)光缆干线建设及联网工程;投资568万元,实施洱源、剑川、鹤庆等县MMDS光缆改造联网工程;投资320万元,实施南涧、巍山、大理古城有线电视网络光纤网改造工程。

【广播电视节目覆盖全州主要城镇】 在省、州、市县广播电视部门的共同努力下,全州城镇广播电视节目覆盖套数不断增加。截至2009年底,11个县城周边及主要乡镇实现有线电视节目覆盖,可收到170多套数字电视、20多套数字广播、7套模拟电视节目,县城周边无线覆盖中央电视台、云南电视台、大理电视台、州人民广播电台及本县广播电视节目。在大理市主要区域,除收到以上有线电视、广播数字和模拟节目外,可收听收看到无线覆盖的中波6个频率、调频8个频率广播节目和电视6个频道节目,内容包括中央人民广播电台第一、第二套,云南人民广播电台综合、经济、音乐、交通节目及香格里拉广播,州人民广播电台、大理人民广播电台广播节目和中央电视台第一和第七套、云南电视台第一套、大理电视台第一套和大理市电视台节目。

【广播电视覆盖率进一步提高】 2009

年，全州进一步加大广播电视技术事业建设力度，通过采取各种技术模式提高全州广播电视覆盖率。全面完成新时期广播电视“村村通”第一批工程建设，增加直播卫星接收设备22357套，有效覆盖1626个自然村；完成省级广播电视节目无线覆盖工程建设，完成全州新建或更新广播调频发射机11套、电视发射机11套，在县城周边有效扩大省级广播电视节目的无线覆盖；通过发展有线电视用户，进一步扩大城乡广播电视节目的覆盖面。全州广播和电视覆盖率分别达到95%和98%，分别比上一年度提高了1.8和0.9个百分点。

【大理州广播电视管理工作协调领导小组成立】　6月8日，州政府办公室下发《关于成立大理州广播电视管理工作协调领导小组的通知》，成立以州政府分管副州长为组长，州政府副秘书长、州政办副主任、州广电局局长、州工商局局长为副组长，州610办、州综治办、州公安局、州发改委、州国安局、州信息产业办、州工商局、州广电局、州工商局、大理市广播影视管理局领导为成员的协调领导小组。负责研究并协调解决全州广播电视管理工作中的重大问题，研究制定工作措施，安排部署专项整治工作，组织检查和指导各县市、各相关部门的工作。办公室设在州广电局，由李成林兼任办公室主任。

【专项整治电视广播接收设施】　6～10月，大理州开展非法销售、安装和使用卫星电视广播地面接收设施专项整治活动。6月8日，州政府成立广播电视管理工作协调领导小组，召开全州广播电视管理工作会议，部署专项整治工作，向社会发布《关于加强卫星电视广播地面接收设施管理的公告》。州级综治办、公安局、工商局、信产办协同配合，制定工作方案，明确各级各部门的职责和任务分工，开展大规模的法律宣传和咨询活动，用报纸、广播、电视、标语、黑板报、宣传栏等多种形式大张旗鼓进行宣传。发布《公告》2万多份、广播电视法律法规宣传手册3.5万份。组织行政执法培训，培训73人，在12县市及106个乡镇开展集中整治工作。共查处无证擅自销售卫星电视广播地面接收设施经营户62户，没收卫星电视地面接收设施365套；对非法安装使用卫星电视广播地面接收设施的用户进行查处，没收设施设备1500多台，自行拆除568户。在全省专项整治工作考核中得分95分，通过省级验收。

【广播电视播出健康有序】　2009年，各级广电部门加强对各广播电视播出机构的规范管理。一是贯彻落实《广播电视播出机构违规处理办法》，把规范播出秩序作为播出机构管理的重要任务，主动纠正违规问题，不断增强自我管理和规范运行的意识。二是通过加大对宣传、技术人员的培训力度，优化栏目设置，办好广播电视节目，创造良好的播出秩序和环境，保障广播电视长远发展。三是按照属地管理的原则，加强行政监管，加大检查力度，对违规问题限期整改，严肃查处，逐步规范、建立起对各级广电行政部门和播出机构的长效监管机制。四是建立健全行之有效的播出机构管理约束机制，建立完善行业自律公约，提高广播电台、电视台的公信力。通过规范管理，辖区内广播电视播出机构的频率频道、台标、频道标识、呼号及节目套数、节目内容符合国家总局和省局的有关规定。未出现擅自设立广播电视频道，未经批准任意改变台标、呼号等违规行为和擅自出租、转让频道、频率的现象。所播出广播电视节目符合知识产权保护的法律法规，播出广播电视广告节目符合国家相关法律法规要求，完整转播中央、省、州广播电台的电视节目，无随意遮盖和插播广告现象，按规定要求播放公益广告。

【加强广播电视广告管理】　2009年，全州各级广播电视部门进一步加强广播电视广告管理工作。一是严格执行《广告法》、《广播电视广告播放管理暂行办法》及法律、法规，及时转发《云南省广播电视局转发省食品药品监督管理局关于药品医疗器械保健食品广告监测文件的通知》，部署广告管理工作。二是协同工商、卫生、药监等部门，以净化银屏声频、确保广告节目导向正确为目标，以清理整治虚假违法广告为重点，加大对违法和不良广告的查处力度，着力整治虚假违法、内容低俗的医疗、药品、食品、性保健品、性暗示广告。三是严格要求各播出机构调整广告播出内容、时间，加大公益广告的播放力度。四是加强广播电视广告管理的宣传培训。12月25日，州广电局举办广播电视广告法规学习培训班，大理电视台、大理州人民广播电台广告管理和从业人员、云南广电网络大理分公司节目集成、传输、营销负责人参加培训。通过加强管理、清理不良广告，净化了声频荧屏，全州广播电视广告播出得到进一步规范。

【完善广播电视行政执法机制】　2009年，全州广电部门认真履行职责，广播电视行政执法工作进一步加强。一是广泛深入学习、宣传广播电视法规、规章，增强法制观念，加强对系统内部的普法宣传，提高广大职工的法律意识。二是结合法制政府、责任政府、阳光政府建设，建立行政执法公示制度。对广播电视行政执法主体资格、行政执法依据、行政执法岗位责任、行政执法程序、行政执法方法、行政执法监督举报电话等进行公示，完善执法约束机制，接受广大群众和社会各界的监督。三是依法行政、严格程序、文明执法，严格遵守行政执法法律法规，执法人员持证上岗，严格按行政执法程序执法。四是突出重点，加强行政执法检查。突出对宾馆饭店接收境外卫星电视节目、广播电视广告、卫星地面接收设备、网络视听节目的检查管理。五是加大社会行政执法宣传力度，广泛宣传广播电视法律法规和各项规章，及时宣传执法成果。对管理对象，加强前置教育，减少违法违纪行为发生。六是加强执法队伍建设，8月底，联合州法制局举办全州广播电视行政执法培训班，对广电系统73名执法人员进行依法行政、依法管理业务培训，提升了广电执法队伍的执法水平。

【实现广播电视安全播出目标】　2009年，州广播电视系统把广播电视安全播出工作作为一项重要的政治工程、生命工程来抓。一是高度重视，进行全面动员。干部职工思想认识提高，责任感和使命感增强。二是加强领导，周密部署。主要领导负总责，分管领导具体负责，及时充实调整完善领导指挥机构。在各敏感日和重保期，进行周密部署，认真组织落实。三是加强检查，解决问题，消除隐患。先后开展了春节安全播出大检查、全国全省全州“两会”安全大检查、国庆安播大检查及应急协调检查、对全州12县市的全面检查。及时发现存在问题、隐患，认真整改，消除隐患，不留死角。四是完善预案，加强培训和演练。修改完善各类制度，在总的《安全播出预案》的基础上，有针对性地制定各个重保期的应急预案。组织参加省广播电视局组织的应急演练，开展安全保卫、消防、有线网络安全传输和防范有线、无线插播等应急演练培训。五是加大投入，加强基础建设保障。州政府年度财政预算安排安播专款，各单位积极筹措经费，加强技防监控系统建设、供配电系统改造、增设USP、发电机等备份电源及消防设施设备。六是坚持安播联席会议制度,加强协调管理。全年共召开5次安播联席会议。七是强化责任落实,加强人员管理。层层签订责任书,明确职责。八是严守纪律,加强值守。严格领导带班、双人双岗24小时值班及零报告制度,加强安全保卫值班巡逻和有线电视传输网线路巡查。确保了广播电视节目舆论导向正确、优质传输、安全播出,全州广播电视安全播出全年无重大事故。10月30日,大理州广播电视局被云南省广播电视局评为国庆60周年广播电视安全播出保障工作先进集体。

【州广播电视安全播出调度指挥中心建成】 为完善全州广播电视安全播出指挥调度的硬件建设,州广播电视局投入资金,建设完善了州广播电视安全播出调度指挥中心,成立了州广播电视安全播出应急领导小组办公室。12月30日,通讯、音频、视频、办公设备完备的指挥调度中心建成投入使用。

【保障人民群众基本视听权益】 2009年,州广播电视局落实惠民政策,切实解决人民群众听广播、看电视难的问题。一是认真制定和执行优惠政策。年初,继续落实对残疾、五保户、老红军、老红军遗孀、退役军人等群体的收视维护费减免办法。全年共减免数字电视用户62户、模拟电视用户500余户的收视维护费。针对大理州有线电视经营维护收视费工作中出现的新情况、新问题,7月26日,下发《关于对有线电视收视维护费减免有关工作的通知》,明确了减免范围和对象、减免标准和办理依据。二是不断开展惠民活动。对一些在有线数字电视转换片区内只收能看6套以上有线电视模拟节目的困难用户,免收视维护费,保障在有线数字电视整体转换过程中一时无法转换、无能力转换人群的收视权益。三是加大公益性广播电视事业建设,开展广播电视"村村通"、中央和省级广播电视节目无线覆盖、州级广播电视节目的覆盖建设,扩大公益性广播电视覆盖。四是建立保障惠民政策,有效落实长效机制,为确保惠民政策有效落实提供有力保障。

【州广电局建立联席会议制度】 3月19日,州广电局下发《大理州广播电视事业局办公室管理、安全播出管理、社会管理、技术维护管理、宣传管理和广电中心管理工作联席会议制度》。这一制度是州广电局根据工作实际,为进一步加强州内省、州、市属广播电视部门之间的交流沟通和协调联系,促进安全播出、社会管理、技术维护、宣传管理及办公室工作、广电中心管理等工作健康、协调、有序开展而建立的一项制度。

【广播电视产业取得好业绩】 2009年,全州广播电视产业从单一的广告收入逐步向多渠道创收发展。大理电视台整合《云南广播电视报·大理周刊》、慧达信息台等经营资源,立足电视广告,开拓大型直录播业务,全年完成创收1300万元,实现纯收入913万元;州人民广播电台充分发挥覆盖全州各县市主要坝区的优势,拓展创收渠道,全年创收16.5万元,同比增长60.5%;云南广电网络大理分公司开展数字化整体转换工作和多样化经营创收,全年经营总收入突破1亿元大关,完成本级经营收入8508万元。

【中央人民广播电台台长王求到大理州考察】 8月10~11日,国家广电总局党组成员、中央人民广播电台台长王求到大理州考察,州委书记刘明会见了王求一行。王求一行在州委副书记王雪峰,州委常委、州委宣传部部长王以志的陪同下,深入大理州广电中心、州人民广播电台、大理市影视管理局、大理人民广播电台进行检查指导。

【州长何金平做客《金色热线》解答问题】 8月12日,州委副书记、州长何金平及相关部门领导做客云南人民广播电台《金色热线》,上线直播。现场答复群众提出的廉租房申请、大学生就业、农民相关政策性补贴、山区群众看不到电视、农村贫困学生上大学难、大丽公路通行限速及处罚等问题,及时安排有关部门解决群众提出的问题,并限期解决。

【中共大理州广播电视局委员会换届选举】 6月14日,州广播电视局党委召开党员大会,对2003年10月选举产生的第三届中共大理州广播电视事业局委员会进行换届选举。局党委所属局机关支部、大理电视台支部、苍山电视转播台支部、省属下关六五三台支部及州人民广播电台党支部筹建领导组共116名正式党员参加会议。会上,第三届委员会党委书记李成林代表第三届委员会总结5年来的工作。大会选举并报州委组织部批准,产生中共大理州广播电视局第四届委员会和纪律检查委员会,苏兴龙任党委书记,王翔任党委副书记兼纪委书记。

【州广电系统开展"六比一加强"主题实践活动】 3~8月,州广电局组织局机关、大理电视台、大理州人民广播电台、苍山电视转播台和省属下关六五三中波转播台5个部门的党员、干部、职工共178人(其中党员117人)参加了州委统一部署的第二批深入学习实践科学发展观活动。活动中,根据州委的统一部署,州广电局组织开展学习调研、分析检查、整改落实3个阶段的活动,结合全州广播电视实际,突出开展了"比思想解放、比科学发展、比敬业奉献、比吃苦耐劳、比扎实工作、比惠民实绩、加强党风廉政建设"的"六比一加强"主题实践活动。

【州广电局推进阳光政府四项制度建设】 2009年,州广电局围绕"五个到位"实施阳光政府四项制度。一是宣传发动到位。通过学习会、专题会等方式传达学习实施阳光政府四项制度的有关文件和领导讲话精神。二是成立领导组,细化责任分工,局办公室牵头负责政务查询制度、局督查室牵头负责重要事项公示制度和重点工作通报制度、局社管科牵头负责重大决策听证制度,指定了联络人和信息发布员。三是措施落实到位。结合实际,制定工作方案、实施细则和工作计划,明确听证、公示、通报和查询的具体事项和程序,建立工作情况月报制和信息报送制度,加强制度建设和完善配套措施来保证四项制度各项工作的落实。四是检查督促到位。把实施阳光政府四项制度与目标责任制、年度考核考评挂钩,用内部激励机制来推进阳光政府四项制度的实施。局督查室定期对各科室推行阳光政府四项制度的情况进行监督检查,及时发现和解决推进过程中的困难和问题,结合实际推出新方法、新措施,对搞形式主义、不执行或落实不力的进行批评教育,对工作出现严重问题的进行严肃问责。五是实施工作推进到位。按照工作计划表,在州广电局政务网站开辟专栏,在省实施阳光政府四项制度网站上,及时发布梳理出的需要听证、公示、通报和公开的《大理州广播电视事业局关于大理州有线电视数字化整体转换工作情况的报告》、《大理州新时期广播电视村村通工程建设方案》、《大理州广播电视优秀节目评选》等7条政务信息;及时总结和整理上报相关工作信息、月报表、月(季)份工作情况等材料；及时发布和更新相关信息，保持114政府信息直通车查询电话24小时畅通。

【深化内部用人机制改革】　2～3月，州广电局在2008年对局机关人员进行中层干部竞争上岗、双向选择之后，继续深化对所属事业单位的人事制度改革。在州文教卫纪工委的监督指导下，通过专业知识考核、竞职演讲、民主测评、组织考察、聘前公示等程序，大理电视台选拔出7个部门9人、州人民广播电台选拔出6个部门8人走上中层领导岗位，其它职工通过双向选择找到了适合自己的岗位。

【加大专业技术人才培养力度】　2009年，全州广播电视系统加大专业技术人才培养力度。采取在职学历教育、专题讲座、外派培训、顶岗培训、自学等形式，提高职工综合素质。年内组织了11个县12人进行每期4个月的顶岗培训。同时抓好专业技术人员职称评审工作，全州共推荐州广播电视专业技术中评委评定中级职称3人，向省新闻和电子工程高评委推荐评定出正、副高级职称5人。

【州广播电视事业局系统工会成立】　州广播电视局及直属单位、省属六五三台原只设有平行的基层工会，随着职工人数的增加（共有会员194名），为适应新形势下工会工作的要求，经请示州总工会同意，12月18日，州广播电视事业局召开系统工会第一次会员大会，会议选举产生了州广电局系统工会第一届委员会委员、经费审查委员会委员和女职工委员会委员。经选举并报请州总工会批准，州广播电视事业局系统工会第一届委员会委员正式成立，苏兴龙任主席、彭华任副主席。

【广电职工体育活动丰富多彩】　州广播电视局注重职工体育锻炼，组织开展各项体育活动。7～12月，组织大理省、州、市级广播电视系统职工篮球联谊赛，驻大理市的省、州、市属7个单位共100多人参加比赛，活动每月一次，轮流承办；8月8日，全国第一个全民健身日，州广播电视局组队参加了州“奥运纪念杯”羽毛球比赛，被评为精神文明队；9月5日，组织州级广播电视部门60多名干部职工开展“爱我大理，保护苍山，强身健体”登苍山活动；12月12日，大理电视台举行职工运动会，开展羽毛球、乒乓球、拔河、棋牌等竞赛活动，以特别的形式庆祝建台25周年。

【扶贫挂钩见成效】　2009年，州广播电视局把扶贫工作作为年度工作的一个重要内容，主要领导亲自抓，任务落实到各直属台、省属六五三中波转播台和云南广电网络大理分公司。在春节、春耕生产、秋收期间，深入扶贫挂钩点，与乡镇、村干部一同研究解决生产发展、项目开发、扶贫帮困等问题，为扶贫点争取项目和资金。选派3名新农村建设指导员赴各乡村帮扶指导。组织干部职工捐款、捐物，慰问贫困群众。局机关还从有限的经费中拿出1万多元，帮助新农村建设指导员挂钩村购买了电脑、电视机、音响等办公和文化活动器材。局机关职工多年来坚持“一对一”挂钩帮扶，每年为挂钩农户购买农药、化肥。发动干部职工为宾川县果农排忧解难，解决柑橘严重滞销积压的问题；为“7·9”、“11·2”地震灾区捐款。全年为宾川、祥云、洱源、云龙等县争取地震、生态建设、扶贫等资金80多万元。

【州广电局获云南省目标责任制考核一等奖】　2009年初，云南省广播电视局与全省16个州市广播电视局签订了目标管理责任书。大理州广播电视局将目标任务层层分解，责任到人，较好地完成了各项工作任务。年底，经省广播电视局考核，大理州广电局综合考核排列全省第三名，连续3年荣获一等奖。

（《广播电视》由齐云彬撰稿）

新闻出版

【概　述】　2009年，大理日报社认真贯彻落实中央和省、州党委的重大决策部署，紧紧围绕“保增长、保民生、保稳定、保洱海”的目标，以“三贴近”为突破口，围绕中心、服务大局，努力改进报道方式，提高报道水平，坚持团结、稳定、鼓劲和正面宣传为主的方针，为促进全州经济社会发展作出了贡献。在抓好报纸采编工作的同时，报社根据纸质媒体的特点，积极组织创收，圆满完成年初的创收目标。全社各项事业跃上新台阶，新闻宣传及文化产业发展目标如期实现。

2009年，大理报社层层签订了党风廉政建设责任书；完成了党总支和下属3个支部的换届选举工作，加强了基层组织建设。报社工会积极组织开展多种文体活动，增强了队伍的凝聚力。先后有近20名编辑参加了省委宣传部组织的业务培训，采编队伍素质进一步提高。通过各项工作的扎实开展，报社各项工作跃上新台阶。

【大理日报营造良好舆论氛围】　2009年，大理日报按照全州宣传思想工作会议的总体部署，紧紧围绕在全州深入开展的学习实践科学发展观活动和中央关于“保增长、保民生、保稳定”的要求，做好以“两保护、两开发”为核心的滇西中心城市建设、省政府大理专题工作会议、中共十七届四中全会精神的学习贯彻等时政新闻报道，充分发挥了州委机关报的舆论主阵地作用。一是超前谋划、精心组织，全力做好庆祝新中国成立60周年的系列宣传报道；二是积极做好以“两保护、两开发”为核心的滇西中心城市建设的宣传报道；三是认真做好“学习实践科学发展观活动”的宣传报道；四是切实做好“学习贯彻十七届四中全会精神”的宣传；五是对全州“保增长、保民生、保稳定”进行追踪报道。通过各阶段突出重点的强势宣传，为全州经济社会持续、健康、科学发展营造了良好的舆论氛围。

【大理日报社被评为省级文明单位】　2009年，经过州市文明办检查考核，大理日报社再次被评为省级文明单位。报社领导班子率领全社干部职工，按照省级文明单位要求，积极开展创建工作。全社干部职工爱国守法、知荣明耻、弘扬正气、爱岗敬业、团结奉献，用自己的言行维护了单位的荣誉，为推动报社各项工作跃上新台阶提供了保障。同时，对报社院内进行绿化美化，对办公大楼的楼道等进行清洁粉刷，陈旧的办公楼变得整洁、雅观。

【大理日报社加强党风廉政建设】　2009年以来，为把报社党风廉政建设责任制落到实处，做到主要领导负总责，分管领导具体抓，报社成立了落实党风廉政建设责任制领导小组，下设办公室，负责党风廉政建设日常工作，各项工作顺利开展。按照有关要求，于年初建立了干部廉政档案，全社16名科级（含副科）干部都建立了细致完整的廉政档案；对党风廉政建设和反腐败工作各项任务进行了分解落实，制定了量化考核内容和评分标准；召开了全体职工参加的党风廉政建设会议，层层签订了党风廉政建设责任书。班子主要领导与成员、分管领导与各科室主任分别签订责任书，明确责任内容和奖惩措施，确保党风廉政建设责任制度落到实处。

【大理日报手机报用户突破3.7万户】 2008年8月创办的《大理日报手机报》借助《大理日报》传统新闻媒体及手机新兴媒体的主体力量，整合报社一报一网和新华社专线消息资源，第一时间把最新的新闻资讯传递给手机用户。2009年，《大理日报手机报》的订阅户数突破3.7万户，用户使用数18万人次（包括试用期用户）。打造出了“大理第一张手机上的主流报纸”，建立了一个对外宣传的“手机上的大理新闻之窗”。

【省新闻出版局副局长艾罕炳到大理调研】 3月19～20日，省新闻出版局副局长、省“扫黄打非”领导小组办公室主任艾罕炳，省“扫黄打非”小组办公室副主任郑永宁和省新闻出版局报纸期刊管理处处长刘水云等领导，对大理州新闻出版和“扫黄打非”工作进行检查指导。检查组一行听取了大理州新闻出版和“扫黄打非”工作情况的汇报，对大理州新华书店、天龙印务有限公司进行了检查。检查组对大理州新闻出版、“扫黄打非”工作给予了充分肯定，同时对今后的工作提出了要求。

（李文波）

【全州文化市场和新闻出版管理工作会议召开】 11月20日，全州文化市场和新闻出版（版权）管理工作会议在下关召开。州人大教文卫委、政协教科文卫体委、纪委文教卫纪工委，州财政、公安、工商、文联等部门领导应邀出席会议，全州12县市文化（体育）局局长、分管文化市场的副局长、市场股股长、稽查队队长，国有及民营部分文化经营单位代表，州互联网上网服务营业场所行业协会、州艺术品收藏家协会负责人参加会议。会上，州文化局相关领导对2008、2009年全州文化市场和新闻出版（版权）管理工作作了回顾和估价，对2010年的工作进行了安排部署。会议要求全州文化部门紧紧围绕州委、州人民政府“文化立州”的工作思路，坚持“一手抓繁荣，一手抓管理”的方针，进一步加强文化市场、新闻出版、版权行政执法队伍建设，全面推进依法行政，继续整顿和规范文化市场秩序，不断净化社会文化环境，推动全州文化市场继续沿着健康有序的方向发展。要求着力抓好7个方面的工作：一是进一步加强文化市场、新闻出版管理、版权行政执法人员培训，加强队伍建设，建立完善各项规章制度，提高执法效能；二是切实巩固整治成果，建立和完善文化市场、新闻出版、版权长效管理机制；三是坚持创新发展的思想，在完善行业自律，开设绿色上网服务，建设“县市都有品牌和亮点”等方面取得新突破；四是坚持不懈地开展净化社会文化环境工作，推动全州文化市场继续沿着健康有序的方向发展；五是进一步加强新闻出版（版权）管理，维护良好的报刊出版发行秩序，重点打击软件盗版、非法复制销售音像制品、网络侵权行为；六是牢牢把握正确导向，进一步强化出版物市场管理，深入开展“扫黄打非”活动；七是切实抓好惠及农民群众的“农家书屋”建设，积极探索管理和使用相结合的长效机制，充分发挥“农家书屋”作用，切实把这项民心工程、惠民工程办实、办好。

（李文波）

【州级文化市场、新闻出版、版权行政稽查队成立】 2009年11月20日，在全州文化市场和新闻出版（版权）管理工作会议上，州纪委文教卫纪工委书记李建华为大理州文化市场、新闻出版、版权稽查队授牌。州文化市场、新闻出版、版权稽查队的任务是在州文化局、新闻出版局、版权局的领导下，严格按照文化市场、新闻出版、版权管理的法律、法规和规章制度的规定，坚持属地管理原则，不断强化对全州文化市场、新闻出版、版权行政执法工作的督促和指导；对全州文化市场大案要案进行查处督办和对跨县市区域案件进行协调查处；研究制定全州文化市场、新闻出版、版权行政执法业务规范和规章制度；培训、考核全州文化行政执法队伍，推动全州文化执法向着更加规范科学的方向发展。

（李文波）

（《新闻出版》除署名外由李根撰稿）

档　案

【概　述】 2009年，大理州档案局认真开展深入学习实践科学发展观活动，紧紧围绕党委、政府工作大局创造性地做好档案工作，促进档案工作更好地为科学发展服务，同时加快实现档案事业自身的科学发展，各方面工作都取得显著的成绩。

全州档案局（馆）实有159人，其中行政75人、事业84人；34岁以下24人，35～49岁102人，50岁以上33人。大专（含大专）以上130人，其中研究生2人、大学本科66人、大专62人；大专（不含大专）以下29人，其中中专13人、高中9人、初中及以下7人。副研究馆员8人，实际聘用4人；馆员36人、助理馆员34人、管理员8人。

【各级档案局领导多次到大理州调研】 2009年2月14日，全国政协文史和学习委员会副主任、原国家档案局局长毛福民一行8人到大理州对档案馆建设、农业农村档案工作、档案一线工作人员津贴情况进行调研；3月31日，国家档案局主任王良城、副司长李伯富一行4人，对大理州档案馆库房、档案保管、利用方面的安全及重点档案抢救等情况进行专项督查；5月2日，国家档案局处长李沈对大理州档案馆库房建设和国家重点档案抢救情况进行调研；11月24日，国家档案局、中央档案馆副馆长李明华率领国家档案局综合评估组对大理州档案工作进行检查，对大理州档案信息资源开发、服务社会、服务民生和爱国主义教育基地建设等工作给予了充分肯定。云南省档案局局长黄凤平和副局长王志强、龙刚多次到大理州检查指导工作。

【承办云南省档案干部基础知识业务培训班】 为了适应时代发展对档案工作提出的新要求、掌握国家档案局近年出台的档案管理规范，结合档案干部变动频繁的实际，2009年7月8～21日，大理州档案局承办了云南省档案干部基础知识业务培训班，培训来自大理、红河州的学员共167名。

【加强档案业务监督指导】 2009年，大理州档案局加强对机关、企事业单位落实《云南省档案条例》、《机关文件归档范围和文书档案保管期限规定》的监督指导工作，督促各机关认真制定文件材料归档范围和文书档案保管期限表。至年底，州级单位中95%完成了年度文件材料的归档工作，档案管理日趋规范化。

【档案馆星级达标有进展】 2009年，全州档案部门紧紧围绕“七项工程”建设，着力做好档案馆星级达标工作。在年初的全州档案工作会议上把档案馆星级达标工作作为重点工作进行了全面的安排和部署。各县市档案局也认真抓好档案馆（室）星级达标工作。全州共完成171个机关企事业单位的星级管理认定工作，其中州食品和药品监督局、大理市地方税务局、永平县法院等14个单位的档案室达到“五星级”档案室标准。

【组织评定档案专业技术职称】 2009年,州档案中级职称评审委员会按照有关规定,组织开展档案专业技术职称评审工作。通过评审,全州共评定档案中级职称6人、初级职称5人,向省档案高级职称评审委员会推荐研究馆员1人、副研究馆员2人。所推荐副研究馆员2人已通过省档案高评委评审,研究馆员由省档案高评委推荐国家档案高评委评审。

【编制县市档案馆建设规划】 2009年,大理州档案局抓住国家实施西部地区县级档案馆建设项目的机遇,与州发改委联合下发了《关于印发大理州县级综合档案馆建设规划编制工作方案的通知》,做好县市档案馆建设的规划编制和申报工作。为了争取国家投资档案馆建设的项目,专门召开县市档案馆建设项目规划工作会议,安排部署县市档案馆建设规划申报工作。及时对10个县级档案馆进行危房鉴定,请州地震局出具大理州属于地震频发地区,档案馆建设应符合抗震要求的证明书,并积极与州发改委、规划局、建设局等有关部门协调,由州档案局统一编制《大理州12个县市档案馆建设规划》上报省档案局和省发改委。

【加强档案安全管理】 为了加强档案安全管理工作,大理州档案馆制定了《大理州档案馆自然灾害应急处置预案》、《大理州档案馆安全管理办法》。2009年,全州未发生档案安全责任事故。

【检查验收林改档案】 4月1日~5月9日,州档案局派出4人参加大理州集体林权制度主体改革检查验收工作,对12县市林改档案管理工作进行检查验收。为及时纠正检查中发现的问题,档案局与州林业局联合下发了《关于进一步加强全州集体林权制度改革档案管理工作的意见》,各县市对林改档案管理工作中存在的问题进行整改。全州共建立州、县、乡镇、村四级林改档案23190盒,578303件、盘、张,确保了全州林改档案完整无缺。11月25~28日,省林改档案执法检查组对南涧县、祥云县林改档案进行了抽查,对大理州林改档案工作给予了充分肯定。

【全州馆藏档案丰富】 2009年,全州有馆藏档案1701个全宗,506761卷,排架长度62352米,557196件,其中明清档案120卷、民国档案14146卷、革命历史档案54卷。有录音录像、影片档案1189盘,照片43455张,底图2450张,磁盘45张,光盘126张,卷片3295卷,排架长度717米。州档案馆馆藏329个全宗,78089卷,排架长度1530米,17404件;有录音录像、影片档案247盘,照片20371张,磁盘2张,光盘13张,卷片3295卷,排架长度29米。全州馆藏资料74193册,其中州档案馆藏8283册。

【档案接收、收集和征集】 2009年,全州共接收档案14714卷、52786件,录音录像、影片档案22盘,照片3073张,磁盘3张,光盘35张。其中州档案馆接收3417卷、6981件,照片2844张,光盘8张,录音、录像档案9盘。

【抢救、保护重点档案】 2009年,大理州档案局申请到国家和省项目补助经费29万元。全年全州共抢救、保护重点档案895卷100件。

【档案编研取得实效】 2009年,全州档案系统共编纂档案史料6种141万字。州档案馆与州白族文化研究所合作编纂的500万字的《大理丛书·谱牒篇》于6月由云南民族出版社出版。州档案馆、州档案学会编纂的《档案中的大理三月街》一书于11月由云南民族出版社出版,该书由州委书记刘明、州长何金平担任顾问并作序。大理市编纂了《兰台五十春》、巍山县编印了《巍山县档案馆指南》、弥渡县汇编了《弥渡县改制企业文件材料汇编》等。

【档案利用率提高】 2009年,全州共接待档案查阅利用1万人次,提供利用档案13295卷次、15611件次。其中州档案馆接待查阅利用434人次,提供利用档案1624卷次、116件次。为编史修志、城区改造建设、解决山林权纠纷及历史遗留问题及兑现医保社保和养老金、下放人员、再就业等工作提供了重要的档案依据。

【档案学会成绩突出】 2009年,大理州档案学会团结和依靠全体会员以及广大档案工作者,大力传播档案知识,与州档案局联合编发《大理档案信息》5期。3月6日,召开了大理州档案学会第五次会员代表大会,审议并通过了《大理州档案学会第四届理事会工作报告》,对《大理州档案学会章程》进行了修改,选举产生了以和生弟为理事长的大理州档案学会第五届理事会,明确了理事会成员分工。新一届理事会召开了五届一次会议,研究了2009年的工作思路。10月13~16日,组织各县市档案局(馆)及州政府办等州级单位档案人员共21人参加省档案学会在怒江州召开的档案学术研讨会,提交论文15篇,有1篇论文获优秀论文二等奖,州档案学会荣获组织工作奖。档案学会向州科协争取到2个科普项目,即《三月街文化档案研究》和《加强林改档案管理,为推动林产业发展服务》,获州科协1万元项目经费支持,项目已完成。学会目标管理工作成绩突出,获州科协“学会目标管理工作”一等奖。

【加大档案信息宣传力度】 2009年,大理州档案局共编辑《大理档案信息》5期,在《大理日报》、大理州政务信息网站等媒体上发表信息多篇。大理市档案馆编印《大理市档案信息》9期;洱源县档案馆撰写档案信息16篇,在《洱源通讯》、《云南档案》等刊物上登载。

【爱国主义教育基地接待参观243人次】 2009年,州档案馆爱国主义教育基地接待国家、省档案局和州县领导、干部职工参观243人次。

(《档案》由杨金萍撰稿)

(本部类责任编校:杨文琴)

卫　生

综　述

【概　述】 2009年,全州卫生系统始终把保障群众生命安全和增进人民身体健康作为卫生工作的出发点和落脚点,认真贯彻落实州委、州政府的决策部署,围绕中心,科学谋划,抢抓机遇,攻坚克难,扎实推进各项卫生工作,全州卫生基础设施得到持续改善,重点疾病得到有效防控,突发事件得到妥善处置,看病就医条件不断改善,看病难看病贵的突出矛盾有效缓解,人民群众健康水平不断提高,卫生工作在增进人民健康、推动经济发展、维护社会稳定、促进社会和谐等方面,发挥了重要的作用。

一是各族群众基本医疗保障水平进一步提高。全州278万农民参加新农合,参合率达93.25%,共筹集新农合资金2.84亿元,867.5万人次获得补偿,住院费用平均补偿比例提高到44.1%,比上年增加了6.6个百分点。城镇职工和城镇居民参加医保人数不断增加,人民群众健康指标不断改善,住院分娩率提高到92.02%,与上年相比提高了4%,孕产妇死亡率控制在46.57/10万,婴儿死亡率降至11.5‰,与上年相比下降了2.01‰。

二是医药卫生体制改革取得新进展。国家《医改意见》及《实施方案》出台后,州级和各县市及时成立了深化医药卫生体制改革领导小组,设立了领导小组办公室。州医改领导组办公室起草了医改实施意见及三年实施方案(征求意见稿)等相关文件,基本医疗保障制度建设、健全基层卫生服务体系、促进基本公共卫生服务均等化等重点工作有力推进,下发了《大理州基本公共卫生服务实施方案》,筹集经费5220万元,启动实施了3类9项国家基本公共卫生服务项目。

三是医疗卫生综合服务能力大幅提升。2009年,共争取中央和省的项目及专项补助资金5.3亿元。投资5250万元的40多个卫生基础设施及拉动内需建设项目相继建成并投入使用;投资13720万元、建筑总规模达56440平方米的20个基层医疗卫生服务体系建设项目全面开工建设。医疗单位的办医条件不断改善,乡镇卫生院共配置了1280万元的设备,每个村卫生室配备了5000元的基本医疗设备。

四是疾病预防控制工作卓有成效。全州乙类传染病报告发病率179.81/10万,比上年下降1.22%,无较大范围的乙类传染病暴发流行。甲型H1N1流感防控工作成效明显,无大面积暴发流行,无死亡病例。血防工作取得了阶段性成果,达到国家血吸虫病传播控制标准,圆满完成了省政府下达的任务。通过深入开展宣传教育、实施有效的行为干预措施、加强疫情监测体系建设、加强病源管理和救治、实施关怀救助政策,圆满完成了新三年防艾人民战争确定的年度目标任务,艾滋病快速上升的势头初步得到遏制。突发公共卫生事件应急处置能力进一步增强,妥善处置了突发公共卫生事件32起,及时组织了宾川"11·2"地震灾害卫生应急工作,确保了大灾之后无大疫。

五是医疗管理和中医药工作取得新成绩。围绕保证医疗安全、提高医疗质量、控制医药费用、提高服务效率、改善服务体系、推进医院改革的目标,各级医疗机构深入开展"以病人为中心,以提高医疗服务质量为主题"的医院管理年活动及平安医院创建、医疗质量万里行、医疗安全百日专项活动等专项行动,医疗服务质量得到进一步提高。"万名医师支援农村卫生工程"和"城乡医院对口支援"等卫生支农工作有力推进。积极开展中医药预防保健服务和传染病中医药防控工作,不断推进农村中医工作先进县建设,全面启动了8个国家级重点专科、8个省级重点专科和1个国家级重点专病建设项目。无偿献血工作取得新进展,共采集血液553.6万毫升,临床用血100%来自无偿献血。

六是学习实践科学发展观活动深入开展。从3月25日起,州级卫生系统及时行动,广泛动员,周密部署,全面启动学习实践科学发展观活动。通过认真开展学习实践科学发展观活动,医疗卫生单位工作作风有了转变,卫生队伍能力得到提高,基层党组织战斗堡垒和党员先锋模范作用进一步发挥,医疗管理全面加强,医疗卫生服务水平得到提升,有力地促进了各项工作开展。基层医疗卫生单位第三批深入学习实践科学发展观活动全面开展。

七是党风廉政和精神文明建设取得新突破。全州卫生系统坚持标本兼治、综合治理、惩防并举、注重预防的方针,加强理论学习和党风党纪教育,层层签定党风廉政建设责任书,认真履行领导干部"一岗双责",坚决贯彻落实责任政府四项制度,全面加强惩治和预防腐败体系建设工作,党风廉政建设工作扎实有效地开展。州卫生局对五个州级卫生单位原任领导任期内的经济责任首次进行了审计。党建工作不断加强,州卫生局党委组织召开了第三次党员大会,选举产生了中共大理州卫生局第三届委员会和纪律检查委员会。召开了州级卫生系统工会代表大会,成立了卫生系统工会。评选表彰了"十佳医生"和"十佳护士"。州卫生局机关和3个州级医疗卫生单位被评为省级文明单位。

(黄志刚)

【省卫生厅到大理考核卫生工作】 1月4~6日,根据省卫生厅的安排,楚雄州人民政府副州长李红民率考核组,对大理州2008年卫生工作进行考核。考核组听取了大理州卫生工作情况介绍,到州卫生局查看了资料,实地查看了10个州、县、乡、村医疗卫生单位,以听、看、查、访等方式,对大理州2008年的卫生工作责任目标完成情况进行了考核。

(黄志刚)

【州卫生局召开迎新春座谈会】 1月20日,州卫生局举行2009年度迎新春专家座谈会。来自州级卫生单位、省属医疗卫生机构、部队医院的在职及离退休专家共40多人参加了会议。州政府副州长洪云龙、州政协副主席张树藩、州委组织部、州人事局等部门的领导出席座谈会。会上，洪云龙提出：要高度重视，切实抓好基层卫生人才队伍建设，加强基层卫生管理干部培训，强化社区卫生人才、疾控人才和卫生监督队伍等基础性工作，切实关注医疗卫生专家的切身利益，进一步完善机制，畅通渠道，充分听取医疗卫生专家的意见建议，切实解决制约事业发展的问题。与会领导、专家为加快全州卫生事业的改革发展步伐提出了意见和建议。

（黄志刚）

【省卫生厅厅长陈觉民到大理调研】 2月4～6日，省卫生厅厅长陈觉民一行到大理州永平县、漾濞县调研卫生工作，州政府副州长洪云龙、州卫生局局长丁一先等领导陪同调研。在听取两县卫生工作汇报及全州卫生工作情况后，陈觉民对大理州的卫生工作给予较高的评价，并对今后的事业发展提出了意见。

（黄志刚）

【州政府召开全州卫生工作会】 2月12日，全州卫生工作会议在下关召开。州委常委、州委宣传部部长王以志，州政府副州长洪云龙出席会议。会议充分肯定了卫生工作取得的成绩，对做好下步工作提出了明确要求，通报了2008年卫生工作责任目标和艾滋病防治工作责任目标考核结果，表彰奖励了“十佳医生”和“十佳护士”。洪云龙与各县市政府领导签订了2009年卫生工作和艾滋病防治工作责任目标书。

（黄志刚）

【州级卫生系统启动学习实践科学发展观活动】 3月25日，州卫生局在州血防所组织召开州级卫生系统深入学习实践科学发展观活动动员大会，对学习实践活动工作进行部署和安排。州卫生局局长丁一先作动员讲话，州委深入学习实践科学发展观活动指导检查第九组领导到会指导。

（黄志刚）

【省卫生厅到大理督导项目建设工作】 3月6～8日，省卫生厅疾控局局长胡守敬率省卫生厅第六督导组，对大理州卫生基础设施项目建设工作进行督导。督导组先后到大理市第一人民医院、州中医医院、州精神病医院、大理市经济开发区社区服务中心和鹤庆县人民医院、县中医医院、县妇幼保健院、金墩乡卫生院等项目单位，实地察看了项目进展情况。经过调查，大理州2008年四季度安排的15个项目已全部动工，2009年安排的10个项目已完成前期准备工作。督导组对此给予了充分肯定，并要求继续加快项目建设进度，确保年内全面完成项目建设任务。

（黄志刚）

【副省长高峰到大理州调研血防工作】 4月10日，副省长高峰到大理州调研血吸虫病防治工作。高峰一行在州委常委、大理市委书记段玠，副州长洪云龙等领导陪同下，深入大理市银桥镇阳波村富美邑自然村察看了无害化卫生户厕，以机代牛，人、畜安全饮水，环境改造灭螺，村文化站、体育运动场等项目建设情况，了解村民的生活及对血防工作的看法等。同时还到阳波完小了解学校血防健康教育开展情况，到现场察看药物灭螺效果。现场调研后，高峰在喜洲召开了血防工作座谈会，听取了大理州血吸虫病防治工作情况汇报。高峰和省卫生厅副厅长段鸿对下步血防工作提出了具体要求。

（黄志刚）

【州人民政府成立深化医药卫生体制改革领导小组】 6月3日，为切实加强对大理州深化医药卫生体制改革工作的领导，州人民政府成立了“大理州深化医药卫生体制改革领导小组”，州委常委、常务副州长马建全任组长，副州长洪云龙任常务副组长，州政府副秘书长张彤、李继显及州发改委、卫生局、财政局、人事局、劳动和社会保障局的主要领导任副组长，州级相关部门的领导为领导组成员。领导小组办公室设在州卫生局，由州卫生局局长丁一先兼任办公室主任。

（黄志刚）

【州卫生局领导深入祥云地震灾区指导卫生防疫工作】 7月13日，州卫生局局长丁一先、副局长杨跃华在祥云县有关领导的陪同下，到距县城80多公里的东山乡新民村各左村民小组，实地查看地震灾情，指导卫生系统抗震救灾工作。东山乡新民村距离姚安官屯乡地震震中8公里，仅隔一座大山，全村1384名彝族村民生活在峡谷两侧。地震使363户受灾，房屋倒塌60户，受伤2人。丁一先一行来到灾情最重的各左村民小组，走进农家院中，仔细查看倒塌的房屋，了解灾民的生活及医疗情况，要求医疗防疫工作者发扬救死扶伤精神，克服困难，为保障灾区人民群众的健康做出贡献。同时还查看了东山乡卫生院、新民村卫生所的房屋受损情况，对下一步的工作提出要求。

（黄志刚）

【国务院医改调研组调研大理州农村卫生服务体系建设情况】 6月19日，以国务院办公厅秘书三局副巡视员卢向东为组长，国家发改委、卫生部、财政部、教育部等部委相关领导组成的调研组，到大理州调研农村卫生服务体系建设情况。在实地调研了州精神病院、祥云县医院、刘厂镇卫生院、大波那村卫生所等单位后，调研组对大理州在农村卫生服务体系建设中取得的成绩给予了充分肯定。

（黄志刚）

【非洲3国医疗保障制度考察团到大理州考察】 7月8～9日，非洲埃塞俄比亚、坦桑尼亚、乌干达3国政府官员一行18人，在国家卫生部及世界银行相关专家的陪同下，到大理州考察新型农村合作医疗工作、城镇职工基本医疗保障制度实施情况。考察团先后听取了州卫生局、州医院新型农村合作医疗工作及城镇职工基本医疗保障工作情况介绍，并对新型农村合作医疗监管措施、基金筹集与管理、便民服务制度等问题进行了深入细致的交流和探讨。考察团团长认为，此次大理之行，开阔了视野，增长了知识，学到了好方法，祝愿非洲人民与大理人民之间结出灿烂的友谊之花。

（黄志刚）

【招商引资卓有成效】 2009年，大理州卫生局引进加拿大籍李万坤先生投资兴办的大理白求恩外科医院扩建项目，总投资4500万元，年内到位资金3156万元，被州人民政府评为“2009年度招商引资工作先进单位”。

（金建秀）

【卫生系统投入宾川抗震救灾】 11月2日05时07分，宾川县平川镇发生5.0级地震。地震发生后，宾川县卫生局局长率2个医疗救护队、1个卫生防疫队，抽调30余名医护人员于凌晨7时左右赶赴灾情较重地区。2日13时前后，州卫生局工作组及省卫生厅医疗救治队、卫生防疫工作队先后到达灾情较重的平川镇帽角山、李子园、马花等村。卫生系统各级工作组及工作队到达灾区后，采取措施，立即投入抗震救灾工作：一是主动搜索伤员，开展医疗救援工作，共发现并治疗轻伤员28人，将两名骨折的伤员送到医院进行治疗，未发现重伤或死亡人员；二是立即在灾区开展消毒杀虫工作，启动传染病零报告日报告制度，加强传染病疫情监测，重点加强秋冬季呼吸道传染病防治工作，有效防范季节性流感和甲型H1N1流感传播流行，切实防范灾后发生传染病疫情；三是加强灾区饮食饮水卫生安全保障工作，重点对紧急安置点及中小学校加大监督检查力度,确保不发生饮食饮水卫生安全事故;四是加强医疗急救、消毒杀虫等器械物资的储备调运工作,保障卫生应急物资供应;五是由州级医疗卫生单位迅速组建成立医疗救治、卫生防疫、卫生监督预备队,一旦灾情需要,确保第一时间赶赴灾区。

(黄志刚)

【大理州卫生局积极开展文明单位创建活动】 2009年,大理州卫生局全面推进文明单位创建工作,经州、市文明委考核,5月被州委、州政府命名表彰为第十一批州级文明单位;12月被省委、省政府命名表彰为第十二批省级文明单位。

(罗丽红)

【大理州卫生局组织开展"十佳医生"、"十佳护士"评选表彰活动】 2009年,大理州组织开展了"十佳医生"、"十佳护士"评选表彰活动。经过民主推荐、组织审核、媒体公示、组委会审定等程序,评选出了苏慧勇等10名十佳医生,董建梅等10名十佳护士。在2009年全州卫生工作会上,州人民政府对"十佳医生"、"十佳护士"进行表彰奖励。

(罗丽红)

【大理州卫生局党委完成换届】 8月19日,中国共产党大理州卫生局委员会在苍山饭店礼堂召开了第三次党员大会,局党委300名党员参加了会议,选举产生了中共大理州卫生局第三届委员会和纪律检查委员会。丁一先当选为党委书记、刘丛东当选为党委副书记、纪委书记。

(罗丽红)

【大理州卫生系统工会成立】 经州总工会同意,12月26日上午,州级医疗卫生单位召开了大理州卫生系统工会第一次代表大会,参会代表275名,选举产生了以郭治中为主席、刘丛东为副主席的工会委员会,选举产生了经费审查委员会和女职工委员会。

(罗丽红)

【大理州卫生局开通门户网站】 3月中旬,大理州卫生局门户网站正式开通,成为信息公开、网上办公、群众监督的重要平台。

(李　松)

【大理州招聘乡镇卫生院执业医师】 2009年,大理州面向社会公开招聘了6名执业医师,到永平、洱源、云龙、巍山4个县的乡镇卫生院工作。中央和省将对试点地区按每名受聘医师每年3万元的标准给予专项资金补助,用于受聘执业医师的工资收入、进修培训等。

(李宏骏)

【举办基本建设会计制度培训班】 4月17日,大理州卫生局组织举办全州卫生项目单位基建会计培训班,各县市卫生局项目办,列入2008年、2009年拉动内需项目单位,县级综合医院及州级卫生单位的会计人员共60多人参加了培训,本次培训是大理州卫生系统举办的第一次基建会计培训班,培训内容主要是国家基本建设会计制度和管理办法,并针对卫生单位项目建设财务核算中遇到的突出问题进行深入讲解。

(金建秀)

【加强内部审计】 2009年,州卫生局对州卫生监督所、州血防所、州中心血站、州精神病医院、州妇幼保健院等5个单位6名原任领导进行任期内经济责任审计。年内州卫生局被州审计局内审协会评为"内部审计先进单位"。

(金建秀)

【大理州卫生局积极支持新农村建设】 2009年,大理州卫生局下派了4名指导员,到鹤庆县4个行政村指导帮助第三期新农村建设工作。经过指导员的协调争取,州卫生局给挂钩村安排了16万元的卫生建设经费,州级医疗单位组织专家,多次深入挂钩村为村民开展义诊,还为村委会送去电脑、打印机等办公物资。

(李　松)

医　疗

【加强卫生系统项目建设】 2009年,大理州争取到国家基层卫生服务体系建设项目20个,计划总投资13720万元,其中:国债资金支持9770万元,省级配套补助3530万元,州县配套420万元,计划总建设规模56440平方米。其中:第一批安排大理市一院、鹤庆县医院及洱源县炼铁乡中心卫生院等8个中心卫生院。共10个项目,计划总投资3993万元,其中:国债资金支持3620万元,省级配套补助373万元,计划总建设规模16300平方米。第二批安排宾川县中医院、祥云县人民医院及弥渡县寅街中心卫生院等7个中心卫生院,共9个项目,计划总投资5727万元,其中:国债资金支持4250万元,省级配套补助1477万元,计划总建设规模24140平方米。第三批安排永平县人民医院计划总投资4000万元,其中:国债资金支持1900万元,省级配套补助1680万元。州县配套420万元,计划总建设规模16000平方米。

(金建秀)

【完成省级设备装备任务】 2009年,大理州争取到111个乡镇卫生院设备补助1280万元,其中:一般乡镇卫生院77个,每个安排10万元,34个中心卫生院,每个安排15万元,购置救护车。

(金建秀)

【滇西地区首台1.5T高端磁共振仪落户大理】 7月,滇西地区首台西门子1.5T全身磁共振成像系统在大理州人民医院正式投入使用。它的临床应用,使磁共振诊断在神经系统、心血管系统、体部成像和高分辨扫描等方面均得到突破性的进展,可完成磁共振功能成像、全身磁共振血管成像等检查。

(黄志刚)

【完成基本药物配送商的遴选】 2009年12月28日,大理州卫生局全面启动实施全省药品统一招标、统一配送工作,组织完成大理州基本药物配送商的遴选工作,遴选出20家配送企业作为大理州2010年基本药物配送企业。

(金建秀)

【新型农村合作医疗】 2009年,全州12县市参合农民达到2788373人,参合率为93.25%,较2008年的92.6%提高0.65个百分点,按照人均100元的标准进行筹资,筹集补助资金28027.62万元,参合农民个人缴纳5576.75万元。新农合基金共支出30356.38万元,基金使用率76.25%,比2008年提高了27.10个百分点。大病住院补偿21714.32万元,占支出总额的71.53%;门诊补偿8148.17万元,占26.84%;住院正常分娩补偿477.74万元,占1.57%;其他补偿16.15万元,占0.05%。全州参合农民中有867.63万人次享受住院、门诊等各种补偿,受益面达到311.16%。住院补偿195458人次,住院受益率为7.01%。门诊统筹共减免8480829人次,受益面为304.15%。

(沈锦相)

【社区卫生服务机构建设情况】 2009年,大理镇社区卫生服务中心等8个中心和绿玉社区卫生服务站等4个站全面完成项目建设任务。

(沈锦相)

【组织开展"三基三严"竞赛活动】 2009年4月,州卫生局和州总工会组织开展全州县级以上医院医务人员以"三基三严"为重点的岗位技能训练和竞赛活动,对12县市及州级医疗单位选拔出的35名选手进行了医师专业理论知识、案例分析、病历抽查评定、"三基"技术操作等4项内容的比赛。并对在此次选拔赛中取得优异成绩的大理市第一人民医院熊利平等8名选手进行了表彰奖励。

（陈丽萍）

【组织开展乡村医生培训】 2009年，大理州与昆明医学院公共卫生学院合作，聘请昆明医学院刘苹教授、新加坡陈来荣医生等国内外专家对乡镇卫生院卫生技术人员采取参与式培训。4月2～3日，刘苹教授等一行4人，对炼铁、乔后、西山3镇乡78名乡村医生开展常见病诊治知识培训。

（沈锦相）

【开展城市支援农村卫生工作】 5月31日，大理州从二级以上医疗卫生机构中选派150名卫生专业技术人员到50所乡级卫生院开展对口支援工作一年。

（沈锦相）

中医中药

【组织开展中医院医疗质量考核检查】 2009年10月，州卫生局对州内11个中医院、3个国家级农村中医工作先进县建设单位、1个省级农村中医工作先进乡镇建设单位进行了为期6天的中医医院质量考核、中医重点专科专病检查，以及医院质量管理年活动的综合考核。检查情况在全州卫生系统内进行了通报。

（凌发义）

【开展中医、民族医医师资格认定】 2009年，全州开展中医、民族医医师资格认定工作，参加认定考试的有62人，合格46人；大理市、弥渡县参加了全省一技之长试点单位，有7人参加了考试，7人考试合格。

（凌发义）

【加强中医药治疗艾滋病】 中医药治疗艾滋病是国家中医药管理局下达的项目，2005年9月启动，大理州中医院作为全省六个基地之一。截止2009年10月31日，累计入组治疗HIV/AIDS患者282人，其中死亡18人，转入HAART治疗15人，脱落85人，目前正在治疗的有164人，治疗效果良好。参与了国家"十一五"科技重大专项《无症状HIV感染者中医药早期干预研究》课题研究，研究病例15例。

（凌发义）

卫生防疫

【加强甲型H1N1流感防控】 8月中旬，大理州发现首例甲型H1N1流感输入性病例，截止2009年12月底，全州有8个县市报告甲型H1N1流感病例，累计报告甲型H1N1流感病例150例，其中实验室确诊病例118例，临床诊断病例32例，重症病例3例。没有出现大的甲型H1N1流感暴发流行，没有出现死亡病例。

（朱 忠）

【开展鼠害联防】 2009年，全州有11县市组织开展了大面积灭鼠，筹集灭鼠资金78.029万元，1048个村委会组织开展了灭鼠工作，参加灭鼠的居民户达74.23万户，占总户数87.43万户的84.99%；室内鼠密度（粉迹法）由灭前的7.78%降至灭后的0.85%，灭鼠有效率达83.70%，农田鼠害防治面积13.748万公顷，挽回粮食损失1268.33万千克，折合人民币1738.83万元。

（朱 忠）

【开展碘缺乏病防治】 2009年，大理州卫生局对12个县市84乡镇、337行政村、3562户居民户碘盐进行含碘量监测，合格盐样3468份，合格率98.86%。监测结果表明，局部地区存在无碘盐。

（朱 忠）

【开展麻风病防治】 2009年，大理州卫生局组织开展"中央补助麻风病防治项目"，新发现麻风病患者16例，畸残3例，畸残率18.75%，对所有病例进行了规范联合化疗，联合化疗率达100%。复核麻风病线索167条，开展麻风病密切接触者检查605人。年内开展联合化疗人数45例。对近年来进行联合化疗的59例病人进行了监测，发现神经炎8例、重症药物反应1例，药物不良反应基本得到控制。

（朱 忠）

【开展疟疾防治】 2009年4月，大理州卫生局组织开展了第三届"全国疟疾日"宣传活动，全州12县市和州疾控中心均参加了活动，制作并悬挂布标66幅，出版报和宣传栏282期，发放宣传材料117350份，义诊2028人次，大型工地农民工接受健康教育3128人次，出入务工人员接受健康教育218人次，中小学生主题班会30次，广播、电视、报刊宣传56次，培训班举办13期，受训人数达227人，观看新闻报道人数达104万人。

（朱 忠）

【法定传染病发病有所下降】 2009年，全州共报告乙类传染病16种，发病6248例，发病率179.81/10万，死亡120例，死亡率3.45/10万，与上年同期相比，发病率下降15.06%，死亡率下降25.00%。其发病数在前五位的是肺结核、肝炎、痢疾、艾滋病、伤寒，发病数占发病总数的92.55%，发病率在前五位的县市是云龙县、大理市、洱源县、漾濞县、剑川县；呼吸道传染病发症数占传染病总数的42.40%，发病率较上年同期下降24.10%；肠道传染病发病数占传染病总数的20.58%，发病率较上年同期下降2.94%；血源性传染病发病数占传染病总数的35.79%，发病率较上年同期下降8.73%。新生儿破伤风病例报告1例。报告丙类传染病8种，发病3192例，无死亡，发病率91.86/10万，较上年同期下降13.92%。完成对12个县市210个医疗单位的传染病报告情况调查，门诊日志登记率71.95%；传染病漏报率1.35%，传染病报告卡填写完整率98.08%。

（朱 忠）

【妥善处置突发公共卫生事件】 2009年，全州共报告突发公共卫生事件32起，发病1796例，死亡8例。其中，暴发疫情23起，发病637例，占总病例数的35.47%；食物中毒8起，发病1159例，占总病例数的64.53%；不明原因猝死1起，发病4例，占总病例数的0.22%。州县两级对32起突发公共卫生事件都做到及时报告并调查处理。

（朱 忠）

【开展餐饮服务环节食品安全整顿】 2009年，大理州卫生局在全州范围内开展了餐饮服务环节食品安全整顿。重点检查了餐饮服务许可执行情况，落实食品及其原料采购进货验收、索证索票和规范台账等情况，加工经营场所卫生状况，从业人员健康管理制度情况，食品添加剂使用情况，餐饮具清洗消毒情况等六方面的工作。全州共出动卫生执法人员900余人次，共检查登记餐饮单位4267家；重点检查餐饮单位355家，其中检查餐饮店248户，食品生产加工、酒吧、摊点107户；受理投诉举报案件1件，对63家餐饮单位作出了不同程度的处罚，其中警告42家，责令改正18家，罚款6家，罚款金额5200元。

（何 炯）

**【开展餐饮业违法添加非食用物质和滥

用食品添加剂专项整治】 2009年初，大理州卫生局在全州餐饮业开展为期3个月的打击违法添加非食用物质和滥用食品添加剂专项整治行动。全州共出动卫生执法人员784人次，共检查登记餐饮单位4267家；出动卫生执法人员297人次，重点检查餐饮单位355家，其中检查餐饮店248户、食品生产加工、酒吧、摊点107户；共抽检卤肉样品130份，经检验合格119份，不合格11份，合格率为91.5%。出动卫生执法人员231人次，共检查餐饮单位397家，整治重点地区12个，重点单位109个，重点品种8种。

（何 炯）

【开展医疗服务市场专项整治】 2009年全州共出动卫生监督人员1351人次，出动检查车辆322车次。检查各级医疗机构2718户次，其中州、市、县级医院144户、社区卫生服务机构36户、卫生院203户、门诊部17户、诊所类1239户、其他医疗机构1079户。检查发现聘用非卫生技术人员45家，其他违法行为253家。对违法行为处以警告135家，行政处罚160户，罚款17.53万元，责令暂停执业活动12人，取缔无证行医19户，没收药品、器械73件。

（何 炯）

【召开全州血防工作会议】 4月28日，州人民政府在下关召开2009年全州血吸虫病防治工作会议。州血防领导小组成员单位领导、疫区县市政府分管领导及卫生、农业、畜牧部门的主要领导等共90多人参加了会议。州人民政府副州长洪云龙在会上作了重要讲话，会上，州卫生局局长丁一先，州农业局副局长左新分别安排了2009年卫生血防和家畜血防工作。副州长洪云龙代表州人民政府与巍山、洱源、大理、鹤庆、南涧、弥渡、剑川、宾川8县市人民政府、州级各相关部门签订了《2009年血防工作责任目标书》。

（左中勋）

【国家血防春查组到大理州开展血防春查】 4月22～23日，由国家林业局副局长祝列克任组长，教育部、农业部、水利部、卫生部、湖北省卫生厅及卫生部血吸虫病专家咨询委员会有关领导组成的国务院血防春查组，在省卫生厅副厅长付新安、省林业厅副厅长郭辉军等领导陪同下到大理检查血吸虫病防治工作。巍山县代表全州接受国家的检查。春查组深入大仓镇甸中行政村的小团山自然村，永建镇永和行政村大东莲花自然村和永和小学查看健康教育、改水、改厕、家畜圈养、沼气池建设、环境改造灭螺工程等工作。

（左中勋）

【国家血防专家组到巍山县实地调查螺情】 5月10～14日，受卫生部委派，由国家CDC寄生虫病预防控制所研究员郑江任组长，安徽、四川两省和国家CDC寄生虫病预防控制所12名血防专家组成的专家组，到巍山县实地开展螺情调查。

（左中勋）

【召开全州血防专业会议】 12月17～18日，州卫生局组织各县市卫生局、血防站领导和相关人员，在南涧县召开全州血防专业会议。州卫生局局长丁一先在会上作了重要讲话，副局长杨跃华分析了当前防治工作中存在的突出问题，部署安排了下一年的血防工作，州血防办通报了国家传播控制达标考核的情况并对一些具体问题提出了要求。

（左中勋）

【大理州顺利通过国家血吸虫病传播控制达标考核评估】 12月1～4日，以卫生部疾控局副局长郝阳任组长，由卫生部、农业部、水利部、林业局、长江水利委员会、卫生部血吸虫病专家咨询委员会等部门有关领导和专家组成的血吸虫病传播控制达标考核评估组，对云南省血吸虫病传播控制达标工作进行考核评估。大理州的鹤庆、洱源两县和丽江市的永胜县代表云南省接受国家的考核评估。考评组仔细查阅审核了血防项目资料，深入洱源县右所镇的温水行政村、三营镇的三营、共和行政村和茈碧湖镇的九台行政村，查看了改厕、改水、改厩、家畜圈养、节水灌溉、河道治理等血防项目综合治理情况。入户了解村民对血防工作的认识和血防项目给疫区带来的变化。经考核，大理州达到国家血吸虫病传播控制标准。

（左中勋）

【州政府召开州防艾委全委会】 3月12日，州政府组织召开州防治艾滋病工作委员会全体会议，总结2008年全州防治艾滋病工作，专题研究2009年全州防治艾滋病工作，副州长洪云龙对全州防治艾滋病工作提出了具体要求。

（马宝明）

【对防治艾滋病工作加大专项投入】 2009年，州财政预算安排专项经费200万元，县级财政预算安排121.5万元（其中大理市80万元、洱源县10万元、南涧县7万元，其他县2～5万元），中央补助406.8万元、省补助196万元，全部按项目资金管理方案，以任务带补助经费的形式下达到各地各单位，为各项防治工作的顺利开展提供了保障。

（马宝明）

【行为干预措施得到进一步落实】 2009年，全州在星级酒店等场所安装自动售套机200多台，90%以上的星级宾馆、酒店在房间放置有偿使用的安全套，共销售安全套77900多只。为艾滋病感染者、吸毒人员、娱乐场所服务人员、流动人口、普通旅馆免费发放安全套181万只。大理、祥云、宾川、弥渡、永平5个县市，结合国际、国内艾滋病防治项目，设立妇女健康中心6个，培训娱乐场所女性服务人员7000多人次，同伴教育4000多人次；大理、巍山、弥渡、祥云、宾川5县市以大理好朋友健康会所核心骨干为基础，带动开展了男男同性恋者行为干预工作，干预目标人群2000多人次。设清洁针具交换点7个，开展清洁针具交换。对羁押和戒毒场所人员2540人次、娱乐服务场所服务人员7850人次开展了艾滋病防治知识宣传教育。举办男男性行为人群干预培训班一期，培训骨干69人，大理、巍山等县市开展了摸底调查，并开展了干预工作。

（马宝明）

【积极推进美沙酮维持治疗】 2009年，全州共设立美沙酮维持治疗门诊7个，门诊拓展点4个（其中州二院门诊1个、宾川县维持治疗门诊2个、祥云1个），累计入组治疗1982人，现在服药738人，除去特殊原因退出人数，维持治疗率达65%左右。HIV/HCV平均检测率达85%以上。

（马宝明）

【预防艾滋病母婴传播工作取得新进展】 2009年，全州77例阳性孕产妇，其中61例为新确认，16例为既往确认并在2009年分娩。8例继续妊娠，19例终止妊娠、分娩50例。有48例产妇服用抗病毒药物，服药率达80%以上，阳性产妇出院后均被转介到疾控中心。47例婴儿均由妇幼保健机构免费提供婴儿奶粉并科学指导人工喂养和随访管理。有48例婴儿服用抗病毒药物，婴儿服药率为95%以上。对58例HIV阳性孕产妇所生儿童（12月、18月），进行HIV抗体检测，阴性52人，阻断成功率89.7%，确认阳性2例、死亡4例。

（马宝明）

【积极开展国际国内合作项目】 2009年，大理市国家艾滋病综合示范区项目正式启动实施，大理、祥云、宾川3县市实施的全球基金/中英艾滋病项目、大理克林顿基金项目，永平、弥渡2县实施的省级艾滋病综合防治项目,进展顺利。争取到了大理、祥云、宾川、弥渡全球基金滚动项目,大理、祥云获得国家"十一五"科技重大专项艾滋病综合示范区项目。

(马宝明)

妇幼保健

【召开全州妇幼卫生工作会】 3月13日,州卫生局在下关召开全州妇幼卫生工作会。州卫生局副局长郭治中全面总结了2008全州妇幼卫生工作,并对2009年的妇幼卫生工作进行安排部署。州妇联主席焦映、州卫生局副局长罗伟建分别就贯彻"一法两纲"及预防艾滋病母婴传播工作提出了具体要求。

(沈锦相)

【全州妇幼卫生工作情况】 2009年,全州妇幼卫生工作紧紧围绕降低两个死亡率,重点加强了贫困孕产妇救助、危急转诊、生理产科建设和孕产妇、5岁以下儿童死亡监测,以及"农村孕产妇住院分娩补助"项目和预防艾滋病母婴传播阻断工作。全面实施农村孕产妇住院分娩补助项目,实行住院分娩限价服务,逐步实现农村孕产妇在县、乡医疗机构住院分娩免费。全州农村孕产妇住院分娩共筹集补助资金1029.83万元,救助农村孕产妇11040例,支付补助资金376.7万元;抢救危急孕产妇226例,抢救成功217例,成功率96.01%;抢救危重儿童319例,抢救成功288例,成功率90.28%;孕产妇死亡17例,死亡率46.57/10万;5岁以下儿童死亡516例,死亡率14.13‰;婴儿死亡420例,死亡率11.5‰;孕产妇保健覆盖率96.44%;儿童保健覆盖率78.03%;新法接生率98.98%;住院分娩率92.02%;孕产妇系统管理率88.72%;儿童系统管理率69.54%。

(沈锦相)

(《卫生》除署名外由黄志刚撰稿)

(本部类责任编校:冯燕)

体　育

综　　述

【概　述】 2009年，大理州体育工作在州委、州政府的领导和省体育局的具体指导下，围绕州委、州政府中心工作，紧密结合第二批学习实践科学发展观活动，解放思想、实事求是、开拓创新，牢固树立科学发展观，深入查找、解决影响和制约大理州体育事业科学发展的问题，深刻分析问题存在的主客观原因，努力发挥体育在推动大理经济社会发展、构建和谐社会中的重要作用，按照“十一五”体育发展规划，抓好群众体育、竞技体育、体育产业的发展，认真组织好第三届中国·大理三月街赛马大会、全国沙滩排球巡回赛大理站比赛和其他一些重要比赛，围绕纪念建国六十周年的全民健身活动广泛开展，农民体育健身工程继续深入，参加云南省第九届残疾人运动会和省第十三届运动会预赛取得好成绩，省十三运会的备战工作有条不紊的进行，体育彩票的销售大幅增长。认真推行“阳光政府四项制度”实施工作。

【开展深入学习实践科学发展观活动】 根据《中共大理州委关于开展第二批深入学习实践科学发展观活动的实施意见》的具体要求和刘明书记3月21日在全州开展深入学习实践科学发展观活动动员大会上的讲话精神，成立了大理白族自治州体育局深入学习实践科学发展观活动领导小组和办公室，制定《大理州体育局深入学习实践科学发展观活动实施方案》并迅速下发机关各科室和两个直属单位。通过强化领导、深入动员、组织学习、调查研究、分析查找问题、整改提高等环节，认真组织实施各个阶段的活动，活动取得了预期的效果。

【实施云南省“阳光政府”四项制度】 依据省州政府文件精神，州体育局从体育系统的实际出发认真开展“阳光政府”四项制度的实施工作。一是成立了实施领导小组和办公室，局长杨建宇任组长，副局长熊国槐、赵云峰任副组长，并设立了实施“阳光政府”四项制度办公室。二是结合州体育局的实际制定实施“阳光政府”四项制度的工作方案，并下发机关各科室和两个直属单位遵照实行。通过实施阳光政府“四项制度”促进机关作风建设。

【体育彩票销量创历史新高】 2009年，尽管受全球金融危机等不利因素的影响，但大理州体育彩票销售工作始终坚持“安全第一，服务至上”的宗旨，销量不断攀升，逆势上扬。2009年大理州电脑体育彩票销售9807万元，即开型体育彩票销售1.18亿元，共计销售彩票2.17亿元，创历史新高，位列全省第五位，超额完成省下达的任务。

【大理州体育产业形成体系】 截止2009年，大理州形成了以体育彩票销售为龙头，集体育服装、健身器材、体育用品销售，体育培训、体育竞赛、体育表演、体育旅游等项目为一体的体育产业体系，全州体育产业从业人员约1200人，体育服装器材门市137户，体育产业的产值近3.6亿元。

【继续深入实施农民体育健身工程】 为了加强农村体育工作，推进社会主义新农村建设，国家体育总局决定从2006年开始实施农民体育健身工程，由国家体育总局为每个实施的行政村配发一副标准篮球架、2张室外乒乓球桌和5000元补助经费，由省体育局补助场地建设费10000元。2009年，永平县有11个行政村、鹤庆县有17个行政村实施了农民体育健身工程，截止2009年底，大理州已实施国家农民体育健身工程103个，国家累计投入资金163.6万元。州体育局在2007年、2008年、2009年3年的时间内，共为全州352个行政村配送了篮球架、部分乒乓球桌和全民健身路径。农民体育健身工程的实施，改善了大理州农村体育基础设施条件，促进了社会主义新农村建设。

【体育工作会议在下关召开】 2009年3月17日，大理州体育工作会议在下关召开，州人民政府洪云龙副州长作重要讲话，州体育局杨建宇局长作2008年体育工作总结并安排布置2009年体育工作，州人大常委会副主任杨宴君、州政协副主席张树藩出席会议，大理州12县市分管副县市长，文体、体育局长和分管副局长参加会议。

【中华台北奥委会群体工作者访问团访问大理】 2009年9月27～28日，中华台北奥委会群体工作者访问团访问大理，访问团一行共10人，国家体育总局外联司巡视员、中国奥委会副秘书长刘宝利，国家体育总局外联司干部、中国奥委会副秘书处地区主管刁鹏，云南省体育局群体处处长范云等陪同访问，访问团游览了大理崇圣寺三塔、大理古城、洱海，并在下关人民公园观看了大理州的全民健身活动。

【永平县实施2009年国家体育总局“雪炭工程”项目】 国家体育总局决定2009年援建云南省“雪炭工程”4个项目即：临沧市耿马县、怒江州贡山县、普洱市孟连县、大理州永平县综合健身馆，每个项目援助资金150万元。永平县“雪炭工程”永平县综合健身馆建设已全面启动，预计2010年完工。

【州体育馆创收超过70万元】 2009年，州体育馆面向市场，综合利用，搞好经营管理、盘活资产，积极向社会公众开放，认真承办各种运动会，全年创收超过70万元。

群众体育

【举办登苍山西坡活动】 3月21～22日，由大理州体育局和漾濞县人民政府主办的为期两天，主题为“登苍山西坡，赏天然花园”2009年大理州第三届苍山西坡大花园大型登山户外活动在漾濞县举行。此次登山活动共有19支参赛队伍，其中16支队伍根据苍山19峰分别命名为白云峰队、马耳峰队、圣应峰队、鹤云峰队、龙泉峰队、应乐峰队、雪人峰队、清碧峰队、三阳峰队、佛顶峰队、小岑峰队、五台峰队、斜阳峰队、马龙峰队、玉局峰队、中和峰队，其余3支队伍为来自漾濞县各级各部门的选手。共有来自全州各行业的200多名户外登山爱好者参加了此次活动，参赛队员中年龄最大的60岁，最小的7岁。比赛从漾江镇金盏河电厂的前池出发，徒步登山到达海拔近2500米的官房坪农场，共设有徒步穿越比赛、帐篷搭建比赛、文艺表演和篝火晚会、百米冲刺登顶比赛、定向越野比赛等5项活动项目。其中，徒步穿越比赛、帐篷搭建比赛、文艺表演和篝火晚会在21日进行，百米冲刺登顶比赛、定向越野比赛两个项目在22日进行。最后马耳峰队独揽团体总分第一，获综合成绩优胜奖。马龙峰队和斜阳峰队紧随其后，分别获得第二名和第三名。

【举办2009AA百公里环洱海徒步活动】 2009年4月4日，以“感受风花雪月，体验苦乐同行”为主题的2009AA百公里环洱海徒步活动在大理举行。本次活动由云南省登山户外运动协会、大理州体育总会主办，AA户外俱乐部、大理州登山运动协会、云南红牛维他命饮料有限公司承办。此次行进路线以大理泛亚国际会展中心为起点，沿洱海东岸行走50公里至南诏风情岛为第一天宿营地；次日以南诏风情岛为起点，沿原214国道行走至大理古城南门为终点。行进路线全长100公里，采取组队方式进行。来自昆明、曲靖、四川攀枝花和大理的500多名“徒友”参加了本次徒步行走，最后徒步活动第一名被卡瓦队获得，用时15小时15分；风花雪月队获得第二名，用时为15小时50分；第三名是“一路走来”队，用时17小时43分。

【举办第三届中国·大理三月街“蝶泉乳业杯”赛马大会】 2009年4月10～13日，第三届中国·大理三月街赛马大会在大理举行。本次赛马大会共有来自全国各地14支队伍共142名教练员、运动员和106匹赛马参加了比赛，大会组委会再次邀请了内蒙古兴安盟的马术表演队在每天的比赛开始前进行精彩的马术表演，比赛共分四天进行，设12个项目，速度赛马4个，走马两个，民族组设三个速度赛马项目，另设跑马射击、跑马射箭、跑马拔红旗。大理电视台对2009年赛马大会进行了全程现场直播，在四天的比赛中，据不完全统计到现场观看赛马的观众达到了20万人，而在电视机前观看比赛的全州观众达到200万人以上。国内多家媒体以多种形式报道了大理三月街赛马大会的盛况。

【举办2009年大理州民族健身操培训】 2009年5月12～16日，州体育局举办2009年大理州民族健身操培训，来自全州12县市文体局、体育局和一些单项体育协会的训练骨干参加了培训，共培训了由云南省体育局在全省推广的白族霸王鞭健身操、彝族烟盒健身操、佤族健身操、傣族健身操、拉祜族健身操、藏族健身操、景颇族健身操等七种少数民族健身操。

【举办云南足球业余联赛大理赛区比赛】 大理州足球分会主办的2009年云南足球业余联赛大理赛区比赛在大理学院荷花校区举行，比赛利用双休日进行，从2009年6月6日开始，历时一个月的时间。最后建标房地产代表队获得冠军，“中国移动”大理代表队获得亚军。

【参加云南省青少年足球比赛】 7月25～31日，云南省青少年足球比赛在楚雄举行，大理州足球分会选派了大理州U—12和U—13两支少年足球队参赛，分别获得了U—12和U—13年龄组的冠军。

【“科学健身，全民健康”全国运动健身科学指导活动西南行活动在大理举行】 2009年7月26日，由国家体育总局国民体质监测中心举办的“科学健身，全民健康”全国运动健身科学指导活动中国西南行活动在大理举行，活动主要内容包括科学健身方法展示、科学健身长廊、运动健身科学指导、科学健身大讲堂、科学健身知识竞赛等。国家体育总局国民体质监测中心配备的两辆国民体质检测车现场为大理市的部分市民进行了体质检测，部分群众聆听了健康讲座并观看了由州体育局组织的体育健身展演。

【大理州体育系统隆重纪念“全民健身日”设立】 北京奥运会成功举办后，为纪念这一重大的历史时刻，经国务院批准，自2009年起，每年的8月8日为全国“全民健身日”。全州体育系统认真开展“全民健身日”系列活动，8月8日，州、市体育局在下关人民公园举行盛大的“全民健身日”系列体育活动的启动仪式，州体育局还举办了“全民健身日——云南省少数民族健身操大理州的展演”和“奥运纪念杯”大理羽毛球公开赛。其他各县也开展了多种活动，纪念首个“全民健身日”。

【举办“云铜地产.都市时报”五人制足球比赛】 大理州足球分会主办的2009年“云铜地产.都市时报”五人制足球比赛大理赛区比赛于11月14～28日在云南建设学校举行，比赛利用双休日进行，最后建标房地产代表队获得冠军，“中国移动”大理代表队获得亚军，通过比赛选拔出大理州参加云南省五人制足球总决赛的优秀队伍。

【参加“云铜地产.都市时报”五人制足球比赛总决赛】 12月10日，“云铜地产.都市时报”五人制足球比赛总决赛在昆明举行，大理州建标地产代表队和宾川县代表队代表大理州参加了比赛。

【承办大理州财政系统首届职工运动会暨第六届“财政杯”篮球比赛】 为进一步弘扬奥运精神，喜迎国庆60周年，展现财政系统广大干部职工的精神风貌，推动全民健身活动的开展，提高干部职工整体素质。2009年8月20～24日，大理州财政局在州体育馆主办大理州财政系统庆祝新中国成立60周年首届职工运动会暨第六届“财政杯”篮球比赛，大理州体育馆和大理市财政局作为协办单位。比赛设篮球、乒乓球、羽毛球、篮球1分钟定点投篮、公路越野赛跑5个项目，12县市财政局、州财政局机关、州财贸学校参加了比赛。

【大理市、宾川县承办全州老年人体育运动会】 2009年6月，大理市承办“苍洱和谐杯”全州老年人运动会。2009年11月，宾川县承办“鸡足山杯”全州老年人运动会。两次赛事共举办了乒乓球、柔力球、象棋、门球、第二套功夫扇和“天地人双扇”五个项目，共有568名运动员、教练员参加了运动会。

【举办中国门球冠军赛大理州选拔赛】 8月，州体育局、州老年人体育协会、大理州门球协会共同举办了2009年中国门球冠军赛大理州选拔赛。共有来自全州各县市的13支代表队，85名运动员参加。在此前,各县、市从基层开始,进行了层层选拔,共有157支门球队、1240人次参加了选拔。对全州门球运动有很大推动。

【大理州老年体协组队参加云南省老年体协组织的赛事】 2009年,州老年体协组队参加了省老年体协组织的全省老年人乒乓球比赛、柔力球展演、象棋选拔赛、门球中冠赛云南分赛区决赛,其中,乒乓球女队获团体第三名,张蕴琦获女子60岁以上组个人第三名,姜启芳获女子55岁以上组个人第五名。象棋选拔赛,大理州鲍中凡、苏源两同志参加,鲍中凡获得第二名,并代表省参加了在秦皇岛举行的全国第一届老年人体育健身大会象棋比赛,苏源在省选拔赛上获第六名。

【州老年体协举办全州老年人太极拳(剑)比赛】 2009年,州老年体协举办了全州老年人太极拳(剑)比赛,全州12县市、州直、大理供电局、地质三大队、地质八0二队共16支代表队,130余名运动员参加比赛。州老年体协副主席、州直老年体协主席章键、原巍山县老年体协主席张开玉等一些老领导亲自参与比赛。

【全州老年体协组织建设得到加强】 通过各县(市)、州直老年体协积极努力,全州老年体协组织进一步巩固完善和建立。截至2009年11月,全州1078个行政村已有543个村建立了老年体协,占村级数的50%;61个社区和街道办事处,已建立老年体协组织38个,占63.4%;全州老年体协会员已达15.84万人,会员占老年人口39%。基层老年体协的组织建设明显得到加强。

【老年人体育活动场地不断增加】 截止2009年11月,全州建有老年体育活动中心的乡镇105个,行政村443个,有各级老体活动室557个。门球场120块,地掷球场63块,汽排球场1个,其它老年活动场地995个。

【州老年体协开展“健康老人”评选工作】 2009年,州老年体协在全州17个团体会员单位中,共评选出“健康老人”29人,在大理州“鸡足山杯”老年人运动会闭幕式上进行了表彰。

【州老年体协被省老年体协表彰】 在2009年的全省老年体育工作会上,州老年人体育协会获得由省体育局、省老年体协颁发的2004—2008年全省老年体育工作先进集体和由省老年体协颁发的“全民健身与奥运同行·云南省百万老年人健步走向北京奥运会”活动先进集体称号。

【举办大理州第二届“迎新春”钓鱼比赛】 1月18日,州钓鱼协会在下关北经庄“点苍春”庄园举办了大理州第二届“迎新春”钓鱼比赛,参赛运动员56名。

【举办首届大理州“三八”节妇女钓鱼比赛】 3月9日,大理州体育局、大理州妇女联合会、大理州钓鱼协会共同举办了“大理州‘三八’妇女节妇女钓鱼比赛”,比赛地点设在在大理“细流井”庄园,共有10个单位共12支队伍53人参加比赛(其中领队、教练17人)。最后获得团体前六名的代表队是:大理州体育局、大理烟厂、大理州烟草公司、大理州民政局、大理州科协、大理州体育中学;个人前六名:张云凤(大理烟厂)、李树贤(大理州体育局)、任丽萍(大理州民政局)、马黎红(大理州体育局)、赵纯英(大理州科协)、席玲(共青团大理州委)。

【举办2009年大理州康乐健身垂钓活动】 6月12日,州钓鱼协会在大理“野猪林”生态园举办了“2009年大理州康乐健身垂钓活动”,有72人参加,州人大副主任杨宴君以及州级相关部门领导出席了活动。

【举办大理州第二十一届钓鱼比赛】 8月13日,州钓鱼协会在漾濞马厂举办了“大理州第二十一届钓鱼比赛”,设老年组、中青年组和手竿混重、抛竿三尾重项目,有20支队伍60名选手参加比赛。

【举办云南省钓鱼协会裁判员(大理赛区)钓鱼比赛】 8月26日,大理州钓鱼协会在大理“七里乡山庄”举办云南省钓鱼协会裁判员(大理赛区)钓鱼比赛”,设手竿鲫鱼尾数和手竿混重项目,来自全州各县市的30名一、二级钓鱼等级裁判员参加了比赛。

【“大理交运杯”羽毛球邀请赛在大理举行】 2009年9月25~27日,为庆祝国庆六十周年,促进羽毛球运动的发展,进一步促进全民健身运动的广泛开展,“大理交运杯”羽毛球邀请赛在大理国际会展中心举行,本次比赛由大理州体育局、大理交通运输集团公司共同主办,大理国际会展中心承办,中国人民财产保险股份有限公司大理州分公司、云南红牛维他命有限公司、昆明芭蕉扇体育用品商店、大理飞扬体育超牌专卖店、大理天龙羽毛球俱乐部协办。比赛设混合团体、男子单打、女子单打、男子双打、女子双打、混合双打6个项目。

【参加云南省第九届残运会暨第三届残奥会】 2009年11月1~8日,云南省第九届残运会暨第三届残奥会在昆明举行。州体育局积极协助州残联训练和组队参加本次残奥会。在云南省第九届残运会暨第三届残奥会上,大理州代表队参加了游泳、田径、乒乓球、举重、自行车5个单项中23个级别的154个小项,以及聋人男女篮球、脑瘫足球3个队的集体项目比赛。共获得奖牌51枚,其中金牌19枚、银牌15枚、铜牌17枚,喜获全省17个参赛队团体总分第3名的好成绩,并荣获道德风尚奖,实现了预定目标。男子脑瘫足球队获第3名,女子聋人篮球队获第6名,实现了大理州这两个项目在省残运会上的历史性突破。同时,邬晓骄等6名优秀运动员入选国家队和省队,备战2010年全国残运会和2012年残奥会。

【大理州表彰省九届残运会暨三届残奥会优秀运动员和教练员】 2009年11月11日,州委、州政府在苍山饭店举行表彰大会,对大理州组团参加云南省第九届残运会暨第三届残奥会的优秀运动员和教练员进行表彰。州委副书记王雪峰讲话,副州长岳黎松宣读表彰决定,州人大常委会副主任杨宴君、州政协副主席孙珍玲等领导向获奖的63名运动员、12名教练员颁奖。参加云南省第九届残运会暨第三届残奥会的全体运动员和教练员,全州各县市政府分管残疾人事业领导,州残联、州体育局等相关部门领导参加表彰大会。

【大理州第八届体育系统职工运动会在永平举行】 11月12~15日,大理州第八届体育系统职工运动会在永平县举行。来自全州12县市的文体局、体育局,州体育局机关、州体育馆、体育中学共15支代表队参加了民族健身操、半自动步枪射击、双扣、篮球4个项目的比赛。经过3天的激烈比赛,祥云、宾川、漾濞获体育道德风尚奖,南涧、大理市体育局、永平县文体局、分别获团体总分

一、二、三名，祥云、宾川、南涧县文体局代表队夺得民族健身操第一名，永平县文体局代表队夺得半自动步枪射击第一名，南涧县文体局获得篮球比赛第一名。

【国家体育总局、中央文明办命名第六批全国城市体育先进社区】 2009年3月在云南省体育局对第六批全国城市体育先进社区进行申报的基础上，经国家体育总局和中央文明办组织专家对上报进行审定的基础上，国家体育总局和中央文明办决定命名全国197个单位为第六批全国城市体育先进社区，大理州鹤庆县云鹤镇仓河社区榜上有名。

【国家体育总局命名大理州3个单位为国家级青少年体育俱乐部】 2009年3月，国家体育总局命名大理州漾濞县富恒乡中学青少年体育俱乐部、宾川县阳光青少年体育俱乐部、大理州足球青少年俱乐部为国家级青少年体育俱乐部。

【国家体育总局表彰2009年全民健身活动优秀组织奖和先进单位】 2009年12月，国家体育总局表彰大理州体育局为2009年全民健身活动优秀组织奖单位，大理州祥云县文体局为2009年全民健身先进单位。

【国家体育总局表彰"十一五"期间群众体育先进个人】 2009年10月17日，全国十一届运动会期间，为充分肯定和广泛宣传群众体育工作业绩，让全社会都关心、关注全民健身工作，经全国推荐评选，国家体育总局决定表彰"十一五"期间2872个群众体育先进单位和2226名群众体育先进个人。大理州体育局局长杨建宇、大理州体育局群体科科长蔡艳蓉、大理州体育馆副馆长张荣彝同志被国家体育总局表彰。其中大理州体育局群体科科长蔡艳蓉参加全国的表彰会并被胡锦涛总书记接见。

竞赛训练

【举办全州中长跑比赛】 2009年2月15～17日，大理州中长跑比赛在大理州体育馆举行。全州12县市都派队参加了比赛，共设男子：400米、800米、1500米、3000米、5000米、4×1200米接力和女子：400米、800米、1500米、3000米、4×800米接力12个项目。最后鹤庆、祥云、宾川3县分别获得男女团体前三名。

【2009年全国沙滩排球比赛在大理举行】 2009年7月9日，由国家体育总局排球运动管理中心主办，大理白族自治州体育局、大理白族自治州电视台、上海驰策市场营销策划有限公司承办的"2009年全国沙滩排球巡回赛'广福医院杯'大理站比赛开幕式在大理州体育场举行，标志着全国沙滩排球巡回赛大理站暨第十一届全国运动会资格赛比赛的正式开始，共有来自全国15个省、市和解放军的男女各30支队伍参加比赛。本次比赛是大理州第一次承办沙滩排球全国巡回赛，得到了州委、政府的高度重视，州委刘明书记亲自出席了开赛式，大理州电视台对每天的比赛都要进行2个小时现场直播。本次比赛也是首次以体育主管部门牵头，州内媒体与专业市场营销公司紧密合作来负责大赛的全程策划、运营，从两个月前就开始了广告招商和沙滩宝贝的选拔等推广活动。比赛获得圆满成功，赛事在全国的影响力深远。

【承办云南省第十三届运动会跳水预赛暨2009年度赛】 2009年8月5～7日，由云南省体育局竞赛训练管理中心主办，大理州体育局承办的云南省第十三届运动会跳水预赛暨2009年度赛在大理全民健身中心跳水馆举行，竞赛项目设男女1米跳板、3米跳板、5米跳台、全能、团体10项，共有昆明、大理、玉溪、红河、普洱、丽江、临沧7支代表队参加了本次比赛。

【参加"中核建中杯"川滇友邻市、州第五届男子篮球联赛】 2009年10月23～28日，大理州云龙银铜矿代表队参加了在四川宜宾举行的"中核建中杯"川滇友邻市、州第五届男子篮球联赛，联赛共有昆明、楚雄、大理、昭通、迪庆、宜宾、凉山、攀枝花、乐山、绵阳10个市州参加。最后大理州云龙银铜矿代表队获得第三名的好成绩。

【参加全省年度比赛】 2009年，州体育中学代表大理州在省年度比赛中共获得金牌24枚，银牌25枚，铜牌30枚，一大批优秀运动员进入2010年在云南文山举行的省十三运会决赛。

（《体育》由吴敬贤撰稿）

（本部类责任编校：刘丹霞）

民族宗教

民族工作

【概　述】 2009年，在中共大理州委、州人民政府的正确领导和民族工作领导组成员单位关心支持下，全州民族工作坚持以邓小平理论和“三个代表”重要思想为指导，全面贯彻落实科学发展观，认真学习贯彻中共十七届三中、四中全会、中共大理州委六届六次全会和州“两会”精神，紧紧抓住国务院第五次民族团结进步表彰大会、全省民族工作会议暨第六次民族团结进步表彰大会的机遇，按照全国、全省民族工作会议的总体部署，牢牢把握各民族“共同团结奋斗、共同繁荣发展”的工作主题，围绕促进民族团结、实现共同进步的民族工作任务，主动服从、服务于中心工作，以深入学习实践科学发展观为契机，解放思想，完善思路，求真务实，扎实工作，努力促进各项工作的圆满完成。①深入学习，在贯彻党的民族政策法律法规上取得实效。②加强调研，在当好党委政府参谋助手上有新进展。③牢记要务，在加快少数民族地区经济发展上有新的突破。④关注民生，在促进民族地区社会事业进步上有新举措、新发展。⑤强化宣传，在营造民族团结进步的社会氛围上出现新局面。⑥健全机制，在维护民族地区和谐稳定上积极发挥作用。⑦依法行政，在树立民族工作部门良好形象上有所创新。

【实施少数民族干部培训工程】
1月4日，经中共大理州委组织部、州民委共同研究，报中共大理州委同意，大理州民宗局印发了《2008～2012年大理州大规模培训干部工作的实施意见》的通知，要求“围绕推进民族地区经济社会协调发展，实施少数民族干部培训工程。以少数民族干部为重点，开展党的民族政策、民族团结、民族地区改革发展稳定等方面的培训”。每2年培训一批科级以上少数民族领导干部。

【建立民族团结形势分析研判制度】
大理州民委针对当前民族工作面临的形势和任务，于1月12～13日召开了2009年影响民族团结和社会稳定因素研判座谈会，全州各县（市）民宗局（民族局）局长参加了会议。会上分析研判确定了6个热难点问题作为排查重点。在此基础上，率先在全省制定了《建立影响民族团结、社会稳定矛盾排查调处研判机制》，采取各种形式，定期不定期分析研判影响民族团结稳定的问题，为及时掌握动态，掌握信息情报，确保民族团结、社会稳定奠定了基础。

【大理州2项民族盛会入选云南十大“民族团结盛会”和“民族狂欢节”】 1月16日，《今日民族》杂志社向各州（市）党委宣传部、民委（民宗局）、各入选单位发布了《关于2008年度云南十大“民族团结盛会”、十大“民族狂欢节”评选结果的通知》。大理州有2项入选，分别是《大理白族自治州三月街民族节》入选2008年度云南十大“民族团结盛会”，《剑川石宝山歌会》入选2008年度云南十大“民族狂欢节”。

【大理州民委主任张其富在全省民委主任座谈会上作交流发言】 1月20日上午，省民委在云安会都召开全省民委主任座谈会，分析研判影响全省民族团结社会稳定的形势。大理州民委主任张其富就大理影响民族团结、社会稳定因素的研判情况作了专题交流发言。

【召开统一战线新春茶话会】 1月20日，中共大理州委统战部、州民委、州宗教局联合召开了大理州2009年统一战线新春茶话会。全州少数民族代表人士代表、民族学会负责人与各界人士共150多人参加茶话会。

【巍山县命名民族民间歌舞传承示范点】 1月，巍山县命名大仓镇小三家村委会凹家村、马鞍山乡青云村委会、庙街镇云鹤村委会阿朵村、巍宝山乡中和村委会中和铺4个村为“巍山县民族民间歌舞传承示范点”。

【对全州清真食品经营管理情况进行调研】 1～3月，为认真贯彻落实党的民族政策，加强清真食品管理，维护民族团结和社会稳定。州民委王超英、吴文光副主任带领政法科、文教科负责人深入到回族相对集中的漾濞、永平、宾川、巍山等县进行调研，全面了解全州清真食品业目前的经营管理现状、存在的问题以及今后的发展方向，广泛听取回族上层代表人士及伊斯兰教界、清真食品业主的意见、建议。

【召开民族团结目标管理责任制考核情况汇报会议】 2月1日上午，州民委召开主任会议，专题听取3个考核组对2008年度12个县市民族团结目标责任制考核工作的情况汇报。大家一致认为，各县市高度重视民族工作，贯彻民族政策上有新进展，民族团结稳定工作有新突破，民族目标管理责任制的各项任务完成得比较好，民族工作部门认真履职，部门地位和影响力有所提高。同时，各县市的民族工作发展还存在不平衡，应引起重视。

【对全州9个人口较少民族干部现状开展调研】 2月16日，州民委根据中共大理州委、州人民政府的要求，经州委民族工作领导组和州委、州政府分管领导同意，向各县市民宗局（民族局）、州级各有关单位、相关学校行文，安排部署对全州9个人口较少民族干部队伍的现状开展调查工作，截止6月底全面完成。

【省民委调研组到大理州调研】 2月23～24日，省民委调研组一行3人在纪检组长张卫东的率领下到大理州调研民族团结稳定工作和藏区工作，通过听取州政府李红卫副州长和州、市民委、统战等各部门的汇报，省民委调研组肯定了大理州在促进民族团结，维护社会稳定，特别是藏区工作方面做出的成绩。

【召开全州民族工作会议】 2月26～27日，全州民族工作会议在龙山国际会议中心召开。会议传达学习了全省民委工作会议精神，总结2008年大理州民族工作，安排部署2009年的工作任务。表彰2008年"民族团结目标管理责任制"和全州"民族信息工作"先进集体和信息工作先进个人，全州相关部门和12县市共140多人参加了会议。

【编印出版《和谐之源》一书】 2月27日，由州民委组织编辑的《和谐之源》一书问世。该书从民族、宗教两个方面总结了大理州能够长期以来保持民族团结、宗教和顺的缘由。文章总结了改革开放以来，特别是近年来民族工作的做法和经验，同时从一个侧面回答了大理地区宗教文化和谐的根源所在。

【联合国教科文组织世界自然保护联盟到剑川寺登街考察】 2月，联合国教科文组织世界自然保护联盟到剑川县沙溪寺登街考察。联盟在考察中认为，现存于沙溪境内石宝山石窟中的波斯国人像、南诏世袭国王像等，就是当时兴旺繁荣的佐证；古镇历经几千年，遭受多次大地震仍完整保存下来的古建筑群与剑川海门口遗址中的"干栏式"建筑、出土的石器、青铜器等各种文物关系密切，有很多谜需要解开，将有助于中国西南地区史前文化交流的研究。

【云南省第六届彝学学术文化研讨会在巍山县举行】 3月5日，由云南民族文化发展基金会、云南省彝学学会、大理州彝学学会主办，中共巍山县委、县人民政府承办的云南省第六届彝学学术文化研讨会在巍山县举行。研讨的主要议题是南诏历史文化、彝族土主文化以及彝族地区的经济社会发展等问题。

【云龙县阿昌族中小学生喜领中央民族教育专项生活补助】 3月，云龙县漕涧镇仁山村的575名义务教育阶段的阿昌族中、小学生，每人喜领中央民族教育专项生活补助250元。

【云龙县动员民间组织积极保护洞经文化遗产】 3月，在全社会高度重视非物质文化遗产保护与传承的大背景下，中共云龙县委、县人民政府鼓励各民间组织积极行动起来，以庙会活动为载体，以培训学习为形式，保护、传承洞经文化。

【云南民族文化发展基金会资助大理州84名贫困学子】 3月，云南省民族文化发展基金会回族捐资助学专项基金会第三届助学仪式在通海县纳古镇举行，大理州84名贫困学子受到捐助。

【弥渡县彝族母子同时加入中国民间文艺家协会】 3月，弥渡县彝族李彩凤、李毕母子俩同时被中国民间文艺家协会批准加入中国民间文艺家协会，成为该协会的新会员。母子俩常年致力于民间文艺的收集、整理、传承、发展，在民间艺术、民间文学等领域各有造诣。

【大理市加强少数民族干部培养】 3月27日，中共大理市委下发《关于培养选拔年轻干部、少数民族干部、女干部和党外干部的实施意见》，明确了中共大理市委培养选拔少数民族干部工作任务和目标要求，实现少数民族领导干部的比例与其人口比例大体相当，其中，在市直部门的领导班子中至少配备1名少数民族干部，且注重对少数民族年轻干部、女领导干部、党外干部的培养选拔工作。

【大理州、市"民族团结宣传日"活动在大理古城举行】 4月8日，州民委、市民宗局联合中共大理镇党委、政府在大理古城举行了今年的"民族团结宣传日"活动。中共大理州委副书记王桂芳，州委常委、州委统战部部长杨秀星等领导出席了"民族团结宣传日"活动，将宣传资料发放到来往群众的手中。共发放《党和国家民族团结宣传提纲》、《中华人民共和国民族区域自治法》、《云南省大理白族自治州自治条例》、《云南省民族乡工作条例》、《城市民族工作条例》、《和谐之源》、《大理民族工作》以及禁毒防艾的宣传材料3000份。整个活动在"五十六个民族五十六朵花"的优美旋律中进行。

【大理州政协对全州6个人口较少民族经济社会发展情况进行调研】 4月15～24日，在州政协副主席毕熊光的带领下，由州政协民族宗教和联络委、州民委、州扶贫办、州政府政研室有关人员组成调研组深入宾川、南涧、永平、云龙、剑川等县，对拉祜族、布朗族、傈僳族、阿昌族、苗族、纳西族等6个人口较少民族经济社会发展情况进行了深入的调研。全面了解了大理州少数民族贫困地区群众生产、生活及经济社会发展现状。

【永平县启动"七彩云南阳光工程"】 4月27日，永平县举办了"七彩云南阳光工程""永平·博南爱民小学"启动仪式。云南省民委副主任木桢亲临指导。

【州统战部长杨秀星对民族宗教工作进行专题调研】 5月12～15日，中共大理州委常委、统战部部长杨秀星带领州民委主任张其富、州宗教局局长杨化宇等领导和相关科室负责人深入到巍山、剑川、洱源对民族宗教工作进行专题调研。杨部长强调指出：新时期进一步做好民族、宗教工作十分重要、也非常必要，是实现大理州经济又好又快发展的根本保证。民族工作要体现科学发展，就要抓住各民族"共同团结奋斗，共同繁荣发展"的主题，要帮助各少数民族地区大力发展生产，培养少数民族干部和各类人才，弘扬民族优秀文化。

【大理州白族学会召开第二次理事会】 5月23日，州白族学会在下关召开第五届理事会第二次（扩大）会议。州学会名誉会长，副会长，全体理事，鹤庆、剑川、祥云、洱源4县白族学会会长，北京、昆明和州内特邀人士共80多人参加会议。会议由赵济舟会长和赵寅松常务副会长主持。会议进行了分组讨论和大会发言。

【省民委副主任木桢专题调研漾濞县民族文化】 6月2～4日，省民委副主任木桢带领省民委文化教育处副处长沙云生、省民族博物馆起国庆副馆长等一行4人到大理调研民族文化事业发展工作，并对漾濞民族文化进行考察。

【省民委主任王承才等领导到大理州调研】 6月15日上午，省民委主任王承才、副主任木桢等一行8人，到大理州调研民族文化教育工作。先到南涧县民族中学开展调研，认真听取中共南涧县委、县人民政府的情况汇报，然后又到公朗镇调研人口较少民族的发展情况。

【召开2009年州级民族学会第一次联席会议】 6月19日，大理州民委在中共大理州委党校召开了2009年度州级民族学会第一次联席会议。12县市民宗局（民族局）局长、州级5个民族学会负责人和州民委全体干部职工参加了会议。会议总结了2009年上半年民族工作,安排部署下半年工作任务和民族团结稳定工作。

【南涧县彝族"跳菜"舞蹈获"太阳神鸟"银奖】 6月22日,在第二届中国成都国际非物质文化遗产节上,由南涧彝族自治县跳菜艺术团表演的南涧跳菜舞蹈,获太阳神鸟银奖。

【州委书记刘明深入民族团结示范村调研】 6月23日,中共大理州委书记刘明深入大理市龙龛村委会龙下登自然村,对民族团结示范村进行调研。通过详细视察龙下登民族团结示范村建设情况,与市、镇、村干部亲切交谈,刘书记对龙龛民族团结示范村建设所取得的变化和成绩给予了高度评价。

【中国回族学会会长高发元到巍山考察】 7月1日,中国回族学会会长、云南省回族研究会会长高发元一行,在大理州回族学会会长马国盛陪同下对巍山进行考察。参观考察了中国历史文化名村东莲花和大、小围埂等回族聚居村,对回族社区的文化、旅游开发和发展提出了意见和建议。

【州民委慰问扶贫挂钩村哨横】 7月15～16日,州民委主任张其富一行,在洱源县民宗局局长龚红松等陪同下,到扶贫挂钩点茈碧湖镇哨横村委会对困难家庭和15名孤残儿童及困难学生进行了慰问,并送去慰问金。同时在民族专项资金项目中安排资金8万元,着重解决他们的饮水困难。

【云龙县召开扶持人口较少民族工作会议】 7月22日,云龙县召开扶持人口较少民族工作会议,县扶持人口较少民族工作领导小组成员单位、漕涧镇政府领导和县民宗局干部职工28人参加了会议。会议由县人民政府施泽锋副县长主持,并对云龙县扶持人口较少民族发展项目验收工作提出要求,县民宗局局长谢丽鲜结合《云南省扶持人口较少民族发展规划(2006～2010)》考核验收办法,就云龙县扶持人口较少民族漕涧镇仁山村阿昌族实施项目考核验收工作作了具体安排。

【《铸筑丰碑—大理州36个民族团结示范村建设集锦》出版】 7月30日,州民委编辑的《铸筑丰碑—大理州36个民族团结示范村建设集锦》一书正式出版。该书集中反映了2006～2008年大理州36个民族团结示范村的创建工作,采取图文并茂的方式,认真总结了创建经验、做法和差距。同时还收录了云龙县漕涧镇仁山村阿昌族扶持发展工作情况材料。全书约24万字,收录了439幅图片。

【省民委副主任岩秒到宾川调研】 7月31日,省民委副主任岩秒在州民委主任张其富等有关人员的陪同下,到宾川县调研民族工作。岩副主任听取了宾川县民族局郭仕文局长的工作汇报,察看了2009年实施的宝丰寺民族团结示范村。岩副主任对宾川的民族工作和民族团结示范村建设给予了充分肯定。

【国家民委原副主任周明甫到大理调研】 8月1～2日,原国家民委副主任周明甫在省民委副主任马春的陪同下,到大理调研,并参加了大理的"两节一会"开幕活动。

【大理州民委赴德宏州考察】 8月24～27日,大理州民委主任张其富、副主任吴文光率领云龙县政府、县民宗局、广电局、漕涧镇和仁山村四级共16人到德宏州参观学习人口较少民族发展工作。先后参观2008年4月1日国务院总理温家宝曾经视察的潞西市三台山乡允欠三组德昂族异地搬迁扶持项目,龙川县户撒阿昌族乡扶持人口较少民族发展项目、阿昌刀制作工艺,并详细听取潞西市、陇川县民宗局和三台山乡、户撒乡党委、政府扶持人口较少民族工作及迎接省、州验收业务情况介绍,收集了有关图片和资料。

【大理州社会主义学院和民族干部学校成立】 9月4日上午,大理州社会主义学院、大理州民族干部学校在中共大理州委党校挂牌成立。中共云南省委统战部、省社会主义学院有关领导,以及中共大理州委常委、州委统战部部长杨秀星出席成立大会。州民委全体干部职工参加了授印授牌仪式。

【云南省民族工作会议暨第六次民族团结进步表彰大会召开】 9月11日,中共云南省委、省人民政府在云南海埂会堂召开云南省民族工作会议暨第六次民族团结进步表彰大会,中共云南省委书记、省人大常委会主任白恩培作重要讲话,省委副书记、省长秦光荣主持会议,国家民委副主任杨健强到会讲话。省委常委、省委统战部部长黄毅作会议总结,副省长刘平宣读《云南省人民政府关于表彰全省民族团结进步模范集体和模范个人的决定》。大会表彰了昆明市民委政策法规处等113个"全省民族团结进步模范集体"、杜敏等87位"全省民族团结进步模范个人"。大理州的6个集体和4名个人被表彰,中共大理州委、州人民政府,大理州民族事务委员会经济发展科,中共大理市委、市人民政府,中共漾濞彝族自治县委、县人民政府,云龙县团结彝族乡党委、政府,大理市大理镇龙龛村民委员会6个单位被授予"全省民族团结进步模范集体"荣誉称号,中共大理州委常委、统战部部长杨秀星,洱源县委书记许云川,巍山彝族回族自治县民族宗教事务局局长朱介林,南涧彝族自治县小湾东镇党委书记陈以高4位同志被授予"全省民族团结进步模范个人"荣誉称号。

【洱海歌手"石宝山杯"民歌大奖赛在剑川举行】 9月12～16日,大理州第十一届洱海歌手"石宝山杯"民歌大奖赛在剑川县举办。参赛的歌曲皆具有浓郁的地方特色,强烈的时代气息,注重非物质文化遗产的传承与保护。

【大理州在云南省第六届民族民间歌、舞、乐展演上获奖】 9月27日,经展演评奖委员会评比,省文化厅、省民委同意,公布了云南省第六届民族民间歌、舞、乐展演获奖名单。大理州代表队的白族舞蹈《三灵之舞》、白族三弦弹唱《白月亮·白姐姐》获云南省第六届社会文化"彩云奖"中的银奖。

【全国第五次民族团结进步表彰大会在京召开】 9月29日上午,国务院第五次全国民族团结进步表彰大会在北京举行。中共中央总书记、国家主席、中央军委主席胡锦涛出席大会并发表重要讲话。国务院总理温家宝主持大会。中共中央政治局委员、国务院副总理回良玉宣读了《国务院关于表彰全国民族团结进步模范集体和模范个人的决定》,包头市人民政府等739个模范集体、周晓红等749个模范个人受到表彰。大理州有2个集体和2名个人被表彰,大理州人民政府、喜洲镇党委被授予"全国民族团结进步模范集体"荣誉称号,中共大理州委书记刘明、州民委主任张其富被授予"全国民族团结进步模范个人"荣誉称号,并受到表彰。

【2009年民族专项资金争取有突破】 2009年,由于完善了机制,加大了资金的争取力度,省最终下达大理州民族专项资金项目119个,资金1120万元。其中,民族机动金项目100个、资金531万元;少数民族发展资金(包括民族团结示范村、少数民族特色村寨、扶持人口较少民族)项目14个、资金570万元;民族特需商品企业贷款贴息项目5个、资金19万元。

【大理州民委领导到国家民委汇报民族工作】 10月22~26日,大理州民委主任张其富等一行8人赴京向国家民委汇报大理州民族工作情况、大理州边远结合部民族地区经济社会发展情况以及《中国·大理白族文化大全(100卷)》编辑出版工作方案。杨健强副主任听取汇报后,对大理州民族工作所取得的成绩给予充分肯定,并同意担任《中国·大理白族文化大全(100卷)》顾问,指导该书的编辑和出版,同时指出大理州边远结合部民族地区贫困面比较大,民委系统要结合实际,工作要扎实,项目要做实,突出重点,抓好几个项目。

【大理州民委主任等领导作客《直播大理》】 11月11日下午17:00,大理州民委主任张其富、巍山县民宗局局长朱介林、鹤庆县民宗局局长王桂芳、洱源县右所镇三枚村委会副主任马学昌应邀作客大理人民广播电台。州、县、村三级民族工作部门第一次被邀请到直播间进行访谈。

【鹤庆县金翅禾白族特色村寨保护和发展项目通过专家评审】 11月18日,大理州鹤庆县金墩乡银河村委会金翅禾白族特色村寨保护与发展试点项目,在昆明通过专家评审,成为国家在云南实施的3个首批少数民族特色村寨保护与发展项目试点之一,该项目投入100万元,于12月份正式实施。

【举办全州民委系统干部培训班】 11月19~20日,大理州民委举办了全州民委系统干部和县级民族学会秘书长培训班。各县市民宗局(民族局)分管民族信息工作的领导、信息员以及尚未参加过民委系统培训的人员、各县市民族学会秘书长和州民委干部共70人参加了培训。培训会上,州民委张其富主任、吴文光副主任分别作了《大理州民委工作发展现状与思考》、《如何正确判断民族问题和处理危机事件》专题讲座,省民委办公室信息科和昆明锐祺电脑公司的技术人员就《云南省民族工作信息化平台的建设与操作》作了专题辅导,省民委办公室副主任郭启华到会指导并作了重要讲话。

【对扶持人口较少民族工作进行考核验收】 11月26~27日,由州民委、州发改委、州财政局、州审计局、州教育局、州交通局、州农业局、州水利局、州扶贫办等相关部门组成的大理州扶持人口较少民族发展工作领导组对漕涧镇仁山人口较少民族进行了考核验收。考核验收组采取"听汇报、看影像资料、实地查看项目建设实施情况、走访农户、查看痕迹资料、共同评议提出考核意见和进行反馈"等方式,经过验收组验收后,一致认为:各项考核指标都已达到验收标准,人口较少民族工作取得显著成效,仁山阿昌族人口较少民族村呈现出民族团结、经济发展、社会进步的新景象。

【编辑完成《大理民族工作要事纪实》】 大理民委经过近1年的努力,全面反映建国60年来大理州民族工作成绩经验的《大理民族工作要事纪实》一书于2009年11月底编辑完成。该书如实记录了建国以来,大理地区和建州以来党的民族政策、民族区域自治制度贯彻落实的情况,民族工作开展以及发展演变的情况,为民族工作者和民族问题研究者提供一本较为系统、全面的资料。

【《大理回族史》首发式在大理州民族中学举行】 11月26日下午,在回族传统节日—古尔邦节到来之际,大理州回族学会庆祝新中国成立60周年、欢度古尔邦节暨《大理回族史》首发式在民族中学举行,州领导、州回族学会负责人、州白族、彝族、纳西、康巴等学会负责人共200多人参加首发式。

【对人口较少民族在读高中学生给予补助】 大理州民委针对全州傈僳、苗、傣、阿昌、壮、藏、布朗、拉祜等8个人口较少民族优秀学生,大都在州属高中学校就读的实际,与州人事局、州教育局联合起草上报州政府《关于对州属高中及大理一中、大理新世纪中学招收的"特少民族"学生给予适当补助的工作方案》,经大理州人民政府同意,已批转并执行,受助学生21人,每人4500多元。

【漾濞彝族回族自治县回族学会成立】 12月2日,漾濞彝族回族自治县回族学会成立暨第一次会员代表大会在漾濞县城召开。会议审议通过了《漾濞彝族自治县回族学会章程》,选举产生了由19人组成的理事会。

【办理民族成份变更审批、民族成份确认业务】 中共十七大以来,各级党委、政府高度重视民族工作,出台了一系列扶持和照顾少数民族的政策措施,前来民委系统更改民族成份和确认民族成份的公民日益增多。根据国家民委、国务院第四次人口普查领导小组、公安部《关于中国公民确定民族成份的规定》和国家民委办公厅、教育部办公厅、公安部办公厅《关于严格执行变更民族成份有关规定的通知》文件规定,大理州认真做好民族成份变更审批业务和民族成份确认业务。2009年8~12月,大理州民委办理民族成份变更手续248人,保障了少数民族的合法权益。

【召开《大理州清真食品管理办法》意见征求座谈会】 12月25日,州民委邀请州法制局、州工商局、州食品药品监督管理局等10多个部门,在州民委会议室召开《大理州清真食品管理办法》意见征求座谈会。参会人员一致认为要尽快出台《大理州清真食品管理办法》,解决他们在生产经营清真食品过程中出现的"清真食品认证"标识等问题,进一步规范清真食品市场,进一步规范清真食品的生产和经营,以利于清真食品在国内外的经营和销售,促进大理州清真食品行业的健康发展。

【召开民族工作领导小组成员会议】 12月25日,大理州召开了民族工作领导小组成员会。参加会议的有中共州委常委、州委统战部部长杨秀星,州政府副州长李红卫,州委办公室、州政府办公室、州人事局等26个成员单位和州民委全体干部职工。会议由州政府李红卫副州长主持;州民委张其富主任通报2009年全州民委工作和2010年工作初步打算;中共大理州委常委、州委统战部部长杨秀星作了讲话;民族工作领导组成员州委办主任赵中泽、广电局副局长李成林、发改委副主任赵存芬、州人事局局长赵新光、宣传部副部长曹劲鹄先后发言。通过这次会议,加强了各部门的联系,增强了各部门对民族工作的支持和关心,为进一步做好2010年的民族工作打下了基础。

【《大理白族自治州民族宗教志》发行会在下关召开】 12月25日,《大理白族自治州民族宗教志》发行会在下关召开。该书的出版发行,使全州民族宗教工作者和关心民族宗教工作的读者全面了解民族宗教事业发展的历程,对进一步丰富和传承中华文化,做好新时期民族、宗教工作提供借鉴,必将对大理民族团结进步事业、对大理宗教界的和顺起到积极的推动作用。

【大理州民委完成各项调研任务】 大理州民委认真组织和完成并按时上报了中共云南省委常委、省委统战部部长黄毅关于《大理州民族工作若干重要问题》的调研报告;认真完成《大理州与周边结合部少数民族地区经济社会发展研究课题报告》;认真开展中共大理州委《做好新形势下民族宗教工作,建设和谐社会》的调研课题;完成州内6个人口较少民族经济社会发展调研;完成了建国60年民族工作和民族团结重大课题的调研任务。题为《大理州民委关于大理州民族立法面临的新问题的调研报告》获2009年云南省民委系统优秀调研成果一等奖。

【加强电脑农业推广工作】 大理州理顺全州电脑农业推广工作机构,在深入南涧、剑川2县调研基础上,在全省率先制定了《大理州电脑农业专家系统推广五年规划》,并携规划专程向省民委领导作专题汇报。继续抓好电脑农业专家系统推广工作,南涧、剑川推广工作一直走在全省前列,使电脑农业真正在促进民族地区经济发展方面发挥积极作用。

【开展中小学民族团结教育活动】 2009年,大理州民族团结教育始终坚持从娃娃抓起,继续在全州所有中、小学广泛开展"民族团结、民族知识、民族政策"为主题的民族团结教育活动。制定了大理州民族团结教育教材循环使用和检查督促的有关规定,用制度规范了在43所民族团结教育示范学校中开展《云南省民族团结教育教材》循环使用工作。

【建立全州少数民族传统体育运动人才库】 为进一步掌握全州少数民族传统体育人才状况,大理州对全州45岁以下少数民族传统体育人才情况进行调查、统计,并在此基础上建立少数民族传统体育陀螺、射弩、秋千、赛马、龙舟、高跷、抢花炮等项目的人才库。

【大理州民族团结示范村建设取得阶段性成效】 2006~2009年间,州民委、县民宗局(民族局)以突出重点、抓住特点、形成亮点为理念,围绕各民族"共同团结奋斗、共同繁荣发展"的民族工作主题。在省民委的扶持下,以"生产发展、生活宽裕、乡风文明、村容整洁、管理民主、民族关系和谐"为建设目标,投入资金1315万元,建成州、县"民族团结示范村"48个。多数"示范村"与中共大理州委、州人民政府"千村扶贫、百村推进"工程相结合,共整合资金3000多万元,为社会主义新农村建设作出了突出贡献,提高了民族工作部门的影响力。

【大理州民委荣获全省民委系统2009年度民族信息工作先进集体】 2009年,大理州民委继续加大力度,完善机制,狠抓民族信息,被国家民委信息要情、国家民委网站采用15条,被省民委《民族工作信息》、云南民族网、《今日民族》杂志采用77条,采用率在全省民委系统中名列前茅,州民委荣获全省民委系统2009年度民族信息工作先进集体,罗万金荣获先进个人。

民风民俗

【大理州康巴文化研究会喜庆藏历新年】 2月25日,是藏族藏历新年。大理州康巴文化研究会在大理古城举行座谈会,庆祝藏历土牛新年。藏历新年是藏族人民的传统节日,也是藏族人民一年中最为隆重的节日,与汉族的农历新年大致相同。藏历年是根据藏历推算出来的。唐代以前,藏族是以麦熟为新年,后来,由于唐宗室女文成公主入藏,唐蕃开始了较为密切的交往,随着中原文化与高原文化的交流,许多中原文化逐渐传入西藏,其中包括历算。后来,藏区以麦熟为新年的习惯,改为以历算结果定为藏历新年,直到今天。

【中华彝族祭祖节在巍山彝族回族自治县举行】 3月2~6日,由云南省彝学学会、大理州彝学学会主办,中共巍山县委、县人民政府承办的中华彝族祭祖节在巍山彝族回族自治县举行。来自云南省昆明、玉溪、楚雄、红河、保山、丽江、大理,贵州省毕节、六盘水,四川省凉山、攀枝花等地区的彝族同胞800多人参加了以巍山小吃街开街仪式、"魅力巍山"摄影艺术展开展仪式、中华彝族南诏土主庙2009年祭祖大典、踏歌晚会、云南省第六届彝学学术研讨会等内容组成的祭祖节各项活动。2009年的祭祖节是彝族同胞第三次全国性有组织、大规模的祭祖活动。

【大理纳西族欢庆三朵节】 3月7日,大理纳西族三朵节活动在大理古城南门本主庙隆重举行。2009年3月4日(农历二月初八)是纳西族的三朵节,为便于活动,延至3月7日(星期六)举行。来自大理、剑川、洱源等县市的纳西族同胞和其他民族的同胞共500多人参加了活动,大理州民委、市民宗局、剑川县民宗局和康巴文化研究会的领导和代表祝贺。大会由州纳西文化学会常务副会长张聪主持、会长赵有恒致词,州民委吴文光副主任致贺词。赵有恒在致词中通俗生动地阐明三朵节的文化内涵及民族节日活动的文化价值与意义。大理纳西族同胞欢度民族节活动至今连续举行了25届(含85、86年的火把节),在节日活动中,通过生动、具体、周密的活动,起着呵护、传承、弘扬民族优秀文化传统的作用,因而历来受到广大同胞重视。大会组织开展了文艺表演、群众性的打歌舞等丰富多彩的文娱活动,歌声此起彼伏,纳西族同胞度过了一个热烈、欢乐、祥和的节日。

【欢乐热闹的石岩本主节】 3月20日(农历二月二十四)是大理市上关镇石岩本主的诞辰日。这天既是一年一度的本主节,又是本主庙会、全堂佛像洗佛衣(重新彩画)的开光大典。穿着节日盛装的各村村民都来欢度本主节,开光仪式结束后,庆祝活动开始。有舞龙、赛马表演和具有地方特色的歌舞演出,庆祝活动隆重热烈。

【大理州康巴文化研究会举行"金秋十月康巴节"庆典活动】 康巴地处滇、川、藏、青交汇处,特殊的地理环境,形成了独特的民族文化。藏族同胞每年10月举办康巴文化艺术节。届时,云南迪庆、西藏昌都、四川甘孜、青海玉树的藏族同胞都要举办赛马会来庆祝自己的节日。全州1000多名藏族同胞与各族人民一道迎来了一年一度的"金秋十月康巴艺术节"。10月25日下午2时,庆典活动开始,身穿节日盛装的藏族同胞,载歌载舞,用歌声和舞蹈表达了他们在节日里欢乐心情。州、市领导和各有关部门的领导还和藏族同胞一起观看了迪庆州民族歌舞团表演的藏族民族风情

歌舞，

【白族敬水习俗】 居住在大理地区的白族人民，自古以来就有种种的敬水习俗世代相传。每天清晨，有些村子各家打回的第一桶水，首先要装上满满一碗，摆放在堂屋的供桌上，称之为"敬水"；每年正月初一，有"抢头水"的习俗。白族人民认为，每年正月初一凌晨第一个从水井里打到水的人，一年中将吉祥如意，平安顺利；每年夏插，开秧门这天，各家都在田头点香"请水"，栽秧结束后，家家户户都要聚集到本主庙祭供"谢水"，祈求风调雨顺；遇到干旱年，村民聚集一起奔赴洱海源头"求水"，洪水暴涨的时候，人们又在大河岸边点上排香贡"水神"；平日里长辈们都要告诫孩子不能向河水中丢赃物以爱护水源。这一系列的活动，显示了白族人民对水的崇敬。部分习俗直到今天还在白族乡村广泛流传。

【绚烂多彩的漾濞鸡街彝族刺绣】 彝族妇女善于刺绣，用小小的丝线绣出各种各样的五彩图案，描画出绚烂的生活色彩。漾濞鸡街彝族刺绣的绣品以服饰为主体，具体包括帽子、衣衫、围裙、腰带、长裤、鞋子。鸡街彝族刺绣的图案以花鸟为最多，也有极少部分的人物图案。色彩多以深浅不同的红色为主题，其它颜色的搭配均是为了烘托和增强色彩效果。绣品绝大多数都要在四边镶上2～3层不同颜色的用丝线搓成的细彩绳，用来间隔彩绳的则是特制的金铂纸。绣品不论是衣饰、裹背还是其他物品，全都色彩鲜艳，绚烂多姿。彝族刺绣是一种久远的文化，在彝族悠久的文明历程中代代相传。彝族刺绣更是一种生活的色彩，在斑斓的图案中，绣出多彩多姿的生活。

【白族丰富的茶道】 白族饮茶具有浓郁的民族风俗，在全国各民族的茶道中独树一帜，别具风格。关于茶道，白族人民在不同的场合有不同的礼仪。除了众所周知的回味无穷的"三道茶"外，还有人生大礼"喜闹茶"、恭敬虔诚"进贡(供)茶"和茶花联姻"花香茶"。

人生大礼"喜闹茶"，由新娘亲手烤茶，新郎新娘双双共端茶盘，向闹房的客人逐一献茶，客人随即吟诗作对或讲几句祝愿的话，然后将茶一饮而尽，这是客人可随意出题目，叫一对新人猜有趣的谜语或表演各种滑稽的文艺节目，等谜语猜对了，表演完了才还茶杯。

恭敬虔诚"进贡(供)茶"，上坟祭祖，喜庆节日，都要在堂屋里或本主庙中设"敬供茶"。此茶的烹调十分认真，先要灶灰或蒿草把所有的茶具擦洗干净，再按"雷响茶"的烹制法烹好后，一一倒入茶杯内，每杯入量不得超过茶杯的三分之一原汁，不加任何辅料和开水，然后茶杯齐眉。恭恭敬敬放到供堂，一般与酒、果品、食品一齐上供。供完后，将茶和酒分别洒泼在地，以寄托对当地本主和祖先的崇敬。

茶花联姻"花香茶"，每年的农历二月十四，大理各地都举行"花潮节"，让茶与花互相联姻，形成一种独特的饮茶方式。很多人家早在节日之前就作好准备，把雏菊、缅桂花、桂花、栀子花、茉莉花、槐花、糯米叶等花瓣或叶子采摘下来，分别与茶混合在一起，密封数日后取出来，用洁净的井水或泉水烧开后，冲泡茶。这样就是"花香茶"。

(《民族工作》由王永伦　杨艳霞供稿)

宗教工作

【概　述】 2009年，州、县市宗教工作在中共大理州委、州人民政府的领导下，在州人大、州政协的关心支持和省宗教局的帮助下，在各级各部门的密切配合下，宗教工作紧紧围绕州委、政府的工作中心，坚持"生态优先、农业稳州、工业强州、文化立州、旅游兴州、和谐安州"的发展思路。紧紧依靠各级党委、政府，依靠各爱国宗教团体，依靠全州广大宗教界人士和信教群众。全面贯彻党的宗教工作基本方针，依法管理宗教事务，开拓进取、扎实工作，有效地维护了全州宗教领域的团结稳定，进一步促进了全州宗教关系的和谐，为全州"保增长、保民生、保稳定"和经济社会的全面发展做出了积极贡献。①围绕中心，突出重点，以团结稳定为根本前提，以促进经济发展，维护社会稳定，构建宗教和谐为工作目标。一是发挥宗教在文化、教育、生态、环境建设中的积极作用；二是精心组织，认真指导州伊协、州佛协完成换届工作，确保宗教团体工作的连续性；三是积极配合省、州人大、政协对宗教界代表人士培养问题和宗教团体有关问题的调研；四是充分发挥思想理论阵地的作用，宣传、介绍党的宗教政策、有关法规、积累资料、指导工作，编印了内刊《大理宗教工作》4期2000册，发送近400个单位。②抵御渗透，维护社会和谐稳定。认真落实州委书记刘明在中共大理州委六届六次全会上提出"严密防范和坚决打击境外敌对势力的渗透、分裂和颠覆破坏活动，确保国家安全"以及州长何金平在政府工作报告中提出的"高度重视民族宗教工作，促进民族团结和宗教和谐"的要求，进一步健全机制、加大力度，把爱国宗教界人士和广大信教群众紧密地团结在党和政府周围，筑成抵御渗透的铜墙铁壁，维护社会和谐稳定。③圆满完成伊斯兰教朝觐工作。全州201名朝觐人员于11月14日出国，并于12月22日顺利圆满返国。④认真贯彻落实省委"6·15"专题会议精神，切实改善宗教团体的各项条件。⑤在全州宗教活动场所开展爱国主义和法制宣传教育活动。⑥认真开展"和谐寺观教堂"创建活动。⑦不断加强"三支队伍"培训学习力度，提升宗教干部的管理水平和宗教界代表人士的综合素质。

【州委书记刘明到大理南五里桥清真寺调研】 2009年6月23日，中共大理州委书记刘明在州委常委、州委统战部部长杨秀星，州委秘书长杨健，大理市委书记段玠，副市长刘琼芬等的陪同下，深入大理南五里桥清真寺调研。刘明书记看望南五里桥清真寺教职人员，调查了解南五里桥穆斯林文化专科学校办学情况。刘明走进教室了解学生的学习和生活情况，鼓励他们，要发扬伊斯兰教爱国爱教的优良传统，刻苦努力学习，增长知识和本领，将来成为利国、利教、利民的宗教人才，很好的报效祖国和人民。就办学方向，刘明强调：五里桥穆斯林文化专科学校要坚持正确的办学方向，突出办学特色，探索办学规律，克服困难，努力培养造就一批爱国爱教、遵纪守法、品学兼优、有一定宗教理论基础知识和文化水平的宗教教职人才。

【州委书记刘明到大理无为寺调研】 2009年10月13日，中共大理州委书记刘明在州委常委、州委统战部部长杨秀星，大理州宗教局局长杨化宇，大理市副市长刘琼芬等的陪同下，深入大理无为寺调研。刘明看望慰问宗教界人士，与宗教界人士座谈，详细了解无为寺的历史和现状，就如何针对无为寺的实际，大力弘扬佛教文化、兰文化、武术文化、医药文化作出指示。

【州委书记刘明到下关清真寺与穆斯林群众欢度圣纪佳节】 2009年12月29

日，在一年一度的伊斯兰教圣纪佳节到来之际，中共大理州委书记刘明在州委常委、州委统战部部长杨秀星、州宗教局局长杨化宇等陪同下，前往下关清真寺与穆斯林群众欢度圣纪佳节。刘书记在下关清真寺与穆斯林群众亲切座谈，听取了大理州伊斯兰教协会会长杨泽雄对伊斯兰教圣纪节的介绍和伊协的工作汇报。刘明强调，2010年是“十一五”规划的最后一年。在新的一年里我们要更加紧密地团结在以胡锦涛为总书记的党中央周围，明确目标任务，齐心协力，进一步抓好经济建设，进一步做好民族团结和宗教和顺工作，积极维护好各民族团结的大好局面，通过团结形成合力、形成凝聚力，一心一意抓好经济发展，努力奋斗，共同推动大理州经济社会不断向前迈进，创造更美好的明天。

【省宗教局局长熊胜祥到大理州调研】 2009年2月22日，省宗教局局长熊胜祥、副局长杜吉、一处处长傅志上等省宗教局领导在大理州人民政府副州长李红卫等的陪同下到大理调研宗教工作。熊局长一行深入大理崇圣寺、无为寺与宗教界人士亲切交谈，详细了解宗教活动场所民主管理和建设情况。

【州委副书记王桂芳到无为寺调研】 2009年2月2日，中共大理州委副书记、州宗教工作领导组组长王桂芳，州委常委、州委统战部部长杨秀星，州人民政府副州长李红卫等领导深入大理无为寺进行调研，并看望慰问宗教界人士。

【州委常委杨秀星到宾川鸡足山调研】 2009年5月2日，中共大理州委常委、州委统战部部长杨秀星，州人民政府副州长李红卫到宾川鸡足山就如何做好新形势下的宗教工作进行专题调研。深入九莲寺、祝圣寺、佛塔寺与宗教教职人员座谈。

【杨秀星到鹤庆、巍山、剑川、洱源县调研】 2009年5月6～15日，中共大理州委常委、州委统战部部长杨秀星带领州宗教局局长杨化宇以及州委统战部、州宗教局相关科室人员前往鹤庆县辛屯镇、云鹤镇、草海镇，巍山县巍宝山，剑川县甸南镇西中村，洱源县茈碧湖镇回果村就宗教工作进行调研。鹤庆、巍山、剑川、洱源等4县县委、县政府、县委统战部、县民宗局负责人陪同并介绍各县的宗教工作和寺观教堂建设及管理情况。

【杨秀星对宗教文化工作进行调研】 2009年10月21日，中共大理州委常委、州委统战部部长杨秀星在州宗教局局长杨化宇等的陪同下调研宗教文化工作。杨部长一行首先前往大理市双廊镇青山村委会，查看了据传2500多年前迦叶尊者跨洱海登上鸡足山时留下的脚印及500多年前李元阳为此而题字等宗教文化古迹。随后又赴大理影视城日本4僧塔调研，听取了有关人员对日本4僧塔的情况介绍。

【杨秀星到云龙、永平县调研】 2009年11月17～19日，中共大理州委常委、州委统战部部长杨秀星在州宗教局局长杨化宇及相关人员的陪同下，深入永平县宝台山金光寺、厂街乡稻田村清真寺、曲硐清真寺，云龙县诺邓镇石门基督教堂等宗教活动场所进行调研并看望慰问了宗教活动场所负责人和宗教界代表人士。杨部长认真细致地听取宗教活动场所负责人和宗教界代表人士的介绍，在了解宗教活动场所和宗教团体的情况后，对他们提出了殷切希望和要求。一是要坚持党的宗教工作基本方针，坚决抵御境外渗透。宗教团体要坚持独立自主自办的原则，发扬爱国爱教、团结进步、服务社会的优良传统，在宗教活动场所开展好爱国主义和法制宣传教育活动，把广大宗教界人士和信教群众紧紧团结在党和政府周围，形成抵御境外渗透的铜墙铁壁。二是要积极发挥作用，为维护稳定，促进和谐作贡献。

【省政协视察组赴大理州视察】 2009年6月27～29日，由省政协马开贤副主席带领的视察组在州、县市相关部门领导陪同下，到大理州视察宗教工作。视察组先后到大理崇圣寺、南五里桥穆斯林文化专科学校、古城天主教堂、基督教圣经培训中心、宾川鸡足山、巍山巍宝山等宗教场所与教职人员交流座谈，详细了解各宗教在大理州的发展历史和现状及宗教教职人员培养和管理情况。州、县市有关领导向视察组汇报了大理州宗教工作基本情况，重点介绍了对宗教人士培养和管理工作的做法、措施、存在问题及今后打算。

【省宗教局考评大理州宗教工作目标管理责任制】 2009年1月6日，以云南省宗教局郭滇明副巡视员为组长的省宗教局考核组一行到大理州考评宗教工作目标管理责任制。大理州召开汇报会，向省宗教局考评组汇报全州2008年度宗教工作目标管理责任制落实情况。州宗教工作领导组成员单位负责人参加汇报会。

【龚学增教授到大理州调研】 2009年6月4～5日，中央党校民族宗教理论室教授、博士生导师龚学增，完成了云南省宗教局举办的云南省宗教活动场所爱国主义和法制宣传教育宣讲团培训班的授课任务后，到大理州调研宗教工作。龚教授听取了大理州宗教局局长杨化宇对全州宗教工作情况的介绍，前往崇圣寺，古城基督教堂、天主教堂实地调研，与宗教人士座谈。

【大理州政协视察组视察全州宗教工作】 2009年8月18～20日，大理州政协组织部分常委、委员对充分发挥宗教团体在构建和谐大理中的积极作用进行视察。视察组深入了解宗教的基本情况，宗教团体在构建和谐大理中发挥积极作用的情况，党的宗教政策贯彻落实情况以及加强和改进党对宗教工作领导的意见建议。

【中国大理崇圣寺与日本国日中临黄友好交流协会缔结“友好关系”】 2009年2月22日下午，经国家宗教事务局批准，由中国佛教协会主办，大理崇圣寺管理委员会承办的“中国大理崇圣寺与日本国日中临黄友好交流协会缔结友好关系”仪式在大理崇圣寺隆重举行。全国政协委员、中国佛教协会副会长兼秘书长学诚大和尚，日本国日中临黄友好交流协会会长有马赖底长老，云南省佛教协会副会长、大理崇圣寺方丈崇化大和尚在签字仪式上分别致辞。崇化大和尚和有马赖底长老签署缔结友好关系协议书，双方互赠纪念品。参加签字仪式的州领导和有关人员到佛教研究院前参加种植纪念树活动。

【开展海峡两岸佛教文化交流】 应台湾国际佛光会中华总会的邀请，报经国家宗教局、国台办批准，由云南省佛教协会副会长淳法法师为团长，省宗教局、大理州、宾川县相关负责同志和省佛教协会、鸡足山佛教协会法师共10人组成的代表团，于2009年7月11～17日赴台湾就佛教文化进行了交流考察。考察团在佛光大学、佛光山各别院进行参观、座谈、交流，受到热烈欢迎。国际佛光会总会长星云长老在佛光山会见并宴请代表团全体成员。

【召开宗教工作会议】 2009年2月27日，大理州宗教工作会议在龙山国际会议中心召开。中共大理州委常委、州委统战部部长杨秀星，州政府副州长李红卫，州政协副主席毕熊光等领导出席会议。州宗教工作领导组成员单位领导，州人大民族委、州政协民族宗教和联络委员会、州人事民政纪工委领导，各县（市）分管民族宗教工作的副县市长，12县市民宗局（民族局、宗教局）局长、副局长、办公室主任、宗教工作专干，州级民族学会、宗教团体负责人等150多人参加会议。州人民政府副州长李红卫代表州委、州政府作重要讲话；州宗教局杨化宇局长作工作报告；会议传达全国、全省宗教工作会议精神；总结2008年全州宗教工作；安排部署2009年宗教工作任务；对2008年全州宗教工作目标管理责任制先进集体进行表彰；与12县市宗教工作部门及州级宗教团体签订2009年度宗教工作目标管理责任书。

【举办宗教行政执法培训班】 2009年2月27～3月1日，大理州宗教局在下关举办宗教行政执法培训班。州宗教局全体干部、12县市民宗局（宗教局）局长、副局长、办公室主任、宗教专干共80多人参加了培训。

【《大理州宗教工作》创刊】 2009年2月，经省新闻出版局批准，大理州宗教事务局编印内刊《大理宗教工作》。《大理州宗教工作》为季刊，主要栏目有：①专稿。②宗教理论政策讲座。③工作风采录。④法制建设。⑤历史文化。⑥宗教工作论坛。⑦调查研究。⑧简讯。

【州宗教局参加深入学习实践科学发展观活动专题辅导讲座】 2009年4月1日下午2点30分，州宗教局全体干部在龙山国际会议中心3号厅参加由中共大理州委学习实践科学发展观活动指导检查组第14组组织的专题辅导讲座。专题辅导讲座由州纪委监察局人事民政纪工委书记、州委学习实践科学发展观活动指导检查组第14组组长田应焕主持，由州委党校副校长、州委学习实践科学发展观活动指导检查组第14组副组长马云波作专题辅导讲座。

【召开在宗教活动场所开展爱国主义和法制宣传教育工作会议】 2009年5月7日，州宗教工作领导组召开在全州宗教活动场所开展爱国主义和法制宣传教育工作会议。州人大、州政协联系领导，州人大民族委，州政协民族宗教和联络委，州人事民政纪工委，州宗教工作领导组成员单位负责人，州宗教活动场所爱国主义和法制宣传教育工作领导小组成员，12县市政府分管副县市长、统战部部长、民族（宗教）局局长及办公室主任，州级宗教团体负责人等参加会议。州委常委、州委统战部部长杨秀星作重要讲话；州人民政府副州长李红卫对贯彻落实会议精神提出要求；州宗教局局长杨化宇安排相关工作。

【州宗教局为残疾儿童送温暖】 为全面贯彻落实科学发展观，结合“关爱残疾孩子，发展特殊教育”第十九次全国助残日主题活动，为构建和谐社会尽心出力，大理州宗教局全体职工前往扶贫挂钩点洱源县茈碧湖镇哨横中心完小，看望慰问残疾儿童，与哨横中心完小师生座谈，并将1000元钱和50个书包送到残疾儿童手中。

【州宗教局到扶贫挂钩点慰问】 州宗教局扶贫挂钩洱源县此碧湖镇哨横村民委员会以来，积极为挂钩点做好事实事。2009年春节前夕，局领导率领科室负责人和宗教界人士，带着慰问金和慰问品前去慰问，与村社干部座谈，了解掌握制约哨横村民委员会经济社会发展的瓶颈，在得知哨横村民委员会人畜饮水、农作物灌溉、交通等方面存在很大困难时，积极与有关部门协调项目资金，并挤出3000元办公经费，给村委会用于抗旱救灾。

【州宗教活动场所爱国主义和法制宣传教育宣讲团参加全省宣讲团培训】 由中共大理州委宣传部、统战部，州民委、宗教局、司法局、法制局等部门选派组成的大理州宗教活动场所爱国主义和法制宣传教育宣讲团，于2009年6月1～5日参加在昆明举办的全省宗教活动场所爱国主义和法制宣传教育宣讲团培训班。

【召开宗教团体联席会议】 根据《大理州宗教团体联席会议制度》，大理州宗教局于2009年7月22日在下关召开大理州宗教团体联席会议。中共大理州委常委、州委统战部部长杨秀星，州人大副主任刘世兴出席会议；州人大民族委、州政协民族宗教和联络委、州人事民政纪工委领导，州宗教工作领导组成员单位负责人，州佛教协会、州伊斯兰教协会、州基督教“两会”会长、副会长、秘书长，巍山县道教协会会长、大理古城天主教堂民主管理委员会主任等60多人参加会议。杨秀星部长在会上作重要讲话；州宗教局局长杨化宇通报近期工作情况；各宗教团体负责人通报了上半年的工作和下一步工作打算。

【举办宗教活动场所爱国主义和法制宣传教育培训班】 2009年7月27～29日，大理州宗教工作领导组在下关举办大理州宗教活动场所爱国主义和法制宣传教育培训班。州宗教活动场所爱国主义和法制宣传教育活动工作领导小组成员单位，州宗教局全体干部，各县市委统战部、民宗局（宗教局）领导干部以及宣讲团成员，州、县市宗教团体负责人近150人参加培训。分别由州宗教局副局长胡玉涛讲授“全面贯彻党的宗教工作基本方针和《宗教事务条例》”；中共大理州委宣传部赵彦锡调研员讲授“弘扬爱国主义优良传统，团结宗教界人士和信教群众共建和谐新大理”；中共大理州委党校马培杰讲授“努力提高依法办教水平，积极参与和谐社会的共建和共享”等课程。

【加强“三支队伍”培训力度】 。2009年，为提升宗教干部的管理水平和宗教界代表人士的综合素质，大理州宗教局采取各种措施，加强“三支队伍”培训学习力度：①选送了5名宗教干部参加国家宗教局2009年第九期宗教工作培训班；②举办为期3天，有87人参加的全州宗教行政执法培训班，并取得了由省法制局颁发的执法证；③选派了7名宗教界人士参加省宗教局和云南大学为提高宗教界代表人士社会学历而举办的成人高考辅导班，通过考试，成绩优秀，全部被云南大学录取；④选派2名宗教界代表人士参加了中央统战部、国家宗教局举办的培训班；⑤举办为期3天，有宗教干部和宗教界人士130多人参加的大理州宗教活动场所开展爱国主义和法制宣传教育培训班。“三支队伍”的素质得到提高。

【召开五大宗教团体负责人座谈会】 2009年11月5日，大理州宗教局在崇圣寺召开五大宗教团体负责人座谈会。中共大理州委常委、州委统战部部长杨秀星，州人民政府副州长李红卫参加座谈会。各宗教团体负责人汇报了团体工作，并一致表示：将按照党的宗教工作方针政策，落实宗教团体工作目标管理责任制，充分发挥宗教团体的积极作用，为维护宗教领域和谐稳定、促进全州经济社会又好又快发展做出更大贡献。杨秀星部长在会上作重要讲话。

【参加全国法制宣传日活动】 在“12·4”全国法制宣传日到来之际，大理州宗教局于12月3日参加由州司法局组织的“12·4”法制宣传日大型宣传活动，大理州宗教局制作了宣传展板，印制了宗教政策、法律法规、知识问答、宗教与迷信的区别、党和政府对穆斯林群众朝觐政策的有关内容等宣传材料2000多份，发放到群众手中。

【全州各县市召开宗教工作会议】 2009年3~5月，全州各县市召开宗教工作会议。会议认真学习贯彻党的十七大、十七届三中全会、中央、省、州宗教工作会议精神。宗教管理部门与各乡镇签订了2009年宗教工作目标管理责任书。各县市的乡镇分管领导、民宗专干、县民族宗教工作领导组成员单位参加会议。

【全州各县市在宗教活动场所开展爱国主义和法制宣传教育培训】 大理州在宗教活动场所开展爱国主义和法制宣传教育工作从2009年4月正式启动。截止9月底，各县(市)围绕“七个结合”的要求，采取了灵活多样的方式和方法对广大宗教界人士、信教群众进行了培训，全州各县市参训人员达4000人(次)。

【永平县召开宗教工作座谈会】 2009年5月14日，永平县民宗局结合科学发展观活动，召开宗教工作座谈会。中共永平县委统战部，县政协民宗委，民宗局全体党员干部以及宗教界人士20多人参加会议。

【云龙县人大常委会主任会议听取全县宗教工作情况汇报】 2009年5月26日，云龙县十五届人大常委会召开第22次主任会议听取云龙县宗教工作情况汇报，会议充分肯定了云龙县宗教工作取得的成绩，指出了存在的不足和下步工作意见建议。

【政协永平县委员会专题协商全县宗教工作】 2009年5月26日，永平县政协召开第“七届”第十五次主席会议，听取县民宗局马永生局长受县人民政府委托所作的《关于永平县宗教工作情况的报告》和县政协调研组《关于开展专题协商永平县宗教工作调研情况的报告》。

【鹤庆县政协确保宗教界提案落到实处】 为确保宗教界政协委员提案得到落实，2009年8月10日，鹤庆县政协主席李玉梅在县政协民族宗教和联络委员会、县民宗局领导的陪同下走访了县宗教界政协委员，对提案办理落实情况进行督促了解。

【召开大理古城武庙管理经营协调会】 2009年10月15日，大理古城武庙管理经营协调会在大理古城召开。中共大理市委常委、市人民政府副市长刘琼芬，大理州宗教事务局副局长胡玉涛等14人参加会议。会议学习了《宗教事务条例》和相关法规政策，讨论统一大理古城武庙经营过程中出现的有关问题。

【剑川县健全和完善宗教活动场所各项制度】 2009年剑川县在宗教活动场所开展爱国主义和法制宣传教育活动中，在各宗教活动场所原有制度的基础上，健全和完善了宗教活动场所的《财务制度》、《消防制度》、《卫生防疫制度》、《治安制度》、《文物保护制度》。

【中国道教协会副会长唐诚青到云龙观“太极”】 2009年5月29日，中国道教协会副会长唐诚青到云龙观赏“天然太极图”。唐诚青副会长在中共云龙县委、县人民政府领导的陪同下，兴致地登上观极台，认真观赏被誉为“世界奇观”的“云龙太极”，他连声称赞：“非常好、非常好”，并建议：“不要在太极附近搞建筑，要保护好这一独特的文化遗产”。唐诚青副会长在云龙期间，还深入县图书馆参观“云龙风光图片展”，并即兴作了“玄妙太极”、“空谷幽兰”等书画赠予云龙图书馆惠存。

【云南省伊斯兰教第八届《古兰经》诵读比赛在大理州举行】 经云南省宗教事务局批准，云南省伊斯兰教协会于2009年6月6~7日在大理市芝华清真寺举办云南省第八届《古兰经》诵读比赛。来自昆明、玉溪、曲靖、昭通、红河、文山、大理、楚雄、保山等州市及昆明经学院的43名选手参加比赛。经过选手的努力角逐，大理市穆斯林文化专科学校的马丰英获得一等奖。

【大理州参加云南省道教第二次代表会议】 2009年5月25~27日，云南省道教第二次代表大会在昆明召开，大理州有19名代表参加会议。经过代表大会选举，刘昌祥、肖遥、彭福昌、李怀仁等4人为云南省道教协会第二届理事会理事，刘昌祥、肖遥为常务理事，刘昌祥当选为副会长。

【大理州宗教团体积极参加保护洱海活动】 2009年6月4日，州宗教局组织州佛教协会、州伊斯兰教协会、州基督教“两会”3个州级宗教团体的40多名宗教人士参加洱海保护活动。

【大理市伊协发出保护洱海倡议书】 为协助党委、政府切实抓好保护洱海的工作，使大理市穆斯林群众积极投身于保护洱海的行动中，大理市伊斯兰教协会向全市18所清真寺及全体穆斯林发出了《大理市伊斯兰教协会保护洱海倡议书》，倡导不乱倒垃圾，不污染河道，每个“聚礼日”各家各户要根据清真寺民主管理委员会的要求，按照自己负责的卫生区域，认真自觉地打扫卫生，并将垃圾清运到垃圾池，为大理的生态、自然、社会、人群和谐相生、相互涵养、洱海之水常清尽一份责任。

【大理州伊协召开第四届常务理事(扩大)会议】 2009年2月6日，大理州伊斯兰教协会召开四届常务理事(扩大)会议。四届常务理事，名誉会长，各县(市)伊协会长、副会长、秘书长以及伊斯兰教界知名人士共50多人参加会议。会议总结了州、县市伊协工作、通报州伊协办公大楼基建和朝觐费用等有关情况。中共大理州委常委、州政府常务副州长马建全亲临会议，并作重要讲话。

【大理州召开伊斯兰教第五次代表会议】 2009年4月21~23日，大理州伊斯兰教第五次代表会议在下关召开，来自全州各县市及州级有关部门的160名代表、州宗教工作领导组成员单位负责人、州级各有关单位负责人共210人参加会议。会议听取和审议州伊协四届理事会会长杨泽雄作的工作报告，修改《大理白族自治州伊斯兰教协会章程》，选举产生州伊协第五届理事会。杨泽雄当选为会长，张金勇、马志明、马月恒、马相恒、马春波、沙远当选为副会长，马敦当选为秘书长。

【大理州佛教协会召开会长办公会议】 2009年6月12日，州佛教协会在下关弥陀寺召开会长办公会议。

【大理州佛教第二次代表会议在下关召开】 2009年9月5~7日,大理州佛教第二次代表会议在下关召开,来自全州各县市的109名代表,5名特邀代表,州宗教工作领导组成员单位,州级各有关单位、各宗教团体负责人共220人参加会议。中共大理州委副书记王桂芳,州委常委、州委统战部部长杨秀星,州政府副州长郭有兵,州政协副主席毕熊光出席会议;省宗教局一处副处长孙云霞、省佛教协会秘书长雷劲到会祝贺。会议审议了州佛协一届理事会工作报告,修改了《大理白族自治州佛教协会章程》,选举产生州佛教协会第二届理事会。释崇化当选为会长,释圣光当选为常务副会长,释常应、释妙智、释惟圣、释惟升、释崇利当选为副会长,释惟圣兼任秘书长。

【州伊协召开开斋节暨新中国成立60周年庆祝会】 2009年9月18日,大理州市伊斯兰教协会在下关清真寺召开伊斯兰教2009年开斋节暨国庆60周年庆祝会,全州各行各业回族代表150多人参加庆祝会。

【大理州201名穆斯林赴沙特朝觐】 大理州认真组织2009年朝觐工作,在组织朝觐人员参加培训的基础上,为朝觐人员注射甲型HINI流感疫苗。2009年11月14日,共201名穆斯林从下关清真寺启程赴沙特朝觐。中共大理州委统战部、州宗教局、州人事民政纪工委负责人出席朝觐人员欢送会,为朝觐人员送行。2009年12月22日,赴沙特朝靓人员顺利返回。

【大理州基督教“两会”举办教会管理同工培训班】 2009年2月23~27日,大理州基督教“两会”在大理古城基督教培训中心举办大理州基督教教会管理同工培训班,全州教会管理同工57人参加培训。

【大理南五里桥清真寺举行“文明清真寺”揭牌仪式】 2009年1月10日,大理市人民武装部与南五里桥清真寺、大理穆斯林文化专科学校,在南五里桥清真寺签订开展“文明清真寺”“文明穆斯林学校”揭牌仪式,中共大理州委常委、州委统战部杨秀星部长、中共大理州委常委、大理军分区马美能政委,为“文明清真寺”“文明穆斯林学校”揭牌,大理州、市有关部门领导出席揭牌仪式。大理州、市伊协、大理州回族学会、大理镇阳和村委会、大理市18所清真寺教长、寺管会主任、大理穆斯林文化专科学校全体师生、南五里桥清真寺信教群众代表1000多人参加揭牌仪式。

【永平县举办“首届《古兰经》诵读比赛”】 永平县于2009年5月7日举办了“首届《古兰经》诵读比赛”,25所清真寺的教长、阿訇参加了比赛。

【祥云县成立基督教“两会”】 2009年9月5日,祥云县基督教“三自”爱国运动委员会、基督教协会第一次代表会议顺利召开,全县基督教界60多名代表参加了会议。会议通过了“两会”章程,民主选举了“两会”领导班子。

【大理市伊斯兰教协会举办第九期阿訇培训班】 2009年6月28~29日,大理市伊斯兰教协会在下关镇清真寺举办了第九期阿訇培训班,市伊协全体理事、全市18所清真寺在职阿訇及民主管理委员会全体成员约200人参加了培训。

【大理市基督教“两会”举办爱国主义和法制宣传教育暨教牧培训班】 2009年7月13~23日,大理市基督教“两会”在大理古城举办了“爱国主义和法制宣传教育暨教牧培训班”,有60多名教职人员和信徒参加培训。

【巍山县召开回族开斋节祝贺会】 2009年9月19日,中共巍山县委、县人大、县人民政府、县政协领导班子率30多个部门负责人、22个清真寺民主管理委员会主任等100多人在县伊协共同祝贺回族同胞一年一度的开斋节。县委书记张继霖代表县委、县人大、县人民政府、县政协向全县穆斯林同胞致以亲切的问候和节日的祝贺,并通过大会向为全县民族团结、社会稳定、经济发展作出积极贡献的县伊协、各村清管会和广大穆斯林同胞表示衷心的感谢!并围绕维护民族团结、维护宗教和谐、千方百计发展经济,推动经济社会全面发展等几个方面作了重要讲话。

【云龙县举行祭孔活动】 诺邓孔庙属历史上云南省82座孔庙之一。由于历史原因庙宇损坏严重,近年来,在中共云龙县委、县人民政府领导及热心群众的支持下,对孔庙进行了修复。2009年10月15日,即孔子诞辰2560年,云龙县在中国文化名村诺邓村孔庙举行祭孔活动。县五大机关领导干部和上千名各族群众及外国旅客聚集在诺邓村孔庙,用鲜花和香火表达对圣人先师的怀念。云南省孔子学会常务副会长李万春、州孔子学会秘书长汪谨感慨地说,诺邓祭孔体现了村民祭孔、少数民族祭孔、传统祭孔的特点,是千百年来儒家文化在西南边疆少数民族地区生生不息的重要佐证。是白族人民在文化上开放、包容、进步的集中体现。

【剑川县道教第一次代表大会在县城召开】 2009年11月15日,剑川县道教第一次代表大会在县城召开,来自全县的98名代表、27名列席人员,县宗教工作领导组成员单位负责人近140人参加会议。县道教协会筹备组组长张运华作筹备工作情况报告;会议表决通过《剑川县道教协会章程》;选举产生剑川县道教协会第一届理事会的25名理事、9名常务理事;张运华当选为剑川县道教协会会长,杨凤书、李珍海、施蕴芝等3人当选为副会长,杨凤书兼任秘书长。

【剑川县伊斯兰教第一次代表大会在县城召开】 2009年11月18日,剑川县伊斯兰教协会第一次代表大会在县城召开,81名代表参加会议。大会通过了伊斯兰教协会《章程》,选举产生了第一届理事会的27名理事,9名常务理事。会长为马永胜,副会长为马龙池、马保兴、马福超,其中,马保兴副会长兼任秘书长。

【州佛协理清换届后的工作思路】 2009年11月27日,大理州佛教协会在观音塘召开会长办公会。州佛协会长、副会长、秘书长、副秘书长参加会议。会议安排换届后州佛协的各项工作。

【洱源县召开伊斯兰教第五次代表会议】 2009年12月8日,洱源县伊斯兰教第五次代表会议在洱源县右所镇下山口度假村隆重举行,32名代表、30名特邀代表参加会议。。会议审议通过了洱源县伊斯兰教第四届理事会工作报告,选举产生洱源县伊斯兰教第五届理事会。

【无锡市36名居士到鸡足山及崇圣寺朝拜】 江苏省无锡市36名居士在陈虎居士的带领下,于2009年4月4~9日到大理州对宾川鸡足山祝圣寺、九莲寺、金顶寺及大理崇圣寺朝山拜佛。大理州宗教局、宾川县宗教局、大理市民宗局、州、县佛协的有关领导看望并介绍情况。

【三月街民族节举办民间佛事活动】 2009年4月10~16日,大理州隆重举行三月街民族节。为共同庆祝全州人民的盛大节日,在州市有关部门、旅游集团公司组成的三月街民族节佛事活动组委会的精心组织下,三月街民族节期间分别在崇圣寺和观音塘举办《梁皇宝忏》祈福法会和平安、吉祥祈福法会。

【九莲寺举办传授居士菩萨戒法会】 经云南省宗教事务局批准,宾川鸡足山九莲寺于2009年4月25~5月2日举办传授居士菩萨戒法会,来自省内外的近700名居士参加了法会。

【佛塔寺举行佛事活动庆祝浴佛节】 2009年5月2日(农历四月初八),宾川鸡足山佛塔寺举行佛事活动,庆祝浴佛节。浴佛节为纪念佛教创始人释迦牟尼诞生的佛教仪式节日,又称佛诞节,是从求福灭罪的一种宗教要求传衍而来。

【白洁圣妃庙竣工】 2009年8月15日,在传统的白族火把节到来之际,白洁圣妃庙在洱源县邓川竣工。云南省原人大常委会主任尹俊,中共大理州委常委、州委统战部部长杨秀星,州委常委、州委宣传部部长王以志,州人大常委会副主任杨宴君,州政协副主席寇铸勋等领导,以及原州人大常委会主任赵波,原州委副书记、州白族学会会长赵济舟等领导及相关部门负责人和专家学者参加了竣工典礼。新修复的白洁圣妃庙,总投资近400万元,位于洱源县邓川省级重点文物保护单位德源城遗址。整个建筑青瓦白墙,红柱朱门,饰以白族雕刻、彩绘,气势恢宏。

(《宗教工作》由杨旭芸撰稿)

(本部类责任编校:章兵)

社 会

人口与计划生育

【概 述】 2009年，大理州人口与计划生育工作认真贯彻落实《中共中央国务院关于全面加强人口和计划生育工作统筹解决人口问题的决定》、《中共大理州委大理州人民政府关于创建全国统筹解决人口问题试验区的实施意见》，继续稳定低生育水平，为全面建设小康社会，构建和谐大理创造了良好的人口环境，全面完成与省人民政府签订的《人口和计划生育责任书》各项工作责任指标。

【统计数据】 2009年末，大理州总人口351.62万人，期内出生36475人，出生率为10.42‰，死亡19672人，死亡率为5.62‰，人口自然增长16803人，自然增长率为4.19‰(据大理州统计局公报)，计划生育率为99.10%，综合节育率为90.63%，人口出生性别比保持在105∶100以内(据计划生育统计报表)。

【考核结果】 经过云南省人民政府检查组的检查考核，大理州全面完成了2009年度人口和计划生育各项目标任务，与昆明、楚雄等5个州市并列全省第一。州人民政府对12县市和州级有关部门的考核情况是：(一)根据州委政策研究室对2009年度经济社会发展重点工作人口和计划生育责任目标考核，12县(市)全面完成年度人口和计划生育各项目标任务，根据评分标准(满分为6分)，大理市、祥云县、漾濞县、宾川县、巍山县、永平县、云龙县、鹤庆县评定为6分；弥渡、南涧、剑川3个县评定为5.9分，洱源县评定为5.8分。(二)大理州人民政府对9个州级相关部门实行流动人口计划生育目标管理责任制，大理州民政局、工商行政管理局、财政局、公安局、人事局、劳动和社会保障局、建设局、地方税务局认真进行年度流动人口计划生育责任目标管理总结，经州人口计生委进行书面考核，9个单位全面完成2009年流动人口计划生育目标管理各项任务。

【开展流动人口计划生育“一盘棋”工作】 根据云南省流动人口计划生育工作“一盘棋”的部署，大理州人口计生委认真进行了传达贯彻，制定了《大理州工作方案》和《大理州2009年度考核评估标准》，对12县市流动人口管理信息员开展了“PADIS流动人口管理子系统”的培训，完善“工作平台”运转制度，经常性开展《大理州流动人口计划生育管理条例》(以下简称《条例》)贯彻落实情况的督查督办工作，经过认真调查研究，州人口计生委依据《条例》及有关法律法规，起草了《大理州流动人口计划生育管理条例实施细则》(以下简称《实施细则》)，《实施细则》细化了《条例》条文中的一些具体内容，完善了《条例》的有关规定，经大理州人民政府审定于2009年5月31日发布公告，自2009年7月1日起施行。根据《条例》以及《实施细则》，制定完善了《大理州流动人口计划生育工作管理服务规范》，《大理州流动人口计划生育工作联席会议制度》等9项制度，并与省内15个州市人口计划生育管理部门签订了《流动人口计划生育工作区域协作协议书》，努力提高信息提交、协查、反馈率，推进了大理州流动人口计划生育服务管理工作区域协作的开展。

【贯彻执行行政问责和阳光政府四项制度】 大理州人口计生委在贯彻执行行政问责办法和阳光政府等四项制度工作中制定了《关于贯彻执行行政问责办法等四项制度的实施意见》，在委机关从八个方面实行严格的依法行政制度、政务公开制度、首问责任制度、“一次性”告知制度、文明接待制度、“AB角”工作制度、限时办结制度、行政过错责任追究制度，推进“阳光计生行动”，全面实行“阳光管理”、“阳光服务”、“阳光维权”，要求工作人员严格履行八项工作承诺，狠抓落实、加强督查，确保四项制度和阳光政府得到有效贯彻落实。经检查，2009年度未发生违反行政问责办法和阳光政府等四项制度的人和事。

【开展人口计生基层基础工作年活动】 根据年初确定的人口和计划生育工作要点，州人口计生委将2009年定为“基层基础工作年”，要求各县市按照《人口计生公共服务管理网络“强基工程”实施方案》认真开展工作，加强干部队伍教育培训工作，切实推进人口计生系统队伍能力建设；组织开展好科技大练兵活动，全面提高技术人员的整体业务素质和综合服务能力；认真组织开展国家“三千人才工程”的计划实施，加强进修培训，造就一批具有先进服务理念、精湛服务技术、良好服务态度的计划生育服务标兵，培养一批计划生育技术学科带头人；夯实基层基础工作，全面提高人口计生工作水平，将8月定为“基层工作督查月”，委领导班子成员责任到人，挂钩包干到县市，并按照州政府的要求，由政府督查室牵头，组成3个检查组，深入到县乡村督查指导工作，并把督查指导工作的重点放在边远乡镇和村；同时结合学习实践科学发展观，深入开展“三走进三破解”主题实践活动，州人口计生委组成调研组，先后深入到各县市以及扶贫挂钩村，分别与基层党员干部、服务对象、人口计生工作人员召开座谈会，进村入户了解情况等方式，开展调查研究工作，督促指导、帮助解决基层困难和问题；为基层改善工作条件，积极推进信息化建设，争取筹措资金50万元，为各县市和115个乡镇计生办及部分社区配备了计算机，进一步推进了信息化建设步伐。

【开展民主评议行风活动】 2009年下半年，大理州人口计生委在全州开展“请农民兄弟姐妹评计生”和“请流动人口农民工评计生”活动。该项活动的目的是：通过民主评议促进人口计生干部队伍进一步改进工作作风，严格规范行政执法行为，努力提高技术服务质量，切实保障人民群众的知情权、参与权、表达权、监督权，密切党和政府与人民群众的联系，为构建富裕民主文明开放和谐大理创造良好的人口环境。评议内容是：育龄群众对人口计生工作的满意度评价，计划生育政务公开、技术服务、文明执法、流动人口计划生育服务和管理等五项主要内容。评议结果是：全州发出“请农民兄弟姐妹评计生活动”评议问卷12570份，发出“请流动人口农民工评计生活动”评议问卷3460份，“请农民兄弟姐妹评计生”满意率为93.3%，基本满意率为5.13%，不满意率为1.57%；“请流动人口农民工评计生”满意率为83.45%，基本满意率为15.04%，不满意率为1.51%。人民群众对全州人口计生工作的满意度评价得到较大提升。

【宣传教育工作】 大理州人口计生系统2009年内通过强化环境宣传、舆论宣传、群众宣传等途径，推动深入学习贯彻落实中央统筹解决人口问题的决定精神。利用纪念日、节假日、群众赶（集）街天等组织活动，开展政策咨询、发放宣传品，深入开展“婚育新风进万家”活动和“关爱女孩行动”；在农村“建设文化大院”12个；与大理州电视台合办《人口与计划生育》电视栏目，2009年8月改版为《人与家》电视栏目，制作节目26期，滚动播放160次，编办《大理人口》报12期，发行10.26万份，遍及每一个村（居）民委员会；加大推广安全套预防艾滋病工作力度，开展宣传活动225次，发放宣传资料28.8万份，免费发放安全套286.8万只，对艾滋病感染者及其配偶100%的免费提供安全套，为预防艾滋病、保障人口安全作出了积极的努力。

【三项重点工作进展情况】 （一）继续贯彻执行云南省农业人口独生子女家庭奖励政策。全州累计办证总户数有59131户，办证率达44.70%。2009年度，办理农业人口《独生子女父母光荣证》的有3479户，享受一次性奖励的有3173户，其中享受1000元奖金的户数有2973户，享受500元奖金的户数有200户；符合享受“养老生活补助”的有5643户，其中独子2963户，独女2679户，无子女1户；符合享受“教育奖学金”的有32028人，其中小学生有20938人，初中生有9479人，高中生有1354人，大专生有126人，本科生有131人；小学、初中、高中及大学阶段累计兑现奖学金755.29万元；符合享受国家“特别扶助”政策的独生子女家庭有1209人，其中：子女伤残享受960元的有226人，子女死亡享受1200元的有983人。享受年内兑现特扶资金139.66万元；符合享受养老生活补助的有5643人次，兑现补助资金436.83万元，年内共争取中央和省“奖优免补”专项资金1320.15万元，州级累计配套资金162万元。（二）继续完善计划生育合同管理制度。积极探索计划生育工作纳入村（居）民自治，流动人口与常住人口同服务同管理，以签订合同方式管理流动人口计划生育事务，帮助流动人口解决计划生育方面存在的困难和问题；在全州71万已婚育龄妇女中，已落实各种避孕节育措施人数占92.9%，合同签约率占应签对象的80%以上，履约情况良好。（三）计划生育优质服务水平继续提升。2009年，剑川县创建国家级计划生育优质服务先进单位，经过资格审核和抽查评估，受到国家人口计生委优质服务先进单位的表彰；宾川县、永平县、云龙县创建省级计划生育优质服务先进单位，经过资格审核和抽查评估，3个县受到省人口计生委授予计划生育优质服务先进单位的表彰，洱源县达省的计划生育优质服务标准县。

【大理州人口和计划生育工作会议在下关召开】 2009年3月23日，大理州人口和计划生育工作会议在下关召开。中共大理州委副书记王桂芳、州人大常委会副主任尚榆民、州人民政府副州长许映苏出席会议，省人口计生委主任郝青山到会指导。副州长许映苏在讲话中强调，2009年要继续着力抓好“七项重点工作”，努力控制人口增长，稳定低生育水平。省人口计生委主任郝青山在讲话中充分肯定了大理州人口计生工作取得的成绩，对2009年的工作提出四点建议：（一）提高认识，不断推进统筹解决人口问题工作的有序发展；（二）不断完善利益导向机制，促进统筹解决人口问题工作取得新成效；（三）继续加大投入保障，确保人口计生事业发展需求；（四）注重协调发展，加快探索统筹解决人口问题的步伐。州人口计生委主任芮雪梅传达了全省人口和计划生育工作会议精神；向大会作工作报告，总结回顾了2008年度的工作；对2009年的工作进行了安排部署。会上许映苏代表州人民政府与各县市人民政府代表签订了2009年度人口和计划生育工作责任状，与州级9个有关部门签订了2009年度流动人口计划生育管理责任状；大理州人口计生委与12县市人口计生局签订了2009年度人口和计划生育目标管理责任书。

【国家人口计生委沈海屏到大理州调研】 2009年4月24～25日，国家人口计生委计划生育科技服务司出生缺陷预防处处长沈海屏到大理州开展工作调研，在省人口计生委科技处处长丁明、大理州人口计生委主任芮雪梅的陪同下，深入到祥云县、宾川县计划生育服务站（所），对两县开展的人口出生缺陷预防工作、孕前健康检查情况进行了调研。两个县人口计生局制定印发了《人口出生缺陷干预试点工作实施方案》，明确了各相关部门的工作职责，积极稳步推进工作的开展。加强了人口出生缺陷干预和优生科普知识的宣传倡导。县计划生育服务站按时派出工作小组，深入乡镇服务所，帮助开展婚、孕前培训和孕前检查，实行“一站式”服务。祥云县孕前检查率为75%，宾川县孕前检查率为52%。通过调研，沈海屏认为祥云县、宾川县人口出生缺陷干预试点工作做得扎实，重视宣传倡导和健康教育，群众积极参与，建立了工作流程，能为老百姓提供规范的服务。

【省人口计生委李善荣到宾川县地震灾区慰问】 2009年11月2日凌晨5时零7分，大理州宾川县平川镇帽角山村委会（北纬26.0°，东经100.7°）发生了5.0级地震，震源深度10千米，震中离县城直线距离18千米。据统计，此次地震共造成宾川县7个乡镇、3个华侨管理区受灾，受灾人口256102人，成灾人口145300人，28人受伤，紧急转移58752人，民房倒塌511户2540间，涉及人口2044人，受损13795户55180人68975间，共造成直接经济损失24190万元。因灾死亡大牲畜36头（匹），死亡家畜430只，群众家庭财产损失1560万元。其他经济损失9912万元，地震共造成直接经济损失35662万元。同时地震也造成灾区各乡镇人口和计划生育服务所不同程度受损。灾情发生后，省人口计生委党组高度重视，在接到州县人口计生部门的灾情报告后及时派出由副主任李善荣带队的工作组，于11月6日奔赴灾区看望慰问受灾群众和基层干部。州人口计生委主任芮雪梅、副主任李少泉、宾川县人口计生局局长王鸿明等陪同前往灾区查看灾情，在平川镇政府驻地李副主任与当地党委政府领导和基层计生干部进行了座谈，并勉励他们要切实加强领导，全面落实责任，认真扎实组织开展好救灾工作，妥善安置好受灾群众，分配好救灾物资，人口计生部门要开展好恢复重建工作，并表示对当地计划生育服务所的恢复重建给予项目和经费的支持。

【大理州计划生育协会开展宣传慰问活动】 2009年5月25日，为纪念中国计生协会成立29周年和"5.29"协会会员活动日，结合学习科学发展观活动，关注民生、关心群众，大理州计生协和大理市计生协联合在下关绿玉公园开展以"生育关怀"和救助贫困母亲为主题的宣传服务活动，组织开展了计生政策、生殖健康、优生优育咨询和义诊、慰问贫困母亲活动。原大理州人大常委会主任、州计划生育协会名誉会长赵波、州人大常委会副主任尚榆民、副州长许映苏、州政协副主席孙明和州计划生育协会副会长芮雪梅、李少泉等；大理市委、市人大、市政府、市政协的有关领导参加了活动。宣传活动共发放宣传资料80000份，接受咨询服务500多人次，发放安全套20000多只。有关领导到下关镇太和村走访慰问了部分贫困母亲，鼓励她们要克服困难，争取早日脱贫致富。

【国债建设项目进展情况】 2009年，大理州37个县乡（镇）计划生育服务站（所）列为国债建设项目（其中：6个县级计划生育服务站、25个中心乡镇计划生育服务所、6个乡镇计划生育服务所），合计建设规模21283平方米，其中新建15300平方米，改扩建5983平方米，投资合计1930万元，（其中：中央国债建设投资1310万元，地方配套资金620万元）。2008年12月，下达第一批22个项目，总投资992万元，于7月份按时按质竣工。2009年8月，下达的第二批项目15个，总投资1052万元，于10月24日全部开工建设。

【开展人口计生干部队伍职业化建设培训】 2009年，大理州人口计生委认真实施《大理州人口和计划生育干部队伍教育培训规划》，与大理州人事局联合发文，制定了《大理州人口和计划生育干部队伍职业化建设试点工作方案》，编制了《2009年度人口和计划生育队伍职业化建设试点工作流程》。共举办流动人口管理、计生人事统计、政策法规、宣传科技、药具管理、办公室文秘及新闻写作培训班8期，培训基层人口和计划生育干部630人次。通过培训，基层人口计生干部队伍素质得到进一步提高。

【荣誉表彰】 2009年5月22日，中共大理州委大理州人民政府作出《关于命名表彰第十一批州级文明单位的决定》，大理州人口和计划生育委员会被命名表彰为州级文明单位。

（《人口与计划生育委员会》由杨文光撰稿）

民　　政

【综　述】 2009年，全州各级民政部门在州委、州政府的领导下，在上级民政部门的具体指导和有关部门的大力支持下，认真贯彻落实党的十七大和十七届四中全会精神，以科学发展观为统领，紧紧围绕州委、州政府的中心工作，切实履行改善民生、落实民权、维护民利的基本职责，继续解放思想，不断深化改革，实现了民政事业平稳较快发展，为构建富裕民主文明开放和谐新大理作出了应有的贡献。

（《综述》由李阳、赵龙、米凯凯撰稿）

优抚安置

【顺利完成退役士兵安置任务】 2009年，全州共接收退役士兵1068人，其中安置回农村743人，符合城镇安排工作的325人。自谋职业安置225人，就业安置率占应安置总数的30.8%，自谋职业安置率占69.2%。州、县市两级财政资金配套到位，共支付退役士兵自谋职业专项补偿金1273.2万元，安置工作和培训经费25万元，发放退役士兵待安置期间的生活费16.8万元，保障了城镇退役士兵的合法权益。不断加强和改进军队离退休人员服务管理工作，全年安排军休经费2790.7万元，使661名军休人员政治、生活待遇得到较好落实。

【优抚工作取得新进展】 安排部署了全州2009年元旦、春节"双拥"走访、慰问工作；审查申报了大理州无档案记载或无原始医疗证明的复员退伍军人精神病患者50位同志的评残材料；完成了25名退役士兵伤残关系转移的审核上报工作，保障了年度退役士兵安置工作的顺利进行；对全州34名残疾军人更换假肢等辅助器械情况进行了普查，并完成了2009年需更换假肢等辅助器械的23名残疾军人统计上报工作；积极开展创建省第八届双拥模范城（县）命名表彰活动，精心打造双拥品牌，深入开展军民共建活动。审核上报了双拥模范城（县）3个，双拥模范单位1个，双拥先进单位2个，双拥先进个人2人。在驻军较多的祥云县、弥渡县筹建"驻军后勤保障中心；认真解决56户优抚对象住房难问题，下拨抚恤经费5831.11万元，较好地落实了各项优抚政策。

（《优抚安置》由李阳、赵龙、米凯凯撰稿）

抗灾救灾

【灾害严重，救助有力】 2009年，大理州自然灾害频繁，地震、干旱、风雹、洪涝、泥石流滑坡等多灾并发。据统计，全州累计受灾人口213.5万人次，因灾死亡5人，紧急转移安置5.57万人；农作物累计受灾面积239924公顷，成灾面积103556公顷，绝收面积19787公顷；因灾倒塌房屋5098间，损坏房屋243257间；共造成直接经济损失120457万元，其中农业直接经济损失75481万元，工矿企业损失659万元，基础设施损失16280万元，公益设施损失920万元，家庭财产损失27117万元。面对严重的灾情，州委、州政府高度重视，中央、省、州共安排救灾资金近1.8277亿元，妥善安排好灾区群众生活，认真开展灾后恢复重建工作，积极争取中央和省民房恢复重建资金1.6159亿元。目前，"7.9"地震全州3县的民房恢复重建工作严格实行"五包、三公示、一监督、两期限"的制度，部分修复户已完成修复工作，统建点94%完成施工建设任务，确保2010年春节前迁入新居。宾川"11.02"地震的恢复重建工作进展顺利，大部分受灾户已完成恢复重建任务。

【加强防灾工作】 2009年，经过州、县、乡镇各级的共同努力，目前，鹤庆县龙开口镇、剑川县马登乡、洱源县炼铁乡、祥云县禾甸镇、弥渡县德苴乡、巍山县五印乡、南涧县碧溪乡、漾濞县龙潭乡、永平县杉阳镇、云龙县长新乡能够辐射全州的10个救灾物资储备点已全部完工，从而形成了州、县、乡镇三级救灾物资应急救援网络，将极大地提升大理州应对突发自然灾害的应急反应能力。

（《抗灾救灾》由李阳、赵龙、米凯凯撰稿）

城乡低保

【城乡低保实现应保尽保】 年内,大理州进一步加强城乡低保规范化管理工作,通过召开听证会,制定了大理州增加城市低保5000人、农村低保7500人的"扩面"方案。全州共有农村低保对象7.16万户,21.87万人,全州共下达农村低保资金16059万元;城市低保对象44719户、74203人,城市低保资金13236万元,切实维护了城乡低保对象的权益。

【城乡医疗救助稳步推进】 2009年,全州农村医疗救助24.56万人次(其中资助参合23.03万人次),农村大病医疗救助15300人,支出金额1346万元;资助城镇特困居民基本医疗保险7.6万人,城镇居民大病医疗救助0.52万人,支出资金805.5万元。农村五保供养对象的省级补助标准由原来每人每月补助60元,提高至每人每月补助80元。全州共开展临时救助2.05万人次,支出救助资金312.3万元。

(《城乡低保》由李阳、赵龙、米凯凯撰稿)

社会福利

【督促福利设施建设】 2009年,督促完成了大理市儿童福利院建设项目的选址及初步设计方案,该项目预算投资750万元;督促完成了大理州精神病院康复医院改扩建规划项目的审批上报工作,该项目计划投资3500万元;督促完成了大理州社会福利院业务用房建设项目的规划设计工作,该项目计划投资220万元;完成了洱源县社会福利中心项目的总体规划建设方案,该项目已于2009年4月1日动工,计划到2010年12月完成。

【"重生行动"成效显著】 根据民政部、省民政厅《关于印发"重生行动——全国贫困家庭唇腭裂儿童手术康复计划"实施方案》的通知要求,州民政局高度重视,认真落实,截止去年底共完成了22名受助儿童的审批上报工作,顺利实施了14名唇腭裂儿童的手术康复。

【开展社会救助】 践行"以民为本、为民解困、为民服务"的工作理念,认真开展社会救助工作,截止去年底全州共救助6304人次,有效保护了受助人员的合法权益,维护了社会的安定。

(《社会福利》由李阳、赵龙、米凯凯撰稿)

婚姻、殡葬

【实行婚姻集中登记】 加强婚姻登记规范化建设和窗口建设,切实规范婚姻登记管理工作,年内全州共办理国内婚姻登记29603对,其中结婚登记26467对,离婚登记3136对,办理涉外婚姻登记24对,其中结婚登记21对,离婚登记3对。

【殡葬改革迈出新步伐】 按照云南省民政厅《关于规范农村公益性公墓建设管理的实施意见》要求,完成了24个公益性公墓的规划及选址工作。在殡葬改革中"积极地、有步骤地实行火葬、改革土葬",截止去年底全州共火化遗体1841具。

(《婚姻、殡葬》由李阳、赵龙、米凯凯撰稿)

其他民政工作

【开展第三批村委会办公用房及活动场所建设工作】 针对建筑时间长、土木结构、破旧、拥挤甚至是危房的村委会办公用房的状况,2009年,经过各级各部门的共同努力,第三批100个村委会办公用房及活动场所建设已顺利完成,并通过了乡镇、县市和州组织的检查验收。全州共实施100个,每个村投资20万元,其中州财政补助10万元,县市财政配套10万元。新建标准为砖混结构,建筑面积不低于200平方米。

【社会行政事务管理进一步规范】 2009年,完成了南涧县小湾东镇人民政府驻地搬迁,撤销无量乡,建立无量山镇以及鹤庆县龙开口镇更名、镇政府搬迁等审批工作;完成了州内4条县级行政区域界线(大宾线、大鹤线、洱剑线、漾云线)联检工作;规范地名标志设置,配合做好林权制度改革;组织各县市参加了全省县级界线勘界档案信息系统培训和地名标准化、地名译写培训会议。

【民间组织管理加强】 2009年,大力培育和发展社会组织,全州核准登记各类民间组织1036家,其中社团712家,民办非企业单位324家;积极抓好社会组织的年检工作;组织和指导全州89家新社会组织深入学习实践科学发展观活动有序开展。

【救济社会孤、老、残、幼】 为社会上生活最困难的人排忧解难,是各级政府、民政部门的重要职责之一。通过建立和完善社会福利企业的用人制度,促进残疾人就业,截止去年底,全州6家社会福利企业共安排308名残疾人就业。通过强化社会福利企业的内部管理机制,不断提高企业经济效益,据统计2009年全州福利企业实现年销售收入4385.35万元,免退税数额达473.8万元。

【老龄工作取得新成绩】 为认真贯彻《云南省老年人权益保障条例》,全面落实好对老年人的各项优待工作,2009年,为14万老年人办理了《优待证》。持证老年人可享受免费乘坐市内公交车、免费使用公厕和免交普通挂号费的优待。认真落实80周岁以上老年人每年120元保健补贴、21名100周岁以上寿星老人每年1200元的长寿补贴待遇;深入社区开展了居家养老服务和失能老人情况调研;结合开展科学发展观活动,积极为老年人办实事、办好事,积极上报2010年老年协会10个村的建设项目计划;精心组织了全州第二届老年文艺汇演;落实了省下达的100名老年人助医金发放工作。

(《其他民政工作》由李阳、赵龙、米凯凯撰稿)

残疾人事业

【简　述】 2009年,残疾人工作在州委、州政府的领导下,在省残联的指导下,积极应对危机,围绕"保增长、保民生、保稳定"的大局,坚持以邓小平理论和"三个代表"重要思想为指导,全面贯彻落实科学发展观,认真学习贯彻党的十七大、十七届四中全会精神和中共中央、国务院《关于促进残疾人事业发展的意见》精神,围绕中心,服务大局,面向残疾人,认真履行"代表、服务、管理"职能,真抓实干,整体推进,重点突破,组织建设不断加强,康复任务全面完成,教育扶贫力度不断加大,文化体育捷报频传、活动日趋活跃,就业培训逐年提高,社会参与逐年改善,较好地完成了省残联和州委、州人民政府下达的各项目标任务。为促进大理州经济又好又快发展作出了积极贡献。

【开展学习实践科学发展观活动】 2009年,州残联党组认真组织广大党员、干部学习科学发展观的科学内涵、精神实质、基本要求和根本方法,完成了学习实践活动三个阶段十一个环节的各项工作任务,取得了明显成效,实现了州委提出的"科学发展上水平,党员干部受教育,人民群众得实惠"的目标要求。在学习中制定、修改和完善了《州残联党组议事规则》、《州残联工作规则》等内部管理规章制度。按省委提出的"三个一"要求,充分发挥表率作用,切实增强事业心和责任感,不断增强残联领导科学发展的能力,齐心协力推动残疾人事业科学发展,干部的思想作风、发展观念、服务理念得到了转变,责任意识、业务能力、意志品格等方面不断增强,为全州残疾人事业又好又快发展奠定了坚实的组织基础。

【残疾人康复】 2009年,大理州残疾人康复工作有序开展。1、全年开展白内障复明手术2935例,其中实施免费白内障复明812例;低视力残疾人配用助视器30例,盲人定向行走康复训练42人。2、智障儿童康复训练63人,培训家长63人。3、肢体残疾儿童机构康复训练83人,社区、家庭康复训练43人。4、开展麻风畸残矫治手术11例,贫困人员肢体残疾矫治手术70例。5、残疾人辅助器具供应10883件,其中为贫困残疾人免费供应10800件,为贫困残疾人装配普及型假肢72条,矫形器2件。6、巍山、大理、永平精神病防治工作有效开展,监护精神病人4883人,医疗救助430人。其它9个县开展医疗救助贫困精神病人住院治疗61人。7、积极开展并完成了残疾人康复需求调查和建立残疾人康复工作档案及残疾人康复服务工作,全州共有131820名残疾人得到康复服务。8、建立和完善了12个残疾人社区康复指导站(服务站)和辅助器具供应站,积极开展工作,不断发挥职能作用,为残疾人提供优质康复服务。9、圆满完成省残联2009年度残疾人康复工作现场会议的各项工作。省残联对大理州的残疾人康复工作进行了检查、指导,并对大理州残疾人康复工作取得的成绩给予充分肯定。

【残疾人组织联络和外引内联】 2009年,大理州残疾人组织联络和外引内联工作有新突破。1、继续贯彻"城市抓社区,农村抓乡镇"的方针,重点加强农村基层残疾人组织建设,完善城乡残疾人基层组织网络体系。进一步推动乡镇(街道)残联和村(社区)残协的规范化建设,夯实基层工作基础。按照《全国基层残疾人组织规范化建设达标验收》标准,全州12县市已基本达标。2009年底共完成有办证意愿、又达到办证标准的近7万残疾人核发办证工作。2、不断加大外引工作力度,切实为大理州残疾人解决实际困难和问题。年内,一是与州侨办一道共同联系澳大利亚光明行到大理州弥渡县开展白内障复明手术100例。二是联系美国天邻基金会为大理州下肢残疾贫困残疾人捐赠轮椅500辆。三是新加坡慈善组织出资,与临沧市共同举办了"大理、临沧残疾青少年夏令营"活动,增强了地区间的交流。3、积极组织全州407名残疾人参加"云南省法律知识竞赛",祥云县残疾人赵华、巍山县残疾人冯金珠获得了优秀奖。

【残疾人扶贫、教育、培训和就业】 2009年,大理州残疾人扶贫、教育、培训和就业工作力度不断加大,残疾人物质条件得到新改善。一是以新农村建设和"千村扶贫开发,百村整体推进"的机遇,大力开展农村残疾人扶贫解困工作。全年通过项目带动等多种形式,有11900多残疾人实现脱贫。共完成残疾人危房改造1207户,其中完成了"彩票公益金"危房改造400户。二是认真贯彻落实"两免一补"优惠政策,残疾儿童少年入学率达到90%以上。认真实施扶残助学项目,做好残疾学生中高考录取工作,使上线残疾考生录取率达到100%,全州有23名残疾学生进入大中专院校学习。同时,积极争取、深入开展省"残疾人事业专项彩票公益金"助学项目,资助110名义务教育阶段贫困残疾儿童,帮助他们完成学业。三是大力开展残疾人职业培训和农村实用技术培训。依托各县市职业中学,成立12县市残疾人职业技能培训站,全年完成了10060人(次)残疾人农村实用技术和职业技能培训。四是认真贯彻执行《残疾人就业条例》,积极开展残疾人就业援助和就业服务。2009年州级输送到省进行培训的残疾人14人,(其中:盲人按摩13人,数据录入员1人)投入经费6500元;各县市开展城镇残疾人就业培训287人,投入经费84300元;扶持残疾人个体就业24人,投入经费41000元。五是全州开展各类残疾人求职登记134人。澄清残疾人大中专毕业生待业人数为33人,城镇残疾人待业人数为456人;新安排城镇残疾人就业42人,使城镇累计就业的残疾人达1119人;农村残疾人稳定就业达95457人。六是进一步规范残疾人就业保障金征收和管理。扩大审核面和征收面,全州共收取残疾人就业保障金733万元,(其中:州级226万元,县级507万元)收缴率和收取数量在2008年基础上有了较大的提高。

【残疾人文体和宣传】 2009年,大理州残疾人文体和宣传工作有新进展,残疾人事业在全社会的影响力不断扩大。一是集中力量,打造精品,组队参加全省第六届残疾人艺术汇演,成绩喜人。大理州选送参赛的两个节目(白族舞蹈《竹韵》、彝族舞蹈《跳菜》)在云南省第六届残疾人艺术汇演上分别获得金奖和银奖。其中《竹韵》还入选颁奖晚会节目。二是在全州范围内精心选拔残疾人运动员,通过为期3个月的艰苦集训后,组团参加云南省第九届残疾人运动会暨第三届特殊奥林匹克运动会,共夺得金牌19枚、银牌15枚、铜牌17枚,团体总分位列全省第三名,实现了参赛成绩和精神文明双丰收,为大理争得荣誉。三是在大理电视台"黄金时段"长期免费播出以"关心帮助残疾人,支持残疾人事业发展"为主题的公益广告片,切实加大全社会共同推进残疾人事业发展的氛围营造。四是在全国第十九次法定"全国助残日"活动中,由州残联、州教育局、州文化局、大理电视台主办,以"平等、参与、共享"为主题,组织开展了"大理州庆祝第十九次全国助残日残疾人文艺演出"的专场晚会,充分展示全州广大残疾人自尊、自信、自立、自强的精神风貌;充分利用报刊、广播和网络等媒体,采取多种方式,加大对残疾人事业的宣传报道力度,唤起社会公众对残疾学生、残疾人特教事业的关注,营造了更加良好的扶残助残氛围。大理电视台围绕全州残疾人康复、扶贫、教育、就业等工作取得的成效作了4期专题新闻报道。据统计,全州共有500多家单位到挂钩点开展助残活动,3100多名各级干部参加看望慰问残疾人6028人,慰问金达82.7万元,赠送生产、生活、学习用品折合人民币38.8万元。

【残疾人维权信访】 2009年,大理州残疾人维权信访工作力度不断加大,切实维护了残疾人的合法权益。一是大力推进无障碍设施建设，加大宣传工作力度，提高全社会无障碍意识。全州10个县市在新建公共建筑物开展了无障碍设施建设。二是积极协调州、县市法律援助机构，进一步做好残疾人法律救助工作，使残疾人能够切实获得法律救助服务。全州共为238人次提供了法律服务和法律援助。三是认真贯彻国务院《信访工作条例》，完善信访工作机制，着力解决涉及残疾人权益的案件，不断做好维稳工作。州残联共受理残疾群众来信来访16批（件）/19人次，回复率达100%。

（《残疾人事业》由李成宪撰稿）

老　　龄

【简　述】 2009年，大理州老龄工作坚持以"三个代表"重要思想和科学发展观为指导，认真贯彻落实《中华人民共和国老年人权益保障法》和《云南省老年人权益保障条例》，坚持"党政主导、社会参与、全民关怀"的老龄工作方针和"以人为本，为老服务"的理念，紧紧围绕老有所养、老有所医、老有所教、老有所学、老有所为、老有所乐的工作目标，加强宣传动员工作，认真落实老年优待政策，为老年人办好事实事，并为老年人提供优质服务。切实开展尊老敬老宣传和敬老助老活动，为贫困老人和高龄老人排忧解难，促进尊老敬老助老及和谐社会建设。

【大理州一批老龄工作先进单位和个人受到省政府表彰】 为了总结5年来云南省老龄工作经验，进一步全面推动全省老龄事业又好又快健康发展，2009年1月9～10日，省人民政府在昆明召开了云南省老龄工作暨第二轮创建活动表彰会，其中，大理州有14个先进单位、3名先进个人受到表彰奖励。他们是：大理市和宾川县被命名为"老龄工作模范县市"；云龙县被命名为"老龄工作先进县"；鹤庆县草海镇母屯村、祥云县云南驿镇天马村、巍山县庙街镇新华村、洱源县右所镇陈官村、永平县龙门乡石家村、剑川县甸南镇西中村、南涧县南涧镇得胜村、大理市大理镇银苍社区、弥渡县弥城镇城南社区、漾濞县苍山西镇仁民街社区等被命名为"敬老先进村（社区）"；大理州老龄委办公室被命名为"老龄工作先进单位"；大理州老龄办主任杨菊瑛、大理市老龄办主任杨雄贵、宾川县老龄办主任关玉鹤3人被评为"老龄工作先进个人"。

【慰问贫困老人和百岁老人】 在2009年10月26日云南省第22届敬老节前夕，由州政府副州长岳黎松、州扶贫基金会理事长杨信全、州老龄委办公室主任杨菊瑛一行10人组成慰问组，于10月12～15日，深入南涧、巍山、永平、漾濞、鹤庆5个山区、半山区县，对部分贫困老人和6名百岁老人，以及漾濞县苍山西镇敬老院和鹤庆县中心敬老院进行了慰问。

【全州43174名高龄老人喜领保健补贴】 按照2007年3月30日，云南省第十届人民代表大会常务委员会第二十八次会议修订并通过的《云南省老年人权益保障条例》中有关规定，州人民政府于2007年9月19日发出《关于认真贯彻实施〈云南省老年人权益保障条例〉的通知》，其中规定了各县市人民政府给予80周岁以上不满100周岁的老年人每人每年120元的高龄保健补助，给予100周岁以上的寿星老人，每人每月不低于100元的长寿补助。2008年，全州大部分县市落实了省、州规定的补助资金，并进行了发放，但部分县财政困难没有得到有效落实。在省、州的支持和督促下，2009年全州12个县市均按照规定落实了高龄老人和长寿老人的补助经费，并开展了发放工作，使全州43153名80～99周岁老人欢欢喜喜地领到了年人均120元的高龄保健补贴，21名100周岁以上老人领到月人均不低于100元的长寿补贴。全州仅这两项补贴就需支付710余万元。

【开展敬老节庆祝活动】 2009年10月26日是云南省敬老节，州老龄委办公室结合实际，紧扣"歌颂祖国庆盛世，关爱老人创和谐"这个活动主题，对敬老节活动及时作出了安排，经请示州政府分管领导和州民政局领导同意，认真组织开展了多项活动。一是组织开展了对南涧、巍山、永平、漾濞、鹤庆5县的100名贫困老人和全州21名百岁老人以及漾濞县苍山西镇敬老院、鹤庆县中心敬老院的入院老人慰问活动，给他们赠送了慰问金、慰问品，把党和政府的关爱送到贫困老人、孤寡老人和百岁老人手中。二是举办了全州第二届老年文艺汇演。州老龄委办公室经过多次研究，精心筹备，在有关单位的支持下，在全州12县市老龄办的共同努力下，于2009年10月24～25日在州群众艺术馆成功举办了全州第二届老年文艺汇演。三是州老龄委办公室与州扶贫基金会和大理妇产医院共同组织部分医务人员深入到洱源县炼铁乡麻风院慰问50多名患病老人，给他们作了免费体检，并赠送价值450多元的常用药品。四是切实为老年人做好事实事，落实了省对大理州100名贫困老人的助医金3万元，把助医金发到受助老人手中。按省老龄办的通知精神，与云南银潮老龄服务中心派出人员，在敬老节期间为近5万名基层老年人免费照像，还为243名老人赠送了放大照片各1张，受到老年人的欢迎。通过开展敬老节活动，增强了全社会的老龄意识和敬老意识，老年人的社会地位也得到了提高，促进了社会和谐。

【第二届全州老年文艺汇演成功举办】 在全国人民共庆新中国60华诞，欢度传统的九·九"重阳节"（云南省第22届敬老节）期间，经州政府分管领导同意，州老龄委办公室于2009年10月24～25日在大理州群艺馆举办了第二届全州老年文艺汇演。州政府副州长岳黎松、副秘书长阎炳安、原州委秘书长章键、州民政局副局长杨学先出席了开幕式，阎炳安副秘书长宣布大理州第二届老年文艺汇演开幕，岳副州长致开幕词。整个文艺汇演有19支老年艺术团队参演，其中12个县市各1个队，省、州属单位有7个队。根据实际，汇演分为两个大组分别评奖。一组为12个县市代表队，一组为省、州属单位代表队。分别在两个组中评出一、二、三等奖和组织奖。经过两天5场53个节目紧张演出和对每个节目打分评比，大理市代表队和州老体协代表队分别获一等奖；弥渡县代表队、剑川县代表队和大理供电局代表队分别获二等奖；宾川县代表队、永平县代表队、巍山县代表队和老兵合唱团、水电明珠代表队、州直老体协代表队分别获三等奖；漾濞、云龙、祥云、鹤庆、洱源、南涧6个县代表队和延安精神宣讲团代表队、州医院代表队分别获组织奖。25日下午，岳副州长、阎副秘书长、原州委秘书长章键、杨副局长、州老龄办杨菊瑛主任等领导为获奖的各代表队颁发了奖牌。

【全省贯彻老年法律法规检查组到大理检查指导】 8月10～11日，由省政府派出的以团省委副书记陆平为组长的执法检查组亲临大理，对大理州贯彻落实《云南省老年人权益保障条例》的情况作行政执法检查。检查组采取一听、二查、三座谈、四走访、五反馈的方法，先后深入到弥渡、宾川、大理3县市，作实地检查，又于8月11日专题听取了岳黎松副州长所作的汇报。州老龄委20个成员单位派员参加了汇报会。检查组听取3个县市及州级汇报，又亲临弥渡县花灯广场、苴力敬老院、宾川县老年老干活动中心和疾控中心、大理市普和村老年活动中心等为老服务单位走访视察，还慰问看望了百岁老人和高龄老人各1人。经过对州级和3个县市的检查后，在反馈意见时，认为大理州委、州政府和3个县市的党委政府对贯彻老年法律法规工作高度重视，认识到位，机构健全，基础工作扎实，老年人活动丰富，各项措施有力，通过认真开展行政执法，有效地推动了全州老年人合法权益保障工作向前迈进，取得了重点突出，特点明显，亮点较多，老年人满意的显著成绩。在充分肯定成绩的同时，检查组也对大理州今后全面落实保障老年人合法权益的工作提出了建议和希望。

【州老龄委办公室作出贯彻执行《云南省老龄事业发展"十一五"规划》情况报告】 省人民政府于2006年12月25日发出《关于印发〈云南省老龄事业发展"十一五"规划（2006－2010年）〉的通知》。结合大理州的实际，2007年9月19日，州人民政府办公室发出了《关于印发实施〈大理州老龄事业发展"十一五"规划〉的通知》。根据省老龄委办公室通知要求，州老龄委办公室于2009年12月28日，向省作出贯彻执行省、州老龄事业发展"十一五"规划情况的报告。报告主要内容是：一是"十一五"规划主要任务完成情况，包含老年养老、医疗保障体系初步建立，老年人的基本生活和医疗得到保障；老年福利基础设施建设得到进一步加强，为老服务水平有了提高；积极发展老年教育和老年文化体育事业，不断丰富老年人的精神文化生活；依法保障老年人合法权益。二是制定完善措施，为贯彻《规划》奠定基础。包含加强组织机构建设，健全老龄工作网络；增加经费投入，推动基层基础工作；加强宣传，加大执法检查力度，树立典型，努力营造敬老爱老助老良好社会氛围。三是《规划》执行中存在的主要问题有，对老龄事业经费投入仍显不足；老年社会保障体系中的一些薄弱环节尚未突破；老年服务业发展相对滞后；老龄意识和敬老意识还需进一步强化。报告还对2010年进一步推动《规划》落实的措施和制定老龄事业发展"十二五"规划提出意见和设想。

【取消《云南省老年人优待证》办证收费】 2009年5月11日，州政府转发了《云南省人民政府关于公布第八批取消省级批准的行政事业性收费项目的通知》，其中就包含有取消收取办理《云南省老年人优待证》工本费项目。州老龄委办公室接到通知后，及时发出电传通知到各县市老龄委办公室，要求从即日起严格执行省、州文件通知精神，立即取消原规定收取办理《云南省老年人优待证》的5元工本费。老年人享受到免费办证。

【大理州老龄工作受到省考核组的好评】 2009年2月15～18日，省老龄办以黄永辉为组长，白涌、白永康为成员的老龄工作目标管理责任制考核组，对大理州2008年的老龄工作开展情况进行全面考核检查。检查组一是分别听取了州民政局副局长杨学先、祥云县副县长程建云、大理市调研员张丽仙的工作汇报；二是分别深入到祥云县华严社区梨园村、云南驿镇天马村和大理市凤仪镇石龙村、四家村、大理镇银苍社区进行实地检查；三是查看了州及一县一市老龄办的文件资料，并反馈了考评意见。考核组对大理州各级党委、政府重视关心老龄工作，加大老龄事业投入，加强老年维权和加强老龄宣传工作所取得的成绩给予了充分的肯定。对大理州2008年老龄工作量化考核评定为97分。

【省下达大理州2009年高龄老人和长寿老龄专项补助经费235万元】 为认真贯彻《云南省老年人权益保障条例》规定的对80周岁以上高龄老人发放高龄保健补助和对100周岁以上老人发放长寿补助的规定，根据州老龄办2008年底上报的有关数据，省财政厅于2009年7月28日发文，下拨大理州专项用于发放高龄老人保健补助和长寿补助经费235万元。

【参加云南省公开评选"云岭十大孝星"活动】 为认真贯彻落实中共中央颁布的《公民道德建设实施纲要》，加强社会主义精神文明建设，弘扬中华民族敬老爱老助老传统美德，积极营造和谐社会的良好氛围，2009年3～10月，省委宣传部、省老龄办、省教育厅、省文化厅、省妇联、团省委、省精神文明建设指导委员会共同在全省范围内组织开展了云南省第四届福彩杯"云岭十大孝星"公开评选活动。经过层层推荐、评选、媒体公示，评选出十名"云岭十大孝星"和十名"云岭十大孝星"提名奖。大理州12县市均积极参加此次评选推荐敬老先进典型活动，其中，经州老龄办审核推荐上报的洱源县三营镇民政所所长李佩高同志被省授予第四届"云岭十大孝星"提名奖，在2009年敬老节期间受到省的表彰奖励。

【大理市分级慰问高龄长寿老人】 2009年敬老节期间，围绕"歌颂祖国庆盛世，关爱老人创和谐"这一敬老活动主题，大理市委、市政府在要求各级各部门认真开展好2009年敬老节活动的同时，认真开展分级慰问活动。决定对全市8186名80岁以上老人由市委、市政府直接慰问，其中对7611名80～89岁老人每人慰问200元，573名90～99岁老人每人慰问600元，2名100岁以上老人各慰问1660元，慰问金合计186.9万元。整个敬老节活动，市财政支出近200多万元，真正体现了党委、政府对各族老年人的尊敬与关爱，不愧为云南省老龄工作模范市、全国老龄工作先进市荣誉称号。

【州老龄办开展老年法律法规宣传活动】 为进一步加大老年法律法规宣传力度，提高全社会对《老年法》的知晓率和维护老年人合法权益的意识，在"12.4"全国法制宣传日前夕，2009年12月3日，州老龄办会同州司法局、州普法办、州法制局等在大理市下关民升广场，共同组织举办了老年法律法规宣传咨询活动，对过往的公民发放《中华人民共和国老年人权益保障法》和《云南省老年人权益保障条例》宣传资料2000份。

【鹤庆县为1600名老年人免费体检】 2009年5月4～10日，鹤庆县老龄办与县中医医院，在云鹤镇两个社区为1600位老年人进行免费体检，体检内容包括心电图、B超、胸透、血常规检验等，人均费用标准在130元。体检后医院为老年人建立了健康档案。

【15万名老年人已领到《云南省老年人优待证》】 2007年3月3日，由云南省第十届人民代表大会常务委员会第二十八次会议修订并通过的《云南省老年人权益保障条例》，其中规定将办理全省《老年优待证》的年龄从70周岁下调到60周岁。此规定出台后，由于省、州、县（市）及乡镇老龄部门的服务工作到位，

满足广大老年人的办证需求,全州12县市的老年人纷纷到老龄部门申报。截止2009年12月底,全州共有155256名老年人办理了全省的老年优待证,持证老人可享受到包括免费使用收费公厕、免交看病普通挂号费,免费乘坐县市内公交车,免费进入公园、风景名胜区、博物馆、图书馆、艺术馆、美术馆、文化馆、名人故居参观游览,还可在其他社会服务领域享受优先优惠服务和减免费用服务。

【大理州2009年百岁老人分布及名单】根据州、县市、乡镇逐级调查统计,2009年度,大理州共有100周岁以上老人21人,其中女性15人,男性6人,年龄最大的为宾川县的李七平老人已满108岁。21名百岁以上老人分布于10个县市,具体名单如下:

周凤英,女,1907年6月生,住大理市下关幸福社区;

张太礼,女,1909年1月生,住大理市银桥镇鹤阳十社;

罗菊英,女,1908年9月生,住漾濞县顺濞乡小村;

马银地,女,1906年9月生,住巍山县永建镇小围埂村;

米寿昌,男,1908年11月生,住巍山县永建镇永平村;

何有地,女,1908年1月生,住永平县杉阳镇兴隆村;

鲁国经,男,1906年4月生,住永平县龙街镇羊街村;

刘素珍,女,1908年12月生,住鹤庆县云鹤镇仓河社区;

胡满秀,女,1908年12月生,住洱源县三营镇永胜村;

石凤英,女,1908年10月生,住弥渡县德苴乡德苴村;

李翠华,女,1909年2月生,住弥渡县红岩镇红岩村;

鲁晓玉,女,1909年1月生,住弥渡县牛街乡木掌村;

罗文珍,女,1908年11月生,住弥渡县牛街乡木掌村;

马莲英,女,1909年1月生,住祥云县祥城镇城南社区;

王焕中,男,1909年3月生,住祥云县刘厂镇王家庄;

杨绍廷,男,1909年7月生,住云龙县民政局;

杨寸香,女,1909年3月生,住云龙县检槽乡清文村;

陈菊香,女,1909年2月生,住云龙县表村乡表村;

李七平,男,1901年12月生,住宾川县大营镇黑家邑;

张章氏,女,1903年2月生,住宾川县大营镇大营村;

王长银,女,1908年12月生,住宾川县太和华侨农场。

(《老龄工作》由张元祥撰稿)

(本部类责任编校:刘丹霞)

县市要览

大理市

【自然概貌】 大理市位于大理州中部，地处金沙江、元江和澜沧江三大水系分水岭地段。境内地形复杂，高山、湖泊、河流、丘陵、盆地相间分布，东有玉案山、南有哀牢山、西有点苍山，三山环状相连，中间则有洱海断陷盆地及西高东低的狭长缓坡区。

【行政区划】 2009年，全市下辖10镇1乡及大理经济开发区、旅游度假区；乡镇下设111个村民委员会、30个社区居民委员会。

【人口】 2009年末，全市总户数187549户，总人口615728人。其中城镇人口353736人，农村人口261992人；男307546人，女308182人。全年平均人口614735人，年内出生人口4682人，死亡人口2922人，人口自然增长率2.86‰。

【国土资源】 2009年，大理市被列为省国土资源厅云南省土地利用总体规划修编试点县市。2009年全市（含两区）向省国土资源厅上报批次用地农用地转征收报件7个，面积363.86公顷，其中耕地197.13公顷。单独选址项目农用地转征收报件4个，面积80公顷，其中耕地41.13公顷。其中：经济开发区4个批次、3个单独选址，面积343.18公顷；度假区1个批次、1个单独选址，面积34.47公顷；市本级2个批次、1个单独选址，面积70.73公顷。全年市本级签订征收土地协议书20份，面积53.13公顷。保障了2009年全市廉租房建设项目，大理烟厂50万标箱改扩建项目、新建年产5000吨中药饮片项目、凤仪工业用地、国道214线大理上关至北五里桥段改扩建项目等重点工程用地需求。全年共供应土地55宗，面积131.2公顷。其中挂牌出让35宗，面积117.07公顷；完善用地手续协议出让2宗，面积1.67公顷；划拨土地18宗，面积12.53公顷。在供地131.2公顷中有85.33公顷属盘活存量土地，占供地总量的65%。根据《大理市矿产资源规划》积极挖掘开发新的采矿点，在大理经济开发区、下关镇设置采矿点6个。采矿权挂牌成交6宗，成交价24.4万元。收取矿产资源补偿费85.7万元、采矿权使用费1.7万元、矿产资源有偿使用费134万元，采矿许可证登记费0.14万元。2009年收储国有土地34.93公顷，支出土地收储成本1.6亿元。目前存量土地18.2公顷，存量土地评估价值约为1.23亿元。整合北区土地109.73公顷，整合后实际可用面积23.73公顷，拟计划安排项目用地及用于置换6.27公顷，政府可规划使用17.47公顷（共13宗，其中净用地13.33公顷）。全年颁发国有土地使用证8155本，依法调解、处理土地权属争议案件4起；全市共预审建设用地项目22项，其中单独选址项目11项，面积314.4公顷，批次城市建设用地11批，面积477.73公顷。全年组织国土动态巡查58次，发现并制止土地违法行为62件，立案查处土地违法案件11件，面积1.67公顷。联合执法11件，立案率、结案率均为100%。

【劳动和社会保障】 根据年初工作目标任务，结合市委、市政府的中心工作，围绕安民生、保发展、促和谐这一主线，切实落实工作责任，强化工作措施，认真抓好劳动保障各项工作的落实，促进了全市劳动和社会保障事业又好又快发展。2009年，全市城镇新增就业7240人，持《再就业优惠证》再就业3186人，城镇登记失业率控制在4.2%以内。全年认定困难企业31户、稳定企业31户、稳定就业岗位3417个，共审核发放创业小额贷款295户1463万元，审核发放小额贷款38户163万元，有效解决自主创业、自谋职业人员资金不足的困难。认真落实高校毕业生见习就业的有关政策。全市建立8个高校毕业生就业见习示范基地，提供见习岗位180个，帮助464名高校毕业生就业。2009年，为持《再就业优惠证》自谋职业的下岗失业人员累计减免各种税、费414.51万元。全市开展农民工在岗培训504人、农村劳动力转移培训10610人，帮助6692名农村富余劳动力实现转移就业。组织进行了计算机、驾驶、保洁等8个专业的培训，开展就业前培训784人、再就业培训615人、创业培训120人，实现了培训与就业的相互促进。全年全市参加养老保险的企业878户75884人（其中单位在职职工31385人，个体工商户及自谋职业人员21188人，离退休人员23311人），全市企业离退休人员人均月养老金为1029元。2009年收缴基本养老保险金21130.8万元，支付企业离退休人员基本养老金28324万元。全市23311名企业离退休人员，全部移交乡镇、社区劳动保障服务机构管理，社会化管理服务率达100%；基本养老金实行社会化发放，社会化发放率和按时足额发放率均为100%。2009年，审批退休716人，认定参工时间和出生年月60人，上报特殊工种人员222人，组织劳动能力鉴定138人。全年市辖区内城镇职工基本医疗保险参保单位876户，参保职工95779人（其中单位在职职工48919人，个体11638人，退休35222人）。2009年征收基本医疗保险金15963.7万元（其中统筹基金9789.3万元，个人帐户基金6174.4万元），支出医疗保险费11573.2万元（其中住院医疗费统筹基金支出7310.2万元，门诊医疗费个人帐户支出4263万元）。鉴定特殊慢性病人员3816人，办理转诊转院424人。全市参保城镇居民76900人（其中成年人37182人，未成年人27204人，大学生12514人）。2009年征收城镇居民医疗保险金378万元，城镇居民累计住院4950人次，累计报销715万元。全市失业保险参保单位885户，参保人数47500人。2009年征收失业保险费2739.28万元，发放失业救济金1414.23万元。全市工伤保险参保单位861户，参保职工37050人；全市生育保险参保单位856户，参保职工

31900人。2009年收缴工伤保险金426.4万元,发生工伤事故205件214人次,支付工伤保险金164.3万元;收缴生育保险基金495.9万元,发生女职工生育582例,支付生育保险金286.8万元。全年全市农村社会养老保险参保人数4282人,领取养老金人数253人。2009年收缴资金125.6万元,发放养老金15.4万元。全年开展劳动执法专项检查11次,对274户企业进行了劳动执法年审,涉及劳动者20307人。2009全年全市共有696家用人单位、31399名劳动者,依法进行了劳动用工登记。完成9户企业工资总额备案审查,审查集体合同93户。受理劳动争议仲裁案件21件,受理群众投诉、举报、来信764件,接待来访1833人次,依法为686名劳动者追回被拖欠工资、保证金、抵押金93.6万元。

【经济综述】 2009年,全市地区生产总值完成159.64亿元,同比增长11.5%;财政总收入完成19.19亿元,同比增长15.67%,其中地方一般预算收入完成12.29亿元,同比增长18.14%;辖区工业总产值完成170.03亿元,同比增长15.67%;农业总产值完成21.95亿元,同比增长10.02%;全社会固定资产投资完成82.33亿元,同比增长20.14%;城镇居民人均可支配收入达14180元,同比增长10.21%;农民人均纯收入达4872元,同比增长10.33%;一、二、三产业比重由2008年的8∶50∶42调整为8∶49∶43。

【城乡人民生活】 2009年,全市城镇居民人均可支配收入为14179.85元,比上年增加1314.10元,增长10.2%;城镇居民人均消费性支出为11394.42元,比上年增加1429.98元,增长14.35%。城镇居民恩格尔系数为34.9%,比上年下降4.36个百分点。农民人均纯收入4872元,比上年增长456元,增长10.33%。2009年,消费支出八大项呈六升二降的特点。在消费支出构成中,食品、衣着、家庭设备用品及服务、医疗保健、交通和通讯、其它商品和服务六项呈增长,居住和教育文化娱乐服务支出下降。

【工业】 2009年,辖区内工业企业累计完成总产值170亿元,同比增长15.67%。其中:市属工业完成118.29亿元,同比增长15.77%。其中:中央、省、州属7户完成总产值51.74亿元,同比增长15.44%;市属规模企业58户完成总产值80.06亿元,同比增长21.14%。辖区内工业企业累计实现销售收入147.4亿元,同比增长24.05%。其中:市属工业企业实现销售收入97.46亿元,同比增长26.37%。规模工业企业实现销售收入127.62亿元,同比增长27.25%。其中:中央、省、州属企业实现销售收入49.95亿元,同比增长19.76%;市属规模企业实现销售收入77.3亿元,同比增长31.96%。辖区内工业企业累计完成税金(销售税金及附加,应交增值税之和)总额25.09亿元,同比增长26.02%。其中:市属工业企业完成税金总额3.8亿元,同比增长35.71%。规模工业企业上缴税金24.37亿元,同比增长23.02%。其中:中央、省、州属企业上缴税金21.34亿元,同比增长24.65%;市属规模工业企业上缴税金3.03亿元,同比增长12.22%。辖区内工业企业实现利润总额9.55亿元,同比增长0.95%。其中,市属工业企业实现利润5.46亿元,同比增长12.55%。规模工业企业实现利润总额8.53亿元,同比增长0.59%。其中:中央、省、州属企业实现利润总额4亿元,同比下降11.5%;市属规模工业企业实现利润总额4.53亿元,同比增长14.39%。完成工业总产值170.03亿元,实现工业增加值67.41亿元,完成年度计划66.6亿元的101.22%。规模以上工业企业实现增加值57.88亿元,规模以上工业企业实现主营业务收入127.27亿元,规模以上工业企业实现上缴税金23.94亿元,规模以上工业企业实现利润总额8.38亿元,完成工业固定资产投资17.6亿元。规模企业65户中:盈利企业47户,同比盈利户数减少3户,盈利总额8.6亿元,同比下降0.81%;亏损企业18户,亏损面27.69%,同比亏损企业户数增加2户,亏损总额0.91亿元,比上年同期增亏0.71万元,盈亏相抵后盈利7.69亿元,同比下降9.32%。重点骨干企业快速发展,大啤公司、东亚乳业、力帆骏马、来思尔乳业、大理娃哈哈食品、大理药业、清逸堂纸业7户企业,累计实现工业总产值60.19亿元,同比增长26.58%,占市属工业总产值118.29亿元的50.88%;实现销售收入57.58亿元,同比增长45.15%;上缴税金1.69亿元,同比下降3.98%;实现利润4.11亿元,同比增长35.64%。特色支柱产业运行良好,汽车机械、食品饮料、建材水泥三大特色支柱产业增势强劲。以力帆骏马为龙头的7户机械工业企业,完成工业总产值44.96亿元,同比增长35.95%;实现销售收入42.72亿元,同比增长67.73%;上缴税金0.47亿元,同比下降33.8%;实现利润0.73亿元,同比增长121.21%。规模工业企业发展加快,全市规模以上工业企业产值上亿元15户,与上年持平;企业销售收入上亿元15户,与上年持平;上缴税金上千万元13户,实现利润上千万元18户。规模以上工业企业产值、销售收入、税金、利润占辖区工业企业的比重分别达75.51%、86.58%、97.11%、89.37%;累计实现增加值57.88亿元,同比增长9.93%,占辖区工业企业增加值的比重达85.86%。2009~2010年确定工业发展重点项目24项,2009年建成投产项目有6项,分别是:滇西水泥生产余热资源综合利用技术工程,云南清逸堂实业有限公司年产5亿片卫生巾生产线技改项目,云南力帆骏马车辆有限公司新建载货汽车驾驶室冲压焊装生产线项目,大理金穗麦芽有限公司年产3万吨麦芽异地搬迁技改项目,大理顺丰农资有限公司年产5万吨环保型精制生态有机肥一期生产项目,昆明普尔顿管业有限公司市政塑料管材一期生产项目。

2009年,重点抓了大理娃哈哈公司节能减排技术改造,投资238万元先后对SIP余气回收、水制瓶变频器、热缩机、锅炉变频等项目进行技术改造及更新,年节约电量146万度,节约标煤2400吨;大理红山水泥有限责任公司投资430万元,对窑尾电收尘器进行更新,年节约电量116万度,节水量33万吨。大理啤酒有限公司对20万升/年技改扩建项目,年可节约标煤1.6万吨。培育扶持企业上市,根据企业上市的基本条件要求,并经过反复调查和筛选,目前列入培育扶持上市融资计划的企业为滇西水泥、下关沱茶、大理药业、旅游集团、力帆骏马、大理水泥、东亚乳业、清逸堂纸业、来思尔乳业9户企业。其中:被列入云南省第一批上市培育重点的企业有4户。2009年,大理市医药工业呈现出稳步增长的运行态势。全市辖区内规模以上医药工业企业实现工业总产值59658万元,比2008年的48052万元增长24.15%;实现销售收入59479万元,比2008年的47906万元增长24.16%;上缴税金3009万元,比2008年的2436万元增长23.52%;实现利润8359万元,比2008年的6447万元增长30.22%;固定资产8859万元,比2008年增长1.69%;从业人员698人,比2008年增长2.95%。辖区规模以上食品及农副产品工业企业实现工业总产值142194万元,比2008年下降20.61%;辖区规模以上食品及农副产品工业企业实现产品销售收入144696万元,比2008年的117236万元增长23.39%;上缴税金9782万元,比2008年增长13.52%;规模以上食品及农副产品工业拥有固定资产48917万元,比2008年的37581万元增长30.16%。从业人员2760人,比2008年的2625增长5.14%。2009年,大理市纺织工业呈现下降的运行态势。辖区规模以上工业企业实现工业总产值9919万元,比2008年的10812万元下降8.26%;实现销售收入10000万元,比2008年的11198万元下降10.69%;上缴税金70万元。全行业从业人员2167人,比2008年的4912人下降7.5%。2009年,大理市卷烟及其辅料工业主要经济指标呈现上升态势。辖区内规模以上卷烟及其辅料工业实现工业总产值357314万元,比2008年的311600万元增长14.67%;产品销售收入337273万元,比2008年的284263万元增长18.65%;上缴税金199367万元,比2008年的160547万元增长24.18%;实现利润35899万元,比2008年的38462万元下降6.66%;固定资产49761万元。从业人员1988人。

【非公有制经济】 2009年,大理市非公有制经济发展大幅提高,共有私营企业2366户,分支机构576个,投资人数4905人,雇工人数42773人,注册资金达384730.92万元。其中,农、林、牧、渔业64户,分支机构4个,投资人数134人,雇工人数1033人,注册资金15467.50万元;采矿业10户,分支机构1个,投资人数40人,雇工人数132人,注册资金397万元;制造业274户,分支机构40个,投资人数554人,雇工人数11660人,注册资金50850万元;电力、燃气及水的生产和供应业11户,分支机构2个,投资人数72人,雇工人数123人,注册资金1080万元;建筑业148户,分支机构26个,投资人数469人,雇工人数7739人,注册资金76936.25万元;交通运输、仓储和邮政业129户,分支机构37个,投资人数218人,雇工人数1467人,注册资金8045.30万元;信息传输、计算机服务和软件业191户,分支机构7个,投资人数229人,雇工人数864人,注册资金3760.29万元;批发和零售业826户,分支机构325个,投资人数1544人,雇工人数8820人,注册资金84059.41万元;住宿和餐饮业120户,分支机构28个,投资人数156人,雇工人数2602人,注册资金14829.30万元;金融业3户,分支机构1个,投资人数10人,雇工人数15人,注册资金1290万元;房地产业162户,分支机构14个,投资人数536人,雇工人数3034人,注册资金93448.04万元;租赁和商务服务业259户,分支机构59个,投资人数565人,雇工人数2705人,注册资金19609.86万元;广告业91户,分支机构19个,投资人数166人,雇工人数666人,注册资金1812.59万元;科学研究、技术服务和地质勘查业21户,分支机构5个,投资人数66人,雇工人数451人,注册资金2349.22万元;水利、环境和公共设施管理业34户,分支机构6个,投资人数78人,雇工人数307人,注册资金3403万元;居民服务和其他服务业66户,分支机构14个,投资人数129人,雇工人数1035人,注册资金3602万元;教育业8户,分支机构3个,投资人数35人,雇工人数106人,注册资金166万元;卫生、社会保障和社会福利业10户,分支机构1个,投资人数14人,雇工人数172人,注册资金1512万元;文化、体育和娱乐业30户,分支机构3个,投资人数56人,雇工人数508人,注册资金3925万元。

【农业】 2009年,全市播种农作物27734.33公顷,比上年增196.2公顷,其中播种粮食作物20210.8公顷,比上年增612.8公顷;粮食平均亩产484千克,同比上年减3千克;粮食总产146743吨,同比上年增346吨。其中:小春粮食平均亩产291千克,同比上年减28千克,总产粮食33511吨,较上年减716吨;大春粮食平均亩产603千克,同比上年增20千克,总产粮食113232吨,较上年增1062吨,其中8224.27公顷水稻平均亩产662千克、总产81648吨,同比上年增20千克、4157吨;3469.33公顷玉米亩产558千克,同比上年增6千克。大理市被云南省列为2009年"百亿斤粮食计划"的粮食高产创建示范县(市),下达1333.33公顷水稻、666.67公顷玉米高产示范创建任务。在创建工作中,大理市结合实际,选择种植基础、土壤肥力、水利条件较好的区域,合理布点,在大理镇、银桥镇、湾桥镇、海东镇实施666.67公顷常规粳稻示范创建,在大理镇洱海湖滨区实施666.67公顷优质杂交粳稻示范创建,在大理镇、银桥镇、湾桥镇实施666.67公顷玉米高产示范创建,并将创建区划分成万亩示范区、千亩展示区和百亩核心区,充分发挥试验、示范、推广功效。创建工作依托科技支撑,充分挖掘良种良法的增产潜能,选用优质、高产、多抗的云粳25号、云粳30号、繁3常规粳稻种和滇杂31、滇优35杂交稻种,玉米选用豫玉22号、联合3号、奥玉3202、登海3767、登海3632、联合65、超试6号为主的品种;栽培技术上把好适时播种、合理密植、配方施肥、科学管理、病虫草鼠害统防等关键环节,从种、肥、栽培、管理上促进作物增产丰收。经测产,水稻万亩示范区亩产706.63千克、千亩展示区亩产750.94千克、百亩核心区亩产800.53千克,分别比全市水稻增产11.4%、11.9%、18.3%。玉米万亩高产创建示范区亩产650千克以上、千亩展示片亩产700千克,百亩核心区亩产750至800千克,分别比全市玉米增产16.5%、25.4%、34.4%,粮食高产创建工作取得突破,带动全市粮食增产丰收。围绕建设高效生态农业的发展目标,加大农业种植结构调整,综合治理和全面保护农业生态环境,进一步提高农业生产效益。一是加大无公害农产品基地建设,完成3200公顷优质稻生产基地无公害产地环境测评和认证申报。二是以水改旱为主要措施,在银桥镇、湾桥镇推广蔬菜栽培技术,大春改种茄子、辣椒、冬瓜、胡萝卜等蔬菜作物;在银桥镇、喜洲镇、湾桥镇、大理镇、下关镇推广大春改种玉米、烤烟,小春改种大蒜和大荚豌豆,全年共计调整旱作物种植1040公顷。三是采取合理补偿措施,在崇圣寺三塔核心区及沿大丽公路两侧50~100米范围内,实施"冬油夏葵"种植结构调整,完成小春连片种植油菜82.11公顷、大春连片种植向日葵67.13公顷,进一步美化三塔景区和海西田园风光。2009年全市农业总产值达21.95亿元,同比增长10.03%;农民人均纯收入达4872元,同比增长10.33%,高效、生态农业建设取得新进展。在上关镇、喜洲镇、湾桥镇建立测土配方施肥技术样板2666.67公顷,推广应用水稻专用配方肥1666.67公顷、玉米专用配方肥和缓释BB肥666.67公顷、大蒜缓释BB肥和生物有机肥333.33公顷,通过样板示范与带动,全市小春共计推广测土配方施肥11922.93公顷、大春推广测土配方施肥13666.67公顷。实施村容村貌整治、基本口粮田建设、粮食高产创建、中低产田改造、农业机械购置补贴等重大农业建设项目18项,投入中央财政资金2561.85万元、省级财政资金681万元、州级财政资金403万元、市级财政配套资金572.5万元,共计4218.35万元。

通过积极争取，大理市被省农业厅、省扶贫办、省农开办联合列为全省35个贫困县分批实行稻田工程化养鱼示范项目县（市），下达2009年实施稻田养鱼项目建设33.33公顷。全年完成农村劳动力培训10610人，其中举办“阳光工程”培训33期，培训3607人；转移农村劳动力就业6692人，完成州下达指标的111%。

【畜牧业】 2009年，全市生猪出栏52.05万头，猪肉产量4.68万吨；肉牛出栏3.86万头，牛肉产量0.54万吨；肉羊出栏1.09万头，羊肉产量0.02万吨；家禽出栏351.64万羽，禽肉产量0.70万吨；肉类总产量完成5.95万吨，同比增长11.34%；奶牛存栏达3.07万头，同比减少4.82%，奶类产量完成13.99万吨，同比增长13.78%；禽蛋产量达1.03万吨，同比增长24.45%。畜牧业生产总值达11.87亿，同比增长18.94%，占农业总产值的54.08%。全市2009年奶牛良种补贴项目扩大到28000头，实际完成牛冻精改良28433头，其中奶牛27668头，黄牛580头，水牛185头，受胎率分别为88.4%、75.2%、59%，预计产犊数分别为23825头、423头、106头，超额完成上级下达的改良任务。能繁奶牛保险2009年共参保奶牛22538头，全年共理赔822头，理赔金额497.96万元。开展种驴保险，收到养殖户自筹资金14.41万元，参加保险毛驴2988头，占总引进种驴的90.4%；验收规模养殖场，对验收合格及基本合格的17户规模养殖户共兑现养殖补贴20万元；建设8个毛驴改良站（点），配备毛驴人工授精改良器械，配种改良毛驴853头，至年底全市产下并存活的小驴驹有26头；开展毛驴建档工作，全市共完成种驴建档2710头，其中公驴58头，母驴2652头；按照《大理市毛驴风险互助管理办法》，向养殖户兑现了143头死亡母驴的风险补助金24.67万元。全年免疫生猪68.99万头次，猪“O”型口蹄疫免疫39.75万头次，高致病性猪蓝耳病免疫37.13万头次，仔猪副伤寒74810头次；开展牛“O”型口蹄疫免疫及补针83453头次，牛出败免疫1047头次；开展羊“O”型口蹄疫免疫17599头次；开展高致病性禽流感免疫382.50万羽次，鸡：Ⅰ、Ⅱ系苗免疫145.33万羽次；2009年全市狂犬病免疫12481只，发放犬免通告2000余份。

【水 利】 2009年，全市共完成水利工程项目159件，其中：机电排灌2件，机电井2件，人畜饮水18件，河道治理42件，砌筑河堤14.94千米，共加高加固堤防16.2千米，疏浚河道88.7千米，渠道36件，硬化渠道20千米，修建田间机耕路37条，其他工程22件，累计投入劳动积累工286.6万个工日，累计投入资金4721.01万元，其中：中央投入449.4万元，省投入230万元，州投入570万元，市投入128万元，乡镇投入393.15万元，自筹644.89万元，其他2305.57万元。累计完成工程量260.03万立方米。通过全年农田水利基本建设，新增有效灌溉面积20公顷，新增节水能力213万立方米，新增节水灌溉面积80公顷，改善灌溉面积1901.33公顷，新增旱涝保收面积76.67公顷，改造中低产田133.33公顷，治理水土流失面积18平方千米，修复水毁工程84处，新建小水池窖298个，改善了3.2万人、0.3万头大牲畜的饮水条件。启动实施了2008年度中央财政小型农田水利建设项目大理镇城北灌区建设改造一期工程，工程完成投资320万元。大理市城南抽水站渠道防渗工程启动实施。抓好重点建设项目中涉水项目的规划设计工作，积极配合重点项目建设的推进：一是在洱海环海路建设中，积极配合相关部门做好涉及水利工程搬迁项目的规划设计工作，对涉及水利项目的海东、挖色、双廊、上关四个镇的17个站编制了泵站搬迁方案，编制了部门泵站搬迁的施工图设计。二是完成大丽铁路建设中解决上关镇独木桥村饮水工程建设的设计；三是完成了在苍山大索道建设中涉及大理市三水厂原1000立方米蓄水池搬迁的设计。完成了苍山十八溪中茫涌溪、万花溪、双鸳溪、葶溟溪四条河道的综合治理可行性研究报告及莫残溪生态型河道治理示范工程的可行性研究报告；市境内 弥苴河部分河段的综合治理及河道水毁修复、河堤基础加固的初步设计。2008年12月～2009年5月28日，大理市一直未出现明显降雨过程，导致全市各乡镇均出现不同程度的旱情，全市农作物受旱面积4456公顷，其中重旱面积2260公顷，产生人畜饮水困难，分别为16247人和大牲畜6763头，在全市抗旱工作中，群众投工总投入人数7945人，泵站运行90级，投入小型机动抗旱设备1683台套，浇灌面积2856公顷，解决人饮困难7000人和大牲畜饮水困难1700头；投入抗旱资金271.4万元，其中省级10万元，市级53万元，各乡镇及群众自筹218.4万元。2009年全市人工养殖面积462.07公顷，其中水库137.13公顷、池坝塘279.87公顷，稻鱼工程、茭白、海菜花、浅水藕等水生蔬菜种植养鱼45.07公顷；预计全年水产品总产量为13524吨，其中人工养殖产量6224吨，洱海捕劳产量7300吨。根据项目建设水土保持方案审批管理权限，认真做好2009年年内500kv功果桥电站送出工程、云南白药集团大理制造中心建设项目、云南特色花卉扩繁示范基地建设项目、云南大理者摩山风电场工程二期、大理市下关北市区宝林路道路新建工程、大理市第六（海东）自来水厂、大理市第二（海东）垃圾综合处理场工程等一批国家、省、州、市重点项目建设水土保持方案报告书审批工作的咨询答疑和上级主管部门的对接、转报，认真为重点项目建设的顺利推进作好窗口服务工作。累计转报开发建设项目水土保持方案报告书审批10件，参与省、州重点开发建设项目水土保持设施技术评估3次，监督检查各类开发建设项目10余件（次）。

【教育】 2009～2010学年，市辖区内共有各级各类学校275所。其中：州属学校14所（本科院校1所，中专4所，技校1所，高级中学3所，职业高中1所，特殊教育学校1所，初级中学1所，完全小学1所，幼儿园1所）；市属学校170所（高级中学5所，完全中学2所，教师进修学校1所，中等职业学校1所，初中23所，九年制学校1所，完全小学133所，校点50个，幼儿园4所）；社会力量办学单位91个（高级中学2所，职业中学1所，九年制学校2所，完全小学1所、幼儿园53所，培训单位32个）。全市中小学、幼儿园在校学生104687人，其中：普通高中学生15182人，职业高中学生3182人，初中学生23462人，小学生48100人，幼儿园学生14761人。2009～2010学年统计，小学适龄儿童入学率达到100%，初中毛入学率达到117.09%，年巩固率分别达到99.80%和99.20%，初中毕业生升学率达到85%。市辖区学校在册教职工6396人（不含代课教师），退（离）休教职工1866人，代课教师221人；专任教师均达合格学历（中师学历）以上。2009年职称晋升中学高职教师63人，中职教师225人，初职教师125人。全市小学生均校舍面积5.78平方米，生均图书10.44册，教学仪器配备率达100%，实验教学普及合格学校117所，占总校数的87.31%；全市中学生均校舍面积10.22平方米，教学仪器配备率达95%，初中生均图书12.88

册，高中生均图书33.32册，实验教学普及合格学校22所，占总校数的91.67%。2009年，全市教育财政总投入26852.94万元，同比增长9.25%。2009年，农村义务教育补助公用经费1685.94万元，小学享受补助人数32313人，初中享受补助人数14802人；城市义务教育免杂费补助经费282.73万元，小学享受补助人数13090人，初中享受补助人数7853人；全市享受家庭经济困难寄宿生生活费补助人数6019人，补助经费414.50万元；2009年春季，全市享受免费教科书65058人，折合经费348.60万元。积极开展爱心助学活动，资助经费达69.9万元，让177名新录取的贫困大学生“圆梦大学”。认真组织实施生源地信用助学贷款工作，顺利完成341人的助学贷款工作，助学经费达188.04万元。

【文化】 2009年，大理市紧紧围绕“抓文化基础设施建设，构建公共文化服务体系；抓群众文化活动开展，丰富城乡群众文化生活；抓民族文化继承和弘扬，促进文化旅游产业发展；推动全市文化事业发展繁荣”的目标任务扎实开展工作，有力推进了文化事业的快速发展和全面繁荣。在元旦、春节期间，组织了系列文化活动，在营造欢乐祥和的文化氛围的同时，极大地丰富和活跃了群众节日文化生活；三月街民族节期间，组织1500多名群众演员参与了开幕式《大理是个好地方》非物质文化遗产保护成果展演，将大理的国家级非物质文化遗产项目，以舞蹈、歌曲、音乐、民俗、语言、服饰等多种表现形式进行了充分的展示，达到了民族性、艺术性和观赏性的统一；同时在大理古城南城门、文化馆、大理古城洋人街组织开展了“白族情歌大赛”；组织举办了第六届“明珠杯”歌手大赛；组织了古街场文艺汇演和洞经古乐展演。4月，为突出“保护知识产权、打击侵权盗版”的主题，大理市和全国、全省同时举行统一销毁侵权盗版制品及各类非法出版物现场会，公开销毁非法盗版音像制品10130盘（碟），非法盗版书刊7600册，有效净化了文化市场。5月，召开了“非物质文化遗产传承人”代表座谈会。6月，文化信息资源共享建设工程通过省图书馆专家组验收，文化信息资源共享工程县级支中心和11个乡镇基层服务点建设顺利完成；为进一步加强非物质文化遗产保护，启动了非物质文化遗产普查工作。7月，市博物馆配合大理市纪委、市委组织部、市委宣传部举办了“大理市‘庆七一、迎国庆’廉政文化美术书法摄影展”，在对观众进行廉政教育感染和熏陶的同时，进一步增强了党员干部廉洁自律的意识。8月，顺利通过国家文化部全国文化先进市复查组的复查验收，检查组对本市的文化工作给予了充分肯定，对巩固和发展全国文化先进市做出的努力给予高度评价，到11月重新被认定为全国文化先进市；第三次文物普查工作进展顺利，全面完成田野调查阶段工作。2009年，开展“扫黄打非”专项行动，共出动执法人员1504人次，检查出版物市场730户、印刷复印业382户，共收缴非法出版物12922盘（册），其中非法音像制品7556盘、非法书刊5306册，取缔非法摊点70个，办理行政处罚案件26件，罚款人民币3.38万元。

【卫生】 2009年，全市共有各类医疗机构469家，其中：市级医疗卫生机构8家，乡镇卫生院9家，民营医院12家，个体诊所263家，个体卫生室53家，集体卫生所112家，社区卫生服务中心7家，社区卫生服务站7家，共设有病床1390张。全市卫生系统共有职工1791人，其中在职人员1342人，离退休人员449人。在职各类专业技术人员1160人。其中：具有高级职称92人，中级职称325人，初级职称743人。列入中央扩大内需资金补助建设项目的市第一人民医院改扩建项目、喜洲镇中心卫生院设施改造改建项目、挖色镇中心卫生院业务用房及辅助设施建设项目顺利推进。2009年，共审批设置医疗机构46家，完成《医疗机构执业许可证》换发及执业变更171家。取缔未取得执业许可，擅自开展诊疗活动的“黑诊所”8家，无行医资格的假医、游医、擅自开展医疗美容诊疗活动的2家，取缔无证牙医22家，纠正和整改发布虚假广告2家，行政处罚13家，罚款金额24800元，警告4家。共调处医疗纠纷33起，其中送州医学会进行医学鉴定的有5起，申请再次鉴定3起。市第一人民医院有1起一级甲等医方负次要责任的医疗事故。受理群众来信来访、咨询41起，举报2起，投诉答复2起。圆满完成2009年全市各医疗卫生单位继续医学教育项目的申报工作，共申报州级继续医学教育12项，获批准12项。全年总诊疗人次数：613394人次，其中门诊563890人次，急诊29497人次；入院人数：39753人；出院人数：39846人，其中治愈30299人，好转7625人，死亡71人；住院病人手术人次数：8448人次；住院危重病人抢救人次数：1507人次，其中抢救成功人次数1438人次，抢救成功率95%。总收入：23117.7万元，其中医疗收入10985.8万元，占总收入的47.5%；药品收入7702.5万元，占总收入的33.3%。2009年，全市应参合农业人口384517人，实际参合358641人，参合率达93.27%；资金支出3585.61万元，资金使用率达99.98%。深入宣传，广泛发动，采取有力措施，圆满完成2010年新型农村合作医疗筹资工作，参合率达98.55%。2009年，共组织开展5次卫生下乡活动，接受健康咨询13490人次，接诊病人3163人次，心电图检查2469人次，B超检查3060人次，发放宣传材料8种，约10万余份，展出展板25块次。全市共完成自愿咨询检测4532人，婚前保健人群咨询检测3678人，孕产妇咨询检测4572人，暗娼和吸毒哨点检测各400人，艾滋病感染者（病人）的随访率达73.6%，CD4检测率62.2%。共开展钉螺调查80个村，灭螺71个村，反复灭螺面积达671.67万平方米。在疫区75个行政村开展查病88112人次，实施化（治）疗47374人次，传染源得到有效控制，人群平均感染率下降至0.003%。共筛查1553例可疑患者，发现结核病人216例，已全部纳入项目治疗管理。访视病人110人次，追踪病人379人，追踪率达100%。全市共报告法定传染病21种2261例，发病率为371.64/10万，死亡32例，死亡率为5.26/10万，病死率为1.42%。市属监管的食品生产经营户共有3838户，全年累计监督户次数达15000户次，监督频次达4次/年户，年度监督覆盖率达到99%，监督合格率达95%以上，基本实现了全部监督管理。全市共办理健康证21064件，新办食品卫生许可证1907件，年审验证2430件，新办公共场所卫生许可证713件，年审验证89件，卫生许可覆盖率达99%。

【领导名录】 2009年末，中共大理市委书记段玠，副书记段力、杨晓源；市委常委杨瑜、段直霞、杨晓、阿泽新、刘琼芬、黑尚锋、师尚琨、莫育岗；市人大常委会主任、党组书记李国源，副主任刘斌、李志东、潘鸣林、张晋芬；大理市市长段力，副市长阿泽新、刘琼芬、李彪、聂庆、杨永福、方元；政协大理市委员会主席、党组书记杨跃光，副主席贾劬、王健丽；市纪委书记杨瑜。

【大理市首次表彰奖励优秀文艺作品】

在2月12日召开的全市2009年组织宣传统战工作会议上,14位优秀文艺作品作者受到市委、市政府的表彰奖励,这是大理市首次对文艺作品进行表彰奖励。2007~2008年,大理市广大文艺工作者紧紧围绕市委、市政府中心工作,在国家级、省级、州级主办的各种文艺刊物、赛演、展览中发表、演出、展览,出版了一大批集思想性、艺术性和观赏性为一体的优秀文艺作品,进一步提升了魅力大理的知名度,增强了大理市的吸引力和影响力,推动了大理市文艺事业的繁荣和发展。为表彰先进,激励广大文艺工作者潜心创作,多出人才,多出精品,以文艺形式宣传大理、推介大理,充分展示大理丰厚文化底蕴,大理市积极探索文艺创作促进文化繁荣的新途径,从政策和资金上加大对文艺创作的扶持力度,出台了《大理市优秀文艺作品奖励评选办法(试行)》。2009年大理市首次对《袁冬苇诗选》等27件优秀文艺作品予以表彰奖励,对《关爱》等获得国家级、省级、州级表彰奖励的17件优秀文艺作品予以表彰奖励。

【央视《探索·发现》播放喜洲专题纪录片】 两集专题纪录片《喜洲·苍山洱海间的历史回声》2009年2月在中央电视台10频道《探索·发现》栏目首播。纪录片在全方位介绍大理地区白族文化和古镇喜洲的同时,将华中大学抗战时期西迁喜洲作为影响深远的重大事件进行了报道,并从喜洲近现代文化教育发展的视角,生动地阐述了华中大学对喜洲乃至整个滇西的人文贡献。此次中央电视台《探索·发现》专题纪录片栏目组在拍摄期间,多次到喜洲镇第二中学采访拍摄,并对喜洲镇第二中学的教育教学工作作了肯定。喜洲镇第二中学全体师生观看了此次节目后,深受鼓舞,增加了热爱家乡、建设富裕民主文明开放和谐新大理的使命感。教师们表示在今后的工作中,认真钻研业务,提高教育水平,为喜洲地区教育发展,为弘扬白族历史文化作贡献;学生们也纷纷表示,要努力学习,为家乡的建设发展、为本地区的民族文化传承作出自己的努力。

【国家发改委调研组到大理市调研】 2月13日至14日,由国家发改委党组成员、纪检组长苏波带领的调研组就我市贯彻落实拉动内需中央投资项目建设情况进行调研。州委副书记、州长何金平,省发改委主任米东生,副州长许映苏及大理市委领导陪同调研。调研组首先到大理经济开发区下和湾考察洱海东区湖滨带生态恢复及环湖截污管网建设情况。听取了情况汇报后认为:洱海湖滨带生态恢复工程是洱海流域保护的“六大工程”之一,湖滨带生态恢复工程的实施为改善洱海水质,保持生态系统的完整性起到了重要作用。截至年底,工程已完成总投资1.15亿元,是国内目前修复最长和景观效果比较好的湖滨带。随后,调研组到市庆中污水处理厂和周城村查看污水处理系统的建设情况,并深入喜洲镇永兴村和湾桥镇云峰村现场调研农村沼气池建设情况。通过实地调研,调研组认为大理市对中央拉动内需部署高度重视,行动迅速,对重点工程抓得紧、抓得实。

【国道214线上关至北五里桥公路改造工程开工建设】 2月18日,国道214线上关至北五里桥公路改造工程现场举行开工典礼,国道214线上关至北五里桥公路改造工程的开工建设是大理市认真贯彻落实2003年省政府大理城市建设现场办公会精神,按照省、州党委、政府的安排部署,进一步加大大理市城市基础设施建设力度,加快推进滇西中心城市建设进程,促进经济平稳较快增长的具体举措。该工程起于大丽高速公路邓川立交桥,经洱源县邓川镇,大理市上关镇、喜洲镇、湾桥镇、银桥镇,止于大理北五里桥,与大凤公路一期相接。路线全长31.85千米,总投资14.39亿元,按一级公路设计,计算行车速度80千米/小时,路基设计宽度50米,双向8车道,具有过境交通和城市道路双重功能,是集交通、城市配套设施为一体的综合性系统工程。工程分六个标段实施,计划于2011年建成通车。

【崇圣寺与日中临黄友好交流协会缔结友好关系】 2月22日,经中国国家宗教事务局批准,由中国佛教协会主办、大理崇圣寺管理委员会承办的中国崇圣寺与日本国日中临黄友好交流协会缔结友好关系庆典活动在大理崇圣寺举行。大理州对外友好交流协会副会长杨秀星、大理市对外友好交流协会会长段玠等州、市领导出席了庆典签字仪式。日本国日中临黄友好交流协会的前身是1979年成立的日中友好临黄协会。协会与我国禅宗一脉相传,由临济宗14派及黄檗宗等共计17个宗派和友好团体组成。2006年10月,日本国日中临黄友好交流协会向大理崇圣寺发出邀请,对日中临黄友好交流协会下属的寺院进行访问,并就友好关系缔结事宜进行进一步磋商。2007年1月29日~2月5日,大理崇圣寺组成了以崇圣寺方丈崇化法师为团长的佛教文化访日代表团赴日考察访问,双方于2007年1月30日在日本进行了友好的关系协议草案签字仪式,并对今后的活动内容签署了备忘录,经双方协商,日方将在适当时候对大理崇圣寺进行访问,参加由中方主办的友好关系缔结协议书签字仪式。当天上午,以日本国日中临黄友好交流协会会长有马赖底长老为团长的访华团一行在参观大理天龙八部影视城后,拜谒了四僧塔,并在崇圣寺大雄宝殿举行法会。在随后举行的中国崇圣寺与日本国日中临黄友好交流协会缔结友好关系庆典签字仪式上,云南省佛教协会副会长、大理崇圣寺方丈崇化大和尚和日本国日中临黄友好交流协会会长有马赖底长老签署了缔结友好关系协议书。双方互赠了纪念品,共同合影留念,共植日中友好纪念树,并一同参观了崇圣寺。双方通过互访、佛教文化研究与交流等形式,不断拓宽友好交流的渠道,加强中日两国民间友好往来。

【农村民居地震安全工程顺利完工】 根据州政府相关政策要求,2008年大理市农村民居地震安全工程建设共投入资金1987万元,完成1340户民居的改造和新建,其中,100户为拆除重建,截至2009年1月31日,州政府下达大理市的农村民居地震安全工程任务已全面完成。为全面推进农村民居地震安全工程的顺利实施,大理市成立农村民居地震安全工程建设领导组,制定《大理市2008年度农村民居地震安全工程实施方案》,明确工程实施步骤和相关工作要求,并与实施乡镇签订责任书。各工作组深入农村大力宣传农村民居地震安全工程建设的重要意义和相关政策。经过调查摸底,掌握了农村民居的抗震性能情况,制定出分户改造方案,按照条件成熟一户实施一户的原则,分期分批实施了改造、新建。农村民居地震安全工程的顺利完成,提高了大理市农村民居抗御地震和洪水、滑坡、泥石流等自然灾害的能力,为社会主义新农村建设提供了安全保障,确保了群众的生命财产安全。

【大理市荣获首批国家级食品安全示范市称号】 5月,大理市荣获首批国家级食品安全示范市称号。多年来,大理市始终把食品安全工作作为民心工程、德政工程,围绕保障公众饮食安全、促进经济社会和谐发展的工作目标,努力构建市、乡镇、村三级食品安全网络，不断完善食品安全工作运行、信息预警、防范监控、应急处理等机制。同时制定《大理市创建国家级食品安全示范市实施方案》，把创建工作的各项目标任务和责任分解落实到11个乡镇、“两区”管委会和7个监管职能部门。大理市食品产业特色优势凸显，发展水平提升，食品安全工作机制、监管网络和农村食品流通网不断健全和完善，食品放心工程、食品安全专项整治、食品质量安全监测和食品安全信息宣传等工作深入推进。食品安全信用体系建设试点工作、食品安全重点难点工作和农村农家宴席管理，乡镇食品药品安全协管站、旅游景区景点餐饮示范街、示范店建设取得创新和突破。

【大理市荣获“全国绿化模范县市”称号】 6月，大理市被国家绿化委员会授予“全国绿化模范县市”称号，杨丽秀等3户农户被授予“全国绿色小康户”，曾丽华等2名林业工作者被授予“全国绿化奖章”。多年来，大理市高度重视林业工作，以营林为基础，以森林资源为重点，深入广泛地开展全民义务植树活动、村镇绿化和农村能源建设，强化林政执法和森林资源的管理保护，大力推进林业事业发展，造林绿化取得了可喜成果。1998年实现了“基本消灭宜林荒山”的目标，目前全市水土流失、局部地区生态恶化的局面得到遏制，呈现出山清水秀、生态环境步入良性循环的局面。大理市是云南省首次荣获“全国绿化模范县市”的两个县市之一。国家绿化委员会和省绿化委员会向大理市授牌、颁发证书，同时向荣获“全国绿色小康户”的农户颁发证书和奖牌，向荣获“全国绿化奖章”的林业工作者颁发证书和奖章。

【大理市公安消防大队荣获国家级“青年文明号”】 2009年6月，大理市公安消防大队被公安部、共青团中央命名为国家级“青年文明号”，州公安消防支队特勤中队、州公安消防支队洱源县中队被云南省公安消防总队、共青团云南省委命名为2008年度云南省省级“青年文明号”，市公安消防大队一中队被授予云南省省级“青年文明号”荣誉称号。近年来，市公安消防大队始终将创建“青年文明号”和部队建设紧密结合、队伍建设和警营文化建设紧密结合，开展“弘扬公安消防精神，忠诚履行职责使命”主题教育活动，倡导文明新风尚，积极培育官兵当代革命军人核心价值观，牢固树立“人民消防为人民”的服务理念，在警民共建、拥政爱民、扶贫帮困、捐资助学、消防监督管理、灭火抢险救援等方面做了大量工作，各项工作迈上了新的台阶。

【华中师大与大理市签订合作框架协议】 为延续、发扬历史情缘和友谊，7月12日，华中师范大学与大理市签订合作框架协议。华中师范大学与大理市有着悠久的历史情缘，其前身华中大学在抗战期间西迁到大理市喜洲镇。8年办学中，华中师范大学与大理人民结下了深厚的友谊，并为国家培养了大批优秀人才，开创了大理高等教育的先河，对大理乃至滇西地区的教育发展、文化进步起到积极的推动作用。华中师大与大理市进行学术讲座及交流活动，州委常委、市委书记段玠出席签字仪式。华中师范大学党委书记、博士生导师丁烈云等领导出席签字仪式。

【大理国际商务城投资签约】 7月20日，大理国际商务城投资签字仪式在大理古城举行。大理国际商务城大理三月街片区开发建设系列配套项目之一，位于三月街街场西侧，占地面积约33.33公顷，总建筑面积约20万平方米。项目总投资约8亿元，由广东东方家私有限公司、中国家具协会、中国装饰协会、大理福德室内外配套装饰有限公司等投资，依托大理丰富的旅游资源和得天独厚的气候条件，以商务会议、家居体验、旅游休闲、度假观光等内容为主，开发建设园林式的国际家居体验馆、产权式高级商务会议所、国际商务中心和高端酒店。大理国际商务城建成后，将采用体验馆、陈列馆的方式，把国内外最著名的家具、装饰品牌展示给中外游客和消费者。同时，将每年近300场次的中国家具协会、中国装饰协会以及国内外著名品牌的厂商联谊会、展销会、研讨会移居此项目内。

【兴盛大桥通过交工验收】 9月28日，大理市兴盛大桥通过交工验收。此次交工验收分工程实体和内业资料检查两部分，由综合检查小组、上部结构检查小组、下部结构检查小组和内业资料检查小组等组成，分别对全桥桥面铺装、钢箱梁、承台、墩身、标志标线、交通安全设施及所有施工、监理竣工资料进行检查。通过资料查阅和工程现场检测，交工验收委员会一致认为，大理市兴盛大桥工程建设项目已按省交通厅《关于对大理市兴盛大桥初步设计的批复》的要求，完成了全部建设内容，具备通车条件。

【大理金穗麦芽年产3万吨麦芽生产线建成投产】 历经一年零四个月的紧张施工，10月28日，大理金穗麦芽有限公司年产3万吨麦芽生产线建成投产，标志着企业的生产规模和科技水平上了一个新台阶。大理金穗麦芽有限公司是我市国有控股企业，是大理市实施“工业强市”战略的龙头骨干企业之一。近年来，企业发展取得良好的经济效益和社会效益，为促进地方经济发展、增加地方财税收入做出了积极贡献。公司年产3万吨麦芽生产线项目是市委、市政府确定实施的重点工业项目，总投资7150万元，项目净占地面积6.73公顷，一期工程总建筑面积25580平方米，拥有8348平方米的原料、成品仓库及相应配套设施。项目主要依托大理、巍山、弥渡、祥云、洱源、鹤庆等地的优质大麦原料，采用第三代萨拉丁工艺技术，年加工大麦3.75万吨，年产优质麦芽3万吨。项目投产后，可实现销售收入9000万元，上缴税金360万元，实现利润450万元，将带动全州农业产业结构调整，增加农民收入，扩大就业渠道，促进社会和谐发展。

【《大理市年鉴》创刊10周年总结表彰会召开】 11月20日，大理市召开《大理市年鉴》创刊10周年总结表彰会，总结《大理市年鉴》编撰工作经验，对10年来为年鉴编撰工作作出贡献的先进供稿单位、优秀编辑和优秀撰稿员进行表彰奖励。地方综合年鉴是地方志的重要组成部分，地方志是社会主义文化建设和哲学社会科学的重要组成部分。存史资政对于一个地方社会主义现代化建设，积累和保存地方文献，文化外宣、建设小康社会和发展社会主义物质文明、政治文明、精神文明具有十分重要的意义。《大理市年鉴》自2000年创刊以来，较好地发挥了“决策参考、宣传窗口、招商媒介、历史传承”的重要作用，以客观、全面、翔实的内容详尽地记录了大理市每一年度政治建设、经济建设和社会各项事业发展的基本情况，收集和积累了翔实、丰富的资料，记载了全市改革和现代化建设成果。是一本导向正确、准确真实、信息量大、时效性强、装帧精美、富有地方特色的精品年鉴，已成为中国年鉴资源全文数据核心年鉴，被国内外多家研究机构广泛引用，得到中国地方志指导小组、云南省地方志办公室、云南省年鉴研究会的充分肯定，也得到业内人士的广泛好评。据统计，在已出版的《大理市年鉴》2000～2008年的9卷年鉴中，获得过国家级奖项1次、省级奖项8次，10卷年鉴编撰字数已近800万字，宣传彩页近500页，为后人积累了极其宝贵的文化财富，充分发挥了“存史、资政、教化”的积极作用。

【大理市荣获“云南省未成年人思想道德建设工作先进市”称号】 在12月23日云南省文明委召开的全省未成年人思想道德建设经验交流会上，大理市荣获“云南省未成年人思想道德建设工作先进市”称号。自2004年中共中央、国务院颁发《关于进一步加强和改进未成年人思想道德建设的若干意见》以来，市委、市政府高度重视，不断深化全市未成年人思想道德建设工作，创造性地推出了家教工程、关爱工程、助学工程、保护工程；全市积极实施文化环保工程，进一步完善学校、家庭、社会“三位一体”教育网络。同时，加大网络、荧屏声频、出版物市场的专项治理，强力净化社会文化环境，有力促进了未成年人健康成长。5年来，全市持续开展网吧专项治理，大力加强网吧社会监督队伍建设，充分发挥各级关工委、人大代表、政协委员、学生家长及社会各界人士的作用。通过教育引导、劝阻说服等手段，采取明查与暗访、集中巡查与分散检查相结合的形式，有效制止未成年人进入网吧。至年底，大理市有网吧义务监督员400余名。12月，大理市还在全市范围内聘任52名老干部、老战士、老专家、老教师、老模范为网吧“五老”监督员，参与对网吧的经营监督和管理工作。

【下关镇】 全镇辖区总面积168.71平方千米，下辖14个村委会、63个自然村、123个村民小组和20个社区居委会，聚居着白、汉、回、彝等21个民族，全镇辖区人口20多万人，户籍人口174496人（其中农业人口47628人）。2009年，全镇经济总收入达437617万元，财政总收入达20017万元，工业总产值完成90879万元，招商引资实际到位20800万元；固定资产投资完成25346万元，农民人均纯收入达5607元。认真开展“洱海保护月”宣传教育和“文明卫生村”创建活动，开展专项治理，进一步加强殡葬管理工作；按照《洱海综合治理责任制》的要求，积极投身洱海治理保护六大工程，完成了洱海湖滨带修复工程前期调查、洱海周边污染情况调查等工作，开展了新一轮“三退三还”的前期摸底调查工作；投资201.1万元，完成了3座污水处理系统和南北经庄150口庭院污水处理池建设，建成4座垃圾焚烧炉；聘用32名滩地保洁员，加强对辖区的河道、滩地、洱海湖面的保洁；投入118.8万元，完成了吊草、大麦地、大关邑等村委会的人畜饮水改扩建工程；投资601万元，实施了大凤路、楚大高速公路沿线第一期209户白族民居建筑风格整治。传承白族民居风格，第一期海西白族民居专项整治工作初见成效。完成投资601万元，其中木屋顶93户，工程量10346㎡；砼屋顶9户，工程量923㎡；拆除瓷砖抹灰64户，工程量4599㎡；抹灰108户，工程量19754㎡；彩绘197户，工程量11524㎡；刷白87户，工程量18906㎡；屋顶假檐84户，工程量3051m^2。鸳浦社区被国家减灾委员会、国家民政部授予第三批“全国综合减灾示范社区”称号。镇级财政安排250万元新农村建设专项经费，对村心道路、入户道路硬化工程进行补助，全年水泥补助累计达2210吨，硬化村心主干道11835米、入户道路14352.6平方米，村容村貌得到明显改观。完成农村宅基地使用、房屋现状和抗震性能情况调查工作。完成102户农村民居地震安全改造工程。完成10个自然村613.3万元的道路建设、人畜饮水、文化设施等“一事一议”财政奖补项目建设。各项支农、惠农政策落实到位。及时兑现5463户种粮补贴113444元，6611户综合直补714140元，19户享受农机购机补贴180600元。共办理家电下乡补贴农户1117户，补贴资金860642元。2009年，全镇粮食播种面积为1021.2公顷，总产7809吨，粮食平均单产为510千克，比上年增产12千克。大力推进农村富余劳动力转移及劳务输出工作，培训劳动力1100人次，实际转移农村劳动力650人，分别比上年增长3.8%和1.6%。发放测土配方施肥卡13500份，认真抓好935.4公顷大春作物的播种指导。建立4个农村合作经济组织，带动100多农户增收。完成了95.57公顷核桃种植任务。有效防控了重大动物疫病的发生。

年末，镇党委书记、镇长张霞，镇人大主席杜利光（白）。

【大理镇】 全镇总面积76.48平方千米，辖12个村委会，5个社区居委会，总人口68346人，居住着白、汉、回等14个民族。2009年，全镇农村经济总收入完成18.81亿元；农村人均纯收入达5275元；财政总收入完成3878万元；工业总产值完成2.87亿元；社会固定资产投资完成5.03亿元。全年共接待中外游客530万人次。全镇农村经济总收入完成18.81亿元，同比增长10%；财政总收入完成3878万元，同比增长18%；固定资产投资完成5.03亿元，其中集体及私人建房投资完成1.41亿元，同比增长25%；农民人均纯收入实现5275元，同比增长10%。2009年，农业产业结构调整力度不断加大。建成优质米基地920公顷、无公害蔬菜基地586.67公顷、水稻高产示范样板666.67公顷、玉米高产示范样板333.33公顷，各类农业科技试验示范和样板项目4个、100公顷，园林花卉基地133.33公顷，畜牧养殖和特种养殖规模不断扩大，全镇奶牛存栏1067头，生猪存栏17117头，禽类35万羽。农业农村生产生活基础设施不断改善。投资6000多万元，完成4135米机耕路、11400米排灌渠道和58条共15091米村庄道路改造，铺设排污管网10500米。古城规划管理进一步加强。共审查规划意见50余份，查处违法建设30余起，其中强制拆除5起，确保了古城保护规划各项要求落到实处。基础设施改造提升进一步加快。“河赕古道”系列旧城改造提升项目进展顺利，其中“武庙会”、“中和坊”项目已完成，“春秋坊”项目正抓紧规划调整，可在年内启动建设。“希夷之大理”大型实景演出项目征地拆迁工作正抓紧进行。南门生态停车场和古城二级客运站建设进展顺利。洱海保护“六大工程”深入推进。整合近1000万元资金，完成大理学院、三月街、高尔夫球场和负石广场等片区的排污截污工程和总长5.9千米的村落污水管网建设。丰呈庄污水处理系统、才村湿地公园、816户庭院污水处理设施和2座污水处理土壤净化槽建成投入使用。年内共发放城市、农村低保金185.8万元，涉及1049户、2190人；发放农村五保金3.1万元，涉及37户、40人；发放各种优待金和抚恤费168万元，涉及1016人。魁阁社区被评为“全国和谐社区建设示范社区”，五华社区被评为“云南省和谐示范社区”，龙龛村委会荣获“云南省民族团结进步模范集体”称号。

年末，镇党委书记赵伯廉（白），镇长李金灿（白），镇人大主席赵德远（白）。

【凤仪镇】 全镇国土面积307.9平方千米，辖14个村民委员会，20个党总支（支部），74个自然村，89个村民小组，

2009年，全镇总人口6.5万人，有白、汉、回、彝等12个世居民族，其中白族人口占55%，是一个以农业为基础，工业化、城市化发展为主要支柱的新型工业城镇；全镇农村经济总收入完成34.9亿元，比上年增长10.16%；辖区工业总产值完成50.1988亿元，比上年增长29.23%；工业增加值完成11.43亿元，比上年增长21.52%；财政收入完成1.73亿元，比上年增长12.61%，其中地方一般预算收入完成6061万元，比上年增长22.3%；农民人均纯收入达6323元，比上年5748元增加575元，增长率为10%；固定资产投资完成9611.38万元，比上年增长25.197%。全镇经济社会发展重点工作被市委、市政府考核评定为一等奖。继续实施凤仪城区路网、水网、电网、绿化系统改造工程，加快推进基础设施建设，不断提升城市形象。紧紧围绕工业强镇战略，坚定不移地走新型工业化道路，以工业园区、仓储物流区为载体，培植壮大了一批支柱产业，做大做强优势产业集群，确立了以汽车、机械制造业、纺织加工业、新型工业、建材业为主的产业发展方向，为全镇经济社会发展提供强有力的工业支撑。按照市委、市政府提出的“四通八达十六有”的新农村示范村建设标准，采取点面结合，抓两头促中间的方式，2009年投入360万元，重点抓好市级示范村普和村的建设，在完成基础设施、公益性项目建设的基础上，扶持、引导以砂石为主的建筑建材业向规模化、集约化方向发展，努力打造大理地区的砂石供应基地。先后完成了总投资260万元的三哨水库管理房建设工程；完成了总投资175.31万元、总长5.7千米的三哨水库干渠防渗工程（一期）；投资400万元完成了1666.67公顷核桃和800公顷华山松的种植任务，并圆满通过市级验收。完成了4群28座密集式烤房的新建以及113.33公顷“红大”指导性烤烟种植任务，实际完成收购烟叶29.73万千克，为计划任务的118%，实现烟农收入485万元，红大烟叶平均亩产值达2856元，比上年水平提高679元。投资100万元完成了18个环保公厕建设。完成了64户农户污水处理设施（计划实施154户，市级是年末安排凤仪镇任务）。相继投入50万元，对城区及320国道沿线桶装垃圾和各村62个垃圾池实行统一清运。先后投入110多万元，在全市率先提高了代课教师工资，为14所小学配备了多媒体设备，改造了5所学校的校园环境。投资36万元实施了凤仪卫生院排危工程及医疗设备的更新，切实保障了医务人员和就诊病人的安全。安排16万元农村危房改造专项资金，帮助32户特困户解决了住房问题。投资237万元完成了全镇老年协会活动场所建设（其中新建11个、改扩建2个）。投资100多万元完成了芝华、庄科两个村委会的办公楼建设。新型农村合作医疗参合人数为53915人，参合率达97.41%。2009年完成农村劳动力转移培训1564人，输出1010人。全镇共有121479人次享受“新农合”门诊补偿81.48万元，有3826人次享受住院补偿432.87万元，补偿金额占自筹资金的495.8%，占总金额的99.16%。积极推进农业人口“奖优免补”工作，年内共兑现一次性经济奖励110户，养老补助92户，教育奖学金909户，升学照顾加分58人，计划生育特别补助16户，农村独生子女“普高、大学”阶段奖学金49人，农村计划生育家庭享受全额资助参加农村“新农合”7675人。年内为13792户农户办理综合直补137.5万元，为13808户农户办理种粮补贴40.57万元，为695户农户办理退耕还林补偿款48.7万元，办理能繁母猪补贴、奶牛养殖补贴、油菜种植补贴及森林生态效益补贴款共计37.45万元。为2163户农户办理家电、汽车、摩托车下乡补贴169.6万元；为298户农户办理农机具补助124.03万元。

年末，镇党委书记熊红兵，镇长赵德雄，镇人大主席赵吴厚。

【喜洲镇】 2009年，全镇国土面积161平方米，总人口64887人，全镇财政总收入完成1360万元，比上年增长14.19%，其中，地方一般预算收入完成916万元，总收入与上年相比，增收169万元。全镇财政实现收支平衡；完成固定资产投资20934万元，比2008年增长26.57%；完成工业总产值4261万元，比2008年增长20%；农民人均纯收入达5478元，比上年增长10%。全镇综合经济实力不断增强，社会事业全面进步，人民生活水平明显提高。整合资金260万元完成11项村级公益事业“一事一议”财政奖补项目建设；投资220万元修建作邑烟水工程；投资28.2万元完成了深江泵站和江上泵站的技改工程；投资833.05万元完成2005年人畜安全饮水工程；投资276万元完成2006年人畜安全饮水工程；投资32.82万元完成水利血防工程；完成了全镇雨水集蓄工程规划、2009～2013年安饮工程规划、2010～2020年中低产田改造水利规划等多项农业基础设施建设规划。2009年全镇小春农作物播种1508.67公顷，总产量8033吨，平均单产355千克，比2008年增产4.11%；大春农作物播种1966.67公顷，总产量18733吨，平均单产636千克，比上年增产2749吨；引种大荚豌豆连片666.67公顷、花卉11.67公顷、大蒜133.33公顷、啤大麦33.33公顷，新增核桃种植33.73公顷。种植烤烟173.33公顷，新建烤房11群63座，实现烤烟种植千亩连片1片，完成烟叶收购43万千克，实现收入665.99万元，烟农户均收入18722元。2009年全镇奶牛存栏7140头，生猪存栏22569头，家禽122658羽，肉类总产8676吨，奶类总产26060吨，禽蛋产量931吨。全面完成了2008年市指挥部下达的492户白族民居建筑风格整治任务及84户广告整治清理拆除工作，古镇保护开发进展顺利。国道214线征地拆迁工作圆满完成。全年发放救灾救济补助51008元，慰问贫困残疾人35人，发放慰问金7000元；积极开展劳动保障工作，农村低保由原来的170户510人增加为213户628人；积极支持群众创业就业，推荐安排小额贷款70万元，支持14人创业；推荐下岗失业“4050”人员参加公益性岗位5人；认真落实优抚政策，及时准确发放优抚金213837元；积极落实城乡义务教育两免一补政策；实施中小学校舍安全工程，完成了上关完小660 ㎡，寺里完小705 ㎡，仁里邑完小504 ㎡的危房改造项目；启动了河矣江完小教学大楼的撤除重建工作；同时争取到了文阁完小480 ㎡的危房改造项目；学龄前儿童入园率达95%以上，小学入学率达100%，初中入学率达100%；加强教学交流合作，大理二中挂牌成为华中师范大学大理附属中学；2009年获得全国民族团结进步模范镇的荣誉称号，受到了国务院的表彰。

年末，镇党委书记张勇，镇长周丽玲（女，白），镇人大主席何善正（白）。

【海东镇】 全镇辖区面积128平方千米，有8个村委会，31个自然村，62个村民小组，2009年末总户数6951户，总人口23780人；全镇经济总收入9.5799亿元，同比增长20%；工业总产值2.398亿元，同比增长20%；财政总收入1936万元，同比增长14.7%，其中地方一般预算收入1236万元；居民储蓄存款余额达9791万元，同比增长63.37%；固定资产投资8115万元，同比增长26.34%；粮食总产7981吨，农民人均纯收入5407

元,同比增长20%。2009年,全镇工业营业总收入完成2.06亿元,全年现价总产值完成2.99亿元,其中工业总产值完成2.40亿元,全年工业增加值完成4660万元,企业投资408万元。云南卷烟材料厂大理三塔分厂生产咀棒16.50万箱,营业收入2299万元,上缴税金409万元。上和水泥厂生产水泥5.20万吨,营业收入1230万元,上缴税金56万元。大理建中香料有限责任公司加工80%的蓝桉油696.40吨,99.5%桉叶素139.70吨,加工产值4075万元,上缴税金40万元。2009年,全镇小春农作物播种508.67公顷,其中粮食作物398.47公顷,总产1879吨。大春农作物播种1311.6公顷,其中粮食作物1064.93公顷,总产6102吨。全年粮食总产7981吨,平均单产364千克,同比增11千克。稳步推进烤烟发展,积极组织开展科技培训,引进示范种植新品种红花大金元,大力推广漂浮育苗、地膜覆盖、高垄起墒等科技措施,全镇4个种烟村委会完成指导性烤烟种植160公顷,收购烤烟7300担36.5万千克,均价每千克15.19元,烟农总收入近600万元,实现税收130万元,比上年增收14万元。林果业和畜牧业健康发展,高枝嫁接"红云"系列优质梨5129株;种植泡核桃66.69公顷,完成退耕还林变更223.42公顷。加大畜禽疫病防治力度,实施生猪免疫猪瘟疫苗8185头份,牛疫病免疫2288头次,猪疫病免疫9249头次,家禽高致病性禽流感免疫24200只次,全镇规模饲养户进行了100%免疫;对275头奶牛进行结核病监测;在发生口蹄疫期间扑杀牛47头,猪65头,投入疫病防控资金28.59万元;推广牛冻改482头、良种禽10.50万羽、猪种改良1.21万窝;生猪出栏24975头,肉牛321头,禽13.5万只。积极推行能繁母猪保险,参保能繁母猪6498头,参保率93.9%;生猪存栏22536头、牛存栏1865头、马畜存栏1932头,畜牧业生产总值7681万元。按时征收土地1140.8公顷,兑付补偿资金37481.82万元。完成长3.42千米,投资0.97亿元的Ⅰ号路一期路基工程。完成长7.60千米,投资1.22亿元的Ⅱ号路一期路基工程。三条五段总长13.60千米森林防火通道已完工,总投资1924万元。11千米长截污干管已基本完工,投资0.80亿元。海东220kv变电站涉及征地4.48公顷,已于2009年7月3日进场施工。技师学院投资6.07亿元,已于2009年12月20日进场施工。环海路和洱海湖滨带建设稳步推进,环海路一期下和至观音阁段长12千米,路基宽24米,总投资8500万元,拆迁126户,已评估125户,已签协议125户,已拆迁125户,拆迁3.11公顷;环海路二期观音阁至文笔段长3千米,路基宽12.50米,投资1400万元,涉及文笔拆迁93户;洱海湖滨带建设拆迁168户,安置168户,已评估148户,已签协议87户,已拆迁10户;拆迁8.73公顷;洱海湖滨带建设土地清退面积18.57公顷。继续实施"六大工程",认真开展"洱海保护月"活动。投资1094万元建成南村、文笔、向阳三个村委会6个村落污水处理系统、金梭岛面源污染治理示范工程、60户庭院式污水处理系统;实施洱海滩地管理和水面保洁,将湖岸线划分为16个标段责任管理;实行垃圾村收镇运,改善村庄卫生;推广沼气池52口、节柴灶200口、太阳能50个;做好封湖禁渔工作;积极开展"禁白";修建入湖河道拦污闸,加大洱海保护力度。扎实推进社会保障,按时发放五保资金5.04万元;将384户1593人纳入农村低保,发放农村低保金95.54万元;全镇享受城镇低保279人,发放城镇低保金71.60万元。继续加大教育投入,投资32万元完成金梭岛完小五室建设;投资9.54万元更换文武完小、上登完小21套教师办公桌椅和海东中学等4所学校580套学生课桌;投资5万元改善海东中学、南村完小、向阳完小办学条件。落实计生、卫生政策,全年计划内出生304人;"三术"完成324例,是市下达任务数284例的114%,办理独生子女光荣证26户。2010年度"新农合"参合21672人,筹资43.35万元,以人为单位参合率96.56%,比上年上升0.54%;全年,门诊补偿46049人次,住院补偿945人次,发生医疗费用351.52万元,减补费用111.95万元。

年末,镇党委书记李洋(白),镇长李奇彬(白),镇人大主席张问社。

【挖色镇】 全镇辖6个村民委员会,14个自然村,56个村民小组,辖区国土总面积为114.8平方千米,常耕地面积645.06公顷,人均0.47亩。2009年末全镇总户数6049户,总人口21786人,其中农业人口20425人;全镇财政总收入完成394万元,超额完成年度预算任务388万元的101.55%,比2008年324万元增加70万元,增幅达21.6%。其中完成地方一般预算收入334万元,比2008年280万元增加54万元,增幅达19.3%,财税增长迅速,连续四年实现两位数增长。2009年全镇经济总收入完成54789万元,比上年的49718万元增长10%;固定资产投资完成7025万元,比上年的5612万元增长25.2%;农民人均纯收入达4239元,比上年的3853元增长10%。全镇共完成烟叶收购66.74万千克,占任务数(合同数)56.5万千克的118.12%,均价达15.51元,实现烟农总收入952.57万元,完成税收209万元,比上年同期的185万元增加24万元,全面实现烟农增收,促进财税增长的目标。2009年,挖色镇继续加大基础设施投入,把推进城镇化战略作为拉动经济增长的重要工作来抓,通过积极争取各级项目和资金支持,大力加强基础建设项目工作,取得明显成效。一是完成大成水库、麻甸箐水库病险水库的鉴定和规划设计工作,并上报立项争取投资改造。二是投资近300多万元的大成完小教学楼排危新建工程已开工建设,现已完成主体工程的浇筑。三是争取国家拉动内需项目,投入108万元建设的卫生院附属工程和100多万元的凤尾箐大坪坝坡改梯工程正在实施当中。四是总投资1000多万元的全镇土地整理项目已通过省级评审,并于2010年初启动实施。五是投资102万元的挖色村园田化建设项目正在建设之中;六是投资40多万元的挖色村委会办公楼正在建设之中;七是镇计生服务站和司法所建设正在规划选址中,即将启动建设;八是投资300多万元的挖色烟站仓库扩建和投资200多万元的挖色供电所办公楼搬迁建设项目正在选址和办理用地手续的审批当中。年内,全镇未出现计划外生育,完成三术任务224例,超额完成市级下达任务210例的106.67%,人口增长得到有效控制,人口素质进一步提高。2009年筹集"新农合"参合资金37.642万元,返还报账资金113万元,2010年度新农合参合率达95.82%。挖色镇在云南省首届和谐乡镇评选中荣获"和谐乡镇"称号。

年末,镇党委书记李德忠(白),镇长汪一平(白),镇人大主席李明贵(白)。

【湾桥镇】 镇辖区国土面积63.8平方千米,耕地面积1132.8公顷,辖七个村民委员会,26个村民小组,74个农业生产合作社。2009年,全镇总人口25958人,其中白族占总人口的95%以上;全镇农村经济总收入完成11.265亿元,比上年增长10.01%,完成工业总产值达7700万元,比上年增长28%;财政总收人完成1042万元，比上年增长3.48%；地方一般预算收入完成727万元，比上年同期增长4.76%；固定资产投资完成7750万元，比上年同期增长26%；农民人均纯收入4954元，比上年4503元增长451元，增长率为10.01%。全镇种植烤烟260公顷，圆满完成了67.5万千克的烟叶收购任务，丰产烟叶14.34万千克，实现税收271万元，农民总收入较上年增加219.8万元；大力发展优质米、无公害蔬菜种植，全年粮食总产15092吨，比上年增加418吨。引进注册资金1000万元的昆明普尔顿管业有限责任公司湾桥分公司建成并投产；引进投资658万元的大理市小宝贝饮料有限责任公司；引进投资495万元的大理市立基环保材料厂；抓好村镇绿化美化工程，绿化美化6条乡村道路；推进洱海综合治理工程，完成8个公厕、50个生态旱厕和50口沼气池的建设；建立垃圾清运长效机制；引进投资400万元的中日合作向阳溪小城镇污水处理示范项目；启动投资96万元的石岭新溪邑村农村环境综合整治项目。

年末，镇党委书记杨寿龙（白），镇长周亚敏（回），镇人大主席张建文（白）。

【银桥镇】 2009年，全镇完成农村经济总收入17.9亿元，同比增长10%；完成财政总收入5527万元，同比增长62.1%，其中完成地方一般预算收入1396万元，同比增长27%，全年财政收支平衡；完成固定资产投资4797万元，同比增长25%；农民人均纯收入达5352元，同比增长10%。继续坚持"工业强镇"战略，加快银桥绿色食品工业园和大理石材加工展销基地建设，加大招商引资力度，完善基础设施建设，推动新型工业经济发展。筹集资金600万元启动了银桥食品园区2号、3号、4号道路配套建设工作；完成了园区35千伏变电站建设项目；启动了日处理1万吨的园区供水厂前期选址规划工作；继续抓好下关沱茶集团三万吨精制茶生产线项目、大理好健康、银通度假休闲山庄项目建设的续建工作，重点抓好娃哈哈新增生产线项目协调服务工作及大理绿源生物技术有限公司玫瑰综合产业化开发项目、苍山温带植物园的洽谈引建工作。2009年全镇完成工业总产值5.33亿元，同比增长20%，完成工业增加值1.67亿元，同比增长20%，其中食品园区完成工业总产值3.83亿元，上缴各级税收5769万元。全镇大小春完成播种面积2014.2公顷，实现粮食单产478千克，比上年增产10千克，总产17208吨。结合镇情，创新思路，以"两保护"为重点，大力推进生态文明建设。坚持经济发展与环境保护并重的方针，扎实开展苍山、洱海"两保护"工作。认真落实洱海综合治理保护目标责任制，加强宣传教育，层层落实责任，扎实推进洱海综合治理保护"六大工程"。年内累计发放各类环保宣传资料10000多份，推广控氮减磷优化平衡施肥技术666.67公顷，清运垃圾3163车、6326吨。完成了2008年度39户白族民居建筑风格整治工作，年内兑付各类支农补贴168.7万元，累计发放家电、汽车、摩托车下乡三项补贴金额75.6万元。

年末，镇党委书记李庆培，镇长张秉位（白），镇人大主席张发祥（白）。

【双廊镇】 全镇国土面积218.28平方千米，辖7个村民委员会，共有51个自然村，78个村民小组。2009年，总人口17848人；全镇农村经济总收入6823万元，增长10%；固定资产投资达4353.8万元，增长25.1%；财政总收入473万元，比上年同期415万元增收58万元，增长15%，其中：地方一般预算收入400万元，比上年增长15%，上划中央四税完成73万元，比上年同期61万元增收12万元，增长20%，财政预算支出466万，其中，本级一般预算支出378万元，专项资金支出88万元；农民人均纯收入1868元，比上年增加170元，增长10.1%。成功举办"大理洱海开海节"，顺利完成"精彩云南，辉煌60年"大型电视直播行动，立足旅游文化核心竞争力打造，拓宽招商引资渠道，在引进昆明城建股份有限公司和大理省级旅游度假区金海有限责任公司的基础上，引进市外资金进行海地、苍海一粟、白居、水时光等休闲屋、伙山旅游开发和特色林种植及砂牛半岛片区等项目建设，当年引进到位投资2017.28万元，促进了旅游业从数量到质量、观光到休闲度假的转变，接待游客近60万人次，旅游社会总收入达1200万元。扎实推进伙山村千村扶贫整村推进工程，投入865.6万元，实施"866"工程，完成科技培训1600人次，实现农村剩余劳动力转移120人。全面完成小春作物328.33公顷和大春粮食作物402.53公顷的栽种任务，粮食平均单产382千克，增长3%。种植烤烟206.67公顷，完成烟叶交售42.5万千克，实现烟农总收入726万元，增长15.6%；乳牛存栏2416头，奶农收入1302万元；种植核桃462.7公顷，林果类产值达260万元，渔业产值1186万元。2009年有16598人参加了医疗保险，参合率达97.33%，享受医保补偿40205人次、117.5万元，有效减轻了老百姓的医疗负担。2009年工业经济平稳增长，完成工业总产值443万元，比上年的366万元增加77万元，增长21%；完成工业增加值116万元，比上年的93万元增加23万元，增长25%。

年末，镇党委书记、镇长段志卿（白），镇人大主席尹春明（白）。

【太邑乡】 全乡国土面积106.5平方千米，下辖5个村民委员会，42个自然村，60个村民小组。2009年，全乡总人口8647人，以扇状分布在5座大山之上，全乡经济总收入达2.26亿元，财政收入完成729万元，其中完成地方一般预算收入319万元，农民人均纯收入达2741元（不含政策性补助）。完成工业总产值11547万元，比上年增长26%，其中：工业增加值完成3265万元，比上年增长24%；完成固定资产投资3375万元，比上年增长32.9%；引进市外资金2000万元，形成了工业经济发展"内联外引"工作格局，工业经济的平稳发展逐步壮大为太邑又好又快发展奠定了坚实的基础。推广地膜玉米333.33公顷，使用地膜10吨，统购优质籽种12.5吨，粮食总产量达4759吨，比上年增222吨。全乡肉类总产量达1821吨，实现畜牧业现价总产值2019万元，畜牧产业成为山区群众增收致富的有益补充。共投入基础设施建设资金2778万元，实施了一批基础设施建设项目，极大的改善了山区群众生产生活条件，为加快太邑发展提供了坚实的基础。新型农村合作医疗参合率达98.25%。发放城市低保资金4.1万元；发放农村低保资金49万元；农村五保供养44户、53人次，发放供养金3.8万元；发放临时救济资金3.2万元；发放优抚资金10.8万元；投入5万元，对25户残疾户进行危房改造；发放其他社会保障资金4.8万元。

年末，乡党委书记梁泉（彝），乡长李伟鹏（彝），乡人大主席段崇智（白）。

【上关镇】 全镇国土面积115.59平方千米，耕地面积1317公顷，森林覆盖率达57%。下辖13个村委会，56个自然村，142个村民小组。境内以白族为主，汉、回、傣、纳西等多民族世代杂居。2009年末人口为41288人，总户数10497户，其中农业人口有9642户

40172人;全镇以“保增长、保民生、保稳定、保洱海”为重点,坚持以经济建设为中心,全镇农村经济总收入达28842万元,比上年的26219万元增2623万元,增长10%;农民人均纯收入达2744元,比上年的2494元增250元,增长10%;完成年内固定资产投资6767万元,比上年的4738万元增长2029万元,增长29.98%;完成财政总收入286万元,完成市下达任务数280万元的102.14%,比上年增收33万元增长13.04%;财政一般预算支出649万元,完成任务数的100%。全镇乳牛存栏达13078头,累计完成奶牛建档立卡15670头,鲜奶产量达62480吨;种植牧草6.67公顷,全年奶农收入达13746万元。牛猪口蹄疫累计免疫72151头次,其中,牛22877头次,猪49274头次。猪高致病性蓝耳病累计免疫50600头次。禽流感累计免疫166971羽次。在“封湖禁渔”工作中,486艘渔船全部按期入港,处理砍伐湖滨带树木案件一起,共张贴宣传海报10余张,通告500多份,受教育群众5000多人。除做好洱海水面、滩地及入湖河道的日常保洁以外,还在沙坪湾、河尾入海口等开展大规模的专项治理行动,共投工8000多个,打捞水面漂浮物7000多吨。2009年全镇粮食作物播种总面积2043公顷,总产达15515吨,人均占有粮达395.33千克,同比增加16.33千克。烤烟种植面积166.67公顷,烟农收入达579万元,创税116万元,全镇种植大蒜341公顷,实现经济效益4282万元,亩均产值达8372元,提质增效目标圆满实现。坚持教学第一,努力提高教学质量;继续完善“两基”成果,改善办学条件,投资192万元,启动实施沙坪、河尾两所完小排危工程,建筑面积达1600㎡。全镇2009年“参合”人数3.8万余人,参合率达95.57%。

年末,镇党委书记李文伟(白),镇长赵娥忠(白),镇人大主席张铨(白)。

(《大理市》由洪仁邦撰稿)

漾濞彝族自治县

【自然概貌】 漾濞彝族自治县,地处云南省西部,大理白族自治州中部,点苍山之西,境跨北纬25°12′~25°54′,东经99°36′~100°07′,东与大理市、巍山彝族回族自治县接壤,北与洱源县相连,西靠永平、云龙2县,南和保山市昌宁县毗邻。总面积1957平方千米,山区面积占98.41%。县境水平距离东西最长53千米,南北最长79千米,版图略呈蘑菇形状。辖区地域北宽南窄,地势由北至南渐次降低。最高为东北部点苍山之马龙峰,海拔4122米,最低点在境南羊街河注入漾濞江处,海拔1174米,相对高差2948米。从1300米海拔的河谷到2500米海拔的高山,都有居民点和农田分布。年平均气温15~16.8℃,年降雨量684.3~1380.4毫米,年日照率不小于44%,年总辐射不小于126.1千卡/平方厘米。全县设3个镇6个乡,乡镇下辖1个社区、65个村民委员会、648个村(居)民小组。县城在县境中部偏北漾濞江畔的苍山西镇,县人民政府驻地上街,标准高程1600米,距省会昆明356千米,离州府驻地下关29千米。主要矿藏资源有锑、汞、砷、大理石等。主要旅游资源有省级历史文化名城漾濞县城和省级风景名胜区石门关风景区。主要土特产品有核桃系列产品、腌生、油炸鸡枞、香软米、树头菜、高禾菜、蕨菜、鱼腥草,“雪山清”牌荞酒、“苍洱春”牌白酒等。

【综合经济】 2009年,全县实现生产总值(可比价)8.93亿元,比上年增长12.9%,一、二、三产业比由31:49:20调整为29:51:20;其中第一产业2.53亿元,比上年增长10.4%;第二产业4.55亿元,比上年增长13.6%;第三产业1.76亿元,比上年增长14.2%。财政总收入1.14亿元,比上年增长10.28%,其中地方一般预算收入6826万元,比上年增长19.29%;地方财政一般预算支出3.52亿元,比上年增长17.76%。全社会固定资产投资7.54亿元,比上年增长29.11%。社会消费品零售总额2.33亿元,比上年增长15%。农村居民人均纯收入2810元,比上年增长17.92%。总人口10.28万人,人口自然增长率6.37‰。单位生产总值能耗下降4.92%。

【农业】 2009年,全县农业总产值(现价)4.15亿元,比上年增长15.11%。粮食播种总面积1.15万公顷,粮食总产量5004万千克,比上年增长2.88%。围绕品种、品质、品牌,建设泡核桃种植标准化示范区,推广“涵轩绿色生态循环经济模式”,开展《漾濞核桃保护管理条例》起草工作,发布实施《漾濞泡核桃综合标准》,年内新种植核桃0.63万公顷,总面积4.8万公顷,产量1086万千克,比上年增长44%,漾濞核桃荣获“中国名优核桃”称号。栽种烤烟1107公顷,收购烟叶248.5万千克,烟农收入3646万元,实现烟叶税收741万元,分别比上年增430万元、34万元。膏桐、冬桃、优质油菜、蔬菜等特色作物发展势头良好,油料产量147万千克,比上年增长2.6%。年末大牲畜存栏8.07万头(匹),比上年增长1.83%;生猪存栏12.30万头,比上年增长15.15%;羊存栏9.86万只,比上年增长5.84%;畜牧业总产值1.14亿元,比上年增长10%;全年肉类总产量1381万千克,比上年增长6.41%。完成40万千克县级储备粮轮换。筹集、整合各类资金5944万元,下派65名新农村建设指导员,完成淮安、河西、石坪、罗士登、入鹤、已路河、富厂、罗里密、江桥9个村扶贫开发整村推进工作。投入1550万元,实施平坡村新农村建设示范村项目。光明小康示范村通过州级验收。投入376万元,1050户民房得到重建和加固改造,被省人民政府评为“农村民居地震安全工程建设先进单位”。发放小额信贷扶贫资金800万元,扶持农户363户。易地扶贫搬迁人口218人。解决1900名贫困人口的温饱问题。

【工业】 2009年,漾洱电站、紫阳河电站、莱坪电站、向阳电站三期扩容工程建成发电,新增装机6.98万千瓦,全县总装机容量36.62万千瓦。普坪电站、顺濞河二、三级电站、六午河电站等4座在建电站完成投资1.28亿元。实施大钢公司电机改造、昌荣活性炭厂技改;完成核桃益智肽生产线建设、宝隆纸业一期技改;锂电实验项目投入生产;跃进化工余热发电、大钢公司料场建设项目进展顺利。开展漾江工业走廊规划编制的基础工作。2009年,全县工业总产值(现价)16.42亿元,比上年增长21.55%;工业增加值3.85亿元,比上年增长16.72%。主要工业产品:供电量1亿千瓦时、发电量10.82亿千瓦时、硫酸4805万千克、钢材9600万千克、高汰渣362万千克、白酒254万千克、核桃乳93万千克。

【第三产业】 2009年,全县第三产业实现增加值1.76亿元,比上年增长14.21%。金融机构年末各项存款余额9.26亿元,比上年增长14.29%;各项贷款余额4.18亿元,比上年增长15.28%。年末,个体工商户1909户,比上年增长24%;从业人员4665人,比上年下降7%;注册资金1812万元,比上年增长

64%。私营企业147户，比上年增长14%；从业人员2329人，比上年增长7%；注册资金2.4亿元，比上年增长6%。内资企业97户，比上年增长3%；注册资金9770万元，比上年下降53%。接待游客总数27万人次，旅游经济总收入8076万元，比上年增长414%。全社会客运量72.9万人次，比上年下降2.92%；收入653万元，比上年增长8.31%。货运量10.81亿千克，比上年增长21.4%；收入8558万元，比上年下降3.84%。各项保费收入1786万元，比上年增长47.36%；理赔395万元，比上年增长16.86%。有村级农家店102个。

【固定资产投资】 2009年，累计上报争取上级补助资金3亿元，落实到位项目34个，到位资金1.01亿元，全部开工建设，部分项目已竣工。总投入4000万元、占地4公顷、办学规模30个教学班的苍山西镇初级中学整体搬迁工程于10月18日开工建设。投入1020万元，实施中小学校舍安全工程，新建校舍1.1万平方米，排除危房2.6万平方米，撤并校点15个，建成职业中学教学综合楼、高中部第二栋教师周转房。投入1650万元，完成县医院门诊综合楼、妇幼保健院住院楼、县计生服务站和苍山西镇、漾江镇、平坡镇、富恒乡4个计生所和富恒、龙潭、顺濞、平坡、鸡街、瓦厂、太平7个乡镇卫生院以及苍山西镇、富恒乡、瓦厂乡3个文化站基础设施建设。安装广播电视卫星接收设施4780套。总投入2698万元的县城生活垃圾处理场开工建设。投入2450万元，农村公路弹石铺筑25条156千米、村组公路新修200千米、县乡公路复修65千米。投资1632万元，全面启动了抱荷岭线等7条81.6千米农村公路建设。龙潭、顺濞、富恒、鸡街客运站建成使用。富塘公路、移民改线公路完成投资2700万元。投入2610万元，实施水竹坪、平坡镇土地开发整理，中低产田地改造，退耕还林区基本口粮田建设，基本烟田建设，高产农田建设和农业片区开发，改造中低产田地287公顷，建成高稳产农田233公顷。投入1310万元，修复水毁水利工程375处，新建水窖水池3030个，建成安全饮水项目19个，新增灌溉面积133公顷，改善灌溉面积867公顷，解决1.8万人的安全饮水问题。投入379万元，完成了金牛、河西片区和箐口片区以工代赈项目建设工程。投入2720万元，完成中西部农网完善工程、无电人口通电工程和鸡街35千伏变电站建设。完成阿家、顺濞、新寨、入鹤、清河、已路河6个村委会的办公用房和活动场所建设。漾梅公路改造、龙扎公路改造、雪山河三大桥、县医院住院综合大楼、县城污水处理厂等重点项目已全部通过省州评审。中缅油汽管道漾濞境内段建设前期工作有序推进。

【社会事业】 科技创新与开发投入费用增长率5%。通过了科技部全国县市科技进步考核。马厂核桃林场被中国科协，财政部命名为“全国科普惠农核桃示范基地”，并在2009年11月25日召开的全国科普惠农兴村计划经验交流会上代表云南省作交流发言。县“农函大”被表彰为“全国优秀农函大辅导分站”。有1.1万农民获得“绿色证书”。普通高中招生526人，职业高中招生206人，普通初中招生1003人，小学招生1192人；小学升入初中毛入学率101.04%，初中升入高中毛入学率68%；发放义务教育阶段公用经费410万元，免费教科书2.2万套，寄宿制学生生活补助390万元，受助学生1.3万人次；高考综合上线率90.6%，职高毕业生就业率98%。放映农村电影640场次，建成11个村图书室、配送图书1.6万册，举办了2009年“中国·大理漾濞核桃节”，“核桃杯”摄影比赛，县第十三届女子职工排球赛和县第三十一届男子职工篮球赛，县十二届民族射弩及首届陀螺比赛等活动。承办了大理州第三届苍山西坡大花园“大型户外登山”，大理州老体协首届省直属单位漾濞“二月十九街”门球联谊赛等活动。参与主办了“探秘中国核桃之乡——漾濞”异地采访活动。以漾濞核桃产业为背景的农村题材长篇小说《喜鹊窝的秋天》出版发行。1月13日，云南省首届新农村文艺汇演优秀小戏小品巡回演出到漾濞演出。漾濞毕摩经编入《大理彝族毕摩经·西部卷》。有5个项目被确定为州级非物质文化遗产。漾濞一中退休教师崔绍文撰写的《漾濞彝族蒙姓“南诏分族”家谱九支》一文，作为国家级彝族谱牒，载入《中国彝族谱牒选编大理卷》一书中。有卫生专业人员253人，其中技术人员227人；全县医疗机构病床数319张。新型农村合作医疗参合率94.07%，补偿16.5万人次，支付基金957万元；甲型H1N1流感、手足口病等传染性疾病得到有效防控，爱国卫生运动，妇幼保健，食品药品监管工作深入开展。集中65名乡村医生到大理卫校进行为期6个月的专业培训。开展了广播电视村村通，数字机顶盒下乡，有线电视进村，信息富民等工程，广播覆盖率90.4%，电视覆盖率96%。开展了第三次全国文物普查工作，新发现文物点67处；完成了第二次全国经济普查、第二次全国土地调查工作。

【深化改革和扩大开放】 2009年，完成了集体林权制度主体改革任务，完成明晰产权林地面积14.31万公顷，县林权流转管理服务中心挂牌运行，启动了2.53万公顷中低产林改造工程，发放林权抵押贷款1307万元。乡镇农、林、水、畜牧站所上划县级部门管理。农村小型水利工程管理体制改革稳步推开。乡镇统计体制改革迈出新步伐。全力推进乡镇财政预算管理方式改革，对9个乡镇财政所的人、财、物实行上划管理。继续推进部门预算，国库集中支付，政府采购制度改革。化解交通、城建、教育、卫生等欠款1200万元，非生产性支出实现“负增长”。坚持对县级安排50万元以上的项目进行财政支出绩效评价。前置审计核减项目投资495万元。选聘51名大学生“村官”充实到基层一线。农村集体财务管理全面实现委托代管。完成全县9个乡镇30个村委会49个自然村的“一事一议”财政奖补试点工作，安排一事一议财政奖补资金176万元。引进芭蕉芋种植加工，风力发电，天然气综合利用等10个项目，协议投资5.6亿元，到位资金2.33亿元。

【和谐社会建设】 2009年，全县城镇职工参加养老保险2238人，参加失业保险2895人，参加基本医疗保险6107人，综合覆盖率88.33%；城镇居民最低生活保障1729户2793人，农村居民最低生活保障3556户9442人。全年社会保障和就业支出6370万元，比上年增加1714万元，增长36.93%，其中发放低保补助1158万元。新增就业1008人，城镇登记失业率控制在3.8%以内。义务教育阶段教师绩效工资改革等工作全面落实。投入370万元，建设社会福利中心，对鸡街敬老院进行改扩建。发放救灾救济资金230万元，80岁以上老年人高龄保健补助和长寿补助13万元。投入3500万元建设2.6万平方米廉租房，年内建成1.3万平方米，发放廉租房租赁补贴38万元。启动了251户、投入1506万元的跃进林场棚户区改造工程。发放各项惠农补贴资金1608万元，其中发放种粮农民良种补贴资金137万元，享受补贴农户31508户；发放农资综合直补资金832万元，享受补贴农户21177户；发放退耕还林补贴资金622万元，享受补贴农户4812户；发放退耕还林政策补贴资金1万元，享受补贴农户15户；兑付油菜补贴6万元，享受补贴农户8611户；兑付地膜玉米补贴资金10万元，补贴农户1473户。兑付能繁母猪死亡赔偿27万元。兑付家电汽车下乡政策补贴资金206万元，其中1382户家电补贴31万元，242户汽车补贴101万元，1536户摩托车补贴74万元。推进“万村千乡”、“乡村流通”市场工程，新建成农家店32个。完善领导干部接访下访制度，妥善处置各种矛盾纠纷。狠抓安全隐患排查治理，强化冶金、矿山、道路交通等重点行业和领域的安全监管，全面落实安全生产责任，县乡村三级开展现场检查600余次。加强禁毒防艾工作，做好大瑞铁路、跃龙公路漾濞段建设协调服务工作。全县公共安全支出1950万元，比上年增加57万元，增长3.01%。9月，县委、县人民政府被省人民政府授予“云南省民族团结进步模范集体”称号。

【民主政治建设】 1月14日，县委十届八次全体(扩大)会议召开。2月2～5日，县政协七届二次全体会议召开。2月2～6日，县十四届人大二次会议召开。2～8月，第二批深入学习实践科学发展观活动开展，县级70个单位、120个党组织、1415名党员以及3个乡镇、村试点单位参加学习实践活动。2月17日，仁民街社区第三届“两委”班子选举产生。4月29日，县延安精神研究会第二届第一次会员大会召开。6月18日，云南理论评论漾濞调研基地正式启动，成为云南日报理论评论部与县市共建调研基地的第一家，活动时间为1年。6月29日，县计划生育协会第六届会员代表大会召开。7月31日，县委十届九次全体(扩大)会议召开。9月起，第三批深入学习实践科学发展观活动开展，乡镇、村121个党组织4913名党员参加学习实践活动。9月28日，庆祝新中国成立60周年纪念大会召开。11月18日，县红十字会第三次会员代表大会召开。11月19日，县总工会第九次代表大会召开和县科学技术协会第五次代表大会召开。11月20日，县伊斯兰教协会第四次代表大会召开。12月2日，县回族学会成立暨第一次会员大会召开。12月17日，中国少年先锋队漾濞彝族自治县第一次代表大会召开。组织参加时代前沿知识讲座12期，举办干部培训6期，专题辅导8场次。创建省、州级文明单位(村、小城镇、社区)41个，“十星级文明户”2300户。开展了庆祝新中国成立60周年系列活动。提拔干部40余名。在乡镇一级建立了“农民服务站”，在全省率先建立了党员联系和服务群众的新途径。提高村干部(社区)岗位补贴标准，人均每月增加200元。办复人大代表、政协委员的意见、建议和提案262件，办复率100%。建立健全举报、投诉、监督机制，对县级行政、公共服务部门开展了社会评议，开通了“政风行风热线”、“114政府信息直通车”，开展听证事项3起，公示事项52起，实施行政问责3件4人，群众了解、监督、参与政务的渠道更加通畅，机关作风明显好转，政府的公信力、执行力进一步提高。“五五”普法和依法治县工作深入开展，法律援助、人民调解、安置帮教工作不断加强。政务、村务、厂务公开深入推进。认真落实“一岗双责”和“一案双查”制度，党风廉政建设和反腐败斗争各项工作全面推进。

【生态文明建设】 2009年，结合深入开展“阳宗海砷污染事件”讨论活动，实施“生态立县”战略，建设“漾江生态走廊”。实施天然林管护10.47万公顷，完成营林造林1.03万公顷，建设公益林0.47万公顷，巩固退耕还林成果493公顷。建成沼气池1500口，节能灶5000口。治理水土流失面积6.26平方千米。投入640万元，实施洪灾防治试点项目，退耕还林区基本口粮田建设。开展了双涧片区农业生态示范点建设。启动了投资829万元的紫阳河以电代燃料工程。第一次全国污染源普查通过省级验收。立案查处林业行政案件231起，结案230起，查处率99%，行政处罚230人。农村环境整治、水源地保护、森林资源和野生动植物保护力度加大。完成了一批工业节能减排项目，主要污染物总量控制管理工作进一步加强，单位生产总值能耗下降4.92%，化学需氧量排放量比上年下降3%，二氧化硫排放量比上年下降14.2%，烟尘排放量比上年下降3.2%。全县森林覆盖率78.9%。

【县级领导名录】 2009年末，在任县委书记张郭宏(彝)，副书记毕才伟(彝)、廖光荣；县委常委罗明栋(彝)、张忠海、杨金华(彝)、李汝刚(彝)、邵漾华(彝)、曹树华、盛喜春、赵琳(女，白)。县人大常委会主任李华荣(彝)，副主任左汉华(彝)、李树平(彝)、陈高美(女，苗)、杨凤鹏(白)。县长毕才伟(彝)，常务副县长李汝刚(彝)，副县长罗明栋(彝)、马永宏(回，任至8月)、薛登华、雷家彬(女)、陈亮(任至12月)、杨燕彬(白)、李勇(8月起任)。县政协主席代罗新(彝)，副主席苏丽萍(女、白)、窦玉文(彝)、鲁朝旭(彝)、李如泰。县纪委书记张忠海。

【省委书记白恩培到漾濞视察】 10月24日，省委书记、省人大常委会主任白恩培深入漾濞涵轩绿色产业开发集团中低产林改造断山基地和省林科院漾濞核桃研究站视察。在视察中，白恩培首先肯定了漾濞涵轩绿色产业开发集团中低产林改造断山基地探索出的“以山区林地资源为基础，以核桃种植为立足点，以生态特种野猪养殖为突破口，以沼气建设为纽带，以畜促沼、以沼促果、果畜结合”的林业生态循环经济发展的路子。白恩培指出：“中低产林改造要综合考虑经济、社会和生态发展的要求，坚持分类指导，认真做好规划工作。”白恩培要求：“要在林木的采伐和管护问题上取得突破，要在林地经营权的流转问题上取得突破，要在森林资源资产评估机制上取得突破，要在生态公益林改造上取得突破，要在建立林业社会化服务体系上取得突破，要在进一步完善公益林补偿机制上取得突破，要在森林管护的规范上取得突破，要在林业政策制度的完善上取得突破。”

【富恒乡创新实践“农民服务站”】 为了在社会主义新农村建设中，搭建服务平台，创新服务理念，为农民提供便捷高效服务，2008年6月，漾濞县富恒乡党委在乡政府驻地成立村级便民服务中心。服务中心以便民办事、便利工作为出发点，以“服务方式零距离、服务过程零障碍、服务事项零积压、服务质量零差错”为目标，在不打乱正常工作秩序、不设定限制范围的前提下，利用每周的赶集日，集中乡村干部，按照“申报提出、受理登记、归口办理、限时办结、反馈归档”五个环节，现场为群众提供政策咨询、申请办理和纠纷调处等服务。经过1年多的实践，服务中心共为3263人次提供服务，受理申请1456件次，其中成功调处各类纠纷286起，出具证照办理审批相关证明406份，办复落实率97.32%，申请人满意率95.05%。取得了“五无”实效，即无群体性事件、无越级上访事件、无重大刑事案件、无安全责任事故、无党员违纪案件。2009年8月，服务中心更名为“农民服务站”，创新实践经验得到上级党委充分肯定，被县内其他8个乡镇学习借鉴和推广。

【2009"中国·大理漾濞核桃节"成功举办】 9月1日，为期1个月的"中国·大理漾濞核桃节"在光明村鸡茨坪村民小组的核桃生态园中开幕，各级领导和省内外新闻媒体、企业主以及漾濞县干部群众近万人参加了开幕式及核桃节的其他活动。节庆期间，进行了民间公祭核桃神活动，揭晓了"探秘中国核桃之乡——漾濞"异地采访活动优秀节目评审活动结果，组织了大理州林业招商引资项目签约活动，举行了核桃生产技术标准、出口基地备案发布仪式，举办了商贸活动和物资交流大会，进行了年产6000吨核桃益智肽生产线投产剪彩，并在北京举办"中国·大理漾濞核桃推介会"，现场签订项目5个，协议资金3.9亿元。

【"探秘中国核桃之乡——漾濞"异地采访活动】 6月20日，由云南省新闻学会、云南省城市电视台协作会、中共漾濞县委、县人民政府主办，大理电视台、中共漾濞县委宣传部、县广播电视局承办的2009年云南省城市电视台协作会"探秘中国核桃之乡——漾濞"活动开机仪式在漾濞启动，来自省内各地州的15家电视台和省外苏州、青岛2家电视台共60余名记者参与采访活动。此次活动设绿色漾濞、探秘中国核桃之乡——漾濞、苍山大花园、漾濞生态游、漾江风光、苍山石门关、漾濞美食、罗里密古村落、漾濞奇石、彝族刺绣、彝族歌舞、古街古道古桥、抗战输血线——漾濞境内的滇缅公路、核桃神祭祀仪式、核桃人家、漾濞核桃生态种养模式、绿色能源小水电17个专题。历时3个月，6月20～25日，活动集中于漾濞进行策划并完成前期拍摄工作，6月26日至8月进行后期制作、展播和组织评奖。9月1日，评奖结果揭晓，并在"中国·大理漾濞核桃节"开幕式上公开颁奖。其中：个旧电视台拍摄制作的《天开石门》获一等奖；大理电视台拍摄制作的《最爱苍山红杜鹃》和昆明电视台拍摄的《风情苍山西》获二等奖；红河电视台拍摄制作的《漾江寻石》、怒江电视台拍摄制作的《漾濞美食之旅》、西双版纳电视台拍摄制作的《核桃人家》、腾冲电视台拍摄制作的《核桃树下的神话》获三等奖，其余电视台获组织奖。中国文联副主席、中国作协副主席丹增给"探秘中国核桃之乡——漾濞"优秀节目一等奖获得单位颁奖。

【举办庆祝新中国成立60周年系列活动】 年内，开展了慰问离休老干部、老工人、老党员、原村党支部老书记和残疾人活动。召开全县庆祝新中国成立60周年纪念大会。举行文艺晚会，讴歌共产党好、社会主义好、改革开放好、伟大祖国好、各族人民团结好的主题。召开理论研讨会，充分总结漾濞各领域发展进步的成功经验和主要做法。举办了漾濞60年来发展变化的图片展、"我与共和国共成长"主题征文竞赛活动、"祖国在我心中"主题书法、绘画展和演讲比赛等。

【长篇小说《喜鹊窝的秋天》出版发行】 2009年8月7日，长篇小说《喜鹊窝的秋天》首发暨大理人民广播电台开播仪式在漾濞举行。该书由大理州白族青年作家杨义龙创作，是一部以漾濞核桃产业为背景的农村题材长篇小说，也是一卷浓郁的漾濞民俗风情画。小说演绎了一个山村的变迁，也从一个侧面展示了中国农民生存方式的改变和农村未来的蓬勃生机。该书由云南人民出版社出版，全书共25万字。

【富恒乡推行"四议两公开"工作法】 2009年11月起，富恒乡在农村党支部、村委会中推行"四议两公开"工作法。即所有村级重大事项都必须在村党组织领导下，按照"四议"、"两公开"的程序决策实施。"四议"即：党支部会提议、"两委"会商议、党员大会审议、村民代表会议或村民会议决议；"两公开"即：决议公开、实施结果公开。该乡以期通过"四议两公开"工作法的实践和完善，扩大基层民主，推进农村党建，加快社会主义新农村建设步伐。

【漾濞毕摩经编入《大理彝族毕摩经·西部卷》】 2005年，楚雄州发起整理100部彝族毕摩经活动。漾濞县参与了《大理彝族毕摩经·西部卷》的整理工作。《大理彝族毕摩经·西部卷》由漾濞县负责收集整理。为此，漾濞县成立了专门工作小组，拨出专款，于2006年8月15日启动此项工作。截至2009年7月整理出丧葬经和日常祭祀经48个约140万字，编印为丧葬祭祀经2卷、日常祭祀经1卷。

【苍山西镇】 位于点苍山西麓偏东北，在县境中部，东以点苍山脊为界交大理市，南接平坡镇、顺濞乡，西连富恒、太平二乡，北倚漾江镇。面积372平方千米。下设16个村委会和1个社区、205个村（居）民小组。县城在其辖区内，是全县政治、经济、文化、交通、生活的中心。处于漾濞江河谷区，水能、旅游资源富集，全县绝大部分自然景观和人文景观在其境内。居民点和农田分布于海拔1520～2400米之间的河谷区和山地间，粮林牧均宜，是县内的稻谷、泡核桃、玉香梨主产区。镇人民政府驻地县城东区，离州府（下关）29千米。2009年，年末总人口40717人；财政总收入1503万元，全社会固定资产投资9250万元；农林牧渔业总产值1.42亿元，肉类总产量493万千克；农民人均纯收入2946元，粮食总产量1668万千克，粮食平均单产382千克。年内，引进3个县外投资项目。完成集体林权制度主体改革，改革面积2.42万公顷，确权10533宗，发放林权证5607本。种植泡核桃0.12万公顷、烤烟13公顷、药材50.01公顷、薯类41.8公顷、稻谷699.93公顷、玉米982.13公顷。生猪存栏3.86万头，牛1.40万头，羊1.92万只，建成沼气池100口。投入1840万元，实施了淮安村、河西村的扶贫开发整村推进工作。光明村新农村建设项目通过州级验收。农村民居地震安居工程加固改造331户，拆除重建86户。投入150余万元，新建了松林大沟、光明核桃园沟、马厂移民安置区水沟，复修了上庄大沟、淮安大沟等10余条农灌沟渠。投入40万元，新建仁民街社区老年活动中心。新农合参合率95%，兑付补偿金181万元，受益人数4.86万人次。核发第二代残疾人证512本。完成对全镇2065位60岁以上老人的免费摄影工作。光明村被命名为省级文明村，马厂村、金牛村被命名为州级文明村。建成党建示范点村级2个、镇级5个、县级3个。

年末，镇党委书记左学政，镇长曾银中，镇人大主席李光。

【漾江镇】 地处点苍山西麓偏北，在县境北部，位于漾濞江河谷区上游段，东以点苍山与大理市交界，南连苍山西镇，西接富恒乡、云龙县团结乡，北邻洱源县西山乡、炼铁乡，是1999年中共云南省委、省人民政府确定的全省40个革命老区之一。全镇总面积415平方千米，辖12个村委会、109个村民小组。该镇沿漾濞江河谷区土地资源、水能资源丰富，是县内的粮食主产区，而西北部山区生态优越，植被良好，是县内的主要林区之一。镇人民政府驻地脉地村(平甸公路37千米处),距县城20千米,州府下关49千米。2009年,年末总人口15382人;财政总收入420万元,全社会固定资产投资1.15亿元,工业总产值2.10亿元;农林牧渔业总产值6232万元,肉类总产量265万千克;农民人均纯收入2716元,粮食总产量825万千克,粮食平均单产269千克。年内引进桑不老电站、三厂局电站、平地坝电站3个县外投资项目。种植烤烟40公顷、薯类133.4公顷。治理水土流失面积1.2平方千米。投入177万元,对全镇56条引水渠、4个蓄水塘、2个电泵站进行了复修。实施了江桥村的扶贫开发整村推进工作和畔村、沙坝、高峰3个社会主义新农村示范村项目。投入140万元,建设廉租房40套2000平方米。新农合参合率95%,年内兑付补偿金70万元,受益人数4.07万人次。核发第二代残疾人证803本;完成对全镇1307位60岁以上老人的免费摄影工作。完成荨麻箐村、阿家村村级活动场所建设。成立了金盏村核桃产业协会、金盏村旅游开发协会、双涧生态养殖协会。受理各类民间纠纷188件,调处成功率94%。

年末,镇党委书记马倩,镇长杨迎军,镇人大主席赵春林。

【平坡镇】 位于点苍山西麓偏东,在县境东部,居漾濞江河谷区下段,东、南交大理市以点苍山、西洱河为界,西南以漾濞江为界与巍山县隔河相望,西抵顺濞乡,北止苍山西镇。曾名洱尾,喻西洱河下游之意,面积128平方千米,辖4个村委会、49个村民小组。该镇处于320国道、大漾二级公路、大保高速公路交汇地,交通便捷,区位优越。县内最大的2条河流漾濞江、西洱河在东境汇集后逶迤南去,多座梯级小水电站驻其境内,有两处温泉。居民点和农田分布于海拔1500~2300米之间,是县内的水稻和泡核桃主产区。2009年,年末总人口8783人;财政总收入961万元,全社会固定资产投资1.83亿元,工业总产值2.60亿元;农林牧渔业总产值7115万元,肉类总产量107万千克;农民人均纯收入3961元,粮食总产量325万千克,粮食平均单产312千克。年内引进苍山西坡马尾水景区综合开发、芭蕉芋深加工等7个外来投资项目。完成集体林权制度主体改革,改革面积0.88万公顷,发放林权证2113本。种植核桃646.67公顷、烤烟11.33公顷、药材20公顷、薯类13.33公顷、生姜20.8公顷、旱黄瓜21.73公顷。建成沼气池86口、节能灶560口。完成集镇人畜饮水工程建设,修复水毁工程4处,改善灌溉面积0.2万亩。实施了石坪村的扶贫开发整村推进工作。建设廉租房40套2000平方米。完成农村民居地震安全工程加固125户、重建37户。投入46万元,新建成镇计生服务所办公楼;投入57万元,新建成镇卫生院业务综合楼;新农合参合率97%。受理群众来访30起。

年末,镇党委书记杨家才,镇长施文妍,镇人大主席余化东。

【顺濞乡】 在县境中部,东接平坡镇,南连龙潭、瓦厂二乡,西倚太平乡,北靠苍山西镇,面积137平方千米,山区面积占99.7%,辖5个村委会、53个村民小组,皆通公路、通电、通电话。境内最高海拔3235.8米,最低海拔1270米,居民点和农田分布于海拔1400~2500米之间。320国道穿乡机关驻地而过,过境17千米,大保高速公路在乡机关驻地留有岔道并设收费站,穿境8.4千米,区位优越,交通便捷,县内重点工业企业多布于此。漾濞江、顺濞河在东境交汇,水能资源丰富。乡人民政府驻地顺濞村,距县城35千米,离州府(下关)38千米。2009年,年末总人口6017人;财政总收入778万元,全社会固定资产投资1.67亿元,肉类总产量94万千克;工业总产值6.42亿元;农林牧渔业总产值2993万元,肉类总产量98万千克;农民人均纯收入2626元,粮食总产量312万千克。年内引进顺濞河电站等3个县外投资项目。完成集体林权制度主体改革。种植核桃533.33公顷、烤烟120.67公顷、药材13.33公顷、薯类53.33公顷。解决了680人的安全饮水,修复水沟52件。建设廉租房60套3000平方米。新农合参合率93%。年底有农村低保人口296户679人。

年末,乡党委书记左学军,乡长代洁文,乡人大主席罗达真。

【太平乡】 曾名汉营,相传诸葛亮南征军曾在此安营扎寨而得此名,后因乡人民政府驻地在太平铺而取名太平,位于县境西部。东连顺濞乡,南与龙潭乡隔顺濞河相望,西界顺濞河靠永平县北斗乡和龙街镇,北接富恒乡、苍山西镇,面积239平方千米,辖6个村委会、49个村民小组,皆通公路、通电、通电话。该乡是一个典型的山区农业乡,宜林、牧,主产泡核桃。居民点和农田分布于海拔1400~2300米之间。国道320线与省道漾梅线均过本乡。境内最高海拔3236米(老和尚山),最低海拔1390米(岩路沟入顺濞河处),立体气候明显。红豆杉、红椿等珍贵树种皆有分布,森林覆盖率81.60%。乡人民政府驻地太平村,距县城24千米。2009年,年末总人口6805人;财政总收入233万元,全社会固定资产投资161万元,工业总产值750万元;农林牧渔业总产值3351万元,肉类总产量94万千克;农民人均纯收入2380元,粮食总产量428万千克,粮食平均单产245千克。年内,引进外来投资项目2个。完成集体林权制度主体改革。种植大泡核桃666.67公顷、烤烟64公顷、薯类40公顷;建成沼气池20口、节能灶150口。投入127万元,建成了乡集镇、罗士登、普莽、箐口4件人饮工程和罗士登、箐口2件农灌沟防渗工程,修复其他引水渠34条,新增防渗渠道6千米。投入477万元,实施了罗士登村的扶贫开发整村推进工作。完成农村民居地震安全工程加固60户、重建22户。新农合参合率94%,年内兑付补偿金32万元。

年末,乡党委书记蒋拓东,乡长杨富昌,乡人大主席窦秀宇。

【瓦厂乡】 在县境南部,东与巍山县紫金乡等地隔漾濞江相望,南连鸡街乡,西接龙潭乡,北靠顺濞乡,面积110平方千米,辖5个村委会、49个村民小组,居民点和农田分布于海拔1300~2300米之间山地。该乡光热资源、土地资源较好,粮林牧烟均宜,是县内的烤烟主产区之一。乡人民政府驻地瓦厂村,距县城51千米。2009年,年末总人口5249人;财政总收入153.8万元,全社会固定资产投资307万元,工业总产值50万元;农林牧渔业总产值2275万元,肉类总产量72万千克;农民人均纯收入2523元,粮食总产量337万千克,粮食平均单产259千克。年内,完成集体林权制度主体改革。举办各类农业生产适用技术培训23场,受训1730人次。种植美国山核桃80公顷、大泡核桃323.67公顷、烤烟135公顷、油葵6.67公顷、薯类6.67公顷。生猪存栏0.66万头、牛0.52万头、羊0.72万只。建成沼气池5口、节能灶225口。投入190万元,新建集镇供水1件、农灌沟1条、小水窖110个。投入186万元,对12个村民小组的输电线路进行了改造。实施了入鹤村的扶贫开发整村推进工作和入鹤村村级活动场所建设。建设廉租房20套1000平方米。完成农村民居地震安全工程加固

60户、重建16户。小湾电站库区移民安置18户。新农合参合率96%。受理各类民间纠纷104件。

年末,乡党委书记任国怀,乡长沐永健,乡人大主席王德书。

【龙潭乡】 在县境南部白竹山西北麓,东抵瓦厂乡,南达鸡街乡,西连永平县龙街镇,北与太平、顺濞乡隔顺濞河相望,面积144平方千米,辖7个村委会、51个村民小组,皆通公路、通电、通电话,居民点和农田分布于海拔1450~2150米之间。该乡生态资源、光热资源、土地资源较好,粮林牧烟均宜,是县内的泡核桃和烤烟主产区。乡人民政府驻地龙潭村,距县城85千米。2009年,年末总人口6302人;财政总收入252万元,全社会固定资产投资480万元,工业总产值500万元;农林牧渔业总产值2185万元,肉类总产量59万千克;农民人均纯收入2522元,粮食总产量316万千克,粮食平均单产225千克。年内,引进乡外核桃种植大户3户;完成集体林权制度主体改革;种植大泡核桃533.33公顷、烤烟250.67公顷、薯类20公顷、药材26.67公顷;建成沼气池177口、节能灶400口,太阳能用户新增18户。投入115万元,修复水毁工程46处、堤防150米、渠道防渗1395米,改善灌溉面积850亩;投入491万元,实施了己路河村、富厂村的扶贫开发整村推进工作。完成农村民居地震安全工程加固278户、重建75户。受理各类民间纠纷87件,调处成功率100%。

年末,乡党委书记廉子新,乡长罗荣峰,乡人大主席杨应峰。

【富恒乡】 位于县境西部,东交苍山西镇、太平乡,南邻永平县北斗乡,西连云龙县团结乡,北接双涧乡、洱源县西山乡(洱源飞地),面积231平方千米,辖6个村委会、45个村民小组,皆通公路、通电、通电话,居民点和农田分布于海拔1600~2600米之间。该乡拥有丰富的生物资源、矿产资源、水能资源。林地总面积142万亩,森林覆盖率72%,是县内的主要林区之一。植物种类丰富、类型多样,尤以蕨类、菌类为最。矿产资源居县内第一,有金、锌、汞和黑色大理石等。彝族山歌对唱、彝族唢呐调等民族文化资源丰富。乡人民政府驻地富恒村,距县城102千米。2009年,年末总人口8395人;财政总收入312万元,全社会固定资产投资4100万元,工业总产值200万元;农林牧渔业总产值3972万元,肉类总产量117万千克;农民人均纯收入2195元,粮食总产量514万千克,粮食平均单产244千克。年内,引进乡外投资项目3个,开发乡内砂石资源。完成集体林权制度主体改革。举办各类农村适用技术培训27场次受训5289人次。种植大泡核桃666.67公顷、烤烟291.33公顷、薯类100公顷。新建了酒高密、西里以村、阿支田、张家坡4个村民小组的人畜饮水工程。投入448万元,实施了罗里密村扶贫开发整村推进工作和西里外村、老新厂2个村民小组的"新农村"示范村建设。完成农村民居地震安全工程加固100户、重建25户。新农合参合率95%。

年末,乡党委书记陈迤君,乡长罗海勇,乡人大主席张世新。

【鸡街乡】 位于县境最南端,地处2地(大理、保山)4县(漾濞、巍山、永平、昌宁)结合部,东与巍山县马鞍山乡隔漾濞江相望,南与保山市昌宁县接壤,西与永平县龙街镇相连,北与本县龙潭、瓦厂两乡毗邻,面积143平方千米,辖4个村委会、38个村民小组,皆通公路、通电、通电话。该乡大部分地区燥热少雨,居民点和农田分布在海拔1200~2200米山地间。主产粮食和烤烟,多芭蕉和柑橘。乡人民政府驻地鸡街村,距县城103千米。2009年,年末总人口5150人;财政总收入240.8万元,全社会固定资产投资684万元,工业总产值100万元;农林牧渔业总产值2735万元,肉类总产量78万千克;农民人均纯收入2464元,粮食总产量282万千克,粮食平均单产587千克。年内,完成集体林权制度主体改革,发放林权证989本,公益林股权到户527户。引进乡外投资项目2个。种植大泡核桃353.33公顷、烤烟188.67公顷、油葵6.67公顷、薯类6.67公顷。新建沼气池49口、节能灶86口。投入98万元,实施了赛依烟水配套工程;投入78万元,实施了7件安全饮水工程和1件农用沟防渗工程;实施了小集镇开发一期挡墙支砌工程;实施了鲁古箐、码头村2个村民小组的新农村示范村建设和比泽路易地搬迁项目,小湾电站库区移民安置16户。新农合参合率95%。全年发放最低生活保障金34.6万元,其中农村低保对象229户604人、城镇低保对象48户64人。全年纳新中共党员15名、转正18名。

年末,乡党委书记张根发,乡长常学明,乡人大主席杨永伟。

(《漾濞彝族自治县》由朱应旭撰稿)

祥 云 县

【自然概貌】 祥云县位于云南省中部偏西北,大理白族自治州东部边缘,总面积2425平方千米,山区占86.33%,坝区占13.67%。县城位于县境西部,东距省府昆明298千米,西距州府大理45千米,海拔1996米。县境属北亚热带偏北气候,冬无严寒、夏不酷热。2009年,年平均气温15.9℃,创历史最高水平,比常年平均高1.3℃,各月平均气温属偏高至特高;年降雨量653.0毫米,比常年平均少144.9毫米,比上年少290.7毫米,是1988年以来干旱最严重的一年;日照时数2471.5小时。

【行政区划】 县辖祥城、沙龙、云南驿、下庄、普淜、刘厂、禾甸、米甸8镇,鹿鸣、东山2乡,下属城东、城西、城南、华严4个城区社区,17个农村社区,115个行政村。

【人口民族】 2009年末,全县总户数130806户,人口460923人,其中:男234515人,女226408人;农业423017人,占总人口的91.78%;年内出生4501人,出生率9.79‰,死亡2819人,死亡率6.13‰,人口自然增长率3.66‰。汉族379648人,占总人口的82.37%,少数民族81275人,占总人口的17.63%;少数民族中,白族44792人占9.72%,彝族33547人,占7.23%,傈僳族1150人,占0.25%,回族505人,占0.11%,苗族590人,占0.13%,其他民族691人,占0.15%。

【生产总值】 2009年,全县生产总值509248万元,比上年增长13.39%,其中:第一产业完成增加值157794万元,比上年增长15.91%;第二产业完成增加值248487万元,比上年增长10.39%;第三产业完成增加值102967万元,比上年增长17.71%。人均生产总值11080元,比上年增长13.06%。一、二、三次产业比例由上年的30.2∶45.9∶23.9调整为29.4∶45.6∶25.0。

【农业】 2009年,克服了二十年来最少降雨、干旱缺水、自然灾害频发等诸多因素,以多熟制,间套种为支撑,科技措施为保障,实现了农业生产生产稳步增长。全年完成玉米杂交制种296.67公顷,建成啤、饲大麦、油菜产示范区各2000公顷，水稻、玉米高产创建项目各1333.33公顷；开展农业实用技术培训42.11万人次。2009年粮食作物复种面积2.84万公顷，比上年增长0.5%，平均单产249千克，比上年增长1.55%，粮食总产16.75万吨，比上年增长2.19%；其中：小春播种1.29万公顷，总产98万千克，增长2.07%，大春播种1.55万公顷，总产11.92万吨，增长0.82%。种植烤烟5292公顷，比上年减193.33公顷，在面积减少的情况下，实现了产量效益的新突破，收购烟叶1522万千克，比上年增25.99%，农民售烟收入2.24亿元，比上年增加4408.24万元，增长19.68%。全县养蚕收入102237万元，比上年增长4.74%，产鲜茧406.12千克，增长10.28%，农民售茧收入9679.6万元，增长44.67%；新植核桃6666.67公顷、云南红梨1333公顷，林果业已成为农村经济发展的新起点。全县农村经济总收入实现34.37亿元，比上年增长9.16%；农民人均纯收入3359元，比上年增长15.47%。年末，全县农业机械总动力29875.59万瓦特，比上年增长10%；有拖拉机4076台，联合收割机14台，排灌机械3697台；全年机耕(耙)面积1.55公顷，机械收割面积753.33公顷。

【畜牧业】 加强品种改良，年内举办科技培训班33期，共完成猪品种改良4.66万窝，推广三高母猪2140头、良种禽132万羽、牛冻精改良1833头。加强免疫，全年累计注射猪瘟疫苗5.12万头次、猪肺疫苗6.2万头次、猪蓝耳病疫苗46.8万头次，防治密度达107.6%；注射新城疫苗318羽、禽流感疫苗1856万羽；完成猪、牛"W"强制免疫67.2万头次。增强产品检疫工作，全年检疫肥猪6.4万头、仔猪1.5万头、大牲畜4000头(匹)、鸡80万只，检疫猪胴体5.6万头、大牲畜胴体4800头(匹)，有效保证了肉食品安全。全年检查城乡饲养、兽药经营市场56次、经营户988户。全县畜牧业持续发展，2009年全县生猪存栏26.3万头，比上年增长3.69%，其中纯繁殖母猪2.7万头，增长2.6%，肥猪出栏33.2万头，增长4.34%，出栏率130.7%；大牲畜存栏7.57万头匹，增长18.93%；羊存栏5.66万只，增长7.69%，出栏2.45万只，增10.8%；家禽存栏192.2万羽，增长15.2%，出栏139.2万羽，增长10.9%；禽蛋产量11304吨，增长11.5%，鲜奶产量991吨减少26.3%，肉类产量35006吨，增长4.61%；畜牧业总产值10.9亿元，增长21.4%。

【林业】 天然林保护工程稳步推进，林业重点工程建设取得显著成绩。2009年，全县完成森林管护任务16.94万公顷；完成公益林人工造林466.94公顷，完成封山育林666.67公顷，改造中低产林148公顷；云南松小蠹虫防治9667公顷，防治率85%；全民义务植树109万株；完成核桃基地建设6666.67公顷，建成核桃幼林抚育面积666.7公顷、核桃果无烟烘烤烤房55座，全县核桃产量2980吨，产值7748万元。完成了沼气池587口、节柴改灶1000眼、太阳能建设23户的建设任务。全县共核发林木种子生产许可证16户，林木种子经营许可证17户。投资138.07万元启动第一期森林重点火险区综合治理项目，全县发生森林火灾3起，烧毁林木47.26公顷，低于州控制数1‰的目标。加大林业执法力度，共查处各类涉林案件504起，其中林业行政案件486起，刑事案件17起，治安案件1起。深化集体林权制度改革，明晰林地产权16.13万公顷，明权率100%，改革工作通过省验收。

【水利】 2009年，稳步推进各类水利设施建设，完成了浑水海水库除险加固主体工程、禾米河综合治理、许长水库和三甲水库一期除险加固工程；大型灌区建设顺利实施，全县共投入水利建设资金6379.4万元，其中：中央财政投入3358.5万元，省财政投入2214.3万元，州级投入305.8万元，级县投入500.8万元。累计投入劳动工日293.95万个；修复水毁工程34处，渠道防渗211.25千米，加固水库(塘坝)13座，新增蓄水能力7.9万立方米，疏浚河道59.9千米，清淤渠道563.48千米，建水池22件、水窖52个，改善灌溉面积3053公顷；改造中低产田413.33公顷；治理水土流失面积3.55平方米，实施了7个乡镇饮水安全工程，解决了50个自然村、1.52万人、1.22万头大牲畜的饮水困难。全年县管水库供水6233万立方米，其中：农业用水5600万立方米、城镇用水330万立方米、工业用水303万立方米；年末水库蓄水9537.68万立方米。

【工业】 2009年，受国际金融危机持续蔓延和世界经济衰退的影响，年初工业发展步入低谷，主要经济指标全部负增长，面对困难和挑战，以科学发展观为指导，积极应对不利影响，全年工业呈现触底回升、扭负为正、企稳向好的运行态势。全县完成工业总产值68.95亿元，比上年增长14.80%；完成工业增加值21亿元，比上年增长13.5%；完成工业固定资产投资5.53亿元，比上年增长10.16%。规模以上工业企业完成增加值16.54亿元、主营业务收入40.12亿元、利税3.51亿元、利润2.17亿元。主要工业产品产量：水泥662371吨，比上年下降8.19%；锌130317吨，比上年增长27.25%；硫酸143780吨，比上年下降1.33%；复合肥148073吨，比上年增长81.98%；野生菌3728吨，比上年增长9.33%；黄金1155千克，比上年下降23%；原煤110.24万吨，比上年下降7.83%；复烤烟叶38868吨，比上年增长26.49%；白厂丝322吨，比上年增长33.06%；大蒜10853吨，比上年增长315.03%；供电量50775万千瓦时，比上年增长26.77%；碳酸锶2056吨，比上年下降58.04%。12种主要工业产品产量七升五降，综合产销率96.15%。矿冶、农产品加工、能源、化工、建材五大支柱产业完成工业总产值54.26亿元，比上年增长18.43%，占全县工业总产值的比重达到78.69%。刘厂农产品加工、县城食品加工、板桥再生物资回收加工和下庄、云南驿工业小区开发建设稳步推进，"一园五区"的工业经济发展格局初步形成。项目建设进度加快，飞龙公司日处理2000吨氧化锌矿选矿、恒星公司年产5万吨饮料等13个项目建成投产，飞龙公司三防渣库改扩建、中天公司年产1万吨精锑、禾众兴公司工业气体充装、天南公司粉煤灰加工4个项目正加紧建设，红蜘蛛公司日处理3000吨铜钼矿选矿、黄金公司难处理多金属矿综合回收、飞龙公司低品位复杂氧化锌矿处理技改、龙云公司野生菌罐装生产线等项目完成前期工作。"飞龙牌"锌锭、"花山牌"复合肥、"赢龙牌"生丝、"祥龙牌"水泥通过了云南名牌产品认证。全县万元GDP能耗下降5%以上。

【乡镇企业】 2009年，全县乡镇企业达11658个，从业人员达38024人，乡镇企业完成总产值38.59亿元、营业总收入37.68亿元、增加值10.20亿元，利润2.15亿元，上交税金1.46亿元。

【商贸】 年内，实施消费拉动战略，完成城南农贸市场改扩建龙云农副产品交易市场等"双百市场工程"建设、"万村千乡市场工程"、"乡村流通工程"，累计发展"两社一会"264个，建成乡村农贸市场16个、农家店210户，开展好“农电、汽车、摩托车下乡工作”，兑付补贴资金833万元。房地产市场供需两旺，新开发商品房5.6万平方米，销售面积达6.49万平方米；汽车、通讯成为年内消费亮点。社会消费品零售总额实现13.83亿元，比上年增长20.08%，按销售地区分：县消费品零售额67423万元，比上年增长24.55%；县以下消费品零售额70883万元，比上年增长16.12%。按行业分：批发业16155万元，比上年增长16.73%；零售业81984万元，比上年增长16.77%；住宿业12342万元，比上年增长35.36%；餐饮业18928万元，比上年增长22.02%；其他行业9100万元，比上年增长40.06%。按经济类型分：公有经济20132万元，比上年增长1.52%；非公有制经济118377万元，比上年增长24.16%。加大农产品出口企业培育力度，出口品种达12个，实现进出口总额7565.98万美元，比上年增长84.79%，占全州的59.2%。消费拉动CDP增长8.62个百分点。

【非公有制经济】 2009年，全县非公有制企业及个体工商户达8159户，占全县经济组织的99.65%；非公企业实现工业总产值57.20亿元，比上年增长11.24%；非公有制经济实现税收34400万元，比上年增长9.28%；非公经济组织注册资金145342万元，比上年增长14.12%；非公有制经济实现增加值占全县GDP的比重达60.78%。

【招商引资】 2009年，引进项目22个，其中资金上亿元以上项目4个，协议资金32.86亿元，实际利用外资（包括结转往年）6.46亿元，比上年增长60.7%；年内，新储备招商项目21个

【财税 金融】 2009年，强化税收征管，合理控制支出，确保了财政稳步增长和收支平衡。全县财政总收入52184万元，比上年增长6.22%，其中：地方一般预算收入28503万元，比上年增长15.43%；财政总支出99683万元，比上年增长46.62%。金融风险防范进一步加强。年末金融机构存款余额414902万元，比上年增长17.37%，存款中，储蓄存款余额271422万元，比上年增长22.46%；年末金融机构贷款余额217617万元，比上年增长39.90%。全年金融机构现金收入964875万元，比上年增长6.61%。现金支出953247万元，比上年增长3.76%。保险事业继续发展。全县各种保险保费收入9273万元，比上年增长7.04%，其中：财产险收入5079万元，比上年增长12.42%；人身险收入4193万元，比上年增长1.16%。赔付额3172万元，比上年增长11.30%，其中：财产险赔付2844万元，比上年增长16.37%；人身险赔付328万元，比上年减少19.21%。

【城乡建设】 年内，县城重点建设项目进展顺利。行政中心、公安信息科技楼、矿山应急救援中心建成投入使用，质监综合楼、人武部营房、龙岗小区综合整治等工程全面完工，防汛抗旱调度指挥中心、消防大队营房等工程正加紧实施，秀溪小区开发建设稳步推进，县城建成区面积达7.9平方千米，全县城镇化率31.63%。实施了鼓楼东街修复整治、东城门楼修复和钟鼓楼修缮工程，启动了东盛路综合改造、县城污水处理厂二期扩建及配套管网建设。省级园林县城创建工作扎实开展，完成了文苑路、文化东路、文化西路、祥姚路城区段绿化亮化工程，县城新增绿地面积5.4万平方米，县城绿地率13.02%。乡村建设积极推进。实施了云南驿镇、鹿鸣乡集镇总体规划，禾甸镇、米甸镇集镇总体规划修编通过评审。完成克昌、旧邑“中间村”和棕棚、天马、小波那新农村示范村建设，朝阳地、云南驿等13个新农村省级重点村建设全面展开。米甸镇整乡推进扶贫开发试点项目建设进展顺利，格子、箐中等8个扶贫重点村整体开发和新村、余食朗、雄里坡3个村140户600人易地扶贫搬迁全面完成。革命老区开发建设成效显著，完成了王德三、王复生故居广场绿化和道路硬化工程。实施村级公益事业一事一议财政奖补项目63个，惠及9.45万人。全年共召开规划委员会议4次，审查项目40项，审批办理《建设工程规划许可证》319证。完成招标工程30个、采购标4个。招标金额达6698.00万元，中标合同金额6497.02万元，直接节约建设资金200.98万元。完成工程质量监督注册项目37项，竣工验收备案工程24项。全年进行了七次安全大检查，受检建筑施工企业12家。办理建设工程施工许可证39个，建筑总投资10477.59万元，建筑面积10.88万平方米。完成6961户、26602人低收入住房困难家庭的住房保障申请、调查、审核工作，全年共核发住房保障租赁补贴资金377.01万元；完成了0.78万平方米、156套廉租住房的建设工作。共发（换）房屋所有权证1018本。完成商品房开发面积5.6万平方米，批准预售商品房0.9万平方米，完成投资4900万元，商品房销售6.49万平方米，实现销售收入12000多万元。城镇管理得到加强，取缔占道经营221起，新开行车道9条，审批户外广告96块，清除墙面非法广告2.2万平方米。安装县城道路交通标志牌33块，设立道路标线4530平方米；新建公共客运候车站（台）18个，设置临时站牌24个，鹿鸣、天马客运站建成投入使用。强化县城环境卫生管理，继续保持省甲级卫生县城称号。以禾甸、下庄、刘厂、云南驿镇为重点，推行了集镇街道摊位、环境卫生统一管理，城镇综合治理成效明显。

【固定资产投资】 2009年，加大了对基础设施、市政建设、小城镇建设等的投入，固定资产投资实现又好又快的发展。全县全社会固定资产投资完成138655万元，比上年增长28.16%。其中：城镇投资106903万元，比上年增长45.59%；房地产开发投资13521万元，比上年增长18.34%。

【交通 邮电】 2009年，交通基础设施建设改造工作步伐加快，实施了米甸至宾川拉乌四级沥青路面公路新建工程，刘厂至东山35千米沥青路面改造工程，祥云至大姚二级公路改造工程，全年共完成县乡公路通达工程21项，建成水泥路面、弹石路面及路基改造总长156千米，惠及10个乡镇的21个村委会；建成乡村客运站2个，在建2个。年末全县有营运车辆4504辆，其中客车524辆，发往各地班车8.5万班次，运送乘客167.9万人次，客运周转量15962万人千米；全年货运量145.4万吨，比上年减少17.61%，货物周转量17064万吨千米，比上年减少0.21%；客运量167.9万人次，比上年减少4.82%，旅客周转量15962万人/千米，比上年增长34.52%。年内，组织开展道路运输企业安全生产检查14次；集中开展客运市场整治，查处违法违章行为1250台次，取缔非法客运21辆；3个机动车驾驶员培训学校，共培训出汽车、摩托车驾驶员2082人，培训出营运从业人员1741人。全县邮政业务总量754万元，比上年增长8.65%；电信业务总量2590万元，比上年增长0.86%。通信能力增强，固定电话机总数达92688部，比上年增长15.95%。其中：市话32004部，比上年增长45.46%；农话60684部，比上年增长4.75%。全县移动电话用户数达

16.98万部,比上年增长24.53%。百人电话普及率57部。互联网用户7809户(其中广电网络公司828户),比上年增长38.43%。

【科技】 2009年立项实施科技项目36项,其中飞龙公司“铅锌冶炼厂废水零排放工艺装置研发及应用示范”、银龙公司“优良桑蚕品种示范推广”项目为省列重点科技项目;县立科技项目34项,其中工业6项、农业19项、社会发展8项、其它1项。开展了省科技厅立项的核桃精加工新产品系列化开发、优良桑蚕品种示范推广、新泽村社会主义新农村科技综合开发示范3个项目的绩效评价。实施了科技惠民工程,建立完善村委会科技活动室;建立了两个科技示范村;全县命名科技示范户1000户,以示范带动发展水果、干果、烟草、种籽培育、养殖为主的“一村一品”的绿色科技支柱产业。增强全民科技意识,认真组织好“三下乡”活动,全县共开展各类培训968期参训12.79万人次,其中种植业662期,养殖业72期,技能培训114期,其它科技知识培训120期。年内,超云蒸馏甑获得大理州科技局技术成果登记;飞龙公司研发的“难处理复杂氧化锌矿和氧化锌矿浸出渣提锌工艺”获省政府技术发明一等奖和中国有色金属工业科学技术奖,黄金公司“高砷高硫炭质提金技术及示范”获省政府科学技术奖科技进步类三等奖。科技对国民经济增长的贡献力达47.2%。

【教育】 2009年,教师绩效工资改革全面完成,普通高中新课程改革进展顺利,启动实施了中小学校舍安全工程,排除D级危房7696平方米,办学条件不断改善。全县共有小学152所(其中完小128所),教学点116个(其中一师一校81个),在校生44898人,小学适龄儿童入学率为99.91%;有初级中学18所,在校生19554人,初中毛入学率为102.93%,普通中学升学率74.1%,15周岁初等教育完成率达99.91%,17周岁人口初级中等教育完成率达99.34%;有普通高级中学3所,在校生5817人;有职业高级中学1所,在校生2400人;民办股份制高完中1所,有高中在校生566人,初中在校生794人;有教师进修学校1所,公办幼儿园3所,民办幼儿园105所,在园幼儿13273人,4~6岁幼儿入园率达75.12%。全县小学生均图书6.26册,生均校舍建筑面积5.99平方米;初中生均图书10.79册,生均校舍建筑面积7.80平方米;小学专任教师1498人,学历合格率为96.13%;初中专任教师998人,学历合格率为99%;高中专任教师408人,学历合格率为96.08%。2009年,全县教育教学质量逐年稳步提高,全县高考上线率达97.28%,连续四年保持全州前列;中考600分以上的高分人数达817人。

【文化】 年内,实施“民族文化工程”、“文化精品工程”,完成了中央新增投资建设项目综合文化站建设及全县13家农家书屋、1家农民文化大院建设工作。做好民族民间文化调查与保护,积极探索文化产业发展新路子。有文化馆站11个,县图书馆1个。全年共承办大型文艺演出4场,送文艺下乡巡回演出10场,文艺专场演出5场;举办了为期6个月的祥云县文化遗产图片展;举办图书馆知识讲座2期;11支电影放映队认真开展“2131”电影放映工作,共放映电影1450场次,观众达36万人次。图书馆全年外借书刊7.86万册次,共接待读者12.6万人次;新华书店全年销售图书100.5万册,销售额达985万元。全年开展娱乐场所“防艾”知识培训42户,共出动检查人员495人次、检查经营户1199户次,其中检查音像制品经营户333户次,书刊175户次,娱乐场所235户次,印刷业经营户174户次,网吧和电子游戏278户次,检查并制止违法演出4场次,收缴非法音像制品382张,非法书刊171本。

【体育】 年内,实施《全民健身计划纲要》,开展形式多样的群众性体育活动。组队参加大理州中长跑比赛和大理三月街民族节“蝶泉乳业杯”赛马大会;县内举办了迎新春“建材杯”运动会,“明珠杯”游泳比赛。2009年全民健身日启动仪式,云南省少数民族健身操展演,“九九”敬老节老年人运动会;全县参与全民健身活动达29.95万人次,参与人数逐年增长。加强培训工作,举办祥云县首届老体协教练员、裁判员培训班,进行了少数民族健身操培训,举办体育骨干培训6期。加强农村体育设施建设,年内21个被列为2008年农民体育健身工程的行政村全部完成篮球场建设;向37个村级老年活动中心赠送了37张乒乓球桌。4月,在江苏省无锡市举行的全国竞走锦标赛上,祥云县少体校输送的运动员余建东、李超分别夺得少年组男子10千米竞走铜牌和青年组男子竞走第四名的好成绩。8月,在湖南省长沙市举行的全国第十届中学生运动会上,祥云县少体校输送的运动员余建东夺得男子5000米竞走第五名。11月1日~8日,祥云残疾人运动员许健康参加云南省第九届残运会暨第三届特奥会获半程马拉松金牌,1万米银牌,5000米、4100米接力、4400米接力铜牌和1500米第四名;李金友获4100米接力、4400米接力金牌,跳高、跳远铜牌,100米第四名;王志文、赵义超获得足球集体铜牌。大理州中长跑比赛,祥云代表队荣获男子团体第二名、女子团体第二名的优异成绩;大理三月街民族节“蝶泉乳业杯”赛马大会上,祥云红蜘蛛矿业有限责任公司马队代表祥云县参加比赛,共获得1金、1银、4铜。年内,向上级输送运动员4名。

【广播电视】 年内,实施广播电视村村通工程,完成了水目山省级广播电视节目无线覆盖建设,全县广播覆盖率100%,电视综合覆盖率95%。年末电视用户87041户,比上年增长2.65%,其中数字电视用户39911户;运营收入1286.86万元,比上年增长4.20%;累计发展计算机宽带互联网用户828户,其中年内新增678户。县广播电台播出祥云新闻1955条,有148条被州广播电台采用;县电视台播出祥云新闻1955条,有5条被省电视台采用,473条被州电视台采用;共办各类专栏、专题10期。

【卫生】 年内,全县有各类卫生机构201个,其中国有19个、私营个体41个、村卫生室136个、学校厂矿医务室5个;医院和卫生院床位1154张,每千人2.5张,有卫生技术人员1074人,其中医师631人,每千人有医师1.4人。普淜卫生院住院楼建成投入使用,实施禾甸中心卫生院整体搬迁,县人民医院住院综合楼开工建设,开展了禾甸中心卫生院医技业务综合楼等8个“7·9”地震恢复重建项目,投入经费45万元,为3个乡镇中心卫生院配置救护车3辆,投入经费90万元,为9个一般卫生院配备基本医疗设备,投入经费77万元,为133个村卫生室配置了基本医疗设备。全县有38.23万人参加新型农村合作医疗,参合率达到91.01%。县本级财政实际卫生支出2082.47万元。法定报告传染病发病率152.55/10万,孕产妇死亡率91.38/10万,婴儿死亡率12.55‰,住院分娩率97.96%,儿童经综合计划免疫率达95.9%。甲型HINI流感得到平稳控制。县卫生局被国家食品药品监督管理局、国家中医药局表彰为全国卫生先进集体。

【生态环境保护】 2009年,深入开展公共机构节能工作,推广财政补贴节能高效照明产品5万只,能耗得到有效控制;启动了黄金公司、龙润公司等企业的清洁生产审核,实施了飞龙公司余热余压利用、建材集团能量优化系统改造等8个节能技改和资源综合利用项目,工业节能降耗、减排增效明显,全县万元CDP能耗下降4.98%。主要污染物排放总量控制工作进一步加强,消减化学需氧量100吨、二氧化硫125吨,加大对重点污染领域的监管力度。年内共办理临时排污许可证9个,123个单位进行排污许可证年检和换证;完成40余家企业污染源监测;审批建设项目35个;共出动326人次,检查企业76家次,查处违法案件12起。祥云被省政府列为全省10个发展工业循环经济试点县之一,财富工业园区被列为全省10个重点产业循环经济示范园之一。以建设天保公益林和中低产林改为主,认真开展绿色创建活动。治理水土流失面积3.55平公千米。完成了县城集中式饮用水源地环境保护规划编制,加强对水目山自然保护区和象鼻水源林保护区管护,启动了下庄镇车把箐水库等乡镇饮用水源地的保护工作。

【民政】 2009年,全县共安排救灾救济款236.50万元,其中:灾民生活救助10788户215.80万元、建房救助51户16.10万元、修房救助25户4.60万元。城乡医疗救助614人次,资金62.92万元,补助农村五保、低保户参加2010年新型农村合作医疗救助20271人,资金40.54万元,救助城市流浪乞讨人员821人次。完成了“7·9”地震各级抗灾救灾应急资金、物资的拨付工作,确保了受灾群众有饭吃、有水喝、有衣穿、有临时住所,维护了灾区社会秩序稳定。完成了禾甸镇救灾仓库储备点和9家村委会第三批办公用房及活动场所新建项目。4家社区居民委员会换届选举工作。按重点保障和分类施保要求,新纳入特困家庭城镇最低生活保障535户682人,根据“动态管理”原则,调整和取消因再就业或生活变好转等低保对象378人;完成农村低保扩面1000人,城镇低保扩面712人的任务;农村低保补助标准从50元提高到60元,城镇低保对象在原基础上人均月补助25元;年末全县有城市低保人数8442户9919人,人均月补助144.00元,年发保障金1642.70万元。农村低保人数7935户20591人,人均月补助50元,年发放保障金1405.70万元;农村五保保障人数1550户1558人,人均月补助80元,年发放保障金149.57万元。审批280户入住廉租房,并发放了住房租赁补贴。接收退役士兵165人,推荐农村退伍士兵125人到企业就业。全县有民间组织44个,其中:社团33个,农村专业经济协会7个,民办企业4个。办理婚姻登记3726对。

【抗震救灾】 年内,“7·9”地震和“11·2”地震发生后,第一时间启动应急预案,及时转移受灾群众,迅速开展灾情调查评估,全力做好饮用水、食品、药品等生活必需品的采购调动和卫生防疫,全面排查学校、矿山、房屋、交通等场所和领域存在的安全隐患,防止了次生和衍生灾害的发生。设置临时安置点23个,紧急转移安置受灾群众43560人,排除危房3570间,修复电力线路120千米、通信线路114千米,抢通道路210千米,接收捐赠和调拨救灾款物410万元,争取上级财政救灾应急和恢复重建各类资金8320万元。派驻3165名干部驻村包户帮助群众开展恢复重建,年内完成民房重建897户、修复35418户;学校、医院、水利、交通等公共服务设施恢复重建工作全面启动。

【社会保障】 年内,坚持以创业促进就业的方针,就业再就业总量稳步提高。年内全县实现新增就业人数1806人,完成州下达目标任务数1600人的113%,其中下岗失业人员再就业716人,特殊困难群体就业325人,失业率为2.4%,低于全州4.5%的控制线;全县新增农村劳动力转移就业6015人,其中输出省外1351人,省内县外2197人,县内转移2467人。占州下达目标数的171.8%。启动“贷免扶补”创业工作。为大学毕业生、农民工、复转军人、下岗失业人员等自主创业,提供贴息贷款、税费减免、创业服务、资金补助等措施。社会保险覆盖面逐步扩大,以民营企业、个体工商户、灵活就业人员、大中专毕业生和城镇居民为参保重点,不断提高社会保险参保率。年末,全县参加各类社会保险78623人,其中:城镇职工养老保险12995人,城镇职工医疗保险14802人,城镇居民医疗保险15818人,失业保险7406人,工伤保险14000人,生育保险13700人。保费征缴率达100%,全年共征收社会保险费7234.4万元,其中:养老保险费3798万元,医疗保险费2292万元,城镇居民医疗保险费274万元,失业保险费472.4万元,工伤保险费210万元,生育保险费188万元。全县享受养老金的离退休人员已达2398人,发放基本养老金3009万元,支付丧葬抚恤金56人83万元。为全县2323名退休人员调整增加了养老金,人均月增资120元。为符合享受失业救济条件的2496名下岗失业人员发放失业救济金109.8万元。全年共支付工伤保险待遇190万元,支付生育保险待遇62万元。全县养老金、失业救济金和工伤生育保险金的发放、支付率均达100%。完善医疗费用定额结算办法,全县参保人员患病住院2625人次,发生住院医疗费1490万元,患者报销基本医疗费944万元,综合报销比例72%;划入参保职工个人账户1105万元,城镇居民医疗保险稳步推进,全县参保15818人,占州下达任务16000人的98.9%,征缴保险基金274万元,参保患者住院1741人次,发生住院医疗费414万元,患者报销医疗费163万元,综合报销比例为39.28%,农村社会养老保险工作面扩大,全县参保7168人,有440人领取农村养老保险待遇,发放养老金7.95万元。完成工伤事故调查189起189人,经州工伤认定领导组认定工伤188人。全年处理劳动争议54起56人,结案率100%。共办理劳动用工登记166户,职工2420人,全县用人单位劳动合同签订率达90%。加大劳动保障监察执法力度,对全县462户用人单位在2008年度贯彻执行劳动保障法律、法规情况进行年审,涉及劳动者9824人。责令83户用人单位补签劳动合同1361人;督促12户用人单位63人参加社会保险,纠正用人单位规章制度26件,受理投诉16起,涉及劳动者78人,追发拖欠劳动者工资28.73万元。

【民生建设】 2009年,认真落实强农惠农政策,兑现退耕还林补助1385.27万元、粮补和综合补贴2055万元、农机具购置补贴300万元,兑付中型水库移民后期扶持资金467.8万元。全面落实“两免一补”政策,为12712名贫困寄宿生发放生活补助金872.34万元,资助贫困大学生249人100.5万元。完成7800平方米廉租住房建设,发放租赁补贴555.96万元,实施了2150户农村危房改造及民居地震安全工程建设,部分困难群众住房问题得到有效解决。认真实施人畜饮水工程,解决了23016人、18412头大牲畜的饮水安全问题。县人民政府承诺的十项惠民工程已全面完成。

【物价水平】 2009年,市场价格总水平有升有降。全县农产品生产价格总水平比上年下降3.5%,工业品出厂价格总水平比上年下降8.5%,固定资产投资价格总水平比上年下降1.9%,建筑安装工程价格总水平比上年下降2.4%,商品零售价格总水平比上年上升0.1%,居民消费价格总水平比上年上升0.4%,房屋销售价格总水平比上年上升1.0%,服务项目价格总水平比上年下降0.5%。

【人民生活】 2009年,全县全年农民人均纯收入达3359元,比上年增长15.47%。农民人均生产粮食396千克,比上年增加7千克,增长1.80%。全县在岗职工人均年工资24193元,比上年增长12.22%。其中:国有单位在岗职工人均年工资30640元,比上年增长11.57%;集体单位在岗职工人均年工资11482元,比上年增长8.79%;其他单位在岗职工人均年工资20524元,比上年增长15.05%。

【县级领导名录】 2009年末,县委书记杨建华(白),副书记赵基、李宗贤(任至7月);县委常委杨建华(白)、赵基、李宗贤(任至7月)、杨祥、李庆元、尹正权(白,任至7月)、薛伟民、彭云宁、袁玉峰、伍加光、程永嘉、黄瑞云(女,7月任);县人大常委会主任普新中,副主任杨树金、李光隆、陈桂珍(女)、阮兴跃;县人民政府县长赵基,常务副县长杨祥,副县长李庆元、丁洪涛、杨学辉(白)、程建云(女)、莫志龙(白);县政协主席杨以红,副主席李忠、马国芝(女)、周嘉雄(白)、王万超;县纪委书记薛伟明。

【祥云3株古茶花列入世界古茶数据库】 2月5~10日,中国科学院昆明植物研究所所长夏丽芳研究员、王仲朗副研究员,日本富山县中央植物园志内利明、兼本正一行到祥云芦子沟和水目山对祥云现存的三株古茶花进行实地测量考察,将把3株古茶花树进入世界古茶数据库。

【祥云启动企业与社会的"共同约定"行动】 3月19日,在全球金融危机的情况下,县总工会、县劳动和社会保障局、祥云县企业家协会在全县企业启动履行社会责任,尽量不裁员、不减薪,稳定职工岗位,缓解就业压力;引导职工主动为企业分忧,为企业发展献计出力的"共同约定行动"。

【开展学习实践科学发展观活动】 3月25日,县委召开深入学习实践科学发展观活动动员大会,启动第二批深入学习实践科学发展观活动,8月结束,共72个单位2521人参加。9月19日县委召开第二批总结暨第三批学习实践科学发展观活动动员大会,启动了第三批学习实践科学发展观活动,2010年2月第三批学习实践活动结束。

【飞龙公司获"中国有色金属先进集体"称号】 3月,云南祥云飞龙有色金属股份有限公司荣获"中国有色金属行业先进集体"称号。

【飞龙公司进入全国铅锌行业准入企业】 3月,国家工业和信息化部将祥云飞龙公司列入第一批全国铅锌行业准入8户企业名单在全国公布,省内共有两家企业列入。

【祥云完成两个乡镇农田整理项目】 4月,云南驿镇、下庄镇基本农田整理项目完工。项目区总面积2620.94公顷,投资3153.36万元。项目实施后,新增耕地66.39公顷,新增率3.7%;4月7日,土地归还给农户栽种大春。

【全国政协常委何丕洁到祥云检查工作】 5月10日,全国政协常委、民革中央副主席兼社会服务部部长何丕洁一行到祥云检查指导工作。

【中央军委副主席徐才厚到祥云视察】 5月31日,中共中央政治局委员、中央军委副主席徐才厚一行来到由云南武警总队援建的祥云县祥城镇城西小学——八一爱民学校,看望慰问师生。

【祥云被评为全国铁路护路先进集体】 5月,中央综治委铁路护路联防工作领导小组授予"祥云县铁路护路联防工作领导小组2008年度全国铁路护路联防先进集体"。

【建材集团获省"百佳成果奖"】 6月16日,县建材集团有限责任公司能量系统优化改造项目,获"百佳创新成果奖",受到省人民政府表彰。

【常务副省长罗正富到祥云指导抗震救灾】 7月10日,省委常委、常务副省长罗正富在州委书记刘明陪同下,深入东山乡妙姑、新民等村检查指导"7·9"地震抗震救灾工作。

【副省长李江到祥云视察】 7月16日,省委常委、副省长李江在州委书记刘明、副州长洪云龙等陪同下到祥云实地调研。

【农业部玉米高产创建项目通过验收】 8月28日,祥云县承担的国家农业部、省农业厅共建1333.33公顷玉米高产创建项目通过省高产创建小组办公室的有关专家实测验收:"百亩核心区"的13.33公顷平均亩产829.7千克,最高单产936.51千克;"千亩示范片区"的133.33公顷平均亩产765.8千克;"万亩示范区"的1336.67公顷平均亩产728.87千克。

【政务大楼竣工搬迁】 9月9日,政务大楼建设工程竣工验收,工程于2007年12月动工,占地面积2708公顷,建筑面积28119平方米,主楼高10层,道路、广场、清石板铺筑11500平方米,绿化面积12000平方米,总投资9000万元。10月中旬,县委、人大、政府、政协及各部委办局共36个单位600多人陆续搬入政务大楼办公。10月19日县委、政府在大楼前广场举行了升国旗仪式。结束了府前街4号作为县行政中心625年的历史。

【两家企业农产品获农业博览会金奖】 9月19日,大理州怀宝经贸有限责任公司生产的米甸"怀宝牌"泡核桃、祥云县龙泉农业科技开发有限责任公司产出的大波那"洪腾牌"彩云红梨获2009第五届昆明国际农业博览会农产品金奖。

【举办"祥云放歌"大型文艺演出】 9月21日,祥云在政务中心广场举行"祥云放歌"大型广场文艺演出。来自城乡各族演员和县级机关事业单位干部职工、企业员工、农村干部群众欢聚在县城,载歌载舞,隆重庆祝新中国成立60周年。

【省委书记白恩培到祥云调研】 10月23日,省委书记白恩培在州委书记刘明、州长何金平等领导的陪同下,到祥云县米甸镇低效林改造示范基地、刘厂镇青坡村等地调研中低产林改造及农业产业发展情况。

【祥云实行阳光政府四项制度】 是年，县级以上行政机关实施了重大决策听证、重要事项公示、重点工作通报、政务信息查询阳光政府四项制度，县人民政府成立了实施阳光政府四项制度领导组和办公室，开展专项检查4次。制作了电视访谈15期，对全县30个部门、70个重大基础设施和基础产业项目、30个重点工业经济发展项目实施情况进行了通报。对《祥云县法律援助实施管理办法(试行)》、《祥云县娱乐场所行政许可听证》等8项重大决策组织了听证，网上发布听证信息19条。对252件重要事项进行了公示，对351项重点工作进行了通报。县公共服务在线咨询系统共受理咨询114件，办结率及回复率均为100%。“96128”政务服务热线专线接听率为96.15%。

【祥云发生持续反复干旱】 是年，县境内降水量为653毫米，比历年平均少144.9毫米，比2008年少290.7毫米，是1988年以来最旱的一年，出现了4次严重的冬春旱、夏旱、秋旱、秋冬连旱情形。因旱造成农作物受旱面积10.87千公顷，造成3.976万人和2.7385万头大牲畜饮水困难，90座水库、坝塘干涸。

【进出口贸易连续三年居全州首位】 是年，全县实现进出口总额8625.43万美元，同比增长85.21%，占全州进出口总额的59.88%；连续三年位居大理州12县市首位，其中，进口6946.32万美元，出口1679.11万美元。

【祥城镇完成省列现代烟草农业示范镇建设】 是年，祥云县祥城镇被确定为省列现代烟草农业示范镇之一，示范镇规划建设15个村，种植面积800公顷，按照区域化、生产专业化、经营一体化、服务社会化的现代化农业模式分布实施，成为旱能灌、涝能排、田成方、渠相通、沟路笔直、排灌自如，形成高产、优质、高效良性循环的农业体系，3月20日建设工程完工。当年祥城镇烤烟生产种植面积比2008年减少86.67公顷，减9.77%；但单产增加53.7千克，增35.65%；总产增加443.17千克，增21.50%；亩产值增加773.34元，增33.36%；总产值增626.66万元，增20.33%；烤烟产品税增137.87万元，增20.33%；实现了面积减，产值产量效益增的目标。

【15个工业项目建成投产】 是年，飞龙公司2000t/d氧化锌矿选矿、天邦公司年产5万吨桶(瓶)装饮用水、水电四局水电金属构件、辰宇公司技改扩建年产1.2万吨野生食用菌加工、绍为公司年产3万吨有机肥、大林砖厂年产8000万片免烧砖、元丰公司年加工1.5万吨咸菜系列产品、大理恒星饲料有限公司新建年产5万吨饲料、复烤公司技改扩建6000千克/小时打叶复烤、银龙公司技改扩建年产2万床蚕丝被、汇鑫公司年产6000吨铝棒等15个工业项目竣工投产。

【4个企业获国家及省荣誉称号】 是年，飞龙公司处理复杂氧化锌矿两项专利技术分别荣获“中国有色金属工业科学技术一等奖”、“云南省科学技术一等奖”，飞龙公司荣获“中国有色行业先进集体”、“云南省创新型非公有制企业”称号；原闻公司“元生牌”PE管材通过国际质量体系认证，扬帆公司的沼气发生器被农业部评为“农村能源优秀产品奖”；建材(集团)公司荣获“全国化学分析大对比全优单位”；飞龙公司董事长杨龙荣获全国“关爱员工优秀民营企业家”、“第八届全国优秀创业企业家”，银龙公司董事长钱体辉荣获“云南省第十一届优秀企业家”称号。

【4个产品获云南名牌产品】 是年，“飞龙牌”锌锭、“花山牌”复合肥、“赢龙牌”生丝、“祥龙牌”水泥通过了云南名牌产品认证。

【招商引资成效显著】 是年，引进了中天公司新建锑产品生产线、清华洞景区保护开发建设等内外资项目22个，其中上亿元以上资金项目4个，协议资金32.86亿元，到位资金加往年项目结转资金达6.46亿元，比上年增长60.7%。

【祥城镇】 位于县境西部，总面积323.62平方千米，其中城区面积7.84平方千米，辖31个行政村(社区)，167个自然村，236个村民(居民)小组。2009年末，总户数31015户，总人口109988人，人口自然增长率3.6‰，人口密度338人/平方千米，有汉、回、傈僳3个世居民族，少数民族人口1701人，占总人口的1.54%。

2009年，农村经济总收入79657.95万元，农民人均纯收入3737元，比上年增401元。财政收入9320万元，比上年增长28%。工业总产值57434万元，增长35.5%。乡镇企业总收入57568万元，比上年增长32.2%；耕地面积4188.3公顷，其中，水田313.45公顷，农民人均占有耕地0.75亩，粮豆作物面积5795.53公顷，总产量35643.9吨；农民人均有粮425.4千克。烤烟种植800公顷，总产量2074.5吨，总产值37104万元。林地面积1.36万公顷，有林农户17112户66900人。年内退耕还林766.67公顷，义务植树23.2万株，有核桃1134公顷。大牲畜存栏12091头(匹)，出栏6498头(匹)，生猪出栏7万头，蛋鸡存栏50.65万羽。全年完成水利工程37件，总投资1800万元。

镇有初级中学4所，小学31所，成人技术学校1所；幼儿园65所，其中公办3所，集体办、民办62所。在校中学生4638人、小学生11673人、在园幼儿3209人。小学适龄儿童入学率99.9%，辍学率0.01%；初中毛入学率106.77%，辍学率1.04%，15周岁初等教育完成率99.91%，17周岁初等教育完成率99.36%。中学生均校舍建筑面积5.37平方米；小学生均校舍面积4.73平方米。有卫生院3所，医务人员51人；村卫生室31所，乡村医生98人。计划生育率100%，节育率95%，综合避孕率88%以上，《生育证》合格率达100%。有文化站1个，“万村书库”32个，藏书5900册。全镇236个村民小组全部通公路、通电，24321户通有线电视，拥有电视机农户30720户，拥有电话32911户，其中移动电话18361户。转移输出劳动力1207人，新增就业人数1005人。农村低保2139户，五保户4366人，发放低保、五保补助金268万元；城市低保6800户8007人，发放补助金118.67万元。

年末，镇党委书记严启红(任至7月)、杨孝祥(10月任)，镇长庞生明，镇人大主席何律宏。

【沙龙镇】 位于县境西部偏中，面积68.53平方千米，镇辖沙龙、花园2个农村社区5个行政村，24个自然村，57个村民小组。2009年末，总户数8808户，总人口32979人，人口自然增长率为3.37‰。世居民族主要是汉族。

2009年，全镇生产总值17348万元，比上年增长17.75%；农村经济总收入24696万元，比上年增长7.85%；农民人均纯收入3367元，比上年增长11.97%；财政收入143.7万元；全社会固定资产投资2921万元，比2008年增长28.1%；乡镇企业总收入23635万元，比上年增长33%，耕地面积1263.6公顷,农业人均占有耕地约0.6亩;农作物总播种面积2295.2公顷,其中,粮豆作物1851.3公顷,粮食亩产459千克,总产量1.276万吨,农民人均有粮400.9千克;烤烟种植33.33公顷,收购烟叶87.4吨,总产值139.14万元;油料播种面积276.67公顷,总产量770.8吨;蔬菜133.93公顷,总产量1965.1吨;桑园面积189公顷,鲜茧产量75吨;水域养殖面积112.86公顷,捕捞量543吨;大牲畜存栏3315头(匹),出栏1707头(匹);生猪存栏20739头,肥猪出栏24810头;鸡存栏396292羽,当年出栏198690只,肉产量3560千克。全镇有121户蛋鸡养殖专业户,全年蛋产量1611.3吨;畜牧业总产值4730万元。年内外出务工6398人,占农村劳动力的36.9%,劳务收入3203万元,林地面积2060公顷,新建核桃基地265公顷,天保公益林49.4公顷,义务植树完成7.8万株。

镇有1所初级中学,7所完全小学,4个教学点,7所民办幼儿园。小学在校生2958人,入学率100%,巩固率100%;初中在校生1328人,毛入学率139%;巩固率98.5%;在园幼儿877人,3-6周岁幼儿入园率82%。有镇卫生院1所,病床20张,医务人员21人;27044人参加新型农村合作医疗,占全镇农业人口数的89.98%。计划生育服务所1个,医务人员4人。村卫生室7所,乡村医生21人。传染病发病率2.5%;婴幼儿死亡率16.7%。年内农业人口领取《独生子女父母光荣证》45户。农村低保范围逐步扩大,全镇1348人享受农村低保政策,114人享受农村五保政策,77户79人享受城市低保政策。有镇文化站1个,藏书2000册,村文化室7个。安装闭路电视7701户,其中数字电视用户3832户。

年末,镇党委书万丽春(女),镇长赵仕禄,镇人大主席杨春华。

【云南驿镇】 位于县境西南部,总面积218.76平方千米,镇辖5个社区村民委员会、22个村民委员会,108个自然村,204个村民小组,2009年,总人口98548人,人口自然增长率3.21‰,世居民族主要为汉族。有耕地4333.3公顷,农业人口人均占有耕地面积0.61亩,大小春总播种面积7807公顷,粮食播种面积6124公顷,总产量32575吨;烤烟种植817公顷,总产量234.19万千克,总产值2964万元;蚕桑种植1149.2公顷,产鲜茧1054.4吨,总产值2421.59万元;以禽蛋和生猪为重点的畜牧养殖业发展迅速,禽蛋产量达2000吨,产值6642万元。农村经济总收入78687万元,比上年增6104万元,增8.41%,农民人均纯收入3223元。财政收入810万元,比上年的增长19.78%;工业企业2938个,从业人员7325人,总产值78400万元,利润总额2486万元,上缴税金720万元。

年末,镇党委书记冯大云(任至3月)、张永建(3月任),镇长张永建(任至3月)、杨武(3月任),镇人大主席李大章。

【鹿鸣乡】 位于县境南部,总面积153.22平方千米。7个村民委员会,57个村民小组,101个自然村。2009年,总户数3548户,总人口12977人,人口自然增长率2.86‰。全乡生产总值7654万元,比上年增长12.1%;农村经济总收入4837万元,比上年增长12.1%;粮食总产量达545万千克,比上年增长2%,人均占有粮食402千克,比上年增8千克,农民人均纯收入2312元,净增304元,增15.1%;工业总产值达2356万元,增长35.25%;财政收入继续提升,一般预算收入176万元,增幅12.8%。固定资产投资1901万元,比上年增25.3%。种植烤烟215.33公顷,总产量53.6万千克,亩产166千克,产值达878.7万元,首次突破800万元大关。生猪、家禽养殖规模进一步扩大,生猪存栏10251匹,出栏10176头,牛存栏4361头,骡存栏1869头,家禽存栏25400羽。有中学1所,在校生426人;完小7所、5个教学点,在校生1105人;小学适龄儿童入学率99.6%,中学入学率97.9%。有卫生院1所,村级卫生室7所,共有医务人员31人。卫星电视接收站7座,电视信号覆盖率达100%。手机塔8座,信号覆盖率95%以上。

年末,乡党委书记杨孝祥(任至10月)、王以权(10月任),乡长王以权(任至10月)、王丽(女,10月代理),乡人大主席罗国祥。

【下庄镇】 位于县境内中部偏东南,总面积225.5平方千米。镇辖12个村委会,109个自然村,130个村民小组。2009年末,总户数14953户,人口自然增长率3.7‰,人口密度243人/平方千米;有汉、彝两个世居民族。汉族50992人,占总人口的93.07%;彝族3596人,占6.56%。国内生产总值48829万元,比上年增长14.65%。工业总产值56140万元,工业税收实现1396万元。财政收入915万元,财政支出478.3万元。农村经济总收入40332万元,农民人均纯收入3406元,分别比上年增3.3%和13.34%。固定资产投资完成5291万元,比上年增长28.1%。耕地总面积2342公顷,农业人口人均占有耕地0.65亩。全年粮食播种面积3113公顷,粮食总产177.12万千克,比上年增长2.1%,农民人均有粮329.6千克,比上年增长1.7%;种植烤烟866.7公顷,累计收购烟叶281.98万千克,收购烟叶金额4274.2万元,亩产值3287.85元,单价15.16元。有县办完中1所,在校生2051人;初级中学2所,小学12所,村小4所,教学点2个,在校生8073人,幼儿园6所;小学适龄儿童入学率100%,初中毛入学率98.7%。有中心卫生院1所,私立医院2所,村卫生室12所,病床74张,医务人员58人。新型农村合作医疗农民参合率90.86%。固定电话用户达9500多户,移动电话用户达18000多户,因特网用户600多户,转换数字电视用户1867户。

年末,镇党委书记杨龙锋(任至3月)、杨振富(3月任),镇长杨永生,镇人大主席张正友。

【普淜镇】 位于县境东南部,总面积325.35平方千米,镇辖14个村委会,204个自然村,160个村民小组。2009年总户数7625户,总人口27454人,人口自然增长率为4.68‰;有汉、彝族两个世居民族,其中彝族9256人,占总人口的33.7%;人口密度84.38人/平方千米。

2009年,全镇生产总值19864万元,比上年增长13%;农村经济总收入9088万元,比上年增长7.2%;地方财政收入546万元(其中烤烟特产税479万元),比上年增长38.93%;财政支出558万元;农民人均纯收入2176元,比上年增长12.11%;年末各项存款余额5225万元,贷款总额3395万元。有耕地面积1349.9公顷,农民人均占有耕地0.69亩,大小春粮食作物播种面积2092公顷,粮食总产1.1779万吨,农民人均占有粮441千克,比上年增长2.7%;大牲畜存栏10018头(匹),出栏1152头(匹);生猪存栏17900头,出栏20999头;羊存栏12180只,出栏4579只;鸡出栏40438羽,畜牧业总产值2250万元。

全镇有初级中学1所,在校学生945人;完小14所,初小2所,教学点22个(其中一师一校20个),在校生2652人;有民办幼儿园2所,在园幼儿111人;小学适龄儿童入学率达100%,初中毛入学率96.5%。有卫生院1所，病床30张，医务人员24人；村卫生室14所，乡村医生30人；计生服务所1所，医务人员3人。已婚育龄妇女5947人，计划生育率达100%，有372户已领取了《独生子女父母光荣证》；全镇24343人参加新型农村合作医疗，参合率91.69%；136人城镇居民参加医疗保险，办理农民工手册87人，输出农村剩余劳动力2774人，实现外出劳务经济增收1400万元。有文化站1个，藏书2180册，村文化室14个，建成易康村农家书屋1个。电视覆盖率100%，电视人口覆盖率84%；有地面卫星接收设施2543台，有线电视用户1563户，其中数字电视用户89户；程控和致富通无线座机电话用户3859户。

年末，镇党委书记李光辉，镇长杨跃峰，镇人大主席罗如富（彝族）。

【刘厂镇】 位于县境中部，总面积90.12平方千米，坝区面积占85%。镇辖4个社区村民委员会，26个自然村，79个村民小组。2009年，总户数9697户，总人口38051人，有汉、白、彝3个世居民族，少数民族1369人，占总人口的3.6%；人口自然增长率3.7‰。全镇计划生育率100%，综合节育率为93%。

2009年，全镇耕地面积1844公顷，人均占有耕地0.76亩；生产总值37725万元，比上年增长16.12%；农村经济总收入30420万元，比上年增长13.26%；农民人均纯收入3516元，比上年增长12.66%；财政总收入541万元，比上年增长45.4%；工业总产值30175万元，比上年增长34%；固定资产投资完成2386万元，比上年增长28.7%。小春粮食播种966.67公顷，总产量370.24万千克，比上年增长1.4%；大春粮食总播种共1351.4公顷，总产量1.138万吨，比上年增长3.5%。烤烟353公顷，总产量114.98万千克，总产值1371万元；桑园面积713.56公顷，栽桑户2016户，养蚕户1287户，产鲜茧983.2吨，产值达2399.92万元。全镇农业总产值17874.8万元，林业产值553.25万元，畜牧业产值8217.82万元，渔业产值996万元，农林牧渔业服务业产值101万元。

2009年，乡镇企业户数1172户，从业人数4465人，实现营业收入34510万元，总产值达34469万元，工业现价总产值达30175万元。从事野生食用菌、瓜子仁、核桃仁、蚕茧收购加工的经营户发展到150多户，年出口创汇1000多万美元。就地输出与异地输出农村剩余劳动力5700多人，年劳务输出收入3353万元。全镇工业收入9454万元，建筑业收入2682万元，运输业收入2667万元，商饮业收入1007万元，服务业收入547万元。2009年引进资金3100万元，引进泰鑫公司开发建设药材、花卉基地，引进元丰公司建设咸菜加工厂房及原料基地，引进向阳采沙石料生产企业对中小石厂进行了兼并和重组。

有独立设置的成人文化技术学校1所，初级中学1所，9所完小，4个教学点，10所幼儿园。初中在校生1684人，毛入学率101.3%；小学在校生3736人，入学率99.9%；幼儿园有28个教学班，在园幼儿944人，小学升初中入学率100%，初中在校学生年辍学率1.46%。初中毕业349人，初级中等教育完成率为100%。全镇有文化站1个，藏书1800册。村文化室8个，业余文艺演出队18支，其中花灯队2支。全镇拥有电视机8617台，农村用电量393万千瓦小时，广播电视覆盖率100%。

年末，镇党委书记自清海，镇长杨武，镇人大主席穆光银（白）。

【东山乡】 地处县境东北部，总面积316平方千米，森林覆盖率85.44%，乡辖8个行政村，78个自然村，82个村民小组。2009年末总户数2480户，总人口9987人；有彝、汉、白、傈僳、苗5个世居民族，彝族为主，人口8657人，占总人口的86.68%，少数民族占总人口的95.79%；人口自然增长率1.42‰。

2009年，全乡农作物总播种面积1311.4公顷，其中小春529公顷、大春782.4公顷；全年粮豆作亩产342千克、总产4857吨；人均生产粮食499千克。农村经济总收入3737万元，比上年增长18.04%；农民人均纯收入1735元，比上年增长16.05%；栽种核桃121公顷，核桃累计面积达2049.2公顷，核桃产量26.38万千克，产值527.6万元。乡镇企业85个，从业人员182人，总收入401万元，总产值433万元，利润总额65万元，实缴各种税金11万元，以酒类生产加工为主的乡镇企业有12家。烤烟产量43.78万千克，产值597.2万元；以牛、羊、猪为主的畜牧业收入904万元；全乡财政总收入139万元。

乡有初级中学1所，在校生489人，2009年中考上线人数12人，上线率14.63%；小学8所，教学点17个，在校生989人，小学适龄儿童入学率100%，普及率100%，升学率100%。有乡级卫生院1所，村级卫生室8所，医务人员26人，病床10张；已婚育龄妇女综合节育率92.8%，避孕及时率83%；共有6户办理了独生子女父母光荣证；共有2288户9254人参加了新型农村合作医疗保险。

年末，镇党委书记戴兴成，镇长熊世明（彝），镇人大主席熊桂香（女，彝）。

【禾甸镇】 位于县境东北部，总面积305.88平方千米。镇辖12个（社区）村民委员会，94个自然村，114个村民小组。2009年，总户数12188户，总人口47596人，人口自然增长率4.39‰，人口密度155.6人/平方千米。世居民族有白、汉、彝、苗、傈僳五个民族，其中白族人口39760人，占总人口的83.54%。

2009年有耕地面积3341公顷，农业人口人均占有耕地1.05亩，生产总值39367万元，比上年增长11%，农村经济总收入31120万元，比上年增长2%，农民人均纯收入3009元，比上年增长18%。全镇粮豆作物播种面积3300公顷，亩产456千克，总产量2.2585万吨，比上年增长6.2%；农民人均占有粮食474千克，比上年增长2%。种植烤烟1074公顷，总收购量3229吨，农户收入4852万元，比上年增加1280万元，平均亩产值3013元，农户人均烤烟收入1025元。桑园面积1355公顷，产鲜茧90.4万千克，产值2186万元，比上年增长56.70%。大牲畜存栏9934头（匹），出栏1788头（匹）；生猪存栏28408头，出栏37421头；羊存栏4491只，出栏1725只；家禽存栏92398羽，出栏67386只；禽蛋产量165.26吨。新发展核桃560.53公顷、云南红梨18.7公顷，完成全民义务植树11.8万株。全镇财政收入1046万元，比上年增长48.37%；年末各项存款余额10680万元，贷款总额4600万元，分别增长21.16%和31.47%。有个体工商户1036户，从业人员1738人，注册资金5842万元。乡镇企业9个，从业人员526人，总收入5601万元，其中工业收入4478万元，缴纳税金156万元。

有县办中学1所，镇办中学1所，在校生2036人；村完小12所、教学点20个，在校生4707人，小学适龄儿童入学率100%，巩固率100%，普及率100%，升学率100%；初中阶段毛入学率达107%；幼儿园18所，幼儿教学点6个，中心卫生院1所，计划生育服务所1所，村卫生所12所，有乡村医务人员49人；年内出生477人，计划生育率达100%，已婚育龄妇女10057人，施行“三术”592例，办理农业人口独生子女40户，全镇共有农业独生子女920人,综合节育率94.42%。有文化站1个,村级文化活动室12个,有线电视工作站1个,农村电视机12281台,电视机普及率达98.5%,年内安装闭路电视577户,全镇闭路电视用户7330户,占总户数的60%。有113个村民小组通公路、114个村民小组通电,农村用电664.4万千瓦小时;程控电话用户6432户,占总户数的52.77%。转移输出农村剩余劳动力465人,实现再就业72人。全镇143人纳入城镇居民基本医疗保险,"新农合"参合率达90%,2047人困难群众纳入最低生活保障。

年末,镇党委书记赵国茂(白),镇长丁红军,镇人大主席王凯。

【米甸镇】 位于县境东北部,总面积413平方千米,镇辖10个行政村委会,72个村民小组,92个自然村。2009年,有总户数7181户,总人口27964人,有汉、彝、白、苗、傈僳5个世居民族,汉族17152人,少数民族10812人,其中彝族8231人、白族1937人、苗族406人、傈僳族221人;人口密度67.7人/平方千米;人口自然增长率4.92‰。

2009年,全镇国内生产总值26618万元,比上年增长14%,农村经济总收入26681万元,比上年增长25.6%;农民人均纯收入2613元,比上年增长19.8%;完成地方税收80.30万元,比上年增长8.57%。乡镇企业及个体户884个,从业人员5914人,营业总收入26618万元,比上增长21.1%;上缴税收674万元,创利润3227万元,劳动者工资总额3266万元。产煤38万吨,产值11400万元,实现利润7068万元,上缴税金533万元,产值比上年增长25%。有耕地1317公顷,全年农作物总播种2175公顷,粮食总产量887.7吨,亩产349千克,人均占有粮322千克。种植烤烟233.3公顷,烟叶收购量50万千克,收购总产值809.37万元,实现烟叶税收132万元。蚕桑489公顷,产茧275.12吨,产值645.86万元,比上年增长23%。累计发展泡核桃7732.5公顷、115.99万株,种植核桃农户数占全镇农户数的98.8%,人均4.2亩、42株,核桃产量1613吨,产值2500万元,人均核桃收入达905元;有核桃加工大户3户,年加工、销售核桃4614吨(含外州县购入部分),核桃初加工群众收入923万元。大牲畜出栏1233头(匹),存栏10492头(匹);生猪出栏17713头,存栏14894头;羊出栏8020只,存栏12085只;家禽出栏52087羽,存栏26756羽;畜牧业产值5124.59万元。2009年全镇引进县内镇外资金合计1700万元,省内县外资金440万元,国内省外资金80万元,共引进资金2220万元。

镇有初级中学1所,在校生1048人;村小学10所,寄宿制小学1所,教学点33个,在校生2512人;小学适龄儿童入学率100%,巩固率99.4%,初中升高中、中专升学率58.2%。镇卫生院1所,计生服务所1所,村卫生室10所,医务人员47人,床位21张。累计安装闭路线户数3871户,拥有电视机6373台,有线电视覆盖率56%。移动信号发射塔13座,拥有移动手机7948部,普及率28.8%。年内安装固定电话1733部,全镇累计安装固定电话5279部,固定电话普及率73.6%。

年末,镇党委书记蒋吉富,镇长何国永,镇人大主席李茂松。

(《祥云县》由廖严撰稿)

宾川县

【自然概貌】 宾川县位于大理州东部,地处金沙江南岸干热河谷地区。地跨北纬25°32′~26°12′,东经100°16′~100°59′之间,东接大姚县,北交永胜、鹤庆县,西连洱源县、大理市,南邻祥云县。总面积2562.67平方千米,其中,山区面积2135.63平方千米,坝区面积427.04平方千米。县城金牛镇距州府大理市(下关)56千米,距省会昆明367千米。

宾川,具有悠久的历史。"宾川"之名,系由宾居——宾居川——宾川演变而来。明弘治七年(1494年),割太和、云南县、赵州地置宾川州,治所州城。清因之。民国2年(1913年)改州为县。1949年12月23日,宾川和平解放。1950年1月1日,中共宾川县委、县人民政府成立。1958年,县委、县人民政府迁牛井街。是年11月,宾川、祥云、弥渡3县合并为祥云县,1961年3月,撤大县,恢复宾川县建制。

宾川地处云岭横断山脉东缘,金沙江南岸云贵高原西南部,程海大断裂带呈南北走向纵贯宾川坝区。境内主要山脉、坝子、河流多呈南北走向,地势东西高、中部低,最高为西部木香坪顶峰,海拔3320米;最低为渔泡江汇入金沙江处,海拔1104米;中部县城金牛镇海拔1430米,东西两大山脉纵横交错,山与山之间的断陷盆地构成境内10个坝子。境内有纳西河、平川河、清水河、朵背箐河4条河流。宾川县属亚热带冬干夏湿低纬高原季风气候,光照充足,热量丰富,干旱少雨,立体气候明显。2009年平均气温18.9℃,比上年增4.42%,年极端最高气温35.2℃,出现在5月27日;极端最低气温-3℃,出现在12月25日。年均日照时数2666.3小时,年均降雨量464.5毫米,比上年少223.8毫米,减32.51%,全年蓄水量6873万立方米,比上年的11239万立方米减少4366万立方米,减38.85%,气候适合农作物生长。

【行政区划】 2009年底,全县辖8镇2乡3个华侨管理区,下设86个村(居)委会、825个自然村、1278个村民小组。

【人口民族】 2009年末,全县总人口350979人,其中男178485人,女172494人;农业人口327227人,非农业人口23752人。总人口中有少数民族人口80479人,占总人口的22.93%。年内出生人口3261人,比上年增189人,出生率9.49‰。年内死亡2162人,比上年增389人,死亡率6.29‰,人口自然增长率3.20‰,人口密度每平方千米137人。

【土地资源】 全县国土面积2562.67平方千米,折合25.63公顷。土壤属8个土类,16个亚类,25个土属,87个土种。8个土类为棕壤,黄棕壤,红壤,燥红土,紫色土,石灰(岩)土,水稻土,菜园土(暗色冲积土)。年末耕地面积24840.26公顷,其中田14022.33公顷,地10817.93公顷;耕地复种指数188%。人均占有耕地1.06亩。

【经济综述】 2009年宾川生产总值(现价)实现407100万元,比上年增10.2%,其中:第一产业192504万元,比上年增5.1%,第二产业89756万元,比上年增19.3%;第三产业124840万元,比上年增11.5%,三次产业比重由49:21:30调整到48:22:30。人均生产总值(人均GDP)11589元,比上年增7.6%。财政总收入完成23932万元,比上年增15.2%;工业总产值150980万元,比上年增22.1%;农村经济总收入(不含基金收入)223904万元,比上年增15.17%;全社会固定资产投资总额194267万元,比上年增35.39%;农民人均纯收入3501元,比上年增15.24%。

【人民生活】 年末,在岗职工11116人

（其中国有单位职工 7861 人），比上年增 0.05%，在岗职工年平均工资 25992 元，比上年增 14.02%，其中国有单位 27443 元，增 15.61%。农民人均纯收入 3501 元，比上年增 15.24%；农民人均生产粮食 480 千克，比上年增 1.48%；人均占有粮食 333 千克，与上年持平。2009 年解决温饱 1301 户 5073 人，有 1196 户 4802 人巩固了温饱；累计解决温饱人口 292802 人，占全县农业人口的 94.26%，当年返贫 168 户 655 人，返贫率为 12%。全县贫困地区农民人均经济纯收入 2243 元，比上年增 147 元，人均占有粮食 354 千克。

【农业】 2009 年，全县农作物总播种面积 46699 公顷，比上年增 2.39%，其中粮食作物 21746.07 公顷，比上年增 1.71%；经济作物 24952.93 公顷，比上年增 3.0%。主要农产品产量：粮食 152613 吨，比上年增 4.45%；油料 12519 吨，比上年增 27.63%；烟叶 16007 吨（其中烤烟 10775 吨，白肋烟 5232 吨），比上年增 9.29%；水果 22.9 万吨，比上年增 33.6%。农村经济总收入 22.39 亿元，比上年增 14.55%；农村经济纯收入 10.79 亿元，比上年增 15.31%，农业总产值（现价）完成 335372 万元，比上年增 10.75%，其中种植业 230446 万元，增 10.53%，林业 22495 万元，增 11.04%，牧业 75103 万元，增 3.0%，渔业 4676 万元，增 12.27%，农林牧渔服务业产值 2652 万元，增 5.95%。

【畜牧业】 2009 年末，大牲畜存栏 98789 头，比上年减 264 头，减 0.27%，大牲畜出栏 16393 头，比上年增 1369 头，增 9.11%；生猪出栏 357407 头，比上年增 8172 头，增 2.33%；生猪存栏 264694 头，比上年减 27632 头，减 11.66%；外销肥猪 21 万头，比上年减 3.4 万头，减 13.9%；外销仔猪 15 万头，比上年减 10.5 万头，减 41%，山、绵羊存栏 144748 只，比上年增 1951 只，增 1.4%；外销山羊 66000 只，比上年增 1000 只，增 1.5%；家禽存栏 696950 只，比上年增 7810 羽，增 11.33%；出栏 841495 羽，比上年增 16316 羽，增 1.98%；奶产量 5958 吨，比上年减 660 吨，减 9.97%；肉类总产 40832 吨，比上年增 927 吨，增 2.32%；畜牧业产值（现价）75103 万元，增 3.0%，占农业总产值的 22.39%。

【林业】 2009 年造林 3813.33 公顷，全部为人工造林；封山育林 2666.67 公顷，累计封山育林 38766.67 公顷。四旁植树 106.5 万株，育苗面积 8.8 公顷。主要林产品产量：油桐籽 153.3 吨，棕片 31.4 吨，核桃 4373.2 吨，板栗 198.7 吨，花椒 110.9 吨，松籽 337.3 吨，其他林产品 39.5 吨，竹材 1168 万根。林业产值 22495 万元，增 11.04%。

【渔业】 2009 年，开展渔民技术培训 4 期 250 户 260 人次，指导面积 1352 公顷。水产品产量 4763 吨，比上年增 67 吨，增 1.43%。渔业产值（现价）4676 万元，比上年增 12.27%，占农业总产值的 1.39%。

【乡镇企业】 2009 年全县有乡镇企业 9811 户，比上年减 2.66%；从业人员 37434 人，比上年减 5.46%。乡镇企业总收入 25.19 亿元，比上年增 11.35%；实现乡镇企业总产值 23.28 亿元，增 6.67%；完成增加值 7.4 亿元，比上年增 23.2%；上缴税金 5300 万元，是上年的 2 倍；实现利润 3.2 亿元，比上年增 24.6%。

【工业】 2009 年，全部工业总产值实现 150980 万元，比上年增 22.11%，其中规模以上企业产值 41663 万元，是上年的 2.45 倍；规模以下企业产值 109317 万元，减 2.02%；轻工业产值 61478 万元，增 74.68%，重工业产值 89502 万元，增 1.19%。主要工业产品产量：发电量 6228.64 万度，减 22.88%；原煤 57.83 万吨，增 3.27%；水泥 33.89 万吨，是上年的 2.83 倍；砖 31018 万块，增 18.86%；瓦 18685 万块，增 33.35%；石灰 2.65 万吨，减 28.76%；水泥预制构件 36490 立方米，减 4.19%；自来水 98 万吨，减 15.52%；食用植物油 3180 吨，减 10.3%；糕点 387 吨，减 2.03%；白酒 3700 吨，增 10.48%；服装 12.5 万件，减 6.09%；家俱 11.6 万件，增 0.43%。

【交通　邮电】 2009 年末，全县公路通车里程 1640 千米，与上年持平；货运量 547 万吨，比上年增 11.41%；货运周转量 84461 万吨/千米，比上年增 12.2%；客运量 405 万人，比上年增 12.2%；客运周转量 22296 万人/千米，比上年增 13.1%。全县拥有各种机动车 66677 辆，比上年增 27.39%，其中摩托车 56303 辆，比上年增 16.96%。邮电业务总量完成 9105 万元，增 15.31%；年末有移动电话 170668 部，比上年增 47.03%；年末固定电话 34575 部，比上年减 11.4%；电话普及率 58.48%。

【非公有制经济】 至 2009 年末，全县个体工商户 8458 户，从业人员 9028 人，注册资金 22539 万元；依法核准注册的内资企业 306 户，注册资金 41136 万元，私营企业 374 户，从业人员 3993 人，注册资金 40569 万元。农民专业合作社 35 户，成员 317 人，出资总额 1944 万元。查处各类经济违法违章案件 418 件，收缴罚没款 53.8 万元。

【旅游】 2009 年，全县接待游客 115.1 万人次，比上年增 10.35%，其中国外旅客 11464 人次，比上年增 9.95%。旅游社会总收入 90516 万元，比上年增 10.95%，其中鸡足山门票收入 598 万元，比上年减 2 万元；索道收入 423 万元，比上年增 2 万元。

【商业】 2009 年，全县农副产品出口总额 1725.49 万美元，比上年增 74.46%。商品购进总额 43023 万元，比上年增 13.75%；商品销售总额 94286 万元，比上年增 18.73%；社会消费品零售总额完成 85300 万元，比上年增 20.13%；居民消费价格指数 103.56%。全年共签订招商引资项目 6 项，到位资金 72971 万元，比上年增 32.25%。

【财政　税收】 2009 年，全县财政总收入 23932 万元，比上年增 15.17%，其中上划中央收入 7874 万元，比上年增 27.31%；地方一般预算收入 16058 万元，比上年增 10.03%。基金收入 1216 万元，比上年减 15.6%。财政支出 91546 万元，比上年增 46.53%。国家税收收入 8520.58 万元，比上年增 34.88%；地方税费收入总计 17743.22 万元，比上年增 17.90%；

【金融　保险】 2009 年，全县金融机构各项存款年末余额 307362 万元，比上年增 39.63%；各项贷款余额 176657 万元，比上年增 20.56%，金融机构现金收入 807418 万元，比上年减 12.1%；现金支出 806881 万元，比上年减 11.81%。全年保费收入 3489 万元，比上年减 1.33%；赔款支出 1257 万元，比上年增 18.36%。

【固定资产投资】 2009 年，全社会固定资产投资总额 194267 万元，比上年增 35.39%，其中：城镇投资 171168 万元，比上年增41.98%;农村投资23099万元,比上年增0.72%。

【教育 广播电视】 2009年,全县在校学生56555人,增1.24%,其中高中5011人,初中13199人,小学在校学生27173人,幼儿园9291人,职业高中1881人;全县教职工3273人,增0.3%。其中:公办教师3093人,代课教师180人。全县大中专录取2357人(不含私立学校学生,与上年不可比),减45.1%,其中大专以上1854人,中专503人。广播人口覆盖率96%,电视人口覆盖率98.6%。

【文化 体育 卫生】 2009年,全县有文化机构11个,与上年持平,其中县级文化馆1个,乡镇文化站10个。全县有卫生机构126个,比上年增1个,其中县级9个,乡镇卫生院10个,县(区)村卫生室86个,县(区)私营诊所21个。有病床1026张,减19.09%;每千人拥有床位数2.92张,减22.75%;卫生技术人员575人,增0.88%,其中医师214人。每千人拥有卫生技术人员1.7人,比上年增0.59%。

【劳动与社会保障】 2009年,城镇登记失业370人,增61.57%;城镇登记失业率7.87%;新型农村合作医疗参合298437人,增4.53%,参合率94.78%;城镇居民享受低保6789人,增3.3%;农村特困居民最低生活保障16376人,增7.74%。

【县级领导名录】 2009年末,县委书记陈继谷,副书记朱建斌、杨承贤(任至8月);县委常委陈继谷、朱建斌、杨承贤、熊春林、文慧君(女)、张成良、魏向东、王远、施榆兵、王建平、洪润基;县人大常委会主任李建业,副主任杨泽远(任至12月)、陶玉斌、张元龙(2月起任)、王韶萍(2月起任);县人民政府县长朱建斌,副县长王远、文慧君(女)、解明洲、黄文山(任至8月)、熊永祥、王绍基(彝族)、倪昆(任至12月)、王灿明(8月起任);县政协主席曹建康,副主席杨树荣(白族)、罗增福(白族、非党,任至10月)、黄学标、王银美(女、非党,2月起任);县纪委书记熊春林。

【乡村大世界文艺演出在宾川举行】 2009年1月18日,央视第7频道《乡村大世界》走进中国柑橘之乡—宾川大型文艺演出活动在县城举行。省、州各级领导和县五班子领导及2万余人观看了演出,县长朱建斌致辞。整场演出围绕宣传宾川及宣传宾川柑橘这一主题进行。

【破获系列撬盗寺院功德箱案】 2009年4月,鸡足山金顶寺及大营镇观音箐多座寺庙内的功德箱先后被盗。宾川县公安局成立了由刑警大队为主的专案组展开对案件的侦破。通过侦察,确定金牛镇的劳释人员张某某和大营镇拖罗厂村的熊某有重大作案嫌疑,但2人已潜逃。6月7日,2人被抓获并如实交待了犯罪事实:4月20日2人在观音箐游玩时,无意间发现寺院内功德箱中有大量现金,经过密谋在夜间窜入寺院撬开功德箱盗走现金700余元。4月22日,2人骑着盗窃来的摩托车,连夜赶往鸡足山,窜入多个殿撬盗功德箱10个,盗走现金4000余元。

【成功侦破系列“飞车”抢夺案】 2009年8月27日~9月13日,宾川县城区连续发生多起“飞车”抢夺妇女挎包的案件,县公安局成立了专案组,通过开展专案侦查,确定金牛镇沙家营村的王某、李某某和太和村的杨某某等人有重大犯罪嫌疑。9月17日晚,专案组民警在沙家营村抓获李某某和王某。18日凌晨6时,又在金牛一中、县建材城、沙家营村抓获同案犯罪嫌疑人杨某、曾某、蒋某、杨某某、刘某。7人如实交待了犯罪事实:2009年8月27日以来,王某等人因无钱上网和娱乐消费,便纠集在一起,乘骑摩托车抢夺单独出行妇女的挎包,先后有15名妇女的挎包被抢,涉案价值5万余元。

【查获一起特大非法制造炸药案】 2009年7月20日,县公安局平川派出所查获一起特大非法制造并使用炸药案,缴获非法制造的土制炸药1000多千克,抓获犯罪嫌疑人10人。7月19日,平川镇洪水塘沙石厂厂长杨某某让沙石厂的工人赵某某和李某某,组织工人何某某、陈某某等人到杨某某家制造土制炸药,并安排把造好的土制炸药运到采石厂,安放到开挖好的爆破洞内准备实施爆破,被及时赶到的平川派出所民警当场查获。州、县两级公安机关相关部门领导迅速组织人员到现场,对非法制造、使用炸药情况进行处理,州公安局治安支队组织爆破专家到现场拆除非法装填的土制炸药,全面排除安全隐患。

【鸡足山旅游公路建设】 鸡足山旅游公路是大理州“十一五”规划中的一条经济干线公路,该项目由1条主线和2条支线组成,全长94.53千米,估算投资15.27亿元。主线起点大理机场,经排营、宝丰寺、上沧、白荡坪、江股、花桥水库,止于盒子孔桥,长50.06千米,为二级公路。花椒箐支线起点宝丰寺与主线相连,止于花椒箐与拟建的大丽高速公路相连,长17.76千米,为二级公路。县城支线,起点分两岔,第一岔凤太路连接线起于凤太路K45+400处,第二岔祥宾路连接线起点祥宾路K54+500处,两岔路在县城西面相接后,经彩凤、二号工地、莲花庄等地,在花桥水库与主线相接,全长26.71千米。县城规划区域内的路段为一级公路,出县城后至花桥段为二级公路。鸡足山旅游公路分两期实施,第一期实施主线工程于2009年7月14日开工建设,分5个合同段进行,至12月31日,完成土石方开挖159.73万立方米,完成防护工程13.9万立方米,完成涵洞76道,完成投资11541万元。第二期县城支线、联络线、花椒箐支线建设工程于2009年12月6日开工。

【乔甸镇】 乔甸镇在县境东南部,东、南、北三面分别与祥云县的禾甸、祥城、米甸3个镇接壤,西与州城镇相连,总面积196.5平方千米。镇辖6个村委会、64个自然村、77个村民小组。镇政府驻地杨保街海拔1650米。主产水稻、玉米、小麦、烤烟、柑橘、葡萄等。

乔甸镇四面环山,山峦连绵起伏,东卧大松岭,南起飞天坡,西耸小尖山,北走老尖山;地势南高北低,形成南北长、东西窄的峡谷地。除雄鲁么在山区外,其余5个村委会都在坝区。东北有容量为4800万立方米的海稍水库,祥(云)宁(蒗)公路由南至北过境,交通十分便利。

2009年,全镇有5814户、22927人,比上年增550人,总人口中男11746人,女11181人;农业人口22362人,非农业人口565人。20人以上的民族:汉族6980人,彝族3063人,白族12834人,少数民族有15947人,占总人口的69.56%。人口自然增长率4.55‰。人口密度117人/平方千米。年初实有耕地1334.67公顷,年末实有耕地1334.67公顷,与上年持平,其中田976.93公顷,地357.73公顷,人均耕地0.87亩。有效灌溉面积1150公顷。全年农作物播种面积2853.3公顷,比上年减0.2%,其中粮食作物面积940公顷,总产6101吨;油料种植890公顷,总产2525吨;烟叶种植900公顷,总产2650.2吨。水果种植545.07公顷,总产6296.5吨。人均生产粮食277千克,比上年增5千克。农村经济总收入11205万元,比上年增14.0%;农村经济纯收入6954万元,比上年增13.41%;农民人均纯收入3163元,比上年增355元。大牲畜存栏11944头,出栏1798头;年末生猪存栏23619头,出栏36118头;山绵羊存栏8066只,出栏5266只;家禽存栏63732羽,出栏79237羽;肉类总产3998吨。乡镇企业总产值15195万元;营业收入15522万元。当年造林333.33公顷,累计封山育林3226.67公顷,四旁植树10万株,育苗5亩。全镇有初级中学1所,在校学生894人,完小6所和教学点8个,在校学生1993人,幼儿园学生587人。有中小学教职工180人,其中公办174人,代课6人。镇级卫生机构1个,医务人员10人,其中卫生技术人员10人,病床15张。

年末,镇党委书记王志远,镇长李宇,镇人大主席王建宏。

【宾居镇】 宾居镇位于县境南部,东邻州城镇,南接祥云县象鼻镇,西交大理市凤仪镇,北连大营、州城2镇相连,全镇总面积130.6平方千米。镇政府驻地宾居街,海拔1540米,距县城20千米。镇辖8个村委会,57个自然村,123个村民小组,除乌龙坝属山区外,其余均在坝区。宾居镇土质肥沃、水资源较丰富、气候温和。主产水稻、玉米、蚕豆、柑橘、葡萄等农作物,蔬菜早熟品种较多,远销省内外。

2009年,全镇有9791户,总人口38981人,比上年增2008人,其中男19648人,女19333人;农业人口37903人,非农业人口1078人。20人以上的民族:汉族35216人,彝族222人,白族3086人,傣族88人,苗族23人,傈僳族25人,回族158人,其他民族106人,少数民族有3765人,占总人口的9.66%。人口自然增长率1.37‰。人口密度298人/平方千米。年初实有耕地2394.33公顷,年末实有耕地2394.33公顷,与上年持平,其中田1336.93公顷,地1057.4公顷,人均耕地0.92亩。有效灌溉面积2170公顷。全年农作物播种面积4720.53公顷,比上年增1.74%,其中粮食种植1980.67公顷,总产15088吨;油料种植166.67公顷,总产548吨;烟叶种植140公顷,总产325吨;蔬菜种植2105.2公顷;水果种植1418.33公顷,总产37990.8吨。农村经济总收入23120万元,比上年增13.26%;农村经济纯收入13412万元,比上年增14.22%;农民人均纯收入3724元,比上年增456元。当年生产粮食1509千克,比上年增145千克;人均生产粮食418千克,比上年增38千克。大牲畜存栏11944头,出栏1798头;年末生猪存栏37553头,出栏48818头;山绵羊存栏8611只,出栏6752只;家禽出栏102386羽,存栏65670羽;肉类总产5440吨。乡镇企业总产值24140万元,乡镇企业营业收入25600万元。当年造林400公顷,累计封山育林800公顷,四旁植树10万株,育苗6亩。全镇有初级中学2所,在校学生1274人。完小8所和教学点9个,在校学生2750人,幼儿园10所,在园幼儿1055人。有教职工249人,其中公办239人,代课10人。镇级卫生机构1个,医务人员30人,其中卫生技术人员28人,病床80张。

年末,镇党委书记丁益军,镇长杨丽娟,镇人大主席周贤军。

【州城镇】 州城镇东靠乔甸镇,南邻祥云县象鼻镇,西与宾居镇毗邻,北与金牛镇接壤。镇政府驻地州城,距县城11千米。全镇总面积195平方千米,辖8个村委会,60个自然村,180个村民小组。州城"东枕钟英,南屏帽岭,西峙笔架",中为平坝,除少数人户居于山腰外,大多数居住平坝地区,主产水稻、玉米、烤烟、柑橘、黑腰枣、葡萄等。州城自1494年就作为宾川州治驻地,已有400多年历史,至今还保留南薰桥、钟鼓楼、文武庙等古建筑。

2009年,全镇有12205户总人口46666人,比上年增1590人,其中男23594人,女23072人;农业人口45075人,非农业人口1591人。20人以上的民族:汉族45189人,彝族516人,白族609人,傣族24人,傈僳族22人,回族203人,纳西族30人,少数民族有1477人,占总人口的3.17%。人口自然增长率2.73‰。人口密度239人/平方千米。年初实有耕地面积2701.67公顷,年末耕地面积2701.67公顷,与上年持平,其中田2120.53公顷,地581.13公顷,人均耕地0.87亩。有效灌溉面积2620公顷。农作物总播种面积4620公顷,其中粮食作物1660公顷,总产13872吨;油料种植273.33公顷,总产508.4吨;烟叶种植106.67公顷,总产256吨;蔬菜种植1800公顷;香叶种植200公顷;水果种植1421.73公顷,总产55622吨。农村经济总收入38400万元,比上年增13.30%;农村经济纯收入15689万元,比上年增14.59%;农民人均纯收入3583元,比上年增442元。人均生产粮食317千克,比上年增7千克。大牲畜存栏7016头,出栏2157头;年末生猪存栏32835头,出栏49253头,山绵羊存栏8243只,出栏7673只;家禽存栏103264羽,出栏128374羽。肉类总产5516吨。乡镇企业总产值35770万元,乡镇企业营业收入38790万元。当年造林333.3公顷,累计封山育林4640公顷,四旁植树12万株,育苗7亩。全镇有完全中学1所,高中学生1351人,初级中学2所,初中学生1766人,完小11所和8个教学点,在校学生3658人。幼儿园11所,在园幼儿1414人。有教职工446人,其中公办440人,代课6人。卫生机构1个,医务人员16人,其中卫生技术人员15人,病床52张。

年末,镇党委书记杨映红,镇长杨矗,镇人大主席环学勇。

【金牛镇】 金牛镇位于宾川中部,东靠平川镇和祥云县米甸镇,西接大营、鸡足山两镇,北与力角镇毗邻,面积237.9平方千米。镇政府驻地金南苑,海拔1430米。镇辖16个居委、村委会,109个自然村,248个村民小组。主产水稻、玉米、甘蔗、烤烟、蔬菜、柑橘、葡萄等,牛井街是宾川最大农贸集市,祥(云)宁(蒗)公路,凤太公路、佛都路交汇于此,交通十分便利。

2009年,全镇有28672户,总人口92009人,比上年增4061人,其中男46598人,女45411人;农业人口76164人,非农业人口15845人。20人以上的民族:汉族86053人,彝族1165人,白族3935人,壮族22人,傣族43人,苗族53人,傈僳族102人,回族352人,纳西族37人,其他民族151人,少数民族有5956人,占总人口的6.47%。人口自然增长率4.50‰。人口密度387人/平方千米。年初实有耕地4968.07公顷,年末实有耕地5033.87公顷,比上年增65.8公顷,其中田3617.6公顷,地1416.3公顷,人均耕地0.82亩;有效灌溉面积4.83千公顷,实际灌溉面积4.02千公顷。全年农作物总播种面积8913.8公顷,其中粮食作物种植面积4324.07公顷,总产35812吨;油料种植1137.8公顷,总产3171吨;甘蔗种植90.13公顷,总产10286吨;蔬菜种植1821.07公顷;烟叶种植261.6公顷,总产777吨。水果种植1836.53公顷,总产46221.8吨。人均生产粮食478千克,比上年减8千克。农村经济总收入

72852万元，增13.95%；农村经济纯收入30692万元，增13.79%。农民人均纯收入4255元，比上年增490元。年末大牲畜存栏10368头，出栏3545头；生猪存栏39918头，肥猪出栏60675头；山、绵羊存栏8353只，出栏7921只；家禽存栏124301羽，出栏166703羽；肉类总产6929吨。乡镇企业总产值99684万元，乡镇企业营业收入109102万元。当年造林233.3公顷，累计封山育林6400公顷，四旁植树15万株，育苗1.3公顷。有高级中学、完全中学和教师进修学校各1所，在校学生3100人；初级中学4所，在校学生4109人；有完小16所和教学点7个，在校学生8204人；幼儿园17所，在园幼儿3287人。有教职工1146人，全部为公办教师。有卫生机构1个，医务人员19人，其中卫生技术人员16人，床位94张。

年末，镇党委书记张元龙，镇长黄章保，人大主席张作蛟。

【鸡足山镇】 鸡足山镇位于县境西北部，东连金牛，南与宾居、大营毗邻，西北与大理市海东、挖色、洱源县江尾3镇接壤，东北与力角镇相交，总面积315.78平方千米，全镇水利条件优越，主产水稻、玉米、烤烟、生姜、板栗、核桃、夏雪梨等，鸡足山位于该镇西北。镇辖9个村委会，69个自然村，110个村民小组。

2009年，全镇有7445户，总人口29405人，比上年增3799人，其中男14786人，女14619人；农业人口28908人，非农业人口497人。20人以上的民族：汉族13045人，彝族3058人，白族11061人，傈僳族1972人，拉祜族24人，其他民族197人，少数民族16360人，占总人口的63.89%。人口自然增长率5.49‰。人口密度93人/平方千米。

年初实有耕地1858.87公顷，年末有耕地面积2141.93公顷，比上年增15.23%，其中田956.87公顷，地1185.07公顷，人均耕地1.09亩。有效灌溉面积1430公顷。全年农作物播种面积4017公顷，比上年增11.49%，其中粮食作物种植1700公顷，总产10768吨；油料种植433.33公顷，总产1170吨；甘蔗种植133.33公顷，总产16000吨；烟叶种植757.8公顷，总产1959吨。水果639.73公顷，总产22707.5吨。人均生产粮食377千克，比上年增5千克。农村经济总收入15562万元，比上年增20.53%；农村经济纯收入8738万元，增23.33%；农民人均纯收入3097元，比上年增273元。年末大牲畜存栏8380头，出栏431头；生猪存栏20506头，年内肥猪出栏26761头；山、绵羊存栏9638只，出栏5111只；家禽存栏50671羽，出栏51195羽；肉类总产2853吨。乡镇企业营业收入16508万元，乡镇企业总产值16549万元。当年造林2040公顷，累计封山育林5566.67公顷，四旁植树8万株，育苗面积5亩。全镇有初级中学和九年一贯制学校各1所，初中1003人；有完小8所和教学点18个，学生2385人；幼儿园5所，在园幼儿612人。有教职工202人，其中公办172人，代课30人。卫生机构1个，医务人员16人，其中卫生技术人员16人，床位40张。

年末，镇党委书记张继，镇长徐勇，镇人大主席徐志凌。

【大营镇】 大营镇位于宾川西部，东连金牛镇，南连宾居镇，西与大理市海东、挖色2镇接壤，北与鸡足山镇毗邻。镇政府驻地大营街，海拔1660米，国土面积294.98平方千米，镇辖4个村委会，49个自然村，85个村民小组。主产大蒜、水稻、玉米、烤烟、葡萄、冬桃、夏雪梨等，土特产有鸡纵、药材、白芸豆。萂村是南诏大义宁国国王杨干贞的家乡，当地人民曾建天子庙，以示纪念。矿藏有磺铁矿、铅锌矿。境内有岾峒山观音阁游览景点。

2009年，全镇有6258户，总人口25464人，比上年增1535人，其中男13147人，女12317人；农业人口24801人，非农业人口663人。20人以上的民族：汉族13416人，彝族116人，白族11143人，傈僳族323人，苗族423人，少数民族12048人，占总人口的47.31%。人口自然增长率4.58‰。人口密度86人/平方千米。

年初耕地面积2308.47公顷，年末耕地面积2299.6公顷，比上年减8.87公顷，其中田1064.2公顷，地1235.4公顷，人均耕地1.35亩。有效灌溉面积1.46千公顷，农作物总播种面积4067.33公顷，比上年减88.93公顷，其中粮食作物播种2210.0公顷，总产16537吨；油料种植146公顷，总产349吨；烟叶种植530公顷，总产1459.8吨；蔬菜种植794.67公顷。水果种植753.53公顷，总产15399.3吨。人均生产粮食763千克，比上年增96千克。农村经济总收入14324万元，增10.82%，农村经济纯收入7878万元，增13.27%。农民人均纯收入3354元，比上年增374元。年末大牲畜存栏12634头，出栏2067头；生猪存栏23224头，年内肥猪出栏34064头；山、绵羊存栏17630只，出栏14288只；家禽存栏51698羽，出栏64125羽；肉类总产3992吨。乡镇企业总产值13885万元，乡镇企业营业收入12941万元。当年造林433.3公顷，累计封山育林5240公顷，四旁植树10万株，育苗10亩。镇有初级中学2所，在校学生1210人；有完小4所和教学点10个，在校学生1899人；幼儿园6所，在园幼儿856人。有教职工196人，其中公办184人，代课12人。有卫生机构1个，医务人员17人，其中卫生技术人员14人，床位20张。

年末，镇党委书字振辉，镇长彭昌云，镇人大主席杨志华。

【力角镇】 力角镇位于县境北部，东与平川、钟英2乡镇交界，南连金牛镇，西与鸡足山镇及鹤庆县黄坪镇接壤，北与丽江地区永胜县片角镇毗邻。总面积193平方千米。镇政府驻地力角街，海拔1420米，距县城16千米。古名"义角"，与"力角"谐音。力角地势东南高西北低，气候炎热。主产水稻、玉米、石榴、柑橘、白肋烟、葡萄等，祥（云）宁（蒗）公路穿过全镇。镇辖8个村委会，81个自然村，112个村民小组。全镇8025户有总人口32300人，增1380人，其中男16382人，女15918人；2009年，农业人口31735人，非农业人口565人。20人以上的民族：汉族29575人，彝族2179人，白族216人，傈僳族34人，纳西族29人，其他族217人，少数民族有2725人，占总人口的8.44%。人口自然增长率6.68‰。人口密度167人/平方千米。

年初耕地面积3252.2公顷，年末耕地面积3268.47公顷，比上年增16.27公顷，其中田1690.73公顷，地1557.77公顷，农业人口人均有耕地1.52亩。有效灌溉面积2.57千公顷。全年农作物播种面积7248.33公顷，比上年增231.33公顷，其中粮食作物种植3351.3公顷，总产24622吨；油料种植740公顷，总产2081吨；白肋烟种植1333.33公顷，总产3756.2吨；蔬菜种植1156.33公顷。水果种植921.07公顷，总产19286.3吨。人均生产粮食801千克，比上年增17千克。农村经济总收入17554万元，比上年增14.89%；农村经济纯收入10819万元，比上年增14.58%；农民人均纯收入3522元，比上年增414元。乡镇企业营业收入11296万元；乡镇企业总产值11408万元。年末大牲畜存栏8417头，出栏896头；生猪存栏27859头,肥猪出栏39733头;山绵羊存栏12130只,出栏11662只。家禽存栏59508羽,出栏56947羽;肉类总产4473吨。当年造林200公顷,累计封山育林3213.3公顷,四旁植树10万株,育苗12亩。镇有职业高级中学1所,学生1881人;有初级中学1所,在校学生1274人;有完小8所和教学点7个,在校学生2513人;幼儿园6所,在园幼儿833人。有教职工330人,其中公办320人,代课10人。有卫生机构1个,医务人员12人,其中专业技术人员11人,床位32张。

年末,镇党委书记王建春(女),镇长周敏,镇人大主席赵燕冰。

【平川镇】 位于县境东北部,东邻楚雄州大姚县铁锁乡,东南接拉乌乡,西连金牛、力角2镇,北交钟英乡,总面积458.5平方千米,镇政府驻地平川街海拔1760米。因四周皆崇山峻岭,中有平坦小坝子,故名平川,古名赤石崖。坝区主产水稻、玉米、蚕豆、小麦、烤烟、山区主产荞子、药材、水果、核桃、木耳、香菌等,是宾川木材主要产地之一。

2009年,镇辖14个村委会,170个自然村,199个村民小组,全镇有9661户总人口36281人,比上年减247人,其中男18645人,女17636人;农业人口34461人,非农业人口1820人。20人以上的民族:汉族24791人,彝族5882人,白族4450人,傈僳族499人,回族65人,其他民族556人,少数民族有11490人,占总人口的31.67%。人口自然增长率-3.96‰。人口密度79人/平方千米。

年初实有耕地2421.6公顷,年末耕地面积2421.60公顷,与上年持平,其中田982.87公顷,地1438.73公顷,人均耕地1.0亩。有效灌溉面积1.30千公顷。全年农作物播种面积5798.9公顷。其中粮食作物种植面积3262.8公顷,粮食总产18031吨;油料种植470公顷,总产1832.1吨;烤烟种植1212公顷,总产3436吨;药材种植396.8公顷,总产67017吨;蔬菜种植378.8公顷。水果种植496.6公顷,总产1477.4吨。农村经济总收入23047万元,增15.0%;农村经济纯收入9155万元,增12.26%;农民人均纯收入2761元,比上年增300元。人均生产粮食482千克,比上年减42千克。年末大牲畜存栏21942头,出栏2942头;生猪存栏41302头,肥猪出栏42420头;山绵羊存栏40742只,山绵羊出栏27420只;家禽存栏103103羽,出栏111683羽;肉类总产5732吨。乡镇企业营业收入14312万元,乡镇企业总产值13257万元。当年造林566.67公顷,累计封山育林3166.67公顷,四旁植树12万株,育苗面积5亩。镇有完全中学1所,高中生560人;初级中学2所,在校学生1208人;有完小15所和教学点19个,在校学生2386人;幼儿园7所,在园幼儿552人。有教职工326人,其中公办282人,代课教师44人。卫生机构1个,医务人员29人,其中卫生技术人员25人,床位95张。

年末,镇党委书记谭家林,镇长俞少敏,镇人大主席李建珍(女)。

【钟英乡】 钟英乡在县境东北部,东南与平川镇接壤,西与丽江地区永胜县片角乡毗邻,北以金沙江为界,国土总面积292平方千米,乡辖6个村委会,92个自然村,75个村民小组。钟英是山区乡,除钟英村委会是高山小盆地外,其他均在山区。有林地面积16万亩,植被稠密,有云南松、华山松、云南油松、栎类,是本县建筑木材来源之地。乡内主产水稻、玉米、蚕豆等,土特产有茯苓、附子、当归、咖啡、蜂糖梨等。乡因钟英村得名,原名"门户甸",清末人才辈出,改名钟英。乡政府驻地海拔1820米。该乡产赤石,质坚硬,制成红砚池,经久耐磨,色鲜。现已停止制作。

2009年,全乡有2550户,总人口9165人,比上年减5人,其中男4787人,女4378人;农业人口8918人,非农业人口247人。20人以上的民族:汉族3661人,彝族1908人,白族60人,傈僳族3348人,拉祜族183人,少数民族有5504人,占总人口的60.01%。人口自然增长率2.73‰。人口密度31人/平方千米。

年初实有耕地1313.13公顷,年末耕地面积1313.13公顷,与上年持平,其中田103.4公顷,地1209.73公顷。有效灌溉面积0.15千公顷。人均耕地2.16亩。全年农作物种植面积1678.67公顷,其中粮食作物种植1138.0公顷,总产5055吨;油料种植80公顷,总产114吨;烤烟种植273.33公顷,总产581.9吨;药材种植22.67公顷,总产408吨;蔬菜种植133.33公顷。水果种植67.33公顷,总产352.1吨。农村经济总收入3479万元,比上年增10.94%;农村经济纯收入1595万元,比上年增9.85%;农民人均纯收入1789元,比上年增159元。人均生产粮食569千克,比上年增30千克。年末大牲畜存栏3814头,出栏417头;生猪存栏8982头,肥猪出栏9449头;山、绵羊存栏23344只,出栏4740只;家禽存栏31639羽,出栏33520羽;肉类总产917吨。乡镇企业营业收入1381万元,乡镇企业总产值1158万元

当年造林333.33公顷,累计封山育林193.3公顷,四旁植树5万株,育苗3.5亩。乡有初级中学1所,在校学生220人;有完小6所和教学点18个,在校学生648人;在园幼儿40人。有教职工110人,其中公办70人,代课40人。有卫生机构1个,医务人员6人,其中卫生技术人员5人,床位7张。

年末,乡党委书记谷国锋,乡长郭仕军,乡人大主席杨凤德。

【拉乌乡】 拉乌乡位于宾川东部,东接楚雄州大姚县三岔河乡,南连祥云县米甸镇,西、北交平川镇,国土总面积230.6平方千米。拉乌是宾川山区乡,乡辖7个村委会,74个自然村,69个村民小组。境内主产水稻、玉米、蚕豆、烤烟、马铃薯。拉乌核桃驰名全国,是外贸出口商品。乡政府驻地碧鸡庄,海拔1840米。"拉乌"由彝语"拉咱务"演化而来,即汉语"河头上"(村落多在拉乌河上游)之意。

2009年,全乡有2729户,总人口10431人,增188人,其中男5477人,女4954人;农业人口10106人,非农业人口325人。20人以上的民族:汉族5910人,彝族4324人,白族30人,傈僳族137人,少数民族有4521人,占总人口的43.34%。人口自然增长率5.32‰。人口密度45人/平方千米。

年初耕地面积789.2公顷,年末耕地面积797.87公顷,比上年增8.67公顷,其中田199.8公顷,地598.07公顷,人均耕地1.15亩。有效灌溉面积0.56千公顷。全年农作物播种面积1441.33公顷,比上年增18.67公顷,其中粮食作物种植896.67公顷,总产4184吨;油料种植53.33公顷,总产95.0吨;烤烟种植388.0公顷,总产806吨;蔬菜种植66.67公顷。水果种植16.67公顷,总产34吨。农村经济总收入4361万元,比上年增44.64%;农村经济纯收入3064万元,增50.79%;农民人均纯收入3047元,比上年增1007元。人均生产粮食425千克,比上年增8千克。年末大牲畜存栏6662头,出栏281头;生猪存栏7206头,肥猪出栏6992头;山绵羊存栏7942只,出栏2423只;家禽存栏20592羽,出栏15003羽;肉类总产612

吨。乡镇企业营业收入665万元,总产值555万元。当年造林300.0公顷,累计封山育林4320公顷,四旁植树5万株,育苗5亩。乡有初级中学1所,在校学生241人;有完小6所和教学点12个,在校学生737人;幼儿园1个,在园幼儿55人。有教职工88人,其中公办66人,代课22人。有卫生机构1个,医务人员10人,其中卫生技术人员10人,床位15张。

年末,乡党委书记子建权,乡长吴慧琴(女,彝族),乡人大主席李志刚。

【彩凤华侨管理区】 1979年6月18日,为安置越南归侨,经云南省革命委员会批准,撤销原牛井劳改农场,在该场地上建立国营彩凤华侨农场。该场包括3个互不相连的地区,即牛井地区、大营地区和干甸地区,总面积6.4平方千米,人口主要是越南归侨,其次是原牛井农场留下的职工。2009年3月20日,国营彩凤华侨农场改制为宾川县人民政府彩凤华侨管理区。

2009年,全区有970户,总人口2449人,比上年减8人,其中男1328人,女1121人;农业人口2261人,非农业人口188人。20人以上的民族:汉族2194人,白族20人,壮族25人,瑶族112人,少数民族有255人,占总人口的10.41%。人口自然增长率3.67‰。人口密度383人/平方千米。年初耕地面积346.53公顷,年末耕地面积346.53公顷,与上年持平,人均耕地2.12亩,其中田210.6公顷,地135.93公顷,有效灌溉面积340公顷。全年农作物播种面积422.93公顷,比上年增38.87公顷,其中粮食作物种植182公顷,总产1536吨;油料种植20公顷,总产81吨;蔬菜种植46.67公顷;其他作物174.27公顷。水果种植240.93公顷,总产3985.4吨。四旁植树1.5万株,育苗2亩。年末大牲畜存栏44头,出栏19头;生猪存栏530头,肥猪出栏1419头;家禽存栏12370羽,出栏17950羽;肉类总产178吨。

区党委书记张沛聪,主任贺胜红。

【太和华侨管理区】 1958年1月,在太和区内建设太和农场,主要任务是接收州、县下放干部进行劳动锻炼改造,属省农垦局领导。1960年10月,为接纳安置归国华侨,改为国营太和华侨农场,归省侨务处领导。场东紧靠癞山,南至新罗城村,西至纳西河,北至埃东村。东西长4.4千米,南北长8.5千米,国土总面积5.8平方千米。2009年3月20日,国营太和华侨农场改制为宾川县人民政府太和华侨管理区。

2009年,全区有15个生产队、1151户、2503人,比上年增24人,其中男1204人,女1299人;农业人口2290人,非农业人口213人。20人以上的民族:汉族2216人,白族200人,彝族44人,少数民族有287人,占总人口的11.47%。人口自然增长率-1.6‰。人口密度每平方千米432人。年初耕地410.0公顷,年末耕地面积395.93公顷,比上年减14.07公顷。人均耕地2.37亩。有效灌溉面积390公顷,全年农作物播种面积451.8公顷,比上年减64.07公顷,其中粮食作物种植72.53公顷,总产784吨;油料种植15.33公顷,总产44吨;蔬菜种植9.07公顷;其他作物336.2公顷。水果种植336.27公顷,总产9741吨。四旁植树1.5万株,育苗2亩。年末大牲畜存栏33头,出栏32头;生猪存栏680头,出栏492头;山绵羊存栏49只,出栏61只;家禽存栏13200羽,出栏2760羽;肉类总产49吨。

区党委书记王琪琳,主任汪国武。

【宾居华侨管理区】 位于宾川坝子南部,场部距县城20千米,地处东经100°28′08″,北纬26°00′,东、南、北与州城镇毗邻,西与宾居镇毗邻,南窄北宽,东西最大横距2.5千米,南北最大纵距3.9千米,总面积5.61平方千米。地势平缓,南高北低,最高海拔1596米,最低海拔1525米。场内道路基本是双沟抬路,形成田园式耕作区,道路四通八达,沟渠纵横,田块方整规划。全场属中亚热带低纬高原季风气候,气温高,日照足。2009年3月20日,国营宾居华侨农场改制为宾川县人民政府宾居华侨管理区。

2009年,全区有886户,2398人,比上年增2人,其中男1143人,女1255人;农业人口2243人,非农业人口155人。20人以上的民族:汉族2254人,白族106人,其他民族有22人,少数民族有144人,占总人口的6.0%。人口自然增长率为-0.83‰。人口密度427人/平方千米。有效灌溉面积360公顷。年初实有耕地面积361.53公顷,年末耕地面积364.87公顷,比上年增3.4公顷,其中田364.87公顷,人均耕地2.28亩。全年农作物播种面积465公顷,比上年减0.67公顷。其中粮食作物种植28公顷,总产223吨;蔬菜种植64.67公顷;其他作物362.0公顷,其中水果种植332.67公顷,总产9895吨。四旁植树1.5万株,育苗2.0亩。年末大牲畜存栏60头,生猪存栏480头,出栏1213头;家禽存栏5202羽,出栏11612羽。肉类总产143吨。

区党委书记张光鹏,主任杨正军。

(《宾川县》由周维丽撰稿)

弥渡县

【自然概貌】 弥渡县位于云南省西部,大理白族自治州东南部,地跨东经100°19′~100°47′,北纬24°47′~24°32′之间。东至水目山顶与祥云县交界;西至隆庆关(鸟道雄关)丫口与巍山彝族回族自治县分疆;北至九顶山巅与大理市、祥云县相接;南至牛街乡太平顶与景东彝族自治县毗邻,东西宽26千米,南北长82千米。地势西北高,东南低,自西北向东南呈狭长地形。地貌分构造剥蚀山地、切割中山峡谷山地、溶蚀中山峡谷山块、山间断陷盆地四大类型。最高点为县域西北部的九顶山山峰,海拔3117.9米,最低点为县域东南部金宝山东麓的礼社江心,海拔1223米,县城海拔1672米。县内自然条件好,风光秀丽,气候宜人,生态良好,有着"天气浑如三月里,风花不断四时春"之美誉,属中亚热带季风气候区;光照充足、土壤肥沃、矿藏、动植物资源丰富。县域国土面积1523.43平方千米,其中山区1391.43平方千米,占总面积的91.34%;坝区132平方千米,占总面积的8.66%。县内河流属红河上游元江支流,分别为毗雄河水系、毗雎河水系、白云河水系、牛街河水系、另有28条小河组成河网,但都属于季节性河流,其中以毗雄河为主干河流。区位优越,国道214线、320线及广大铁路穿境而过,县城弥城镇距省会昆明市332千米,距州府下关61千米,交通便利。

【建置沿革】 弥渡历史悠久,是人类发祥地之一。早在旧石器晚期,就有先民在这块沃土上繁衍生息,境内现存有旧石器时代的古代文化遗物。相传古代弥渡是一片浩瀚的水乡泽国,行者易迷津,故名"迷渡",为讳水患,清代改称弥渡。自西汉迄南北朝属云南县,唐代南诏国时置白崖赕,元明时属赵州。清沿明制,仍属赵州,雍正九年(1731年),大理府南关分府通判驻弥渡,称弥渡市督捕通判,置址在弥城西街。民国元年(1912年)批准设弥渡县,隶属腾越道。民国17年(1928)废道直属云南省,为三等县。1950年元旦，成立弥渡县人民政府，属滇西人民行政督察专员公署辖，同年3月1日归大理专区。1958年弥渡、宾川、祥云3县合并设立祥云县。1961年，经国务院批准，复置弥渡县，仍属大理白族自治州，1995年被国务院列为对外国人开放县。弥渡历史文化灿烂，发展潜力巨大，又素有"文献名邦"、"花灯之乡"誉称，南诏铁柱"标绩全滇"，古称"六诏咽喉"，是东方小夜曲《小河淌水》的发源地。

【行政区划】 全县辖5镇3乡，即弥城镇、红岩镇、新街镇、寅街镇、苴力镇、密祉乡、德苴乡、牛街彝族乡，共89个行政村（社区），986个自然村，1229个村民小组。

【人口民族】 2009年末，全县总人口322853人，比上年增长0.18%；其中：农业人口299659人，比上年增长0.21%，非农业人口23194人，比上年减少0.15%；全县总户数92610户，比上年增长1.20%，其中：农业户79163户，非农业户13447户。县内有汉、彝、白、哈尼、壮、傣、苗、傈僳、回、拉枯、佤、景颇、瑶、藏、布朗、纳西、怒、普米、德昂、独龙、蒙古、满、布依等23个民族，少数民族人口31951人，占总人口的9.89%。其中彝族27446人，占总人口的8.5%；白族1618人，占总人口的0.5%，回族1706人，占总人口的0.53%。

【国土资源】 全县国土面积1523.43平方千米，总耕地面积14701.4公顷，其中水田面积8494.13公顷，人均耕地面积0.68亩。

【经济综述】 2009年，全县全年完成生产总值19.79亿元，增长10.4%。其中，第一产业增加值6.40亿元，增长10%；第二产业增加值5.46亿元，增长4.1%；第三产业增加值7.93亿元，增长15.5%。三次产业结构由上年的34.3：28.8：36调整为33.1：26.2：40.8。

【财政税收金融】 2009年，完成财政总收入16270万元，完成年初预算的109.7%，较上年增收2791万元，增长20.7%。其中：一般预算收入10855万元，完成年初预算的108.3%，增收2059万元，增长23.4%；上划中央、省税收收入完成5415万元，完成年初预算的112.8%，较上年增收732万元，增长15.6%。其中国税部门全年完成总收入5250万元，完成年初预算的112.5%，较上年增收582万元，增长12.5%。

完成财政总支出89213万元，较上年增支33920万元，增长61.4%；完成财政一般预算支出68647万元，完成年初预算的119%，增支20527万元，增长42.66%。其中：本级财力支出37123万元，完成年初预算的127.7%，较上年增支8365万元，增长29.1%；上级专款支出31204万元，较上年增支11842万元，增长61.2%。基金预算支出完成9195万元，上级财政列支的专项补助支出完成11691万元，较上年增支5994万元，增长105.2%。

完成社会消费品零售总额79309万元，增长18.6%。全县金融机构各项存款余额238060万元，比上年增55460万元，增长30.37%；金融机构各项贷款余额116238万元，比上年增49461万元，增长74.07%；城乡居民储蓄存款余额153533万元，比上年增24699万元，增长19.17%；保费收入2699万元，比上年增988万元，增长57.74%，已决赔款1205万元，比上年增446万元，增长58.76%。信贷投放显著增多，金融运行更加稳健。

【非公有制经济】 2009年，非公有制经济始终坚持以科学发展观为指导，以"服务"为根本宗旨，全县非公有制经济得到迅速发展，共登记在册各类企业352户，注册资金4.7亿元；个体工商户5697户，注册资金1.1亿元。非公有制经济逐渐成为推动全县国民经济快速发展的重要力量。

【城镇建设】 年内，一是在县城总体规划基础上，完成县城总体规划修编工作和抓好抓实《城乡规划法》宣传，增强市民依法建设的重要性和违建的危害性。二是完成控制性强、可操作性的弥城城区控制性详细规划，基本实现县城控制性规划全覆盖。完成建宁花园二期、阳光花园一期商品房开发5.9万平方米；完成荣城花园、弥城苑小区、阳光花园二期、文笔苑小区、月亮湾小区等在建商品房8.5万平方米，投资7100万元。完成廉租住房建设35000平方米，总投资4400万元。全年共审批颁发施工许可证38个，建筑面积12.75万平方米，总投资9454.79万元；工程招标项目25个，总投资4959.09万元；监理工程42个，145523平方米，监督工程62项，281690平方米，总投资19188万元；验收工程24项，131097平方米，总投资8113万元，工程合格率为100%；共组织安全大检查12次，全年无安全事故发生。清理县城小广告，整治交通秩序，县城环境有所改善。密祉旅游小镇建设扎实推进，启动太极山油路、亚溪河堤岸景观改造、太极山游道、密祉花灯广场等10项工程建设。

【乡镇企业】 2009年，全县有乡镇企业6217个，比上年增长6.66%，从业人员17928人，比上年增长11.97%。乡镇企业总收入181677万元，比上年增长12.05%；乡镇企业总产值（现价）162725万元，比上年增长38.63%；利税总额12020万元，比上年增长21.88%；上交各种税金3904万元，比上年增长21.20%；工资总额14549万元，比上年增长17.97%；利润总额8116万元，比上年增长21.22%。

【商贸】 2009年，全县全年实现商品销售总额（固定资产原值中不含个体工商户）130239万元，比上年增加22467万元，同比增20.85%；实现社会消费品零售总额79309万元，比上年增12438万元，增长18.60%；全社会固定资产投资完成70775万元，比上年增24166万元，增长51.85%。本年新增固定资产投资46920万元，比上年增28421万元，增长153.64%。

【农业】 2009年，农业农村经济持续发展。农村经济全年完成农林牧渔业总产值14亿元，增长10%；农民人均纯收入2595元，实际增长8.2%。支农惠农政策全面落实，累计兑现粮食直补、农资综合补贴、良种补贴、农机具购置补贴资金2441万元。粮食总产13.86万吨，比上年增2771万千克，增长2.04%。种植烤烟3840公顷，收购烟叶1081万千克，烟农收入和烟叶税收入分别达16953万元、3482万元。年种植无公害蔬菜6666.67公顷，蔬菜商品量达36万吨，实现产值3亿元。新植核桃333.33公顷，全县核桃种植面积达2.31万公顷。生猪存栏23.2万头、出栏33.8万头，肉牛存栏7.2万头、出栏2.9万头，奶牛存栏1.3万头、鲜奶产量2.9万吨，实现畜牧业产值4.6亿元。培训农村劳动力2.2万人次，转移农村劳务输出5813人次，新增劳务收入4650万元，被列为云南省外派劳务基地县之一。

【扶贫开发】 2009年，全县投资4292万元，完成金刚等8个行政村扶贫开发整村推进项目建设；投资909万元，完成葵元村等20个中间村建设；投资1694万元，完成苴力村小康示范村建设和红岩村小康示范村年度建设任务；投资3158万元，完成祥临公路沿线47个自然村一事一议财政奖补项目；投资250万元，实施山高、三合、红土坡3个自然村500人省级易地扶贫搬迁；投资640万元，实施1600户农村民居地震安全工程；投资510万元，实施510户农村危房改造。实施了第三期万村千乡市场工程，新建和改造乡镇农（集）贸市场5个，建设农家店40个，农村市场体系得到加强。

【畜牧业】 年内，认真组织实施畜牧产业项目开发，强化以重大动物疫病防控为重点的畜牧科技推广，扩大农户养殖规模，全县以生猪、乳牛、肉牛三项骨干产业为重点的畜牧生产稳步发展。全年乳牛存栏达12505头，鲜奶产量29128吨，产值4224万元；生猪存栏231888头，出栏337547头；肉牛存栏72015头，出栏28177头，产值3826万元。抓实以重大动物疫病免疫为重点的疫病防控工作，实现猪瘟免疫、高致病性猪蓝耳病免疫、牲畜"W"病免疫、高致病性禽流感免疫密度达省、州标准。加强冻精改良，扩大全县良种覆盖面。全县完成牛冻精改良15690头。推广种草养畜和秸秆养畜技术，发展节粮型、生态型畜牧业，完成青贮饲料制作2万吨，人工种草800公顷，氨化饲料7000多吨。加大项目储备、上报工作。共争取到国家财政支持项目9个资金达1758.66万元。

【工业】 2009年，全县完成工业总产值9.6亿元、增加值2.9亿元，分别增长19.8%、0.1%。九顶山矿业生产能力逐步恢复，实现产值6000多万元，上缴税金818万元；金宝山铂钯矿开发项目累计完成投资1.5亿元；年产200万吨水泥生产项目完成投资6900万元；投资1406万元的老土罐年产3.5万吨腌制品生产线项目一期工程、投资800万元的年产100万标准张水泥石棉瓦生产线项目已建成投产；年产300吨弥渡卷蹄系列风味食品生产项目已开工建设。采取一企一策的办法，加强服务协调，华瑞辣子厂等12个技改扩建、新建项目有力推进；中小企业融资担保体系不断健全，为6户企业担保贷款900万元。工业园区可研及总体规划通过省级评审，制定了园区管理办法和园区优惠政策，建立了园区管理机构，园区基础设施建设累计完成投资3000多万元。非公有制经济发展迅速，登记在册各类企业352户，注册资金4.7亿元；个体工商户5697户，注册资金1.1亿元。

【交通道路运输】 年内，全县完成投资4800万元，其中投资2300万元完成弥渡西路油路工程，投资1649万元完成先锋等10个村委会通达工程，投资70万元建成新街客运站，苴德油路完成投资510万元；果河公路二期工程及多依等17个村委会通达工程开工建设。全社会客货运输：客运量43.35万人，比上年增32.14万人，增长286.71%。旅客周转量达3479.72万人/千米，比上年增1524.1万人/千米，增长77.93%。

【水利设施】 年内，①完成投资4700万元，其中投资1400万元建成惠及3.1万人的农村安全饮水项目；投资1000万元完成大坝水库、蒙化箐水库除险加固一期工程，投资700万元完成毗雄河及其支流河道血防工程、部分险口险段治理和水茂坪大湾箐水土流失重点治理、牛街大沙河治理、弥城分洪河治理工程，投资500万元完成大坝水库西沟1号2号支渠、东沟一期和后海水库南、北输水干渠防渗工程，投资900万元完成红岩理卫烟水工程及牛街团结片区以工代赈项目建设；大横箐水库项目可研州级已批复，巴冲箐水库项目可研已上报省级评审；完成石牌村水库、后海水库及39件小（二）型水库病险鉴定并上报省、州争取立项。②共办理执法案件10件，其中水资源案3件，水保案2件，河道采砂案5件，并积极向上筹措资金30万元，一次性解决了后海水库与寅街镇丁家庄等村土地淹没纠纷。认真落实大中型水库移民后期扶持政策，兑付资金113.295万元。③发展培植渔业户664户，拥有水产面积890公顷，无公害鱼生产基地560公顷，无公害鱼产品7个，年生产商品鱼7500多吨，苗种1.5亿尾，解决就业人员2700人，实现产值9088万元。

【中低产田地改造】 年内：完成投资5000万元，改造面积3077.7公顷，其中投资900多万元完成红岩农业综合开发项目、牛街大沙河土地复垦项目及弥城、新街无公害蔬菜产业发展基础设施项目，投资500多万元完成竹园、班局中低产田地改造和海坝庄等村退耕还林农户基本口粮田年度建设任务；投资3167万元的新街国家级土地整理项目；投资210万元的苴力片区重点口粮田建设项目已开工，红岩、新街、弥城、寅街4个乡镇血防农业综合治理项目完成投资203万元。

【电力建设】 年内，完成电力建设投资6600万元；全县完成供电量12047万度，比上年增长3.4%；完成售电量1095万度，比上年增长3.02%；单位供电成本174.71元/万度，净资产收益率为0.44%；资产负债率为18.93%，综合线损率9.05%。

【招商引资】 年内，全县社会消费品零售总额达52001万元，比上年增长17.5%，其中非公有制经济完成零售总额47089万元，比上年增长22.8%。一是储备项目49个，其中30个项目进入州重点招商引资项目库，项目覆盖房地产、旅游、能源、矿冶、农产品加工等领域。二是优化发展环境，建立健全了招商引资服务制度，出台招商引资项目服务承诺系列文件，促进了招商引资服务体系、服务方式、服务水平的进一步完善和提高，营造了重商亲商、助商富商、便商留商的投资环境，使全县在电力、供水、道路等基础设施建设各个方面得到加强。全年洽谈项目28个，新签约项目18个，当年协议资金17.9亿元，到位资金5.3亿元，比上年增2.1亿元，增长68%。

【医疗卫生】 年内，投资1120万元完成县妇幼保健院整体搬迁，投资135万元完成新街中心卫生院综合楼建设。投资7000万元的县医院整体搬迁工程完成征地等前期工作，投资600万元实施县计生服务站和新街、寅街、苴力、牛街计生服务站建设。全县有489811人次得到487.09万元的门诊减免，有12492人得到1951.28万元的住院补偿，门诊住院合计2438.37万元；全县村卫生所实行业务、人员、财务和药械"四统一"管理，稳定乡村医生队伍，增强乡村医生工作积极性，提高业务技术水平，巩固三级医疗预防保健网；开展领导干部健康体检；开展了卫生监督执法。

【文化】 年内，共计争取到项目资金738万元，加强了文化设施建设；投入文化建设经费100万元，用以新剧目创作和排练演出；县文化馆群众性文化为主力，花灯剧团演职人员深入机关、学校、农村等地开展辅导培训、演出；先后组织参加民族节"三月街"文艺汇演、大理州非物质文化遗产（弥渡花灯）展示活动、大理州全民健身月健身操展示及比赛等,并积极筹备"云南省'群众文化舞蹈'集中展示月暨'大家乐'群众文化广场舞蹈大赛等赛事;完成了以《小河淌水》为代表的弥渡民歌申报省级非物质文化遗产工作;在全县开展以花灯文化名村、名乡,历史文化名村及民俗文化联系点调查命名工作;加强市场管理,使文化市场低俗之风得到有效整治。

【生态环保】 2009 年,建设天保公益林 2200 公顷,退耕还林补植补造荒山造林 666 公顷,有效防治森林虫害 3333.33 公顷;实施农村清洁工程,建设沼气池 3971 口,完成节柴改灶 1825 口,加快改水、改厨、改厕、改圈进度,稳步推进农村环境综合整治。主要污染物总量控制管理工作进一步加强,削减化学需氧量 3.8 吨、二氧化硫 43.4 吨,单位生产总值能耗下降 4.9%,全面完成年度节能减排目标任务。

【就业保险】 年内,城镇登记失业率控制在 3.6% 以内,城镇新增就业 1378 人,比上年增 20 人。投放低保资金 2800 万元,城镇最低生活保障达 5900 人,农村最低生活保障达 22055 人。全县养老、失业、医疗、工伤、生育和农村养老保险共扩面 1889 人,筹集保险金 3436 万元,参保人数达 29511 人,共支出各项社会保险费 2845 万元。筹集资金 2802 万元,新农合参合农民 28 万人,参合率 93.7%,县级住院补偿率达 70%,乡级住院补偿率达 80%。筹集资金 150 万元,城镇居民基本医疗参保 9075 人,参保率达 90%。投资 4400 万元建设廉租住房 3.5 万平方米,发放住房补贴 149 万元,解决 690 户城镇居民住房困难问题。

【司法】 年内:①充分发挥人民调解在"大调解"中的作用,切实有效地化解了大批社会矛盾纠纷。②法制宣传教育形式多样。积极组织开展"法律援助宣传月"和"五五"普法宣传活动,有效地扩大了全县法制宣传教育辐射面。③法律服务行风建设加强,增强了广大法律工作者对依法执业、诚信执业、执法为民观念。

【邮电】 2009 年,邮电业务总量收入 643.32 万元,比上年增长 2.8%;订销报纸 199.65 万份,比上年减 5.37%,订销杂志 6.1 万份,比上年增 1.67%;农村电话用户 14894 户,比上年减少 10.80%,移动通信用户 70795 户,比上年增长 14.38%。

【旅游】 2009 年,全县旅游接待人数 25 万人,收入 1.75 亿元,比上年同比分别增 14% 和 10%,其中景点接待 15 万人,收入 1.05 亿元,农家乐接待 5 万人,收入 4300 万元,住宿接待 5 万人,收入 2700 万元。

【林业】 年内:①全县按照以确权为核心、以纠纷调处为重点、以到户为目的的工作思路,完成深化集体林权制度主体改革工作,并被列为全州配套改革试点县。②农村能源建设和技术推广 1819 户,占县计划的 108.47%,占省计划的 227.38%。③退耕还林成果得到巩固。④第四批扩大内需中央预算内投资林业项目。⑤城乡绿化造林,完成道路绿化 3.317 万米,共栽植绿化苗木 15565 株。⑥森林资源管护。一是森林防火工作。二是资源林政管理。

【教育】 年内,全县认真贯彻落实"两免一补"("两免一补"共发放资金 2611 万元)等各项政策措施。①义务教育得到巩固和提高。全县适龄儿童入学率达 99.95%,辍学率控制在 0.38% 以内;小学在校学生 28515 人,辍学率控制在 3.8% 以内;初中毛入学率达 99.64%,在校学生 12790 人,辍学率控制在 0.53% 以内;②教学质量实现历史性突破。2009 年全县参加普通高考 1083 人,上线 1014 人,普通高考上线率达 93.6%,创历史最好成绩,从上年的全州第十一名跃居第六名。参加"三校生"考试上线率 89.09%,居全州第一名。中考 600 分以上人数达 387 人,占考生人数的 14.85%,600 分以上人数比上年增加 51 人,增长 15.18%。小学毕业生全科合格率达 85.6%。;③高中教育瓶颈制约逐步得到缓解。全县普通高中办学规划由 2002 年的 54 个班 2728 人扩大到 2009 年的 63 个班 3105 人。2009 年职中招生 665 人,在校生达 1906 人。初中毕业生升入高中阶段的入学率由 2002 年的 34.5% 提高到 2009 年的 70.26%,高中教育瓶颈逐步得到缓解。④办学条件得到进一步改善。年内:投资 580 万元完成苴力完小、密祉中心完小和弥城三小明德小学项目建设;投资 2000 多万元完成新街二中等 8 所中央扩大内需校舍改造项目;全面启动投资 4600 万元建筑面积达 4.6 万平方米的农村校舍安全工程,启动职中学生宿舍楼和 1.1 万平方米教师周转房建设;寅街中学、弥城三小等 11 所学校搬迁工程有力推进,撤并校点 46 个。

【科技】 2009 年,全其科技工作始终坚持立足加快全县经济社会又好又快发展,实现全省中等县为目标。①根据国家省州项目申报指南要求,认真整合科技项目资源,慎重优选科技项目。年内共向省申报项目 7 项,列项支持 3 项,补助经费 80 万元。向州申报项目 6 项,列项支持 4 项。②根据省委、省政府"百亿斤粮食增产计划"的总体部署,年内全县被省列入水稻高产创建示范区建设,项目经费 40 万元。2 月,通过广泛宣传发动、层层技术培训、及时就位配套农资、集中防治病虫、入户下田指导,1440 公顷水稻高产创建工作进展顺利。9 月 10 日经省州专家实地验收,百亩综合测试亩产达 988.77 千克,创楚粳 28 号世界记录。③科普宣传。围绕新农村建设,认真做好"解五难三项建设"。以"知识产权宣传日"、"科技活动周"、"科技下乡"、科普长廊为有效平台开展科普宣传普及。5 月,在全县科技活动周期间,共展出科技成果展板 109 块;发放各种科技资料 59 种 49957 份,发放避孕药具 1856 盒;播放电视广播 27 次,接受义诊健康咨询 1027 人次,接受科技咨询服务 5789 人次,悬挂粘贴宣传标语 27 条,出科技宣传专栏 24 期,开展实用技术培训 18 期;组织知识产权进校园活动 3 次;参加科技活动周的人民群众达 2 万多人。共创建村级科技活动室 22 个,科技示范村 4 个,补助经费 17.2 万元。④知识产权保护。结合"4·26"世界知识产权日、科技活动周、科技下乡等活动,开展知识产权"四进"、"二送"、"一咨询":即进校园、进企业、进社区、进村组,送科技、送法律,解答咨询等活动。年内申报专利 6 件,其中发明 1 件,实用新型 2 件。

【县级领导名录】 2009 年末,县委书记邹子卿,县委副书记沙伟风(回)、李郁华;县委常委邹子卿、沙伟风(回)、李郁华、赵克智、刘福康、李爽(女)、段志伟、舒平、谭利强、石雄、罗鸿文;县人大常委会主任李光美(任至 9 月)、石雄(9 月起任),副主任熊万明、唐育琴(女)、刘国中、胡宗藩(彝);县人民政府县长沙伟风(代理县长任至 1 月),副县长石雄(常务副县长,任至 9 月)、赵克智、蔡云丽(女)、王建生、李正坤(彝)、张嘉杰、张桂芬(女);县政协主席李正能(彝),

副主席张跃琳（女）、马联生（回）、涂正坤、彭云龙；县纪委书记李爽（女）。

【省、州领导到弥指导和调研】 1月7日，州人大常委会主任字国顺一行深入到弥渡牛街乡大桥、康郎、牛街村委会及新街镇新街村委会等对老党员杨照昌等人和特贫困户罗文高等户分别进行走访慰问。

1月8日，州人大常委会主任字国顺、州政协副主席孙明带领由州总工会、州水利局、州林业局等相关领导及志愿者组成的州春节慰问团分别到弥渡东山林场、县总工会、县医院、栗树营水管所等进行走访慰问，代表州委、州政府向广大战斗在一线干部职工、历届劳模、特困职工、返乡民工等送去春节的问候和祝福。

1月9日，云南省农村信用社联合社理事长梁希勇在大理办事处主任寸尊喜的陪同下到弥渡县农村信用合作联社调研。

2月8日，州领导深入弥渡对建安路二期工程、城市规划、文化建设等工作进行视察指导。

2月11日，副州长程云川到九顶山矿业有限公司、金海矿业有限公司、果河公路工业片区、白总旗、金龙温泉等地察看，与企业负责人交谈，听取弥渡县工业经济发展情况汇报，全面调研工业项目等工作。

3月4日，州人大常委会副主任尚榆民，州政协副主席孙明，率领州有关部门负责人在县领导石雄等陪同下深入弥渡建宁花园、阳光新宅调研房地产业开发工作。

3月5日，州长助理李文才率领州农业、商务、经贸等部门负责人一行深入到弥渡滇西蔬菜批发市场、无公害蔬菜生产基地及建林绿色食品有限公司等对农副产品生产、加工企业和农业产业化发展等工作进行调研。

3月12日，副省长刘平，副州长李红卫，在县领导邹子卿、沙伟风等及省州有关部门领导陪同下，深入弥渡县城、山岭，视察指导廉租住房和垃圾处理场建设等工作。

3月13日，以省商务厅副厅长王开良为组长的省调研组深入弥渡调研农村市场体系工作。

3月31日，州人民政府副州长洪云龙深入到弥渡县人民医院调研指导工作。

4月15日17日，州人大常委会主任字国顺，副主任杨宴君、尚榆民一行在弥渡县委书记邹子卿等领导陪同下，先后深入红岩、新街、弥城、寅街等地实地调研烤烟生产、城市、公路、房地产和水利建设等工作情况。

4月23日，州委副书记王桂芳在州扶贫办、州政策研究室、畜牧、农业等部门相关领导陪同下深入弥渡调研新农村中间试点村建设等工作。

5月11日，中共云南省委书记白恩培和随行的省委常委、省委秘书长杨应楠，省委政策研究室、省发改委、省财政厅等省属有关部门负责人一起在州县领导陪同下，带着对弥渡各族干部群众的牵挂，实地到弥渡调研中低产田改造等工作。

5月12日，中共云南省委副书记李纪恒率省委调研组一行，在州县领导陪同下，到弥渡调研。

5月13日，州人大常委会副主任陆璐一行先后深入弥渡密祉乡对密祉旅游小镇建设等情况作调研。

5月20日，省纪委副书记、省监察厅厅长郭永东在州县领导陪同下深入调研垃圾处理厂、新农村建设基层党风廉政建设、农村“两公开”、廉租房建设等工作。

5月27日，省检察院党组成员、副检察长李波在州领导陪同下专程到弥渡就开展监管执法专项检查活动和检察院办案工作区建设进行检查指导。

6月4日，由云南省卫生厅副厅长付新安带队，省卫生厅、农业厅、教育厅等部门组成的省血防检查组一行先后深入到弥渡红岩竹园村委会、新街西庄村委会的田间地头实地查看调研。

6月17日，由中国人民银行行长助理郭庆平带队的国务院扶贫开发调研组一行到弥渡就完善国家扶贫战略和政策体系工作进行专题调研。

6月17日，省建设厅厅长罗应光等一行到弥渡就密祉旅游小镇建设进行调研指导。

7月2日，省教育厅基教处处长杨必俊，州教育局副局长普映授一行到弥渡调研教育基础设施建设工作。

7月15日，中国残联体育部主任贾勇率中国残联农村残疾人工作组到弥渡调研。

7月30日，省国土资源厅巡视员余蕴祥一行在县领导邹子卿、石雄等陪同下深入密祉乡对国土资源所、旅游小镇开发建设进行调研。

8月3日，省妇联副主席和红梅一行在州、县相关领导陪同下深入苴力镇阳早村等地督促检查鼓励创业“贷免扶补”工作。

9月16日，州人民政府副州长李雄率州烟草公司、大理卷烟厂等部门相关领导深入弥渡指导烟叶收购工作。

10月9日，州人民政府副州长洪云龙、州教育局局长刘洪一行到弥渡就全县高中教育、校舍安全工程工作进行调研。

11月2～3日，州人大常委会主任字国顺一行深入到弥城镇蔡庄村委会、新街镇罗荡村委会2个州级党建示范点进行实地调研，了解当前镇村党组织建设、经济社会发展等情况。

11月16日，云南省军区政治部副主任郭增奎，州委常委、大理军分区政委王恩富一行在县委常委、武装部政委刘福康陪同下，深入密祉乡调研指导。

11月18日，州委副书记、州长何金平带领发改委、经委、财政、农业、水利、文明办等州级相关部门负责人到弥渡调研经济社会发展等工作。

11月19日，州人民政府副州长、公安局局长、州委第三批学习实践科学发展观巡回检查组组长郭有兵在县委常委、政法委书记罗鸿文，副县长张嘉杰陪同下到红岩检查指导深入学习实践科学发展观工作。

12月2日，大理州人民政府秘书长李超深入到弥渡县中低产田改造（新街国家级土地整理项目）建设、建安路二期工程建设进度、建宁花园房地产开发、县人民医院搬迁现场、美晨大酒店在建情况进行调研

12月3日，省水利厅副厅长王仕宗深入弥渡检查指导农村小型水利工程管理体制改革等工作。

12月22日，省文化厅厅长黄峻到弥渡调研指导文化工作。

【全州民政统计年报汇总会在弥召开】 2月5日，大理州民政事业统计年报汇总会议在弥渡召开。州民政局各科室领导、各县市民政局会计、统计、州局下属单位会计等50余人参加了汇总会，县委常委、常务副县长石雄出席会议并致欢迎辞。州民政局副局长杨学先在会上就2008年全州民政事业统计、民政事业决算和事业费年报汇总业务等工作作具体安排部署，要求参会人员继续发扬艰苦奋斗、再接再厉精神，认真核对、团结合作，做细、做好各项年报汇总工作。

【尹宜公故居修复竣工】 2月9日，享誉全球的东方小夜曲《小河淌水》的收集、整理、改编填词人尹宜公先生的故居

修复竣工。省人大常委会原副主任、省教育基金会理事长吴光范,州委常委、宣传部长王以志,州人大常委会原主任马国盛,弥渡县委书记邹子卿等省、州、县领导出席竣工典礼暨开展仪式。

【全州明德小学建设在弥启动】 3月17日,大理州2009年明德小学项目建设启动会在弥渡宾馆召开,涉及项目建设的弥渡、鹤庆、永平3县相关人员参加会议。大理州教育局分别与弥渡、鹤庆、永平3县签订明德小学项目建设目标责任书,要求所建项目建设年内3月底前动工,7月底主体工程竣工,9月1日前建成并投入使用。

【小河淌水文化研讨会在下关举行】 3月15日,大理州小河淌水文化研讨会在下关举行。州人民政府副州长李红卫到会并指出:建设和谐文化是建设和谐社会的重要组成部分。《小河淌水》是世界名曲,小河淌水文化源远流长,文化内涵及其丰富,纵贯古今,横穿广域,是多种民族文化的结晶,也是大理文化的一个重要组成部分。州社科联相关部门及弥渡县领导李郁华、李光美、李正能等出席研讨会。

【严管领导干部驾公车】 3月,弥渡县制定出台《弥渡县公务车辆使用管理暂行规定》,进一步规范公务车辆使用管理,严禁领导干部驾公车和公车私用,树立文明用车、节俭用车、廉洁用车的良好风气。"规定"明确要求:严禁非专职驾驶人员,特别是领导干部驾驶公务车辆,严禁公务车辆随意外借,严禁公车私用和外借私用。要求各部门单位实行用车管理登记、定点有序停放、集中管理等制度;对领导和干部职工违反规定,按干部管理权限追究组织和纪律责任;对违规停放车辆、违规使用和外借车辆使用造成事故等都分别作了明确处理规定。同时,实行有奖举报制度,对举报属实者给予一次性奖励500元。

【中央检查组到弥指导项目建设工作】 4月7日,中央检查组一行6人到弥渡检查指导中央新增资金建设项目工作。检查组听取了县长沙伟风的工作汇报后,经检查痕迹资料,并先后深入垃圾处理厂、新街卫生院、新街一中进行实地查看。通过听取汇报和实地察看,检查组认为弥渡县坚持项目工作优于一切、重于一切,把项目建设提高到落实科学发展观、为全县人民谋福利的高度来认识、来推进,把项目建设作为加快发展、实现跨越的重大举措来谋划、来落实。努力做到工作重心向项目建设转移,主要精力向项目建设集中,各项政策向项目建设倾斜。中央新增建设项目工作进展顺利,全县呈现出经济快速协调发展、社会和睦稳定、人民安居乐业的良好局面。

【全州先进平安县市创建工作会在弥召开】 6月2日,全州先进平安县市创建暨加强基层基础工作推进会议在弥渡召开。州委常委、州委政法委书记茶忠旺对全州综合维稳工作取得的成绩给予了充分肯定。副州长、州公安局局长郭有兵主持会议,就贯彻落实会议精神,抓好先进平安县市创建、加强基层基础工作提出要求。州政协副主席孙珍玲,各县市政法委书记及州县相关部门负责人参加会议。

【《苍洱清风》廉政文艺晚会到弥演出】 6月4日晚,由州委、州政府主办,州纪委、州委宣传部、州监察局承办的《苍洱清风》廉政文艺晚会巡回在弥渡会务中心演出,州县领导一同观看了演出。晚会由上篇《清风颂》、下篇《正气歌》和尾声3部分组成。

【邹子卿作客州人民广播电台】 6月17日,县委书记邹子卿作客州人民广播电台《直播大理——大理州深入实践科学发展观活动大型系列访谈》节目。直播期间,许多关注弥渡发展的听众通过直播热线电话,就弥渡加快发展中的有关问题与县委书记邹子卿作了交流。

【"祖国好云南红"大型采访团到弥实地采访】 7月14~15日,由云南报业集团记者部常务副主任王廷尧带队的"祖国好云南红"大型采访团到弥实地采访,县领导李郁华、谭得强等陪同。采访团先后分别深入到红岩、新街、弥城、密祉等乡镇及建林绿色食品有限公司,分别对近几年来农业农村、文化建设、林改、旅游工作情况的变化、群众生产生活状况的改善及公司的生存与发展等方面进行深入细致的采访。

【全州首座太阳能烤房建成使用】 7月中旬,由州烟草公司投资新建的全州首座太阳能自动化多功能烤房在新街镇西河建成投入使用。太阳能自动化多功能烤房位于新街镇西河烘烤科技示范基地内,占地3亩,总投资170余万元,属全省继西双版纳和楚雄州后的第四座。该烤房先后通过变黄前区、变黄后区、定黄前区、定黄后区、干筋区、回潮区共6个程序后,即可人工分级扎把,整个烘烤过程实现全程自动化。烤房可提供一次性烘烤鲜叶3600杆、2万千克,每亩烤烟可为烟农节支200元。建成后的烤房承担着新街镇西河、陶营、永增、西庄4个村委会60余户农户近16.67公顷烤烟的鲜叶烘烤任务。

【全州审计工作会议在弥召开】 10月20日,大理州审计工作会议在弥渡召开。县委副书记、县长沙伟风出席并致辞。会议就贯彻落实省人民政府《关于加强基层审计工作的意见》、全州"审计工程建设"(州政府61号文件精神)和精神文明创建等工作进行传达和安排。州审计局局长张学义就会议提出四点要求。会议号召全州审计机关不断发挥奋发有为,锐意进取精神,在今后工作中多出效益、出质量、出精品,树立好审计作为全省文明行业的良好形象。弥渡县审计局作为全州审计工作的排头兵,就精神文明创建、审计业务作经验成果交流。

【征集续修《弥渡县志》(1978~2005)相关资料】 10~11月,根据《地方志工作条例》和国家、省、州政府的统一安排部署,为认真贯彻落实党的十一届三中全会以来的有关精神,坚持解放思想、实事求是、与时俱进的思想路线,坚持辩证唯物主义和历史唯物主义,贯彻以人为本的科学发展观,全县于2006年启动续修《弥渡县志》(1978~2005)工作。为使续修的《弥渡县志》(1978~2005)具有较强的资政、教育存史功能,做到图文并茂,县地方志编纂委员会办公室专文下发征集通知,同时通过《弥渡通讯》、政府门户网站等媒体特向全县党政机关、社会各界广泛征集《弥渡县志》(1978~2005)篇目(包含自然、经济、政党群团、法治军事、文化、科技、教育、卫生、旅游名胜等)中的相关图片和文稿资料。征集范围:能表现和反映全县1978~2005年期间有关《弥渡县志》篇目中的图片、文稿等资料;征集种类:反映弥渡发展变迁的地图;国家、部委命名、表彰弥渡县的荣誉证照、牌匾照片;副省级以上领导到弥调研检查指导工作的照片;反映弥渡自然景观、名特优产品、行业、产业、乡镇、部门发展变迁的照片;讴歌改革开放以来弥渡改革开放发展的诗文、碑联、书画;有关弥渡民俗、生活、谚语、民歌、民谣、花灯等文字及图片资料;单位保存或散落民间的反映弥渡历史文化的文献资料和文物图片。

【年产100万标准张水泥石棉瓦生产线建成投产】 12月10日,弥渡县乐兴石棉瓦有限责任公司在寅街镇白塔湾工业园区举行年产100万标准张水泥石棉瓦生产线建设投产仪式。县领导为弥渡县乐兴石棉瓦有限责任公司新生产线正式投产剪彩。此项目是由昆明民兴工贸有限公司在弥渡(始建于2004年)投资并专门从事石棉瓦生产销售年生产80万标准张水泥石棉瓦的企业,产品主要销往大理、思茅、临沧、丽江、迪庆等地。年初,公司在经过充分的市场调研和周密的分析论证的基础上,以敏锐的眼光决定再在该县工业园区白塔湾片新建年产100万标准张水泥石棉瓦生产线(年内6月开工建设),投资800万元,征用土地2公顷。新生产线建成后加上原有生产线,该公司生产能力将达180万标准张石棉瓦,总产值近2000万元。

【青螺古坊项目开工建设】 12月28日,青螺古坊项目正式开工建设,州县领导为工程培土奠基。年内在县城建设中,县委政府把旧城改造作为重点工作来抓,加大招商引资力度,引进昆明市政房屋建设开发有限责任公司投资实施青螺古坊项目,项目总投资1.2亿元,占地6公顷。项目分商业街区、公园休闲区、文化活动区三个区域,商业街区主要布置在文笔路西南部,建筑风格以汉族居民风格为主,集购物、娱乐、休闲、文化为一体,充分体现弥渡文化特色;公园休闲区主要在原青螺公园基础上改造升华,建设博物馆、文化馆、图书馆,新建休闲活动设施,打造河堤休闲景观带;文化活动区布置在项目西南部,主要修复代表儒释道三教的寺庙,新建处于城市中轴的魁星阁。

【果河公路二期工程开工建设】 12月31日,全长15.22千米、主线路宽23米,总投资3.08亿元,路面按一级公路标准建设,中央设绿化带(其中:城市段1000米、宽36米,红岩、新街两个集镇路段1000米、宽28米),设计行车时速60千米/小时,建设工期为18个月的果河公路二期工程正式开工建设。州县领导及各参建单位的负责人出席开工仪式。

【红岩镇】 红岩镇总面积126.6平方千米,其中耕地面积2379.7公顷,人均耕地面积0.69亩。在耕地面积中,水田2277.2公顷,旱地110公顷。2009年末全镇总人口51496人,农业人口49841人,占97%,人口密度每平方千米348人,人口自然增长率3.78‰。全镇辖12个村民委员会,108个自然村,173个村民小组。镇内有3个集镇市。

全年农村经济总收入51123万元,农民人均收入2845元。粮食作物播种面积3193公顷,粮食总产2.75万吨。有林面积6058.1公顷,森林覆盖率39.61%。大牲畜存栏9561头,肉牛出栏3808头,生猪存栏30018头,肥猪出栏37223头;山、绵羊存栏2645只,肉羊出栏2416只;家禽存栏8.02万羽,出栏9.57万羽。禽蛋总产量32.73万千克,肉类总产量4410吨,畜牧业产值6413万元。乳牛存栏5106头,牛奶总产量1.1748万吨。

年内,烤烟种植面积533.3公顷,中上等烟132.2万千克;大蒜种植面积800公顷,总产1.32万吨。年末有乡企业566个,从业人员2800人;营业总收入16572万元,总产值15330万元,利润1306万元;完成税收249万元。全年财政收入1108万元;本级收入904万元;财政支出769万元。学龄前儿童入学率99.95%,巩固率99.95%,毕业率100%;中学巩固率99.5%。有私立幼儿园9所,在园幼儿1631人。有全民医疗单位1个,医务人员32人,病床20张;个体私营诊所9个,医务人员18人;村卫生室12个,乡村医生30人。电视普及率100%,有文化站1个,村文化室12个。

2009年,镇党委书记李增强,镇长李雄,镇人大主席杨发昌。

【新街镇】 新街镇总面积124.6平方千米,其中耕地面积2477.74公顷,人均耕地面积0.71亩。在耕地面积中,水田2074.64公顷,旱地169公顷。2009年末全镇总人口52210人,农业人口50376人,占96.49%,人口密度每平方千米419人,人口自然增长率2.91‰。全镇辖12个村民委员会,107个自然村,173个村民小组。镇内有4个集镇市。

全年经济总收入29700万元,农民人均收入3441元。粮食作物播种面积2678.62公顷,粮食总产2.1014万吨。有林面积4176.8公顷,森林覆盖率33.5%。大牲畜存栏7591头(匹),肉牛出栏4935头,生猪存栏22140头,肥猪出栏45170头;山绵羊存栏3195只,肉羊出栏2205只;家禽存栏8.02万羽,出栏18万羽。禽蛋总产量67.5万千克,肉类总产量5376吨,畜牧业产值7096万元。乳牛存栏3510头,牛奶总产量8299吨。

年内,烤烟种植面积700公顷,中上等烟205.80万千克;大蒜种植面积595.80公顷,总产536.22万千克;种植无公害蔬菜833.33公顷,实现产值3125万元;制种包谷种植面积373.33公顷,总产252万千克,实现农民收入1486.80万元。年末有乡镇企业11个,从业人员773人。营业总收入17158万元,总产值16628万元,利润850万元。完成税收391万元。全年财政收入931万元;本级收入723万元。财政支出677万元。学龄前儿童入学率100%,巩固率99.47%,毕业率99.47%;中学巩固率99.30%。有私立幼儿园16所,在园幼儿2700人。有全民医疗单位1个,医务人员15人,病床20张;个体私营诊所6个,医务人员6人;村卫生室12个,乡村医生37人。电视普及率96.26%,有文化站1个,村文化室12个。

2009年,镇党委书记段尚勤,镇长白儒君,镇人大主席董正喜。

【弥城镇】 弥城镇总面积174.32平方千米,其中耕地面积2473.38公顷,人均耕地面积0.44亩。在耕地面积中,水田1612.89公顷,旱地860.49公顷。2009年末总人口84892人,农业人口69171人,占81.48%,人口密度每平方千米487人,人口自然增长率2.88‰。全镇辖17个村(居)委员会,124个自然村,223个村民小组。镇内有5个集镇市。

全年农村经济总收入96900万元,农民人均收入3106元。粮食作物播种面积3078.8公顷,粮食总产2.6416万吨。有林面积8860.4公顷,森林覆盖率40.89%。大牲畜存栏13678头(匹),肉牛出栏4410头,生猪存栏54060头,肥猪出栏72054头;山绵羊存栏9216只,肉羊出栏8969只;家禽存栏11.4万羽,出栏17.79万羽。禽蛋总产量21.6万千克,肉类总产量9220吨,畜牧业产值10715万元。乳牛存栏3100头,牛奶总产量7290吨。

2009年,烤烟种植面积213.33公顷,中上等烟63.86万千克;大蒜种植面积924.93公顷,总产1.95万吨。年末有乡镇企业3116个,从业人员5692人;营业总收入81851万元,总产值25100万元,利润1872万元。完成税收1198万元。全年财政收入3306万元;本级收入2178万元,财政支出13419万元。学龄儿童入学率100%,巩固率100%,毕业率100%;中学巩固率98.6%。有私立幼儿园24所,在园幼儿3191人。有全民医疗单位1个,医务人员15人,病床35张;个体私营诊所71个,医务人员90人;村卫生室16个,乡村医生51人。电视普及率98%,有文化站1个,村文化室17个。

2009年,镇党委书记罗鸿文(任至7月)、姚武(7月起任),镇长姚武(任至7月)、李国才(7月起任),镇人大主席范兆金。

【寅街镇】 寅街镇总面积207.2平方千米,其中耕地面积1726公顷,人均耕地面积0.55亩。在耕地面积中,水田1132公顷,旱地594公顷。2009年末全镇总人口47284人,农业人口45858人,占97%,人口密度每平方千米228人,人口自然增长率2.7‰。全镇辖11个村民委员会,73个自然村,170个村民小组。镇内有1个集镇市。

全年农村经济总收入39225万元,农民人均纯收入2587元。粮食作物播种面积2447公顷,粮食总产2.0081万吨。有林面积9837.56公顷,森林覆盖率58.85%。大牲畜存栏5859头(匹),肉牛出栏1890头,生猪存栏32044头,肥猪出栏70168头;山绵羊存栏5626只,肉羊出栏4112只;家禽存栏5.76万羽,出栏7.40万羽。禽蛋总产量14.3万千克,肉类总产量7790吨,畜牧业产值7846万元。乳牛存栏680头,牛奶总产量1573吨。

2009年,烤烟种植面积287公顷,中上等烟78.64万千克;大蒜种植面积133公顷,总产2010吨;水稻种植面积1093公顷,总产9650吨;脱毒马铃薯种植面积240公顷,总产7382吨。年末有乡企业771个,从业人员3340人。营业总收入29895万元,总产值26670万元,利润1016万元。完成税收657万元。全年财政收入452.18万元;本级收入362.40万元。财政支出1143万元。学龄儿童入学率98.51%,巩固率99.04%,毕业率98.03%;中学巩固率98.73%。有私立幼儿园11所,在园幼儿1139人。有全民医疗单位1个,医务人员17人,病床29张;个体私营诊所3个,医务人员9人;村卫生室11个,乡村医生34人。电视普及率100%,有文化站1个,村文化室13个。

2009年,镇党委书记李太,镇长李俊,镇人大主席雷国民。

【苴力镇】 苴力镇总面积195.56平方千米,其中耕地面积1184.57公顷,人均耕地面积0.7亩。在耕地面积中:水田503.14公顷,旱地681.43公顷。2009年末总人口25464人,农业人口24572人,占96.6%,人口密度每平方千米103.2人,人口自然增长率3‰。全镇辖7个村民委员会,89个自然村,130个村民小组。镇内有3个集镇市。

全年农村经济总收入6845万元,农民人均纯收入1435元。粮食作物播种面积1746.23公顷,粮食总产1.352万吨。有林面积9132.65公顷,森林覆盖率46.7%。大牲畜存栏10373头,肉牛出栏2730头,生猪存栏23780头,肥猪出栏35200头;山绵羊存栏3633只,肉羊出栏1848只;家禽存栏3.77万羽,出栏4.72万羽。禽蛋总产量8.13万千克,肉类总产量3979.9吨,乳牛存栏107头,牛奶总产量2070吨。

年内,烤烟种植面积366.58公顷,中上等烟71.5万千克。年末有乡镇企业542个,从业人员2356人。营业总收入13514万元,总产值134.33万元,利润1244万元。完成税收458万元。全年财政收入798万元;本级收入594万元。学龄儿童入学率105%,巩固率100%,毕业率100%;中学巩固率94%。有私立幼儿园9所,在园幼儿609人。有全民医疗单位1个,医务人员26人,病床20张;个体私营诊所3个,医务人员3人;村卫生室7个,乡村医生20人。电视普及率85%,有文化站1个,村文化室7个。

2009年,镇党委书记袁学礼,镇长李鹏飞,镇人大主席刘荃。

【密祉乡】 密祉乡位于县城西南部,乡域总面积132.05平方千米,其中耕地面积537.7公顷,人均耕地面积0.49亩。在耕地面积中,水田404.16公顷,旱地133.54公顷。2009年末总人口16362人,农业人口15804人,占96.59%,人口密度每平方千米117人,人口自然增长率1.6‰。全乡辖6个村民委员会,36个自然村,40个村民小组。乡内有1个集镇市。

全年农村经济总收入8436万元,农民人均纯收入1408元。粮食作物播种面积936.7公顷,粮食总产6308吨。有林面积10698.4公顷,森林覆盖率72.4%。大牲畜存栏6598头,肉牛出栏2595头,生猪存栏17402头,肥猪出栏19320头;山绵羊存栏5456只,肉羊出栏6609只;家禽存栏0.63万羽,出栏0.9万羽。禽蛋总产量9.88万千克,肉类总产量2902吨,畜牧业总产值2909万元。

2009年,烤烟种植面积240公顷,中上等烟67.8万千克。年末,有乡镇企业44个,从业人员1721人。营业总收入8667万元,总产值8667万元,利润884万元,完成税收464万元。全年财政收入236万元,本级收入219万元。财政支出621万元。学龄前儿童入学率100%,巩固率99.08%,毕业率100%;中学巩固率99.65%。有私立幼儿园7所,在园幼儿504人。有全民医疗单位1个,医务人员6人,病床6张;村卫生室6个,乡村医生20人。电视普及率98%,有文化站1个,村文化室6个。

2009年,乡党委书记涂茂,乡长杨俊华,乡人大主席李曰祥。

【德苴乡】 德苴乡总面积299.22平方千米,其中耕地面积2703.27公顷,人均耕地面积0.99亩。在耕地面积中,水田370.47公顷,旱地1230公顷。2009年末总人口24727人,农业人口24070人,占97.34%,人口密度每平方千米82.13人,人口自然增长率1.17‰。全乡辖13个村民委员会,109个自然村,161个村民小组。乡内有3个集镇市。

全年农村经济总收入7093万元,农民人均纯收入1415元。粮食作物播种面积2342.8公顷,粮食总产1.42万吨。有林面积22989公顷,森林覆盖率71.1%。大牲畜存栏25712(匹)头,肉牛出栏3885头,生猪存栏24507头,肥猪出栏27181头;家禽存栏7.12万羽,出栏8.09万羽。禽蛋总产量11.5万千克,肉类总产量3817吨,畜牧业产值3847万元。乳牛存栏2头,牛奶总产量1600千克。

年内,烤烟种植面积802.87公顷,中上等烟2020吨。年末,有乡镇企业401个,从业人员521人。营业总收入2640万元,总产值1530万元,利润270万元,完成税收54万元。全年财政收入1074万元;本级收入683万元。财政支出1074万元,本级支出697万元。学龄儿童入学率100%,巩固率99.53%,毕业率100%;中学巩固率99.44%。有私立幼儿园4所,在园幼儿130人。有全民医疗单位1个,医务人员24人,病床16张;个体私营诊所1个,医务人员1人;村卫生室13个,乡村医生39人。电视普及率98%,有文化站1个,村文化室13个。

2009年,乡党委书记张磊,乡长聂继民,乡人大主席白如亮。

【牛街乡】 牛街乡总面积263.89平方千米,其中耕地面积1219公顷,人均耕地面积0.89亩。在耕地面积中,水田120公顷,旱地1099公顷。2009年末总人口20445人,农业人口19931人,占97.5%,人口密度每平方千米77人,人口自然增长率-2.59‰。全乡辖11个村民委员会,289个自然村,145个村民小组。乡内有3个集镇市。

全年农村经济总收入6427万元,农民人均收入1422元。粮食作物播种面积1526.13公顷,粮食总产9569吨。有林面积18750.7公顷,森林覆盖率56.07%。大牲畜存栏23846头(匹),肉牛出栏4279头,生猪存栏27937头,肥猪出栏31231头;山绵羊存栏9525只,肉羊出栏15575只;家禽存栏8.47万只,出栏10.58万羽。禽蛋总产量7.3万千克,肉类总产量3833.2吨,畜牧业产值377.2万元。

年内,烤烟种植面积700公顷,中上等烟1508.3吨;红花种植面积386.53公顷,干花产量8.6万千克;大蒜种植面积14.3公顷,总产量0.132万千克;油菜籽种植面积26.67公顷,总产量7.34万千克;其它作物种植面积194公顷。年末有乡企业3个,从业人员21人。营业总收入280万元,总产值280万元,利润50万元。完成税收8万元。全年财政收入488.77万元;本级收入470.89万元。财政支出602.03万元,本级支出234.72万元。学龄儿童入学率100%,巩固率100%,毕业率100%;中学巩固率100%。有私立幼儿园1所,在园幼儿60人。有全民医疗单位1个,医务人员25人,病床20张;村卫生室11个,乡村医生31人。电视普及率50.6%,有文化站1个,村文化室11个。

2009年,乡党委书记李开运,乡长乍文举,乡人大主席鲁国强。

(《弥渡县》由丁良撰稿)

南涧彝族自治县

【自然概貌】 南涧彝族自治县位于大理白族自治州南端,地跨东经100°06′~100°41′,北纬24°39′~25°10′之间。东与弥渡县接壤,南与景东县毗邻,西南与云县以澜沧江为界,西至黑惠江与凤庆县隔水相望,北与巍山县山水相连。县域东西横距59千米,南北纵距55千米,边界长约215千米,总面积1731.63平方千米。县人民政府驻南涧镇,距省会昆明356千米,距州府下关103千米。县境内海拔最高点3061米,最低点994米;年平均气温19.4℃,年极端最高气温34.4℃,年日照时数2232.2小时,年降雨量555.0毫米。地形以山地为主,大部分地区山高、谷深、坡陡;地貌分为浸蚀构造地貌、浸蚀堆积地貌、剥蚀地貌、断块山地貌和岩溶地貌;气候分为低纬山地季风气候、垂直气候和地域气候;山脉分为哀牢山与无量山,无量山脉横亘在县境西南,向东南延伸的部分是构成南涧县地形的主要骨架之一,哀牢山脉横卧县境东南,是西部季风的屏障。境内江河分为元江和澜沧江两大水系,有9条干流、59条支流,总长286千米。

【建置沿革】 西汉武帝元封二年(前109年),南涧地属于益州郡的邪龙县(今巍山)。元至元十二年(1275年),中央朝廷将南涧地设置为县一级政区,命名为定边县,隶属镇南州(州治在南华)辖。至元二十四年(1287年),又省革定边的建制,改为乡。明洪武十七年(1384年),明朝廷又将南涧地恢复为县一级政区,仍称名为定边县,改由楚雄府直接管辖。清雍正七年(1729年),终止了定边县的建制。原定边县辖的"东三百里"地,仍由楚雄府领,其余之地则裁归蒙化府辖。民国3年(1914年),原蒙化府改为蒙化县后,南涧地设分县,即南涧分县、浪沧分县。民国21年(1932年),撤销两分县统一划为四、五、六3个区的建制。民国29年(1940年)裁区制改为乡镇制。1961年10月,开始筹建南涧彝族自治县。1963年9月,经国务院第135次会议通过,批准成立南涧彝族自治县。1965年11月27日,南涧彝族自治县正式成立。

【行政区划】 全县辖4镇4乡,即:南涧镇、小湾东镇、公郎镇、宝华镇和拥翠乡、乐秋乡、碧溪乡、无量乡,下辖80个村(居)民委员会、1124个自然村、1606个村(居)民小组。

【人口 民族】 2009年,全县总人口22.08万人,其中农业人口20.6万人,占总人口的93.3%;少数民族11.11万人,占总人口的50.3%。非农业人口1.48万人,占总人口的6.7%;男11.45万人,占总人口的51.86%,女10.63万人,占总人口的48.14%。年内出生2154人,死亡1282人,自然增长872人,自然增长率3.95‰,人口密度每平方千米127人。县域内居住有汉、彝、白、哈尼、壮、傣、苗、傈僳、回、拉祜、佤、纳西、景颇、瑶、藏、布朗、普米、蒙古、满、布依、土家21种民族。

【土地资源】 1995年完成的全县土地利用现状调查结果:县域共有国土面积17.39万公顷,其中:耕地(灌水田、望天田、水浇地、旱地、菜地)2.49万公顷;园地(果园、桑园、茶园、其他)7960.06公顷;林地(有林地、灌木林地、疏林地、未成林造林地、迹地、苗圃)9.28万公顷;其他家用地(农村道路、坑塘水面、农田水利用地、田坎)1.08万公顷;建设用地(居民点及独立工矿用地、交通用地、水利设施用地)3595.05公顷;未利用土地3.39万公顷。土地资源的特点是山地占绝大多数,耕地资源有限,土壤类型较多,宜种植物较广,植被覆盖率低,水土流失面大,山高缺水,水土潜力难以充分发挥。土壤资源有棕壤、黄棕壤、红壤、紫色土、石灰(岩土)、冲积土、水稻土、盐土8个土类,分为16个亚类、34个土属、66个土种、10个变种。2009年末,全县有耕地面积1.4万公顷。

【经济综述】 2009年,全县完成生产总值150126万元,比上年增加16770万元,增长12.61%,其中第一产业60580万元,比上年增加5530万元,增长10%,第二产业20888万元,比上年增加2583万元,增长14.2%,第三产业68658万元,比上年增加8657万元,增长14.4%,三次产业结构调整到40.38:13.87:45.75。实现财政总收入17786万元,比上年增加2087万元,增长13.29%,地方财政一般预算收入12119万元,比上年增加990万元,增长8.9%。非公有制经济增加值占全县生产总值的比重达51.6%。金融机构各项存、贷款余额达143681万元和202238万元,分别增长18.42%和9.25%。社会消费品零售总额达52001万元,增长18%。建筑业产值达2100万元,同比增长25.45%。旅游总收入3528万元,同比增长19.47%。完成客运量1.69万人次、客运周转量20.74万人/千米、货运量8000吨、货运周转量5.03万吨/千米。

【民生保障】 2009年,全年发放工资17983万元,比上年增加2945万元,增长19.58%。全年投入教育事业资金10383万元,占一般预算支出的20.54%,比上年增加2835万元,增长

37.56%。积极筹措资金,按时兑现全县中小学校教师绩效工资1883万元。全年投入卫生事业资金4721万元,占一般预算支出的9.34%,比上年增加88万元,增长1.90%。全年投入社会保障事业资金7735万元,占一般预算支出的15.30%,比上年增加2115万元,增长37.63%。落实"贷免扶补"政策,发放"贷免扶补"资金875万元。全年投入支农资金10283万元,占一般预算支出的20.35%,比上年增加2689万元,增长35.41%。全年对农民的直接补贴资金4295万元,同比增长74.17%。兑付家电下乡产品3804台(件),财政补贴79万元。兑付汽车摩托车下乡产品3116辆,财政补贴336万元。抓好投资2506万元的扶贫资金项目建设。投资160万元完成8个村委会村级活动场所建设。

【工业】 2009年,南涧县人民政府与大理州人民政府签定《大理州第二轮工业经济"倍增计划"2009年度发展目标责任书》,全年完成工业总产值60100万元,完成年度目标60000万元的100.17%。完成工业增加值11153万元,完成年度目标12000万元的92.9%。完成工业规模以上工业企业增加值1338万元,完成年度目标1300万元的102.92%。规模以上工业企业主营业务收入完成14915万元,完成年度目标10300万元的137.82%,规模以上工业企业实际上缴税金403.4万元,完成年度目标370万元的109.06%;全县完成工业固定资产投资6116万元,完成年度目标6000万元的101.9%。

【农业】 2009年,全县推广肥床旱育稀植浅插面积1506.67公顷,占计划的113%;推广玉米容器育苗移栽面积8006.67公顷,占计划的100%;推广小麦良种面积2440公顷,覆盖率90%;推广蚕豆良种面积920公顷,覆盖率90.2%;推广杂交玉米面积8773.33公顷,占计划的101.23%,覆盖率99.25%;推广水稻良种面积1593.33公顷,覆盖率100%。完成地膜玉米1253.33公顷,占县计划的94%,其中完成州补助地膜玉米1000公顷,占计划的100%;完成小麦样板346.67公顷,占计划的130%;大麦样板66.67公顷,占计划的100%;蚕豆样板33.33公顷,占计划的100%;冬春马铃薯样板66.67公顷,占计划的100%;油菜样板33.33公顷,占计划的100%;水稻样板200公顷,占计划的100%;推广水稻化学除草1446.67公顷、水稻中层施肥1486.67公顷,水稻规范化条栽1580公顷。

【教育】 全县有中学15所,其中:普通高中2所;职业高级中学1所;初级中学12所;小学82所,教学点46个,其中一师一校点27个;幼儿园25所,其中:公办幼儿园1所,民办幼儿园24所。普通高中在校生2796人;职业高级中学在校生1151人;初级中学在校生8630人;小学在校生18941人;在园幼儿4069人。有在职人员1953人,其中:公务员7人,专业技术和工勤人员1946人。专业技术和工勤人员中:普通高中225人;职业高级中学64人;初级中学673人;小学923人;幼儿园17人;教师进修学校11人;教研室33人。全县共有代课教师267人,其中:职业高级中学6人;初级中学18人;小学223人;幼儿园20人。

2009年,小学适龄儿童入学率为99.51%;初中12~15周岁毛入学率为102.23%。初中毕业升学率为72.37%。小学辍学率为0.93%,初中辍学率为1.70%。中考实考分600分以上的271人,比上年增加96人,增长54.86%,居全州第二名。财政投入教育事业经费10383万元,增长37.56%。落实"两免一补"政策,兑现免补资金1744万元。兑现中小学教师绩效工资1883万元。投资1800万元,完成初中校舍改造7667平方米,新建小学校舍6017平方米。全县小学适龄儿童入学率达99.51%,初中毕业生升学率达72.37%。全县普通高中在校生增长1.8%,高考上线率达89.55%。

【科技】 2009年,以加快实施建设创新型云南行动计划为核心,以巩固提升全县科技创新能力和产业竞争优势为重点,共申报国家、省、州科技计划项目11项,以《有机普洱茶生产技术综合应用示范及产业化开发》申报国家级项目;以《青茶膏片开发》、《脂液酸洗水洗技术研发及产业化生产》、《老年人医疗保健》、《真菌制剂控制和预防茶园害虫应用示范》、《南涧县茶叶产业质量安全监测关键技术研究与运用》和《优质泡核桃基地套种牧草养畜示范》申报省级项目;以《青茶膏片研发》、《茶叶产品结构调整暨白茶加工工艺创新研究》、《优质泡核桃基地套种牧草养畜示范》和《南涧山区玉米与大豆标准化间作高效示范》申报州级项目。实施"十一五"人才发展规划,培训各类专业技术人才2938人次,招聘一批大中专毕业生到急需岗位工作。科技推广和应用力度不断加大,科技对经济社会发展的贡献率达41.6%。

【文化　体育】 2009年,"南涧跳菜"入选中国民歌博物馆馆藏音乐,获联合国教科文组织"太阳神鸟"银奖。完成央视《民歌·中国》栏目"南涧跳菜无量情"节目录制。实施文化信息资源共享、农村电影放映"2131"和农家书屋等文化惠民工程,建成公郎、乐秋文化站和12个村文化室。累计项目投资近170万元,实施公郎镇回营村、小湾东镇密麻郎村、公郎镇沙乐旧村等农民健身工程46个,建成农村篮球场和戏台46个,配送篮球架43副、乒乓球桌32张、篮板5副。安装"全民健身路径"4条,建成陀螺基地1个。完成681个自然村10962户农村广播电视村村通工程,全县电视信号覆盖率达98%。累计发展数字电视用户5865户、程控电话用户3.26万户、移动电话用户7.8万户、互联网用户3397户。

【卫生】 2009年,全县有医疗卫生机构127个,其中国家医疗卫生机构31个,集体医疗机构80个,企业、民营医疗机构2个,符合法定资质批准的个体行医户14个;全系统有在职职工357人,其中医疗卫生专业技术人员313人,行政管理和工勤人员41人。全年在国家医疗机构就诊27.82万人次,住院11407人次,业务收入4294.57万元。全年县财政拨款1030万元,与上年相比减少377万元,占地方财政总支出的2.05%。纳入卫生法制管理的食品行业共1170户,全年共监督3779户次,监督频次县城均4次,乡镇均2次,监督覆盖率达100%,受理食品卫生许可申请291户。纳入监督管理的学校99所,学校食堂102户组。食品卫生安全专项检查中立案5户,行政处罚5户,责令改正5户,罚款5户。监管各类医疗机构118家,全年监督医疗机构289户次,开展医疗消毒效果监测355份,合格319份,合格率89.9%,对不合格的15户进行了行政处罚。受理举报案件3件,进行了行政处罚。公共场所管理125户,监督375户次。组织开展肉及制品抽检15份,合格15份。监测消毒配送单位送检的餐饮具46件,合格46件,合格率100%,监测公共场所顾客用具138份,合格127份,合格率92.03%。投资1100万元、建筑面积6297平方米的县人民医院门诊综合楼已竣工。

【计划生育】 2009年，全县总人口220770人，年增加493人，增长2.42‰，出生2154人，其中一孩出生1212人，二孩出生934人，多孩出生7人；在出生总数中计划外一孩出生16人，计划外二孩出生4人，计划外多孩出生1人，出生总数比上年同期增加1人，人口出生率为9.77‰，比上年同期下降0.02‰，计划生育率为99.03%；死亡1282人，死亡率为5.81‰；自然增长872人，自然增长率为3.95‰；出生人数中男孩1123人，女孩1031人，出生性别比为109∶100。全县已婚育龄妇女达44198人，占总人口的20.02%，比上年同期减少373人，采取各种节育人数达39237人，综合节育率达88.78%，采取结扎和放环人数达37636人，长效节育率达85.15%，避孕及时率达83%。全县完成各种计划生育手术4135例，其中男女扎51例，放环2741例，取环1204例，补救措施139例。全年办理农业人口独生子女证225户，发放一次性总奖金21.5万元；为24名高考、66名中考农业人口独生子女落实了加分，发放考取高中、中专的81名，专科7名，本科9名奖学金10.74万元；发放独生子女养老补助393人、30.11万元；发放特别奖励扶助金71人、7.82万元；发放小学在校独生子女“奖学金”1418人、22.69万元，初中在校独生子女514人、13.36万元；发放独生子女保健费2673户、30.03万元。为独生子女父母、18周岁以下的独生子女及双女结扎夫妻减免新农合参合费15148人、30.3万元。全年有166.55万元资金奖励兑现到农业人口独生子女户和计划生育家庭。

【民政】 2009年，全县享受城市居民最低生活保障救助3427户、3836人，月人均补差标准142元，发放保障金及其他生活补贴555.4万元；享受农村最低生活保障救助7307户、2.3万人，月人均补差标准43.5元，发放保障金1585.3万元；农村五保供养993户、993人，发放五保供养金105.28万元，其中一次性补助金9.95万元，保障金95.33万元）；为2.3万名农村低保对象、993人农村五保对象争取交纳了新农合参合资金，对城乡困难居民实施医疗救助，支出救助金83万元，解决600名患者就医难问题。全县办理结婚登记1282对，离婚登记103对，补办结婚登记60对，婚姻登记率达98%，合格率达100%。

【扶贫开发】 2009年，投资975万元，实施了65个重点扶持村项目。其中整合至千村扶贫开发百村整体推进项目村42个。小湾龙山易地搬迁项目全面完工，完成投资150万元，搬迁67户300人，新建安居房67户6700平方米，新开改造基本农田42.4公顷，架设人畜饮水管道4.5千米、输电线路4.36千米，新修水池2个、50立方米，公路1条、1千米，村内卫生路面1条、700平方米，沼气池14口，节能灶53口，进行科技培训3期600人次。贴息125万元，对全县3个乡镇、22个村委会、377个村民小组的农户发放扶贫到户贷款2500万元。投入资金154万元，开展引导型培训4519人次，技能型培训613人，实现培训后转移4294人。安排100万元财政资金，在南涧、宝华、无量3个乡镇9个自然村开展了贫困村村级发展互助资金试点工作，9个项目村共18个村民小组、537户农户，有177户农户参互，发放互助资金贷款107.2万元。

【招商引资】 2009年，投入招商引资工作专项经费30万元，制作5000册《南涧投资指南》、7000册《南涧名片》；组成招商小分队外出招商40多人次，参加招商活动6次，接待客商200多人次；储备招商引资项目50个，签约招商引资项目28个，协议引进资金35472万元，到位资金32202万元，占州下达数30000万元的107.34%。完成11个加油站的成品油经营证照年检工作，组织工商、安监、质监、消防等部门对全县成品油经营市场进行2次稽查，取缔无证经营成品油网点15个；联合公安局、工商局，出动人员85人次、车辆31辆次，查处非法运输工业用盐、食用盐案件3起，没收工业用盐、食用盐32吨；查处无证经营成品油案件4起，没收柴油1407.5升，汽油206升。

【泡核桃产业】 2009年，全县计划种植泡核桃4000公顷，实际完成4066.67公顷，累计种植泡核桃面积4.16万公顷。建成乐秋乡上虎州级“核桃科普示范村”1个，建成碧溪乡和乐村妇联核桃产业示范基地40公顷；开展泡核桃生产及后期抚育管护培训189场次31989人，广播电视宣传9期，粘贴标语15条，发放宣传材料4万余份，签订泡核桃生产目标责任书88份，建盖户用型核桃无烟烘烤房30座。

【茶叶产业】 2009年，全县茶园总面积达6920公顷，同比增加176.67公顷，增长2.6%，其中采摘面积5000公顷，同比增加333.33公顷，增长7.1%；茶叶产量3640吨，占年计划4000吨的91%，同比增加17万千克；实现茶叶产值5824万元，占年计划5870万元的99.22%，同比增加619万元。完成低产茶园改造459.33公顷，占年计划400公顷的114.8%，全年新发展茶园176.67公顷，生产无公害茶、绿色食品茶、有机茶等名优茶产品产量达2330吨，占计划任务1300吨的179%。

【畜牧业】 2009年，全县大牲畜存栏11.21万头(匹)，其中肉牛10.11万头、生猪存栏18.36万头、肉羊8万只、家禽130万羽。肥猪存栏17.64万头、肉牛7.31万头、肉羊14.82万只、家禽225万羽。完成肉类总产3.2万吨，禽蛋产量1706吨。全县阉割劣杂公牛1775头。完成肉牛冻精改良1.9万头，产犊1.33万头。引进优良种公猪5头，种母猪25头，完成猪品种改良30063窝，其中人工授精改良6548窝。发展乌骨鸡规模养殖示范户19户，建鸡舍1310平方米，鸡存栏8580羽，出栏1.23万羽。发展5头以上母猪养殖示范户28户，建圈1185平方米，饲养母猪688头，其中能繁母猪165头。新建肉牛示范户164户，推广配套技术的肉乳兼用牛养殖挤奶示范户9户，挤奶母牛11头。种植人工牧草529.33公顷，青贮玉米672.33公顷，制作青贮饲料2.2万吨。全年举办各类培训519期，参训人员3.02万人次。

【烤烟产业】 2009年，州人民政府下达南涧指令性计划19.58万担，指导性种植面积4526.67公顷，实际完成22.43万担，其中丰产烟叶2.85万担，指导性种植面积4526.67公顷，涉及8个乡镇77个村委会、854个自然村，落实烤烟种植户4836户，户均种植14.04亩。实现收购总值17310.94万元，烟农收入(含红大补贴)达19408.54万元，户均收入(含红大补贴)比上年平均增加了2.84万元。二次验级上、中、下等烟合格率分别为77.1%、82%、84.8%，综合合格率80.3%，上等烟的比例为48.82%。接待省内烟草同仁莅临南涧考察学习100多起。《中国烟草周刊》、《云南日报》、《中央电视台》、台湾《三立电视台》等国内外主流媒体先后到南涧烟区采访、报道特色烟叶生产和现代烟草农业建设的先进典型。

【水利建设】 2009年,投资2556.68万元,新建和修复各类水利工程2660件,新增防渗渠道45.2千米,投入劳动工日143.98万个,出动机械台班145台,完成土石方199.23万立方米。改善灌溉面积856.67公顷,新增灌溉面积113.33公顷,改造中低产田地6.67公顷,新增节水灌溉面积73.33公顷,新增节水能力1.14万立方米,新增供水受益人口1.94万人。扩建母子垦水库工程累计投资6650万元,完成全长2.326千米的控制工程三家村引水隧洞完成进尺1985米,开挖土石方58.29万立方米,回填土石方40.99万立方米,干砌石方1.65万立方米,浆砌石方3.71万立方米,钢筋制安435吨。南涧河治理工程投资3276.88万元,完成治理河道4481米,新开挖河道4104米。开挖土石方39万立方米,浆砌石挡墙2.5万立方米,浆砌石护底3.8万立方米。建成了5座人行钢架便桥、4.1千米的南涧县城新河左岸灌溉工程。发达水库除险加固工程投资848万元,完成扩建施工道路5千米,新建施工便道1.2千米,大坝帷幕灌浆132个孔3969.2米,开挖土石方2.51万立方米,风化料碾压填筑1.81万立方米,粘土碾压填筑1.63万立方米;坝体混合砂、碎石过滤层工程碾压2792.97立方米;排水棱体毛块石碾压3109.15立方米;75#浆砌石支砌1077.8立方米,钢筋混凝土浇筑1510.7立方米,输水渠C15混泥土浇筑6.9千米。新增农村饮水安全项目投资337.05万元,安装管道206千米,建成集中供水工程54件,解决了8007人饮水安全,供水能力773立方米/天。

【城乡建设】 2009年,完成县城东片区开发项目控制性详规和县城排水专业规划编制,12月28日公开整体拍卖县城东片区(老河道)国有土地使用权,以人民币9010万元出让给四川广安龙凤房地产开发有限公司。民族商贸城累计完成投资13500万元。清理县城闲置土地1.7万平方米,拉动县城居民建房投资近1亿元。投资7800万元的县城污水处理厂和垃圾处理场建设全面推进。启动投资2500万元的金龙路改扩建工程。实施投资1900万元的富民街三期和绿化改造工程。全县城镇建成区面积4.43平方千米,城镇化率达23%。投资4405万元,完成9个村"866"建设项目。猪街新农村示范村累计完成投资972万元。发放扶贫到户贷款2500万元。投资990万元的农村"一事一议"财政奖补项目已实施。全年储备项目255个,争取各类资金31622万元,增长48.68%。投资6983万元,建成拥翠、公民油路,实施文启油路等14条农村公路通达通畅工程开工建设。投资2557万元,新建和修复各类水利工程2660件,解决1.94万人的安全饮水问题。投资6000万元,完成宝华山区现代烟草农业示范镇建设任务,完成宝华白竹、拥翠安立和温泉片区烟水工程。启动投资4.48亿元的山区现代烟草农业示范县建设。投资16161万元,完成移民安置。投资1556万元,完成宝华变电站和完善西部农网工程。

【宾川外迁移民安置】 2009年,小湾水电站建设南涧县移民外迁涉及2个乡镇7个村委会65个村民小组,需外迁宾川移民367户1521人(含随迁人口6人)。5月18日,全县完成了367户1521人(含随迁人口6人)搬迁安置任务,其中:碧溪乡159户665人;小湾东镇208户856人,实现了"外迁安置中安全事故为零"的目标。11月6日,南涧外迁宾川移民已完成土地配置361户,占南涧外迁宾川移民367户的98%;共分配土地150.5公顷,占应分配面积152.1公顷的99%,已完成土地复垦整理94公顷,占土地总面积的62%。

【领导名录】 2009年末,县委书记苏发吉,副书记莽绍标(彝)、陈策;县委常委吴家良(彝)、李光琴(女,彝)、周本森(8月免)、董建明(彝)、张若尘、赵喜旺(白、12月免)、黄希里、查政朝(彝)、沈文荣(12月任)、田强(12月任);县人大常委会主任石含铭,副主任查朝政(彝)、李树德、王淑青(女)、吕宗祥;县人民政府县长莽绍标(彝),常务副县长周本森(9月免)、沈文荣(12月任)副县长李光琴(女,彝)、何亚宁(省下派)、阮智齐、沈文荣(任至12月)、李宏才、李华东;县政协主席李德忠(彝),常务副主席刘增武,副主席杨发英(女,白)、李文荣、卢志坚;县纪委书记张若尘。

【"云南省首届新农村文艺巡演"在南涧县举行】 1月8日,由省委宣传部、省文化厅主办,县委宣传部、县文体局承办的"云南省首届新农村文艺巡演"在南涧县举行。此次参加文艺汇演的近30名演员都来自全省各县市,其演出的节目散发着浓郁的乡土气息。汇演以"推进社会主义新农村建设,繁荣农村文化艺术,丰富群众精神文化生活"为主题,通过歌舞、小品、小戏等多种表演形式,展现社会主义新农村的崭新精神风貌,歌颂了改革开放带来的新变化、新气象。

【州委书记刘明到南涧调研】 3月23～24日,州委书记刘明一行先后到无量乡和平村委会新农合医疗点,宝华镇小铁窑村委会、拥政村委会、凤凰沱茶厂等单位企业,详细调研新农村建设,山区特色产业发展,新型农村合作医疗,城镇建设和基层组织建设等情况。并分别在无量、宝华、碧溪3个乡镇召开座谈会,听取基层干部群众的意见建议。在实地调研和听取南涧县委、县政府的工作汇报后,刘明认为,南涧县的新农村建设成效显著,千村扶贫开发百村整体推进工程取得了新成效;烤烟、茶叶、泡核桃、畜牧业等产业发展有了较大突破,保持了健康稳定的发展态势;城镇开发建设开始起步;教育、文化、卫生等各项社会事业得到了较快发展;大胆探索,改革创新,认真落实"四项制度",干部作风有了较大转变,发动机关事业单位干部职工发展连片泡核桃、实施公路沿线"绿色走廊"建设、建立招商引资绩效考核机制等措施,为加快发展注入了新活力。刘明强调,要认真开展深入学习实践科学发展观活动,进一步加强各级领导班子和干部队伍建设,加大"四类干部"培养选拔力度,切实抓好基层组织建设和反腐倡廉工作,深入落实"四项制度",着力建设"阳光政府",为经济社会又好又快发展提供坚强保证。

【拍摄哀牢髭蟾】 2月26～28日,中央电视台10频道"走进科学"栏目记者、中科院昆明动物研究所专家饶定齐先生在无量山国家级自然保护区南涧管理局领导及科研人员的陪同下深入到无量山国家级自然保护区北段的大山河现场拍摄哀牢髭蟾。据专家介绍,哀牢髭蟾(Vibrissaphoraailaonica)属两栖纲、无尾目、锄足蟾科,为云南珍稀濒危保护动物,仅分布于云南滇中哀牢山和无量山地区,南涧无量山国家级自然保护区是哀牢髭蟾分布的最北端,生活于海拔800～2600米的原始森林中,植物群落结构复杂,环境潮湿,光照较弱的湿性常绿阔叶林带。雄蟾上唇缘有10～16枚粗大黑刺,俗称"胡子蛙",眼内虹彩的颜色上半部为蓝色,下半部为黑色,非繁殖的成体营陆地生活,繁殖期进入水中,2～4月产卵于水质清澈,水流平缓的溪流中,40天左右,可孵出蝌蚪,蝌蚪数量多,但成活至完成变态比例却很低。

【无量山哑神会成立】 3月4日，农历二月初八，公郎镇盖瓦洒的彝族村寨欢歌笑语，一片欢腾。盖瓦洒的村民们纷纷穿上节日盛装，家家户户杀鸡宰羊，热烈庆祝一年一度的哑巴盛会。无量山哑神会也在这喜庆的日子里正式成立了。在哑神会成立大典现场的村中广场，盖瓦洒的男女老少都不约而同地来到这里，舞着龙、唱着歌，脸上洋溢着幸福和喜悦，共同庆祝这一大喜事。当首次当选的无量山哑神会会头高高举起牌匾时，广场顿时掌声雷动、锣鼓喧天、鞭炮齐鸣！此时此刻，一切吉祥都在这里降临，一切美好都在这里汇合，一切真情都在这里凝聚，一切希望都在这里闪烁！

【省委书记白恩培到南涧调研】 5月11日，中共云南省委书记白恩培一行深入海鑫堂茶厂，宝华镇现代烟草农业示范基地，详细了解南涧茶叶产业发展情况，实地察看烤烟连片种植基地和了解现代烟草农业发展情况。白恩培说，烟水工程是现代烟草农业发展的关键所在，一定要注意输水与浇灌设施的合理布局与配套使用，最大限度发挥效益，科学利用水资源。在农业产业结构调整中，要注意将烤烟产业同泡核桃产业有机结合起来。随后白恩培一行又深入到拥政村委会医疗服务所，深入了解新型农村合作医疗保险、群众看病就医等情况。白恩培强调，各级各部门一定要把这项便民利民惠民的政策用足用好，进一步改善农村看病就医状况，不断提高群众生活质量，促进农村经济社会又好又快发展。

【省委副书记李纪恒到南涧调研】 5月12日，省委副书记李纪恒深入海鑫堂茶厂，宝华镇拥政村委会，拥政阿母腊小村养鸡专业户罗婷章家中实地调研。在海鑫堂茶厂，李纪恒向陪同的州县领导详细了解全县茶叶产业发展情况及生产、加工、销售情况。在拥政村委会，李纪恒实地查看该村基层组织建设、新型农村合作医疗运行、新农村建设等情况。李纪恒走进该村委会大学生村官周文权的宿舍与他亲切交谈，详细询问他的生活工作情况。

【凤凰山鸟类环志网络建设】 2009年，保护区管理局多次与全国鸟类环志中心联系，希望将凤凰山鸟类环志工作进入全国鸟类环志网络。采用固定网场、统一编号、统一布网的方式对网络中每片网的捕捉鸟种、捕获时间、捕捉数量以及鸟类的个体状况等进行系统的分析，充分利用捕捉和环志的信息，在GIS平台上对特定鸟种的迁徙路线和迁徙规律以及迁徙生物学等进行研究。通过努力，全国鸟类环志中心及环科所项目资助鸟类环志网络项目3万元，保证凤凰山鸟类环志，环志候鸟102种4431只，被全国鸟类环志中心表彰为2009年度鸟类环志工作先进单位。

【《南涧彝族自治县志》出版发行】 2009年12月28日，《南涧彝族自治县志（1978～2005）》出版发行，并在南涧宾馆举行发行仪式。《南涧彝族自治县志（1978～2005）》从2005年8月启动编纂，至2009年11月定稿印刷，其间共进行了11轮编辑、核校，其差错率控制在国家新闻出版部门规定的标准以内。该部志书印制规格为大16K，有37个专志、35篇、980余页、178幅插图、38页彩图，累计文字规模1600千字，内容涵盖全县政治、经济、文化、社会事业各个领域。该志书资料翔实、内容丰富、体例完备、结构合理、文风朴实、图文并茂，装帧独特精美，封面用料考究，富有厚重感和经典感。

【千村扶贫开发百村整体推进】 2009年，南涧县千村扶贫开发百村整体推进项目涉及8个乡镇、9个村委会、126个自然村、6221户农户、24026人。项目计划总投资3406.76万元，实际完成投资7175.72万元，新建改造安居房432幢、院心硬化2545户、粉刷墙体5531户；建设沼气池391口、节能灶3389口，卫生厕2886间、卫生厩2000间；发展特色种植业752.67公顷，肉牛改良200头，养牛365头、猪2104头、羊900只。进行农村实用技术培训7324人次、实现培训后转移900人。新建改造乡村公路23条190千米、村内弹石路7条1.38万平方米、水泥路面118条10.92万平方米。修建桥涵4座，完成人饮工程41件，建设人饮管道19.68千米。新建改造村两委办公房460平方米，村完小4所2558平方米，卫生室140平方米，文化室208平方米，畜牧兽医室80平方米。

【生态环境建设】 2009年，实施天然林管护8.33万公顷，完成巩固退耕还林成果产业培植1100公顷，完成退耕还林补植补造846.67公顷。实施国道、省道和县乡公路绿色走廊建设，全县有105个机关、企事业单位(包括8个乡镇)参与了春季和夏季植造。累计植造行道树8.69万株（含乔木、花灌），植造里程260.6千米；其中国道、省道和小湾电站专用道累计植造6.69万株，植造里程200.7千米；组织义务劳动1万多人次，已投入资金428万元。大部分责任路段已完成以除草、松土、施肥、浇水、病虫防治及石硫合剂涂刷为主要内容的冬季抚育管护。建成沼气池2110口，节柴改灶3400户，推广烤烟用煤3.2万吨、节能灯10万只。深入推进公共机构节能降耗工作，公共机构节约水电费、耗材费等公务经费238万元。全面落实企业节能减排责任制，万元GDP能耗下降4.76%。全县森林覆盖率达57.5%。

【集体林权制度改革】 2009年，全县认真开展集体林权制度主体改革后续完善工作，并顺利通过省、州检查验收。全县确权到户集体林11.67万公顷，确权到户率99.97%；均山到户集体商品林5.16万公顷，均山到户率85.71%；均股到户集体林面积2.19万公顷，均股到户率100%；全县共确权12.03万宗，核发林权证宗地总数12.03万宗，林权证发证率100%；全县共调处林权纠纷2220起，调处率为99.16%，调处纠纷面积4578.67公顷，纠纷面积调处率99.11%；流转林地3宗，面积80.2公顷，办理林权抵押贷款29户，发放贷款99万元；全县共建立林改档案2160盒1.3万件，所有档案已按照县、乡镇、村和林业局各1份的要求，实现专人专柜管理。

【小湾水库库底清理】 小湾库区1240米以下林木已全部砍伐并清理完毕，清库范围主要涉及小湾东镇、碧溪乡2乡镇的岔江、龙门、新民、新龙、龙街、中华、松林、新虎8个村委会103个村民小组。累计砍伐林地面积734.78公顷，其中，园地5公顷、经济林113.48公顷、用材林471.85公顷、灌木林144.45公顷。库区1240米以下5.46万平方米建构筑物清理已全面完成。完成了库区1240米以下499冢坟墓迁葬和一般污染源卫生防疫清理。完成了库区1240米以下粪池（坑）清理1225个。完成了库区1240米以下村庄卫生清理147户，江边田房卫生清理66户。完成库区1240米以下清理面积14.64平方千米。小湾水电站南涧县工程蓄水库底清理工作，通过了省、州验收。

【编制“无量山”旅游画册】 2009年，由县旅游局编印的《无量山之旅》旅游宣传画册作为南涧县参加2009年中国国际旅游交易会的主打宣传品，正式对外发行。《无量山之旅》旅游宣传画册突出“南涧无量山”重点旅游品牌和“南涧跳菜”特色文化亮点，共分为“山之魂”、“山之韵”、“山之情”、“山之脉”四个章节，以图文并茂的形式，充分展现了南涧“一山”（无量山）、“一水”（澜沧江）、“一情”（民族风情）、“两园”（灵宝山国家森林公园、无量山万亩生态茶园）、“三寺”（碌摩山古寺、石洞寺、白云寺）、“八景”（百鸟朝凤、独树成林、北山偃月、土林奇观、太极风竹、高峡平湖、小湾风光、李文学就义遗址）神奇美丽的自然风光和丰富多彩的民族风情文化。

【“南涧跳菜无量情”录制】 5月14～17日，副县长李华东带队一行26人前往中央电视台进行为期3天的《民歌·中国》“南涧跳菜无量情”录制。这次录制的节目有《民歌经典》、《民歌发现》、《民歌故事》、《民歌版图》、《民歌博物馆》、《新民歌》6个版块23个节目。经现场嘉宾推荐和专家评审，《南涧跳菜》音乐入选中国民歌博物馆。

【南涧镇】 南涧镇位于南涧县境东北部，国土面积362.93平方千米。有耕地2401公顷，全镇辖南街、安定等14个村（居）委会，177个自然村，264个村（居）民小组。2009年，全镇有14253户，47056人，其中，农业人口37692人，非农业人口9364人，人口密度130人/平方千米；居住着16个民族，少数民族人口14046人，占总人口的30%；出生人口432人，人口自然增长率3.66‰；镇政府驻县城白沙路22号。

2009年，完成农作物总播种面积5418公顷，总产1.64万吨，比上年增长3.76%；种植烤烟996.67公顷，收购烟叶2224.5吨，产值3406.52万元。农村经济总收入23882万元，比上年增长13%；农村经济纯收入9398万元，比上年增长10.04%。完成全社会固定资产投资17408万元，比上年增长31%。农民人均纯收入2493元，比上年增长8%；农民人均占有粮435.96千克，比上年增长6.59%。完成乡镇企业营业总收入40970万元，比上年减13.9%；完成增加值16738万元，比上年增长18.3%；完成现价总产值64361万元，比上年增长34.1%；完成工业总产值36139万元，比上年增长44.2%；上缴税金869万元，比上年增长8.1%。

2009年，投资516万元，完成了小舍苴、碱塘地、大茂兴3个易地搬迁工程。投资104.28万元，完成5个“一事一议”财政奖补建设项目。投资153.82万元修复塘坝4个、新建小水窖350个、打坝8段400米、建成三面光沟渠4655.7米、修复水毁工程32处、渠道清淤35千米、加高加固堤防1.5千米、疏通河道3千米、改善灌溉面积224.07公顷，新增灌溉面积26.67公顷。投资60万元，完成了以工代赈新山公路改扩建及团山进村进校路工程建设。投资87万元，完成杨免庄混凝土路面建设。投资157万元，完成家畜血防卫生厩建设1740口；投资481.28万元，完成5个村委会的白鱼塘片区农网改造工程。投资99.17万元的中西部农村电网完善工程。

2009年末，镇党委书记李春达，镇长罗如钧，镇人大主席陈建文（彝）。

【拥翠乡】 拥翠乡位于南涧县境中部，国土面积118.12平方千米。有林业用地7226.6公顷，林地5911.1公顷，森林覆盖率54.2%，林木绿化率57.1%，人口密度175人/平方千米；耕地面积1406.67公顷。全乡辖拥翠、龙凤、安立、胜利、温泉、旧马街、新华7个村民委员会，85个自然村，126个村民小组。2009年，全乡有5331户，20669人，其中农业户5115户、非农业户216户，农业人口20026人、非农业人口643人。境内居住着11个民族，其中少数民族人口11916人，占总人口的58%。乡政府驻地长虫街，距县城29千米。

2009年，全年实现粮食总产1.08万吨，比上年增加21.3万千克，增长6.9%；单产321.2千克，比上年增加15千克，增长4.9%。种植烤烟600公顷，收购烟叶1430.0吨，产值2196.24万元。农村经济总收入9331万元，比上年增加1075万元，增长13%；农民人均纯收入2166元，比上年增加163元，增长8.1%；社会固定资产投资1366万元，比上年增加494万元，增长57%。金融机构各项存款余额达3359万元，比上年增加639万元，增长23.49%；各项贷款2649万元，比上年增加648万元，增长32.4%。全乡泡核桃初挂果112.4公顷，盛果期9.11公顷，核桃产量达65吨，产值达100万元。茶园面积达433.4公顷，其中可采摘面积310公顷，茶叶总产量23.25万千克，实现茶叶总产值372万元。

2009年，投资108万元，实施农村公益事业一事一议财政奖补项目16个。投资1500万元，修建拥翠油路。投资200多万元，完成温泉村弹石路和龙凤村路基改造工程。投资400万元完成拥翠新华片区烟水工程建设。投资700多万元，完成温泉胜利片区和安立拥翠片区两大烟水工程项目建设。投资200多万元，完成温泉小学搬迁。

2009年末，乡党委书记张敬宗（彝），乡长马勇（回），乡人大主席张启宏。

【乐秋乡】 乐秋乡位于县城西北部，总面积163.26平方千米，有耕地面积1412.13公顷；有林地全乡山林确权面积11193.33公顷；全乡辖上虎、米加禄、东升、乐秋、猪街、麻栗、联合7个村民委员会，116个自然村，136个村民小组。2009年，全乡有4494户，18141人（农业人口17585人），人口密度112人/平方千米，人口自然增长率2.5‰。境内居住着汉、彝、白、苗、壮、哈尼、回、傣、拉祜、纳西、布朗、布依12个民族，少数民族人口11793人，占总人口的65%。乡政府驻地虎街哨，距县城36千米。

2009年，全年粮食播种总面积1412.13公顷，总产8305吨，比上年增加33万千克，增长4.14%。完成固定资产投资3214万元，比上年增加742万元，增长30%；种植烤烟420公顷，收购烟叶98.01万千克，产值1509.52万元。农村经济总收入7312万元，比上年增加783万元，增长12%；农民人均纯收入2108元，比上年增加160元，增长8.31%；各项存款余额达2108万元，比上年增加387万元，增长22.49%，贷款余额达2145万元，比上年增加348万元，增长19.37%。

2009年，投资353.67万元，完成91件血防安全饮水工程。投资105.15万元，完成猪街、东升平掌2件节水灌溉工程。投资52.11万元，完成养渔灭螺工程。投资50万元的乡文化站综合办公楼和乡中心校办公楼已投入使用。投资近100万元的乡政府综合办公楼已投入使用。

2009年末，乡党委书记查卫东（彝）；乡长张廷伸；乡人大主席范有德。

【碧溪乡】 碧溪乡位于县境西南部，国土面积124.88平方千米。有耕地1456.27公顷。辖中华、松林、杏子山、回龙山、永宁、新虎、和乐、凤仙8个村委会，99个自然村，140个村民小组。2009年，全乡有4743户，17919人，其中农业人口17318人。人口密度143人/平方千米。有汉、彝、苗、白、傣、布朗、哈尼、壮、回、佤、景颇、傈僳、纳西13个民族，少数民族人口8705人，占总人口的48.6%。人口自然增长率为3.79‰。全乡有林地面积7887.13公顷，森林覆盖率达55%。乡政府驻地回龙山，距县城38千米，海拔2347米，属北亚热带高原山地气候。

2009年，全年粮食总播种面积2485.37公顷，粮食总产8812吨；种植烤烟410公顷，收购烟叶1028.9吨，产值1576.74万元。农村经济总收入8665万元，农民人均纯收入2227元；完成社会固定资产投资1266.2万元。城乡储蓄存款余额4663万元，贷款余额2815万元，工业经济总产值1068万元。

2009年，投资187万元的凤仙千村扶贫开发百村整体推进工程已基本完成。投资51万元，建成凤仙村水泥公路。投资60万元，建成中西部地区电网完善工程和无电地区电力建设工程。投资180万元，建成碧溪中学学生宿舍楼和投资48万元，建成永宁小学学生宿舍楼。投资120万元的烟站综合楼投入使用。

2009年末，乡党委书记罗林周（彝），乡长沈志荣，乡人大主席吕亚新（女）。

【小湾东镇】 小湾东镇位于南涧县西南部，是国家西部大开发云南省首选项目小湾电站建设的最前沿阵地。东北与公郎镇、碧溪乡接壤，西南与临沧地区凤庆县、云县隔江相望。国土面积204.44平方千米，最高海拔2448米，最低海拔934米，镇政府驻地岔江新区，距县城74千米，距小湾电站坝址18千米。全镇辖神舟、营盘、龙街、新龙、新民、龙门、岔江7个村委会，92个自然村，167个村民小组。2009年，全镇有4803户（农业户4464户），18521人（农业人口18096人），人口密度90人/平方千米。境内居住着汉、彝、白、苗、壮、佤、布朗、布依、拉祜9个民族，少数民族人口14776人，占总人口的79.8%。人口自然增长率为6.6‰。有耕地面积1376.65公顷，农业人口人均占有耕地1.14亩。全镇有林地面积13600公顷，森林覆盖率52.2%。

2009年，全年完成农作物种植面积2480公顷，其中完成粮食作物种植面积2193.33公顷，总产8982吨，比上年增加22.3万千克，增长2.55%；种植烤烟480公顷，收购烟叶1143.5吨，产值1806.66万元。农村经济总收入7269万元，比上年增加721万元，增长11.01%；农民人均纯收入2122元，比上年增加168元，增长8.6%；完成社会固定资产总投资3824万元，比上年增加884万元，增长29.93%；金融机构存贷款余额分别达5783万元和2933万元，同比增长24.8%和21.5%。

2009年，投资54万元，完成农村安全饮水项目12件，涉及3个村委会、13个村民小组、365户、1385人。投资317.48万元完成神舟千村扶贫开发百村整体推进项目建设和投资100万元的华能援建新农村建设项目。

2009年末，镇党委书记陈以高，镇长王崇标，镇人大主席茶文高（彝）。

【公郎镇】 公郎镇地处南涧县境西南部，与本县的无量山镇、小湾东镇、宝华镇、碧溪乡、拥翠乡接壤，与临沧市的云县、凤庆两县毗邻，与思茅市的景东相连。国土面积有290.85平方千米，最高海拔2810米，最低海拔997米，气候类型属典型的亚热带立体季风气候，跨亚热带、温带、亚寒带3个气候带。镇政府驻地公郎街，距县城41千米，是山区、民族、贫困三位一体的农业镇。全镇辖新合、中山、底么、凤凰、凤岭、回营、公郎、龙平、金山、板桥、沙乐、官地、自强、落底河14个村民委员会，183个自然村，226个村民小组。2009年，全镇有8376户，31331人（农业户7626户，农业人口30151人），人口密度108人/平方千米。有耕地1795.33公顷（其中水田265.13公顷，旱地1530.2公顷）。长年聚居着汉、彝、回、白、苗、布朗等13个民族，少数民族人口21492人，占总人口的68.6%。

2009年，全镇完成农村经济总收入16111万元，同比增长13%；农民人均纯收入2279元，同比增长8.89%；完成社会固定资产投资1583.01万元，同比增长32.69%。全镇粮食总产量达13716万吨，同比增长5.11%。发放各类惠农补贴529.55万元。种植烤烟390公顷，收购烟叶86.08万千克，产值1286.11万元，其中，中上等烟叶1.4万担，完成烟叶税收249.6万元。新发展泡核桃600公顷，全镇泡核桃面积达8000公顷。完成茶园低产改造114.4公顷，新建生态茶园163.33公顷，茶园面积达2001.2公顷，实现茶叶产量80万千克，产值560万元。

2009年，投资80万元，完成450米公郎和谐路改扩建项目，新安装路灯9盏。投资180万元的公郎镇政府综合业务用房建设项目和投资897万元的公郎土地复垦整理项目已经基本完成。投资100.1万元的农村安全饮水项目，解决了23个村民小组、3534人、2329头大牲畜的饮水困难问题，完成水窖建设200口。投资231.41万元，全面完成了农户、自然村、行政村“866”建设项目。

2009年末，镇党委书记李晓华，镇长字文源（彝），镇人大主席何瑞祥（彝）。

【宝华镇】 宝华镇位于南涧县境中部偏东，东与无量乡和弥渡县牛街乡接壤，南与公郎镇相连，西与拥翠乡交界，北与南涧镇毗邻。国土面积215.2平方千米，最高海拔2693米（巴苴山），最低1730米（石洞寺河谷地），由于海拔高差大，呈现出“一山有四季、隔里不同天”的典型的亚热带季风立体气候。年日照时数2160.9小时，年平均气温15.8℃，年平均降雨量690.6毫米。镇政府驻地新街，距县城28千米。全镇辖宝华、云华、美星、兔街、光乐、白竹、拥政、小铁窑、虎街、无量10个村委会，151个自然村，258个村民小组。2009年，全镇有8104户（农业户7604户，非农业户500户），31018人（农业人口29946人，非农业人口1072人），男16153人，女14865人，人口密度144人/平方千米。境内居住着汉、彝、白、回、佤、傣、藏、哈尼、傈僳、拉祜、纳西、布朗12个民族，其中少数民族人口10012人，占总人口的32.3%，人口自然增长率3.04‰。有耕地面积2066公顷（其中水田157公顷，旱地1906公顷），农业人口人均占有耕地1.04亩。

2009年，农村经济总收入13484万元，同比增长13.8%，地方一般收入预算886万元，同比增长40.19%，工业总产值2279万元，同比增长38.12%，农民人均纯收入2265元，同比增长9.69%。全镇完成粮豆作物播种面积3054公顷，总产1.26万吨，同比增长6.98%。种植烤烟826.67公顷，收购烟叶2597.8吨，产值4097.05万元，烤烟税收入778万元，同比增长37%。发放各类惠农资金260.54万元。补助家电下乡产品538件，补助汽车、摩托车下乡产品466辆，累计发放“家电下乡”补助金额63.5万元。兑付退耕还林补助资金142.08万元。推广国家补贴农机具248台。

2009年，投资124万元，新建和修复各类水利设施工程310件，完成拥政村委会阿葩新村、无量村委会渔塘坡2件安全饮水工程。投资65万元，完成计生服务所建设。投资60万元，完成67.47公顷中低产农田地改造。投资约2500万元，建成120座烤房投入使用。

投资510万元，建设烟草机耕路18千米，改善烟草站点办公用房和建设高稳产农田地建设。投资350万元，完成石牛公路、虎街公路、温泉公路光乐段建设。投资650万元，完成宝华新街35千伏变电所建设。投资150万元的宝华中学教学楼投入使用。投资约160万元的龙树小学教学楼、宿舍楼，以及总投资110万元的白竹小学教学楼、宿舍楼投入使用。

2009年末，镇党委书记邹国仁(彝)，镇长查政权(彝)，镇人大主席洪赛全(白)。

【无量乡】 无量乡位于南涧县东南部，地处哀牢山和无量山中部，东接弥渡县，南连普洱市景东县，西界公郎镇，北邻宝华镇，国道214线和省道小普线呈"丫"字型穿过境内，是大理通往普洱、西双版纳的主要通道。全乡国土面积251.95平方千米，耕地面积1830.6公顷，辖光明、保平、德安、新政、古德、马街、可保、卫国、红星、发达、保台、和平、华山13个村民委员会，222个自然村，290个村民小组。2009年，全乡有8884户，36115人，其中农业人口35123人。人口密度143人/平方千米。居住着汉、彝、苗等11个民族。

2009年，农村经济总收入14607万元，同比增长13.6%。农民人均纯收入2110元，同比增长8.8%。完成固定资产投资802万元，同比增长30%。金融机构各项存款余额5252万元，同比增长23.4%，贷款余额6124万元，同比增长59.73%。全年粮食总产1.45万吨，同比增长15.2%。种植烤烟403.33公顷，收购烟叶94.93万千克，产值1432.09万元。完成肉牛冻精改良2640头，猪改良1251头，畜禽疫病防治30.8万头(只)。大牲畜存栏1.77万头(匹)，出栏1.26万头(匹)，实现畜牧业产值4300万元。累计泡核桃面积达8466.67公顷，初挂果3533.33公顷。实现泡核桃产量2238吨，产值3357万元。发展无性系良种茶园33.33公顷，完成低产茶园改造40公顷，实现茶叶产量85万千克，产值1275万元。

2009年，投资110万元，新建街道水泥路面2千米。投资75万元，美化亮化政府机关办公环境。投资58万元，实施公路沿线村庄美化亮化工程。投资65万元，建成公路沿线"绿色走廊"25千米，规范化移栽泡核桃树8600株，小叶榕200株。投资90.13万元的德安人畜饮水工程已竣工并投入使用，完成管道安装47.28千米，新建蓄水池23座，解决了12个村民小组、1793人、3000多(匹)头大牲畜饮水问题。

2009年末，乡党委书记丰崇武，乡长鲁国盛(彝)，乡人大主席李平山(彝)。

(《南涧彝族自治县》由袁登雁撰稿)

巍山彝族回族自治县

【自然概貌】 巍山彝族回族自治县位于云南省西部、大理白族自治州南部，地处东经99°55′～100°25′、北纬24°56′～25°32′之间。北与大理市相连，东与弥渡县毗邻，南与南涧、凤庆县相邻，西与漾濞、昌宁县以漾濞江为界。境内河谷、盆地、山地相间分布，地势由西北向东南倾斜，西部为高山峡谷，东部为高山，中间为盆地。最高海拔3037米，最低海拔1146米，县城海拔1725米，总面积2200平方千米。全县属红河和澜沧江两大水系，以境内西部山脉为分水岭，山脉以东为红河水系，以西为澜沧江水系的漾濞江，红河发源于县境内永建镇北部，年水量2.11亿立方米。

2009年，全年平均气温为16.7℃，比历年同期偏高0.9℃；月平均气温最高为22.1℃(7月)，月平均气温最低8.9℃(1月)，极端最高气温32.3℃(5月22日)，极端最低气温-2.4℃(12月25日)。年降雨量582.3毫米，比历年同期偏少220.6毫米；年蒸发量2177.2毫米，比历年同期多99.2毫米。全年日照时数2309.2小时，比历年同期多59.6小时。年平均相对湿度67%。

【历史沿革】 巍山历史悠久，是云南省设置较早的郡县之一。春秋战国时，属滇国地。西汉元封二年(公元前109年)设邪龙县，隶益州郡。唐代是西南少数民族政权南诏国故都，宋代设阳瓜州、开南县，元代设千户所，明代设蒙化府，清代设直隶厅。1956年11月成立自治县。1988年10月，国务院公布巍山为对外开放县，1992年林业部批准巍宝山为国家级森林公园，1994年巍山县城被公布为国家级历史文化名城。

【行政区划】 全县辖南诏、庙街、大仓、永建4个镇和巍宝山、紫金、马鞍山、五印、牛街、青华6个乡，共83个村(居)民委员会。

【人口 民族】 全县年末总人口309749人，其中少数民族人口136996人，占总人口的44.23%。少数民族人口中，彝族105722人、回族22105人、白族6668人、苗族1608人、傈僳族547人。人口出生率8.50‰，人口自然增长率2.44‰。

【土地资源】 年末，全县共有耕地18965.4公顷，其中水田8322.6公顷，旱地、水浇地10642.8公顷。全年出让国有土地29宗，面积14.29公顷，出让合同款1427.78万元；转让土地54宗，收取转让金21.25万元。收储土地35.35公顷。

【经济综述】 2009年，全县完成生产总值193795万元，按可比价格计算，比上年增长10.5%。其中：第一产业增加值76058万元，同比增长6.0%；第二产业增加值45446万元，同比增长13.6%；第三产业增加值72291万元，同比增长13.1%。三次产业结构为39：24：37。万元生产总值能耗同比下降4.93%。

【人民生活】 全县单位从业人员年末人数1.62万人，单位从业人员劳动工资3.18亿元，同比增长6.90%；年人均工资1.96万元，同比增长6.10%。农民人均纯收入2166元，同比增长10.48%。全县劳动力转移培训7342人，转移输出5395人，全年劳务收入9500万元。全县基本养老保险参保5500人、失业保险参保5414人，城镇职工基本医疗保险参保1.05万人，城镇居民基本医疗保险参保8223人。全县城镇最低生活保障对象4855人，共支付保障金734.5万元；农村最低生活保障对象1.83万人，共支付保障金1474.55万元。年末城镇登记失业率2.8%。

【农业和农村经济】 全年农作物总播种面积3.57万公顷。农村经济总收入12.46亿元，同比增长12.3%；农、林、牧、渔业总产值13.21亿元，同比增长10.2%。主要农作物播种面积和产量：粮食播种面积2.63万公顷，产量13.24万吨。其中稻谷6380公顷，产量5.14万吨；玉米6147公顷，产量3.74万吨；啤大麦5333公顷，产量2.17万吨；小麦2340公顷，产量5098吨。种植油菜2653公顷，油菜籽产量7803吨；种植烤烟3900公顷，产量1.12万吨。

全县有农业机械总动力11531万瓦特。有大中型拖拉机1640台、小型拖拉机370台、农用排灌动力机械607台。

机械耕耙面积5673公顷,机械收获面积1200公顷,机械脱粒粮食3.4万吨。农机化经营总收入2991万元,实现利润总额1105万元。全县农村用电量2900万千瓦时,化肥施用量(实物量)26099吨,农药施用量189吨,农膜施用量224吨。

【畜牧业】 年末,全县家畜存栏44.3万头,其中生猪、牛、羊存栏分别为18.59万头、9.13万头、14.55万头;家畜出栏49.69万头,其中生猪、牛、羊出栏分别为21.26万头、7.43万头、19.73万头;家禽存栏99.86万只、出栏187.12万只。肉类总产量34668吨,其中猪肉1914吨、牛肉7803吨、羊肉3354吨。禽蛋产量1736吨,奶类产量3649吨。年内驯化奶水牛45头,奶水牛存栏188头,日产鲜奶940千克,农户累计交售水牛奶196吨,实现销售收入102万元。畜牧业产值5.83亿元,占农业总产值的44.1%;农民人均畜牧业现金收入837元,占农民人均纯收入的38.98%。

【林 业】 全年完成林业产值1.60亿元。主要林业产品产量:水果6496.9吨、核桃2671.7吨、茶叶531.2吨、松籽144.5吨、板栗79.3吨,木材采伐量5965立方米、竹材采伐量43.88万根。

【水 利】 全年完成水利投资5624万元。五茂林水库全面完工并通过省级验收;东山干渠一期10.5千米建设主体工程基本完工,完成投资2090万元;水利血防、农村饮水、节水灌溉工程及磨房箐水库、锁水阁水库除险加固主体工程完工并通过州级验收;基本烟田水利设施牛街、马鞍山250千米管网工程竣工。全县64件小(二)型水库安全鉴定评估工作全面完成,完成九联塘等5件小(二)型水库的初步设计工作,全面完成农业血防二期养鱼灭螺建设项目。

【乡镇企业】 2009年,乡镇企业(含个体工商户)完成现价总产值12.76亿元,其中现价工业总产值9.01亿元、营业收入11.87亿元、利润总额1.07亿元。上缴税金2784万元。从业人员1.79万人。主要经济指标为:乡镇企业93个,从业人员3906人,总产值5.47亿元,增加值1.59亿元,营业收入4.22亿元,利润总额5483万元,上缴税金1147万元,劳动者报酬3727万元,固定资产原值9394万元。

【工 业】 全年完成工业总产值12.01亿元,同比增长19.50%。其中,规模以上工业企业完成总产值2.83亿元,完成工业增加值2.95亿元。主要工业产品产量:水泥12.29万吨、中成药293.71吨、饮料酒4900吨、扎染布122万米、玻璃啤酒瓶28634吨、锑产品11444吨、机制纸及纸板10115吨。

【固定资产投资】 全年社会固定资产投资完成71203万元,其中城镇投资55535万元、农村非农投资10977万元、农村私人投资4691万元。全县具备资质等级的4个建筑企业完成建筑业总产值2980万元,实现利润283万元。

【交通 邮电】 全年交通、运输和邮电业完成增加值10569万元。主要指标:客运量394万人,客运周转量11467万人千米;货运量62万吨,货运周转量2528万吨千米。全年邮政业务总量628万元,电信年末交换机总容量58383门,本地网用户(含固定电话和CDMA电话用户)26119户。年末移动电话用户102549户,其中移动公司90549户、联通公司12000户。年末互联网用户4223户,其中电信网络用户3775户、广电网络用户448户。

【非公有制经济】 全县登记注册的个体工商户共有5174户,从业人员5266人,注册资金1.27亿元。内资企业164户,注册资本1.60亿元;私营企业257户、分支机构89户,共有投资者582人、雇工人数4966人,注册资本3.59亿元。有农民专业合作社2个,成员总数18户,出资总额90万元。非公经济增加值完成10.08亿元,占全县生产总值的52%。

【旅 游】 2009年,巍山县被省政府列为全省30个重点旅游文化产业发展示范县之一,参加首届"发现中国魅力小城"评选活动并获金奖。在中国精选旅游品牌国际扩大会上荣获"中国最佳魅力旅游县"称号。巍山小吃街一期工程竣工并顺利开街,有46户餐饮户入驻,举办了旅游职工技能大赛。"风情巍山,休闲天堂"旅游专题宣传网页制作完成并正式开通,完成《巍山导游手册》、《巍山旅游》编印工作。2009年彝族祭祖节、铃木风——巍山自驾游成功举办,"云岭大讲坛"推出《解读历史文化名城巍山》,录制《魅力滇西——走进巍山》节目并在旅游卫视黄金时段播出,巍山旅游的知名度和吸引力进一步扩大。全年共接待游客50万人次,实现旅游社会总收入3.3亿元。

【商 业】 全县社会消费品零售总额完成6.17亿元,同比增长11.98%。其中批发零售业4.98亿元、住宿餐饮业8652万元、其它行业3270万元。全县居民消费价格总指数100.98,商品零售价格指数100.61,农业生产资料价格指数94.46。全县出口总额完成61.4万美元,其中鑫湖食品有限责任公司出口33万美元、巍宝彝族染织厂出口18万美元、蓝龙扎染有限责任公司出口8万美元、台宁麦芽有限责任公司出口2.4万美元。

【财政 税收】 2009年,全县财政收入合计6.24亿元,其中县财政总收入1.55亿元,同比增长11.05%;地方一般预算收入9692万元,同比增长26.2%;县级税收收入7127万元,非税收收入2565万元;上级补助收入5.20亿元。地方一般预算支出6.08亿元,同比增长31.85%。国家税务局税收收入6582万元(含免、抵、调25万元),地方税务局税收收入7035万元。

【金融 保险】 全县金融机构年末存款余额19.19亿元,年末贷款余额8.57亿元。人寿保险股份有限公司巍山县支公司全年保费收入1310万元,全年赔付案件1385件,赔付金额170.8万元;财产保险保费收入1071万元,赔款464万元,上缴税金49.6万元。

【科 学】 2009年,巍山县科技工作以科技创新为宗旨,做好解"五难"惠民工作,科技对国民经济的贡献率达44.2%。全县共组织申报省、州科技项目8项,其中,向省科技厅申报3项:《特色中药材种植关键技术研究及产业化开发》、《云药之乡》、《科技型农村经济合作组织》;向州科技局申报5项:《牛干巴新产品开发》、《蔬菜种植新技术示范推广》、《解五难》项目(3项)。争取到省级科技项目1项、州级科技项目3项。

修志工作进展顺利,《巍山县志》(1978~2005)完成初稿,进入分纂阶段。《巍山年鉴》(2009)出版发行,全书正文90万字、宣传彩页28码,全面、系统、真实地记述了全县2008年内各方面的重要资料和基本情况。党史研究室编写的《中国共产党巍山县地方史(正本)第一卷》出版发行。

【教　育】　全县有普通高中2所、职业高中1所、教师进修学校1所、初级中学15所,有小学80所、小学教学点146个,有幼儿园68所。全县普通高中在校学生3606人、职业高中在校学生2017人、初中在校学生13015人、小学在校学生29262人、在园幼儿6319人。全县高考上线率93.42%。

【文　化】　年内,举办了巍山彝族“二月八”节,高台社火和马鞍山青云彝族文化保护区3项省级非物质文化遗产名录申报成功。完成了文笔塔和南薰桥的保护维修工作。文艺创作成果丰富,彝族舞蹈“阿克里”获群众文化“大家乐”展演省、州金奖。文化市场发展健康有序,“农家书屋”建设和农村电影放映工程扎实开展。自然村广播电视“村村通”和省级广播电视无线覆盖工程全面竣工。全县广播、电视覆盖率分别为91.5%和98.5%。完成全国文化信息共享工程建设任务。

【卫　生】　全县共有全民所有制卫生单位17个,病床727张,各类卫生技术人员433人。有集体所有制医疗卫生单位1个,卫生人员27人。有村卫生室79个,乡村医生329人。有个体诊所38个,医务人员74人。全县有27.3万人参加新型农村合作医疗,100.56万人次享受到补偿金3002万元。

【体　育】　2009年,巍山县荣获“全国群众体育工作先进单位”称号。完成永建镇、大仓镇21个村的国家农民体育健身工程。全年举办单项体育比赛6次,参加人数1153人次;参加省级比赛获个人前八名4人;参加州级比赛获个人前六名30人次,获8个团体名次。全县有乡镇体委10个、县级体协组织14个。

【领导名录】　2009年末,县委书记张继霖,副书记常耀辉(彝族)、茶兴培(彝族)。县委常委戴兴顺(任至7月)、周利民、熊艳平(女)、杨新华(彝族)、陈明烽、汤云海、马伟(回族)、张修泉、鲁学诗(彝族,7月起任)。县人大主任字绍华(彝族),副主任苏嘉林、王秉剑、康晋星、胡鸿飞(女,回族)。县长常耀辉,副县长周利民、熊艳平、马克伟(回族,任至1月)、高康、席海雄、杨利军(回族)、李光举。县政协主席马克伟(回族,1月起任),副主席吴丽萍(女,彝族)、赵锦、彭彬、赫振伟(彝族)。县纪委书记杨新华。

【举办经济技术合作项目及旅游推介会】　7月9日,巍山县在昆明华帝王朝大酒店举办经济技术合作项目及旅游推介会。推介会由县委常委、常务副县长周利民主持。应邀参加推介会的有8家省级商会、10余家旅行社和近百名工商界人士。会上,县人民政府和华能新能源产业控股有限公司签订了总投资约15亿元的巍山东山风力发电开发项目协议书。

【招商引资实际到位资金突破2亿元大关】　2009年,巍山县与县外客商签订了项目合作协议15个,协议总投资32.5亿元。其中进入正常生产经营的有3个(四方街超市、庙街华联超市、丰圆果仁加工),正在实施的有9个(马氏木业、源鑫矿业、南诏矿业、综合市场开发、文庙片区开发、国巍商贸、马鞍山红旗铁矿、非斯特矿业勘探、银燕锑业整体转让),进入实地勘察开展前期工作的有2个(华能东山风电、龙源西山风电),进入可行性研究和项目审批阶段的有1个(铁厂河梯级水电站)。加上上年结转的3个(台宁麦芽、扎村金矿和宏大锑业)项目,18个项目年末实际到位资金2.8亿元,同比增加1.64亿元,增长140%,招商引资实际到位资金首次突破2亿元大关。

【南诏镇】　全镇辖区面积149.96平方千米。耕地面积1717.8公顷,其中水田1088.9公顷、水浇地628.9公顷。农民人均耕地面积0.8亩。

2009年末,全镇总户数13908户,其中农业户8361户;总人口45711人,其中农业人口32131人。人口密度3051人/平方千米,人口自然增长率1.68‰。少数民族人口10020人,占总人口的21.9%。少数民族人口中,彝族8647人、回族524人、白族617人。

全镇辖4个居民委员会、9个村民委员会,有47个居民小组、105个村民小组。

全年农村经济总收入1.54亿元,农民人均纯收入2466元。全年农作物播种面积3231.1公顷,粮食总产量15841.03吨。种植经济作物500公顷,其中油菜166.7公顷,总产量551.19吨;烤烟333.3公顷,收购烟叶1066吨,烟农收入1508.4万元。畜牧业产值7485.3万元。

全镇有私营企业22个,从业人员1047人;有个体工商户2747户,从业人员4568人。营业收入44781万元。完成总产值4.68亿元,其中工业总产值2.75亿元。全年财政总收入559.56万元,财政总支出518.6万元,上年结余119.84万元。

全镇有初级中学2所、中心完小9所、教学点6个。有公立幼儿园2所、私立幼儿园8所。有文化站1个。有卫生院1所,床位30张;有卫生室8个。

2009年,镇党委书记刘建军,镇长朱从斌,镇人大主席黄荣堃。

【巍宝山乡】　全乡辖区面积152.55平方千米。耕地面积1346.06公顷,其中水田214.36公顷、水浇地441公顷、旱地690.7公顷。人均耕地面积1.5亩。

2009年末,全乡总户数3542户,其中农业户3360户;总人口13450人,其中农业人口13254人。人口密度88.16人/平方千米,人口自然增长率2.5‰。少数民族人口7894人,占全乡总人口的58.2%。少数民族人口中,彝族7774人、苗族90人。

全乡辖6个村民委员会,有40个自然村、72个村民小组。

农村经济总收入4733.3万元,农民人均纯收入1901元。全年粮食播种面积1627.33公顷,粮食总产量6100.2吨。主要经济作物及产量:种植烤烟466.6公顷,收购烟叶1522吨,烟农收入2411.05万元;种植油菜37.3公顷,总产量114吨,产值24万元;种植啤大麦333.3公顷,总产量1246.7吨,产值137.1万元。林业用地面积1039.8公顷,有林面积9073.3公顷,累计发展核桃2973.3公顷,年末森林覆盖率59.1%。全乡有小(二)型水库1座,蓄水量9万立方米,水产养殖总产量10吨。肉类总产量1373吨,畜牧业总产值2067万元。

全乡有个体工商户338户,从业人员725人,营业总收入2399万元。总产值(不变价)2872万元,其中工业总产值(不变价)完成1665万元,利润总额159万元。完成税收收入51万元。完成上级拨付310.7万元的财政控制支出任务,实现8个零增长的控制目标。

有中心完小4所、教学点24个。有卫生院1所,病床6张;有新型农村合作医疗卫生室6个,参加新农合1.23万人。有线电视覆盖率17%,“211”工程地面卫星接收差转收视覆盖率100%。

2009年,乡党委书记闭星江(女,彝族),乡长罗林旺(回族),乡人大主席余春森(彝族)。

【庙街镇】 全镇辖区面积236平方千米。耕地面积3187.8公顷，其中水田2558.73公顷、水浇地614.73公顷、旱地14.34公顷。人均耕地面积0.76亩。

2009年末，全镇总户数16694户，其中农业户15307户；总人口62951人，其中农业人口61098人。人口密度266.74人/平方千米，人口自然增长率7.21‰。少数民族人口14464人，占总人口的22.98%。少数民族人口中，彝族14191人、白族208人。

全镇辖12个村民委员会，有119个自然村、221个村民小组。镇内有庙街、北桥街、古城街、新桥街4个集市。

全年农村经济总收入27790万元，农民人均纯收入2260元。粮食总播种面积3740公顷，全年粮食总产量25933.09吨。主要经济作物及产量：种植啤大麦1066.67公顷，总产量5440.06吨，产值761.61万元；播种油菜籽1533.33公顷，总产量4821.25吨，产值1542.8万元；种植烤烟780.27公顷，累计收购烟叶2244.40吨，烟农收入3724万元，烟叶农特税收775万元。全镇林业用地面积1.21万公顷，有林面积1.01万公顷，累计发展核桃2227.27公顷，年末森林覆盖率60.20%。全镇有小(二)型水库18座，蓄水量571万立方米，库塘养鱼总产量1501吨，产值1201万元。肉类总产量4975.14吨，畜牧业总产值8093万元。

全镇有私营企业9个、个体工商户1021户，从业人员3590人，营业总收入25946万元。总产值22126万元，其中工业总产值16810万元，利润总额1500万元。完成税收280万元。全年预算总收入686.67万元，总支出695.37万元。

镇内有初级中学3所、成人文化技术学校1所、中心完小12所、分校4所、教学点9个，有私立幼儿园17所。有中心卫生院1所，病床60张。有新型农村合作医疗卫生所(室)12个。参加新农合59289人，参合率97.77%。有线电视和“211”工程地面卫星接收差转收视覆盖全镇。

2009年，镇党委书记陈智军(任至6月)、茶向金(彝族，6月起任)，镇长王增军，镇人大主席李正华(彝族)。

【大仓镇】 全镇辖区面积174.1平方千米。耕地面积2446.06公顷，其中水田1590.73公顷、水浇地529.27公顷、旱地326.06公顷。人均耕地0.71亩。

年末，全镇总户数14099户，其中农业户11994户。总人口51358人，人口密度295人/平方千米，人口自然增长率2.2‰。少数民族人口11748人，占总人口的23%。少数民族人口中，彝族9880人、回族1338人、白族419人。

全镇辖10个村委会，有116个自然村、208个村民小组。镇内有大仓街、甸中街2个集市。

农村经济总收入27280万元，农民人均纯收入2482元。全年粮食播种面积3194.7公顷，粮食总产量21106.72吨。主要经济作物及产量：种植烤烟500公顷，收购烟叶1515.42吨，烟农收入2200万元，烟叶农特税收440万元；种植蚕豆366.7公顷，总产量1112吨；种植油菜400公顷，总产量995.8吨。全镇林业用地面积11406.4公顷，有林地面积9276.7公顷，累计发展核桃3173.33公顷，年末森林覆盖率53.7%。全镇有小(二)型水库12座，蓄水量169万立方米。水产养殖总产量40吨，产值24万元。肉类总产量5731.6吨，鲜奶产量1293.5吨。畜牧业总产值9120万元。

全镇有私营企业35户、个体工商户1120户，从业人员2956人，营业总收入19865万元。总产值18476万元，其中工业总产值15699万元。利润总额202万元，税收收入209万元。全年部门预算收入511.87万元，部门预算支出511.87万元。

镇内有初级中学2所、成人文化技术学校1所、中心完小11所、分校9所、教学点2个。有1所中心卫生院、1所私立医院，病床203张。有新型农村合作医疗卫生所(室)10个，年内参加新农合46746人。有线电视和“211”工程地面卫星接收差转收视覆盖率98.2%。

2009年，镇党委书记杨世新(彝族)，镇长杨波，镇人大主席官福基。

【永建镇】 全镇辖区面积204.6平方千米。耕地面积1921公顷，其中水田1462公顷、水浇地405公顷、旱地54公顷。

2009年末，全镇总户数14422户，其中农业户13199户；总人口53091人，人口密度259.5人/平方千米，人口自然增长率5.3‰。少数民族人口27489人，占总人口的51.8%。少数民族人口中，回族20226人、彝族5624人、白族1463人。

全镇辖10个村民委员会，有137个自然村、185个村民小组。镇内有河底街、红河源街、西山街3个集市。

全年农村经济总收入2.21亿元，农民人均纯收入2153元。全年粮食播种面积3034公顷，粮食总产量19373吨，单产426千克。主要经济作物及产量：种植烤烟267公顷，收购烟叶812吨，烟农收入1260万元；种植啤大麦867公顷，产量4307吨；种植双低油菜367公顷，总产量1050吨。全镇林业用地面积12409.4公顷，当年种植泡核桃866.7公顷，森林覆盖率62%。全镇有小(二)型水库5座，蓄水量568万立方米。肉类总产量5105.10吨，畜牧业总产值9284.62万元。

有乡镇企业830个，从业人员3150人，总产值1.77亿元，营业收入1.65亿元，工业总产值1.19亿元。信用社居民存款7510万元。

镇内有初级中学2所、成人文化技术学校13所、中心完小1所、分校29所、教学点25个，有私立幼儿园15所。有镇卫生院1所，病床20张；有村卫生室10个、血防点1个。年内参加新农合48571人，参合率97.29%。

2009年，镇党委书记饶以政(彝族)，镇长朱江苇(回族)，镇人大主席沙嘉喜(回族)。

【紫金乡】 全乡辖区面积171.61平方千米。耕地面积1140.8公顷，其中水田186.6公顷、水浇地149.2公顷、旱地805公顷。人均耕地面积1.3亩。

2009年末，全乡总户数3318户，其中农业户3062户；总人口13288人，其中农业人口12976人。人口密度77.4人/平方千米，人口自然增长率1‰。少数民族人口9233人，占总人口的69.5%。少数民族人口中，彝族5606人、白族3578人。

全乡辖紫金、新合、新建、民建4个村委会，有69个自然村、76个村民小组。乡内有新合街、白马塘、岩鸡场、洱海村、金沙坪5个集市。

农村经济总收入4800万元，农民人均纯收入1868元。全年粮食播种面积2130.9公顷，粮食总产量7865吨。主要经济作物及产量：种植烤烟21.3公顷，累计收购烤烟55.66吨，烟农收入81.86万元；种植啤大麦400公顷，总产量897吨。林业用地面积12784公顷，有林地面积11743.4公顷，累计发展核桃4600公顷，年末森林覆盖率65.3%。全乡有小(二)型水库3座，蓄水量24万立方米。畜牧业总产值(不变价)1118万元。

全乡有私营企业2户、个体工商户143户，从业人员215人，营业总收入659万元。总产值(不变价)704万元，其中工业总产值(不变价)完成354万元,利润总额60万元。财政总收入完成254.3万元,其中预算外资金收入完成2.4万元,上级财政补助收入完成251.9万元。全年财政支出250.5万元,结余3.8万元。

乡内有初级中学1所、中心完小4所、分校(教学点)11所、私立幼儿园2所。有卫生院1所,病床12张。有新型农村医疗卫生所4所。年内参加新农合12231人。有线电视和"211"工程地面卫星接收差转收视覆盖率100%。

2009年,乡党委书记罗忠伟(彝族),乡长徐学俊,乡人大主席苏光平(白族)。

【马鞍山乡】 全乡辖区面积247.27平方千米。耕地面积1416.53公顷,其中水田245.47公顷、水浇地630.87公顷、旱地540.19公顷。人均耕地面积1.36亩。

2009年末,全乡总户数4120户,其中农业户3799户;总人口16059人,其中农业人口15342人。人口密度65人/平方千米,人口自然增长率3‰。少数民族人口13056人,占总人口的81%。少数民族人口中,彝族12276人、苗族545人。

全乡辖6个村民委员会,有59个自然村、78个村民小组。乡内有三胜街、红旗街、青云街、三鹤街、江桥街5个集市。

全年农村经济总收入5634万元,农民人均纯收入1965元。全年粮食播种面积2028.73公顷,粮食总产量7588.76吨。主要经济作物及产量:种植烤烟305.33公顷,累计收购烟叶784.56吨,烟农收入1204.76万元,亩产值2351.36元;播种啤大麦400公顷,总产量900.94吨;播种油菜籽13.33公顷,总产量20.48吨。全乡林业用地面积15081.8公顷,有林地面积21066.7公顷,年末森林覆盖率79%。种植核桃3318.8公顷。红雪梨种植面积512.4公顷,年产量3500吨,产值650万元。全乡有小(二)型水库2座,蓄水量1.8万立方米。水产养殖总产量5吨,产值7万元。猪肉总产量1400.94吨,畜牧业总产值(不变价)1502万元。

全乡有私营企业1户、个体工商户213户,从业人员565人,营业总收入1552万元。总产值(不变价)1560万元,其中工业总产值(不变价)952万元,利润总额132万元。税收收入31万元。财政收入合计325.14万元,其中上级拨付专款77.65万元、政府结算补助14.4万元。全年财政支出325.14万元。

乡内有初级中学1所、中心完小6所、分校4所、教学点4个,有私立幼儿园3所。有卫生院1所,病床3张。有新型农村合作医疗卫生所(室)6个。年内参加新农合14812人。共发放"211"工程地面卫星接收装置703套。

2009年,乡党委书记王春(任至10月)、李建勇(10月起任),乡长张学武,乡人大主席只廉清(彝族)。

【五印乡】 全乡辖区面积440.40平方千米。耕地面积2749.33公顷,其中水田552.53公顷、水浇地1103.73公顷、旱地1093.07公顷。人均耕地面积1.68亩。

2009年末,全乡总户数7026户,其中农业户6526户;总人口25944人,其中农业人口25317人。人口密度59人/平方千米,人口自然增长率30.51‰。少数民族人口20684人,占总人口的79.73%。少数民族人口中,彝族19961人、苗族411人、傈僳族225人。

全乡辖8个村民委员会,有143个自然村、175个村民小组。有蒙新街、新街、鼠街、岩子脚等4个集市。

全年农村经济总收入8619万元,农民人均纯收入1797元。全年粮食播种面积4945.07公顷,粮食总产量13417.04吨。主要经济作物:种植烤烟600公顷,累计收购烟叶1570.87吨,烟农收入2608.47万元,农民人均烟叶收入1063.50元;种植啤大麦433.33公顷,总产量831.98吨,产值116.48万元;种植红花366.67公顷,总产量61.15吨,产值169万元。全乡林业用地面积32584.60公顷,有林地面积32133.33公顷,累计发展核桃6693.33公顷,年末森林覆盖率72.30%。全乡有小(二)型水库5座,蓄水量9万立方米。肉类总产量439.80吨,畜牧业总产值(不变价)6752万元。

全乡有私营企业1个、个体工商户239户,从业人员325人,营业总收入2933万元。总产值(不变价)2874万元,其中工业总产值(不变价)63万元。利润总额481万元,上交税金132万元。

乡内有初级中学2所、成人文化技术学校1所、中心完小9所、分校32所、教学点32个,有私立幼儿园1所。有中心卫生院1所,病床30张。有新型农村合作医疗卫生所8所,年内参加新农合33503人。广播电视"村村通"卫星接收设备收视覆盖率90%。

2009年,乡党委书记茶崇辉(彝族),乡长刘泽云,乡人大主席字有新(彝族)。

【牛街乡】 全乡辖区面积167.1平方千米。耕地面积1165.4公顷,其中水田176.93公顷、水浇地988.47公顷。人均耕地面积0.66亩。

2009年末,全乡总户数3297户,其中农业户2997户;总人口11578人,其中农业人口11259人。人口密度69人/平方千米,人口自然增长率5.6‰。少数民族人口10157人,占总人口的87.7%。少数民族人口中,彝族9763人、傈僳族203人、白族110人。

全乡辖4个村委会,有90个自然村、112个村民小组。有1个集市(牛街集市)。

全乡农村经济总收入5220万元,农民人均纯收入1904元。粮食播种面积1733.33公顷,粮食总产量6061.9吨,平均单产233千克。种植烤烟226.7公顷,累计收购烟叶590吨,烟农收入799万元。全乡林业用地面积11768.4公顷,有林地面积7784.7公顷,累计发展核桃3191.53公顷,森林覆盖率63%。全乡有小(二)型水库3个,蓄水量36万立方米,实际蓄水6万立方米。肉类总产量1845吨,畜牧业总产值(不变价)825万元。

全乡有私营企业26个,从业人员2588人,营业总收入2858万元。总产值(不变价)397万元,其中工业总产值(不变价)2298万元。利润总额300万元,完成税收67万元,上级拨付专款53.5万元。财政收入275.08万元,财政支出275.08万元。

乡内有初级中学1所、成人文化技术学校1所、中心完小4所、分校17所。有卫生院1所,病床20张;有新型农村合作医疗卫生室4个,年内参加新农合10977人。

2009年,乡党委书记杨锡彬,乡长危荣福(彝族),乡人大主席张继忠。

【青华乡】 全乡辖区面积249.8平方千米。耕地面积1965公顷,其中水田263公顷、旱地1701公顷。人均耕地面积1.7亩。

2009年末,全乡总户数4314户,其中农业户4095户;总人口16319人,其中农业人口15876人。人口密度67人/平方千米,人口自然增长率3.8‰。少数民族人口12242人,占总人口的75%。少数民族人口中,彝族12000人、白族21人。

全乡辖10个村民委员会,有123个村民小组、132个自然村。

全年农村经济总收入4805万元,农民人均纯收入1790元。全年粮食播种面积3530公顷,粮食总产量913吨。主要经济作物及产量:种植优质烤烟400公顷,累计烤烟收购总量107吨,烟农收入1740万元,烤烟特产税348万元,亩产值2900元;种植啤大麦67公顷,总产量89.2吨,产值18万元;种植红花133公顷,总产量24吨,产值104万元。全乡林业用地面积27.5万公顷,有林地面积16.5公顷,累计发展泡核桃6207公顷,年末森林覆盖率60%。全乡有小(二)型水库2座,蓄水量16.5万立方米。肉类总产量202吨,畜牧业产值2928万元。

全乡有私营企业1个、个体工商户135户,从业人员175人,营业总收入506万元。总产值(不变价)506万元,其中工业总产值(不变价)328万元。利润总额120万元。完成税收收入328.53万元、地方财政收入328.53万元,收入合计328.53万元;全年财政支出328.53万元。

乡内有初级中学1所、成人文化技术学校1所、中心小学6所、教学点20个,有私立幼儿园2所。有乡级卫生院1所,病床17张。有新型农村合作医疗卫生所10所,年内参加新农合15712人。有线电视和"211"工程地面卫星接收差转收视率88%。

2009年,乡党委书记蒋海鹏(白族,任至7月)、左廷水(女,彝族,10月起任),乡长罗忠智(彝族),乡人大主席董智勇(彝族)。

(《巍山彝族回族自治县》由张家锐撰稿)

永 平 县

【自然概貌】 永平县位于大理白族自治州西部,地处东经99°17′~99°56′、北纬25°03′~25°45′之间。东邻漾濞彝族自治县和巍山彝族回族自治县,南接昌宁县,西隔澜沧江与保山市分治,北与云龙县山水相连。东西最大横距64.5千米,南北最大纵距77千米,全县土地总面积2884平方千米。昆畹公路和大保高速公路穿越县境。县人民政府驻地博南镇,东距省会昆明市430千米、距州府驻地大理市90千米,西距保山市政府驻地隆阳区80千米,地处昆明至畹町和大理至保山的中间地段。永平县地处云岭山脉分支博南山和云台山之间,地势西北高,东南低。最高海拔点2933米(青神龙山),最低海拔点1130米(渔坝平坦),县城海拔1620米。境内山峦重叠,河川纵横。银江河为县内主要河流,由西北向东南纵贯县境,最后注入澜沧江。过境河流有澜沧江、顺濞河。银江河之东、顺濞河之西是云台山,银江河之西、澜沧江之东是博南山,形成三河夹两山,高山、河流、坝子纵横交错的独特地形。永平属北亚热带季风气候区,立体气候较为明显。年平均气温15.8℃,最高气温33.2℃,最低气温-4.4℃;年霜期115天,年日照2045.5小时,年降雨量1033毫米,年均风速1.7米/秒。由于境内海拔差异大,地区性气温差异也较大,有"一山分四季,隔里不同天"之说。

【行政区划】 永平县建置历史悠久。东汉永平十二年(69年)立博南县,属永昌郡。东晋永和中改置永平县,遂废。元至元十一年(1274年),复改置永平县,仍属永昌府。明、清时期,称谓和隶属关系未变。民国时期,称谓不变,长期隶属保山。1949年12月,永平从保山划归大理。1956年,建立大理白族自治州,永平隶属州辖至今。2009年12月,县辖3镇4乡(有3个民族乡),即博南镇、杉阳镇、龙街镇、龙门乡、厂街彝族乡、水泄彝族乡、北斗彝族乡,下设73个村民(社区居民)委员会、1230个村民小组、1543个自然村。

【人口 民族】 2009年底,全县总人口18.27万人,其中农业人口16.28万人,非农业人口1.99万人。有22个民族成份,其中汉族10.6万人、彝族4.94万人、回族1.44万人、白族0.66万人、苗族0.25万人、傈僳族0.33万人,这6个民族为世居民族。少数民族人口占全县总人口41.98%,人口自然增长率3.3‰,人口密度63人/平方千米。

【经济综述】 2009年,全县完成生产总值14.73亿元,比上年增长10.84%;财政总收入完成1.4亿元,同比增长18.9%;地方财政收入9596万元,增长19.92%;财政总支出5.2亿元,增长46.89%。年末,金融机构各项存款余额13.25亿元,增长31.19%;各项贷款余额7.74亿元,增长51.76%。全年社会消费品零售总额完成3.8亿元,增长18.75%;农村经济总收入完成10.16亿元,增长14.54%;农民人均纯收入2467元,增长19.47%。全县有个体工商户3517户,从业人员4903人,注册资金6995万元;有私营企业141户,从业人员2335人,注册资金43051万元。居民消费价格总指数102.1%。

【农 业】 2009年,全县新农村建设稳步推进。新建高产稳产农田140公顷,新增农机650台,兑现各项支农惠农资金2588.8万元。全县农作物播种面积24178公顷,其中小春播种面积10538公顷、大春播种面积13640公顷。全年粮食总产量7.5万吨。种植蚕桑1400公顷,养蚕2438张,收购蚕茧73.9吨,产值137万元;种植亚麻206公顷,产量1303.4吨,产值156万元。全县农业总产值30219万元。

【林 业】 全县集体林权制度改革稳步推进,林业产业快速发展。集体林累计确权面积20.25万公顷,发放林权证书33317本,确权率和发证率99.92%。完成天然林管护11.5万公顷,人工造林9460公顷,封山育林5867公顷,退耕还林400公顷,森林覆盖率70.6%。新发展泡核桃面积9087公顷,泡核桃总面积76353公顷,总产量10003吨,总产值2.35亿元。林业总产值2.82亿元。

【畜牧业】 当年,全县畜牧业生产得到较大发展,产量和产值不断提高。大牲畜存栏113304头(匹),其中黄牛80666头、水牛5650头、马5483匹、驴4899匹、骡16591匹。羊存栏154764只、生猪存栏237702头。家禽存栏540480只。肉类总产量20037吨,比上年增长2.37%。畜牧业总产值3.24亿元,比上年增长6.23%。

【水 利】 加大水利资金投入,强化水利基础设施建设。全年累计投入农田水利建设资金6290.66万元,完成农田水利建设工程315件,新增蓄水能力52万立方米,累计完成大碱塘水库扩建工程投资3960万元,全面实施农村人饮工程项目,解决了2.3万人的饮水困难问题。全县有小水窖29540口。水产养殖面积88公顷,鱼类产量484吨,产值557万元。

【烟草业】 烤烟种植面积2600公顷,产量715.79万千克。收购烟叶14.32万担,均价每千克14.11元,实现烟叶税收1860万元。种烟农户3342户,烟农收入1.02亿元,户均收入2.5万元。

【工交企业】 年内工业经济平稳发展。

全县完成工业固定资产投资1.81亿元，同比增长21.9%；实现工业总产值8亿元，增长23%；工业增加值完成2.4亿元，增长14.9%；规模以上11户企业产值1.64亿元，利税总额完成4110万元，利润总额完成2686万元。道路交通建设投资5878万元。客运量44.73万人，客运周转量3995万人千米；货运量96.6万吨，货运周转量15045万吨千米。有固定电话26218部、移动电话4305部，电话普及率每百人17部，互联网用户2765户。电信业务总量1096.46万元，邮政业务总量585.11万元。

【扶贫开发和社会保障】 完成9个"千村扶贫"开发项目建设任务，累计完成投资6649.3万元；启动了龙门乡扶贫开发"整乡推进"试点工程，启动了杉阳地区综合扶贫开发项目。城镇新增就业人员1353人，下岗失业人员再就业93人，录用大学生村官56人。发放养老保险补贴1006人，发放金额1208.88万元；城镇居民参加各种保险人数16094人，其中参加职工基本医疗保险7823人。城镇登记失业率控制在2%以内。完成廉租房建设投资2922万元，累计建成廉租房5000平方米，发放廉租住房补贴83.9万元。城镇居民参加各种保险人数不断增加，保险覆盖面进一步扩大。

【科教文卫】 年内，全面实施"科技富县强县"战略，科技进步对国民经济的贡献率达46.8%。切实加强学校基础设施建设，投入项目建设资金3861万元，新建校舍21637平方米，排除危房11670平方米；全年拨付义务教育经费773.78万元，发放寄宿学生生活补助费703.11万元，发放职业中学学生助学金81.52万元，免费发放教科书价值250.92万元。全县第二轮地方志和年鉴编纂工作稳步推进。全民健身活动、群众文艺活动蓬勃开展，第三次文物普查工作进展顺利。启动了总投资1111.5万元的741个20户以上通电自然村广播电视"村村通"工程，全县有线电视用户13565户。年内共投入卫生事业经费6864.4万元。完成73个村卫生室建设，投入建设资金326万元。新农合参合14.8万人，参合率92.2%。全年新农合报销45.98万人次，累计报销金额1490.74万元。全县人口出生率7.82‰、死亡率4.53‰、自然增长率3.29‰，流动人口计生管理工作得到进一步加强。

【民主和法制建设】 2009年，全县民主和法制建设不断加强。各级各部门自觉接受县人大及其常委会的法律和工作监督，依法向县人大常委会报告工作；自觉接受县政协及其常委会的民主监督。按期办结人大代表建议187件、政协委员提案77件。"五五"普法和"二五"依法治县工作顺利推进。认真落实法治政府八项制度，开展责任政府和阳光政府四项制度建设，加大政府信息公开力度，开展对48个行政、公共服务部门的社会评议，对14名干部进行了行政问责，机关工作作风进一步好转，办事效率明显提高。加强党风廉政建设，查办党纪政纪案件12件12人，反腐倡廉取得成效。加强社会治安综合治理，深入开展禁毒、防艾工作，严厉打击各种刑事犯罪和经济犯罪活动。全县经济发展、民族团结、社会稳定的局面得到巩固和发展。

【领导名录】 2009年，县委书记程永标，副书记张剑萍(女，白族)、马宽品(回族)；县委常委程永标、张剑萍(女，白族)、马宽品(回族)、李迎春(女，任至7月)、张开聪(任至5月)、李苏、李旷、李春、马伟军、王文天、陶鑫(回族，任至7月)、胡勇(5月起任)、段辰(白族，7月起任)；县人大常委会主任李伟龙，副主任曹学璋(彝族)、云定国、王文军、王瑛(女，2月起任)；县人民政府县长张剑萍(女，白族)，副县长王灿光、吴德莲(女)、陶鑫(回族，任至7月)、陈学军、李苏、李永平、赵栋新(7月起任)；县政协主席字绍军(彝族)，副主席陈丽仙(女)、陈显光、赵丽帆(女)、李进东(任至12月)；县纪委书记李旷。

【山西省林改考察团到永平县考察】 2009年1月11日，山西省林业厅考察团一行到永平县考察林改工作。考察团一行先后到县林改办和林权流转服务中心，实地查看了永平县各种林改材料，并与相关工作人员进行了交流，了解永平县林改工作的主要做法和经验。

【永平县森林公安局成立】 2月27日，永平县森林公安分局正式更名为永平县森林公安局，加挂永平县森林警察大队牌子，机构升格为正科级，下设办公室、法制室、刑事侦查中队、治安中队和7个副科级派出所。

【"平安畅通县区"工作组到永平复核评价】 3月4日，省政府创建"平安畅通县区"工作复核评价组到永平县，对开展"平安畅通县区"创建工作进行复核检查。复核评价组首先听取了永平县开展"平安畅通县区"创建活动工作情况汇报，随后深入到龙门乡、永平一中、大交集团永平分公司等地，实地查看了道路交通安全管理和公路客运安全管理工作情况，查阅了永平县开展"平安畅通县区"创建工作的档案资料。通过听取汇报和实地查看，复核评价组对永平县开展"平安畅通县区"创建工作和贯彻落实省政府道路交通安全工作电视电话会议精神所做的工作给予了充分肯定，并对下一步工作提出了要求。

【永平县旅游局成立】 2009年3月13日，永平县旅游局正式成立。

【4单位共同援建"爱民小学"】 永平县博南镇老街二完小位于县城北郊，为全日制完全小学。学校占地面积4400平方米，建筑面积1799平方米，现有37名教职工，有14个教学班、365名学生。学校先后获得大理州"育人环境建设优级学校"、"文明单位"、"红旗少先队"、"民族团结教育活动示范学校"等项荣誉。因经费困难，学生一直在建于上世纪70年代的土木结构、现已成危房的教学楼里学习。省军区、省民委、省民政厅、省教育厅决定共同援建"爱民小学"。4月27日，云南省军区政治部主任李炳军、省民委副主任木桢、省民政厅双拥办副主任徐永强、省教育厅副厅长邹平一行在大理军分区司令员杨军、政治部主任李承白和副州长洪云龙等领导的陪同下，来到博南镇老街二完小举行"爱民小学"启动新建仪式。

【"教师支持服务体系"省级培训班在永平县举行】 2009年5月5～7日，云南省教育厅在永平县举办中国—联合国儿童基金会"教师支持服务体系"省级培训班。永平县10名县级导师、10名新增导师候选人参加了培训。

【大理州林木种苗工作会议在永平县召开】 5月21～22日，大理州林木种苗工作会议在永平县召开。会议总结回顾了全州2008年的林木种苗工作，分析了当前林木种苗产业发展的新形势，研究实行种苗质量科学管理的措施，部署2009年林木种苗工作。会上，州林业局与各县市签订了《大理州各县市2009年林木种苗工作目标责任书》，表彰了2008年全州林木种苗工作先进集体。

【国家林业局督查调研组到永平县调研】 5月24日，国家林业局天保中心副主任陈学军带领营造林督查调研工作组到永平县检查指导。通过调研，工作组认为，永平县的营造林和“天保”工程公益林建设工作领导重视、目标明确、部门配合，工作力度大，成效显著。就下一步工作，督查调研工作组要求，一要做好林地流转，实现林地增值，让林农得实惠；二要加大低价林改造力度，不断提升林地生产力；三要加大中幼林地抚育管理力度。

【国家开发银行调研组到永平县调研】 6月12日，国家开发银行人事局副局长王历带领调研组到永平县调研。县人民政府副县长李永平就基本县情、国家开发银行支持永平县项目建设情况及今后请求银行给予支持的项目向调研组作了汇报。2009年，国家开发银行给永平县妇幼保健院整体搬迁建设项目贷款500万元、永平县人民医院购置设备项目贷款300万元，缓解了永平县医疗卫生基础设施建设资金短缺的困难。调研组表示，将继续加强与永平县的沟通、联系与合作，着重在民生、医疗、卫生等领域重大项目建设上提供相应支持，为地方经济和社会和谐发展开辟新前景，也使银行发展走出新路子，达到“双赢”目的。

【永保桥被成功爆破】 永保桥建于1971年5月，是320国道横跨澜沧江、连接永平和保山两地的重要通道。该桥梁桥身长162米，为柔性纵梁的下承式肋拱桥，主拱由2条钢筋混凝土拱肋组成，每条拱肋分为9段预制，用缆索吊装。为支持国家重点工程小湾电站建设，根据国家有关部委的要求，7月1日下午，通行了38年的永保桥被成功爆破。

【“祖国好、云南红”采访团到永平县采访】 为做好新中国成立60周年宣传活动，由云南日报报业集团牵头组织，云南日报、春城晚报、影响力、云南经济日报、车与人、云南网、民族时报和社会主义论坛8家媒体的14名记者组成的“祖国好、云南红”大型宣传活动采访团，于7月14～15日到永平县采访集体林权制度改革及林产业发展、社会主义新农村建设、特色餐饮业等工作。永平县领导程永标、李迎春、李永平及相关部门领导陪同采访团深入实地采访。采访团一行先后到龙街镇古富村、小王黄焖鸡大酒店、曲硐回族文化城、七屯村、胜泉村、北斗乡常永祥户核桃基地、新村村进行采访。

【副省长李江到永平县调研】 2009年7月15～16日，省委常委、副省长李江在大理州委书记刘明、副州长洪云龙等领导的陪同下，到永平县调研。李江一行到达永平后，深入龙街镇古富村、博南镇、胜泉村调研。在听取了县委书记程永标代表县委、县人民政府所作的工作情况汇报后，李江指出：要千方百计完成各项工作任务，用工作目标任务的落实来检验对“三个一”要求的贯彻落实。要高度重视维护稳定工作，营造各民族“共同团结奋斗，共同繁荣发展”的良好氛围。

【“爱生学校”项目培训在永平县举办】 7月19～23日，中国—联合国儿童基金会“爱生学校”项目培训在永平县举办。县教育局相关负责人、50所项目学校校长、部分骨干教师代表、60所教学点教师共167人参加了培训。

【岩洞村获全国“巾帼示范村”称号】 岩洞村位于永平县杉阳镇西面，全村辖21个村民小组、1004户、3580人，其中女性1800人，占全村总人口的50.28%，是省、州、县妇女工作示范点。该村在创建全国“巾帼示范村”活动中，先后组织实施了省级“母亲沼气”、“母亲水窖”等项目，开展了“美德在农家”、“村容村貌整治”等活动，举办了女童班，实施了春雷小学、集中供水等项目，建起了省级“妇女之家”活动室，涌现出了年收入达10万元的刘兴磁等一大批农村妇女致富典型。8月9日，省妇联副主席和红梅、州妇联主席焦映、县委副书记马宽品来到杉阳镇，向岩洞村颁发全国“巾帼示范村”荣誉匾牌。

【省委巡视组到永平县调研】 2009年8月21～23日，省委第三巡视组到永平县，就贯彻执行党的路线方针政策以及省委、州委的决定、决议情况，执行民主集中制的情况，落实党风廉政建设责任制的情况进行调研。在县领导程永标、张剑萍、李旷、李苏、李春、王文天的陪同下，巡视组深入龙街镇古富村、博南镇曲硐村、厂街乡岩北村、杉阳镇松坡村、宝台山国家森林公园巡视检查了新农村建设、县城总体规划建设、曲硐小城镇保护与开发、廉租房建设和社会公共基础建设以及生态保护、旅游开发、核桃产业等情况。县委书记程永标代表县委、县政府作工作情况汇报。在实地巡视检查和听取汇报后，巡视组要求，永平县要继续唱响保增长、保民生、保稳定主旋律，进一步振奋精神，鼓足干劲，用扎实的工作成效推动全县经济社会科学发展、和谐发展、又好又快发展。

【大龙油路全线贯通】 大龙油路（大平地至龙街）是永平县重点建设项目之一，油路全长30千米，工程于2008年9月开工，2009年9月6日竣工并交付使用，总投资2635万元。

【畜禽专家组到永平县鉴定白鹅遗传资源】 9月10日，国家畜禽遗传资源委员会专家组到永平县开展云南白鹅遗传资源鉴定工作。专家组深入到现场鉴定，并举行了云南白鹅遗传资源现场鉴定会，听取了永平县白鹅遗传现状及产业发展情况介绍。农业部组织中国农业大学、四川农业大学、江苏省家禽科学研究院、云南省家畜改良工作站等单位的专家，深入到博南镇新田村农户家中，采集了当地白鹅的各种数据。

【“电视进万家”捐赠仪式在永平县举行】 9月13日，由大理州委宣传部、州文明办、州财政局举办的大理州“电视进万家”活动捐赠仪式在永平县北斗乡举行。在捐赠仪式上，永平、漾濞、南涧、洱源4个县的农民群众获赠250台彩色电视机。

【永平县人民医院整体搬迁建设项目开工】 10月16日，总投资7000万元，总建筑面积2.4万平方米，集医疗、科研、康复、预防保健为一体的县级综合现代化医院——永平县人民医院整体搬迁建设项目正式破土动工。开工仪式由县人民政府副县长李永平主持，县长张剑萍就项目建设工作提出要求，县领导程永标、马宽品、李伟龙、字绍军、李苏、李春、王文天以及相关部门的主要领导出席开工仪式。

【查获特大非法运输野生动物制品案】 11月12日，永平县森林公安局在专项整治非法收购、运输、出售珍贵濒危野生动物及其制品的行动中，查获一起特大非法运输野生动物制品案。当日深夜，永平县森林公安局在320国道永平县境内从一辆面包车上查获23只熊掌。经鉴定，这批熊掌系国家Ⅱ级重点保护野生动物制品，最大的一只重22.5千克，总重量达147.5千克，价值10多万元。

【处置"11·22"阻碍公安干警执行公务事件】 11月22日,县公安局接到举报:博南镇新田村小田坝字某某家可能藏有非法物品。县公安局立即派出民警到字某某家,准备依法执行搜查任务。陆续有村民向字某某家聚集,并辱骂、推搡民警,致使民警无法执行公务。后经反复宣传政策法律,字某某才配合民警搜查。经搜查,搜出高速公路专用防撞柱2根、防撞板1块等物品。当民警准备将字某某带回公安局进行审查时,遭到了村民的围攻,其中1名武警战士的头盔和警棍被抢、1名民警头部受伤、数名民警身体受到不同程度的伤害、12名民警被围困在现场。到23日凌晨1时许,被围困的12名民警才得以离开,但4辆警车仍无法开离现场。23日11时30分,小田坝部分村民聚集到县公安局大院内,不听劝阻,强行冲击公安局办公大楼,致使公安局工作无法正常开展。在劝阻无效的情况下,县公安局迅速启动了处置突发性事件应急预案,将带头人员及态度恶劣的人员当场制服,秩序得到有效控制。23日16时,滞留在小田坝的4辆警车得以离开现场,村民情绪稳定,事件得到妥善处置。

【县城至龙门油路建设工程通过验收】 12月10日,县城至龙门农村公路油路建设工程顺利通过县农村公路建设管理领导组、县农村公路建设指挥部验收。该公路全长24千米,起于县城永强宾馆,止于龙门乡李子树村麦庄垭口。2007年11月1日开工建设,2009年10月30日完工,总投资1842.6万元。

【城市生活垃圾处理厂建设工程开工】 根据省委、省政府关于在2008~2012年全省各县县城必须建成一个无害化生活垃圾处理厂的要求,2008年12月,永平县城市生活垃圾处理厂建设项目被列入国家扩大内需项目。大理州发改委分别于2008年12月15日和2009年3月10日2次下达永平县城市生活垃圾处理工程投资计划。12月17日,永平县城市生活垃圾处理厂建设工程开工典礼在博南镇新田村小田坝王安山举行,县委副书记马宽品宣布工程开工。垃圾处理厂占地面积17.2公顷,总库容55万立方米,日处理垃圾75吨,设计使用年限17年,预算投资3434万元。

【永平泡核桃被评为"中国十大名优核桃"】 2009年12月,永平泡核桃被中国果蔬产业品牌论坛组委会评为"中国十大名优核桃"。这是永平县继"中国优质核桃基地重点县"之后获得的又一殊荣。

【博南镇】 2009年,全镇总户数18607户。总人口54236人,其中男性27264人、女性26972人,农业人口41246人、非农业人口12990人。耕地面积2260公顷,其中水田1249公顷、旱地1011公顷。镇内矿产资源主要有铁、铜、沙金、花岗岩、高岭土、水晶石等。土特产品有黄焖鸡、腊鹅、牛干巴、木瓜酒、泡辣椒、泡大蒜、野生食用菌等。

全镇工农业总产值43603万元,其中工业总产值37267万元、农业总产值6336万元。全年农村经济总收入24516万元,农民人均纯收入2457元。全年农作物播种面积4353公顷,其中小春作物面积2995公顷、大春作物面积2357公顷。粮食总产量18677吨,其中小春产量5578吨、大春产量13099吨。烤烟种植面积251.6公顷,产量69.6万千克。当年造林面积1860公顷。大牲畜年末存栏1.7万头(匹),生猪年末存栏6.1万头,羊年末存栏1.8万只,家禽存栏10.4万只。肉类总产量5951吨,水产品产量250吨。有乡镇企业5037个,从业人员10248人,营业收入65946万元。全年劳务输出1890人。主要工业门类有食品加工业、农产品加工业、交通运输业、矿冶业等。全年财政收入2733万元,财政支出1780万元。全镇公路通车里程90千米。有集贸市场4个,年成交额18500万元。

有中、小学校52所,在校学生6595人,专职教师508人;适龄儿童入学率100%,小学毕业生升学率100%。有村图书室19个,藏书11.54万册。有卫生院1所,医务人员18人,病床26张;有村卫生室14个,医务人员38人,病床42张;有计生服务站1个,医务人员3人,病床2张。

2009年,镇党委书记杨勋,镇长杨乐,镇人大主席莽学忠。

【杉阳镇】 2009年,全镇总户数12222户。总人口42549人,其中男性21469人、女性21080人,农业人口40230人、非农业人口2319人。耕地面积1883公顷,其中水田837公顷、旱地1046公顷。镇内矿产资源主要有石膏、铜矿、铁矿、石灰石等。土特产品有热区水果、野生食用菌、泡核桃、板栗、腌制食品等。

全镇工农业总产值28768万元,其中工业总产值5990万元、农业总产值22778万元。全年农村经济总收入17473万元,农民人均纯收入2386元。全年农作物播种面积4203公顷,其中小春作物面积1890公顷、大春作物面积2313公顷。粮食总产量15169吨,其中小春产量3859吨、大春产量11310吨。烤烟种植面积215公顷,产量58万千克。蚕桑种植面积536公顷。亚麻种植面积60公顷,产量357吨。大牲畜年末存栏1.9万头(匹),生猪年末存栏5万头,羊年末存栏1.3万只;肉类总产量4025吨,水产品产量124吨。有乡镇企业7个,从业人员205人,营业收入2434万元。主要工业门类有矿产业、农产品加工业、建材加工业等。全年财政收入826万元,财政支出826万元。全镇公路通车里程251千米。有集贸市场3个,年成交额17000万元。

有中学2所,在校学生1995人;有村完小18所,在校学生3574人。有中小学教师329人。适龄儿童入学率100%,小学毕业生升学率100%。有镇图书室1个,藏书1200册;有村图书室8个,藏书16830册。有卫生院1所,医务人员21人,病床40张;有村卫生室12个,医务人员34人,病床12张;有计生服务站1个,医务人员5人,病床5张。

2009年,镇党委书记马永理,镇长陈思,镇人大主席刘程君。

【龙街镇】 2009年,全镇总户数6835户。总人口23380人,其中男12032人、女11348人,农业人口22149人、非农业人口1231人。耕地面积1671.2公顷,其中水田422.7公顷、旱地1248.5公顷。镇内矿产资源主要有铜、铁、锌、石膏矿等。土特产品有泡核桃、白大蒜、西归、黄果、佛手柑、板栗、鸡纵、松茸、花椒、白木瓜等。

全镇工农业总产值15207万元,其中工业总产值1800万元、农业总产值13407万元。全镇农村经济总收入13138万元,农民人均纯收入2385元。全年农作物播种面积3271公顷,其中小春作物面积1436.6公顷、大春作物面积1834.4公顷。粮食总产量9534吨,其中小春产量2950吨、大春产量6584吨。烤烟种植面积501公顷,产量1385.9万千克;蚕桑种植面积182.4公顷;亚麻种植面积45.3公顷,产量296.4吨。大牲畜年末存栏1.6万头(匹),生猪年末存栏2.7万头,羊年末存栏3万只,家禽存栏5万只;肉类总产量2160吨,水产品产量43吨。有乡镇企业577个,从业人员874人,营业收入5128万元。主要工业门类有制造业、酿酒业、食品加工业和采矿业等。全年财政收入537万元,财政支出502万元。全镇公路通车里程570千米。有集贸市场6个,年成交额6192万元。

有中学1所,在校学生748人;有村完小11所,在校学生1691人;有中小学教师198人;适龄儿童入学率100%,小学毕业生升学率100%。有镇图书室1个,藏书2800册;有村图书室9个,藏书4150册。有卫生院1所,医务人员21人,病床20张;有村卫生室11个(其中标准化村卫生室4个),医务人员23人,病床50张;有计生服务站1个,医务人员1人,病床10张。

2009年,镇党委书记杨金红,镇长李晓松,镇人大主席字绍华。

【龙门乡】 2009年,全乡总户数3587户。总人口12511人,其中男性6356人、女性6155人,农业人口11684人、非农业人口827人。耕地面积884公顷,其中水田467公顷、旱地417公顷。乡内矿产资源主要有原煤、金、铜、铁等。土特产品有泡核桃、生态茶、"大红袍"花椒、白木瓜、鸡㙡、松茸、蜂蜜、木耳等。

全乡工农业总产值17152万元,其中工业总产值8451万元、农业总产值8701万元。全年农村经济总收入8701万元,农民人均纯收入2701元。全年农作物播种面积2144公顷,其中小春作物面积1040公顷、大春作物面积1104公顷。粮食总产量7035吨,其中小春产量1949吨、大春产量5086吨。烤烟种植面积217公顷,产量62万千克;蚕桑种植面积168公顷;亚麻种植面积100公顷,产量650吨。大牲畜年末存栏1万头(匹),生猪年末存栏2万头,羊年末存栏2.0万只,家禽存栏4.4万只;肉类总产量1880吨,水产品产量45吨。有乡镇企业5个,从业人员105人,营业收入870万元。主要工业门类有煤矿开采、生态茶叶加工、石膏加工等。全年财政收入410万元,财政支出355万元。全乡公路通车里程148千米。有集贸市场1个,年成交额1300万元。

有中学1所,在校学生505人;有村完小7所,在校学生1003人;有中小学教师147人;适龄儿童入学率98%,小学毕业生升学率100%。有村图书室7个,藏书11800册。有卫生院1所,医务人员10人,病床30张;有村卫生室7个,医务人员7人,病床28张;有计生服务站1个,医务人员2人,病床2张。

2009年,乡党委书记赵国军,乡长杨应龙,乡人大主席高翔。

【厂街彝族乡】 2009年,全乡总户数5725户。总人口19653人,其中男性10139人、女性9514人,农业人口18768人、非农业人口885人。耕地面积2667公顷,其中水田313公顷、旱地2354公顷。乡内矿产资源主要有铜、钴、硫等。土特产品有卤腐、小锅酒等。

全乡工农业总产值10121.1万元,其中工业总产值4675万元、农业总产值5446.1万元。全年农村经济总收入12603万元,农民人均纯收入2760元。全年农作物播种面积4004公顷,其中小春作物面积1546.7公顷、大春作物面积2459.3公顷。粮食总产量9340吨,其中小春产量2172吨、大春产量7168吨。烤烟种植面积806公顷,产量215.79万千克。大牲畜年末存栏1.9万头(匹),生猪年末存栏2.93万头,羊年末存栏2.5万只,家禽存栏5.9万只;肉类总产量2006吨,水产品产量3吨。有乡镇企业380个,从业人员660人,营业收入7261万元。主要工业门类有采矿业、烧制业、食品加工业等。全年财政收入881万元,财政支出361万元。全乡公路通车里程127千米。有集贸市场1个,年成交额1200万元。

有中学1所,在校学生720人;有村完小20所,在校学生1754人;有中小学教师169人;适龄儿童入学率100%,小学毕业生升学率100%。有村图书室2个,藏书10000册。有卫生院1所,医务人员15人,病床30张;有村卫生室11个,医务人员22人,病床20张;有计生服务站1个,医务人员2人,病床3张。

2009年,乡党委书记李庚昌,乡长李屏峰,乡人大主席施开程。

【水泄彝族乡】 2009年,全乡总户数4789户。总人口17027人,其中男性8875人、女性8152人,农业人口16354人、非农业人口673人。耕地面积1855公顷,其中水田348.4公顷、旱地1506.6公顷。乡内矿产资源主要有铜、铁、石膏等。土特产品有泡核桃、鸡㙡、白木瓜、野生天麻、木耳等。

全乡工农业总产值16269万元,其中工业总产值6106万元、农业总产值10163万元。全年农村经济总收入13096万元,农民人均纯收入2354元。全年农作物播种面积3588公顷,其中小春作物面积1560公顷、大春作物面积2028公顷。粮食总产量9091吨,其中小春产量2427吨、大春产量6664吨。烤烟种植面积395公顷,产量113.96万千克;蚕桑种植面积25公顷。大牲畜年末存栏1.3万头(匹),生猪年末存栏2.8万头,羊年末存栏1.93万只,家禽存栏8万只;肉类总产量1820吨,水产品产量13吨。有乡镇企业5个,从业人员258人,营业收入5813万元。主要工业门类有水电、矿冶业等。全年财政总收入898万元,财政支出532万元。全乡公路通车里程557千米。有集贸市场3个,年成交额8300万元。

有中学1所,在校学生613人;有村完小16所,在校学生1243人;有中小学教师152人;适龄儿童入学率100%,小学毕业生升学率100%。有乡图书室1个,藏书1.56万册;有村图书室9个,藏书5000册。有卫生院1所,医务人员12人,病床20张;有村卫生室9个,医务人员9人,病床18张;有计生服务站1个,医务人员2人,病床2张。

2009年,乡党委书记陈义凯,乡长李峰,乡人大主席穆亮殷。

【北斗彝族乡】 2009年,全乡总户数3924户。总人口13303人,其中男性6875人、女性6428人,农业人口12359人、非农业人口944人。耕地面积1394公顷,其中水田117公顷、旱地1277公顷。乡内矿产资源主要有铅锌矿、铜矿、硅、无烟煤、石灰石等。土特产品有泡核桃、美国山核桃、白木瓜、食用菌、苦荞、天麻、蜂蜜等。

全乡工农业总产值11275万元,其中工业总产值1685万元、农业总产值9590万元。全年农村经济总收入12063万元,农民人均纯收入2395元。全年农作物播种面积2610公顷,其中小春作物面积1067公顷、大春作物面积1543公顷。粮食总产量6185吨,其中小春产量1830吨、大春产量4350吨。烤烟种植面积216.7公顷,产量58.35万千克。蚕桑种植面积125公顷。大牲畜年末存栏1.3万头(匹),生猪年末存栏2.2万头,羊年末存栏2.9万只,家禽存栏8.5万只;肉类总产量2195吨,水产品产量7吨。有乡镇企业6个,从业人员102人,营业收入550万元。主要工业门类有水电业、石料加工、建材加工、农特产品加工等。全年财政收入475万元,财政支出302万元。全乡公路通车里程468.5千米。有集贸市场3个,年成交额4000万元。

有中学2所,在校学生409人;有村完小9所,在校学生980人;有中小学教师110人;适龄儿童入学率100%,小学毕业生升学率100%。有乡图书室1个,藏书50000册;有村图书室3个,藏书1000册。有卫生院1所,医务人员13人,病床20张;有村卫生室9个,医务人员12人,病床18张;有计生服务站1个,医务人员3人,病床6张。

2009年,乡党委书记孙丽娟,乡长茶正林,乡人大主席陈学贤。

(《永平县》由张焕明、王春荣撰稿)

云 龙 县

【自然概貌】 云龙县地处滇西澜沧江纵谷区,东经98°52′~99°46′、北纬25°28′~26°23′之间。是大理州、保山市、怒江州的结合部,东与洱源县和漾濞县接壤,南与永平县、保山市相交,西与怒江州泸水县毗邻,北与剑川县、兰坪县交界。东西最大横距91.8千米,南北最大纵距109千米,总面积4400.95平方千米。基本地势东西高、中部低,从北往南逐渐降低。云岭和怒山山脉贯穿全境,怒江流经县域西境,澜沧江由北向南逶迤直下,境内山峦重叠,河谷交错。最高海拔3663米,最低海拔730米,县城海拔1640米。县城东距大理州府大理市158千米,距省会昆明市518千米。2009年,年平均气温16.9℃,为历史次高年。年降水量549毫米,比多年平均值减少234.9毫米。

【建置沿革】 西汉元封二年(前109年)设比苏县,属益州郡,东汉永平十二年(69年)属永昌郡。唐(南诏)分属剑川节度和永昌节度。宋(大理),名"云龙赕"。明、清称云龙州,属大理府。民国2年(1913年)改州为县。1950年属大理专区,1956年属大理白族自治州。

【行政区划】 全县辖宝丰、关坪、团结、检槽、长新、表村、民建7个乡和诺邓、漕涧、旧州、白石4个镇,共86个村。

【人口 民族】 2009年末,全县总人口20.65万人,其中男性10.66万人、女性9.99万人。农业人口18.71万人,占总人口的90.64%;非农业人口1.93万人,占总人口的9.36%。人口自然增长率2.82‰。汉族人口2.59万人,占12.57%;少数民族人口18.05万人,占87.43%。少数民族人口及占全县总人口的比例分别为:白族15.11万人,占73.19%;彝族1.23万人,占5.95%;傈僳族1.1万人,占5.31%;阿昌族2600人,占1.26%;傣族1195人,占0.58%;苗族1642人,占0.79%;其他民族732人,占0.35%。

【经济综述】 全县生产总值161172万元,人均7775元。其中第一产业53854万元、第二产业58701万元、第三产业48617万元。工农业总产值197393万元,其中工业总产值90113万元、农业总产值107280万元。全社会固定资产投资215628万元,社会消费品零售总额42260万元。农民人均纯收入2100元。

【人民生活】 2009年,农民人均纯收入2100元,比上年增长19.7%;职工工资总额18613万元,其中国有单位15156万元,比上年增长22.08%;职工年平均工资2.79万元,其中国有单位2.89万元,增长17.97%。农民人均生活消费支出2743元,增长36.33%。居民储蓄存款余额77238万元。农村人均住房面积16.3平方米。城镇登记失业率4.2%。

【劳动保障】 2009年底,全县共有参保企业40户3467人(缴费人数2265人,退休职工1002人);机关事业参保单位85户,职工402人,退休职工10人。全年共征收企业养老保险费888万元,支付基本养老金1197万元,支付率100%。全年共征收机关事业单位合同制工人养老保险费255万元,支付退休职工养老金17万元,支付率100%。社会化管理服务率达100%,社区管理服务率达99%。完成全县996名企业退休人员养老金调整兑现工作,月增加养老金118135.56元,月人均增加养老金118.61元。参加工伤保险单位50户,共1389人,其中农民550人。共征收工伤保险费16万元,支付工伤保险费6.1万元;有工伤抚恤对象4人,支付抚恤费用2.7万元。

全县企业职工生育保险参保单位31户,参保职工951人。全年共征收生育保险费15万元,支付生育保险费4.7万元。失业保险参保单位97户共3948人,征收失业保险费198万元,失业保险基金支出40万元。职工医疗保险参保单位156户共8767人,征收医疗保险费772万元,参保人员住院931例,住院医药费521万元,基本医疗保险统筹基金报销389万元。

城镇居民基本医疗保险参保4726人,住院205例,住院费用96万元,基本医疗保险统筹基金报销29万元。全县新增就业人员1288人,帮助特殊困难群体就业268人,城镇登记失业率4.2%;转移农村劳动力2865人。全年就业再就业资金支出127万元。实施贷免扶补优惠措施,贷款440万元,成功创业88人。稳定困难企业就业岗位214个,开发公益性岗位216个,下岗失业人员再就业386人。

【种植业】 年内,农作物播种面积34572公顷,其中粮食播种面积26340公顷,总产量95992吨,同比增1056吨,增长1.11%。农民人均占有粮食513千克。经济作物种植面积8232公顷,占播种面积的23.81%。全年实现农业总产值107280万元,同比增17880万元,增长20%。2009年生态茶园建设面积160公顷,茶园累计面积1666.7公顷;新植麦地湾梨133.3公顷,优质麦地湾梨面积累计1800公顷。

【水 利】 年末,全县农田水利设施建成蓄水工程33997件,供水能力908万立方米;引水工程1094件,年供水能力6469万立方米;堤防建设34.97千米,保护人口1.68万人,保护耕地190公顷;饮水安全达标人口14.41万人;治理水土流失面积2万公顷。年内完成人畜饮水投资1011.92万元,建成160件人畜饮水工程;完成小型水利工程投资1444.44万元,建成三面光沟36条(段)96.8千米、水池(窖)1895个、坝塘2个,架设烟水管网101.27千米,建成核桃园区水利工程14件;投资545万元,完成河道治理1.49千米;投资10万元,完成团结发达屋小流域治理面积1平方千米;启动包罗水库工程建设,年内投资3870万元,累计完成投资4350万元。渔业养殖面积135公顷,产量325吨。

【畜牧业】 年末,全县大小牲畜存栏62.3万头,其中生猪存栏22.89万头、羊存栏22.81万只、牛存栏13.93万头。全县大小牲畜出栏48万头,其中生猪24.9万头、羊17.07万只、牛5.19万头。肉类总产量3.68万吨,禽蛋总产量3034吨。畜牧业总产值4.7亿元。

【林 业】 全县林业用地面积3269.34平方千米,占土地总面积的74.76%;非林地面积1103.66平方千米,占土地总面积的25.24%。森林覆盖率64.8%,林木绿化率72.2%。林业用地中,有林地面积2824.78平方千米，占林业用地面积的86.4%。活立木总蓄积量2377.284万立方米。

全年总造林面积9262公顷，其中人工造林面积7960公顷、封山育林面积1302公顷。生产木材3500立方米，生产竹材370万根，农用材采伐量2689立方米。经济林果：水果种植3593公顷，年末挂果面积2104公顷，产量5022吨；干果种植面积53521公顷，年末挂果面积12021公顷，产量10957吨；调料作物种植1500公顷，产量212吨。林产工业原料产量226吨。

【扶贫开发】 2009年，共投入各类扶贫资金8319.5万元，其中：在9个村实施整村推进项目资金1245万元、易地开发项目资金391万元、劳动力转移培训项目资金56万元、产业发展项目资金60万元、小额信贷扶贫资金100万元，0.5万贫困人口实现整体脱贫的目标。完成易地转移安置188户782人，国家和省财政补助资金1987.4万元，专项安居房建设资金120万元，专项贴息贷款309万元。2009年，全县共投入信贷扶贫资金2000万元。小额信贷资金项目覆盖7个乡镇56个行政村，受益699户。

【工商企业】 2009年末，全县有个体工商户3135户，注册资本10594万元，从业人员4078人。其中，年内新发展622户，注册资本3655万元，从业人员884人；核准注销登记281户。私营企业累计发展193户，注册资本49222万元，从业人员3201人。其中新发展31户，注册资本4973万元，从业人员275人；核准变更登记32户，注销登记4户。

全县共有内资企业136户，注册资本15276万元。其中国有企业27户、集体企业45户、股份合作制企业2户、公司（分公司）62户；新开业13户，变更登记61户，注销2户。

全年执法1956人次，执法车辆155台次，检查经营户1680户次，取缔无照经营户1户，查处劣质食品227.7千克。联合执法4次，查处16起超营范围案件、27起无照经营案件。

完成全县132户农资经营户“两账两票、一书一卡”制度的建立和完善工作，完成全县132户种子经营户所经营的49种种子留样备查和种子公示。

【工　业】 2009年，完成现价工业总产值90113万元，同比减少10.2%；工业增加值19186万元，同比减少38.9%；工业固定资产投资5000万元，营业性收入10.15亿元，同比减少8.1%；实现利润总额2904万元，同比减少46%；上缴税金5140万元，同比增长19.7%；从业人员22059人，同比增长23.5%。

规模以上工业企业完成工业总产值11599万元，同比下降55.7%；完成工业增加值3457万元，同比下降70.2%；主营业务收入10985万元，同比下降54.6%；实缴税金2263万元，占年计划2000万元的113.2%，同比增长19.6%。

【招商引资】 2009年，制定了《云龙县招商引资优惠办法》，从财政扶持、土地转让、税收征管等7个方面给予优惠。共引进经济技术合作项目10项：加油站建设、县城沿江小区综合农贸市场建设、下坪小区综合开发建设、苗尾农贸市场建设、政府经济适用房廉租房商品房建设、石房电站股权转让及续建、林产一体化开发、35万吨金矿石生产线建设、鲁庄电站建设和云龙县建材资源综合开发等项目，协议总投资9.6亿元。年内，县城沿江小区综合农贸市场建设项目、苗尾农贸市场建设项目完工投入使用。下坪小区综合开发、政府经济适用房、廉租房和商品房建设、石房电站等项目进展顺利。全县外来投资到位资金4.71亿元。

有商业网点2925个、批发配送企业15个（营业面积500平方米以上的5个）、超市8个（营业面积500平方米以上的8个）、“万村千乡”农家店112个、村级集贸市场19个、乡镇综合集贸市场9个、专业市场5个。全额兑付“万村千乡”市场工程扶持资金85.42万元；新建和改造村级农家店32个，扶持资金38万元。共备案41个“家电下乡”企业（销售网点），覆盖诺邓、漕涧、长新、宝丰、关坪、旧州、表村7个乡镇，销售家电下乡产品4222台，销售总额680余万元，农民享受补贴88余万元。年内，将团结乡农贸市场建设改造项目列入全省1000个市场建设改造工程之一，扶持资金30万元；民建乡农贸市场列入全省2009年度“双百市场工程”，一期扶持资金50万元。

【环境保护】 年内共进行现场监督监察91次，现场检查117项，出动人员294人次。其中对在建项目进行12次现场监督检查，对试生产项目进行60次现场监督检查，对经营项目进行56次现场监督检查。受理环保举报案5起，查处5起，完成排污费征收35万元。

对沘江河（云龙段）进行常规监测，综合评定为Ⅴ类水标准；对天池饮用水源进行2次常规监测，达Ⅱ类水标准；对澜沧江云龙境内段水质进行调查，调查结果为Ⅱ类水标准。

【交通　运输】 2009年末，公路总里程3499.1千米，其中省道4条222千米（三级公路2条159千米、四级公路2条63千米）、县道237.2千米、乡道683.9千米、村社道2356千米。在建农村客运站4个，已投入使用1个。

客运量31.26万人次，客运周转量4688.5万人千米；货运量40.07万吨，货物周转量515万吨千米。有客运车48辆、货运车509辆、挂车3辆。

【市政建设】 2009年末，全县城镇化率达24.08%，城镇建成区面积5.86平方千米，其中县城建成区面积1.56平方千米，绿地面积46.15万平方米，县城的绿地率达29.6%，绿化覆盖率33.4%。

完成虎头山灯光亮化工程和黄龙山公园一期建设任务，概算总投资4920万元的大石哨污水处理厂和总投资2571.33万元的垃圾处理厂同期开工建设。

【教育　科技　卫生】 年内，全县有各级各类学校124所。其中完小91所、初小教学点2个、“一师一校”教学点8个（收缩了57个校点）。小学在校639个班15385人，适龄儿童入学率99.97%；初级中学14所，在校176个班7561人，初中毛入学率103%，初中毕业生升学率70.19%；完全中学2所，在校47个班2410人；职业中学1所，在校26个班1302人；幼儿园5所（民办3所），在园327人；学前班98个，学前儿童2671人；教师进修学校1所。有教职工2244人，其中小学专任教师1117人、中学专任教师818人、职中专任教师64人。校舍建筑面积25.96万平方米。

2009年全县高考报名人数701人，实考699人。上线人数637人，上线率为91.13%，比上年提高5.13个百分点。本科上线306人，上线率43.78%；专科上线331人，上线率47.35%。三校生报考115人，上线96人，上线率83.47%。初中毕业生数2513人，报考1888人，实考1883人；录取普高1063人、职业高中477人、五年制大专1人、中专181人，高中毛入学率68.5%。

2009年，落实县级技术研究与开发经费29万元，安排县级科技计划项目5个；落实省科技平台建设项目1个，争取到资金15万元；落实州级科技计划项目18个，争取资金17.6万元。

完成州科技局安排的2个科技示范村建设和10个村级科技活动室建设项目。开展科技下乡活动，发放科普宣传资料116种20多万份、科普画报和挂历1000多份，义务咨询2.4万人次。申请专利5件，其中发明专利2件，累计申请专利18件。组织科技培训542场次，受训43368人次。

有全民所有制医疗卫生机构15个，其中县级5个、乡镇10个。有病床403张，职工408人，其中卫生技术人员338人。有村卫生室86个，乡村医生200人。有个体诊所4个。全年县乡医疗卫生单位业务总收入2806.17万元。

全县新型农村合作医疗的筹资工作，覆盖全县11个乡镇86个村。参加新型农村合作医疗农户45229户，户参合率94.8%；参合农民17.16万人，参合率92.4%。年内，报销减免53.1万人次，报销补助资金1855.39万元，其中门诊减免52.12万人次，报销补助资金593.55万元，占补偿报销总额的32%；住院减免9264人次，报销补助资金1261.84万元，占补偿报销总额的68%。

年内完成县妇幼保健院整体搬迁和县人民医院搬迁新建征地等前期工作。

【财税　金融　保险】　全年财政总收入14567万元，比上年增长8.9%。其中地方一般预算收入8923万元，增长8.2%。全县一般预算支出5.9亿元，增长39.6%。

年末，金融机构各项存款余额157158万元，其中储蓄存款余额77237万元。各项贷款余额102712万元。累计现金收入217301万元、支出251000万元，收支相抵净投放33699万元。

中国人寿保险云龙支公司签保单2860件，实收保费1190万元，共处理各种赔案765件，赔付金额146万元；财险云龙支公司实现签单保费979万元，实收保费946万元，完成年计划的115.37%，共处理各种赔案1205件，赔款支出466万元，经营利润105万元。

【文化　广播　电视】　开展“三下乡”慰问活动，组织元旦、春节群众文化活动。送戏20场，送图书3900册，送电影650场次，组织长新大达吹吹腔剧团贺年演出120场。

开展文物普查工作，完成通金桥、彩凤桥和藤桥的维修工作，完成昌淦桥、功果小铁桥的整体搬迁工作。

《云龙文化》复刊，完成11个“农家书屋”建设项目及其配送工作。县图书馆年内共办理借书证500份，外借2.75万册次，阅览室内阅览1.86万人次，总流通4.61万人次；为4个流动图书箱交换图书4次3000册，送书下乡450册。

全县广播、电视覆盖率分别达93%和93.8%。年内云龙县广播电视事业局被大理州政府命名为州级文明单位。

云龙人民广播电台自办节目每周5组，全年共播出各类稿件2087篇(条)。云龙电视台《云龙新闻》每周播出3组节目，全年共制作163期，播出电视新闻1694条，制作11个专题片。有线电视数字化改造延伸到长新、检槽、关坪、团结、宝丰、旧州、表村、漕涧8个乡镇，全县数字电视用户7000户。

【邮　电】　2009年，云龙县邮政局有3个联网网点、7个手工网点、1个代办点。开办信函、包裹、汇兑、代理储蓄、集邮、报刊订阅、代理保险、物流及烟草配送等业务，全年业务收入349万元，同比增长19%。其中邮务类收入68万元、金融类业务收入178万元、速递物流类业务收入87万元、其它业务收入16万元。中国邮政储蓄银行云龙县人民路支行贷款余额290多万元。

2009年云龙电信经营业务收入累计完成1151.21万元，完成年计划的99.25%。

宽带入网和移动电话、固定电话用户分别从2008年的2695户、64298部和13403部增加到4071户、83400部和21200部，分别增长51.1%、29.7%和56.8%。

【领导名录】　2009年，县委书记徐会良，副书记徐思锦、董翠英(女，白，任至7月)、常于忠(彝，12月起任)；县委常委陈云华(任至12月)、字云飞(白)、张国雄、李棒、干成斌、杨明、常于忠(彝)、舒进、杨斌(白)、王会琴(女，傈僳，12月起任)；县人大主任杨立章(白)，副主任尹树凡(白)、车志春(白)、杨勤(女，白)、张建周；县人民政府县长徐思锦，常务副县长字云飞(白)，副县长常于忠(彝)、施泽锋(白)、黄泽富、尹丽萍(女，白)、周武军(白)、杨谦；县政协主席字剑梅(女，彝)，副主席余务清(彝)、施溟枢(白)、董利斌(傈僳)、夏云龙(1月起任)；县纪委书记李棒。

【《福源》在云龙县诺邓村开拍】　由美国著名摄影师兼导演博文理担任导演、卧虎藏龙国际文化传媒(北京)有限公司协助香港路易莎电影制作公司摄制的童话故事片《福源》，于2009年2月26日在云龙县诺邓村开机拍摄。

【国家环保部专题调研组到永平调研】　3月10日，国家环境保护部污染防治司副司长凌江率国家、省、州环保部门组成的调研组，对云龙县沘江治理工作进行专题调研。

【杨吉斌获“大理青年创业州长提名奖”】　2009年，云龙县政协委员、农民企业家、白石镇松水种养殖厂厂长杨吉斌荣获首届“大理青年创业州长提名奖”。

【施宏荣获云南省优秀村(社区)党组织书记称号】　6月30日，省委召开全省优秀县乡村党组织书记表彰大会，对125名县乡村党组织书记进行表彰。云龙县团结乡河东村党支部书记、村委会主任施宏荣获云南省优秀村(社区)党组织书记称号。

【徐定城油画获全国残疾人书法绘画大赛铜奖】　6月，云龙县残疾人徐定城的油画《稻谷的传说(系列)》在庆祝建国60周年全国残疾人书法绘画大赛中获铜奖。

【虎头山灯光亮化工程竣工】　总投资120万元的云龙县虎头山灯光亮化工程，总建筑面积4万平方米，共安装灯具422盏。工程于3月30日开工，6月30日竣工并投入使用。

【举办庆祝新中国成立60周年书画展】　9月16～24日，云龙县举办庆祝建国60周年暨人民政协成立60周年书画摄影展，共展出书法作品69幅、绘画作品37幅、摄影作品82件。

【字许英被评为全省孝老爱亲道德模范】　12月10日，在昆明举行的“德厚流光——云南省第二届道德模范颁奖典礼”上，云龙县关坪乡关坪村石桥村民小组村民字许英荣获云南省第二届“道德模范之孝老爱亲”模范称号，是大理州惟一获此殊荣的人。

【包罗水库建设工程开工】　9月14日，包罗水库建设工程奠基典礼在长新乡新塘村举行。包罗水库是省政府安排2009年开工的全省重点水利工程建设项目之一,是对沘江污染综合治理,进行替代水源建设的一个重大项目,也是云龙县2009年40个重大建设项目之一。水库位于沘江中上游一级支流大达河上,属澜沧江流域沘江水系。总投资估算2.67亿元,总库容1200万立方米,计划总工期46个月。是一座以灌溉为主,兼有防洪、水产养殖、人畜饮水等综合功能的中型水库,水库年供水量1237万立方米。水库的建成可有效解决沘江沿线2.6万人的生产生活用水和1867公顷基本农田的农业用水问题。

【跃龙二级公路建设工程开工】 12月1日,总投资18.9亿元的跃龙二级公路开工典礼在漾濞县顺濞乡举行。该工程全长110.56千米,计划施工18个月。路线起于漾濞县跃进大保高速公路立交桥,途经漾濞、永平、云龙3个县11个乡镇,止于云龙县县城北果郎。

【诺邓镇】 位于县境中部,国土总面积400.04平方千米。辖青松、和平、象麓、诺邓、果郎、杏林、永安、天池、龙飞、天登10个行政村及1个社区(石门社区)、166个村民小组、114个自然村。年末总户数8477户,总人口24853人,其中男性12757人、女性12096人。农业人口16195人,占总人口的65.16%;非农业人口8658人,占总人口的34.84%。人口自然增长率4.28‰。境内有彝、白、哈尼、傣、苗、傈僳、回、纳西、景颇、瑶、阿昌、普米、土家、蒙古、壮、布依、汉等17个民族。

诺邓镇森林资源丰富,活立木蓄积量142.14万立方米,有林地面积244.5平方千米,森林覆盖率66.1%。境内有省级历史文化名村——诺邓白族村、虎头山道教建筑群、天池高原湖泊、天然太极地貌奇观、蟠龙寺、青云桥、摩崖石刻等旅游景点。有诺邓火腿、诺邓豆饼、豌豆油粉皮、天登草烟、天登乌骨鸡等特色农产品,有大量石灰石、石膏、盐、红砂石及金属矿石等矿产,有三七、天麻、防风、黄芩、重楼等中药材,有松茸、黑木耳、野生菌等特色菌类,有麦地湾梨、罗峰茶等特产。

2009年,耕地面积1404公顷,主要种植玉米、小麦、水稻、豆类等。粮食总产7168吨,人均占有粮食443千克。种植烟草84.67公顷,产量3800担,产值280多万元。大小牲畜存栏56351头(匹、只)、出栏44331头(匹、只),肉类总产量3677吨。年内种植泡核桃400公顷,累计种植泡核桃面积3600公顷;培育麦地湾梨苗20多万株,累计种植麦地湾梨466.67公顷,产量5000吨以上,产值800万元以上。

年末全镇经济总收入6809.5万元。财政总收入3971.02万元,其中地税1720.37万元、国税2250.64万元。工业总产值6800万元。农林牧渔业总产值9944.4万元,其中农业产值3358万元、林业产值970万元、畜牧业产值4411万元、渔业产值75万元。农民人均经济收入2336元。

有初级中学1所、村完小11所、幼儿园1所。有小学教师179人、小学在校生1729人;有初中教师43人、在校初中生527人。2009年九年制学校中考成绩名列全县前茅,英语综合分值居全县第二,语文、数学、政治、物理、化学5个科目居全县第一。全镇中考成绩600分以上的有52人,占全县318人的16.4%。

2009年发放种粮补贴资金164.5万元,其中种粮补贴19万元、综合直补144万元、其它补贴1.5万元;发放优抚社救资金237.81万元,其中优抚资金22.85万元、城镇低保140.95万元、农村低保49.5万元;兑现死亡能繁母猪保险金12万元;兑现家电、汽车、摩托车下乡补贴资金24万余元。

2009年,投资50多万元完成人畜饮水工程8件;投资80万元完成青松松登大沟、和平南二沟、连井坪片三面光沟建设;投资370多万元,延伸诺邓牛舌坪片烤烟示范基地的管网工程和新建青松、和平片的烟水管网工程建设;投入5万元完成天池核桃园一期工程建设;投入375.82万元完成天登村上下宝石、上下练坪、弯岭和松坪7个村民小组和诺邓村麦子箐、永安村云罗登、罗坝山、茅草登4个村民小组的通电工程;配合县交通局完成诺苗公路诺邓镇境内新开挖14千米任务;完成果郎至天池村的路基改造工程;完成龙飞村组公路66.9千米,解决12个村民小组出行难问题。

2009年,镇党委书记余务洪(彝),镇长赵亮(白),镇人大主席杨正芳(白)。

【漕涧镇】 位于县境西南部,国土面积393.65平方千米。辖漕涧、仁德、仁山、大坪、铁厂、新胜、鹿山7个村民委员会,有200个村民小组。2009年末,总户数10130户,总人口34416人,其中男性17792人、女性16624人。农业人口32400人,占总人口的94%;非农业人口2016人,占总人口的6%。人口自然增长率1.83‰。有白、彝、苗、阿昌等少数民族人口29626人,占总人口的86%。

森林覆盖率49%。有小熊猫、穿山甲等珍稀动物和红豆杉、榧木等珍稀植物。大、小牲畜存栏8.05万头(匹、只),出栏5.7万头(匹、只)。

耕地面积2170公顷,其中旱地1447公顷(坝区100公顷)、水田724公顷(坝区683公顷)。主要粮食作物有水稻、小麦、玉米、马铃薯等。全年粮食总产量1460.7万千克,人均占有粮食424.4千克。主要经济作物有泡核桃和红豆杉,其中泡核桃累计种植6200公顷。农村经济总收入1.32亿元,财税总收入2958万元,农民人均纯收入2100元,固定资产投资4344万元。

有83%的村组通公路。7个村全部通移动电话。有固定电话1305部、致富通2679部,宽带用户560户。

有中心卫生院1所,医务人员39人;有村级卫生所7所、村级卫生室7个,乡村医生17人。新型农村合作医疗参合率90.3%。有初级中学2所、完小10所。有教职员工272人,其中中学教师84人、小学教师188人;在校学生3651人,其中中学生936人、小学生2715人。适龄儿童入学率99.96%。

2009年,镇党委书记施耀东(白),镇长钏国东(阿昌),镇人大主席李绍何(白)。

【旧州镇】 位于县城西南部澜沧江纵谷区,总国土面积529.43平方千米。辖13个行政村、228个村民小组。年末总户数10323户,总人口35193人,其中男性18158人、女性17035人。农业人口33211人,占总人口的94.3%;非农业人口1982人,占总人口的5.6%。人口自然增长率6‰。少数民族人口2.23万人,占总人口的63.3%。人口密度66人/平方千米。

有林地面积36060公顷,森林覆盖率61%,有红豆杉、榧木、华山松等珍稀树种。大、小牲畜存栏8415万头(匹、只),出栏7108万头(匹、只)。

耕地面积2423公顷,主要粮食作物有水稻、玉米、小麦、大豆、蚕豆、马铃薯等。全年粮食总产量19240吨,人均占有粮食546千克。2009年种植泡核桃733.3公顷,累计种植9105.5公顷。主要经济作物油菜733.33公顷,产量137万千克;烟草240公顷,产量42.5万千克。经济总收入13146万元,财政总收入396万元,农民人均纯收入2183元。

有70%的村组通公路,公路里程120千米。13个村全部通移动电话,有固定电话4308部,宽带用户993户。

有中心卫生院1所,医务人员29人;有村级卫生室13个,乡村医生31人。有初级中学2所、完小14所。有教职工297人,其中中学教师111人、小学教师186人;在校学生3624人,其中中学生1133人、小学生2491人。

2009年,镇党委书记成磊(白),镇长邓家琛(白),镇人大主席张正平(白)。

【白石镇】 位于县境北部,地处云龙、兰坪、剑川3县结合部,国土面积321.5平方千米。辖7个行政村、116个村民小组。年末总户数4147户,总人口14187人,其中男性7364人、女性6823人。农业人口13437人,占总人口的94.7%;非农业人口750人,占总人口的5.3%。人口自然增长率3.67‰。少数民族人口14126人,占总人口的99.6%。人口密度44人/平方千米。

有白族吹吹腔、对歌、耍白鹤、霸王鞭等原生态文化遗存,有省级文物保护单位顺荡火葬墓群,有州级文物保护单位顺荡彩凤桥和多处县级文物保护单位,有保存完好的藤桥、玄天阁、顺荡古村、古盐井等人文景观。

北部与兰坪铅锌矿区相连,西部与已经开发数百年的检槽银铜矿紧邻,已发现铜、铁、银、锌、盐、石膏等多种金属和非金属矿点,正在勘探的矿点2个。

有林地面积20000公顷,森林覆盖率68%,有红豆杉、榧木等珍稀植物。大、小牲畜存栏44592头(匹、只),出栏45945头(匹、只)。

年末耕地面积1096公顷,主要粮食作物有水稻、玉米,全年粮食总产量7047吨,人均占有粮食497千克。2009年种植泡核桃1267公顷,累计种植5781公顷。主要经济作物有豆类(蚕豆173.33公顷,收入166万元;白花芸豆666.67公顷,收入1600万元;大豆53.33公顷,收入96万元。烤烟10802担,收入855万元。农业总产值2601万元,畜牧业产值3713万元,林业收入285万元,工业产值130万元。经济总收入5827万元,财政总收入781万元,固定资产投资6580万元。农民人均纯收入2062元。

有91%的村组通公路。7个村全部通移动电话,有固定电话715部,宽带用户60户。

有中心卫生院1所,医务人员13人;有村级卫生所7所、村级卫生室7个,乡村医生10人。有初级中学1所、完小7所。有教职员工130人,其中中学教师48人、小学教师82人;在校学生1848人,其中中学生642人、小学生1206人。

2009年,镇党委书记赵德旺(白),镇长陈云吉,镇人大主席杨梅坤(白)。

【长新乡】 位于县境东北部,属高寒贫困山区。国土面积463.68平方千米。辖长春、豆寺、包罗、永香、松炼、佳局、新塘、新和、新松、丰云、丰胜、丰华12个村民委员会,有115个自然村、148个村民小组。年末总户数6435户,总人口22688人,其中男性10644人、女性12044人。耕地面积1554公顷,其中水田551.8公顷、旱地1001.2公顷。居住有白、彝、汉等民族,白族占总人口的95.4%。有大龙温泉、炼场坪温泉、七树木温泉等地热资源,有以州级文物保护单位通京桥为代表的古桥梁多座。有丰富的野生药材、松茸、木耳、香菇等,是县内农副产品的主要集散地之一。

2009年工农业总产值1.48亿元,财政总收入763万元,固定资产投资3080万元。粮食总产量9139万吨,农村经济总收入7200万元,农民人均纯收入2090元。

有林地面积27717.6公顷,泡核桃及经济林果面积6160公顷,森林覆盖率60.4%。大、小牲畜存栏85141头(只)、出栏58568头(只),畜牧业产值6240多万元。

有75%的自然村通公路。移动电话用户5800户,有固定电话1259部,宽带网用户102户。

有中心卫生院1所,医务人员23人;有村级卫生室12个,乡村医生28人。有初级中学1所、完全小学14所。有教职工187人,其中中学教师61人、小学教师127人;在校中小学生2612人,其中中学生780人、小学生1832人。

2009年,乡党委书记赵应权(白),乡长杨云飞(白),乡人大主席杨灿奇(女,白)。

【检槽乡】 位于县境北部,国土面积414.77平方千米。辖9个行政村、139个村民小组。年末总户数4655户,总人口16005人,其中男性8422人、女性7583人。农业人口15087人,占总人口的94.3%;非农业人口918人,占总人口的5.7%。少数民族人口15714人,占总人口的98.2%。人口自然增长率3.6‰,人口密度38人/平方千米。

有林地面积2.7万公顷,森林覆盖率74%,有滇金丝猴、熊、牦牛、榧木、红豆杉、兰花、松茸等珍稀物种。大、小牲畜存栏4.7万头(匹、只),出栏3.4万头(匹、只)。

年末耕地面积846公顷,主要粮食作物有水稻、玉米。全年粮食总产量8704吨,人均占有粮食324千克。2009年种植泡核桃1333公顷,累计种植7200公顷。种植啤大麦533.33公顷,收入650万元;种植芸豆666.67公顷,收入700万元;种植烟草3500担,收入278万元。农业总产值3962万元,畜牧业产值2030万元,林业收入636万元,工业总产值11495万元,经济总收入18182万元,农民人均纯收入2166元。固定资产投资3718万元。

有87%的村组通公路。9个村全部通移动电话,电话装机1052部,宽带用户62户。

有中心卫生院1所,医务人员18人;有村级卫生室9个,乡村医生19人。有初级中学1所、完小9所。有教职员工161人,其中中学教师60人、小学教师101人;在校学生1520人,其中中学生550人、小学生970人。

2009年,乡党委书记阿静泉(傣),乡长杨志宾(白),乡人大主席杨金浩(女,白)。

【表村傈僳族乡】 位于县境西北部,国土总面积422.02平方千米。辖表村、松坪、早阳、科立、茂盛5个村,有38个自然村、66个村民小组。年末总户数2804户,总人口8928人,其中男性4581人、女性4347人。农业人口8479人,占总人口的95%;非农业人口449人,占总人口的5%。人口自然增长率3.9‰。居住有傈僳、白、彝、汉等10个民族,其中傈僳族3030人,占总人口的34%;白族5415人,占61%;彝族196人,占2%。

表村乡是一个典型的山区乡,耕地面积830.8公顷,其中水田286.67公顷、旱地544.13公顷。

有林地面积8604公顷,森林覆盖率34.1%,活立木蓄积量近100万立方米,动植物种类繁多。

2009年生产总值7682万元,财税收入197.75万元。工业总产值6000万元。粮食总产量6140吨,人均占有粮食419千克。农民人均纯收入2045元。2009年种植泡核桃533.33公顷,累计种植2495.33公顷。特产有麦地湾梨、柿子、西瓜、柑橘、野菜。

有85%的村组通公路。固定电话用户1565户,移动电话用户2250户,宽带用户100户。

有中学1所、完小4所。有教职员工81人,在校学生826人。有卫生院1所,职工13人;有村卫生室4个,乡村医生11人;有计生服务所1个,医生1人。有文化站1个。有线电视用户300多户,开通了程控电话和移动通信。涉农专业技术部门4个(农服、林业、兽医、水利),专业技术人员19人。

2009年,乡党委书记丰志坚(傈僳),乡长罗树翔(傈僳),乡人大主席杨红梅(女,白)。

【宝丰乡】 位于县境南部,国土面积474.74平方千米。辖金麦、庄坪、宝丰、东山、福利、南新、大栗树7个村,有140个村民小组。年末总户数5315户,总人口18293人,其中男性9541人、女性8752人。农业人口17577人,占总人口的96.09%;非农业人口716人,占3.91%。居住有汉、白、彝、傣、苗、傈僳、阿昌、纳西等8个民族,其中少数民族人口14925人,占总人口的81.6%。人口自然增长率7.8‰。

主要农特产品有茶叶、烤烟、核桃、板栗、麦地湾梨、木瓜、花椒、蚕桑等。大栗树茶厂和大山头茶厂生产的“大栗树茶”是云龙县的品牌茶。

耕地面积1830公顷,主要粮食作物有水稻、玉米、小麦、豆类。全年粮食总产量8601吨。2009年种植烤烟233.33公顷、白肋烟7.87公顷,交售烟叶10415担,烟农收入780.97万元,完成税收171.82万元。累计种植泡核桃60.5万株,产值900万元。大、小牲畜存栏53498头(匹、只),出栏39410头(匹、只),产值2900万元。茶园面积发展到614公顷,产值3000万元,茶农收入1200多万元。累计发展麦地湾梨134.67公顷、热带水果4.89公顷。

2009年生产总值13515.6万元,财政总收入595.2万元,固定资产投资1.2亿元,农民人均纯收入2012元。

村组公路里程630千米,100%的村组通公路。7个村全部通移动电话,电话装机2313部,宽带用户91户。

有中心卫生院1所,医务人员17人;有村级卫生所7所,乡村医生16人。有初级中学1所、九年制学校1所、完小6所、幼儿园1所。有教职员工159人,其中中学教师64人、小学教师95人;在校学生2039人,其中中学生544人。

2009年,乡党委书记张劲松(白),乡长张建雄(白),乡人大主席杨卫民(白)。

【团结彝族乡】 位于县境东部,国土面积302平方千米。辖新宅、团结、河南、河东、丰收5行政村,有88个自然村、106个村民小组。年末总人口10835人,其中彝族人口占83%。人口密度32人/平方千米。农村经济总收入3623万元,本级财政收入220万元,农民人均纯收入2100元。

有林地面积18106.2公顷,森林覆盖率64%,有榧木、红豆杉、槭树、云南松等珍稀树种;有獐子、刺猬、黑熊、猕猴、麂子等珍稀动物。大、小牲畜存栏48560(头匹只),出栏33041(头匹只);肉类总产量2585吨,年产值3035万元。

耕地面积978公顷,主要作物有水稻、玉米、豆类、薯类。全年粮食总产量474万千克,人均占有粮食485千克。2009年种植泡核桃400公顷,累计种植4200公顷,产值1460多万元。主要经济作物有泡核桃、烤烟、茶叶等。

村组公路里程287千米,自然村全部通公路。5个村全部通移动电话,电话装机80部,宽带用户74户。

有中心卫生院1所,医务人员12人;有村级卫生所5所、村级卫生室10个,乡村医生12人。有初级中学1所、完小5所。有教职员工94人,其中中学教师32人、小学教师62人;在校学生1059人,其中中学生347人、小学生712人。

2009年,乡党委书记张伯川(白)乡长孙庆霖(女,彝),乡人大主席字雄军(傈僳)。

【关坪乡】 位于县境东部,国土面积268平方千米。辖关坪、自新、新荣、胜利、高明5个行政村,有119个村民小组。年末总户数3290户,总人口11630人,其中男性6000人、女性5630。农业人口2892户11044人,非农业人口398户586人。人口自然增长率4.04‰,人口密度43.4人/平方千米。世居民族有白、汉、彝、傈僳等族,白族占总人口的97.7%,是典型的白族聚居乡。1996年被列入全省506个、大理州45个重点扶贫乡之一,其中胜利、高明2个村为省级特困村。

有林地面积14666.67公顷,森林覆盖率56%。有红豆杉、榧木等珍稀物种。年末大、小牲畜存栏42629头(匹、只)、出栏33306头(匹、只)。耕地面积1194公顷,其中水田111公顷。主产玉米、水稻、小麦、马铃薯等。全年粮食总产量509万千克,人均占有粮食467千克,农民人均纯收入1818元。2009年种植泡核桃1000公顷,累计种植面积3966.67公顷,人均突破5亩。完成烤烟生产2700担,均价每千克15.88元,烟农收入210多万元,财政增收47万元。成立了关坪中药材专业合作社。农村经济总收入3049万元,财政总收入127.7万元,固定资产投资2600多万元。

村组公路里程200多千米,乡村均通公路,村民小组通公路率97%。建有5个移动基站,信号覆盖5个行政村,电话装机1008部,宽带用户52户。

有中心卫生院1所,医务人员13人;有村级卫生室4个,乡村医生13人。有初级中学1所、完小5所。有教职员工96人,其中中学教师29人、小学教师62人;在校学生1432人,其中初中生384人、小学生1048人。

2009年,乡党委书记李进,乡长张秀华(女,白),乡人大主席汤李维(白)。

【民建乡】 位于县境西部,国土面积214.7平方千米。辖5个行政村、68个村民小组。年末总户数2457户,总人口9439人,其中男性4963人、女性4476人。农业人口9098人,占总人口的96.4%;非农业人口341人,占总人口的3.6%。人口自然增长率1.7‰。少数民族人口8435人,占总人口的89.36%。人口密度43.96人/平方千米。

境内有丰富的水资源,经科学论证,规划了八级电站,引入利源、腾龙、华盈和恒利4个公司进行水电开发。装机8000千瓦的两岔河电站、装机6000千瓦的滴水岩电站和装机5000千瓦的旱谷地电站相继建成投产。装机18000千瓦的红土田电站和装机8000千瓦的岔河电站正在建设中。

有林地面积3550公顷,森林覆盖率68%,有红豆杉等珍稀物种。大、小牲畜存栏33686头,出栏19291头。

耕地面积1153公顷,主要粮食作物有玉米、水稻,全年粮食总产量5301吨,人均占有粮食580千克。2009年种植泡核桃533.33公顷,累计种植3866.67公顷。经济作物有甘蔗、咖啡等。全乡经济总收入2566万元,财政总收入258.6万元,农民人均纯收入1630元。固定资产投资6100万元。

村组公路里程74千米,有53%的村组通公路。电话装机356部,宽带用户55户。

有中心卫生院1所,医务人员11人;有村级卫生所5所、村级卫生室5个,医务人员11人。有1所初级中学、5所完小。有教职工93人,其中中学教师32人、小学教师61人;在校学生972人,其中中学生293人、小学生679人。

2009年,乡党委书记杨雁(白),乡长杨学诚(白),乡人大主席张建何(白)。

(《云龙县》由杨茂川、王文松、张礼彬撰稿)

洱 源 县

【自然概貌】 洱源县位于云南省西北部、大理白族自治州北部,东与鹤庆县相连,南与大理市、漾濞县接壤,西与云龙县分疆,北与剑川县毗邻。全县总面积2614平方千米。县城驻地茈碧湖镇,海拔2060米,距省会昆明389千米,距州府下关69千米。

洱源县地处横断山脉与云贵高原交界地带,境内山岭纵横、层峦叠嶂,湖泊棋布,河流如织,盆地、河谷错落其间。地势由西北向东南倾斜,东部马鞍山、中部罗坪山、西部西罗坪山3支主山脉由北向南纵贯全境。河流、湖泊随山势分为黑潓江、弥苴河水系,均归属澜沧江流域。海西海、茈碧湖、绿玉池、东湖、西湖散落于县境东部,分别经弥苴河、永安江、罗时江往南注入洱海。东部多为盆地,由北至南有牛街、三营、茈碧、凤羽、右所、邓川6个坝区乡镇;西部是高山峡谷,有乔后、西山、炼铁3个山区、半山区乡镇。东北部南无山为境内最高点,海拔3958.4米;西部黑潓江南出县境处的乌梢箐口为最低点,海拔1645米。

洱源县属北亚热带高原季风气候类型,具有干湿季分明、光照充足、“四序恒温”、立体气候和区域性小气候明显等特点。多年平均降水732毫米,年日照2061~2439小时,洱源坝区(温凉层)年平均气温13.9℃。2009年,洱源地区总降雨量576.5毫米,较常年少142.7毫米,比上年少421.6毫米;年平均气温14.9℃,较历年高0.7℃;年日照总时数2631.4小时,比常年平均多203.4小时;年极端最高气温30.0℃,极端最低气温-5.3℃。

洱源土地肥沃,灌溉便利。农作物以水稻、玉米、烤烟、蚕豆、小麦、油菜为主,植被主要由云南松、华山松、栎类、杜鹃、竹类等针阔叶树和黄花草、马豆草等组成,林产品有木材、梅、梨、木瓜、核桃、板栗、花椒、柿子等,主要花卉为杜鹃、素馨兰,主要矿产为岩盐、煤、桃红大理石、硅藻土、钛矿。被誉为“鱼米之乡”、“乳牛之乡”、“梅果之乡”、“兰花之乡”和“温泉之乡”。

【建置沿革】 洱源,西汉至隋朝属叶榆县地。唐麟德元年(644年)设治,境内置浪穹、遴备、舍利等州。南诏时为浪穹州。大理国时设宁北赕、邓赕、凤羽郡。元宪宗七年(1257年)置浪穹、德源千户所,隶大理上万户府。至元十一年(1274年)云南行省建立,置邓川州,领浪穹县、凤羽县,隶大理路。明裁凤羽县归浪穹,设邓川州,领浪穹县,隶大理府。清沿明建置。民国元年(1912年),浪穹县改称洱源县,邓川州改为邓川县,两县先属滇西道,后属大理督察专员公署。中华人民共和国成立后,洱源县、邓川县同属大理专区,1956年起同属大理白族自治州。1958年10月,洱源、邓川、剑川3县合并,成立剑川县。1961年6月撤销剑川县,原洱源、邓川县合并称洱源县。

【行政区划】 2009年末,洱源县设6镇3乡,下辖88个村民委员会、2个社区居民委员会。茈碧湖镇13个村民委员会和2个社区居委会、邓川镇4个村民委员会、右所镇14个村民委员会、三营镇10个村民委员会、凤羽镇9个村民委员会、乔后镇11个村民委员会、牛街乡11个村民委员会、炼铁乡11个村民委员会、西山乡5个村民委员会。

【人口 民族】 2009年,洱源县出生人口2352人,人口自然增长率3.32‰。年末,全县总人口284954人,其中男144407人、女145047人;农业人口263304人、非农业人口21650人。

洱源是以白族为主的多民族聚居县,白、汉、彝、回、傈僳、纳西、傣、藏等族为世居民族,民族分布呈大杂居小聚居。2000年第五次人口普查结果,境内共有27个民族成分。2009年末,白族177785人、汉族87735人、彝族10510人、回族6543人、傈僳族981人、纳西族460人、藏族328人、傣族137人、其他民族475人。

【经济综述】 2009年,全县完成生产总值213284万元。其中第一产业增加值完成79695万元、第二产业增加值完成58693万元、第三产业增加值完成74896万元。三次产业结构比例由上年的37.5:29.2:33.3调整为36.6:28.4:35.0。社会消费品零售总额完成59405万元。固定资产投资完成101850万元,同比增长30.50%。其中,基本建设投资完成75121万元,比上年增长36.6%;农村集体投资完成7472万元,比上年增长13.4%;农村私人建房投资完成16957万元,比上年增长3%;房地产开发投资完成2300万元。

【人民生活】 2009年,城乡居民收入稳步提高,人民生活进一步改善。全县农村经济总收入14.85亿元,同比增长11%。其中:农业66490万元,增长12.3%;林业4696万元,增长14.8%;畜牧业33480万元,增长8.9%;渔业1870万元,增长3.9%。农民现金收入74514万元,比上年增加5302万元,增长7.7%;农民人均纯收入3049元,比上年增加361元,增长13.4%;人均占有粮食509千克。在岗职工年平均工资24889元,比上年净增769元。

社会保险覆盖面继续扩大,城镇职工基本医疗保险工作顺利实施。全县农村低保人数5241户16851人,全年发放低保金1609.1万元。落实城市居民最低生活保障及“五保户”供养政策,全县有城市低保对象4805户5991人,发放城市低保金961.9万元、“五保户”补助金126.3万元。城镇居民医疗参保7132人,城镇职工基本医疗保险参保10629人。基本养老保险参保5349人,失业保险参保5215人,工伤保险参保2851人,生育保险参保1527人。发放企业离退休人员养老保险金2229万元,支付57名离退休人员丧葬抚恤费84万元,发放失业保险金119.34万元。推行城乡医疗救助制度,资助农村“五保”对象和农村低保户23160人参加新农合支出33.9万元。累计实施医疗救助1636人次,支出救助金275.9万元。城镇新增就业1302人,稳定就业751人;开发公益性岗位294个,城镇失业登记率3.42%。培训农村劳动力1360人,转移农村富余劳动力3674人。兑现“惠农”补贴资金4096.94万元,现家电及汽车、摩托车补贴资金457.16万元。

全县有卫生医疗机构17个,床位584张。有各类卫生技术人员497人,其中执业医师194人、执业助理医师64人、护理人员132人。

【农 业】 2009年,全县农业总产值79493万元,比上年增长12.49%。全县粮食作物播种面积26472公顷,粮食总产量14936.8万千克,同比增长5.36%。其中稻谷播种9133公顷,产量7066.4万千克;玉米播种4391公顷,产量2955.1万千克;小麦播种433公顷,总产量103.6万千克;啤大麦播种3226公顷,总产量1633.1万千克;蚕豆播种6533公顷,总产量1913.2万千克;薯类(马铃薯)播种1068公顷,产量591万千克。种植油菜1445公顷,油菜籽总产量351.8万千克。种植大蒜2567公顷,产量7049.52万千克,产值2.34亿元,蒜农纯收入1.1亿元。梅子种植面积7466.67公顷,鲜梅总产量1000万千克。全县核桃面积27053.33公顷,总产量277.4万千克,产值6337万元。

【烤烟生产】 2009年,全县种植烤烟2286.67公顷,烟叶总收购量12.13万担(含出口备货),其中上等烟占50.70%、中等烟占39.62%。年内,烟叶均价每千克14.68元。烟农售烟总收入8904.90万元,比上年的7187.60万元增加1717.30万元,增长23.90%。上缴烟叶税1965万元,比上年的1581万元增加384万元,增长24.29%。

【畜牧业】 2009年,全县畜牧业产值76936万元,比上年增长11.18%。大牲畜存栏141600头(匹),比上年增加5504头(匹),增长4%。其中:乳牛75076头,比上年同期增加5673头;黄牛40224头、水牛7962头、牦牛220头、马4787匹、驴2967匹、骡10364匹。生猪存栏185263头,羊存栏162478只,家禽存栏488713羽。肉、奶、蛋产量分别为3153.6万千克、18049.7万千克、148.9万千克,奶农收入4亿元。

年内,全县完成牛品种改良41769头,其中改良乳牛35730头、黄牛4529头、水牛1510头,改良生猪25304头(窝),推广良种禽10.7万羽。推广农田种植优质牧草2420公顷,指导农户制作青贮饲料8200万千克、氨化处理饲料1635万千克。开展畜禽科学饲养及疾病防治技术培训77期,受训人数150021人次,印发宣传资料10257份。开展畜禽免疫和血防查治工作,共注射猪瘟疫苗320400头(份)、猪副伤寒46548头(份)、牛气肿疽4954头、牛出败7684头(份)、炭疽疫苗6818头(份)、羊四联疫苗3166只(份)、鸡新城疫苗761286羽(份)、禽霍乱疫苗54605羽(份)。注射禽流感疫苗729986羽(份),注射高致病性猪蓝耳病疫苗271158头(份)。累计注射牛羊猪W病疫苗809331头(份)。加强家畜血防工作,完成家畜粪检48984头,扩大化疗牲畜44198头,指导农户完成改厩4067头,改厩面积32536平方米。对全县19246头能繁母猪和35483头适保奶牛实施保险,兑付保险等资金943万元。

【林 业】 2009年,洱源县坚持生态立县战略和生态建设产业化、产业建设生态化的林业发展思路,加强生态、产业、文化三大林业体系建设,全面推进深化集体林权制度配套改革、营林造林、护林防火、资源林政管理、森林植物检疫及病虫害防治、农村能源建设和产业发展。年内,累计完成退耕还林任务8224公顷,共补助退耕还林资金9925.31万元。新造特色经济林1606.67公顷,完成公益林建设28946.67公顷。全年完成义务植树80万株,实施森林管护135333.33公顷。森林覆盖率47.9%。继续推进林权制度配套改革,全县集体林地面积146393.33公顷,明晰产权141793.33公顷,确权率96.86%;核发股权证4.14万本,发证面积71833.33公顷;发放林权证8082本,发证面积141473.33公顷。

【水 利】 2009年,实施三岔河水库工程建设,完成茈碧湖水库除险加固排涝沟治理工程、三营现代烟水南干渠工程、炼铁江旁涧小流域治理工程、农村饮水安全和右所永安江综合治理等一大批水利骨干工程。投资327.32万元建成安全饮水项目工程17件,解决5600人和2500头大牲畜的饮水困难;投资180万元完成茈碧湖水库除险加固工程排涝沟综合治理项目;投资120万元完成炼铁江旁涧小流域治理,其中整治溪沟1200米,修建谷坊15座,建拦沙坝3座,种植水保林14.01公顷、经果林261公顷,封育面积124.8公顷,治理水土流失4.75平方千米。投资201万元对洓苴河、凤羽河、海尾河三江口进行治理和疏挖,投资1818万元完成三营镇烟水工程。

年末,全县共有库塘坝146座,其中:中型水库2座(海西海、茈碧湖),小(一)型水库1座(上村水库),小(二)型及其以下库坝塘144座,总库容15345万立方米,有效灌溉面积163.9万公顷。全县库塘蓄水量7382.9万立方米,比上年增长1.49%。其中:海西海水库5190.6万立方米,比上年减少4.33%;茈碧湖水库1892.3万立方米,比上年增长9.76%;上村水库100万立方米,比上年减少4.76%。小(二)型水库及坝塘200万立方米,比上年减少16.7%。全县水产品产量583.6万千克,现价总值5836万元。渔业产值4432万元,比上年增长10.75%。

【乡镇企业】 2009年,全县有乡镇企业126个,从业人员5074人,完成总产值38656万元、增加值9837万元,营业收入36789万元,利润总额3139万元,上缴税金1100万元。主要产品产量:铁矿石6000万千克、石料0.8万立方米、发电量9409万千瓦时、粮食加工2350.49万吨、食用植物油1.26万吨、果制品0.91万吨、软饮料1.1万吨、精制茶5吨、砖6596万块、瓦2000万片。全县有个体工商户4130户,从业人员6535人,完成总产值35775万元、增加值8292万元,实现利润3282万元,上缴税金741万元。

【工业】 2009年,全县工业总产值完成256136万元,同比增长10.51%;完成工业增加值58005万元,同比增长2.69%;实现主营业务收入247826万元,同比增长18.37%。其中:规模以上工业企业(即国有企业及年销售收入500万元以上的非国有工业企业)完成工业生产总值205694万元,同比增长11.74%;实现工业增加值47830万元,同比减少0.44%;主营业务收入199660万元,同比增长12.36%。完成工业税收4685万元,同比减少9.96%。实现利润15181万元,同比增长33.62%。其中:规模以上工业利税总额15948万元,同比增长24.29%;利润总额12061万元,同比增长43.5%。完成工业固定资产投资2.4亿元,比上年增长179.7%。

年内,云南力帆骏马车辆有限公司邓川拖拉机装配厂完成生产总值5.2亿元,同比下降5.45%。生产装配各种型号农用车、拖拉机22603辆,实现销售收入7.2亿元,实现利润11993万元,上缴税金1004万元。邓川新希望蝶泉乳业有限公司年收购鲜奶62661.75吨,生产乳制品48524.06吨,支付奶款12057.23万元,产品销售48517.8吨,实现销售收入27503万元,出口创汇49.55万美元。

全县水电装机40300千瓦,发电量14923万千瓦,供电量13588万千瓦时,销售收入5150万元,上缴税金1021万元,实现利润378.8万元。

【交通 邮电】 2009年,继续实施通

达、通畅工程，推进农村客运站点建设，全县交通基础设施建设得到明显改善，群众出行难的问题逐步得到解决。年内，完成投资3717万元的洱炼公路油路建设，总里程52.1千米；投资850万元完成县城客运中心、三营客运站、乔后客运站、西山停靠站及茈碧湖码头管理用房建设，投资600万元的汽车检测站建设进展顺利；启动了涉及6镇乡17个行政村的通达工程，完成路基改造25.1千米、弹石路改造78.45千米、水泥或柏油路26.57千米。年末，县乡村公路里程2026千米，其中：国省道220千米、县道188.6千米、乡道530.6千米、村道1059.6千米，沥青路面267.5千米、水泥路面24千米、弹石路面258千米。全年完成客运量205万人，旅客周转量11671万人千米；货运量280.6万吨，货物周转量17755.7万吨千米。

全县有邮路4条，单程总长150千米。邮政业务总量452.39万元，同比增长11.52%。全年发送报刊、杂志3639份。

2009年末，全县固定、移动电话用户141441户。电信洱源分公司有固定电话及移动电话用户33214户，业务收入1157.6万元。移动用户96667户，业务收入4537.5万元；联通用户11560户，业务收入445万元。互联网用户3848户，其中电信网络用户3400户、广电网络用户448户。电视入网用户23656户，其中光纤模拟用户17871户、数字电视用户5568户、互联网电视用户217户。全县广播覆盖率88.2%，电视覆盖率98%。

【旅　游】 2009年，洱源县的生态旅游迅速升温，西湖国家湿地公园、茈碧湖国家水利风景区申报成功，大理地热国被评为国家AAA级旅游风景区。地热国投资9000万元的第三期提升改造工程正在实施，投资4500万元的西湖景区一期工程完工并投入使用，下山口普陀泉度假区旅游项目建设已投入4800万元，总投资10亿元的牛街海西海温泉旅游项目通过项目规划评审。年内，全县有旅游企业42个，游船98艘，可接待床位2895张，从业人员1900多人。全年共接待海内外游客58.3万人次，比上年增长10%；实现旅游社会总收入4.3亿元，比上年增长10%。

【财政　税收】 2009年，全县财政总收入完成15575万元，比上年减少1271万元，下降8%。其中地方一般预算收入10068万元，比上年减少340万元，下降3%；上划中央和省税收5507万元，比上年减少931万元，下降14%。财政支出65181万元，比上年增加21628万元，增长38%。国税收入5412万元，地税收入7101万元。

【金融　保险】 2009年末，全县有金融机构网点17个，从业人员198人。金融机构各项存款余额189084万元，比年初增加41883万元，增长28.45%；各项贷款余额102849万元，比年初增长30146万元，增长41.46%。财产险保收入2496.49万元，赔付1114.17万元；人寿险保收入2161万元，赔付138.63万元。

【教　育】 2009年，洱源县认真贯彻落实义务教育经费保障机制，切实加强教育经费的管理和监督，保证了农村义务教育经费足额发放和使用，促进农村义务教育持续健康发展。中央、省、州补助全县各种教育经费2109.9万元，其中义务教育学校公用经费1275.74万元、贫困家庭寄宿学生生活补助经费494.34万元，免教科书经费339.82万元。全县义务教育阶段学生35287人享受免费教科书，其中贫困家庭寄宿学生7622人享受生活补助。全县教育教学工作取得好成绩。普通高考报考1309人，上线1224人，上线率93.65%；中考报考人数2888人，600分以上634人，最高分686分，6科平均分523.14分，居全州第二位，升学率70.14%。

全县有完小91所、初小11所、教学点35个、“一师一校”点71个，小学在校学生24894人；初级中学17所，在校学生10393人；普通高中3所，在校学生3701人；职业高中1所，在校学生1455人。有县机关幼儿园1所，在园幼儿376人；民办幼儿园60所，在园幼儿5643人。有教师进修学校1所。全县小学学龄儿童入学率99.45%，辍学率1.05%；初中阶段毛入学率101.61%，辍学率2.68%。有小学教职工1149人、初中教职工632人、普通高中教职工291人、职业高中教职工73人、县机关幼儿园教职工12人、县教师进修学校教职工9人、代课教师373人。

【领导名录】 2009年末，县委书记许云川，副书记杨作云、张寿松。县委常委许云川、杨作云、张寿松、张志雄、王朝强（任至8月）、严启红（8月起任）、杨代兴、杜志红、李国侯、杨文泽、李桂瑞（女）、罗之武。县人民政府县长杨作云，副县长张志雄、李桂瑞（女）、杨杰、吕实才、马利生、杨智。县人大常委会主任宋传璧，副主任杨云洲、严光裕（任至8月）、马培华、杨益红（女）。县政协委员会主席尹作方，副主席赵克选、郑和书、赵红（女）、杨伟。纪委书记杜志红。

【82名大学生村官上岗】 年内，洱源县聘任的82名大学生村官到村任职。大学生村官分2批从2008年和2009年的毕业生中招考。首批14名村官于1月15日到村委会报到，第二批68人于9月15日上岗。被选聘到村任职的大学生村官分别任村委会党总支书记助理和村主任助理，聘用期3年。

【刘安书被云南省武警总队授予革命烈士称号】 2月25日，洱源县森警中队奉命参与保山市腾冲县中缅边境六号界碑西南侧500米处灭火，战士刘安书为保护群众被滚石击中，经抢救无效牺牲。刘安书牺牲后，保山市委、市政府召开追悼会，授予他“舍己救人扑火英雄”荣誉称号，武警总队授予他革命烈士称号。噩耗传到刘安书所在中队驻地洱源县，县委、县人民政府给刘安书所在的森警洱源县中队和刘安书的家人发去了唁电，于3月4日发文号召全县干部群众向刘安书烈士学习。

【西山乡发生4.4级地震】 4月14日，洱源县西山乡发生4.4级地震，县城及其它8个镇乡均有明显震感。地震造成4043户16095人受灾，19908间房屋不同程度出现拉裂、瓦砾脱落、墙角变形等情况，共造成直接经济损失1500万元。

【成功破获特大贩毒案】 2009年5月6日，洱源县公安局在获得重大贩毒案件线索后，迅速立为“5·6”专案，成立专案组开展侦破工作。5月13日凌晨5时30分，公安民警在普洱市墨江县213国道通关服务区路段堵卡查缉时，堵获1辆由西双版纳州勐海县开往昆明方向的小型货车，从该车装载的茶叶内查获冰毒可疑物170包，共33546.08克。此后，公安局顺藤摸瓜，派人前往省内昆明市、西双版纳州勐海县和湖北省武汉市开展侦破工作，一举破获全案。此案共抓获涉毒犯罪嫌疑人9人，缴获冰毒可疑物34944.1克、毒资20余万元、涉毒车辆4辆。

【环保部部长周生贤到洱源县调研】 2009年5月20～21日，国家环保部部长周生贤在副省长和段琪等领导陪同下到洱源县调研。周生贤到右所镇和三营镇,调研西湖湿地保护建设、生态旅游、生态文明试点县建设、永安江综合治理、三营村太阳能中温沼气站运行情况、郑家庄民族团结进步示范村建设以及茈碧湖集中式饮用水水源地保护情况,观看了介绍洱源环境保护治理和生态文明试点县建设情况的专题片,听取了县委书记许云川的工作情况汇报,对洱源县的环保工作给予充分肯定。

【新型农村医疗合作成效显著】 2009年,洱源县农村医疗合作参合人数243980人,参合率95%。全县共有753045人次受益,共减免、补偿2591.76万元。其中:住院补偿17947人次,补偿医药费1915.19万元;门诊减免735071人次,减免医药费676.56万元。

【"祖国好,云南红"采访团到洱源县采访】 7月16~18日,"祖国好,云南红"采访团一行40多人到洱源县,先后深入海西海前置库区、三营村中温沼气站、郑家庄省级民族团结示范村、三营镇九龙村生态乳牛养殖村、大理洱宝实业公司厂区、永安江湿地、西湖景区和新希望蝶泉乳业公司进行实地采访。采访过程中,采访团还走进农民家中了解群众的生产生活状况、走进企业了解企业发展情况,了解乳牛产业发展带动农村经济发展的情况及环境保护和生态产业发展情况。

【邓川白洁圣妃庙竣工】 8月15日,洱源县举行重修白洁圣妃庙竣工庆典仪式。白洁圣妃庙坐落于省级重点文物保护单位德源古城遗址上,工程于2008年4月20日开工,总投资400万元。由剑川华顶古建园林建筑公司承建,共完成大殿、厢房、入庙道路、火把广场、停车场、公厕、牌坊、绿化、塑像壁画刻石和文化环境等工程建设,项目占地面积1452平方米,总建筑面积843平方米。

【三营烟水工程竣工】 8月28日,大理州最大的现代烟草农业水利工程——三营烟水工程竣工。烟水工程北起三营镇永胜村、南至永乐村委会乐善村、东至灵应山脚、西至214国道,总投资1818.14万元。建成16.8千米的三营南干渠、5条总长10千米的配套主干渠、6条总长10.5千米的配套支渠、2条总长9千米的配套机耕路。工程竣工后,农田受益面积2306.67公顷。

【省委书记白恩培到洱源县调研】 10月20日,中共云南省委书记白恩培到洱源县调研。主要调研县城污水处理厂、三营中温沼气站及基层党组织建设情况。

【洱源西湖被列为国家湿地公园】 2009年11月,洱源县设立隶属于林业局的正科级建制单位洱源县湿地保护管理局,作为西湖湿地的管理机构,编制15人。11月11~14日,国家湿地公园考察评估专家组受国家林业局湿地保护管理中心委托,对洱源西湖申报国家湿地公园的事项进行考察。专家组考察了西湖湿地公园的建设、管理条件,审阅了《西湖国家湿地公园总体规划》,听取了洱源县人民政府与规划编制单位对西湖湿地情况和湿地公园规划文本内容介绍,一致认为西湖湿地公园资源、区位、管理条件及建设基础符合国家湿地公园建设要求,同意将西湖纳入国家湿地公园建设试点。12月23日,国家林业局批准洱源西湖为国家湿地公园。

【《洱源金融志》内部出版】 2009年12月,由洱源金融志编纂委员会组织编纂的《洱源金融志》内部出版发行。《洱源金融志》为大16开本,印数1000册,文字60万字、彩照190帧。该书上溯事物发端,下限截至2006年,由彩页、概述、大事记、主体志、附录5个部分组成。主体志设货币、金融机构、存款、贷款、金融服务、保险业务、经营管理、金融监管、基础设施建设、队伍建设、人物荣誉榜等11章,翔实地记述了洱源境内各金融机构的发展情况。

【加强廉租房建设】 年初,洱源县首批廉租房建成并投入使用。第一批廉租房位于县人民医院以东的凤羽河东岸,共有60套,建筑面积3000平方米。年内,启动了第二批廉租房建设工程,总投资4200万元,建筑面积3万平方米。第二批廉租房分布在炼铁乡105套、县城502套,截至年底完成投资3710万元。

【风能开发力度加大】 洱源县充分利用风力资源优势,大力开发风力发电。9月29日,总装机容量21万千瓦,总投资28亿元的罗坪山风电场举行一期工程开工仪式暨奠基典礼。罗坪山风电场是大理州目前最大的风电开发项目,由大唐集团公司云南分公司投资。10月29日,华能集团投资的马鞍山风电场建设工程启动,总投资14亿元,规划了马鞍山、黄草坝、观音山3个风电场,总装机容量为13.95万千瓦,其中首期开工建设的马鞍山风电工程总投资57931万元,总装机容量4.95万千瓦。

【建设生态文明试点县】 2009年6月,洱源县被国家环保部列为全国第二批生态文明建设试点县,也是云南省惟一的全国生态文明建设试点县。年初,洱源县下派生态文明示范村干部50人、新农村建设指导员88人,指导开展生态文明示范村建设和新农村建设。投资769万元完成下山口、凤翔村污水处理工程和洱源一中污水处理工程;投资826万元完成永安江、罗时江河道综合治理工程。投资8000多万元实施东湖、西湖等七大湿地恢复建设工程,西湖湿地生态修复项目完成种植芦苇9500平方米、东湖湿地生态修复项目完成邓北桥湿地建设工程。生态文明示范村建设完成投资2201.5万元,新建堆粪池3652口共计16202立方米,建成生猪养殖场生物发酵床1650平方米,完成村落污水收集处理设施1554个,建成垃圾焚烧处理站7个。投资2450万元建设邓川污水处理厂及配套管网工程,启动进厂道路建设工程。投资450万元的右所镇污水处理设施全面开工,完成县城老城区截污改造、洱海流域内20家宾馆(饭店)废水排放等整治工程。建成无公害农产品基地9820公顷,完成测土配方施肥推广面积26666.67公顷,建成卫生厩32536平方米、畜禽粪便发酵池3562个。完成乡镇绿化示范带10千米,在县城海尾河、凤羽河及永安江、罗时江河道两侧栽插柳树1.2万株,全年完成营造林9240公顷。新建太阳能中温沼气站5座、沼气池103口,推广高效节能灯7000多只。年内,全县万元生产总值能耗下降5.09%,化学需氧量和二氧化硫排放量分别减少1.5万千克和3.5万千克。

【茈碧湖镇】 茈碧湖镇是县城所在地,面积280平方千米。镇政府驻地海拔2060米。辖玉湖、九台2个社区和大庄、海口、永兴、碧云、果胜、松鹤、哨横、永联、中炼、丰源、文强、巡检、鹅堆13个村民委员会,有90个自然村、222个村民小组。年末,耕地总面积2549公顷,人均耕地0.81亩。全镇总人口57835人,其中农业人口47101人。镇内冷、热水资源丰富,九气台温泉理疗功效神奇,天生磺被明代《浪穹县志》称为"天生之宝"、"其价比金"。温水莲根颇受青睐,"气磺蛋"闻名四方。每年农历六月二十五日开始，在县城举办7～10天的“民族火把节”物资交流会。

2009年，全镇农村经济总收入27299万元，粮食总产量2726.4万千克。农民人均占有粮食597千克，农民人均纯收入3227元。乡镇企业营业收入16189万元。地方财政收入1837万元，支出716万元。

2009年，镇党委书记王利伟，镇长丁畅和（女），镇人大主席杨培先。

【邓川镇】 位于洱源县城东南部，面积56平方千米。距离县城25千米，镇政府驻地海拔1980米。辖新州、旧州、中和、腾龙4个村民委员会，有56个村民小组。年末，耕地总面积567.2公顷，人均耕地0.59亩。全镇总人口16441人，其中农业人口14331人。邓川镇是云南乳品加工业的主要基地，以农用车生产、乳制品加工为重点的邓川工业园区建设初具规模。每年农历八月十五日开始，在沙坝街场举办7～10天的物资交流会（俗称渔潭会），规模仅次于大理三月街。

2009年，全镇农村经济总收入8732万元，粮食总产量715.5万千克。农民人均占有粮食499.3千克，农民人均纯收入3415元。乡镇企业营业收入9380万元。地方财政收入509万元，支出215万元。

2009年，镇党委书记田华，镇长赵荣，镇人大主席张俊权。

【右所镇】 位于县城东南部，面积269平方千米。距离县城22千米，镇政府驻地海拔1971米。辖右所、三枚、梅和、中所、团结、西湖、幸福、温水、松曲、永安、陈官、焦石、腊坪、起胜14个村民委员会，有105个自然村、163个村民小组。年末，耕地总资源2353.6公顷，人均耕地0.65亩。全镇总人口55873人，其中农业人口54189人。永安江、弥苴河、罗时江蜿蜒镇境，西湖、东湖、绿玉池镶嵌沃野，西湖是国家级湿地公园，右所是闻名遐迩的高原水乡。有下山口、城西、温水等自然出露的温泉，是旅游观光、度假休疗的理想之地。据灌溉之利，享渔田之饶，被誉为“鱼米之乡”。是县内大蒜、烤烟的主要种植区，奶牛、生猪存栏名列各镇乡之首。

2009年，全镇农村经济总收入50043万元，粮食总产量2505.4万千克。农民人均占有粮食462千克，农民人均纯收入3327元。乡镇企业营业总收入17934万元。地方财政收入756.33万元，支出647.39万元。

2009年，镇党委书记赵栋葵，镇长董占雄，镇人大主席杨仁秀。

【三营镇】 位于洱源县东北部，面积277平方千米。距离县城15千米，镇政府驻地海拔2110米。辖三营、士登、永胜、共和、新联、永乐、大坪、石岩、白草、新龙10个村民委员会，有90个自然村、153个村民小组。年末，耕地总资源3131.53公顷，人均耕地1.29亩。全镇总人口39918人，其中农业人口38430人。镇内土地面积广阔，是商品粮及烤烟的主要种植区，也是滇西最大的中药材集散地。每年农历二月十五日起，举办5～7天的“庄稼会”，极富地方风味的“毛驴汤锅”是会期最受欢迎的滋补佳肴。

2009年，全镇农村经济总收入22621万元，粮食总产量3258万千克，农民人均纯收入3289元，乡镇企业营业收入7820万元。地方财政收入1316万元，支出1050万元。

2009年，镇党委书记杨泽亮，镇长李中正，镇人大主席卞乃江。

【牛街乡】 位于洱源县北部，面积267平方千米。距离县城18千米，乡政府驻地海拔2115米。辖牛街、西甸、西坡、大同、太平、白塔、上站、龙门、福田、福和、松坪11个村民委员会，有64个自然村、133个村民小组。年末，耕地总资源1834.8公顷，人均耕地1.05亩。全乡总人口23807人，其中农业人口22756人。农牧业是该乡的重点产业，主产水稻、玉米、蚕豆，特产荷包豆、檀香鱼。

2009年，全乡农村经济总收入11884.5万元，粮食总产量1280.2万千克。农民人均占有粮食563千克，农民人均纯收入3056元。乡镇企业营业总收入8100万元。地方财政收入145万元、支出480万元。

2009年，乡党委书记李映春，乡长尹仕娥（女），乡人大主席花志昌。

【凤羽镇】 位于洱源县城西南部，面积195平方千米。距离县城18千米，镇政府驻地海拔2210米。辖凤翔、源胜、上寺、白米、江登、凤河、庄上、振兴、起凤9个村民委员会，有43个自然村、121个村民小组。年末，耕地总面积2216.31公顷，人均耕地1.04亩。全镇总人口33036人，其中农业人口32048人。凤羽镇是州内商品粮生产区和油菜重点种植区。旅游景点清源洞、鸟吊山久负盛名。2001年4月凤翔古镇被命名为省级历史文化名镇。

2009年，全镇农村经济总收入17363万元，粮食总产量1818.5万千克。农民人均占有粮食566千克，农民人均纯收入2984元。乡镇企业营业收入5835万元。地方财政收入231.54万元、支出433万元。

2009年，镇党委书记李昌（任至12月）、李树林（12月起任），镇长李树林（任至12月），代理镇长马明（12月起任），镇人大主席字力辉。

【炼铁乡】 位于洱源县西部，面积247平方千米。距离县城52千米，乡政府驻地海拔2040米。辖炼铁、新庄、前甸、北邑、江旁、茄叶、翠屏、长邑、田心、纸厂、牛桂丹11个村民委员会，有129个自然村、134个村民小组。年末，耕地总资源1688公顷，人均耕地1.13亩。全乡总人口23146人，其中农业人口22297人。该乡是省列506个、州列47个扶贫攻坚乡之一。核桃、板栗产量高、品质好，松茸、牛肝菌等资源开发势态良好。每年农历七月初六起，在炼铁乡举办为期5天的物资交流会。

2009年，全乡农村经济总收入10582万元，粮食总产量1129.5万千克。农民人均占有粮食507千克，农民人均纯收入2781元。乡镇企业营业总收入万元。地方财政收入335.2万元、支出502.3万元。

2009年，乡党委书记杨碧文，乡长李纯（任至10月），代理乡长李银政（12月起任），乡人大主席张隆康。

【乔后镇】 位于洱源县西北部，面积505平方千米。距离县城70千米，镇政府驻地海拔1870米。辖乔后、大集、源安邑、柴坝、大树、温坡、丰乐、文开、永新、黄花、新坪11个村民委员会，有103个自然村、123个村民小组。年末，耕地总资源1675.6公顷，人均耕地1.16亩。全镇总人口21675人，其中农业人口19181人。该镇除乔后河谷区外，多为高寒山区，野生植物和矿藏资源丰富，是云南主要的岩盐生产基地。

2009年，全镇农村经济总收入7662万元，粮食总产量917.8万千克。农民人均占有粮食479千克，农民人均纯收入2484元。乡镇企业营业收入3492万元。地方财政收入368万元、支出590.4万元。

2009年，镇党委书记杨永胜，镇长何家伟，镇人大主席张景文。

【西山乡】 位于洱源县西南部，面积

517平方千米。距离县城92千米,乡政府驻地海拔2500米。辖西山、建设、胜利、团结、立坪5个村民委员会,有204个自然村、131个村民小组。年末,耕地总资源1207.2公顷,人均耕地1.40亩。全乡总人口13223人,其中农业人口12925人。主体民族为白族,杂居少数彝族,三分之二的人口居住在海拔2500米以上的高寒山区。西山白族文化古朴纯厚,被称为"仙女撒歌"的地方,"里格高"被誉为白族歌舞的"活化石"。2001年6月,西山乡被列为全省贫特困重点扶持乡。

2009年,全乡农村经济总收入6401万元,粮食总产量590.4万千克。农民人均占有粮食451千克,农民人均纯收入1562元。乡镇企业营业收入万元。地方财政收入47.28万元、支出335.65万元。

2009年,乡党委书记李士元(任至12月)、余利斌(12月起任),乡长余利斌(任至12月)、代理乡长李培钧(12月起任),乡人大主席罗茂昌。

(《洱源县》由杨树星、李志诚、杨国培撰稿)

剑 川 县

【自然概貌】 剑川县位于云南省西北部、大理州北部。东连鹤庆县、南接洱源县、西靠兰坪县、北邻玉龙县。地跨北纬26°12′~26°42′,东经99°33′~100°33′。地势西北高东南低,东部、中部、西部为高山山地地带,山脉河谷呈南北向分布,盆地、河谷间杂分布。县境东北金华坝镶嵌着淡水湖泊剑湖,全县东西相距58千米、南北纵横55千米。总面积2250平方千米,山区面积占90%以上,盆地占7%,其余为湖泊、河流,属高寒山区农业县。距大理白族自治州州府所在地下关126千米、距省会昆明市460千米。属南温带高原型季风气候,长冬无严寒、短夏无酷暑。年温差小、日温差大。由于受海拔与地形影响,呈环境立体型气候,有"一山分四季、隔里不同天"的特征。年降水量652.6毫米,年均气温12.3°C,年均日照2368.6小时,平均霜期165天。有晚霜重冻、降温过早、干旱、洪涝、冰雹等自然灾害,为地震多发地区。

县境地处滇西北要冲,素为战略要地。滇藏公路开通后,剑川成为扼滇西北陆路交通咽喉重地,史有"全滇保障"之称。

【建置沿革】 剑川于元代建县,明清建剑川州,民国二年(1913年)恢复剑川县建制。1949年10月滇西北行政专员公署在剑川成立,1949年12月底改设为丽江行政专员公署。1956年8月剑川县划属大理专区,11月大理白族自治州成立,剑川仍属大理州。1958年剑川、洱源、邓川3县合并称剑川县。1961年9月,洱源(含邓川)从剑川分出,剑川县恢复原建制。

【行政区划】 2009年,剑川县辖5镇3乡93个村民(社区居民)委员会。

【经济综述】 2009年,剑川县完成地区生产总值111571万元,其中第一产业30052元、第二产业47649万元、第三产业33870万元。完成现价工业总产值10.95亿元,下降35.64%。固定资产总投资47011万元。消费品零售总额3.5亿元,同比增长16.4%。财政总收入1.43亿元,比上年下降10.14%,其中地方一般预算收入9362万元,比上年增长23.01%。财政支出4.97亿元,比上年增长32.25%。金融机构各项存款余额14.43亿元。各项贷款余额7.73亿元,增长49.3%。招商引资实际到位资金1.25亿元。农村经济总收入6.42亿元,增长12.26%。农民人均纯收入2045元,同比增长15.21%。粮食总产量7132万千克,比上年增长2.55%。发放农业综合补贴1495万元、农机具补贴150万元,发放家电、汽车、摩托车下乡补贴198万元。收购烟叶7.15万担,比上年增长22.36%;烟农收入5766.86万元,增长34.6%;实现烟叶税1217万元,增长29.19%。投资1274万元新建密集式烤房490座,投资626.61万元建成烟水工程3件。畜牧业产值2.8亿元,比上年增长9.22%。

编制了5333.33公顷中低产田地改造规划,改造中低产田地390公顷,超额完成州下达106.7公顷的改造任务;编制了12万公顷林产业发展总体规划,完成泡核桃年度规划种植面积。实施封山育林4000万公顷、人工造林1780公顷。集体林权制度主体改革工作通过省、州复查验收,成立了林权流转管理服务中心。9个"整体推进"村完成投资3358万元,占计划数的124%。金华镇南门社区小康示范村建设通过了州级验收。

编制了《2009~2015年农业产业化发展规划》,涉及7大类34个项目。共争取到国家扩大内需项目26个,总投资1.6亿元,到位资金1.38亿元,筹措配套资金1893万元。投资1.96亿元的老君山水库建设工程完成投资4016万元,2009年10月30日顺利截流;大岗场水库一期、双河水库一期和永丰水库除险加固工程全面完工。投资2200万元实施21个农村公路通达工程,改造公路86.1千米。投资2400万元的剑云公路一期工程全面完工,剑兰二级公路改造项目全线开工。

招商引资实际到位资金1.25亿元,完成年初目标任务3亿元的41.6%。投资2200万元的城南商住小区建设工程竣工。编制了《214国道县城段基础设施及立面景观提升改造规划》和《剑川古城早街整治规划》。

【人口 民族】 年末总人口176518人。在总人口中,按性别分,男88800人、女87718人;按职业分,农业人口159033人、非农业人口17485人;按户数状况分,农业户37716户、非农业户8091户。白族160432人,占总人口的90.9%;汉族6280人,占总人口的3.6%;彝族4922人,占总人口的2.8%;傈僳族2191人,占总人口的1.2%;回族1256人,占总人口的0.7%;纳西族1224人,占总人口的0.7%;哈尼族、壮族、傣族、苗族、瑶族、布朗族、怒族、藏族、普米族、独龙族、蒙古族、满族、水族、布依族等14个民族及其他民族的人口均在1~85人之间。人口自然增长率3.96‰。

【国土资源】 全年出让土地44宗,收取土地出让金1057.64万元。其中招标、拍卖、挂牌出让5宗,出让面积1.60公顷,收取土地出让金736.46万元。划拨用地4宗12.51公顷,协议补办出让35宗,出让面积6.40公顷,收取出让金321.18万元。对盘龙小区以东地块进行收储,面积21亩,垫付土地成本114万元。全年共调查集体土地5000宗,发放集体土地使用证2000本。办理国有土地使用证104宗,办理土地抵押108宗。受理土地权属争议16件,办结率100%。

【人民生活】 农民人均纯收入2045元(人均纯收入3000~3500元的有2个村、人均3500~4000元的有2个村),比上年增长15.21%。城镇居民存款余额8.89亿元,比上年增长18.63%。全县职工年平均工资26091元，居民消费价格总指数99.9。

【农　业】　全县小春生产主要完成666.67公顷啤大麦高产示范推广种植、666.67公顷油菜种植项目，完成大棚蔬菜、春蒜、冬早蔬菜、菜用蚕豆等冬季农业开发示范项目及灯盏细辛、秦艽、地参等新兴特色产业培植试验示范项目。大春生产主要完成133.33公顷脱毒马铃薯高产示范推广种植、666.67公顷玉米高产示范、38.78公顷高寒粳稻优质高产良种选育与应用、10.67公顷杂交玉米良种选育试验与应用、10公顷芸豆引种及规范栽培示范、剑粳6号连片1700公顷示范，完成中药材333.33公顷、冷凉型蔬菜100公顷和测土配方施肥等新兴特色产业和项目。全县6个推广乡镇完成小春作物电脑农业专家推广面积1866.67公顷、示范面积406.67公顷、样板面积83.33公顷。

【畜牧业】　2009年，畜牧业产值（现行价）28006.01万元，比上年增长9.3%。生猪存栏16.99万头，出栏14.56万头，肉产量12919吨，产值13749.09万元，分别比上年增长6.3%、4.6%、8.2%和7.5%。肉牛存栏7万头，出栏3.82万头，肉产量4933.7吨，产值6734.58万元，分别比上年增长7.7%、8.0%、15.9%和13.4%。羊存栏11.87万只，出栏8.41万只，肉产量1544.4吨，产值2192.25万元，分别比上年增长4.8%、8.0%、8.4%和8.9%。奶牛存栏6442头（其中能繁母牛4355头），比上年增加423头；奶牛业产值2431.61万元。肉类总产量20257.5吨、奶类总产量18558.54吨、禽蛋总产量928吨，分别比上年增长8.35%、4.41%和1.84%。

【水　利】　2009年4月23～24日，剑川县满贤林水库竣工并通过大理州水利局验收，被评定为优良工程；6月10～11日，州发改委、州水利局组织对剑川县玉龙水库进行竣工验收，被评定为合格工程。老君山大坝主体及附属工程开工，大干场水库除险加固工程于5月25日竣工。永丰水库除险加固工程于1月16日开工，7月20日竣工。

【林　业】　完成"天保"森林管护面积16.64万公顷、人工造林333.33公顷、封山育林1333.33公顷。扩大内需新增"天保"公益林3333.33公顷（封山育林2666.67公顷、人工造林666.67公顷），其中红旗林业局实施封山育林1333.33公顷、甸南镇实施封山育林1333.33公顷；人工造林666.67公顷，布局在金华镇548.4公顷、甸南镇118.27公顷。

2009年，剑川县发生较大森林火灾1次，比州政府下达的11次指标少10次；森林受害面积3.8公顷，比州政府下达的控制指标116公顷少112.2公顷；森林受害率0.025‰，比州政府下达的控制指标1‰少0.975‰；森林火灾案件查处率100%，比州政府下达的指标85%高15%；全年无人员伤亡和重特大森林火灾发生。经州政府森林防火考核检查组考核，剑川县得分97分，名列全州第二。

【工　业】　2009年全县有企业4663个，比上年同期4185个增加478个；从业人员20206人，比上年同期20042人增加164人。七大行业完成增加值45793万元，营业收入127136万元，现价产值129283万元，利润总额5764万元，上交税金6363万元，劳动者报酬10934万元。其中累计完成工业增加值36100万元，比上年同期49573万元下降27.2%（其中规模以上重点企业完成20332万元，占总数的56.2%）。累计完成现价工业总产值109530万元，比上年同期170176万元下降35.6%。其中15户重点企业累计完成现价产值75851万元，占全县工业总产值109530万元的69.2%。累计完成工业销售收入94822万元，比上年同期154552万元下降38.6%（其中规模以上重点企业完成51869万元，占总数的54.7%）。实现利润总额2340万元，比上年同期7811万元下降70%（其中规模以上重点企业亏损2345万元，占总数的－102%）。应交税金5310万元，比上年同期8692万元下降38.9%（其中规模以上重点企业完成3379万元，占总数的63.3%）。

【交　通】　2009年，投资2200万元实施了21个农村公路通达工程项目，改造公路86.1千米；投资2400万元的剑云公路一期工程全面完工，剑兰二级公路改造项目全线开工。老君山镇桑树村公路、美水村公路、马登下坡头村公路、甸南镇发达村公路竣工，其它农村公路建设项目正在实施。

全年客运量58.33万人，客运周转量7847.20万人千米；货运量107.24万吨，货运周转量17710.92万吨千米。

全年共处理路政案件12起，取缔违法建筑2处50平方米，清理占用公路堆积物22处1200立方米，拆除违法搭棚2处15平方米，拆除围栏圈地占用公路用地5处85平方米，依法收回公路路产270平方米，路政恢复率96%。

【邮　电】　完成邮政业务收入420万元，比上年增长2.44%。邮政储蓄金额首次突破1亿元大关。2009年9月，剑川县邮政局被中共大理州委、州人民政府命名为"文明单位"。

电信收入累计完成1037.38万元，完成年计划1139.05万元的91.07%。其中固网业务收入累计完成884.25万元，完成年计划981.50万元的90.09%。

中国移动公司剑川分公司业务收入2820万元，比上年增长12.8%；客户累计6万户，比上年增长25%。2009年，剑川移动分公司被中共大理州委、州人民政府命名为"州级文明单位"。

中国联通公司剑川分公司全年用户3500户，比上年增长25%；业务收入180万元，比上年增长20%；机站数13个，比上年增长25%。

【旅　游】　2009年，剑川县加大旅游设施建设力度。投资140万元建设游客服务中心及管理房、投资50万元建设宝相寺旅游厕所、投资40万元建设三线入地及相关安全防护设施、投资60万元实施景区美化亮化工程、投资50万元实施沙登箐"7·15"地质灾害恢复重建工程、投资70万元改造景区危房（含铺面、厕所、管理房和厢房的改造建设）、投资210万元建设宝相寺移动机站和石钟寺电信CDMA机站。

2009年，接待游客46.59万人次，比上年同期增长10.62%。其中国外游客7520人次，比上年同期增长24.77%。旅游总收入4659万元，比上年同期增长12.89%。

【财政　税收】　2009年，剑川县财政总收入14311万元，完成年初预算17200万元的83.2%，比上年减少1615万元，减幅10.1%。其中：上划中央增值税和消费税3136万元，比上年减少3023万元，减幅49.1%；上划中央和省所得税1810万元，比上年减少341万元，减幅15.9%；上划耕税3万元，比上年减少2万元，减幅40.0%。地方一般预算收入9362万元，完成年初预算8109万元的115.5%，比上年增收1751万元，增长23.0%。全县地方一般预算支出49658万元，完成年初预算42952万元（年初预算19064万元加上上级专项补助23888

万元)的115.6%,比上年增支12110万元,增长32.3%。

国税部门税收收入4810万元,完成年初预算9800万元的49.1%,比上年减少4256万元,减幅46.9%;地税部门税收收入5300万元,完成年初预算5800万元的91.4%,比上年增加440万元,增长9.1%;财政部门非税收入4201万元,完成年初预算1600万元的262.6%,比上年增加2201万元,增长110.1%。

【金融　保险】　2009年,金融机构各项存款余额14.43亿元,比上年增长26.1%;贷款余额7.73亿元,比上年增长49.3%;居民储蓄存款余额8.89亿元,增长18.63%。保险机构完成保费收入2877万元,增长21.9%。

中国财产保险公司剑川支公司保费收入1343.57万元,其中机动车保费873.68万元、企业财产险保费128.35万元、意外健康险保费25.42万元、责任险保费36.13万元、家庭财产险保费6.62万元、农业险(能繁母猪、烤烟、奶牛)保费194.38万元。全年赔款金额564.58万元,实现利润256.84万元,上缴地方财税59.4万元,代扣代缴车船使用税59.26万元。

中国人寿保险公司剑川支公司完成总保费1576万元,比上年1183万元增长33%。在云南省公司评选中进入"全省重点县支公司前50强",综合排名第48位。

【电　力】　2009年,剑川电力有限责任公司发电量8628万千瓦时,比上年同期的12956万千瓦时减少4328万千瓦时,减幅33.4%;售电量11972万千瓦时,比上年同期的17440万千瓦时减少5468万千瓦时,减幅31.35%。销售收入4536万元,比上年同期的7239万元减少2703万元,减幅37.34%。实现税金981万元,比上年同期的1372万元减少391万元,减幅28.50%。亏损1134万元,比上年同期实现利润496万元增亏1630万元。

剑川电力有限责任公司全年共外送培训44期次158人次,技能鉴定送培41人次,涉及17个工种。举办了剑川县首届变电运行、发电运行、配电线路技能大赛,有22个代表队参赛,参赛选手88人。

【教　育】　2009年,普通高考报考、录取情况:全县有851名应往届高中毕业生参加普通高考,其中应届生466人、往届生385人。各科类报考人数为:文科254人、理科584人、文科艺术2人、文科体育3人、理科体育8人。普通高校实考851人,上线人数834人,上线率98%。本科上线456人,上线率53.58%;专科上线378人,上线率44.42%。

全县初中毕业生2760人,有2174人(其中应届毕业生1618人)报名参加中考,共录取1694人。其中:省、州属高中录取217人(含择校生97人);剑川一中高中计划内录取676人(含择校生90人),普通高中录取893人,职业高中录取319人;五年制大专录取11人,中专录取340人,技工学校录取86人,州外职中录取45人。高中阶段入学率61.38%(以毕业生数统计),以实考生统计入学率77.99%。全县成人高考报考人数254人。

【科　技】　2009年科技活动周期间,全县共举办科技培训15场,展出科普展板、挂图76块(张),张贴专题宣传标语45幅,发放实用技术宣传材料1.76万份,发放《科技活动周专刊》700份。提供义务科技咨询5000多人次,发放各类药品(具)价值3000余元。联合剑川电视台在科技活动周播放专题片21场次。

年内,为加强农村实用技术人才培养,县科技局、县科协以农村致富函授技术大学招生办学为重点,招收一年制农函大学员642名。年内合作完成了多样性栽培示范样板1400公顷、推广示范种植4866.67公顷,其中烟套大豆杂豆60公顷、烟套蔬菜6.67公顷、烟套马铃薯5亩。

【文化　体育】　2009年启动乡镇综合文化站建设项目。完成13个"农家书屋"建设项目并通过了国家新闻出版总署的验收。完成1300场免费电影的放映,共放映100场优秀国产影片。投资100多万元,完成全国文化信息资源共享工程剑川支中心和7个乡镇基层服务点的建设工程。投资5万元修缮象图文化站。开展惠农工程项目的论证和申报工作。完成省财政厅加大农村文化建设"一乡一村"文化建设项目——沙溪镇寺登村文化建设项目的申报工作。

组织参加"三月街"文艺演出、明珠广场专场文艺演出。成功举办了纪念剑川"四·二"起义60周年书画展,共展出100件书画作品;与县委宣传部、电信公司联合举办"天翼杯"歌手大奖赛。选送群众演员100人参加第八届中国摄影艺术节暨2009首届大理国际影会非物质文化遗产及民间民俗活动展示,展示了白曲对唱、三弦弹唱和剑川白族集体舞表演等项目。举办了国庆60周年大型文艺晚会。在大理州文化局、剑川县人民政府主办,大理州群艺馆、剑川县文体局承办的大理州第十一届洱海歌手"石宝山杯"民歌大赛中,剑川县文体局选送的《顶则扎》荣获一等奖。以"弹三弦,唱白曲"为主题,举办了2009年石宝山歌会节。

完成全国文化先进县、全国文物先进县的申报和云南省文化先进县的复查工作。完成了剑川霸王鞭、剑川白族布扎、剑川木雕技艺3个项目申报第三批国家级非物质文化遗产名录工作;完成布扎、石龙霸王鞭、东山打歌、剑川木雕、剑川白曲、沙溪白族文化保护区6个项目申报第二批云南省非物质文化遗产工作。公开出版了白族音乐集成《天乐飘落的地方》和《剑川诗选》2本书,与景风诗社合作编辑出版了《景风诗词》第22期。完成海门口遗址和景风阁古建筑群申报国家级重点文物保护单位申报工作。完成第三次全国文物普查田野调查工作,完成西门街古建筑群二期维修工程,完成兴教寺安防、消防工程和防雷工程。

【卫　生】　2009年,有35764户共145334人参加新型农村合作医疗,人、户参合率分别为97.81%、94.51%。参合农民人均筹资20元,全县共筹资290.67万元。农民在乡镇、县级医疗机构住院补偿比例分别提高到80%和70%,住院起付线分别由150元、200元下调至50元和100元,补偿封顶线提高到2万元。全县参合农民55.93万人得到门诊和住院补偿1631.65万元,其中门诊补偿55.09万人次,补偿514.04万元;住院补偿8434人次,补偿1117.62万元。全年可用基金1434万元,透支198万元。

【计划生育】　年初,剑川县政府与州政府签订2009年度创建全国统筹解决人口问题试验区目标管理责任书,开展创建全国统筹解决人口问题试验区的工作。

年内全县出生1598人,人口出生率9.17‰,比州、县下达控制数10‰少0.83个千分点;自然增长率3.96‰。计划外出生28人,占州县下达控制数70人的40%。全县无计划外多孩生育(含流动人口)。施行长效避孕手术1479

例，分别占州、县下达任务数的111.45%和111.20%。计划生育率98.25%，避孕及时率85%。创建全国计划生育优质服务先进县工作于2009年9月13日通过国家人口计生委"国优先进"评估小组评审。

【扶 贫】 2009年，剑川县实施"整村推进"的行政村是金华镇禄寿村，甸南镇永和村，沙溪镇四联村和东南村，羊岑乡中羊村，马登镇文屏村、东华村、马登村，老君山镇桑树村。项目覆盖6个乡镇9个行政村36个自然村47个村民小组，共4049户17245人。9个村共投入资金3358.06万元，占计划数的124.43%。其中：中央和省州补助720万元、县财政补助255万元、部门整合1249.30万元、群众投劳和自筹1040.96万元、信贷资金76万元、其它16.8万元。累计完成新建安居房89户11720平方米，分别占计划数的144%和135%；完成安居房改造357户40568平方米，分别占计划数的101%和103%；院心硬化3062户，完成计划数的105%；粉刷墙体3548户437508平方米，分别占计划数的118%和133%；完成沼气池88口、节能灶3314口，分别占计划数的85%和104%；建设水窖156口，占计划数的156%；修建沟渠10千米，占计划数的123%；完成人畜饮水管道27081米，占计划数的105%；修建人畜饮水蓄水池28口，占计划数的108%；修建卫生厕所3747座，占计划数的100%；修建卫生厩3419户70555平方米，分别占计划数的102%和103%。

【领导名录】 2009年，县委书记刘平，副书记李立钧(白族)，专职副书记李劲松(白族)；县委常委杨福善(白族)、张爱珍(女，白族，任至7月)、张茂兴(白族，7月起任)、张开泰(白族)、杨红祥、赵钱(任至5月)、王兴模(5月起任)、赵成明(白族)、王梅芬(女，白族)、汤培德(4月起任)；县人大主任陈耀全(白族)，副主任杨泮鹿(白族)、李全良(白族)、李晓弟(白族)、施少梅(女，白族)；县人民政府县长李立钧(白族)，副县长赵成明(白族)、王梅芬(女，白族)、刘文忠(白族)、张吉麟(白族)、董洪旺(白族)、杨建华(省下派)、岳宁(省下派，3月起任)；县政协主席尹福舟(白族)，副主席王增鹏(白族，任至7月)、张学会(女，白族)、段宗俊(白族)、苏育新(白族)；县纪委书记杨红祥。

【国家发改委、林业局负责人到剑川调研】 2009年2月14日，国家发改委、国家林业局相关负责人和省林业厅厅长陈义候一行到剑川县调研林业职工棚户拆迁改造项目，县长李立钧汇报工作。

【举行"走进海门口"书籍和专题片首发式】 2009年3月3日，《专家媒体走进大理·剑川海门口》一书和《走进海门口》专题片首发式在下关举行。大理州领导刘明、王以志、杨宴君、张树藩等出席首发式。中共剑川县委书记刘平介绍了《专家媒体走进大理·剑川海门口》一书和《走进海门口》专题片的相关情况。

【洽谈中瑞沙溪复兴三期工程合作项目】 2009年3月17日，中共剑川县委、县人民政府与瑞士方代表就中瑞沙溪复兴三期工程合作项目进行洽谈。

【国家计生委督查组到剑川县督查】 2009年3月17日，国家计生委新增国债投资项目督查组到剑川县，对新增国债投资计生服务站所建设情况进行督查。

【举行"四·二"武装起义60周年纪念活动】 4月2日，由中共大理州委和云南省委党史研究室主办，中共剑川县委、大理州委党史研究室承办的剑川"四·二"武装起义60周年纪念活动在剑川举行。纪念大会由州长何金平主持，县委书记刘平致辞。纪念大会上，省委党史研究室副主任杨泽宇、州委书记刘明及"四·二"武装起义亲历者王寿南先后讲了话，李向红代表全县青年发言。在景风公园缅怀仪式上，杨泽宇、刘明、何金平等省、州领导分别向"四·二"武装起义纪念碑敬献花篮，武装起义老战士王北光代表亲历者敬献花篮、花圈，刘平、陈耀全、李立钧、尹福舟分别代表县委、县人大、县政府、县政协敬献花篮。

【大理州四套班子领导到剑川县调研】 4月2日，大理州四套班子领导到剑川县专题调研城镇规划建设和民族文化旅游工作。在深入调研并听取情况汇报后，州委书记刘明，州人大主任字国顺，州长何金平，州委常委、州委秘书长杨健，州委常委、宣传部部长王以志，州委常委、组织部部长叶翠萍，州人大副主任杨宴君，州政府副州长李红卫、许映苏，州政协副主席寇铸勋等领导对剑川城镇规划建设和民族文化旅游发展提出了要求。

【州长何金平到剑川县调研】 4月2～3日，在州委常委、州委组织部部长叶翠萍的陪同下，州长何金平到剑川马登、工业小区、寺登街、民族中学施工现场调研小城镇建设企业生产、招商引资、旅游文化开发和教育等工作。县领导刘平、李立钧、陈耀全、尹福舟、杨福善、赵成明、汤培德等陪同调研。

【省委副书记李纪恒到剑川县调研】 5月14～15日，省委副书记李纪恒带领省委副秘书长林金宏、省委组织部副部长崔茂虎、省农业厅副厅长张智泽、省扶贫办副主任吴遂等领导，在中共大理州委书记刘明、州委副书记王桂芳的陪同下，到沙溪寺登街、狮河木雕村、海门口遗址、剑湖湿地保护区等地调研。在工作情况汇报会上，州委书记刘明、县委书记刘平分别汇报了大理州、剑川县的工作情况，李纪恒对大理州、剑川县所做的工作和取得的成绩给予充分肯定。

【省水利厅厅长到剑川检查水利基础设施】 6月17日，县委书记刘平、县长李立钧陪同省水利厅厅长周运龙到剑川老君山水库施工现场、金龙河流域检查水利基础设施建设工作。

【剑川县与云南路桥工程集团签订合作协议】 7月28日，县长李立钧代表剑川县人民政府与云南路桥工程集团签订腾龙小区项目开发合作框架协议。

【大理州"石宝山杯"民歌大赛在剑川举行】 9月12～14日，大理州第十一届洱海歌手"石宝山杯"民歌大赛在剑川会堂举行。

【举办石宝山歌会节】 9月16～18日，以"迎国庆、对情歌、颂成就、建和谐"为主题的2009年剑川石宝山歌会节在石宝山举行。省民政厅副厅长李国才、省文史馆副馆长张亚平、普洱市委书记高旭昇、州人大副主任杨宴君、州政协副主席张树藩以及剑川县四套班子领导出席开幕式。州委副书记王雪峰宣布歌会节开幕，县长李立钧致欢迎词。开幕式上，州、县领导为大理州第十一届洱海歌手"石宝山杯"民歌大赛获奖者颁奖，来自剑川、洱源、大理、兰坪、丽江等地的表演队表演了民族特色鲜明的文艺节目。歌会节期间还举办了民歌展演、古乐演奏、民族舞蹈展、篝火晚会及第七届剑川木雕产品展暨民族刺绣品展销等活动。

【国家卫生部血资委检查组到剑川检查】 9月19日,国家卫生部血资委检查组到剑川县检查血吸虫病防治工作。

【省政府督查组到剑川督查】 9月23日,省政府督查组到剑川县督查扩大内需中央投资项目"三个百分百"落实情况。县长李立钧汇报情况,县纪委书记杨红祥陪同督查。

【举行《剑川民族文化》丛书首发式】 9月25日,由云南省民族事务委员会、中共大理州委宣传部主办,中共剑川县委、剑川县人大常委会、剑川县人民政府、剑川县政协委员会、云南省民族出版社承办的《剑川民族文化》丛书首发式在云南民族博物馆举行。省政协副主席顾伯平,省新闻出版局局长张德文,省民委副主任木桢,州委常委、州委宣传部部长王以志,州政协主席袁爱光,州政府副州长洪云龙,州政协副主席寇铸勋及剑川县部分领导出席首发仪式。王以志主持首发仪式,刘平等在首发仪式上讲话,《剑川民族文化》丛书主编王明达介绍了丛书编撰情况。著名白族舞蹈艺术家杨丽萍及云南省文化艺术界、旅游界人士、在昆剑川人士近千人参加首发式。

【《中国白族百村百人》摄制组到剑川县拍摄】 10月10日,《中国白族百村百人》大型影像工程摄制组到剑川县拍摄白族聚居村落历史文化、生产生活和人文地理等方面的真实影像。

【举行剑川县与云南农大科教合作签字仪式】 10月26日,剑川县与云南农业大学《进一步加强科教兴农3+3合作决定》签字仪式在云南农业大学举行。州委副书记王学锋主持签字仪式,剑川县委书记刘平和云南农业大学党委书记张海翔分别在仪式上讲话,县长李立钧和云南农业大学副校长李正跃分别代表双方签字,省委组织部办公室副主任张文旺、省扶贫办外资中心综合处处长束永军受单位领导委托出席签字仪式并讲话。

【狮河木雕协会获科普惠农兴村先进协会称号】 11月23日,中国科协、财政部授予狮河木雕协会"2009年全国科普惠农兴村先进协会"称号。

【州长何金平到剑川县调研】 2009年11月26~27日,在县委书记刘平、县长李立钧等领导陪同下,州委副书记、州长何金平率州政府办公室、州经委、州财政局、州农业局、州水利局等部门的负责人到剑川县上兰工业小区、老君山水库、垃圾处理场、社会福利中心、剑川一中、廉租房、民族中学等地调研,主要调研工业企业恢复生产、重点项目建设、小城镇开发、民生改善工作、"引漾入洱"项目桃园水库前期准备工作、剑湖保护治理等情况。

【省科技厅副厅长罗国权到剑川慰问苏哲家属】 12月30日,中共剑川县委书记刘平、县长李劲松等领导陪同省科技厅副厅长罗国权到甸南镇西中村慰问驻加拿大使馆一等秘书苏哲家属。

【金华镇】 辖东门、南门、西门、北门、城北、向前、文华、金龙、三河、双河、梅园、金和、清坪、永丰、龙营、龙凤、金星、邑坪、新仁、文榜、庆华、桑岭、禄寿23个村民(社区居民)委员会。

全镇总人口52366人,其中非农业人口10945人、农业人口41421人;总户数13766户,其中非农业户3872户、农业户9894户。农业从业人员14220人、工业从业人员1467人、建筑业从业人员2275人、交运仓储和邮政业从业人员896人,信息传输、计算机、服务和软件业从业人员84人,批发与零售业从业人员794人、住宿和餐饮业从业人员268人、其它行业从业人员1697人。全镇经济总收入26185万元,粮食总产量1730万千克。农民人均纯收入2210元,比上年增加290元;所得粮食人均265千克,比上年减少7.67%。财政总收入1385万元,比上年增长51.86%。

全年固定资产投资7050万元,同比增长50%,实施了一大批基础设施建设项目。完成投资21.5万元的金和、梅园村灌溉沟工程,完成投资75万元的永丰、向前、德丰新村排浸沟改造工程,完成投资7.5万元的龙凤拦沙坝工程。投资20万元的向前村沟路配套和灌溉工程、投资8.45万元的金星村沟路配套工程、投资65万元的三河村自来水工程正在建设中。完成投资138.4万元的庆华、龙凤、邑平、文华、金和甸心、向前柳营、金星下江尾村入村及村内道路建设工程,投资60万元的金龙村内道路工程和投资64万元的邑平上太平、下太平、邑头自然村入村道路工程正在建设中。完成投资20万元的东门、西门社区巷道硬化项目,完成投资15万元的西门公共卫生厕所建设项目。完成投资10万元的邑平生猪交易市场厕所建设及线路架设工程,完成投资600万元的双河四家、清坪、庆华、向前村农村电网改造工程。投资630万元建设新仁完小校园和金华一中综合楼,完成投资50万元的桑岭完小等12所中小学校改排危工程。投资536万元实施东岭卫生院和县妇幼保健院整合新建项目。完成投资60万元的向前、永丰村的办公区建设工程,投资80万元的城北社区办公楼正在建设中。投资75万元的龙营村信贷互助资金项目正在建设中,禄寿村"千村扶贫整村推进"项目已完成投资316.3万元。

2009年,镇党委书记张茂兴(任至7月),镇长刘胜云,镇人大主席董又兴。

【甸南镇】 辖天马、白腊、龙门、朱柳、西中、兴水、永和、狮河、海虹、发达、回龙、桃源、印合、白山母、玉华、上关甸16个村民委员会。

全镇总人口33477人,其中非农业人口1490人、农业人口31987人;总户数8560户,其中非农业户1193户、农业户7367户。农业从业人员11703人,工业从业人员1628人,建筑业从业人员1490人,交运仓储和邮政从业人员704人,信息传输、计算、服务和软件业从业人员40人,批发与零售业从业人员314人,住宿和餐饮业从业人员146人,其它行业从业人员2269人。全镇经济总收入11982万元。农民人均纯收入2172元,比上年增加285元。生产粮食1202万千克,比上年增长1.61%。财政收入518万元,比上年增长70万元,增长率15.63%。全镇工业总产值1.65亿元,比上年同期1.8亿元减少8.3%;农业生产总值12150万元,比上年同期10964万元增长10.81%;固定资产投资1550万元,比上年同期1250万元增加300万元,增长24%。

年内全镇共种植烤烟483公顷,完成27020担烟叶收购任务。烟农收入2136万元,比上年增加464万元。合同指标均价每千克16.03元,上等烟比例57.48%,烟农户均收入1.86万元。

2009年,镇党委书记马占全,镇长邵宝玉,镇人大主席陈文显。

【沙溪镇】 辖寺登、石龙、甸头、四联、沙坪、长乐、北龙、鳌凤、东南、华龙、灯塔、溪南、红星、联合14个村民委员会。

全镇总人口22955人,其中非农业人口1153人、农业人口21802人;总户数5845户，其中非农业户794户、农业户5051户。农业从业人员8668人，工业从业人员371人，建筑业从业人员1357人，交运仓储和邮政业从业人员306人，信息传输、计算、服务和软件业24人，批发与零售业从业人员239人，住宿和餐饮业从业人员144人，其它行业从业人员664人。全镇经济总收入7667万元。农民人均纯收入2052元，比上年增加272元。生产粮食1076万千克，所得粮食人均351千克。财政收入458万元，比上年增加83万元，增长22.13%。固定资产投资2440.67万元，比上年增长23.2%。招商引资协议资金1000万元，实际到位资金800万元，比上年增长22.5%。

年内投入102万元完成长乐、甸头、鳌凤、沙坪4个村的烟水工程，新建密集式烤房20群120间。全镇532户烟农共种植烤烟410公顷，比上年增长7.5%；收购烟叶112.889万千克，均价每千克15.35元，比上年增长6.8%；实现产值1732.54万元，户均收入3.26万元；实现烟叶税381万元。

年内完成生猪改良2500头（窝）、肉牛改良1010头、奶牛冻精改良460头、水牛改良105头，推广良种禽1.5万羽。

2009年，镇党委书记高胜军，镇长张益儒，镇人大主席马应武。

【羊岑乡】 辖兴文、杨家、金坪、石登、中羊、六联、新松7个村民委员会。

全乡总人口13415人，其中非农业人口1208人、农业人口12207人；总户数3607户，其中非农业户591户、农业户3016户。全乡经济总收入2815万元。农民人均纯收入1736元，比上年增加239元。生产粮食459万千克，所得粮食人均302千克。财政总收入250万元，比上年增加183万元，增长273.13%。

2009年出栏生猪7208头、肉牛5530头、肉羊9100只，分别比上年增长4.22%、9.16%和8.85%。畜牧业总产值661万元，比上年增长14.6%。

年内给3117户农户发放粮食直补、良种补贴、农资综合补贴等涉农补贴96万元；发放农机具补贴8.86万元，新增农机具17台。兑付退耕还林资金74.07万元。

2009年，乡党委书记李玉成，乡长毛金山，乡人大主席杨振川。

【马登镇】 辖马登、新民、黄花、新华、玉龙、太平、塔登、东华、后甸、文屏、江南、甸所12个村民委员会。

全镇总人口21721人，其中非农业人口1128人、农业人口20593人；总户数5937户，其中非农业户911户、农业户5026户。全镇经济总收入6217万元。农民人均纯收入1858元，比上年增加244元。生产粮食1092万千克，所得粮食人均413千克。财政收入191万元，比上年增加20万元，增长11.70%。

年内投资40多万元治理河滨路段河道。完成投资84万元的马登交警大队办公楼主体工程、投资37.17万元的马登计生服务所办公楼工程、投资17.60万元的大理州救灾物质储备点建设工程。

全年交售烟叶23.31万千克，平均亩产166.49千克，亩产值2519.68元；均价每千克15.61元，比上年增长8.4%；实现产值350万元，比上年增长27.5%。生猪存栏17115头、肉牛存栏6500头、肉羊存栏7940只、驴存栏160匹、骡存栏516匹、家禽存栏2万羽。畜牧业总产值2724万元，比上年同期增长9.8%。

完成固定资产投资2440.67万元，比上年增长23.2%。招商引资协议资金1000万元，实际到位资金800万元，比上年增长22.5%。

2009年，镇党委书记杨建鹏，镇长何建雄，镇人大主席和泽龙。

【老君山镇】 辖富乐、新生、杉树、美水、新和、富民、建基、官坪、启文、官宅10个村民委员会。

全镇总人口17655人，其中非农业人口809人、农业人口16846人；总户数4465户，其中非农业户370户、农业户4095户。全乡经济总收入5969万元。农民人均纯收入2123元，比上年增加275元；生产粮食881万千克，所得粮食人均348千克。财政总收入338万元，比上年减少48万元，减幅12.44%。

2009年，全镇实现工业产值2.2亿元，比上年减少2.69亿元，减幅55%。上交税金820万元。全年生产锌锭2276吨、镉锭1470吨。建基铁矿和富乐铁矿开采矿石31.2万吨，其中铁矿石29.75万吨、石膏矿1.46万吨，实现产值5819万元。

完成马匹改良647匹、黄牛冻精改良80头。为1480头能繁母猪办理了保险。年末全镇大牲畜存栏13730头（匹），出栏5684头（匹），肉产量680.64吨。其中肉牛存栏11287头、出栏5648头，肉产量677.76吨；肉羊存栏6893只、出栏3264只，肉产量65.2吨；生猪存栏14508头、出栏14660头，肉产量1172.8吨。

2009年，镇党委书记段一民，镇长刘兴武，镇人大主席杨树林。

【弥沙乡】 辖弥新、大邑、岩曲、东庄、西庄、文新6个村民委员会。

全乡总人口9186人，其中非农业人口544人、农业人口8642人；总户数2144户，其中非农业户173户、农业户1971户。全乡经济总收入2010万元。农民人均纯收入1699元，比上年增加221元。生产粮食361万千克，所得粮食人均259千克。财政总收入92万元，比上年增加24万元，增长35.29%。

规范化种植烤烟93.33公顷，投资106.4万元新建密集式烤房群38间。收购烟叶23.14万千克，比上年增长26%；烤烟产值351.76万元，比上年增长40%。

完成投资1400万元的马弥公路油路化建设工程、投资170万元的弥象公路弥沙段改直加宽工程，总投资50万元的弥新观音地公路改造项目正在建设中。

2009年，乡党委书记杨锡华，乡长李新奇，乡人大主席段正文。

【象图乡】 辖象图、江头、下登、沽泥盆、丰登5个村民委员会。全乡总人口5743人，其中非农业人口208人、农业人口5535人；总户数1483户，其中非农业户187户、农业户1296户。全乡经济总收入1370万元。农民人均纯收入1682元，比上年增加231元。生产粮食332万千克，所得粮食人均345千克。财政总收入16万元，比上年增加5万元，增长45.45%。

2009年共争取到建设项目10个，到位资金3513.4万元。已完成7个项目，完成总投资2603.4万元。投资648万元的象图至云龙段公路全线通车，投资50多万元的3000公顷核桃基地建设全面完工，投资20万元的沽泥盆办公楼建设项目完工，投资30.4万元的沽泥盆白石登小学、下登村红光小学、大满山红小学建设项目全面完成，投资5万元完成文化站修缮工作，投资1800万元完成35KV象图变电站建设工程。正在实施的4个项目总投资960万元。投资50

万元的下登村惠丰希望小学和松坪希望小学建设进入扫尾阶段，总投资70万元的人饮安全工程已完成投资60多万元，总投资600万元的电网改造工程已完成投资500多万元，总投资240万元的象图中学校舍安全工程已完成投资150多万元。

2009年，乡党委书记张灼林，乡长段军，乡人大主席杨发宝。

（《剑川县》由杨德元撰稿）

鹤庆县

【自然概貌】 鹤庆县位于云南省西北部，地处大理和丽江两大历史文化名城之间，是茶马古道上的文化重镇，素有“泉潭之乡”和“名兰之乡”的美誉，是“大理州的北大门”、“丽江的后花园”，大理、丽江、香格里拉黄金旅游线上的一颗“璀璨明珠”。地跨东经100°01′～100°29′，北纬25°57′～26°42′。东以金沙江与永胜县分津，南临鸡足山与宾川县、大理市接壤，西连马耳山与剑川、洱源两县毗邻，北望玉龙雪山同丽江市玉龙县、古城区交界。全县总面积2395平方千米。

县境内资源丰富，盛产粮食、甘蔗、蚕丝、蔬菜、中草药等，是全国商品粮基地县、省级商品猪基地县、蚕桑基地县；乾酒、火腿、猪肝鲊、当归、蚕丝制品、白绵纸等享誉省内外，储量丰富的金、银、锰、煤、铝、锌、铁、铜矿及膨润土、高岭土为主的非金属矿和丰沛的水能资源为全县的经济发展奠定了坚实的基础。

县境内峰峦起伏、山体连绵，形成山地、丘陵、小盆地、河谷等多种地貌。地势西北高、东南低。南北两端有两个狭长的小盆地：南端的黄坪坝，属低热河谷区；北端的鹤庆坝，属中暖地区。县境西南部矗立着马耳山脉，县境南部是鸡足山脉延伸的四角山、云华山等，鹤庆坝东部横枕着石宝山脉、西部环绕着九顶山脉。金沙江边的龙开口镇洛邑村属全县最低海拔点（1162米），与最高点马耳山主峰海拔（3925米）的高差为2763米。

特殊的地理环境、悬殊的地貌差异，使鹤庆蕴藏着丰富的水能资源，并形成“一山分四季，十里不同天”的立体性气候。县内水系主要为金沙江、漾弓江、落漏河、河川河等。地下水资源丰富，形成众多泉潭（又名龙潭），使鹤庆自古有“泉潭之乡”的美称。鹤庆坝内西山脚一线龙潭尤多，汇成川流不息的水源，形成以母屯草海为中心，水域宽阔的天然草海湿地，使鹤庆成为有名的“鱼米之乡”。鹤庆坝属南亚热带与温带之间的过渡性气候区，为冬春干旱、夏秋多雨的高原季风气候，具有雨热同季，干湿分明，年温差小，日温差大的特点。年均降雨1059.6毫米，年均气温13.6℃，年均日照2293.6小时，年均无霜期210天。因受地理环境的影响，低温冷害、暴雨、冰雹等自然灾害频繁。

县城云鹤镇位于鹤庆坝子中部，海拔2175米，离省城昆明480千米，距州府大理128千米，离丽江机场14千米。大丽公路横贯境内6个乡镇。

【行政区划】 全县辖辛屯镇、草海镇、云鹤镇、金墩乡、松桂镇、西邑镇、黄坪镇、六合乡、龙开口镇7镇2乡，共设113个村民委员会、2个社区居民委员会。

【人口 民族】 2009年末，全县总人口274917人，其中非农业人口23789人，占总人口的8.65%；农业人口251128人，占总人口的91.35%。境内共同居住着汉族、白族、彝族、傈僳族、苗族、回族等民族，其中，汉族90118人，占总人口的32.78%；白族161547人、彝族14438人、傈僳族4908人、壮族809人、苗族1444人、纳西族710人、回族72人、藏族228人、傣族214人，此外还有哈尼族、佤族、普米族、布依族、独龙族、满族、拉祜族、瑶族、景颇族、布朗族、怒族、蒙古族、阿昌族等外来少数民族429人。全县少数民族人口184799人，占总人口的67.22%。2009年出生人口3099人，全年死亡人数1394人，人口自然增长率4.26‰。

【经济综述】 2009年，全县完成地区生产总值203538万元，其中第一产业完成57191万元、第二产业完成88314万元、第三产业完成58033万元。三次产业结构比例为27∶46.4∶26.6。财政总收入2.82亿元，同比增长18.2%。工农业总产值35.15亿元，比上年增长19.3%（其中现价工业总产值23.57亿元，比上年增长24%；农业总产值11.58亿元，比上年增长10.85%）。农村经济总收入18.39亿元，比上年增长14.3%。社会消费品零售总额4.98亿元，比上年增长17%（其中批发零售贸易业4.27亿元，增长17.76%；住宿和餐饮业0.58亿元，增长10.95%；其它行业零售额0.12亿元，增长21.59%）。固定资产投资累计完成280312万元。

【人民生活】 2009年，全县经济快速发展，城乡居民收入稳步提高，人民生活不断改善。城镇居民人均可支配收入、农民人均纯收入分别为10879元和2986元，同比增长10.09%和27.06%。

全面落实强农惠农政策，兑现农资综合补贴1570万元，良种及种粮直补477.8万元，农机具购置补贴420万元，家电及汽车、摩托车下乡补贴383万元，能繁母猪补贴302.41万元。累计投入资金5577.9万元，完成了9个行政村的“千村扶贫开发，百村整体推进”项目，新建安居工程606户、改造803户，建成沼气池316口、节能灶1555座。投资740万元，完成1700户农村民居地震安全工程。共筹集农村公益事业“一事一议”财政奖补资金1993.48万元，实施了小型农田水利工程20项，硬化村庄道路406条10.83千米。投资1909万元，解决了21941人的安全饮水问题。全县广大农村居民生活条件、人居环境、生活质量有了明显的改善和提高。

【社会保障】 积极开展“贷免扶补”工作，提供贴息贷款615万元，扶持123人实现创业带动就业。为45名下岗失业再就业人员提供小额担保贷款135万元，补助下岗失业灵活就业人员社保补贴101万元，182人享受失业再就业人员税费减免12.4万元。城镇登记失业率控制在4.5%以内。社会保障体系进一步完善，全县城镇职工基本养老保险参保5815人，工伤和生育保险参保3187人，失业保险参保5081人，城镇职工医疗保险参保11509人，累计收取社保基金3171.1万元，支付社保基金2597.6万元；城镇居民医疗保险参保8571人，支付医保基金61.5万元；关闭、破产企业退休人员1248人全部一次性参加医疗保险。城乡居民最低生活保障政策全面落实，全县10857户22781人享受城乡低保，共发放低保金2199.29万元。累计发放救灾救助资金283.2万元；农村“五保”对象集中供养、贫困家庭危房改造、残疾人安居工程建设等工作顺利开展。

【城镇化建设】 2009年，完成了《鹤庆县城至新华片区控制性详细规划》和《鹤阳东路延长段片区控制性详细规划》的编制工作；以完善功能、改善人居环境、提升形象和品位为主的市政设施改造完成投资2127.3万元，组织实施了县城道路、公厕、停车场、绿化、亮化等市政工程建设。全年共建成商品房6600

平方米。投资1.2亿元,建筑面积10万平方米的廉租房建设完成投资8616万元,占总投资的71.8%;竣工面积5.71万平方米,占总面积的57.1%。兴鹤路南延段拆迁和县城至火车站连接线拆迁改造工程顺利推进、县城垃圾处理场建设已完成投资2331万元、县城污水处理厂及配套管网工程开工建设。成立了城市管理局和城市管理综合执法局,县城管理水平提高。县城规划区面积11平方千米,人均公共绿地面积7.1平方米,绿化率6.3%。以辛屯、松桂、黄坪、龙开口镇为重点的小城镇建设有进展,城镇化水平有所提升,全县城镇化率23.33%。

2009年,全县新增有线模拟电视用户508户,有线模拟电视用户总数26817户;新增有线数字电视用户740户,有线数字电视用户总数7950户。全县广播电视宽带用户共有450户,互联网用户677户、固定电话用户1.66万户、移动电话用户11.09万户。广播、电视覆盖率分别为100%和98.7%。

【农　业】 2009年,全县完成农村经济总收入18.39亿元,同比增长14.3%。农业总产值4.4亿元,同比增长13.9%。全年粮食播种面积23363.07公顷,粮食总产量11.8万吨,同比增长4.97%。种植烤烟1790.47公顷,收购烟叶10.49万担,烟农收入7387.85万元;种植甘蔗2646.67公顷,收购甘蔗15.49万吨,蔗农收入3636万元;养蚕4.26万张,蚕农收入3617万元。

相继实施了总投资1396.85万元的辛屯镇、草海镇、金墩乡土地开发整理项目,完成投资1713万元的黄坪镇财丰、投资2713万元的围子田一期土地开发整理项目,启动辛屯镇新登等10个村土地开发整理项目。全年新增耕地1126.67公顷,全县耕地面积实现了占补平衡、尚有节余和总量不减、质量不降的目标。完成了《鹤庆县土地利用总体规划》修编,预留建设用地1666.67公顷,为全县2010~2020年期间的经济建设、工业发展、项目建设提供了良好的土地资源保障;完成了《鹤庆县2009~2020年中低产田地改造规划》编制工作,投入625万元完成中低产田地改造442.4公顷,建设高稳产农田12920公顷。农业血防水改旱277.93公顷建设任务圆满完成,农业综合开发项目顺利实施。

【畜牧业】 2009年,畜牧业总产值5.84亿元,比上年增长4.37%。年末大、小牲畜存栏69.58万头,比上年增长0.98%。其中生猪存栏24.45万头、羊存栏11.37万只。肉类总产量41280吨,比上年增长0.3%。全年出栏生猪41.8万头、牛2.4万头、羊11.8万只。

【林　业】 集体林权制度改革全面完成,退耕还林、封山育林和天然林保护工程全面实施。巩固退耕还林成果1400公顷,完成泡核桃种植12166.67公顷,完成"天保"公益林建设466.67公顷,实施森林管护面积135466.67公顷。全县森林覆盖率49.36%。林业总产值6501万元,比上年增长12.45%。

【水　利】 2009年,投入农田水利建设资金6711万元,累计完成水利建设工程2084件。新增灌溉面积146.67公顷,改善灌溉面积1213.33公顷。完成西龙潭水库一、二期和松桂水库、大龙潭水库除险加固工程,实施了漾弓江河道治理一期4.6千米和西甸大沟3.8千米防渗改造等水利工程。金墩映虹河一期小流域治理工程全面完成,治理水土流失面积15平方千米。投资900万元的草海农业湿地保护管护区工程顺利实施。

【乡镇企业】 2009年,全县乡镇企业完成现价总产值10.45亿元,比上年增长18.21%;实现营业收入9.76亿元,比上年增长20.05%。"万村千乡市场工程"建设顺利推进,全县行政村农家店覆盖率达90%以上。全县有非公企业176户、个体工商户5383户,从业人员1.22万人,注册资金5.98亿元。社会消费品零售总额4.98亿元,同比增长17%。

【旅　游】 以"银都水乡"新华村4A级景区建设为重点,旅游基础设施建设进一步加强,新华村4A级景区建设项目通过国家验收;整顿旅游市场秩序成效明显,旅游市场经营行为进一步规范,酒店、餐饮等服务行业的服务质量和服务水平进一步提高。全年共接待中外游客218.11万人次,同比增长4.61%;旅游业总收入12.94亿元,同比增长24.42%。

【工　业】 2009年,积极支持工业企业技改扩能、新建项目。完成科鑫公司年产7万吨石油压裂支撑剂和大理星球太阳能公司扩能技改项目建设。北衙矿业有限公司日处理4000吨铁金矿选冶、凌云资源综合利用有限公司年产40万吨球团铁烧结项目进展顺利。大理三德水泥有限公司年产100万吨新型干法水泥熟料生产线和配套低温余热发电项目通过审批,溢鑫公司铝土矿资源外业勘查工作顺利开展。全年共签订招商引资协议6个,实际利用县外资金12.22亿元,同比增长40.76%。完成现价工业总产值23.57亿元,同比增长24%。完成工业增加值7.81亿元,同比增长25.7%。全县规模以上工业企业实现利税2.66亿元,上缴税金1.34亿元,同比分别增长13.5%和28.1%。主要工业产品产量:原煤79781吨,比上年增长6.16%;发电量37509万度,比上年减少17.16%;白糖18730吨,比上年增长1.46%;酒精1964千升,比上年增长21.09%;白酒2052千升,比上年减少2.05%;铁合金29328吨,比上年增长24.48%;锰矿石76807吨,比上年增长2.15%;黄金2201.48千克,比上年增长125.34%;铁精粉161180吨,比上年增长61.35%;生铁78324吨,比上年增长10.49%;水泥797524吨,比上年增长296.51%;白银3003.44千克,比上年增长432.91%;太阳能真空管246万只,比上年增长123.43%;白厂丝95.37吨,比上年减少5.1%。

节能减排完成预定目标,万元生产总值能耗同比下降4.95%。

【交通　邮电】 2009年,投资7828万元,全面完成全长87.3千米的西邑至黄坪、松桂至六合、新华村经大龙潭至大丽公路通乡油路工程和全长3.3千米的县城至白龙潭二级旅游公路及总长108.1千米的19个通达工程项目。开工建设中江麻拐旦大桥和东山公路。全年货运量413万吨,货运周转量18617.43万吨千米;客运量67.04万人,客运周转量7704万人千米。全年邮电业务总量2142万元。

【固定资产投资】 2009年,全县共完成固定资产投资28亿元,同比增长19.08%。其中:城镇投资24.27亿元,同比增长11.86%;农村非农户投资2.67亿元,同比增长81.6%;农村私人投资0.54亿元,同比增长75.4%;房地产开发投资0.15亿元,同比增长34.8%。

【财政　税收】 2009年,全县财政总收入2.82亿元,同比增长18.2%;完成地方一般预算收入1.5亿元,同比增长8%;一般预算支出7.26亿元(含专款),同比增长28.4%。完成各项税收2.59亿元,同比增长24.32%,其中国税部门税收收入1.2亿元,比上年增收0.19亿元,增长18.82%;地方税务部门税收收入1.39亿元,比上年增收0.32亿元,增长29.52%。

【金融　保险】 2009年末,全县金融机构各项存款余额30.61亿元,比上年增长20.93%。其中城乡居民储蓄存款余额18.77亿元,比上年增长25.1%。金融机构各项贷款余额21亿元,比上年增长81.34%。

【科技　教育】 2009年,科技工作突出抓项目实施和管理、项目的储备和申报、知识产权保护、科普及科技培训等工作。全县有5个项目列入云南省科技计划项目,申请专利5项,授权3项。发放科普资料6万余份。组织以葡萄和核桃种植、畜禽防疫、农作物病虫害防治等为内容的农村实用技术培训44场(次),参训2200人(次)。

全县教育事业健康发展。年内完成投资3128.4万元,新建中小学校舍30569.43平方米。西部地区农村初级中学校舍改造工程顺利实施,金墩、松桂初级中学项目建设全面完成,义朋、彭屯初级中学项目进展顺利;职业中学综合教学楼建成投入使用。"两免一补"政策全面落实,共发放农村义务教育阶段贫困家庭寄宿制学生生活补助664.34万元,累计发放中小学免费教科书64491套。教育教学质量稳步提升,高考上线率97.42%,小学适龄儿童入学率99.69%,初中毛入学率112.22%,职业中学毕业生推荐就业率98%。

【文化　体育　卫生】 文化、体育、卫生工作取得较好成绩。继续开展"2131"农村电影免费放映工作,共免费放映电影1121场,观众18万多人(次),覆盖率98%;文化市场稽查共出动166人(次),查缴盗版音像制品464盘(张)、盗版出版物256册(本);普查登记了114个文物对象,复查对象23个,新发现对象91个;全年外借图书84983册次、内阅54954人(次),总流通139937人册次。全县共配送34套篮球架,分别配送到9个乡(镇)的34个村委会;申报完成17个农民体育健身工程,把17个农民体育健身工程安排到8个乡(镇)17个村委会;17个村委会各建设了1块804平方米的标准篮球场;组建鹤庆县少年中长跑代表队并参加2009年大理州中长跑比赛,获男子团体和女子团体冠军。

人口与计划生育工作得到加强,全县人口自然增长率4.26‰。计划生育"奖优免补"政策全面落实,共兑现资金207.8万元。

县乡村三级卫生服务体系进一步健全,卫生保障能力和服务水平不断提高。新型农村合作医疗进一步巩固,参合人数23.18万人,参合率93.3%;全年补偿合作医疗基金2498.52万元。认真组织实施"降消"项目,年内救助农村孕产妇1652人,救助资金62.71万元,无新生儿破伤风病例发生。疾病预防控制工作进一步加强,采取对全县城乡居民免费服用中药大锅药等预防措施,未发生甲型H1N1流感疫情,其它传染病、地方病发生率下降;血吸虫病防治达到国家传播控制标准。县人民医院医技综合楼、县妇幼保健院门诊综合楼和金墩、西邑卫生院住院楼建设相继完成,乡镇卫生院和村卫生室设备能力项目建设顺利推进。

【领导名录】 2009年,中共鹤庆县委书记单进园(女,白族),副书记段智深(白族)、李六八(白族);县委常委张根惠(白族,任至8月)、李六八(白族)、彭晓源、李建华、黄瑞云(女,任至7月)、杨赵义(彝族)、寸清华(白族)、王耀、杨永忠(8月起任)、杨桥枢(白族,1月起任);县人大主任李汝林(白族),副主任廖瑞芬(女)、李如森(白族)、杨耀清(白族)、杨鑫(白族);县人民政府县长段智深(白族),副县长张根惠(白族,任至8月)、寸清华(白族)、马孟杰(回族)、李镜(女,白族)、李增堂(白族)、马洪斌(回族)、江志刚(中船集团下派);县政协主席李玉梅(女,纳西族),副主席龚荣桂(彝族)、陈万宝(白族)、李六四(白族)、杨鸿斌(白族,1月起任);县纪委书记杨赵义(彝族)。

【加强政府自身建设】 2009年,全县深入开展学习实践科学发展观活动,切实加强政府系统思想作风建设,科学发展意识增强,科学发展能力和水平进一步提高;政府"经济调节、市场监管、社会管理、公共服务"职能进一步发挥,社会管理工作全面加强。高度重视信访工作,扎实开展社会热难点问题排查调处化解工作,全县信访总量呈下降趋势,社会热难点问题逐步减少。继续保持对刑事犯罪的严打高压态势,治安防范网络进一步完善;禁毒工作全面开展,"五五"普法工作顺利实施,全民法制意识显著提高,社会治安形势明显好转。认真贯彻执行责任政府四项制度,加强责任政府建设,进一步健全和完善政府与工会、商会等各类社会组织分工协作的社会管理机制,社会和谐发展。按照阳光政府四项制度的要求,开展阳光政府、诚信政府建设,城乡居民依法对经济事务、社会事务享有的知情权、参与权、表达权和监督权得到了充分尊重;政府信息公开及信息直通车工作全面开展,政府管理、政务运行的透明度不断增强。全年共通过政府信息公开门户网站发布信息1779条,依法举行听证事项3项,公示重要事项58项,通报重点工作58项。

【城市生活垃圾处理场开工建设】 2月10日,位于金墩乡象眠山的鹤庆县城市生活垃圾处理场开工建设。该工程总投资3237.38万元,采用卫生填埋工艺,总库容91.5万立方米,平均日处理生活垃圾135吨,服务年限13年,服务5个乡镇约5.7万人。

【省纪委书记李汉柏到鹤庆县检查指导】 4月15日,中共云南省委常委、省纪委书记李汉柏到鹤庆县,对草海镇罗伟邑村西登沟道路工程、草海治理工程、县城市政建设工程、西龙潭水库除险加固工程建设进行检查指导。

【省委副书记李纪恒到鹤庆县调研】 5月15日,中共云南省委副书记李纪恒在中共大理州委书记刘明、州委副书记王桂芳、州委秘书长杨健、副州长李雄等陪同下,到鹤庆县调研深入开展学习实践科学发展观活动情况及草海湿地治理保护情况。

【"创意鹤庆"主题设计活动在昆明举行】 5月25~28日,由中共鹤庆县委、鹤庆县人民政府和云南艺术学院联合举办的"创意鹤庆"主题设计作品展在昆明国际会展中心举行。"创意鹤庆"主题设计作品共300多件,涉及包装、广告、城市规划、环境艺术、民族民间工艺等领域。

【松桂镇遭受风雹灾】 6月14日下午,松桂镇境内多个村受到风雹袭击,全镇烤烟成灾133公顷、玉米成灾67公顷、水稻及其它农作物成灾133公顷。

【鹤庆县高考再创佳绩】 2009年,鹤庆县高考总上线人数1357人,名列全州第二。"一本"上线205人,上线率

14.72%,名列全州第二;"二本"上线394人,上线率28.28%,名列全州第一。

【全省动物防疫技术培训会在鹤庆县召开】 8月6~9日,全省重大动物疫病防控技术培训会在鹤庆县召开。来自大理、丽江、迪庆3个州(市)20个县(区)的动物疫病防控机构负责人、疫苗管理员及技术骨干共160多人参加培训。

【召开农网完善及无电区电力工程启动会】 2009年8月20日,鹤庆县召开中西部农网完善及无电区电力建设工程启动动员大会。2009年鹤庆县农网改造项目涉及文星、新泉、围子田、北衙、大福地、炼厂、大石、洛崀、河底等村。无电区电力建设工程项目涉及磨光、黄坪、云华、洛崀、禾丰、松坪、五星、南坡等村。

【新华村4A级景区通过国家旅游局终评】 9月9~11日,以省旅游协会副会长、秘书长曹昊男为组长的省A评委对鹤庆县新华村创建4A级景区进行初评。评委认为,"银都水乡"新华村4A级景区创建工作成效显著,景区建设基本达到国家4A级景区标准,同意通过省级初评。11月21日,新华村4A级景区顺利通过国家旅游局A评组终评。

【"石寨子"牌银器、翡翠产品获名优产品称号】 2009年8月,大理州银都水乡旅游投资有限公司"石寨子"牌银器、翡翠产品经中国质量与品牌监督管理委员会和中国产品质量安全监督检查中心审核、检验并通过产品评估,荣获"中国名优产品"称号。

【黄坪镇发生一起落井窒息事故】 10月14日凌晨1时左右,黄坪镇新泉村新街小组村民唐某不慎跌入该村高某家的水井中,高某、李某情急之下相继下井救人,3人入井后一直未出来。黄坪公安派出所接到报警后迅速出警,在营救过程中,协警员陈某下井营救一直未出,另一协警员吴某下井营救昏迷后被及时抢救出。14日凌晨5时48分,4名落井人员被捞出,经医护人员现场抢救,确定均已死亡,4名死者均系缺氧窒息死亡。

【青海省省长宋秀岩一行到鹤庆县考察】 11月13日,青海省省长宋秀岩率青海省副省长吉狄马加等省级相关部门领导组成的考察团到鹤庆县考察文化旅游产业发展情况。

【新型农村社会养老保险试点工作启动】 12月30日,鹤庆县召开新型农村社会养老保险试点工作启动会,全县新型农村社会养老保险试点工作正式启动。试点工作涉及9个乡镇的115个村民委员会,惠及农业人口26.2万人,其中年龄在16~59周岁的17.6万人。

【云鹤镇】 位于县境北部鹤庆坝子中心,全镇面积8.5平方千米,辖3个村民委员会、2个社区居民委员会。2009年末,全镇总人口22579人,耕地面积297公顷。该镇为县城所在地,是商贸、交通、文化、教育、卫生的中心,对全县具有较强的辐射作用。鹤阳路、南大街、府门街和新建的南环路金菩提商业街具有浓郁的民族建筑风格,街道宽敞、环境优美、卫生整洁,是滇西地区规模较大的白族传统民居建筑群,是云南省小城镇建设的典范,被中央文明委命名为"全国文明小城镇"、被国家环保局命名为"全国环境优美镇"。全镇以加工、餐饮、商贸和旅游业为主,另有农业、建筑建材和运输业。2009年,完成地区生产总值40385万元,粮食总产量268.9万千克,地方财政预算收入286万元。城镇居民人均可支配收入10791元,农民人均纯收入3570元。

2009年,镇党委书记谢莉,镇长张四林,镇人大主席蒋亚虎。

【草海镇】 位于县城四周并延伸至东、西山,全镇面积328.5平方千米,辖16个村民委员会。2009年末,全镇总人口46468人,耕地面积2498公顷。全镇以农业为主,兼营林、牧、渔业及手工艺品加工,有以煤、锰采掘和铜、铁、石料加工的乡镇企业和个体私营企业。镇内马厂村出产中国有名的当归药材;新华白族旅游村是文化部命名的"中国民间艺术之乡",以加工金、银、铜手工艺品而闻名国内外,每年有几十万中外游客到此观光旅游购物,精美的手工艺品远销周边国家和国内多个省区。2009年,草海镇粮食总产量1684.2万千克,农村经济总收入37206万元,地方财政预算收入191万元,农民人均纯收入2947元。

2009年,镇党委书记杨金钊,镇长施磊,镇人大主席杨旭慧。

【辛屯镇】 位于本县北端,与丽江市接壤。全镇面积100.9平方千米,辖12个村民委员会。2009年末,全镇总人口37548人,耕地面积2551公顷。镇域内农田水利基础设施完善,土地平整肥沃,物产丰富。全镇以农业为主,兼营林、牧、渔业和运输、建筑、手工、小食品加工业。商业贸易历史悠久,集市贸易活跃。当年全镇粮食总产量2052.4万千克,农村经济总收入33069万元,地方财政预算收入96万元,农民人均纯收入3020元。

2009年,镇党委书记赵鸿铸,镇长杨学泉,镇人大主席李廷鹤。

【金墩乡】 位于鹤庆坝子南端,总面积220.8平方千米,辖17个村民委员会。2009年末,全乡总人口39281人,耕地面积2592公顷。全乡以农业为主,林、牧、渔业和运输、建筑建材、栽桑养蚕等综合经营。当年全乡完成地区生产总值89606万元,粮食总产量1915.6万千克,地方财政预算收入153万元,农民人均纯收入2684元。蚕桑是本乡的支柱产业,种植面积和蚕茧产量居全县之首。该乡文化发达,素有"文墨之邦"的美誉,教育、文化居全县榜首。境内有"石宝天光"、"龙华夕照"、"象岭晴光"等风景区和龙华十八寺、文笔塔、菩提寺、朝霞寺等名胜古迹。

2009年,乡党委书记李德琦,乡长段冬梅(女,任至7月),乡人大主席张银发。

【松桂镇】 位于县境中西部,全镇面积331.7平方千米,辖15个村民委员会。2009年末,全镇总人口33726人,耕地面积2243公顷。全镇以农业、林果业为主,兼营运输、石材、铁器加工等,烤烟是该镇的支柱产业。煤、高岭土、麻布石料储量丰富,盛产芝麻梨、花椒、大白芸豆、菌类等。该镇地处大丽公路及六合、龙开口公路的要冲,集市贸易、餐饮业较为活跃。农历七月中旬举办的骡马物资交流会从明末沿袭至今,每年都吸引省内外客商云集于此进行交易。当年全镇粮食总产量1146.7万千克,农村经济总收入13779万元,地方财政预算收入111万元,农民人均纯收入2205元。

2009年,镇党委书记解文波,镇长张发奎,镇人大主席寸银存。

【西邑镇】 位于县境西南部,总面积306.4平方千米,辖9个村民委员会。2009年末,全镇总人口14626人,耕地面积1384公顷。属山区、半山区镇,农业生产条件差。全镇以农业、畜牧业和林果业为主,出产竹、麻、桃、梨、核桃、香菌、木耳及中药材。有金、银、铅、锌、铁、大理石等矿藏。当年粮食总产量653.2

万千克，农村经济总收入4010万元，地方财政预算收入191万元，农民人均纯收入1961元。

2009年，镇党委书记杨桥枢（任至1月）、龚富贵（1月起任），镇长龚富贵（任至1月）、赵四荣（1月起任），镇人大主席罗灿林。

【黄坪镇】 位于县境南端，与宾川县相邻，全镇面积551.7平方千米，辖13个村民委员会。2009年末，全镇总人口36291人，耕地面积2295公顷。该镇属低热峡谷气候，热量充足，土地肥沃，物产丰富，是本县的粮食主产区和经济作物区。全镇主产水稻、小麦、蚕豆，出产甘蔗、红薯、柑橘、桐子、生姜、花生、香蕉等经济作物。旅游景点有佛教胜景天华洞，为鸡足山景点之一。该镇是云南省重点建设的中心小城镇之一，是本县重点发展的"第二经济中心"，集贸市场交易活跃。随着宾邓、邓黄公路的建成，区位优势更加显现。当年全镇粮食总产量1758.3万千克，完成地区生产总值28671万元，地方财政预算收入173万元，农民人均纯收入3525元。

2009年，镇党委书记李锦泉，镇长杨清宇，镇人大主席杨玉和。

【龙开口镇】 龙开口镇前身为朵美乡，2009年6月16日撤乡设镇。位于县境东南部金沙江边，总面积297.7平方千米，辖14个村民委员会。2009年末，全镇总人口27951人，耕地面积1549公顷。全镇地处干热河谷区，光热充足，水分不足。全乡以农业为主，兼营畜牧业，主产水稻、甘蔗、蚕豆、小麦、玉米等，另有花生、生姜、龙眼、香蕉等经济作物。2009年粮食总产量1917.1万千克，完成地区生产总值56323.13万元，地方财政预算收入89万元，农民人均纯收入2143.68元。

2009年，镇党委书记刘利全，镇长刘松涛，镇人大主席李长荣。

【六合乡】 位于县境东部，总面积249.5平方千米，辖13个村民委员会。2009年末，全乡总人口16447人，耕地面积1114公顷。乡内山峦起伏，群众多居于高山缓坡地带，居住民族多为彝族。因山高坡陡，缺水严重，为鹤庆县干旱贫瘠山区乡。全乡以农业、林业和畜牧业为主，主产小麦和稻谷。2009年全乡粮食总产量403.8万千克，完成地区生产总值4532万元，地方财政预算收入70万元，农民人均纯收入1398元。

2009年，乡党委书记李顺星，乡长绞光条，乡人大主席杨老柒。

（《鹤庆县》由田灿辉撰稿）

（本部类前6县市由那鹏责任编校，后6县由杨文琴责任编校。）

统计资料选编

2009年大理州国民经济主要指标

指 标 名 称	计量单位	2008年	2009年	2009年比2008年增减(±%)
一、土地面积	平方千米	29459	29459	–
二、人口				
1. 年末总人口(户籍人口)	万人	347.48	351.62	1.19
#少数民族人口	万人	175.37	178.28	1.66
2. 年末总人口(常住人口)	万人	349.3	350.8	0.43
#乡村人口	万人	248.53	242.06	-2.60
城镇人口	万人	100.77	108.74	7.91
3. 人口出生率	‰	9.88	10.42	
4. 人口死亡率	‰	5.71	5.62	
5. 人口自然增长率	‰	4.19	4.80	
6. 人口密度	人/平方千米	118	119	
三、劳动力				
1. 全社会从业人员	万人	210.48	214.31	1.82
2. 全部职工人数	万人	22.08	19.88	-9.96
#国有单位	万人	11.37	10.47	-7.92
3. 城镇登记失业人数	人	22971	55944	-143.54
4. 登记失业率	%	3.75	4.2	
四、生产总值(当年价)	万元	3716977	4044965	12.0
1. 第一产业	万元	970033	1040078	6.0
2. 第二产业	万元	1365367	1454773	17.3
#工业	万元	1122568	1173854	17.0
3. 第三产业	万元	1381577	1550114	10.9
五、农业				
1. 农林牧渔业总产值(当年价)	万元	1573679	1765977	12.22
农林牧渔业总产值指数(上年为100)	%	109.4	110.3	—
2. 主要农产品产量				
粮食	吨	1350989	1391824	3.02

续表

指　标　　　　名　称	计量单位	2008 年	2009 年	2009 年比 2008 年增减(±%)
油料	吨	38006	45248	19.05
甘蔗	吨	307639	297664	-3.24
烤　烟	吨	75776	81670	7.78
水　果	吨	250815	307650	22.66
茶　叶	吨	4763	5078	6.61
肉　类	吨	395551	415299	4.99
#猪、牛、羊肉	吨	363147	381050	4.93
水产品	吨	48261	49002	1.54
六、农业生产条件				
1. 乡村从业人员	万人	176.13	178.83	1.53
#农林牧渔业从业人员	万人	131.35	131.66	0.24
2. 耕地面积	公顷	183162	183130	-0.02
#田	公顷	90458	90278	-0.20
#地	公顷	92704	92852	0.16
#有效灌溉面积	公顷	141800	142700	0.63
3. 水库总数	座	430	431	0.23
4. 水库库容量	万立方米	67293	67737	0.66
5. 水利工程供水量	万立方米	119676	124393	3.94
6. 农业机械总动力	万瓦	168115	184591	9.80
7. 农用化肥施用量(折纯)	吨	152523	158318	3.80
8. 农村用电量	万千瓦时	46450	49882	-7.39
9. 农作物总播种面积	公顷	369499	371901	0.65
#粮食	公顷	261402	263268	0.71
甘　蔗	公顷	3044	2948	-3.15
烤　烟	公顷	33141	33005	-0.41
七、工业生产				
1. 全部国有及规模以上非国有工业企业数	个	173	190	9.83
#大中型工业企业单位数	个	37	37	
2. 全部工业总产值(当年价)	万元	3306985	3742615	13.17
#全部国有及规模以上非国有工业总产值	万元	2141693	2411626	12.60
#大中型工业企业总产值	万元	1664375	1813237	8.94
(1)全部轻工业产值	万元	1224537	1457415	19.02
(2)全部重工业产值	万元	2082449	2285200	9.74
3. 主要工业产品产量				
布	万米	268	250	-6.72
机制纸及纸板	吨	61114	45690	-25.24

续表

指　标　　名　称	计量单位	2008 年	2009 年	2009 年比 2008 年增减(±%)
糖	吨	18461	18730	1.46
精制茶叶	吨	4276	6421	50.16
卷　烟	箱	409000	416000	1.71
十种有色金属	吨	168625	158118	-6.23
原　煤	吨	2393900	2653387	10.84
发电量	万千瓦时	314862	358361	13.82
水　泥	吨	5114798	6853518	-33.99
八、运输邮电				
1. 年末公路通车里程	千米	16572	16582	0.06
2. 货运周转量	万吨千米	651067	682508	4.83
#铁　路	万吨千米	54820	69935	27.57
公　路	万吨千米	596247	604182	1.33
3. 客运周转量	万人千米	804929	785065	-2.47
#铁　路	万人千米	53354	11571	-78.31
公　路	万人千米	742518	763929	2.88
4. 货运量	万吨	6192	6363	2.76
#铁　路	万吨	327	355	8.56
公　路	万吨	5865	5982	1.99
5. 客运量	万人	8608	8720	1.30
#铁　路	万人	259	142	-45.17
公　路	万人	8208	8426	2.66
6. 邮电业务总量	万元	384707	485933	26.31
7. 函件	万件	246	206	-16.26
8. 报刊期发数	万份	16	16.99	6.19
11. 固定电话用户数	户	541678	494445	-8.72
九、固定资产投资				
1. 全社会固定资产投资	万元	1633948	2173243	33.01
按经济类型分:				
(1)国有单位投资	万元	870514	794149	-8.77
(2)集体单位投资	万元	24292	20504	-15.59
(3)个体私营经济投资	万元	218789	215632	-1.44
(4)其他投资	万元	544645	1142958	109.85
按管理渠道分:				
(1) 城镇投资	万元	1223337	1620849	32.49
(2)房地产开发投资	万元	204276	255126	24.89
(3)农村投资	万元	206335	274120	32.85
#非农户		102664	151058	47.14

续表

指　标　　名　称	计量单位	2008年	2009年	2009年比2008年增减(±%)
农　户	万元	103671	123062	18.70
2. 全社会竣工住宅面积	万平方米	210.73	263.63	25.10
#城镇竣工住宅面积	万平方米	78.07	66.17	-15.24
3. 商品房销售面积	平方米	418725	978435	133.67
商品房销售额	万元	144450	304052	110.49
十、建筑业				
1. 年平均职工人数	人	31881	30949	-2.92
2. 建筑业总产值(当年价)	万元	331558	388756	17.25
3. 全员劳动生产率	元/人	103900	125612	20.90
十一、国内商业				
1. 社会消费品零售总额	万元	1035272	1204265	16.32
十二、对外经济贸易和国际旅游				
1. 国际贸易进出口总额	万美元	9109	14405	58.14
#出口额	万美元	5474	6233	13.87
进口额	万美元	3635	8172	124.81
2. 实际利用外资额	万美元	2456	1841	-25.04
3. 国际旅游人数	万人	31.67	35.3	11.46
4. 旅游外汇收入	万美元	8719	9986	14.53
十三、财　政				
1. 地方财政一般预算收入	万元	275715	315480	14.42
2. 地方财政支出	万元	750212	1020682	36.05
十四、金融、保险				
1. 金融机构各项存款余额	万元	3803376	4699756	23.57
#企业存款	万元	842688	1005713	19.35
2. 金融机构各项货款余额	万元	2486886	3176384	27.73
3. 金融机构现金收入	万元	8856396	9675003	9.24
4. 金融机构现金支出	万元	8706469	9534542	9.51
5. 城乡居民储蓄存款余额	万元	2161635	2624791	21.43
7. 保费收入	万元	87609	104477	19.25
8. 已决赔款	万元	19850	22979	15.76
十五、职工工资与福利				
1. 职工工资总额	万元	459833	501546	9.07
#国有单位	万元	305192	329171	7.86
2. 职工平均货币工资	元	22973	25706	11.90
#国有单位	元	29074	31476	8.26
十六、城乡人民生活				
城镇居民人均可支配收入	元	12865	14180	10.22

续表

指　标　　　名　称	计量单位	2008 年	2009 年	2009 年比 2008 年增减(±%)
农民人均纯收入	元	3078	3482	13.13
城镇居民人均居住面积	平方米	34.94	34.95	0.03
农民人均居住面积	平方米	29.7	32.18	8.35
十七、环境保护				
1. 城市人均公共绿地面积	平方米	4.24	4.5	6.13
2. 工业废水排入达标率	%	71.36	75.14	—
3. 工业固体废物综合利用率	%	36.78	60.88	—
十八、科　技				
县及县以上独立自然科研单位				
(1)机构数	个	20	8	-60.00
(2)人员数	人	180	289	60.56
#科技人员	人	180	188	4.44
(3)科研经费支出	万元	1100	3285	198.64
十九、教　育				
1. 普通高等学校在校学生数	人	15787	14780	-6.38
2. 普通中等学校在校学生数	人	11044	12073	9.32
3. 普通中学在校学生数	人	185885	187425	0.83
#初中	人	135632	136213	0.43
4. 职业中学在校学生数	人	19170	19410	1.25
5. 小学在校学生数	人	297347	298880	0.52
6. 在园幼儿数	人	76900	77781	1.15
7. 学龄儿童入学率	%	99.34	99.46	
8. 普通高等学校专任教师	人	861	885	2.79
9. 中等专业学校专任教师	人	314	333	6.05
10. 普通中学专任教师	人	11637	11934	2.55
#初中	人	8244	8421	2.15
11. 职业中学专任教师	人	828	859	3.74
12. 小学专任教师	人	14080	14252	1.22
二十、文化广播				
1. 艺术表演团体	个	6	6	
2. 公共图书馆	个	13	13	
3. 广播人口覆盖率	%	93.2	94.16	—
4. 电视人口覆盖率	%	97.1	95	—
二十一、卫　生				
1. 卫生机构数	个	717	690	-3.77
2. 卫生机构床位数	张	10042	10266	2.23
#医院床位数	张	6761	6572	-2.80

续表

指　标　　名　称	计量单位	2008 年	2009 年	2009 年比 2008 年增减(±%)
3. 每千人拥有医院床位数	张	1.95	1.87	
4. 专业卫生技术人员	人	8870	8952	0.92
#医生	人	4761	4121	-13.44
5. 每千人拥有卫生技术人员	人	2.55	2.55	
二十二、按经济类型分的主要经济指标结构				
1. 生产总值				
国有经济	%	35.6	35.9	—
集体经济	%	20.4	19.1	—
其他经济	%	44	45	—
2. 从业人员数				
国有经济单位职工	%	5.0	4.9	—
城镇集体经济单位职工	%	0.3	0.3	—
其他各种经济单位职工	%	4.4	4.7	—
乡村劳动者	%	83.7	83.4	—
城镇个体劳动者及其他	%	6.6	6.7	—
4. 社会消费品零售总额				
公有经济	%	17.3	16.7	—
#国有经济	%	13.9	13.6	—
非公有经济	%	82.7	83.3	—
#私有经济	%	69.4	78.9	—

注:标有"#"号者为其中数。

2009 年大理州分县市列生产总值(一)

地　区	生产总值(万元)	人均生产总值(元)	生产总值按产业分				
			第一产业	第二产业	#工　业	建筑业	第三产业
全　州	4044965	11555	1040078	1454773	1173854	280919	1550114
大理市	1596433	25109	126236	767270	642347	124923	702927
漾濞县	91416	8901	26250	45475	38517	6958	19691
祥云县	509248	11080	157794	248487	227188	21299	102967
宾川县	407100	11852	192504	89756	38132	51624	124840
弥渡县	197990	6216	64048	54629	30613	24016	79313
南涧县	150126	6808	60580	20888	11168	9720	68658
巍山县	193795	6288	76058	44070	28144	15926	73667
永平县	147260	8069	61232	34490	24000	10490	51538
云龙县	161172	7775	53854	58701	18227	40474	48617
洱源县	213284	7683	79695	58693	46894	11799	74896
剑川县	111571	6401	30052	47649	36100	11549	33870
鹤庆县	203538	7623	57191	88314	68562	19752	58033

2009 年大理州分县市列生产总值及构成(二)

地　区	生产总值按构成项目分				生产总值按支出项目分		
	劳动者报　酬	生产税净额	固定资产折旧	营　业盈　余	最终消费	居民消费	政府消费
全　州	2104719	709749	547267	683230	2383835	1794047	589788
大理市	629039	407211	239569	320614	719698	601754	117944
漾濞县	45664	10700	26372	8680	72638	37427	35211
祥云县	300675	65824	62697	80052	320204	267960	52244
宾川县	316859	14620	38967	36654	174573	148426	26147
弥渡县	130936	17786	31400	17868	125968	73595	52373
南涧县	111652	8535	11274	18665	92292	63098	29194
巍山县	133733	8842	32220	19000	137877	107152	30725
永平县	111338	8404	13624	13894	81291	65600	15691
云龙县	113133	13194	19501	15344	112122	85518	26604
洱源县	142584	12580	30830	27290	124110	109062	15048
剑川县	88214	6289	16198	870	53901	30391	23510
鹤庆县	109129	20556	22253	51600	131393	89111	42282

2009 年大理州分县市列户数与人口

地　区	年末总户数(户)	年末总人口(万人)	按性别分		按职业分	
			男	女	农业人口	非农业人口
全　州	1002114	351.62	178.25	173.37	306.33	45.29
大理市	187549	61.57	30.75	30.82	40.11	21.46
漾濞县	31179	10.28	5.21	5.07	9.09	1.19
祥云县	133340	46.09	23.46	22.63	42.2	3.89
宾川县	96157	35.1	17.85	17.25	32.72	2.38
弥渡县	92610	32.28	16.5	15.78	29.97	2.31
南涧县	63070	22.77	11.67	11.1	21.23	1.54
巍山县	84740	30.97	15.72	15.25	28.66	2.31
永平县	55689	18.27	9.3	8.97	16.28	1.99
云龙县	61238	20.65	10.66	9.99	18.72	1.93
洱源县	73058	28.5	14.44	14.06	26.33	2.17
剑川县	47420	17.65	8.87	8.78	15.91	1.74
鹤庆县	76064	27.49	13.82	13.67	25.11	2.38

2009 年大理州分县市列人口数及变动情况

地区	分民族人口(人)						人口变动	
	汉族	白族	彝族	回族	傈僳族	苗族	出生人数	死亡人数
全州	1733337	1187271	455537	71306	35013	11346	42519	24815
大理市	161716	413753	15780	17451	968	490	6491	4389
漾濞县	34346	12048	48361	3240	2959	1036	1129	506
祥云县	377524	45549	34302	557	1235	685	4720	3142
宾川县	270500	47770	22498	794	6478	542	9053	4161
弥渡县	290902	1618	27446	1706	202	30	2850	2029
南涧县	109748	2559	109663	2747	320	1535	3579	1497
巍山县	172753	6668	105722	22105	547	1608	2619	1867
永平县	105877	6613	49433	14410	3268	2267	2192	1280
云龙县	25946	151114	12282	417	10955	1642	2535	1176
洱源县	87735	177785	10510	6543	981	45	2352	1417
剑川县	6172	160337	5102	1264	2192	22	1900	1957
鹤庆县	90118	161457	14438	72	4908	1444	3099	1394

2009 年大理州分县市列农业林牧渔业总产值

(当年现行价格)

单位:万元

地区	合计	农业产值	林业产值	牧业产值	渔业产值	农林牧渔服务业
全州	1765978	820867	154119	702849	41107	47036
大理市	219500	88104	5196	118479	7011	710
漾濞县	41520	14872	13215	11182	29	2222
祥云县	240347	101595	21177	109273	7061	1241
宾川县	335372	230446	22495	75103	4676	2652
弥渡县	140220	75056	5771	46394	8658	4341
南涧县	105725	45099	10139	47720	817	1950
巍山县	132070	51104	15981	58308	3377	3300
永平县	94996	30219	28196	32373	557	3651
云龙县	107280	34929	12698	40724	129	18800
洱源县	172170	79493	9879	76936	4430	1432
剑川县	60945	25933	2871	28006	1495	2640
鹤庆县	115832	44017	6501	58351	2867	4096

2009 年大理州分县市列农林牧渔业中间消耗

单位:万元

地　区	合　计	农业产值	林业产值	牧业产值	渔业产值	农林牧渔服务业
全　州	768295	348056	52284	332507	17855	17593
大理市	91504	31313	2577	54008	3211	395
漾濞县	15270	5129	2516	6960	10	655
祥云县	82553	34245	7602	37123	3230	353
宾川县	142868	100315	6996	33053	1595	909
弥渡县	76172	44801	3139	22591	3035	2606
南涧县	45145	20398	3440	20650	359	298
巍山县	53450	16914	3150	30955	1045	1386
永平县	33764	12278	5797	14062	446	1181
云龙县	53426	14090	11500	21823	38	5975
洱源县	84608	30498	1976	47982	3428	724
剑川县	30894	13927	1958	13321	787	901
鹤庆县	58641	24148	1633	29979	671	2210

2009 年大理州分县市列主要农作物播种面积

单位:公顷

地　区	全年粮食面积合计	小　麦	蚕　豆	稻　谷	包　谷	烤烟面积	蔬菜面积
全　州	263268	15343	28490	65596	69381	33005	36389
大理市	20211	705	5037	8225	3470	1153	4990
漾濞县	11472	1060	748	1707	4217	1107	1430
祥云县	28426	1657	4958	6211	6222	5292	2427
宾川县	21746	770	2117	6927	10469	4017	8885
弥渡县	17949	1055	790	5009	5169	3843	6147
南涧县	23256	2747	1019	1562	8966	4527	1551
巍山县	26346	2339	2384	6377	6147	3900	1824
永平县	18546	2337	1013	3706	5467	2600	1025
云龙县	26341	667	2000	4000	8133	1813	2133
洱源县	26472	433	5633	9133	4391	2173	3468
剑川县	19140	800	547	4800	2667	1313	524
鹤庆县	23363	773	2244	7939	4063	1267	1985

2009年大理州分县市列主要农作物产品产量

单位：吨

地　区	全年粮食产量合计	小　麦	蚕　豆	稻　谷	包　谷	烤烟产量（百千克）	油料产量（百千克）
全　州	1391824	47336	87309	520057	440997	816700	452478
大理市	146743	4128	18693	81648	29027	31338	17920
漾濞县	50040	3955	2154	11500	22516	2200	14686
祥云县	167528	5127	16766	51246	48729	135452	53167
宾川县	152613	3143	6577	68428	68346	107749	125185
弥渡县	138563	4934	2980	46796	44259	105959	42825
南涧县	94205	6582	2184	10224	51979	103891	22790
巍山县	132414	5098	5847	51415	37390	112120	78371
永平县	75021	6511	2238	25831	24826	71579	24153
云龙县	95992	2287	2543	25311	44074	41714	18384
洱源县	149368	1036	19132	70664	29551	45584	35191
剑川县	71323	2146	1484	22138	15879	31268	14008
鹤庆县	118014	2389	6711	54856	24421	27846	5798

2009年大理州分县市列水果产量及品种构成

单位：百千克

地　区	水果总产量	苹　果	柑　橘	梨	葡　萄	香　蕉
全　州	3076502	108846	1184936	446737	783685	1397
大理市	117812	9266	217	89441	348	
漾濞县	48323	2500	1723	20016	136	
祥云县	73179	8103	6277	31373	4718	
宾川县	2290091	27321	1154896	70155	773663	40
弥渡县	38490	2623	4796	21983	182	
南涧县	36872	4910	822	17297	16	1340
巍山县	64969	337	326	48546	157	
永平县	33662	3016	1888	12284	115	
云龙县	50224	6970	923	27454	47	17
洱源县	178542	8654	693	32314	81	
剑川县	45531	22154		16984		
鹤庆县	98807	12992	12375	58890	4222	

2009 年大理州分县市列畜牧业生产情况

单位:百千克

地区	大牲畜年末存栏(头)	役畜(头)	牛(头)	年末生猪存栏头数(头)	年末羊存栏只数(只)	肉类总产量(吨)	奶类总产量(吨)
全州	1217098	394551	981679	2550183	1350402	413737	395659
大理市	60664	6862	47858	241501	13267	67474	151729
漾濞县	80652	33787	66276	123042	98554	13809	438
祥云	75730	34704	45476	263238	566.01	35006	991
宾川	98789	60765	63732	264694	144748	40832	5958
弥渡	103218	13532	89048	231888	39245	41328	29128
南涧	112161	47214	101065	183637	80116	32253	210
巍山	111573		91315	185947	145513	34668	3649
永平	113304	56816	86331	237702	154854	20037	9
云龙	166173	56835	139327	228948	228084	36819	80
洱源	141600	35973	123482	185263	162478	31536	180497
剑川	83651	19386	71122	159859	113278	18695	17774
鹤庆	69583	28677	56647	244464	113664	41280	5196

2009 年大理州规模以上工业单位数、从业人员及产值

	企业单位数		从业人员数		总产值(当年价)	
	个	占%	(人)	占%	(千元)	占%
总计	190	100.00	46965	100.00	24782032	100.00
内资企业	176	92.63	43309	92.22	22463341	90.64
国有企业	11	5.79	5438	11.58	4933259	19.91
集体企业	3	1.58	538	1.15	43440	0.18
股份合作企业	5	2.63	429	0.91	186069	0.75
有限责任公司	50	26.32	15901	33.86	9893329	39.92
股份有限公司	11	5.79	2176	4.63	1157195	4.67
私营企业	95	50.00	18774	39.97	6242399	25.19
其他企业	1	0.53	53	0.11	7650	0.03
港、澳、台商投资企业	6	3.16	657	1.40	871067	3.51
外商投资企业	8	4.21	2999	6.39	1447624	5.84
在总计中:国有控股企业	35	18.42	10820	23.04	7948639	32.07
在总计中:轻工业	79	41.58	16235	34.57	8602003	34.71
重工业	111	58.42	30730	65.43	16180029	65.29

2009年大理州规模以上分县市主要经济指标

单位:千元

地　区	企业单位数(个)	#亏损企业	工业总产值	工业销售产值	利润总额	全部从业人员年平均人数(人)
全　州	190	62	24782032	23716388	2366514	46965
大理市	69	18	13226007	12775367	1748776	19376
漾濞县	10	6	725084	617290	-8183	1087
祥云县	27	11	5137189	4979268	248458	11855
宾川县	11	3	488334	485594	37034	1107
弥渡县	8	2	245969	225378	-55661	1310
南涧县	7	5	173254	161608	-14105	335
巍山县	9	2	289701	241354	7815	1058
永平县	12		168588	153795	27712	879
云龙县	6	4	266217	254044	-14921	1089
洱源县	9	3	2057053	1993052	231565	3279
剑川县	6	4	562644	505125	-17736	1553
鹤庆县	16	4	1441992	1324513	175760	4037

2009年大理州分县市列主要工业产品产量

	原　煤(万吨)	饮料酒(千升)	乳制品(吨)	精制茶(吨)	水　泥(万吨)	糖(吨)	纱(吨)	布(万米)	卷烟(万箱)	发电量(万千瓦时)
全　州	265.34	165881	169684	6421	685.35	18730	3138	250	41.6	358361
大理市		134400	120268	2256	398.28		3138	250	41.6	87734
漾濞县		2538								151397
祥云县	110.24	12476			66.24					
宾川县	70.6	3700			33.89					6229
弥渡县	52.5	2333			21.19					495
南涧县		662		3600	5.38					1878
巍山县		4900		129	12.29					
永平县	4.22	1476		37	7.85					12003
云龙县		1189		399	59.41					35421
洱源县			48524		3.77					11741
剑川县	19.8	155	892		77.05					14596
鹤庆县	7.98	2052				18730				36867

2009 年大理州分县市列运输线路长度

地区	公路通车里程	一、等级公路	一级公路	二级公路	三级公路
全州	16582	9258	51	444	1029
大理市	925	749	37	65	182
漾濞县	1186	733		17	41
祥云县	2362	1040	5	55	159
宾川县	1339	864	7	91	5
弥渡县	1562	571		22	52
南涧县	1510	949		18	139
巍山县	1607	667	1	26	37
永平县	1276	799		6	129
云龙县	1208	434			141
洱源县	1150	879		39	23
剑川县	1364	706		25	77
鹤庆县	1093	867	1	80	45

2009 年大理州分县市列固定资产投资完成情况

单位:万元

地区	全社会固定资产投资	1、城镇投资	2、农村非农户	3、房地产开发投资	4、农村私人
全州	2173243	1620849	151058	255126	123062
大理市	823328	574732	21227	207277	20092
漾濞县	75408	71137	677		3594
祥云县	138655	106903	8056	13521	10175
宾川县	194267	165327	15099	5841	8000
弥渡县	70775	26024	16832	7890	20029
南涧县	51761	15688	11258	13512	11303
巍山县	71203	55535	10977		4691
永平县	63356	48833	3727	3322	7474
云龙县	215628	183654	25442		6535
洱源县	101850	75121	7465	2300	16957
剑川县	47011	38774	3607		4630
鹤庆县	280312	242661	26691	1463	9582

2009 年大理州分县市列社会消费品零售总额及构成(一)

单位:万元

地　区	社会消费零售总额	按销售地区分			按行业分			
		市	县	县以下	批发业	零售业	餐饮业	其他行业
全　州	1204265	378599	354736	470930	162839	801290	150495	89641
大理市	476659	378599		98060	106536	299202	51485	19436
漾濞县	23290		13116	10174		19530	862	2898
祥云县	138509		67626	70883	16155	81985	18928	21441
宾川县	85300		48114	37186	3585	73839	6360	1516
弥渡县	79312		39444	39868	8292	59225	10088	1707
南涧县	52001		32016	19985	11060	33646	3630	3665
巍山县	61725		38580	23145	2025	47778	7470	4452
永平县	38010		20807	17203	3192	21942	2954	9922
云龙县	42260		24055	18205		22310	5070	14880
洱源县	59405		30993	28412	3334	48030	7359	682
剑川县	35063		13372	21691	500	21108	6384	7071
鹤庆县	49754		26850	22904	7160	35582	5135	1877

2009 年大理州分县市列社会消费品零售总额及构成(二)

单位:万元

地　区	社会消费零售总额	公有经济	其　中:国有经济	非公有经济	其　中:私有经济
全　州	1204265	201474	164280	1002791	949877
大理市	476659	114791	89340	361868	346186
漾濞县	23290	1795	1795	21495	21495
祥云县	138509	20132	17690	118377	112973
宾川县	85300	6807	6736	78493	74139
弥渡县	79312	6879	5294	72433	71304
南涧县	52001	11877	8644	40124	40124
巍山县	61725	3310	3085	58415	50889
永平县	38010	9763	9763	28247	10009
云龙县	42260	2941	1735	39319	39225
洱源县	59405	4201	3801	55204	55070
剑川县	35063	11355	10355	23708	23708
鹤庆县	49754	7743	6327	42011	41659

《统计资料选编》由州统计局提供

(本栏目责任编校:周纯一)

人　物

大理人物

《大理人物》专栏继续刊载有关南诏大理国和白族研究的已故外地学者10人。

郑天挺（1899～1981）　原名庆甡，字毅生，别号及时学人，福建长乐人，生于北京。1917年入北京大学国文系，曾积极参加五四运动。1920年夏毕业后应聘到厦门大学担任国文课并兼任图书馆主任。1922年入北大文科研究所国学门读研究生，师从钱玄同先生，研究题目为中国文字音义起源考。做研究生时期，郑天挺先生加入"清代内阁大库档案整理会"，参加了清代档案的整理工作，奠定了以后从事清史研究的基础。毕业后任教于北京大学、浙江大学。1937年任北大中文系教授。抗战全面爆发后，不畏强暴，保护北大师生安全离校，后与罗常培、魏建功等辗转至长沙临时大学。1938年至昆明，任北大历史系教授兼秘书长，兼任西南联大历史系教授，兼总务长。1939年任北大文科研究所副所长。抗战胜利后，奉北大命至北平筹备旧校址开学事宜，任北大史学系教授、系主任，并任秘书长。同时兼任文科研究所明清史料整理室主任。1948年在北大50周年校庆之际，学生自治会以全体北大学生的名义赠给他"北大舵手"的锦旗。1949年北平解放后，任北京大学校务委员会委员、副校长。1952年院系调整，调任南开大学历史系教授、系主任，中国史研究室主任，1963年起任南开大学副校长。在南开期间创建明清史研究室，主持校点《明史》。1961年参加教育部文科教材选编工作，任历史组副组长。1979年担任《中国历史大辞典》主编，1980年任中国史学会常务理事。1981年任中国史学会主席团执行主席。曾任国务院学位委员会历史组负责人，中国档案学会顾问，以及第三、五届全国人大代表，天津市政协副主席，中国民主促进会中央委员等职。

郑天挺是中国二十世纪杰出的教育家，他对从小学到高校的历史教学有一套系统的观点。他一生重视教学工作，视教学为教师的天职，82岁高龄时尚坚持授课。任继愈先生评价他始终不离教学，他引为知己之论。1979年他还接受教育部委托，主办全国高校明清史教师进修班。在60年的教学生涯中，他开设过"古地理学"、"校勘学"、"魏晋南北朝史"、"隋唐五代史"、"明清史"、"明史研究"、"清史研究"、"中国近三百年史"、"中国目录学史"、"史料学"、"历史研究法"等多门课程。他为高校教材编写工作付出了极大努力，1953年与唐长孺教授共同编写了部属高校历史系《中国通史教学大纲》，1961年参加全国文科教材工作会议，主编教材多种。学术著作有《探微集》、《清史探微》、《清史简述》、《列国在华领事裁判权志要》等。主编与合编教材有《中国通史参考资料》、《史学名著选读》、《明清史资料》、《明末农民起义史料》、《宋景诗起义史料》等。

郑天挺与大理有不解之缘。1977年，郑天挺之子郑克晟给大理南诏史学会寄来一份《大理访古日记》，这是郑天挺在西南联大任总务长时期，于1944年秋天应大理县当局的邀请与一批教师为编写方志来大理为时34天的日记。在日记中，他披露了参加这次访问的一个因素。他说："我自幼丧失父母，7岁以后寄养在姨父家中。当时，姨父张士鑣及姨母陆氏均已逝世，家中由表兄张耀曾及张辉曾兄弟主持。是时，张耀曾正留学日本，参加同盟会，主编《云南杂志》，倡导革命，推翻清政府。因此，我的幼年教育，均由张辉曾操心……1921年，（张耀曾）主持法权讨论委员会，我曾在该会担任秘书多年……1938年夏，张公病逝时，我曾专程由昆明赴沪为之料理丧事，历时2月。因此，张、郑两家的关系异常密切，而张公正是大理喜洲人。张公在世时，颇以未能回过风景绝佳的喜洲为憾。因此，在大理旅昆人士的敦促下，我亦对大理有着特殊的感情，希望有机会一睹为快。"《大理访古日记》对洱海西岸的名胜古迹作了详实记载，是一份不可多得的大理历史文化研究参考资料。

包鹭宾（1899～1944）　字渔庄，江西南城人。少年时，包鹭宾赴江西省会南昌就读于省立中学。1920年9月，考入北京大学哲学系攻读6年；毕业后，回南昌教中学。1931年，应湖北武昌私立（教会）华中大学校长韦卓民的聘请，任中文系主任。此后10余年，历任讲师、副教授、教授，并兼任学校常设委员会的入学、课程、中期考试委员会委员，以及国文学会顾问及《华中学报》编辑。1937年12月，日寇入侵，南京沦陷，武汉告急。1938年7月，华中大学被迫南迁桂林。1939年1月，学校绕道越南河内，转经昆明，4月抵达大理喜洲办学。1944年暑假，西南联大、云南大学部分知名教授和青年教师应邀编修《大理县志》，包鹭宾参与研讨考察。因教学考察兼顾，积劳成疾，于是年8月8日病逝于喜洲，终年45岁。郑天挺曾悼曰："坟墓累千，莫可细考。呜呼！渔庄往矣。又安得笃学好古如渔庄者，更从而求之耶？"

包鹭宾对经学、老庄哲学、古代文艺理论诸方面均有精深研究，尤以经学造诣为高，著有《经学通义》、《<文心雕龙>讲疏》等。作为华中大学国文系主任，包鹭宾对国文系的发展出了大力，在短短的时间内使之成为学术性很强的系。美国柯约翰教授在《华中大学》一书中曾评价："包先生为中文系的发展作了很大贡献，中文系不仅成为华中大学主要的系，而且在武汉地区高校中有着很大影响。"早在1938年秋，华中大学国文系就接受美国哈佛燕京学社的补助研究长江中部文化。后因时局震动，学校南迁大理，国文系将研究方向集中于边疆西南文化上。历经3年，"系中诸子即各就志趣所向，恣意研讨，或究方言，或征文献，或察其山川地理、风俗人情，3

年以来,孜孜不懈”(韦卓民语),先后撰写了10多篇论文,石印成《西南边疆问题研究报告》(第一期)寄给哈佛,影响很大。这些论文中包鹭宾就有《民家非白国后裔考》和《蒙氏灭南诏说》二文。尤以前者对白族研究很有新意,他对“民家”和“僰”二词考证翔实,见解独到。他说:“其民族自称,实曰‘白子’,民家亦汉人称之耳。”又说:“李元阳《云南通志》以下诸书,所以误僰人为摆夷者,正坐其徒执字音之相近耳,实则李氏之前诸书,凡言僰人、僰子者,皆白人、白子,而非摆夷。”这一观点为1956年大理白族自治州建立时,按本民族的意愿确定族名为白族的依据之一,在学术上很有参考价值。

罗常培(1899~958)　字莘田,号恬庵,笔名贾尹耕,斋名未济斋。北京人。出生于北京一个没落的满族家庭,家境的贫寒促使他从小发奋图强,刻苦学习。1916年,他考入北京大学;1919年,从北京大学中文系毕业,又到哲学系学习了两年,接受了西方的学术思想和治学方法。他历任北京第一中学校长、西安西北大学教授、中央研究院历史语言研究所研究员、北京大学教授等职。1926年至1928年间,曾先后赴西安的西北大学、厦门大学及广州的中山大学任教。1929年,傅斯年成立中央研究院历史语言研究所,罗常培与赵元任、李方桂为该所语言组第一批聘用的研究员。1934年,罗常培任北京大学中国文学系教授。1937年,因战争爆发,随北大转至由北大、清华、南开共同组成的长沙临时大学。1938年该校迁往云南,易名西南联合大学,罗常培随校到云南,任中文系主任。1944年,到美国讲学。1948年,在得知闻一多先生被刺的消息后,毅然回国,继续在北大任教。1949年中华人民共和国成立,1950年,罗常培负责筹建中国科学院语言研究所(今中国社会科学院语言研究所),并任第一任所长。他还曾经担任第一届中国人民政治协商会议代表、中国文字改革委员会委员、全国人民代表大会代表等职。1958年12月13日逝世,享年59岁。

罗常培毕生从事语言教学、少数民族语言研究、方言调查、音韵学研究。与赵元任、李方桂同称为早期中国语言学界的“三巨头”,其学术成就对当代中国语言学及音韵学研究影响极为深远。在汉语音韵学方面,他著有《汉语音韵学导论》(北京大学出版社,1949年初版,1956年再版)、《汉魏晋南北朝韵部演变研究第一分册》(合作,科学出版社1958年出版)等专著及一些论文。《汉语音韵学导论》是普及汉语音韵学的入门书,重点在音韵方面,将汉语音韵学里的声、韵、调、切4个概念讲清楚,并根据语音学原理,对传统的音韵学术语进行爬梳、整理,有助于初学者消除心目中对汉语音韵学的那种“玄虚、含混、附会、武断,甚至还有些神秘难学”等偏见。《汉魏晋南北朝韵部演变研究第一分册》是一部学术著作。作者试图全面考察汉魏到陈隋820多年间韵部的演变情况,这对于弥补先秦到唐宋之间汉语语音演变史研究上的欠缺具有重要的意义。此外,他的《十韵汇编》(合作)是《切韵》系韵书材料的总结集。他还与人一起合译了高本汉的《中国音韵学研究》(1937年)。这些都是汉语音韵学研究的重要参考书。在汉语方言研究方面,他著有《厦门音系》(1930年初版,1956年新版)、《临川音系》(1940年)、《唐五代西北方音》(1933年)和《八思巴字与元代汉语》(合作,科学出版社,1959年)等。其中,《厦门音系》中运用现代语音学的方法,详细分析了厦门音这个重点方音。该书是第一部从学术高度研究厦门方言的著作。《临川音系》则首先用史传、族谱和地方志的记载寻求客家几次迁徙的路线跟江西的关系,并从语音特点上比较了临川话与客家话的共同性与个别性。该书虽是一部研究方言音系的书,但其中已开始注意收集、研究方言的特殊词汇,并附加了许多语源学的解释。这些对于以后的方言研究及相关的许多研究都具有示范作用。他的《唐五代西北方音》一书,是中国语言学家写的第一部探讨古代方言音系的著作。他于民族语言学方面亦有建树,例如他在西南联大时考察云南少数民族的语言,即与李方桂同开风气之先,使西南少数民族语言的研究正式进入中国语言学的视野。1956年,他资助成立“少数民族语言研究所”。在对西南边疆少数民族语全面的调查和研究中,他做了不少开创性的工作。这方面他著有《莲山摆彝语文初探》(合作,北京大学出版社,1950年)、《贡山俅语初探》(《国学季刊》1952年,第7卷第3期)、《国内少数民族语言文字的概况》(合作,《中国语文》1954年第3期)等论著。总之,罗常培先生是中国现代语言学的奠基人之一,也是这门科学不懈的开拓者。中国语言学界将罗先生称为“继往开来”的“一代宗师”。

罗常培在昆明写的《苍洱之间》是一本非常有名的游记,包括《蜀道难》和《苍洱之间》两部分,都是他20世纪40年代初写的散文作品。对于此书,近人好评如潮。华东师范大学教授、博导陈子善说:“《苍洱之间》是著名语言学家罗常培20世纪40年代在云南‘登山临水,访古寻幽’的散文集。独具慧眼的作者,既陶醉于山水之间,更站在山水之外思索,独特的风土人情伴随着秀丽的自然景观在作者笔下流淌。贯穿全书的,是作者对边疆史、民族史、语言学、谱牒学等种种珍贵史料的细心爬梳。这部别具一格、引人入胜的游记展现了作者严谨的治学态度和深切的人文关怀。”作家梅毅评:“这不仅是学者寄情山水的文字,更是一段山河破碎、家国蒙难的大时代一群知识分子的辛酸历史。”几年前,由辽宁教育出版社重版的《苍洱之间》扉页是这样的概括这本书的:“一个学者行走于山水间的笔记。蜀道、洱海、苍山,在国难的日子里,从自然的风景间,写出时代与历史的变迁。”

游国恩(1899~1978)　字泽承。江西临川湖南乡洪塘游家村人。著名楚辞研究专家、文学史家、北京大学一级教授。其祖父是前清秀才,父亲从事商业,收入所得仅足以维持普通水平的家庭生活。20岁时,游国恩毕业于临川中学(即今抚州一中);1920年,考入北京大学中文系预科,后升入本科,并开始从事中国古典文学研究。此后,游国恩在江西临川中学教书。1924年,发表《荀卿考》,并开始迷上楚辞,写下《离骚研究》、《天问研究》等论文。特别是在1926年发表《楚辞概论》一书时,引起了鲁迅、郭沫若、闻一多、陆侃如等人的重视和高度赞誉。郭沫若称赞他对“离骚”的解释“最好”。鲁迅在《汉文学史纲要》中把《楚辞概论》列为主要参考书之一。是年,游国恩以优异成绩毕业于北京大学,旋即回到故乡,先后任教于江西省立第四中学、临川中学、江西省立第一女子中学、江西省立第一中学。其间,仍专攻古典文学。仅在1928年就发表了《楚辞的起源》、《吊屈原》、《一千五百年前的大诗人陶潜》、《陶潜年纪辨疑》、《莲社年月考》等论文。

1929年,游国恩受闻一多之聘,到武汉大学任讲师,讲授中国文学史。闻一多曾说:“泽承最先启发我读《楚辞》。”1931年,到山东大学(前身为青岛大学)任讲师、教授,后任华中大学中文系教授兼系主任。由于时局的变化,随校辗转到桂林、大理等地。在教学之余,还考察研究西南少数民族的历史、地理和风俗民情，撰写了10余篇论文。1946年，随西南联大迁回北京。此后，一直在北京大学任教。

1949年1月，北京和平解放。7月，游国恩应邀参加第一届"中华全国文学艺术工作者代表大会"，当选为第一届文协委员。1951年加入爱国民主党派"九三学社"。1955年，被评为一级教授，并任北大中文系副主任兼中国文学史教研室主任。历任政协全国委员会第三、四、五届委员、九三学社中央委员、中国科学院文学研究所学术委员会委员。1963年随中国学术团赴日本讲学，作《伟大的爱国主义诗人屈原》和《屈原在中国文学史上的地位和影响》等学术报告。1966年又受中国科学院委托赴越南讲学。1978年6月23日逝世，享年79岁。

游国恩著作十分丰富，有《楚辞注疏长篇》、《屈原》、《端午话屈原》、《屈原作品介绍》、《楚辞论文集》、《楚辞概论》、《读骚论微初集》、《离骚纂义》、《天问纂义》、《先秦文学史参考资料》、《两汉文学史参考资料》、《白居易诗的思想和艺术》、《热爱人民的诗人白居易》、《白居易及其讽刺诗》、《论吴声歌曲中的子夜群歌》、《论胡茄十八拍》、《谢灵运诗华子冈麻源辩证》、《柏梁台诗考证》、《论孔雀东南飞的思想性及其他》、《五言诗成立的时代问题》、《跋洪升<枫江渔父图题记>》、《论<陌上桑>》、《司马相如评传》、和《游国恩学术论文集》等。

1944年暑假，大理县政府聘请海内文理方面专家"以现代方法重修县志"。西南联大文科受聘的教授有罗常培、郑天挺和游国恩。游国恩负责文征、宗教、人物、名胜古迹等方面的修纂，并利用有关资料撰写了《白古通考》、《南诏德化碑校勘记》、《夷族令节考》等5-6篇论文。这些论文都是大理历史文化研究领域中的力作，为研究南诏大理学者所重视，可惜有些论文现已失存。现存世的有《火把节考》、《说洱海》、《南诏用汉文考》、《从文献上所见西南民族语言资料》、《夷语拾遗》，以及《大理名胜古迹、文献考》等。

向　达（1900~1966）　字觉明，笔名方回，有时署佛陀耶舍。湖南溆浦人。土家族。中国历史学家。早年靠寡母节衣缩食读完小学、中学后，考入南京高等师范学校（即后来的东南大学）。1924年以优异成绩毕业，入上海商务印书馆编译所任编辑。任职期间，先后译出卡特《中国印刷术之发明及其西传》若干章、《印度现代史》等外文著作，写成《龟兹苏祗婆琵琶七调考原》、《唐代刊书考》，以及结合实地考察写成的《摄山佛教石刻小记》、《补记》等论文。1930年任北平图书馆编纂委员会委员，他利用馆藏丰富文献，着重于敦煌俗文学写卷和中西文化交流等领域的研究。1933年，他完成力作《唐代长安与西域文明》（刊于《燕京学报》专号），奠定其在学术界的地位。从此，他在中西交通、中外文化交流方面卓然成家，为中外学界所瞩目。翌年，刊出《中西交通史》，受北京大学历史系之聘，讲授《明清之际西学东渐史》。1935年秋赴欧洲，先在素以收藏东方善本著称于世的牛津大学鲍德里图书馆工作，抄录了中西交通史上的重要资料。1937年末，访问巴黎、柏林、慕尼黑等地科学院、博物馆，考察各处窃自中国西北地区的壁画、写卷等藏品。在巴黎期间，他着重研究了法国国立图书馆收藏的敦煌写卷，抄录了明清之际来华耶稣会士有关文献等。1938年秋，携带数百万字资料返国。返国后，他先在浙江大学史地系任教，不久转任昆明西南联大历史系教授兼北京大学文科研究所导师。1941年，国立中央研究院组织西北史地考察团，向达代表北京大学于1942年春到达敦煌，考察了莫高窟（千佛洞）、万佛峡等。返重庆后，发表《论敦煌千佛洞的管理、研究及其连带的几个问题》。1943年7月~1944年，向达作为西北科学考察团历史考古组组长，再赴河西。他两次到敦煌，除对敦煌地区诸石窟留下了重要记述（如《敦煌千佛洞各窟剥离剜损略表》）外，写成多篇有关敦煌和西域考古方面的论文初稿，即后来陆续发表的《敦煌藏经过眼录》、《西征小记》、《莫高榆林杂考》、《两关杂考》、《唐代俗讲考》等。1949年后，向达任北京大学一级教授、图书馆馆长、中国科学院历史所第二所副所长兼学部委员，《历史研究》及《考古学报》编委等职。1957年受到了不公正待遇，但他不计个人得失，更加勤奋工作。1959年以后刊出了一系列中外交通史资料，并发表有关中西交通、南海交通、敦煌学方面论文多篇，出版了倾注多年心血的《蛮书校注》。1966年，在"文化大革命"中备受折磨凌辱，于11月24日逝世。

向达对南诏史研究贡献主要是完成《蛮书校注》。《蛮书》是中国唐代记述云南地方及民族史的著作。亦名《云南志》、《云南记》、《南夷志》、《云南史记》。唐樊绰撰。咸通三年（公元862），樊绰任唐朝安南经略使蔡袭的幕僚，随官到任所。是年，南诏出兵攻安南，蔡袭和家人、从官70余口，皆死于战乱。樊绰中箭携印浮水渡江脱险。此书是樊绰在安南时，调查南诏情况并参考他人有关著述而写成的。全书10卷，记载云南自然地理、城镇、交通、里程、物产，特别是对南诏历史、政治、经济、军事以及云南各民族的生活习俗，作了系统的阐述，是唐代有关云南的专著及研究唐代西南民族历史最重要的著作。此书的书名，说法纷纭，《新唐书·艺文志》以《蛮书》之名著录，《宋史·艺文志》、晁公武《郡斋读书志》、李京《云南志略》、程本立《云南西行记》都称此书为《云南志》。此书于明朝（1368~1644）中叶以后已佚。清乾隆年间修《四库全书》时，从《永乐大典》中辑出，刊入聚珍版丛书中。传世的版本甚多。今人方国瑜著有《樊绰云南志概说》，对此书名称、资料来源、版本等考校精详。向达的《蛮书校注》，在文字校勘和史实注释方面作了较为系统的整理，尤便省览。1962年，由中华书局出版。

杨　堃（1901~1997）　字象乾，曾用名杨赤民，笔名张好礼、杨念基等。著名民族学家、民俗学家、教授。1901年生于河北省大名县一个农民家庭。父亲在县里当公务员。杨堃12岁由私塾转入县第二高等小学，15岁入大名直隶第十一中学，"五四运动"中上街游行，抵制日货，1920年考入保定直隶农业专门学校留法预备班，结业时名列甲等第三。1921年8月被保送入法国里昂中法大学。杨堃自幼喜欢民间故事和历史读物，这可以说是他后来成为民族学家的滥觞。

杨堃在里昂大学继续学法文1年多后，为了要在3年内取得学位，先读理科，1925年获普通数学、微积分、天文学3门课合格证书与里昂大学理科硕士学位。1926年，杨堃入里昂大学哲学系，在法国著名汉学家古恒教授指导下，攻读文科博士，1928年被推荐到巴黎民族学研究所，在莫斯教授指导下进修民族学，先后参观了欧洲各国民族学博物馆。1930年5月30日，杨堃的博士论文《中国家族中的祖先崇拜》通过答辩。1930年12月20日经苏联、西伯利亚回国。

杨堃于1923年上半年，经郭隆真介绍，加入"旅欧中国共产主义青年团"，化名杨赤民，下半年又加入国民党，并作为里昂支部代表，于1924年春季到巴黎开代表大会，当选为国民党旅欧总支部宣传委员。1926年9月，作为旅欧华人代表之一到日内瓦国际联盟会所，宣传北伐战争，拥护广州革命政府，反对北洋军阀政府。1927年7月15日政变后国共分裂，杨堃退出国共两个组织，停止一切政治活动，专心研读。

1931～1937年，杨堃在河北大学、中法大学、北平大学、清华大学、北平师范大学任教，讲授社会学、社会进化史、普通人类学、民族学和当代社会学学说等课程，编写讲义、资料及参考书目约200万字。1932年至1933年杨堃为综合性社会科学刊物《鞭策周刊》主编之一，曾发表《中国现代社会学之派别及趋势》、《家族研究史批评》、《介绍汪继乃波的民俗学》、《初民心理与宗教之起源》、《编纂〈野蛮生活史〉之商榷》、《语言与社会》、《悼基特教授》、《中国新年风俗志序》、《介绍雷布儒的社会学说》、《社会形态学是甚么》、《评李景汉著〈实地调查方法〉》、《法国社会学史》等多篇著作。

1937～1941年，杨堃到燕京大学社会学系，接替吴文藻教授讲授“原始社会”、“当代社会学学说”、“社区研究”等课程，并带领学生到前八家村实习，批改学生的农村调查报告与学士论文。1938年杨堃撰写了《边疆教育与边疆教育学》。

1941年以后，杨堃到中法汉学研究所任民俗学专任研究员，负责民俗学小组的工作，从事《五祀考》研究，在《汉学》第1辑上发表了代表作《灶神考》。1943年杨堃往北京大学任教，1945～1947年在北平大学临时补习班和天津北洋大学任教。

1946年以前，杨堃还发表过《新疆的婚姻》、《民族学与人类学》、《法国民族学之过去与现在》、《莫斯教授的社会学学说与方法论》、《中国儿童生活之民俗学研究》(法文文章，与张若名合著)、《葛兰言研究导论》、《甘肃土人的婚姻》、《孔德社会学研究导论》、《勒普来学派社会学研究导论》等近30篇论文。

1947年冬，云南大学校长熊庆来聘杨堃为社会学系教授兼系主任。1949年4月22日，杨堃在社会学系进步师生会上宣布“我赞成新民主主义”，6月间由孙海波教授介绍，加入共产党领导的地下群众组织“新民主主义者联盟”，任教授会小组长。在这期间，他还聘请了曾留学苏俄的赵岑纪为社会学系教授，组织师生学习俄文、政治经济学与新哲学。

1953年院系调整，杨堃调入历史系任民族史研究室主任。在此期间杨堃先后到西盟、德宏、楚雄、大凉山、大理、剑川等地进行实地民族调查。1955年4月，周恩来、陈毅在昆明接见杨堃，谈话5个多小时，这对杨堃鼓舞很大。此后，杨堃连续撰写了《马散大寨历史概述》、《凉山彝族的手工业》、《试论恩格斯关於劳动创造人类的学说》、《对于资产阶级民族学调查方法的初步批判》、《关于民族和民族共同体的几个问题》、《关于摩尔根的原始社会分期法的重新估价问题》等几十篇论文。直到1966年春，65岁的杨堃还骑马翻山越岭，带领学生到红河哈尼族自治州调查，并写出了《哈尼族的宗教生活》。

1978年，杨堃调到中国社会科学院民族研究所民族学室任研究员，同时还在中央民族学院、北京大学、北京师范大学讲课。他先后整理出版了《民族与民族学》、《民族学概论》、《原始社会发展史》。1976年以后，杨堃还在十几个刊物上发表《从摩尔根到恩格斯——论马克思主义民族学》、《论列维·斯特劳斯的结构人类学派》、《论拉法格对民族学与经济民族学的贡献》、《论神话的起源与发展》(获《民间文学论坛》一等奖)、《女娲等》、《图腾主义新探——试论图腾是女性生殖器的象征》等30余篇论文。杨堃平生写作已接近一千万字。自1985年，他在中国社会科学院研究生院，指导民族学系博士生，并且出版《民族学调查方法》、《原始宗教》、《杨堃民族学研究文集》、《中国民俗探源》等书。

杨堃长期担任中国民族学会、中国社会学学会、中国人类学学会、中国神话学学会、中国世界民族研究会、中国民间文艺家协会、中国少数民族经济研究会、中国“野人”研究会、西南民族研究会顾问，并任中国民俗学会副理事长。杨堃于1951年加入中国民主同盟，1984年9月加入中国共产党。自1987年起从民族研究所退休，继续任中国社会科学院研究生院教授兼博士生导师。1989年，中国社会科学院民族研究所举行杨堃从事教学研究60周年庆祝会，与会的各国学者对他在民族学和社会学等领域的贡献给予高度评价。

1998年7月26日杨堃在北京逝世，享年97岁。

值得一提的是，1954年杨堃在云南参加了民族识别工作。他认为，一个民族应具有民族名称、民族语言、民族地域、民族经济和民族意识与民族情感5个基本要素，而民族名称和民族意识与民族情感是不可缺少的。因此，在调查中，他提出了在民族识别过程中应充分重视对民族语言的调查，对地理环境和经济资源的综合考察以及对婚姻习俗、宗教迷信等上层建筑中的意识形态的考察，并应运用体质人类学的人体测量法。对白族，他撰写了很有份量的论文《试论云南白族的形成和发展过程》，入选1957年《云南白族的起源和形成论文集》的开篇。

马长寿(1907～1971)　字松龄，又作松舲。山西省昔阳县人。中国当代民族史家。自幼丧父，家贫，由寡母抚养成人。1929年，在太原进山中学毕业后，考入南京中央大学社会学系，攻读民族学专业。1933年毕业，留校任助教，自学比较语言学、体质人类学、考古学、民族调查方法等课程。1936年转中央博物院任职，先后在四川大凉山、川西北等地考察彝、藏、嘉戎、羌等族的社会历史。从1942年起，相继在东北大学(当时在四川)、金陵大学(当时在成都)、四川大学等校任教授。

中华人民共和国成立后，马长寿任浙江大学、复旦大学教授。1955年调西北大学任教授，并根据国家规划筹建西北民族研究室，任该室主任。他治学刻苦严谨，勤于读书，尤其重视实际考察研究，以新得资料补充和更正旧书记载之舛误。后期著述多有独特见解，已发表的主要论著有《康藏民族之分类体质种属及社会组织》、《凉山罗夷的族谱》、《嘉戎民族社会史》、《钵教源流》、《中国西南民族分类》、《论匈奴部落国家的奴隶制》、《突厥人和突厥汗国》、《南诏国内的部族组成和奴隶制度》、《北狄和匈奴》、《乌桓与鲜卑》等，遗著有《凉山罗夷考察》、《彝族古代史初稿》、《氐与羌》、《碑铭所见前秦至隋初的关中部族》、《马长寿民族学论集》和《清代同治年间陕西回民起义调查资料》等。

1958年，马长寿参加云南省少数民族社会历史调查，他利用有关材料撰写了《南诏国内的部族组成和奴隶制度》一书。作者在对南诏的经济结构、社会制度、生产门类等方面进行全面研究的基础上，在书中阐明了自己的观点，即：南诏是中国境内一个多部族、多部落的国家，它的主体民族是乌蛮和白蛮，“南诏国家的社会制度主要是奴隶所有制，它是南诏国内各种生产关系的主流”。对于学术界历来争论不休的南诏王室族属问题，作者认为，南诏居于最高统治地位的王室蒙氏是乌蛮，王室以下虽有不少官员及王室亲信出自乌蛮，但是由于南诏国是乌蛮蒙氏兼并洱海地区的“二河”（西洱河、河东）和四诏的基础上建立起来的，这个地方原系白蛮居住，因而白蛮在南诏政权中有很大的势力，如许多主要官职（清平官、大军将、城镇节度、六曹长等）是由白蛮中的豪族大姓担任的。洱海地区的白蛮人口多、物产丰、文化高，蒙氏在建国过程中不能不依靠白蛮大姓和当地的人民。因此，南诏国是乌蛮和白蛮共同建立的王国。在书中，作者驳斥了“南诏是泰族所建”的谬论，同时也不同意白族和彝族出自氐羌，以及南诏是封建社会的说法。此书1961年由上海人民出版社出版。

费孝通（1910～2005）　汉族，江苏吴江人。著名社会学家、人类学家、民族学家、社会活动家，中国社会学和人类学的奠基人之一。

费孝通4岁进入母亲创办的蒙养院，开始接受正规教育。1928年考入东吴大学，读完2年医学预科，因受当时革命思想影响，决定不再学医，而学社会科学。1930年到北平入燕京大学社会学系，1933年毕业后，考入清华大学社会学及人类学系研究生，1935年通过毕业考试，并取得公费留学。在出国前，偕同新婚妻子王同惠前往广西大瑶山进行调查，在调查时迷路，误踏虎阱，腰腿受伤，王同惠出外寻求支援，不幸溺水身亡。伤愈后，回家乡农村休养时，进行了一次社会调查。1936年夏，费孝通去英国留学，留学期间撰写论文《江村经济》。此书流传颇广，曾被国外许多大学的社会人类学系列为学生必读参考书之一。1938年，获伦敦大学研究院哲学博士学位并回国继续在内地农村开展社会调查、研究农村、工厂、少数民族地区的各种不同类型的社区，出版了调查报告《禄村农田》。1944年费孝通访问美国归来后不久，参加中国民主同盟，投身爱国民主运动，曾任清华大学教授，著作有《生育制度》、《乡土中国》及译文《文化论》、《人文类型》、《工业文明的社会问题》等。

中华人民共和国建立后，1955年费孝通到贵州进行民族识别，参加少数民族社会历史调查。1957年3月24日费孝通写的《知识分子的早春天气》发表在《人民日报》，因此被划为“右派”，20世纪70年代获平反。1980年春，费孝通获国际应用人类学会马林诺斯基名誉奖，1981年春获英国皇家人类学会奖章，1982年被选为英国伦敦大学政治经济学院荣誉院士，1988年费孝通当选为第七届全国人大副委员长，同年获《大英百科全书》奖。曾任国务院民族事物委员会副主任、中国社会科学院社会学研究所所长、中国社会学学会会长、中国民主同盟中央第六届中央主席、第六届全国政协副主席，中央民族大学的前身中央民族学院的副院长、中央民族学院教授，北京大学教授。2005年4月24日22时38分在北京逝世，享年95岁。

1943年1月，驻大理的国民政府第十一集团军司令宋希濂因办滇西战时干部团的需要，请西南联大、云南大学罗常培、潘光旦、曾昭抡、费孝通、燕树棠、蔡维藩、张印堂、陶云逵、张文渊9位学者前往大理讲学。讲课毕，学者们前往鸡足山游览。费孝通写下散文《鸡足朝山记》。1956年11月，费孝通在清华任教并任中央民族委员会委员，被中央政府派遣到大理祝贺大理白族自治州成立。活动结束后，费孝通先生提出到州属各地察访历史。其时，由白族学者李一夫陪同。李一夫回忆道：“我曾陪先生先后到弥渡、巍山、邓川、洱源、剑川。每到一地，费老都要与知名老人就当地有关历史、民族方面的情况座谈。在凤仪县座谈时，谈到了历史上董法官家的一些传说和家世，费老非常重视，我们随即驱车到达北汤天村，在董氏宗祠里发现经橱中堆放的大批线装经书、木雕天王像。费老仔细地查看后，认为这是不可多得的历史文物。回到下关即向州里作了汇报。这批珍贵文物由此得以妥善保存。”回到北京后，费孝通在1957年《历史研究》第三期发表了《用文物补正南诏大理国的初步察访》一文。

石钟健（1913～1991）　又名石钟，祖籍浙江诸暨县。1939年进入武汉大学历史系，师从吴其昌先生；1941年转学西南联大历史系。此间，得到向达先生的指导。建国前，石钟健曾在中央研究院工作，新中国建立后于1957年到中央民族学院历史系任教，兼任中国古代铜鼓研究会第一届理事长、百越历史研究会副会长、中国太平洋历史学会常务理事。

石钟健的主要研究方向为南方民族史、百越史，他先后在相关学科的核心刊物上发表过《古代中国船只到达美洲的文物证据：石锚和有段石锛》、《论广西岩壁画和福建岩石刻的关系》、《大理喜洲访碑记》、《论广西悬棺葬的几个问题》、《论悬棺的起源地和越人的海外迁徙》、《论西瓯的族源和几个有关问题》、《论西瓯和东瓯——兼论倭和夷、越的种族关系》、《试论越与骆越出自同源》、《论白族的文字》等论文，论文集有《石钟健民族研究文集》。著有《悬棺葬研究》、《四川悬棺葬》、《壮族简史》（古代部分）、《白族简史》（古代部分）、《壮族史概要》等，并与他人合译了《东南亚古代金属鼓》（弗朗茨·黑格尔著）等著作。1991年6月22日，石钟健在上海逝世，终年年79岁。

20世纪40年代，石钟健在西南联大就读时曾2次来大理访碑作田野调查，为保存大理史料作出了杰出的贡献。第一次是1942年6月，当时向达先生建议他到大理做些考古工作。行前向达先生作了提示，说现在研究西南边疆史有几个大问题尚未解决：一是哀牢九隆族与乌蛮白蛮的关系；二是白史与《白古通》、《玄峰年运志》的关系；三是南诏的释密教是否从印度传来。向达先生还叮嘱：“初作学文的人务必严守师宗，要作一件事就要做得确实有效，一丝不苟。你们这一行，不怕作上1天或2天，但是这1、2天的成绩，要绝对的有效才好。”石钟健到喜洲后，在包渔庄的协助下，到弘圭山“披荆斩棘”调查古墓。当年弘圭山有古墓数千座，明墓就有数百，范围大，年代久，石刻为风雨剥蚀，字迹难以识读。早出晚归，克服重重困难，石钟健终于录下碑铭150余通。碑文涉及的时间从唐代迄于明代；涉及的空间除中原外，北至吐蕃，西北至印度摩伽陀，西至缅甸，南至越南；涉及的史实多为正史所不载。根据调查记录作分类研究，他认为密教来源于印度的显密，传人南诏成为国教，传法僧成为国僧，直到元明密教仍盛行于大理。他还论述到《白史》、《白古通》、《玄峰年运志》与白文的关系；梵咒与梵文等。在弘圭山下的庆洞村，他还发现明代白族文人杨黼《词记山花·咏苍洱境》之外的另外两块白文碑，即《故善士赵公墓志》、《故善士杨宗墓志》。此行访碑，他写下了《大理喜洲访碑记》，并油印成册，原始资料编成《访碑录》2辑，未刊。石钟健的第二次大理访碑是在1943年8月。他认为喜洲访碑虽有成绩，但时间太短，邓川一带还有一批元碑，很值得再去一趟。更主要的是“苍（山）洱（海）不单是一个地理上的名词。在文化上也有特殊的意义”。这个区域以苍山洱海为中心。东至姚安、大姚。西至云龙、永平，北至鹤庆、丽江，南至蒙化、弥渡。这个区域地理环境相同，社会风教也相同，自古以来各民族之间和衷共济。从文化形态看，从南诏建国到大理国之后的明清，“是三种文化的总合体——汉印文化与土民文化,姑名之曰'苍洱文化'"。第二次访古原定计划到邓川、洱源、鹤庆、丽江,后因时间及健康原因,只完成邓川的调查,但收获很大。与第一次喜洲访碑不同的是,到的地方多,涉及范围广。抄录古碑铭文之外,他还在火葬习俗、本主崇拜、古碑传说、金石器物等方面获得不少资料。其中,火葬罐的发掘、搜集。白文碑的再次发现,为南诏、大理国历史的研究提供了实物。他把调查所得与文献相印证,写出《段氏世系考》,这是2次访古后完成的论文。内容包括:一、段氏始祖段道超;二、南诏时期的段氏;三、大理国时期的段氏世系表;四、元大理总管府时期的段氏世系;五、明代段氏的后裔。附录有段氏与秘密教的关系和段氏与白文的关系。附录还有多篇从《邓川访碑录》中选出的碑文。此次调查形成的文字为《滇西考古报告》,署名石钟,以"中国边疆问题研究会云南省立龙渊中学支会专刊"发表,为油印本。内容分两大部分:邓川访碑记和段氏世系考。石钟健的这2本报告内容非常丰富,做了前人所未做或未做完的考古工作,除搜集到的大量碑铭是第一手资料,论断的几个重要问题都是与南诏、大理国历史和白族族源。(引自侯冲文)

秦佩珩(1914~1989) 男,山东昌乐县高崖镇李家庄(1948年5月前属安丘县第五区)人,生前任河南省政协常委、中国民主促进会中央参议委员会委员兼民进中央河南省支部主任,1983年加入中国共产党。他学识渊博,著述弘富,在史学、文学、经济学等方面均有建树,尤其在中国经济史领域开拓较早,成就卓著,是我国著名的经济史学家。1934年,秦佩珩考入北京育英中学,3年后考入燕京大学。1941年毕业后,先后在天津工商学院、四川大学、光华大学、华西大学、西北大学、湖南大学、中南财经学院等校任教,1953年到中南财经学院工作。1956年,河南筹备郑州大学,他作为历史系主要骨干,创设经济史专业。其一生的学术贡献集中在3个方面:一他是国内学术界最早研究明清社会经济发展的学者之一,对明清社会经济的发展有系统的研究,主要成果有《明清社会经济史论稿》一书;二他是国内经济史学界最早研究经济史学科发展历史的学者之一,他最早对中国经济史学的萌芽和形成进行研究,并提出了自己的学术观点,主要成果有《中国经济史坛的昨日、今日和明日》、《从蓬勃到沉寂的中国经济史》、《目前中国经济史研究存在的几个问题》、《中国经济史研究应走的新途径》、《史海夜航》等论文;三他是国内经济史学界最早研究城市经济的学者之一;四是他对经济史学科建设和人才培养提出许多建议。他认为研究经济史要注意方法论,研究经济史要注意和新兴学科的结合。其论文和专著主要有《辽代货币新考》、《古代经济史》、《明代经济史论述丛初稿》、《中国古代地理史剩稿》、《中国史部目录学论要》、《南诏史渊源略论稿》等。

秦佩珩对南诏经济史进行了深入研究。他在《自传》中写道:"我还注重边疆少数民族经济史的研究,如西南的白族。我写了《试论南诏史的研究》(《沈阳师院学报》)、《关于南诏史研究中的一些问题》等。着重谈到保护文物、重视边疆兄弟民族经济的研究等。我们研究明代云南各族的经济发展及其特点,除现实情况外,还要上溯其历史发展。此外,田野的实地调查,文物的比较研究,兄弟民族的传闻和民歌故事,都可以作为经济史研究的重要线索。"他在《吉林大学学报》1980年第6期发表的《关于南诏史研究中的一些问题》认为,南诏前期附吐蕃反唐是南诏的倒行逆施,后期附唐反吐蕃是南诏的开明之举。他认为,为了促进汉族与边疆少数兄弟民族的真正相互认识和了解,历史科学工作者肩负着极其重要的任务。因为,如果对少数兄弟民族的历史缺乏正确了解,就不能知其风俗习尚的来龙去脉,要想正确认识一个民族是根本不可能的。这里特指的是白族和彝族。他说:"在过去漫长的时间里,我国的历史学家都曾一度根据当时的需要,对西南边疆诸兄弟民族进行过一些研究,也确实作出了一些有益的贡献,但这种研究还是远远不能适应历史科学发展和形势发展的需要的。"

(施立卓辑编)

离退休干部逝世人员名录

丁发船 男 大理州总工会原副主席(享受副厅级待遇),离休干部

李 文 男 大理州政协原副主席,退休干部

宁尚云 男 宾川县彩凤华侨农场原党委书记(享受副厅级政治生活待遇),离休干部

李 奇 男 大理州供销原主任(享受副厅级单项待遇),离休干部

王爱梅 男 大理州民族贸易公司干部(享受正县处级待遇),离休干部

唐瑞仁 男 大理州财校干部(享受正县处级待遇),离休干部

常双福 男 下关汽车运输总公司干部(享受正县处级待遇),离休干部

李旭明 男 下关汽车运输总公司干部(享受副县处级待遇),离休干部

李常火 男 云南省大理路桥一公司干部(享受正县处级待遇),离休干部

李晓提 男 大理州血防所干部(享受副县处级待遇),离休干部

杨歧山 男 大理市下关三中干部(享受副县处级待遇),离休干部

李家杰 男 大理州师范学校干部(享受副县处级待遇),离休干部

田棋祯 男 大理州医药公司干部(享受副县处级待遇),离休干部

杨树德 男 大理州糖业烟酒公司干部(享受副县处级待遇),离休干部

王虎旦 男 大理州医药公司干部(享受副县处级待遇),离休干部

杨明亮 男 大理州物资公司干部(享受副县处级待遇),离休干部

公茂汉 男 大理市运政管理所干部(享受副县处级待遇),离休干部

李毓秀 女 大理市下关饭店干部(享受副县处级待遇),离休干部

柴焕清 男 大理市地方建材服务站干部(享受副县处级待遇),离休干部

杨汝信 男 大理市建委干部(享受副县处级待遇),离休干部

段发春 男 云南大理市标准件厂干部(享受正县处级待遇),离休干部

李凤歧 男 原大理市下关肉联厂干部(享受副县处级待遇),离休干部

杨德清 男 大理市血防站干部(享受

副县处级待遇），离休干部

候占孟　男　云台山林业局干部（享受正县处级待遇），离休干部

李致明　男　漾濞县粮食局原局长（享受正县处级待遇），离休干部

李忠培　男　祥云县粮油加工厂干部（享受副县处级待遇），离休干部

虞光河　男　祥云县马街供销社原副主任（享受副县处级待遇），离休干部

李克明　男　祥云县普棚镇粮管所干部（享受副县处级待遇），离休干部

段文生　男　弥渡县交通事业局干部（享受副县处级待遇），离休干部

奎兆祥　男　弥渡县第一中学原副校长（享受副县处级待遇），离休干部

艾汝龙　男　巍山县文化体育局干部（享受副县处级待遇），离休干部

沈国柱　男　永平县北斗粮管所干部（享受副县处级待遇），离休干部

原安顾　男　云龙县总工会原主席（享受副县处级待遇），离休干部

李跃堂　男　云龙县人大常委会原专职常委（享受副县处级待遇），离休干部

李　果　男　洱源县委办公室原主任（享受副县处级待遇），离休干部

施汉植　男　洱源县委办公室干部（享受副县处级待遇），离休干部

王清友　男　洱源县药材公司干部（享受副县处级待遇），离休干部

谢　钟　男　洱源县第二中学干部（享受副县处级待遇），离休干部

杨大经　男　洱源县血防站干部（享受正县处级待遇），离休干部

李植元　男　剑川县直属机关党委干部（享受副县处级待遇），离休干部

尚锦春　男　剑川县饮食服务公司干部（享受副县处级待遇），离休干部

杨启铭　男　鹤庆县财政局干部（享受副县处级待遇），离休干部

董增麟　男　鹤庆县经济局干部（享受副县处级待遇），离休干部

李　恕　男　鹤庆县电力公司干部（享受副县处级待遇），离休干部

高腾跃　男　大理州人大常委会财原经委主任，退休干部

廖文润　男　原大理州人大常委会办公室副主任，退休干部

吴先元　男　大理州水利局原局长，退休干部

陈　明　男　大理州农业局原调研员，退休干部

杨鹏翔　男　大理州公安局原副局长，退休干部

董茂春　男　大理州种子公司原副经理（享受正县处级待遇），退休干部

旷学芳　男　大理州检察院原副调研员，退休干部

杨育新　男　大理州侨办原副调研员，退休干部

施光辉　男　宾川县人大常委会原副主任，退休干部

杨仕尧　男　宾川县国土资源局原局长（享受副县处级待遇），退休干部

罗　晶　男　祥云县人大常委会原副主任，退休干部

杨家谷　男　南涧县原政协主席，退休干部

罗豫章　男　南涧县政协原副主席，退休干部

王树邦　男　永平县政协原副主席，退休干部

何正明　男　原永平县检察院检察长，退休干部

段　锦　男　洱源县法院原院长，退休干部

王逢圣　男　鹤庆县政协办公室原主任（享受副县处级待遇），退休干部

（说明：在职去世的副县处级以上未列入统计）

（《逝世人员名录》由赵灿奎撰稿）

（本部类责任编校：施立卓）

附 

大理白族自治州人民代表大会常务委员会工作报告(摘要)

——2010年2月4日在大理白族自治州第十二届人民代表大会第三次会议上

大理州人大常委会主任　宇国顺

一、2009年的主要工作

(一)加强学习受教育,注重实践促发展

一是深化了思想认识,增强了用科学发展观统领人大工作的自觉性。通过认真学习和深入实践,机关广大党员特别是党员领导干部进一步解放了思想、转变了观念,在进一步增强贯彻落实科学发展观的自觉性和坚定性上形成了共识。大家更加深刻地认识到,科学发展观是马克思主义中国化的最新理论成果,是同马列主义、毛泽东思想、邓小平理论和"三个代表"重要思想既一脉相承又与时俱进的科学理论,是我国经济社会发展的重要指导方针,是发展中国特色社会主义必须坚持和贯彻的重大战略思想,也是做好新形势下人大工作的强大思想武器。常委会进一步明确了人大工作的努力方向,就是要站在政治的、全局的、战略的高度研究部署人大工作,创新工作思路,创新工作机制,创新工作方法,使人大工作更好地适应新形势新任务的发展需要。同时进一步用科学发展观来统领和指导人大工作,切实把科学发展观落实到人大工作的各个方面,使常委会的工作水平和工作成效有了明显提升。二是机关干部职工的创新意识和责任意识明显增强,工作作风明显转变。学习实践活动激励了机关干部职工想干事、干成事的工作热情,树立了奋勇争先的责任意识,增强了改革创新、顾全大局的工作意识。通过学习调研、分析检查和整改落实各项活动的开展,在机关形成了务实求真、互学互帮、和谐共事、勤政廉政的工作氛围,工作风貌、机关形象进一步改善。三是机关形成了勤于学习的良好风尚。常委会班子成员参加了全国人大、省人大和省委党校组织的培训班以及州委理论中心组的学习活动,并采用聘请专家学者到机关专题讲座、集中学、委室专题学、个人自学等相结合的方式进行学习。特别是党的十七届四中全会召开后,常委会班子理论中心组召开两次会议集中学习、机关召开干部职工大会进行专题学习、正处级干部参加了州委组织的专题培训。机关干部职工在认真学习的同时,还积极撰写学习体会和理论文章,常委会领导的部分理论文章分别在中央和省级媒体刊载。

(二)围绕"三保"突重点,强化监督求实效

一年来,常委会听取和审议了州人民政府、州中级人民法院12项专项工作报告,开展3次执法检查、2次代表视察,支持和督促"一府两院"依法履职,公正司法,促进了发展,保障和改善了民生。一是加强对宏观经济运行情况的监督。常委会在深入调研的基础上,听取和审议了州人民政府关于经济计划、财政预算执行情况的报告和审计工作报告、关于2008年州本级财政决算的报告,作出了相应的审议意见和决议。二是加强对重点工作的监督。常委会听取和审议了文化遗产保护与利用、土地开发整理项目实施、促进全州中小企业发展、全州外事工作情况的报告,对我州文化遗产保护、优势资源利用、文化强州建设,对土地整理项目的实施、耕地占补平衡,为全州经济建设社会发展提供用地保障,对中小企业、非公经济的发展、工业强州战略的实施,对充分发挥外事职能、服务地方经济社会发展等涉及大理州重点的工作事项都在常委会上进行了专项审议,提出了有建设性的审议意见。三是加强对民生问题的监督。常委会高度重视民生问题和关注人民群众关心的热点难点问题。根据大理州移民工作量大、移民人数多,保稳定、建和谐、促发展难度大等实际,听取和审议了州人民政府关于全州移民安置情况的报告,要求州人民政府高度重视移民安置工作,充分认识移民工作的长期性、复杂性、艰巨性,认真落实"搬得出、稳得住、逐步能致富"的要求,积极争取国家和省出台统一的移民政策,加大移民地区项目扶持的力度,切实做好移民区的维稳工作。听取和审议了大理州城乡医疗保险工作情况的报告,农村医疗卫生关系到广大农民的切身利益,常委会高度关注,提出了新型农村合作医疗资金全州累计结余比例过高、各县市基金结余比例不平衡的问题,要求政府逐步提高补助标准,不断提高保障水平,逐步解决广大人民群众看病难、看病贵的问题。常委会还组织部分州人大代表对"万村千乡市场"建设情况进行了视察。四是加强对法律法规实施情况的监督。根据州人大代表在州十二届人大二次会议上提出的议案,常委会开展了对《代表法》贯彻实施情况的执法检查。这是《代表法》颁布实施17年来,大理州第一次对其实施情况进行执法检查。在常委会开展的检查中,代表们主要反映部分基层人大代表活动经费落实不到位的问题,常委会积极主动向州委汇报,得到了州委的高度重视和州、县市人民政府的大力支持,州、县市、乡镇三级人大代表经费在原来的基础上不同程度地有所提高,解决了长期困扰基层代表活动经费不足的问题,为代表履职提供了保障。常委会还对《村民委员会组织法》的贯彻实施情况进行执法检查，向全国人大提出修改的意见建议，向州委提出妥善处理“两委”主要领导“一肩挑”的建议。为落实好“两保护、两开发”的战略任务，常委会对《云南省大理历史文化名城保护条例》进行了执法检查，提出了执法检查的审议意见，促进了历史文化名城的保护。常委会还组织代表对全州实施《“五五”普法规划》情况进行视察，推动“五五”普法的开展，促进民主政治建设和依法治州进程，为自治州经济社会发展创造了良好的法制环境。为了实施好“生态优先”和“保洱海”战略，积极宣传《环境保护法》，增强全民的环境意识，年内开展了以“你我携手保护生物多样性”为主题的大理环保世纪行活动。五是加强司法监督和信访工作。公正司法、严格执法事关社会公平正义、和谐稳定。常委会听取和审议了州中级人民法院关于加强行政审判工作情况的报告、听取和审议了关于全州公安机关加强执法规范化建设工作情况的报告，并提出了具体的要求。常委会高度重视信访工作，2009 年，共接待群众来信 391 件，来访 523 人次，其中主任接待日受理 76 件 152 人次。常委会领导对一些重要来信来访，亲自催办、督办，深入到基层、深入到上访户家中了解情况，帮助解决反映的问题，为理顺关系、缓解情绪、化解矛盾、维护稳定作出了积极努力。

（三）坚持实用有特色，民族立法出亮点

常委会继续把民族立法工作摆在重要位置，按照《五年民族立法规划》的要求，围绕贯彻落实省政府大理专题工作会议精神，以促进和推动滇西中心城市建设、“两保护、两开发”和“旅游二次创业”为重点，按照急用先立的原则，积极推进地方民族立法工作，实现了立法工作出亮点、有特色、见实效，《云南省大理白族自治州苍山保护管理条例（修订）》经省人大常委会批准后，进行了公布施行。认真做好《云南省大理白族自治州旅游条例》的制定。州人大常委会接到州人民政府报送的立法议案后，组织了专门的工作班子，进行了大量的调研工作，并将《条例（草案）》在《大理日报》、州人民政府公众信息网上公布，广泛征求社会各界的意见。在此基础上，分别在州人大常委会第八、九、十次会议上对《旅游条例（草案）》进行了 3 次审议，相关委员会根据常委会审议的意见进行了修改、完善，现已完成了相关的报批工作，已提交本次大会审议。根据省人大常委会的安排，对自治条例、单行条例作了认真的清理。常委会领导带队，深入到大理州部分乡村对《云南省大理白族自治州村庄规划建设管理条例》进行了立法调研，并带队到沿海发达地区进行考察学习，借鉴发达地区的立法经验，此项立法已进入起草阶段。同时，认真指导好 3 个民族自治县的民族立法工作。

（四）认真行使决定权，人事任免更规范

为了积极应对国际金融危机的冲击，坚定不移地把“三保”目标作为围绕中心、服务大局的工作重点，紧紧抓住国家加大基础设施建设的重大机遇，常委会认真行使重大事项决定权。在常委会会议上先后审议了州人民政府提请的《关于提请审议国道 214 线大理上关至北五里桥公路改扩建工程向交通银行云南省分行等金融机构贷款有关事项的议案》、《关于提请审议洱海保护及洱源县生态文明建设重点工程项目贷款有关问题的议案》、《关于提请审议弥渡县医院整体搬迁等六个项目向中国农业发展银行大理州分行申请贷款有关问题的议案》等 9 个议案，涉及 14 个关系国计民生项目，共计申请贷款 16.245 亿元。州人大常委会会议经慎重审议，作出相应决议，同意州人民政府上述贷款，并要求州人民政府要加强资金跟踪监督和管理，充分发挥资金的使用效率。同时，为落实省政府关于大理滇西中心城市建设的要求，州人大常委会会议听取和审议了州人民政府关于滇西中心城市总体规划编制情况的报告，并作出决议，提出要注重实施措施以及体制保障、法制保障、经济保障等的政策研究，认真组织实施。重大事项决定权的有效行使，为大理州基础设施建设、环保工程建设、民生工程建设缓解了部分配套资金融资困难的压力。

常委会认真贯彻执行《党政领导干部选拔任用条例》，坚持把党管干部和人大及其常委会依法选举、任免国家工作人员的原则有机结合起来，完善任免程序和办法，加强与州委组织部和“一府两院”的联系，注重做好人事任免各个环节的工作，有效行使了人事任免权。全年共依法任免国家机关工作人员 43 人次，其中任命 20 人次，免职 16 人次，接受辞职 7 人次。

（五）改进服务重保障，代表工作有创新

一是认真做好代表培训工作。2009 年 3 月，与州委党校合作，举办了一期有 93 人参加的州十二届人大新当选代表和新进人人大机关工作者培训班。组织县市人大主任、部分代表参加了上级人大举办的业务培训。组织部分州十二届人大代表分两批到外地考察学习，学习外地人大代表工作经验，促进了大理州人大代表工作的创新。二是扎实开展闭会期间的代表活动。深入开展代表“五个一”活动，不断拓宽代表活动的渠道，创新和丰富代表活动的内容和方式，使代表活动走上了制度化、规范化的轨道。广泛听取代表意见建议，充分发挥代表在管理国家事务中的作用。扩大代表参与常委会组织的执法检查、集中视察、专项调研等活动范围。同时，普查了乡级人大活动室建设及设施配备情况，摸清了底数。州人大常委会积极协调资金，为全州乡级人大活动室配齐了微机，推进了基层人大工作信息化建设。三是认真办理代表议案和建议。对州十二届人大二次会议上代表提出的对《代表法》、《村民委员会组织法》进行执法检查和加强农产品出口基地备案工作 3 个议案，依法进行了审议研究，推动了相关法律的贯彻实施，特别是农产品出口基地备案后，开拓了市场，提升了价值，农民得到实惠。对 358 件建议，及时与州政府召开交办会，明确承办单位任务和办理要求，做好交办和处理工作。继续充分发挥常委会各专工委室的作用，采取分类对口督办的方法，将代表所提的建议，按类别分到各相关专工委室进行督办。采取多种方式与代表加强联系，掌握代表对办理工作的满意情况，切实抓好重点建议和不满意件的办理工作。对承办代表意见建议相对较多的 12 个单位进行了检查，重点检查承办单位领导的重视程度、办理机构的负责程度、办理程序、面商率、办复率、解决率、代表满意率等。进一步完善了办理程序，办复质量和解决率都有了明显提高。四是继续坚持和完善代表工作制度，努力为代表提供优质服务。坚持代表列席州人大常委会会议、主任接待代表日、常委会组成人员联系基层代表、对无供给代表给予补助等制度。积极为代表提供信息资料，组织代表列席政府常务会议，畅通代表知情知政的渠道。完成了 373 名州人大代表基础信息数据库的建立，实现了州人大代表活动信息电子化动态管理。五是加强对代表先进事迹的宣传。对代表作用发挥得较好的 6 名人大代表，将他们的经验进行了认真总结，以《人大代表风采录》书套碟的形式，完成了材料汇编和电视专题片摄制工作，并进行了广泛宣传。

（六）统筹兼顾抓落实，自身建设有加强

一是积极完成州委安排的工作任务。根据州委的安排，认真做好常委会主要领导挂钩弥渡县全面工作及机关挂钩弥渡县牛街乡扶贫、宾川县拉乌乡扶贫综合开发示范园区工作，认真做好常委会领导联系的10项重大项目、洱海流域"百村整治"工程等工作的联系督办。有两名常委会副主任和3名处级领导参加州委学习实践科学发展观活动指导检查组的工作，两名职工下乡担任社会主义新农村建设指导员。常委会领导、干部职工全年深入基层调研指导共468人次，为挂钩乡村、基层人大办实事136件，帮助协调土地复垦、河道治理、文化建设、茶叶种植等项目资金797.9万元。二是认真完成上级人大交办的工作任务。配合完成了省人大常委会对我州现代烟草农业发展情况的视察；组织大理州选举产生的省十一届人大代表对我州洱海保护治理项目实施和洱源生态文明试点县建设情况进行了视察；配合完成了省人大常委会对《农产品质量安全法》的执法检查活动；完成了省人大常委会交办的委托对《云南省中小企业促进条例》进行执法检查的任务；配合完成了省人大常委会组织、安排或相关领导到大理州对人大工作开展情况、"三保"工作落实情况、《环境影响评价法》的贯彻执行情况、宗教界人大代表培养问题、现行《归侨侨眷权益保护法》及《云南省实施办法》的贯彻执行情况等相关调研任务；配合省人大常委会完成了全省人大环境与资源保护工作座谈会在我州召开。三是积极开展了建国60周年系列活动。首次在大理电视台演播厅进行了全州人大系统法律知识竞赛，以新的形式宣传人民代表大会制度，宣传宪法、法律法规；编辑出版发行了《大理白族自治州人民代表大会志》，为我州社会主义民主政治建设存史资政；组团参加了首届全省人大系统职工运动会。四是切实加强了与县市人大及政府联系部门的联系。通过邀请县市人大常委会相关领导列席常委会，召开各种专题座谈会、研讨会，互相沟通信息，加强交流。县市人大也对省、州人大常委会的执法检查、各种调研、代表视察等积极支持配合，共同推进全州人大工作整体发展。常委会各专工委室加强了与政府联系部门的日常联系，掌握信息，学习新知识，使监督工作更具实效。五是支持工会工作。继续加强对全州工会工作的指导，积极支持工会依法开展工作。六是加强对外交流。完成了接待全国人大原副委员长王汉斌的任务；做好外地人大常委会有关人员赴大理考察的接待，同时有针对性地派出人员到外地考察学习。一年来，共接待398批3929人次外地人大常委会人员来访。

常委会始终把加强自身建设摆在突出位置，努力提高履职能力和水平。一是加强思想建设。组织机关干部职工深入学习政治理论、法律法规、市场经济和现代科技知识，全面贯彻落实科学发展观，增强了依法履职的自觉性和主动性，指导实践和总揽全局的能力和水平得到新的提高。同时，认真抓好人大宣传工作，努力办好常委会机关刊物《大理人大》双月刊，全年完成编辑出版6期，发行7500多份。二是加强组织建设。注重培养、推荐和使用干部，州人大常委会机关共有6名干部职工被提拔任用。其中，有1名干部被提拔为正处级，有2名干部被提拔为副处级，有2名干部提拔为正科级，有1名职工提拔为副科级。三是加强作风建设。坚持走群众路线，深入基层，深入群众，加强调查研究，真实反映群众的呼声和愿望，讲真话，重实效，力戒形式主义，力求用实际行动推进人大各项工作。2009年，机关共形成了30多份有一定质量的调查报告。四是加强制度建设。机关广大干部职工严格遵守常委会和机关的9个制度，使常委会和机关的工作进一步规范化。五是加强党风廉政建设。认真履行"一岗双责"，按照"八个坚持、八个反对"的要求，大力倡导八个方面的良好风气，严格执行党风廉政建设责任制，着力解决党员干部在党性党风党纪方面存在的突出问题，切实做到了为民、务实、清廉，时常自省、自警、自律、自重，以党风廉政建设的新成效，为人大及其常委会依法履职提供了有力的政治保证。

回顾一年的工作，也应清醒地看到，常委会工作还存在着一些问题和不足，主要是：民族立法质量有待进一步提高；监督实效有待进一步增强；代表工作、自身建设还需不断加强。这些问题和不足，我们将在今后的工作中认真加以解决。

二、2010年的工作意见

2010年是实施"十一五"规划的最后一年，也是为"十二五"规划启动奠定良好基础的重要一年，发展形势依然十分复杂。今年常委会的工作思路是：在中共大理州委的领导下，以邓小平理论和"三个代表"重要思想为指导，认真贯彻落实科学发展观，全面贯彻十七届三中、四中全会、中央经济工作会议和州委六届八次全会精神，围绕省委建设绿色经济强省、民族文化强省和面向西南开放的桥头堡的目标，按照"争当民族团结进步模范州、生态文明建设排头兵、旅游二次创业生力军、滇西城镇化进程领跑者"的要求，坚持州委"生态优先、农业稳州、工业强州、文化立州、旅游兴州、和谐安州"的发展思路，紧紧围绕促进和保障增投资、扩消费、转方式、调结构、重民生、建和谐、快发展、上水平，依法行使职权，着力提高立法质量，着力提高监督水平，着力发挥代表作用，着力加强自身建设，推动中央和省、州党委重大决策部署的有效实施，推动自治州经济社会发展再上新台阶。

紧紧围绕州委工作大局，监督工作要有新成效。要牢固树立大局观念和全局意识，紧紧围绕州委的工作思路，坚定不移地把经济社会平稳较快发展作为最大的任务、最硬的道理，更加注重提高经济增长质量和效益，更加注重推动经济发展方式转变和经济结构调整，更加注重推进改革开放和自主创新、增强经济增长活力和动力，更加注重改善民生、保持社会和谐稳定，督促落实中央和省、州党委的重大决策部署，着力促进结构调整和改善民生，促进依法行政和公正司法。关注"十一五"计划执行及"十二五"计划编制情况，听取和审议2009年度财政决算和审计工作情况、2010年1至7月年度计划和财政预算执行情况的报告，督促州人民政府认真执行本次会议通过的年度国民经济和社会发展计划、年度财政预算，及时掌握宏观经济运行情况；对洱海保护治理、滇西中心城市完善1+6规划体系编制、中低产田地改造、政府信用贷款使用、侨场改革等重点工作进行审议、视察和督促检查，促进和落实各项惠民政策；对广播电视事业发展、中小学校舍安全工程、宗教工作、敬老院建设和五保户集中供养等工作进行审议、视察，进一步改善民生；对《审计法》、《传染病防治法》的贯彻实施情况及实施"三五"依法治州规划、反贪污贿赂工作等进行审议、执法检查和视察，推动依法治州进程。

继续推进民族立法工作，立法质量要有新提高。要按照党的十七大提出的坚持科学立法、民主立法，完善中国特色社会主义法律体系的要求，结合自治州实际，创造性地开展好民族立法工作，不断提高立法质量。做好《云南省大理白族自治州村庄规划建设管理条例》的审议和相关报批工作，做好《云南省大理白族自治州旅游条例》上报省人大常委会批准及公布施行的相关工作，做好《云南省大理白族自治州农村公路保护管理条例》立法前的调研工作。在立法过程中，要积极推进民主立法、科学立法，广泛征求各方面特别是基层群众的意见，使人大立法与社会公众之间形成沟通和互动，更好地体现人民意志，调整好社会关系，维护公平正义。要在去年开展对自治条例、单行条例进行清理的基础上，继续做好后续工作。同时，要指导好3个民族自治县的民族立法工作。

不断完善和规范程序，行使重大事项决定权和人事任免权要有新作为。要坚持党的领导，贯彻党的意图，坚持对党负责和对人民负责的一致性，通过法律程序，努力把党的主张变为国家意志，把党的指示变为国家权力机关的决定。要继续围绕州委中心工作和重大决策，抓住事关全局的重大事项以及直接关系人民群众切身利益的重大问题，通过法定程序适时作出决议、决定。同时，要不断完善任免程序和办法，坚持把党管干部和人大及其常委会依法选举、任免国家工作人员的原则有机结合起来、统一起来，自觉执行州委的决议、决定，充分发扬民主、严格依法办事，正确行使好宪法和法律赋予的神圣职责。

不断强化服务，代表工作要有新拓展。要认真研究、探索和创新代表工作，努力使代表工作的内容丰富起来，形式活跃起来，成果扩大起来。要牢固树立对代表负责、受代表监督、为代表服务的观念，不断加强和改进代表工作，创新代表活动载体，充分发挥代表主体作用。要通过人大代表不断搭建民主平台、丰富民主形式、拓宽民主渠道，从各个层次、各个领域扩大公民有序政治参与，最广泛地动员和组织人大代表，依法管理国家事务和社会事务，管理经济和文化事业。要广泛联系好代表，开展好邀请代表和公民旁听常委会会议、参与常委会重大活动。同时，要充分发挥网络优势，做好公开工作，增强人大工作的透明度，自觉接受人大代表的监督。

切实加强创新和管理，机关自身建设要有新形象。要树牢五个服务意识，体现“三个一”的表率，即：服务于党的中心工作，服务于当地经济社会发展大局，服务于基层，服务于人大代表和群众，服务于人大机关自身建设；按照科学发展观的要求，自觉做到“个人形象一面旗、工作热情一团火、谋事布局一盘棋”。要积极发挥各委员会和办事机构的职能作用，进一步规范工作程序，提高效率，更好地服务和保障常委会依法履职。要进一步加强人大机关干部队伍建设，为人大代表和常委会组成人员依法履职提供更好的服务；从人大工作特点出发，尤其要有沉得下去的踏实作风，真正到群众中去，把握社会的脉搏，反映百姓的心声；做好村“两委”换届工作的指导；主动争取上级人大常委会的工作指导，进一步加强与各县市、乡镇人大及其常委会的联系；加强对外交往，积极开展与外地人大常委会的工作交流；支持工会工作，积极为工会工作营造良好的环境；崇尚务实、勤俭节约、求真行简，始终做到“两个务必”和“八个坚持八个反对”，永葆昂扬向上、勤政廉政的精神和作风。

关于大理白族自治州2009年国民经济和社会发展计划执行情况与2010年国民经济和社会发展计划(草案)的报告(摘要)

——2010年2月2日在大理白族自治州第十二届人民代表大会第三次会议上

大理白族自治州发展和改革委员会主任　张正贤

一、2009年国民经济和社会发展计划执行情况

2009年,全年实现生产总值404.5亿元,按可比价格计算,增长12%,超出计划目标2个百分点。财政总收入完成67.6亿元,其中,地方一般预算收入完成31.6亿元,分别增长12.6%和14.4%,超出计划目标2.6个百分点和4.4个百分点;财政总支出首次突破百亿元,达到102.1亿元,增长36.1%。全社会固定资产投资完成217.3亿元,增长33%,超出计划目标13个百分点。社会消费品零售总额完成120.4亿元,增长16.3%,超出计划目标0.3个百分点。农村居民人均纯收入达3482元,增长13.1%,超出计划目标5.1个百分点。城镇居民人均可支配收入达14180元,增长10.2%,超出计划目标4.2个百分点。外贸进出口总额完成14405万美元,增长58.1%,超出计划目标48.1个百分点。万元生产总值能耗下降5.51%。城镇登记失业率为4.2%,人口自然增长率为4.9‰,居民消费价格指数为101.1%,均控制在计划目标以内。

(一)国民经济持续增长。从4月份起,经济增速逐月回升,第二、三季度增速分别达到8.7%和10.6%,实现了恢复性增长。第四季度,经济企稳向好,增速达12.3%,保持了较快增长势头。三次产业比重由上年的26.1∶36.7∶37.2发展到25.6∶35.8∶38.6。全州经济发展呈现农业稳步发展、工业企稳回升、第三产业加快发展的良好局面。

(二)农村经济全面发展。全年农业总产值达176.6亿元,增长12.2%。粮食生产连续五年获得丰收,总产达139.2万吨,增长3%。收购烤烟和白肋烟194.6万担,超额完成烟叶收购任务。畜牧业稳步发展,肉类总产达41.5万吨,奶类总产达39.6万吨,畜牧业产值达72.5亿元,增长15%。林业传统产业完成新植核桃150万亩、红豆杉3万亩,林业产值实现15.6亿元,增长20.4%。新认定省、州级农业龙头企业18户,发展农民专业合作组织7个。完成中低产田地改造23.8万亩,建成农村供水工程264件,农村12.7万人的安全饮水问题得到解决。千村扶贫开发百村整体推进工程年度建设任务全面完成,启动了“整乡推进”项目试点,解决和巩固6万贫困人口温饱,100个行政村基本实现整体脱贫。启动国有林区棚户区改造647户,完成农村民居地震安全和危房改造1.4万户。

(三)工业经济企稳回升。全年完成现价工业总产值374.3亿元,增长13.2%。其中,规模以上工业实现总产值241.2亿元,增长13.5%。实现工业增加值117.4亿元,增长14.3%。烟草、矿冶、机械、建材、能源、生物资源及优势农产品加工六大骨干产业发展加快,产值占工业经济总量的比重达70.9%,

(四)服务业加快发展。全年实现社会消费品零售总额120.4亿元,增长16.3%。“家电下乡”共备案463个销售网点,销售总额达1.2亿元,兑付补贴1244.2万元;“汽车摩托车下乡”销售总额5.5亿元,兑付补贴5539.6万元。“万村千乡”市场工程累计建成农家店总数达到1906个。全州金融机构各项贷款年末余额3170.6亿元,比年初增加68.9亿元,增长27.7%,加上州外金融机构新增贷款14.2亿元,全年新增贷款累计达83.1亿元,创历史新高;金融机构各项存款年末余额470亿元,比年初增长23.6%。旅游二次创业深入推进,宣传促销活动不断加大,旅游基础设施进一步完善。全年接待海外旅游者35.3万人次,增长11.5%,旅游外汇收入9983.9万美元,增长14.5%,接待国内旅游者1105.9万人次,增长20%。旅游业总收入92.3亿元,增长26.1%。

(五)固定资产投资快速增长。全州共争取到中央和省扩大内需项目380个,投资补助14.2亿元,增长61.3%。全年累计完成固定资产投资217.3亿元,增长33%。年初确定的132项基础设施和基础产业重大建设项目,已动工114项,累计完成投资124.2亿元。大丽铁路已建成通车,大瑞铁路建设稳步推进,大丽高速公路正式开工,关巍公路进入路面铺筑,大理上关至北五里桥公路建设步伐加快。小湾3台机组发电,龙开口、鲁地拉、功果桥水电站建设有序推进,洱源罗平山、马鞍山风电场开工建设。永平大碱塘水库扩建完工蓄水,云龙包罗水库开工建设,洱源三岔河、剑川老君山水库建设和祥云洋水海水库除险加固步伐加快,小(一)型病险水库除险加固工程全面启动。城建环保、旅游、生态和社会事业等项目建设进展顺利。

(六)改革开放进一步深化和扩大。全面落实法治政府八项制度和责任政府、阳光政府四项制度,政府职责体系逐步完善,公共服务水平和质量不断提高。进一步规范审批事项,简化审批程序,共取消和调整行政审批61项。农村综合改革稳步推进,集体林权制度主体改革全面完成,已明晰产权2686.9万亩,确权率达99.4%,森林采伐管理改革和中低产林改造试点顺利展开。全面

启动了乡镇财政预算管理方式改革，实行乡镇财政统一上划县市级管理。医药卫生体制改革步伐加快，中小学教师绩效工资改革和宾川华侨农场改革全面完成。大理被省政府批准为旅游产业发展综合改革试点，苍洱片区旅游产业发展和改革综合试点全面启动。金融体制改革不断推进，农行股份挂牌成立，富滇银行落户大理，融资担保机构担保能力不断增强。继续深化国有企业改革，逐步理顺国有资产监督体系，加强企业财务监督，顺利完成大理州粮食储备库转换经营机制改革。电力体制改革稳步推进，6家县级电力企业完成资产整体上划。中小企业和非公经济发展加快，全州非公有制经济组织达7.6万户，从业人员达20.1万人。非公有制经济增加值占生产总值比重达46.4%。

进一步扩大对外开放，改善投资环境，创新招商方式，强化项目储备包装，成功引进泛华集团、华彬集团、昆钢集团、云南城投等一批大企业、大集团，招商引资成效显著。全年新签约经济技术合作项目91项，新批外商投资企业7户，引进州外实际到位资金73.9亿元，增长47.7%，其中，实际利用外资1841万美元。着力推进出口农产品基地备案，重点开拓缅甸、台湾、泰国、越南等出口市场，农副产品出口逆势上扬，水果首次自营出口，实现历史性突破，矿石等资源性产品进口增长势头强劲，全州进出口总额下滑态势得到有效遏制，对外贸易实现恢复性增长。全年实现进出口总额14405万美元，增长58.1%，其中出口6233万美元，增长13.9%，进口8172万美元，增长124.8%。

（七）城镇化进程不断加快

全面贯彻落实省政府大理专题会议精神，以"两保护、两开发"为核心，着力构建大理市和周边洱源、漾濞、巍山、弥渡、祥云、宾川六县"1+6"城市群，滇西中心城市建设步伐加快。《大理滇西中心城市总体规划》及滇西中心城市交通、物流、教育、医疗卫生和旅游五个专项规划基本编制完成，巍山、漾濞县城总规修改进展顺利。洱海环湖截污、入湖河道整治、乡村环保和农业面源污染治理启动实施，建成环湖截污干渠4000米，完成新一轮洱海"三退三还"土地清退1086亩，洱海水质稳定保持Ⅲ类。海西田园风光保护、白族民居建筑风格整治取得初步成效，"百村整治"、"空心村"改造和旧城提升改造进展顺利。海东片区开发全面启动，污水处理厂、垃圾填埋厂、大理市第六自来水厂已完成前期工作，海东1、2号城市主干道和环海生态公路等完成路基工程，石房子至下和段截污干渠已建成。凤仪工业、物流园区基础设施建设加快，园区三纵一横道路建设顺利推进，一批重点企业入驻园区。全州以县城建设为重点的污水、垃圾处理厂、供排水工程、城镇道路等项目顺利实施，县城综合承载力进一步提高，城镇生态环境质量和市容市貌有了较大改观，城镇功能逐步完善，对县域的辐射带动力逐步增强。大理市创建为省级园林城市，建成区面积达38.2平方公里。全州城镇化率达到31%，提高2个百分点，城镇建成区面积增加6平方公里，达到132.5平方公里。

（八）生态建设和环境保护取得新进展。洱海流域新建湿地2100亩，建成30座村落污水处理系统、7378户庭院污水处理设施和10座中温沼气站。鹤庆万亩草海、剑川剑湖、洱源东、西湖等湿地保护治理力度加大，云龙沘江综合治理和长江上游水污染防治全面开展。洱源生态文明试点县建设步伐加快，实施了50个生态示范村建设，邓川和右所片区两个污水处理厂及配套管网建设工程全面启动。完成永安江、罗时江生态河道综合整治20公里。全年完成荒山荒地造林2万亩，巩固退耕还林成果19万亩，实施天然林保护工程森林管护2101.7万亩，完成天保工程公益林建设42.1万亩，完成义务植树900万株。新建户用沼气池2.9万户，节柴改灶2.5万户。列入省级重点减排项目的云南国资水泥剑川有限公司清洁生产、洱源县县城污水管网改造工程已完成，大理市喜洲古镇污水收集管网及处理工程、洱源县下山口污水收集管网及处理工程进展顺利，鹤庆县、南涧县、宾川县、云龙县污水处理厂已完成前期工作。二氧化硫和化学需氧量约削减900吨和200吨。

（九）社会事业协调发展。全面落实义务教育"两免一补"政策，全州享受免杂费、补助公用经费的在校学生达41.4万人、享受免费教科书43.2万人、享受贫困家庭寄宿制学生生活补助12.5万人。全年排除中小学D级危房17.9万平方米。高中阶段教育发展加快，高考上线率达93.8%，连续五年居全省第一位。职业教育活力明显增强，组建了大理州旅游职业教育集团和加工制造职业教育集团，大理技师学院建设全面启动，省政府批准以大理农校为基础筹建大理农林职业技术学院。公共文化服务体系进一步加强，建成乡镇文化站10个，农民文化大院12个，村级文化室138个，装备农家书屋142个。完成1626村广播电视村村通建设任务，广播、电视覆盖率分别达到95%和98%。公共卫生体系不断完善，大理市第一人民医院、鹤庆县人民医院、祥云县人民医院、宾川县中医院、永平县医院及15个乡镇卫生院等20个项目列入国家基层医疗卫生服务体系建设，278万农村居民参加新型农村合作医疗，参合率达93.3%。建立和完善公共卫生突发事件应急处理机制，切实开展甲型H1N1流感防控工作。全民健身运动广泛开展，竞技体育水平和群众体育普及率得到提高。人口和计划生育工作得到加强，人口自然增长率为4.9‰，控制在计划目标以内。

（十）人民生活水平不断提高。全面落实就业扶持政策，千方百计增加就业岗位，建立健全就业援助制度，帮助"零就业"家庭解决就业困难，就业局势保持稳定。城镇新增就业2.2万人，下岗失业人员再就业0.7万人，就业困难人员再就业0.4万人，开发公益性岗位0.3万个，转移农村富余劳动力7.4万人，城镇登记失业率为4.2%，控制在计划目标以内。社会保障体系不断健全完善，覆盖面进一步扩大。养老保险得到巩固和发展，全州城镇职工基本养老保险、农村养老保险总人数分别达到13.4万人和3.9万人，17345名被征地农民逐步实现参保；基本医疗保险不断拓展，城镇职工、城镇居民基本医疗保险参保人数分别达到22万人和15.9万人；失业、工伤、生育保险逐步完善，参保人数分别达9.8万人、6.9万人和6.2万人。城乡低保"扩面"、提高农村"五保户"供养标准工作取得实效，城镇、农村居民最低生活保障人数分别达到7.4万人和21.9万人，农村五保供养人员每人每月补助提高到80元。开工建设廉租住房37.3万平方米，竣工21.6万平方米。农民人均纯收入3482元，增长13.1%；城镇居民人均可支配收入14180元，增长10.2%。

二、2010年经济和社会发展计划安排意见

2010年全州经济和社会发展的主要预期目标是：

地区生产总值452亿元，增长10%以上，其中一、二、三产业分别增长5%、13%和11%；

财政总收入和地方一般预算收入均增长10%以上;

全社会固定资产投资260亿元,增长20%以上;

社会消费品零售总额140亿元,增长16%以上;

外贸商品进出口总额15845万美元,增长10%以上;

居民消费价格指数控制在103%左右;

年末总人口352万人,人口自然增长率控制在6‰以内。

城镇新增就业人数2.1万人,城镇登记失业率控制在4.5%以内;

农村居民人均纯收入增长8%以上,城镇居民人均可支配收入增长7%以上;

万元生产总值能耗下降3.4%以上。

为实现上述经济和社会发展预期目标,应主要抓好以下工作:

(一)切实转变经济发展方式,加快推进产业优化升级

把加快经济发展方式转变作为深入贯彻落实科学发展观的重要目标和战略举措,在发展中促转变,在转变中谋发展。认真落实国家和省十大产业振兴调整和发展规划,加大重大项目扶持力度,促进产业结构调整和优化升级。预期三次产业增加值分别为112亿元、165亿元和175亿元。

夯实农业发展基础。深入贯彻落实国家和省各项支农惠农政策,进一步加强在建水库、病险水库除险加固、饮水安全、河道治理、水土流失防治等工程建设,不断完善农村基础设施。力争年内解决12万人农村安全饮水问题。实施土地开发整理、中低产田地改造,加强高稳产农田建设,完成中低产田地改造21.3万亩,建设粮食高产创建示范40万亩,确保全年粮食播种面积稳定在403万亩左右,力争粮食总产量达到142万吨。进一步加大核桃、蚕桑、生态茶、蔬菜、啤饲大麦、生猪、肉牛、奶牛、花卉等优势农畜产品种养基地建设的扶持力度,积极发展壮大一批农产品加工龙头企业,带动农业产业化发展。预期收购烟叶114万担,新植核桃156万亩、红豆杉人工原料林基地2万亩。扎实推进新农村建设,加大扶贫开发力度,实施好千村扶贫开发百村整体推进工程、整乡推进试点、扶贫综合开发园区建设和农村民居地震安全等工程。加大农民科技培训力度,积极引导、组织农村富余劳动力向外地或就地非农产业合理转移,年内培训农村劳动力8万人,转移就业6万人。

积极推进工业结构优化升级。坚持把推进工业转型升级作为调结构的核心,加快工业产业结构优化升级。加快烟草、纺织、绿色食品等轻工业及配套产业发展,提高产业比重。鼓励支持生物医药、乳业、机械制造等重点骨干企业引进战略合作伙伴,联合做强做大,增强竞争力。抓实水电开发,加快风能、太阳能等新能源开发,提高煤炭生产集中度,发展壮大能源产业。推进"矿电结合",加强资源整合和区域合作,提高资源保障度,增加产品附加值,促进矿冶产业平稳发展。引导行业整合,淘汰落后产能,开发新型产品,巩固提升以水泥为主的建材产业。积极培育新材料、节能环保等新兴产业,增强发展后劲。进一步加强银政银企合作,创新融资模式,扶持和引导企业上市融资、发行债券、吸引私募资金,积极申报省级产业发展扶持贷款,增强对优势产业、重点项目的资金支持。加快建立以企业技术中心为主的技术创新体系,着力推进冶金、机械制造、农畜产品加工、生物制药等骨干企业技术中心建设。加强工业园区规划修编及发展软环境建设,促进优势产业向园区聚集发展。力争州级6个重点工业园区工业增加值增幅达30%以上。预期全年工业现价总产达430亿元,增长15%以上。建立和完善节能减排统计指标体系、检测体系和考核体系,完善预警机制,加强高耗能行业、企业和产品的监控,确保完成全年万元生产总值能耗下降3.4%以上。

加快发展服务业。抓住国家扩大消费需求的有利时机,采取有效措施,提升消费对经济增长的拉动作用,引导和培育好商贸、旅游、信息、文化、体育、餐饮等行业加快发展。进一步落实好"家电下乡"、"汽车摩托车下乡"、"农机具下乡"、家电以旧换新等政策,及时兑付补助资金,拓展农村消费。认真落实粮食直补、良种补贴、农机具补贴等惠农政策,扩大财政补助规模,落实职工最低工资标准,使居民家庭经营性收入、工资性收入、财产性收入、转移性收入稳步提高,不断提升居民消费能力。落实促进房地产市场健康发展的政策,稳定住房消费,促进县城房地产市场平稳健康发展,增强住房消费的吸引力。积极引进和培育一批现代物流企业,启动实施云南物流集团、昆钢物流商贸城等一批建设项目。继续推进"万村千乡市场工程"、商品配送中心建设,完善农村商业网络。抓好"菜篮子"工程,搞好产运销衔接,健全价格监测、预警和应急机制,确保粮油、肉类、蔬菜等主要农副产品供应。预期社会消费品零售总额达140亿元,增长16%以上。切实推进旅游二次创业,着力加强重大旅游基础设施建设,打造全州精品景区(点)、精品旅游路线,不断整合旅游优势资源,大力开发满足消费需求和文化体验的特色旅游产品,不断提高大理旅游的品味和核心竞争力。预期全年接待国内外旅游者1232万人次,增长8%以上,旅游业总收入101.5亿元,增长10%以上。

(二)加强项目建设管理,保持固定资产投资持续增长

围绕中央和省投资安排的方向和重点领域,进一步充实完善重大项目储备库,切实加强对项目前期工作的指导和服务,加大项目实施和资金筹措力度,完善建设项目领导挂钩、实施责任制和项目协调、督查督办机制,加强项目建设管理,加快基础产业和基础设施重点项目建设,确保全年固定资产投资完成260亿元,增长20%以上。

交通建设上,积极配合国家和省推进大瑞铁路、广大铁路扩能改造、大丽高速公路等重大项目建设,加快关巍公路、宾川鸡足山旅游公路、国道214线大理市上关至北五里桥公路、漾濞(跃进)至云龙(诺邓)二级公路、祥云至大姚公路建设,加快丽江机场至鹤庆县城一级公路等项目前期工作步伐,争取实施200公里农村公路改造工程和1200公里农村公路通达工程。

能源建设上,积极配合国家和省加快小湾、龙开口、鲁地拉、功果桥、苗尾5个大型水电站及洱源县罗平山、马鞍山风电场等重大项目建设,加快大理者磨山风电场二期、洱源黄草坡风电场、大理五子坡风电场和宾川长坡岭太阳能发电等项目前期工作,争取实施中缅油气管道、中西部地区农村电网完善工程、大理市城市电网改造工程和无电地区电力建设。

城建环保上,加快洱海东区湖滨带生态修复一期工程、洱海流域环湖村落污水设施建设、大理环洱海截污干渠(上和至观音阁段)工程、宾川县城污水处理厂及管网建设、大理海东第二污水处理厂、祥云县城污水处理厂及管网二期工程、海东新城区1号路(下和至大竹园段)、2号路(华营至中和村段)以及祥云、弥渡、鹤庆、南涧、剑川县城市生活垃圾处理工程等项目,争取实施大理市波罗江满江段综合治理、海东垃圾处理工程、海东新城区排水管网一期工程、海东第六水厂（一期）、南涧县城供水管网、鹤庆县城供水扩建工程，南涧、永平、云龙、弥渡、鹤庆、洱源（邓川）县城污水处理厂及管网等项目。

农田水利建设上，加快洱源三岔河水库、剑川老君山水库、云龙包罗水库、农村沼气、农村安全饮水、棚户区改造工程、中低产田地改造以及宾川、祥云大型灌区节水改造等项目建设。争取新开工巍山巍宝山水库、祥云青海湖水库除险加固工程、河道治理国家项目、中型灌区节水改造、小（二）型水库除险加固等工程。

旅游业发展上，加快大理地热国三期工程、鹤庆新华村4A级景区建设、大理苍山旅游索道以及漾濞石门关景区、大理古城、巍山古城、喜洲古镇、双廊镇千年洱海渔村旅游基础设施等项目建设，争取新开工宾川鸡足山旅游索道改造、大理环球嘉年华等项目。

社会事业上，加快大理技师学院、大理市第一人民医院改扩建、剑川县民族中学建设、大理州特殊教育学校、宾川县中医院整体搬迁、永平县医院整体搬迁、祥云县医院住院综合楼、州中医院门诊综合楼以及农村初中校舍改造、中小学校舍安全工程、乡镇卫生院、文化站、计生服务站所等扩大内需项目建设，争取实施大理颐老院，云龙、南涧、弥渡、洱源、剑川等7个县级综合医院、2个精神卫生机构等项目。

（三）深化改革扩大开放，不断增强经济发展活力

继续深化重点领域和关键环节改革。完成州、县市政府机构改革，切实转变政府职能。以优化经济结构为重点，继续深化国有企业改革，推动电力、电信、民航、邮政等改革。加快推进旅游综合改革试点，促进旅游产品转型升级。以切实改善民生为重点，加快推进就业和收入分配制度、社会保障体系、医药卫生体制、文化体制、教育等社会事业领域改革。切实推进农村综合改革，完善“乡财县管乡用”和县乡两级财政管理体制，建立增收节支的激励约束机制。进一步深化集体林权制度改革，确保主体改革质量，全面推进配套改革。加强对中小企业自主创新、技术改造、人才培养、市场拓展等的服务和支持，加快技术与管理创新，抓实各类重点项目，努力促进非公有制经济全面发展。预期全州非公有制经济增加值占生产总值的比重达47%以上。

不断提高对外开放水平。紧紧抓住云南实施面向西南开放“桥头堡”战略的历史机遇，争取布局一批重要交通、物流设施和新兴产业。充分利用中国—东盟自由贸易区和跨境经济合作平台，切实加强对外交流与合作，拓展发展空间。继续做好农产品出口基地备案，不断开拓新的出口渠道和出口市场，努力扩大进出口规模。加大招商引资工作力度，规范招商引资服务，强化项目储备和推介，用最好的资源和项目招优商、招强商。预期全年完成进出口贸易总额15845万美元，增长10%以上，招商引资突破100亿元，增长20%以上。

（四）加快滇西中心城市建设，促进城乡协调发展

抓好《滇西中心城市总体规划》和交通、物流、教育、医疗卫生和旅游等专项规划的上报审批，完成“1+6”城市群城市总体规划修编，启动100个中心村、重点自然村建设与整治的规划编制，逐步构建滇西中心城市规划体系，加快推进城镇化进程，促进城乡区域协调发展。扎实推进“两保护、两开发”，加大城镇基础设施建设，抓好县城污水、垃圾处理和县城建设改造提升，推进“城中村”改造和旧城改造。以重点集镇建设和旅游小镇开发为重点，加快新型工业、房地产、农副产品加工、商贸、物流、社会服务等城镇支撑产业发展，增强县城和重点集镇对县域经济的辐射带动能力。力争全州城镇化率提高1.5个百分点，达到32.5%以上，建城区面积增加6平方公里以上，建城区城市绿化覆盖率提高0.5个百分点，达23.5%。

（五）加强生态建设和环境保护，提高可持续发展能力

围绕自然保护区、重要生态功能保护区、饮用水源保护区、农村环境保护等重点，不断加大生态监管力度。大力开展县市、乡镇、农村生态示范创建工作。切实做好退耕还林、天然林保护工程，新建农村户用沼气1万户，节柴改灶1万户。积极推进洱源生态文明试点县建设，加大水源地生态修复保护力度，力争入洱海主要河流弥苴河、罗时江和永安江水质有明显改善。争取启动实施洱源三营和牛街两个集镇的污水收集及处理工程。继续实施新一轮洱海“三退三还”工程，保护和恢复湿地、滩地。在洱海流域推广实施测土配方、平衡施肥和种养植业结构调整，加快农户庭院污水处理和垃圾焚烧设施技术更新改造。抓紧实施洱海及入湖河流水质自动监测系统和洱海湖泊研究中心基地建设及国家水专项洱海项目。积极向国家争取将洱海流域列入全国流域治理试点。完成《大理洱海流域低碳经济实验区战略规划》编制，鼓励节约资源，发展低碳经济，倡导低碳生活。严格按照主要污染物总量减排目标任务的要求，强化对重点减排项目的督促检查和责任追究，有效促进“十一五”污染减排目标任务的完成。

（六）切实保障和改善民生，促进社会和谐稳定

大力推进教育、科技、医疗卫生、文化等社会事业。统筹各级各类教育、城乡和区域教育协调发展。完成25.1万平方米中小学校舍安全工程建设，推进校点布局调整，改善农村办学条件。深入推进高中课改，稳步提高教育教学质量。大力发展职业教育，大理技师学院完成一期工程建设并开始招生，加快大理农林职业技术学院建设。提升重点领域及产业的自主创新能力，强化科技成果转化，充分发挥科技对经济社会发展的支撑引领作用。建立健全以县级医院为龙头、乡镇卫生院为骨干、村卫生室为基础的农村三级医疗卫生服务网络，进一步改善广大群众看病就医条件。切实加强疾病预防控制和卫生监督。完善城市文化基础设施建设，全面完成乡镇文化站、村文化室和农民文化大院年度建设任务，扩大广播电视覆盖率。

认真抓好就业和社会保障工作。进一步贯彻落实各项就业扶持政策，加强农民工职业技能培训，大力开发公益性岗位，扩大就业和再就业。全年新增就业2.1万人，城镇登记失业率控制在4.5%以内。严格落实被征地农民的社会保障政策，深入扎实地做好新型农村社会养老保险试点工作，逐步提高企业退休人员基本养老金和部分优抚对象待遇水平。启动实施城镇居民基本医疗保险门诊统筹工作，积极开展城镇居民补充医疗保险试点，健全完善城镇职工补充医疗保险。加快基本医疗保险信息系统建设，稳步推进城镇职工基本医疗保险州级统筹工作。继续推进生育保险，逐步提高失业、工伤保险待遇，不断完善社会保障体系，提高社会保障水平。加大保障性住房建设力度，争取开工建设廉租住房30万平方米。

加强市场监管和价格监督检查。加强对粮食、食用植物油、肉类等基本生活必需品和成品油、液化气等紧缺消费品的价格监管，完善价格应急机制与价格应急预案，确保居民基本生活品供应和市场价格稳定。深入开展平安创建活动，全面落实安全生产责任制,坚决遏制重特大安全事故发生。

(七)深化重大问题研究,认真编制"十二五"规划

科学编制"十二五"规划,对于适应形势发展变化、促进全州经济社会又好又快发展具有极其重要的意义。2010 年是编制"十二五"规划的关键一年。要根据国家和省的要求,结合大理州实际,按照人口、经济、资源环境相互协调的原则,突出围绕优化产业结构、促进区域协调发展、增强可持续发展能力、维护民族团结、推动形成区域合作和竞争新优势等战略重点,深入开展重大问题研究,提出一批关系全局、意义深远、带动作用强的重大工程和建设项目,起草好"十二五"规划基本思路,组织编制"十二五"规划纲要,努力使规划成为"十二五"经济社会发展的总体行动纲领。

关于大理白族自治州2009年地方财政预算执行情况和2010年地方财政预算草案的报告

——2010年2月2日在大理白族自治州第十二届人民代表大会第三次会议上

大理白族自治州财政局局长　杨光军

一、2009年地方财政预算执行情况

(一)全州财政收支预算执行情况

全州财政总收入完成676150万元,完成年初预算的102.3%,比上年增收75471万元,增长12.6%。其中:上划中央和省级税收收入360670万元,比上年增收35706万元,增长11.0%;一般预算收入完成315480万元,完成年初预算的104.0%,比上年增收39765万元,增长14.4%。全州一般预算支出首次突破100亿元大关,达1020682万元,完成年初预算的121.6%,比上年增支270463万元,增长36.1%。财政收支均超额完成了州十二届人大二次会议确定的目标任务。财政总收入分征管部门的完成情况是:国税部门组织税收收入365723万元,比上年增收31009万元,增长9.3%;地税部门组织税收收入225255万元,比上年增收30237万元,增长15.5%;财政部门组织非税收入85172万元,比上年增收14225万元,增长20.1%。

全州财政收支平衡情况是:一般预算收入315480万元,原体制补助15084万元,税收返还72700万元,上级专项补助380534万元,上级各项补助248706万元,调入资金3695万元,上年滚存结余15271万元,收入方总计1051470万元;一般预算支出1020682万元,上解支出12500万元,增设预算周转金5645万元,支出方总计1038827万元;收支相抵,滚存结余12643万元,其中项目结转10451万元,净结余2192万元。结余资金的形成主要是部分中央和省级专款补助下达较晚,当年难以形成支出,需结转2010年按规定用途安排使用。

(二)州本级财政收支预算执行情况

州本级财政总收入完成260553万元,完成年初预算的103.1%,比上年增收30918万元,增长13.5%。其中:上划中央和省级税收收入204918万元,比上年增收26246万元,增长14.7%;一般预算收入完成55635万元,完成年初预算的99.3%,比上年增收4672万元,增长9.2%。州本级一般预算支出完成124578万元,比上年增支28065万元,增长29.1%。

州本级财政收支平衡情况是:地方一般预算收入55635万元,原体制补助15084万元,税收返还72700万元,上级专项补助380534万元,上级各项补助248706万元,县市上解49076万元,调入资金68万元,上年滚存结余9626万元,收入方总计831429万元;一般预算支出124578万元,上解支出12500万元,税收返还县市28230万元,定额补助县市22700万元,专项补助县市408659万元,其他各项补助县市222887万元,增设预算周转金3000万元,支出方总计822554万元;收支相抵,滚存结余8875万元,其中项目结转8775万元,净结余100万元。

以上数据为预算执行快报数,州本级决算待省财政厅审核批复后,再向州人大常委会报告。

(三)2009年财税工作情况

1、抓关键、强征管、重协调,千方百计促进财政收入较快增长。2009年上半年,受金融危机影响,全州经济整体不景气,加之政策性减免税费,财政增收极度困难,出现1至5月持续负增长的局面。面对这一形势,各级财税部门迎难而上、果断出击,采取多种有力措施,使6月份起财政收入增长开始扭负为正并逐月回升。一是加快支出见实效。面对巨大的支出压力,各级财税部门通过切实加快支出进度、优化支出结构和争取银行信贷等措施,确保法定支出、政策性支出、民生工程和重点项目支出的资金供给,有力地支持全州经济社会各项事业的健康协调发展。二是明确责任抓征管。在收入征管工作中,各级财税部门做到科学分解收入任务,严格落实工作责任,切实强化收入征管,加大税收分析监测,强化税源动态信息管理。年内财税部门就卷烟批发环节加征5%消费税、跨州市总分机构企业所得税分享、小湾电站淹没土地的耕地占用税、漫湾发电厂的所得税分享等重大问题进行协调;加强对鲁地拉电站、龙开口电站、飞龙公司、力帆骏马公司等重点税源项目和企业的监控,不断提高税收征管的质量和效率,确保依法征税、堵塞漏洞、应收尽收。全州税收收入完成590978万元,比上年增长11.6%。三是加强非税收入管理。切实加大非税收入预算执行力度,严格执行"收支两条线"管理,积极探索建立非税收入增长新机制,财政部门非税收入完成85172万元,比上年增长20.1%。四是积极争取地方财政利益。在云南烟草"三变二"重组中,大理州占红塔集团税收的综合分配比例从7.5%提高到7.8%,年内增加财政收入8212万元。多次就小湾电站税收分配问题进行研究、汇报、争取,确保全州利益不受损。

2. 抓机遇、扩内需、保重点,支持经济发展成绩斐然。始终坚持把促进经济平稳较快发展作为第一要务,认真落实中央和省州各项政策措施,积极调整支出结构,支持经济社会平稳较快发展。一是充分发挥财税杠杆作用,促进经济社会发展。全面落实增值税转型、降低小排量乘用车车购税等结构性减税政策,按规定停征部分行政事业性收费,全年共减免税费35000万元。抓住中央实施积极财政政策的机遇,全年争取到中央和省补助资金716000万元,比上年增加225000万元,增长45.8%。二是抢抓扩大内需机遇积极争取项目。中央扩大内需政策出台后,累计安排项目前期工作经费3750万元,会同有关部门共争取到中央和省

扩大内需项目380项、资金142000万元；千方百计筹措扩大内需项目配套资金52000万元，并实现高效快捷安全足额拨付，推动了扩大内需等项目的顺利实施。三是支持企业渡难关。州财政安排专项资金1000万元，支持工业园区建设，提升工业园区的产业集聚优势；安排中小企业技术改造项目贴息补助资金1000万元、工业项目前期工作经费1000万元，帮助企业缓解资金压力。全州共争取到中央和省级财政扶持企业发展资金12235万元。帮助力帆骏马车辆有限公司争取到政府信用合作贷款20000万元。组建了2家小额贷款公司。年内注入州级融资担保机构资本金4500万元，新增担保贷款39200万元，支持44家中小企业解困发展。四是扩大消费拉增长。启动实施"家电下乡"、"汽车摩托车下乡"、"汽车以旧换新"和农机具购机补贴等工作，家电下乡补贴兑现金额居全省第四位；通过多方努力，力帆骏马车辆有限公司的17种产品被列入"汽车下乡"产品销售目录，公司销售总额达35亿元。五是大力支持第三产业发展。州财政安排旅游业专项资金1000万元、争取中央和省旅游发展经费1750万元，安排商贸资金786万元、城乡建设资金4942万元，有力地支持旅游"二次创业"，活跃第三产业，进一步增强经济发展的活力和动力。六是大力支持生态文明建设。州财政安排2000万元用于洱源生态文明示范县建设；通过政府信用合作方式向银行贷款7000万元推进洱海保护治理各重点项目按计划实施，当年州级财政投入洱海保护治理项目资金达9760万元，争取到中央和省投入9994万元。

3. 调结构、重民生、促稳定，财政公共保障更加有力。一是全力保障教育支出。全州教育支出完成187575万元，比上年增长31.2%。安排农村义务教育保障经费27370万元，免除农村和县镇义务教育阶段学生和城市义务教育阶段公办学校学生学杂费，提高农村中小学公用经费保障标准，继续对农村义务教育阶段贫困家庭寄宿及特殊教育学校学生提供生活费补助，义务教育阶段公办学校所有学生均享受到了免费教科书，全面实现"普九"目标任务。全州筹集资金17686万元，排除中小学校D级危房17.9万平方米。通过调整支出结构，确保了在9月10日前中小学教师绩效工资全额及时兑付(其中州对各县补助4034万元)。全州共争取上级义务教育债务化解资金1713万元，年内化解义务教育债务2573万元。州财政安排1000万元普通高中建设资金和1000万元职业学校校舍实训实作基地建设资金，有力地促进了高中教育和职业教育的协调快速发展。二是加大"三农"投入，促进城乡协调发展。全州农林水事务支出128130万元，比上年增支20925万元，增长19.5%。州财政安排农业方面的资金12528万元，同比增支2130万元，增长20.5%，其中：扶贫开发千村推进建设资金3300万元、扶贫示范园区建设资金1000万元。认真落实惠农补贴政策，对农民惠农补贴项目有粮食直补、农资综合直补和新型农村合作医疗补助等19项，共补助资金121191万元，农民人均获得补贴401元，充分调动农民发展农业生产的积极性。各级财政对支持县域金融机构涉农贷款增量奖补达1759万元，直接或间接拉动全州多投放涉农贷款89662万元。多渠道筹集农业综合开发资金9041万元，比上年增加60.58%，以改造中低产田为重点，在全州7个开发县市实施31个农业综合开发项目。全年共争取到省农村税费改革转移支付资金19719万元，全州乡镇机构、农村义务教育和乡镇财政管理体制改革进一步深化，华侨农(林)场改革、集体林权制度配套改革稳步推进；争取到中央和省对我州实施农村公益事业"一事一议"财政奖补试点资金6271万元，补助了1139个自然村的公益事业建设项目。三是关注弱势群体，促进社会和谐发展。全年共筹集社会保障和就业支出151405万元，同比增支55697万元，增长58.2%。筹集资金28832万元，全州292987个贫困人口得到最低生活保障；筹集资金4460万元，将各类关闭破产企业及困难国有(集体)企业退休人员17817人全部纳入城镇职工基本医疗保险；筹集资金1496万元，对城乡低保边缘群体和其他临时困难群众给予临时救助；筹集资金5400万元，全州18694人优抚对象享受到抚恤补助政策；全州发放下岗失业人员小额贷款13242万元，财政给予全额贴息569万元，共扶持4007户下岗失业人员再就业。四是支持医疗卫生事业加快发展。全州医疗卫生支出完成95595万元，同比增支25821万元，增长37%；州财政共筹集资金1455万元，支持城镇居民基本医疗保险试点；筹集资金21211万元，将新型农村合作医疗年人均筹资和政府补助标准分别提高到每年100元和80元，参合率达93.3%；筹集资金2722万元，支持健全农村和城市社区医疗卫生服务体系；筹集资金3830万元，支持新一轮艾滋病防治和甲型H1N1流感防控工作。五是深入推进文化体育事业发展。全州共安排文化体育和传媒资金22747万元，同比增支11193万元、增长96.9%；州财政安排文化文物专项经费427万元，有力地支持民族文化研究和保护开发、城乡文化事业发展。争取到上级财政专项资金259万元，确保州博物馆等3家博物馆从2009年起免费开放。全州安排科技资金7097万元，同比增支817万元，增长13.0%，其中：州级安排科技科普经费980万元，促进农村实用技术普及和推广运用等各项事业的发展。六是加大政法机关的经费保障力度。全州公共安全经费支出70269万元，同比增支21880万元、增长45.2%。争取到中央和省政法部门专项补助资金22000万元，州级配套安排2800万元，有效改善和解决了政法部门装备落后、办案经费不足、债务负担过重的问题。七是保障抗震救灾应急资金需要。"7·9"、"11·2"两次地震共下达救灾资金17680万元，确保灾区应急抢险和灾后恢复重建工作的顺利开展。

4. 抓改革、强管理、重绩效，财政管理更加精细规范科学。一是全面实施乡镇财政预算管理方式改革。先后组织开展两次综合调研督查，在5月底全面启动乡镇财政预算管理方式改革；按照全省统一模式，乡镇财政所的人财物统一收归县级财政管理，各县市统一实行"预算县编、账户统设、集中收付、采购统办、票据统管"的预算管理方式。二是继续深化部门预算改革。州本级84个部门、166个预算单位，以及12县市804个部门、2316个预算单位全部纳入部门预算编制范围。对部门预算编制管理软件进行全面升级，建立了较为详细的预算单位基础信息数据库，规范和统一全州部门预算报表体系，进一步完善预算单位基本支出定额管理制度，细化项目编制，强化项目论证，建立项目支出绩效管理机制。三是稳步扩大国库集中收付范围。全州有1504个预算单位纳入财政授权支付范围，累计下达财政授权支付额度291400万元，比上年增加104000万元，增长55.6%；实行财政统发工资预算单位1738个，统发人数93403人。州本级161个预算单位全面启动公务卡制度改革。四是不断加大政府采购工作力度。全州政府采购预算金额36669万元，实际采购合同金额32907万元，节约资金3762万元，综合节约率为10.26%。五是启动和实施州级行政单位和参公管理事业单位经营性国有资产统一管理改革工作。全面澄清了家底，因地制宜制定资产处置方案，对一批行政事业单位的经营性国有资产进行公开处置，金达酒店、红星饭店等已率先注入州国有资产经营投资公司实行集中统一管理。六是严格控制一般性支出。认真落实"四个负增长"决定，全州出国(境)费用支出下降54.5%，汽车购置和运行费用支出下降21.9%，接待费用支出下降11%，用电用油用水支出下降6.2%。七是深入推进财政资金绩效评价工作。建立并落实30万元以上项目预期绩效目标申报制度,组织17个部门对2008年州本级财政安排100万元以上的项目支出开展部门绩效自评,各县市都启动了财政项目支出绩效评价试点。八是扎实推进财政专项资金管理制度化和规范化。先后制定实施州级财政资金、工业园区专项资金、洱海保护治理专项资金、节能降耗专项资金管理办法;制定了财政部门资金账户管理暂行办法,切实加强财政资金配置和管理的统一性、科学性和规范性。九是加强财政监管。对中央扩大内需资金、教育专款、救灾救济、支农资金、政法专款、会计信息质量等领域开展专项检查和跟踪问效,严肃财经纪律,减少违规违纪现象,促进各项资金专款专用,进一步发挥了专项资金的效益。

5. 抓载体、强队伍、转作风,财政部门自身建设成果丰硕。围绕建设"政治合格、业务过硬、作风优良、求实创新、清正廉洁"的财政干部队伍目标,切实抓好学习型机关建设和精神文明创建工作,全面提高干部职工的整体素质。精神文明建设成果丰硕。州财政局机关先后被评为市级、州级、省级文明单位。切实转变作风,大兴调查研究,先后四次开展全面深入的县市财政运行调研,提出应对危机保增长、保民生、保稳定、促改革的建议和措施,得到州县市党委、政府的采纳。依托"全国财政新闻联播"、财政网站、《大理财会》等平台,构建财政宣传调研工作新格局。启动了阳光政府四项制度建设,加快推进办公自动化和"金财工程",启动试运行了OA办公自动化流程。在抓好局机关和财政系统自身党风廉政建设工作的同时,努力构筑面向社会从源头治本的公共财政制度防线。成功举办全州财政系统庆祝建国60周年首届职工运动会暨第六届"财政杯"篮球赛;州财政局组织创作的"财政金花"歌舞说唱节目,成功参加全国财政系统建国60周年文艺汇演、全省行(企)业文艺汇演,并获"星光创意奖"、优秀表演奖和优秀创作奖。以上活动的有效开展,充分展示了全州财政系统干部职工奋发有为、锐意进取、敢于拼搏、勇于创新良好形象,进一步培养了财政系统干部职工积极、健康、向上的生活情趣。

二、2010年地方财政预算草案

2010年是实施"十一五"规划的最后一年,也是为实施"十二五"规划奠定坚实基础的关键一年。做好2010年财政工作,对进一步应对国际金融危机冲击,继续巩固企稳向好的经济形势,保持经济平稳较快发展和社会事业全面进步,科学谋划"十二五"规划具有十分重要的意义。

(一)全州地方财政收支安排意见

2010年,全州财政总收入安排745390万元,比2009年快报数增收69240万元,增长10%。其中:一般预算收入安排347000万元,比2009年快报数增收31520万元,增长10%。全州一般预算支出安排1095927万元,比2009年快报数增加75245万元,增长7.4%。

全州地方财政收支预算平衡是:一般预算收入347000万元,税收返还收入76700万元,原体制补助15084万元,上级专项补助395950万元,上级各项补助258200万元,调入资金3000万元,上年结余12643万元,收入总计1108577万元;一般预算支出1095927万元,上解支出12650万元,支出总计1108577万元,收支平衡。

(二)州本级财政收支安排意见

2010年,州本级财政总收入286720万元,比2009年快报数增收26167万元,增长10%;其中一般预算收入安排61210万元,比2009年快报数增收5575万元,增长10%;一般预算支出安排133700万元,比2009年快报数增支9122万元,增长7.3%。

州本级地方财政收支预算平衡是:一般预算收入61210万元,税收返还收入76700万元,原体制补助15084万元,上级专项补助395950万元,上级各项补助258200万元,县市上解收入50300万元,上年结余8875万元,收入总计866319万元;一般预算支出133700万元,上解支出12650万元,税收返还县市29770万元,定额补助县市22700万元,专项补助县市431810万元,其他补助县市235689万元,支出总计866319万元,收支平衡。

三、锐意进取,开拓创新,确保2010年预算目标的圆满完成

为确保圆满完成2010年的各项目标任务,我们将以科学的发展观统领财税工作,努力做大财政"蛋糕",优化支出结构,深化财税改革,提高服务质量,为构建和谐大理提供物质保障。重点做好以下工作:

(一)抓财源培植,提高经济运行的质量和效益。一是抓住国家继续实施积极财政政策的机遇,着力打牢经济发展的基础。今年,州本级安排项目前期工作经费2550万元,安排重点建设资金4000万元,支持重大基础设施项目的前期工作,支持重点交通基础设施建设和生态文明建设,以重大项目带动投资增长,促进财政增收。二是支持农业产业化和新型工业化。集中财力扶持优势产业群体,积极推动经济发展方式的转变和经济结构的调整,不断提高经济增长的质量和效益。安排农业产业化资金1000万元、扶贫综合开发示范区建设资金1000万元、千村扶贫百村整体推进建设资金3300万元,支持核桃、茶叶、蚕桑、农产品加工、乳畜业等优势农业发展;安排工业项目前期工作经费1000万元、工业园区基础设施建设1000万元、工业项目补助和贷款贴息350万元,积极推进实施工业强州战略;安排旅游业专项补助1000万元,向重点旅游项目倾斜,推动旅游二次创业。通过财政资金、政策、服务等手段,积极支持引进有资金实力、有核心技术、有先进管理优势的战略投资者和产业化项目,努力培育新兴财源和后续财源。三是完善财政扶持经济发展政策体系。着重探索财政引导激励的措施办法,体现财政政策和财政资金扶持企业发展的政策意图和激励导向,提高财政资金使用效益。在扶持企业资金分配使用上,坚持大中小兼顾、内外并重,集中财力扶持和引导优势企业快速做强做大,提升市场竞争力和财税贡献率。四是更加注重扩大内需特别是刺激居民消费需求。认真落实家电、汽车摩托车下乡,农机具补贴政策,充分发挥财政职能作用,提高居民特别是低收入群体的收入,进一步增强消费对经济增长的拉动作用,推动经济均衡增长。

(二)抓支出结构优化,积极支持改善民生和促进社会和谐。一是加大"三农"投入,着力支持新农村建设。加大支农资金整

合力度,按照《大理州关于财政支农资金整合的意见》,以县级为平台,坚持政策的连续性,整合性质相同、渠道不变、目标一致、用途相似的资金,围绕重点产业项目集中使用,逐步建立类别分明,渠道畅通、互不干涉,形成合力的良性互动机制。二是不断加大对重点支出项目的保障力度。特别是要加大教育、卫生、文化、就业、社会保障、生态环境、社会治安等方面的投入。安排教育支出14560万元,增支2004万元,增长16%;安排社会保障和就业支出4200万元,增支481万元,增长12.9%;安排医疗卫生支出14200万元,增支1602万元,增长12.7%。进一步完善医疗机构补偿机制,构建科学、合理的财政投入方式,推进全州医药卫生体制改革进程,确保财政资金向公共事业倾斜、向民生领域倾斜、向弱势群体倾斜、向支持经济社会又好又快发展的领域倾斜。三是严格执行行政成本控制制度。加强机构编制和财政供养人员控制,大力压缩一般性支出,将会议、庆典、论坛和出省考察经费压缩20%;出国(境)经费、公务用车购置经费在2009年基础上实行零增长,严控新建楼堂馆所。安排一般公共服务支出26875万元,同比增支1059万元,增长4.1%;牢固树立过紧日子的思想,节俭办一切事业,严肃财经纪律,坚决反对大手大脚花钱和铺张浪费的行为,把有限的资金用在刀刃上。四是提高对公共安全、处置突发事件、不可预见性经费的保障能力。安排公共安全支出20900万元,同比增支2273万元,增长12.2%,进一步促进社会和谐,维护社会安宁稳定。

(三)提高征管水平,努力实现年度财政收入目标任务。一是强化税收征管。在继续落实结构性减税政策的基础上,依法加强税收征管,认真清理已到期的税收优惠政策,扩大查账征收范围,严禁越权减免税收,坚决打击偷、逃、骗、漏税等违法行为,积极营造公平规范的市场环境和税收秩序。二是规范非税收入管理。继续推进国有资产处置工作,将非税收入全额纳入预算管理,足额规范收取矿产资源、水资源有偿使用费,进一步完善非税收入增收管理的激励约束机制,充分调动执收执法单位文明执法、依法征收、应收尽收的积极性,大力挖掘非税收入潜力。三是进一步加强对宏观经济和财政收入形势的分析、监控。完善重点税源监控机制,密切掌握经济运行和税源变动情况。强化财政收入目标责任管理,健全财税联动、部门上下联动征管机制,规范税收属地化征管秩序,落实好"重点税源精细管、主体税收专业管、零星税源综合管、税收违法依法管"的征管方针,实现税收稳定增长。

(四)继续推进财政改革,增强财政运行的活力和动力。一是深化财政体制改革。在全面总结"十一五"财政发展规划和本轮财政体制运行情况的基础上,认真编制"十二五"财政发展规划和谋划新一轮财政体制改革工作。二是深化预算管理改革。继续深化预算科目改革,充分保障公民对财政预算的知情权、参与权、表达权和监督权,建立科学的定额标准体系和严格的项目预算管理程序,加强项目预审,提高预算编制的科学性、针对性、准确性、规范性、透明性和有效性。初步建立科学、规范的绩效预算管理体制,强化"成本－－－效益"评估分析,提高财政资金配置效率。三是继续深化国库管理制度改革。认真清理各类财政资金账户,加强账户管理,完善管账与管业务相互分离相互监督的内部制约机制。完善"收支两条线"管理,扩大公务卡结算改革面和国库集中收付制度改革范围,完善各项配套措施,从机制上堵塞财政收支漏洞。四是积极推进农村综合改革。完善"乡财县管乡用"和县乡财政管理体制,建立增收节支的激励约束机制,促进社会经济事业的健康发展。五是深化政府采购制度改革。完善政府采购运行机制,强化政府采购监督管理,拓宽政府采购的范围和规模,探索灵活便捷的采购形式,提高采购效率,健全政府采购管理体系。六是深入推进经营性国有资产管理方式改革。进一步加大资产分类处置力度,盘活资产、规范管理,为从源头防腐、防治"小金库"奠定制度基础。

(五)强化财政监管,进一步提高理财能力。一是建立健全涵盖财政资金运行过程的财政监督体系,规范财政监督程序。二是加强专项资金管理,确保资金使用的安全、有效和规范,做到专款专用。三是加强对重点税源的财务监督,跟踪检查。四是完善政府债务管理和监督制度,落实偿债责任,防范财政风险。五是健全和完善政府非税收入监督检查机制,建立健全财政票据管理的责任、稽查制度,接受社会监督。六是加强会计基础规范工作,严肃查处惩治弄虚作假行为,大力加强会计职业道德建设,积极建立财会诚信体系。

(六)继续加强财政干部队伍建设,不断提高为国理财、为民服务的能力。继续以学习型机关、文明单位、财政文化建设为抓手,提高干部职工思想觉悟、工作水平和服务能力,为财政改革和财政管理提供坚强保障。始终坚持"学习、工作、研究"相结合的方针,提高干部思想觉悟、政治素质、业务水平和创新能力,增强"生财、聚财、理财"本领。不断建立健全干部职工绩效考核管理办法,进一步增强责任目标制定、完善和考核的导向性、激励性和可操作性,充分调动干部职工积极性和创造性,形成争先创优的良好氛围。坚持不懈地抓好党风廉政建设,增强廉洁自律意识和拒腐防变的能力,引导财政干部树立正确的世界观、人生观和价值观,牢记"财为民所聚,政为民所执"的信念,廉洁奉公,勤政为民,努力打造新时期财政机关"开拓、合力、奉献"的良好形象。

大理白族自治州人民检察院工作报告

——2010年2月4日在大理白族自治州第十二届人民代表大会第三次会议上

大理白族自治州人民检察院检察长　普赵辉

一、充分发挥检察职能，各项检察工作在服从和服务于全州工作大局中不断进步

牢固树立大局观念和服务意识，充分发挥打击、预防、监督、保护的职能作用，为维护全州改革发展稳定作出积极贡献。

（一）更加注重服务第一要务，服务保障措施不断完善

把保障经济平稳较快发展作为检察工作服务大局的首要任务，突出服务重点，改进服务措施，提高服务水平。遵循办案与服务并行、惩治与保护并重、打击与防范并举的工作思路，在执法办案中考虑经济发展，履行监督职能中促进社会和谐。认真贯彻落实高检院《关于充分发挥检察职能为经济平稳较快发展服务的意见》，结合大理州实际制定《关于充分发挥检察职能为企业发展提供服务和保障的意见》，提出为企业发展服务的六条措施。深入推进治理商业贿赂、工程建设领域突出问题专项治理、查办涉农职务犯罪、查办危害能源资源和生态环境渎职犯罪等专项工作，着力维护良好的市场经济秩序，着力改进办案方式，切实增强检察工作服务经济发展的针对性和实效性。

（二）更加注重维护社会和谐稳定，刑事检察工作不断加强

1、围绕维护社会稳定，依法打击各类刑事犯罪。以维护社会稳定为已任，通过在批捕环节实行提前介入、引导取证等措施，在起诉环节采取繁简分流、量刑建议等方法，保证了依法、准确、及时、有力打击犯罪。全年共受理提请逮捕各类犯罪嫌疑人2558人，批准和决定逮捕2075人，同比分别上升4.6%和5.8%。受理移送起诉各类犯罪嫌疑人3463人，提起公诉2775人，同比分别上升8%和17%。全面贯彻宽严相济刑事政策，坚持依法严厉打击严重危害国家安全、社会治安和市场经济秩序的犯罪，共批捕毒品、故意杀人、绑架等严重刑事犯罪嫌疑人363人。批捕“两抢一盗”等多发性侵财犯罪嫌疑人783人。批捕生产销售伪劣商品、金融诈骗等破坏市场经济秩序犯罪嫌疑人119人。自觉将刑事检察工作置于构建和谐社会的全局中，通过推行未成年人刑事检察制度、轻微刑事案件快速办理机制、刑事和解制度，对一般刑事犯罪尤其是未成年犯罪、轻微刑事犯罪等落实依法从宽处理的政策。对未成年和无逮捕必要的，决定不批捕185人；对犯罪情节轻微的，决定不起诉15人，最大限度地减少社会对抗、促进社会和谐。

2、围绕化解矛盾纠纷，认真做好涉检信访工作。将化解矛盾纠纷的司法理念融入到检察业务的各个环节。继续坚持和完善检察长接待日、领导挂牌督办、首办责任等制度，畅通群众反映诉求的渠道，不断提高化解矛盾纠纷的能力。积极开展“信访积案化解年”活动，重点排查了近5年的涉检涉诉、重信重访情况。受理并妥善处理群众来信来访693件次，继续保持全年涉检问题“零进京”上访。

3、围绕平安建设，积极参与检察环节综合治理。在党委领导下，依法参与、妥善处置重大群体性事件。结合检察职能，积极参与对监外执行罪犯的社区矫正活动。通过与电视台联办“大理检察”栏目，以案释法、宣传法治。积极开展送法进校园、进社区、进企业等活动，举办40余次法制宣传教育和法律服务活动，发放宣传资料近10万份。深化“青少年维权岗”和“检校共建”工作，认真做好对未成年违法犯罪人员的教育感化和挽救工作。

（三）更加注重反腐倡廉，查办和预防职务犯罪工作力度不断加大

坚决贯彻党中央、省、州党委关于反腐倡廉的部署，不断加大查处和预防职务犯罪工作力度，努力做到惩治有力、预防有效。

1、强化职务犯罪查办工作，深入推进反腐斗争。坚持“一要坚决、二要慎重、务必搞准”的原则，加强与纪检监察机关的配合，突出重点，依法、积极、稳妥地推动职务犯罪案件查办工作的开展。全年共查办贪污贿赂、渎职侵权等职务犯罪案件110件115人，同比分别上升10.5%和9.5%。其中，贪污贿赂案件90件95人，渎职侵权案件20件20人。通过办案，为国家挽回经济损失1058.48万元。查办群众反映强烈、有震动、有影响的贪污贿赂大要案和重特大渎职侵权案件68件，同比上升79%。其中县处级干部6人，科级干部20人，涉案金额在10万元以上的案件42件。

2、强化职务犯罪预防，增强反腐倡廉实效。始终把预防职务犯罪作为服务大局、改善民生和促进社会和谐的重要工作。建立健全“侦防一体化”建设，结合执法办案开展职务犯罪预防，通过预防调查、犯罪分析、预防检察建议、警示教育、预防咨询、行贿犯罪档案查询等措施，努力减少和遏制犯罪。针对今年政府投资力度加大的新情况，为保障政府投资安全，实现“工程优质、干部优秀”的目标，坚持重大工程项目建设与职务犯罪预防同步推进，积极在州重点建设项目中开展专项预防。组织25个部门1834余名干部开展警示教育9场次。开展预防知识讲座42场，受教育人数4500人。为医疗、建设、交通、烟草等系统对440个单位750人开展行贿犯罪档案查询，对有行贿犯罪嫌疑的，建议取消投标资格，充分发挥查询工作对商业贿赂犯罪的防治作用。结合社会热点问题开展预防调查24件，其中，预防涉林职务犯罪工作经验被省林业厅在全省予以推广。

（四）更加注重维护司法公正，不断强化对诉讼活动的法律监督

以对党、对人民、对宪法法律高度负责的态度，不断加大法律监督力度，努力做到有罪追究、无罪保护。

1、侦查活动监督更加深入。通过建立健全刑事司法与行政执法相衔接机制，重点监督有案不立、有罪不究和损害当事人合法权益等违法行为。监督侦查机关立案41件53人，同比上升50%。撤案7件10人，监督立案后提起公诉的案件，法院均作有罪判决。追捕27人，同比上升68%。追诉15人，同比上升114%。依法及时介入侦查活动104件，对侦查活动中的违法行为发出纠正违法通知书和检察建议17份。

2、刑事审判监督效果明显。以开展刑事审判法律监督专项检查活动为抓手，建立健全"上下联动、侦诉配合、诉审协调、内外纠错"的抗诉工作机制，通过推行"三书会审"、"检察长列席审委会"等制度，不断加大刑事抗诉工作力度，对认为确有错误的刑事判决、裁定依法提出抗诉12件，同比上升50%，法院已改判或发回重审6件。

3、监所检察工作成果显著。以认真开展专项行动为契机，切实加大监督力度。晋宁"躲猫猫"事件发生后，在全省首家牵头与州公安局、大理监狱、州劳教所联合开展"整顿监管秩序、加强监所检察"专项行动。在此基础上，按照高检院部署，认真开展"全国看守所监管执法专项检查"及"清查事故隐患、促进安全监管"活动，针对存在问题，及时向监管单位提出书面纠正意见和检察建议124件，是去年同期的30余倍。加快监所检察信息化建设，全州驻所检察室在全省率先实现"信息、监控"系统双联网，有效提升了监所检察的监督效能。严格执行换押制度、羁押期限届满提示制度等，确保全州各看守所羁押的3928名人犯无超期羁押。对1110件减刑、假释、保外就医案件进行同步监督，提出纠正意见29件次，纠正脱管、漏管罪犯24人。立案侦查了巍山县戒毒所协警虐待被监管人员案，维护司法廉洁。

4、民事行政检察监督有力推进。不断加大工作力度，对认为确有错误的生效民事行政裁判，提出和提请抗诉38件，同比上升171%。建议提请抗诉24件，同比上升42%。提出再审检察建议7件。针对"执行难"问题，积极开展对法院执行活动的监督，共办理执行监督案件57件。提出执行检察意见42件、纠正违法1件。积极探索保护国家和公共利益的有效途径，办理督促起诉4件。积极配合法院对171件判决、裁判正确的申诉案做好当事人的服判息诉工作，维护审判权威。

(五)更加注重保障和改善民生，执法为民的有效方式和途径不断延伸

坚持立检为公、执法为民，把维护人民群众合法权益作为检察工作的根本出发点和落脚点，紧紧抓住关系民生的突出问题加强法律监督。

1、深化"执法为民"成效。积极参与食品药品安全专项整治以及"质量和安全年"活动，依法严厉打击危害人民群众生命财产安全的制假售假犯罪，起诉制售伪劣食品、药品等犯罪嫌疑人16人。依法介入重大安全生产事故调查35次，查办重大安全生产事故背后的渎职犯罪8件8人。查办涉及退耕还林补助资金、村卫生院建设资金等涉农职务犯罪18件23人。查办涉及教育、医药购销等事关民生、群众反映强烈的商业贿赂犯罪44件48人。查办危害能源资源和生态环境渎职犯罪12件12人。漾濞县检察院为落实国家惠农政策，召开兑付涉农案款现场会，将通过办案追回的退耕还林补助金兑付给了173户农户，切实维护农民的利益。民行检察工作延伸触角，对因犯罪行为致国家、集体财产遭受损失的，督促起诉4件。加强对困难群众等弱势群体的司法保护，对因刑事犯罪造成群众人身财产损失，或因人身损害赔偿、劳动争议等事关群众切身利益的民事纠纷支持起诉19件。

2、落实"执法为民"措施。完善和落实便民利民措施，开展网上信访，开通"12309"举报电话，推行带案下访巡访，方便群众举报、控告和申诉。开展"民行检察，为您维权"的主题活动，发出宣传资料3万余份、接待群众法律咨询1万多人次。印制5000余份《检察机关民事行政工作职能及民事行政申诉案件当事人权利范围告知书》，既为当事人依法申请提供便利，又增强了基层群众的维权意识。

二、深入推进工作机制改革创新和执法规范化建设，促进检察工作科学发展

以加强对自身执法活动的监督为重点，以规范化建设为保障，以提高执法质量和效果为核心，不断加强和改进检察工作。

(一)强化内外监督工作机制。一是自觉接受外部监督制约。坚持党对检察工作的绝对领导，自觉接受各级人大及其常委会的监督、政协的民主监督和人民群众的监督，两级院全年共向人大及其常委会作专题工作汇报9次，州检察院接受州政协视察检察工作一次。深化完善人民监督员制度，积极拓宽人民监督员对检察工作的监督渠道。人民监督员对"三类案件"进行监督评议7件9人，并受邀旁听庭审、参加检务督查及专项检查活动，促进规范执法。进一步深化检务公开，依托检察网站、检察开放日等切实保障人民群众对检察工作的知情权、参与权、监督权。二是积极完善内部监督制约。在强化法律监督的同时，不断加强对自身执法活动的监督制约，保证检察权的正确行使。加强巡视和检务督察工作，以专项监督和经常性监督相结合，强化对自侦、公诉等执法办案重要岗位、重点环节的监督制约。狠抓办案安全防范和"禁酒令"等纪律规定的落实。深入开展职务犯罪案件扣押冻结款物专项检查工作，纠防违法违规办案等问题。

(二)积极推进检察工作机制改革。认真落实中央新一轮司法改革意见和上级检察院实施意见。一是认真落实职务犯罪案件审查逮捕程序改革。2009年9月4日起，职务犯罪案件批准和决定逮捕权由上一级检察院行使的改革已在我州全面推开，既有效强化了对职务犯罪案件的监督制约，又利于提高办案质量、保障人权。二是稳步推进公诉工作机制改革。与人民法院共同就"检察长列席审判委员会"和"量刑纳入法庭审理程序"两项制度进行了有益的探索，审判监督成效更加明显。

(三)规范执法行为、提高案件质量。坚持质量与效率并举、实体公正与程序公正并重。一是完善检委会工作。继续推进和完善《实体审查意见书》制度，不断规范检察委员会议事议案程序，提高科学决策水平。二是规范侦查行为、提高侦查能力、保障办案安全。积极推行讯问职务犯罪嫌疑人全程录音录像，提高执法透明度。建立完善纵向指挥有力、横向协作紧密的侦查指导协作机制和侦捕诉联动工作机制，严格执行"一案三卡"、办案安全防范预案审批、看审分离等制度，在确保案件质量的同时，继续保持办案安全"零"事故。加强办案区建设，在州、县党委、政府的大力支持下，全州13个办案区的建设已圆满完成并投入使用，提高了办案效率和执法规范化的程度。三是着力提高批捕、公诉案件质量。适时介入侦查、引导取证工作，增强打击实效；适时召开联席会议，主动与其他政法部门沟通，统一执法思想和执法尺度；推行不批准逮捕案件书面说理、公诉案件质量分析、案件审查期

限预警等制度，确保办案质量，提高办案效率。今年，所有案件无一错漏，并全部在法定时限内审结，其中批捕案件在3天内审结的占到90%，起诉案件在1个月内审结的接近70%。

三、全面加强检察队伍建设和基层基础建设，夯实检察事业发展基础

以班子建设为龙头，以基层检察院建设为突破口，以提高队伍整体素质为目标，全面加强检察队伍建设和基层基础建设。

（一）加强领导班子自身建设，提高领导检察工作科学发展的能力。两级院领导班子高度重视自身建设，抓好政治理论学习，始终用先进理论武装头脑。坚持民主集中制，不断提高科学决策水平和执行力。加强组织建设，增强两级院班子创新发展活力。狠抓党风廉政建设，确保领导干部清正廉洁。开展“个人形象一面旗、工作热情一团火、谋事布局一盘棋”主题实践活动，全面加强思想、组织、作风和廉政建设，两级院领导班子驾驭全局能力、组织协调能力、开拓创新和抓落实的能力明显增强。

（二）加强检察队伍建设，提高法律监督能力。以法律监督能力建设为主线，不断加强检察队伍建设。一是坚持政治建检，努力造就一支政治坚定的检察队伍。深入开展学习实践科学发展观和“大学习、大讨论”活动，教育和引导干警始终保持高度的政治意识、大局意识、服务意识。进一步加强社会主义法治理念教育，坚定干警对中国特色社会主义检察事业的理想信念。二是坚持从严治检，着力打造一支作风过硬的检察队伍。始终坚持将党风廉政建设与检察工作同部署、同落实。在去年全州开展纪律作风集中教育整顿活动取得明显成效的基础上，根据省院部署，今年又再次进行了为期三个月的教育整顿，促使全州执法思想进一步端正、执法行为进一步规范，执法作风进一步转变。以深入开展职务犯罪案件扣押冻结款物专项检查工作为契机，狠抓执法规范化建设和廉洁教育，树立检察队伍的良好形象。三是坚持素质强检，大力培养一支业务精良的检察队伍。制定《大理州人民检察院2009年—2012年大力推进教育培训工作规划》、《大理州检察机关检察业务尖子评审办法》、《大理州检察理论研究人才评选办法》等，进一步加大业务培训力度，不断推进检察信息化应用，提高检察人员履职能力。加强司法考试考前培训力度，通过率达63%，继续位居全省第一。四是坚持文化育检，努力营造活泼、轻松、和谐的检察文化氛围。通过开展文学、书法绘画、摄影比赛等丰富多彩的文体活动，使干警才艺得以充分展示，依托《大理检察》、《检苑清风》等，营建检察文化建设的良好氛围，为检察工作科学发展奠定坚实的文化基础。

（三）抓基层、打基础，努力推进基层院建设。坚持把检察工作和队伍建设的重心放在基层。建立和落实上级检察院领导联系基层检察院、业务部门对口指导等制度。深入开展争先创优活动，包括州院在内的检察院均迈入了省、州“文明单位”行列。在各级党委、人大、政府的关心支持下，基层检察院的经费保障和办公办案条件得到明显改善，“两房”建设任务全面完成，债务化解工作有序进行，科技强检力度不断加大，执法保障条件得到极大改善。

四、以科学发展观为统领，认真做好2010年检察工作，开创检察工作新局面

（一）积极推进社会矛盾化解工作，促进社会和谐稳定。坚持惩治刑事犯罪、化解社会矛盾、创新社会管理并重，全力维护社会和谐稳定。依法严惩严重刑事犯罪，加大对黑恶势力犯罪、严重暴力犯罪、多发性侵财犯罪和毒品犯罪的打击力度，坚决遏制严重刑事犯罪高发势头。加强与公安、法院等部门的沟通协调，统一执法标准，完善配合协作机制，促进宽严相济刑事政策的全面落实。重视社情民意，注重疏导群众情绪，把化解矛盾贯穿于执法办案的全过程。建立健全检调对接机制，对民事申诉等案件坚持调解优先原则，加强释法说理等工作，尽可能实现“三个效果”的有机统一。

（二）积极查办和预防职务犯罪，促进惩治和预防腐败体系建设。全面履行查办和预防职务犯罪职责，保持惩治腐败的高压态势。坚决查办大案要案，坚决查办发生在人民群众身边、直接侵害群众切身利益、人民群众反映强烈的职务犯罪案件，密切党群关系、干群关系，增强群众对党和政府的信心，从深层次上促进社会矛盾化解，促进社会和谐稳定，确保国家长治久安。建立健全“侦防一体化”建设和预防工作规范化建设，努力提升预防职务犯罪工作实效。

（三）积极参与社会管理创新，促进提高社会管理水平。充分发挥检察机关在社会管理中的职能作用，切实保障社会安定有序。认真落实检察环节社会治安综合治理措施，积极参与重点地区的治安排查和重点整治工作。及时全面掌握社会治安动态，定期分析研判社会治安形势。进一步加强和改进监所检察工作，促进监管场所依法、文明、科学管理。加强对违法犯罪青少年的教育挽救，做好预防未成年人犯罪工作。加强对社区矫正各执法环节的监督。积极探索参与网络虚拟社会管理的途径，继续做好网上涉检舆情监测、研判和应对工作，维护网上秩序，净化网络环境。

（四）全面强化诉讼监督，促进公正廉洁执法。加强对执法、司法活动的有效监督，坚持把人民群众的关注点作为法律监督工作的着力点。狠抓薄弱环节，进一步强化对刑事诉讼、民事审判、行政诉讼以及刑罚执行和监管活动的法律监督，加大查处司法腐败案件力度，做到敢于监督、善于监督、依法监督、规范监督。不断提高监督工作水平，用监督成果回应人民群众对司法公正的迫切期盼，促进公正廉洁执法，维护社会公平正义。

（五）大力加强检察队伍建设，促进检察人员整体素质提高。始终把检察队伍建设和基层基础工作作为关系检察工作全局的战略任务来抓。以提高队伍整体素质和法律监督能力为重点，扎实推进大规模检察教育培训，着力提高法律监督能力。深入推进执法规范化建设，坚持把强化自身监督放在与强化法律监督同等重要的位置，完善检务督察、执法档案等制度，确保检察权的正确行使，切实提高开放、透明、信息化条件下的执法公信力。

各位代表，在新的一年里，面对新的形势和任务，我们决心在省检察院和州委的坚强领导下，认真执行本次大会决议，进一步解放思想，锐意进取，扎实工作，忠实履行检察职能，努力为保障和促进我州经济社会又好又快发展做出新的更大贡献！

大理白族自治州中级人民法院工作报告

——2010年2月4日在大理白族自治州第十二届人民代表大会第三次会议上

大理白族自治州中级人民法院院长　黄为华

一、2009年主要工作

(一)充分发挥审判职能,促进社会和谐稳定

全州法院坚持不懈地抓好执法办案第一要务,参与社会治安综合治理,切实抓好服务经济社会科学发展与实现自身科学发展的各项工作。全年共受理各类诉讼和执行案件15785件,审执结14989件,诉讼和执行总标的为6.7848亿元,诉讼案件结案率为98.98%,执结率为85.68%。诉讼案件一审结案后当事人服判息诉的占79.88%,无超审限、超期羁押案件发生。其中,州中级人民法院共审结各类案件2448件,结案率为99.51%,结案标的为3.0177亿元。

1、依法惩处刑事犯罪,全力维护社会稳定。全年共受理刑事一审、二审和再审案件2027件,审结2024件,同比上升9.31%和9.29%。在生效判决中,判处10年以上有期徒刑直至死刑145人,判处10年以下有期徒刑1214人,拘役85人,缓刑725人,管制3人,单处罚金52人。其中,州中级人民法院受理刑事一审、二审和再审案件454件,审结454件,同比上升18.85%和18.23%。

全州法院以促进社会和谐为目标,以维护社会稳定为第一责任,深入贯彻"宽严相济"刑事政策,在依法严惩罗志文等被告人黑社会性质组织犯罪案等一批严重刑事犯罪的同时,注重刑事被告人的人权保障与被害人的权益保障。全年共审结故意杀人、故意伤害、重大盗窃、抢劫、强奸案件969件1628人;审结涉黑社会性质、涉枪、弹、邪教组织案件30件68人;审结走私、贩卖、运输、制造毒品案件236件390人;审结经济类犯罪案件183件260人,其中,审结非法经营、合同诈骗等破坏社会主义市场经济秩序犯罪案件85件140人;审结职务侵占和挪用资金案件16件18人;审结贪污贿赂案件71件88人;审结渎职案件11件14人。全年为符合法律援助条件的被告人指定了147名辩护人;对725名罪行较轻、不致再危害社会的犯罪分子依法宣告缓刑;对依法不构成犯罪的34名刑事被告人宣告无罪;对1046名认罪服法、确有悔改表现的罪犯依法准予减刑、假释;依法保障未成年被告人的合法权益,从轻或减轻判处未成年罪犯220人,其中,宣告缓刑73人。

2、妥善调处民事纠纷,促进社会和谐发展。全年共受理民事一审、二审和再审案件7670件,审结7568件,同比上升13.39%和14.25%,结案率为98.67%,结案标的4.0822亿元。其中,州中级人民法院受理民事一审、二审和再审案件761件,审结753件,同比上升19.77%和22.04%,结案率为98.95%,结案标的1.754亿元。

全州法院高度重视审理与民生相关的劳动争议、损害赔偿、食品卫生安全、医疗纠纷和涉农等案件,全年共审结婚姻家庭、继承纠纷案件2873件;审结医疗、交通事故、雇员受害等纠纷以及与所有权相关的民事案件1896件,切实加大对人民群众合法权益的保护力度;依法妥善处理国际金融危机和保增长、扩内需、调结构中引发的各类民事纠纷,审结股权转让、票据、金融保险、房地产开发、建设工程施工、国有土地出让转让等合同纠纷案件2106件。其中,依法审结土地使用权、林权、采矿权等环境资源类案件85件,为全面落实科学发展观,促进生态文明建设提供了司法保障。拓展审判职能,服务经济发展,在办理开发区招商引资合同纠纷案件中,积极协调促成贵州益佰制药股份有限公司收购云南南诏药业有限公司,为招商引资工作提供了优质的法律服务。

3、坚持审查保护并重,妥善化解行政争议。全年共受理行政一、二审案件68件,审结68件。审查非诉行政执行案件95件。其中,州中级人民法院受理28件,审结28件。

全州法院积极推行行政首长出庭应诉制度,认真开展"行政审判白皮书"活动,积极提出司法建议,建立重大案件协调处理机制,对涉及城市建设、征地拆迁、劳动保障、环境保护等敏感性、群体性行政案件,加强协调,形成合力,共同解决,促进了依法行政和官民和谐,促进了经济发展和社会稳定。2009年10月,州人大常委会对州中级人民法院的行政审判工作进行了专题审议,全州法院行政审判工作得到进一步加强。

4、完善执行工作机制,执行工作良性发展。全年共受理执行案件4826件,执结4135件,执结率为85.68%(含依程序终结的案件),执行标的2.3915亿元。公开强制执行520件,对31名被执行人予以司法拘留。其中,州中级人民法院受理122件,执结118件,执结率为96.72%(含依程序终结的案件),执结标的1.1953亿元。

以"全国集中清理执行积案专项活动"为契机,积极稳妥地推进执行体制和工作机制改革,党委领导、人大监督、政府支持、政法委协调、法院主办、有关部门联动、社会各界配合的执行工作新格局得以建立,综合治理、协作配合、监督制约、高效执行、信息沟通、涉诉特困人员救助的长效机制基本形成。在清理执行积案活动中多措并举,依法执结积案6918件,取得良好的社会效果。同时,全州两级法院积极抓好源头预防工作,尽量减少进入强制执行程序的案件,2009年新收执行案件中未执结案件数下降。

5、重视涉诉信访工作,满足群众司法诉求。进一步完善院长接访、领导约访、带案下访、"五定一包"、案外协调和挂牌督办的信访工作机制,2009年共接待群众来访14830余人次,处理来信、来函1385件次。畅通申诉再审受理渠道,实行"诉、访"分离,全年按审判监督程序收案22件,审结22件,其中,维持原判6件,调解结案5件,驳回再审申请4件,发回原审法院再审1件,改判6件。认真抓好涉法涉诉信访工作,落实责任主体,制定配套措施,加强协调督办,2009年办结上级法院和省、州政法委交办的17件涉法涉诉案件,其中14名信访人息诉息访。

6、完善便民诉讼机制,畅通民意沟通渠道。坚持和完善预约立案、上门立案措施,加强诉讼指导,开展判后释疑,采取各种方式便民诉讼。加强巡回审判工作和巡回审判点的建设,全年巡回审理案件315件,解答法律咨询2360余人次。积极推行简易程序和速裁机制,减轻当事人诉讼负担,全年共适用简易程序审理案件5823件,占一审结案数的66.49%,其中刑事案件271件,民事案件5552件,基层法庭84.5%的案件适用简易程序结案;基层法院和派出法庭采用速裁机制,及时处理各类案件792件。加大对涉诉特殊困难群体的司法救助力度,全年共依法减、缓、免交诉讼费659案57.08万元,共对涉诉特困申请执行人719人发放救助金153.33万元。充分发挥人民陪审员作用,全年人民陪审员参加审理案件205件281人次。加大调解、协调、和解力度,力求案结事了,2009年民事一审案件调解和调解后撤诉结案3922件,占民事一审结案总数6875件的57.05%,部分基层法院及人民法庭的调解率达到了74%以上;刑事附带民事诉讼案件调解和调后撤诉134件,调撤率达到57.51%。

7、加强调研宣传工作,扩大司法审判效果。着力加强审判理论研究和审判经验的总结,创办《大理审判》业务专刊,完成省、州调研课题17个。建立了新闻发言人制度和舆情监控制度,通过召开新闻发布会和举办电视访谈节目,加大新闻宣传力度。全年在国家级媒体刊载新闻宣传稿件27篇,在省、州媒体刊载新闻报道709篇,中央电视台录制《庭审现场》1期,在省、州电视台《与法同行》和《法在身边》栏目播出电视专题片60期。

8、加强基层基础建设,增强司法保障能力。层层挂钩联系,加强对基层法院领导班子的协管和业务指导,带动全州法院工作整体推进;加强法治活动场所建设,到2009年底,全州法院的审判综合楼建设已基本完成,基层派出法庭规范化建设已完成17个,其余11个正在筹建中。2009年全州基层法庭审理案件1983件,占基层法院办案数的29.21%,结案标的3499.22万元;执行313件,执结标的479.10万元,基层执法办案的条件和能力得到改善和提高。司法保障体制不断完善,中央、省、州及县市财政经费足额及时到位,全州两级法院办案经费得到保障。在各级政府的支持下,全州8个基层法院14个项目的基本建设债务化解工作正在进行;完成中央政法装备专款1112万元的采购配备工作,全州法院的物质装备得到全面改善;争取到最高法院援建我州两级法院信息化建设,全州13个数字化法庭建设全面启动。

9、积极参与社会管理,职能作用有效延伸。与政法各部门密切配合做好监外服刑人员的社区矫正工作,规范对减刑假释人员的跟踪回访,严防脱管漏管事件发生;加强妇女维权合议庭、少年法庭、涉军合议庭的审判工作,依法妥善审理与妇女儿童、未成年人及军人权益有关的案件;参与处置群体性突发事件,继续加大"禁毒"、"扫黄打非"、"治理商业贿赂"、"打假打私"、"打黑除恶"、"信息网络侵权审判"等专项工作力度,推进社会治安综合治理;积极参与移民搬迁、林权及土地管理机制改革、招商引资重大项目评估、奥运国庆安保、扶贫济困、洱海保护等工作,及时提出司法建议,更好地发挥服务和保障职能。

(二)完善监督制约机制,确保公正廉洁司法

按照公正高效廉洁审判的要求,全州法院不断完善监督制约机制,积极推进公正司法、廉洁司法,有效提升司法公信力。

1、加强司法规范化建设。以规范司法行为为重点,抓形象公正;以规范程序运行为重点,抓程序公正;以规范实体裁判和提高法律文书质量为重点,抓实体公正。按照"坚持、完善、废止"的要求,对历年来制定的各项制度进行全面清理,逐步健全了确保司法公正的工作制度和工作机制,并加强对制度落实情况的明查暗访,对干警的司法行为进行规范和监督。

2、提升质效管理水平。通过岗位目标责任管理、加强案件质量评查、通报改判和发回重审案件、错案责任倒查、制定指导性意见、编发审判委员会会议纪要、实行案例指导等多种形式,狠抓一审裁判质量,强化二审监督指导;强化调解、协调、和解工作,发挥二审、再审的监督纠错功能,着力提高服判息诉率和案结事了率,切实降低申诉上访率。全年共审结二审和再审案件902件,发回重审和改判216件,发回重审和改判率为23.95%,一审裁判正确率为76.05%。

3、拓展审判公开途径。实行对外委托鉴定、评估、拍卖工作与审判执行相分离,统一由司法技术部门实施,并明确规定法院不得收取任何费用。对申诉复查、减刑假释、国家赔偿等案件的处理推行公开听证制度。试行刑事案件量刑纳入庭审程序改革,规范自由裁量权。利用近期开通的大理法院网站,逐步推行裁判文书上网,以信息化手段促进审判、执行公开。

4、自觉接受监督。对涉及重点企业和重大项目、可能影响社会稳定、可能引起连锁诉讼及群体性事件的案件,实行社会稳定风险评估,及时向党委、政府和上级法院报告,确保得到妥善解决。自觉接受人大常委会的工作监督和法律监督,对专题工作报告和执法检查报告,严格按照审议意见逐项落实,不断提升审判和执行工作质量。自觉接受州政协对州中级人民法院工作的视察,根据视察意见进行认真整改,及时反馈落实情况。主动邀请人大代表、政协委员进行专项视察、检查23次;旁听案件审理、参加案件质量评查和现场监督重大案件执行44件;听取232名代表、委员意见建议52次;邀请代表、委员183人座谈33次。全年办理人大代表意见建议24件,办理政协委员提案3件,满意率100%;自觉接受检察机关的法律监督,认真落实检察长列席审判委员会制度,全年共邀请检察长列席审判委员会10次,认真依法办理检察机关提起抗诉的案件22件。自觉接受社会各界的监督,全年共邀请社会各界人士128人次座谈征求对法院工作的意见建议,并召开专门会议,主动听取律师对法院工作的意见建议。

(三)全面加强队伍建设,推动法院自身科学发展

以开展"人民法官为人民"主题实践活动为契机,全州两级法院以更高的认识、更大的力度、更实的举措,坚持不懈地抓好队伍建设。

1、加强思想政治建设。扎实开展"深入学习实践科学发展观"活动和"执法为民、严守纪律"教育整顿活动,进一步增强干警的科学发展意识、大局意识、责任意识、群众意识、纪律意识、争先创优意识,使全体干警对人民法院的人民性有了进一步的思想认同、理论认同和感情认同,把社会主义司法制度的优越性体现在执法办案和司法为民的各项工作中,自觉做中国特色社会主义事业的建设者和捍卫者。全年共有37个集体和45名干警立功或受到省州以上表彰。

2、加强司法作风建设。中级法院成立司法作风检查组开展司法作风大检查,对全州两级法院的审判纪律、财务制度、服务承诺、车辆管理、公务接待等方面进行检查,定期通报情况,严格考核及奖惩。采取召开民意恳谈会、发放征求意见表等形式,广泛征求社会各界对法院工作的意见建议,切实解决服务态度不好、庭审不规范、监督指导不力等方面的问题,加强工作作风和机关作风建设。

3、加强司法能力建设。以提高法官的审判实践能力和创新能力为重点,邀请资深法官和专家传授经验,组织开展实务研讨、庭审观摩、岗位竞赛、裁判文书评比、在职少数民族法官双语培训等活动,加强司法能力建设。积极参加上级法院和各级党委政府组织的业务和时政培训,提升法院干警的综合素质。

4、加大人才培养力度。注重年青干部、妇女干部、非党干部、少数民族干部的培养,人才储备工作进一步推进。严格法官准入,逐年引入高学历人才,2009 年全州两级法院本科以上学历的干警达到 466 人,占总人数的 64.1%,其中研究生 11 人。州中级法院 121 名干警中本科以上学历的占 101 人,其中研究生 8 人。加大培训力度,全年共有 39 人通过了国家司法考试。

5、加强党风廉政建设。坚持党风廉政建设责任制、述职述廉、诫免谈话、廉政谈话及检查考核等制度。严格执行法官违法审判责任终身追究制度,在审判执行部门设立了兼职监察员;建立健全法官个人廉政档案及个人重大事项报告等制度,并启动对全州十二个基层法院的巡视制度,对基层法院院长的履职情况进行全面考察。及时落实最高法院"五个严禁"规定,公开举报电话,接受社会各界的监督。结合正反两方面典型案例,开展激励教育和警示教育。强化对审判权、执行权、行政权的内部监督,反腐倡廉制度和惩防体系得到进一步充实和完善。2009 年全州两级法院没有违纪违法案件发生。

二、2010 年主要工作任务

(一)坚持为大局服务,着力为人民司法

按照州委"争当民族团结进步模范州、生态文明建设排头兵、旅游二次创业生力军、滇西城镇化进程领跑者"的要求,努力为全州生态建设、"三农"工作、工业发展、文化传承、旅游振兴、社会和谐安定服务。要大力加强民商事审判工作,充分发挥能动司法的作用,准确把握经济社会发展形势,协调各方面利益关系,保障国家宏观经济政策的落实,维护当事人的合法权益。要依法妥善审理在调结构、扩内需中发生的各类合同纠纷、公司清算、企业破产、股权纠纷等案件,为实现经济平稳较快发展提供司法保障。要依法妥善审理民间借贷、损害赔偿以及教育、医疗、住房、环境保护、食品卫生安全、征地拆迁、劳动争议等涉及民生的各类案件。要加强行政审判、国家赔偿工作,有效保障人民群众的合法权益,积极推动完善社会管理;要针对经济社会发展中出现的各类群体性纠纷,紧紧依靠党委领导,积极争取政府和社会各方面支持,依法妥善予以解决。要认真负责解决好涉诉信访问题,按照"事要解决"的要求,落实好便民利民措施。要加强立案信访窗口建设,健全首问负责、服务承诺、办案公开、文明接待等制度。完善巡回审判工作举措,加大对弱势群体的司法救助力度,真正做到司法为了群众、方便群众、服务群众。要坚持宽严相济的刑事政策,把握好宽严的重点和幅度,依法严厉打击危害国家安全、扰乱社会治安、侵害群众利益、破坏市场秩序以及贪污贿赂等刑事犯罪活动,加大打黑除恶和打击毒品犯罪的力度;加强刑事被害人救助、轻微刑事案件和解工作,减少社会对抗,促进社会和谐。要坚持"调解优先、调判结合",在案结事了上下功夫,将调解工作贯穿于立案、审判、执行、申诉、信访等各个环节。完善诉讼程序与仲裁、行政调解、人民调解的协调配合,积极推动人民调解进法院工作和诉调对接机制的完善与发展。要积极参与社会治安综合治理和平安创建活动,着力构建多元化纠纷解决机制,努力推动全州经济平稳较快发展和促进社会和谐稳定,为全面完成"十一五"规划的各项目标任务提供有力的司法保障。

(二)坚持狠抓队伍建设,全面提高队伍素质

要始终把队伍建设作为人民法院工作的重中之重,全面加强党的建设和法院队伍建设。要加强思想政治建设,深刻学习领会社会主义核心价值体系的精神内涵,加强法官职业道德建设和法院文化建设,牢固树立公正、廉洁、为民的司法核心价值观。要在深刻认识加强和改进新形势下人民法院党建工作重要性上下功夫,切实加强学习型党组织、学习型法院建设。要充分发挥党组的领导核心作用和党组织的战斗堡垒作用,始终把法院工作置于党的绝对领导之下,认真落实党建工作责任制,进一步加强基层党组织建设。要加强法官实践能力培训,提升法官对形势的研判能力、做群众工作的能力、解决实际问题的能力、实现案结事了的能力。要在反腐倡廉、确保司法公正上下功夫,切实抓好司法廉洁和公正。要充分运用正反两方面典型和各种行之有效的方式,坚持不懈地抓好示范教育和警示教育,筑牢拒腐防变的思想道德防线。大力推行廉政兼职监察员和司法巡查制度,努力实现制度建设与反腐倡廉同步推进。要在切实转变作风、保持与人民群众的血肉联系上下功夫,坚定不移地落实"五个严禁",加强司法作风建设,健全联系群众制度,进一步增强法官的群众观念,使亲民、爱民、为民成为法官的自觉行动。

(三)坚持深化司法改革,推动工作科学发展

按照中央关于深化司法体制和工作机制改革工作意见的要求,加强审判绩效考评工作,健全案件质量评查制度、执法过错责任追究制度。建立健全科学的调解工作考评机制,将调解案件的自动履行率、申诉信访率纳入考评体系,将案结事了作为重要考核标准。强化执行工作考评,提高执行标的到位率,使考核指标全面反映执行工作水平。要在健全完善司法公开、司法民主机制上取得新进展。完善司法公开制度,通过发布新闻、建立网站、逐步实行裁判文书上网等措施,做到阳光司法、透明公开。完善人民陪审员制度和民意沟通机制,建立舆情研判分析机制以及与新闻媒体沟通机制,主动发布工作信息,回应社会关切。要在加强内部监督的同时,更加自觉地接受人大的工作和法律监督、政协的民主监督、检察机关的法律监督和社会各界的监督,加强与公安机关、国家安全机关、司法行政机关和有关部门的协调配合,促进司法公正。要通过建立和完善执行快速反应、财产调查与管理、

执行规避处置、暴力抗法应对、执行差错分析与责任追究等执行工作机制,提高案件执行质量和效率。要以完善执行联动机制为重点,进一步巩固和完善党委领导、人大监督、政府支持、法院主办、各界配合的执行工作新格局,动员并依靠全社会的力量共同解决执行难问题。要积极推进环境司法保护新机制的建立,为我州"两保护两开发"提供有力的司法保障。

(四)坚持抓好基层基础建设,切实打牢工作基础

坚持"面向基层、服务基层、建设基层"的工作方针,着力解决影响基层工作发展的困难和问题,充分发挥基层维护稳定和化解矛盾纠纷的前沿作用。要大力加强人民法庭建设,配齐配强人民法庭队伍,着力提高基层法官的司法能力和水平。要加强法官职业化建设,推进法院工作人员的分类管理,不断完善司法政务和司法行政工作机制,更好地为执法办案服务。要加大对基层工作的指导力度,加大对基层法官的宣传力度,加强警务工作,确保法官执业安全和诉讼活动安全。要加强基础设施建设,加大信息技术在审判、执行、信访等工作中的应用力度,提高办案质量和效率。

(本部类责任编校:杨林柏)

索引

说明

1. 本索引采用主题分析法编制。索引范围包括全书各部类条目、表格。"特载"、"专文"、"大事记"、"附录"等部类的具体内容未做索引，仅以其标题中心词标引；"县市要览"等栏目内容以"附见"形式标引，乡镇以其政区名称标引。

2. 本索引按主题词首字汉语拼音音序（同音字按音调）排列，若首字拼音相同则按第二字音序排列，以此类推。

3. 索引款目由主题词加修饰词或说明词组成，并采取主题词在前，修饰、说明词在后的排列方式。修饰、说明词是对主题词内容的限定，以逗号或括号同主题词相区别。索引款目后的阿拉伯数码表示该主题内容所在页码。

4. 同一主题词的别页（项）内容采取"附见"或"参见"形式，在主题词下各占1行排列并退2字的款目为"附见"内容，索引款目后两个以上页码的为该主题的"参见"内容。

5. 部类、栏目名称直接用作索引款目时，用黑体字标识；文章及表格在主题后以括号注明。

A

B

C

D

E

F

G

H

J

K

L

M

N

P

Q

T

W

X

Y

Z